СПРАВОЧНИК

ПРАКТИЧЕСКОГО ВРАЧА

Издание третье,
переработанное и дополненное

Под редакцией
академика АМН СССР А. И. ВОРОБЬЕВА

ТОМ 1

МОСКВА «МЕДИЦИНА» 1990

ББК 53
С 74

УДК 616(035) + 616.1/.4 + 616.9 + 613.62] (035)

Составитель В. И. БОРОДУЛИН, канд. мед. наук

Рецензенты: Л. А. Исаева, академик АМН СССР; А. П. Калинин, проф.; О. И. Кундиев, академик АН УССР; И. Я. Конь, доктор мед. наук; Е. Т. Михайленко, проф.; Ю. М. Панцырев, член-корр. АМН СССР; М. А. Шустер, проф.

Справочник практического врача/Ю. Е. Вельтищев,
С74 Ф. И. Комаров, С. М. Навашин и др. Под ред. А. И. Воробьева.— 3-е изд., перераб. и доп. — М.: Медицина,
1990.— В 2 томах. Т. I.— 432 с. ISBN 5-225-01178-0

В 3-м издании справочника (2-е вышло в 1983 г.) описаны основные клинические проявления, диагностические признаки, этиология
и патогенез, принципы лечения заболеваний, с которыми постоянно
встречаются практические врачи.

В I томе представлены болезни органов кровообращения, дыхания, пищеварения, ревматические болезни, болезни почек и мочевых
путей, системы крови, эндокринные и обменные болезни, профессиональные болезни, острые отравления, инфекционные болезни.
Вводная часть содержит принципы антибактериальной терапии,
лечения шока и терминальных состояний, сепсиса и опухолей, описание применяемых в лечебной практике психотропных средств.
Для врачей всех специальностей.

С $\frac{4101000000-142}{039(01)-90}$ 45—90 ББК 53

Справочное издание

Юрий Евгеньевич Вельтищев, Федор Иванович Комаров,
Сергей Михайлович Навашин и др.

СПРАВОЧНИК ПРАКТИЧЕСКОГО ВРАЧА, т. 1

Зав. редакцией *И. В. Туманова.* Редакторы *А. В. Бруенок, О. М. Елисеев, И. В. Кли-
минский, М. Ф. Логачев, В. А. Райский, В. Д. Тополянский.* Редактор издательства
Л. В. Левушкина Мл. редактор *Е. Е. Вартанова.* Художественный редактор *В. Ф. Ки-
селев.* Технический редактор *З. А. Романова.* Корректор *А. М. Шувалова*

ИБ 5863

Сдано в набор 13.07.89. Подписано к печати 19.02.90. Т-03636. Формат бумаги 70 ×
× 100¹/₁₆. Бумага кн.-журн. офс. Гарнитура литературная. Печать офсетная. Усл.-
печ. л. 35,10. Усл. кр.-отт. 70,20. Уч.-изд. л. 63,60. Тираж 130000 экз. Заказ 143.
Цена 6 р.

Ордена Трудового Красного Знамени издательство «Медицина». 101000, Москва, Пет-
роверигский пер., 6/8.

Ордена Октябрьской Революции, ордена Трудового Красного Знамени Ленинградское
производственно-техническое объединение «Печатный Двор» имени А. М. Горького при
Госкомпечати СССР. 197136, Ленинград, П-136, Чкаловский пр., 15.

ISBN 5-225-01178-0

АВТОРСКИЙ КОЛЛЕКТИВ

Академики АМН СССР

ВЕЛЬТИЩЕВ Ю. Е.
ВОРОБЬЕВ А. И.
КОМАРОВ Ф. И.
НАВАШИН С. М.

НАСОНОВА В. А.
ПАЛЕЕВ Н. Р.
ПРЕОБРАЖЕНСКИЙ Н. А.
ФЕДОРОВ В. Д.

Члены-корреспонденты АМН СССР

КУЛАКОВ Г. П.
НИКИФОРОВ В. Н.

НОСОВ С. Д.
ПОТЕКАЕВ Н. С.

Доктора медицинских наук

АВЕТИСОВ Э. С.
АРТАМОНОВА В. Г.
БАРКАГАН З. С.
БОЛЬШАКОВА Т. Д.
БОРОХОВ А. И.
ВАСИЛЬЧЕНКО Г. С.
ГАМОВ В. П.
ГАРИН А. М.
ГОГИН Е. Е.
ГОРОХОВА Е. М.
ГРЕБЕНЕВ А. Л.
ДАВЫДОВ С. Н.
ДАМИР Е. А.
ДАНИЛЯК И. Г.
ДЕМИДОВА А. В.
ЖМУРКИН В. П.
ИВАНОВ О. Л.
КАЗАНЦЕВ. А. П.
КАРЛОВ В. А.
КАРНАУХОВ В. К.

КИРЮЩЕНКОВ А. П.
КУБЕРГЕР М. Б.
КУШАКОВСКИЙ М. С.
ЛИЧИНИЦЕР М. Р.
ЛУЖНИКОВ Е. А.
ЛУКОМСКИЙ Г. И.
МАРТЫНОВ И. В.
МАШКИЛЛЕЙСОН А. Л.
МЕЛЬНИЧУК П. В.
МИХАЙЛОВ А. А.
МОНАЕНКОВА А. М.
МУХИН Н. А.
ОВРУЦКИЙ Г. Д.
ПОЖАРИСКИЙ В. Ф.
ПЯТНИЦКАЯ И. Н.
РАБУХИН А. Е.
СВЯДОЩ А. М.
СИГИДИН Я. А.
СМУЛЕВИЧ А. Б.

Кандидаты медицинских наук

АЛЕКСЕЕВ Г. К.
БРИЛЛИАНТ М. Д.
БУТРОВА С. А.
ВОЛКОВ Б. П.
ЕВЛАШКО Ю. П.
КРАСОВСКАЯ Т. В.
МАРОВА Е. И.
КРЯЖЕВА С. С.

НАВАШИН П. С.
ПОЛЯНЦЕВА Л. Р.
РАЙСКИЙ В. А.
РЫЖКОВА М. Н.
ФОТЬЯНОВ М. И.
ЦАРЬКОВА Л. Н.
ШТУЛЬМАН Д. Р.
ЭЛКОНИН Б. Л.

Врачи

ВАСИЛЕВСКИЙ В. Л.

КОБЛЕНЦ-МИШКЕ А. И.

ПРЕДИСЛОВИЕ

Первое издание справочника вышло в 1981 г., 2-е стереотипное издание — в 1983 г. В обоих случаях книга была раскуплена немедленно. Вместе с тем за 10 лет, прошедших со времени первого выпуска книги, существенно изменились возможности диагностики, методы и схемы терапии многих заболеваний; это учтено при подготовке 3-го издания. Так, в I часть включены разделы, посвященные принципам лечения сепсиса, ДВС-синдрома и др.; полностью переработаны разделы о лечении антибактериальными и психотропными средствами. Во II часть включены глава о профессиональных заболеваниях и материал о ВИЧ-инфекции (СПИД). В III части полностью переработаны главы, посвященные детским и хирургическим болезням, материалы об алкоголизме и наркоманиях. В приложения включены основные средства дезинфекции; константы приведены в старых и новых единицах.

Справочник адресован прежде всего участковому врачу и другим врачам «первого контакта» с больным. Авторы и редакторы стремились к тому, чтобы читатель мог быстро найти в этой книге краткую справку о типичных проявлениях, критериях диагностики, основных принципах и схемах лечения интересующего его заболевания. Особое внимание уделено вопросам диагностики и лечения во внебольничных условиях. Коллектив создателей справочника не ставил перед собой цель объединить в этом двухтомнике отраслевые справочные руководства для специалистов, поэтому здесь отсутствуют детали лабораторно-инструментального исследования или методики лечения, которое проводит только врач-специалист (например, техника оперативных вмешательств).

Вопросы, имеющие общеклиническое значение (принципы антибактериальной терапии, химиотерапии опухолевых заболеваний и т. д.), изложены в I части (вводной). Лабораторные показатели во всех главах справочника приводятся без сравнения с нормой; константы, характеризующие норму, даны в приложении 1 к тому 2. Урологические заболевания изложены в главах «Болезни почек и мочевых путей», «Кожные и венерические болезни» и «Хирургические болезни».

А. Воробьёв, В. Бородулин

Глава 1

ОСНОВЫ АНТИБАКТЕРИАЛЬНОЙ ХИМИОТЕРАПИИ

В современной химиотерапии бактериальных инфекций ведущее место занимают антибиотики, их полусинтетические и синтетические аналоги и производные, синтетические лекарственные средства (сульфаниламиды, хинолоны и др.); ограниченно применяют также препараты из лекарственных растений и животных тканей.

АНТИБИОТИКИ. Группа антибиотиков объединяет химиотерапевтические вещества, образуемые при биосинтезе микроорганизмов, их производные и аналоги, вещества, полученные путем химического синтеза или выделенные из природных источников (ткани животных и растений), обладающие способностью избирательно подавлять в организме возбудителей заболеваний (бактерии, грибы, простейшие, вирусы) или задерживать развитие злокачественных новообразований. Помимо прямого действия на возбудителей заболеваний, многие антибиотики обладают иммуномодулирующим действием. Например, циклоспорин обладает выраженной способностью подавлять иммунитет, что делает его незаменимым при трансплантации органов и тканей и лечении аутоиммунных заболеваний.

Описано более 6000 антибиотиков, из них применение в медицине нашли около 50. Наиболее широко используют беталактамы (пенициллины и цефалоспорины), макролиды (эритромицин, олеандомицин и др.), ансамакролиды (рифампицин), аминогликозиды (стрептомицин, канамицин, гентамицин, тобрамицин, сизомицин и др.), тетрациклины, полипептиды (бацитрацин, полимиксины и др.), полиены (нистатин, амфотерицин В и др.), стероиды (фузидин), антрациклины (даунорубицин и др.).

Путем химической и микробиологической трансформации созданы так называемые полусинтетические антибиотики, обладающие новыми ценными для медицины свойствами: кислото- и ферментоустойчивостью, расширенным спектром антимикробного действия, лучшим распределением в тканях и жидкостях организма, меньшим числом побочных эффектов.

По типу антимикробного действия антибиотики разделяют на бактериостатические и бактерицидные, что имеет практическое значение при выборе наиболее эффективного средства терапии. Так, например, при тяжелых септических процессах обязательно применение антибиотиков с выраженным бактерицидным типом действия.

Значение механизма действия антибиотиков на клеточном и молекулярном уровнях позволяет судить не только о направленности химиотерапевтического эффекта («мишень»), но и о степени его специфичности. Так, например, беталактамы (пенициллины и цефалоспорины) воздействуют на специфические белки клеточной стенки бактерий, отсутствующие у животных и человека. Поэтому избирательность действия беталактамов является их уникальным свойством, определяющим высокий химиотерапевтический индекс (выраженный разрыв между лечебными и токсическими дозами) и низкий уровень токсичности, что позволяет вводить эти препараты в больших дозах без опасности развития побочных эффектов.

При сравнительном анализе антибиотиков их оценивают по показателям эффективности и безвредности, определяемым выраженностью антимикробного действия в организме, скоростью развития устойчивости у микроорганизмов в процессе лечения, отсутствием перекрестной устойчивости по отношению к другим химиопрепаратам, степенью проникновения в очаги поражения, созданием терапевтических концентраций в тканях и жидкостях больного и продолжительностью их поддержания, сохранением действия в различных условиях среды. Важными свойствами являются также стабильность при хранении, удобство применения при разных методах введения, высокий химиотерапевтический индекс, отсутствие или слабая выраженность токсических побочных явлений, а также аллергизации больного.

Лечебное действие антибиотика определяется активностью в отношении возбудителя заболевания. При этом антибиотикотерапия в каждом случае является компромиссом между опасностью развития побочных реакций и ожидаемым терапевтическим эффектом.

Спектр антибактериального действия является основной характеристикой при выборе антибиотика, наиболее эффективного в конкретной клинической ситуации. При тяжелом течении заболеваний антибиотикотерапию обычно начинают и проводят до выделения возбудителя и определения его чувствительности к антибиотикам (антибиотикограмма).

Таблица 1. Суточные дозы и способы введения антибиотиков[1]

Антибиотик	Взрослые суточная доза		Дети суточная доза		Новорожденные суточная доза, в/в, в/м	
	внутрь	в/в, в/м	внутрь	в/в, в/м	первая неделя жизни	до 4 нед
Бензилпенициллин[2]	—	1 000 000—10 000 000 ЕД (до 40 000 000 ЕД)	—	50 000—500 000 ЕД/кг	50 000—100 000 ЕД/кг	50 000—500 000 ЕД/кг
Феноксиметил-пенициллин	1,5—2 г	—	10—20 мг/кг	—	20—30 мг/кг	20—30 мг/кг
Оксациллин	2—6 г и более	1—6 г (до 8 г и более)	—	100—200 мг/кг	100—150 мг/кг	200 мг/кг
Диклоксациллин	2 г	2 г	25—50 мг/кг	50—100 мг/кг только в/в	150 мг/кг только в/в	60—200 мг/кг только в в/в
Ампициллин	1—3 г и более	1—3 г (до 10 г и более)	100 мг/кг	100—200 мг/кг	50—100 мг/кг	100(200) мг/кг
Ампиокс	2—4 г	2—4 г (до 8 г и более)	100—200 мг/кг	100—200 мг/кг	100 мг/кг	100—200 мг/кг
Карбенициллин	—	4—30 г и более	—	250—400 мг/кг	300 мг/кг	400 мг/кг
Бициллин-1	—	300 000—1 200 000 ЕД	—	5000—20 000 ЕД/кг	—	—
Бициллин-3	—	300 000—1 200 000 ЕД	—	—	—	—
Цефалексин	2—4 г	—	50—100 мг/кг	—	—	—
Цефазолин	—	2—4 (до 6) г	—	25—50 (100) мг/кг	—	25—50 мг/кг
Цефуроксим	—	2,25—4,5 (до 6) г	—	50—100 мг/кг	—	50 мг/кг
Цефотаксим	—	2—4 (до 12) г	—	50—100 (200) мг/кг	50 мг/кг	50 мг/кг
Стрептомицин	—	1—2 г	—	Высшая суточная доза для детей до 4 лет 0,3 г; 5—14 лет — 0,3—0,5 г	—	—

Препарат						
Мономицин	1,5 г	1,5 г	0—25 мг/кг	—	—	—
Канамицин	3—4 г	1,5—2 г	30—50 мг/кг	7,5—15 мг/кг	—	10 мг/кг
Амикацин	—	1 г (до 1,5 г)	—	10(15) мг/кг	15 мг/кг	15 мг/кг
Гентамицин	—	3—5 мг/кг	—	Детям до 5 лет 3 мг/кг, 6—12 лет— 3(5) мг/кг	2—5 мг/кг	1—5 мг/кг
Тобрамицин	—	2—5 мг/кг	—	—	3—5 мг/кг	5(7,5) мг/кг
Сизомицин	—	2—5 мг/кг	—	3—5 мг/кг	3—5 мг/кг	3—5 мг/кг
Эритромицин	1—2 г	0,8—2 г	—	20—40 мг/кг	20 мг/кг	20—40 мг/кг
Олеандомицин	2 г	1—2 г	20—30 мг/кг	30—50 мг/кг	30 мг/кг	30 мг/кг
Линкомицин	2 г	1,8 г	30—60 мг/кг	10—20 мг/кг	10 мг/кг	10 мг/кг
Фузидин	1,5—3 г	—	20—40 мг/кг	—	40 мг/кг	60 мг/кг
Ристомицин	—	1 000 000— 1 500 000 ЕД	—	20—30 ЕД/кг	—	—
Тетрациклин (окситетрациклин)	1—2 г	0,2—0,3 г	20—25 мг/кг (детям старше 8 лет)	—	—	—
Метациклин	0,6 г	—	7,5—10 мг/кг (детям старше 8 лет)	—	—	—
Доксициклин	0,1—0,2 г	—	5 мг/кг в 1-й день, 2 мг/кг в последующие (детям старше 8 лет)	—	—	—
Левомицетин	1,5—2(3) г	1,5—2(3) г	50 мг/кг	50 мг/кг	50 мг/кг	25—50 мг/кг
Полимиксин М	0,2—0,3 г	—	10 мг/кг	—	—	—
Полимиксин В	0,3—0,4 г	1,5—2,5 мг	150 мг/кг	1,5—2,5 мг/кг	—	—

Антибиотик	Взрослые суточная доза		Дети суточная доза		Новорожденные суточная доза, в/в, в/м	
	внутрь	в/в, в/м	внутрь	в/в, в/м	первая неделя жизни	до 4 нед
Рифампицин	0,45—0,9 г	—	8—10 мг/кг	—	—	—
Нистатин	1 500 000—3 000 000 ЕД (6 000 000 ЕД)	—	До 1 года — 300 000—400 000 ЕД, 1—3 года — 750 000—1 500 000 ЕД, старше 3 лет 1 000 000—1 500 000 ЕД	—	—	—
Леворин	1 000 000—1 500 000 ЕД	—	До 2 лет 25 000 ЕД/кг, 2—6 лет 20 000 ЕД/кг, старше 6 лет 500 000—750 000 ЕД	—	—	—
Амфотерицин	—	1000 ЕД/кг	—	1—3 года — 75—400 ЕД/кг, 4—7 лет 100—500 ЕД/кг, 8—12 лет 125—600 ЕД/кг	—	—
Гризеофульвин	0,5—1 г	—	10 мг/кг	—	—	—

¹ Указаны диапазоны доз в зависимости от тяжести заболевания и переносимости препарата.

² Согласно инструкции по применению бензилпенициллина (утверждена МЗ СССР в 1982 г.), предусматривается внутримышечное введение в суточной дозе взрослым до 2 000 000 ЕД, детям до 1 года — 30 000 ЕД/кг, от 1 года до 6 лет — 250 000 ЕД, от 6 до 14 лет — 500 000 ЕД.

При уточнении бактериологического диагноза первоначальная терапия корректируется с учетом свойств антибиотиков и антибиотикограммы выделенного возбудителя.

В большинстве случаев врач стоит перед необходимостью выбора оптимального препарата среди ряда препаратов, близких по спектру действия. Например, при инфекциях, вызываемых пневмококками (пневмония, менингит и др.), возможно применение ряда антибактериальных препаратов (пенициллины, макролиды, тетрациклины, сульфаниламиды и др.). В таких случаях необходимо привлекать дополнительные характеристики антибиотика для обоснования целесообразности выбора (переносимость, степень проникновения в очаг инфекции через клеточные и тканевые барьеры, наличие или отсутствие перекрестной аллергии и др.). При тяжелом течении инфекции в начальной стадии заболевания предпочтение всегда следует отдавать антибиотикам, действующим бактерицидно (пенициллины, цефалоспорины, аминогликозиды); бактериостатики (тетрациклины, левомицетин, макролиды, сульфаниламиды и др.) следует применять лишь в стадии долечивания или при среднетяжелом течении заболевания. Необходимость выбора одного антибактериального препарата среди многих близких по свойствам распространяется практически на все заболевания. В зависимости от особенностей течения заболевания (степень тяжести, острое, хроническое течение), переносимости антибиотика, вида возбудителя и его антибиотикочувствительности назначают препараты первой очереди или второй очереди (альтернативные). Основной перечень антибиотиков, эффективных при инфекционных воспалительных заболеваниях, суточные дозы для взрослых и детей, способы введения этих препаратов приведены в табл. 1, рекомендуемые комбинации антибиотиков — в табл. 2.

Задачей антибиотикотерапии является достижение терапевтической концентрации в крови и тканях и поддержание ее на необходимом уровне. Эффективные концентрации препарата в очаге инфекции обеспечиваются не только его применением в терапевтической дозе, но и способом введения (внутрь, парентерально, местно и т. д.). В процессе терапии возможна последовательная смена способов введения, например внутривенно, а затем внутрь, а также сочетание местного и общего назначения антибиотиков. При тяжелом течении заболевания антибиотики назначают парентерально, что обеспечивает быстрое проникновение препарата в кровь и ткани.

Беталактамные антибиотики (беталактамы) объединяют две группы: пенициллины и цефалоспорины, являющиеся наиболее эффективными средствами современной антибиотикотерапии. Они обладают бактерицидным типом действия, высокой активностью в отношении прежде всего грамположительных бактерий, быстрым наступлением антибактериального эффекта и преимущественным влиянием на бактерии в стадии пролиферации. Беталактамы способны проникать в клетку и воздействовать на находящихся внутри нее возбудителей; в процессе лечения к ним медленно развивается устойчивость микроорганизмов. Беталактамные антибиотики обладают низкой токсичностью для макроорганизма и хорошей переносимостью даже при длительном применении больших доз.

П е н и ц и л л и н ы. Пенициллинам свойственны высокая химиотерапевтическая эффективность и избирательность антимикробного эффекта. Действие направлено на «мишени» в клетках микроорганизмов, отсутствующие у животных клеток; эффект антибиотиков является высокоизбирательным, что приближает их к идеальным препаратам. Антимикробный эффект пенициллинов сходен с действием физиологически активных веществ, обеспечивающих иммунные реакции организма, например лизоцима.

К недостаткам пенициллинов следует отнести возможность сенсибилизации и развития аллергических реакций, быстрое выведение из организма, преимущественный эффект лишь в стадии деления микробной клетки. Благодаря созданию полусинтетических пенициллинов были сохранены положительные качества природного антибиотика и приобретены существенные преимущества по спектру действия, фармакокинетике и другим важным для практики свойствам.

Пенициллины включают следующие основные группы: 1) биосинтетические (бензилпенициллин, его соли и эфиры, феноксиметилпенициллин); 2) полусинтетические: а) активные преимущественно в отношении грамположительных бактерий (метициллин, препараты изоксазолиловой группы — оксациллин, диклоксациллин, клоксациллин и др.); б) широкого спектра действия (ампициллин, амоксициллин, тикарциллин, карбенициллин, азлоциллин, мезлоциллин, пиперациллин и др.).

Б и о с и н т е т и ч е с к и е п е н и ц и л л и н ы. *Бензилпенициллин,* препараты на его основе и *феноксиметилпенициллин* остаются высокоэффективными антибиотиками при лечении инфекций, вызванных чувствительным стафилококком, пневмококком, стрептококком, гонококком, палочкой сибирской язвы, анаэробными бактериями, коринебактериями дифтерии, актиномицетами, трепонемами. Распространение устойчивых к пенициллину стафилококков (60—80 % резистентных штаммов) связано с селекцией микробов, образующих разрушающий пенициллин фермент — беталактамазу (пенициллиназу). Как правило, подавляющее число стрептококков, пневмококков, гонококков сохраняют чувствительность к пенициллину. Благодаря внедрению полусинтетических пенициллинов и других резервных антибиотиков удается получить хорошие терапевтические результаты и при пенициллиноустойчивых стафилококках. На другие микроорганизмы, умеренно устойчивые к пенициллину, эффективно действуют новые полусинтетические пенициллины и цефалоспорины, а также антибиотики других групп, назначаемые на основе изучения чувствительности.

Т а б л и ц а 2. Рекомендуемые комбинации антибиотиков [1]

Сочетание антибиотиков	Ожидаемый эффект	Показания к назначению
Бензилпенициллин со стрептомицином или гентамицином	Синергизм в отношении Streptococcus viridans и Streptococcus faecalis	Энтерококковый (стрептококковый) сепсис, эндокардит
Окса-, диклоксациллин с ампициллином или ампиоксом	Расширение спектра действия, синергизм при инфекциях, вызываемых энтеробактериями	Смешанная инфекция, инфекции, вызываемые энтеробактериями и стафилококками,— средство эмпирической терапии
Ампициллин с канамицином или гентамицином или тобрамицином	Расширение спектра действия, синергизм при инфекциях, вызываемых E. coli, Proteus spp.	Смешанные инфекции, пиелонефрит, уросепсис
Карбенициллин с гентамицином или тобрамицином или сизомицином	Расширение спектра действия, синергизм при инфекциях, вызываемых Pseudomonas aeruginosa	Синегнойный сепсис
Цефалексин с ампициллином (оба препарата внутрь)	Расширение спектра действия каждого препарата, усиление активности в отношении пенициллиназообразующих стафилококков (цефалексин), энтерококков (ампициллин) и др.	Назначают при пиелонефрите для продолжения лечения после предшествующей парентеральной терапии; при инфекциях дыхательного тракта
Цефалоспорины с карбенициллином или новыми аминогликозидами	Сверхширокий спектр действия в отношении энтеробактерий	Ургентные инфекции, сепсис при миелодефицитных состояниях, сепсис новорожденных и др.
Цефалоспорины с метронидазолом	Расширение спектра действия (активность метронидазола в отношении анаэробов)	Аэробно-анаэробная смешанная инфекция
Гентамицин с левомицетином	Взаимное улучшение спектра действия	Аэробо-анаэробная смешанная инфекция
Цефотаксим с гентамицином (сизомицином)	Расширение спектра действия	Комбинация, активная в отношении всех предполагаемых возбудителей гнойной инфекции
Рифампицин с новыми аминогликозидами (гентамицином, сизомицином, амикацином)	Синергизм в отношении Serratia	Инфекции, вызываемые «проблемными» возбудителями, в том числе Serratia
Сульфаниламиды с полимиксином В	Синергизм в отношении Serratia	Инфекции, вызываемые P. aeruginosa, Serratia
Бисептол	Расширение спектра действия, потенцирование эффекта сульфаниламидов	Хронические бронхиты, инфекции мочевыводящих путей, сальмонеллезное носительство, дизентерия
Бисептол с гентамицином (сизомицином)	Синергизм	Тяжелые инфекции мочевыводящих путей; инфекции, вызываемые P. aeruginosa, Serratia
Тетрациклины со стрептомицином (гентамицином)	Усиление активности в отношении внутриклеточно расположенных возбудителей	Бруцеллез
Тетрациклин с нистатином (леворином)	Антибактериальное и противогрибковое действие	Профилактика кандидозов

[1] Каждый антибиотик в комбинации следует применять в полной дозе.

Бензилпенициллин и феноксиметилпенициллин обладают практически однозначной антибактериальной активностью. Преимуществом феноксиметилпенициллина является возможность приема внутрь, что обусловлено его устойчивостью в кислой среде желудка.

Природные пенициллины назначают при лечении ангины, скарлатины, острой и хронической пневмонии, сепсиса, раневых инфекций, подострого септического эндокардита, гнойных инфекций кожи и мягких тканей, отита, острого и хронического остеомиелита, сифилиса, гонореи, инфекций почек и мочевыводящих путей, при лечении инфекций в акушерско-гинекологической практике, в клинике уха, горла и носа, глазных инфекций. Соответственно нозологическим формам пенициллин является наиболее широко показанным антибиотиком в лечении детей различных возрастных групп.

Несмотря на широкое распространение устойчивых микроорганизмов, природные пенициллины остаются антибиотиками выбора при лечении инфекций, вызываемых чувствительными штаммами стафилококков, пневмококков, стрептококков и других возбудителей. Пенициллины рекомендуют назначать без определения антибиотикограммы при скарлатине, рожистом воспалении, карбункуле, сифилисе. Подтверждение чувствительности возбудителя является обязательным при менингите, эндокардите, сепсисе и других тяжело протекающих гнойных процессах и крайне желательным при заболеваниях легких и дыхательного тракта, мочевыводящих путей.

Пенициллины длительного действия называют депопенициллинами. Из них наибольшее значение имеют *бензатинпенициллины (бициллины)*; применяют также новокаиновые (прокаиновые) соли. Бициллины обеспечивают длительную концентрацию антибиотика в крови, однако на низком уровне. Наибольшая продолжительность обнаружения депопенициллинов в сыворотке крови — 10—14 сут после однократного введения; предложены сочетания различных солей и производных пенициллина, обеспечивающих сочетание высоких концентраций антибиотика в течение первых суток после введения, а затем — длительное их поддержание на низком уровне. Бициллины находят наиболее широкое применение при профилактике ревматизма, терапии сифилиса по соответствующим схемам.

Пенициллиназоустойчивые полусинтетические пенициллины — *метициллин* и *группа оксациллина* — по спектру и механизму антимикробного действия и низкой токсичности близки к бензилпенициллину, однако в отличие от него активны в отношении пенициллиназообразующих стафилококков. Метициллин, оксациллин и другие полусинтетические пенициллины эффективны при лечении тяжелых инфекций различной локализации, вызванных множественно-устойчивыми стафилококками.

Полусинтетические пенициллины широкого спектра действия — ампициллин и карбенициллин — существенно расширяют возможности лечения процессов, вызванных грамотрицательными возбудителями, устойчивыми к таким традиционным антибиотикам, как тетрациклины, левомицетин, стрептомицин и др.

Ампициллин менее, чем бензилпенициллин, активен в отношении грамположительных кокков (стафилококки, пневмококки, стрептококки). К ампициллину чувствительны большинство менингококков и гонококков. Антибиотик высокоактивен в отношении многих грамотрицательных бактерий (протей, сальмонеллы, шигеллы, многие штаммы кишечной и гемофильной палочек, клебсиелл). Однако ампициллин, как и бензилпенициллин, разрушается беталактамазой и поэтому неэффективен при инфекциях, вызванных пенициллиназообразующими штаммами стафилококков, грамотрицательных бактерий (кишечные палочки, протей, клебсиеллы, энтеробактер). Синегнойные палочки устойчивы к ампициллину.

Ампициллин кислотоустойчив и поэтому активен как при приеме внутрь, так и при парентеральном введении.

Карбенициллин обладает более широким антимикробным спектром, чем ампициллин; он действует на синегнойные палочки, индолоположительные штаммы протеев, серратий. Однако он менее активен, чем ампициллин, в отношении кишечных палочек, клебсиелл и стафилококков; чувствителен к действию желудочного сока и вводится лишь парентерально (внутривенно или внутримышечно). Имеются производные карбенициллина для введения внутрь (карфециллин), которые обеспечивают меньшие концентрации в крови, чем при парентеральном введении, и применяются при инфекциях средней тяжести (в основном при поражении мочевыводящих путей).

Новую группу полусинтетических пенициллинов составляют ацилуреидопенициллины, которые значительно превышают по спектру действия и эффективности рассмотренные выше классические производные пенициллинов. К этой группе относят *азлоциллин, мезлоциллин, пиперациллин*. Эти антибиотики сохранили все достоинства пенициллинов широкого спектра (ампициллин): высокую бактерицидность, избирательность действия, благоприятные фармакокинетические характеристики, низкую токсичность. Азлоциллин является препаратом с направленным действием на псевдомонады (синегнойные палочки), в 4—8 раз превышая активность карбенициллина. Еще более широким спектром действия обладают мезлоциллин и пиперациллин.

Цефалоспорины — бактерицидные антибиотики, обладающие широким спектром антимикробного действия, охватывающим большое число так называемых проблемных возбудителей, в том числе пенициллиназообразующие стафилококки, энтеробактерии, в частности клебсиеллы; как правило, цефалоспорины хорошо переносятся, их аллергизирующее действие выражено относительно мало (нет полной перекрестной аллергии с пенициллинами).

Цефалоспорины объединяют в следующие основные группы. 1. *Препараты I поколения (классические):* а) для парентерального введения, не обладающие устойчивостью к беталактамазам (цефалотин, цефалоридин, цефацетрил, цефапирин); для перорального введения (цефалексин, цефрадин, цефаклор, цефадроксил, цефатризин); б) цефалоспорины с более выраженной устойчивостью к беталактамазам (цефазолин). 2. *Препараты II поколения:* цефамандол, цефокситин, цефуроксим. 3. *Цефалоспорины III поколения:* цефотаксим, цефзулодин, цефоперазон, цефтазидим, цефтриаксон, моксалактам, цефотиам, цефтизоксим и др.

Хотя все цефалоспорины характеризуются единым механизмом действия и резистентностью к ним микроорганизмов-возбудителей, отдельные представители существенно отличаются по фармакокинетике, выраженности антимикробного действия, стабильности к беталактамазам.

Общие показания к применению цефалоспоринов: 1) инфекции, вызываемые возбудителями, нечувствительными к пенициллинам, как, например, клебсиеллы и другие энтеробактерии (в соответствии с антибиотикограммой); 2) в случае аллергии к пенициллинам цефалоспорины являются антибиотиком резерва первой очереди; 3) при тяжелом течении инфекции и эмпирическом начале лечения до установления этиологического фактора в комбинации с аминогликозидами или полусинтетическими пенициллинами, особенно ацилуреидопенициллинами (азлоциллин, мезлоциллин, пиперациллин).

Применение цефалоспоринов не показано при инфекциях, вызванных стрептококками, пневмококками, энтерококками, менингококками, шигеллами, сальмонеллами.

П р е п а р а т ы I п о к о л е н и я. Самым старым и вместе с тем наиболее широко применяемым цефалоспорином является *цефалотин.* Основным показанием к назначению цефалотина служат инфекции, вызванные стафилококками, при аллергических явлениях у данного больного на препараты пенициллина. Цефалотин превосходит препараты пенициллина при средней тяжести инфекциях мочевых и дыхательных путей и других локализаций. Цефалотин превосходит группу оксациллина по способности проникать в лимфатические узлы, легко инактивируется в организме.

Цефалексин — наиболее широко используемый цефалоспорин I поколения из-за возможности приема внутрь. При пероральном введении быстро и полно всасывается (независимо от приема пищи). Максимальная концентрация достигается через 1—1,5 ч. По спектру действия цефалексин близок к цефалотину, однако эффективность цефалотина, применяемого парентерально, превосходит цефалексин. Препарат хорошо переносится, тяжелые побочные явления не зарегистрированы. Легкие побочные явления со стороны желудочно-кишечного тракта возможны, но они носят преходящий характер.

Основным показанием к применению цефалексина служат инфекции дыхательных путей. Препарат активен в отношении стафилококков, гемолитических стрептококков, пневмококков, нейссерий, коринебактерий и клостридий. Не действует на энтеробактерии. Обладает высокой устойчивостью к беталактамазам.

Цефалексин является основным препаратом для амбулаторного лечения, в том числе и детей. Его можно сочетать с аминогликозидами и пенициллинами широкого спектра (ампициллин).

Цефазолин (кефзол, цефамезин) обладает устойчивостью к беталактамазам микроорганизмов, широким спектром действия и активностью в отношении кишечных палочек и клебсиелл. Особенно успешно применяется в виде краткосрочных курсов для профилактики инфекции при хирургических вмешательствах. Хорошо переносится при внутримышечном введении, дает высокие концентрации в желчных путях и желчном пузыре.

Ц е ф а л о с п о р и н ы II п о к о л е н и я. Основные представители этой группы — *цефамандол* (мандокеф), *цефокситин* (метоксицин), *цефуроксим* (цинацеф). Основная направленность действия — инфекции, вызванные энтеробактериями. Цефамандол эффективен в отношении устойчивых к цефалотину штаммов кишечных палочек; при других энтеробактериях, в частности наличии индолнегативных протеев, превосходит цефокситин и цефуроксим, высокоэффективен при инфекциях, вызванных гемофильной палочкой, оксациллинрезистентными стафилококками. Цефокситин в особенности активно действует на провиденсии и серратии, а также вульгарные протеи. Его особенностью является также активность в отношении анаэробных микроорганизмов, в частности бактероидов. Цефуроксим в ряде случаев действует на устойчивые к ампициллину энтеробактерии, цитробактеры и протей мирабилис.

Основной представитель цефалоспоринов II поколения цефамандол показан при лечении инфекций верхних дыхательных, мочевых и желчных путей; лечении перитонита в сочетании с препаратами, активными при анаэробной инфекции, например метронидазолом.

Цефамандол можно с успехом сочетать с пенициллинами (азлоциллин, мезлоциллин, пиперациллин), аминогликозидами.

К ц е ф а л о с п о р и н а м III п о к о л е н и я относят многие антибиотики, часть из которых действительно обладает серьезными клиническими преимуществами.

Цефоперазон показан при инфекциях, вызванных синегнойными палочками, при заболеваниях желчных путей благодаря высокой концентрации в желчном пузыре.

Цефотаксим (клафоран) — важнейший представитель цефалоспоринов III поколения. Характеризуется высокой антимикробной активностью, широким спектром действия, включая клебсиеллы, энтеробактеры, индолположительные протеи, провиденсии и серратии. В организме до 30 % антибиотика инактивируется, чем объясняется наблюдаемое иногда несоответствие между высокой активностью in vitro и эффективностью в клинике. Это особенно относится к бактероидам, псевдомонадам, энтерококкам и стафилококкам. Цефотаксим сохраняет свое значение при корректно выбранных показаниях как высокоэффективный антибиотик резерва.

Цефтриаксон (роцефин) отличается от цефотаксима длительностью достигаемых в организме больного концентраций (8 ч и более после однократного введения), что позволяет вводить его 1—2 раза в сутки. Препарат отличается высокой стабильностью при хранении; 40—60 % антибиотика выводится с желчью и мочой.

Цефзулодин — первый цефалоспорин узкого спектра действия, высокоактивный в отношении синегнойных палочек. Кроме того, действует на стафилококки, гемолитические стрептококки, пневмококки, нейссерии, коринебактерии и клостридии. Обладает высокой устойчивостью к беталактамазам.

Ламоксактам (моксалактам) — первый представитель оксабеталактамных антибиотиков, обладающий широким спектром действия (кишечные палочки, индолположительные протеи, провиденсии, серрати, клебсиеллы, энтеробактер, бактероиды, псевдомонады). Слабее действует на стафилококки и энтерококки. Препарат высокоустойчив к беталактамазам, хорошо проникает в спинномозговую жидкость, перитонеальную полость. В процессе широкого применения ламоксактама обнаружены побочные явления, выражающиеся в кровотечениях, для предупреждения которых применяют витамин К.

Побочные явления при применении цефалоспоринов: аллергические реакции, обратимые лейкоцито- и тромбоцитопения; боль в месте введения (особенно при внутримышечном введении цефалотина), тромбофлебиты в месте внутривенного введения; передозирование цефалоридина (а иногда и цефалотина) и комбинация с потенциально нефротоксическими веществами может приводить к поражению почек; желудочно-кишечные расстройства при пероральном введении (наблюдаются редко и носят преходящий характер); ложноположительные реакции на сахар в моче; при одновременном введении цефалоспоринов и алкоголя наблюдаются антабусподобные реакции.

Аминогликозиды. В эту группу входит большое число как природных, так и полусинтетических антибиотиков с близкой структурой, антимикробным спектром, механизмом действия, характером побочных явлений. Основные показания для назначения аминогликозидов — тяжелые инфекции различной локализации, вызванные грамотрицательными микроорганизмами, в том числе устойчивыми к другим антибиотикам, и инфекции мочевых путей.

Как и при лечении другими антибиотиками, при назначении аминогликозидов следует стремиться к предварительному определению чувствительности к антибиотикам (антибиотикограммы).

Стрептомицин. Антибиотик, активный в отношении микобактерий туберкулеза и многих других возбудителей. Однако ввиду быстрого развития устойчивости, высокой ототоксичности и создания более эффективных препаратов этой группы применение стрептомицина ограничивается очень узкими показаниями и *лишь в комбинации с другими антибиотиками.* Монотерапия стрептомицином в настоящее время считается бессмысленной. Основным показанием к применению стрептомицина является его включение в различные схемы комбинированной терапии туберкулеза. В сочетании с пенициллином стрептомицин применяют при септическом эндокардите, вызванном зеленящим стрептококком, энтерококком. При таких инфекционных заболеваниях, как бруцеллез, чума, туляремия, мелиоидоз, стрептомицин можно назначать в комбинации с препаратами тетрациклинов.

Противопоказаниями к назначению стрептомицина являются: аллергия, поражения VIII пары черепных нервов, тяжелые нарушения выделительной функции почек, сочетания с другими ото- или нефротоксичными препаратами, беременность; стрептомицин не применяют у новорожденных и детей раннего возраста. Основное побочное явление при применении стрептомицина — ототоксичность; нарушение слуха нередко носит необратимый характер, поэтому при применении стрептомицина каждые 4 нед необходима аудиометрия. Вестибулярным нарушениям предшествуют головная боль, тошнота, нистагм и др.

Неомицин. Ввиду высокой ото- и нефротоксичности неомицин применяют лишь внутрь в качестве орального антисептика и в виде лекарственных форм для местного применения (мази, присыпки, аэрозоли), в комбинации с другими препаратами (бацитрацин, полимиксин) и с кортикостероидами. Неомицин действует главным образом на инфекции, вызванные грамотрицательными возбудителями, а также стафилококками, малоактивен в отношении синегнойных палочек, стрептококков, энтерококков. Микроорганизмы, нечувствительные к неомицину, обладают полной перекрестной устойчивостью к канамицину, паромомицину (мономицину), частичной — к стрептомицину и гентамицину.

Паромомицин (мономицин). По спектру антимикробного действия близок к неомицину и канамицину, высокоэффективен в отношении большинства грамотрицательных, грамположительных и кислотоустойчивых бактерий, малоактивен в отношении стрептококков, пневмококков, энтерококков. Кумулятивное ото- и нефротоксическое действие мономицина значительно более выражено, чем у других аминогликозидов. Мономицин показан для лечения кожного лейшманиоза, при котором препарат дает некоторый эффект (0,25 г 3 раза в сутки внутримышечно). Может применяться внутрь в качестве кишечного антисептика. Препарат растворяют в воде и назначают взрослым в дозе 0,25 г 4—6 раз в сутки, детям по 10—25 мг/(кг · сут).

Канамицин обладает широким спектром действия, охватывающим большое число грамположительных и грамотрицательных микроорганизмов, включая протеи, клебсиеллы, энтеробактерии, стафилококки. Активен в отношении микобактерий туберкулеза; неэффективен при синегнойной инфекции. Ввиду широкого распространения микроорганизмов, образующих инактивирующие канамицин ферменты, применение канамицина целесообразно лишь при установлении чувствительности к нему выделенного возбудителя. Сохраняет свое значение как препарат II ряда в схемах комбинированной химиотерапии туберкулеза. Местно (в виде таблеток) применяется в качестве кишечного антисептика. На основе канамицина выпускается полусинтетический антибиотик амикацин, один из наиболее эффективных в настоящее время препаратов этой группы (см. ниже).

Новые аминогликозиды. В эту группу входит ряд высокоэффективных антибиотиков, как природных, так и полусинтетических, превосходящих по своему действию ранее полученные препараты.

Гентамицин — основной и наиболее широко применяемый из современных аминогликозидов препарат широкого спектра антимикробного действия. К гентамицину высокочувствительны энтеробактерии, кишечные палочки, клебсиеллы, гемофильные палочки, индолположительные протеи, синегнойные палочки, шигеллы, серратии, грамположительные кокки, в том числе стафилококки. Умеренная или штаммозависимая активность отмечается к стрептококкам, пневмококкам, гонококкам, сальмонеллам. Энтерококки, менингококки и клостридии относительно устойчивы к гентамицину. Перекрестная устойчивость (обычно неполная) наблюдается к неомицину, стрептомицину (мономицину), тобрамицину. Активность гентамицина в организме снижается в присутствии ионов Na, K, Mg, Ca, а также различных солей — карбонатов, сульфатов, хлоридов, фосфатов, нитратов. В анаэробных условиях антимикробный эффект гентамицина резко снижается. Действие гентамицина зависит от pH среды; его оптимум — в щелочной среде (pH 7,8). Несмотря на незначительное проникновение в желчные пути, антибиотик активируется в щелочной среде желчи и может оказывать эффект при соответствующей локализации инфекционного процесса.

Гентамицин практически не всасывается при введении внутрь. Не проникает внутрь клеток, в организме практически не метаболизируется, почти полностью выделяется в неизмененном виде с мочой. Период полувыведения ($T_{1/2}$) гентамицина при внутримышечном введении составляет: для новорожденных (до 4 нед) — 3,3 ч, грудных детей (до 12 мес) — 2 ч, детей до 15 лет — 1,6 ч, взрослых — 2 ч. Гентамицин обладает низким химиотерапевтическим индексом, так что во избежание токсических явлений нельзя превосходить концентрации 10 мкг/мл. Поэтому рекомендуется, особенно у больных с пониженной выделительной функцией почек,

проводить лечение под контролем концентрации препарата в крови.

Основными показаниями к применению гентамицина являются тяжелые септические инфекции, вызванные чувствительными штаммами; возможно сочетание с синергидно действующими полусинтетическими пенициллинами широкого спектра (ампициллин, карбенициллин, азлоциллин) или цефалоспоринами. Эффективность комбинации основана на том, что гентамицин действует на микробы в состоянии как пролиферации, так и покоя. Кроме того, препарат назначают при тяжелых инфекциях почек и мочевых путей.

На основе гентамицина выпускают различные лекарственные формы для местного применения (мази, кремы, аэрозоли и др.). Местное назначение гентамицина высокоэффективно при тяжелых инфекциях кожи и мягких тканей, особенно вызванных синегнойными палочками. Основным методом назначения гентамицина является внутримышечное введение в суточных дозах для взрослых в среднем 2—3 мг/кг; обычно дозу делят на 3 введения. Курс лечения не должен превышать 7—10 дней, повторные курсы возможны через 7—10 дней. Вследствие опасности нейромышечной блокады и высоких концентраций в перилимфе внутреннего уха при необходимости внутривенного введения следует применять медленные инфузии, используя концентрации антибиотика не выше 1 мг на 1 мл раствора.

При нарушенной выделительной функции почек может наблюдаться кумуляция гентамицина, поэтому для предупреждения токсических явлений необходимо корректировать индивидуальные дозы. Как правило, лечение у взрослых начинают с нагрузочной дозы 80 мг, а затем в зависимости от клиренса креатинина снижают дозы на 50 % и меняют режим введения.

Побочные явления при лечении гентамицином носят общий для аминогликозидов характер и проявляются ото- и нефротоксичностью. Особая осторожность требуется у больных с поражением почек, у престарелых, при сочетании с другими нефротоксическими веществами — цефалоридином, диуретиками. Опасность нейромышечной блокады может возрастать при сочетании с веществами, обладающими курареподобным действием.

Сизомицин. Природный антибиотик из группы гентамицина. По спектру действия близок к гентамицину и тобрамицину, однако превосходит гентамицин по антимикробному действию на протеи, серрации, клебсиеллы, энтеробактер, псевдомонады. У микроорганизмов, нечувствительных к другим аминогликозидам, не наблюдается полной перекрестной устойчивости с сизомицином. Препарат обладает устойчивостью к большинству ферментов, образуемых гентамицинорезистентными микроорганизмами, что обеспечивает неполную перекрестную устойчивость и возможность получения хорошего эффекта при инфекциях, вызванных резистентными к гентамицину возбудителями. Терапевтическая концентрация сизомицина (4—6 мкг/мл) достигается при введении средних суточных доз антибиотика (3 мг/кг) и охватывает широкий круг грамотрицательных микроорганизмов и стафилококков, устойчивых к другим антибиотикам. В сочетании с полусинтетическими пенициллинами широкого спектра и цефалоспоринами антимикробный эффект сизомицина усиливается.

При внутримышечном введении сизомицин быстро всасывается, максимальная концентрация его в сыворотке крови наблюдается через 30 мин. Период полувыведения ($T_{1/2}$) составляет 2—2,5 ч. При нарушении выделительной функции почек может наблюдаться кумуляция препарата. Наиболее высокие концентрации сизомицина обнаруживаются в почках; в плевральной и брюшной полости создаются концентрации, близкие к обнаруживаемым в крови. Сизомицин плохо проникает через гематоэнцефалический барьер, выводится из организма в неизмененном виде с мочой (в течение 24 ч 80—84 % от введенной дозы). Концентрация антибиотика в моче после введения 1 мг/кг в течение первых 8 ч составляет около 100 мкг/мл.

Сизомицин назначают при тяжелых инфекционно-воспалительных заболеваниях, вызванных грамотрицательными микроорганизмами, устойчивыми к другим антибиотикам, а также стафилококками, устойчивыми к полусинтетическим пенициллинам.

Препарат эффективен при лечении сепсиса, септического эндокардита, перитонита, инфекций моче- и желчевыводящих путей, органов дыхания (пневмония, эмпиема плевры, абсцесс легкого), инфекции кожи и мягких тканей, инфицированных ожогов. Показаниями к применению сизомицина являются также гнойно-септические заболевания у больных с лейкозами, злокачественными новообразованиями, на фоне цитостатиков и лучевой терапии, при других иммунодефицитных состояниях. По данным ряда авторов, сизомицин в меньшей степени, чем другие аминогликозиды, влияет на иммунную систему организма, что является основанием для преимущественного применения его (в сравнении с другими аминогликозидами) в педиатрии, в том числе у новорожденных.

Назначают внутримышечно или внутривенно. При инфекциях почек и мочевыводящих путей разовая сизомицина составляет 1 мг/кг, суточная 2 мг/кг. В отличие от гентамицина и других аминогликозидов сизомицин вводят не 3, а 2 раза в сутки. При тяжелых инфекциях (сепсис, перитонит, деструктивная пневмония) суточную дозу увеличивают до 3 мг/кг. При угрожающих жизни состояниях в первые 2—3 дня суточная доза может быть увеличена до максимальной — 4 мг/кг.

Суточная доза сизомицина для новорожденных и детей до 1 года составляет 4 мг/кг (максимальная 5 мг/кг), от 1 года до 14 лет — 3 мг/кг (максимальная 4 мг/кг), старше 14 лет — доза взрослых. Продолжительность курса лечения 7—10 дней. При нарушении выделительной функции почек необходимо снижение доз и увеличение интервалов между введениями.

Тобрамицин. Природный аминогликозид, по спектру антимикробного действия и фармакокинетике близкий к гентамицину. По влиянию на синегнойные палочки превосходит активность гентамицина; нет и полной перекрестной устойчивости в отношении этого микроорганизма с гентамицином.

Показания к применению тобрамицина близки к гентамицину и сизомицину; дозы и интервалы между введениями, а также токсичность соответствуют гентамицину.

Нетилмицин является производным сизомицина. По спектру действия близок к гентамицину, но активен в отношении некоторых гентамицинорезистентных возбудителей.

Нетилмицин, как и гентамицин, оказывает активное действие на большинство грамотрицательных бактерий; гентамицин более активен в отношении серраций, синегнойных палочек.

Наиболее важным свойством нетилмицина является активность при инфекциях, вызванных штаммами энтеробактерий и синегнойных палочек, устойчивых к гентамицину и тобрамицину. К таким возбудителям относят: синегнойные палочки, протеи, энтеробактер, клебсиеллы; устойчивые к гентамицину протеи, морганеллы и провиденсии обычно устойчивы и к нетилмицину. При сочетании с пенициллинами и цефалоспоринами наблюдается усиление антимикробного эффекта. К нетилмицину чувствительны множественно-устойчивые (в том числе к полусинтетическим пенициллинам) стафилококки.

Максимальная концентрация нетилмицина после внутримышечного введения (около 4 мкг/мл) достигается через 30—40 мин, период полувыведения составляет 2—2,5 ч. При внутривенном введении концентрация препарата снижается быстрее, чем у гентамицина. Как и другие аминогликозиды, нетилмицин выделяется почками в неизмененном виде. Плохо связывается с белками сыворотки крови, проникает в ткани и жидкости, кроме спинномозговой.

Нетилмицин как в виде монотерапии, так и в сочетании с беталактамными антибиотиками является высокоэффективным средством лечения инфекций почек, мочевыводящих и желчных путей, легких и плевры, перитонита. В ряде случаев нетилмицин эффективнее гентамицина; по данным некоторых авторов, его действие близко к действию амикацина при устойчивых к гентамицину инфекциях. Ототоксичность препарата меньше, чем у гентамицина и тобрамицина.

Амикацин. Полусинтетическое производное канамицина; по сравнению с другими аминогликозидами в наибольшей степени защищен от инактивирующих ферментов, образуемых устойчивыми к аминогликозидам возбудителями. По спектру действия шире гентамицина и тобрамицина; эффективен в отношении большинства устойчивых не только к традиционным аминогликозидам, но и к гентамицину или тобрамицину микроорганизмов. Спектр действия амикацина охватывает большое число «проблемных» микроорганизмов-возбудителей: синегнойные палочки, кишечные палочки, протеи, клебсиеллы, энтеробактеры, серрации, провиденсии, а также менингококки, гонококки, гемофильные палочки. Наиболее важным свойством амикацина является его активность в отношении большинства устойчивых к гентамицину энтеробактерий (более 80 %), синегнойных палочек (более 25—85 %). Устойчивость к амикацину у грамотрицательных микроорганизмов даже на фоне широкого применения этого антибиотика наблюдается крайне редко (до 1 % штаммов). Стафилококки, в том числе устойчивые к пенициллину и гентамицину, как правило, чувствительны к амикацину.

Амикацин в сочетании с пенициллинами и цефалоспоринами (карбенициллин, мезлоциллин, азлоциллин, цефотаксим, цефалотин, цефазолин, цефтазидим, моксалактам, азтреонам) обладает синергидным действием. Имеются данные о синергидности амикацина и триметоприма в отношении клебсиелл, серраций, кишечных, но не синегнойных палочек.

По фармакокинетике амикацин близок к канамицину. После внутримышечного введения 0,5 г пик концентрации достигается через 1 ч. Период полувыведения составляет 2,3 ч. При внутривенном введении быстро достигается высокий уровень амикацина в крови. Выделяется почти полностью с мочой в неизмененном виде. При нарушении выделительной функции почек выведение значительно задерживается. Амикацин слабо связывается с белками сыворотки крови, не проникает через гематоэнцефалический барьер.

Основные показания к введению амикацина — тяжелые инфекции различной локализации, вызванные возбудителями, устойчивыми к другим аминогликозидам.

Левомицетин (хлорамфеникол). Антибиотик широкого спектра действия, активен в отношении многих грамположительных и грамотрицательных микробов, риккетсий, спирохет, хламидий. Среди энтеробактерий чувствительны кишечная палочка, энтеробактеры, клебсиеллы, возбудители чумы, сальмонеллы, шигеллы. Многие микроорганизмы, устойчивые к пенициллинам, тетрациклинам, аминогликозидам и другим антибиотикам, как правило, устойчивы и к левомицетину. Левомицетин быстро и полно (до 90 %) всасывается при приеме внутрь. Время снижения концентрации наполовину ($T^1/_2$) составляет 3,5 ч. Наибольшая концентрация наблюдается в печени, почках; антибиотик проникает через гематоэнцефалический барьер, обнаруживается в спинномозговой жидкости в концентрациях, составляющих 30—50 % от его уровня в крови. Назначают в дозе 0,25—0,75 г на прием 3—4 раза в сутки.

Ввиду возможности развития тяжелых гематотоксических явлений — апластической анемии, панцитопении, носящей необратимый характер, и наличия не менее эффективных, но хорошо переносимых антибиотиков показания к применению левомицетина ограничены. Ими являются брюшной тиф, менингиты, вызванные чувствительными возбудителями. Возможно назначение левомицетина при перитонитах, сепсисе, вызванном грамотрицательными микроорганизмами или бактероидами, при отсутствии других препаратов. Категорически не рекомендуется применение левомицетина в амбулаторной практике.

Тетрациклины. В эту группу входит ряд природных и полусинтетических антибиотиков. Из природных тетрациклинов применяют т е т р а ц и к л и н и о к с и т е т р а ц и к л и н, обладающие близкими свойствами. Применение тетрациклинов ввиду внедрения более эффективных антибиотиков (полусинтетические пенициллины, аминогликозиды и др.) и широкого распространения устойчивых форм микроорганизмов резко ограничено. Из-за побочных явлений (накопление в костях и зубах) п р и м е н е н и е в с е х т е т р а ц и к л и н о в з а п р е щ е н о у д е т е й д о 8 л е т.

Показаниями к применению тетрациклинов в настоящее время являются: инфекции кожи, в особенности акне, дыхательных путей (хронические бронхиты), где они эффективны наряду с ампициллином и препаратами типа бисептола (септрин) — сочетания сульфаниламидов с триметопримом; микоплазмозы — активность на уровне эритромицина, бруцеллез (в сочетании со стрептомицином), холера, возвратный тиф, мелиоидоз (в сочетании со стрептомицином), орнитоз, риккетсиозы, туляремия, трахома, неспецифические уретриты. Показаниями к применению препаратов II ряда служат: актиномикоз, сибирская язва, балантидиаз, эризепелоид, гонорея, лептоспирозы, листериозы, сифилис, нокардиоз, чума, мягкий шанкр и др. Тетрациклины не показаны к применению при инфекциях, вызванных стафилококками, пневмококками, менингитах, для профилактических целей в хирургии. Противопоказаниями к применению тетрациклинов служат: аллергия к этой группе, миастении, беременность, детский возраст (до 8 лет), тяжелые поражения печени и почек.

Побочные явления: поражение желудочно-кишечного тракта, суперинфекции, микозы, поражение печени (при передозировках), отложение в костях и тканях, фотодерматозы, кумуляция при недостаточности почек, развитие кандидозов.

Распространенные ранее фиксированные комбинации на основе тетрациклинов, например о л е т е т р и н (тетраолеан), по современным представлениям являются нерациональными с точки зрения как эффективности, так и побочных явлений.

Д о к с и ц и к л и н (вибрамицин) — полусинтетическое производное окситетрациклина, наиболее широко применяемый препарат этой группы. Обладает рядом преимуществ в сравнении с природными тетрациклинами. Всасывается в значительно больших количествах, чем природные тетрациклины; его применяют обычно в дозе 0,1 г один раз в сутки (таблетки или капсулы).

Доксициклин необходимо принимать после еды, при вертикальном положении пациента, запивая большим объемом жидкости; при положении лежа или сидя препарат может задержаться на слизистой оболочке пищевода и вызвать ее поражение (вплоть до язв).

Метациклин не обладает преимуществами перед другими антибиотиками; во всех случаях может быть заменен доксициклином.

Ансамакролиды. Рифампицин. Полусинтетический антибиотик широкого спектра действия, относящийся к группе ансамицинов. Один из наиболее эффективных в настоящее время антибиотиков для лечения туберкулезной инфекции, в том числе вызванной атипичными формами микобактерий. Кроме того, рифампицин активен в отношении множественно-устойчивых стафилококков, стрептококков, энтерококков, гонококков, менингококков, гемофильных палочек. К рифампицину, особенно при монотерапии, быстро возникает устойчивость. Для ее преодоления необходимо использовать короткие курсы или применять антибиотик в комбинациях. Рифампицин, как правило, активен в отношении множественно-устойчивых микроорганизмов. Это единственный антимикробный препарат, который проникает внутрь клеток макроорганизма и бактерицидно действует на фагоцитированные и персистирующие возбудители. При пероральном введении быстро и полно всасывается, максимальная концентрация в крови наблюдается через 2 ч, при внутривенном введении — через 30 мин.

Хорошо диффундирует в ткани и жидкости макроорганизма и органы, где создаются концентрации, соответствующие или превышающие достигаемые в сыворотке крови. В желчном пузыре обнаруживаются очень высокие концентрации, в почках — незначительные, в плевральной, асцитической, синовиальной жидкостях, в мокроте — терапевтические концентрации. Рифампицин проникает через гематоэнцефалический барьер. Многие комбинации рифампицина с другими антимикробными агентами являются синергидными. Как правило, рифампицин назначают в сочетании с другими противотуберкулезными препаратами — ПАСК и этамбутолом. Синергизм обычно имеет место также в сочетаниях с эритромицином, линкомицином, тетрациклином, аминогликозидами, нитрофуранами, триметопримом. Антагонистический эффект установлен при сочетании с пенициллином, цефалоспоринами, сульфаниламидами.

Основные показания к применению рифампицина: комбинированная химиотерапия различных форм туберкулеза и лепры; инфекции легких и дыхательных путей, отоларингологические инфекции; инфекции почек, мочевыводящих и желчных путей; инфекции, вызванные неспорообразующими анаэробами (бактероиды, фузобактерии, стрептококки); как препарат выбора при борьбе с носительством менингококков; при инфекциях желудочно-кишечного тракта как альтернатива левомицетину; при лечении гонореи, вызванной пенициллиноустойчивыми возбудителями, остеомиелитов, листериоза.

Противопоказанием к применению рифампицина является склонность к гиперергическим реакциям немедленного типа. При нарушении функции почек рифампицин следует применять с осторожностью. При рифампицинотерапии возможно развитие гепатопатии, особенно у страдающих алкоголизмом или при сочетании с другими гепатотоксичными препаратами. При беременности назначение рифампицина противопоказано. Иногда наблюдаются побочные явления со стороны желудочно-кишечного тракта, редко — признаки аллергии.

Макролиды, линкомицин, фузидин, ванкомицин. Макролидная группа объединяет ряд антибиотиков близкой структуры и механизма действия, активных главным образом в отношении грамположительных микроорганизмов, прежде всего кокковой группы. Наибольшее практическое значение имеет эритромицин.

Эритромицин. Высокоактивный антибиотик узкого спектра действия, один из наиболее широко применяемых в амбулаторной практике, особенно в педиатрии. Действует на инфекции, вызванные стафилококками, стрептококками, пневмококками. Кроме того, к нему чувствительны актиномицеты, возбудитель сибирской язвы, бактероиды, возбудители коклюша, кампилобактеры, коринебактерии, легионеллы, микоплазмы, гонококки, менингококки, трепонемы. Большинство грамотрицательных микроорганизмов не обладает чувствительностью к эритромицину. Фармакокинетика препарата зависит от многих факторов (лекарственной формы, функционального состояния желудочно-кишечного тракта и т. д.). Эритромицин рекомендуют назначать в начале приема пищи. При приеме 0,5 г достигаются невысокие его концентрации в сыворотке крови, которые при многократном введении препарата несколько повышаются. Эритромицин проникает в ткани, органы и обнаруживается внутриклеточно; особенно интенсивно накапливается в печени, желчном пузыре, предстательной железе; не проникает через неповрежденные менингеальные оболочки, но при менингитах может проникать в спинномозговую жидкость. Эритромицин связывается на 60—90 % с белками сыворотки крови. Время полувыведения составляет 1,2 ч. Выделяется главным образом с желчью, в печени метаболизируется; с почками выделяется не более 5 % количества введенного антибиотика.

Эритромицин относится к наиболее хорошо переносимым антибиотикам, обладающим минимальными побочными явлениями. Осложнения со стороны желудочно-кишечного тракта наблюдают у 2—3 % больных, аллергические явления — у 6,5 %. Эритромицин в меньшей степени влияет на нормальную микрофлору кишечника, чем препараты широкого спектра. Нет противопоказаний для назначения эритромицина во время беременности. Основными показаниями к его применению служат инфекционные процессы средней тяжести — легких и верхних дыхательных путей, отиты, тонзиллиты, фарингиты. Эритромицин эффективен при акне, пиодермиях, простатите, вызванных чувствительными возбудителями; в качестве альтернативного препарата при аллергии к пенициллину; эритромицин применяют для профилактики ревматизма, при дифтерии, лечении сифилиса и гонореи. Препарат является одним из наиболее эффективных средств лечения легионеллезов и инфекций, вызванных микоплазмами.

Олеандомицин не имеет каких-либо преимуществ перед эритромицином и, как правило, обладает более слабым действием.

Линкомицин. Хотя по химическому строению линкомицин не связан с эритромицином, его биологические свойства близки к макролидам (часто они рассматриваются вместе). *Клиндамицин* является полусинтетическим производным линкомицина, обладающим определенными преимуществами в сравнении с исходным природным антибиотиком. Линкомицин активен в отношении большинства грамположительных микроорганизмов — стафилококков (в том числе устойчивых к пенициллину), стрептококков. В отличие от эритромицина действует на фекальные стрептококки, а также на возбудителей сибирской язвы и нокардиоза. Наблюдается синергизм линкомицина с гентамицином и другими аминогликозидами в отношении перечисленных микроорганизмов. В отличие от эритромицина линкомицин не действует на менингококки, гонококки и гемофильные палочки и менее активен в отношении микоплазм. Важными свойствами линкомицина и особенно клиндамицина является их действие на неспорообразующие грамотрицательные бактерии (бактероиды).

После введения 0,5 г линкомицина внутрь пик концентрации в сыворотке крови достигается в течение 2—4 ч. При парентеральном введении достигаются более высокие концентрации. Клиндамицин более полно всасывается при введении внутрь и обеспечивает более высокие (иногда вдвое большие) концентрации в сыворотке крови. В отличие от клиндамицина на прием линкомицина оказывает влияние пища (резкое снижение концентрации после еды).

Линкомицин и клиндамицин проникают в различные ткани и жидкости организма. При менингите концентрация линкомицина в цереброспинальной жидкости достигает 40 % от обнаруживаемой в сыворотке крови; препарат проникает в абсцессы мозга; при парентеральном введении обнаруживается в высоких концентрациях в желчи, асцитической жидкости, проникает через плацентарный барьер, в костные ткани.

Основные показания к применению: стафилококковые инфекции различной локализации (хорошие результаты отмечаются при остеомиелитах и септических артритах этой этиологии), стрептококковые и пневмококковые инфекции, дифтерия, актиномикоз, хронические бронхиты, пневмонии, вызванные микоплазмой, акне, острые абсцессы. Линкомицин и особенно клиндамицин эффективны при лечении тяжелых анаэробных инфекций, вызванных бактероидами.

Линкомицин и клиндамицин вызывают поражение желудочно-кишечного тракта различной выраженности (тошнота, рвота, боль в животе). Возможно развитие диареи и язвенных колитов при применении линкомицина и особенно клиндамицина. После отмены препаратов

эти симптомы могут наблюдаться в течение 1—2 нед. Наиболее опасным осложнением, угрожающим жизни больного, является псевдомембранозный колит, возникающий независимо от продолжительности курса чаще при назначении препаратов внутрь, чем при парентеральном введении. Этиологию этого опасного синдрома, возникающего и помимо антибиотикотерапии, связывают с токсичным микроорганизмом клостридиум диффициле, который усиленно размножается при нарушении нормальной микрофлоры под влиянием антибиотика. Для борьбы с этим осложнением применяют метронидазол, сульфаниламиды, ванкомицин, фузидин.

Ванкомицин и другие антибиотики группы гликопептидов обладают узким спектром бактерицидного действия в отношении стафилококков, стрептококков, пневмококков, коринебактерий и некоторых других грамположительных возбудителей. Грамотрицательные микроорганизмы полностью резистентны. Помимо ванкомицина, в эту группу входят *тейкопланин* и другие антибиотики, в СССР выпускают *ристомицин*. Ванкомицин в меньшей степени, чем другие антибиотики этой группы, но также может вызывать флебиты, озноб, повышение температуры, экзантемы, нефротоксические и ототоксические явления. В последние годы вновь возник интерес к ванкомицину как средству борьбы с тяжелыми инфекциями, вызванными множественно-устойчивыми стафилококками (в том числе устойчивыми к полусинтетическим пенициллинам — так называемыми метициллиноустойчивыми). Ванкомицин применяют у больных с хроническим гемодиализом и сопутствующими инфекциями; как препарат выбора при аллергии к пенициллинам и цефалоспоринам; при энтерококковых эндокардитах; как препарат выбора при инфекциях, вызванных группой коринебактерий, после хирургических вмешательств на сердце, на фоне иммунодефицита; при инфекциях, вызванных устойчивыми к пенициллину пневмококками.

В будущем значение ванкомицина и других гликопептидов может возрастать как альтернативных резервных антибиотиков.

Ванкомицин высокоэффективен при приеме внутрь (в отличие от обычного внутривенного пути введения) для борьбы с псевдомембранозными энтероколитами, вызванными клостридиями или энтерококками.

Побочные явления при антибиотикотерапии могут быть отнесены к трем основным группам — аллергическим, токсическим и связанным с химиотерапевтическим эффектом антибиотиков. Аллергические реакции свойственны многим антибиотикам. Их возникновение не зависит от дозы, но они усиливаются при повторном курсе и увеличении доз. К опасным для жизни аллергическим явлениям относят анафилактический шок, ангионевротический отек гортани, к неопасным для жизни — кожный зуд, крапивницу, конъюнктивит, ринит и др. Аллергические реакции наиболее часто развиваются при применении пенициллинов, особенно парентеральном и местном. Особого внимания требует назначение длительно действующих препаратов антибиотиков. Аллергические явления особенно часто встречаются у больных с повышенной чувствительностью к другим лекарственным препаратам.

Токсические явления при антибиотикотерапии наблюдаются значительно чаще, чем аллергические, их выраженность обусловлена дозой введенного препарата, путями введения, взаимодействием с другими лекарствами, состоянием больного. Рациональное применение антибиотиков предусматривает выбор не только наиболее активного, но и наименее токсичного препарата в безвредных дозах. Особое внимание следует уделять новорожденным и детям раннего возраста, пожилым (вследствие возрастных нарушений процессов метаболизма, водного и электролитного обмена). Нейротоксические явления связаны с возможностью поражения некоторыми антибиотиками слуховых нервов (мономицин, канамицин, стрептомицин, флоримицин, ристомицин), влиянием на вестибулярный аппарат (стрептомицин, флоримицин, канамицин, неомицин, гентамицин). Некоторые антибиотики могут вызывать и другие нейротоксические явления (поражение зрительного нерва, полиневриты, головная боль, нейромышечная блокада). Следует осторожно вводить антибиотик интралюмбально из-за возможности прямого нейротоксического действия.

Нефротоксические явления наблюдаются при применении различных групп антибиотиков: полимиксинов, амфотерицина А, аминогликозидов, гризеофульвина, ристомицина, некоторых пенициллинов (метициллин) и цефалоспоринов (цефалоридин). Особо подвержены нефротоксическим осложнениям больные с нарушением выделительной функции почек. Для предупреждения осложнений необходимо выбирать антибиотик, дозы и схемы его применения в соответствии с функцией почек под постоянным контролем концентрации препарата в моче и крови.

Токсическое действие антибиотиков на желудочно-кишечный тракт связано с местнораздражающим действием на слизистые оболочки и проявляется в виде тошноты, поноса, рвоты, анорексии, боли в области живота и т. д. Угнетение кроветворения наблюдается иногда вплоть до гипо- и апластической анемии при применении левомицетина и амфотерицина В; гемолитические анемии развиваются при применении левомицетина. Эмбриотоксическое действие может наблюдаться при лечении беременных стрептомицином, канамицином, неомицином, тетрациклином; в связи с этим применение потенциально токсичных антибиотиков за 3—6 нед до родов противопоказано.

Побочные явления, связанные с антимикробным эффектом антибиотиков, выражаются в развитии суперинфекции и внутрибольничных инфекций, дисбактериоза и влиянии на состояние иммунитета у больных. Угнетение иммунитета свойственно противоопухолевым антибиотикам. Некоторые антибактериальные антибиотики, например эритромицин, линкомицин, обладают иммуностимулирующим действием.

В целом частота и выраженность побочных явлений при антибиотикотерапии не выше, а иногда и значительно ниже, чем при назначении других групп лекарственных препаратов.

При соблюдении основных принципов рационального назначения антибиотика удается свести к минимуму побочные явления. Антибиотики должны назначаться, как правило, при выделении возбудителя заболевания у данного больного и определении его чувствительности к ряду антибиотиков и химиопрепаратов. При необходимости определяют концентрацию антибиотика в крови, моче и других жидкостях организма для установления оптимальных доз, путей и схем введения.

СИНТЕТИЧЕСКИЕ ХИМИОТЕРАПЕВТИЧЕСКИЕ СРЕДСТВА. Сульфаниламиды. Различают препараты короткого, среднего и длительного действия. Сульфаниламиды — препараты относительно широкого спектра активности; инактивируются в сыворотке крови, гнойном экссудате, продуктах распада белков, плохо проникают в очаг воспаления. Обладают бактериостатическим типом действия; как правило, эффект на бактериальную клетку выражен слабее, чем у антибиотиков. Относительно часто развиваются аллергические и токсические явления. Преимуществом сульфаниламидов для массового применения в амбулаторной практике явилась их низкая цена. Однако в настоящее время показания к их применению значительно сужены (инфекции, вызванные нокардиями, мягкий шанкр, альтернативные — при трахоме). Низкая эффективность при инфекциях, вызванных устойчивыми микроорганизмами, длительность лечения, непостоянство результатов сводят на нет преимущества сульфаниламидов, которые сохраняют свое значение как компоненты комбинированных препаратов (главным образом с триметопримом).

Котримоксазол — общее наименование для сочетаний сульфаниламидов с триметопримом (синонимы: септрин, бактрим и др.). Комбинация триметоприма с сульфаниламидом среднего срока действия — сульфометоксазолом — обладает потенцированным влиянием в отношении многих возбудителей.

Сочетание двух различных по механизму действия бактериостатических веществ приводит к значительному усилению активности в отношении многих возбудителей: стафилококков, стрептококков, энтерококков, нейссерий, протеев, кишечных палочек, гемофильных палочек, сальмонелл, шигелл, клостридий, трепонем, псевдомонад, анаэробов. В отношении ряда инфекций средней тяжести сочетания сульфаниламидов и триметоприма являются альтернативными по отношению к антибиотикам. Оба компонента сочетания после введения внутрь быстро и полно всасываются и создают оптимальные концентрации, позволяющие вводить котримоксазол 2 раза в сутки. Высокие концентрации обнаруживаются в почках, легких, предстательной железе. Выводится препарат главным образом с мочой (50 %), лишь некоторая часть инактивируется. Побочные явления те же, что при терапии сульфаниламидами: аллергические реакции, экзантемы, нарушения желудочно-кишечного тракта; гематотоксические явления — тромбоцитопения, лейкопения — обусловлены триметопримом. Как правило, побочные явления наблюдаются в среднем у 5 % больных и носят обратимый характер. Препарат противопоказан беременным. Хорошие результаты наблюдаются при острых и хронических инфекциях почек и мочевых путей, легких и дыхательных путей, желчных путей, желудочно-кишечного тракта. При сальмонеллезах котримоксазол действует не слабее левомицетина, однако без опасности тяжелых гематотоксических явлений. При тяжелых процессах, вызванных множественно-устойчивыми грамотрицательными микроорганизмами, возможно сочетание с аминогликозидами (гентамицин, тобрамицин, сизомицин).

Т р и м е т о п р и м в качестве монотерапии, особенно при инфекциях мочевых и дыхательных путей, является почти столь же эффективным, что и котримоксазол. Возможно сочетание триметоприма с рифампицином (в том числе рифаприм), что обеспечивает сверхширокий спектр антимикробного действия.

Хинолоны. Эта группа объединяет синтетические антибактериальные вещества двух поколений: 1) хинолон-карбоновые кислоты (налидиксовая и оксолиниевая кислоты, хиноксацин, пипемидиновая кислота и др.) и 2) фторсодержащие хинолон-карбоновые кислоты.

Н а л и д и к с о в а я   к и с л о т а (неграм, невиграмон) является основным представителем первого поколения хинолонов узкого спектра действия. Препарат активен в отношении многих энтеробактерий — кишечных палочек, клебсиелл, протеев, цитробактеров, провиденсий, серратий и др. Налидиксовую кислоту назначают внутрь в среднесуточной дозе 4 г (для взрослых). Метаболизируется в печени. Достигаемые в организме концентрации сильно варьируют у разных больных; продукт метаболизма выводится почками, где и достигаются терапевтические концентрации.

Налидиксовая кислота применяется главным образом для лечения инфекций мочевых путей. При применении препарата могут возникать побочные явления: нарушения желудочно-кишечного тракта, нефротоксичность, повышение внутричерепного давления, гематотоксичность и др. С созданием новых препаратов значение налидиксовой кислоты резко уменьшилось.

Ф т о р с о д е р ж а щ и е   х и н о л о н ы. В эту группу входит большое число препаратов широкого антимикробного спектра, высокоактивных в отношении грамположительных и грамотрицательных микроорганизмов, микоплазм, легионелл, хламидий и других возбудителей. Наиболее важные для практики представители хинолонов — ципрофлоксацин, эноксацин, норфлоксацин, офлоксацин, нефлоксацин и др. При приеме внутрь обеспечиваются высокие концентрации в тканях и органах, имеются и формы для парентерального применения; хинолоны практически не метаболизируются в организме, хорошо проникают в органы и ткани (легкие, печень, почки). При назначении хинолонов требуется осторожность, особенно у детей до 18 мес ввиду возможности развития побочных явлений, иногда тяжелых. По ряду показателей эффект хинолонов близок к тому, который оказывают антибиотики широкого спектра действия, а иногда и превосходят их.

Нитрофураны. Синтетические антибактериальные вещества, применяемые лишь для лечения острых инфекций мочевых путей, профилактики рецидивов при хронических инфекциях. Нитрофураны обладают выраженным побочным действием (на ЦНС, желудочно-кишечный тракт, вызывают аллергию, гематотоксичны). При наличии высокоэффективных и менее токсичных химиотерапевтических средств применение нитрофуранов нецелесообразно.

Противогрибковые препараты.

А м ф о т е р и ц и н   В. Антибиотик группы полиенов, вводится парентерально, активен при бластомикозах, гистоплазмозах, криптококкозах, кандидозах, кокцидиозах.

Н и с т а т и н. Полиеновый антибиотик, применяется местно и внутрь, преимущественно для лечения кандидозных поражений кожи, слизистых оболочек, желудочно-кишечного тракта.

Г р и з е о ф у л ь в и н. Антибиотик, применяемый перорально при дерматофитной инфекции; неактивен при системных микозах.

Ф л у ц и т о з и л. 5-Фтороцитозин — синтетический препарат из группы пиримидинов, применяется внутрь. Активен в отношении криптококков, кандид. В сочетании с амфотерицином В используется для лечения криптококковых менингитов.

К е т о к о н а з о л (из группы имидазолов) применяют внутрь при дерматофитной инфекции. В процессе длительной терапии при бластомикозе, гистоплазмозе, кокцидиомикозах возможны рецидивы.

М и к о н а з о л. Препарат группы имидазола. Выпускается для парентерального, местного и вагинального применения. Эффективен при многих дерматофитах и кандидозах.

ПРОТИВОВИРУСНЫЕ ПРЕПАРАТЫ. Среди природных и синтетических химиотерапевтических веществ пока не найдено высокоэффективных средств лечения важнейших заболеваний вирусной этиологии. Изучается действие азидотимидина и некоторых антибиотиков (фузидин, циклоспорин, антрациклины при СПИД).

А ц и к л о в и р. Аналог нуклеозида, активный в отношении вирусов герпеса простого и варицелла зостер. Применяют внутривенно, местно и перорально.

А м а н т а д и н (ремантадин). Синтетический препарат, применяемый внутрь при гриппе типа А. При раннем приеме (в течение 48 ч с момента развития заболевания) облегчает течение гриппа А.

И д о к с и р и д и н — галоидизированный пиримидин, применяемый местно при лечении вирусных кератитов.

В и д а р а б и н. Аденин-аробинизид — антигерпесный препарат, применяемый внутривенно при лечении герпетических энцефалитов и местно при герпетических кератоконъюнктивитах.

Глава 2

ПСИХОТРОПНЫЕ СРЕДСТВА
В СОМАТИЧЕСКОЙ МЕДИЦИНЕ

Психофармакологические препараты, предназначенные в первую очередь для использования в психиатрической практике, в последние десятилетия все шире применяют в комплексной терапии многих соматических заболеваний во внутренней медицине, хирургии, анестезиологии, педиатрии, клинике инфекционных болезней и т. д.

Возможны три основных варианта соотношений психической и соматической патологии: 1) психосоматические расстройства, когда психические нарушения являются причиной развития соматической патологии; 2) соматопсихические расстройства с обратной направленностью патогенетических связей; 3) независимое сочетание психических и соматических нарушений. При этом та или иная патология может рассматриваться как основная или сопутствующая в зависимости от того, проводится ли терапия психиатром или интернистом. Однако, несмотря на некоторые особенности терапевтического подхода, возможные при каждом из перечисленных вариантов, основные принципы психофармакотерапии при сочетании психической и соматической патологии остаются неизменными и основанными на непременном учете 4 основных факторов: психического состояния больного; особенностей психотропных свойств психофармакологических препаратов; соматоневрологического статуса больного; вегетативного и соматического спектра действия препаратов.

Квалифицированный психиатрический анализ состояния больного является важнейшим условием психофармакотерапии. При возможности всегда желательна консультация психиатра, ибо чем профессиональнее и тоньше произведена оценка психического статуса, тем легче подобрать соответствующую психофармакотерапию. Характеристика психического состояния больного в значительной степени сужает круг препаратов, показанных к применению. Так, например, при симптомах депрессии в большинстве случаев противопоказаны нейролептики и требуется известная осторожность при назначении активных транквилизаторов; наличие возбуждения, тревоги, как правило, исключает назначение психотропных средств со стимулирующим эффектом и т. д.

Существенное значение имеет анализ физического состояния больного с психофармаколо-

гических позиций. Известно, что соматические больные часто обладают высокой чувствительностью к психотропным средствам, особенно к нейролептикам и антидепрессантам. Это касается не только их побочного, но и основного психотропного действия. В наибольшей степени это проявляется при соматопсихических нарушениях; по-видимому, это происходит потому, что соматогенные психические расстройства связаны чаще всего с острой и тяжелой соматической патологией (например, инфаркт миокарда, тяжелые инфекционные заболевания, патология печени и т. д.). Менее ярко, но достаточно часто феномен сниженной психофармакологической толерантности выражен при психосоматических процессах и еще реже проявляется при независимом сочетании психической и соматической патологии.

Клинический опыт показывает, что психофармакотерапия больных с патологией внутренних органов при отсутствии данных о толерантности к этим препаратам должна начинаться осторожно, с невысоких доз психотропных средств (нередко в несколько раз ниже средних доз, применяемых в психиатрии), дающих тем не менее достаточный лечебный эффект. При назначении транквилизаторов ориентировочные первые суточные дозы диазепама (седуксен, реланиум, сибазон) могут составлять 0,005—0,01 г, оксазепама (тазепам, нозепам) и хлозепида (элениум) — 0,01—0,02 г; нейролептиков — аминазина и левомепромазина (тизерцин) — 0,0125—0,025 г, френолона — 0,005—0,01 г, тиоридазина (сонапакс, меллерил) — 0,01—0,02 г; антидепрессантов — мелипрамина (мелипрамин, имипрамин) и амитриптилина (дамилен) — $^1/_4$, максимум $^1/_2$ драже, содержащего 0,025 г препарата. Соответственно выбирают первые дозы и других, не перечисленных здесь препаратов. При отсутствии побочных эффектов и недостаточном основном действии дозы психотропных средств постепенно повышают. Если же плохая переносимость не позволяет достичь необходимой лечебной дозы, можно попытаться изменить ритм введения препарата и назначить его дробно в 4—6 приемов небольшими дозами. Иногда это позволяет увеличить общую суточную дозу.

Весьма существенное значение имеет выбор метода введения психотропного средства, от которого зависит не только его фармакокинетика, но и фармакодинамика. Например, диазепам при сублингвальном всасывании начинает действовать почти так же быстро, как и при внутривенном введении; при внутримышечной инъекции его эффект развивается позднее, при приеме внутрь — еще медленнее; это имеет значение при купировании вегетативных кризов. Определенная разница в проявлении терапевтического и побочного эффекта наблюдается при капельном внутривенном введении некоторых препаратов по сравнению с другими способами их назначения (седуксен, аминазин). Следует учитывать, что при застойной сердечной недостаточности, циррозах печени прием внутрь может оказаться неэффективным из-за перегрузки портальной системы и нарушения всасывания в желудочно-кишечном тракте. Использование сублингвального, ректального или парентерального пути введения нередко наиболее предпочтительно при острых и хронических заболеваниях желудка и верхних отделов тонкого кишечника.

При выборе препарата, наиболее адекватного задачам психофармакотерапии, заметную роль играет возраст больного. В пожилом возрасте даже небольшие дозы нейролептиков угнетающе действуют на жизненно важные центры мозга. Известная осторожность необходима при назначении других седативных средств и транквилизаторов, так как некоторые из них вызывают у пожилых людей делириозные расстройства (элениум). Пожилые люди очень чувствительны к антихолинергическому (атропиноподобному) эффекту многих психотропных препаратов и в первую очередь трициклических антидепрессантов (мелипрамин, амитриптилин).

Возраст больных имеет значение и для фармакокинетики некоторых психофармакологических средств. Препараты даже одной и той же группы могут метаболизироваться в организме различными путями. Так, элениум и седуксен подвергаются N-деметилированию в печени, и в пожилом возрасте период их полужизни увеличивается, а выведение уменьшается. Период полужизни седуксена у 20-летних и 80-летних людей может отличаться в 4 раза (1:4). В пожилом возрасте замедляются и всасывание, и метаболизм элениума, возможна его кумуляция. В то же время тазепам подвергается глюкуронизации, его фармакокинетика с возрастом не меняется. Это обстоятельство имеет значение для психофармакотерапии пожилых людей вообще, а при сопутствующей соматической патологии в особенности.

Помимо возраста, в ряде случаев приходится учитывать и пол больных. Например, у женщин детородного возраста при выборе препарата надо осведомляться о том, принимает ли она внутрь противозачаточные средства, имея в виду возможность взаимодействия их с психотропными препаратами. Такие антидепрессанты, как мелипрамин и анафранил, усиливают токсическое действие на печень эстропрогестинов, применяемых для оральной контрацепции, а транквилизаторы — бензодиазепины (седуксен, элениум, тазепам, феназепам и др.) и ме-

протан (мепробамат) — выполняют в отношении них роль энзиматических индукторов, ускоряя метаболизм и инактивацию и повышая тем самым риск возникновения беременности. В свою очередь оральные контрацептивы увеличивают период полужизни и уменьшают инактивацию и выведение транквилизаторов, вследствие чего может усилиться выраженность их основных психотропных и побочных эффектов.

В период беременности, особенно в ее первой трети, прием большинства препаратов нежелателен. Особенно это относится к литию; его прием во время беременности представляет определенный риск из-за возможности возникновения у детей пороков развития прежде всего сердечно-сосудистой системы. В поздние сроки беременности важно учитывать, что психотропные препараты достаточно легко проникают через плацентарный барьер, в результате чего плод подвергается воздействию лекарственного средства. Весьма нежелательными могут быть миорелаксирующий эффект и угнетение дыхания под влиянием транквилизаторов, а также прямое токсическое действие нейролептиков, проявляющееся у новорожденных двигательным беспокойством, тремором, повышением мышечного тонуса и дискинезиями. Следует также иметь в виду, что многие психотропные средства легко проникают в материнское молоко во время лактации (аминазин, соли лития).

Состояние вегетативной нервной системы во многих случаях является критерием, в значительной степени определяющим необходимость психофармакотерапии. В первую очередь это объясняется часто наблюдающейся нейроциркуляторной дистонией с психическими нарушениями невротического регистра (раздражительность, повышенная утомляемость, нарушения сна, пониженная работоспособность, тревога и т. д.).

Если клиническая картина нейроциркуляторной дистонии выражена не очень ярко, не носит полисимптомного характера и не сопровождается эмоциональными нарушениями, не следует торопиться с назначением психофармакологических препаратов, поскольку достаточный эффект в этих случаях, как правило, оказывают рациональная психотерапия, регулирование режима труда и отдыха, препараты ландыша, валерианы, красавки, ß-адреноблокаторы и т. п. При выраженных психовегетативных нарушениях с неврозоподобным синдромом, кардиалгией, аритмией, лабильностью сосудистого тонуса, вегетативных, в том числе вазомоторных, кризах, дыхательном дискомфорте — одышке, особенно у больных с тревожно-мнительным складом личности и склонностью к ипохондрической фиксации на этих симптомах, приходится применять психофармакотерапию.

Лечение проводят длительно (несколько месяцев), так как короткие курсы, как правило, неэффективны, после кратковременного периода улучшения состояние вновь ухудшается. Вместе с тем при длительном назначении транквилизаторов может развиться привыкание к ним, а за счет адаптации организма к препарату снижается его эффективность. Поэтому курсы лечения каждым транквилизатором должны быть короткими (4—6—8 нед), после чего препарат заменяют другим, желательно из другой химической группы (например, бензодиазепиновый транквилизатор — мебикаром, триоксазином, мепротаном) или с иным путем метаболизма. Курсы лечения нейролептиками могут быть более длительными. Психофармакотерапия должна сочетаться с психотерапией и использованием других препаратов, влияющих на основные симптомы вегетативных расстройств (β-адреноблокаторы, при необходимости — другие антиаритмические средства, пирроксан, валокордин и др.).

При лечении *функциональных нарушений сердечно-сосудистой системы* психовегетативного характера в рамках нейроциркуляторной дистонии или неврастении чаще используют транквилизаторы. Снижая неадекватную реакцию на внешние эмоциональные раздражения и интероцептивные сигналы, они способствуют исчезновению неприятных ощущений — кардиалгии и тягостного чувства дискомфорта в области сердца, нарушений сердечного ритма и т. д. Наряду с этим улучшается сон, уменьшаются раздражительность, утомляемость, головная боль, повышается работоспособность. При лабильном пульсе и АД с тенденцией к тахикардии и гипертензии наблюдается нормализация этих гемодинамических показателей.

Наибольшей эффективностью обладают феназепам (0,001—0,002 г/сут), диазепам (0,01—0,02 г/сут), тазепам (0,02—0,04 г/сут), мебикар (1,2—2,4 г/сут), элениум (0,03—0,05 г/сут), медазепам (рудотель — 0,02—0,04 г/сут). При рано начатой терапии и небольшой выраженности симптомов можно достигнуть благоприятного результата при помощи мепробамата (0,6—1 г/сут) и триоксазина (0,9—1,5 г/сут). Седуксен и феназепам имеют преимущество в тех случаях, когда у больных возникают вегетососудистые пароксизмы. Для купирования пароксизма симпатоадреналового типа (с тахикардией, повышением АД, гипергидрозом, ознобоподобным гиперкинезом, полиурией и т. д.) диазепам и феназепам можно назначать под язык в дозах соответственно 0,005—0,0075 и 0,0005—0,001 г. При введении диазепама в/в (2 мл 0,5 % раствора) эффект также наступает быстро, при назначении в/м — несколько медленнее. Имеют значение и другие особенности спектра фармакологического и, в частности, психотропного действия, характерные для различных транквилизаторов. Так, малые дозы диазепама (0,0025—0,005 г) обладают некоторым активирующим действием, большие дозы оказывают седативный эффект. Диазепам и феназепам превышают остальные транквилизаторы (кроме лоразепама) по противотревожному эффекту и влиянию на фобии (навязчивый страх). Активирующие свойства присущи триоксазину, который по этой причине не рекомендуют назначать в вечерние часы. При нежелательности миорелаксирующего действия, особенно у людей, продолжающих работать, преимущество имеют рудотель, грандаксин, мебикар. Существенно, что транквилизирующий эффект этих препаратов не сопровождается снотворным действием. При выраженных нарушениях сна, не исчезающих в первые дни лечения перечисленными транквилизаторами, перед сном назначают нитразепам в таблетках (радедорм по 0,005 г или эуноктин по 0,01 г).

Лечение сердечно-сосудистых нарушений психогенного характера проводят также с помощью нейролептиков мягкого действия; как правило, успех приносит терапия малыми дозами этих лекарств (френолон — 0,005—0,02 г/сут, сонапакс — 0,01—0,05 г/сут). Френолон и сонапакс обладают более выраженным, чем у транквилизаторов, влиянием на кардиалгический синдром, но менее выраженным успокаивающим действием. Малые дозы френолона (0,0025—0,005 г) оказывают даже активирующее действие. Большинство других нейролептиков, особенно производных фенотиазина (аминазин, тизерцин, трифтазин), в ряде случаев плохо переносится больными, имеющими вегетососудистые нарушения. Исключением являются пропазин (0,0125—0,05 г/сут), который оказывает седативное действие, способствует нормализации сна и, как правило, в указанных дозах не вызывает побочных эффектов, а также хлорпротиксен (0,015 г/сут). Начальный терапевтический эффект при лечении транквилизаторами и нейролептиками отмечают обычно в первые 5—6 дней. Общая продолжительность лечения строго индивидуальна (от нескольких недель до нескольких месяцев, а иногда и дольше с небольшими перерывами и сменой препаратов). При использовании нейролептиков надо учитывать возможность побочных неврологических симптомов (экстрапирамидная симптоматика).

Функциональные сердечно-сосудистые расстройства психовегетативной природы могут сопровождаться нерезко выраженными аффективными нарушениями депрессивного характера. Отмечается снижение настроения, сужение круга интересов, пессимистическое отношение к перспективам выздоровления. Если эти симптомы возникают в рамках так называемой невротической депрессии, они купируются, как правило, при лечении транквилизаторами, сонапаксом. Из антидепрессантов наиболее показаны азафен (0,025—0,075 г/сут), пиразидол (0,025—0,075 г/сут), амитриптилин ($1/8$—$1/2$ часть драже, содержащего 0,025 г). В тех случаях, когда симптомы депрессии не исчезают при назначении указанных выше доз антидепрессантов, необходима консультация психиатра для исключения эндогенной депрессии. Одним из вариантов последней может быть маскированная (соматизированная) депрессия, фасадом которой являются разнообразные соматоневрологические расстройства, в том числе и синдром вегетососудистой дистонии.

Применение психотропных средств не снимает необходимости психотерапии, создания адекватных условий труда и отдыха, физиотерапевтических мероприятий, санаторно-курортного лечения. Различные варианты функциональных сердечно-сосудистых расстройств (вагусный, экстрасистолический, гиперкинетический синдром и др.) нередко требуют комплексного лечения психотропными средствами с добавлением других препаратов.

Наряду с сердечно-сосудистыми нарушениями психогенно-вегетативного происхождения показанием к психофармакотерапии являются *органические заболевания аппарата кровообращения*, протекающие с повышенной функциональной реактивностью. Психофармакотерапия направлена при этом на психические расстройства неврозоподобного и невротического характера (включающие вегетативные нарушения), которые сопровождают и осложняют течение основного заболевания.

Помимо особенностей психотропного эффекта, при выборе препарата для терапии кардиологических больных приходится учитывать его влияние на сердечный ритм и сосудистый тонус, сократительную способность миокарда (диазепам при парентеральном введении), отрицательное воздействие на сердечную проводимость (амитриптилин, мелипрамин), трофику миокарда (тарелен) и такие потенциально позитивные свойства, как антипароксизмальный (диазепам, финлепсин), антиаритмический (мелипрамин, диазепам), гипотензивный (аминазин, тизерцин), обезболивающий (тизерцин) эффекты, что можно использовать в процессе терапии. В свете сердечно-сосудистой патологии необходимо оценить и некоторые психотропные свойства, например психостимулирующее, а иногда эйфоризирующее действие (мелипрамин, ниаламид), что может повлечь за собой неправильную оценку больным своего состояния и неоправданно высокую физическую и умственную активность.

При *ишемической болезни сердца* психофармакологические препараты, не являясь средствами купирования приступа стенокардии, оказывают лечебный эффект в тех случаях, когда эти приступы возникают как психовегетативная реакция на эмоциональный стресс. За счет седативного, транквилизирующего, иногда антидепрессивного действия снижается неадекватно повышенная психовегетативная реактивность, урежаются приступы. На стенокардию напряжения психотропные средства, за редким исключением, влияния не оказывают.

Для длительной терапии при коронарной недостаточности наиболее подходят транквилизаторы. Оптимальные дозы препаратов, сроки лечения, длительность перерывов, необходимость комбинаций с другими средствами устанавливают строго индивидуально. В большинстве случаев достаточно 0,01—0,015 г седуксена, 0,0015—0,002 г феназепама, 0,02—0,03 г рудотеля, 0,02—0,04 г тазепама, 0,03—0,05 г элениума, 0,15—0,2 г грандаксина, 1,5—2 г мебикара в сутки.

Нейролептики используют в малых дозах, учитывая нередко низкую толерантность к ним при соматической патологии. Терапию френолоном начинают с 0,005 г/сут, сонапаксом — с 0,01 г/сут, пропазином — с 0,025 г/сут, ами-

назином — с 0,0125 г/сут. При хорошей переносимости постепенно повышают суточные дозы в 2—4 раза.

Из антидепрессантов назначают пиразидол, азафен, амитриптилин, мелипрамин в тех же дозах, что и при вегетососудистой дистонии, с учетом не только их антидепрессивных, но и седативных и активирующих свойств. При прочих равных условиях следует иметь в виду также хинидиноподобный эффект мелипрамина, что позволяет использовать этот препарат как антиаритмическое средство.

Среди антидепрессантов — ингибиторов моноаминоксидазы (МАО) известное значение сохраняет ниаламид (нуредал); препарат оказывает антидепрессивное, активирующее и обезболивающее действие, обладает силиконоподобными свойствами и, по-видимому, влияет на метаболизм в миокарде. Лечение начинают с 0,025 г и постепенно увеличивают дозу до 0,15—0,2 г/сут (в 3 приема) или же с первых дней назначают 0,1—0,15 г, а по достижении терапевтического эффекта снижают дозу. В последнем случае лечебное действие проявляется быстрее, но возрастает вероятность побочных явлений. Большой недостаток ингибиторов МАО — несовместимость их с рядом пищевых веществ, содержащих тирамин (сыр, вино, бобовые, сельдь, копчености, дрожжевые продукты), и лекарственных препаратов (трициклические антидепрессанты, симпатомиметические амины, салицилаты и др.). Указанные вещества можно употреблять только через 2 нед после отмены ингибитора МАО, когда восстановится содержание МАО в организме. Основное показание к назначению ниаламида при ИБС — сочетание ангинального синдрома с симптомами депрессии.

При *инфаркте миокарда* в первые часы заболевания действие нейролептиков и транквилизаторов обусловливает снижение аффективной восприимчивости, чувства страха смерти, психомоторного возбуждения. Обладая заметным влиянием на вегетативные функции, психотропные средства оказывают нормализующее действие на вегетативные сдвиги, сопровождающие соматические нарушения и психический стресс. Имеет значение также потенцирование действия анальгетиков и снотворных средств. Нейролептики, обладающие α-адреноблокирующими свойствами, уменьшают гипоксию, развивающуюся в первые сутки инфаркта миокарда при повышении содержания в крови катехоламинов, но вместе с тем снижают АД и могут способствовать уменьшению коронарного и церебрального кровотока. При кардиогенном шоке они абсолютно противопоказаны. В ряде случаев при систолическом АД не ниже 110—115 мм рт. ст. можно использовать френолон, сонапакс, галоперидол (0,002—0,004 г), которые в комбинации с наркотическими и ненаркотическими анальгетиками заметно повышают их седативное и обезболивающее действие.

Психотропный эффект транквилизаторов при инфаркте миокарда, особенно при их парентеральном введении, не уступает действию нейролептических средств. Преимуществом транквилизаторов является редкость нежелательных побочных эффектов — тахикардии, снижения АД. Хлозепид и особенно диазепам обладают антигипоксическими свойствами (соответственно 0,03—0,06 и 0,02—0,04 г/сут парентерально). В отдельных случаях дозу можно повысить в 1,5 раза. При внутривенном введении диазепама следует учитывать небольшое снижение систолического АД и уменьшение сократительной способности миокарда. Последнее требует в каждом конкретном случае индивидуальной оценки, так как может способствовать усилению сердечной недостаточности, с одной стороны, но приводить к уменьшению потребности миокарда в кислороде, что полезно в условиях ишемии сердечной мышцы,— с другой.

В постинфарктном периоде при астеноневротическом синдроме с утомляемостью, раздражительностью, нарушениями сна и вегетативными расстройствами лечение проводят главным образом с помощью транквилизаторов и нейролептиков мягкого действия (френолон, сонапакс). Заметно возрастает роль антидепрессантов, так как у больных нередко проявляется депрессивная симптоматика — пониженное настроение, пессимистическая оценка своих социальных и бытовых перспектив, сужение круга интересов. Наряду с этим отмечается чувство неуверенности в себе, тревожное ожидание новых приступов. В большинстве случаев больные не могут сами оценить в этом плане свое состояние и фиксировать на нем внимание врача, как, например, они это делают при болевом синдроме, дыхательных нарушениях и т. д. Диагностика депрессивного синдрома требует специального целенаправленного опроса и при необходимости консультации психиатра. Для лечения в этих случаях используют амитриптилин, пиразидол, азафен. Последние два препарата не оказывают неблагоприятного воздействия на сердечно-сосудистую систему и применяются в широком диапазоне доз (соответственно 0,05—0,2 и 0,075—0,25 г/сут). В большинстве случаев достаточно 0,075—0,1 г/сут. Мелипрамин и амитриптилин в больших дозах могут оказывать кардиотоксическое действие, прежде всего вызывая нарушения проводимости, поэтому при ИБС их применяют обычно по 0,025—0,05 г/сут.

В рамках комплексной терапии синдрома *артериальной гипертензии*, особенно в ранних стадиях заболевания без поражения почек, отмечают благоприятное действие транквилизаторов. Нередко при гипертонической болезни возникает необходимость в назначении антидепрессантов и нейролептиков. При назначении психотропных и гипотензивных средств важно учитывать особенности их взаимодействия. Так, например, нейролептики, обладающие α-адреноблокирующими свойствами (аминазин, дипразин, сонапакс и др.), являются конкурентными антагонистами в отношении рецепторов с центральными α-адреномиметиками (клофелин, метилдофа, или допегит, и др.), в результате чего уменьшается гипотензивный

эффект последних. Кроме того, при этом сочетании усиливается побочный эффект гипотензивных средств (расстройства сосудистой регуляции, седативное действие и т. д.). Аминазин и другие фенотиазины, а также галоперидол снижают гипотензивное действие препаратов гуанетидина (изобарин, исмелин). Трициклические антидепрессанты (мелипрамин, анафранил, амитриптилин) также уменьшают гипотензивный эффект клофелина и препаратов гуанетидина, так как подавляют обратный захват норадреналина, увеличивая тем самым его содержание в синаптической щели, и могут блокировать захват синапсом указанных гипотензивных средств. При необходимости одновременного назначения указанных выше психотропных и гипотензивных средств приходится использовать бо́льшие, чем обычно (для данного больного), дозы препаратов гипотензивного действия и очень осторожно производить отмену психотропных средств во избежание резкого усиления гипотензивного эффекта.

Другие гипотензивные средства (резерпин, метилдофа) не обладают периферическим взаимодействием с трициклическими антидепрессантами, но иногда подобное сочетание приводит к дизрегуляции АД и признакам интоксикации ЦНС за счет центрального взаимодействия. Совместное назначение трициклических антидепрессантов с апрессином и нитропруссидом натрия способствует нарастанию рефлекторной тахикардии. Следует также учитывать, что резерпин, метилдофа и клофелин усиливают депрессию, а также экстрапирамидные нарушения, возникающие при лечении нейролептиками.

Функциональное состояние системы дыхания также немаловажно при выборе психотропного средства. Некоторые психотропные препараты способны угнетать дыхание (например, диазепам), снижать кашлевой рефлекс и за счет антихолинергического эффекта уменьшать секрецию мокроты (аминазин, амизил и др.). Другие (мелипрамин, амитриптилин), наоборот, могут улучшать дыхательную функцию, уменьшать явления бронхоспазма.

Наибольшее применение в пульмонологии психотропные средства получили при лечении *бронхиальной астмы*, поскольку психическое состояние больного в ряде случаев может отражаться на тяжести течения заболевания. В частности, тревожное ожидание приступа может спровоцировать его начало. При этом имеется определенная связь между длительностью течения бронхиальной астмы и частотой ее приступов, с одной стороны, и выраженностью психических изменений — с другой. В отдельных случаях психические расстройства при бронхиальной астме принимают даже форму психоза. Психофармакотерапию проводят небольшими дозами препаратов с учетом особенностей личности и психического состояния больного, а также нежелательных побочных эффектов. Как правило, психотропные средства дополняют терапию бронхиальной астмы; в связи с этим актуальны вопросы лекарственной совместимости. В частности, бензодиазепиновые транквилизаторы (диазепам,

25

феназепам, хлозепид, радедорм, тазепам и др.) и мепробамат выполняют роль энзиматических индукторов, ускоряют метаболизм и снижают активность кортикостероидов. Дозу последних при сочетании с транквилизаторами по этой причине нередко приходится повышать.

Оценка состояния пищеварительного тракта с позиций психофармакотерапии весьма многофакторна. Известно, что в современных концепциях этиологии и патогенеза *язвенной болезни желудка и двенадцатиперстной кишки* существенное место отводится длительным психическим перенапряжениям и отрицательным аффектам; в известной степени это относится к *дискинезиям кишечника и желчевыводящих путей*. Наряду с собственно психотропным действием имеют значение антигистаминный, обезболивающий, противотошнотный эффект ряда психотропных препаратов, их расслабляющее влияние на гладкую мускулатуру, моторику желудочно-кишечного тракта, количественную и качественную сторону желудочной секреции. Вместе с тем следует учитывать, что некоторые психотропные средства противопоказаны при язвенной болезни (резерпин), другие могут раздражать слизистую оболочку желудка (аминазин).

Нейролептический препарат эглонил (догматил, сульпирид) используют для лечения язвенной болезни, гастритов, геморрагического проктосигмоидита, болезни Крона в качестве основного средства в дозах 0,2—0,6 г/сут, другие психотропные средства — как составную часть комплексной терапии. При этом средние суточные дозы препаратов принципиально не отличаются от приведенных выше при других видах соматической патологии, а выбор медикамента определяется адекватностью его фармакологических свойств психическому состоянию больного и показателям желудочно-кишечной секреции и моторики. Следует учитывать, что при совместном назначении с антацидами гель-структурного типа (альмагель, фосфалугель) и ионообменными смолами дозу психотропных средств приходится увеличивать из-за нарушения их всасывания. Лучше разделять приемы этих препаратов хотя бы двухчасовыми интервалами. В то же время циметидин (тагамет, цинамет) увеличивает содержание в крови бензодиазепиновых транквилизаторов за счет угнетения печеночного метаболизма, что нередко требует уменьшения их дозы во избежание избыточного седативного и побочного действия.

Состояние печени привлекает внимание с позиций психофармакотерапии прежде всего потому, что при острой печеночной патологии психотропные средства обычно противопоказаны. Кроме того, при хронических гепатитах и циррозах печени с нарушением печеночных функций заметно замедляется метаболизм некоторых средств, увеличивается период их полувыведения, повышается концентрация в крови. Это диктует необходимость большой осторожности при терапии и корректировке дозы с уменьшением ее в некоторых случаях на 50 % (при назначении диазепама). В то же время

метаболизм других психотропных препаратов, сходных по спектру основного действия, не зависит от функционального состояния печени; в этих случаях они могут являться препаратами выбора. Например, биотрансформация тазепама, подвергающегося в отличие от диазепама глюкуронизации, не связана с печеночной функцией.

Основным путем выведения психотропных средств из организма является почечный, поэтому огромное значение имеет мочевыделительная функция. Особое внимание в связи с этим привлекает литий, способный оказывать повреждающее действие на почки; при нарушении их функции и задержке лития в организме возникает литиевая интоксикация.

Патология эндокринной сферы также может накладывать отпечаток на активность психотропных средств. Первоначально обращали внимание на невысокую эффективность тазепама при астеноневротических проявлениях, сопровождающих гипертиреоз. В дальнейшем было установлено, что у больных с повышенной функцией щитовидной железы в 2,5—3 раза укорачивается время достижения максимальной концентрации тазепама в крови, препарат инактивируется и выводится из организма в 3 раза быстрее. Это заставляет при гипертиреозе либо увеличивать дозу тазепама в 2—3 раза по сравнению с обычной, либо использовать другие препараты, обладающие седативными свойствами.

Помимо изменения биотрансформации и соответственно активности психотропных средств под влиянием патологических процессов в эндокринных органах, возможно и обратное соотношение, т. е. воздействие психотропных препаратов на эндокринные функции. Так, например, назначение солей лития требует контроля состояния щитовидной железы из-за возможности развития гипотиреоза. При сочетании психических нарушений, требующих терапии солями лития, с повышенной функцией щитовидной железы препараты лития могут оказывать как психотропный, так и тиреостатический эффект. Если больной получает при этом другие тиреотропные препараты, приходится корректировать их дозы во избежание избыточного тиреостатического действия.

При назначении нейролептиков в соматической практике следует специально выяснять, нет ли у больного рвоты неясного происхождения, так как противорвотное действие психофармакотерапии способно, устранив этот симптом, осложнить распознавание таких серьезных заболеваний и осложнений, как кишечная непроходимость, дигиталисная интоксикация, диабетический ацидоз, опухоль мозга и т. д. Исчезновение тошноты и рвоты может создавать видимость благополучия, что приводит к запоздалой диагностике и терапии. В то же время при тошноте и рвоте очевидного характера нейролептики из группы фенотиазина можно использовать в качестве средств симптоматической терапии при лекарственной непереносимости и передозировке лекарств (дигиталис, антибиотики, наркотические анальгетики, аминофиллин и др.), инфекциях и интоксикациях, в послеоперационном периоде (в том числе при неукротимой икоте) и т. п. Эффективны аминазин, дипразин, галоперидол, этаперазин, трифтазин. Противорвотная активность последних препаратов в 10—18 раз выше, чем аминазина. Лечебные дозы аминазина, дипразина 0,025—0,05 г, трифтазина 0,002—0,005 г, этаперазина 0,006—0,012 г. При сильной рвоте препараты назначают парентерально, а в дальнейшем переходят на прием внутрь.

Интерес хирургов и анестезиологов в свое время вызвали производные фенотиазина (аминазин, тизерцин, дипразин и др.) в связи со способностью потенцировать действие наркотических и ненаркотических анальгетиков, создавать гипотермию, а также в связи с их противорвотными и другими свойствами. В составе нейролептических смесей фенотиазины снижают в крови активность холинэстеразы, содержание ацетилхолина, гистамина и гистаминазы. Уменьшение функциональной активности парасимпатического звена вегетативной нервной системы сохраняет резервные возможности организма для послеоперационных восстановительных процессов. Однако существенным недостатком этих препаратов (особенно аминазина и тизерцина) является выраженное адренолитическое действие.

Из других нейролептических препаратов в качестве дополнительного средства в дооперационной подготовке больных, во время наркоза и в послеоперационном периоде чаще других применяли галоперидол, который позволяет на 30—50 % снизить дозу наркотических средств во время операции и в 2—3 раза уменьшить частоту послеоперационной рвоты. В последние годы в анестезиологии эти препараты уступили место нейролептику короткого действия дроперидолу (группа бутирофенонов). Дроперидол не вызывает атаксии, заметно превосходит галоперидол и аминазин по противорвотному и противошоковому действию, активнее их уменьшает токсические эффекты адреналина и норадреналина.

Из-за отрицательного воздействия на детский организм наркоз в чистом виде не может стать универсальным методом обезболивания в хирургии детского возраста. Подавление эмоциональной сферы ребенка перед операцией в ряде случаев успешно осуществляют с помощью лекарственных смесей, в которые включают, помимо промедола, атропина и димедрола, дипразин (пипольфен) и диазепам (седуксен). Подобный способ оправдывает себя и перед выполнением сложных инструментальных исследований.

Наиболее широко для предоперационной подготовки, непосредственной премедикации, вводного и основного наркоза, а также в сочетании с местной анестезией в общей хирургии, нейрохирургии, акушерстве, глазной хирургии, отоларингологии применяют транквилизаторы. К достоинствам этих препаратов следует отнести выраженные психотропные свойства, потенцирование седативных и обезболивающих свойств других препаратов, мышечно-расслаб-

ляющее действие и редко наблюдающийся побочный эффект; к недостаткам — значительную вариабельность доз, необходимых для достижения наркотического эффекта, снижение легочной вентиляции (диазепам). Эффект транквилизаторов в виде уменьшения напряженности и страха, расслабления гладкой мускулатуры наблюдается при их назначении перед малыми операциями и сложными инструментальными исследованиями в стоматологии (экстракция и лечение зубов), урологии (цистоскопия с катетеризацией мочеточников) и т. д.

Включение психотропных средств в комплексную терапию зудящих дерматозов и дисгидроза приносит больным существенное облегчение. При выборе препарата важна правильная оценка психического и соматического состояния больного и сведение к минимуму возможности развития побочных эффектов.

Применение любого медикамента в акушерской практике лимитировано его влиянием на сократительную функцию матки, способность проникать через плацентарный барьер и отрицательно воздействовать на организм матери и плода. Проницаемость плаценты для нейролептиков фенотиазинового ряда и бензодиазепиновых транквилизаторов доказана. Несмотря на отсутствие прямых данных о тератогенном действии психотропных средств (кроме лития, который может вызвать пороки развития), их применение при беременности, особенно в ее первую треть, нежелательно. В то же время в родовспоможении психофармакотерапия находит применение, что объясняется ее воздействием на ЦНС (уменьшение тревоги, страха и болевых ощущений), координацию сокращений матки в родах, а также расслаблением мускулатуры и уменьшением сопротивления родовых путей. В результате сокращается время родов и снижается кровопотеря. Чаще других психотропных средств при родах используют транквилизаторы — производные бензодиазепина. Учитывая вызываемую ими миорелаксацию, введение начинают дробными дозами при отсутствии подозрений на слабость родовой деятельности и при достаточном раскрытии шейки матки.

При патологическом климаксе, протекающем с пароксизмальными вегетососудистыми нарушениями (потливость, чувство жара, лабильность пульса и АД, гиперемия кожи и др.) и климактерической кардиопатией, хорошее действие оказывает терапия френолоном в малых дозах (0,0025—0,005 г/сут) и диазепамом (0,01—0,02 г/сут).

Безопасность психотропных средств при их использовании в рациональных дозах и при адекватных показаниях обусловила их применение в педиатрии: при токсической диспепсии, дизентерии, брюшном тифе и паратифах, пневмонии. Они способствуют устранению психомоторного возбуждения ребенка, аффективной напряженности, тревоги, судорог, рвоты и гипертермии. Упорядочиваются сон и аппетит, уменьшается выраженность инфекционного делирия. Транквилизаторы оказываются полезными в лечении аффективной неустойчивости, тревоги, страха и бессонницы при астенических состояниях. Имеются данные об улучшении состояния детей на фоне терапии аминазином при коклюше за счет облегчения кашлевых приступов на 7—10-й день лечения. При осложненном течении заболевания прекращаются рвоты, судороги, апноэ.

В связи с многосторонней фармакологической активностью психотропные средства с успехом применяют в клинике инфекционных болезней, в первую очередь при лечении столбняка. Одним из первых для этой цели начали использовать аминазин; препарат вызывает ослабление психического напряжения, некоторое успокоение больных без угнетения сознания, уменьшает ригидность и повышенную электрическую активность мышц. Миорелаксация и ослабление тризма благоприятно сказываются на общем состоянии больных, облегчают дыхание, прием пищи (уменьшаются болевые раздражения, связанные с приемом пищи, и т. д.). Аминазин способствует снижению температуры тела, потенцирует действие седативных средств и мышечных релаксантов. Важную роль может играть наступающее под влиянием аминазина повышение проницаемости гематоэнцефалического барьера (большинство лекарственных средств и противостолбнячная сыворотка в отличие от столбнячного токсина с трудом проникает в головной мозг). Сам по себе аминазин не снимает судорожного синдрома и в терапии столбняка уступает место другим психотропным средствам. При столбняке назначают мепробамат, ослабляющий судороги, вызываемые внешними раздражителями (свет, звук). Это свойство мепробамата особенно ценно в тех случаях, когда трудно обеспечить строгую изоляцию, а также при транспортировке больных. Вместе с тем мепробамат почти неэффективен в отношении судорог, вызываемых интероцептивными и проприоцептивными раздражениями. Особую ценность в терапии столбняка представляют хлозепид (элениум) и диазепам (седуксен), способные вызвать мышечную релаксацию даже при тяжелых судорогах. Препараты назначают преимущественно парентерально в дробных дозах по 0,1—0,2 г/сут, иногда в более высоких дозах. В случаях столбняка средней тяжести эти средства могут оказать вполне достаточное лечебное воздействие без помощи курареподобных препаратов. Их терапевтические возможности особенно ценны в условиях, когда нельзя перевести больного на аппаратное искусственное дыхание. Терапия нейролептиками и транквилизаторами, направленная на борьбу с судорожным синдромом и вегетативными расстройствами, не заменяет тщательного ухода, назначения противостолбнячной сыворотки, анатоксина, антибиотиков, хирургической обработки раны и т. д.

Перечисленные выше основные аспекты применения психотропных средств у больных с соматической патологией не исчерпывают всего многообразия ситуаций и являются лишь принципиальной схемой дифференцированной лекарственной терапии.

Глава 3

СОВМЕСТИМОСТЬ ЛЕКАРСТВЕННЫХ СРЕДСТВ

При медикаментозном лечении часто используют сочетания лекарственных средств для усиления действия одного препарата другим, ограничения дозы каждого из них, ослабления побочных эффектов; при полисиндромных проявлениях заболевания — для воздействия на ряд механизмов патогенеза, корригирования возникших сдвигов, облегчения всех имеющихся жалоб; при наличии нескольких заболеваний — для одновременного лечения каждого из них. Поскольку известны побочные эффекты, свойственные тем или другим лечебным препаратам, существует возможность профилактики этих нежелательных последствий лечения путем назначения защитных препаратов: лечение глюкокортикоидами следует проводить под защитой антибиотиков, антацидов, анаболических средств; противомикробные антибиотики ввиду опасности развития дисбактериоза сочетать с нистатином или другими противогрибковыми препаратами. Успехи дифференцированной фармакотерапии все более увеличивают перечень возможных и желательных направлений лечения. Но терапевтическая активность угрожает обернуться полипрагмазией с ее многочисленными опасностями, наиболее очевидной из которых является несовместимость препаратов.

Различают три рода несовместимости лекарственных прописей: физическую (или физикохимическую), химическую и фармакологическую. К числу физических несовместимостей относят те, которые зависят от разной степени растворимости препаратов, коагуляции коллоидных систем и расслоения эмульсий, отсыревания и расплавления порошков, адсорбционных явлений (табл. 3).

Химическая несовместимость возникает в результате реакций, которые происходят при соединении растворов в одном объеме. Они предотвращаются раздельным введением препаратов (табл. 4).

Значительно многообразнее и сложнее варианты фармакологической несовместимости, обусловленной взаимодействием эффектов лекарств при одновременном их применении.

Сведения по поводу физической и химической несовместимости включены в рецептурные справочники, бюллетени, таблицы. Прописи контролируют при оформлении рецептов в аптеках. Тем не менее в повседневной практике из-за недостаточной осведомленности врачей и медицинского персонала нередко допускаются отклонения от утвержденных рекомендаций с отрицательными последствиями для больного.

При одновременном приеме больным нескольких таблеток возможна не только их фармакологическая несовместимость, но и химическое взаимодействие в желудочно-кишечном тракте в условиях, когда пищеварительные соки и иные ингредиенты химуса становятся биологическими катализаторами возникающих реакций.

Фармакологическая несовместимость имеет различные причины и формы. Антагонистическая (или абсолютная) несовместимость возможна в тех случаях, когда препараты имеют разнонаправленное влияние на процессы, протекающие в клетке, ткани, органе или целом организме, и эффект одного подавляется эффектом другого. Этот вид несовместимости с успехом используют при лечении отравлений, когда препарат вводят в качестве антидота: например, атропин при отравлении ингибито-

Т а б л и ц а 3. Образование осадка при совмещении алкалоидных препаратов (в 1 % растворе) с другими лекарственными веществами
[Муравьев И. А., Козьмин В. Д., Кудрин А. Н., 1978]

Алкалоидные препараты	Лекарственные растворы
1. Хинина гидрохлорид 2. Омнопон 3. Папаверин 4. Апоморфина гидрохлорид	1. Натрия гидрокарбонат, 5 % раствор 2. Натрия бензоат, 1 % раствор 3. Натрия салицилат, 1 % раствор 4. Кодеин, 1 % раствор 5. Препараты ландыша 6. Препараты наперстянки 7. Препараты солодкового корня

Т а б л и ц а 4. Несовместимые сочетания препаратов

Название основного антибиотика	Несовместимые сочетания	
	с антибиотиками	с препаратами других групп
Пенициллин (бензилпеницил-лин, ампициллин, оксациллин, диклоксациллин, метициллин, карбенициллин)	Аминогликозиды (стрептоми-цин, канамицин, гентамицин, амикацин) Линкомицин Тетрациклины Левомицетин Цефалоспорины (с бензил-пенициллином)	Аминокислоты Адреналин Аскорбиновая кислота Витамины группы В Гепарин Гидрокортизон Мезатон Окись цинка Эуфиллин Перекись водорода Перманганат калия Спирты Соли тяжелых и щелочнозземель-ных металлов Ферменты Щелочи Эфедрин
Тетрациклины	Аминогликозиды Пенициллины Полимиксин В Цефалоспорины Левомицетин Эритромицин	Аминокислоты Эуфиллин Аммония хлорид Гепарин Гидрокортизон Соли кальция, магния, натрия Сульфаниламиды
Аминогликозиды (стрептоми-цин, канамицин, гентамицин, амикацин)	Пенициллины Полимиксин В Тетрациклины Цефалоспорины	Эуфиллин Гепарин Натрия тиосульфат
Линкомицин	Канамицин Цефалоспорины Олеандомицин Пенициллины Эритромицин	
Цефалоспорины	Аминогликозиды Линкомицин Бензилпенициллин Полимиксин В Тетрациклины Левомицетин	Эуфиллин Барбитураты Гепарин Гидрокортизон Кальция глюконат и хлорид Норадреналин Сульфаниламиды
Левомицетин	Аминогликозиды Пенициллины Полимиксин В Тетрациклины Цефалоспорины Эритромицин	Аскорбиновая кислота Гидрокортизон Витамины группы В
Эритромицина фосфат	Линкомицин Тетрациклины Левомицетин	Гепарин Кислоты Щелочи

рами холинэстеразы, фосфорорганическими веществами, мухомором (мускарин), пилокарпином; наоборот, пилокарпин, прозерин, физостигмин — при отравлении атропином.

Несовместимость возникает и между синергистами в связи с тем, что непропорционально возрастает опасность передозировки или умножения побочного действия. Одновременное назначение ß-адреноблокатора, дигоксина и резерпина вызывает брадикардию, нарушения проводимости, угрожает развитием аритмий; введение строфантина на фоне лечения другими препаратами сердечных гликозидов может вызвать асистолию или фибрилляцию желудочков сердца; применение аминогликозидов канамицина, гентамицина, неомицина на фоне стрептомицина приводит к поражению VIII пары черепных нервов, безвозвратной потере слуха, иногда к развитию почечной недостаточности (относительная несовместимость, сходная с эффектом передозировки).

Фармакокинетическая несовместимость возникает в связи с теми изменениями, которые один из препаратов вносит в условия всасывания, выведения или циркуляции в организме другого (других) препарата.

Назначение мочегонных петли нефрона (фуросемид, урегит) отрицательно сказывается на терапии аминогликозидами: быстрее снижается их концентрация в крови и в тканях, возрастает нефротоксический эффект. Наоборот, стрептомицин, нарушая механизм секреции пенициллина канальцевым эпителием, удлиняет сроки его терапевтической концентрации в крови (благоприятное фармакокинетическое потенцирование).

Выделяют также метаболическую (всегда дозозависимую, относительную) несовместимость лекарств, которая изучена на примере сочетанного применения фенобарбитала и антикоагулянтов: фенобарбитал способствует ускоренному метаболизму последних и резкому ослаблению их действия.

В других случаях в основе метаболической несовместимости лежат угнетение процессов разрушения лекарственного вещества, снижение клиренса, повышение концентрации в плазме крови, сопровождающиеся развитием признаков передозировки. Так, ингибиторы моноаминоксидазы (ипразид, ниаламид) тормозят метаболизм катехоламинов, тирамина, серотонина, вызывая гипертензивные реакции.

Большую остроту приобрела проблема сочетанной антибактериальной терапии. Получены, в том числе полусинтетически, десятки тысяч антибиотиков, различающихся по своим лечебным характеристикам. Показания к сочетанной противомикробной терапии определяются многими соображениями:

1) возможностью повышения терапевтической эффективности;

2) расширением спектра антибактериального действия при неуточненном возбудителе;

3) уменьшением побочного действия по сравнению с адекватной монотерапией;

4) снижением опасности возникновения резистентных штаммов микробов.

Однако при применении одновременно двух или нескольких препаратов возможны четыре формы взаимодействия: индифференция, суммарное действие, потенцирование и антагонизм.

Индифференция состоит в том, что один препарат не оказывает отчетливого влияния на антибактериальное действие другого.

Суммарное (или аддитивное) действие имеет место тогда, когда результат является суммой монотерапевтических эффектов. Если степень антибактериальной активности сочетания препаратов оказывается большей, чем суммарное действие компонентов, говорят о потенцировании (или синергизме). Но нередко эффект комплексного применения антибиотиков оказывается меньшим, чем одного из ингредиентов: имеет место антагонизм действия препаратов. Одновременное применение антибиотиков, между которыми возможен антагонизм, является прямой ошибкой врача.

Уже в 50-е годы был сформулирован принцип сочетания антибиотиков в зависимости от типа их действия на возбудителя — бактерицидного или бактериостатического (см. классификацию). При сочетании антибиотиков, ока-

Классификация антибактериальных средств (по Manten — Wisse)

1. Действующие на микроорганизмы независимо от их фазы развития	Аминогликозиды Полимиксины Нитрофураны	Бактерицидные
2. Действующие на микроорганизмы исключительно в фазе их роста	Пенициллины Цефалоспорины Ванкомицин Новомицин	Бактерицидные
3. Быстрого действия (в высоких концентрациях действуют бактерицидно)	Хлорамфеникол Тетрациклины Эритромицин Линкомицин	Бактериостатические
4. Медленного действия (не действуют бактерицидно даже в максимальных концентрациях)	Сульфаниламиды Циклосерин Виомицин (флоримицин)	Бактериостатические

зывающих бактерицидное действие, как правило, достигается эффект синергизма или аддитивное действие. Сочетание бактериостатических антибиотиков ведет к аддитивному действию или индифференции.

Сочетание же бактерицидных антибиотиков с бактериостатическими препаратами чаще всего нежелательно. Летальность от менингококкового сепсиса у детей при попытках единовременного применения пенициллина и левомицетина возрастала по сравнению с результатами, получаемыми при лечении тем или другим из этих препаратов в отдельности.

Если микроорганизм более чувствителен к компоненту с бактериостатическим действием, может появиться синергизм, но когда он чувствителен к бактерицидному действию, как правило, наступает антагонизм, бактериостатический препарат снижает эффективность бактерицидного. И в венерологии, и при лечении острых пневмоний одновременное применение сульфаниламидов и пенициллина сопровождалось неблагоприятными результатами по сравнению с эффектом, полученным при энергичном лечении одними пенициллинами: «обрывающего» действия при применении бактерицидного антибиотика (абортивное течение пневмонии при раннем назначении пенициллина) не наступает.

При моноинфекциях сочетанное лечение антибиотиками редко бывает обоснованным, при смешанных заражениях оно может быть ценным, но только если соблюдаются условия рационального сочетания антибиотиков и учтены все показания и противопоказания.

К настоящему времени установлено, что ни широкий спектр активности антибиотика, ни мегадозы, ни комбинации антибиотиков или последовательная замена одних другими проблемы успешного лечения бактериальных заболеваний не решают, пока за этим скрывается попытка лечить вслепую, методом проб и ошибок. Необходимо точное, прицельное, узконаправленное лечение на основе определения видовой и индивидуальной чувствительности возбудителя к лечебному агенту, надежной и своевременной этиологической диагностики заболевания.

Антибиотики не следует без необходимости совмещать с жаропонижающими, снотворными, глюкокортикоидными препаратами (это противоречит рекомендации применять глюкокортикоиды «под защитой» антибиотиков, что находит объяснение в приоритетном значении в одних случаях задач антибактериальной, в других — глюкокортикоидной терапии).

Хорошо изученная на моделях антибиотиков проблема сочетанного лечения касается и других разделов химиотерапии внутренних болезней. С одной стороны, приобретает все большее значение полихимиотерапия. Она необходима при онкологических заболеваниях, гемобластозах, где отход от комплексной программы чаще всего означает нарушение системы лечения, срыв лекарственно-обусловленной ремиссии и гибель больного. Тщательно разрабатывается комплексный подход к терапии хро-

нических заболеваний. С другой стороны, нарастает необходимость все более настойчивой борьбы со случайными, произвольными комбинациями фармакологических препаратов. Смертельно опасным считают одновременное применение морфина и анаприлина, но последствия зависят от суммарной дозы и ее адекватности состоянию больного. Избегают назначения анаприлина одновременно с изоптином (верапамилом), анаприлина с ингибиторами моноаминоксидазы, релаксантов на фоне приема хинидина. Просчеты в применении медикаментозной терапии, несмотря на попытки ее индивидуализации, а часто именно из-за некритичного варьирования приводят к многочисленным осложнениям.

В США за 10 лет (1961—1970) госпитализировано в связи с осложнениями медикаментозного лечения 15 млн человек, экономические потери превысили таковые от инфекционных заболеваний.

Тем не менее лучшие из сложных, многокомпонентных лекарственных прописей не без оснований получили распространение и апробированы лечебной практикой. Они характеризуются сбалансированностью ингредиентов, и их «упрощение» не всегда бывает безвозмездным. К числу таких препаратов относятся, например, применяемые при бронхиальной астме солутан, теофедрин, антастман, в гастроэнтерологии — викалин и слабительные коктейли, в гепатологии — Лив 52 и эссенциале.

Монотерапия даже наиболее современными препаратами часто оказывается лишь первой ступенью лечения. Ей на смену затем приходит более эффективное и всесторонне рассчитанное комплексное лечение больного. Иногда эта комплексность достигается включением физиотерапевтических и иных немедикаментозных средств лечения, но чаще в первую очередь речь идет о комбинации фармакологических препаратов. Широкое распространение получила система ступенчатого подхода к лечению больных с прогрессирующими формами артериальной гипертензии. На смену монотерапии, которую в свое время предпочитали проводить салуретиками тиазидового ряда, а ныне варьируют в зависимости от особенностей процесса (мочегонные с включением калийсберегающих, препараты раувольфии, ß-адреноблокаторы, клофелин, антагонисты кальция), затем приходит политерапия. Закономерным является процесс разработки стандартизованных полиингредиентных рецептур. К числу таких прописей относились депрессин, разработанный к 1960 г. А. Л. Мясниковым, и более современные формы — адельфан, бринердин, триампур и др.

Следует различать комплексные препараты, включающие набор тех или иных ингредиентов преимущественно с целью восполнения возникающего в организме дефицита или заместительной терапии, и сочетанное применение фармакодинамически активных препаратов. К числу первых относятся инфузионные растворы сложного электролитного состава, поливитаминные и полиаминокислотные рецептуры. К числу вторых — сложные рецептуры синергично

Т а б л и ц а 5. Фармакологическая несовместимость витаминов при длительном их введении в повышенных дозах
[Я. Б. Максимович, Е. А. Легеда]

Препараты вводимых витаминов	Вторичные нарушения обмена витаминов
A — ретинол	K, E, C, D
B_1 — тиамин, кокарбоксилаза	PP, B_6, B_2, C
B_2 — рибофлавин	PP
PP — никотиновая кислота	B_1, пантотеновая кислота
B_{12} — цианокобаламин	B_1, B_2, фолиевая кислота, PP
D_2 — кальциферол	A

действующих препаратов. Рациональный подбор комплексного препарата во втором случае значительно сложнее, но и прописи первого рода требуют строгого соблюдения оптимальных соотношений (табл. 5). При поддерживающем, длительном лечении значение приобретают развитие толерантности к тому или иному препарату, снижение его эффективности. Наряду с другими методами преодоления этого феномена (прерывистый курс, ритм приемов) большое значение имеет правильное использование политерапии.

Для проведения поддерживающей терапии создаются специальные лекарственные формы, отвечающие ряду условий, в том числе комплексные, обладающие достаточной длительностью действия, допускающие прием в течение дня одной таблетки. Иногда полиингредиентные таблетки делают по необходимости многослойными (мексаза, панзинорм).

Одна из задач создания официнальных комплексных фармакологических форм — предупреждение произвольного, ограниченного лишь прямыми противопоказаниями использования случайных комплексов лекарств. Конечный результат полипрагмазии всегда отличается от ожидаемой суммы искомых эффектов, поскольку многообразны формы взаимодействия этих эффектов в организме и труднопредсказуемы побочные действия.

Крайняя сложность учета всех сторон взаимодействия медикаментов вынуждает придерживаться апробированных, выверенных сочетаний. Заслуженное распространение получают поэтому такие оправдавшие себя прописи, как капли Вотчала, 4-компонентная схема лечения нефрита по Киндкайдт Смит (Kindcaid Smith), фиксированные программы в гематологии, обычно обозначаемые буквенными или цифровыми аббревиатурами (ЦВАМП, «7 + 3» и др.).

Импровизация в составлении индивидуальных схем лечения больного, произвольный выбор сочетаний лекарств не позволяют предотвратить неожиданных осложнений терапевтического вмешательства, нередко создают фармакологическую какофонию.

Не только сочетание отдельных медикаментов между собой, но даже их взаимодействие с рядом широко распространенных пищевых продуктов требует осведомленного учета. При-

менение мочегонных тиазидового ряда вынуждает обогащать диету солями калия, прием тетрациклина — воздерживаться от молока и молочных продуктов, а также фруктов, так как содержащийся в них кальций образует с этим антибиотиком нерастворимые комплексы. При назначении ингибиторов моноаминоксидазы (ниаламида, нуредала) из рациона питания исключают сыр, сливки, пиво, вино, так как содержащиеся в них амины (тирамин) при подавлении МАО оказывают выраженное гипертензивное действие («сырный синдром»).

В геронтологической практике применяют более осторожные, уменьшенные дозы многих медикаментов. Ряд препаратов, например дизопирамид из числа антиаритмических средств, переносится пожилыми лицами особенно плохо. Но в связи с нередким наличием у престарелых нескольких заболеваний, по поводу которых может проводиться поддерживающее лечение, встает и другая проблема: выбор наиболее необходимых направлений лечения, а при возникновении острого заболевания — оценка целесообразности продолжения поддерживающей терапии или временного ее прекращения на период проведения актуального лечения по поводу интеркуррентной болезни. Между тем в практике чаще происходит нечто прямо противоположное: при врачебном осмотре, тем более при стационарном обследовании, выявляется весь комплекс имеющихся у пациента нарушений и заболеваний, и лечащий врач, не умея определить разумные приоритеты, начинает лечение по всем обнаружившимся линиям. Терапевту способствуют в этом консультанты других медицинских специальностей, у каждого из которых могут оказаться достаточные основания для назначения лечения. Фармакологическое вмешательство происходит нарастающим итогом, несбалансированно. За один прием такой пациент получает из рук медицинской сестры 10—15 и более таблеток. Результат такой полипрагмазии можно предвидеть только в том смысле, что отрицательные последствия ее более вероятны, чем искомые.

Повышенная осторожность необходима при лечении детей, беременных женщин, а также при включении в комплекс внутривенных, капельных, внутримышечных и иных парентеральных введений.

Глава 4

ПРИНЦИПЫ ЛЕЧЕНИЯ КРИТИЧЕСКИХ СОСТОЯНИЙ

Наиболее важное значение в повседневной врачебной практике имеют вопросы лечения таких критических состояний, как дыхательная недостаточность, критическая недостаточность кровообращения и остановка сердца, шоковые состояния.

Острая дыхательная недостаточность (ОДН). Наиболее частые причины: травмы грудной клетки и органов дыхания, сопровождающиеся переломами ребер, пневмо- или гемотораксом, нарушением положения и подвижности диафрагмы; расстройства центральных механизмов регуляции дыхания при травмах и заболеваниях головного мозга; нарушения проходимости дыхательных путей; уменьшение функционирующей поверхности легких при пневмонии или ателектазе легкого; расстройства кровообращения в малом круге (шунтирование, развитие так называемого шокового легкого, тромбоэмболия ветвей легочных артерий, отек легких).

Признаки острой дыхательной недостаточности: одышка, цианоз (отсутствует при кровотечении и анемии), тахикардия, возбуждение, затем прогрессирующая заторможенность, потеря сознания, влажность кожных покровов, багровый оттенок их, движения крыльев носа, включение в дыхание вспомогательной мускулатуры. При прогрессирующей дыхательной недостаточности артериальная гипертензия сменяется гипотензией, нередко развиваются брадикардия, аритмия, и при явлениях сердечно-сосудистой недостаточности наступает смерть. Реанимационные мероприятия в терминальной фазе ОДН малоэффективны, поэтому особенно важна своевременная интенсивная терапия ОДН.

С целью диагностики причины возникновения ОДН проводят физикальное и рентгенологическое исследование органов грудной клетки (выявление пневмо-, гидроторакса, переломов ребер, пневмонии и других нарушений). Целесообразно также произвести исследование газового состава крови для определения степени гипоксии и гиперкапнии. До выяснения причины ОДН категорически запрещается вводить больному препараты снотворного, седативного или нейролептического действия, а также наркотики.

При выявлении пневмоторакса для лечения ОДН следует дренировать плевральную полость путем введения во второе межреберье по пара-

стернальной линии резинового или силиконового дренажа, который подсоединяют к отсосу или подводному клапану. При скоплении большого количества жидкости в плевральной полости (гемо- или гидроторакс, эмпиема плевры) ее удаляют путем пункции через иглу или троакар.

Нарушения проходимости верхних дыхательных путей требуют немедленного осмотра ротовой полости и входа в гортань с помощью ларингоскопа, освобождения их от содержимого и инородных тел. Если препятствие располагается ниже входа в гортань, для устранения обтурации необходима бронхоскопия (желательно с помощью фибробронхоскопа), во время которой удаляют твердые инородные тела из трахеи и бронхов, а при наличии в бронхиальной системе патологического содержимого (кровь, гной, пищевые массы) производят санацию, т. е. промывание (лаваж) бронхов. Использование современных фибробронхоскопов, позволяющих проводить под контролем зрения очищение отдельных сегментов бронхиального дерева, дает наилучший лечебный эффект на фоне инжекционной вентиляции легких. Промывание бронхов (лаваж) применяют при невозможности простого отсасывания содержимого бронхов, когда в их просвете находятся плотные слизисто-гнойные массы (например, при тяжелых астматических состояниях). Очищение трахеобронхиального дерева от жидких слизисто-гнойных масс можно осуществить путем отсасывания их с помощью стерильного катетера, вводимого поочередно в правый и левый бронх через интубационную или трахеостомическую трубку или через нос (вслепую). При невозможности применить вышеописанные мероприятия для восстановления проходимости дыхательных путей и проведения санации бронхов производят трахеостомию.

Борьба с ОДН при парезе или параличе желудочно-кишечного тракта, нарушении положения и подвижности диафрагмы заключается во введении зонда для эвакуации содержимого желудка и придании больному возвышенного положения.

Лечение ОДН при отеке легких подробно см. в главе «Болезни органов кровообращения». Кроме медикаментозной терапии, необходимы кислородотерапия и создание постоянного повышенного давления в дыхательных путях (ППД), повышенного сопротивления в конце выдоха (ПДКВ), что часто оказывается эффективным. Разработаны соответствующие клапаны и устройства, при отсутствии которых применяют простейшее приспособление к кислородному ингалятору или наркозно-дыхательному аппарату. Для этого шланг выдоха помещают в сосуд с водой на глубину 5—6 см, вдох больной делает через маску из дыхательного мешка аппарата. Дыхание проводят по полуоткрытой системе (вдох из аппарата, выдох наружу), для чего требуется поток газовой смеси, несколько превышающий минутный объем дыхания.

Если острую дыхательную недостаточность вызывает или усугубляет резкая боль при дыхании (травма грудной клетки, острый процесс в брюшной полости), анальгезирующие препараты можно применить только после установления диагноза. Должна быть произведена блокада межреберных нервов. При переломах ребер осуществляют новокаиновую блокаду места перелома, паравертебральную блокаду, при повреждении более 2 ребер — вагосимпатическую блокаду.

При кислородотерапии больного с ОДН необходимо следить за глубиной и частотой дыхания. Остановка дыхания или гиповентиляция при ингаляции кислорода свидетельствует о наличии тяжелого гипоксического состояния, требующего искусственной вентиляции легких (ИВЛ).

ИВЛ должна быть начата при грубых нарушениях дыхания, признаках тяжелой гипоксии и гиперкапнии (спутанное сознание, возбуждение или заторможенность, багрово- или бледно-цианотичный цвет кожи, тахикардия или брадикардия, гипертензия, иногда, наоборот, гипотензия, одышка свыше 40 дыхательных движений в 1 мин, влажность кожных покровов).

Лечение больных с развившейся ОДН должно проводиться анестезиологом-реаниматологом в отделении реанимации и интенсивной терапии. На догоспитальном этапе, включая транспортировку больного в лечебное учреждение, необходимо проводить интенсивные лечебные мероприятия, при наличии показаний — ИВЛ. Такими показаниями являются остановка дыхания, клиническая смерть, критические формы ОДН.

Наиболее простым и доступным способом проведения ИВЛ, применяемым при клинической смерти при отсутствии необходимого технического оснащения, является экспираторный, т. е. вдувание воздуха, выдыхаемого врачом, в легкие больного. Для улучшения проходимости дыхательных путей голову больного максимально запрокидывают, приподнимая подбородок кверху и выводя вперед нижнюю челюсть. Открыв рот больного, убеждаются в том, что в полости рта нет пищевых масс, скопления крови и др. Если они есть, их удаляют и полость рта протирают. Затем через платок, салфетку или непосредственно обхватывают своим ртом приоткрытый рот больного, зажимают

рукой его нос и делают выдох в легкие больного, наблюдая за движением грудной клетки. Грудная стенка при искусственном вдохе должна подниматься. Можно проводить дыхание изо рта в нос, зажимая рот больного и делая выдох в нос. Соотношение времени вдоха и паузы (выдоха) должно составлять 1:2 при частоте 12—16 в 1 мин.

Более эффективна ИВЛ с помощью специальных аппаратов, наиболее простым из которых является мешок Амбу с маской и нереверсивным клапаном. Могут быть также применены любые аппараты для ИВЛ, имеющиеся в распоряжении врача.

Наиболее эффективным способом поддержания проходимости дыхательных путей при ИВЛ является интубация трахеи, для проведения которой необходимы: ларингоскоп с осветительным устройством, набор интубационных трубок с надувными манжетами, соединительный элемент для подключения интубационной трубки к аппарату для ИВЛ. Через интубационную трубку можно проводить искусственную вентиляцию легких экспираторным способом (ртом в трубку).

Техника интубации трахеи: больного укладывают на спину, вводят клинок ларингоскопа в рот (оставляя язык слева от клинка) и под контролем зрения подвигают его до основания надгортанника (изогнутый клинок концом вводят между корнем языка и надгортанником, прямым клинком захватывают и приподнимают надгортанник). Затем, стараясь не давить на зубы больного, отводят надгортанник кверху, смещая клинок ларингоскопа в направлении вверх к ногам больного, при этом в поле зрения оказывается голосовая щель. Под контролем зрения в голосовую щель вводят интубационную трубку, продвигая ее конец в трахею на 5—7 см, следя, чтобы надувная манжета скрылась за голосовыми связками. Ларингоскоп удаляют, в трубку делают пробный экспираторный вдох, чтобы убедиться в правильном ее положении, затем подсоединяют ее к аппарату. Признаком попадания интубационной трубки в пищевод является отсутствие видимых движений грудной клетки и дыхательных шумов при вдохе, раздувание желудка при продолжающихся попытках искусственной вентиляции легких.

Убедившись в правильном стоянии трубки, ее фиксируют к голове больного во избежание выпадения или проскальзывания в дыхательные пути, что приводит к перекрытию просвета бронха (обычно левого). Во избежание пережатия больным трубки зубами в рот вводят распорку (свернутая марлевая салфетка диаметром 3—4 см, воздуховод), которую фиксируют к интубационной трубке.

ИВЛ проводят одним из доступных способов. Оптимально использовать специальные аппараты для автоматической или ручной ИВЛ (пригодны аппараты для наркоза, все виды респираторов, в том числе портативные). При отсутствии аппаратов ИВЛ проводят экспираторным способом.

ОСТРАЯ СЕРДЕЧНО-СОСУДИСТАЯ НЕДОСТАТОЧНОСТЬ И ОСТАНОВКА СЕРДЦА

При терминальных состояниях, т. е. предагонии, агонии и клинической смерти, только немедленные реанимационные мероприятия, направленные в первую очередь на восстановление дыхания и кровообращения, могут вернуть к жизни больного. Первичные реанимационные мероприятия иногда называют сердечно-легочной реанимацией: они включают ИВЛ и массаж сердца. При остановке сердца крайне важно немедленно начать реанимацию, так как период обратимости при наступлении клинической смерти длится не более 4—5 мин.

Чрезвычайно важно освоение всеми медицинскими работниками и населением практических навыков первичной реанимации. Только тогда оказавшиеся на месте происшествия люди могут еще до приезда медицинского работника начать реанимацию. Тем более важно для каждого медицинского работника освоить методы реанимации.

Массаж сердца направлен на восстановление кровообращения в условиях неработающего сердца. Восстановление насосной работы сердца и тем самым кровообращения при проведении массажа происходит в результате толчкового сдавления сердца между передней и задней поверхностью грудной клетки. Показаниями к массажу сердца являются отсутствие пульса на периферических и сонных артериях, расширение зрачков, отсутствие или агональный тип дыхания, резкое побледнение кожных покровов, бессознательное состояние. В условиях стационара не следует дожидаться исчезновения электрической активности сердца, если больной находится на мониторном наблюдении. Электрические комплексы на ЭКГ и даже ослабленные тоны сердца могут сохраняться, в то время как периферическое кровообращение уже прекратилось.

Больной должен быть уложен на твердую поверхность — на пол, землю, твердый щит. Массаж сердца на мягкой кровати малоэффективен. Реаниматор становится таким образом, чтобы его руки перпендикулярно опускались в прямом положении на грудную клетку больного. Если больной лежит на полу или на земле, реаниматор становится на колени, если больной лежит на кровати со щитом — встает на какую-либо подставку. В противном случае реаниматор не сможет использовать силу тяжести верхней половины своего тела, будет вынужден работать только руками, быстро устанет и не сможет достичь эффективного массажа сердца.

Руки располагают одну на другой ладонями книзу. Проксимальную часть нижней ладони кладут на нижнюю треть грудины (над областью желудочков сердца), слегка приподнимая пальцы. Прямыми руками делают толчкообразные надавливания на нижнюю треть грудины, смещая ее на 5—6 см. Не следует давить на ребра во избежание их перелома. Толчки делают с частотой 60 в 1 мин, не допуская перерывов в массаже более чем на 5 с. Одновременно начинают ИВЛ. Соотношение массажных толчков и искусственных вдохов зависит от числа оказывающих помощь. Если реаниматор один, то он делает 12—15 массажных толчков, затем быстро меняет положение и делает 2 быстро следующих один за другим искусственных вдоха возможно большей глубины, затем опять делает массаж сердца (12—15 толчков) и т. д. до прихода второго реаниматора. Если реанимацию проводят два человека, то ритм работы другой: после каждых 5—6 толчков массажа проводят вдох.

В течение первых 30—60 с реанимации следует установить эффективность массажа сердца, о чем свидетельствуют синхронная с массажными толчками пульсация сонных и периферических артерий, при измерении АД — исчезновение такой пульсации при систолическом давлении не ниже 60 мм рт. ст., сужение зрачков, порозовение кожных покровов больного и другие признаки восстановления периферического кровообращения. Свидетельством высокой эффективности массажа сердца является восстановление сознания и дыхания.

Эффективный массаж сердца и ИВЛ позволяют поддерживать жизнь больного без сердечной деятельности достаточно длительное время, необходимое для приезда бригады скорой помощи и доставки больного в стационар, не допустив развития необратимых изменений в организме, прежде всего в коре головного мозга. Не следует прекращать массаж сердца и ИВЛ, если не удалось быстро восстановить сердечную деятельность и самостоятельное дыхание, хотя длительный массаж сердца — тяжелая физическая работа, быстро утомляющая реаниматора. Желательно поэтому выполнять массаж сердца поочередно силами 2—3 медицинских работников, что обеспечивает оптимальные условия эффективности массажа при необходимости длительного его проведения (существуют специальные аппараты для автоматического наружного массажа сердца). Если закрытым массажем сердца не удается быстро восстановить периферическое кровообращение, то должны быть немедленно выяснены причины его неэффективности, что проще всего сделать с помощью электрокардиографии. Частой причиной неэффективности массажа сердца является фибрилляция желудочков, успешно бороться с которой можно, лишь применив электрическую дефибрилляцию.

Другой причиной неэффективности закрытого массажа сердца является потеря сердечной мышцей тонуса. В таких случаях необходимо внутрисердечное введение препаратов, устраняющих атонию миокарда. Иглой длиной 10—12 см, надетой на шприц, пунктируют сердце в третьем или четвертом межреберье, отступя 2 см от края грудины. Направление вкола иглы строго вертикальное. Следует установить, что игла находится в полости сердца (в шприц должна легко поступать кровь) и нет опасности ввести препарат в толщу миокарда. Только после этого внутрисердечно вводят 0,3—1 мл

0,1 % раствора адреналина или норадреналина, разведенного в 10—15 мл изотонического раствора хлорида натрия, и 5—10 мл 10 % раствора хлорида или глюконата кальция.

Открытый массаж сердца показан при тяжелой травме грудной клетки и множественных переломах ребер, иногда при атонии миокарда, если внутрисердечное введение указанных выше препаратов не привело к восстановлению периферического кровообращения. Производят левостороннюю переднебоковую торакотомию в четвертом или пятом межреберье. Сердце сжимают между ладонными поверхностями двух рук или ладонью и ладонной поверхностью I пальца одной руки. Надо избегать сжатия сердца концами пальцев, так как при этом травмируется миокард.

Прекращение массажа сердца и других реанимационных мероприятий можно считать оправданным, если у больного, находящегося в состоянии клинической смерти, не удается достичь с помощью массажа сердца восстановления периферического кровообращения в течение 20—30 мин. Если при правильно осуществляемых массаже сердца и ИВЛ пульсация сонных и периферических артерий отсутствует, зрачки остаются расширенными, дыхание и сердечная деятельность не восстанавливаются, кожные покровы больного остаются резко бледными или цианотичными, может быть констатирована биологическая смерть и реанимационные мероприятия прекращают.

ТРАВМАТИЧЕСКИЙ ШОК, ШОКОВЫЕ И ШОКОПОДОБНЫЕ СОСТОЯНИЯ

Травматическим шоком принято называть вызванное травмой тяжелое состояние, сопровождающееся выраженными нарушениями функций жизненно важных органов, в первую очередь кровообращения и дыхания. Сходное по клиническим проявлениям состояние может возникнуть при тяжелой кровопотере, не связанной с травмой (геморрагический шок), при аллергических реакциях, интоксикации. Большие потери плазмы и других жидкостей при диарее, истощающей рвоте, обширных ожогах, остром панкреатите, перитоните, кишечной непроходимости и др. вызывают развитие тяжелых расстройств, называемых гиповолемическим шоком, ведущим звеном патогенеза которого является уменьшение объема циркулирующей крови (ОЦК).

Состояние, сходное с гиповолемическим шоком, может наблюдаться без наружной и внутренней потери жидкости в результате резкого расширения сосудистого русла, при котором развивается относительная гиповолемия (несоответствие нормального ОЦК резко возросшему объему сосудистого русла). Такой патогенез характерен для некоторых форм токсического, анафилактического, нейрогенного шока.

В клинической картине всех этих шоковых (или шокоподобных) состояний много общих черт: бледность кожи и слизистых оболочек, холодные кожные покровы, беспокойство, одышка, частый малый пульс, снижение АД, уменьшение ОЦК, сердечного выброса, плохое кровоснабжение периферических тканей.

В патогенезе шока и шокоподобных состояний важное значение имеют компенсаторные реакции на кровопотерю, гиповолемию. К ним относятся повышение тонуса сосудов венозной системы и тонуса артериол, развитие так называемой централизации кровообращения, при которой кровообращение в головном мозге и сердце не нарушается. В других органах и тканях кровообращение уменьшается, что приводит к кислородному голоданию почек, печени, кишечника и периферических тканей. Гиповолемия компенсируется за счет гемодилюции — притока в сосудистое русло жидкости из внесосудистого пространства. Это состояние определяется как стадия относительной компенсации. Оно наблюдается при снижении ОЦК на 20—25 % (кровопотеря 800—1200 мл). Если лечение не проводится, то на фоне вазоконстрикции начинается шунтирование кровотока из артериол в венулы, минуя капилляры. Вследствие гипоксии расширяются емкостные микрососуды. Клинически это проявляется тяжелым общим состоянием: АД снижается ниже 80 мм рт. ст., усиливается тахикардия, уменьшается сердечный выброс, снижается мочеотделение, прогрессирует похолодание и побледнение кожных покровов, цианоз. При уменьшении ОЦК на 30—40 % (кровопотеря 1500—2000 мл) наступает начальная декомпенсация, однако при правильном лечении процесс еще обратим.

В стадии декомпенсации, развивающейся при уменьшении ОЦК на 50 % и более (при кровотечении — потеря 2500 мл), наблюдается ослабление тонуса артериол, дальнейшее расширение венул и капилляров, замедление кровотока, а затем полный стаз крови в результате агрегации форменных элементов крови, увеличения вязкости крови, прижизненного образования микротромбов. Возникающая вследствие этого усиленная кровоточивость тканей заставляет заподозрить диссеминированное внутрисосудистое тромбообразование, часто являющееся симптомом развития необратимых изменений в организме. Клиническая картина в этой стадии шока характеризуется ухудшением состояния больного, прогрессирующим снижением АД, усилением тахикардии, дальнейшим уменьшением ОЦК, сердечного выброса, центрального венозного давления. Кожные покровы приобретают мраморную окраску, иногда с застойными пятнами типа трупных, мочеотделение прекращается. Это состояние редко поддается лечению. Однако интенсивная терапия должна проводиться в полном объеме, так как точно диагностировать состояние необратимого шока невозможно.

Если при кровопотере, острой гиповолемии основным повреждающим фактором является нарушение перфузии и кислородного снабжения тканей, то в патогенезе тяжелого травматического шока ведущую роль играют патологическая импульсация из области повреждения.

При тяжелых инфекционных формах токсического шока состояние больных отягощается факторами интоксикации, ранними нарушениями метаболизма. Тяжесть состояния при этом усугубляется, явления необратимости шока могут развиться раньше.

Неотложные медицинские мероприятия при лечении различных форм шока в принципе аналогичны и должны включать меры по устранению острых нарушений кровообращения и дыхания. Прочие методы интенсивной терапии проводят с учетом причин шока, особенностей его патогенеза и сопутствующих расстройств.

Лечение травматического, геморрагического и гиповолемического шока должно включать: интенсивную инфузионно-трансфузионную терапию; при необходимости остановку кровотечения; устранение острой дыхательной недостаточности (в тяжелых стадиях шока или при наличии повреждений и заболеваний, вызывающих острые нарушения дыхания); ликвидацию или блокирование болевой и другой патологической импульсации; проведение патогенетической медикаментозной терапии, применение современных методов внеорганной детоксикации, в частности плазмаферез.

Интенсивная комплексная терапия при условии раннего ее начала позволяет не допустить развития необратимого шока.

Порядок действий врача, оказывающего помощь больному в состоянии шока, следующий:

1. Остановка кровотечения. При наружном кровотечении его останавливают путем тампонирования раны, накладывания давящей повязки или зажима на кровоточащий сосуд, а также прижатием его на протяжении вне раны. Применение жгута допустимо лишь в случае невозможности остановить артериальное кровотечение перечисленными методами.

Транспортировку больного, находящегося в состоянии шока, особенно геморрагического, осуществляют только на носилках при продолжающейся инфузионной терапии, которую при тяжелом шоке проводят в две вены, общем обезболивании (оптимально — путем ингаляции смесью закиси азота с кислородом в соотношениях 1:1, 2:1) и обязательной иммобилизации конечности при переломах; при нарушениях дыхания проводят ИВЛ.

2. Лечение ОДН проводят по вышеизложенным рекомендациям. Особую роль играет своевременная диагностика пневмоторакса (особенно напряженного), при котором ОДН невозможно устранить без немедленного дренирования плевральной полости. На догоспитальном этапе проще всего выполнить такое дренирование путем пункции плевральной полости толстой иглой (типа Дюфо), что сразу же переводит напряженный пневмоторакс в открытый и создает условия для проведения эффективной ИВЛ. При нарастающей асфиксии могут возникнуть показания к незамедлительной трахеостомии.

3. Интенсивная инфузионно-трансфузионная терапия (ИИТТ) при критических нарушениях гемодинамики является ведущим методом коррекции острой гиповолемии. Больного укладывают горизонтально или со слегка опущенной головой, при низком АД следует приподнять его ноги. Пунктируют или катетеризируют периферическую вену и начинают инфузию плазмозамещающего раствора в быстром темпе. В стационаре методом выбора является катетеризация центральных вен (внутренняя яремная, подключичная, бедренная), позволяющая контролировать центральное венозное давление (ЦВД) и быстро проводить массивные инфузии жидкости. На догоспитальном этапе этот метод применяют редко в связи с его сложностью и опасностью осложнений.

Объем инфузируемой жидкости и скорость ее введения должны быть значительными. Капельные инфузии при лечении критических расстройств кровообращения при шоке практически бесполезны. Объем инфузий должен быть значительно больше дефицита ОЦК, поскольку надо восполнить не только дефицит внутрисосудистой жидкости, но и потери воды тканями, так как вода перемещается в сосудистое русло в результате компенсаторной реакции на гиповолемию. В первые часы лечения, особенно если оно было начато с запозданием, при тяжелом шоке может потребоваться инфузия со скоростью 2—4 л/ч. Такой объем следует вводить под контролем центрального венозного давления (ЦВД), быстрое повышение которого служит признаком развивающейся сердечной недостаточности.

Если АД и ЦВД остается низким, то увеличивают скорость инфузии, проводя ее в 2—3 вены одновременно.

Эффективным противошоковым действием обладают все плазмозамещающие растворы, среди которых выделяют: кристаллоидные растворы (5 % раствор глюкозы, 0,85 % раствор хлорида натрия, электролитные смеси типа раствора Рингера, Рингера — Локка и др.); коллоидные растворы полисахаров (полиглюкин, реополиглюкин), желатины (желатиноль), белковые препараты крови (свежезамороженная плазма, альбумин).

При проведении интенсивной инфузионно-трансфузионной терапии на догоспитальном этапе следует сочетать кристаллоидные и коллоидные растворы в соотношении 1:1, 2:1, в том числе у больных с тяжелой кровопотерей. В стационаре таким больным продолжают инфузии плазмозаменителей, сочетая их с переливанием эритроцитов. При этом переливаемые эритроциты должны составлять не более 40—50 % вливаемой жидкости, а общее количество консервированных эритроцитов не должно превышать 1000 мл для взрослого во избежание развития осложнений (синдрома массивных трансфузий, интоксикации цитратом). Переливание цельной крови показано только при отсутствии одногруппных эритроцитов, снижении уровня гемоглобина ниже 80 г/л. Следует включать в инфузионную терапию препараты, повышающие онкотическое давление крови, среди которых высокой эффективностью обладает альбумин. Количество полиглюкина не должно превышать 10 мл/кг, так как большие количества могут нарушить гемокоагуляцию.

При ожоговом шоке инфузионная терапия должна включать компоненты плазмы и крови, так как при нем развивается значительная плазмопотеря. Кроме того, необходимы полноценное длительное обезболивание и мероприятия, уменьшающие плазмопотерю ожоговой поверхностью.

Инфузионную терапию проводят до стабилизации систолического давления на цифрах 90—100 мм рт. ст. и ЦВО — на цифрах 50—100 мм вод. ст. Достижение удовлетворительной скорости мочеотделения (свыше 20 мл/ч) также является показателем восстановления периферического кровообращения.

Если при проведении инфузионной терапии, несмотря на удовлетворительные показатели артериального давления, больной остается резко бледным, кожа холодной на ощупь, мочеотделение меньше 20 мл/ч или отсутствует, то после восполнения дефицита внутрисосудистой жидкости начинают комплекс мероприятий по нормализации кровообращения в периферических тканях и микроциркуляторном русле. Он включает введение сосудорасширяющих средств на фоне продолжающихся инфузий при продолжающемся контроле показателей гемодинамики. Снятие явлений централизации кровообращения и спазма сосудов можно проводить после восполнения дефицита ОЦК, медленно вводя один из нейролептических, спазмолитических или ганглиоблокирующих препаратов. Быстрый и управляемый эффект дает введение 0,25 % раствора новокаина. Сосудорасширяющим действием обладают дроперидол и диазепам (седуксен). В стационаре применяют также нитриты (нитроглицерин, нитропруссид) и ганглиоблокаторы (пентамин, гигроний). Все сосудорасширяющие и спазмолитические вещества вводят медленно (капельно в большом разведении) при непрерывном контроле показателей гемодинамики. При усугублении гипотензии увеличивают темп инфузии, замедляя одновременно скорость введения сосудорасширяющих средств. Проводимую терапию можно считать эффективной, если у больного при стабильном систолическом давлении 90—100 мм рт. ст. происходит порозовение и потепление кожи, начинается мочеотделение со скоростью более 20 мл/ч.

Проведение инфузионной терапии может представить большие трудности при развитии у больного явлений сердечной недостаточности (синдром малого сердечного выброса). Лечение этого состояния рассмотрено в разделе, посвященном инфаркту миокарда. При острой сердечной недостаточности у больных с различными формами шока принято использовать капельное введение малых доз катехоламинов. При этом ампулу адреналина (1 мг) разводят в 200—500 мл жидкости и вводят со скоростью, при которой не увеличивается ЧСС, а другие показатели гемодинамики (АД, ЦВД и др.) улучшаются.

Широкое применение при лечении острой циркуляторной недостаточности при шоке имеют кортикостероидные препараты. Их вводят внутривенно фракционно или капельно главным образом с целью повышения чувствительности адренорецепторов к эндо- и экзогенным катехоламинам.

В терапии шока с целью профилактики прогрессирования диссеминированного внутрисосудистого свертывания иногда назначается гепарин (под кожу живота или внутривенно) под контролем времени свертывания (не более 15 мин) и других показателей коагулограммы. Бесконтрольное назначение гепарина опасно.

При аллергическом (анафилактическом) шоке, а также при нейрогенном рефлекторном шоке характерны в первую очередь нарушение сосудистого тонуса и значительное увеличение емкости сосудистого русла. Относительная гиповолемия возникает в результате несоответствия ОЦК резко возросшему объему внутрисосудистого русла. Комплекс неотложных мероприятий должен включать инфузионную терапию, введение кортикостероидных препаратов и вазоактивных веществ (эфедрин, адреналин, допамин). При аллергическом (анафилактическом) шоке применяют также антигистаминные препараты (супрастин, димедрол и др.), которые могут усилить гипотензию. Поэтому их следует вводить на фоне начатого инфузионного лечения, введения кортикостероидов и препаратов кальция (10 мл 10 % раствора хлорида или глюконата кальция), которые уменьшают нарушенную проницаемость сосудистых стенок.

Объем инфузионной терапии определяют по реакции и состоянию больного. Если мочеотделение восстановилось, ЦВД не превышает нормальных величин, то для поддержания гемодинамики может применяться большой объем инфузий, иногда в 3—4 раза превышающий объем учтенных потерь.

В процессе проведения инфузионной терапии необходимо:
— постоянно контролировать ЦВД, АД, частоту пульса, состояние легких (угрожающий отек легких);
— тщательно измерять наружные потери жидкостей (кровопотеря, мочеотделение, желудочные потери при рвоте, кишечные потери при поносе);
— учитывать внутренние потери объема внутрисосудистой жидкости при следующих наиболее часто встречающихся состояниях: политравме (образование гематом в мягких тканях), гемоперитонеуме, гемотораксе, желудочно-кишечных кровотечениях, остром панкреатите (плазмопотеря в забрюшинном пространстве), кишечной непроходимости (плазмопотеря в просвет кишечника).

4. Обезболивание в состоянии шока необходимо при наличии болевых ощущений. При этом следует помнить, что регионарная или общая анальгезия при низких цифрах АД и невосполненной гиповолемии может привести к усилению гипотензии и ухудшению состояния больного. Поэтому на ранних этапах лечения проводниковую, местную анестезию, общую анальгезию, введение антигистаминных и нейролептических препаратов следует проводить только под защитой инфузионной терапии. При этом

целесообразно отдавать предпочтение местной или проводниковой анестезии (введение местного анестетика в область перелома, блокады нервов и сплетений, футлярные блокады, эпидуральная анестезия).

Общую анальгезию проводят наркотическими анальгетиками (морфин, промедол, фентанил) при обязательном контроле состояния дыхания и гемодинамики. Хороший обезболивающий эффект дает также внутривенное введение анальгина, ингаляционная общая анальгезия закисью азота (с кислородом).

5. Большое значение в лечении шоковых состояний имеют детоксикационные мероприятия. Экстракорпоральная детоксикация (плазмаферез, гемосорбция, лимфосорбция, гемодиализ, ультрагемофильтрация) эффективна как при экзотоксикозах (отравлениях ядовитыми веществами), так и при эндотоксикозах (инфекционно-септический шок, полиорганная недостаточность). Методы экстракорпоральной детоксикации должны быть своевременно применены у больных с тяжелыми инфекционно-воспалительными процессами, сепсисом наряду с общими неспецифическими мероприятиями по восстановлению нарушенного кровообращения и дыхания. Проведение детоксикационной терапии желательно осуществлять в отделении интенсивной терапии (реанимации). При тяжелых отравлениях, сопровождающихся типичными для шока расстройствами, проводят интенсивную общую противошоковую терапию в сочетании со специфическими мерами, включающими введение антидотов, применение гемосорбции и др. (см. *Острые отравления*).

Глава 5

ЛЕЧЕНИЕ ОПУХОЛЕВЫХ ЗАБОЛЕВАНИЙ

Этиология рака. Опухолевый рост обусловлен различными этиологическими агентами. По данным экспериментальных исследований, опухоль развивается под воздействием ионизирующего и ультрафиолетового облучения, различных химических веществ, ДНК-вирусов некоторых классов с горизонтальной передачей; опухоль может быть обусловлена суперинфекцией некоторых РНК-вирусов и т. д. Разнообразие этиологических факторов характерно и для человека.

В медицинской практике особое внимание врача могут привлечь курящие женщины и мужчины, работники некоторых профессий, связанные с потенциально канцерогенными веществами (анилиновые красители, радиоактивное излучение, асбест и т. д.). Исключение или уменьшение концентрации этиологических факторов — реальный путь снижения заболеваемости злокачественными опухолями.

Патогенез рака. Опухоли могут быть доброкачественными и злокачественными. Первые состоят в основном из однотипных клеток, не отличающихся существенно по морфологии от нормальных клеток, с небольшой потенцией к росту, без способности к инвазии и метастазированию. Многие доброкачественные опухоли сохраняют эти черты на протяжении всей жизни человека, редко перерождаясь в соответствующие злокачественные опухоли. Например, липома подкожной клетчатки, миома матки трансформируются в саркому крайне редко. Вместе с тем доброкачественные опухоли могут быть этапом развития рака и саркомы. Так, диффузный полипоз кишечника на протяжении жизни почти в 100 % случаев переходит в рак. Во многих случаях этап сохранения опухолью характеристик доброкачественного тканевого разрастания (предрак) может быть не столь очевиден, как при полипозе, но так или иначе такой этап, занимающий различных промежуток времени, существует. Малигнизацию связывают с повторными изменениями в генетическом аппарате опухолевых клеток, которые склонны к мутациям существенно больше нормальных клеток. В результате возникают новые клоны клеток, характеризующиеся резким клеточным полиморфизмом, атипией, прорастанием в прилежащие органы и способностью к росту в виде метастатических очагов в других органах и тканях.

Врач, знающий клинические закономерности, особенности развития симптоматологии доброкачественных и злокачественных опухолей различной локализации, использует наиболее рациональные методы диагностики и лечения этих заболеваний. Подчеркнем, что диагноз — опухоль доброкачественная или злокачественная — должен быть немедленным и четким. При установлении первичного диагноза метод наблюдения, учитывающий темп роста опухоли, — путь к ошибке.

В патогенезе некоторых опухолей важное определяющее значение имеют генетические факторы. У животных роль генетической предрасположенности очевидна (на примере высоко- и низкораковых линий мышей). У человека опухоль может быть как единственным проявлением дефекта генома, так и частью различных нарушений в геноме, приводящих к множественным порокам развития и опухолям. Врач должен вести особое наблюдение за членами таких семей, обсуждать с ними их профессиональную деятельность (необходимо исключить контакт с потенциальными канцерогенами) и выбрать систему медицинского контроля (раннее обнаружение опухоли). Среди известных «генетических» опухолей — ретинобластома, невусная базально-клеточная карцинома, трихоэпителиома, множественный эндокринный аденоматоз, феохромоцитома, медуллярный рак щитовидной железы, параганглиома, полипоз толстой кишки.

Развитие злокачественных опухолей учащается при нарушениях иммунологического контроля (иммунодефицитные синдромы — агаммаглобулинемия, атаксия-телеангиэктазия и др.; длительное применение иммунодепрессивных средств в случае трансплантации органов и при некоторых болезнях). Такие больные также нуждаются в более частом врачебном контроле для своевременного выявления опухоли.

Инвазия и метастазирование злокачественной опухоли определяют течение заболевания. Опухолевые клетки прорастают в соседние органы и ткани, повреждают сосуды и нервы. Инвазия нередко, например при меланоме кожи, определяет и время развития метастазов. Метастазирование — одно из основных свойств именно злокачественных опухолей. Хотя имеются единичные примеры метастазирования и морфологически доброкачественных опухолей (например, аденомы щитовидной поджелудочной железы, деструирующий пузырный занос); это — редкое исключение. Доброкачественные опухоли, как правило, не метастазируют.

Метастазы злокачественных опухолей обнаруживаются в регионарных лимфатических узлах, а также в самых различных органах и тканях. Знание путей оттока лимфы важно при проведении обследования больных и планировании лечения. В ряде случаев считается обязательным одновременно с удалением первичной опухоли проведение операции на регионарных лимфатических узлах. Такой же подход используется при лучевой терапии, если она является основным методом лечения (планируется облучение также регионарных лимфатических узлов). Различные опухоли имеют особенности метастазирования в отдаленные органы и ткани. Например, рак молочной железы более часто дает метастазы в кости, рак яичка, почки — в легкие, рак толстой кишки — в печень и т. д. В большинстве случаев возникают множественные метастазы различных размеров, сохраняющие морфологические структуры и биологические характеристики первичной опухоли. Наиболее часто поражаются легкие, печень, кости, головной мозг. Особенности отдаленного метастазирования каждой опухоли важно знать при составлении заключения о том, что опухоль локализованная. Это необходимо при планировании операции и лучевой терапии, а также для динамического наблюдения.

Срок развития метастазов может быть различным. Например, метастазы рака почки в основном проявляются в течение первого года после диагноза и операции, а при раке молочной железы — в течение 2—5 лет, иногда и через 10—15 лет.

Рецидив роста опухоли появляется в той же зоне в ближайшие месяцы, если операция была нерадикальной или лучевая терапия и/или химиотерапия не привела к истинно полной регрессии опухоли. Рецидивы по морфологической структуре сходны с первичной опухолью, но могут иметь существенные отличия от нее по биологическим характеристикам.

Д и а г н о с т и к а   о п у х о л е й. *Беседа врача с больным.* Врач обращает внимание на изменение клинических симптомов при хронических заболеваниях, задает некоторые специфические вопросы. Осмотр врача может быть и предупредительным — для активного выявления симптомов и обследования. Значительную помощь оказывает в некоторых случаях регулярное самообследование людей (пальпация молочной железы, осмотр пигментных невусов и т. д.). Беседа и осмотр врача вносят начальную информацию в формулирование диагноза.

Цитологический метод. Диагноз злокачественной опухоли всегда должен быть установлен с использованием цитологического и/или гистологического исследования. Цитологическому исследованию подлежат материалы, полученные при пункции опухоли, отпечатки, смывы, центрифугаты жидкости и др. После пункции цитологические препараты немедленно фиксируют и затем используют необходимые окраски. Важна роль цитологического анализа при раке молочной железы (предоперационная пункция опухоли), раке легкого (мокрота, материалы бронхоскопии, трансторакальной пункции), ранних стадиях рака желудка, пищевода, полости рта, влагалища и других опухолей. Следует подчеркнуть исключительно важное значение цитологического метода при раке in situ, когда возможности этого метода выше, чем гистологического. Роль цитологического исследования для ранней диагностики очевидна при раке шейки матки. Если каждой женщине регулярно проводить цитологическое исследование мазков, рак шейки матки может быть диагностирован в начальной стадии и излечен у 100 % больных.

Гистологический метод дает наиболее полное представление о заболевании. Материал для исследования получают при биопсии и после удаления опухоли. Устанавливают морфологический тип и вариант опухоли, степень инвазии, уровень дифференцировки, сопутствующие тканевые реакции и т. д. Углубленное исследование (электронная микроскопия, иммуноморфологические, гистохимические методы) дает возможность углубить характеристику опухоли.

Эндоскопические методы исследования важны для диагностики некоторых опухолей, а также при выяснении степени их распространения. Применяют эндоскопический осмотр носоглотки, гортани, трахеи и бронхов, пищевода, желудка, двенадцатиперстной кишки, толстой и прямой кишки, мочевого пузыря, плевральной и брюшной полости и т. д.

Рентгенологические методы сохраняют важное значение при диагностике опухолевых заболеваний молочной железы, легкого, почки, желудочно-кишечного тракта и др. В последние годы с успехом используется компьютерная томография (КТ). Ее информативность велика при обнаружении небольшого размера опухоли в щитовидной железе, почке, печени, легком, поджелудочной железе и др. Меньшее диагностическое значение КТ имеет при раке желудка, кишечника и некоторых других опухолях. Во время КТ-исследования может быть выполнена прицельная пункция опухоли.

Ультразвуковая томография — высокоинформативный метод исследования; применяется для диагностики опухолей органов брюшной полости и забрюшинного пространства, мягких тканей туловища и т. д. Во время исследования также может быть выполнена прицельная пункция опухоли.

Радионуклидные методы весьма перспективны (имеется в виду создание опухолеспецифических меченых антител). В настоящее время для диагностики применяют сцинтиграфию костей скелета, мозга, легких; для характеристики функционального состояния — сцинтиграфию почек, печени.

Биохимические методы исследования дают полезную информацию при обследовании онкологических больных. Специфических биохимических изменений в организме онкологических больных не установлено. При некоторых опухолях выявляются некоторые изменения: при диссеминированном раке предстательной железы высокий уровень кислой фосфатазы установлен у 75 % больных (однако при локализованном раке — ниже 20 %); при раке поджелудочной железы — увеличение амилазы (25 %), при раке печени — увеличение печеночной фракции щелочной фосфатазы. Большее практическое значение имеет обнаружение высокого уровня α-фетопротеина при раке печени, яичка, различных тератокарциномах; карциноэмбрионального антигена — при раке толстой кишки; хорионического гонадотропина — при хорионэпителиоме матки и яичка. Биохимические тесты могут обнаружить эндокринную секрецию опухоли и объяснить многие клинические синдромы, обусловленные тканеспецифической или паранеопластической эндокринной активностью. Выявляется высокий уровень АКТГ, антидиуретического, паратиреотропного, тиреоидстимулирующего, фолликулостимулирующего, лютеотропного, меланостимулирующего гормона, эритропоэтина; кортизола, адреналина, норадреналина, инсулина, гастрина, серотонина и т. д.

Биохимические методы позволяют выяснить содержание рецепторов некоторых гормонов в опухолевой ткани (эстрадиол, прогестерон, тестостерон, кортикостероиды). Такой анализ производят при биопсии или удалении опухоли с быстрым замораживанием ткани; результат исследования полезен при выработке лечебной тактики (например, при раке молочной железы и др.).

Перечисленные методы диагностики злокачественных опухолей наиболее информативны в том случае, если применяются в рациональном сочетании. В результате обследования устанавливают обоснованный диагноз злокачественной опухоли и классифицируют болезнь по международной классификации TNM (T — размер первичной опухоли, N — состояние регионарных лимфатических узлов, M — отсутствие или наличие отдаленных метастазов). После операции классификация болезни уточняется. Для большинства опухолей разработаны соответствующие критерии TNM.

Лечение злокачественных опухолей. При лечении больных со злокачественными опухолями возникают многообразные проблемы, решение которых требует участия не только онкологов, но и квалифицированных врачей других специальностей, которые должны четко представлять себе особенности основных лечебных методов, применяемых в онкологии, и возможности последующей реабилитации больных. Основные методы лечения: хирургическое вмешательство, лучевая терапия, химиотерапия, биотерапия. Радикальная операция выполняется в основном в ранних стадиях заболевания, а также при местно-распространенной опухоли после предшествующей эффективной лучевой или химиотерапии. Паллиативная операция направлена на сокращение массы опухоли, что повышает эффективность терапевтических воздействий. Такие операции существенно облегчают состояние больных (например, при кишечной непроходимости, кровотечении и т. д.). Вариантом хирургического лечения может стать криогенная деструкция опухоли, выполняемая в качестве радикального или паллиативного воздействия.

Лучевую терапию применяют при чувствительных к лучевому воздействию опухолях (мелкоклеточный рак легкого, рак молочной железы, носоглотки, гортани, другие опухоли головы и шеи, саркома Юинга, рак шейки матки и др.) самостоятельно или в сочетании с операцией, химиотерапией. Используют различные методы лучевой терапии (дистанционную гамма-терапию, внутриполостную лучевую терапию, нейтроны, протоны, радиоактивные изотопы и т. д.). Химиотерапия в настоящее время становится важнейшим методом лечения при злокачественных опухолях. Химиотерапию назначают для уменьшения массы опухоли при неоперабельной опухоли, после операции для предупреждения развития метастазов (адъювантная химиотерапия) или при наличии метастазов. В последнее время применяют также химиотерапию при операбельных опухолях с последующим продолжением лечения (при учете чувствительности) после операции (неоадъювантная химиотерапия). При некоторых заболеваниях современная химиотерапия, являясь основным компонентом лечения, обеспечивает излечение значительного числа больных (злокачественные семиномные и несеминомные опухоли яичка, хорионэпителиома матки, локализованные формы остеогенной саркомы, рак молочной железы, саркома Юинга, нефробластомы у детей и др.). Чаще химиотерапия приводит к полной или частичной регрессии опухоли с различной длительностью ремиссии (диссеминированный рак молочной железы, яичника, меланома, мелкоклеточный рак легкого и др.), что увеличивает продолжительность жизни больных и уменьшает клинические проявления заболевания. Химиотерапия используется также при раке желудка, толстой кишки, предстательной железы, мочевого пузыря, почки и т. д.

В современной клинической химиотерапии применяют различные противоопухолевые препараты (антиметаболиты, антибиотики, алкилирующие и различные другие). Противоопухолевые препараты применяют самостоятельно или в составе лекарственных комбинаций, что позволяет достичь наибольшей эффективности лечения. В основе химиотерапии лежит различие в ответе нормальных и опухолевых клеток на цитостатическое воздействие. Наиболее значительные успехи химиотерапии отмечаются при чувствительных опухолях небольших размеров, масса которых быстро увеличивается и обладает наибольшей чувствительностью к препарату. В дальнейшем в крупных опухолевых узлах время удвоения опухоли возрастает, падает фракция роста, снижается эффективность химиотерапии. Важное значение имеют и другие биологические характеристики опухоли, особенности фармакокинетики препаратов и др.

Наибольшая эффективность противоопухолевых препаратов достигается путем их применения в рациональных комбинациях. Сведения о синергизме лекарств получают в результате предклинических исследований. При различных злокачественных опухолях человека существуют рекомендации по наиболее эффективной химиотерапии — так называемой первой линии, а также для дальнейшего лечения при недостаточном эффекте (вторая и третья линии).

Актуален вопрос о рациональных режимах лечения. Принцип достижения максимального лечебного эффекта в короткий срок разделяется большинством онкологов. Серьезно критикуется практика «подлечивания» препаратами с небольшой активностью или просто имеющимися у врача в данное время. Такое неадекватное лечение не только не помогает, но существенно снижает лечебный результат последующей рациональной химиотерапии. Объясняется это свойством опухолевых клеток развивать устойчивость к цитостатическим препаратам в короткие сроки.

Лекарственная резистентность опухоли — труднейшая проблема современной химиотерапии, и нерациональное лечение больных углубляют ее. Среди причин резистентности опухоли — активация гена множественной лекарственной устойчивости, недостаточное поступление препарата в клетку, недостаточная его активация, увеличение инактивации, увеличенная концентрация связывающего фермента, возникновение альтернативных путей метаболизма, быстрое восстановление после повреждения и др.

Рациональная химиотерапия предполагает применение различных режимов в зависимости от лечебной задачи. Лечебный режим может быть интенсивным, вызывающим значительные побочные эффекты, умеренно токсичным или просто нетоксичным. Обязательным считается проведение повторных курсов. Интервалы между курсами определяются задачей лечения и характеристикой побочного действия препаратов. Лечебное действие противоопухолевых препаратов оценивают после каждого курса лечения, обычно спустя 2—4 нед. При измеряемых опухолях пользуются сантиметром или циркулем для определения наибольшего диаметра и максимального второго диаметра, перпендикулярного первому. Эти данные сравнивают до и после лечения. При наличии множественных очагов выбирают для наблюдения 3—5 очагов, различных по размеру. При метастазах в легкие делают рентгенограммы, тщательно описывают локализацию и размеры опухоли.

При некоторых опухолях важное значение имеют ультразвуковая и компьютерная томография, ангиография, другие рентгенологические методы, определение опухолевых маркеров. Регистрируются также проявления нечетко измеряемых и неизмеряемых опухолей. Важно подчеркнуть необходимость тщательного описания всех выявленных признаков болезни до и после лечения. Полная регрессия — исчезновение всех проявлений заболевания; значительная частичная регрессия — уменьшение размеров опухолевых очагов ⩾ 50 %; незначительное объективное улучшение — уменьшение размеров опухоли на 25—49 %. Стабилизация болезни — длительное (на срок до 6 мес) отсутствие динамики, связанное с проводимой химиотерапией.

Практические врачи должны также знать побочное действие цитостатических препаратов. Введение максимальных лечебных доз препара-

тов, т. е. лечебная тактика, предполагает развитие побочных эффектов различной степени. Они могут наблюдаться непосредственно (тошнота, рвота, аллергические реакции и т. д.), в ближайшие сроки (лейкопения, тромбоцитопения, диарея, стоматит и др.) или в отдаленном периоде как результат длительного применения препаратов (нефро-, кардио-, нейро-, ототоксичность и др.). Побочные эффекты следует тщательно регистрировать, что имеет значение при планировании дальнейшей химиотерапии.

Кроме цитостатических препаратов, химиотерапия включает применение эндокринных лекарственных средств. Чаще их применяют при гормонозависимых опухолях (рак молочной железы, щитовидной железы, эндометрия, предстательной железы и др.). Рациональная терапия предполагает предварительный анализ содержания рецепторов эстрогенов, прогестерона, андрогенов в ткани опухоли. Рецепторы определяются в удаленной опухоли или при биопсии. Обычно первичная опухоль и множественные ее метастазы имеют сходные характеристики по уровням рецепторов гормонов. Применяют антиэстрогены, андрогены, кортикостероиды, прогестины — при раке молочной железы, раке эндометрия, эстрогены — при раке предстательной железы и т. д. Повышение эффективности лечения достигается удалением гормональных желез (яичников, яичек), выключением функции гипофиза (облучение, удаление, назначение рилизинг-гормонов гипофиза). Эндокринная терапия может быть основным методом лечения (например, при раке молочной железы и тела матки в глубокой менопаузе при высоком уровне рецепторов эстрогенов и/или прогестерона). Часто цитостатические и эндокринные препараты применяют совместно, что увеличивает эффективность лечения.

Биотерапия включает применение различных природных биологически активных агентов (интерфероны, интерлейкины и т. д.), проведение иммунотерапевтических мероприятий с использованием вакцин, активированных лимфоцитов, иммуномодулирующих фармакологических препаратов и т. д. Это — новая перспективная область медицины, развитие которой тесно связано с совершенствованием тестирования иммунологических реакций у человека, получением рекомбинантных и принципиально новых фармацевтических препаратов, а также с достижениями экспериментальной иммунологии. Применение биотерапии в онкологической практике только начинается. Введены в практику Т-активин, леакадин, реаферон. Предстоит накопление научных сведений и более значительного практического опыта для выяснения роли биотерапевтических воздействий в общей системе современного лечения больных со злокачественными опухолями.

РАК ВЛАГАЛИЩА И НАРУЖНЫХ ПОЛОВЫХ ОРГАНОВ встречается у женщин в возрасте от 60 до 70 лет и старше. Развитию рака этой локализации часто предшествуют предраковые заболевания — лейкоплакия и крауроз. При лейкоплакии на слизистой оболочке половых губ, в окружности клитора видны белые пятна, которые в дальнейшем превращаются в бляшки, сливающиеся друг с другом, со склонностью к изъязвлению. При краурозе наблюдается атрофия и сморщивание слизистой оболочки и кожи. Среди клинических симптомов при лейкоплакии и краурозе наиболее часто отмечается зуд и жжение в области наружных половых органов.

Рак наружных половых органов проявляется плотным узелком или изъязвлением, легко кровоточащим. Опухоль располагается в области больших или малых половых губ, клитора, в дальнейшем в процесс вовлекаются влагалище, уретра и промежность. Метастазы в регионарные паховые, бедренные и подвздошные лимфатические узлы возникают быстро, могут появиться метастазы в легкие и другие органы.

Среди к л и н и ч е с к и х с и м п т о м о в рака — зуд, жжение, серозное отделяемое с примесью крови, боль.

Д и а г н о з уточняется при цитологическом и гистологическом исследовании. Чаще обнаруживается плоскоклеточный рак различной степени дифференцировки.

Л е ч е н и е — радикальная вульвэктомия с удалением паховых лимфатических узлов. 75 % больных после такой операции живут более 5 лет. Лучевую терапию применяют как самостоятельный метод или в предоперационном периоде. Химиотерапию используют в сочетании с лучевой терапией или самостоятельно при запущенной болезни (блеомицетин, метотрексат, цисплатин и др.).

Рак влагалища проявляется изъязвлением, бугристыми сосочковыми разрастаниями или подслизистым инфильтратом. Опухоль легко кровоточит. Метастазирует в подвздошные, паховые, лимфатические узлы. При прогрессирующем росте прорастает в мочевой пузырь, уретру, прямую кишку.

К л и н и ч е с к и е с и м п т о м ы: кровянистые выделения, боль.

Д и а г н о з устанавливают при биопсии (плоскоклеточный рак). Дифференциальный диагноз проводят с раком шейки матки с переходом на влагалище, метастазами рака тела матки.

Основной метод л е ч е н и я рака влагалища — лучевая терапия (сочетание наружного и внутриполостного облучения).

РАК ГОРТАНИ составляет около 2 % от всех злокачественных опухолей. У мужчин встречается в 8—9 раз чаще, чем у женщин. Локализованные опухоли наблюдаются у 60 % больных; в 30 % случаев выявляются регионарные метастазы и в 10 % — отдаленные метастазы во время первичного осмотра. Преобладающая гистологическая форма — плоскоклеточный рак. Чаще поражается надскладочный верхний отдел гортани (70 %), затем складочный (28 %) и подскладочный (2 %).

Надскладочный, или вестибулярный, рак гортани отличается злокачественным течением. Опухоль обычно распространяется вверх и кпереди на язычные валлекулы, корень языка и преднадгортанник. Вначале протекает бессимптомно. Затем ощущается неловкость и поперхивание при глотании, позже — боль.

При осмотре определяются бугристые разрастания или инфильтрат. При раке голосовых связок процесс распространяется на противоположную складку и переднюю комиссуру. Основной симптом — охриплость голоса, переходящая в афонию. При фиброларингоскопии выявляется новообразование, инфильтрирующее голосовую связку и выступающее в просвет гортани.

При подскладочном раке основным симптомом является затруднение дыхания и осиплость голоса. При распространенном раке — кашель с мокротой, гнилостный запах изо рта.

Л е ч е н и е вестибулярного рака I и II стадии — лучевая терапия, при III и IV стадии — комбинированное лечение (лучевая терапия + + ларингэктомия), иногда резекция или расширенная ларингэктомия. При раке голосовых связок I и II стадии может применяться лучевая терапия или хирургическая операция (отдаленные результаты одинаковы). При раке III и IV стадий показано комбинированное лечение. Подскладочный рак I и II стадий лечат оперативным путем, при III и IV стадиях после операции проводят лучевую терапию. При распространенных стадиях болезни могут назначаться химиопрепараты: адриабластин, циклофосфан, проспидин, метотрексат, блеомицин, фторурацил, спиробромин и др.

РАК ГУБЫ. 90 % всех опухолей встречается в центральной части нижней губы; в 90 % случаев гистологической формой является плоскоклеточный рак с ороговением. Предрасполагающие факторы — хроническая травматизация слизистой оболочки губы, курение. Предраковыми заболеваниями являются хейлит, гиперкератоз, бородавчатый предрак, кератоакантома, кожный рог.

К л и н и ч е с к а я к а р т и н а. В начале заболевания рак губы проявляется в виде шероховатого уплотнения, покрытого струпом. По краям уплотнения образуется валикообразный венчик. По мере роста опухоли в ней возникают процессы распада, сопровождающиеся изъязвлением; присоединяется вторичная инфекция. Метастазирование в лимфатические узлы наблюдается в 10 % случаев. Первые метастазы при локализации первичной опухоли в центральной части губы появляются в подбородочных лимфатических узлах, при боковом расположении первичной опухоли — в подчелюстных лимфатических узлах. Отдаленные метастазы редки. Возможно прорастание нижней челюсти.

Л е ч е н и е рака губы I стадии (опухоль не более 2 см) — лучевое (внутритканевое введение радиоактивных игл или короткофокусная рентгенотерапия) или криогенное. Хирургическое иссечение опухоли применяется редко. При II стадии (опухоль более 2, но менее 4 см без метастазов) — лучевая терапия, возможна криодеструкция опухоли. При III стадии (опухоль в пределах губы более 4 см или меньших размеров, но при этом пальпируются лимфатические узлы на стороне поражения) на первичный очаг воздействуют сочетанным лучевым методом, после регрессии опухоли производят фасциально-футлярное иссечение шейной клетчатки с обеих сторон. При IV стадии (распространение опухоли на кости, язык, шею, двусторонние метастазы в лимфатические узлы, отдаленные метастазы) показано паллиативное облучение либо химиотерапия (возможно применение метотрексата, фторурацила, блеомицина, цисплатина).

РАК ЖЕЛУДКА. Ранний диагноз обеспечивает наиболее благоприятный прогноз. Клинические симптомы заболевания неспецифичны: тошнота, рвота, отрыжка, дисфагия, общая слабость, потеря массы тела, анемия и др. Важно обратить внимание на появление указанных симптомов у прежде здоровых людей и изменение их характера при хроническом гастрите или язвенной болезни. Решающее значение в установлении диагноза имеют гастроскопия (с биопсией) и рентгенологическое исследование желудка.

Рак желудка локализуется в верхней трети (кардиальная часть и дно желудка), средней трети (тело желудка) или нижней трети (пилорический отдел желудка). Метастазы рака желудка чаще поражают регионарные лимфатические узлы, печень. Возможно метастазирование по брюшине (с развитием асцита), в яичники (метастазы Крукенберга), жировую клетчатку малого таза (метастазы Шницлера), редко в легкие, кожу, кости и др.

Различают 4 стадии болезни: I стадия — диаметр опухоли не более 2 см, прорастание только слизистой оболочки без видимых метастазов в лимфатические узлы; II стадия — диаметр опухоли 4—5 см, прорастание подслизистого и мышечного слоев, могут быть регионарные метастазы; III стадия — большие размеры опухоли, прорастание серозной оболочки, соседних органов; имеются отдаленные метастазы. После оперативного вмешательства опухоль, как правило, классифицируют по системе TNM.

Л е ч е н и е. Основной метод лечения — хирургический, который может быть использован при локализованных формах болезни. Применяют проксимальную резекцию желудка, гастроэктомию, субтотальную резекцию, при некоторых обстоятельствах — резекцию $2/3$ желудка, комбинированную резекцию. Уменьшение клинических симптомов достигается при паллиативных операциях (гастроэнтероанастомоз, эзофагоэтроанастомоз, гастростомия, реканализация с помощью лазера).

Клиническое улучшение при неоперабельной опухоли и метастазах у 20—40 % больных удается достичь в результате применения химиотерапии. Назначают 5-фторурацил (5-ФУ) самостоятельно или в составе лекарственных комбинаций (5-ФУ, адриамицин, митомицин С; 5-ФУ, цисплатин, адриамицин). Назначение послеоперационной химиотерапии нецелесообразно. Лучевую терапию применяют редко; как правило, она малоэффективна.

РАК ЖЕЛЧНЫХ ПУТЕЙ (желчного пузыря, внепеченочных желчных протоков) и **БОЛЬШОГО ДУОДЕНАЛЬНОГО СОСОЧКА.** Рак желчного пузыря возникает обычно в возрасте старше 50 лет, чаще у женщин. По морфологическому строению представляет аденокарциному различной дифференцировки с инфильтративным типом роста, редко (не более 15 %) — плоскоклеточный рак. Опухоль постепенно поражает весь пузырь, распространяется на печень, пузырный и общий желчный проток, прилежащие органы (желудок, двенадцатиперстная кишка, толстая кишка). Метастазы рака желчного пузыря обнаруживаются в печени, регионарных лимфатических узлах, брюшине, яичниках, плевре. Болезнь диагностируется поздно (70—90 % неоперабельны ко времени диагноза). Ранний рак желчного пузыря — случайная находка при холецистэктомии по поводу желчнокаменной болезни или холецистита. Внимательный анализ клинических симптомов, дополненный обследованием, содействует своевременной диагностике этого заболевания.

Наиболее ранний симптом — боль в правом подреберье, эпигастральной области с иррадиацией в спину. Характерно ночное усиление боли. По сравнению с предыдущим периодом у больных холециститом, желчнокаменной болезнью удается выявить изменение характера боли (постоянная, интенсивная). Отмечаются тошнота, рвота, потеря массы тела. Когда наступает закупорка желчных протоков, развивается водянка и эмпиема желчного пузыря, желтуха, расширение проксимальных отделов протоков и холангит, вторичный цирроз печени. Билирубин достигает высоких цифр, повышается уровень щелочной фосфатазы, трансаминаз. При пальпации определяется увеличенная плотная печень, иногда пальпируется увеличенный желчный пузырь. При отсутствии блокады холедоха во время внутривенной холеграфии обнаруживают так называемый отключенный желчный пузырь. Диагноз уточняют при ультразвуковом исследовании и компьютерной рентгеновской томографии.

Радикальная операция, которую удается произвести редко, включает, кроме холецистэктомии, резекцию правой доли печени, иногда панкреатодуоденэктомию.

Рак внепеченочных желчных протоков чаще наблюдается в возрасте 60—70 лет. В половине случаев поражается общий желчный проток. Опухоль представляет собой аденокарциному различной дифференцировки с инфильтративным типом роста. Растет опухоль по протяжению протоков, вовлекает печеночные вену и артерию, портальную вену, поджелудочную железу, двенадцатиперстную кишку. Метастазы образуются в регионарных лимфатических узлах и печени. Клинические симптомы и методы диагностики те же, что и при раке желчного пузыря. При этом весьма информативна чрескожная чреспеченочная холангиография, помогающая выявить уровень расположения опухоли. Диагноз подтверждают во время операции, но биопсия нередко оказывается затруднительной. Радикальную операцию удается выполнить редко, в основном при раке дистального отдела общего желчного протока. При этом одновременно производят панкреатодуоденэктомию.

Рак большого дуоденального сосочка представлен первичной опухолью (40 %) или другими прорастающими в эту зону опухолями (желчных протоков, двенадцатиперстной кишки, поджелудочной железы). Различить эти опухоли трудно, учитывая сходство гистологического строения. Клинические симптомы рака большого дуоденального сосочка возникают рано, когда размеры опухоли еще невелики. Наблюдается быстрое изъязвление опухоли. Среди клинических симптомов, отличающих это заболевание,— преходящая механическая желтуха, потеря крови с калом, анемия. Остальные симптомы характерны для механической желтухи (холангит и др.). Основными диагностическими методами являются дуоденоскопия с биопсией, релаксационная дуоденография. Перспективы оперативного лечения относительно благоприятны, учитывая возможность раннего выявления рака сосочка и медленное развитие. После панкреатодуоденэктомии 30—40 % больных живут 5 лет без признаков болезни.

Паллиативное значение при неоперабельном раке желчного пузыря, желчных путей и большого дуоденального сосочка имеют различные билиодигестивные анастомозы или наружное дренирование желчных путей для ликвидации желтухи. Химиотерапия может привести к временной ремиссии (20—30 % случаев). Используют 5-фторурацил, фторафур, митомицин C, адриамицин, иногда комбинации этих препаратов.

РАК КОЖИ. Одна из наиболее частых форм рака у человека. Чаще встречается в возрасте старше 50 лет, обычно на открытых участках тела. Выделяют базальноклеточный и плоскоклеточный рак. Редко диагностируется рак из придатков кожи (сальных, потовых желез, волосяных фолликулов). К развитию рака кожи предрасполагают чрезмерная инсоляция, лучевые повреждения. Предраковыми заболеваниями следует считать гиперкератозы — возрастной и возникающий вследствие интенсивного ультрафиолетового излучения, болезнь Бовена, радиационный дерматит, пигментную ксеродерму, альбинизм, хронические язвы и рубцы и др.

Базальноклеточный рак представляет собой округлое плотное образование, постепенно изъязвляющееся и инфильтрирующее окружающие и подлежащие ткани. Течение медленное. Метастазы образуются крайне редко. Излечение наступает более чем в 90 % случаев.

Плоскоклеточный рак кожи может протекать в виде узловой, язвенной, инфильтративной форм и др. При переходе доброкачественных заболеваний в рак возникает очевидное ускорение инфильтративного процесса и изъязвление. Иногда предопухолевое образование никак не меняется, но появляются метастазы в лимфатические узлы. Плоскоклеточный рак течет медленно, но в поздних стадиях обычно возникают регионарные и отдаленные метастазы. В редких случаях рак кожи протекает агрессивно (рецидивы с быстрым ростом, раннее метастазирование в легкие, кости и другие ткани). Лечение предопухолевых процессов, особенно при нарастании клинических проявлений, существенно уменьшает частоту возникновения рака кожи.

При лечении локализованного рака кожи применяют оперативное вмешательство или лучевую терапию. Возможно также применение криодеструкции опухоли. При небольшом поверхностном раке кожи эффективны мази с цитостатическими препаратами (проспидин, колхамин, 5-фторурацил). При больших опухолях и метастазах применяют химиотерапию (блеомицетин, цисплатин, метотрексат). Излечение при плоскоклеточном раке кожи составляет 80—90 %. Лечение рака из придатков кожи только хирургическое, другие методы неэффективны.

ЛИМФОМЫ КОЖИ — группа опухолей, развивающихся первично или преимущественно в коже из T- и B-лимфоцитов. В связи с этим различают T-клеточные лимфомы кожи (T-КЛК) и B-клеточные лимфомы кожи (B-КЛК).

Клиническая картина характеризуется диффузной инфильтрацией дермы или появлением пятен, бляшек с нерезкими границами, узелками, эритродермией.

Диагноз устанавливается на основании гистологического исследования.

Лечение. В зависимости от формы и стадии болезни используется полихимиотерапия (COP, MOP и др.), реже — монохимиотерапия (малые дозы хлорбутина) или лучевая терапия, которая при генерализованных формах должна захватывать всю поверхность тела.

Саркома Капози обычно поражает кожу конечностей и туловища, реже лимфатические узлы, висцеральные органы, кости. Может сочетаться с иммунодефицитными состояниями. Течение медленное. Проявляется развитием на коже множественных экзофитных образований со склонностью к изъязвлению. Постепенно такие опухолевые узелки сливаются и образуют различных размеров язвенные поверхности, склонные к инфицированию. Вовлекаются и подлежащие структуры (мягкие ткани, кости). При лечении используют хирургический метод, лучевую терапию, цитостатические мази. При далеко зашедших случаях заболевания применяют химиотерапию (комбинация дактиномицина, винкристина, адриамицина). Эффективны также комбинации, включающие проспидин, циклофосфан и некоторые другие препараты. Полная ремиссия достигается в 70 % случаев, но рецидивы болезни нередки.

ОПУХОЛИ КОСТЕЙ ЗЛОКАЧЕСТВЕННЫЕ. Среди первичных злокачественных опухолей выделяют опухоли из костной ткани (остеогенная саркома, паростальная саркома, хондросаркома, злокачественная гигантоклеточная опухоль) и некостного происхождения (саркома Юинга, фибросаркома, хордома, ангиосаркома, адамантинома).

Остеогенная саркома возникает чаще в период роста костей, в возрасте до 15 лет, реже в более позднем возрасте. Выделяют остеобластическую, хондробластическую и фибробластическую саркому. Клинические симптомы развиваются быстро: боль, затруднение движений, анемия. Характерным лабораторным признаком является повышение щелочной фосфатазы. При рентгенографии обнаруживают поражение метафиза длинных трубчатых костей и костей таза (97 % случаев), реже опухоль локализуется в других отделах. Предопухолевые заболевания (болезнь Педжета, остеомиелит и др.) предшествуют остеогенной саркоме у 5 % больных.

Д и а г н о з остеогенной саркомы, установленный при рентгенографии кости, следует подтвердить путем биопсии опухоли.

Остеогенная саркома имеет значительную склонность к метастазированию в легкие (70—90 % случаев); метастазы развиваются быстро в течение первого года после установления диагноза. Раннему выявлению метастазов содействует рентгенотомография и компьютерная томография легких. Ранний диагноз болезни приводит к уменьшению объема операции и при дополнительной химиотерапии обеспечивает высокий шанс на излечение.

Л е ч е н и е следует проводить в специализированных центрах. При остеогенной саркоме без метастазов в легкие в зависимости от размера и локализации опухоли производят ампутацию конечности или резекцию кости, а при расположении опухоли в костях таза или позвоночнике применяют лучевую терапию. Однако оперативное лечение приводит к излечению только 20 % больных. Главной проблемой является развитие легочных метастазов. Поэтому послеоперационная химиотерапия является обязательным компонентом комплексного лечения остеогенной саркомы, причем 5-летняя выживаемость достигает 70 %. Если ко времени диагноза метастазы в легких уже развились, в части случаев их удаляют до начала химиотерапии. Такой подход существенно увеличивает эффективность химиотерапии, поскольку микрометастазы имеют наибольшую чувствительность к цитостатическим препаратам. Важным принципом лечения остеогенной саркомы является предоперационное применение регионарной и системной химиотерапии, имеющей целью уменьшить размеры опухоли, снизить риск дополнительной диссеминации во время операции и оказать цитостатическое воздействие на возможные имеющиеся отдаленные метастазы. Современный комплексный план лечения остеогенной саркомы может иметь несколько вариантов. Предоперационную химиотерапию проводят адриамицином и/или цисплатином (регионарно или системно). Дополнительно может быть назначена локальная лучевая терапия. Через 2 нед после выполнения радикальной операции начинают химиотерапию комбинацией адриамицина с циклофосфаном, винкристином, сарколизином или высоких доз метотрексата с лейковорином, адриамицином.

Паростальная саркома отличается медленным ростом, метастазы возникают редко. Заболевают в возрасте 30—40 лет. Чаще поражается дистальный метафиз бедра. После операции выздоравливает 70—80 % больных. При недостаточном радикализме операции возможен рецидив заболевания.

Хондросаркома возникает в возрасте 30—50 лет в костях таза, проксимальном отделе бед-

ра, ребрах, плечевой кости. Растет медленно, достигает больших размеров. При этом боль отмечается не всегда, так же как ограничение движений. Метастазы в легкие возникают на поздних этапах болезни. Более характерно появление рецидивов. После радикальной операции выздоравливают 50 % больных.

Злокачественная гигантоклеточная опухоль возникает из доброкачественной (частота 10—20 %). Поражает эпифизы длинных трубчатых костей. Хирургическое лечение высокоэффективно. Метастазы в легкие редки, при этом может быть также использован хирургический метод. При локализации опухоли в крестце и костях таза проводят лучевую терапию, излечение при этом достигается реже.

Саркома Юинга составляет 15—20 % злокачественных опухолей скелета. Возникает в возрасте до 25 лет. Поражает преимущественно диафизы длинных трубчатых костей, дает метастазы в другие кости и легкие. Клинические симптомы ярко выражены: острая боль, лихорадка, потеря массы тела, лейкоцитоз, анемия. На рентгенограммах видны литическая деструкция и реактивное костеобразование. Лучевая терапия имеет основное значение при лечении первичной опухоли, операция используется при противопоказаниях к лучевой терапии, неполном эффекте и рецидиве. Между тем лучевая терапия даже в комбинации с операцией, а тем более без нее излечивает не более 20 % больных, поскольку основной проблемой является образование отдаленных метастазов. Поэтому лечение всегда должно включать химиотерапию, что увеличивает выживаемость больных до 70 %. Химиотерапевтические режимы включают адриамицин, дактиномицин, винкристин и циклофосфан. При метастазах в легкие дополнительно может быть применена лучевая терапия.

Фибросаркома — редкий вариант костной саркомы. После операции 5-летняя выживаемость составляет 15—40 % (в зависимости от анаплазии опухоли).

Хордома — костная саркома эмбрионального происхождения. Возникает в возрасте 40—60 лет в основном в конечных отделах позвоночника. Растет медленно, сдавливает нервные корешки и спинной мозг. Метастазирует поздно и редко. После операции возможно появление рецидива опухоли.

Адамантинома появляется обычно в большеберцовой кости (90 %) у больных старше 30 лет, растет медленно. Операция часто приводит к излечению больных.

Первичные злокачественные костные опухоли необходимо дифференцировать от доброкачественных (остеоидостеома, гигантоклеточная опухоль, остеома, хондробластома, гемангиома и др.), неопухолевых процессов (гиперпаратиреоидизм, болезнь Педжета, фиброзная дисплазия кисты костей, гистиоцитоз и др.), метастазов других опухолей. Тщательный анализ рентгенограмм костей и биопсия имеют ведущее значение в диагностике.

РАК ЛЕГКОГО. Одна из наиболее частых локализаций рака у мужчин и женщин в возрасте старше 40 лет. Риск заболеть раком легкого значительно выше у курящих. Так, при выкуривании двух и больше пачек сигарет в сутки частота рака легкого возрастает в 15—25 раз. Другие факторы риска — работа на асбестовом производстве, облучение.

С и м п т о м ы рака легкого: кашель, выделение мокроты с примесью крови, боль в грудной клетке, повторные эпизоды пневмонии и бронхита; нарушения дыхания могут быть значительными при развитии гиповентиляции и ателектаза доли или всего легкого. Ранние формы рака легкого являются малосимптомными, а появляющиеся затем перечисленные симптомы неспецифичны для рака легкого. Между тем клинический анализ динамики таких симптомов важен, поскольку он нацеливает на своевременное проведение дополнительного обследования и установление правильного диагноза. Важное значение для диагностики рака легкого имеет неоднократное цитологическое исследование мокроты, рентгенография легких, бронхоскопия с биопсией опухоли, трансторакальная биопсия опухоли.

Морфологические и рентгенографические исследования обеспечивают дифференциальный диагноз с туберкулезом, хронической пневмонией, аденомой, карциноидом, различными доброкачественными образованиями, а также метастазами в легкое опухолей других локализаций.

Различают центральный рак легкого, растущий преимущественно эндо- или перибронхиально (80 % случаев); периферический рак; редко диагностируется медиастинальная форма, милиарный карциноз и др. По морфологическому строению выделяют плоскоклеточный (эпидермоидный) рак, аденокарциному, мелко- и крупноклеточный рак.

Рак легкого метастазирует в лимфатические узлы корня, паратрахеальные, парааортальные и бифуркационные лимфатические узлы. На более поздних этапах болезни развиваются метастазы в отдаленные ткани и органы (надключичные лимфатические узлы, кости, печень, головной мозг, легкие и др.). Ранним метастазированием и агрессивным течением отличается мелкоклеточный рак.

Л е ч е н и е немелкоклеточного рака легкого зависит от стадии болезни. Радикальное хирургическое вмешательство (пульмонэктомия, лобэктомия с удалением регионарных лимфатических узлов) удается провести лишь у 10—20 % больных, когда рак легкого диагностирован в ранних стадиях. При местно-распространенной форме заболевания производят расширенную пульмонэктомию с удалением бифуркационных, трахеобронхиальных, нижних паратрахеальных и средостенных лимфатических узлов, а также при необходимости с резекцией перикарда, диафрагмы, грудной стенки. Если операция невозможна из-за распространенности процесса или в связи с наличием противопоказаний, проводят лучевую терапию. Объективный эффект, сопровождающийся существенным симптоматическим улучшением, достигается при этом у 30—40 % больных.

Химиотерапия при неоперабельном немелкоклеточном раке легкого и метастазах эффективна у 20—30 % больных. Применяют обычно комбинацию циклофосфана, адриамицина, винкристина или циклофосфана, адриамицина и цисплатина. Кроме того, используют в различных сочетаниях 5-фторурацил, метотрексат, этопозид, блеомицетин, митомицин С, проспидин.

При мелкоклеточном раке легкого первоочередной задачей является оценка степени распространения болезни, что достигается проведением сцинтиграфии скелета, биопсии костного мозга, ультразвукового исследования печени, компьютерной томографии головного мозга. При локализованной и диссеминированной формах заболевания основным методом лечения является химиотерапевтический. В качестве дополнительного метода применяют лучевую терапию. Оперативное вмешательство применяют очень редко.

Для химиотерапии используют комбинации циклофосфана, адриамицина, метотрексата или циклофосфана, адриамицина и винкристина, или цисплатина и этопозида.

При локализованном мелкоклеточном раке легкого курсы химиотерапии проводят с интервалами 3—4 нед в течение 1—1,5 лет. Уже в начале лечения или после 3—4 курсов химиотерапии дополнительно может быть использована лучевая терапия (30—40 Гр) на зону расположения опухоли легкого и регионарных лимфатических узлов. При достижении полной ремиссии с учетом частоты метастатического поражения головного мозга назначают лучевую терапию на головной мозг (20—30 Гр) с целью предупреждения роста метастазов. В результате комплексного лечения при локализованной болезни значительный лечебный эффект достигается у 90 % больных, полная ремиссия — у 30—50 %. Результаты лечения диссеминированного мелкоклеточного рака легкого намного хуже.

ОПУХОЛИ МАТКИ. Рак тела матки. В 75 % случаев диагностируется у женщин в менопаузе, еще у 18 % в период предменопаузы, в 7 % — в возрасте до 40 лет. Факторы риска — ожирение, диабет, гипертоническая болезнь.

Основной симптом рака тела матки — нарушение влагалищных кровотечений (либо во время менопаузы, либо не в сроки менструаций). Боль в тазу и зловонные выделения — признаки поздних стадий болезни. Главный метод диагностики — раздельное выскабливание шеечного канала и полости матки и последующее гистологическое исследование. Цитологический метод диагностики менее надежен, так же как гистерография и гистероскопическое исследование. Аденокарцинома — основной морфологический вариант (до 70 %), встречаются также аденоакантомы и железисто-плоскоклеточные раки.

Различают три степени дифференцировки опухоли (высокодифференцированные, умеренно-дифференцированные и недифференцированные) и 4 стадии ее развития: I стадия — расположение опухоли в теле матки, II стадия — поражение тела и шейки матки, III стадия — распространение на параметральную клетчатку или метастазы во влагалище, IV стадия — распространение за пределы таза, прорастание мочевого пузыря или прямой кишки.

Лечение в основном хирургическое (экстирпация матки с придатками и иногда удаление лимфатических узлов таза). Возможно комбинированное лечение — операция, а затем дистанционное облучение на область культи влагалища, внутриполостная гамма-терапия. Проводится и предоперационная лучевая терапия главным образом при III стадии. Лучевая терапия как самостоятельный метод применяется при местном распространении опухолевого процесса, при противопоказаниях к операции. Прогестины (оксипрогестерона капронат, провера, депо провера, медроксипрогестерона ацетат) эффективны при высокодифференцированных опухолях, в III и IV стадиях болезни. Из противоопухолевых препаратов в метастатических фазах могут использоваться адриабластин, фторурацил, метотрексат, ТиоТЭФ.

Профилактика — своевременное лечение хронических заболеваний эндометрия.

Рак шейки матки возникает чаще из плоского эпителия, реже из железистого эпителия шеечного канала. Развитию рака предшествуют три степени эпидермоидной дисплазии (легкая, умеренная и глубокая) и карцинома in situ, при которой раковые клетки расположены между клетками плоского эпителия и не проникают за базальную мембрану.

Регулярные осмотры и цитологическое исследование (один раз в 2 года) способствуют выявлению предопухолевых заболеваний, а их лечение — профилактике рака.

Симптомы рака шейки матки — жалобы на бели водянистого характера, контактные или межменструальные кровянистые выделения из половых путей, боль. При осмотре шейки матки в зеркалах или при бимануальном исследовании обнаруживают экзофитную опухоль (при прикосновении к ней может возникнуть кровотечение) или эндофитную форму заболевания с изъязвлением в области наружного зева. Решающее диагностическое значение имеет биопсия. При раке III и IV стадий выделения из половых путей носят гнилостный характер.

Лечение зависит от стадии заболевания. При IA стадии (микроинвазивный рак) производят экстирпацию матки с придатками. При стадии IB (рак ограничен шейкой матки) показано дистанционное или внутриполостное облучение с последующей расширенной экстирпацией матки с придатками или, наоборот, вначале производят операцию, а затем дистанционную гамма-терапию. Во II стадии (вовлечение верхней части влагалища, возможен переход на тело матки и инфильтрация параметрия без перехода на стенки таза) основным методом лечения является лучевой. Хирургическое вмешательство применяют редко. При III стадии (переход на нижнюю часть влагалища, инфильтрация параметрия с переходом на кости таза) показано лучевое лечение. Наконец, при IV стадии (переход на мочевой пузырь, прямую кишку или отдаленное метастазирование) применяют лишь паллиативное облучение.

В поздних стадиях возможно применение химиотерапевтического лечения (цисплатин, фторурацил, митомицин С, блеомицин, спиробромин).

Хорионэпителиома матки — злокачественная опухоль трофобласта, возникающая при беременности или после аборта. Учитывая широкое распространение абортов, хорионэпителиома матки является нередким заболеванием. В 50 % случаев хорионэпителиоме матки предшествует беременность, в 25 % — спонтанный аборт, в 25 % случаев — искусственный аборт. Дифференциальный диагноз проводят с пузырным заносом, который встречается значительно чаще. Пузырный занос в 5—7 % случаев трансформируется в инвазивный пузырный занос, в 3—5 % — в хорионэпителиому. Если после удаления пузырного заноса уровень ß-хорионического гонадотропина (ß-ХГ) не нормализуется в течение 2 мес, устанавливается наличие рецидивирующего пузырного заноса, при этом риск развития хорионэпителиомы возрастает до 50 %.

Клинические признаки хорионэпителиомы матки: влагалищные или маточные кровотечения, очень высокий уровень ß-ХГ. В диагностике имеют значение характеристика клинических симптомов, цитологические анализы, ультразвуковая томография. Течение заболевания агрессивное. Быстрорастущие метастазы выявляются в легких, влагалище, печени и других органах.

Ранний диагноз важен для прогноза лечения. При благоприятных прогностических характеристиках удается добиться полного излечения и сохранить возможность иметь беременность и роды в будущем. Необходим морфологический анализ удаляемых тканей трофобласта и обязательный контроль ß-ХГ до его нормализации в случаях выявленного пузырного заноса или при появлении признаков кровотечения после аборта или беременности в ближайшие месяцы.

Неметастатическая хорионэпителиома матки характеризуется отсутствием метастазов и распространения опухоли за пределы матки. Излечение при этом наступает более чем у 90 % больных без гистерэктомии. В отношении прогноза лечения метастатическая хорионэпителиома может иметь благоприятные характеристики (метастазы только в область таза и/или легкие; титр ХГ в моче менее 100 000 МЕ/сут; лечение начато в течение 4 мес от начала болезни) и неблагоприятные (метастазы локализуются в области таза, легких, а также в печени, костях, головном мозге; ХГ более 100 000 МЕ/сут; лечение начато позже 4 мес после установления диагноза).

При локализованной хорионэпителиоме матки применяют химиотерапию (метотрексат — 15—20 мг в/м или в/в ежедневно в течение 5 дней с интервалами 2—4 нед до полной ремиссии, которая подтверждается 3 нормальными еженедельными анализами ß-ХГ). Если содержание ß-ХГ сохраняется на высоком уровне или увеличивается, проводят сочетанную химиотерапию, при отсутствии полного эффекта показана гистерэктомия. Аналогичную тактику используют при метастатической хорионэпителиоме с благоприятными прогностическими признаками. Кроме метотрексата, самостоятельное лечебное значение имеет дактиномицин (10 мкг/кг в/в ежедневно в течение 5 дней с интервалами 2—3 нед). Более сложным является лечение больных с запущенными проявлениями хорионэпителиомы матки. Применяют комбинации метотрексата с дактиномицином, рубомицином или адриамицином; в резистентных случаях — комбинацию цисплатина с винбластином и блеомицетином. Применение одного лекарственного средства, низких доз препаратов, большие интервалы между их введениями способствуют появлению резистентных случаев болезни. При метастазах в головной мозг применяют лучевую терапию. Химиотерапию метотрексатом используют и при пузырном заносе в случае повышения титра ХГ через 8 нед после удаления матки.

МЕЗОТЕЛИОМА. Злокачественная опухоль, возникающая в плевре или брюшине. Наблюдается в медицинской практике относительно редко. Риск заболевания выше у больных асбестозом. Клинические симптомы неспецифичны. При мезотелиоме плевры — боль в грудной клетке, одышка, кашель, накопление экссудата в полости плевры, при мезотелиоме брюшины — боль в животе, снижение массы тела, определяемая при пальпации живота опухоль, асцит. Кроме различных неопухолевых заболеваний, дифференциальный диагноз проводят с метастазами в плевру и брюшину опухолей различной локализации. В экссудате, полученном из плевральной или брюшной полости, находят злокачественные мезотелиальные клетки (в 50 % случаев). Однако диагноз мезотелиомы устанавливают только при биопсии, произведенной во время торако- и лапароскопии, или при чрескожной пункционной биопсии. Эндоскопическое исследование выявляет множественные мелкие опухолевые образования на плевре и брюшине. В части случаев определяется опухолевый узел больших размеров (диффузная или диффузно-узловая форма).

Метастазирует мезотелиома местно, редко обнаруживают метастазы в печень, легкие, другие органы.

Лечение. Хирургическое лечение полезно только при наличии больших опухолевых узлов, направлено на уменьшение массы опухоли. При мелких опухолевых метастазах применяют внутриполостное введение радиоактивного коллоидного золота. Паллиативное лечебное значение имеют также лучевая терапия на зоны расположения неудалимых опухолевых образований и химиотерапия, при которой в полости вводят тиофосфамид (30—40 мг 1 раз в неделю), адриамицин (50 мг/м² в/в 1 раз в 3 нед), цисплатин (100 мг/м² в/в 1 раз в 3 нед) или оба препарата одновременно.

МЕЛАНОМА. Возникает из меланоцитов. Наиболее часто локализуется в коже (90 %), редко в конъюнктиве, хориоидальной оболочке глаза, слизистой оболочке носа, полости рта, влагалища, прямой кишки.

Меланома кожи появляется чаще в возрасте 30—50 лет. Среди факторов риска — значительные дозы ультрафиолетовой радиации, травмы невусов, семейная предрасположенность к меланоме, пигментная ксеродерма, меланоз Дюбрея. В 50—70 % случаев меланома кожи возникает из пигментных невусов. Наиболее опасен пограничный (эпидермальный) невус. Чаще встречается на коже мошонки, ладоней, подошв, представляет собой плоское пятно или пигментированный узелок размером около 1 см, не возвышающийся над кожей. Реже меланома развивается из внутридермального, голубого невусов. В больших невусах нередки включения пограничного невуса.

В $^2/_3$ случаев невус, предшествовавший меланоме, развился уже во взрослом возрасте; в $^1/_3$ случаев был врожденным.

От своевременного диагноза меланомы зависит прогноз. Любые изменения невуса — увеличение, изменение цвета, изъязвление, кровоточивость — требуют немедленного хирургического вмешательства. Аналогичная тактика рекомендуется по отношению к растущим новым пигментным образованиям на прежде нормальной коже. Меланома кожи чаще возникает на коже головы, шеи, конечностей.

После удаления меланомы кожи могут быть оценены факторы, влияющие на прогноз. Особую роль играет степень инвазии опухолью различных слоев кожи, что коррелирует с развитием метастазов. Уровни инвазии I (in situ), II (вовлечение сосочкового слоя) и частично III (проникновение до ретикулярного слоя) характеризуют ранний диагноз заболевания. Степень IV (проникновение в ретикулярный слой) и V (в подкожную жировую клетчатку) свидетельствуют о позднем диагнозе. При ранних стадиях инвазии 5-летняя выживаемость составляет 60—80 %. Кроме степени инвазии кожи, на прогноз заболевания влияют локализация опухоли, наличие метастазов в регионарные лимфатические узлы и другие факторы.

Метастазирует меланома в кожу, подкожную клетчатку, легкие, печень, головной мозг и другие органы и ткани.

Основной метод л е ч е н и я локализованной меланомы — хирургический. Регионарные лимфатические узлы удаляют в тех случаях, когда они увеличены. Адъювантная химиотерапия не улучшает результаты.

При диссеминированной меланоме показана химиотерапия, при этом регрессия опухолевых образований наблюдается у 20—40 % больных. Наиболее эффективны следующие лечебные режимы: 1) имидазолкарбоксамид 200—250 мг/м² в/в ежедневно, 5 дней; 2) ломустин 100 мг/м² перорально в первый день в сочетании с винкристином — 1,2 мг/м² в/в 1-й, 8-й и 15-й дни и дактиномицином — 500 мкг в/в 3 раза в неделю, 6 доз; 3) винбластин 6 мг/м² в/в 1-й день в сочетании с цисплатином — 120 мг/м² в/в первый день и блеомицином — 10 мг в/м 1—5-й дни. Интервалы между курсами химиотерапии — 4 нед.

ОПУХОЛИ МОЗГА (ГОЛОВНОГО И СПИННОГО) возникают у взрослых и детей, наиболее часто в возрасте 50—55 и 5—10 лет. 70 % всех злокачественных опухолей головного мозга у больных в возрасте старше 15 лет составляют глиобластома и злокачественная астроцитома, реже диагностируются эпендимома, глиома, олигодендроглиома, медуллобластома. У детей опухоли мозга занимают второе место среди всех злокачественных опухолей (после лейкозов). 60 % случаев составляет медуллобластома, астроцитома и эпендимома, реже встречаются другие опухоли.

Клиническая картина опухолей головного мозга представлена симптомами повышения внутричерепного давления (головная боль, рвота, отек диска зрительного нерва) и специфическими неврологическими нарушениями, различными в зависимости от локализации опухоли. Например, при медуллобластоме имеются нарушения координации движений, различные мозжечковые расстройства. Метастазируют опухоли мозга обычно местно, отдаленные метастазы наблюдаются очень редко.

Диагноз опухоли мозга устанавливают при учете неврологических и клинических симптомов в результате применения дополнительных методов обследования и уточнения при операции. В цереброспинальной жидкости отмечают повышение давления, увеличение содержания белка и клеточных элементов. Важное диагностическое значение имеют компьютерная томография, эхоэнцефалография, а также сканирование мозга, церебральная ангиография и др. Дифференциальный диагноз проводят с метастазами в головной мозг опухолей других локализаций (молочной железы, легкого, почки, меланомы и т. д.).

В спинном мозге различают экстрадуральные опухоли (чаще метастатические или саркомы) и интрадуральные опухоли. Последние бывают экстрамедуллярными (нейрофиброма, менингиома и др.) и интрамедуллярными (эпендимома, астроцитома, сосудистая саркома).

В лечении опухолей головного и спинного мозга используют хирургический метод, а также лучевую терапию. Наиболее чувствительна к лучевой терапии медуллобластома. Среди противоопухолевых препаратов, используемых в дополнение к лучевой терапии и операции, наибольшее значение имеет ломустин (120 мг/м² перорально один раз в 6—8 нед). Кроме того, применяют метотрексат (10—30 мг/м² интратекально один раз в неделю), а также винкристин, блеомицин (блеомицетин), интерферон в стандартных режимах.

РАК МОЛОЧНОЙ ЖЕЛЕЗЫ развивается часто, приблизительно у 1 из 10 женщин. Факторы риска: менопауза в возрасте старше 50 лет; отсутствие родов или первые роды в возрасте старше 30 лет (заболеваемость в 3 раза чаще); семейный анамнез, свидетельствующий о раке молочной железы у матери, сестры (в 2 раза чаще) или их обеих (в 6 раз чаще); фиброзно-кистозная мастопатия (в 3—5 раз чаще). Ранний диагноз рака молочной железы обеспечивает успешное лечение большинства больных.

Пятилетняя выживаемость при лечении локализованной формы I — II стадии составляет 90 %, при местно-распространенном раке — 60 %. Результаты лечения намного хуже при наличии отдаленных метастазов.

В диагностике рака молочной железы важное значение имеют систематические самостоятельные обследования (4 раза в год) и врачебные осмотры женщин в возрасте старше 40 лет (1 раз в год). Маммография рекомендуется 1 раз в 2 года в возрасте после 40 лет, 1 раз в год — после 50 лет. При обнаружении в молочной железе плотной опухоли диагноз должен быть уточнен немедленно (пункционная биопсия с цитологическим анализом, биопсия с гистологическим анализом). Метод динамического клинического наблюдения вместо уточняющих диагностических процедур не следует использовать.

Чаще в молочных железах обнаруживают доброкачественные образования (диффузная и узловая мастопатия, внутрипротоковая папиллома, фиброаденома). Развитие рака молочной железы из доброкачественных образований — нечастая ситуация (например, из фиброаденомы — 1—1,5 %), в то же время ошибочная тактика при дифференцировании от рака молочной железы нередко встречается в практике. При диффузной мастопатии обнаруживают диффузное уплотнение и болезненность молочных желез, иногда имеются светлые выделения из соска. При узловой мастопатии определяются одиночные или множественные уплотнения различных размеров с нечеткими контурами, не связанные с кожей. Фиброаденомы могут быть представлены плотными, округлыми, бугристыми одиночными или множественными различного размера опухолевыми узлами. Листовидные фиброаденомы характеризуются быстрым ростом и достигают больших размеров в короткие сроки. Внутрипротоковые папилломы проявляются кровянистыми выделениями из соска. Диагноз уточняют при цитологическом анализе и внутрипротоковой контрастной маммографии. Кисты молочной железы имеют округлую форму, четкие границы, содержат серозную жидкость.

Симптомы. Рак молочной железы проявляется развитием ограниченно подвижной, плотной опухоли с незначительным втяжением кожи над ней. В поздних стадиях болезни эти симптомы более выражены, появляются втяжение соска, инфильтрация и изъязвление кожи, отечность молочной железы в зоне расположения опухоли. Кроме такого наиболее типичного развития рака молочной железы, наблюдаются другие клинические варианты. Отечно-инфильтративная форма характеризуется увеличением молочной железы за счет резко выраженного отека и инфильтрации, кожа уплотнена и гиперемирована, опухолевый узел может не определяться при пальпации и маммографии (первично-отечно-инфильтративная форма) или быть относительно небольшого размера (вторично-отечно-инфильтративная форма). Как вариант этой формы рака молочной железы иногда развивается маститоподобный или рожистоподобный рак, проявляющийся яркой гиперемией кожи, повышением температуры и быстрым течением болезни. Наоборот, рак типа Педжета, возникающий из эпителия крупных протоков вблизи соска, отличается медленным развитием. Сначала появляется утолщение, втяжение и изъязвление соска, затем в толще молочной железы формируется плотный опухолевый узел.

Классификация рака молочной железы производится в соответствии с системой TNM. В основе классификации — размер опухоли в молочной железе и локализация метастазов. Метастазирует рак молочной железы в регионарные лимфатические узлы и отдаленные органы и ткани. При локализации рака в наружных квадрантах вовлекаются прежде всего подмышечные лимфатические узлы, во внутренних квадрантах — загрудинные и подключичные. Возможно вовлечение надключичных и подмышечных узлов с противоположной стороны. Увеличение лимфатических узлов не всегда означает их метастатическое поражение. Возможно их увеличение как проявление гиперплазии. Факт опухолевого поражения лимфатических узлов и число вовлеченных узлов устанавливают при морфологическом исследовании после операции. Отдаленные метастазы рака молочной железы возникают в костях, легких, печени, коже грудной стенки, головном мозге и т. д. Для уточнения степени распространения болезни ко времени установления диагноза и при дальнейшем наблюдении используют сцинтиграфию скелета (при необходимости рентгенографию костей), ультразвуковое исследование печени, рентгенографию легких и т. д.

Важное значение для характеристики рака молочной железы имеет определение содержания рецепторов эстрогенов (РЭ) и прогестерона (РП) в опухоли, которое производится при удалении опухоли или путем биопсии. Опухоль считается зависимой от эндокринных влияний при содержании РЭ и/или РП — 10 фмоль/мг белка. Содержание рецепторов гормонов в первичной опухоли и метастазах существенно не различается. Поэтому заключение об эндокринной зависимости опухоли, сделанное на первых этапах болезни, может быть учтено при определении лечебной тактики в период развития метастазов.

Л е ч е н и е. При раке молочной железы I — II стадии оптимальным методом лечения является хирургический — радикальная мастэктомия или секторальная резекция с удалением регионарных лимфатических узлов. После операции по поводу раннего рака молочной железы дополнительного лечения не назначают. При пораженных подмышечных лимфатических узлах следует провести адъювантную химиотерапию. При III стадии болезни назначают предоперационную лучевую и/или химиотерапию, а после операции — адъювантную лекарственную терапию.

Адъювантную химиотерапию начинают через 2—3 нед после операции. Наиболее часто используют режим ЦМФ (циклофосфан — 100 мг/м^2 перорально, 1—14-й дни в сочетании с метотрексатом — 40 мг/м^2 в/в, 1-й и 8-й дни и 5-фторурацилом — 500 мг/м^2 в/в, 1-й и 8-й дни; интервалы между курсами — 2—3 нед, число курсов — 6). При высоком содержании РЭ и/или РП в период менопаузы дополнительно дают тамоксифен (20 мг ежедневно в течение 2 лет), а при сохраненном менструальном цикле производят овариэктомию, затем используют тамоксифен (20 мг) или преднизолон (10 мг) длительно. При менопаузе более 10 лет и высоком уровне РЭ адъювантная терапия может проводиться только тамоксифеном.

Предоперационную терапию проводят при местно-распространенном раке молочной железы. Эффективны режим ЦМФ или различные комбинации с включением адриамицина, одновременно может быть назначена лучевая терапия (курсовая доза 40 Гр). При высоком уровне РЭ, РП применяют тамоксифен, выключение функции яичников. Операцию проводят через 2—3 нед после окончания лучевой терапии.

При развитии отдаленных метастазов на различных этапах болезни главное лечебное значение имеет лекарственная терапия. Режимы химиотерапии должны включать адриамицин: 1) адриамицин (20 мг/м^2 в/в, 1-й, 8-й и 15-й дни) в сочетании с метотрексатом (20 мг/м^2 в/в, 1-й день), 5-фторурацилом (500 мг/м^2 в/в, 8-й день) и циклофосфаном (400 мг/м^2 в/в, 15-й день); 2) адриамицин (40 мг/м^2 в/в, 1-й день) в сочетании с циклофосфаном (600 мг/м^2 в/в, 1-й день); 3) адриамицин (30 мг/м^2 в/в, 1-й и 8-й дни) в сочетании с 5-фторурацилом (500 мг/м^2, 1-й и 8-й дни) и циклофосфаном (100 мг/м^2 перорально, 1—14-й дни); 4) адриамицин (60 мг/м^2 в/в, 1-й день) и винкристин (1,2 мг/м^2, 1-й и 8-й дни). Курсы лечения проводят каждые 4 нед. Четких доказательств различий в эффективности названных режимов не имеется.

При резистентности к ЦМФ и адриамицину частичная регрессия может быть получена при использовании митомицина С, цисплатина, винбластина. Самостоятельное значение имеет применение тиофосфамида (20 мг 3 раза в неделю в течение 3 нед), однако такое лечение существенно уменьшает резервы гемопоэза. Чаще тиофосфамид вводят в полость плевры (30—50 мг) после удаления экссудата.

Тамоксифен занимает ведущее место в эндокринной терапии рака молочной железы. Назначают его при положительных или неизвестных рецепторах перорально по 20 мг/сут длительно. При недостаточном эффекте тамоксифена целесообразно применение аминоглютетемида (ориметена) — 500 мг/сут с кортизона ацетатом — 50 мг/сут ежедневно длительно. Сохраняют лечебное значение андрогены (тестостерона или медротестрона пропионат — 100 мг в/м ежедневно или через день; омнадрен, пролотестон — 3 раза в месяц). При высоком уровне РЭ лекарственная терапия может быть начата эндокринными препаратами, а в дальнейшем дополнена цитостатическими лекарствами.

Лучевую терапию применяют при метастазах в кости, головной мозг, кожу, а также при первичной опухоли в случаях диссеминированной формы заболевания.

РАК МОЧЕВОГО ПУЗЫРЯ составляет 3 % рака всех локализаций. Риск заболевания выше у людей, работающих с ароматическими аминами, а также страдающих хроническим циститом. Наиболее часто встречается переходноклеточный рак, реже плоскоклеточный и аденокарцинома. Болезнь может проявляться в виде папиллярных разрастаний с малигнизацией или солидной, изъязвленной, инвазирующей опухоли. Различают рак мочевого пузыря in situ, поверхностный рак (Т1—2) и рак, инвазирующий мышечный слой и окружающие ткани (Т3—4). При папиллярной форме рака мочевого пузыря нередко наблюдается мультицентричный рост. Поверхностный рак мочевого пузыря редко образует метастазы. При дальнейшем развитии опухоли поражаются тазовые (N1—2), забрюшинные лимфатические узлы (N3—4), а также легкие, печень, кости.

Первым с и м п т о м о м болезни в 75 % случаев является гематурия, причина которой должна быть установлена в каждом случае. Другие симптомы болезни — частое мочеиспускание, гидронефроз, воспалительные осложнения (цистит, пиелонефрит).

Д и а г н о з. Основное значение среди диагностических методов имеет цистоскопия с биопсией. Дополнительными диагностическими методами являются экскреторная урография, компьютерная томография, ультразвуковое исследование и т. д.

Л е ч е н и е включает различные оперативные вмешательства, лучевую и лекарственную терапию. При раке мочевого пузыря in situ и поверхностном раке стадии Т1 применяют трансуретральную резекцию мочевого пузыря, а в стадии Т2 — частичную резекцию мочевого пузыря. При инвазирующей опухоли значительных размеров (Т3) рекомендуется цистэктомия с тазовой лимфаденэктомией или без нее. Иногда проведению такой операции предпочитают химио- и лучевую терапию, а затем при необходимости производят операцию. При раке мочевого пузыря стадии Т4, вовлечении забрюшинных лимфатических узлов (N3), отдаленных метастазах основное значение имеет химиотерапия.

Нередко внутрипузырная химиотерапия целесообразна также при ранних стадиях болезни в случаях мультицентрично растущего рака, при этом химиотерапию целесообразно проводить после операции.

Химиотерапия включает внутрипузырное или системное введение цитостатических препаратов. Внутрипузырно (в 100 мл изотонического раствора натрия хлорида сроком на 1 ч) вводят один из следующих препаратов (цисплатин 60 мг или адриамицин 80 мг 1 раз в месяц; тиофосфамид 60 мг 1 раз в неделю, 3 дозы; митомицин С 40 мг 1 раз в 2 мес). Лечебный эффект достигается у 50—70 % больных. Для системного лечения рекомендуется цисплатин (60—100 мг / м² каждые 3 нед) или комбина-

ции цисплатина, адриамицина и 5-фторурацила (циклофосфана). Пятилетняя выживаемость при стадиях Т1—2 составляет 50—80 %, стадиях Т3—4—20—30 %.

ОПУХОЛИ НАДПОЧЕЧНИКА. Различают доброкачественные и злокачественные опухоли надпочечника, исходящие из коркового и мозгового слоя. В коре надпочечника локализуются аденомы с повышенной секрецией глюкокортикоидов или альдостерона, в мозговом слое — феохромоцитома, продуцирующая адреналин и норадреналин. Злокачественные опухоли (кортикостерома, феохромобластома, нейробластома), так же как и аденомы, могут быть секретирующими или несекретирующими.

В д и а г н о с т и к е опухолей надпочечника наряду с тщательным анамнезом, биохимическими и эндокринологическими исследованиями имеют важное значение ультразвуковая и компьютерная томография, ангиография.

Отличить доброкачественную опухоль от злокачественной трудно даже при морфологическом анализе. В обоих вариантах опухоль имеет капсулу. Признаки злокачественности: инвазия капсулы и сосудов, большой размер опухоли, извращенная реакция на дексаметазоновый тест. Злокачественные опухоли склонны к рецидивированию, метастазы появляются в параортальных лимфатических узлах, легких, печени, костях.

Аденома и рак коры надпочечника вызывают синдром Кушинга. В крови — высокий уровень кортизола, в моче — значительная экскреция кетостероидов. При раке опухоль большого размера, секреция кортизола мало угнетается после приема дексаметазона.

Альдостерома — опухоль небольшого размера (менее 2 см), проявляется потерей калия и задержкой натрия, повышением артериального давления, жаждой, полиурией, мышечной слабостью. Злокачественная альдостерома наблюдается редко, ее размер обычно больше 3—4 см.

Феохромоцитома проявляется повышением артериального давления с тяжелыми кризами и быстро развивающимися осложнениями (ретинопатия, кровоизлияние в головной мозг и др.). Уровень адреналина, норадреналина в крови и их метаболитов в моче высокий. В 10—15 % случаев феохромоцитома развивается с обеих сторон.

Л е ч е н и е. Основным методом лечения больных с опухолями надпочечника является хирургический. После удаления секретирующей опухоли необходим динамический лабораторный контроль. Выявление нового увеличения уровня гормонов или других активных субстанций помогает раннему выявлению рецидива опухоли и своевременному проведению повторной операции. При злокачественной кортикостероме объективное и симптоматическое улучшение достигается применением о,п-ДДД [1,1-дихлор-2(хлорфенил)-этан] по 6—10 г/сут, аминоглютетемида по 500—1500 мг/сут; заместительную терапию проводят кортизона ацетатом.

НЕЙРОБЛАСТОМЫ возникают в симпатических нервах и ганглиях, а также в медуллярном слое надпочечников. Наиболее часто развиваются в зоне надпочечников и предлежащих тканей, затем из ганглиев шеи, заднего средостения, забрюшинного пространства и брюшной полости. На долю этой формы приходится до 10 % всех злокачественных опухолей детского возраста. В возрасте до 1 года диагностируется 60 % опухолей, между 1-м и 2-м годами жизни — 26 %, у детей старше 2 лет — 14 %.

Нейробластомы — очень злокачественные опухоли, метастазирующие в скелет или печень. Метастазы в легкие редки. Возможна спонтанная дифференцировка этой опухоли в доброкачественную невроганглиому. Маркеры опухолевого роста — катехоламины.

Л е ч е н и е комбинированное — операция в сочетании с лучевой и химиотерапией (циклофосфан, винкристин, адриабластин, цисплатин).

В среднем 3-летняя выживаемость составляет 30 %.

ОПУХОЛИ ПОЛОСТИ НОСА И ПРИДАТОЧНЫХ ПАЗУХ наблюдаются редко (0,5 % всех опухолей). Плоскоклеточный рак составляет 80 % случаев, встречается также эстезионейробластома (из обонятельного нейроэпителия).

С и м п т о м ы — нарушение носового дыхания, припухлость лица, гнойные выделения из носа, смещение глазного яблока, боль. Опухоли могут локализоваться в полости носа или верхнечелюстных пазухах.

Л е ч е н и е комбинированное: хирургическое вмешательство в сочетании с лучевой и химиотерапией (адриабластин, цисплатин, циклофосфан, метотрексат, фторурацил, проспидин).

ОПУХОЛИ НОСОГЛОТКИ. Плоскоклеточный рак — основной гистологический вариант опухолей этой зоны. Встречаются недифференцированный рак (30 %), лимфосаркома (см.) и лимфоэпителиома.

С и м п т о м ы зависят от вариантов инвазии соседних органов. Рак носоглотки может распространяться по стенке глотки вниз с захватом мягкого неба, при этом затрудняется акт глотания, возникает охриплость голоса, кашель. У 30 % больных опухоль прорастает в носовую полость, вызывая выделения из носа, гнусавую речь, затруднение дыхания через нос. При возникновении опухоли в боковых отделах нарушается проходимость слуховой (евстахиевой) трубы, понижается слух. При распространении опухоли в полости черепа возникают головные боли, диплопия, потеря зрения и другие симптомы.

Окончательный д и а г н о з устанавливают после хирургической биопсии.

Основной метод л е ч е н и я — лучевая терапия первичного очага и зон регионарного метастазирования с обеих сторон. Из химиопрепаратов в распространенных стадиях болезни могут применяться адриабластин, цисплатин с фторурацилом, циклофосфан, метотрексат, проспидин и другие препараты.

ОПУХОЛИ ПАРАЩИТОВИДНОЙ ЖЕЛЕЗЫ встречаются редко. Обычно представляют

собой доброкачественные аденомы, иногда карциномы. Отличаются медленным развитием. Метастазируют в регионарные лимфатические узлы, легкие, печень.

К л и н и ч е с к а я к а р т и н а представлена симптомами гиперпаратиреоидизма, связанного с повышенным выделением паратгормона. Лабораторные исследования обнаруживают гиперкальциемию, гипофосфатемию, повышенное выделение кальция и фосфора с мочой. Вследствие происходящей в результате этого резорбции костной ткани возникают боль в костях, их деформация, остеопороз, переломы. Образуются нефрокальцинаты, в дальнейшем развивается почечная недостаточность. Среди других проявлений — анорексия, рвота, нервно-мышечные расстройства, симптомы панкреатита, язвы желудка.

Д и а г н о з устанавливают на основании данных исследования паратгормона в крови, ультразвуковой и компьютерной томографии зон расположения паращитовидных желез.

Л е ч е н и е хирургическое.

РАК ПЕЧЕНИ составляет 1—1,5 % всех злокачественных опухолей. Наиболее часто развивается гепатоцеллюлярный рак (90 %), реже — холангиоцеллюлярный (10 %). Развитие рака печени может произойти на фоне предшествующего цирроза или без него.

К л и н и ч е с к и е с и м п т о м ы в зависимости от этого различны. Если на фоне признаков цирроза печени отмечается резкое ухудшение общего состояния, быстрая потеря массы тела, боль в правом подреберье, нарастание лабораторных признаков нарушения функции печени, появление асцита, а также изменяется размер очаговых образований по данным ультразвуковой томографии, обоснованно предположить рак печени. В других случаях на фоне благополучного общего состояния выявляют увеличение печени при пальпации, а на ультразвуковых и компьютерных томограммах обнаруживают больших размеров опухоль с мелкими образованиями или без них (узловая форма). Иногда большого узла не обнаруживают (диффузная форма). При прогрессировании болезни может развиться внутрибрюшное кровотечение, желтуха, асцит, другие симптомы.

Д и а г н о з рака печени устанавливают при биопсии опухоли (чрескожная, лапароскопическая). Важное значение имеет определение α-фетопротеина в крови, уровень которого при гепатоцеллюлярном раке оказывается высоким у 70—90 % больных. Степень распространения болезни устанавливают также при ангиографии. Дифференциальный диагноз проводят с метастатическим раком. Метастазы рака печени возникают в пределах органа, реже (30—50 %) в перипортальных лимфатических узлах, легких, костях.

Л е ч е н и е. При локализованном раке печени производят резекцию печени. Пятилетняя выживаемость составляет в среднем 15—30 %, наилучшие результаты получены при высокодифференцированном раке. Временное объективное и субъективное улучшение дает перевязка или эмболизация печеночной артерии. Улучшение наблюдается также при химиотерапии, проводимой через печеночную артерию (5-фторурацил, адриамицин, митомицин С) или системно внутривенно с использованием сочетаний адриамицина — 50 мг/м^2 в 1-й день и 5-фторурацила — 600 мг/м^2 в 1-й и 8-й дни; карминомицина — 18 мг/м^2 в 1-й день и блеомицетина — 10—15 мг через день, 5 доз.

РАК ПИЩЕВОДА обычно диагностируется в возрасте 55 лет и старше, у мужчин в 3 раза чаще, чем у женщин. Для СССР характерна неравномерность заболеваемости в разных республиках: наивысшая — в Казахстане, Туркмении, Узбекистане.

Основная гистологическая форма — плоскоклеточный рак. Злокачественным опухолям предшествуют хронические эзофагиты, пептические язвы, химические и термические ожоги. Этиологическое значение имеют также систематическое употребление очень горячей пищи, микроожоги и микротравмы пищевода, влияние афлатоксинов, нитрозаминов, алкоголя, недостаток витаминов А и С.

Рак пищевода может быть язвенным, бородавчато-папилломатозным и инфильтрирующим. Чаще всего опухоли локализуются в средней трети пищевода (60 %), затем в нижней трети (30 %), реже всего — в шейном отделе.

С и м п т о м ы: дисфагия (сначала возникают затруднения при глотании твердой пищи, затем полужидкой и жидкой; дисфагия прогрессирует непрерывно), боль (также во время глотания), слюноотделение (чаще при верхней шейной и верхнегрудной локализации рака), похудание и обезвоживание.

Рентгенологическое и эндоскопическое исследование позволяет выявить уровень сужения пищевода, определить размеры опухоли, наличие изъязвления. Окончательный диагноз ставят после биопсии. Больные погибают как от осложнений, связанных с первичной опухолью (перфорация, вызывающая медиастинит, истощение), так и от отдаленных метастазов (лимфатические узлы, легкие, печень).

Л е ч е н и е. Основной метод лечения — хирургический или комбинированный (лучевая терапия в сочетании с операцией). Могут выполняться паллиативные операции типа гастростомы. Лучевой метод лечения в качестве единственного также возможен. При проведении химиотерапии используют адриабластин, фторурацил, метотрексат, цисплатин, блеомицин, проспидин.

РАК ПОДЖЕЛУДОЧНОЙ ЖЕЛЕЗЫ занимает по частоте возникновения одно из первых мест среди злокачественных опухолей. Риск заболевания имеется уже после 30 лет с пиком после 70 лет. Выделяют рак головки, тела и хвоста поджелудочной железы. В основном развивается протоковый рак (аденокарцинома). В головке железы опухоль локализуется в 75 % случаев. Быстрое сдавление или прорастание общего желчного протока ведет к механической желтухе. Для опухоли головки железы характерна триада Курвуазье (увеличенный безболезненный желчный пузырь при наличии желтухи). При этом возникает также расширение желчных протоков, увеличение печени. При прорастании опухоли в двенадцатиперстную кишку или желудок может развиться кровотечение или стеноз.

Первым с и м п т о м о м болезни является боль в эпигастральной области и подреберьях иногда с иррадиацией в спину, с нарастанием интенсивности ночью. Кроме того, характерно прогрессирующее снижение массы тела без ясной причины. С появлением желтухи усиливаются тошнота, рвота, диарея, могут присоединиться симптомы холангита и др.

Рак тела железы быстро прорастает верхние брыжеечные вены и артерии, воротную вену. Желтуха возникает редко. Иногда (10—20 %) в связи с деструкцией ß-клеток развивается сахарный диабет.

Опухоль хвоста поджелудочной железы часто прорастает воротную вену и селезеночные сосуды, что приводит к развитию портальной гипертензии со спленомегалией и другими характерными симптомами. При локализации опухоли в хвосте и теле железы особенно выражен болевой синдром в связи с прорастанием опухолью окружающих железу многочисленных нервных сплетений. Метастазирует рак поджелудочной железы рано, чаще в регионарные лимфатические узлы и печень. Возможно также метастазирование в легкие, кости, брюшину, плевру, надпочечники и др.

Ранний д и а г н о з чрезвычайно труден, особенно при раке тела и хвоста поджелудочной железы. Почти у 70 % больных диагноз ставят поздно. Результаты лечения таких больных в связи с этим очень плохие.

В диагностике заболевания решающая роль принадлежит современным методам инструментального исследования: ультразвуковой и компьютерной рентгеновской томографии, эндоскопической ретроградной панкреатографии, ангиографии, релаксационной дуоденографии.

В ряде случаев, несмотря на применение перечисленных диагностических процедур, возникают значительные затруднения в дифференциальной диагностике с некоторыми формами хронического панкреатита. В такой ситуации окончательный диагноз ставят на основании цитологического и гистологического исследования биопсийного материала, полученного при диагностической пункции (под ультразвуковым и рентгеновским томографическим контролем) или во время операции.

Л е ч е н и е рака поджелудочной железы хирургическое. При раке головки радикальная операция (панкреатодуоденальная резекция) возможна лишь у 10—25 % больных. Для устранения желтухи применяют паллиативные операции (холецистоеюноанастомоз и др.). Лучевая терапия малоэффективна. Среди противоопухолевых препаратов эффективен 5-фторурацил (15 мг/кг в/в через день, 3—5 доз), фторафур (1,2—2 г перорально ежедневно в течение 3—4 нед), 5-фторурацил в сочетании с митомицином С и адриамицином. После проведенного лечения временные ремиссии отмечены у 20—40 % больных.

ОПУХОЛИ ПОДЖЕЛУДОЧНОЙ ЖЕЛЕЗЫ ИЗ ОСТРОВКОВ ЛАНГЕРГАНСА чаще

представляют собой аденомы (до 90 %). Характеристика опухоли как злокачественной основывается не на данных морфологического исследования (опухолевые разрастания высокодифференцированны), а на факте возникновения метастазов, которые чаще локализуются в печени, иногда в легких, костях, головном мозге. 20 % опухолей из островков характеризуются эндокринной секрецией, что в значительной степени определяет клиническую картину болезни. Размеры опухоли чаще менее 2 см, при этом уровень эндокринной секреции от размера опухоли не зависит. Таким образом, секретирующие аденомы могут быть диагностированы рано. Опухоли островков имеют различные клинические характеристики в зависимости от клеточного источника опухоли (α- или β-клетки, другие элементы). Так, опухоль из α-клеток выделяет глюкагон и приводит к гипергликемии и дерматиту. Опухоль из β-клеток (инсулома) выделяет инсулин и приводит к тяжелым гипогликемическим кризам. В других случаях выделяется гастрин и развивается синдром Золлингера — Эллисона (резкая желудочная гиперсекреция, язвы желудка, двенадцатиперстной и тощей кишок). Опухоли, выделяющие серотонин (карциноид), приводят к карциноидному синдрому. Выделение опухолью АКТГ вызывает синдром Кушинга.

Клиническое течение опухолей островков медленное.

Л е ч е н и е хирургическое (резекция поджелудочной железы). Однако при наличии метастазов операция неэффективна. Противоопухолевые препараты дают хороший симптоматический эффект в 30 % случаев (5-фторурацил — 500 мг в/в и стрептозотоцин — 1000 мг в/в, 1—5-й дни).

РАК ПОЛОВОГО ЧЛЕНА — относительно

редкое заболевание. Может развиться на фоне предопухолевых заболеваний (лейкоплакия, эритроплазия Кейра и др.). Почти во всех случаях развивается плоскоклеточный рак с высокой степенью дифференцировки. Обычно поражается тело полового члена, уретра вовлекается исключительно редко. Метастазы образуются с обеих сторон в паховых, тазовых и забрюшинных лимфатических узлах, легких. Опухолевые разрастания имеют медленное развитие, затем наступают изъязвление, кровоточивость, воспалительные осложнения, возникает фимоз.

Д и а г н о з устанавливают при цитологическом исследовании отпечатков или пунктата из опухоли, а также в результате гистологического исследования при биопсии. Диагноз часто ставят с большой задержкой из-за поздней обращаемости больного, в связи с чем чрезвычайно важны информация о возможности излечения рака полового члена в ранних стадиях и профилактические осмотры.

Стадийность заболевания: I стадия — локализованная опухоль без метастазов. Высокоэффективно удаление опухоли в пределах здоровых тканей или лучевая терапия. После облучения могут развиться сужение уретры, кожные изменения, атрофия. Рецидив болезни появляется редко. Через 5 лет здоровы 90 % больных. Стадия II отличается наличием метастазов в лимфатических узлах. Лечение аналогичное, дополнительно на паховые и тазовые лимфатические узлы проводят лучевую терапию. В дальнейшем местный рецидив появляется редко, но метастазы могут развиваться. Пятилетняя выживаемость — 30 %. Стадия III — IV — неоперабельная первичная опухоль с метастазами в лимфатические и другие органы и ткани или без них. Паллиативное значение имеет удаление полового члена, лучевая терапия и химиотерапия (режимы лечения аналогичны используемым при распространенном раке кожи).

РАК ПОЧКИ И МОЧЕТОЧНИКА. Рак почки

может исходить из паренхимы почки (почечно-клеточный рак, гипернефрома) и из эпителия почечных лоханок (аденокарцинома).

Рак почки почечно-клеточный возникает чаще в возрасте после 50 лет. Опухоль может достигать больших размеров, прорастает капсулу почки, почечную и нижнюю полую вену, метастазирует в лимфатические узлы, легкие, кости, печень. Первым признаком болезни нередко становится массивная гематурия (у 40—70 % больных). Гематурия в дальнейшем при неоперабельном раке почки становится значительным тяжелым проявлением болезни, приводит к резкой анемии. В период гематурии усиливается боль и появляются симптомы почечной колики. Другой ранний симптом — повышение температуры тела во второй половине дня до 38—39 °С. Все эпизоды гематурии должны быть тщательно анализированы путем подробного обследования. В каждом случае необъясненного повышения температуры с вечерними подъемами следует помнить о возможности развития рака почки. Такой подход врача к первому эпизоду массивной гематурии, к сохраняющейся более 1 мес температурной реакции — реальный путь к более раннему обнаружению рака почки. Среди других симптомов — обнаружение опухоли при пальпации, варикоцеле справа, являющееся признаком прорастания опухолью венозных сосудов, увеличенная СОЭ, иногда (в 2 % случаев) повышение числа эритроцитов и гемоглобина в связи с секрецией опухолью эритропоэтина.

Д и а г н о з устанавливают при внутривенной и ретроградной пиелографии, ультразвуковой и компьютерной томографии. Однако главное значение в диагностике имеет селективная почечная ангиография. Степень распространения болезни устанавливают при рентгенографии и сцинтиграфии легких и костей скелета.

Л е ч е н и е. При локализованном почечно-клеточном раке почки производят нефрэктомию, после которой 5-летняя выживаемость составляет 40—70 %. Нефрэктомию проводят и при наличии метастазов в легких, а иногда и в кости. Показанием к операции в такой ситуации может быть возможность удаления большой опухоли, избавление больного от тягостных симптомов (гематурия, боль).

Лекарственная терапия иногда эффективна. Применяют фторбензотэф — 40 мг в/в 3 раза в неделю в течение 2—3 нед; тамоксифен — 20 мг/сут длительно. Установлена эффективность реаферона (интерферона α₂) (3 000 000 ЕД в/м ежедневно, 10 дней, интервал — 3 нед) при метастазах в легкие. Регрессия опухоли или длительная стабилизация болезни наступает у 40 % больных при небольших размерах легочных метастазов. Поэтому после нефрэктомии следует вести тщательное динамическое наблюдение за больными с рентгенографией легких каждые 3 мес в течение 2 лет. При раннем выявлении метастазов можно в большей степени рассчитывать на успех лечения.

Рак почечных лоханок составляет 7 % всех опухолей почек. Папиллярная аденокарцинома лоханки характеризуется морфологической гетерогенностью, в чем проявляется сходство с раком мочевого пузыря.

Д и а г н о з нередко труден. Основные симптомы — гематурия, незначительная или массивная, приступы почечной колики. Общие признаки заболевания, столь часто встречающиеся при почечно-клеточном раке, при раке лоханки встречаются реже. Для диагностики применяют внутривенную и ретроградную пиелографию, которая выявляет дефект наполнения в лоханке, а также ультразвуковое исследование и компьютерную рентгеновскую томографию. Ангиография малоинформативна. Дифференциальный диагноз проводят с туберкулезом, мочекаменной болезнью, пиелитом. Обнаружение при рентгенологическом исследовании дефекта наполнения в лоханке у больного в возрасте 60—70 лет, прежде не страдавшего почечнокаменной болезнью и имевшего первый эпизод гематурии, дает основание предположить рак лоханки почки.

Рак мочеточника по морфологическому строению напоминает структуру рака мочевого пузыря. Более часто поражает нижнюю треть, проявляется болью в пояснице и гематурией. Приводит к закупорке мочеточника с развитием атрофии или гидронефроза почки. Инфильтрирует подслизистый и мышечный слой, при этом возникают лимфогенные и гематогенные метастазы.

Д и а г н о з устанавливают при рентгенологическом (в том числе компьютерной томографии), эндоскопическом и ультразвуковом исследовании.

Рак лоханки и мочеточников относится к очень агрессивным метастазирующим опухолям (метастазирует в печень, лимфатические узлы, легкие, головной мозг, кости и другие органы).

Л е ч е н и е в ранних стадиях хирургическое. Обязательно удаление почки с мочеточником. При диссеминации процесса возможно использование препаратов широкого спектра действия — цисплатина, адриамицина, винкристина, блеомицина, фторурацила.

РАК ПРЕДСТАТЕЛЬНОЙ ЖЕЛЕЗЫ по частоте возникновения стоит на одном из первых мест у мужчин. Наиболее часто диагностируется в возрасте старше 60 лет. Представля-

ет собой аденокарциному различной дифференцировки. Опухоль секретирует муцинсодержащую сиаловую кислоту и содержит кислую фосфатазу и ß-глюкуронидазу. Дифференциальный диагноз проводят с аденомой предстательной железы. Аденома имеет четкие контуры, незначительную плотность, отличается медленным ростом. Рак проявляется развитием плотного узла, инфильтрирующего прилежащие ткани железы, основание мочевого пузыря, боковые стенки таза. Метастазы рака предстательной железы обнаруживаются в регионарных тазовых и забрюшинных лимфатических узлах. Отдаленные метастазы определяются в костях, при этом характерно прежде всего поражение костей таза. Метастазы бывают остеобластического типа или в сочетании с остеолитическими. Возможно появление метастазов в легких и других органах. При ранних стадиях рак предстательной железы проявляется только локально, метастазы обнаружить не удается.

К л и н и ч е с к и е п р и з н а к и неспецифичны. Отмечаются учащенные позывы к мочеиспусканию, особенно ночью; трудности начала мочеиспускания, кровь в моче, болевые ощущения и т. д.

Д и а г н о з устанавливают при биопсии. Однако предположение о диагнозе может быть сделано на основании пальпации железы при ректальном исследовании и ультразвуковой томографии.

Стадия I: клинических проявлений нет, диагноз устанавливают случайно при морфологическом исследовании удаленных аденом.

Стадия II: нарушения мочеиспускания и других признаков болезни нет; при ректальном исследовании обнаруживают плотный узел в железе; диагноз устанавливают при биопсии; метастазы в этой стадии редки.

Стадия III: частое мочеиспускание, гематурия, другие симптомы; опухоль прорастает семенные пузырьки, основание мочевого пузыря и боковых стенок таза; биопсия подтверждает диагноз; в половине случаев находят метастазы в тазовые и забрюшинные лимфатические узлы.

Стадия IV: чаще опухоль больших размеров с выраженными дизурическими расстройствами; основной характерный признак этой стадии — наличие метастазов в кости и/или другие органы. В сыворотке в 70 % случаев обнаруживается высокий уровень кислой фосфатазы.

Л е ч е н и е. Излечение возможно только при небольших локализованных опухолях. В остальных случаях современное лечение обеспечивает уменьшение или снятие клинических признаков заболевания, временный объективный эффект у 60—80 % больных; 5-летняя выживаемость при I—II стадии составляет 85 %, III стадии — 50 %, IV стадии — 20 %. Это диктует необходимость раннего выявления заболевания, чему способствует профилактическое (1 раз в год) ректальное исследование, которое необходимо проводить каждому мужчине старше 40 лет. При локализованной опухоли применяют радикальную простатэктомию. При обнаружении I стадии в удаленной аденоме дополнительная простатэктомия, как правило, необязательна. Дополнительное гормональное лечение при I—II стадии не назначают. При III—IV стадии рекомендуется орхэктомия в сочетании с гормонотерапией эстрогенами или без нее. Назначение эстрогенов (синэстрол, фосфэстрол, диэтилстильбэстрол, хлортрианизен и др.), которые не увеличивают выживаемость и в то же время (при приеме высоких доз и длительном применении) обусловливают возрастание частоты сердечно-сосудистых осложнений (инсульт мозга, инфаркт миокарда, тромбэмболия, недостаточность кровообращения), целесообразно только при выраженных расстройствах мочеиспускания, интенсивных болях в костях и т. п. Для длительного применения рекомендуют диэтилстильбэстрол по 5 мг/сут (хлортрианизен — 48—72 мг/сут) иногда в сочетании с преднизолоном — 10 мг/сут. Паллиативное значение имеет лучевая терапия на область предстательной железы, а также на зоны метастатического поражения костей при резком болевом синдроме и угрозе компрессии. Как метод эндокринного лечения применяют облучение гипофиза с целью выключения его функции.

РАК СЛИЗИСТОЙ ОБОЛОЧКИ ПОЛОСТИ РТА. В эту группу входят злокачественные опухоли, возникающие в языке, слизистой оболочке щеки, дна полости рта, альвеолярных краев нижней и верхней челюсти, в твердом и мягком небе, передних небных дужках. Самым частым гистологическим вариантом злокачественной опухоли является плоскоклеточный ороговевающий рак. Опухоли этой зоны чаще встречаются у мужчин. Предопухолевые процессы — болезнь Боуэна, веррукозная лейкоплакия, папилломатоз, последствия красной волчанки.

К л и н и ч е с к а я к а р т и н а. Первые клинические проявления — безболезненные узелки, поверхностные эрозии и трещины, постепенно увеличивающиеся. Затем возникают боли с иррадиацией в ухо, саливация, кровотечения, неприятный запах изо рта. Рак слизистой оболочки задней половины полости рта протекает более злокачественно, быстрее инфильтрирует соседние органы и ткани.

Опухоли могут иметь экзофитную (язвы с опухолевым валиком по краям или грибовидные разрастания) или эндофитную форму (инфильтраты, границы которых определить трудно).

Рак слизистой оболочки полости рта широко метастазирует в поверхностные и глубокие лимфатические узлы шеи. Отдаленные метастазы встречаются в 1—5 % случаев. Лечение подразделяется на два этапа: воздействие на первичную опухоль и лечение регионарных метастазов.

Л е ч е н и е комбинированное. Вначале проводят предоперационную гамма-терапию с последующим удалением первичной опухоли фасциально-футлярным иссечением жировой клетчатки шеи. При генерализованных формах заболевания возможно применение химиопрепа-

ратов (цисплатин, фторурацил, метотрексат, блеомицин).

ЗЛОКАЧЕСТВЕННЫЕ ОПУХОЛИ РОТОГЛОТКИ объединяют опухоли небных миндалин, корня языка и задней стенки глотки. Преобладает плоскоклеточный рак, встречаются лимфоэпителиомы и недифференцированные формы рака.

Первые с и м п т о м ы заболевания — упорная боль с иррадиацией в ухо и затруднения глотания. Иногда больной обнаруживает в миндалинах плотную бугристую опухоль. Может измениться тембр голоса в связи с поражением мягкого неба.

Опухоли ротоглотки агрессивно метастазируют в подчелюстные и зачелюстные лимфатические узлы.

Основной метод л е ч е н и я — лучевая терапия. Хирургические вмешательства оправданы при небольших опухолях, в качестве дополнения к лучевой терапии. При распространенных формах заболевания целесообразна химиотерапия (цисплатин, адриамицин, фторурацил, метотрексат, блеомицин, спиробромин, проспидин и др.).

РАК СЛЮННЫХ ЖЕЛЕЗ. Чаще возникают злокачественные опухоли в околоушной железе, реже в подчелюстных и подъязычных. Преобладают цилиндромы (аденокистозная карцинома), аденокарцинома, реже эпидермоидные карциномы и малодифференцированный рак.

Цилиндромы имеют плотную капсулу, плохо смещаемы, растут медленно, вызывают сильную боль, паралич мимической мускулатуры. Для этой опухоли характерно гематогенное метастазирование (в легкие, кости). У 10 % больных наблюдаются метастазы в шейные лимфатические узлы. Злокачественные опухоли, для которых характерно иное гистологическое строение, растут быстро, отсутствуют четкие границы опухоли, инфильтрируется кожа, подкожная клетчатка. В процесс вовлекается лицевой и другие нервы. У 50 % больных наблюдается метастазирование в шейные лимфатические узлы.

Рак слюнных желез может возникнуть и в результате озлокачествления длительно существующей смешанной опухоли этого органа.

Л е ч е н и е. Ведущим является хирургический метод. Опухоли данной локализации радиорезистентны. Из противоопухолевых препаратов могут применяться цисплатин, адриабластин, фторурацил и метотрексат.

САРКОМЫ МЯГКИХ ТКАНЕЙ. В зависимости от источника возникновения в мягких тканях различают фибросаркому, мезенхимому, липосаркому, гистиоцитому, лейомиосаркому, рабдомиосаркому, синовиальную саркому, ангиосаркому, лимфангиосаркому, гемангиоперицитому, злокачественную шванному и невриллеммому. Опухоль может располагаться в мягких тканях конечностей, туловища, забрюшинного пространства и в других областях тела. Саркомы мягких тканей составляют 1 % всех злокачественных опухолей. Ранний диагноз важен для прогноза. При обнаружении опухоли мягких тканей не следует использовать метод динамического наблюдения. Ошибки в диагнозе часты, срок установления диагноза нередко откладывается на 6—12 мес. Необходимы биопсия или удаление опухоли.

Саркомы мягких тканей имеют склонность к рецидивированию после операции, особенно при размере более 5 см и низкой дифференцировке опухоли. Отдаленные метастазы появляются в легких, реже в других органах. Метастазы в регионарных лимфатических узлах диагностируются только у 5—20 % больных. Дифференциальный диагноз проводят с доброкачественными опухолями, которые встречаются значительно чаще, чем злокачественные, но малигнизация их наблюдается редко.

Д и а г н о з базируется на данных морфологического исследования (фиброма, липома, лейомиома, рабдомиома и др.).

Л е ч е н и е. Основной метод лечения — хирургический. Важно широкое удаление тканей, прилежащих к опухоли. Для снижения риска рецидива опухоли после операции применяют лучевую терапию; более чувствительны эмбриональные рабдомиосаркомы. Химиотерапию с лучевой терапией или без нее применяют при неоперабельной опухоли и метастазах. Режимы химиотерапии: 1) циклофосфан — 500 мг/м² в/в в сочетании с адриамицином — 50 мг/м² в/в 1-й день, винкристином — 1 мг/м² в/в 1-й и 5-й дни и имидазолкарбоксамидом — 250 мг/м² в/в 1—5-й дни; 2) карминомицин — 6 мг/м² в/в 1-й, 8-й и 15-й дни в сочетании с винкристином — 1 мг/м² (или метотрексатом — 20 мг/м²) в/в в те же дни и циклофосфаном — 250 мг/м² 3 раза в неделю, 6 доз; 3) циклофосфан — 500 мг/м² в сочетании с адриамицином — 50 мг/м² 1-й день, винкристином — 1 мг/м² в/в 1-й и 5-й дни и дактиномицином — 0,3 мг/м² в/в 3—5-й дни; 4) адриамицин — 40 мг/м² 1-й день в сочетании с циклофосфаном — 600 мг/м² 2-й день и цисплатином — 100 мг/м² 3-й день в/в.

При одиночных метастазах в легких может быть произведено оперативное их удаление, целесообразность которого более обоснованна при большом интервале от удаления первичной опухоли до выявления метастазов в легких и их медленном росте. Пятилетняя выживаемость при саркомах мягких тканей колеблется от 20 до 80 % в зависимости от морфологической структуры и дифференцировки опухоли, ее размера и локализации.

РАБДОМИОСАРКОМА У ДЕТЕЙ. Наиболее частая форма сарком мягких тканей в детской практике. Различают 3 гистологических варианта: эмбриональный, альвеолярный и полиморфный. Чаще встречается в возрасте от 2 до 6 лет в такой последовательности: голова и шея, предстательная железа, мочевой пузырь и влагалище. В юношеском возрасте злокачественные опухоли такого строения встречаются на конечностях, в яичках и паратестикулярной ткани.

Хирургическое удаление производят при небольших опухолях. Рабдомиосаркомы, особенно эмбриональные, относятся к радиочувствительным опухолям, поэтому лучевая терапия является важнейшим компонентом комбинированного лечения.

Из химиопрепаратов назначают в комбинациях винкристин, циклофосфан, дактиномицин, адриамицин, цисплатин.

В результате комплексного лечения (операция, лучевая и химиотерапия) 3-летняя выживаемость составляет 60 %.

РАК ТОЛСТОЙ КИШКИ (ОБОДОЧНОЙ И ПРЯМОЙ). В последние годы отмечен значительный рост заболеваемости раком ободочной и прямой кишки. Аденомы, диффузный полипоз и неспецифический язвенный колит повышают риск развития рака и рассматриваются как предопухолевые заболевания. Так, малигнизация при диффузном полипозе наступает почти в 100 % случаев.

Локализация рака ободочной кишки может быть различной — в восходящей, поперечной ободочной, нисходящей, сигмовидной кишке. Рак прямой кишки располагается в анальном, нижне-, средне-, верхнеампулярном и ректосигмовидном отделе. Опухоль растет преимущественно экзофитно (в просвет кишки) или эндофитно (в толщу кишечной стенки). Чаще диагностируют аденокарциномы, редко опухоль имеет строение перстневидно-клеточного, недифференцированного или плоскоклеточного рака. Метастазирует рак ободочной и прямой кишки в регионарные лимфатические узлы, печень, легкие, иногда в другие органы. Классификацию данной болезни проводят по системе TNM с уточнением глубины прорастания опухоли в стенку кишки и на основании данных исследования операционного материала.

К л и н и ч е с к а я к а р т и н а: выделение из кишки крови с примесью слизи и гноя, расстройства ритма дефекации (поносы и запоры, тенезмы), боль в животе, общая слабость, снижение массы тела, повышение температуры, анемия и др. Клиническая симптоматика различна в зависимости от локализации опухоли. При начальных стадиях болезни ее проявления могут быть незначительны (диспепсические симптомы, анемия при скрытой кровопотере и др.). В дальнейшем признаки болезни нарастают, в тяжелых случаях наблюдаются кишечная непроходимость, кровотечение, воспалительные осложнения (абсцесс, флегмона, перитонит). При раке прямой кишки опухоль может прорастать в мочевой пузырь, влагалище с развитием свищей, вызывать сдавление мочеточников и т. д.

Д и а г н о з рака ободочной и прямой кишки в ранних стадиях базируется на данных пальцевого ректального исследования, ирригоскопии, ректороманоскопии и колоноскопии (с биопсией). Диспансерному наблюдению подлежат больные группы риска. В остальных случаях отбор больных для обследования проводят после анализа клинических симптомов, получения результатов анализа кала на наличие крови, определения в крови карциноэмбрионального антигена. Для исключения метастазов в печень производят ультразвуковую томографию.

Лечение. Основной метод лечения рака ободочной и прямой кишки хирургический. После радикальных операций 5-летняя выживаемость составляет 50—60 %. При раке ободочной кишки производят правостороннюю или левостороннюю гемиколэктомию. При локализации опухоли в дистальной трети сигмовидной кишки выполняют ее резекцию. При раке прямой кишки производят операцию с удалением замыкательного аппарата (брюшно-промежностная экстирпация с колостомой) или его сохранением (брюшно-анальная резекция с низведением ободочной кишки или без него, передняя резекция, операция Гартмана). Паллиативные операции могут уменьшить проявления болезни (обходной кишечный анастомоз, колостома при непроходимости; паллиативная резекция при метастазах в печень; перевязка или эмболизация печеночной артерии и т. д.).

Лучевая терапия может вызвать частичную регрессию опухоли. Чаще ее используют при первичном и рецидивном раке прямой кишки. Химиотерапию применяют только в случаях наличия неоперабельной опухоли и метастазов. Она эффективна у 20—40 % больных. Наиболее часто назначают фторафур. Более эффективны комбинации фторафура или 5-фторурацила с другими препаратами (митомицин С, ломустин, адриамицин, цисплатин).

ЗЛОКАЧЕСТВЕННЫЕ ОПУХОЛИ ТОНКОЙ КИШКИ (карциноид, рак, лейомиосаркома) встречаются редко. Карциноид локализуется наиболее часто в терминальном отделе подвздошной кишки, имеет небольшие размеры, развивается медленно. При отсутствии секреции серотонина клинические симптомы мало выражены (диарея, снижение массы тела). При увеличении опухоли постепенно появляются боль в животе и симптомы частичной кишечной непроходимости. Срок от появления симптомов до установления диагноза может составлять несколько лет. Карциноидный синдром, кроме диареи, проявляется покраснением лица и туловища, высоким содержанием в моче 5-гидроксииндолуксусной кислоты. Частота появления карциноидного синдрома составляет 10—30 %. Метастазы злокачественного карциноида возникают в брюшной полости, регионарных лимфатических узлах и печени. Иногда метастазы появляются через много лет. Основной метод лечения хирургический. Пятилетняя выживаемость после радикальной операции составляет 90 %, 10-летняя — 75 %. При наличии метастазов в брюшной полости и лимфатических узлах 5-летняя выживаемость — 57 %, при метастазах в печени — 31 %. Химиотерапия может быть эффективной (стрептозотоцин — 500 мг/м^2 в/в 1—5-й дни в сочетании с 5-фторурацилом — 325 мг/м^2 в/в 1—5-й дни).

Аденокарцинома локализуется чаще в двенадцатиперстной и тощей кишке. Она проявляется кишечным кровотечением, болью, снижением массы тела, реже отмечается диарея, повышение температуры. Лечение хирургическое.

Лейомиосаркома может достигать больших размеров, локализуется в двенадцатиперстной и тощей кишке. Проявляется болью и кишечным кровотечением. Радикальная операция излечивает 40 % больных. При дифференциальной диагностике опухолей тонкой кишки нужно помнить о возможности развития лимфосаркомы и воспалительных заболеваний.

РАК ЩИТОВИДНОЙ ЖЕЛЕЗЫ составляет около 1 % всех опухолей. У женщин встречается в 2 раза чаще, чем у мужчин. Средний возраст начала заболевания 43—44 года. Гистологически наиболее часто встречается папиллярный рак (60—70 %), фолликулярный составляет до 30 %; редко выявляется анапластический и медуллярный рак. При папиллярном и фолликулярном раке основные симптомы — определение солитарного узла в толще щитовидной железы. При анапластическом раке чаще симптомы связаны со сдавлением соседних органов и тканей — дисфагия, одышка, охриплость голоса, боль, увеличение железы. При папиллярном раке чаще развиваются регионарные метастазы, при фолликулярном — отдаленные метастазы, недифференцированный рак течет галопирующе с генерализацией метастазирования. Медуллярный рак — высокозлокачественная форма, приводящая к раннему метастазированию. Важное значение при установлении диагноза придается цитологическому исследованию, радиоизотопному сканированию, артериографии, определению опухолевых маркеров (кальцитонин для медуллярного рака).

Лечение: хирургическое, лучевое, применение радиоактивного йода. Из химиопрепаратов могут применяться адриабластин, фторацил, цисплатин.

ЗЛОКАЧЕСТВЕННЫЕ ОПУХОЛИ ЯИЧКА составляют около 1 % всех опухолей у мужчин. Встречаются с частотой 20—25 на 1 млн мужчин, наиболее часто — в возрасте 20—35 лет. Факторы, предрасполагающие к возникновению опухолей,— крипторхизм, позднее низведение яичка (после 6 лет), травмы. Различают герминогенные опухоли (95 %), исходящие из семенного эпителия, и негерминогенные, исходящие из клеток, продуцирующих гормоны, и из стромы (5 %).

Герминогенные опухоли — семиномы (40 %) и несеминомы (эмбриональный рак, тератома, хорионэпителиома, опухоль желточного мешка). Несеминомные опухоли часто носят смешанный характер, состоят из разных компонентов, в том числе и семиномы. Семиномы чаще обнаруживают у лиц старше 30 лет, несеминомы — от 20 до 36 лет.

Симптомы опухолей яичка — безболезненное, постепенно увеличивающееся уплотнение. Основная симптоматика связана с метастазированием в забрюшинные лимфатические узлы (у больных возникает мучительная боль в пояснице), и легкие, что приводит к появлению кашля, кровохарканья. Нередко наблюдается гинекомастия. При биохимическом исследовании крови при несеминомных опухолях обнаруживают α-фетопротеин. При хорионэпителиоме яичка в моче повышается содержание хорионического гонадотропина. Внутривенная урография, ультразвуковое исследование забрюшинного пространства, компьютерная томография, ангиография позволяют установить метастазы в забрюшинном пространстве.

Л е ч е н и е больных начинают с выполнения орхофуникулэктомии. После гистологического исследования опухоли тактика лечения может быть различной. При семиноме без метастазов можно ограничиться удалением первичного очага опухоли. При наличии забрюшинных метастазов проводят лучевую терапию по радикальной программе. При выявлении метастазов в легких или других органах показана химиотерапия (сарколизин, циклофосфан, цисплатин, винбластин).

У больных с несеминомными опухолями в случае подозрения после проведения орхофуникулэктомии забрюшинных метастазов производят их оперативное чрезбрюшинное удаление с обеих сторон, после чего назначают химиотерапию (цисплатин, блеомицин и винбластин, дактиномицин, адриамицин, оливомицин). При невозможности удаления забрюшинных метастазов проводят 5—6 курсов химиотерапии по указанной выше схеме. Если после химиотерапии у больного сохраняются метастазы, их удаляют оперативным путем. Указанное лечение позволяет излечить 70—80 % больных. Негерминогенные опухоли менее злокачественны, лечат их в основном хирургическим способом.

РАК ЯИЧНИКА. Наиболее часто встречаются серозные, муцинозные и эндометриоидные злокачественные опухоли яичника. Серозный рак развивается обычно из цилиоэпителиальной кистомы, характеризуется накоплением серозной жидкости внутри малигнизированных кистозных образований. При прорастании капсулы и метастазировании образуется асцит. Муцинозный рак проявляется развитием опухолевидных образований, содержащих слизь; при прорыве в брюшную полость развивается псевдомиксома брюшины. Эндометриоидный рак представляет собой плотную опухоль, которая по морфологической структуре является железистым раком с очагами плоского эпителия. Серозный рак встречается чаще в возрасте 40—60 лет, муцинозный — после 60 лет, эндометриоидный — до 30 лет. В 40—70 % случаев злокачественная опухоль поражает оба яичника. Метастазирование указанных форм рака яичника происходит в брюшной полости (по брюшине, в сальник). Может развиваться метастатический асцит, плеврит. Относительно редко возникают метастазы в печень, легкие, другие органы. Рецидив рака яичника чаще локализуется в области малого таза.

Д и а г н о з. Своевременная диагностика в значительной мере определяет успех современного лечения при раке яичника. К сожалению, до настоящего времени у 60—80 % больных диагноз устанавливают в стадии диссеминации опухоли. Важное значение имеют регулярные осмотры гинеколога. При таком обследовании может быть найдена округлая, часто подвижная опухоль яичника с тенденцией к росту. Данные осмотра могут быть уточнены при ультразвуковой томографии. Вопрос о наличии доброкачественной или злокачественной опухоли остается обычно неясным, но показания к хирургическому вмешательству в таких случаях очевидны. При более поздних стадиях болезни имеется диссеминация по брюшине, плевре, развивается асцит и плеврит. Диагностическое значение имеет лапароскопия с биопсией для морфологического анализа, а также цитологическое изучение экссудата. Клиническое обследование в таких случаях предполагает исключение метастазирования в яичники и брюшную полость опухолей других локализаций (из желудка, кишечника, поджелудочной железы).

Для л е ч е н и я рака яичника используют хирургическое вмешательство и химиотерапию. При локализованной форме заболевания производят удаление матки с придатками и резекцию большого сальника. При диссеминированном раке яичника применяют паллиативную операцию, цель которой — уменьшение массы опухоли перед химиотерапией. Применение химиотерапии при раке яичников, улучшающее результаты лечения при локализованной форме болезни, занимает ведущее место при диссеминированном характере опухоли. Химиотерапия может быть применена также в предоперационном периоде с целью уменьшения проявлений болезни и увеличения объема последующей операции. Наиболее эффективна комбинация цисплатина с циклофосфаном и адриамицином; ослабленным больным назначают циклофосфан или тиофосфамид. Интервалы между курсами не должны превышать 3—4 нед. При отсутствии клинических проявлений болезни на фоне послеоперационной химиотерапии производят лапароскопию (через 6—12 мес) для установления полноты ремиссии. Только при достижении полной ремиссии и сроке химиотерапии не менее 12 мес может быть решен вопрос о прекращении лечения. Лучевую терапию используют редко, в основном при рецидиве опухоли. При асците и плеврите вводят внутрибрюшинно тиофосфамид, цисплатин.

Среди более редких форм злокачественных опухолей яичника — светлоклеточный (мезонефроидный) рак, злокачественная опухоль Бреннера; стромальные опухоли (гранулезоклеточный рак, андробластома, гонадобластома); эмбриональные опухоли (дисгерминома, тератокарцинома, эмбриональный рак, хорионкарцинома). Клиническое течение и принципы лечения светлоклеточного рака и злокачественной опухоли Бреннера почти такие же, как при муцинозном раке. Для гранулезоклеточного рака характерна гиперплазия эндометрия, сопровождающаяся маточными кровотечениями, возникающими в результате высокой продукции эстрогенов. При андробластоме наблюдаются признаки вирилизации (оволосение по мужскому типу, изменение голоса, прекращение менструаций) в связи с гиперпродукцией андрогенов. Оба типа опухоли возникают чаще в возрасте до 30 лет. Характерно возникновение метастазов в забрюшинных лимфатических узлах и легких, иногда через много лет после операции. Для раннего выявления рецидива и метастазов целесообразно динамическое определение уровня эстрогенов и андрогенов. Основной метод лечения хирургический. После радикальной операции химиотерапию не проводят. При запущенной стадии заболевания применяют лучевую и химиотерапию (тиофосфамид, адриамицин, циклофосфан).

Гонадобластома представляет собой смешанный морфологический вариант — сочетание гранулезоклеточного рака и андробластомы. Эмбриональные злокачественные опухоли яичника возникают в молодом возрасте, характеризуются агрессивным течением. Дисгерминома имеет быстрый темп роста, метастазирует в забрюшинные лимфатические узлы, легкие, другие органы. Развитие опухоли сопровождается нарушением менструального цикла. После радикальной операции назначают тиофосфамид или циклофосфан. Тератокарциномы могут иметь различное морфологическое строение, включают элементы дисгерминомы, эмбрионального рака, хорионкарциномы. Метастазы возникают в брюшной полости, забрюшинных лимфатических узлах, легких. При установлении диагноза и динамическом наблюдении полезно определение опухолевых маркеров (α-фетопротеин, хорионический гонадотропин). При локализованной форме болезни производят радикальную операцию с последующей химиотерапией. При диссеминированной форме лечение целесообразно начинать с химиотерапии, а при достижении ремиссии после 3—6 курсов — удалять оставшиеся опухолевые узлы. Современная химиотерапия тератокарциномы яичника включает комбинации нескольких противоопухолевых препаратов (цисплатин с винбластином, блеомицетином, дактиномицином и циклофосфаном или цисплатин с этопозидом и блеомицетином).

Глава 6

ПРИНЦИПЫ ЛЕЧЕНИЯ СЕПСИСА

Сепсис (заражение крови) — острое или хроническое заболевание, характеризующееся прогрессирующим распространением в организме бактериальной, вирусной или грибковой флоры. Сепсис может быть результатом бактериального обсеменения организма из известного очага воспаления (нагноения), но достаточно часто входные ворота инфекции остаются невыясненными. Сепсис может протекать остро, иногда почти молниеносно (когда при отсутствии правильного лечения смерть наступает в течение нескольких часов или суток) либо хронически. В настоящее время характер течения сепсиса в значительной мере меняется в результате ранней антибактериальной терапии.

Э т и о л о г и я. Возбудителями сепсиса могут быть патогенные, условно-патогенные микроорганизмы: кокки (стафилококки, пневмококки, менингококки), кишечная палочка, синегнойная палочка, микобактерия туберкулеза, клебсиелла и др.; вирусы герпетиформной группы и др.; грибы типа Candida, Aspergillus.

П а т о г е н е з. Генерализация инфекции обусловлена преобладанием возбудителя над бактериостатическими возможностями организма в результате массивной инвазии (например, прорыв гнойника в кровь из инфицированного тромба, при попытке выдавить фурункул, из инфицированной тромбоцитной массы и т. п.) либо врожденного или приобретенного снижения иммунитета. Нарушения иммунитета, предшествующие сепсису, как правило, остаются неопределимыми, за исключением случаев депрессии кроветворения. Однако сепсис возникает не в результате нарушений иммунитета вообще, а вследствие срыва в каком-то одном из его звеньев, ведущего к нарушению выработки антител, снижению фагоцитарной активности или активности выработки лимфокинов и т. д. Поэтому в большинстве случаев сепсис обусловлен одним возбудителем, размножению которого в норме препятствует иммунный ответ, т. е. определенное его звено, оказавшееся генетически или приобретенно поврежденным; смена возбудителей в течение одного заболевания представляет исключение, а не правило. Одновременное сосуществование нескольких возбудителей, их смена наблюдается при иммунодепрессии, вызванной применением цитостатиков, депрессией кроветворения в результате аплазии костного мозга или его лей-

кемического поражения, действием интенсивной инсоляции и загара, грубо подавляющих иммунный ответ в нескольких звеньях. Возвратная септическая бактериальная инфекция отмечается при наследственных дефектах комплемента С2, пропердина и других факторов системы комплемента. При грубых дефектах иммунитета часто возникают так называемые оппортунистические инфекции, вызываемые условно-патогенной флорой, сапрофитами. Примерно около 10 % септических состояний обусловлены сочетанием возбудителей. Полимикробный сепсис встречается при нарушениях иммунитета, связанных с отсутствием селезенки, нарушениях клеточного (Т-хелперного) звена иммунитета при СПИДе.

У взрослых и детей без очевидных причин иммунодефицита (цитостатическая, стероидная терапия и т. п.) чаще всего возбудителем сепсиса является стафилококк или пневмококк, реже менингококк. На фоне цитостатической терапии (особенно в условиях внутрибольничного инфицирования) важную роль играет грамотрицательная микрофлора (кишечная или синегнойная палочка, протей). Возбудителем сепсиса из инфицированного тромба аневризмы аорты, системы нижней полой вены (дистальнее установленного в ней фильтра), подключичной вены (при длительном стоянии в ней катетера) могут быть и стафилококки, и синегнойная палочка, и пневмококк. Лимфопролиферативные опухоли и лимфогранулематоз сопровождается нарушением противовирусного иммунитета, что ведет к генерализованным герпетическим инфекциям (ветряная оспа, опоясывающий лишай, простой герпес) вплоть до сепсиса. При нарушениях нейтрофилопоэза в результате наследственных нейтропений встречаются рецидивирующие стафилококковые инфекции иногда с развитием стафилококкового сепсиса. При длительном приеме стероидных гормонов возможны хронические или острые бактериальные септические процессы и туберкулезный сепсис.

После удаления селезенки (по любому поводу) возникает предрасположение к септическим состояниям чаще менингококковой или пневмококковой этиологии. Селезенка способна фагоцитировать неопсонизированные, не связанные с антителами бактерии, инкапсулированные бактерии (в частности, пневмококки и менингококки), тогда как в печени фагоцитируются только хорошо опсонизированные бактерии. Для того чтобы печень взяла на себя функцию уничтожения инкапсулированных, неопсонизированных бактерий после удаления селезенки, необходимо ввести большие объемы свежей плазмы, содержащей опсонины. После спленэктомии содержание в плазме таких опсонинов, как пропердин, туфтсин, вырабатываемых преимущественно селезенкой и необходимых для фагоцитоза микроорганизмов нейтрофилами, снижается. Пропердин является также фактором, «запускающим» дополнительный путь активации системы комплемента (с компонента С3) — одного из важных звеньев гуморального иммунитета. Наконец, в селезенке вырабатывается в основном иммуноглобулин М. Недостаток всех этих факторов способствует развитию смертельного постспленэктомического синдрома.

Важную роль в распространении инфекции играет формирование синдрома диссеминированного внутрисосудистого свертывания крови (ДВС). Массивная инфекция служит основой тканевого распада, выхода в кровь кининов и протеолитических ферментов, способствующих нарушению проницаемости сосудов, стазу, тромбообразованию в системе микроциркуляции. Множественные тромбозы становятся средой для роста микрофлоры. В развитии ДВС-синдрома при сепсисе существенную роль играют эндотоксин — липополисахарид из стенки кишечной палочки, капсулярный полисахарид пневмококка, коагулаза, продуцируемая капсулой стафилококка, и другие продукты бактериальной клетки. Один из наиболее изученных путей возбуждения ДВС-синдрома при сепсисе — активация XII фактора свертывания (фактора Хагемана). Влияя на сосудистую стенку, эндотоксин активирует XII фактор, что ведет к повышению свертывания, образованию калликреина и его предшественников, а вместе с ними — к активации фибринолиза (превращению плазминогена в плазмин), образованию кининов, активации системы комплемента. Накопление брадикинина приводит к развитию шока — падению АД, повышению проницаемости сосудов и расстройствам микроциркуляции.

ДВС-синдром и шок — постоянные осложнения сепсиса, вызванного грамотрицательными микроорганизмами, менингококкемии, острейшего пневмококкового и стафилококкового сепсиса. Накоплению кининов при сепсисе и ДВС-синдроме способствует истощение таких ферментов, как кининаза, ингибитор калликреина, обычно содержащихся в плазме здоровых лиц. Активирующийся в начале ДВС-синдрома фибринолиз затем резко снижается вследствие истощения фактора Хагемана, калликреина, собственно плазминогена. Угнетение фибринолиза — характерный признак ДВС-синдрома, осложняющего сепсис. При инфицированности микротромбов ДВС-синдром неизбежно приводит к выраженной полиорганной патологии, в патогенезе которой важнейшую роль играет вначале сама инфекция, а по прошествии 2—3 нед — патология иммунных комплексов.

Четкой границы между собственно септической органной патологией и иммунокомплексными синдромами после ликвидации основного бактериального и микротромботического процессов не существует. Инактивированные, но нефагированные бактерии в тромбах могут сохранять свою активность и вызывать рецидивы болезни, способствовать ее переходу в хронический, чаще моноорганный процесс. ДВС-синдром практически обязателен в патогенезе сепсиса; исчезновение его лабораторных и клинических признаков свидетельствует об успешном лечении.

Тромбоцитопения и снижение свертывания могут быть обусловлены не только потреблением тромбоцитов и факторов свертывания в тромбах. В связи с инфекцией, образованием антител, иммунных комплексов активируется фагоцитоз (в частности, фагоцитоз нейтрофилов); при этом из нейтрофилов высвобождаются ферменты эластаза, хемотрипсин. Избыток этих протеолитических ферментов способствует повреждению тканей (в частности, сосудистой стенки), лизису тромбоцитов и некоторых факторов свертывания, что ведет, в свою очередь, к развитию геморрагического синдрома и острого респираторного дистресс-синдрома.

Клиническая картина сепсиса зависит от возбудителя, источника проникновения инфекции и состояния иммунитета. Начало заболевания может быть бурным с потрясающим ознобом, гипертермией, миалгиями, геморрагической или папулезной сыпью либо постепенным с медленно нарастающей интоксикацией и постепенным повышением температуры тела. К частым, но неспецифическим признакам сепсиса относят увеличение селезенки и печени, выраженную потливость после озноба, резкую слабость, гиподинамию, анорексию, запор. При отсутствии антибактериальной терапии сепсис, как правило, заканчивается смертью от множественных нарушений всех органов и систем. Характерны тромбозы (особенно вен нижних конечностей) в сочетании с геморрагическим синдромом.

При адекватной антибактериальной терапии на фоне снижения температуры, уменьшения интоксикации через 2—4 нед от начала болезни появляются артралгии (вплоть до развития полиартрита), признаки гломерулонефрита (белок, эритроциты, цилиндры в моче), симптомы полисерозита (шум трения плевры, шум трения перикарда) и миокардита (тахикардия, ритм галопа, преходящий систолический шум на верхушке или на легочной артерии, расширение границ относительной тупости сердца, снижение или даже негативизация зубца T и смещение вниз сегмента ST преимущественно в передних грудных отведениях). Эту симптоматику, возникающую на фоне улучшения основных показателей септического процесса и относящуюся к патологии иммунных комплексов, не следует путать с признаками собственно септической, бактериальной патологии. Основные проявления последней приходятся на первые дни болезни и характеризуются всеми признаками гнойно-септического процесса в том или ином органе (гнойный миокардит, эндокардит, варианты септического поражения легких и почек). Решающую роль в лечении сепсиса играют массивная антибактериальная терапия и борьба с ДВС-синдромом (см. главу 7).

При тяжелом ДВС-синдроме, респираторном дистресс-синдроме отмечаются множественные дисковидные ателектазы и нестойкие полиморфные тени в легких, обусловленные интерстициальным отеком. Подобные изменения наблюдаются при тяжелом течении сепсиса независимо от возбудителя и на единичных рентгенограммах почти не отличимы от пневмонии. Однако для теней воспалительной природы характерна стойкость, а для теней интерстициального отека — эфемерность. При аускультации легких об интерстициальном отеке могут свидетельствовать незвучные мелкопузырчатые хрипы, крепитация.

Д и а г н о з. Начало любого тяжелого воспалительного процесса, сопровождающегося ознобом, высокой температурой тела, на первый взгляд, нелегко отличить от начала сепсиса. Однако быстрый подъем температуры до 39—40 °C, потрясающий озноб, общее тяжелое состояние без выраженной моноорганной патологии, высокий лейкоцитоз с палочкоядерным сдвигом до 20—30 %, клинические и лабораторные признаки ДВС-синдрома являются достаточным основанием для диагностики сепсиса и проведения соответствующей интенсивной терапии. Диагноз сепсиса крайне важно связывать с конкретным возбудителем, так как бактериостатическая, противовирусная или противогрибковая терапия носит строго специфический характер. Установление этиологического диагноза представляет большие трудности и не всегда возможно. Посев крови, выявление специфических бактериальных антигенов в 50—60 % случаев не дают ответа на вопрос о природе возбудителя в первые дни болезни, когда определяют конкретную тактику лечения. Диагностика сепсиса с выявлением природы возбудителя предполагает ежедневные посевы крови независимо от отрицательных ответов в первые дни болезни и проводимой антибактериальной терапии, делающей возможность положительных результатов посева все менее и менее вероятной. Важную роль в установлении возбудителя сепсиса играют особенности клинической картины болезни и ее первых симптомов.

Стафилококковый сепсис характеризуется потрясающим ознобом, высокой лихорадкой, появлением боли в мышцах и костях. Мышечная боль может быть почти «морфийной» интенсивности. Обычно при этом на коже можно увидеть единичные папулы негеморрагической природы иногда с образованием мельчайших пузырьков на вершине папулы. Общее состояние больных тяжелое, но глубокого общего угнетения нет, сознание ясное, больные четко рассказывают о своих ощущениях. На рентгенограммах легких нередко выявляются множественные почти одинакового размера и плот-

ности облаковидные тени, которые в дальнейшем сливаются, образуя неравномерные фокусы и зоны распада. В начале процесса отмечается сухой кашель, затем он становится влажным с отхождением обильной желтоватого цвета мокроты. Образующийся абсцесс легкого может прорываться в плевру с развитием эмпиемы. Миалгии нередко являются следствием микроабсцессов в мышцах. В дальнейшем возможно образование множественных флегмон, очагов остеомиелита, абсцессов печени, почек и других органов.

Менингококковый сепсис отличается нередко бурным началом с очень тяжелой интоксикацией, энтеропатией, которые в течение нескольких часов могут привести к развитию шока; характерны прогрессирующая загруженность, быстро наступающая потеря сознания. У ряда больных на коже появляются обильные полиморфные или мономорфные папулезные геморрагические высыпания. Констатация этой сыпи становится основанием для предположения о менингококковой природе сепсиса и немедленного назначения высоких доз пенициллина внутривенно. Геморрагические высыпания свидетельствуют о тяжелом ДВС-синдроме; они захватывают не только кожу, но и подкожную клетчатку, поэтому развивающийся на их месте некроз может оказаться достаточно глубоким. Тяжелый микротромботический процесс способствует быстрому образованию глубоких пролежней; он же лежит в основе клинической картины гломерулонефрита (вплоть до развития анурии) и гепатита (умеренный подъем уровня билирубина, гипертрансаминаземия на фоне увеличения печени). Тяжелое осложнение менингококкового сепсиса — кровоизлияние в оба надпочечника (вследствие ДВС-синдрома), обусловливающие клиническую картину шока. На фоне улучшения состояния больного и нормализации температуры менингококковый сепсис может осложняться симметричной гангреной (сухой или влажной) пальцев ног, а при недостаточно активной терапии ДВС-синдрома — и более обширной гангреной, требующей ампутации конечностей. В гемограмме часто определяется гиперлейкоцитоз при палочкоядерном сдвиге до 20—40 %. Клиническое улучшение и динамика картины крови могут не совпадать: лейкоцитоз и палочкоядерный сдвиг порой сохраняются на фоне нормальной температуры тела, которая под влиянием мощной антибактериальной терапии снижается в течение нескольких дней, а множественная органная патология и глубокие некрозы остаются на несколько недель. Наряду с высоким лейкоцитозом встречается и тромбоцитоз (иногда до 1 млн и более тромбоцитов в 1 мкл крови), в частности, за счет активации колониестимулирующих факторов гемопоэза под влиянием интерлейкина I, продуцируемого макрофагами, перерабатывающими антиген возбудителя.

С повышением уровня интерлейкина I (как эндогенного пирогена) связаны лихорадка, нейтрофилез, пролиферация Т-хелперов, выработка антител.

Пневмококковый сепсис характеризуется обычным для сепсиса началом: потрясающим ознобом, подъемом температуры тела до 39—40 °C. Однако в этих случаях возникает выраженная интоксикация с адинамией, но без потери сознания и шока. Больные односложно отвечают на вопросы, быстро истощаются. Высыпания на коже, миалгии, флегмоны и другие проявления септикопиемии пневмококковому сепсису не свойственны. Показательно отсутствие выраженной органной патологии на фоне крайне тяжелого общего состояния. Отличительной особенностью заболевания является нередко сохранение небольшого процента эозинофилов в крови, тогда как другим видам бактериального сепсиса свойственна анэозинофилия. Лейкоцитоз при пневмококковом сепсисе умеренный, но палочкоядерный сдвиг может быть выраженным. Геморрагический синдром обычно отсутствует. Течение пневмококкового сепсиса не столь бурное, как менингококкового (исключения могут быть!), но улучшение состояния под влиянием антибактериальной терапии также наступает не столь быстро, как при менингококковом сепсисе.

Первыми признаками адекватности лечения оказываются уменьшение слабости, исчезновение ознобов, появление аппетита, хотя температура тела еще на протяжении нескольких дней может оставаться повышенной, лишь обнаруживая тенденцию к снижению. Недооценка субъективного показателя улучшения весьма опасна, так так отсутствие лабораторных признаков улучшения на фоне сохраняющейся фебрильной температуры может создать ошибочное представление о неэффективности антибактериальной терапии, в то время как именно пенициллин (а не антибиотики широкого спектра действия) показан при пневмококковом сепсисе на протяжении всего заболевания, продолжающегося много недель, а иногда и месяцев (например, при инфицированном тромбе в крупном сосуде). О преждевременности отмены пенициллина свидетельствуют рецидив лихорадки, ухудшение общего состояния, возобновление озноба. Все это требует не смены антибиотика, а возвращения к лечению пенициллином в больших дозах (обычные при пневмококковом и менингококковом сепсисе дозы пенициллина для взрослых, составляющие 20 000 000—24 000 000 ЕД/сут, не следует существенно увеличивать, так как при дозах 30 000 000—40 000 000 ЕД/сут может развиться тяжелый гемолиз, панцитолиз или геморрагический синдром, вызываемый дезагрегацией тромбоцитов). Особенностью пневмококкового сепсиса является малая выраженность или полное отсутствие ярких органных проявлений болезни, хотя этот вид сепсиса, как и другие, может осложниться иммунокомплексным синдромом того или иного характера.

Сепсис, вызываемый грамотрицательными микроорганизмами (кишечная палочка, протей, синегнойная палочка), встречается либо при наличии крупных входных ворот (послеоперационные абсцессы в брюшной полости, абсцессы в малом тазу после гинекологических вмешательств, инфицированный тромб в аневризматически расширенной аорте), либо при резком подавлении иммунитета (цитостатическая терапия, лимфопролиферативные опухоли системы крови, острые лейкозы). В диагностике этих форм сепсиса важнейшую роль играет бактериологический анализ — посев крови, мочи, мокроты, бактериоскопия выделений из ран и отпечатков раневых поверхностей. Одним из проявлений синегнойного сепсиса (иногда стафилококкового) становится некротическое кровоизлияние: высыпания (порой единичные) насыщенного темно-красного, почти черного цвета, окруженные темно-красным валом и приподнимающиеся над кожной поверхностью. Эти иногда болезненные (особенно вначале) образования постепенно растут; температура тела остается фебрильной; возникают дочерние отсевы на других участках кожи и во внутренних органах (обнаруживаются при патологоанатомическом исследовании). Некротические кровоизлияния практически не поддаются обычным видам антибактериальной терапии из-за окружающего их плотного тромботического вала, но внутри этих образований существует активная патогенная флора. Механизм формирования некротических кровоизлияний, по-видимому, близок патогенезу номы и гангрены, при которых решающую роль играет очаг некроза, окруженный постепенно расширяющейся зоной тромбоза: инфекция провоцирует тромбообразование, тромбы составляют питательную среду для роста микроорганизмов и блокируют поступление антибиотиков в некротический очаг. Процесс оказывается самоподдерживающимся вследствие истощения системы фибринолиза. Основным средством разрыва этого порочного круга является местное применение диметилсульфоксида с антибиотиком на фоне обычной антибактериальной терапии и повышения фибринолитической активности крови с помощью массивных переливаний свежезамороженной плазмы.

Сепсис, вызванный синегнойной палочкой, на фоне иммунодепрессии (при цитостатической терапии, опухолях системы крови) отличается крайней тяжестью и быстро развивающимся шоком. Тот же сепсис, возникший при нормальных показателях крови в результате прорыва инфекции из инфицированного тромба, может протекать торпидно; состояние больных ухудшается постепенно; антибактериальная терапия оказывает некоторый положительный, но нестойкий эффект. Вообще сепсис, обусловленный грамотрицательной микрофлорой, без входных ворот, при нормальном составе лейкоцитов и без приема иммунодепрессантов весьма маловероятен. Для сепсиса, вызываемого кишечной палочкой, характерны отсутствие органной патологии и септикопиемии, быстрое развитие шока (иногда буквально в течение 2—3 часов с момента появления фебрильной температуры).

Диагностика сепсиса, обусловленного грамотрицательной микрофлорой, в гематологических и онкологических стационарах нередко ложится на плечи дежурного врача, который тем не менее до начала антибактериальной терапии (одновременно с первым введением антибиотика) должен взять кровь на посев в любую стерильную закрывающуюся посуду и поставить в термостат при 37 °С. В диагностике сепсиса не следует пренебрегать любым признаком, позволяющим оценить характер патогенной флоры. Так, если источником сепсиса стала какая-то нагноившаяся полость (эмпиема плевры, межкишечный абсцесс и т. п.), то характер микрофлоры пытаются определить в известной мере по запаху.

Клиническим признаком смены возбудителя на фоне текущего септического процесса служит изменение клинической картины болезни: на фоне прогрессирующего улучшения состояния внезапно поднимается температура тела, появляется озноб, нарастает лейкоцитоз и вновь обнаруживается выраженный палочкоядерный сдвиг. Подобные изменения возможны и вследствие образования септикопиемической полости. Поэтому одновременно с поисками нового возбудителя необходимо всеми доступными средствами исключить наличие абсцесса внутренних органов (внутрипеченочный абсцесс, карбункул почки и т. п.).

Сепсис, вызываемый вирусами герпеса, встречается почти исключительно на фоне тяжелой иммунодепрессии при лимфопролиферативных заболеваниях (включая острый лимфобластный Т-клеточный лейкоз), лимфогранулематозе. Диагностика генерализации вируса опоясывающего лишая не представляет труда, когда процесс начинается с небольшого характерного сегментарного высыпания. Затем высыпания распространяются по всей коже и возникают на слизистой оболочке полости рта, трахеи, бронхов, пищевода, голосовых связок. Точно так же может протекать и сепсис, вызванный вирусом ветряной оспы, реже — вирусом простого герпеса. В развернутой картине все три процесса практически неразличимы. Повреждение поверхности высыпаний, снятие корочек (этого делать нельзя!) может сопровождаться вторичным инфицированием элементов сыпи и развитием обычно стафилококкового сепсиса.

Л е ч е н и е сепсиса должно быть прежде всего патогенетическим. Поскольку решающую роль в развитии сепсиса (в отличие от любой другой инфекции) играют массивность инфекции, присутствие микроорганизмов в крови и во всех тканях в сочетании с выраженным диссеминированным внутрисосудистым свертыванием крови, то и терапия направлена против двух составных частей процесса — инфекции и ДВС-синдрома. Больных сепсисом надо госпитализировать немедленно при подозрении на него в отделение интенсивной терапии или реанимации. Кровоизлияния в надпочечники, гангрена конечностей, необратимые изменения внутренних органов являются следствием запоздалой патогенетической терапии больного сепсисом.

Вслед за установлением диагноза из вены берут кровь на посев, для биохимических исследований (билирубин, протромбин, трансаминазы, ЛДГ, креатинин, белковые фракции) и для анализа системы свертывания (фибринолитическая активность, протаминсульфатный и этаноловый тесты, продукты деградации фибриногена). При исследовании крови обязателен подсчет тромбоцитов, а затем и ретикулоцитов. Сразу после взятия крови на различные исследования через ту же иглу вводят в вену антибиотик соответственно характеру предполагаемой инфекции, но в максимально возможных дозах. При наличии выраженных признаков ДВС-синдрома (в частности, обильная сыпь, особенно геморрагического характера), миалгий и болезненности мышц при пальпации, полиморфных теней интерстициального отека легких или более или менее однотипных теней гематогенной диссеминации инфекции на рентгенограмме органов грудной полости должен быть немедленно начат плазмаферез. Удаляют около 1,5 л плазмы, заменяя ее примерно на $^2/_3$ соответствующим объемом свежезамороженной плазмы. При тяжелом течении сепсиса объем переливаемой свежезамороженной плазмы может превышать объем удаляемой плазмы; вводить при этом надо не менее 2 л свежезамороженной плазмы.

Помимо перечисленных выше признаков ДВС-синдрома, следует учитывать и симптом тромбирования иглы при венепункции, а также быстрое тромбирование после прокола пальца для анализа крови. На фоне сепсиса этих признаков достаточно для надежного установления диагноза ДВС-синдрома. Вслед за плазмаферезом, а при необходимости и во время его проведения применяют гепарин в дозе 20 000—24 000 ЕД/сут для взрослых. Гепарин вводят в/в капельно либо непрерывно, либо ежечасно. Увеличивать промежутки между введениями доз гепарина, по крайней мере в первые сутки лечения, не следует. Наличие геморрагического синдрома — не противопоказание, а показание для лечения гепарином. Если плазмаферез неосуществим, необходимо введение свежезамороженной плазмы в таком же объеме, как и при плазмаферезе. В первые дни лечения нежелательны подкожные и внутримышечные инъекции.

При артериальной гипотензии применяют симпатомиметики; при стойком снижении артериального давления внутривенно вводят гидрокортизон или преднизолон в дозе, достаточной для стабилизации состояния больного, после чего стероидные гормоны отменяют в тот же день, а при длительном их применении (если нет кровоизлияния в надпочечники, то продолжительная терапия глюкокортикоидами крайне нежелательна) — в течение 2—3 дней. Сама по себе артериальная гипотензия не служит противопоказанием к плазмаферезу, который следует в этом случае начинать с введения в/в 500—1000 мл свежезамороженной плазмы и проводить в малом объеме (500—800 мл удаляемой плазмы).

Для проведения длительных и многочисленных внутривенных инфузий обычно возникает необходимость в катетеризации одной из периферических или реже центральных вен. Следует помнить при этом, что отсроченные подъемы температуры тела (после нескольких дней ее стойкого снижения) могут быть следствием тромбирования вены около катетера, а также инфицирования тромба или прилегающей подкожной клетчатки; кожа в этом месте оказывается гиперемированной. В таких случаях катетер либо извлекают совсем, либо вводят в другую вену.

Антибактериальная терапия сепсиса определяется видом предполагаемого или установленного возбудителя. Если ни клинические, ни лабораторные признаки не позволяют с какой-либо достоверностью установить этиологический фактор, то назначают курс так называемой эмпирической антибактериальной терапии: гентамицин (160—240 мг/сут) в сочетании с цефалоридином (цепорином) или цефазолином (кефзолом) в дозе 4 г/сут в/в. Оценивать эффективность антибактериальной терапии на фоне остальных лечебных мероприятий необходимо по улучшению субъективного состояния больного, стабилизации АД, снижению температуры тела, исчезновению озноба, уменьшению числа старых или отсутствию новых высыпаний на коже. К лабораторным признакам действенности антибиотиков относится уменьшение процента палочкоядерных элементов в формуле крови. Отчетливое утяжеление состояния по всем перечисленным показателям в течение 24—48 ч и ухудшение самочувствия больных на следующие сутки после начала антибактериальной терапии свидетельствуют о неэффективности выбранных антибиотиков и необходимости их замены.

Следующая схема эмпирической антибактериальной терапии предполагает, что сепсис вызван не стафилококком, не кишечной палочкой и не менингококком (менингококковый сепсис при неэффективности антибактериального лечения обычно проявляет себя геморрагической сыпью). Наименьшее поражение внутренних органов отмечается обычно при пневмококковом сепсисе. В связи с этим целесообразно заменить цефалоспорины на большие дозы пенициллина (20 000 000—24 000 000 ЕД/сут в/в за 8 введений или в/в непрерывно капельно), одновременно продолжая лечение гентамицином.

Если результаты проведенного исследования позволяют считать, что сепсис вызван грамотрицательными микроорганизмами, больному назначают карбенициллин (20—30 г/сут в/в капельно или струйно за 6—8 введений), по-прежнему продолжая применение гентамицина. Поскольку карбенициллин относится к дезагрегирующим препаратам (т. е. препятствует агрегации тромбоцитов), возможны проявления нетяжелого геморрагического синдрома — более, чем обычно, выраженные кровоизлияния в области инъекций, механических травм. Если эти антибиотики эффективны, сам по себе геморрагический синдром не может рассматриваться как показание к их отмене; необходимо лишь строгое исключение из комплексной терапии других дезагрегирующих средств (прежде всего нестероидных противовоспалительных препаратов).

Лечение установленного или предполагаемого пневмококкового либо менингококкового сепсиса включает в себя в/в введение пенициллина в указанных выше дозах. Практически во всех случаях неэффективности пенициллинотерапии у этих больных речь идет о неправильно поставленном этиологически диагнозе. В оценке эффективности антибактериальной терапии этих двух видов сепсиса важно обращать внимание на субъективное улучшение самочувствия, на стабилизацию процесса, отсутствие ухудшения состояния на протяжении нескольких дней, а не только на температуру тела. Все эти признаки говорят в пользу эффективности проводимой терапии, служат достаточным основанием для сохранения проводимого лечения неизменным, без какой-либо суеты и необоснованной смены антибиотиков. Поскольку возникновения устойчивых к пенициллину штаммов среди пневмококков и менингококков практически не наблюдается, нет оснований для отмены этого антибиотика на протяжении всего курса лечения (не менее 3 нед) при условии их эффективности.

Особенно трудна антибактериальная терапия сепсиса, возникшего на фоне предшествующей иммунодепрессии. В этих случаях антибиотики или сульфаниламиды нередко оказывают временный эффект — температура тела снижается, самочувствие улучшается (в этих случаях органные проявления сепсиса часто незначительны), но затем вдруг вновь начинаются лихорадка, озноб и т. п. В анамнезе у таких больных нередко большой спектр применяемых антибиотиков, оказывавших временный положительный эффект. В этих случаях показана терапия препаратами гамма-глобулинов, вводимых внутривенно (в частности, эндобулин в дозе 1—2 г на 10 кг массы тела 1 раз в 7—10 дней, а при тяжелом течении сепсиса 2 раза в неделю; эндобулин нежелательно использовать перед плазмаферезом и в те дни, когда осуществлялись трансфузии плазмы, эритроцитной массы, альбумина и других белковых препаратов).

При стафилококковом сепсисе терапию целесообразно начинать с применения антибиотика из группы цефалоспоринов вместе с гентамицином (см. выше). Если эффект недостаточен, гентамицин можно заменить амикацином (500 мг 2—3 раза в день) или тобрамицином (80 мг 2—3 раза в день). Даже при незначительной почечной недостаточности цефалоспорины могут оказаться резко нефротоксичными (они выводятся почками). Нефротоксичны и применяемые в этой схеме аминогликозиды (гентамицин и др.). Поэтому терапия указанными антибиотиками должна сопровождаться постоянным (2 раза в неделю) контролем уровня креатинина в крови, анализами мочи и определением диуреза.

Ухудшение функции почек, требующее либо отмены антибиотиков данного ряда, либо уменьшения их дозы, просчитываемой по клиренсу креатинина, проявляется уменьшением диуреза (вплоть до анурии, когда необходим массивный немедленный плазмаферез) и нарастанием уровня креатинина за пределы его верхней границы нормы. Длительность антибактериальной терапии при сепсисе определяется существованием основных проявлений болезни (в том числе иммунокомплексных); обычно отрицательные результаты посевов крови не имеют значения в качестве критерия отмены антибиотиков.

Антибактериальную терапию следует продолжать не менее 2—3 нед при самом благоприятном течении болезни. При затянувшемся процессе, появлении признаков септического эндокардита, септикопиемических очагов, остео-миелита антибактериальную терапию продолжают много месяцев.

Таким образом, длительная направленная антибактериальная терапия, гепарин, свежезамороженная плазма, плазмаферез — основные способы лечения сепсиса, направленные на уничтожение возбудителя, активацию фагоцитоза в селезенке и факторов гуморального иммунитета, опсонизацию бактерий, подавление кининов, введение антиагрегантного фактора плазмы и плазминогена, необходимого для активации фибринолиза. Плазмаферез усиливает выведение разрушенных клеток, бактерий, активирует фагоцитарную функцию селезенки, которая при сепсисе, как правило, оказывается заблокированной.

Глава 7

ЛЕЧЕНИЕ СИНДРОМА ДИССЕМИНИРОВАННОГО ВНУТРИСОСУДИСТОГО СВЕРТЫВАНИЯ КРОВИ (ДВС-СИНДРОМ, ТРОМБОГЕМОРРАГИЧЕСКИЙ СИНДРОМ)

ДВС-СИНДРОМ наблюдается при многих заболеваниях и всех терминальных состояниях. Он характеризуется рассеянным внутрисосудистым свертыванием и агрегацией клеток крови, активацией и истощением компонентов свертывающей и фибринолитической систем (в том числе физиологических антикоагулянтов), нарушением микроциркуляции в органах с их дистрофией и дисфункцией, выраженной наклонностью к тромбозам и кровоточивости. Микротромбообразование и блокада микроциркуляции могут распространиться на всю систему кровообращения с преобладанием процесса в органах-мишенях (или шок-органах — легких, почках, печени, головном мозге, желудке и кишечнике, надпочечниках и др.) либо в отдельных органах и частях тела (региональные формы). Процесс может быть острым (часто молниеносным), подострым, хроническим и рецидивирующим с периодами обострения и стихания.

Этиология, патогенез. *Острый ДВС-синдром* сопутствует тяжелым инфекционно-септическим заболеваниям (в том числе при абортах, во время родов, у новорожденных — более 50 % всех случаев), всем видам шока, деструктивным процессам в органах, тяжелым травмам и травматичным хирургическим вмешательствам, острому внутрисосудистому гемолизу (в том числе при несовместимых гемотрансфузиях), акушерской патологии (предлежание и ранняя отслойка плаценты, эмболия околоплодными водами, особенно инфицированными, ручное отделение плаценты, гипотонические кровотечения, массаж матки при ее атонии), массивным гемотрансфузиям (опасность возрастает при использовании крови более 5 дней хранения), острым отравлениям (кислоты, щелочи, змеиные яды и др.), иногда острым аллергическим реакциям и всем терминальным состояниям. Патогенез синдрома в большинстве случаев связан с массивным поступлением из тканей в кровь стимуляторов свертывания крови (тканевого тромбопластина и др.) и активаторов агрегации тромбоцитов, повреждением на большой площади эндотелия сосудов (бактериальными эндотоксинами, иммунными комплексами, компонентами комплемента, про-

дуктами клеточного и белкового распада). При инфекционно-септических процессах стимуляторы свертывания крови и ферменты, повреждающие стенки микрососудов, интенсивно продуцируются также макрофагами (моноцитами) и нейтрофилами; секретируемая последними эластаза играет важную роль в формировании легочного дистресс-синдрома (шокового легкого).

Подострый ДВС-синдром, сменяющийся в терминальной фазе острым, наблюдается при более легком течении всех перечисленных выше заболеваний, а также при поздних токсикозах беременности, внутриутробной гибели плода, лейкозах, иммунокомплексных болезнях (подострые формы геморрагического васкулита), гемолитико-уремическом синдроме (может возникнуть и острый ДВС-синдром).

Хронический ДВС-синдром часто осложняет злокачественные новообразования (рак легкого, почек, предстательной железы, печени и др.) хронические лейкозы, все формы сгущения крови (эритремии, эритроцитозы), гипертромбоцитозы (при числе тромбоцитов в крови более $8 \cdot 10^9$/л), хроническую сердечную и легочно-сердечную недостаточность, хрониосепсис, васкулиты, гигантские гемангиомы (синдром Казабаха — Мерритта). К хроническому ДВС-синдрому ведет также массивный контакт крови (особенно повторяющийся) с чужеродной поверхностью — гемодиализ при хронической почечной недостаточности, использование аппаратов экстракорпорального кровообращения.

Патогенетически особой формой, связанной со снижением антиагрегационного потенциала сосудистой стенки и крови, является *тромботическая тромбоцитопеническая пурпура* (болезнь Мошкович).

Схематично патогенез ДВС-синдрома может быть представлен следующей последовательностью патологических нарушений: активация системы гемостаза со сменой фаз гипер- и гипокоагуляции — внутрисосудистое свертывание крови, агрегация тромбоцитов и эритроцитов — микротромбирование сосудов и блокада микроциркуляции в органах с их дисфункцией и дистрофией — истощение компонентов свертывающей системы крови и фибринолиза, физиологических антикоагулянтов (антитромбина III, протеинов C и S), снижение содержания тромбоцитов в крови (тромбоцитопения потребления). Существенно сказывается токсическое влияние продуктов белкового распада, скапливающихся в большом количестве как в крови, так и в органах в результате резкой активации протеолитических систем (свертывающей, калликреинкининовой, фибринолитической, комплемента и др.), нарушения кровоснабжения, гипоксии и некротических изменений в тканях, частого ослабления дезинтоксикационной и выделительной функции печени и почек. Этот протеолитический взрыв с накоплением в крови и внесосудистом пространстве токсических продуктов белкового распада послужил основанием для разработки и использования ряда новых эффективных способов лечения ДВС-синдрома — плазмафереза и трансфузий свежей нативной или свежезамороженной плазмы, введения в высоких дозах антипротеаз, использования методов экстракорпорального очищения крови и т. д.

С и м п т о м ы, т е ч е н и е. Клиническая картина складывается из признаков основного (фонового) заболевания, обусловившего развитие внутрисосудистого свертывания крови, и самого ДВС-синдрома. Последний в своем развитии проходит следующие стадии: I — гиперкоагуляции и тромбообразования; II — переход от гипер- к гипокоагуляции с разнонаправленными сдвигами разных параметров свертываемости крови; III — глубокой гипокоагуляции (вплоть до полной несвертываемости крови и выраженной тромбоцитопении); IV — обратного развития ДВС-синдрома.

При остром ДВС-синдроме первая кратковременная фаза часто просматривается. Для ее выявления следует обращать внимание на легкое тромбирование пунктируемых вен и игл при заборе крови на анализы, очень быстрое свертывание крови в пробирках (несмотря на смешивание ее с цитратом), появление немотивированных тромбозов и признаков органной недостаточности (например, снижение диуреза вследствие нарушения микроциркуляции в почках как ранний признак развивающейся почечной недостаточности). Чаще острый ДВС-синдром впервые обнаруживают в момент появления множественных геморрагий в местах инъекций, пальпации, ниже места наложения манжеты для измерения АД, в отлогих частях тела; при длительном и нередко повторном кровотечении из мест прокола кожи на пальцах или в области локтевого сгиба, резком усилении кровоточивости диффузного типа из операционных ран; при кровотечениях из матки (во время родов, после аборта и др.) без видимых локальных причин, кровоточивости серозных оболочек, плохой свертываемости вытекающей крови (малые, быстро лизирующие сгустки, полная несвертываемость). Часто одновременно возникают носовые и желудочно-кишечные кровотечения, появляются признаки нарушения микроциркуляции в органах — легких (внезапно развивающееся частое неэффек-

тивное дыхание, цианоз, хрипы), почках (падение диуреза, белок и эритроциты в моче), мозге (заторможенность, загруженность), надпочечнике (повторные падения АД), печени (боль в правом подреберье, гипербилирубинемия, желтуха). Могут преобладать то одни, то другие органные нарушения.

Лабораторные признаки: разнонаправленные сдвиги в свертывающей системе крови, переходящие в глубокую гипокоагуляцию (замедление свертываемости крови и плазмы в парциальном тромбопластиновом тесте, аутокоагуляционном тесте, на тромбоэластограмме), удлинение тромбинового и протромбинового времени, снижение уровня плазменных факторов свертывания крови (включая фибриноген); повышенная спонтанная агрегация тромбоцитов (хлопья в плазме) в сочетании с тромбоцитопенией; повышенное содержание в крови разрушенных (фрагментированных) эритроцитов; положительные результаты одного или нескольких паракоагуляционных тестов, выявляющих циркуляцию в крови активного тромбина и растворимых комплексов фибрин-мономеров (РФМК) — этанолового, протаминсульфатного, бета-нафтолового, ортофенантролинового. Вследствие интенсивного фибринолиза повышается содержание в плазме продуктов ферментной деградации фибрина (ПДФ), определяемых иммунологически или по тесту склеивания стафилококков (ТСС). В результате интенсивного внутрисосудистого свертывания крови и фибринолиза в циркуляции снижается содержание не только факторов свертывания крови и тромбоцитов, но и важнейших антикоагулянтов — антитромбина III (кофактор гепарина), белков C и S, а также плазминогена (профибринолизина) и его активаторов (плазменного прекалликреина, высокомолекулярного кининогена и др.).

В связи с блокадой микроциркуляции и гипоксией органов выявляются нарушения газового состава крови, кислотно-щелочного равновесия, позднее нарастает содержание в плазме креатинина, мочевины (острая почечная недостаточность), билирубина (гемолиз, поражение печени).

Таким образом, острый ДВС-синдром — тяжелая катастрофа организма, ставящая его на грань между жизнью и смертью, характеризующаяся тяжелыми фазовыми нарушениями в системе гемостаза, тромбозами и геморрагиями, нарушением микроциркуляции и тяжелыми метаболическими нарушениями в органах с выраженной их дисфункцией, протеолизом, интоксикацией, развитием или углублением явлений шока (гемокоагуляционно-гиповолемической природы).

Д и а г н о з. Ранняя диагностика носит ситуационный характер и базируется на выявлении тех заболеваний и воздействий, при которых закономерно развивается ДВС-синдром (инфекционно-септические процессы, все виды шока и тяжелой гиповолемии, острый внутрисосудистый гемолиз, ряд видов акушерской патологии и т. д.). Во всех этих случаях необходима ранняя профилактическая терапия

ДВС-синдрома до развития выраженных клинических и лабораторных его признаков. При наличии причинных факторов, вызывающих ДВС-синдром, развитие последнего становится несомненным при появлении геморрагий разной локализации, признаков острой дыхательной недостаточности (тахипноэ, удушье, цианоз), острой почечной или гепаторенальной недостаточности, усилении и рецидивировании явлений шока, разнонаправленных нарушений различных параметров свертываемости крови, перехода гиперкоагуляции в глубокую гипокоагуляцию в сочетании с агрегацией в плазме клеток крови (муть, хлопья) и тромбоцитопенией. Тип кровоточивости смешанный (см. *Геморрагические диатезы и синдромы* в главе «Болезни системы крови»). Дополнительно ДВС-синдром документируется положительными паракоагуляционными тестами (этаноловым, протаминсульфатным, бета-нафтоловым, ортофенантролиновым), выявлением повышенного содержания в плазме ПДФ (экспресс-метод — тест склеивания стафилококков), выявлением в сыворотке после свертывания заблокированного фибриногена при добавлении к ней яда змеи песчаной эфы (образование в сыворотке второго сгустка). Все эти тесты быстро выполнимы, но терапию не следует откладывать до их выполнения.

Лечение острого ДВС-синдрома должно быть направлено в первую очередь на быструю ликвидацию его причины. Без рано начатой успешной этиотропной терапии нельзя рассчитывать на спасение жизни больного. Больные нуждаются в немедленном направлении или переводе в реанимационное отделение, обязательном привлечении к лечебному процессу реаниматологов-трансфузиологов и специалистов по патологии системы гемостаза. Основными патогенетическими методами лечения являются противошоковые мероприятия, внутривенное капельное введение гепарина, струйные трансфузии свежей нативной или свежезамороженной плазмы при необходимости с плазмозаменой, борьба с кровопотерей и глубокой анемизацией (кровезаменители, свежецитратная кровь, эритровзвесь), острыми нарушениями дыхания (раннее подключение искусственной вентиляции легких) и кислотно-щелочного равновесия, острой почечной или гепаторенальной недостаточностью.

Гепарин следует вводить внутривенно капельно (в изотоническом растворе натрия хлорида, с плазмой и др.) в некоторых случаях в сочетании с подкожными инъекциями его в клетчатку передней брюшной стенки ниже пупочной линии. Внутримышечные инъекции не рекомендуются из-за разной скорости резорбции препарата (что затрудняет его дозирование), легкого образования в условиях развития ДВС-синдрома обширных, инфицирующихся гематом. Доза гепарина варьирует в зависимости от формы и фазы ДВС-синдрома: в стадии гиперкоагуляции и в начале исходного периода при достаточно сохраненной еще свертываемости крови суточная доза его при отсутствии обильного исходного кровотечения может доходить до 40 000 — 60 000 ЕД (500—800 ЕД/кг). Если же начало ДВС-синдрома сопровождается профузным кровотечением (маточным, из язвы или распадающейся опухоли и т. д.) либо имеется высокий риск его возникновения (например, в раннем послеоперационном периоде), суточная доза гепарина должна быть снижена в 2—3 раза. В этих ситуациях, как и в фазе глубокой гипокоагуляции (II—III стадия ДВС-синдрома), введение гепарина используют в основном для прикрытия трансфузий плазмы и крови (например, в начале каждой трансфузии вводят 2500—5000 ЕД гепарина капельно вместе с гемопрепаратом).

При наличии в крови больного белков «острой фазы» (например, при острых инфекционно-септических процессах, массивной деструкции тканей, ожогах) дозы гепарина, наоборот, должны быть наивысшими, поскольку эти белки связывают гепарин и препятствуют его антикоагулянтному действию. Недостаточный эффект гепарина может быть связан с блокадой и снижением содержания в плазме больного его плазменного кофактора — антитромбина III. Поэтому часто существенное повышение эффективности лечения достигают не наращиванием доз гепарина, а ранним подключением струйных трансфузий свежей нативной или свежезамороженной плазмы (до 800—1600 мл в сутки в 2—4 приема). Такие трансфузии показаны во всех стадиях ДВС-синдрома, они возмещают недостаток всех компонентов свертывающей и фибринолитической систем, в том числе антитромбина III и белков C и S (истощение которых при ДВС-синдроме идет особенно интенсивно — в несколько раз быстрее, чем всех прокоагулянтов), позволяют ввести в кровоток полный набор естественных антипротеаз и факторов, восстанавливающих антиагрегационную активность крови и тромборезистентность эндотелия.

В ряде случаев (особенно при инфекционно-токсических формах ДВС-синдрома) трансфузии свежезамороженной или свежей нативной плазмы проводят после сеансов плазмафереза — удаления 600—1000 мл плазмы больного (только после стабилизации гемодинамики!). При ДВС-синдроме инфекционно-септической природы и развитии легочного дистресс-синдрома показан плазмацитаферез, поскольку в патогенезе этих форм существенную роль играют лейкоциты, одни из которых начинают продуцировать тканевой тромбопластин (мононуклеары), а другие — эстеразы, вызывающие интерстициальный отек легких (нейтрофилы). Эти методы плазмотерапии и плазмозамены значительно повышают эффективность лечения ДВС-синдрома и вызывающих его заболеваний, снижают в несколько раз летальность, что позволяет считать их основным способом терапии больных с этим нарушением гемостаза. При значительной анемизации к этой терапии присоединяют трансфузии свежей консервированной крови (суточной или до 3 дней хранения), эритроцитной массы и эритроцитарной взвеси (гематокритный показатель должен поддерживаться выше 25 %, уровень гемо-

глобина — более 80 г/л, эритроцитов — 3·
· 10^{12}/л и выше). Не следует стремиться к
быстрой и полной нормализации показателей
красной крови, так как умеренная гемодилюция необходима для восстановления нормальной
микроциркуляции в органах. Следует помнить,
что чрезмерно обильные гемотрансфузии (особенно консервированной крови более 3 дней
хранения) усугубляют ДВС-синдром (*синдром
массивных трансфузий*), в связи с чем при
трансфузионной терапии необходимы определенная сдержанность, строгий учет количества
перелитой крови, ее компонентов и кровезаменителей, а также кровопотери, потери организмом жидкости, диуреза. Следует помнить,
что острый ДВС-синдром легко осложняется
отеком легких, поэтому значительные перегрузки системы кровообращения при синдроме
опасны.

В III стадии ДВС-синдрома и при выраженном протеолизе в тканях (гангрена легкого, некротический панкреатит, острая дистрофия печени и др.) плазмаферез и струйные
трансфузии свежезамороженной плазмы (под
прикрытием малых доз гепарина — 2500 ЕД на
вливание) сочетают с повторным внутривенным
введением больших доз контрикала (до
300 000—500 000 ЕД и более) или других антипротеаз. На поздних этапах развития ДВС-
синдрома и при его разновидностях, протекающих на фоне гипоплазий и дисплазий костного
мозга (лучевая, цитотоксическая болезни, лейкозы, апластические анемии) для купирования
кровотечений необходимо также производить
трансфузии концентратов тромбоцитов (см.
Лейкозы острые, Лучевая болезнь в главе
«Болезни системы крови»).

Важным звеном комплексной терапии является применение дезагрегантов и препаратов,
улучшающих микроциркуляцию в органах
[курантил, дипиридамол в сочетании с тренте-
лом; допамин — при почечной недостаточности,
α-адреноблокаторы (сермион), тиклопидин, де-
фибротид и др.]. Важный компонент терапии —
раннее подключение искусственной вентиляции
легких. Выведению больного из шока способствует применение антиопиодов — налокса-
на и др.

Переход в гипокоагуляционную и геморра-
гическую фазу происходит либо постепенно,
либо внезапно (нередко с трансформацией в острый ДВС-синдром). Нередки (особенно при
инфекционно-септических, неопластических
формах) повторные смены фаз гипер- и гипокоагуляции.

Подострый ДВС-синдром. С и м п т о м ы,
т е ч е н и е. Характерен более длительный, чем
при остром ДВС-синдроме, начальный период
гиперкоагуляции — бессимптомный либо проявляющийся тромбозами и нарушениями микроциркуляции в органах (загруженность, беспокойство, чувство безотчетного страха, сниже-

ние диуреза, отеки, белок и цилиндры в моче).

Д и а г н о с т и к а основывается на выявлении сочетания симптомов основного заболевания с тромбозами и (или) геморрагиями разной
локализации (синяки, особенно на местах инъекций, тромбозы в местах венепункций) и признаками нарушения микроциркуляции в органах. При исследовании крови выявляют смену
фаз гипер- и гипокоагуляции, разнонаправленные сдвиги коагуляционных тестов, гипер- или
умеренную гипофибриногенемию, нередко ги-
пертромбоцитоз. Паракоагуляционные тесты
(этаноловый, протаминсульфатный и др.) ста-
бильно положительные; ПДФ в плазме повышены.

Л е ч е н и е — присоединение к терапии основного заболевания капельных внутривенных
и подкожных введений гепарина (суточная доза от 20 000 до 60 000 ЕД), дезагрегантов (дипиридамол, трентал и др.). Быстрое купирование или ослабление процесса часто достигается лишь при проведении плазмафереза
(удаление 600—1200 мл плазмы ежедневно)
с заменой частично свежей, нативной или свежезамороженной плазмой, частично — кровезамещающими растворами и альбумином. Процедуру ведут под прикрытием малых доз гепарина.

Хронический ДВС-синдром. С и м п т о м ы,
т е ч е н и е. На фоне признаков основного заболевания отмечается выраженная гиперкоагу-
ляция крови (быстрое свертывание в венах —
спонтанное и при их проколе; иглах, пробирках), гиперфибриногенемия, наклонность к
тромбозам, положительные паракоагуляционные тесты (этаноловый, протаминсульфатный
и др.). Время кровотечения по Дьюку и Борхгревинку часто укорочено, содержание в крови
тромбоцитов нормальное или повышенное. Часто выявляется их спонтанная гиперагрегация —
мелкие хлопья в плазме. При ряде форм отмечается повышение гематокрита, высокий уровень гемоглобина (160 г/л и более) и эритроцитов (более 5 · 10^{12}/л), замедление СОЭ
(менее 4—5 мм/ч). В некоторых случаях мани-
фестируют немотивированные множественные
тромбозы вен, в том числе при нераспознан-
ном раке разной локализации (*синдром Труссо*), при иммунных васкулитах, коллагенозах и
др. В других случаях легко появляются геммор-
рагии, петехии, синяки, кровотечения из носа
и десен и т. д. (в сочетании с тромбозами и
без них).

Л е ч е н и е такое же, как и при подострой
форме. При полиглобулии и сгущении крови —
кровопускания, пиявки, цитаферез (удаление
эритроцитов, тромбоцитов и их агрегантов), гемодилюция (реополиглюкин внутривенно до
500 мл ежедневно или через день). При гипер-
тромбоцитозе — дезагреганты (ацетилсалициловая кислота по 0,3—0,5 г ежедневно, трентал и др.).

Часть вторая

Глава 8

БОЛЕЗНИ ОРГАНОВ КРОВООБРАЩЕНИЯ

АНЕВРИЗМА АОРТЫ см. главу «Хирургические болезни».

АНЕВРИЗМА СЕРДЦА см. главу «Хирургические болезни».

АРИТМИИ СЕРДЦА — нарушения частоты, ритмичности и последовательности сокращений отделов сердца. Аритмии могут возникать при структурных изменениях в проводящей системе при заболеваниях сердца и(или) под влиянием вегетативных, эндокринных, электролитных и других метаболических нарушений, при интоксикациях и некоторых лекарственных воздействиях. Нередко даже при выраженных структурных изменениях в миокарде аритмия обусловливается отчасти или в основном метаболическими нарушениями. Перечисленные выше факторы влияют на основные функции (автоматизм, проводимость) всей проводящей системы или ее отделов, обусловливают электрическую неоднородность миокарда, что и приводит к аритмии. В отдельных случаях аритмии обусловливаются индивидуальными врожденными аномалиями проводящей системы. Выраженность аритмического синдрома может не соответствовать тяжести основного заболевания сердца. Аритмии диагностируются главным образом по ЭКГ. Большинство аритмий может быть диагностировано и дифференцировано по клиническим и электрокардиографическим признакам. Изредка необходимо специальное электрофизиологическое исследование (внутрисердечная или внутрипищеводная электрография со стимуляцией отделов проводящей системы), выполняемое в специализированных кардиологических учреждениях. Лечение аритмий всегда включает лечение основного заболевания и собственно противоаритмические мероприятия.

Нормальный ритм обеспечивается автоматизмом синусового узла и называется синусовым. Частота синусового ритма у большинства здоровых взрослых в покое составляет 60—75 уд/мин.

Синусовая аритмия — синусовый ритм, при котором разница между интервалами $R—R$ на ЭКГ превышает 0,1 с. Дыхательная синусовая аритмия — физиологичное явление, она более заметна (по пульсу или ЭКГ) у молодых лиц и при медленном, но глубоком дыхании. Факторы, учащающие синусовый ритм (физические и эмоциональные нагрузки, симпатомиметики) уменьшают или устраняют дыхательную синусовую аритмию. Синусовая аритмия, не связанная с дыханием, встречается редко. Синусовая аритмия сама по себе лечения не требует.

Синусовая тахикардия — синусовый ритм с частотой более 90—100 в 1 мин. У здоровых людей она возникает при физической нагрузке и при эмоциональном возбуждении. Выраженная склонность к синусовой тахикардии — одно из проявлений нейроциркуляторной дистонии, в этом случае тахикардия заметно уменьшается при задержке дыхания. Временно синусовая тахикардия возникает под влиянием атропина, симпатомиметиков, при быстром снижении артериального давления любой природы, после приема алкоголя. Более стойкой синусовая тахикардия бывает при лихорадке, тиреотоксикозе, миокардите, сердечной недостаточности, анемии, тромбоэмболии легочной артерии. Синусовая тахикардия может сопровождаться ощущением сердцебиения.

Лечение должно быть направлено на основное заболевание. При тахикардии, обусловленной тиреотоксикозом, вспомогательное значение имеет применение бета-адреноблокаторов. При синусовой тахикардии, связанной с нейроциркуляторной дистонией, могут быть полезны седативные средства, бета-адреноблокаторы (в малых дозах), верапамил; при тахикардии, обусловленной сердечной недостаточностью, назначают сердечные гликозиды.

Синусовая брадикардия — синусовый ритм с частотой менее 55 в 1 мин — нередка у здоровых, особенно у физически тренированных лиц в покое, во сне. Она часто сочетается с заметной дыхательной аритмией, иногда с экстрасистолией. Синусовая брадикардия может быть одним из проявлений нейроциркуляторной дистонии. Иногда она возникает при заднедиафрагмальном инфаркте миокарда, при различных патологических процессах (ишемических, склеротических, воспалительных, дегенеративных) в области синусового узла (синдром слабости синусового узла — см. ниже), при повышении внутричерепного давления, снижении функции щитовидной железы, при некоторых вирусных инфекциях, под влиянием некоторых лекарств (сердечные гликозиды, бета-адреноблокаторы, верапамил, симпатолитики, особенно резерпин). Иногда брадикардия проявляется в виде неприятного ощущения в области сердца.

Л е ч е н и е направлено на основное заболевание. При выраженной синусовой брадикардии, обусловленной нейроциркуляторной дистонией и некоторыми другими причинами, иногда эффективны беллоид, алупент, эуфиллин, которые могут оказать временный симптоматический эффект. В редких случаях (при тяжелой симптоматике) показана временная или постоянная электрокардиостимуляция.

Эктопические ритмы. При ослаблении или прекращении деятельности синусового узла могут возникать (временами или постоянно) замещающие эктопические ритмы, то есть сокращения сердца, обусловленные проявлением автоматизма других отделов проводящей системы или миокарда. Частота их обычно меньше частоты синусового ритма. Как правило, чем дистальнее источник эктопического ритма, тем реже частота его импульсов. Эктопические ритмы могут возникать при воспалительных, ишемических, склеротических изменениях в области синусового узла и в других отделах проводящей системы, они могут быть одним из проявлений синдрома слабости синусового узла (см. ниже). Наджелудочковый эктопический ритм может быть связан с вегетативной дисфункцией, передозировкой сердечных гликозидов.

Изредка эктопический ритм обусловлен повышением автоматизма эктопического центра; при этом частота сердечных сокращений выше, чем при замещающем эктопическом ритме (ускоренный эктопический ритм). Наличие эктопического ритма и его источник определяются только по ЭКГ.

Предсердный ритм характеризуется изменениями конфигурации зубца *P*. Диагностические признаки его нечетки. Иногда форма зубца *P* и продолжительность *P — Q* меняется от цикла к циклу, что связывают с миграцией водителя ритма по предсердиям. *Предсердно-желудочковый ритм* (ритм из области атриовентрикулярного соединения) характеризуется инверсией зубца *P*, который может регистрироваться вблизи желудочкового комплекса или накладываться на него. Для замещающего предсердножелудочкового ритма характерна частота 40—50 в 1 мин, для ускоренного — 60—100 в 1 мин. Если эктопический центр несколько более активен, чем синусовый узел, а обратное проведение импульса блокировано, то возникают условия для неполной *предсердно-желудочковой диссоциации*; при этом периоды синусового ритма чередуются с периодами замещающего предсердно-желудочкового (редко желудочкового) ритма, особенностью которого является более редкий ритм предсердий (*P*) и независимый, но более частый ритм желудочков (*QRST*). Эктопический *желудочковый ритм* (регулярный зубец *P* отсутствует, желудочковые комплексы деформированы, частота 20—50 в 1 мин) обычно указывает на значительные изменения миокарда, при очень низкой частоте желудочковых сокращений может способствовать возникновению ишемии жизненно важных органов.

Л е ч е н и е. При вышеуказанных эктопических ритмах следует лечить основное заболевание. Предсердно-желудочковый ритм и неполная предсердножелудочковая диссоциация, связанные с вегетативной дисфункцией, могут быть временно устранены атропином или атропиноподобным препаратом. При редком желудочковом ритме может стать необходимой временная или постоянная электрокардиостимуляция.

Экстрасистолы — преждевременные сокращения сердца, обусловленные возникновением импульса вне синусового узла. Экстрасистолия может сопровождать любое заболевание сердца. Не менее, чем в половине случаев экстрасистолия не связана с заболеванием сердца, а обусловлена вегетативными и психоэмоциональными нарушениями, лекарственным лечением (особенно сердечными гликозидами), нарушениями электролитного баланса различной природы, употреблением алкоголя и возбуждающих средств, курением, рефлекторным влиянием со стороны внутренних органов. Изредка экстрасистолия выявляется у видимо здоровых лиц с высокими функциональными возможностями, например у спортсменов. Физическая нагрузка в общем провоцирует экстрасистолию, связанную с заболеваниями сердца и метаболическими нарушениями, и подавляет экстрасистолию, обусловленную вегетативной дисрегуляцией.

Экстрасистолы могут возникать подряд, по две и более — *парные и групповые экстрасистолы.* Ритм, при котором за каждой нормальной систолой следует экстрасистола, называется *бигеминией.* Особенно неблагоприятны гемодинамически неэффективные *ранние экстрасистолы,* возникающие одновременно с зубцом *T* предыдущего цикла или не позднее чем через 0,05 с после его окончания. Если эктопические импульсы формируются в разных очагах или на разных уровнях, то возникают *политопные экстрасистолы,* которые различаются между собой по форме экстрасистолического комплекса на ЭКГ (в пределах одного отведения) и по величине предэкстрасистолического интервала. Такие экстрасистолы чаще обусловлены значительными изменениями миокарда. Иногда возможно длительное ритмичное функционирование эктопического фокуса наряду с функционированием синусового водителя ритма — *парасистолия.* Парасистолические импульсы следуют в правильном (обычно более редком) ритме, независимом от синусового ритма, но часть их совпадает с рефрактерным периодом окружающей ткани и не реализуется.

На ЭКГ *предсердные экстрасистолы* характеризуются изменением формы и направления зубца *P* и нормальным желудочковым комплексом. Постэкстрасистолический интервал может быть не увеличен. При ранних предсердных экстрасистолах нередко отмечается нарушение предсердно-желудочковой и внутрижелудочковой проводимости (чаще по типу блокады правой ножки) в экстрасистолическом цикле. *Предсердно-желудочковые* (из области атриовентрикулярного соединения) *экстрасистолы* характеризуются тем, что инвертированный зубец *P* расположен вблизи неизмененного желудочкового комплекса или накладывается на него. Возможно нарушение внутрижелудочковой проводимости в экстрасистолическом цикле. Постэкстрасистолическая пауза обычно увеличена. *Желудочковые экстрасистолы* отличаются более или менее выраженной деформацией комплекса *QRST,* которому не предшествует зубец *P* (за исключением очень поздних желудочковых экстрасистол, при которых записывается обычный зубец *P,* но интервал *P — Q* укорочен). Сумма пред- и постэкстрасистолического интервалов равна или несколько превышает продолжительность двух интервалов между синусовыми сокращениями. При ранних экстрасистолах на фоне брадикардии постэкстрасистолической паузы может не быть (*вставочные экстрасистолы*). При левожелудочковых экстрасистолах в комплексе *QRS* в отведении V₁ наибольшим является зубец *R,* направленный вверх, при правожелудочковых — зубец *S,* направленный вниз.

С и м п т о м ы. Больные либо не ощущают экстрасистол, либо ощущают их как усиленный толчок в области сердца или замирание сердца. При исследовании пульса экстрасистоле соответствует преждевременная ослабленная пульсовая волна или выпадение очередной пульсовой волны, а при аускультации — преждевременные сердечные тоны.

Клиническое значение экстрасистол может быть различным. Редкие экстрасистолы при отсутствии заболевания сердца обычно не имеют существенного клинического значения. Учащение экстрасистол иногда указывает на обострение имеющегося заболевания (ишемической болезни сердца, миокардита и др.) или гликозидную интоксикацию. Частые предсердные экстрасистолы нередко предвещают мерцание предсердий. Особенно неблагоприятны частые ранние, а также политопные и групповые желудочковые экстрасистолы, которые в остром периоде инфаркта миокарда и при интоксикации сердечными гликозидами могут быть предвестниками мерцания желудочков. Частые экстрасистолы (6 и более в 1 мин) могут сами по себе способствовать усугублению коронарной недостаточности.

Л е ч е н и е. Следует выявить и по возможности устранить факторы, приведшие к экстрасистолии. Если экстрасистолия связана с каким-то определенным заболеванием (миокардит, тиреотоксикоз, алкоголизм или др.), то лечение этого заболевания имеет определяющее значение для устранения аритмии. Если экстрасистолы сочетаются с выраженными психоэмоциональными нарушениями (независимо от наличия или отсутствия заболевания сердца), важно седативное лечение. Экстрасистолы на фоне синусовой брадикардии, как правило, не требуют противоаритмического лечения, иногда их удается устранить беллоидом (по 1 таблетке 1—3 раза в день). Редкие экстрасистолы при отсутствии заболевания сердца также обычно не требуют лечения. Если лечение признано показанным, то подбирают противоаритмическое средство, с учетом противопоказаний, начиная с меньших доз, имея в виду, что пропранолол (по 10—40 мг 3—4 раза в день), верапамил (по 40—80 мг 3—4 раза в день), хинидин (по 200 мг 3—4 раза в день) активнее при наджелудочковых экстрасистолах; лидокаин (в/в по 100 мг), новокаинамид (внутрь по 250—500 мг 4—6 раз в день), дифенин (по 100 мг 2—4 раза в день), этмозин (по 100 мг 4—6 раз в день) — при желудочковых экстрасистолах, кордарон (по 200 мг 3 раза в день в течение 2 нед, затем по 100 мг 3 раза в день) и дизопирамид (по 200 мг 2—4 раза в день) — при тех и других. Если экстрасистолы возникают или учащаются на фоне лечения сердечными гликозидами, их следует временно отменить, назначить препарат калия. При возникновении ранних политопных желудочковых экстрасистол больного надо госпитализировать, наилучшим средством (наряду с интенсивным лечением основного заболевания) является внутривенное введение лидокаина.

Пароксизмальная тахикардия — приступы эктопической тахикардии, характеризующиеся правильным ритмом с частотой около 140—240 в 1 мин с внезапным началом и внезапным окончанием. Этиология и патогенез пароксизмальной тахикардии сходны с таковыми при экстрасистолии.

По ЭКГ в большинстве случаев удается выделить наджелудочковые (предсердную и предсердно-желудочковую) и желудочковую тахикардии. *Предсердная пароксизмальная тахикардия* характеризуется строгой ритмичностью, наличием на ЭКГ неизмененных желудочковых комплексов, перед которыми может быть заметен слегка деформированный зубец *P.* Нередко предсердная тахикардия сопровождается нарушением предсердно-желудочковой и(или) внутрижелудочковой проводимости, чаще по правой ножке пучка Гиса. *Предсердно-желудочковая тахикардия* (из области атриовентрикулярного соединения) отличается наличием отрицательного зубца *P,* который может располагаться возле комплекса *QRST* или чаще накладывается на него. Ритм строго регулярный. Возможны нарушения внутрижелудочковой проводимости. Различить по ЭКГ предсердную и предсердно-желудочковую тахикардии не всегда возможно. Иногда у таких больных вне пароксизма на ЭКГ регистрируются экстрасистолы, возникающие на том же уровне. *Желудочковая тахикардия* характеризуется значительной деформацией комплекса *QRST.* Предсердия могут возбуждаться независимо от желудочков в правильном ритме, но зубец *P* трудно различим. Форма и амплитуда комплекса *QRST* и контур изоэлектрической линии слегка меняются от цикла к циклу, ритм обычно не является строго правильным. Эти особенности отличают желудочковую тахикардию от наджелудочковой с блокадой ножки пучка Гиса. Иногда в течение нескольких дней после пароксизма тахикардии на ЭКГ регистрируются отрицательные зубцы *T,* реже — со смещением сегмента *ST* — изменения, обозначаемые как *посттахикардиальный синдром.* Такие больные нуждаются в наблюдении и исключении у них мелкоочагового инфаркта миокарда.

С и м п т о м ы. Пароксизм тахикардии обычно ощущается как приступ сердцебиения с отчетливым началом и окончанием, продолжительностью от нескольких секунд до нескольких дней. Наджелудочковые тахикардии нередко сопровождаются другими проявлениями вегетативной дисфункции — потливостью, обильным мочеиспусканием в конце приступа, усилением перистальтики кишечника, небольшим повышением температуры тела. Затянувшиеся приступы могут сопровождаться слабостью, обмороками, неприятными ощущениями в области сердца, а при наличии заболевания сердца — стенокардией, появлением или нарастанием сердечной недостаточности. Общим для разных видов наджелудочковой тахикардии является возможность хотя бы временной нормализации ритма при массаже области каротидного синуса. Желудочковая тахикардия наблюдается реже и почти всегда связана с заболеванием сердца. Она не отвечает на массаж каротидного синуса и чаще приводит к нарушению кровоснабжения органов и сердечной недостаточности. Желудочковая тахикардия, особенно в остром периоде инфаркта миокарда, может быть предвестником мерцания желудочков.

Л е ч е н и е. Во время приступа необходимо прекратить нагрузки, важно успокоить больного, использовать, если надо, седативные средства. Всегда необходимо исключить сравнительно редкие особые ситуации, когда пароксизм тахикардии связан с интоксикацией сердечным гликозидом или со слабостью синусового узла (см. ниже); таких больных надо сразу госпитализировать в кардиологическое отделение. Если эти ситуации исключены, то при наджелудочковой тахикардии в первые минуты приступа необходима стимуляция блуждающего нерва — энергичный массаж области каротидного синуса (противопоказан у старых лиц) попеременно справа и слева, вызывание рвотных движений, давление на брюшной пресс или глазные яблоки. Иногда сам больной прекращает приступ задержкой дыхания, натуживанием, определенным поворотом головы и другими приемами. В случае неэффективности ваготропные маневры целесообразно повторять и позже, на фоне лекарственного лечения. Прием 40—60 мг пропранолола в начале приступа иногда купирует его через 15—20 мин. Быстрее и надежнее действует в/в введение верапамила (2—4 мл 0,25 % раствора) или пропранолола (до 5 мл 0,1 % раствора), или новокаинамида (5—10 мл 10% раствора). Эти препараты надо вводить медленно, в течение нескольких минут, постоянно контролируя артериальное давление. Одному больному нельзя вводить то верапамил, то пропранолол. При значительной гипотонии предварительно вводят подкожно или внутримышечно мезатон. У некоторых больных эффективен дигоксин, вводимый внутривенно (если больной не получал сердечные гликозиды в ближайшие дни перед приступом). Если приступ не купируется, а состояние больного ухудшается (что бывает редко при наджелудочковой тахикардии), то больного направляют в кардиологический стационар для купирования приступа путем частой внутрипредсердной или чреспищеводной стимуляции предсердий или при помощи электроимпульсной терапии. Лечение желудочковой тахикардии следует, как правило, проводить в стационаре. Наиболее эффективно в/в введение лидокаина (например, 75 мг в/в с повторением по 50 мг каждые 5—10 мин, контролируя ЭКГ и артериальное давление, до общей дозы 200—300 мг). При тяжелом состоянии больного, связанном с тахикардией, нельзя откладывать электроимпульсное лечение. Как при наджелудочковой, так и при желудочковой тахикардии эффективным может оказаться прием 50—75 мг этацизина (суточная доза 75—250 мг), при желудочковой тахикардии эффективен этмозин — 100—200 мг (суточная доза 1400—1200 мг).

После пароксизма тахикардии показан прием противоаритмического средства в малых дозах для профилактики рецидива, лучше для этого применять внутрь препарат, который снял пароксизм.

Мерцание и трепетание предсердий (мерцательная аритмия). *Мерцание предсердий* — хаотичное сокращение отдельных групп мышечных волокон предсердий, при этом предсердия в целом не сокращаются, а в связи с изменчивостью предсердно-желудочкового проведения желудочки сокращаются аритмично, обычно с частотой около 100—150 в 1 мин. *Трепетание предсердий* — регулярное сокращение предсердий с частотой около 250—300 в 1 мин; частота желудочковых сокращений определяется предсердно-желудочковой проводимостью, желудочковый ритм может быть при этом регулярным или нерегулярным. Мерцание предсердий может быть стойким или пароксизмальным. Пароксизмы его нередко предшествуют стойкой форме. Трепетание встречается в 10—20 раз реже, чем мерцание, и обычно в виде пароксизмов. Иногда трепетание и мерцание предсердий чередуются. Мерцательная аритмия может наблюдаться при митральных пороках сердца, ишемической болезни сердца, тиреотоксикозе, алкоголизме. Преходящая мерцательная аритмия иногда наблюдается при инфаркте миокарда, интоксикации сердечными гликозидами, алкоголем.

На ЭКГ при мерцании предсердий зубцы *P* отсутствуют, вместо них регистрируются беспорядочные волны, которые лучше видны в отведении V_1; желудочковые комплексы следуют в неправильном ритме. При частом желудочковом ритме возможно возникновение блокады ножки, обычно правой, пучка Гиса. При наличии наряду с мерцанием предсердий нарушений предсердно-желудочковой проводимости или под влиянием лечения частота желудочкового ритма может быть меньшей (менее 60 в 1 мин — брадисистолическое мерцание предсердий). Изредка мерцание предсердий сочетается с полной предсердно-желудочковой блокадой. При трепетании предсердий вместо зубцов *P* регистрируются регулярные предсердные волны, без пауз, имеющих характерный пилообразный вид; желудочковые комплексы следуют ритмично после каждой 2-й, 3-й и т. д. предсердной волны или аритмично, если часто изменяется проводимость.

С и м п т о м ы. Мерцательная аритмия может не ощущаться больным или ощущается как сердцебиение. При мерцании предсердий и трепетании с нерегулярным желудочковым ритмом пульс аритмичен, звучность сердечных тонов изменчива. Наполнение пульса также изменчиво и часть сокращений сердца вообще не дает пульсовой волны (дефицит пульса). Трепетание предсердий с регулярным желудочковым ритмом может быть диагностировано только по ЭКГ. Мерцательная аритмия с частым желудочковым ритмом способствует появлению или нарастанию сердечной недостаточности. Как стойкая, так и особенно пароксизмальная мерцательная аритмия обусловливает склонность к тромбоэмболическим осложнениям.

Л е ч е н и е. В большинстве случаев, если мерцательная аритмия связана с неустранимым заболеванием сердца, целью лечения является рациональное урежение желудочкового ритма (до 70—80 в 1 мин), для чего используют систематический прием дигоксина с добавлением при необходимости малых доз пропранолола, препаратов калия. В некоторых случаях излечение основного заболевания или его обострения (оперативное устранение порока, компенсация тиреотоксикоза, успешное лечение миокардита, прекращение приема алкоголя) может привести к восстановлению синусового ритма.

У некоторых больных со стойкой мерцательной аритмией продолжительностью до 2 лет аритмия может быть устранена в стационаре лекарственным или электроимпульсным лечением. Результаты лечения тем лучше, чем короче продолжительность аритмии, меньше величина предсердий и выраженность сердечной недостаточности. Дефибрилляция противопоказана при значительном увеличении предсердий, тромбоэмболических осложнениях в ближайшем анамнезе, миокардите, редком желудочковом ритме (не связанном с лечением), выраженных нарушениях проводимости, интоксикации сердечными гликозидами, различных состояниях, препятствующих лечению антикоагулянтами. Частые пароксизмы мерцательной аритмии в прошлом также указывают на малую перспективность восстановления синусового ритма.

При лечении стойкой мерцательной аритмии, как правило, за 2—3 нед до дефибрилляции и в течение такого же времени после нее назначают антикоагулянты. В большинстве случаев эффективно лечение хинидином. При хорошей переносимости пробной дозы (0,2 г) препарат назначают в возрастающей суточной дозе, например: 0,6—0,8—1,0—1,2—1,4 г. Суточную дозу дают дробно по 0,2 г с интервалом 2—2,5 ч под контролем ЭКГ. Для дефибрилляции можно использовать и электроимпульсную терапию, особенно при тяжелом состоянии больного, обусловленном аритмией. Непосредственный эффект электроимпульсной терапии несколько выше при трепетании, чем при мерцании предсердий. После восстановления синусового ритма

необходимо длительное и настойчивое поддерживающее противоаритмическое лечение, обычно хинидином в дозе 0,2 г каждые 8 ч, или другим противоаритмическим препаратом.

Пароксизмы мерцательной аритмии нередко прекращаются спонтанно. Они могут быть устранены внутривенным введением верапамила, новокаинамида или дигоксина. Для купирования пароксизма трепетания предсердий может быть использована частая внутрипредсердная или чреспищеводная электростимуляция предсердий. При частых пароксизмах необходим систематический прием противоаритмического препарата с профилактической целью. Систематический прием дигоксина иногда способствует переводу пароксизмальной мерцательной аритмии в постоянную форму, которая после достижения рациональной частоты желудочкового ритма обычно лучше переносится больными, чем частые пароксизмы. При частых плохо переносимых пароксизмах, не предотвращаемых лекарственным лечением, может быть эффективным частичное или полное рассечение пучка Гиса (обычно при катетеризации сердца и использовании электрокоагуляции или коагуляции лазером) с последующей постоянной электрокардиостимуляцией, если необходимо. Это вмешательство выполняется в специализированных учреждениях.

Мерцание и трепетание желудочков, желудочковая асистолия могут возникнуть при любом тяжелом заболевании сердца (чаще в острой фазе инфаркта миокарда), при тромбоэмболии легочной артерии, при передозировке сердечных гликозидов, противоаритмических средств, при электротравме, наркозе, при внутрисердечных манипуляциях, при тяжелых общих метаболических нарушениях.

С и м п т о м ы — внезапное прекращение кровообращения, картина клинической смерти: отсутствие пульса, сердечных тонов, сознания, хриплое агональное дыхание, иногда судороги, расширение зрачков (начинается через 45 с после прекращения кровообращения). Дифференцировать мерцание и трепетание желудочков и асистолию возможно по ЭКГ (практически — при электрокардиоскопии). При мерцании желудочков ЭКГ имеет вид беспорядочных волн различной формы и величины. Крупноволновое мерцание (2—3 мВ) несколько легче обратимо при адекватном лечении, мелковолновое указывает на глубокую гипоксию миокарда. При трепетании желудочков ЭКГ сходна с ЭКГ при желудочковой тахикардии, но ритм чаще. Трепетание желудочков гемодинамически неэффективно. Асистолии (т. е. отсутствию электрической активности сердца) соответствует на ЭКГ прямая линия. Некоторое вспомогательное диагностическое значение имеет предшествующая аритмия: ранние политопные желудочковые экстрасистолы и желудочковая тахикардия чаще предшествуют мерцанию и трепетанию желудочков, нарастающая блокада — асистолии.

Л е ч е н и е сводится к немедленному наружному массажу сердца, искусственному дыханию, которые следует продолжать до достижения эффекта (спонтанные тоны сердца и пульс) или в течение времени, необходимого для подготовки к электроимпульсной терапии (при мерцании и трепетании желудочков) или временной электрокардиостимуляции (при асистолии). Внутрисердечное введение лекарств (хлорида калия при мерцании, адреналина при асистолии) может быть эффективно у части больных, если природа аритмии установлена. В процессе реанимации важны избыточная оксигенация, введение гидрокарбоната натрия. Для профилактики рецидивов жизненно опасных желудочковых тахиаритмий необходимо в течение нескольких дней вводить в/в лидокаин, хлорид калия, интенсивно лечить основное заболевание.

Блокады сердца — нарушения сердечной деятельности, связанные с замедлением или прекращением проведения импульса по проводящей системе. По локализации различают блокады синоатриальные (на уровне миокарда предсердий), предсердно-желудочковые (на уровне атриовентрикулярного узла) и внутрижелудочковые (на уровне пучка Гиса и его разветвлений). По выраженности различают замедление проводимости (каждый импульс замедленно проводится в нижележащие отделы проводящей системы, блокада I степени), неполные блокады (проводится лишь часть импульсов, блокада II степени) и полные блокады (импульсы не проводятся, сердечная деятельность поддерживается эктопическим центром ведения ритма, блокада III степени).

Нарушения синоатриальной и предсердно-желудочковой проводимости могут возникать при миокардитах, кардиосклерозе, очаговых и дегенеративных поражениях миокарда, особенно в области заднедиафрагмальной стенки, интоксикациях, например, сердечными гликозидами, при повышении тонуса блуждающего нерва, под действием бета-адреноблокаторов, верапамила. Нарушения внутрижелудочковой проводимости чаще обусловлены некротическим, склеротическим или воспалительным процессами. Нетяжелые нарушения проводимости (синоатриальная и предсердно-желудочковые блокады I и II степени, блокада правой ножки пучка Гиса или одной из ветвей левой ножки) изредка наблюдаются у практически здоровых лиц. Врожденная полная поперечная блокада очень редка. В целом, чем дистальнее и выраженнее блокада, тем серьезнее ее клиническое значение. Все блокады могут быть стойкими или преходящими, преходящие блокады иногда свидетельствуют об обострении болезни сердца. Локализация и выраженность блокады определяются по ЭКГ, более надежно при внутрисердечной регистрации потенциалов проводящей системы.

Синоатриальная блокада — диагностируется лишь неполная блокада: на фоне синусового ритма или синусовой аритмии отмечается выпадение отдельных комплексов *PQRST* с соответствующим (вдвое, реже втрое и более) удлинением диастолической паузы.

Предсердно-желудочковая блокада I степени: интервал *P — Q* удлинен до 0,21 с и более, но

все предсердные импульсы достигают желудочков. *Предсердно-желудочковая блокада II степени*: отдельные предсердные импульсы не проводятся в желудочки, соответствующий желудочковый комплекс выпадает (на ЭКГ изолированный зубец *P*). При блокаде проксимального типа (на уровне атриовентрикулярного узла) такому выпадению предшествует прогрессирующее удлинение интервала *P — Q* в ряду из 2—8 циклов, и эти периоды повторяются, иногда регулярно. При блокаде дистального типа (на уровне пучка Гиса и дистальнее) выпадению отдельных циклов не предшествует постепенное удлинение интервала *P — Q*. Блокада дистального типа бывает при более тяжелом поражении миокарда, она чаще переходит в полную поперечную блокаду. *Предсердно-желудочковая блокада III степени* — предсердия и желудочки возбуждаются в правильном, но независимом друг от друга ритме. При этом также может быть выделена блокада проксимального типа (узкий *QRS*, частота желудочкового ритма около 40—50 в 1 мин; ей предшествует неполная блокада проксимального типа) и дистального типа (широкий *QRS*, частота желудочкового ритма около 20—40 в 1 мин; предшествует ей, иногда очень кратковременно, неполная блокада дистального типа). Наиболее точное определение уровня блокады возможно при внутрисердечной регистрации потенциалов проводящей системы.

Внутрижелудочковые блокады касаются одной, двух или всех трех ветвей внутрижелудочковой проводящей системы (соответственно моно-, би- и трифасцикулярные блокады). Блокада передней или задней ветви левой ножки пучка Гиса характеризуется значительным отклонением электрической оси сердца соответственно влево или вправо (последний признак менее специфичен: должны быть исключены другие, более обычные причины правого типа ЭКГ). При блокаде правой ножки пучка Гиса начальная часть комплекса *QRS* сохранена, конечная расширена и зазубрена, продолжительность *QRS* обычно увеличена; в отведении V_1 обычно увеличен и зазубрен зубец *R*, сегмент *ST* опущен, зубец *T* отрицательный; электрическая ось на фронтальную плоскость проецируется плохо (S-тип ЭКГ в стандартных отведениях). Сочетание блокады правой ножки с блокадой одной из ветвей левой ножки (бифасцикулярная блокада) характеризуется по ЭКГ наличием признаков блокады правой ножки и значительным отклонением электрической оси. Блокада обеих ветвей левой ножки, блокада левой ножки: комплекс *QRS* расширен до 0,12 и более, зазубрен; в левых грудных отведениях преобладает зубец *R*, сегмент *ST* часто опущен, зубец *T* отрицательный. Трифасцикулярная блокада соответствует предсердно-желудочковой блокаде III степени дистального типа (см. выше).

С и м п т о м ы. При неполных поперечных блокадах отмечается выпадение пульса и сердечных тонов. Внутрижелудочковые блокады иногда сопровождаются расщеплением тонов, чаще — блокада правой ножки пучка Гиса.

Полная поперечная блокада характеризуется стабильной брадикардией, изменчивой звучностью тонов сердца. Гипоксия органов проявляется обмороками, судорогами (приступы Адамса — Стокса — Морганьи). Стенокардия, сердечная недостаточность, внезапная смерть могут возникать при полной поперечной блокаде, особенно дистального типа.

Л е ч е н и е. Лечат основное заболевание, устраняют факторы, приведшие к блокаде. При неполной и полной поперечной блокаде проксимального типа иногда применяют атропин, изопротеренол, эуфиллин, однако эффективность этих средств непостоянна и ненадежна, в лучшем случае они оказывают временный эффект. Блокады, приведшие к недостаточности сердца и(или) периферического кровообращения, а также неполные и полные блокады дистального типа являются показанием к применению временной или постоянной желудочковой электростимуляции.

Синдром слабости синусового узла (СССУ) связан с ослаблением или прекращением автоматизма синусового узла. СССУ может быть обусловлен ишемией области узла (нередко при инфаркте миокарда, особенно задне-диафрагмальном, как преходящее или стойкое осложнение), кардиосклерозом (атеросклеротическим, постмиокардитическим, особенно после дифтерии), миокардитом, кардиомиопатией, а также инфильтративными поражениями миокарда. СССУ может быть также проявлением врожденной особенности проводящей системы. Процесс, обусловивший возникновение СССУ, иногда распространяется и на другие отрезки проводящей системы.

С и м п т о м ы. Наиболее характерно сочетание синусовой брадикардии или брадиаритмии с пароксизмами тахисистолических и эктопических аритмий. Другие проявления синдрома: периоды замещающего эктопического ритма и иногда полной асистолии, миграция водителя ритма, мерцание предсердий (более характерно с редким желудочковым ритмом, что указывает на вовлечение атриовентрикулярного узла), синоатриальная блокада, экстрасистолии и тахикардии, чаще наджелудочковые. Характерно, что непосредственно после тахикардии пауза особенно велика, необычное увеличение паузы может быть заметно и после экстрасистолы. У многих больных СССУ не сопровождается никакими неприятными ощущениями. В части случаев могут быть признаки недостаточного кровоснабжения мозга, сердца, возможна сердечная недостаточность. Больные плохо переносят ваготропные воздействия.

Л е ч е н и е. Многие больные не нуждаются в лечении. При частой смене ритма, при признаках нарушения кровоснабжения жизненно важных органов показана постоянная электрокардиостимуляция. Симпатомиметики и противоаритмические средства в общем противопоказаны, поскольку они могут опасно усилить соответственно тахикардический или брадикардический компонент синдрома. Прогноз в большой степени зависит от заболевания, приведшего к развитию синдрома.

Синдром преждевременного возбуждения желудочков (Вольфа — Паркинсона — Уайта) — электрокардиографический синдром с укорочением интервала $P - Q$ и расширением комплекса QRS за счет начальной так называемой дельта-волны. Синдром может быть стойким или преходящим. В его основе лежит врожденная особенность проводящей системы (наличие дополнительных проводящих путей). Синдром может обнаружиться уже при рождении или проявляется позже. Диагноз ставится только по ЭКГ. В некоторых отведениях возможна регистрация зубца Q, изменения $ST - T$, что иногда ведет к ошибочной диагностике ишемической болезни сердца, инфаркта миокарда, гипертрофии желудочков. Приблизительно у половины больных наблюдаются различной частоты и продолжительности пароксизмы наджелудочковой тахикардии, реже — мерцательной аритмии (изредка с очень частым желудочковым ритмом — около 200 в 1 мин). Синдром может случайно сочетаться с любым заболеванием сердца.

Л е ч е н и е в отсутствие пароксизмальных аритмий не требуется, следует избегать воздействий, которые могут их спровоцировать (например, алкоголя). Лекарственное лечение и профилактику пароксизмов тахикардии проводят в основном так же, как при пароксизмальной наджелудочковой тахикардии другой природы. Верапамил эффективен чаще всего. Дигоксин считается противопоказанным, если синдром сочетается с мерцанием предсердий. Если лекарственное лечение пароксизма неэффективно, а состояние больного ухудшается, прибегают к электроимпульсному лечению. Если приступы часты или связаны с тяжелой симптоматикой, то вне приступов проводят профилактическое лечение, подбирая эффективное противоаритмическое средство. При частых и плохо переносимых приступах и неэффективности лекарственной профилактики применяют рассечение дополнительного проводящего пути (обычно при помощи трансвенозной электрокоагуляции или коагуляции лазером) с последующей постоянной электрокардиостимуляцией в необходимых случаях.

АРТЕРИАЛЬНЫЕ ГИПЕРТЕНЗИИ — повышение давления крови от устья аорты до артериол включительно. В практической работе врач (и соответственно больной) ориентируется на величины так называемого «случайного» давления, измеряемого у больного после пятиминутного отдыха, в положении сидя. Плечо, на которое накладывают манжету, должно находиться на уровне сердца, резиновый резервуар манжеты должен охватывать плечо по меньшей мере на $2/3$, манжета не должна наползать на локтевой сгиб. Артериальное давление (АД) измеряют трижды подряд и принимают в расчет самые низкие величины. У взрослых людей диастолическое АД соответствует V фазе Короткова (исчезновение тонов), у детей — IV фазе (резкое ослабление тонов). При первом осмотре больного врач обязан измерить АД на обеих руках, а при соответствующих показаниях — и на ногах.

У здоровых людей 20—40 лет «случайное» АД обычно ниже 140/90 мм рт. ст., у лиц в возрасте от 41 года до 60 лет — ниже 145/90 мм рт. ст., у здоровых людей старше 60 лет систолическое давление в большинстве случаев не превышает 160, а диастолическое — 90 мм рт. ст. Необходимо делать различия между спорадическими (ситуационными), острыми умеренными повышениями АД и хроническими, часто повторяющимися подъемами АД. Если первые могут отражать физиологические реакции, то вторые выходят за их пределы.

Существует первичная артериальная гипертензия (АГ) и вторичные АГ. В границах первичной АГ различают сложившееся заболевание, называемое эссенциальной гипертензией, или гипертонической болезнью, и состояние неустойчивой регуляции АД со склонностью к его преходящим небольшим повышениям (это состояние называют пограничной АГ).

Вторичные (симптоматические) АГ составляют около 10 % всех случаев хронического или часто повторяющегося повышения как систолического, так и диастолического АД. Их возникновение связано с повреждением органов или систем, оказывающих прямое или опосредованное воздействие на уровень АД. Повышение АД является одним из симптомов заболевания этих органов или систем. Устранение этиологического или ведущего патогенетического фактора часто приводит к нормализации либо к заметному понижению АД. В зависимости от вовлеченности в процесс повышения АД того или иного органа вторичные АГ классифицируют следующим образом: 1) почечные: а) паренхиматозные, б) реноваскулярные; 2) эндокринные; 3) гемодинамические (кардиоваскулярные, механические); 4) нейрогенные (очаговые); 5) остальные.

К группе *почечных паренхиматозных АГ* относятся АГ при острых и хронических гломерулонефритах и пиелонефритах, поликистозе почек, врожденном или приобретенном обструктивном гидронефрозе, аномалиях почек, диабетическом гломерулосклерозе, волчаночном нефрите, почке при лучевой болезни и т. д. Реноваскулярные АГ (2—5 % всех АГ) могут быть врожденными (например, в случаях фиброзно-мышечной дисплазии почечных артерий) и приобретенными (чаще в результате атеросклеротического сужения почечных артерий или неспецифического аортоартериита).

Эндокринные АГ (около 2 % всех АГ) обусловлены феохромоцитомой и другими хромаффинными опухолями (параганглиомы), первичным альдостеронизмом (синдром Кона), болезнью и синдромом Иценко — Кушинга, акромегалией и др.

Гемодинамические, или кардиоваскулярные, АГ возникают в результате изменений гемодинамики, в основном, за счет механических факторов. К ним относятся систолические АГ при атеросклерозе аорты, недостаточности клапанов аорты, открытом артериальном протоке, артериовенозных фистулах, полной АВ-блокаде, болезни Педжета, тиреотоксикозе (некоторые авторы относят эту форму к АГ эндокринного типа), систоло-диастолическая АГ гемодинамического типа развивается при коарктации аорты.

Нейрогенные АГ (около 0,5 % всех АГ) возникают при очаговых повреждениях и заболеваниях головного и спинного мозга (опухолях, энцефалите, бульбарном полиомиелите, квадриплегии — гипертензивные кризы), при возбуждении сосудодвигательного центра продолговатого мозга, вызванном гиперкапнией и дыхательным ацидозом. К *«остальным»* АГ можно отнести симптоматические АГ у больных с полицитемией, карциноидном синдроме, острой порфирии, при отравлениях свинцом, таллием, передозировке преднизолона, катехоламинов, эфедрина, «сырной болезни» — употребление вместе с ингибиторами МАО (ипразид) пищевых продуктов, содержащих тирамин (некоторые сорта сыра и красное вино). В эту группу включают еще АГ у женщин с поздним токсикозом беременных, а также АГ, возникающую у принимающих гормональные контрацептивные средства женщин.

С и м п т о м ы   и   л е ч е н и е   вторичных АГ во многом сходны с таковыми при гипертонической болезни. Но при ряде заболеваний возможно этиологическое лечение: хирургическое удаление феохромоцитом, аденом надпочечника, реконструктивные операции на сосудах почек, аорте, артериовенозных фистулах; отмена препаратов, повышающих АД, и др.

Пограничная АГ — разновидность первичной АГ у лиц молодого и среднего возраста, характеризующаяся колебаниями АД от нормы до так называемой пограничной зоны: 140/90—159/94 мм рт. ст. Слегка повышенные и нормальные величины АД сменяют друг друга, нормализация АД происходит спонтанно. Отсутствуют типичные для гипертонической болезни поражения органов-мишеней: гипертрофия левого желудочка, изменения глазного дна, почек, мозга. Повышения АД пограничного типа встречаются примерно у 20—25 % взрослых людей, до 50 лет они чаще регистрируются у мужчин. Только 20—25 % лиц с пограничной АГ заболевают в дальнейшем гипертонической болезнью (ГБ); приблизительно у 30 % людей колебания АД в пограничной зоне могут сохраняться многие годы или всю жизнь; у остальных АД со временем нормализуется.

Гипертоническая болезнь (ГБ) вместе с пограничной АГ составляет до 90 % всех случаев хронического повышения АД. В настоящее время в экономически развитых странах около 18—20 % взрослых людей страдают ГБ, т. е. имеют повторные подъемы АД до 160/95 мм рт. ст. и выше.

Э т и о л о г и я   и   п а т о г е н е з. Причины формирования ГБ с достоверностью не установлены, хотя отдельные звенья патогенеза этого заболевания известны. Следует считаться с участием в становлении ГБ двух факторов: норадреналина и натрия. Норадреналину, в частности, отводится роль эффекторного агента в теории Г. Ф. Ланга о решающей роли психического перенапряжения и психической травматизации для возникновения ГБ. Существует согласие по поводу того, что для формирования ГБ необходимо сочетание наследственной предрасположенности к заболеванию с неблагоприятными воздействиями на человека внешних факторов. Эпидемиологические исследования подтверждают наличие связи между степенью ожирения и повышением АД. Однако увеличение массы тела скорее следует относить к числу предрасполагающих, чем собственно причинных факторов.

С и м п т о м ы, т е ч е н и е. Заболевание редко начинается у лиц моложе 30 лет и старше 60 лет. Устойчивая систоло-диастолическая АГ у молодого человека — основание для настойчивого поиска вторичной, в особенности реноваскулярной гипертензии. Высокое систолическое давление (выше 160—170 мм рт. ст.) при нормальном или сниженном диастолическом давлении у лиц старше 60—65 лет обычно связано с атеросклеротическим уплотнением аорты. ГБ протекает хронически с периодами ухудшения и улучшения. Прогрессирование заболевания может быть различным по темпу. Различают медленно прогрессирующее (доброкачественное) и быстро прогрессирующее (злокачественное) течение заболевания. При медленном развитии заболевание проходит 3 стадии по классификации ГБ, принятой ВОЗ. Дробление стадий на подстадии не представляется целесообразным.

Стадия I (легкая) характеризуется сравнительно небольшими подъемами АД в пределах 160—179(180) мм рт. ст. систолического, 95—104(105) мм рт. ст.— диастолического. Уровень АД неустойчив, во время отдыха больного оно постепенно нормализуется, но заболевание уже фиксировано (в отличие от пограничной АГ), повышение АД неизбежно возвращается. Часть больных не испытывает никаких расстройств состояния здоровья. Других беспокоят головные боли, шум в голове, нарушения сна, снижение умственной работоспособности. Изредка возникают несистемные головокружения, носовые кровотечения. Обычно отсутствуют признаки гипертрофии левого желудочка, ЭКГ мало отклоняется от нормы, иногда она отражает состояние гиперсимпатикотонии. Почечные функции не нарушены; глазное дно практически не изменено.

Стадия II (средняя) отличается от предыдущей более высоким и устойчивым уровнем АД, которое в покое находится в пределах 180—200 мм рт. ст. систолическое и 105—114 мм рт. ст. диастолическое. Больные часто предъявляют жалобы на головные боли, головокружения, боли в области сердца, нередко стенокардического характера. Для этой стадии более типичны гипертензивные кризы. Выявляются признаки поражения органов-мишеней: гипертрофия левого желудочка (иногда только межжелудочковой перегородки), ослабление I тона у верхушки сердца, акцент II тона на аорте, у части больных — на ЭКГ признаки субэндокардиальной ишемии. Со стороны ЦНС отмечаются разнообразные проявления сосудистой недостаточности; транзиторные ишемии

мозга, возможны мозговые инсульты. На глазном дне, помимо сужения артериол, наблюдаются сдавления вен, их расширение, геморрагии, экссудаты. Почечный кровоток и скорость клубочковой фильтрации снижены, хотя в анализах мочи нет отклонений от нормы.

Стадия III (тяжелая) характеризуется более частым возникновением сосудистых катастроф, что зависит от значительного и стабильного повышения АД и прогрессирования артериолосклероза и атеросклероза более крупных сосудов. АД достигает 200—230 мм рт. ст. систолическое, 115—129 мм рт. ст. диастолическое. Спонтанной нормализации АД не бывает. Клиническая картина определяется поражением сердца (стенокардия, инфаркт миокарда, недостаточность кровообращения, аритмии), мозга (ишемические и геморрагические инфаркты, энцефалопатия), глазного дна (ангиоретинопатия II, III типов), почек (понижение почечного кровотока и клубочковой фильтрации). У некоторых больных с III стадией ГБ, несмотря на значительное и устойчивое повышение АД, в течение многих лет не возникают тяжелые сосудистые осложнения.

Помимо стадий ГБ, отражающих ее тяжесть, выделяют несколько клинических форм ГБ. Одна из них — гиперадренергическая форма, которая чаще проявляется в начальном периоде заболевания, но может сохраняться на протяжении всего его течения (около 15 % больных). Для нее типичны такие признаки, как синусовая тахикардия, неустойчивость АД с преобладанием систолической гипертензии, потливость, блеск глаз, покраснение лица, ощущение больными пульсаций в голове, сердцебиений, озноба, тревоги, внутреннего напряжения. Гипергидратационную форму ГБ можно распознать по таким характерным проявлениям, как периорбитальный отек и одутловатость лица по утрам, набухание пальцев рук, их онемение и парестезии, колебания диуреза с преходящей олигурией, водносолевые гипертензивные кризы, сравнительно быстро наступающая задержка натрия и воды при лечении симпатолитическими средствами (резерпин, допегит, клофелин и др.).

Злокачественная форма ГБ — быстро прогрессирующее заболевание с повышением АД до очень высоких уровней, что приводит к развитию энцефалопатии, нарушению зрения, отеку легких и острой почечной недостаточности. В настоящее время злокачественно текущая ГБ встречается крайне редко, значительно чаще отмечается злокачественный финал вторичной АГ (реноваскулярной, пиелонефротической и др.).

Л е ч е н и е. Может осуществляться с помощью нефармакологических и фармакологических методов. К нефармакологическому лечению относят: а) понижение массы тела за счет уменьшения в диете жиров и углеводов, б) ограничение потребления поваренной соли (4—5 г в день, а при склонности к задержке натрия и воды — 1,2—1,5 л в день), в) курортное лечение, методы физиотерапии и лечебной физкультуры, г) психотерапевтические воздействия. Сами по себе нефармакологические методы лечения бывают эффективными преимущественно у больных с I стадией заболевания. Но они постоянно используются в качестве фона для успешного проведения фармакологического лечения и при других стадиях заболевания.

Фармакологическое лечение основано на так называемом «ступенчатом» принципе, который предусматривает назначение в определенной последовательности лекарств с различной точкой приложения и действия до момента нормализации АД, а при неудаче — переход к альтернативному плану.

Противогипертензивное лечение в объеме первой ступени показано больным с легким течением ГБ (I стадия). Назначают для приема внутрь один препарат: бета-адреноблокатор или диуретик. Блокатору бета-адренергических рецепторов отдают предпочтение, если у больного имеется учащение пульса, усиление сердечных сокращений и другие признаки гиперсимпатикотонии, похудание, обезвоживание, склонность к гипокалиемии или к повышению концентрации мочевой кислоты в крови. Начальная доза анаприлина — 80 мг в день (разделенная на два приема); урежение пульса до 70—60 в 1 мин наступает через 2—3 дня, а стойкое понижение АД к концу первой — началу второй недели лечения. В последующем доза анаприлина может быть несколько снижена, либо больные принимают препарат через день и т. д. (при обязательной проверке АД). Вместо анаприлина может быть использован вискен в дозе 5 мг 1—2 раза в день. Этот бета-адреноблокатор больше показан больным, у которых в исходном периоде имеется склонность к урежению пульса, а также лицам с заболеваниями печени и почек.

Диуретику на первой ступени лечения ГБ отдают предпочтение при ее гипергидратационной форме, синусовой брадикардии, вазоспастических реакциях, хронических бронхолегочных заболеваниях, ожирении. Гипотиазид в дозе 25 мг больные принимают 1 раз в день через 2—3 дня, эти интервалы между приемами гипотиазида могут быть удлинены при нормализации АД.

Если имеются противопоказания к назначению бета-адреноблокаторов и диуретиков, то на первой ступени лечения применяют такие симпатолитические средства, как клофелин (0,15 мг во второй половине дня), допегит (250 мг 2 раза в день). Эти препараты показаны больным сахарным диабетом, бронхиальной астмой, гипокалиемией, подагрой. У больных с I стадией ГБ нормализация АД наступает достаточно быстро, поэтому здесь допускаются прерывистые курсы лечения при условии, что АД измеряют достаточно часто.

Лечение в объеме второй ступени предназначается больным со средней по тяжести ГБ (II стадия) или же в тех случаях, когда монотерапия оказалась неэффективной. Больные должны принимать два препарата: а) анаприлин (40 мг 3—4 раза в день) + гипо-

тиазид (25—50 мг 1 раз в день); б) вискен (5 мг 3 раза в день) + гипотиазид (в той же дозе); в) клофелин (0,15 мг 2—3 раза в день) + гипотиазид (в той же дозе); г) допегит (250 мг 3 раза в день) + гипотиазид (в той же дозе); д) резерпин (0,1 мг — 0,25 мг на ночь) + гипотиазид (в той же дозе).

При выборе этих сочетаний принимают во внимание противопоказания, возможные побочные эффекты препаратов, взаимодействие лекарственных веществ. Последнее обстоятельство очень важно, например, антидепрессанты и антипсихотические средства не подавляют эффекты бета-адреноблокаторов, в существенной мере ограничивают действие гуанетидина, допегита, клофелина. Однако и бета-адреноблокаторы в больших дозах могут вызывать ночные кошмары, нарушения сна. Резерпин и его аналоги противопоказаны больным с паркинсонизмом, некоторыми психическими заболеваниями.

После снижения АД дозы препаратов могут быть снижены. В благоприятное для больного время допускаются кратковременные пропуски в приемах одного или другого препарата. Однако в отличие от первой ступени здесь терапия становится систематической, а не курсовой. Сочетанием двух препаратов обеспечивается нормализация АД у $2/3$ больных. Длительный прием диуретика может вызвать гипокалиемию, поэтому больным следует периодически принимать внутрь аспаркам (панангин) по 1 таблетке 3 раза в день или другой препарат калия. У части больных в результате систематического приема диуретиков возрастает концентрация в плазме триглицеридов и в меньшей степени холестерина, что требует врачебного контроля. Больным сахарным диабетом или лицам со сниженной толерантностью к нагрузке глюкозой вместо диуретиков (гипотиазида, бринальдикса, хлорталидона и др.) назначают верошпирон по 250 мг 2—3 раза в день по 15 дней с перерывами в 5 дней.

Лечение в объеме третьей ступени показано больным с тяжелым течением ГБ (III стадия) либо при выявившейся устойчивости к двум препаратам. В терапевтическую программу включают три препарата в различных сочетаниях и дозах: симпатолитик, диуретик и периферический вазодилататор. Обязательно учитывают противопоказания для каждого из противогипертензивных средств. Получившие широкое распространение комбинированные препараты — адельфан, тризерит-К, кристепин (бринердин) и ряд других,— подходят для использования у больных с III стадией ГБ или у тех больных со II стадией ГБ, которые недостаточно реагировали на диуретик и симпатолитик. Из числа периферических вазодилататоров чаще назначаются коринфар (фенигидин) по 10 мг 3—4 раза в день или апрессин (гидралазин) по 25 мг 3—4 раза в день. В последние годы в лечебные схемы вместо периферических вазодилататоров с успехом вводят альфа-адреноблокаторы. Например, празосин (пратсиол) назначают в начальной дозе 1 мг 2—3 раза в день. Дозу можно (при необходимости) медленно повышать в течение 2—4 нед до 6—15 мг в день. Необходимо помнить о способности празосина вызывать ортостатическую гипотензию. Другой альфа-адреноблокатор фентоламин больные принимают вместе с бета-адреноблокатором в дозе 25 мг 3 раза в день. Весьма эффективным является сочетание вискена (15 мг в день), фентоламина (75 мг в день) и гипотиазида (25 мг в день).

Существуют и другие, альтернативные возможности лечения ГБ на третьей ступени. Назначают лабеталол гидрохлорид (трандат), сочетающий бета- и альфа-адренергическую активность; начальная доза для приема внутрь — 100 мг 3 раза в день, далее дозу можно увеличить до 400—600 мг в день. Сочетание лабеталола и диуретика практически заменяет применение трех противогипертензивных препаратов. Каптоприл — блокатор ангиотензин превращающего фермента — назначают, в основном, больным с тяжелым течением ГБ, а также при ее осложнении застойной недостаточностью кровообращения. Каптоприл в дозе 25 мг 3—4 раза в день вместе с диуретиком способствует во многих случаях достижению полного контроля за уровнем АД и существенному клиническому улучшению. Полный эффект выявляется к 7—10-му дню терапии.

Лечение в объеме четвертой ступени осуществляется, если не достигнуты цели на предыдущей ступени, а также при быстром прогрессировании болезни или развитии злокачественного гипертензивного синдрома. Назначают два симпатолитика (часто гуанетидин в возрастающих дозах), в больших дозах фуросемид, периферический вазодилататор или альфа-адреноблокатор. Среди последних предпочтительнее апрессин (до 200 мг в день), пратсиол (до 15 мг в день), каптоприл (75—100 мг в день), диазоксид (до 600—800 мг в день). Следует учитывать, что при снижении величины клубочковой фильтрации до 30—40 мл/мин и возрастании концентрации креатинина в крови тиазидовые диуретики и их аналоги неэффективны и вызывают дальнейшее повреждение почек.

Лечение больных на первой-второй ступенях часто проводят в амбулаторных условиях. Если возникают затруднения в подборе эффективных препаратов, больных помещают в стационар на 2—3 нед. На третьей ступени лечения выбор лекарственного режима лучше начинать в специализированном кардиологическом отделении.

Прогноз при ГБ. Эпидемиологические наблюдения показывают, что даже умеренные повышения АД увеличивают в несколько раз опасность развития в будущем мозгового инсульта и инфаркта миокарда. Частота сосудистых осложнений зависит от возраста, в котором человек заболевает ГБ: прогноз для молодых более отягощен, чем для заболевших в среднем возрасте. В эквивалентной стадии ГБ у женщин реже возникают сосудистые катастрофы, чем у мужчин. Изолированная систолическая АГ тоже усиливает риск возникновения инсульта. Раннее начало лечения и эффективный постоянный контроль уровня АД значительно улучшают прогноз.

АРТЕРИАЛЬНАЯ ГИПОТЕНЗИЯ характеризуется систолическим давлением ниже 100 мм рт. ст., диастолическим давлением — ниже 60 мм рт. ст. Различают первичную и вторичную артериальные гипотензии. Первичная, или эссенциальная, гипотензия проявляется в двух вариантах: а) как конституционно-наследственная установка регуляции сосудистого тонуса и АД, не выходящая за физиологические пределы («физиологическая гипотензия»); б) как хроническое заболевание с типичной симптоматикой: слабость, головокружение, повышенная утомляемость, головная боль, сонливость, вялость, склонность к ортостатическим реакциям, обморокам, укачиванию, повышенная термо- и барочувствительность («нейроциркуляторная астения»).

Вторичная артериальная гипотензия наблюдается при некоторых инфекционных заболеваниях, болезни Аддисона, язвенной болезни, микседеме, анемии, гипогликемии, остром и хроническом гепатите, циррозе печени, при действии лекарственных препаратов и т. д.

Лечение гипотензивных состояний направлено на устранение причины и основного патогенетического фактора либо оно ограничивается применением тонизирующих средств, вазопрессивных препаратов, добавлением в пищу поваренной соли, употреблением кофе, крепкого чая; полезны физические упражнения.

АТЕРОСКЛЕРОЗ — наиболее распространенное хроническое заболевание артерий эластического (аорта, ее ветви) и мышечно-эластического (артерии сердца, головного мозга и др.) типа, с формированием одиночных и множественных очагов липидных, главным образом холестериновых отложений — атероматозных бляшек — во внутренней оболочке артерий. Последующие разрастания в ней соединительной ткани (склероз) и кальциноз стенки сосуда приводят к медленно прогрессирующей деформации и сужению его просвета вплоть до полного запустевания (облитерации) артерии и тем самым вызывают хроническую, медленно нарастающую недостаточность кровоснабжения органа, питаемого через пораженную артерию. Кроме того, возможна острая закупорка (окклюзия) просвета артерии либо тромбом, либо (значительно реже) содержимым распавшейся атероматозной бляшки, либо и тем и другим одновременно, что ведет к образованию очагов некроза (инфаркт) или гангрены в питаемом артерией органе (части тела). Атеросклероз встречается с наибольшей частотой у мужчин в возрасте 50—60 и у женщин старше 60 лет.

Патогенез сложен и не вполне расшифрован. Несомненно значение так называемых факторов риска развития атеросклероза. Некоторые из них неустранимы: возраст, принадлежность к мужскому полу, отягощенная по атеросклерозу семейная наследственность. Другие вполне устранимы: артериальная гипертензия, алиментарное ожирение, курение сигарет. Третьи устранимы частично (потенциально): различные виды гиперлипидемий, сахарный диабет, недостаточный уровень липопротеидов высокой плотности. К факторам риска относят также недостаточную физическую активность, избыточные эмоциональные перенапряжения и личностные особенности человека. Противодействие всем вышеперечисленным факторам риска либо полное или частичное устранение устранимых факторов составляют основу профилактики атеросклероза.

Симптомы, течение. Клиническая картина варьирует в зависимости от преимущественной локализации и распространенности процесса, но всегда (за исключением атеросклероза аорты) определяется проявлениями и последствиями ишемии ткани или органа, зависящими как от степени сужения просвета магистральных артерий, так от развития коллатералей. Диагноз обосновывается признаками поражения отдельных сосудистых областей или артерий. Раньше всего и, как правило, тяжелее поражается атеросклерозом аорта в особенности абдоминальный ее отдел. Наиболее доказательное проявление атеросклероза — трансмуральный инфаркт миокарда. Диагноз весьма вероятен также при сочетании признаков стеноза каких-либо магистральных артерий и артерий сердца; у лиц зрелого возраста, которые выглядят значительно старше своих лет; в случае отягощенной атеросклерозом и гипертонической болезнью наследственности. Следует учитывать также наличие факторов риска.

Лечение ставит своей целью предупредить прогрессирование процесса и стимулировать развитие путей окольного притока крови. Основные принципы лечения: 1) регулярная мышечная деятельность (в любых формах), соразмерная возрасту и физическим возможностям больного; дозировку упражнений, особенно при целенаправленной тренировке наиболее пораженного органа (артериального бассейна), рекомендует врач; 2) рациональное питание с преобладающей долей жиров растительного происхождения в общем содержании жиров, обогащенное витаминами и исключающее прибавку массы тела; 3) при избыточной массе тела — настойчивое ее снижение до оптимального уровня; 4) контроль регулярности стула; возможны периодические приемы солевого слабительного (отчасти с целью эвакуации холестерина, выводимого в кишечник с желчью); 5) систематическое лечение сопутствующих болезней, в особенности артериальной гипертензии, сахарного диабета; но при наличии у больного существенного стенозирования просвета одной или нескольких магистральных артерий следует избегать резкого снижения АД (а также уровня сахара в крови), ввиду опасности падения притока крови (и глюкозы) по стенозированным артериям. Медикаментозная терапия собственно атеросклеротического процесса играет пока второстепенную роль. Прогноз — неопределенный. Трудоспособность определяется функциональной сохранностью органов и систем, магистральные артерии которых поражены атеросклерозом.

Атеросклероз аорты. Клинические его проявления: постепенно нарастающая, преиму-

щественно систолическая, артериальная гипертензия, короткий систолический (не ромбовидный на ФКГ) шум и акцент II тона в пятой точке и над аортой; над ее бифуркацией и подвздошными артериями; признаки умеренной гипертрофии левого желудочка сердца на ЭКГ при отсутствии диастолической гипертензии в анамнезе; повышение скорости распространения пульсовой волны на тахоосциллограмме. Линейные кальцинаты в стенках дуги и брюшного отдела аорты на рентгенограммах (в боковой проекции) — наиболее доказательный, хотя и поздний диагностический признак.

К осложнениям атеросклероза аорты, непосредственно угрожающим жизни больного, относится расслаивающая гематома аорты, проявляющаяся приступом продолжительной, мучительной боли в шейно-грудной или в брюшной полости (чаще сзади), возможен коллапс, возникают симптомы острой кровопотери; характерно отсутствие на ЭКГ признаков инфаркта миокарда. Субинтимальная гематома стенки аорты нередко обтурирует устья ее ветвей, вызывая — в зависимости от локализации разрыва интимы — симптомы либо ишемического инсульта, либо асимметрию полноты пульса и уровня АД на руках, либо резкую артериальную гипертензию (нефрогенную), либо окклюзию подвздошных артерий. Другим, более частым осложнением атеросклероза является аневризма аорты, которая, как и расслаивающая ее гематома, чревата внезапным разрывом со смертельным кровотечением либо в грудную (чаще плевральную) полость, либо в забрюшинное пространство (изредка — в двенадцатиперстную кишку). Аневризма грудного отдела аорты нередко проявляется грубым систолическим шумом, дисфагией, охриплостью голоса (сдавление возвратного нерва с парезом голосовой складки гортани), пальпаторно ощутимым и синхронным пульсу подергиванием щитовидных хрящей вниз; распознается она при многоосевой рентгенографии. Аневризма брюшного отдела аорты (более частая локализация) распознается при глубокой пальпации, иногда рентгенологически; течение чаще малосимптомное (см. также *Аневризма* в главе «Хирургические болезни»). Стенозирующий атеросклероз брюшного отдела аорты, в особенности терминальной его части, может осложниться тромбозом области бифуркации с острым нарушением кровоснабжения нижних конечностей (синдром Лериша): острая боль, нарушение чувствительности и движения в обеих ногах, побледнение кожных покровов, возможно возникновение гангрены. Лечение — хирургическое, менее эффективна и не всегда допустима тромболитическая терапия. Атеросклероз аорты дифференцируют с неспецифическими и специфическими (сифилитический, бактериальный септический) аортитами. Больных с аневризмой аорты направляют в специализированные учреждения для обследования и решения вопроса о возможности реконструктивной хирургической операции.

При атеросклерозе ветвей дуги аорты наблюдаются симптомы хронической (а при тромботической окклюзии — острой) недостаточности кровоснабжения головного мозга либо верхних конечностей. Возможна реконструктивная хирургическая операция.

Атеросклероз брыжеечных артерий проявляется двумя главными синдромами: брюшной жабой и тромбозом артериальных (часто и венозных) ветвей с инфарктом стенки кишки и брыжейки. *Брюшная жаба* — приступ колико-подобных болей в животе — возникает вскоре после еды, часто облегчается нитроглицерином, нередки рвоты и вздутие кишечника; голодание прекращает приступы брюшной жабы; диагноз затруднителен (редкость синдрома, отсутствие специфических признаков), высокоответствен в связи с опасностью несвоевременного распознавания острых абдоминальных болезней.

Л е ч е н и е — дробный прием пищи, нитроглицерин, папаверин 0,04—0,06 г 3—4 раза в день перед едой, панкреатин (1—1,5 г) или панзинорм (1—2 таблетки) после еды. О тромбозе брыжеечных артерий см. *Окклюзии магистральных артерий* в главе «Хирургические болезни».

Атеросклероз почечных артерий проявляется клинически хронической ишемией почки (часто в виде реноваскулярной артериальной гипертензии) с исходом в артериосклеротический нефросклероз и хроническую почечную недостаточность. Окончательный диагноз устанавливается в специализированных нефрологических или ангиохирургических учреждениях; при невозможности хирургического лечения проводят гипотензивную терапию (см. *Артериальные гипертензии*). Тромбоз почечной артерии — острый синдром с внезапной болью, болезненностью при ощупывании и при сотрясении поясничной области на стороне тромбоза, с острой почечной недостаточностью (олигоанурия) и, как правило, высокой артериальной гипертензией; диагностическое обследование и лечение проводится в специализированных учреждениях.

Об атеросклерозе артерий нижних конечностей см. *Окклюзии магистральных артерий* в главе «Хирургические болезни»; артерий головного мозга см. *Инсульт* в главе «Нервные болезни»; об атеросклерозе коронарных артерий сердца см. *Ишемическая (коронарная) болезнь сердца*.

ГИПЕРТОНИЧЕСКИЕ КРИЗЫ возникают при гипертонической болезни. В большинстве случаев характеризуются сочетанием системных и регионарных, преимущественно церебральных, ангиодистоний, тип и соотношение которых в каждом случае определяют патогенетические и клинические особенности криза (клинико-патогенетический его вариант).

Различают пять вариантов гипертонических кризов, из них наиболее часто встречаются три: гипертензивный кардиальный криз, церебральный ангиогипотонический криз и церебральный ишемический криз. К редким относятся церебральный сложный криз и генерализованный сосудистый криз. Общим для всех гипертонических кризов являются их связь со «срывом» нервной регуляции гемодинамики

(вследствие стресса, смены погоды, злоупотребления табака, физического перенапряжения и др.)

Д и а г н о с т и к а отдельных клинико-патогенетических вариантов кризов, важная для выбора средств их оптимальной неотложной терапии основывается на выявлении отличительных для каждого варианта клинических симптомов или синдрома и не требует применения инструментальных методов исследования.

Гипертонический кардиальный криз характеризуется острой левожелудочковой сердечной недостаточностью при резком повышении АД — обычно выше 220/120 мм рт. ст. При меньших уровнях АД развитие такого криза возможно при некоторых симптоматических формах артериальной гипертензии (ренальная форма, пароксизмальная гипертензия при феохромоцитоме). К ранним признакам криза относятся жалобы на беспокойство, появившиеся на фоне значительного подъема АД. Позже обнаруживаются тенденция к тахикардии, ослабление I тона сердца, выравнивание громкости II тона сердца над аортой и стволом легочной артерии, появление одышки. Симптомы развернутой фазы криза (вплоть до отека легких) и его медикаментозная терапия представлены в таблице. Дифференциальный диагноз проводится в двух направлениях: исключаются, во-первых, первичная патология сердца — острый инфаркт миокарда, миокардит (по ЭКГ, активности кардиоспецифических ферментов крови и др.), во-вторых, болезни с симптоматической артериальной гипертензией, прежде всего феохромоцитома, при которой противопоказано применение ганглиоблокаторов и симпатолитиков.

Церебральный ангиогипотонический криз соответствует так называемой гипертонической энцефалопатии, обусловленной перерастяжением внутричерепных вен и венозных синусов кровью с повышением давления в капиллярах мозга, что приводит к отеку-набуханию мозга, росту внутричерепного давления. В основе криза недостаточная тоническая реакция артерий мозга в ответ на повышение АД, обусловливающая «прорыв» избыточного притока крови к мозгу под высоким давлением, а также гипотония вен мозга, затрудняющая отток. Основной отличительный симптом криза — типичная головная боль: локализуется вначале в затылочной области, иррадиирует в ретроорбитальные пространства (чувство давления над глазами, позади глаз), затем становится диффузной; усиливается в ситуациях, затрудняющих отток крови из вен головы (горизонтальное положение, натуживание, кашель, тугой воротник и пр.), уменьшается (в ранних стадиях развития) при вертикальном положении тела, после приема напитков, содержащих кофеин. Диагноз криза, требующего неотложной помощи, устанавливается с момента иррадиации затылочной боли в ретроорбитальные пространства, после чего интенсивность боли быстро нарастает, она становится диффузной, тягостной. В поздней фазе криза появляются различные вегетативные расстройства, чаще всего тошнота, затем повтор-

Т а б л и ц а 6. Отличительные симптомы и примерная неотложная терапия основных клинико-патогенетических вариантов гипертонических кризов

Варианты кризов	Основные отличительные клинические симптомы криза	Неотложная медикаментозная терапия	Препараты относительно противопоказанные к применению
Гипертензивный кардиальный криз	При АД выше 220/120 мм рт. ст. признаки острой левожелудочковой сердечной недостаточности: ортопноэ, сердечная астма; ослабление I тона над стволом легочной артерии, акцент II тона над стволом легочной артерии, интерстициальный, затем альвеолярный отек легких	Внутривенно: дроперидол 0,25% — 2 мл, лазикс 40—80 мг, корглюкон 0,06% — 1 мл Внутримышечно: пентамин 5% — 0,5—1 мл Сублингвально: фенигидин (коринфар) 20 мг однократно или нитроглицерин по 1 таблетке каждые 10 мин (5—6 раз) При недостаточном гипотензивном эффекте капельно внутривенно вводить нитропруссид натрия либо ганглиоблокаторы	Бета-адреноблокаторы
Церебральный ангиогипотонический криз	«Типичная» головная боль (см. текст); повышение АД; заторможенность; тошнота, рвота или другие вегетативные расстройства; «общемозговые» симптомы в неврологическом статусе (в поздней фазе криза)	Внутривенно: седуксен 10 мг, дибазол 1% — 8 мл, девинкан 10 мг (либо эуфиллин 2,4% — 10 мл или кофеин 10% — 2 мл); Внутримышечно: клофелин 0,01% — 0,5 мл, магния сульфат 25% — 10 мл, анальгин 50% — 2 мл; при частой рвоте — тиэтилперазин 2 мл (13 мг). При недостаточном снижении АД клофелин (либо гиперстат, ганглиоблокаторы) вводить внутривенно	Папаверин, нитраты
Церебральный ишемический криз	Очаговые неврологические нарушения (расстройства чувствительности, парезы, дизартрия, нарушения статики и др.)	Внутривенно: седуксен 10 мг, девинкан 10 мг (либо но-шпа 2% — 2—4 мл, либо эуфиллин 2,4% — 10 мл), клофелин 0,01% — 0,1—0,15 мл (в 15 мл 5% раствора глюкозы); при недостаточном снижении АД через 20 мин — пентамин (капельно). Внутрь: беллоид 2 драже: но-шпа по 0,04 г каждые 3—4 ч	Нитраты, мощные диуретики

ные приступы рвоты, кратковременно облегчающие самочувствие больного. Выявляются инъекция сосудов склер и конъюнктив, иногда цианотичная гиперемия лица; определяются «общемозговые» неврологические нарушения (заторможенность, диссоциация рефлексов на верхних и нижних конечностях, нистагмоидные движения глазных яблок и др.). Криз часто начинается при умеренном повышении АД, например по 170/100 мм рт. ст.; оно нарастает по мере развития криза до 220/120 мм рт. ст. и более, но иногда даже в поздней фазе не превышает 200/100 мм рт. ст. (ведущее значение регионарных ангиодистоний).

Церебральный ишемический криз обусловливается избыточной тонической реакцией мозговых артерий в ответ на чрезвычайный прирост АД (иногда систолическое давление выше максимума шкалы тонометра). Отличительные клинические симптомы — очаговые неврологические расстройства, зависимые от зоны церебральной ишемии; они появляются в поздней фазе криза. Им часто предшествуют (иногда за несколько часов) признаки диффузной ишемии коры головного мозга, выражающиеся эйфоричностью, раздражительностью, которые сменяются угнетенностью, слезливостью; иногда появляется агрессивность в поведении. В этой фазе криза часто отмечается некритическое отношение больного к своему состоянию, что затрудняет раннюю диагностику. От динамического нарушения мозгового кровообращения криз отличается лишь меньшей выраженностью и относительной кратковременностью очаговых неврологических нарушений (менее суток).

Церебральный сложный криз характеризуется появлением очаговых неврологических расстройств в разгар клинических проявлений ангиогипотонического криза, реже — в начальной фазе его развития. В последнем случае ведущим в патогенезе является патологическое открытие артериовенозных анастомозов в мозгу, что способствует перерастяжению вен и приводит к очаговой ишемии за счет феномена «обкрадывания» капилляров.

Генерализованный сосудистый криз кроме чрезвычайного прироста АД с выраженной диастолической гипертензией характеризуется полирегионарными ангиодистониями с признаками нарушения кровоснабжения одновременно нескольких органов: мозга (головная боль, неврологические расстройства), сетчатки глаз (зрительные расстройства с выпадением полей зрения), сердца (стенокардия, аритмии), почек (протеинурия, гематурия). Нередко развивается и острая левожелудочковая недостаточность сердца.

Л е ч е н и е: психически щадящая обстановка для больного, неотложное введение седуксена (либо дроперидола) и быстродействующих гипотензивных препаратов, выбираемых в зависимости от тяжести криза, уровня АД и данных фармакологического анамнеза; применение вазоактивных и симптоматических средств в соответствии с клинико-патогенетическим вариантом криза. Исходный тип гемодинамики (гипер- или гипокинетический) в большинстве случаев не имеет решающего значения для выбора гипотензивного средства, но при кардиальном кризе предпочтение имеют периферические вазодилататоры, не уменьшающие сердечный выброс.

Примерная тактика неотложной медикаментозной терапии при основных вариантах гипертонических кризов представлена в табл. 6. При церебральном сложном кризе из вазоактивных средств предпочтительны девинкан или комбинация но-шпа с эуфиллином; симптоматическая терапия совпадает с таковой при церебральном ангиогипотоническом кризе. При генерализованном сосудистом кризе гипотензивную терапию начинают с внутривенного введения клофелина с фуросемидом, при недостаточном эффекте вводят ганглиоблокаторы (капельно внутривенно с контрольными измерениями АД не реже чем через каждые 2 мин).

ВАРИКОЗНОЕ РАСШИРЕНИЕ ВЕН см. в главе «Хирургические болезни».

ВАСКУЛИТЫ см. в главе «Хирургические болезни».

ВЕГЕТАТИВНО-СОСУДИСТАЯ ДИСТОНИЯ см. в главе «Детские болезни».

ИНФАРКТ МИОКАРДА — заболевание сердца, обусловленное острой недостаточностью его кровоснабжения, с возникновением очага некроза в сердечной мышце; важнейшая клиническая форма ишемической болезни сердца.

Главные факторы п а т о г е н е з а: коронаротромбоз (острая закупорка просвета артерии), приводящий к крупноочаговому, чаще к трансмуральному, некрозу миокарда; коронаростеноз (острое сужение просвета артерии набухшей атеросклеротической бляшкой, пристеночным тромбом) с крупноочаговым, как правило, инфарктом миокарда; стенозирующий распространенный коронаросклероз (резкое сужение просвета 2—3 коронарных артерий) обычно на фоне значительно выраженного миокардиосклероза, приводящий к так называемым мелкоочаговым, чаще — субэндокардиальным инфарктам миокарда. Последняя категория инфарктов миокарда отнюдь не является «мелкой» по своему клиническому значению, по частоте осложнений и по последствиям для больного, в особенности это касается субэндокардиальных инфарктов в тех случаях, когда они обнаруживаются электрокардиографически во всех стенках левого желудочка сердца (летальность при таких инфарктах миокарда существенно превышает летальность при трансмуральных инфарктах).

С и м п т о м ы, т е ч е н и е. Началом инфаркта миокарда считают появление приступа интенсивной и продолжительной (более 30 мин, нередко многочасовой) загрудинной боли (ангинозное состояние), не купирующейся повторными приемами нитроглицерина; реже в картине приступа преобладает удушье или боль сосредоточивается в подложечной области (астматическая и гастралгическая формы острого инфарктного приступа). Осложнения острого приступа: кардиогенный шок; острая левожелудочковая недостаточность вплоть до отека легких; тяжелые тахиаритмии с артериальной гипотензией, внезапная клиническая смерть вследствие фибрилляции желудочков (реже асистолии). Желудочковые эктопические аритмии в первые часы после острого приступа часто отражают восстановление проходимости венечной артерии (лизис тромба), наступившее либо спонтанно, либо под действием тромболитической терапии (стрептодеказа и другие тромболитические препараты).

В остром периоде наблюдаются артериальная гипертензия (часто значительная), исчезающая после стихания боли и не требующая применения гипотензивных препаратов; учащение пульса (не всегда); повышение температуры тела (со 2—3-х суток); гиперлейкоцитоз, сменяющийся стойким повышением СОЭ; в сыворотке крови — преходящий прирост гликемии, азотемии, уровня фибриногена, активности ферментов — креатинкиназы и ее миокардиального изофермента (в пределах первых 48 ч), АсАТ (в пределах 72 ч), ЛДГ и ее изофермента ЛДГ₁ (в пределах 5 сут); эпистенокардический перикардит (боль в области грудины, особенно при дыхании, нередко шум трения перикарда, выслушиваемый у левого края грудины).

На серии ЭКГ отмечаются значительный, часто куполообразный подъем сегментов ST, затем — появление уширенных (не менее 0,04 с) зубцов Q, снижение амплитуды зубцов R или возникновение QS-формы желудочкового комплекса (иногда лишь спустя 24—48 ч и даже 3—5 дней от начала инфаркта миокарда) в отведениях, соответствующих преимущественно локализации очага (зоны) поражения в сердечной мышце. Около $^1/_4$ всех крупноочаговых инфарктов миокарда либо не сопровождаются убедительными изменениями на ЭКГ (особенно при повторных инфарктах, при внутрижелудочковых блокадах), либо такие изменения выявляются лишь в дополнительных отведениях. Диагностически доказательны изменения не на одной ЭКГ, а только определенная последовательность изменений комплекса QRS и сегмента ST, зарегистрированная на серии ЭКГ.

Осложнения госпитального периода инфаркта миокарда: эйфория, некритичное поведение, вплоть до психотического состояния; возобновление болей в груди вследствие рецидива инфаркта, появления фибринозного перикардита, резких колебаний частоты и регулярности ритма сердца, присоединения инфаркта легкого (плеврит!), формирование внешнего разрыва миокарда; пароксизмы тахиаритмий, а также ранние (вблизи зубца T предшествующего кардиокомплекса) политопные и групповые желудочковые экстрасистолы; атриовентрикулярная блокада II—III степени; синдром слабости синусового узла; аневризма левого желудочка; внезапная смерть (аритмия терминального характера или разрыв сердца с гемотампонадой перикарда); острая сердечная недостаточность; кардиогенный шок; тромбоэмболии в системе легочной артерии. Редкие осложнения: эмболический инфаркт головного мозга; тромбоэмболии ветвей брыжеечной артерии; профузное кровотечение из острых трофических язв слизистой оболочки желудка, кишечника; острое расширение желудка; эмболия артерий нижних конечностей; «постинфарктный синдром» (Дресслера); разрыв межжелудочковой перегородки; разрыв папиллярной мышцы.

Сердечная недостаточность нередко проявляется впервые лишь тогда, когда больной начинает ходить, и оказывается причиной «поздних» инфарктов легких (тромбоэмболия ветвей легочной артерии).

Д и а г н о з инфаркта миокарда доказателен при одновременном наличии у больного клинической картины ангинозного приступа (или астматического его эквивалента), гиперферментемии в типичные сроки, характерных изменений на ЭКГ, описанных выше. Типичная клиническая картина болевого приступа с появлением (в характерной последовательности) гиперлейкоцитоза, гипертермии, увеличенной СОЭ, признаков перикардита заставляет предполагать инфаркт миокарда и проводить соответствующее лечение больного даже в том случае, если на ЭКГ отсутствуют доказательные для инфаркта изменения. Диагноз подтверждается анализом дальнейшего течения болезни (выявление гиперферментемии, осложнений, в особенности левожелудочковой недостаточности). Подобным же образом обосновывается ретроспективное диагностическое предположение об инфаркте миокарда, осложняющем течение других болезней или послеоперационного периода.

Для диагноза мелкоочагового инфаркта необходимо наличие у больного названных выше 3 компонентов, но интенсивность и продолжительность болевого приступа, реактивные сдвиги со стороны крови, температуры тела, активности ферментов сыворотки, а также изменения ЭКГ выражены обычно в меньшей степени. Достоверность диагноза, основанного лишь на появлении отрицательных зубцов T на ЭКГ в отсутствие убедительных клинико-лабораторных данных, сомнительна. Как правило, мелкоочаговый инфаркт наблюдается у лиц, много лет страдающих ишемической болезнью сердца и кардиосклерозом с различными его осложнениями, число и тяжесть которых, а также наклонность к рецидивированию возрастают с присоединением инфаркта, чем и определяются как продолжительность и отягощенность течения последнего, так и серьезность ближайшего и отдаленного его прогнозов. Если же он возникает в ранней, начальной фазе ишемической болезни сердца, то нередко оказывается предвестником тяжелого трансмурального инфаркта сердца, развивающегося несколько дней или недель спустя. Этими двумя особенностями определяются клиническая и прогностическая оценки мелкоочагового инфаркта и выбор тактики лечения. Дифференциальный диагноз инфаркта миокарда проводится с перикардитом (см.), с эмболией легочной артерии (см.), со спонтанным пневмотораксом (см.), с массивным внутренним кровотечением (см.), с острым панкреатитом (см.), с расслаивающей гематомой аорты (см.). Мелкоочаговый инфаркт миокарда отличают от коронарогенной очаговой дистрофии миокарда, от дисгормональной (климактерической) кардиопатии (см. *Кардиалгии*).

Л е ч е н и е. Основная помощь при инфаркте миокарда: 1) непрерывное воздействие нитратами; 2) введение либо препарата, лизирующего тромб, либо прямого антикоагулянта внутривенно; 3) применение препарата, блокирующего бета-адренергические влияния на сердце; 4) введение хлорида калия в составе поляризующей смеси. Совокупность этих мер, в особенности если они приняты в первые часы заболевания, направлена на ограничение размера повреждения миокарда в инфарктной и периинфарктной зонах.

При ангинозном состоянии нитроглицерин применяют без промедления, сначала сублингвально (0,0005 г в таблетке или 2 капли 1 % спиртового раствора) многократно с интервалом в 2—3 мин до тех пор, пока интенсивность ангинозной боли существенно ослабеет, а тем временем устанавливают систему для в/в капельных инфузий и продолжают воздействие нитроглицерином с помощью в/в непрерывного его введения. С этой целью водный (не спиртовой!) 0,01 % раствор нитроглицерина, содержащий 100 мкг препарата в 1 мл, разводят стерильным изотоническим раствором хлорида натрия с таким расчетом, чтобы скорость в/в введения нитроглицерина больному могла составлять 50 мкг/мин и увеличивая ее каждую минуту добиваются стабильного антиангинального действия (обычно — со скоростью не свыше 200—250—300 мкг/мин); действенную скорость сохраняют на продолжительное время. Только полное отсутствие облегчения ангинозных болей, несмотря на адекватное применение нитроглицерина, оправдает введение больному в/в (не в/м и не п/к!) наркотических анальгетиков: либо смеси из 1—2 мл 2 % раствора промедола, 1—2 мл 50 % анальгина и 1 мл 1 % раствора димедрола в 20 мл 5—10 % раствора глюкозы; либо (в отсутствие брадикардии, артериальной гипотензии) — 1 мл 0,25 % раствора дроперидола с 1 мл 0,005 % раствора фентанила; либо (в отсутствие артериальной гипертензии) 30 мг (т. е. 1 мл) пентазоцина (фортрала). Потенцируют анальгезию ингаляцией смеси закиси азота и кислорода (1:1) либо введением в/в медленно (!) 20 мл 20 % раствора натрия оксибутирата (гамма-оксимасляная кислота). Не следует спешить с гипотензивной терапией при артериальной гипертензии в первые часы инфаркта миокарда. Нитроглицерин — при невозможности в/в его введения — продолжают давать в таблетках сублингвально, поддерживая антиангинальное действие препарата аппликацией на кожу 2 % мази с нитроглицерином.

Гепарин вводят в/в, начиная с 1000 ЕД, затем предпочтительна непрерывная в/в инфузия гепарина со скоростью 1000 ЕД за 1 час, либо дробное введение в вену (можно пункцией катетера) не реже чем каждые 2 ч (!) по 2000 ЕД. В стационаре продолжают в/в введение гепарина (1000 ЕД в час), контролируемое повторными коагулограммами, либо временем свертывания крови (оно должно возрасти в 2—3 раза). Предпочтительна тромболитическая терапия, проводимая при том условии, что больной доставлен в стационар в первые часы инфаркта миокарда (сегменты *ST* на ЭКГ еще приподняты куполообразно) и что блок интенсивного наблюдения стационара располагает навыками, необходимыми для ведения больных в период тромболизиса; последний осуществляют стрептодеказой (обычно в дозе 3 000 000 ЕД) или другим тромболитическим препаратом.

Одновременно с гепарином (в особенности вслед за введением стрептодеказы либо другого тромболитического препарата) продолжают введение нитроглицерина (лучше в/в непрерывно) и налаживают введение в вену больного поляризующей смеси (500 мл 10 % раствора глюкозы + 1,5 г калия хлорида + 10—12 ЕД инсулина), в сочетании с которой можно вводить и гепарин и другие препараты. Целесообразна установка венозного катетера в крупную вену с расчетом на долгосрочное его использование. Вводят больному в/в капельно на протяжении примерно получаса обзидан в дозе 7—8 мг; 4 ч спустя по окончании инфузии обзидана препарат начинают давать внутрь, обычно в дозе 20—40 мг на прием каждые 4—6 ч. Завершая гепаринотерапию, переходят от внутривенного его введения к инъекциям в подкожный жировой слой передней брюшной стенки (только не внутримышечно!) по 7500—5000 ЕД 2—4 раза в сутки. Прием антиагрегантов начинают с 3—4-го дня болезни, как правило, таким препаратом служит ацетилсалициловая кислота, принимаемая по 100 мг (редко по 200 мг) 1 раз в день (после еды). Необходим контроль реакции на кровь в кале.

Инфузионную гепаринотерапию продолжают — при неосложненном течении инфаркта миокарда — 5—7 дней; соли калия — внутрь в виде растворов калия хлорида или ацетата, либо препаратов «пенистый калий» или сол-натрекс (с пищей); инфузии нитроглицерина постепенно заменяют на аппликации мази с 2 % нитроглицерина; прием антиагреганта (ацетилсалициловой кислоты) не следует прекращать до завершения периода реабилитации больного. Активность больного в постели — с первого дня, присаживание — со 2—4-го дня, вставание и ходьба по палате — на 7—9—11-й дни. Рекомендуется эластическое бинтование ног, в особенности у тучных лиц (не массаж!). Сроки перевода больного на режим амбулаторной или санаторной реабилитации, а также возвращение к работе и трудоустройство (по заключению ВТЭК) определяются индивидуально.

Л е ч е н и е   о с л о ж н е н и й. Частые желудочковые экстрасистолы высоких градаций по Лауну (ранние типа *R* на *T*, политопные, групповые, «пробежки» тахикардии) в первые часы инфаркта миокарда могут быть следствием реканализации (в том числе спонтанной) просвета коронарной артерии, но вместе с тем — предвестником скорого возникновения желудочковой тахикардии либо фибрилляции желудочков. Поэтому необходимо ввести в/в струйно медленно 10—20 мл 1 % раствора ксикаина (ксилокаина, лидокаина), затем ту же дозу превентивно вводят капельно на протяжении часа (если надо — повторно). Единичные экстрасистолы не требуют лечения. При наджелудочковой экстрасистолии — капельная инфузия поляризующей смеси; при пароксизмах наджелудочковой тахикардии, мерцания или трепетания предсердий, если они вызывают симптомы сердечной и сосудистой недостаточности,— также инфузия поляризующей смеси в сочетании с введением 1 мл 0,025 % раствора дигоксина (не коргликона!) и 1—2 мл 25 % раствора кордиамина в/в, в отсутствие таких симптомов — наблюдение, так как эти виды аритмий обычно преходящи. При пароксизме желудочковой тахикардии немедленная дефибрилляция предпочтительнее попыток проведения лекарственной терапии.

При атриовентрикулярной блокаде II—III степени изадрин (новодрин) 0,005 г (рассосать таблетку во рту) или орципреналин сульфат (алупент) 0,02 г (рассосать) либо в/в, капельно в виде 1—2 мл 0,05 % раствора в 200—300 мл изотонического раствора натрия хлорида со скоростью 12—16 капель в 1 мин; продолжительность и повторность применения устанавливают в зависимости от сдвигов в степени блокады. Если полная АВ-блокада при инфаркте миокарда задней (нижней) стенки нередко оказывается преходящей, то при переднеперегородочном инфаркте миокарда она резко ухудшает ближайший прогноз и требует электрокардиостимуляции, не всегда, к сожалению, улучшающей прогноз. Блокада ветвей пучка Гиса обычно не требует специального медикаментозного лечения.

При первых даже минимальных признаках острой сердечной, чаще левожелудочковой недостаточности в любом из периодов болезни показано применение препаратов сосудорасширяющего действия (нитраты, антагонисты кальция) предпочтительно в/в продолжительными периодами, но можно и внутрь (нитраты и в виде мази). Застойные явления вынуждают к назначению диуретических препаратов (фуросемид, гипотиазид, триамтерен, триампур, верошпирон), которые применяются малыми и умеренными дозами, но повторно, по мере надобности.

При отеке легких дать нитроглицерин под язык и при этом по возможности начать в/в введение нитроглицерина (см. выше), увеличивая скорость его введения, вплоть до достижения убыли симптомов отека. Паническое настроение больного может потребовать введения в/в или подкожно 1 мл 1 % раствора морфина или других наркотических анальгетиков. Наряду с этим вводят в/в 6—8 мл раствора фуросемида в качестве диуретика (в отсутствие признаков кардиогенного шока!). Только при резком повышении диастолического АД применяют регулируемое (опасность коллапса!) его снижение капельным в/в введением смеси из 5 мл 5 % раствора арфонада и

250—300 мл раствора глюкозы, скорость которого (число капель в минуту) подбирают, измеряя АД каждые 1—2 мин.

При кардиогенном шоке, т. е. при артериальной гипотензии, сочетающейся с анурией либо олигурией (менее 8 капель мочи в 1 мин по катетеру) и с острой сердечной недостаточностью (застойные явления в легких с одышкой, цианозом; синдром малого сердечного выброса; отек легких), необходимо прежде всего купировать ангинозную боль, как это описано при ангинозном приступе. Под обязательным контролем центрального венозного давления приступают к инфузии либо растворов, восполняющих сниженный объем циркулирующей крови — реополиглюкин 100—200 и даже 300 мл в/в с осторожностью (опасность отека легких); либо раствора дофамина в 5 % глюкозе или в изотоническом растворе хлорида натрия (из расчета 25 мг дофамина на 125 мл раствора; при этом скорость введения 1 мл в 1 мин, т. е. 16—18 капель в 1 мин, будет соответствовать инфузии 200 мкг препарата за 1 мин). Скорость введения дофамина может и должна изменяться в зависимости от реакции сердечной деятельности и сосудистого тонуса, а также объема отделяемой почками мочи. Прогноз крайне серьезен, в особенности если кардиогенный шок сочетается с отеком легких. Признаком преодоления кардиогенного шока служит возобновление диуреза в объеме 1 мл и более в минуту; не следует ориентироваться только на повышение уровня АД. В специализированных отделениях выбор тактики лечения шока и контроль за ходом лечения облегчается получением информации о давлении в легочной артерии, об объеме циркулирующей крови, о параметрах центральной гемодинамики, оксигенации и pH крови, величине минутного диуреза, а также о рентгенографической картине кровенаполнения легких и некоторых других данных.

При тромбоэмболии ветвей легочной артерии гепаринотерапия необходима тем более, чем более достоверен диагноз; ее следует сочетать с лечением недостаточности сердца (нередко латентной), являющейся причиной периферического, часто бессимптомного флеботромбоза (источник тромбоэмболии). В специализированных отделениях проводится тромболитическая терапия (см. *Инфаркт легкого*).

ИШЕМИЧЕСКАЯ (КОРОНАРНАЯ) БОЛЕЗНЬ СЕРДЦА — хронический патологический процесс, обусловленный недостаточностью кровоснабжения миокарда; в подавляющем большинстве (97—98 %) случаев является следствием атеросклероза коронарных артерий сердца. Основные клинические формы — стенокардия (см.), инфаркт миокарда (см.) и коронарогенный (атеросклеротический) кардиосклероз (см.); две первых — острые, а кардиосклероз — хроническая формы болезни. Они встречаются у больных как изолированно, так и в сочетаниях, в том числе и с различными их осложнениями и последствиями (сердечная недостаточность, нарушения сердечного ритма и внутрисердечной проводимости, тромбоэмболии и др.). Этим определяется широкий диапазон лечебных и профилактических мер. В периоде ремиссии болезни показано санаторно-курортное лечение; в климатических условиях средней полосы СССР — на протяжении всего года, в условиях южных курортов — в нежаркие месяцы года.

Прогноз и трудоспособность зависят от частоты обострений болезни, а также от характера и стойкости нарушений функций сердца (и других органов), наступивших в результате осложнений заболевания.

КАРДИАЛГИИ — боли в области сердца, отличающиеся по своим признакам от стенокардии (см.); характеризуются колющими, жгучими, ноющими, реже давящими болевыми ощущениями в области сердца; они могут иррадиировать по всей левой половине грудной клетки, левой руке и левой лопатке; они бывают мимолетными (молниеносный «прокол»), непродолжительными (минуты, часы) или очень долгими (дни, недели, месяцы). Как правило, кардиалгии не прекращаются от приема нитратов. Наличие кардиалгии не исключает существования у некоторых больных атеросклероза коронарных артерий сердца и может иногда перемежаться или сочетаться с истинными приступами стенокардии.

Любая боль в левой половине груди может расцениваться как кардиалгия, пока не уточнится диагноз. Кардиалгии возникают при ряде клинических синдромов и патологических состояний.

Кардиалгия при поражениях периферической нервной системы. *Шейный остеохондроз* и *грыжа межпозвоночного диска* могут вызывать сдавление нервных корешков; кардиалгический синдром может быть также следствием *раздражения симпатического сплетения позвоночной артерии.* В первом и втором случае появление болей в левой половине груди связано с определенными положениями и движениями руки, головы, но не с физическим напряжением; боли могут усиливаться или возникать в ночное время, при натяжении шейно-грудных корешков (отведение руки за спину, вытягивание ее в сторону). Наблюдается повышение или понижение рефлексов и гипо- или гиперестезия на руке. В третьем случае — при сдавлении симпатического сплетения позвоночной артерии — к описанным симптомам иногда присоединяется отечность кисти, что связано с нарушением вазоконстрикторной симпатической иннервации; при надавливании на голову в направлении продольной оси позвоночника и при сгибании головы, повернутой в сторону поражения, возникает боль.

Необходимо лечение основного заболевания.
Прогноз благоприятный.

Кардиалгия может быть следствием *шейно-плечевого синдрома,* появляющегося в результате сдавления подключичных артерий, вены и плечевого сплетения при дополнительном шейном ребре (синдром Фальконера — Ведделя) или при патологической гипертрофии («синдроме») передней лестничной мышцы (синдром Наффцигера). К особенностям болевого синдрома в этих случаях относится появление болей при ношении небольших тяжестей в руке, при

работе с поднятыми руками. При осмотре определяется утолщенная болезненная передняя лестничная мышца, отмечается расширение подкожных вен над большой грудной мышцей, понижение температуры, а иногда и отечность кисти, снижение АД на лучевой артерии на стороне поражения. На рентгенограмме может быть выявлено дополнительное ребро, увеличение поперечного отростка VII шейного позвонка.

Лечение. При дополнительном шейном ребре в случае тяжелого болевого синдрома и сдавления подключичных сосудов показано удаление этого ребра; при синдроме передней лестничной мышцы в легких случаях назначают анальгин, индометацин (метиндол) в обычных дозах, при тяжелых поражениях вводят в гипертрофированную переднюю лестничную мышцу 2 % раствор новокаина (2 мл) или раствор гидрокортизона (2 мл) — 2—3 раза, через день. В очень тяжелых случаях приходится прибегать к рассечению мышцы.

Прогноз обычно благоприятный.

Кардиалгия при левосторонней межреберной невралгии, опоясывающем лишае, невриноме корешков (в последнем случае боль может быть настолько интенсивной, что даже не уступает введению морфина — это имеет диагностическое значение). При опоясывающем лишае иногда отмечаются изменения на ЭКГ в виде снижения сегмента *ST,* уплощения или инверсии зубца *T.* Необходимо лечение соответствующих заболеваний.

Болезненное утолщение реберных хрящей (чаще II—IV ребер), или *синдром Титце,* — довольно распространенная болезнь у лиц старше 40 лет, сопровождающаяся кардиалгией. Этиология неизвестна. В основе патогенеза — асептическое воспаление реберных хрящей.

Лечение симптоматическое (анальгин, ибупрофен или бруфен).

Прогноз благоприятный.

Кардиалгия может наблюдаться при высоком стоянии диафрагмы, обусловленном вздутием желудка или кишечника, ожирением и т. п. (синдром Ремхельда). Боли возникают нередко после еды, если больной лежит, но исчезают при переходе в вертикальное положение, при ходьбе; иногда они сочетаются с настоящей стенокардией (дифференциация несложна уже при правильно собранном анамнезе). Прогноз благоприятный.

Кардиалгия может быть обусловлена *диафрагмальной грыжей,* возникающей чаще в пожилом возрасте при растяжении пищеводного отверстия диафрагмы, а также при травматическом разрыве купола диафрагмы. Ноющие боли, загрудинные или иной локализации, возникают в результате смещения органов средостения или ущемления желудка, или при образовании язвы в пролабирующей части желудка. Боли появляются сразу после приема пищи или в горизонтальном положении, иногда по ночам (при поздней еде). Боль исчезает при ходьбе, после отрыжки, при переходе в вертикальное положение. Часто кардиалгический синдром сочетается у этих больных с признаками железодефицитной анемии, обусловленной повторными кровотечениями. При ущемлении грыжи возможно появление вскоре после еды сильнейшей загрудинной боли, которая не прекращается от применения обычных анальгезирующих средств, морфина, нитратов, но исчезает внезапно при перемене положения тела (обычно в вертикальном положении). Диагноз устанавливают рентгенологически (исследование с опущенным головным концом тела). Возможно сочетание со стенокардией.

Пептическая язва пищевода, кардиоспазм, эзофагит могут сопровождаться кардиалгией, отличительной особенностью которой является отчетливая связь с прохождением пищи по пищеводу.

При расположении поперечной ободочной кишки над печенью *(синдром Килайдити)* может возникать либо сильнейшая боль справа от грудины (при ущемлении кишки), либо ноющая загрудинная боль (при вздутии кишечника). Заподозрить это заболевание можно при обнаружении тимпанита над печенью; диагноз устанавливается рентгенологически.

П р о г н о з обычно благоприятный.

Кардиалгический синдром может наблюдаться при *первичной легочной гипертонии, инфаркте легкого* (он может сопровождаться и приступом стенокардии), *парапневмоническом плеврите.* Ноющие и колющие боли в области сердца могут возникать при миокардите (один из признаков рецидива ревмокардита), *перикардите.*

Л е ч е н и е и п р о г н о з определяются основным заболеванием.

Синдром передней грудной стенки — появление болей и болезненности в области сердца после окончания острого периода инфаркта миокарда,— будучи типичным вариантом кардиалгии, может при нечетко собранном анамнезе имитировать рецидив коронарной атаки. Патогенез синдрома неясен. Ноющие боли могут быть разной интенсивности, иногда они выражены резко, в других случаях субъективные ощущения почти отсутствуют, отмечается лишь болезненность околосердечной области.

Л е ч е н и е — анальгезирующие препараты.

Прогноз собственно кардиалгии благоприятен.

Дисгормональные кардиопатии проявляются выраженными кардиалгиями, но независимо от них могут появляться и некоторые нарушения деятельности сердца, регистрируемые в виде желудочковых экстрасистолий, отрицательного зубца T чаще в отведениях V_1 — V_4, реже — и в остальных грудных отведениях ЭКГ, легкого смещения вниз сегмента ST в тех же отведениях (признак необязательный), преходящих блокад ножек пучка Гиса. В этих случаях следует говорить уже не о кардиалгии (хотя она обычно имеет место), а о кардиопатии (миокардиопатии). Патогенез болевого синдрома и нарушений деятельности сердца при дисгормональных состояниях остается недостаточно выясненным. Дисгормональные кардиопатии могут возникать при *тиреотоксикозе* (см.) и других эндокринных заболеваниях.

Наиболее выражены эти изменения при климаксе, когда очень часто возникает *климактерическая кардиалгия,* реже климактерическая кардиопатия. Синдром возникает на фоне вегетативных нарушений, характерных для климакса, иногда за несколько лет до прекращения менструаций, реже — через несколько лет после наступления аменореи. Больные жалуются на чувство тяжести, стеснения за грудиной, чаще слева от нее, режущую, жгучую, прокалывающую боль в области верхушечного толчка. Боль может быть кратковременной, продолжительной (часы, недели, месяцы), иногда возникает в ночное время, имитируя стенокардию покоя. Нередки жалобы на нехватку воздуха: при этом речь идет не об истинной одышке, а о чувстве неудовлетворенности вдохом, крылья носа не расширяются, вспомогательные мышцы (объективный признак одышки) в дыхании не участвуют. Боль, как правило, не провоцируется физическим напряжением, постельный режим частоту и интенсивность приступов не сокращает, нитраты боли не прекращают или приводят к их ослаблению через длительный промежуток времени (при стенокардии — через несколько минут!), чаще нитраты вызывают лишь сильную головную боль. Нередки жалобы на приступы потери сознания, однако в тех случаях, когда врачу удается наблюдать эти эпизоды, речь идет практически об истерическом припадке с мелкими клоническими судорогами. Возможны и обмороки. Обычно боль сопровождается «приливами», потоотделением, парестезиями; больные раздражительны, эмоционально лабильны, настроение снижено. Иногда предъявляются жалобы на сильные головные боли, сердцебиение, чувство остановки сердца, спазмы в горле, головокружения. При осмотре выявляется небольшая тахикардия, возможна сосудистая дистония. Приступ заканчивается ощущением резкой слабости, профузным потоотделением, полиурией. Кардиалгия может сопровождаться страхом смерти.

Появление изменений на ЭКГ, прежде всего отрицательных зубцов T, которые могут быть глубокими и симметричными, требует дифференциации с очаговыми поражениями миокарда (ишемия, мелкоочаговый инфаркт). Отличительные электрокардиографические признаки климактерической кардиопатии: отсутствие противоположного направления зубца T смещения сегмента ST (смещается вниз при отрицательном зубце T, а при инфаркте миокарда смещается кверху при отрицательном зубце T); отрицательный зубец T сохраняется неделями (нередко месяцами и годами), с несоответствующими болевому синдрому колебаниями, вплоть до появления положительного зубца T (при инфаркте он постепенно нормализуется); при кардиопатии в отличие от инфаркта отрицательный зубец T становится положительным через час после приема 40 мг индерала (индераловая проба) или 5 г хлорида калия (проба с хлоридом калия). Отвергнуть наличие инфаркта миокарда помогает определение активности ферментов в крови, миоглобина в крови и моче. В отличие от климактерической кардиопатии при ишемии миокарда отрицательный зубец T сохраняется 1—2 дня. Важнейшую роль в дифференциальной диагностике играет правильно собранный анамнез. Во всех сомнительных случаях до выяснения диагноза необходимо лечить больных, как при инфаркте миокарда.

В лечении климактерической кардиалгии и кардиопатии основную роль играет психотерапия: разъяснение больным полной безопасности как болевого синдрома (его несвязанности со стенокардией), так и обнаруживаемых изменений на ЭКГ. Постельный режим не показан. Как правило, больные сохраняют трудоспособность. Медикаментозная терапия сводится к назначению препаратов валерианы (в частности, капель Зеленина) в случае упорной кардиалгии. При климактерической кардиопатии, сопровождающейся появлением отрицательных зубцов T, хороший эффект (нормализация ЭКГ, прекращение болей) дают верапамил (изоптин), анаприлин (индерал) в дозе 40 мг 1—3 раза в день (при выраженной брадикардии, нарушениях проводимости не назначать!). Половые гормоны используют лишь при других тяжелых проявлениях климакса. Важнейшим показателем эффективности проводимой терапии является исчезновение или существенное ослабление болей независимо от показателей ЭКГ.

П р о г н о з благоприятный.

Дисгормональная кардиопатия с клинической картиной, подобной описанной выше, наблюдается при лечении половыми гормонами аденомы или рака *предстательной железы*. Терапия собственно кардиопатии та же.

Кардиалгия, желудочковая экстрасистолия встречаются в период полового созревания (*пубертатное сердце*). При этом синдроме наблюдаются и вегетативные, и поведенческие особенности дисгормонального состояния, хотя они существенно менее выражены, чем при климаксе. Специальное лечение не проводится. Прогноз благоприятный.

Все особенности климактерической кардиопатии (включая и появление отрицательного зубца T на ЭКГ) могут наблюдаться перед началом и в первые дни менструации — *предменструальный синдром* (см.). Специальная терапия не проводится.

КАРДИОМИОПАТИИ — первичные невоспалительные поражения миокарда невыясненной этиологии (идиопатические), не связанные с клапанными пороками или внутрисердечными шунтами, артериальной или легочной гипертензией, ишемической болезнью сердца или системными заболеваниями (коллагенозы, амилоидоз, гемохроматоз и др.). Патогенез кардиомиопатии неясен. Предполагается участие генетических факторов, ферментных и эндокринных нарушений (в частности в симпатико-адреналовой системе), не исключается роль вирусной инфекции и иммунологических сдвигов. Основные формы кардиомиопатий: гипертрофическая (обструктивная и необструктивная), застойная (дилатационная) и рестриктивная (встречается редко).

Гипертрофическая кардиомиопатия. Необструктивная форма характеризуется увеличением размеров сердца вследствие диффузной гипертрофии стенок левого желудочка, реже только верхушки сердца. У верхушки сердца или у мечевидного отростка выслушивается систолический шум, нередко пресистолический ритм галопа. При асимметричной гипертрофии межжелудочковой перегородки с сужением путей оттока левого желудочка (обструктивная форма) возникают симптомы мышечного субаортального стеноза: боли за грудиной, приступы головокружения со склонностью к обморочным состояниям, приступообразная ночная одышка, громкий систолический шум в третьем-четвертом межреберье у левого края грудины, не проводящийся на сонные артерии, с максимумом в середине систолы, иногда сочетающийся с систолическим шумом регургитации, обусловленным «сосочковой» митральной недостаточностью. Нередки аритмия и нарушения внутрисердечной проводимости (блокады). Прогрессирование гипертрофии может приводить к развитию сердечной недостаточности сначала левожелудочковой, затем тотальной (в этой стадии часто появляется протодиастолический ритм галопа). На ЭКГ — признаки гипертрофии левого желудочка и межжелудочковой перегородки: глубокие неуширенные зубцы Q во II, III, aVF, V_{4-6} отведениях в сочетании с высоким зубцом R. Эхокардиография наиболее надежный метод выявления гипертрофии стенок желудочков и межжелудочковой перегородки. Помогает диагностике зондирование полостей сердца и радионуклидная вентрикулография.

Застойная (дилатационная) кардиомиопатия проявляется резким расширением всех камер сердца в сочетании с незначительной их гипертрофией и неуклонно прогрессирующей, рефрактерной к терапии сердечной недостаточностью, развитием тромбозов и тробоэмболий. Дифференциальная диагностика проводится в первую очередь с миокардитом и миокардиодистрофиями, т. е. с теми состояниями, которые без должных оснований иногда именуют вторичными кардиомиопатиями.

Л е ч е н и е. При гипертрофической кардиомиопатии применяют бета-адреноблокаторы (анаприлин, индерал), производят хирургическую коррекцию субаортального стеноза. При развитии сердечной недостаточности ограничивают физические нагрузки, назначают диету с уменьшенным содержанием соли и жидкости, сердечные гликозиды (недостаточно эффективны), вазодилататоры, мочегонные средства, антагонисты кальция (изоптин и др.).

П р о г н о з в случае развития прогрессирующей сердечной недостаточности неблагоприятный. При выраженных формах наблюдаются случаи внезапной смерти. До развития недостаточности кровообращения трудоспособность страдает мало.

КАРДИОСКЛЕРОЗ — поражение мышцы (миокардиосклероз) и клапанов сердца вследствие развития в них рубцовой ткани в виде участков различной величины (от микроскопических до крупных рубцовых очагов и полей) и распространенности, замещающих миокард или(и) деформирующих клапаны. Является исходом ревматизма и миокардитов разной природы (миокардитический кардиосклероз) либо атеросклероза коронарных артерий (коронарогенный атеросклеротический кардиосклероз). Клиническое значение кардиосклероза другого происхождения (исход дистрофии и гипертрофии миокарда, травмы сердца, других его болезней) невелико.

Д и а г н о з. Проявлениями миокардиосклероза служат стабильные аритмии и нарушения внутрисердечной проводимости, хроническая сердечная недостаточность. Атеросклеротический кардиосклероз может вызывать клапанные пороки почти исключительно в форме недостаточности митрального (папиллярный порок) или аортального клапанов; при атеросклеротическом кардиосклерозе могут возникать приступы стенокардии, а также может развиться хроническая аневризма сердца. Течение чаще медленно прогрессирующее вследствие хронически рецидивирующего (ревматизм) или прогрессирующего (атеросклероз) характера основной болезни.

Л е ч е н и е основной болезни; патогенетическая терапия отдельных синдромов; аритмий, атриовентрикулярной блокады, хронической сердечной недостаточности (учитывая, что при кардиосклерозе толерантность миокарда к сердечным гликозидам, как правило, снижается).

КОЛЛАПС — одна из форм острой сосудистой недостаточности, характеризующаяся резким падением сосудистого тонуса или быстрым уменьшением массы циркулирующей крови, что приводит к уменьшению венозного притока к сердцу, падению артериального и венозного давления, гипоксии мозга и угнетению жизненно важных функций организма. Причины: острые инфекции (брюшной и сыпной тифы, менингоэнцефалит, пневмония и др.), острая кровопотеря, болезни эндокринной и нервной системы (опухоли, сирингомиелия и др.), экзогенные интоксикации (отравления окисью углерода, фосфорорганическими соединениями и др.), спинномозговая и перидуральная анестезия, ортостатическое перераспределение крови (передозировка некоторых лекарственных средств — ганглиоблокаторов, инсулина, гипотензивных препаратов и др.), острые заболевания органов брюшной полости (перитонит и др.). Коллапс может быть осложнением острого нарушения сократительной функции миокарда, объединяемого понятием «синдром малого сердечного выброса», который возникает в остром периоде инфаркта миокарда, при резко выраженной тахикардии, при глубокой брадикардии, при нарушениях функции синусового узла и др.

Имеются различия между понятиями «коллапс» и «шок». Шоком в отличие от коллапса называют реакцию организма на сверхсильное, особенно болевое, раздражение, сопровождающуюся более тяжелыми расстройствами жизненно важных функций нервной и эндокринной систем, кровообращения, дыхания, обменных процессов и часто выделительной функции почек (см. *Шок*).

С и м п т о м ы. Большей частью внезапно развиваются ощущения общей слабости, головокружение, больной жалуется на зябкость, озноб, жажду; температура тела снижена. Черты лица заострены, конечности холодные, кожные покровы и слизистые оболочки бледны с цианотичным оттенком, лоб, виски, иногда все тело покрыты холодным потом, малый и слабый пульс, обычно учащенный, вены спавшиеся, АД понижено. Сердце не расширено, тоны его глухие, иногда аритмичные, дыхание поверхностное, учащенное, но, несмотря на одышку, больной не испытывает удушья, лежит с низко расположенной головой. Диурез снижен. Сознание сохранено или затемнено, к окружающему больной безучастен, реакция зрачков на свет вялая, наблюдаются тремор пальцев рук, иногда судороги. Объем циркулирующей крови всегда снижен, часто определяются декомпенсированный метаболический ацидоз, гематокрит повышен. Дифференциальный диагноз проводится с обмороком, при котором функциональные нарушения выражены значительно слабее, АД нормальное, а также с сердечной недостаточностью, отличающейся от коллапса ортопноэ, увеличением объема циркулирующей крови, нормальным АД.

Л е ч е н и е неотложное. В зависимости от причины — остановка кровотечения, удаление из организма токсических веществ, применение специфических антидотов, устранение гипоксии и др. Больного согревают, укладывают с приподнятыми ногами. Проводится трансфузия кровезаменителей (полиглюкин, гемодез, реополиглюкин, солевые растворы) и лишь по строгим показаниям — компонентов крови. Струйно в/в вводят преднизолон (60—90 мг), при недостаточном эффекте добавляют 1—2 мл 1 % раствора мезатона или капельно 1 мл 0,2 % раствора норадреналина (при геморрагическом коллапсе вазопрессорные препараты применяют только после восстановления объема крови), 1—2 мл кордиамина, 1—2 мл 10 % раствора кофеина, 2 мл 10 % раствора сульфокамфокаина. При ацидозе в/в вводят растворы гидрокарбоната натрия (50—100 мл), 8,4 % раствора или 100—200 мл 4,5 % раствора. При синдроме малого сердечного выброса применяют противоаритмические препараты (если он обусловлен аритмией), дофамин (капельно в/в 25—100—200 мг в 5 % растворе глюкозы или изотоническом растворе хлорида натрия), экстренную электрокардиостимуляцию и др.

П р о г н о з определяется причиной коллапса и степенью сосудистых расстройств.

ЛЕГОЧНОЕ СЕРДЦЕ — патологическое состояние, характеризующееся гипертрофией и дилатацией (а затем и недостаточностью) правого желудочка сердца вследствие артериальной легочной гипертензии при поражениях системы дыхания.

Э т и о л о г и я. Различают: 1) васкулярную форму легочного сердца — при легочных васкулитах, первичной легочной гипертензии, горной болезни, тромбоэмболии легочных артерий; 2) бронхолегочную форму, наблюдавшуюся при диффузном поражении бронхов и легочной паренхимы — при бронхиальной астме, бронхиолите, хроническом обструктивном бронхите, эмфиземе легких, диффузном пневмосклерозе и фиброзах легких в исходе неспецифических пневмоний, туберкулезе, при пневмокониозе, саркоидозе, синдроме Хаммена — Рича и др.; 3) торако-диафрагмальную форму легочного сердца, развивающуюся при значительных нарушениях вентиляции и кровотока в легких вследствие деформации грудной клетки (кифосколиозы и др.), патологии плевры, диафрагмы (при торакопластике, массивном фиброторексе, пиквикском синдроме и т. п.).

П а т о г е н е з. Ведущее значение имеет легочная артериальная гипертензия, обусловленная патологическим повышением сопротивления кровотоку при гипертонии легочных артериол — первичной (при первичной легочной гипертензии) или в ответ на альвеолярную гипоксию (при горной болезни, нарушениях вентиляции альвеол у больных с бронхиальной обструкцией, кифосколиозом и др.) либо вследствие анатомического уменьшения просвета артериального легочного русла за счет склероза, облитерации (в зонах пневмосклероза, легочного фиброза, при васкулитах), тромбоза или тромбоэмболии, после хирургического иссечения (при пульмонэктомии). При дыхательной недостаточности у больных с обширным поражением паренхимы легких патогенетическое значение имеет и нагрузка сердца объемом вследствие компенсаторного повышения объема кровообращения за счет усиленного венозного возврата крови к сердцу.

К л а с с и ф и к а ц и я. По особенностям развития выделяют острое легочное сердце, развивающееся за несколько часов или дней (например, при массивной тромбоэмболии легочных артерий, клапанном пневмотораксе), подострое (развивается за недели, месяцы при повторных тромбоэмболиях легочных артерий, первичной легочной гипертензии, лимфогенном карциноматозе легких, тяжелом течении бронхиальной астмы, бронхиолитов) и хроническое, формирующееся на фоне многолетней дыхательной недостаточности.

В развитии хронического легочного сердца выделяют три стадии: I стадия (доклиническая) характеризуется транзиторной легочной гипертензией с признаками напряженной деятельности правого желудочка, которые выявляются только при инструментальном исследовании; II стадия определяется по наличию признаков гипертрофии правого желудочка и стабильной легочной гипертензии при отсутствии недостаточности кровообращения; III стадия, или стадия декомпенсированного легочного сердца (синоним: легочно-сердечная недостаточность), наступает со времени появления первых симптомов недостаточности правого желудочка.

К л и н и ч е с к и е   п р о я в л е н и я. Острое легочное сердце проявляется болью за грудиной, резко учащенным дыханием, падением АД, вплоть до развития коллапса, пепельно-серым диффузным цианозом, расширением границы сердца вправо, иногда появлением подложечной пульсации; нарастающей тахикардией, усилением и акцентом II тона сердца над легочным стволом; отклонением электрической оси сердца вправо и электрокардиографическими признаками перегрузки правого предсердия; повышением венозного давления, набуханием шейных вен, увеличением печени, нередко сопровождающимися болями в правом подреберье.

Хроническое легочное сердце до стадии декомпенсации распознается по симптомам гиперфункции, затем гипертрофии правого желудочка на фоне артериальной гипертензии, выявляемых вначале с помощью ЭКГ, рентгенологического исследования грудной клетки и других инструментальных методов, а в последующем и по клиническим признакам: появлению выраженного сердечного толчка (сотрясение передней грудной стенки при сокращениях сердца), пульсации правого желудочка, определяемой пальпаторно за мечевидным отростком, усилению и постоянному акценту II тона сердца над стволом легочной артерии при нередком усилении I тона над нижней частью грудины. В стадии декомпенсации появляются симптомы правожелудочковой недостаточности: тахикардия; акроцианоз; набухание шейных вен, сохраняющееся на вдохе (их набухание только на выдохе может быть обусловлено бронхиальной обструкцией); никтурия; увеличение печени, периферические отеки (см. *Сердечная недостаточность*).

Л е ч е н и е. Проводятся лечение основного заболевания (ликвидация пневмоторакса, тромболитическая терапия или хирургическое вмешательство при тромбоэмболии легочных артерий, терапия бронхиальной астмы и т. д.), а также меры, направленные на устранение дыхательной недостаточности. По показаниям применяют бронхолитики, отхаркивающие средства, дыхательные аналептики, оксигенотерапию. Декомпенсация хронического легочного сердца у больных с бронхиальной обструкцией является показанием к постоянной терапии глюкокортикоидами (преднизолон и др.), если они эффективны. С целью снижения артериальной легочной гипертензии при хроническом легочном сердце могут быть применены эуфиллин (в/в, в свечах); в ранних стадиях — нифедипин (адалат, коринфар); в стадии декомпенсации кровообращения — нитраты (нитроглицерин, нитросорбид) под контролем содержания кислорода в крови (возможно усиление гипоксемии). При развитии сердечной недостаточности показано лечение сердечными гликозидами и мочегонными средствами, которое проводится с большой осторожностью из-за высокой чувствительности миокарда к токсическому действию гликозидов на фоне гипоксии и гипокалигистии, обусловленных дыхательной недостаточностью. При гипокалиемии применяют панангин, хлорид калия. Если диуретики применяются часто, преимущества имеют калийсберегающие препараты (триампур, альдактон и др.).

Во избежание развития фибрилляции желудочков сердца внутривенное введение сердечных гликозидов нельзя сочетать с одновременным введением эуфиллина, препаратов кальция (агонисты по влиянию на гетеротопный автоматизм миокарда). При необходимости коргликон вводят в/в капельно не ранее чем через 30 мин после окончания введения эуфиллина. По той же причине не следует вводить в/в сердечные гликозиды на фоне интоксикации адреномиметиками у больных с бронхиальной обструкцией (астматический статус и др.). Поддерживающая терапия дигоксином или изоланидом у больных с декомпенсированным хроническим легочным сердцем подбирается с учетом снижения толерантности к токсическому действию препаратов в случае нарастания дыхательной недостаточности.

Профилактика состоит в предупреждении, а также своевременном и эффективном лечении болезней, осложняющихся развитием легочного сердца. Больные хроническими бронхолегочными заболеваниями подлежат диспансерному наблюдению с целью предупреждения обострений и проведения рациональной терапии дыхательной недостаточности. Большое значение имеет правильное трудоустройство больных с ограничением физической нагрузки, способствующей возрастанию легочной гипертензии.

МИОКАРДИОДИСТРОФИЯ — невоспалительное поражение сердечной мышцы в результате нарушений ее метаболизма под влиянием внесердечных факторов.

Этиология. Острые и хронические экзогенные интоксикации, в том числе алкогольная (см.), эндокринные и обменные нарушения (тиреотоксикоз, микседема, синдром Кушинга, ожирение, сахарный диабет, авитаминозы, голодание), анемии, патологический климакс, физические перенапряжения («солдатское сердце»), инфекции (в том числе тонзиллярная), физические агенты (радиация, невесомость, перегревание), системные заболевания (коллагенозы, нейромышечная дистрофия и др.). К миокардиодистрофиям относят также отложение в миокарде патологических продуктов обмена или нормальных метаболитов:амилоида, железа (при гемохроматозе), гликогена и др. Некоторые формы миокардиодистрофии нередко называют также миокардиопатиями (алкогольная, климактерическая, амилоидная).

Патогенез. Изменение течения биохимических процессов в миокарде с последующим нарушением микроструктур и сократительной функции мышечных волокон. Эти изменения до определенного предела обратимы.

Симптомы нередко маскируются признаками основного заболевания. Отмечается повышенная утомляемость, небольшая одышка при физических напряжениях, приглушение I тона сердца на верхушке, иногда умеренная тахикардия. При анемии часто выслушивается систолический шум над верхушкой и легочной артерией, при тиреотоксикозе нередко боли в области сердца, выраженная тахикардия, повышение систолического и пульсового давления, мерцательная аритмия; при микседеме — одышка,

редкий пульс, гипотензия, глухость сердечных тонов, рано появляются признаки сердечной недостаточности. При прогрессирующем течении миокардиодистрофии любой этиологии развивается сердечная недостаточность, возникают нарушения сердечного ритма. Изменения ЭКГ чаще умеренные, выражаются в снижении, уплощении или инверсии зубцов T; при микседеме — снижение вольтажа; при электролитных нарушениях — изменения, наблюдающиеся при гипо- и гиперкалиемии, при гипомагниемии и др. Дифференциальный диагноз проводят с хронической ишемической болезнью сердца, миокардитами, кардиомиопатиями.

Лечение. Устранение основного патологического процесса, вызвавшего миокардиодистрофию. Регулирование режима труда, предупреждение физических нагрузок, рациональное питание (коррекция обменных нарушений), санация хронических очагов инфекции. Назначают средства, способствующие нормализации обмена в миокарде — поливитаминные препараты, оротат калия (1 г в день), кокарбоксилазу (50—100 мг в день), метандростенолон, неробол (0,005—0,01 г в день) и др.

Прогноз при адекватной терапии благоприятный.

МИОКАРДИТ — воспалительное поражение сердечной мышцы.

Этиология, патогенез. Различают миокардиты: ревматический, инфекционный (инфекционно-аллергический, пара- и метаинфекционный), связанный с тонзиллярной, вирусной, септической, риккетсиозной и другими инфекциями; аллергический (лекарственный, сывороточный, поствакцинальный, при бронхиальной астме и др.); миокардиты при коллагенозах, паразитарных инфекциях, саркоидозе, травмах, ожогах, воздействии ионизирующей радиации; идиопатический миокардит Абрамова — Фидлера невыясненной этиологии. Ведущая роль в патогенезе большинства форм миокардита принадлежит различным аллергическим и иммунологическим сдвигам.

Симптомы, течение. *Инфекционно-аллергический миокардит* (наиболее распространенная форма неревматического миокардита) начинается в отличие от ревматического, как правило, на фоне инфекции или вскоре после нее; отмечается недомогание, боль в области сердца, иногда упорная, сердцебиение и «перебои», одышка, в ряде случаев умеренная боль в суставах. Температура тела чаще субфебрильная или нормальная. Начало заболевания может быть малосимптомным или скрытым. Степень выраженности симптомов в значительной мере определяется распространенностью и остротой прогрессирования процесса. При диффузных формах сравнительно рано увеличиваются размеры сердца. Важными, но не постоянными признаками миокардита являются нарушения сердечного ритма (тахикардия, реже брадикардия, эктопические аритмии) и внутрисердечной проводимости, а также пресистолический, а в более поздних стадиях протодиастолический ритм галопа. Короткий функциональный систолический шум на верхушке сердца или в пятой точке и приглушение тонов не являются достоверными признаками миокардита, в то же время исчезновение функционального систолического шума в процессе лечения, обусловленное прекращением пролабирования створки митрального клапана, так же как и восстановление звучности тонов сердца, свидетельствует об улучшении состояния миокарда.

Идиопатический миокардит отличается более тяжелым, иногда злокачественным течением с развитием кардиомегалии (вследствие резко выраженной дилатации сердца), тяжелых нарушений ритма и проводимости, сердечной недостаточности нередко образуются пристеночные тромбы в полостях сердца с тромбоэмболиями по большому и малому кругам кровообращения.

При *миокардитах, связанных с коллагеновыми заболеваниями, вирусной инфекцией* (вирусы группы Коксаки и др.), нередко развивается сопутствующий перикардит. Течение миокардита может быть острым, подострым и хроническим (рецидивирующим). На ЭКГ — различные нарушения сердечного ритма и проводимости; в острой стадии миокардита обычно обнаруживаются признаки изменения миокарда, иногда напоминающие ишемические (в отсутствие стенокардии!). Лабораторные признаки воспаления могут и отсутствовать. Дифференциальный диагноз следует проводить с ишемической болезнью сердца (особенно у лиц пожилого возраста), миокардиодистрофией, кардиомиопатиями, перикардитом.

Л е ч е н и е . Режим, как правило, постельный. Целесообразно раннее сочетание глюкокортикоидов (преднизолон, начиная с 20—30 мг/сут, в убывающих дозах и др.) с нестероидными противовоспалительными препаратами в следующих суточных дозах: ацетилсалициловая кислота — 3—4 г, амидопирин — 1,5—2 г, бутадион — 0,45—0,6 г, ибупрофен (бруфен) — 0,8—1,2 г, индометацин — 75—100 мг. При сердечной недостаточности — целанид, дигоксин (по 0,25—0,5 мг/сут) и другие сердечные гликозиды с учетом повышенной чувствительности больных миокардитом к гликозидам. Мочегонные средства — фуросемид (лазикс) по 0,04 г в день и др. Противоаритмические препараты (новокаинамид 1—1,5 г/сут и др.). Средства, улучшающие метаболизм в миокарде: оротат калия (1 г в день), метандростенолон (0,005—0,01 г в день), витамины группы В (тиамина хлорид, рибофлавин). При затяжном течении показаны хинолиновые препараты — делагил по 0,25 г/сут и др.

П р о г н о з при пара- и метаинфекционных, лекарственных, паразитарных миокардитах в большинстве случаев благоприятный. Хуже прогноз при миокардитах, связанных с коллагеновыми заболеваниями, и особенно при идиопатическом миокардите.

НЕДОСТАТОЧНОСТЬ КРОВООБРАЩЕНИЯ. *Сердечная недостаточность* (см.) и *сосудистая недостаточность* (см.) являются самостоятельными патологическими формами недостаточности кровообращения, которые нередко осложняют одна другую. Для проведения целенаправленной терапии необходимо выявление ведущей формы.

НЕЙРОЦИРКУЛЯТОРНАЯ ДИСТОНИЯ (НЦД) — вариант вегетативно-сосудистой дисфункции (см. *Вегетативно-сосудистая дистония*) преимущественно у молодых лиц, выделяемый, исходя из потребностей врачебно-экспертной практики, как условная нозологическая форма.

НЦД имеет функциональную природу и характеризуется расстройствами деятельности преимущественно сердечно-сосудистой системы. У подростков и юношей НЦД чаще всего обусловлена рассогласованием физического развития и становления нейро-эндокринной регуляции вегетативных функций. У лиц разного возраста развитию НЦД могут способствовать астения в исходе острых и хронических инфекционных заболеваний и интоксикаций, недосыпание, переутомление, неправильные режимы питания, половой жизни, физической активности (гиподинамия или физические перегрузки). У ряда больных имеет значение наследственная предрасположенность к патологическим вазомоторным реакциям.

К л и н и ч е с к и е п р о я в л е н и я чаще всего складываются из симптомов неврозоподобного состояния (слабость, утомляемость, расстройства сна, раздражительность) и функциональных циркуляторных расстройств, по преобладающему характеру которых принято выделять три типа НЦД: кардиальный, гипотензивный и гипертензивный.

Кардиальный тип НЦД устанавливают при отсутствии существенных изменений АД по жалобам на сердцебиение, перебои в области сердца, иногда одышку при физической нагрузке и по объективным отклонениям в деятельности сердца — тенденция к тахикардии, выраженной дыхательной аритмии, наличию наджелудочковой экстрасистолии, пароксизмов тахикардии, неадекватных нагрузке изменений сердечного выброса или других; иногда отмечаются изменения ЭКГ в виде высокого или сниженного вольтажа зубца *Т*.

Гипотензивный тип НЦД проявляется симптомами хронической сосудистой недостаточности (с систолическим АД ниже 100 мм рт. ст.), в основе которой чаще всего лежит гипотензия вен, реже гипотензия артерий. У большинства больных снижен сердечный индекс при повышенном периферическом сосудистом сопротивлении (лишь примерно в 25 % случаев определяется повышенный сердечный выброс). У ряда больных определяется повышение уровня симпатической активности. Наиболее частыми бывают жалобы на утомляемость, мышечную слабость, головную боль (нередко провоцируемую голодом), зябкость кистей и стоп, склонность к ортостатическим расстройствам, вплоть до обмороков. Большинство больных астенического телосложения; кожа бледная, кисти рук нередко холодные, ладони влажные; в ортостазе, как правило, тахикардия и снижение пульсового АД.

Гипертензивный тип НЦД характеризуется транзиторным повышением АД, которое почти у половины больных не сочетается с изменениями самочувствия и впервые обнаруживается во время медицинского осмотра. В некоторых случаях возможны жалобы на головную боль, сердцебиение, утомляемость. Этот тип НЦД практически совпадает с состоянием, определяемым как пограничная артериальная гипертензия (см. *Артериальные гипертензии*).

Л е ч е н и е. Преимущество имеют немедикаментозные методы лечения, среди которых нормализация образа жизни, закаливающие процедуры, занятие физкультурой и некоторыми видами спорта (плавание, легкая атлетика) представляют собой и важнейшие средства профилактики НЦД. Используются физиотерапия, бальнеотерапия, санаторно-курортное лечение. При раздражительности, расстройствах сна показано применение седативных средств — препаратов валерианы, пустырника, валокардина; иногда нозепама или других транквилизаторов. При гипотензивном типе НЦД с ортостатическими расстройствами назначают упражнения, тренирующие мышцы ног и брюшного пресса; рекомендуют плавно переходить из положения лежа в положение стоя через промежуточное пребывание в положении сидя, избегать длительного стояния. В отдельных случаях целесообразно применение медикаментов, содержащих алкалоиды спорыньи (беллоид и др.), предупреждение ортостатических расстройств приемом кофеина или фетанола (при выраженной гипосимпатикотонии). При гипертензивном типе НЦД может быть показан недлительный прием бета-адреноблокаторов, препаратов раувольфии.

ОТЕК ЛЕГКИХ (ОЛ). Угрожающее жизни выпотевание в полость альвеол богатой белком, легко вспенивающейся серозной жидкости.

ОЛ сердечный см. *Сердечная астма и отек легких*.

ОЛ несердечный. Э т и о л о г и я и п а т о г е н е з: 1) поражение легочной ткани — инфекционное (см. *Пневмония*), аллергическое, токсическое, травматическое; *тромбоэмболия легочной артерии* (см.); *инфаркт легкого* (см.); *синдром Гудспачера* (см.); 2) нарушение водно-электролитного баланса, гиперволемия (инфузионная терапия, почечная недостаточность, эндокринная патология и стероидная терапия, беременность); 3) утопление в соленой воде; 4) нарушение центральной регуляции — при инсульте, субарахноидальном кровоизлиянии, поражении головного мозга (токсическом, инфекционном, травматическом), при перевозбуждении вагусного центра; 5) снижение внутригрудного давления — при быстрой эвакуации жидкости из брюшной полости, жидкости или воздуха из плевральной полости, подъеме на большую высоту, форсированном вдохе; 6) избыточная терапия (инфузионная, медикаментозная, оксигенотерапия) при шоке, ожогах, инфекциях, отравлениях и других тяжелых состояниях, в том числе после тяжелых операций («шоковое легкое»); 7) различные комбинации перечисленных факторов, например, пневмония в условиях высокогорья (необходима неотложная эвакуация больного!).

Заполнение альвеол жидкостью и пеной ведет к *асфиксии* (см.): больной «тонет» в собственной серозной жидкости. В условиях гипоксии и ацидоза проницаемость капиллярно-альвеолярной мембраны повышается, выпотевание серозной жидкости увеличивается (порочный круг), эффективность медикаментозной терапии падает (см. также *Сердечная астма и отек легких*).

С и м п т о м ы, т е ч е н и е см. *Сердечная астма и отек легких*, а также при перечисленных заболеваниях и состояниях, осложнением которых явился ОЛ.

Л е ч е н и е экстренное (опасность для жизни, угроза замыкания дополнительных порочных кругов), дифференцированное, определяется конкретными этиологией, патогенезом и клиническими проявлениями ОЛ. Во многих случаях, особенно при токсическом, аллергическом и инфекционном происхождении ОЛ с поражением альвеолярно-капиллярной мембраны, а также при артериальной гипотензии с успехом применяют большие дозы глюкокортикостероидов. Преднизолона гемосукцинат (бисукцинат) повторно по 0,025—0,15 г — по 3—6 ампул (до 1200—1500 мг/сут) или гидрокортизона гемосукцинат — 0,125—300 мг (до 1200—1500 мг/сут) вводят капельно в вену в изотоническом растворе хлорида натрия, глюкозы или другого инфузионного раствора. Нитроглицерин, мощные диуретики, эуфиллин не показаны при гиповолемии, артериальной гипотензии. Наркотические анальгетики противопоказаны при отеке мозга и, как правило, при первично легочном происхождении ОЛ. Оксигенотерапия может быть противопоказана при тяжелой дыхательной недостаточности, олигопноэ. При шоковом легком инфузионная терапия, коррекция кислотно-щелочного состояния и оксигенотерапия должны проводиться с большой осторожностью, под тщательным контролем, как правило, в стационаре. С этими оговорками лечение проводится применительно к схеме, приведенной ниже в разделе *Сердечная астма и отек легких* (см.).

ПЕРИКАРДИТ — острое или хроническое воспаление околосердечной сумки. Различают фибринозный, серозно-фибринозный, геморрагический, ксантоматозный, гнойный, гнилостный перикардиты.

Э т и о л о г и я: инфекция (вирусы, бактерии, риккетсии, грибы, простейшие), ревматизм, ревматоидный артрит, системная красная волчанка, инфаркт миокарда, уремия, травма, в том числе операционная, ионизирующая радиация, опухоли и гемобластозы, паразитарные инвазии; для некоторых перикардитов причины их возникновения не установлены (идиопатические).

П а т о г е н е з — часто аллергический или аутоиммунный, при инфекционном перикардите инфекция может быть пусковым механизмом; не исключается и прямое повреждение оболочек сердца бактериальным или другими агентами.

С и м п т о м ы, т е ч е н и е определяются основным заболеванием и характером выпота, его количеством (сухой, выпотной перикардит) и темпом накопления. Начальные симптомы: недомогание, повышение температуры тела, загрудинные или прекардиальные боли, нередко связанные с фазами дыхания, а иногда напоминающие стенокардию. Часто выслушивается шум трения перикарда различной интенсивности и распространенности. Накопление экссудата сопровождается исчезновением прекардиальных болей и шума трения перикарда, появлением одышки, цианоза, набуханием шейных вен, ослаблением сердечного толчка, расширением сердечной тупости, однако при умеренном количестве выпота сердечная недостаточность обычно выражена умеренно. Вследствие снижения диастолического наполнения уменьшается ударный объем сердца, тоны сердца становятся глухими, пульс малым и частым, нередко парадоксальным (падение наполнения и напряжения пульса во время вдоха). При констриктивном (сдавливающем) перикардите в результате деформирующих сращений в области предсердий нередко возникает мерцательная аритмия или трепетание предсердий; в начале диастолы выслушивается громкий перикард-тон. При быстром накоплении экссудата может развиться тампонада сердца с цианозом, тахикардией, ослаблением пульса, мучительными приступами одышки, иногда с потерей сознания, быстро нарастающим венозным застоем. При констриктивном перикардите с прогрессирующим рубцовым сдавлением сердца нарастает нарушение кровообращения в печени и в системе воротной вены. Обнаруживаются высокое центральное венозное давление, портальная гипертензия, асцит (псевдоцирроз Пика), появляются периферические отеки; ортопноэ, как правило, отсутствует. Распространение воспалительного процесса на ткани средостения и плевру ведет к медиастиноперикардиту или плевриту, при переходе воспаления с эпикарда на миокард (поверхностные слои) развивается миоперикардит.

На ЭКГ в первые дни болезни отмечается конкордантный подъем сегмента *ST* в стандартных и грудных отведениях, в последующем сегмент *ST* смещается к изоэлектрической линии, зубец *T* уплощается или подвергается инверсии; при значительном скоплении выпота уменьшается вольтаж комплекса *QRS*. При рентгенологическом исследовании обнаруживается увеличение поперечника сердца и трапециевидная конфигурация сердечной тени с ослаблением пульсации сердечного контура. При длительном течении перикардита наблюдается кальцификация перикарда (панцирное сердце). Надежным методом выявления перикардиального выпота служит эхокардиография, для диагностики используются также яремная флебография и фонокардиография. Дифференциальный диагноз проводят с начальным периодом острого инфаркта миокарда и острым миокардитом.

Лечение. При аллергической или инфекционно-аллергической природе перикардита применяют кортикостероидные препараты (преднизолон по 20—30 мг/сут) и нестероидные противовоспалительные средства в следующих суточных дозах: ацетилсалициловая кислота по 3—4 г, реопирин по 3—4 таблетки, ибупрофен (бруфен) по 0,8—1,2 г, индометацин по 75—

150 мг. При инфекционных и пиогенных перикардитах (стафилококковых, пневмококковых и др.) применяют антибиотики в соответствии с установленным или предполагаемым возбудителем (пенициллины, аминогликозиды, цефалоспорины и др.). При паразитарных перикардитах назначают противопаразитарные средства. В случае угрозы тампонады сердца производят лечебную пункцию перикарда. При застойных явлениях применяют мочегонные средства — фуросемид (лазикс) внутрь или в/м 40 мг и более, гипотиазид по 50—100 мг внутрь и др. Резкое повышение центрального венозного давления является показанием к кровопусканию (до 400 мл). Хирургическое лечение (перикардэктомия) применяется при констриктивном перикардите в случае значительного нарушения кровообращения и при гнойном перикардите.

Прогноз наиболее неблагоприятен при опухолевых и гнойных перикардитах.

ПОРОКИ СЕРДЦА ПРИОБРЕТЕННЫЕ — поражения сердечного клапана (клапанов), створки которого оказываются неспособными к полному раскрытию (стеноз) клапанного отверстия или к смыканию (недостаточность клапана) или к тому и другому (комбинированный порок).

Этиология и патогенез. Этиология стеноза и комбинированного порока ревматическая, недостаточности клапанов — обычно ревматическая, редко септическая, атеросклеротическая, травматическая, сифилитическая. Стеноз образуется вследствие рубцового сращения или рубцовой ригидности створок клапана, подклапанных структур; недостаточность клапана — вследствие их разрушения, повреждения или рубцовой деформации. Пораженные клапаны образуют препятствие прохождению крови — анатомическое при стенозе, динамическое при недостаточности. Последнее заключается в том, что часть крови хотя и проходит через отверстие, но в следующую фазу сердечного цикла возвращается обратно. К эффективному объему добавляется «паразитический», совершающий маятникообразное движение по обе стороны пораженного клапана. Значительная клапанная недостаточность осложняется относительным стенозом (за счет увеличения объема крови). Препятствие прохождению крови ведет к перегрузке, гипертрофии и расширению вышележащих камер сердца. Расширение более значительно при недостаточности клапана, когда вышележащая камера растягивается дополнительным количеством крови. При стенозе атриовентрикулярного отверстия снижено наполнение нижележащей камеры (левого желудочка при митральном стенозе, правого при трикуспидальном); гипертрофии и расширения желудочка нет. При недостаточности клапана наполнение соответствующего желудочка увеличено, желудочек расширен и гипертрофирован. Затруднение работы сердца вследствие неправильного функционирования клапана и дистрофия гипертрофированного миокарда приводят к развитию *сердечной недостаточности* (см.).

Диагноз должен содержать указание на этиологию (доказанную или вероятную) порока, его форму, наличие сердечной недостаточности (если она имеется, то и на ее степень). Следует учитывать, что анамнестические указания на этиологию порока — ревматизм, сепсис, сифилис, травму не всегда достаточно четки, а указания на частые ангины малоспецифичны.

Собственно порок проявляется почти исключительно акустическими признаками. Эхокардиографическое исследование позволяет обнаружить стеноз и оценить его степень; в режиме секторального сканирования степень митрального стеноза (площадь левого атриовентрикулярного отверстия) определяется с большой точностью. О недостаточности клапанов судят по косвенным признакам — дилатации и объемной перегрузке камер. При допплеркардиографическом исследовании обнаруживается обратный ток крови (недостаточность клапана).

Лечение собственно порока может быть только хирургическим. Для уточнения показаний к такому лечению необходима своевременная консультация специалиста-кардиохирурга. Консервативная терапия сводится к предупреждению и лечению рецидива основного процесса и осложнений, к лечению и предупреждению сердечной недостаточности, также нарушений сердечного ритма. Большое значение имеют своевременная и адекватная профессиональная ориентация и трудоустройство больного.

Митральный порок — поражение митрального клапана, сопровождающееся затруднением прохождения крови из малого круга в большой на уровне левого атриовентрикулярного отверстия. Сердечная недостаточность проявляется преимущественно в форме застойной левожелудочковой, затем — и правожелудочковой недостаточности.

Симптомы, течение. При повышении давления в малом круге появляются жалобы на одышку (более выраженную при стенозе), сердцебиение, кашель, при нарастании правожелудочковой недостаточности — на задержку жидкости и боль в правом подреберье. При осмотре и пальпации могут обнаружиться признаки застойной правожелудочковой недостаточности, в выраженных случаях заметен характерный цианотичный румянец щек и губ. Нередко обнаруживается экстрасистолия. Мерцательная аритмия при недостаточности встречается не реже, чем при стенозе (при одинаковой тяжести порока). Гипертрофия правого желудочка проявляется усиленным эпигастральным сердечным толчком. При значительном расширении полости правого желудочка появляется систолический шум относительной трикуспидальной недостаточности. Он может быть громким и распространяться к верхушке сердца, что нередко ведет к гипердиагностике митральной недостаточности. Несмотря на расширение легочной артерии, вследствие перегрузки малого круга может возникать систолический шум относительного пульмонального стеноза. Этот шум часто интерпретируется в качестве митрального шума (из-за совпадения зон выслушивания этих шумов). При высокой легочной гипертензии у левого края грудины может выявиться усиливающийся на вдохе диастолический шум относительной пульмональной недостаточности (шум Грехема — Стилла). Рентгенологически обнаруживаются увеличение левого предсердия и застойные изменения в легких. Увеличение правых камер сердца ведет к расширению сердечной тени не столько вправо, сколько влево. Однако у больных с митральной недостаточностью расширение сердечной тени влево может быть обусловлено и увеличением левого желудочка. Присоединение вторичной легочной гипертензии ведет к значительному расширению тени главных ветвей легочной артерии. Электрокардиографически обычно распознается гипертрофия левого предсердия. «Определенные» ЭКГ-признаки гипертрофии правого желудочка появляются поздно и непостоянно; «возможные» указания на гипертрофию правого желудочка ненадежны.

Диагноз. Необходимо наличие акустических признаков стеноза клапанного отверстия или клапанной недостаточности. Для гемодинамически существенного митрального порока обязательно увеличение тени левого предсердия. Митральный стеноз и недостаточность митрального клапана диагностируются не только на основании специфических для каждого из этих пороков акустических признаков, но и с помощью рентгенографии и эхокардиографии.

Дифференциальный диагноз: исключить другие приобретенные и врожденные пороки, в частности дефект межпредсердной перегородки (трехчленный ритм, сходные нарушения гемодинамики), миокардит, миокардиопатию, сдавливающий перикардит, ишемическую болезнь сердца, легочно-сердечную недостаточность при хронических обструктивных заболеваниях легких, первичную легочную гипертензию, тиреотоксикоз, а также пролапс митральной створки (см.). Своеобразной формой порока является синдром пролабирования митрального клапана.

Прогноз и трудоспособность определяются степенью сердечной недостаточности.

Митральный стеноз. Специфические акустические признаки: 1) диастолический шум у верхушки, представленный двумя компонентами: низкочастотным, «рокочущим» протодиастолическим («мезодиастолическим») и нарастающим к I тону пресистолическим или одним из них; 2) высокочастотный «щелкающий» протодиастолический экстратон — митральный щелчок. Характерен усиленный («хлопающий») I тон, образующий вместе со II тоном и митральным щелчком трехчленный «ритм перепела». Один из двух диастолических шумов нередко принимается за систолический, что приводит к гипердиагностике митральной недостаточности.

При незначительном сужении левого атриовентрикулярного отверстия (площадь отверстия более 1,5 см^2) одышка появляется только при значительных нагрузках (I функциональный класс ВОЗ). Приступов удушья и ортопноэ нет. Сердце не расширено. Диастолический (преимущественно пресистолический) шум может быть слабым. При умеренном стенозе (площадь атриовентрикулярного отверстия от 1 до 1,5 см^2) одышка появляется при менее значительных нагрузках (II функциональный класс ВОЗ), приступы удушья нехарактерны. Диастолический шум (оба компонента, при мерцательной аритмии — только протодиастолический) интенсивный. У верхушки часто выражено диастолическое дрожание. Расширение сердца влево может быть значительным, признаков вторичной легочной гипертензии обычно нет. Прогрессирующая сердечная недостаточность может развиться и при умеренном стенозе, но не так быстро и неотвратимо, как при резком. Для резкого стеноза (площадь атриовентрикулярного отверстия 1 см^2 и менее) характерна одышка при незначительных и минимальных нагрузках (III—IV функциональные классы ВОЗ), приступы удушья, ортопноэ. Нередко обнаруживается значительное расширение сердца влево, а также признаки высокой вторичной легочной гипертензии. Диастолический шум представлен преимущественно или исключительно протодиастолическим компонентом. При наиболее резком стенозе диастолического дрожания нет, диастолический шум слабый или отсутствует. В этих случаях акустическим проявлением стеноза оказывается «ритм перепела» с систолическим шумом относительной трикуспидальной недостаточности. Но при грубых деформациях клапанных створок (вследствие фиброза и кальциноза) хлопающий I тон перестает выслушиваться, так же как и «ритм перепела». Резкий митральный стеноз предопределяет развитие прогрессирующей сердечной недостаточности.

Показания к хирургическому лечению возникают у больных с резким стенозом или с умеренным стенозом в прогрессирующих стадиях. Несвоевременное направление больного на комиссуротомию является врачебной ошибкой.

Недостаточность митрального клапана. Ключом к диагнозу является умение распознать специфический митральный систолический шум — обязательный симптом этого порока. Шум ранний наслаивается на I тон (или замещает его), высокочастотный, различного тембра. Выслушивается шум у верхушки сердца, характерно распространение влево, может распространяться на прекардиальную область. Митральный систолический шум следует отличать от аортального и трикуспидального (см. ниже), а также от шума относительного пульмонального стеноза. Последний отличается от митрального следующими признаками: 1) локализацией в зоне Боткина — Эрба (может проводиться к верхушке); 2) «дующим губным» тембром, приближающимся к звучанию согласной «ф-ф-ф»; 3) веретенообразной конфигурацией; 4) тем, что он не наслаивается на I тон (ФКГ-контроль).

При незначительной недостаточности жалоб нет. Систолический шум может быть коротким, локализоваться на ограниченном участке у вер-

хушки. I тон часто сохранен. Выраженного усиления верхушечного толчка нет. Сердце существенно не увеличено. При умеренной недостаточности могут появиться жалобы на сердцебиение, повышенную утомляемость, умеренную одышку, задержку жидкости. Эпизодически отмечается пастозность голеней. Печень не увеличена. Почти обязательно пальпируется медленный, «прилипающий» истинный усиленный верхушечный толчок (отличать от характерного для стеноза «отрывистого» толчка — пальпаторного эквивалента хлопающего I тона). Сердце всегда значительно расширено влево. Шум занимает всю систолу. I тон обычно ослаблен. Часто обнаруживается III тон. При значительной недостаточности митрального клапана симптомы сердечной недостаточности могут быть выраженными вплоть до признаков отечно-дистрофической стадии, но могут оставаться и едва уловимыми. Тон I у верхушки как правило отсутствует, систолический шум интенсивный. Обычно обнаруживается интенсивный патологический III тон. Значительное увеличение левого желудочка рентгенологически распознается не столько по расширению сердца влево, сколько по расширению кзади. Для диагноза выраженной митральной недостаточности имеют значение только «определенные» ЭКГ-признаки гипертрофии левого желудочка с отрицательным асимметричным («по вторичному типу») зубцом T в левых грудных отведениях. «Амплитудные» ЭКГ-указания на «возможную» гипертрофию левого желудочка ненадежны.

При комбинированном митральном пороке следует ориентироваться на такие признаки существенной недостаточности митрального клапана, как значительное расширение сердца влево и усиленный верхушечный толчок. Если у больного с сердечной недостаточностью (ПА стадии или более) этих признаков нет, то тяжесть состояния определяется наличием выраженного митрального стеноза.

Аортальный порок. Симптомы, течение определяются формой порока (аортальный стеноз или недостаточность аортального клапана) и тяжестью гемодинамических расстройств.

Аортальный стеноз может быть ревматическим (атеросклеротическим) или врожденным. Недостаточность выброса крови в аорту может приводить к недостаточности мозгового и коронарного кровообращения (в первую очередь при нагрузке и при переходе в вертикальное положение), что проявляется как субъективными, так и объективными признаками. Диагноз основывается на наличии специфического систолического шума. Его признаки: 1) наличие на основании сердца — во втором межреберье справа от грудины (слева от грудины в точке Боткина и даже у верхушки шум может быть столь же или более интенсивным); 2) проведение на сонные артерии, в яремную и подключичную ямки; 3) характерный «грубый» тембр; 4) веретенообразная конфигурация; 5) шум не наслаивается на I тон и никогда не достигает аортального компонента II тона; 6) шум резко ослабевает или исчезает после короткой диастолы (аритмия, тахикардия), усиливается после длинной. Характерны расщепление I тона и ослабление аортального компонента II тона.

С и м п т о м ы зависят от степени стеноза и гемодинамических расстройств. Стадия порока определяется наличием хотя бы одного из нижеперечисленных «достаточных» признаков более тяжелой стадии. *Стадия I:* только акустические признаки порока. Ранний максимум амплитуды веретенообразного шума. *Стадия II:* субъективных расстройств еще нет. Максимум шума смещается к середине систолы. ЭКГ-признаки — гипертрофия левого желудочка. Аортальная конфигурация сердца: постстенотическое расширение восходящей аорты, подчеркнутая талия. *Стадия III:* могут появиться субъективные расстройства — головокружение, потемнение в глазах, стенокардия при физических нагрузках. Пульс редкий, малый, с медленным подъемом. Систолическое дрожание на сонных артериях, на основании сердца. Низкое систолическое и пульсовое давление. Деформация каротидной сфигмограммы в форме «петушиного гребня» с медленным подъемом и зазубренностью анакроты. *Стадия IV:* выраженные расстройства мозгового или коронарного кровообращения при незначительных нагрузках. Митрализация порока с появлением хотя бы одного из следующих признаков застойной левожелудочковой недостаточности: выраженная одышка при умеренных физических нагрузках, эпизоды сердечной астмы, пресистолический ритм галопа с усиленным патологическим IV тоном (постоянно или эпизодически). У некоторых больных — мерцательная аритмия. На ЭКГ могут обнаруживаться признаки прогрессирования гипертрофии левого желудочка, очаговые изменения миокарда, блокада левой ножки пучка Гиса. Летальный исход обычно наступает в этой стадии, нередко — в предыдущей. *Стадия V* (терминальная) успевает развиться только у некоторых больных. Ее признаками являются кардиомегалия, правожелудочковая недостаточность, частые (неоднократные в течение недели) приступы сердечной астмы, тяжелая стенокардия.

Д и ф ф е р е н ц и а л ь н ы й   д и а г н о з. Следует исключить врожденные пороки, в том числе подклапанный и надклапанный стеноз, а также коарктацию аорты, субаортальный мышечный стеноз (см. «*Кардиомиопатия*»), склеротическое поражение восходящей аорты, относительный пульмональный стеноз (физиологический или патологический).

Л е ч е н и е. Медикаментозная терапия малоэффективна. В поздних стадиях — нитраты, антагонисты кальция, β-адреноблокаторы в малых дозах. Возможно хирургическое лечение (комиссуротомия, имплантация искусственного клапана).

Недостаточность аортального клапана. Э т и о л о г и я обычно ревматическая. Редкие причины этого порока — подострый септический эндокардит, атеросклероз аорты и др.

На первый план выступают нарушения гемодинамики в артериальном звене большого круга. Страдает его функция сглаживания пульсирующих колебаний давления, кровенаполнения и кровотока. Падение диастолического давления в аорте ведет к недостаточности коронарного кровообращения. Последняя способствует развитию более ранней и тяжелой несостоятельности перегруженного и гипертрофированного левого желудочка; к тоногенной дилатации присоединяется миогенная. Относительно рано развивается застойная левожелудочковая недостаточность, «митрализация» порока. При этом у части больных развивается относительная митральная недостаточность.

С и м п т о м ы,   т е ч е н и е. Характерным признаком является специфический высокочастотный дующий диастолический шум в зоне Боткина — Эрба, II тон ослаблен или отсутствует. Стадия I: только диастолический шум. В следующих стадиях обнаруживаются перечисляемые ниже признаки более тяжелой степени нарушения гемодинамики. Стадия II: субъективных расстройств нет. Диастолическое давление ниже 55 мм рт. ст. при систолическом давлении более 115 мм рт. ст. Иногда — слабо выраженные периферические симптомы (см. ниже). *Стадия III:* субъективные расстройства отсутствуют или выражены умеренно (сердцебиение, умеренная стенокардия, головокружение, ощущение пульсации в голове, в других областях). Диастолическое давление ниже 40 мм рт. ст., систолическое давление обычно 140—150 мм рт. ст. и выше. Выраженные периферические признаки аортальной недостаточности (хотя бы один из них): «пляска» каротид; пульсация брюшной аорты; псевдокапиллярный пульс; пульс частый, скорый, высокий; двойной шум Дюрозье над бедренной артерией. Усиленный куполообразный верхушечный толчок смещен влево и вниз. Обычно появляется «сопровождающий» систолический шум относительно аортального стеноза. Рентгенологически — аортальная конфигурация, сердце увеличено. Возможно появление ЭКГ-признаков гипертрофии левого желудочка. *Стадия IV:* выраженная стенокардия, левожелудочковая недостаточность с одышкой при умеренных нагрузках. Возможны мерцательная аритмия и другие нарушения сердечного ритма. *Стадия V:* тяжелая стенокардия. Выраженная застойная левожелудочковая недостаточность с частыми (повторными в течение месяца) приступами сердечной астмы. У многих больных — одышка при незначительных нагрузках. Правожелудочковая недостаточность развивается лишь в виде исключения.

Л е ч е н и е сердечной недостаточности требует применения диуретиков и сердечных гликозидов. Применение сердечных гликозидов может сопровождаться невыгодным при этом пороке удлинением диастолы (показания к их применению уточняются в зависимости от индивидуальной реакции на пробное лечение малыми дозами). Применяются также вазодилататоры (см. «*Сердечная недостаточность*»). Заслуживает предпочтения фенигидин — не урежающий ритма антагонист кальция. Антиангинальные препараты (нитропрепараты, молсидомин) и вазодилататоры применяют при необходимости. Возможно хирургическое лечение (имплантация искусственного клапана).

Трикуспидальный порок обычно комбинируется с митральным пороком.

Д и а г н о з ставят на основании выявления специфических шумов недостаточности или (и) стеноза. Эти шумы отличаются локализацией у левого края грудины на уровне пятого-шестого межреберий и, главное, усилением их на вдохе. При комбинированном пороке пресистолический шум трикуспидального стеноза начинается, достигает максимума и заканчивается раньше, чем митральный пресистолический шум, обнаруживаемый у этого же больного. Четко выявляется его веретенообразная конфигурация. Трикуспидальный щелчок следует после митрального, усиливается на вдохе и также тяготеет к грудине. Для диагноза гемодинамически существенного трикуспидального порока обязательно наличие признаков застойной правожелудочковой недостаточности, для существенной трикуспидальной недостаточности — пульсации шейных вен, печени. Выраженность пульсации соответствует степени трикуспидальной недостаточности. У больных с резко выраженным трикуспидальным стенозом при мерцательной аритмии пульсация шейных вен и печени не определяется.

Митрально-аортальный порок. Резко выраженный митральный стеноз с плохим наполнением левого желудочка может смягчить симптомы аортального стеноза, который уже не оказывает существенного препятствия уменьшенному выбросу в аорту. В то же время у некоторых больных с резко выраженным аортальным и митральным стенозом единственным акустическим признаком последнего является интенсивный I тон у верхушки и его запаздывание; иногда отсутствует и этот признак.

Митрально-трикуспидальный порок. Органический трикуспидальный порок сопровождает митральный приблизительно в 15 % случаев; относительная недостаточность трикуспидального клапана обнаруживается у большинства больных в поздних стадиях митрального порока. Определить значение в развитии правожелудочковой недостаточности именно трикуспидального порока в принципе невозможно, так как все соответствующие клинические признаки могут быть обусловлены и одним митральным пороком. Это не относится к пульсации шейных вен и печени, которая является специфическим признаком трикуспидальной недостаточности.

СЕРДЕЧНАЯ АСТМА (СА) И ОТЕК ЛЕГКИХ (ОЛ)

— пароксизмальные формы тяжелого затруднения дыхания, обусловленного выпотеванием в легочную ткань серозной жидкости с образованием (усилением) отека — интерстициального (при сердечной астме) и альвеолярного, со вспениванием богатого белком транссудата (при отеке легких).

Э т и о л о г и я, п а т о г е н е з. Причинами СА и ОЛ являются первичная острая левожелудочковая недостаточность (инфаркт миокарда, другие острые и подострые формы ИБС, гипертонический криз и другие пароксизмальные формы артериальной гипертензии, острый нефрит, острая левожелудочковая недостаточность у больного с миокардиопатией и др.) либо острые проявления хронической левожелудочковой недостаточности (митральный или аортальный порок, хроническая аневризма сердца, другие хронические формы ИБС и пр.). К основному патогенетическому фактору — повышению гидростатического давления в легочных капиллярах обычно присоединяются провоцирующие приступ дополнительные: физическое или эмоциональное напряжение, гиперволемия (гипергидратация, задержка жидкости), увеличение притока крови в систему малого круга при переходе в горизонтальное положение и нарушение центральной регуляции во время сна и другие факторы. Сопровождающие приступ возбуждение, подъем АД, тахикардия, тахипноэ, усиленная работа дыхательной и вспомогательной мускулатуры повышают нагрузку на сердце и снижают эффективность его работы. Присасывающее действие форсированного вдоха ведет к дополнительному увеличению кровенаполнения легких. Гипоксия и ацидоз сопровождаются дальнейшим ухудшением работы сердца, нарушением центральной регуляции, повышением проницаемости альвеолярной мембраны и снижают эффективность медикаментозной терапии.

С и м п т о м ы, т е ч е н и е. 1. П р е д в е с т н и к и и с т е р т ы е ф о р м ы: усиление (появление) одышки, ортопноэ. Удушье, покашливание или только саднение за грудиной при небольшой физической нагрузке или при переходе в горизонтальное положение. Обычно — ослабленное дыхание и скудные хрипы ниже лопаток. 2. С е р д е ч н а я а с т м а (СА): удушье с кашлем, свистящим дыханием. Ортопноэ, форсированное учащенное дыхание. Возбуждение, страх смерти. Цианоз, тахикардия, часто — повышение АД. Аускультативно — на фоне ослабленного дыхания сухие, нередко — скудные мелкопузырчатые хрипы. В тяжелых случаях — холодный пот, «серый» цианоз, набухание шейных вен, прострация. Набухание слизистой бронхов может сопровождаться нарушением бронхиальной проходимости («смешанная астма»). Дифференциальный диагноз с бронхиальной астмой (см.) очень важен, поскольку при бронхиальной астме (в противоположность СА) противопоказаны (опасны) наркотические анальгетики и показаны β-адренергические препараты. Следует оценить анамнез (заболевание сердца или легких, эффективность β-адренергических препаратов) и обратить внимание на затрудненный, удлиненный выдох (при бронхиальной астме). 3. О т е к л е г к и х (ОЛ): возникает более или менее внезапно, либо в результате нарастания тяжести СА. Появление при СА обильных мелко- и среднепузырчатых хрипов, распространяющихся на передневерхние отделы легких, указывает на развивающийся («II степень») ОЛ. Появление пенистой, обычно розоватой мокроты (примесь эритроцитов) является достоверным признаком ОЛ.

Хрипы отчетливо слышны на расстоянии («III степень»). Прочие объективные и субъективные признаки как при тяжелой СА (см. выше). Для IV стадии ОЛ характерны тяжелое ортопноэ, холодный пот. Различают молниеносное (смерть в течение нескольких минут), острое (продолжительность приступа от 0,5 до 2—3 ч) и затяжное (до суток и более) течение. Пенистую мокроту при ОЛ следует отличать от пенистой, нередко окрашенной кровью, слюны, выделяемой при эпилептическом приступе и при истерии. «Клокочущее» дыхание у крайне тяжело (агонизирующих) больных не является специфическим признаком ОЛ.

Лечение — экстренное уже на стадии предвестников (возможный летальный исход). Последовательность терапевтических мероприятий во многом определяется их доступностью, временем, которое требуется для их осуществления. 1. Купирование эмоционального напряжения. Значительная при этой патологии роль эмоционального фактора определяет повышенные требования к образу действий врача. При СА и ее предвестниках попытки успокоить больного, оценивая его состояние как относительно безобидное, приводят к обратному результату. Больной должен убедиться, что врач со всей серьезностью относится к его жалобам и состоянию, действует решительно и уверенно. 2. Больного усадить (со спущенными ногами). 3. Нитроглицерин 1—1,5 мг (2— 3 таблетки или 5—10 капель) под язык каждые 5—10 мин под контролем АД до наступления заметного улучшения (хрипы становятся менее обильными и перестают выслушиваться у рта больного, субъективное облегчение) или до снижения АД. Возможно внутривенное введение нитроглицерина со скоростью 5— 20 мкг в 1 мин. В ряде случаев монотерапия нитроглицерином оказывается достаточной, заметное улучшение наступает через 5—15 мин. При недостаточной эффективности нитроглицерина или невозможности его применения лечение проводится по приведенной ниже схеме. 4. 1 % раствор морфина от 1 до 2 мл вводят под кожу или в вену (медленно, в изотоническом растворе глюкозы или хлорида натрия). При противопоказаниях к назначению морфина (угнетение дыхания, бронхоспазм, отек мозга) или относительных противопоказаниях у пожилых больных — вводят 2 мл 0,25 % раствор дроперидола в/м или в/в под контролем АД. 5. Фуросемид — от 2 до 8 мл 1 % раствора в/в (не применять при низком АД, гиповолемии). При низком диурезе — контроль эффективности с помощью мочевого катетера. 6. Применяют ингаляцию кислорода (носовые катетеры или маска, но не подушка). В тяжелых случаях ОЛ — дыхание под повышенным давлением (ИВЛ, наркозный аппарат). 7. Растворы дигоксина 0,025 % в дозе 1—2 мл или строфантина — 0,05 % в дозе 0,5—1 мл вводят в вену одномоментно или капельно в изотоническом растворе натрия хлорида или глюкозы. По показаниям производят их повторное введение в половинной дозе через 1 и 2 ч). Ограниченные показания при острых формах ИБС.

8. При поражении альвеолярной мембраны (пневмония, аллергический компонент) и при гипотонии применяют преднизолон или гидрокортизон. 9. При смешанной астме с бронхоспастическим компонентом вводят преднизолон или гидрокортизон; возможно медленное введение в вену 10 мл 2,4 % раствора эуфиллина (иметь в виду возможную угрозу возникновения тахикардии, экстрасистолии). 10. По показаниям — отсасывание пены и жидкости из трахеобронхиального дерева (электроотсос), ингаляция пеногасителя (10 % раствора антифомсилана), антибиотики.

Лечение проводят под постоянным (с интервалом 1—2 мин) контролем систолического АД, которое не должно снижаться более чем на $^1/_3$ от исходного или ниже 100—110 мм рт. ст. Особая осторожность требуется при сочетанном применении препаратов, а также у лиц пожилого возраста и при высокой артериальной гипертензии в анамнезе. При резком снижении систолического АД необходимы экстренные мероприятия (опустить голову, поднять ноги, начать введение мезатона с помощью заранее подготовленной резервной системы для капельной инфузии). При низком АД наибольшее значение в терапии ОЛ имеет длительное (до 1—2 сут и более) введение больших доз (до 1,5 г/сут) преднизолона и в ряде случаев ИВЛ под повышенным давлением.

Венозные жгуты на конечности (попеременно по 15 мин) или венозное кровопускание (200—300 мл) могут быть рекомендованы в качестве вынужденной замены «внутреннего кровопускания» — перераспределения кровенаполнения, проводимого с помощью нитроглицерина, фуросемида или (и) ганглиоблокаторов. Ингаляция паров этилового спирта малоэффективна и сопровождается нежелательным раздражением слизистой дыхательных путей. Объем инфузионной терапии и введения солей натрия должны ограничиваться необходимым минимумом.

Показания к госпитализации могут возникать в стадии предвестников и после выведения из приступа СА. Выведение из ОЛ проводится на месте силами специализированной реанимационной кардиологической бригады скорой помощи. После выведения из ОЛ госпитализация осуществляется силами этой же бригады (угроза рецидива ОЛ).

О лечении СА и ОЛ см. также *Инфаркт миокарда*, *Сердечная недостаточность* и (в главе *Заболевания органов дыхания*) *ОЛ несердечный*.

Прогноз серьезный во всех стадиях и во многом определяется тяжестью основного заболевания и адекватностью лечебных мероприятий. Особенно серьезен прогноз при сочетании развернутого ОЛ с гипотензией.

СЕРДЕЧНАЯ НЕДОСТАТОЧНОСТЬ (СН) — патологическое состояние, обусловленное несостоятельностью сердца как насоса, обеспечивающего адекватное кровообращение. Проявление и следствие патологических состояний, поражающих миокард или затрудняющих работу сердца: ишемической болезни сердца, пороков сердца, артериальной гипертензии, диффузных заболеваний легких, миокардита, дистрофии миокарда (в том числе тиреотоксической, спортивной и др.), миокардиопатией (в том числе алкогольной) и др.

Сердечная недостаточность острая — либо собственно острая, либо острые проявления хронической СН. См. также *Сердечная астма, отек легких.* О патогенезе и формах острой СН см. также ниже при описании хронической СН.

Сердечная недостаточность хроническая. П а т о г е н е з. Следствием и проявлением СН является уменьшение или увеличение кровенаполнения, кровотока или (и) давления в тех или иных центральных и периферических звеньях кровообращения. Эти изменения возникают не только как прямое механическое следствие нарушения насосной функции сердца, но и как результат неадекватности адаптационных реакций. К таким реакциям относятся тахи- и брадикардия, изменения сосудистого периферического и легочного сопротивления, «централизация» кровообращения и другие формы перераспределения кровенаполнения, задержка жидкости, натрия, гипертрофия и расширение отдельных камер сердца и пр. Нарушения гемодинамики в свою очередь ведут к патологическим изменениям как в самом сердце и сосудах, так и в других органах и системах и сопровождаются расстройствами, ограничивающими жизненную активность больного и, в конечном счете, угрожающими его жизни.

С и м п т о м ы, т е ч е н и е неодинаковы для различных форм и стадий СН. Клинические формы: 1. *Застойная левожелудочковая недостаточность* характерна для митрального порока, для тяжелых форм ИБС — особенно у больных с артериальной гипертензией. Повышенное давление в легочных венах способствует наполнению левого желудочка и сохранению достаточного минутного объема сердца. В то же время застойные изменения в легких нарушают функцию внешнего дыхания и являются основным фактором, отягощающим состояние больного при этой форме СН. Проявления: одышка, ортопноэ, признаки застоя в легких аускультативные (сухие хрипы ниже уровня лопаток, мигрирующие влажные хрипы) и рентгенологические, сердечная астма и отек легких, вторичная легочная гипертензия, тахикардия. 2. *Левожелудочковая недостаточность выброса* характерна для аортального порока (см.), ИБС, артериальной гипертензии. Проявления: недостаточность мозгового кровообращения (головокружение, потемнение в глазах, обмороки), коронарная недостаточность, сфигмографические и эхокардиографические признаки низкого выброса. В тяжелых случаях возможны дыхание Чейна — Стокса, альтернирующий пульс (редко), пресистолический ритм галопа (патологический IV тон), клинические проявления застойной левожелудочковой недостаточности. В терминальной стадии может присоединиться правожелудочковая недостаточность. 3. *Застойная правожелудочковая недостаточность* характерна для митрального и трикуспидального порока,

конструктивного перикардита. Обычно присоединяется к застойной левожелудочковой недостаточности. Проявления: набухание шейных вен, высокое венозное давление, акроцианоз, увеличение печени, субиктеричность, отеки — полостные и периферические. 4. *Правожелудочковая недостаточность выброса* характерна для стеноза легочной артерии, легочной гипертензии. Диагностируется в основном рентгенологически (обедненный периферический легочный сосудистый рисунок). Могут обнаруживаться другие признаки этой формы: одышка при строго определенном пороговом уровне физической нагрузки, гипертрофия правого желудочка — пальпаторные, затем и ЭКГ-признаки по типу «нагрузки давлением» (высокий зубец *R* и снижение зубца *T* в правых грудных отведениях). В особо тяжелых случаях — серая окраска кожных покровов. 5. *Дистрофическая форма*. Как правило — терминальная стадия правожелудочковой недостаточности. Варианты: а) кахектический; б) отечно-дистрофический с дистрофическими изменениями кожи (истончение, блеск, сглаженность рисунка, дряблость), отеками — распространенными или ограниченными подвижными, гипоальбуминемией, в наиболее выраженных случаях — анасарка; в) некорригируемое солевое истощение.

В ряде случаев на первый план выступают изменения самого сердца (кардиомегалия, атриомегалия, мерцательная аритмия), что позволяет говорить о «центральной» форме СН. В качестве особых форм со специфическими механизмами нарушения кровообращения и проявлениями рассматривают СН при «синих» врожденных пороках с недостаточным кровотоком в малом круге и несниженным или избыточным — в большом, при легочном сердце, тиреотоксикозе, анемии, артериовенозном соустье, циррозе печени, а также аритмогенную СН. У больных с детства может развиться «пассивная адаптация» (малые масса тела и рост, плохое физическое развитие, резко сниженная физическая активность, инфантилизм). Перечисленные формы СН встречаются в различных сочетаниях, часто удается выделить лишь ведущую форму.

С т а д и и р а з в и т и я и с т е п е н ь т я ж е с т и з а с т о й н о й С Н. Из многочисленных признаков СН, перечисляемых при описании той или иной стадии, необходимо выделить немногие, каждый из которых достаточен для определения конкретной стадии. Стадия I: субъективные симптомы СН при умеренных или более значительных нагрузках. Стадия II А: 1) выраженные субъективные симптомы СН при незначительных нагрузках; 2) ортопноэ; 3) приступы удушья; 4) рентгенографические, в части случаев — и электрокардиографические признаки вторичной легочной гипертензии; 5) повторное появление отеков; 6) повторное увеличение печени; 7) кардиомегалия без других признаков этой стадии; 8) мерцательная аритмия без других признаков этой стадии. Стадия II Б: 1) повторные приступы сердечной астмы; 2) постоянные периферические отеки; 3) существенные полостные отеки — постоянные или появляющиеся повторно; 4) стойкое увеличение печени, которая в ходе лечения может сократиться, но остается увеличенной; 5) атриомегалия; 6) кардиомегалия в сочетании хотя бы с одним из признаков предыдущей стадии; 7) мерцательная аритмия в сочетании хотя бы с одним из признаков предыдущей стадии. Стадия III, терминальная: 1) тяжелые субъективные расстройства при минимальных нагрузках или в покое; 2) неоднократные в течение недели эпизоды сердечной астмы; 3) дистрофические изменения органов и тканей.

Если имеется хотя бы один «достаточный» признак более тяжелой стадии, то должна быть установлена именно эта стадия. Приоритет отдается клиническим критериям. Отрицательные результаты инструментальных исследований часто оказываются непоказательными. Такие наиболее очевидные конечные проявления СН, как снижение минутного объема, недостаточное кровоснабжение органов и тканей и недостаточное обеспечение их кислородом могут отсутствовать не только в покое, но и при доступной больному нагрузке. Подобно артериальному давлению соответствующие показатели могут не выходить за широкие пределы вариантов нормы и при тяжелой СН — вплоть до последних дней и часов жизни больного («компенсация на патологическом уровне»).

Наиболее существенные «прямые» проявления СН, определяющие качество жизни больного, оцениваются по шкале, принятой в международной практике модифицированной классификации *Нью-Йоркской кардиологической ассоциации*. Функциональные классы (ФК) определяются появлением тягостной одышки, сердцебиения, чрезмерного утомления или ангинозной боли — хотя бы одного из этих субъективных проявлений СН. Эти проявления отсутствуют при «ФК 0». При классах I—IV они возникают при нагрузках той или иной интенсивности: ФК I — при нагрузках выше ординарных (при быстрой ходьбе по ровному месту или при подъеме по отлогому склону); ФК II — при ординарных, сопровождающих повседневную жизнедеятельность, умеренных нагрузках (появляются, когда больной идет наравне с другими людьми своего возраста по ровному месту); ФК III — при незначительных, менее ординарных нагрузках, которые заставляют останавливаться при ходьбе по ровному месту в обычном темпе, при небыстром подъеме на один этаж; ФК IV — при минимальных нагрузках (несколько шагов по комнате, надевание халата, рубашки) или в покое.

Для оценки толерантности к физической активности проводятся пробы с дозированной физической нагрузкой (велоэргометр, тредмил). При острых и подострых формах ИБС, аортальном и субаортальном стенозе, высокой артериальной гипертензии, выраженной СН они противопоказаны.

В развернутом диагнозе должны фигурировать форма и степень (стадия) СН, а также ее основные проявления: мерцательная арит-

мия, сердечная астма (редкие, частые эпизоды), отек легких, вторичная легочная гипертензия, гепатомегалия, асцит, гидроперикард, анасарка, кахексия, кардиомегалия, атриомегалия.

Следует объективно оценивать субъективные симптомы и убедиться, что они обусловлены именно СН, а не другой причиной — такой, например, как заболевание легких или невротическая реакция. В сомнительных случаях необходимо исключить легочную, почечную недостаточность, цирроз печени, микседему.

Л е ч е н и е. Режим и диета: в I стадии — соблюдение режима труда и отдыха, умеренные физические упражнения (но не спорт!). В более тяжелых стадиях физические нагрузки должны быть ограничены, периодически или постоянно назначается постельный, полупостельный режим. Диета — полноценная, легко усвояемая, богатая белками, витаминами, калием. Диета № 10 не отвечает этим требованиям. Ей следует предпочесть диету № 5, желательно — обогащенную фруктами, творогом со сметаной. При наклонности к задержке жидкости и при артериальной гипертензии показано умеренное ограничение поваренной соли. При массивных отеках может быть назначена кратковременная строгая бессолевая диета. Длительное (более 1—2 нед) применение диеты № 10, особенно в сочетании с салуретической терапией, может привести к опасному солевому истощению. Эффективны разгрузочные дни, в течение которых употребляется однообразная, легко усвояемая, бедная хлоридом натрия пища (рисовые, яблочно-рисовые и т. п. дни). Санаторное лечение показано в I и IIА стадиях, а в виде исключения — и в стадии IIБ.

Медикаментозная терапия неодинакова при различных формах, проявлениях и происхождении СН. Она должна проводиться на фоне ограничения физической активности. При хронической СН адекватная медикаментозная терапия должна быть постоянной — необоснованная ее отмена зачастую приводит к декомпенсации.

Сердечные гликозиды показаны преимущественно при застойной СН, при мерцательной аритмии. Они противопоказаны при обструктивной гипертрофической кардиомиопатии, при тяжелой гипо- и гиперкалиемии, при гиперкальциемии, атриовентрикулярной блокаде, синдроме WPW, синдроме слабости синусового узла, желудочковых экстрасистолах — частых, парных, политопных и в ритме аллоритмии, а также при пароксизмах желудочковой тахикардии. При сниженной элиминации сердечных гликозидов (почечная недостаточность, пожилой возраст) поддерживающую дозу их уменьшают в 2—3 раза и, по возможности, корригируют с учетом содержания в сыворотке крови гликозида или креатинина.

Сердечные гликозиды назначаются в дозах, близких к максимально переносимым, при стойкой СН — постоянно. Вначале (2—3 сут) дается насыщающая доза, затем суточная доза уменьшается в 1,5—2 раза. В последующем поддерживающую дозу уточняют в зависимости от индивидуальной реакции больного, с тем чтобы частота пульса удерживалась на уровне 52—68 в 1 мин в покое и не превышала 90—100 в 1 мин после минимальных нагрузок. При расширении двигательного режима поддерживающую дозу увеличивают. При появлении симптомов гликозидной интоксикации, передозировки (брадикардия или ее угроза — быстрое снижение частоты пульса до 60 в 1 мин и менее, тошнота, рвота, появление желудочковых экстрасистол — политопных, парных или с частотой более 5—6 в 1 мин, атриовентрикулярная блокада и др.) лечение сердечными гликозидами следует немедленно прекратить, не ограничиваясь снижением дозы. С исчезновением признаков передозировки, но не ранее чем через 2—3 дня (после дигитоксина — через 2—4 нед) лечение возобновляют с уменьшением суточной дозы на 25—75 %. В более тяжелых случаях гликозидной интоксикации назначают унитиол (5 % раствор 5—20 мл в/в, затем в/м по 5 мл 3—4 раза в сутки). По показаниям проводят антиаритмическую терапию (см. *Аритмии, Блокады сердца*). Больной и его близкие должны быть ознакомлены с индивидуальной схемой лечения сердечными гликозидами и с признаками их передозировки.

Дигоксин назначают 2 раза в сутки в таблетках по 0,00025 г или парентерально по 0,5—1,5 мл 0,025 % раствора (период насыщения), затем по 0,25—0,75 мг (поддерживающая доза) в сутки. Вместо дигоксина могут назначаться обладающие менее стабильным эффектом целанид или изоланид в таблетках по 0,00025 г или в каплях по 10—25 капель 0,05 % раствора и лантозид по 15—20 капель 2—3 раза в день. Одной таблетке дигоксина соответствуют 1,5—2 таблетки целанида или 15—20 капель целанида и лантозида. Применение наиболее активного сердечного гликозида дигитоксина (таблетки по 0,1 мг) требует особой осторожности (токсический эффект с опасностью остановки сердца может сохраняться после отмены препарата до 2—4 нед). Подбор дозировки сердечных гликозидов как правило должен производиться в стационаре. Парентеральное введение препаратов кратковременного действия (строфантин, коргликон) проводится в первые дни лечения наиболее тяжелых больных с последующим переходом на прием препаратов внутрь. 0,05 % раствор строфантина по 0,25—1 мл или 0,06 % раствор коргликона по 0,5—1 мл вводят преимущественно капельно в вену с изотоническим раствором натрия хлорида или с 5—10 % раствором глюкозы 2 раза в сутки. При тахикардии целесообразно начинать лечение с внутривенного введения дигоксина.

Диуретики показаны не только при отеках, увеличении печени, явных застойных изменениях в легких, но и при скрытой задержке жидкости, одним из признаков которой является уменьшение одышки в ответ на пробную дачу диуретика. Назначают в минимальных эффективных дозах, как правило, на фоне лечения сердечными гликозидами. Массивную диуретическую терапию начинают в условиях постельного режима. Схему лечения отрабатывают индивидуально и корригируют в ходе лечения. Более эффективным обычно является прерывистое лечение, когда препарат назначают 2—3 раза в неделю и реже или короткими (2—4 дня) курсами. Увеличению доз и частоты применения того или иного препарата следует предпочесть чередование (смену) или совместное применение диуретиков с различным механизмом действия и влиянием на кислотно-щелочное состояние. С появлением рефрактерности к диуретикам могут оказаться полезными временная (на 5—7 дней) их отмена, попытка усиления лечения спиронолактоном. В большинстве случаев диуретики более эффективны, если их принимают натощак, больной в течение 4—6 ч остается в постели и если в день их приема назначается разгрузочная диета. Об эффективности терапии помимо увеличения суточного диуреза, схождения отеков и уменьшения массы тела свидетельствует уменьшение одышки и отчасти сокращение размеров печени. Попытки достичь с помощью массивной диуретической терапии значительного сокращения размеров печени, как правило, безуспешны и чреваты опасностью необратимого нарушения водно-солевого баланса. При выраженных полостных отеках (гидротораксе, гидроперикарде, но только вынужденно — при массивном асците) эвакуация жидкости может быть механической (пункция). Основными осложнениями диуретической терапии являются гипокалиемия, гипонатриемия, гипокальциемия (петлевые диуретики), гипохлоремический алкалоз, дегидратация и гиповолемия — иногда с формированием и прогрессированием флеботромбоза. Реже (преимущественно при длительном массивном лечении определенными препаратами, в частности тиазидовыми производными, этакриновой кислотой) возникают гипергликемия, гиперурикемия и другие побочные проявления. Следует особо предостеречь против опасного для жизни назначения диуретиков при дегидратации (сухая слизистая щек).

Дихлотиазид (гипотиазид) применяют в таблетках по 0,025 г или предпочтительно в составе триампура (таблетки, содержащие 12,5 мг дихлотиазида и 25 мг калийсберегающего диуретика триамтерена). Эти препараты назначают в дозе от 1 таблетки 1—2 раза в неделю до 1—2 таблеток 2 раза в день в первые 2—5 дней, затем по 1—2 таблетке 1—3 раза в неделю или ежедневно. Мощный петлевой диуретик фуросемид (лазикс) в таблетках по 0,04 г или парентерально (2 мл 1 % раствора лазикса) вызывает форсированный диурез, длящийся до 4—6 ч. Массивное (более 5—8 таблеток в неделю) лечение приводит к снижению диуретического эффекта и к гипокалиемии. При длительной поддерживающей терапии желательно ограничиться назначением фуросемида по $^{1}/_{2}$ таблетки (0,02 г) до 2—3 раз в неделю — изолированно или в сочетании с триампуром. Быстрое действие и присущий фуросемиду начальный внепочечный эффект перераспределения крови с разгрузкой малого круга делают особенно ценным внутривенное введение его в дозе 0,04—0,08 г в неотложных случаях (сердечная астма, отек легких). Клопамид (бринальдикс) в таблетках по 0,02 г по диуретическому эффекту уступает фуросемиду, но лучше переносится (нефорсированный диурез — до суток). Назначается по 10—20 мг от 1—2 раз в день до 1 раза в 10—15 дней. Гипотензивный эффект более выражен, чем у других диуретиков, лечение клопамидом не сопровождается ортостатическими реакциями. Этакриновая кислота (урегит) в таблетках по 0,05 г применяется изолированно или с калийсберегающими диуретиками в дозах от 1 таблетки 1—2 раза в неделю до 2—3 таблеток утром после еды короткими курсами по 2—4 дня с перерывами 2—3 дня. Диакарб (фонурит) в таблетках по 0,25 г назначают через день или короткими (2—3 дня) курсами; показан только при легочно-сердечной недостаточности, гиперкапнии.

Периферические вазодилаторы назначают в более тяжелых случаях при недостаточной эффективности сердечных гликозидов и диуретиков изолированно или совместно с препаратами этих групп. При резком стенозе (митральном, аортальном), а также при систолическом АД 100 мм рт. ст. и ниже их применять не следует. Преимущественно венозные дилататоры — нитропрепараты (нитросорбид по 0,02 г и др.) в больших дозах уменьшают давление наполнения желудочков («преднагрузку») и эффективны при застойной недостаточности. Преимущественно артериолярный дилататор апрессин (гидралазин) по 0,025 г в таблетке назначают по 2—3 таблетки 3—4 раза в день, и антагонист кальция фенигидин (нифедипин, коринфар) в таблетках по 0,01 г назначают для уменьшения посленагрузки при гипертензионной СН; они могут быть полезными при умеренной СН у больных с аортальной или митральной недостаточностью. Мощные вазодилататоры универсального, венулоартериолярного действия празосин назначают от 2 до 10 мг/сут, первая доза 0,5—1 мг, лечение короткими курсами; каптоприл в суточной дозе 0,075—0,15 г. Совместное применение венуло- и артериолодилататоров показано при тяжелой, рефрактерной к сердечным гликозидам и диуретикам СН со значительной дилатацией левого желудочка, а также при гипертензионной СН. Эффективное лечение вазодилататорами комбинированного действия сопровождается уменьшением объема левого желудочка и восстановлением чувствительности к гликозидам и диуретикам.

Препараты калия назначают при лечении сердечными гликозидами, мочегонными препаратами и стероидными гормонами. Их необходимо применять при появлении желудочковых экстрасистол, ЭКГ-признаков гипокалиемии, при рефрактерной к сердечным гликозидам тахикардии, при метеоризме у тяжелобольных. Наиболее целесообразно, хотя и не всегда достаточно, обеспечение потребности в калии за счет соответствующей диеты (чернослив, курага, абрикосы, абрикосовый, персиковый, сливовый сок с мякотью и пр.). Калий-нормин, или пенистый калий назначают по 1 таблетке 2—3 раза в день во время еды; ацетат калия (по 2 столовые ложки 3 раза в день) обычно хорошо переносится, является умеренным осмотическим диуретиком и особенно полезен при угрозе развития ацидоза у тяжелобольных. Хорошо переносятся, но содержат мало калия панангин и аспаркам (назначают по 6 таблеток в день). Калия хлорид обычно плохо переносится больными; назначают внутрь только в 10 % растворе по 1 столовой ложке 2—4 раза в день после еды с молоком, киселем, фруктовым соком. Прием препаратов калия внутрь следует немедленно прекратить при болях в животе (угроза изъязвления и прободения стенки желудка, тонкой кишки). Поступлению калия в внутриклеточное пространство способствует внутримышечное введение инсулина в небольших (4—6 ЕД) дозах. Калийсберегающий антагонист альдостерона спиронолактон (верошпирон, альдактон) в таблетках по 0,025 г назначают по 3—4 таблетки в менее тяжелых и до 10—12 таблеток в день — в более тяжелых, резистентных к терапии случаях; обладает умеренным самостоятельным диуретическим действием, проявляющимся на 2—5-й день лечения. Вызывает умеренный ацидоз. При длительном лечении возможна обратимая гинекомастия.

В дистрофической стадии в/в вводят альбумин, применяют эссенциале, анаболические стероиды — ретаболил (по 1 мл 5 % раствора 1 раз в 10—20 дней) или феноболин (по 1 мл 2,5 % раствора 1 раз в 7—15 дней) в мышцу. Эти препараты противопоказаны при аденоме предстательной железы, фиброзной мастопатии, неоплазмах. Необходимость эвакуации жидкости из плевральной полости или полости перикарда является показанием к неотложной госпитализации.

Инфузионная терапия редко требуется у больных хронической СН, нарушением водносолевого баланса и сложным перераспределением объема циркулирующей крови (ОЦК). Она требует особой осторожности даже при введении очень небольших объемов, несопоставимых с диурезом и дефицитом ОЦК. Необходимо считаться с угрозой опасной гиперволемии, циркуляторной перегрузки сердца, вне- и внутрисосудистой гипергидратации, внутриклеточной гипергидратации (опасность введения глюкозы) и гипогидратации (опасность введения концентрированных гиперосмолярных растворов, натрия хлорида, диуретиков), а также дисбаланса вне- и внутриклеточного содержания калия и других электролитов. Результатом этих нарушений могут явиться отек головного мозга, отек легких и другие опасные для жизни осложнения, внезапная смерть. Инфузионная терапия должна проводиться по строгим показаниям, дифференцированно, желательно — непосредственно вслед за форсированным диурезом, под наблюдением медицинского персонала. Внутривенное вливание следует проводить под контролем венозного давления, легко осуществляемым и без специальной аппаратуры с помощью стеклянной трубки, соединенной через тройник со шлангом системы для внутривенного вливания.

Для ограничения эмоциональных нагрузок назначают транквилизаторы — сибазон (диазепам) по 0,005 г или нозепам (тазепам) по 0,01 г. При бессоннице назначают нитразепам (радедорм) по 0,005—0,01 г на ночь.

Т р у д о с п о с о б н о с т ь в I стадии сохранена; тяжелый физический труд противопоказан; во IIА стадии трудоспособность ограничена или утрачена; во IIБ — утрачена, в III стадии больные нуждаются в постоянном постороннем уходе.

П р о ф и л а к т и к а СН сводится к профилактике и лечению основного заболевания, профориентации, трудоустройству. Систематическое адекватное лечение СН, предупреждение и энергичное лечение интеркуррентных заболеваний предупреждает (тормозит) прогрессирование СН.

СОСУДИСТАЯ НЕДОСТАТОЧНОСТЬ.

Несоответствие между вместимостью сосудистого русла и объемом циркулирующей крови вследствие недостаточности сосудистого тонуса или (и) объема циркулирующей крови (гиповолемия). Дефицит венозного возврата (кровенаполнения сердца) может нарушить насосную функцию сердца. В таких случаях возникают изменения преимущественно по типу левожелудочковой недостаточности выброса с явлениями ишемии мозга, сердца, почек и других органов, при гиповолемии — с централизацией кровообращения. Возможно развитие синдрома диссеминированного внутрисосудистого свертывания (см.).

Сосудистая недостаточность острая — см. «Коллапс», «Обморок», а также главу 4 «Принципы лечения критических состояний».

Сосудистая недостаточность хроническая — см. «Артериальная гипотензия».

СОСУДИСТЫЕ КРИЗЫ

(ангиодистонические кризы) — острые преходящие нарушения системной гемодинамики или местного кровотока, обусловленные расстройствами сосудистого тонуса, т. е. гипертонией или гипотонией артерий, гипотонией вен, дисфункцией тканевых артериовенозных анастомозов (АВА). Наблюдаются при функциональной и органической патологии ЦНС, эндокринной системы, гипертонической болезни и других заболеваниях, характеризующихся нарушениями регуляции сосудистого тонуса (в том числе за счет избыточной продукции вазоактивных субстанций — адреналина, брадикинина, гистамина, серотонина и др.), при поражении самой сосудистой стенки и ее рецепторного аппарата (например, в результате обморожения, при атеросклерозе, васкулитах). Важное значение в патогенезе ангиодистоний имеет изменение функции мембран сосудистых гладких мышц и проницаемости их кальциевых каналов. Сосудистые кризы подразделяют на регионарные и системные.

Регионарные кризы соответствуют локализованным нарушениям кровоснабжения органа или ткани, зависимым от типа ангиодистонии. Гипертензия артерий (артериол), достигающая иногда степени ангиоспазма, характеризуется ишемией тканей, вследствие резкого ограничения или прекращения притока крови; гипотензия артерий выражается избыточным притоком (гиперемия, локальное повышение температуры; патологическое открытие АВА — ишемией ткани при нормальном или увеличенном притоке (феномен шунтового «обкрадывания» капилляров); гипотензия вен — их перерастяжением, местным застоем крови в капиллярах и перикапиллярным отеком ткани. К наиболее часто встречающимся в клинической практике регионарным сосудистым кризам относятся приступы гемикрании при мигрени и других видах так называемой вазомоторной головной боли (см. *Гемикрания, Мигренозная невралгия, Мигрень*), приступы ишемии пальцев при болезни и синдроме Рейно (см. *Рейно болезнь*), эритромелалгия и рецидивирующий акроцианоз при ангиотрофоневрозах, так называемая вариантная стенокардия (обусловленная спазмом коронарной артерии — см. *Стенокардия*), церебральные сосудистые кризы при гипертонической болезни (см. *Гипертонические кризы*).

Системные сосудистые кризы характеризуются патологическими изменениями общего периферического сопротивления кровотоку (при системных дистониях артериол и дисфункции АВА) или общей емкости периферических вен. Они проявляются повышением или падением АД и признаками вторичной несостоятельности сердечной деятельности. Кризы, протекающие с острым падением АД, рассматривают среди патогенетических вариантов сосудистого коллапса (см. *Коллапс*). Кризы с острым патологическим приростом АД называют гипертоническими; они часто наблюдаются при гипертонической болезни, сочетаясь с регионарными сосудистыми кризами (см. *Гипертонические кризы*). Внезапные подъемы АД особенно характерны для заболеваний с гиперреактивностью симпатического отдела нервной системы или (и) выбросом в кровь в избытке адреналина, что ведет к перевозбуждению адренорецепторов различных органов. В этих случаях сосудистые расстройства составляют только часть многообразных проявлений острой вегетативной дисфункции или вегетативного адренергического криза, часто называемого симпато-адреналовым либо адреналовым (в зависимости от патогенеза). Адренергические кризы наблюдаются при феохромоцитоме, гипоталамическом синдроме и вегетативно-сосудистой дисфункции другой природы (см. *Вегетативно-сосудистая дистония, Диэнцефальный синдром, Феохромоцитома*).

Л е ч е н и е сосудистых кризов в большинстве случаев должно быть неотложным. Выбор лекарственных средств определяется патогенезом криза (см. *Вегетативно-сосудистая дистония, Гипертонические кризы, Мигрень*). Больному с рецидивирующими однотипными по патогенезу кризами подбирают средства их профилактики и дают рекомендации по комплектованию и использованию индивидуальной аптечки неотложной помощи.

СТЕНОКАРДИЯ (ГРУДНАЯ ЖАБА) —

приступы внезапной боли в груди вследствие острого недостатка кровоснабжения миокарда — клиническая форма ишемической болезни сердца.

Патогенез. В большинстве случаев стенокардия обусловлена атеросклерозом венечных артерий сердца; начальная стадия последнего ограничивает расширение просвета артерии и вызывает острый дефицит кровоснабжения миокарда при значительных физических или (и) эмоциональных перенапряжениях; резкий атеросклероз, суживающий просвет артерии на 75 % и более, вызывает такой дефицит уже при умеренных напряжениях. Появлению приступа способствует снижение притока крови к устьям коронарных артерий (артериальная, особенно диастолическая гипотензия любого, в том числе лекарственного, происхождения или падение сердечного выброса при тахиаритмии, венозной гипотензии); патологические рефлекторные влияния со стороны желчных путей, пищевода, шейного и грудного отделов позвоночника при сопутствующих их заболеваниях; острое сужение просвета коронарной артерии (необтурирующий тромб, набухание атеросклеротической бляшки). Основные механизмы стихания приступа: быстрое и значительное снижение уровня работы сердечной мышцы (прекращение нагрузки, действие нитроглицерина), восстановление адекватности притока крови к коронарным артериям. Основные условия снижения частоты и прекращения приступов: приспособление режима нагрузок больного к резервным возможностям его коронарного русла; развитие путей окольного кровоснабжения миокарда; стихание проявлений сопутствующих заболеваний; стабилизация системного кровообращения; развитие фиброза миокарда в зоне его ишемии.

Симптомы, течение. При стенокардии боль всегда отличается следующими признаками: 1) носит характер приступа, т. е. имеет четко выраженное время возникновения и прекращения, затихания; 2) возникает при определенных условиях, обстоятельствах; 3) начинает стихать или совсем прекращается под влиянием нитроглицерина (через 1—3 мин после его сублингвального приема). Условия появления приступа стенокардии напряжения: чаще всего — ходьба (боль при ускорении движения, при подъеме в гору, при резком встречном ветре, при ходьбе после еды или с тяжелой ношей), но также и иное физическое усилие, или (и) значительное эмоциональное напряжение. Обусловленность боли физическим усилием проявляется в том, что при его продолжении или возрастании неотвратимо возрастает и интенсивность боли, а при прекращении усилия боль стихает или исчезает в течение нескольких минут. Названные три особенности боли достаточны для постановки клинического диагноза приступа стенокардии и для отграничения его от различных болевых ощущений в области сердца и вообще в груди, не являющихся стенокардией.

Распознать стенокардию часто удается при первом же обращении больного, тогда как для отклонения этого диагноза необходимы наблюдение за течением болезни и анализ данных неоднократных расспросов и обследований больного. Следующие признаки дополняют клиническую характеристику стенокардии, но их отсутствие не исключает этот диагноз: 1) локализация боли за грудиной (наиболее типична!), редко — в области шеи, в нижней челюсти и зубах, в руках, в надплечье и лопатке (чаще слева), в области сердца; 2) характер боли — давящий, сжимающий, реже — жгучий (подобно изжоге) или ощущение инородного тела в груди (иногда больной может испытывать не болевое, а тягостное ощущение за грудиной и тогда он отрицает наличие собственно боли); 3) одновременно с приступом повышения АД, бледность покровов, испарина, колебания частоты пульса, появление экстрасистол. Все это характеризует стенокардию напряжения. Тщательность врачебного расспроса определяет своевременность и правильность диагностики болезни. Следует иметь в виду, что нередко больной, испытывая типичные для стенокардии ощущения, не сообщает о них врачу как о «не относящихся к сердцу» или, напротив, фиксирует внимание на диагностически второстепенных ощущениях «в области сердца».

Стенокардия покоя в отличие от стенокардии напряжения возникает вне связи с физическим усилием, чаще по ночам, но в остальном сохраняет все черты тяжелого приступа грудной жабы и нередко сопровождается ощущением нехватки воздуха, удушьем.

У большинства больных течение стенокардии характеризуется относительной стабильностью. Под этим понимают некоторую давность возникновения признаков стенокардии, приступы которой за этот период мало изменялись по частоте и силе, наступают при повторении одних и тех же либо при возникновении аналогичных условий, отсутствуют вне этих условий и стихают в условиях покоя (стенокардия напряжения) либо после приема нитроглицерина. Интенсивность стабильной стенокардии квалифицируют так называемым функциональным классом (ФК). К I ФК относят лиц, у которых стабильная стенокардия проявляется редкими приступами, вызываемыми только избыточными физическими напряжениями. Если приступы стабильной стенокардии возникают и при обычных нагрузках, хотя и не всегда, такую стенокардию относят ко II ФК, а в случае приступов при малых (бытовых) нагрузках — к III ФК. IV ФК фиксируют у больных с приступами при минимальных нагрузках, а иногда и в отсутствие их.

Стенокардия должна настораживать врача, если:

приступ возник впервые, но в особенности — если впервые возникшие приступы учащаются и усиливаются с первых же недель болезни;

течение стенокардии утрачивает свою стабильность: частота приступов нарастает, они возникают в иных, чем прежде, условиях (при меньших нагрузках, напряжениях), появляются и вне напряжений (в покое, ранним утром), как бы переходят из I—II ФК в III—IV ФК; т. е. течение стенокардии изменилось, приобретя существенно новые характеристики.

Изменения ЭКГ (снижение сегмента *ST,* инверсия зубцов *T,* аритмии), а также небольшое повышение активности ферментов сыворотки крови (КФК, ЛДГ, ЛДГ$_1$, АсАТ), как правило, отсутствуют в таких случаях, но наличие этих признаков дополнительно подтверждает нестабильность стенокардии. Предынфарктная стенокардия не всегда завершается инфарктом сердца (вероятность развития инфаркта составляет около 30 %); это необходимо учитывать в клинической диагностике.

Изредка встречается так называемая вариантная (вазоспастическая) форма стенокардии, отличающаяся спонтанным характером приступа, регистрируемыми на ЭКГ резкими подъемами сегментов *ST,* рефрактерностью к бета-блокаторам (анаприлину и обзидану), но чувствительностью к антагонистам ионов кальция (верапамил, фенигидин, коринфар).

Основой диагноза любой из форм и вариантов течения стенокардии является правильно построенный и тщательно проведенный расспрос больного. В неясных случаях проводят пробу с физической нагрузкой (велоэргометрическая проба) с целью выявления скрыто существующей коронарной недостаточности. Тактику установления диагноза определяет следующая схематическая последовательность решения основных вопросов: коронарная (ангинозная) ли природа боли? имеются ли признаки предынфарктной стенокардии? не связано ли настоящее обострение в течении ишемической болезни сердца с влиянием внесердечных (сопутствующих) заболеваний? Лишь убедительно аргументированный отрицательный ответ на первый из трех вопросов дает право на поиск другой причины (источника) болей: обнаружение у больного другой болезни в качестве источника его болевых ощущений не может исключить наличия у него одновременно и приступов грудной жабы как проявления ишемической болезни сердца. О болях в области сердца нестенокардического характера см. *Кардиалгии.*

Осложнений собственно стенокардии не наблюдается, если она не становится выражением прогрессирования кардиосклероза и если она не оказывается первым проявлением развивающегося инфаркта миокарда. Поэтому приступ стенокардии, затянувшийся на 20—30 мин, а также нестабильная стенокардия требуют электрокардиографического обследования в ближайшие часы (сутки) и определения наличия реактивных сдвигов активности ряда ферментов в крови, температуры тела (см. *Инфаркт миокарда.*)

Л е ч е н и е. Купирование приступа: спокойное, предпочтительно сидячее положение больного; нитроглицерин под язык (1 таблетка или 1—2 капли 1 % раствора на кусочке сахара или на таблетке валидола); повторный прием препарата при отсутствии эффекта через 2—3 мин; корвалол (валокордин) — 30—40 капель внутрь с седативной целью; артериальная гипертензия во время приступа не требует экстренных лекарственных мер, так как снижение АД наступает спонтанно у большинства больных; если нитро-

глицерин плохо переносится (распирающая головная боль), то назначают смесь из 9 частей 3 % ментолового спирта и 1 части 1 % раствора нитроглицерина по 3—5 капель на сахаре на прием.

Общие принципы лечения: внушение больному необходимости избегать нагрузок, приводящих к приступу, пользоваться нитроглицерином без опасений, принимать его «профилактически» в предвидении напряжения, чреватого приступом; устранение эмоционального напряжения, в том числе вызванного страхом, тревогой в связи с болезнью (психотерапевтические воздействия, назначение транквилизаторов; см. *Психотропные средства в соматической медицине*); лечение сопутствующих заболеваний; особенно органов пищеварения; меры профилактики атеросклероза; сохранение и постепенное расширение пределов физической активности (с учетом функциональных возможностей больного).

Лечение в межприступном периоде: редкие приступы стенокардии (ФК I) — нитраты (нитросорбид 10—20 мг на прием) в предвидении значительных нагрузок. Стенокардия ФК II требует постоянного приема (годами!) блокаторов бета-адренергических рецепторов (анаприлин, обзидан и др.); доза их индивидуальна (от 10 до 40—60 мг на 1 прием), крайне желателен прием 4, а не 3 раза в день (в настоящее время появились препараты пролонгированного действия), причем последний раз не позднее 3—4 ч до отхода ко сну; при этом частота сердечных сокращений должна снизиться до 60—70 в 1 мин (сосчитывается не по ЭКГ, снятой в покое, а лишь в активном состоянии больного!). Нитраты (нитромази, нитросорбид, тринитролонг и др.) следует применять систематически, а по прекращению приступов (стабилизация течения) — лишь перед нагрузками (поездка по городу, эмоциональные напряжения и т. п.); нитросорбид принимают по 10—20 мг 4—6 раз в день (действие препарата продолжается 2,5—3 ч); мазь нитрол наносят на кожу через каждые 4—6 ч (действует 4—5 ч), в том числе и непосредственно перед отходом ко сну.

Лечение стенокардии в период нестабильного ее течения: 1) обеспечение больному покоя; госпитализация в специализированное кардиологическое учреждение (отделение); 2) нитраты — постоянно в/в или в форме мази — см. *Инфаркт миокарда;* 3) гепаринотерапия — по 1000 ЕД в час либо в форме инъекций в подкожную жировую клетчатку передней брюшной стенки по 5000 ЕД 4 раза в сутки; 4) обязательно ацетилсалициловая кислота по 100—200 мг 1 раз в день (до полудня) после еды; 5) прием бета-блокаторов продолжать (больные их, как правило, уже принимают); 6) седативные препараты; психотерапевтическое воздействие.

Антагонисты ионов кальция назначают: 1) дополнительно — при появлении приступов стенокардии в покое, в ночные и в предутренние часы, а также утром, до приема пищи; при тенденции к брадикардии (пульс реже 60—55 в 1 мин), мешающей увеличить дозу бета-блокаторов, когда это требуется; 2) изолированно — взамен противопоказанных больному бета-блокаторов. В первом случае обычно достаточно 30—40 мг коринфара в день, принимаемых вечером, на ночь, рано утром; во втором случае суточную дозу коринфара увеличивают до уровня, обеспечивающего антиангинальный эффект (если брадикардия отсутствует, то пригоден и верапамил по 40 мг 4—6 раз в сутки).

При стенокардии ФК II и выше — прекращение приема антиангинальных препаратов (в особенности бета-блокаторов — феномен «отдачи»!) даже на короткий срок не оправдано и потому нецелесообразно.

Проводится также лечение сопутствующих заболеваний — гипертонической болезни, заболеваний органов пищеварения и др.

П р о г н о з при отсутствии осложнений сравнительно благоприятный. Трудоспособность сохраняется, но с ограничением работ, требующих значительных физических усилий.

ЭНДОКАРДИТ — воспаление клапанного или пристеночного эндокарда при ревматизме, реже при инфекции, в том числе септической и грибковой, при коллагенозах, интоксикациях (уремия).

Подострый (затяжной) септический эндокардит (инфекционный эндокардит) — септическое заболевание с локализацией основного очага инфекции на клапанах сердца, реже на пристеночном эндокарде.

Э т и о л о г и я. Чаще возбудителями болезни являются стрептококки или стафилококки, реже грамотрицательные бактерии (кишечная, синегнойная палочки, протей и др.), пневмококки, грибы, L-формы бактерий и др.

П а т о г е н е з. Поражение клапанов сердца (инфекция) обусловливается изменениями гуморального и местного (клеточного) иммунитета с извращением иммунологических реакций и поражением различных органов и систем (сосудов, миокарда, почек, печени, нервной системы, селезенки и др.). Значительно чаще поражаются измененные клапаны при приобретенных и врожденных пороках сердца, клапанные протезы.

С и м п т о м ы, т е ч е н и е. Характерны лихорадка неправильного типа, нередко с ознобом и потом, иногда с болями в суставах, бледностью кожных покровов и слизистых оболочек. Возможно длительное безлихорадочное течение. При первичном эндокардите, развившемся на интактных клапанах, вначале могут выслушиваться функциональные шумы, в дальнейшем формируется порок сердца, чаще аортальный. При вторичном эндокардите изменяются характер и локализация имевшихся шумов вследствие прогрессирующей деформации клапанов или формирования нового порока. При поражении миокарда появляются аритмии, нарушения проводимости, признаки сердечной недостаточности. Почти постоянны поражения сосудов в виде васкулитов, тромбозов, аневризм артерий и геморрагий, локализующихся в коже и различных органах (геморрагические высыпания, церебральный васкулит, инфаркты почек и селезенки, микотические артериальные аневризмы и др.). Часто отмечаются признаки диффузного гломерулонефрита, увеличение печени, легкая желтуха, гиперплазия селезенки. Осложнения: формирование порока сердца, разрыв клапанов, прогрессирующая сердечная недостаточность, нарушение функции почек (протеинурия, гематурия, азотемия). Возможны и другие осложнения.

Лабораторные данные: характерна гипохромная анемия, умеренная лейкопения, значительное увеличение СОЭ, содержания в крови альфа-2- и гамма-глобулинов, С-реактивного белка. В посевах крови, проводимых многократно до применения антибиотиков, у многих больных удается обнаружить возбудителя эндокардита и определить его чувствительность к антибиотикам. По некоторым данным более результативным является посев не венозной, а артериальной крови (из бедренной артерии). Помогает диагностике эхокардиография, позволяющая выявить вегетации на клапанах или их дисфункцию.

Острый септический эндокардит рассматривается как осложнение общего сепсиса, по этиологии, патогенезу и клинике такая форма заболевания существенно не отличается от подострой формы, характеризуется лишь более острым течением.

Л е ч е н и е септического эндокардита должно быть ранним и этиотропным с учетом бактериологических данных. Применяют бактерицидные антибиотики, желательно в индивидуализированных дозах в зависимости от концентрации антибиотика в крови и чувствительности к нему возбудителя. При неизвестном возбудителе лечение начинают с применения высоких доз бензилпенициллина в/м или в/в до 18 000 000 — 20 000 000 ЕД и более в сочетании со стрептомицином до 1 г в/м или с аминогликозидами (гентамицин, тобрамицин из расчета до 4—5 мг/кг в сутки). При отсутствии эффекта или после бактериологического уточнения назначают полусинтетические пенициллины (оксациллин, метициллин или ампициллин в/м до 12 г/сут, цефалоспорины (кефзол до 8—10 г в/в и др.). Продолжительность антибактериальной терапии определяется состоянием больного и должна быть не менее 4 нед; преждевременное прекращение терапии или неоправданное снижение дозы антибиотиков может способствовать возникновению рецидивов болезни и формированию рефрактерности микробного возбудителя к антибиотикам. При сниженной иммунореактивности организма антибактериальные средства комбинируют с пассивной иммунотерапией (при стафилококковом эндокардите — с антистафилококковой плазмой или антистафилококковым гамма-глобулином), с применением иммуномодуляторов (тималин, Т-активин и др.). При возникновении осложнений, связанных с гиперсенсибилизацией (диффузный гломерулонефрит, васкулит, миокардит и др.) оправданно сочетание антибактериальных средств с короткими курсами применения кортикостероидных препаратов в средних дозах (преднизолон 15—30 мг/сут). Для предупреждения тромбозов, например при эндокардите, развивавшемся на фоне ангиогенного сепсиса (инфицирование интравенозного катетера), создается регулируемая гипокоагуляция с помощью гепарина 20 000—25 000 ЕД в/в или п/к. Для ингибиции протеолитических ферментов применяют контрикал (до 40 000—60 000 ЕД в/в капельно). При неэффективном лечении эндокардита, а также при наличии рефрактерной сердечной недостаточности расширены показания для хирургического удаления пораженного клапана с последующим протезированием его.

П р о г н о з всегда серьезный, однако при длительной и упорной терапии в значительной части случаев наступает выздоровление и восстановление трудоспособности.

П р о ф и л а к т и к а : своевременная санация хронических очагов инфекции в полости рта, миндалинах, носоглотке, придаточных пазухах носа и др., активная антибактериальная терапия острых стрептококковых и стафилококковых заболеваний (ангины и др.). Закаливание организма. Предупредительная рациональная антибактериальная профилактика (короткими курсами) у больных с пороками сердца при возникновении интеркуррентных заболеваний, при проведении оперативных вмешательств и инвазивных инструментальных исследований (катетеризация сердца, почек и др.). Диспансерное наблюдение лиц, перенесших острые стрептококковые, стафилококковые инфекции.

Глава 9

РЕВМАТИЧЕСКИЕ БОЛЕЗНИ

Современная ревматология оформилась в самостоятельный раздел медицины, чему способствовало выделение большого числа так называемых ревматических болезней, объединенных по принципу преимущественного поражения опорно-двигательного аппарата. В связи с этим термин «ревматический» приобрел неоднозначность и может относиться как к истинному ревматизму — болезни Сокольского — Буйо (ревматический кардит, ревматическая хорея и т. д.), так и к ревматическим заболеваниям вообще. Группа ревматических заболеваний включает болезни, которые, имея ряд общих черт с ревматизмом, в большинстве случаев существенно отличаются по этиологическим факторам, патогенетическим механизмам и клиническим проявлениям.

В настоящей главе основные ревматические заболевания представлены в виде 4 разделов: болезни с преимущественным поражением собственно суставов; васкулиты и диффузные болезни соединительной ткани, в основе которых лежит системное иммуновоспалительное поражение соединительной ткани и ее производных с частым вовлечением в процесс локомоторного аппарата; истинный ревматизм.

БОЛЕЗНИ СУСТАВОВ

АРТРИТЫ МИКРОКРИСТАЛЛИЧЕСКИЕ — группа заболеваний суставов, обусловленных отложением в них микрокристаллов различного состава. К ним относятся заболевания с принципиально различной этиологией и патогенезом. Но все они имеют одну общую черту — остро возникающий артрит одного или немногих суставов, протекающий в виде атак. Наиболее часто микрокристаллические артриты вызываются кристаллами уратов (подагра) и пирофосфата кальция (пирофосфатная артропатия). Большое, если не решающее, значение в диагностике этих заболеваний имеет выявление соответствующих кристаллов в тканях суставов (чаще в синовиальной жидкости) с помощью поляризационной микроскопии.

Артропатия пирофосфатная — болезнь отложения кристаллов пирофосфата кальция.

Э т и о л о г и я неясна. Известны генетические формы заболевания, случаи, когда пирофосфатная артропатия развивается как одно из проявлений таких заболеваний, как гемохроматоз, болезнь Вестфаля — Вильсона — Конова-

лова, гиперпаратиреоз и др. Но чаще никаких предпосылок к развитию заболевания не находят. В отличие от подагры каких-либо системных нарушений метаболизма неорганического фосфата или кальция, повышения уровня этих показателей в крови при пирофосфатной артропатии не находят. Предполагают, что имеются локальные нарушения метаболизма пирофосфата и кальция в тканях суставов. Кристаллы пирофосфата кальция откладываются ранее всего в хряще. При попадании кристаллов в полость сустава развивается воспаление.

С и м п т о м ы, т е ч е н и е. Заболевание может протекать как рецидивирующий моно- или олигоартрит. Наиболее часто поражается коленный сустав. Эта форма заболевания напоминает подагру и названа поэтому «псевдоподагра». Чаще пирофосфатная артропатия протекает иначе, напоминая остеоартроз. Характерна умеренная, но довольно постоянная боль в коленных, лучезапястных, голеностопных, а также других суставах, поражение которых нетипично для остеоартроза. Периодически боль в этих суставах усиливается, но никогда не достигает силы подагрических. При осмотре могут быть выявлены признаки умеренного воспаления суставов. Диагноз становится очевидным при рентгенографии. Для пирофосфатной артропатии почти патогномонично наличие хондрокальциноза — обызвествление менисков (в области коленных, лучезапястных суставов, лонного сочленения), а также суставного хряща. Кроме того, отмечаются признаки, характерные для остеоартроза. Эту форму заболевания называют «псевдоостеоартроз». Известны и другие клинические формы, например форма, напоминающая ревматоидный артрит. В этом случае отмечается стойкое воспаление мелких суставов кистей.

Л е ч е н и е симптоматическое. При развитии острого артрита применяют нестероидные противовоспалительные средства.

Подагра — болезнь отложения кристаллов уратов в суставах и других тканях, возникающая вследствие нарушений метаболизма пуриновых оснований и мочевой кислоты.

Э т и о л о г и я, п а т о г е н е з. Нарушения метаболизма пуриновых оснований (входящих главным образом в состав нуклеиновых кислот) возникают в основном вследствие врожденного или приобретенного ослабления активности ферментов, регулирующих этот процесс. Обязательное для подагры повышение уровня мочевой кислоты в крови (гиперурикемия) возникает либо вследствие повышенного распада пуриновых оснований, либо из-за снижения экскреции мочевой кислоты почками. Могут иметь место и обе эти причины. Известны заболевания или ситуации, когда подагра является только симптомом: например, при миелолейкозе, врожденных и приобретенных пороках сердца, протекающих с цианозом, интоксикации свинцом, применении мочегонных средств, рибоксина и др. Гиперурикемия способствует накоплению и отложению в различных тканях, прежде всего в хряще суставов, солей мочевой кислоты (уратов) в виде микрокристаллов. Периодическое попадание кристаллов в синовиальную полость суставов приводит к развитию острой воспалительной реакции. Гиперурикемия снижает буферные свойства мочи, что способствует отложению микрокристаллов в интерстициальной ткани почек, а также в мочевыводящих путях в виде камней.

С и м п т о м ы, т е ч е н и е. Болезнь развивается почти исключительно у мужчин среднего возраста. Обычно наблюдаются рецидивирующие острые моно- или олигоартриты суставов нижних конечностей с частым вовлечением I плюснефалангового сустава (примерно у 75 % больных), суставов плюсны, голеностопных и коленных суставов. Реже наблюдается артрит мелких суставов кистей, лучезапястных и локтевых суставов. Подагрический артрит имеет характерные особенности: он часто развивается ночью, интенсивность боли нарастает очень быстро и за несколько часов достигает максимума. Боль обычно очень сильная, движения в суставе становятся невозможными, наблюдается гиперемия кожи и гипертермия тканей над суставом. Может повышаться температура тела. Самостоятельно или под влиянием лечения артрит стихает за несколько дней, не оставляя в большинстве случаев никаких остаточных изменений. К факторам, провоцирующим возникновение приступа подагрического артрита, относят: чрезмерное употребление в пищу продуктов, богатых пуриновыми основаниями, главным образом мяса, алкогольный эксцесс, операции, травмы, прием мочегонных средств, рибоксина. В редких случаях может наблюдаться хронический подагрический полиартрит с периодическим усилением и ослаблением воспалительных явлений.

У 15—20 % больных подагрой возникает мочекаменная болезнь (приступ почечной колики иногда может быть первым признаком подагры), а также интерстициальный нефрит. Известна тенденция к отложению кристаллов мочевой кислоты в толще кожи чаще над суставами (локтевыми, коленными) или в хряще ушных раковин, где формируются безболезненные разных размеров узелковые образования — тофусы.

При подагре постоянно наблюдается повышение уровня мочевой кислоты в крови, что имеет диагностическое значение.

Л е ч е н и е. При лечении острого подагрического артрита применяют нестероидные противовоспалительные средства в максимальных суточных дозах: вольтарен (150—200 мг/сут), индометацин (150—200 мг/сут), бутадион (0,6 г/сут). При часто рецидивирующих артритах, поражении почек, мочекаменной болезни, тофусах показано постоянное (пожизненное) применение аллопуринола (милурита) в суточной дозе 0,3—0,4 г для нормализации уровня мочевой кислоты в крови. При отсутствии подагрического поражения почек применяют и урикозурические средства: антуран (суточная доза 0,2—0,6 г) или этамид (курсами по 1—2 нед в суточной дозе 2,8 г с перерывами 1—2 нед). Определенное значение при подагре имеют диетические ограничения: исключение алкоголя, уменьшение употребления в пищу продуктов, содержащих большое количество пуриновых оснований (мясо, рыба и продукты из них).

АРТРИТ ПСОРИАТИЧЕСКИЙ (артропатия псориатическая, псориатический спондилоартрит) — воспалительное заболевание суставов у больных псориазом.

Э т и о л о г и я, п а т о г е н е з неясны. Артрит чаще развивается при отчетливом поражении кожи, однако полного параллелизма между выраженностью и течением кожного и суставного синдромов нет. Артрит может задолго предшествовать кожным высыпаниям или иметь место при единичных псориатических бляшках.

С и м п т о м ы, т е ч е н и е. Чаще встречается вариант болезни, напоминающий ревматоидный артрит. Отличительными особенностями псориатического артрита являются: несимметричный характер поражения суставов, нередко наличие над пораженным суставом багрово-синюшной окраски кожи (при вовлечении суставов пальцев часто развивается периартикулярный отек, захватывающий весь палец — «палец в виде сосиски»), часто наличие сакроилеита, а в ряде случаев поражение других отделов позвоночника (спондилит), напоминающее болезнь Бехтерева. Намного реже встречается специфичный для этого заболевания вариант, протекающий как полиартрит с преимущественным поражением дистальных межфаланговых суставов кистей, быстро прогрессирующий костно-хрящевой деструкцией и развитием значительных деформаций — так называемый мутилирующий (обезображивающий) артрит.

Течение псориатического артрита обычно хроническое с периодами обострений и субремиссий. У некоторых больных артриты бывают острыми, скоропроходящими, имитирующими ревматический или подагрический артрит. При псориатическом артрите иногда наблюдаются признаки поражения внутренних органов: глаз (ириты), миокарда (миокардит), нижних отделов мочевыводящих путей (уретрит и др.), а также развитие амилоидоза. Изменения в крови, по данным лабораторных исследований, неспецифичны, ревматоидный фактор в крови отсутствует. Рентгенологические изменения в суставах напоминают таковые при ревматоидном артрите, однако околосуставной остеопороз выражен меньше, а также имеется наклонность к развитию периостальных реакций и небольших костных пролифератов по краям головок и дистальных отделов фаланг пальцев. Для мутилирующего артрита характерно развитие остеолиза фаланг, анкилозов и подвывихов.

Лечение. Применяют различные нестероидные противовоспалительные средства (см. *Артрит ревматоидный*), проводят внутрисуставное введение кортикостероидов. При отсутствии достаточного положительного эффекта проводят курс плазмафереза, применяют также кризанол (как при ревматоидном артрите), а в случае значительных кожных изменений — метотрексат (5 мг в неделю и более).

АРТРИТЫ РЕАКТИВНЫЕ — термин, принятый для обозначения артритов, развивающихся после инфекций, но не обусловленных попаданием инфекционного агента в полость сустава. Обычно реактивные артриты носят иммунокомплексный характер, т. е. возникают вследствие нарушений иммунитета у генетически предрасположенных лиц из-за недостаточной утилизации комплексов антиген — антитело макрофагальной системой. Реактивные артриты могут развиваться после многих инфекций (бактериальных, вирусных и др.) независимо от их тяжести, но чаще — после энтероколитов, вызванных иерсиниями, и инфекций мочевых путей, обусловленных хламидиями.

Число пораженных суставов обычно невелико, артрит чаще несимметричен. Преимущественно воспаляются суставы нижних конечностей, особенно пальцев стоп, где также развивается периартикулярный отек, распространяющийся на весь палец, и синюшная или багрово-синюшная окраска кожи (палец становится похожим на сосиску или редиску). Помимо артритов, характерно развитие энтезопатий — воспаления сухожилий в местах их прикрепления к костям, особенно часто в пяточной области. У отдельных больных возможны боли в области позвоночника. Во многих случаях реактивный артрит непродолжителен (от нескольких дней до нескольких недель), проходит самостоятельно, но у некоторых больных может задерживаться на больший срок и даже стать хроническим.

Иногда отмечаются внесуставные проявления: поражения кожи чаще в виде псориазоподобной сыпи, слизистых оболочек полости рта (эрозии), наружных половых органов (баланопостит, вагинит), глаз (конъюнктивит), а также сердца (миокардит, перикардит), периферической нервной системы (неврит) и др. При сочетании уретрита, конъюнктивита и артрита диагностируют *синдром Рейтера*.

Лечение проводят в основном нестероидными противовоспалительными препаратами (индометацин, ортофен, напроксен) и внутрисуставным введением кортикостероидов. При признаках инфекции, подтвержденных микробиологически, показаны соответствующие противоинфекционные средства (при иерсиниозе и хламидиозе — обычно тетрациклин в дозе 2 г/сут). При затяжном течении проводят плазмаферез.

АРТРИТ РЕВМАТОИДНЫЙ характеризуется в основном хроническим прогрессирующим воспалением многих суставов конечностей.

Патогенез обычно связан с циркуляцией в крови иммунных комплексов, развитием в связи с этим васкулита синовиальной оболочки и других органов. Это ведет к развитию стойкого артрита и деструкции сустава, а также к возникновению в ряде случаев системного поражения соединительной ткани и сосудов. В качестве антигенов могут выступать антигены бактериального, вирусного и даже паразитарного происхождения.

Симптомы, течение. Заболевание проявляется стойким артритом (обычно полиартритом) с ранним и предпочтительным вовлечением лучезапястных, пястно-фаланговых, проксимальных межфаланговых суставов кистей и плюснефаланговых суставов. Могут поражаться любые суставы конечностей. Характерны ощущение утренней скованности, боль, припухлость суставов, гипертермия тканей над ними (цвет кожи не меняется), симметричность артрита. Типично постепенное начало болезни с волнообразными колебаниями выраженности симптомов (иногда в начале болезни отмечаются даже более или менее длительные ремиссии), медленным, но неуклонным прогрессированием артрита, вовлечением все новых суставов. Иногда ревматоидный артрит начинается и относительно длительное время может проявляться моноартритом крупного, чаще коленного сустава. Известен также вариант острого начала болезни, при котором, помимо поражения суставов, отмечаются высокая лихорадка и внесуставные проявления (серозиты; кардит, гепатолиенальный синдром, лимфоаденопатия и др.).

Развернутая стадия болезни характеризуется деформирующим, деструктивным (рентгенологически) артритом. Типичны деформации пястно-фаланговых (сгибательные контрактуры, подвывихи), проксимальных межфаланговых (сгибательные контрактуры) и лучезапястных суставов — отклонение кисти во внешнюю сторону (так называемая ревматоидная кисть) и плюснефаланговых суставов (молоточковидная форма пальцев, их подвывихи, плоскостопие, hallux valgus), составляющие понятие ревматоидной стопы. В отдельных суставах могут преобладать воспалительные или фиброзно-пролиферативные изменения. Чаще изменения в суставах имеют смешанный характер.

Внесуставные (системные) проявления при ревматоидном артрите наблюдаются относительно нечасто, главным образом при серопозитивной (по ревматоидному фактору) форме болезни, выраженном и генерализованном суставном синдроме; частота их нарастает по мере прогрессирования заболевания. К ним относят подкожные (ревматоидные) узелки, которые чаще располагаются в области локтевого сустава, серозиты — обычно умеренно выраженные адгезивный (спаечный) плеврит и перикардит; лимфоаденопатию, периферическую невропатию — асимметричное поражение дистальных нервных стволов с расстройствами чувствительности, редко двигательными расстройствами; кожный васкулит, чаще проявляющийся точечными некрозами кожи в области ногтевого ложа, и др. Клинические признаки поражения внутренних органов (кардит, пневмонит и др.) отмечают редко. У 10—15 % больных развивается амилоидоз с преимущественным поражением почек, для которого свойственны постепенно нарастающая протеинурия, нефротический синдром, позже — почечная недостаточность. Ревматоидный артрит, для которого, помимо типичного поражения суставов, свойственны спленомегалия и лейкопения, носит название *синдрома Фелти.*

Показатели лабораторных исследований неспецифичны. У 70—80 % больных в сыворотке крови выявляется ревматоидный фактор, эту форму болезни называют серопозитивной. С самого начала заболевания, как правило, отмечается повышение СОЭ, уровней фибриногена, α_2-глобулинов, С-реактивного белка в крови, а также снижение гемоглобина.

Рентгенологически выделяют 4 стадии ревматоидного артрита: I стадия (начальная) — только околосуставной остеопороз; II стадия — остеопороз + сужение суставной щели; III стадия — остеопороз + сужение суставной щели + эрозии костей; IV стадия — сочетание признаков III стадии и анкилоза сустава. Раньше всего рентгенологические изменения при ревматоидном артрите появляются в суставах кистей и плюснефаланговых суставах.

Л е ч е н и е. При наличии инфекции или подозрении на нее (туберкулез, иерсиниоз и т. п.) необходима терапия соответствующим антибактериальным препаратом. При отсутствии ярких внесуставных проявлений (например, высокой лихорадки, синдрома Фелти или полиневропатии) лечение суставного синдрома начинают с подбора нестероидных противовоспалительных средств: индометацина (75—150 мг/сут), ортофена 75—150 мг/сут), напроксена (500—750 мг/сут), реже ибупрофена (1—2 г/сут); их применяют длительно (не курсами), годами. Одновременно в наиболее воспаленные суставы вводят кортикостероидные препараты (гидрокортизон, метипред, кеналог). Иммунокомплексная природа болезни делает показанным проведение курсов плазмафереза, в большинстве случаев дающего выраженный эффект. Нестойкость результатов указанной терапии является показанием к присоединению так называемых базисных средств: кризанола (34 мг золота, содержащегося в 2 мл 5 % или в 1 мл 10 % раствора препарата 1 раз в неделю в/м), D-пеницилламина (купренил, металкаптазе, 300—750 мг/сут), делагила (0,25 г/сут) или сульфасалазина (2 г/сут). Эти препараты действуют медленно, поэтому должны применяться не менее 6 мес, а при отчетливом положительном эффекте лечение ими обязательно продолжается и дальше (годами).

Кортикостероиды внутрь при отсутствии ярких внесуставных проявлений назначают как можно реже, обычно лишь при выраженных болях в суставах, не купирующихся нестероидными противовоспалительными средствами и внутрисуставным введением кортикостероидов, в небольших дозах (не более 10 мг/сут преднизолона), на небольшой срок и в сочетании с базисными средствами, позволяющими впоследствии уменьшить дозу гормонов и полностью их отменить. Кортикостероиды (преднизолон внутрь 20—30 мг/сут, иногда до 60 мг/сут или в виде пульс-терапии: метипред в/в 1 г/сут в течение 3 дней) абсолютно показаны при наличии

высокой лихорадки, генерализованного ревматоидного васкулита. Иммунодепрессанты (хлорбутин — 6—8 мг/сут, азатиоприн — 100—150 мг/сут, циклофосфамид — 100—150 мг/сут, метотрексат — 2,5—7,5 мг/сут в течение одного дня каждой недели) являются препаратами выбора при наличии ярких внесуставных проявлений (полиневропатия, генерализованный васкулит и т. п.), а в других случаях их применяют лишь при неэффективности всей предшествующей терапии. Применение базисных средств лечения ревматоидного артрита должно проводиться под постоянным наблюдением врача, знающего все аспекты действия этих препаратов.

Важное значение в лечении имеет лечебная физкультура, направленная на поддержание максимальной подвижности суставов и сохранение мышечной массы.

Физиотерапевтические процедуры (электрофорез нестероидных противовоспалительных средств, фонофорез гидрокортизона, аппликации димексида) и санаторно-курортное лечение имеют вспомогательное значение и применяются лишь при небольшой выраженности артрита.

При стойком моно- и олигоартрите проводят синовэктомию либо введением в сустав изотопов золота, иттрия и др., либо хирургическим путем. При стойких деформациях суставов проводят реконструктивные операции.

ОСТЕОАРТРОЗ — заболевание суставов, при котором первичные изменения в основном дегенеративного характера возникают в суставном хряще. При остеоартрозе в отличие от артрита воспалительный компонент непостоянен, протекает в виде эпизодов и маловыражен.

Э т и о л о г и я разнообразна. Выделяют первичный (идиопатический) и вторичный остеоартроз. Последний вызывается дисплазией суставов и костей, травмой сустава, метаболическими (например, охроноз), эндокринными (например, гипотиреоз) и другими повреждающими суставной хрящ заболеваниями и факторами. В тех случаях, когда их не находят, говорят о первичном остеоартрозе.

П а т о г е н е з приблизительно одинаков для обеих форм заболевания. Первичная дегенерация хряща приводит к изменениям других тканей сустава: субхондральной кости — с ее уплотнением (остеосклероз) и разрастаниями (остеофиты), синовиальной оболочки — с развитием реактивной гиперемии, очагового воспаления (синовит) и последующим фиброзом. Все эти изменения взаимообусловлены, что ведет к прогрессированию заболевания.

С и м п т о м ы, т е ч е н и е зависят от локализации заболевания. Наиболее часто поражаются плюснефаланговые суставы I пальцев стоп, коленные, тазобедренные суставы, а также дистальные и проксимальные межфаланговые суставы кистей. Поражение других суставов для остеоартроза нехарактерно.

Остеоартроз плюснефалангового сустава I пальца стопы чаще всего развивается вследствие различных аномалий переднего отдела стопы. Характерна боль при длительной ходьбе, стихающая в покое. Со временем могут возникать ограничения движений в суставе (hallux rigitus), его утолщение и деформация, развитие бурсита с наружной стороны, что создает предпосылки для более постоянных и интенсивных болевых ощущений.

Остеоартроз коленных суставов (гонартроз) во многих случаях является вторичным и обусловлен чаще нарушениями анатомической оси голеней — варусной или вальгусной их деформацией. Для остеоартроза феморопателлярного сочленения (между надколенником и бедренной костью) характерна боль при ходьбе по лестнице и любых других нагрузках на это сочленение: стояние на коленях, присаживание на корточки и т. п. Для остеоартроза феморотибиального (между бедренной и большеберцовой костью) типична боль, возникающая после длительной ходьбы и стихающая в покое. При осмотре на этой стадии заболевания внешних изменений сустава обычно нет, выявляются лишь болевые ощущения при крайних пассивных движениях в суставе. По мере прогрессирования гонартроза сокращается время ходьбы без боли. В случае присоединения синовита изменяется ритм боли: появляется стартовая боль, боль при стоянии и в покое, в том числе ночью. При осмотре может определяться небольшой выпот или только гипертермия отдельных зон сустава, при пальпации выявляется распространенная болезненность, нередко также и в области периартикулярных тканей. На поздних стадиях болезни синовит обычно становится постоянным, хотя выраженность его остается, как и раньше, небольшой, нередко отмечается деформация сустава, его сгибательная контрактура, боль становится практически постоянной.

Остеоартроз тазобедренного сустава (коксартроз) в 50—60 % случаев является вторичным, чаще всего следствием дисплазии сустава; наиболее прогностически неблагоприятная локализация остеоартроза. Характер боли и клиническая динамика по мере прогрессирования заболевания сходны с тем, что наблюдается при гонартрозе.

Остеоартроз межфаланговых суставов кистей в преобладающем большинстве случаев является примером первичной формы заболевания. У многих больных длительное время отмечается лишь узелковая деформация дистальных и проксимальных межфаланговых суставов кистей и некоторое ограничение движений в них, а боль либо отсутствует, либо появляется только после значительных нагрузок на эти суставы. Стойкие болевые ощущения, а также припухлость и гипертермия околосуставных тканей появляются при присоединении вторичного синовита, который может иметь разную длительность, рецидивирует. Стойкое его наличие приводит к значительной деформации суставов, выраженным нарушениям их подвижности, появлению рентгенологических признаков деструкции (так называемый эрозивный остеоартроз). Помимо межфаланговых, при этой форме остеоартроза часто поражаются пястно-фаланговый сустав I пальца и I запястно-пястный сустав.

Рентгенологическая картина остеоартроза любой локализации складывается из сужения суставной щели (обязательный для постановки диагноза признак), склероза субхондральной кости и остеофитов.

Изменения показателей крови и мочи для остеоартроза нехарактерны.

Л е ч е н и е. Радикальных методов лечения остеоартроза пока не разработано. Большое значение имеют профилактические мероприятия: своевременное выявление и устранение (или уменьшение выраженности) факторов, способствующих развитию заболевания, например коррекция ортопедических дефектов, снижение избыточной массы тела и т. д.

При остеоартрозе нижних конечностей, проявляющемся лишь болью после длительной ходьбы, основное значение имеет уменьшение нагрузок на пораженный сустав, сокращение продолжительности ходьбы, стояния. При определенных видах труда (подъем и переноска тяжестей, длительное стояние на ногах и т. п.) желательно изменение профессии.

У больных ранними стадиями заболевания используют румалон или другие подобные препараты (мукартрин, артепарон), которые, по данным некоторых авторов, могут замедлять прогрессирование остеоартроза. При назначении этих препаратов нужно иметь в виду, что для достижения ожидаемого эффекта следует проводить не менее двух курсов в/м инъекций в год в течение многих лет.

Существенное значение имеет полноценное лечение синовита. При гонартрозе или коксартрозе больные должны быть на время освобождены от работы, соблюдать домашний режим. Им назначают нестероидные противовоспалительные препараты (напроксен, индометацин, ортофен). Через неделю при отсутствии достаточного эффекта проводят внутрисуставное введение кортикостероидов (гидрокортизон, метипред — 1—3 инъекции через 5—7 дней). Следует иметь в виду, что длительная терапия нестероидными противовоспалительными средствами, так же как частое введение кортикостероидов в полость сустава при остеоартрозе, нецелесообразны. Гонартрозу и коксартрозу часто сопутствуют изменения околосуставных мягких тканей этих анатомических областей (периартриты), которые усиливают болевые ощущения и требуют соответствующего лечения (см. *Ревматические заболевания околосуставных мягких тканей*). При частом рецидивировании или стойком синовите (на ранних стадиях гонартроза) показана артроскопия и при выявлении хондром — частых причин этих явлений — удаление их.

ЛФК при коксартрозе и гонартрозе проводится только в положении лежа или сидя, физические нагрузки на эти суставы должны быть уменьшены. Бег, длительная ходьба противопоказаны; целесообразны езда на велосипеде, плавание. На ранних стадиях болезни при отсутствии синовита могут оказаться полезными бальнео- или грязелечение.

При значительных нарушениях функции пораженного сустава, стойких болевых ощущениях проводят различные хирургические операции.

РЕВМАТИЧЕСКИЕ ЗАБОЛЕВАНИЯ ОКОЛОСУСТАВНЫХ МЯГКИХ ТКАНЕЙ — заболевания сухожилий (тендиниты, тендовагиниты), связок (лигаментиты), мест прикрепления этих структур к костям (энтезопатии), синовиальных сумок (бурситы), апоневрозов и фасций (апоневрозиты и фасцииты) воспалительного или дегенеративного характера, не обусловленные прямой травмой, ранением, инфекцией или опухолью. Являются одними из наиболее частых причин болевых ощущений в области суставов и затруднений движений в них.

Ниже приводятся наиболее распространенные заболевания этой группы.

Плечелопаточный периартрит. Характерная клиническая картина — боль и ограничение движений в плечевом суставе — может наблюдаться при повреждении самых разных периартикулярных структур. Чаще других имеет место изолированное или комбинированное поражение сухожилий надостной и двуглавой мышц, а также субакромиальной сумки. Умение выявлять точную топику поражения предопределяет успех лечения.

Поражение сухожилия надостной мышцы может протекать в виде простого тендинита, кальцифицирующего тендинита и надрыва (разрыва) сухожилия. *Простой тендинит надостной мышцы* — наиболее частая форма плечелопаточного периартрита. Диагностика базируется на выявлении болезненности при напряжении надостной мышцы, что создается при попытке отведения руки больного против сопротивления врача. Характерен симптом Дауборна: активное отведение руки до 60° безболезненно, затем на ограниченном участке (70—90°) возникает резкая боль (из-за сдавления сухожилия между клювовидным отростком лопатки и головкой плечевой кости), а при дальнейшем отведении руки боль проходит. При *кальцифицирующем тендините надостной мышцы*, что выявляется при рентгенографии плечевого сустава, боль обычно более сильная, отмечается и в покое, а ограничения движений в плечевом суставе более значительные. Детальное исследование выявляет, однако, признаки изолированного поражения сухожилия надостной мышцы. Данная патология развивается преимущественно у лиц молодого и среднего возраста. При *надрыве (или разрыве) сухожилия надостной мышцы*, возникающем чаще у пожилых людей после подъема тяжести или неудачного падения с опорой на руку, помимо боли и ограничения движений, характерна невозможность удержать отведенную руку (симптом падающей руки). При наличии такой клинической картины обязательным является артрография плечевого сустава, так как в случае полного разрыва должно проводиться хирургическое лечение.

Тендинит двуглавой мышцы плеча характеризуется стойкими болевыми ощущениями в передне-небоковой области плечевого сустава, значительной болезненностью при пальпации сухожилий бицепса и болями, возникающими при напряжении этой мышцы (т. е. в случаях сгибания супинированного предплечья против сопротивления).

Бурсит субакромиальной сумки чаще является не самостоятельным заболеванием, а следствием распространения изменений со стороны соседствующих с нею сухожилий надостной и двуглавой мышц. Именно комбинированное поражение этих структур объясняет наличие выраженной боли, значительно ограничивающей практически все движения (картина так называемого блокированного или замороженного плеча). Рентгенологически в ряде случаев выявляется обызвествление в области субакромиальной сумки.

Периартрит локтевого сустава. Наиболее частые периартикулярные заболевания в области локтевого сустава — энтезопатии в районе надмыщелков плечевой кости и воспаление сумки (бурсит) локтевого сустава.

Энтезопатии сухожилий, прикрепляющихся к надмыщелкам плечевой кости, составляют патологическую основу клинического синдрома, известного как *локоть теннисиста*. Боль отмечается чаще в области наружного надмыщелка, где прикрепляются разгибатели пальцев и супинатор предплечья, усиливается при любых напряжениях этих мышц. Боль в области медиального надмыщелка плечевой кости обусловлена обычно энтезопатиями сухожилий мышц, сгибателей пальцев и кисти. Диагноз *бурсита локтевого сустава* обычно не вызывает трудностей. Он устанавливается при наличии характерного баллотирующего при пальпации выпячивания над локтевым отростком.

В области лучезапястного сустава наиболее часто отмечаются тендовагиниты. *Тендовагинит де Кервена* характеризуется поражением длинной отводящей и короткой разгибательной мышц большого пальца в месте их прохождения через костно-фиброзный канал на уровне шиловидного отростка лучевой кости. Проявляется болью при движениях большого пальца, небольшой припухлостью в области «анатомической табакерки».

Периартрит тазобедренного сустава — одна из частых причин болевых ощущений в области этого сустава. Болевой синдром имеет в ряде случаев характерные особенности — боль в покое отсутствует (она возникает лишь при лежании на больном боку или в положении сидя — нога на ногу), возникает при первых шагах, но затем при ходьбе постепенно уменьшается и проходит совсем. При пальпации определяется локальная болезненность в области большого вертела. При рентгенографии можно иногда обнаружить бахромистость контуров большого вертела, линейные тени обызвествлений сухожилий прикрепляющихся к нему мышц или расположенных здесь синовиальных сумок.

Периартрит коленного сустава представлен чаще всего поражением сухожилий, составляющих так называемую гусиную лапку (прикрепление полусухожильной, стройной, портняжной, а также полуперепончатой мышц в районе медиального мыщелка большеберцовой кости). Характерна боль в этой области как при активных, так и при пассивных движениях (сгибание, резкое разгибание или поворот голени), болезненность при пальпации.

Лечение ревматических заболеваний околосуставных мягких тканей в первые 2 нед проводят нестероидными противовоспалительными средствами (напроксен, индометацин, ортофен, бутадион), фонофорезом гидрокортизона на болезненные области, соблюдением покоя конечности. При отсутствии достаточного эффекта показано локальное введение кортикостероидов в месте наибольшей болезненности мягких тканей. При плохо поддающихся указанной терапии периартикулярных заболеваниях или частом их рецидивировании показана локальная рентгенотерапия.

СПОНДИЛИТ АНКИЛОЗИРУЮЩИЙ (болезнь Бехтерева) — хроническое воспалительное заболевание позвоночника. При анкилозирующем спондилите поражаются в основном крестцово-подвздошные, межпозвонковые сочленения, реберно-позвонковые суставы и суставы отростков позвонков. Хроническое воспаление сочленений и суставов позвоночника имеет тенденцию к развитию анкилоза. Нередко отмечаются также артрит суставов конечностей и периферические энтезопатии, а у некоторых больных — симптомы поражения внутренних органов.

Этиология, патогенез неясны. Большое значение придается генетическим особенностям иммунной системы. Болеют преимущественно лица мужского пола. Заболевание начинается обычно в конце второго — начале третьего десятилетия жизни.

Симптомы, течение. Поражение позвоночника — обязательный симптом. Отмечается боль в том или ином его отделе, чаще в поясничном и крестцовом, иногда во всех отделах, усиливающаяся ночью; утренняя скованность. Позже присоединяется ограничение движений позвоночника: больной не может достать пальцами рук пола, не сгибая колен, подбородком — грудину, снижается дыхательная экскурсия грудной клетки. Постепенно происходит сглаживание физиологических изгибов позвоночника и формирование кифоза грудного отдела, так что в ряде случаев правильный диагноз можно поставить «на расстоянии», по характерной «позе просителя» больного. Течение этой (так называемой центральной) формы болезни обычно медленное, многолетнее, с периодами обострений и ремиссий.

При болезни Бехтерева нередко отмечается артрит суставов конечностей, имеющий некоторые особенности. Чаще поражаются крупные суставы нижних конечностей (тазобедренные, коленные, голеностопные), а также плечевые и грудиноключичные. Типичны олигоартрит и несимметричное поражение суставов. Иногда возникает артрит мелких суставов кистей и стоп. Артрит суставов конечностей при анкилозирующем спондилите чаще всего непродолжителен (1—2 мес), но у некоторых больных может затягиваться надолго. Даже в этих случаях в отличие от ревматоидного артрита, как правило, деструкции суставов, их деформации не возникает (за исключением тазобедренных суставов в далеко зашедших случаях). Характерны миалгии (особенно мышц спины), развитие энтезопатий, преимущественно в пяточной области.

В ряде случаев отмечается поражение внутренних органов: глаз (ирит), аорты (аортит), миокарда (миокардит), реже эндокарда (возможно формирование недостаточности клапанов), почек (гломерулонефрит), нижних отделов мочевыводящих путей (уретрит) и др. При длительном течении болезни у ряда больных развивается системный амилоидоз с преимущественным поражением почек.

Основное значение в диагностике имеет рентгенография позвоночника. Сакроилеит — наиболее ранний рентгенологический симптом, который может развиться уже через 4—6 мес от начала болезни. Рентгенологические признаки поражения других отделов позвоночника выявляются значительно позже. Характерно развитие окостенения наружных отделов фиброзных межпозвонковых дисков, ранее всего в грудном отделе,— появление так называемых синдесмофитов.

Лечение. Основное значение в лечении имеет длительное применение нестероидных противовоспалительных препаратов, обычно индометацина или ортофена в суточной дозе 100—150 мг (иногда больше) в течение многих месяцев и лет. Меньшее значение имеют другие препараты этой группы (ибупрофен, напроксен, бутадион и др.), которые могут быть назначены при плохой переносимости индометацина или ортофена. Кортикостероидные препараты для приема внутрь при анкилозирующем спондилите малоэффективны, их используют лишь при поражении внутренних органов, особенно ирите. При наличии артрита суставов конечностей показано внутрисуставное введение кортикостероидов, в этих же случаях иногда эффективен сульфасалазин (2 г в день). Препараты золота, хинолиновые производные, D-пеницилламин, иммунодепрессанты в отличие от ревматоидного артрита обычно неэффективны. Существенное значение в лечении анкилозирующего спондилита придают лечебной физкультуре, направленной на сохранение подвижности и укрепление мышц позвоночника, а также массажу мышц спины. Дополнительное значение имеет аппаратная физиотерапия (фонофорез гидрокортизона), а также бальнео- и грязетерапия.

ВАСКУЛИТЫ СИСТЕМНЫЕ

Васкулиты системные (СВ) — группа заболеваний, характеризующихся системным поражением сосудов с воспалительной реакцией сосудистой стенки. Различают первичные СВ, при которых системное поражение сосудов является самостоятельным заболеванием, и вторичные СВ, развивающиеся на фоне какого-либо инфекционного, аллергического или другого заболевания. В ряде случаев вторичные СВ могут приобретать важнейшее значение в клинической картине болезни, например при ревматоидном артрите, системной красной волчанке, системной склеродермии. Основные нозологические формы первичных СВ: геморрагический васкулит, гигантоклеточный височный артериит, гра-

нулематоз Вегенера, облитерирующий тромбангиит, синдромы Гудпасчера, Такаясу, узелковый
периартериит.

ГЕМОРРАГИЧЕСКИЙ ВАСКУЛИТ (болезнь Шенлейна — Геноха) — системное поражение капилляров, артериол, венул, главным
образом кожи, суставов, брюшной полости и
почек.

Э т и о л о г и я. Заболевание возникает обычно у детей и подростков, реже у взрослых обоего
пола после перенесенной инфекции — стрептококковой ангины или обострения тонзиллита,
фарингита, а также после введения вакцин и
сывороток, в связи с лекарственной непереносимостью, охлаждением и другими неблагоприятными воздействиями внешней среды.

Патогенез связан с иммунными нарушениями — повышением уровня циркулирующих иммунных комплексов, с которыми связывается
поражение стенки сосудов, что приводит к повышению их проницаемости, отеку и пурпуре различной локализации.

С и м п т о м ы, т е ч е н и е. Заболевание нередко проявляется триадой: мелкоточечные
красные, иногда сливающиеся геморрагические
высыпания на коже (пурпура), преходящие артралгии (или артрит), преимущественно крупных суставов, и абдоминальный синдром. Начальные кожные высыпания располагаются на
разгибательных поверхностях конечностей, иногда на туловище, заканчиваются остаточной
пигментацией, которая может оставаться длительное время. Чаще поражаются нижние конечности. Кожные высыпания могут быть единственным проявлением болезни.

Мигрирующие симметричные полиартриты,
обычно крупных суставов, наблюдаются более
чем у $^2/_3$ больных, сопровождаясь болью различного характера — от кратковременной ломоты
до острейшей, приводящей больных к обездвиженности. Артрит нередко совпадает по времени
с появлением и локализацией пурпуры.

Абдоминальный синдром (брюшная пурпура)
характеризуется внезапно развивающейся кишечной коликой. Боль обычно локализуется
вокруг пупка, но нередко и в других отделах
живота (в правой подвздошной области, правом
подреберье, эпигастрии), симулируя аппендицит, холецистит, панкреатит. Боль усиливается
при пальпации. Одновременно у больных наблюдается типичная картина абдоминального
синдрома — бледность кожных покровов, осунувшееся лицо, запавшие глаза, заостренные
черты лица, сухой язык, признаки раздражения
брюшины. Больные обычно лежат на боку, при-
жав ноги к животу, мечутся. Одновременно с
коликой появляются кровавая рвота, жидкий
стул нередко с прожилками крови. Все разнообразие брюшной пурпуры можно уложить в
следующие варианты: типичная колика, абдоминальный синдром, симулирующий аппендицит или прободение кишок, абдоминальный
синдром с инвагинацией. Этот перечень вариантов определяет тактику совместного наблюдения терапевтами и хирургами, необходимость
своевременного оперативного вмешательства
(прободение кишечника, инвагинация).

Нередко в патологический процесс вовлекаются почки в виде гематурического гломерулонефрита за счет поражения капилляров клубочков. Однако при исходе гломерулонефрита в хроническую почечная патология может быть разнообразной — от мочевого синдрома до диффузного гломерулонефрита гипертонического или смешанного типа. При общем благоприятном течении нефрита возможны исходы в хронический
прогрессирующий нефрит с почечной недостаточностью.

Другие клинические признаки (поражение
ЦНС, геморрагические пневмонии, миокардиты
и серозиты) наблюдаются редко и распознаются
при специальных исследованиях. Лабораторные
данные малохарактерны — обычно наблюдается
лейкоцитоз, наиболее выраженный при абдоминальном синдроме, со сдвигом формулы влево
вплоть до юных. СОЭ обычно повышена, особенно при абдоминальном синдроме и полиартри-
тах.

При остром течении заболевание начинается
внезапно и течет бурно с многосимптомной
клиникой болезни, часто осложняясь нефритом.
При хроническом течении большей частью речь
идет о рецидивирующем кожно-суставном
синдроме (ортостатическая пурпура пожилых).
Диагноз при наличии характерной триады или
только геморрагических высыпаний на коже
затруднений не вызывает. Однако синдром
геморрагического васкулита может наблюдаться при инфекционном эндокардите, различных
васкулитах, диффузных болезнях соединительной ткани и др. У пожилых лиц необходимо
исключить макроглобулинемическую пурпуру
Вальденстрема.

Л е ч е н и е. Назначают антигистаминные и
противовоспалительные препараты в общепринятых дозах. В острый период болезни необходим строгий постельный режим. В тяжелых случаях назначают гепарин (10 000—15 000 ЕД)
2 раза п/к в область живота до ликвидации признаков гиперкоагуляции. При абдоминальном
синдроме показано введение больших доз метил-
преднизолона в/в до 1 г в сутки в течение 3 дней.
При хроническом течении могут быть рекомендованы аминохинолиновые препараты, большие
дозы аскорбиновой кислоты (до 3 г/сут), рутин.
При очаговой инфекции показана санация —
консервативная или хирургическая. Некоторым
больным с хроническим рецидивирующим течением кожной пурпуры или гломерулонефрита
может быть рекомендована климатотерапия
(юг Украины, Южный берег Крыма, Северный
Кавказ).

ВЕГЕНЕРА ГРАНУЛЕМАТОЗ — гигантоклеточный гранулематозно-некротический васкулит с преимущественным поражением дыхательных путей, легких и почек.

Э т и о л о г и я неизвестна. Провоцируют болезнь острые респираторные заболевания, охлаждения, инсоляция, травма, лекарственная непереносимость и др. Системный характер васкулита, обширные гранулематозные реакции по типу некротизирующих гранулем преимущественно в дыхательных путях позволяют думать о ведущих аутоиммунных механизмах болезни.

Симптомы, течение. Заболевание развивается чаще у мужчин, начинается с поражения верхних отделов дыхательных путей и проявляется стойким насморком с серозно-сукровичным, гнойным отделяемым, носовыми кровотечениями, признаками поражения других отделов верхних дыхательных путей, а при вовлечении трахеобронхиального дерева — упорным кашлем с кровянисто-гнойной мокротой, болью в грудной клетке.

В дальнейшем развивается полисиндромная клиническая картина болезни (стадия генерализации), сопровождающаяся лихорадкой, мигрирующим полиартритом или только артралгиями и миалгиями, поражением кожи (в том числе тяжелыми некротически-язвенными поражениями кожи лица), легких и др. Наиболее патогномонично возникновение гнойно-некротического и язвенно-некротического ринита, синусита, назофарингита и ларингита. При исследовании легких наблюдается клинико-рентгенологическая симптоматика очаговой и сливной пневмонии с абсцедированием и образованием полостей. В этой стадии в патологический процесс вовлекаются почки с развитием диффузного гломерулонефрита и быстрым прогрессированием почечной недостаточности. Лабораторные данные нехарактерны. Обычно наблюдаются яркие признаки воспалительной активности — лейкоцитоз, повышенная СОЭ и др. Больные умирают от легочного кровотечения или чаще от почечной недостаточности. Диагноз труден в ранний период, а также в случае, если заболевание начинается с легочной симптоматики. У таких больных биопсия слизистых оболочек верхних дыхательных путей (назофарингеальной области) выявляет гранулематозный характер патологии.

Лечение. Применяют циклофосфан внутривенно в дозе 5—10 мг/кг в течение 2—3 дней с последующим переходом на прием внутрь по 1—2 мг/кг в течение месяца; поддерживающая терапия циклофосфамидом в дозе 50—25 мг ежедневно продолжается 1 год и более. Необходимо обильное питье для профилактики наиболее тяжелого осложнения — геморрагического цистита. Преднизолон назначают в средних дозах для профилактики побочных действий цитотоксических средств.

ГИГАНТОКЛЕТОЧНЫЙ АРТЕРИИТ (височный артериит) — системное заболевание, характеризующееся гранулематозным воспалением средней оболочки сосудов, преимущественно бассейна сонных артерий (височных, черепных и др.); нередко сочетается с ревматической полимиалгией. Предполагается вирусная этиология.

Патогенез. Иммунокомплексное поражение артерий подтверждается обнаружением в стенке пораженных артерий фиксированных иммунных комплексов. Гранулематозный тип клеточных инфильтратов также характерен для иммунопатологических процессов.

Симптомы, течение. Заболевают люди пожилого возраста, мужчины и женщины поражаются с одинаковой частотой. При наиболее частом височном артериите заболевание начинается остро, с высокой лихорадки, головных болей

в зоне локализации патологии. Объективно отмечается утолщение пораженной височной артерии, извитость, болезненность при пальпации, в ряде случаев — покраснение кожных покровов. При поздней диагностике — поражение сосудов глаза с развитием частичной или полной слепоты. Общее состояние страдает с первых дней болезни (астения, отсутствие аппетита, похудание, нарушение сна, депрессия). При развитии признаков ревматической полимиалгии — боль и скованность в мышцах плечевого и тазового пояса, в шее. Лабораторные данные свидетельствуют о высокой воспалительной активности: повышенная СОЭ, нейтрофилез, гипер-α_2- и гамма-глобулинемия. Течение прогрессирующее, однако рано начатое лечение может привести к стойкой ремиссии.

Лечение проводят кортикостероидами (преднизолон по 40—60 мг/сут) с постепенным медленным снижением и длительным приемом поддерживающих доз (10—5 мг в день); при уменьшении дозы преднизолона показаны аминохинолиновые производные (плаквенил по 0,2 или хингамин по 0,25 г 1 раз в день в течение нескольких месяцев). При быстром нарастании глазных симптомов или тяжелых сосудистых проявлениях других локализаций показана пульс-терапия метилпреднизолоном в/в по 1 г/сут в течение 2—3 дней с последующим переводом на пероральный прием препарата.

ГУДПАСЧЕРА СИНДРОМ — системный капиллярит с преимущественным поражением легких и почек по типу геморрагических пневмонита и гломерулонефрита. Заболевают чаще мужчины в возрасте 20—30 лет.

Этиология неизвестна, однако отмечается связь с вирусной и бактериальной инфекцией, переохлаждением. Первое описание болезни сделано во время пандемии гриппа в 1919 г. Обсуждается аутоиммунный патогенез, поскольку обнаружены циркулирующие и фиксированные антитела к базальным мембранам почек, перекрестно реагирующие с антигенами базальных мембран легких.

Симптомы, течение. Начало острое с высокой лихорадкой, кровохарканьем или легочным кровотечением, одышкой. При аускультации — обилие звонких влажных хрипов в средних и нижних отделах легких, рентгенологически — множественные очаговые или сливные затемнения в обоих легочных полях. Тяжелый, прогрессирующий гломерулонефрит развивается почти одновременно, быстро приводя к почечной недостаточности. Повторные кровохарканье и гематурия ведут, как правило, к анемии, усугубляющейся при почечной недостаточности. При лабораторном исследовании: анемия, лейкоцитоз и повышенная СОЭ. Характерным иммунологическим признаком болезни являются антитела к базальным мембранам почки. Прогноз обычно неблагоприятен — смерть наступает в ближайшие 6 мес — 1 год от начала болезни при явлениях легочно-сердечной или почечной недостаточности.

Лечение. Кортикостероиды в больших дозах (преднизолон до 100 мг/сут) в сочетании с цитотоксическими препаратами (азатиоприн по 150—200 мг/сут) при условии рано начатого лечения могут замедлить прогрессирование болезни. Описано успешное применение плазмафереза в сочетании с иммуносупрессивной терапией.

ТАКАЯСУ БОЛЕЗНЬ (аорто-артериит) — системное заболевание, характеризующееся воспалением аорты и отходящих от нее ветвей с развитием частичной или полной их облитерации; могут поражаться и другие отделы аорты. Э т и о л о г и я неясна. В п а т о г е н е з е ведущая роль принадлежит иммунным нарушениям с развитием хронического иммунокомплексного воспаления стенки пораженных сосудов. Болеют преимущественно молодые женщины.

С и м п т о м ы, т е ч е н и е. Постепенно нарастают признаки нарушения кровообращения в зонах пораженных сосудов. Основной симптом — отсутствие пульса на одной или обеих руках, реже — на сонных, подключичных, височных артериях. Больные жалуются на боль и парестезии в конечностях, усиливающиеся при физической нагрузке, слабость в руках, приступы головокружения нередко с потерей сознания. При офтальмоскопии обнаруживают изменение сосудов глазного дна (сужение, образование артериовенозных анастомозов и др.). Нередко в процесс вовлекаются коронарные артерии с соответствующей симптоматикой. Поражение брюшной аорты с почечными сосудами сопровождается клиникой вазоренальной гипертензии. Общие признаки болезни — субфебрилитет, астенизация. Лабораторные показатели изменены умеренно. Заболевание медленно прогрессирующее, с отдельными обострениями, проявляющееся признаками ишемии той или иной зоны. На ранних этапах заболевания большую помощь в диагностике оказывает артериография.

Л е ч е н и е. Применяют средние дозы глюкокортикоидов (преднизолон по 20—30 мг/сут) в периоды обострений в течение 1,5—2 мес с постепенным снижением до поддерживающей дозы. Показано систематическое применение аминохинолиновых препаратов (хингамин по 0,25 или плаквенил по 0,2 г 1 раз в сутки). Широко используют сосудорасширяющие средства и дезагреганты. Возможно протезирование пораженных артерий.

ТРОМБАНГИИТ ОБЛИТЕРИРУЮЩИЙ — системное воспалительное сосудистое заболевание с преимущественным поражением артерий мышечного типа, а также вен.

Э т и о л о г и я и п а т о г е н е з неизвестны. Предполагается аллергическая реакция на разнообразные воздействия внешней и внутренней среды организма. Болеют преимущественно мужчины в возрасте 30—45 лет.

С и м п т о м ы, т е ч е н и е. Заболевание начинается постепенно с мигрирующего тромбофлебита, чувства быстрой утомляемости и тяжести в ногах, особенно в икроножных мышцах при ходьбе, парестезий. В дальнейшем развивается перемежающаяся хромота и, наконец, боль в конечностях, которая остается и в покое, особенно ночью. Объективно отмечается снижение пульсации на артериях нижних конечностей, позже пульсация исчезает. Довольно рано появляются

трофические расстройства на пораженных конечностях, а затем и ишемические некрозы. Иногда заболевание приобретает характер системного процесса с вовлечением коронарных, церебральных, брыжеечных артерий с развитием ишемических явлений соответственно зоне питания той или иной артерии. Отмечают ухудшение общего состояния, субфебрилитет, повышение показателей воспалительной активности, в частности СОЭ. Течение хроническое с обострениями и ремиссиями, но неуклонно прогрессирующее, с усугублением ишемических явлений. При системном процессе возможно развитие инфаркта миокарда, ишемического инсульта, некроза кишечника и других заболеваний, отягощающих прогноз. С диагностической целью применяют артериографию.

Л е ч е н и е. Показаны сосудорасширяющие средства в виде повторных курсов, например пармидин (продектин, ангинин) по 0,75—1,5 г в день в течение 2 мес в сочетании с антикоагулянтами прямого и непрямого действия, противовоспалительные (нестероидные) препараты в общепринятых дозах, причем эти средства чередуют с ангиотрофином или депо-калликреином; новокаиновые блокады, курсы гипербарической оксигенации (при показаниях). При системных формах кортикостероиды и цитотоксические препараты могут быть методом выбора, но обязательно в сочетании с антикоагулянтами и сосудорасширяющими средствами.

УЗЕЛКОВЫЙ ПЕРИАРТЕРИИТ — системный некротизирующий васкулит по типу сегментарного поражения с аневризматическим выпячиванием артерий мышечного типа и более мелкого калибра.

П а т о г е н е з. Гиперергическая реакция организма в ответ на воздействие различных факторов; существенна роль иммунных комплексов, циркулирующих и фиксированных в стенке сосудов. Заболевают главным образом мужчины в возрасте 30—40 лет.

С и м п т о м ы, т е ч е н и е. Заболевание начинается остро или постепенно с симптомов общего характера — повышения температуры тела, быстро нарастающего похудания, боли в суставах, мышцах, животе, кожных высыпаний, признаков поражения желудочно-кишечного тракта, сердца, почек или периферической нервной системы. Со временем развивается поливисцеральная симптоматика. Почти у всех больных наблюдается гломерулонефрит — от легкой нефропатии с транзиторной гипертензией и умеренным мочевым синдромом до диффузного гломерулонефрита со стойкой артериальной гипертензией и быстро прогрессирующим течением. Прогностически неблагоприятно развитие у больных синдрома злокачественной гипертензии и нефротического синдрома, отличающихся быстрым развитием почечной недостаточности и плохой переносимостью активной кортикостероидной терапии. Кроме того, наблюдаются инфаркты почек, аневризмы на почве артериита, поражение клубочкового аппарата.

Поражение сердца наблюдается почти у 70 % больных: Ввиду значительного поражения коронарных сосудов отмечаются приступы стенокардии, может развиться инфаркт миокарда без ярких клинических признаков. Изредка наблюдаются гемоперикард в результате разрыва аневризмы или экссудативный перикардит в связи с поражением мелких сосудов. Возможно развитие синдрома Рейно изредка с гангреной пальцев; иногда отмечается картина мигрирующих флебитов.

Остро возникающая боль в животе весьма характерна для узелкового периартериита и связана с патологическим процессом в сосудах брюшной полости. При поражении сосудов желудка наблюдается гастрит, при поражении тонкой кишки — энтерит, поражение толстой кишки проявляется колитом с запорами, сменяющимися поносами с тенезмами и кровью в кале. Может развиться острый аппендицит или острый холецистит, панкреатит, перфорация кишечника в связи с некрозом, инфарктом, кровоизлияниями.

Поражение нервной системы у половины больных проявляется характерными несимметричными множественными невритами в связи с патологическим процессом в сосудах, питающих тот или иной нерв. Возможны также менингоэнцефалиты с нарушением речи и слуха, головной болью и головокружением, судорогами, затемненным сознанием и раздражением мозговых оболочек, а также очаговые поражения мозга в связи с тромбозами, разрывами аневризм. При исследовании глазного дна выявляются аневризмы артерий, периваскулярные инфильтраты, иногда ретинопатия, плазморрагия, тромбозы центральной артерии сетчатки и т. п. Поражение глаз может быть одним из ранних симптомов болезни.

Отмечаются артралгии, реже мигрирующие артриты крупных суставов, миалгии, разнообразные поражения кожи (эритематозные, пятнисто-папулезные, геморрагические, уртикарные, везикулезные и некротические); лишь у небольшой части больных удается обнаружить весьма характерные для узелкового периартериита подкожные узелки, являющиеся аневризмами сосудов или гранулемой, связанной с пораженным сосудом. Следует особо подчеркнуть быстро развивающуюся выраженную бледность больных, что в сочетании с истощением создает картину «хлоротического маразма». Поражение легких проявляется синдромами бронхиальной астмы или пневмонита. Легочная симптоматика связана с поражением сосудов. Синдром бронхиальной астмы может задолго предшествовать развернутой картине узелкового периартериита. Наиболее часты следующие синдромы: почечно-полиневритический, почечно-абдоминально-сердечный, легочно-сердечно-почечный, легочно-полиневритический.

Лабораторные данные нехарактерны. Возможны лейкоцитоз с нейтрофильным сдвигом, эозинофилия, иногда высокая, при тяжелом течении — умеренная анемия и тромбоцитопения. СОЭ обычно повышена, наблюдается стойкая гипергаммаглобулинемия и нередко гиперпротеинемия. При биопсии мышц из области голеней или брюшной стенки выявляются характерные для этой болезни изменения сосудов.

Лечение. Глюкокортикоиды наиболее эффективны в ранних стадиях заболевания. Преднизолон применяют в дозах 60—100 мг/сут в течение 3—4 дней; при улучшении состояния дозы медленно снижают. Длительное применение преднизолона приводит к стабилизации гипертензии, прогрессированию ретинопатии и почечной недостаточности. При остром течении нередко наблюдается парадоксальное действие кортикостероидов с развитием множественных инфарктов. Кроме того, кортикостероиды могут резко ухудшать течение синдромов злокачественной гипертензии, в таких случаях гормоны противопоказаны. Методом выбора являются цитотоксические препараты — циклофосфан и азатиоприн (по 50 мг 3—4 раза в сутки) в течение 2,5—3 мес, а затем по 100—150 мг/сут; лечение длительное при тщательном контроле за побочным действием.

При хроническом течении с мышечными атрофиями и невритами рекомендуются лечебная физкультура с учетом органной патологии, массаж и гидротерапия, длительный прием хингамина (делагила) по 0,25 г или плаквенила по 0,2 г/сут после ужина; при наличии эозинофилии дозы плаквенила могут быть увеличены до 0,2 г 5 раз в сутки (месяцами) с последующим длительным приемом поддерживающих доз.

ДИФФУЗНЫЕ БОЛЕЗНИ СОЕДИНИТЕЛЬНОЙ ТКАНИ

Группа заболеваний, характеризующаяся системным типом воспаления различных органов, сочетающимся с аутоиммунными и иммунокомплексными процессами, фиброзообразованием. Их особенностью является мультифакториальный тип предрасположения с определенной ролью иммуногенетических факторов. Основные нозологические формы: волчанка красная системная, дерматомиозит, склеродермия системная, смешанное соединительнотканное заболевание, Шегрена синдром.

ВОЛЧАНКА КРАСНАЯ СИСТЕМНАЯ — хроническое полисиндромное заболевание соединительной ткани и сосудов, развивающееся в связи с генетически обусловленным несовершенством иммунорегуляторных процессов.

Этиология. Предполагается значение вирусной инфекции на фоне генетически детерминированных нарушений иммунитета.

Патогенез: образование циркулирующих аутоантител, из которых важнейшее диагностическое и патогенетическое значение имеют антиядерные антитела; формирование циркулирующих иммунных комплексов, которые, откладываясь на базальных мембранах различных органов, вызывают их повреждение и воспаление. Таков патогенез нефрита, дерматита, васкулита и др. Эта гиперреактивность гуморального иммунитета связана с нарушениями клеточной иммунорегуляции. В последнее время придается значение гиперэстрогенемии, сопровождающейся снижением клиренса циркулирующих иммунных комплексов и др. Доказано семейно-генетическое предрасположение. Болеют преимущественно молодые женщины и девочки-подростки. Провоцирующими факторами являются: инсоляция, беременность, аборты, роды, начало менструальной функции, инфекции (особенно у подростков), лекарственная или поствакцинальная реакция.

С и м п т о м ы, т е ч е н и е. Начинается болезнь постепенно с рецидивирующего полиартрита, астении. Реже бывает острое начало (высокая лихорадка, дерматит, острый полиартрит). В дальнейшем отмечается рецидивирующее течение и характерная полисиндромность.

Полиартрит, полиартралгии — наиболее частый и ранний симптом заболевания. Поражаются преимущественно мелкие суставы кистей рук, лучезапястные, голеностопные, реже коленные суставы. Характерен неэрозивный тип полиартрита, даже при наличии деформации межфаланговых суставов, которая развивается у 10—15 % больных с хроническим течением. Эритематозные высыпания на коже лица в виде «бабочки», в верхней половине грудной клетки в виде «декольте», на конечностях — также частый признак системной красной волчанки. Полисерозит считается компонентом диагностической триады наряду с дерматитом и полиартритом. Наблюдается он практически у всех больных в виде двустороннего плеврита и (или) перикардита, реже перигепатита и (или) периспленита.

Характерно поражение сердечно-сосудистой системы. Обычно развивается перикардит, к которому присоединяется миокардит. Сравнительно часто наблюдается бородавчатый эндокардит Либмана — Сакса с поражением митральных, аортальных и трикуспидальных клапанов. Признаки поражения сосудов входят в картину поражения отдельных органов. Тем не менее следует отметить возможность развития синдрома Рейно (задолго до типичной картины болезни), поражение как мелких, так и крупных сосудов с соответствующей клинической симптоматикой.

Поражения легких могут быть связаны с основным заболеванием в виде волчаночного пневмонита, характеризующегося кашлем, одышкой, незвонкими влажными хрипами в нижних отделах легких. Рентгенологическое исследование у таких больных выявляет усиление и деформацию легочного рисунка в базальных отделах легких; временами можно обнаружить очаговоподобные тени. Поскольку пневмонит обычно развивается на фоне текущего полисерозита, описанная рентгенологическая симптоматика дополняется высоким стоянием диафрагмы с признаками плевродиафрагмальных и плевроперикардиальных сращений и дисковидными ателектазами (линейные тени, параллельные диафрагме).

При исследовании желудочно-кишечного тракта отмечаются афтозный стоматит, диспепсический синдром и анорексия. Болевой абдоминальный синдром может быть связан как с вовлечением в патологический процесс брюшины, так и с собственно васкулитом — мезентериальным, селезеночным и др. Реже развиваются сегментарные илеиты. Поражение ретикулоэндотелиальной системы выражается в увеличении всех групп лимфатических узлов — весьма частом и раннем признаке системности болезни, а также в увеличении печени и селезенки. Собственно волчаночный гепатит развивается крайне редко. Однако увеличение печени может быть обусловлено сердечной недостаточностью при панкардите или выраженном выпотном перикардите, а также развитием жировой дистрофии печени.

Волчаночный диффузный гломерулонефрит (люпус-нефрит) развивается у половины больных обычно в период генерализации процесса. Встречаются различные варианты поражения почек — мочевой синдром, нефритический и нефротический. Для распознавания люпус-нефрита большое значение имеет прижизненная пункционная биопсия с иммуноморфологическим и электронно-микроскопическим исследованием биоптата почки. Развитие почечной патологии у больных с рецидивирующим суставным синдромом, лихорадкой и стойко повышенной СОЭ требует исключения волчаночного генеза нефрита. Следует помнить, что почти у каждого пятого больного с нефротическим синдромом имеет место системная красная волчанка.

Поражение нервно-психической сферы встречается у многих больных во всех фазах болезни. В начале болезни — астеновегетативный синдром, в последующем развиваются признаки поражения всех отделов центральной и периферической нервной системы в виде энцефалита, миелита, полиневрита. Характерно поражение нервной системы в виде менингоэнцефаломиелополирадикулоневрита. Реже наблюдаются эпилептиформные припадки. Возможны галлюцинации (слуховые или зрительные), бредовые состояния и др.

Лабораторные данные имеют диагностическое значение: определение большого числа LE-клеток, высоких титров антител к ДНК, особенно к нативной ДНК, к дезоксирибонуклеопротеиду, Sm-антигену.

При остром течении уже через 3—6 мес выявляется люпус-нефрит нередко по типу нефротического синдрома. При подостром течении отчетлива волнообразность с вовлечением в патологический процесс различных органов и систем и характерной полисиндромностью. Хроническое течение заболевания длительное время характеризуется рецидивами полиартрита и (или) полисерозита, синдромами дискоидной волчанки, Рейно; лишь на 5—10-м году постепенно развивается характерная полисиндромность. В соответствии с клинико-лабораторной характеристикой выделяют три степени активности процесса: высокую (III степень), умеренную (II степень) и минимальную (I степень).

Л е ч е н и е. Больные нуждаются в непрерывном многолетнем комплексном лечении. Лучшие результаты с развитием стойкой клинической ремиссии — при рано начатом лечении. При хроническом и подостром течении и I степени активности показаны нестероидные противовоспалительные препараты и аминохинолиновые производные. Первые рекомендуются при суставном синдроме. Важен подбор препарата с учетом его индивидуальной эффективности и переносимости: вольтарен (ортофен) по 50 мг 2—3 раза

Таблица 7. Примерная схема уменьшения доз преднизолона при достижении терапевтического эффекта

Доза преднизолона, мг	Неделя							
	1-я	2-я	3-я	4-я	5-я	6-я	7-я	8-я
75	70	65	60	50				
50	47,5	45	45	42,5	42,5	40		
40	37,5	37,5	35	35	32,5	32,5	30	30
30	27,5	27,5	25	25	22,5	22,5	20	20*

* Далее очень медленно — по полтаблетки (2,5 мг) через 1—3 мес (по показателям общего состояния и данным лабораторного исследования).

в день, индометацин по 25—50 мг 2—3 раза в день, бруфен по 400 мг 3 раза в день, хингамин (хлорохин, делагил) по 0,25—0,5 г/сут в течение 10—14 дней, а затем по 0,25 г/сут в течение нескольких месяцев. При развитии диффузного люпус-нефрита с успехом применяют плаквенил по 0,2 г 4—5 раз в день длительно под контролем за динамикой мочевого синдрома.

При остром течении с самого начала, а при подостром и хроническом течении при III и II степенях активности патологического процесса показаны глюкокортикостероиды. Начальная доза этих препаратов должна быть достаточной, чтобы надежно подавить активность патологического процесса. Преднизолон в дозе 40—60 мг/сут назначают при остром и подостром течении с III степенью активности и наличием нефротического синдрома или менингоэнцефалита. При этих же вариантах течения со II степенью активности, а также при хроническом течении с III и II степенью активности подавляющая доза должна быть 30—40 мг, а при I степени активности — 15—20 мг/сут. Лечение преднизолоном в подавляющей дозе проводят до наступления выраженного клинического эффекта (по данным снижения клинико-лабораторных показателей активности). По достижении эффекта дозу преднизолона медленно снижают, ориентируясь на предлагаемую схему (табл. 7).

Одной из важнейших задач и залогом эффективности терапии является подбор наименьшей дозы, которая позволяет поддерживать клинико-лабораторную ремиссию. Преднизолон в поддерживающей дозе 5—10 мг/сут назначают в течение нескольких лет.

Для уменьшения побочного эффекта глюкокортикоидов рекомендуется сочетать эту терапию с препаратами калия, анаболическими стероидами, мочегонными и гипотензивными препаратами, транквилизаторами, противоязвенными мероприятиями. Наиболее серьезные осложнения: стероидная язва, септические инфекции, туберкулез, кандидоз, психозы.

При агрессивном течении болезни, высоком титре аутоантител, иммунных комплексов с успехом используется плазмаферез.

При неэффективности глюкокортикоидов назначают иммунодепрессанты (алкилирующего ряда или азатиоприн). Показания к назначению цитотоксических препаратов (обычно в комбинации с умеренными дозами кортико-

стероидов) следующие: 1) III степень активности в подростковом и климактерическом возрасте; 2) нефротический и нефритический синдромы; 3) необходимость быстро уменьшить подавляющую дозу преднизолона из-за выраженности побочного действия (быстрая и значительная прибавка в массе тела, чрезмерная артериальная гипертензия, стероидный диабет, выраженный остеопороз с признаками спондилопатии); 4) необходимость снизить поддерживающую дозу преднизолона, если она превышает 15—20 мг/сут.

Наиболее часто применяют азатиоприн (имуран) и циклофосфан (циклофосфамид) в дозе 1—3 мг/кг (100—200 мг/сут) в сочетании с 30 мг преднизолона. В этой дозе препарат назначают в течение 2—2,5 мес обычно в стационаре, затем рекомендуют поддерживающую дозу (50—100 мг в день), которую дают несколько месяцев и даже 1—2 года и более.

Чтобы обеспечить безопасность лечения, требуется тщательный контроль за анализом крови для предотвращения панцитопении; необходимо избегать присоединения инфекционных осложнений, диспепсических осложнений; при приеме циклофосфана опасность развития геморрагического цистита можно уменьшить путем назначения обильного питья (2 л жидкости и более в сутки).

Поскольку больные нуждаются в многолетнем лечении после выписки из стационара, они должны находиться под наблюдением терапевта или ревматолога в поликлинике. С целью улучшения переносимости многолетней кортикостероидной терапии в поликлинических условиях рекомендуется делагил по 0,25 г/сут и витамины группы В, аскорбиновая кислота в виде весенне-осеннего курса. Больным показано лечение в санаториях местного типа (кардиологических, ревматологических). Климатобальнеологическое, физиотерапевтическое лечение противопоказано, так как ультрафиолетовое облучение, инсоляция и гидротерапия могут вызвать обострение болезни.

ДЕРМАТОМИОЗИТ (полимиозит) — системное заболевание скелетной и гладкой мускулатуры и кожи.

Этиология. Предполагают вирусную (Коксаки В2) этиологию дерматомиозита. Провоцирующие факторы — охлаждение, инсоляция, травма, беременность, лекарственная непереносимость. Опухолевый дерматомиозит наблюдается у 20—30 % больных.

П а т о г е н е з: разнообразные иммунопатологические нарушения. Преобладание женщин (2:1), два возрастных пика болезни (переходный и климактерический периоды) указывают на значение нейроэндокринной реактивности. Возможно семейно-генетическое предрасположение.

С и м п т о м ы, т е ч е н и е. Заболевание начинается остро или подостро с мышечного синдрома (миастения, миалгии), артралгии, лихорадки, поражения кожи, плотных распространенных отеков. В дальнейшем болезнь приобретает рецидивирующее течение. Поражение скелетных мышц наблюдается у всех больных в виде миалгий при движении и даже в покое, при надавливании и нарастающей мышечной слабости. Мышцы плечевого и тазового пояса уплотняются, увеличиваются в объеме, значительно нарушаются активные движения, больной не может самостоятельно сесть, поднять конечности, голову с подушки, удержать ее сидя или стоя. При значительном распространении процесса больные по существу полностью обездвижены, а в тяжелых случаях находятся в состоянии полной прострации. Миастенический синдром не уменьшается от приема прозерина и его аналогов. Распространение патологического процесса на мимические мышцы ведет к маскообразности лица, поражение глоточных мышц — к дисфагии, а интеркостальных и диафрагмы — к нарушению дыхания, снижению жизненной емкости легких, гиповентиляции и частым пневмониям. Может поражаться глазодвигательная мускулатура с развитием диплопии, страбизма, двустороннего птоза век и т. п. На ранних этапах болезни мышцы болезненные и нередко отечные, позже на месте подвергшихся дистрофии и миолизу мышечных волокон развиваются миофиброз, атрофия, контрактуры, реже — кальциноз. Кальциноз может также наблюдаться в подкожной клетчатке, особенно часто у молодых людей, и легко обнаруживается при рентгенологическом исследовании. При электромиографии изменения неспецифичны.

Поражения кожи разнообразны (эритематозные, папулезные, буллезные высыпания, пурпура, телеангиэктазии, гиперкератоз, гипер- и депигментация и т. п.). В ряде случаев высыпания сопровождаются зудом. Весьма характерно и патогномонично наличие периорбитального отека с пурпурно-лиловой (гелиотроповой) эритемой — так называемые дерматомиозитные очки.

Полиартралгии при движении и ограничение подвижности суставов вплоть до развития анкилозов большей частью обусловлены поражением мышц. Наблюдается поражение миокарда воспалительного или дистрофического характера, что проявляется стойкой тахикардией и лабильностью пульса, артериальной гипотензией, расширением сердца влево, приглушением тонов, систолическим шумом на верхушке. Электрокардиографические изменения выражаются снижением вольтажа, нарушением возбудимос-

ти и проводимости, депрессией сегмента ST, инверсией зубца T. При диффузном миокардите развивается тяжелая картина сердечной недостаточности. У $1/3$ больных наблюдается синдром Рейно. Поражение легких редко связано с основным заболеванием, чаще оно обусловлено банальной инфекцией, к которой больные предрасположены вследствие гиповентиляции легких, аспирации пищи вследствие дисфагии. Желудочно-кишечный тракт вовлекается в процесс почти у половины больных. Как правило, отмечаются анорексия, боли в животе, симптомы гастроэнтероколита, гипотония верхней трети пищевода. Возможно поражение слизистой оболочки желудка и кишечника с образованием некрозов, с отеком и геморрагиями, вплоть до тяжелых желудочно-кишечных кровотечений, перфорации желудка, кишечника; иногда отмечаются симптомы, симулирующие кишечную непроходимость.

Лабораторные данные неспецифичны. Обычно наблюдаются умеренный лейкоцитоз с выраженной эозинофилией (до 25—70 %), стойкое, хотя и умеренное повышение СОЭ, гипергаммаглобулинемия. Диагностическое значение имеют биохимические исследования крови и мочи и биопсия мышц, особенно при хроническом и подостром течении (обнаруживается утолщение мышечных волокон с потерей поперечной исчерченности, фрагментацией и дистрофией вплоть до некроза, наблюдается значительная клеточная реакция — скопление лимфоцитов, плазматических клеток и т. д.).

При остром течении наблюдается катастрофически нарастающее генерализованное поражение поперечно-полосатой мускулатуры вплоть до полной обездвиженности, явлений дисфагии и дизартрии. Отмечается общее тяжелое лихорадочно-токсическое состояние с разнообразными кожными высыпаниями. Причиной смертельного исхода, который в нелеченых случаях наступает через 3—6 мес, обычно являются аспирационные пневмонии или легочно-сердечная недостаточность в связи с тяжелым поражением легких или сердца. Подострое течение отличается цикличностью, но все же неуклонно нарастают адинамия, поражения кожи и внутренних органов. Хроническое течение заболевания — наиболее благоприятная форма, при которой поражаются лишь отдельные мышцы. Поэтому, несмотря на значительное число обострений, общее состояние больных остается удовлетворительным и они длительно сохраняют трудоспособность. Исключение составляют молодые люди, у которых развиваются обширные кальцинозы в коже, подкожной клетчатке, мышцах с формированием стойких контрактур и почти полной неподвижности больных.

Л е ч е н и е. При наличии злокачественной опухоли ее удаление ведет к стойкой ремиссии. При остром и подостром течении показаны глюкокортикоиды в больших суточных дозах (подавляющая доза преднизолона 60—80 мг и более при необходимости). После достижения эффекта, который наступает нескоро, дозу кортикостероидов снижают очень медленно (по пол-таблетки каждые 7—10 дней) до поддерживающей дозы на фоне делагила (0,25 г), плаквенила (0,2 г) по 1 таблетке после ужина. Лишь при развитии стойкой ремиссии глюкокортикоиды могут быть полностью отменены. Триамцинолон из-за его способности усиливать миастенический синдром противопоказан.

В терапии сохраняют свое значение нестероидные противовоспалительные препараты в общепринятых дозах, особенно при снижении доз кортикостероидов. В комплексном лечении рекомендуются витамины группы В и аскорбиновая кислота. При выраженной утомляемости мышц показаны прозерин и его аналоги в обычных дозах, АТФ и кокарбоксилаза, метандростенолон (неробол). При развитии кальцинатов рекомендуется динатриевая соль этилендиаминтетрауксусной кислоты, способная образовывать комплекс с ионами кальция и выводить их из организма. Вводят ее внутривенно в 5 % растворе глюкозы (на 500 мл глюкозы 2—4 г препарата) капельно в течение 3—4 ч или дробно каждые 6 ч. Курс лечения 3—6 дней, после 7-дневного перерыва курсы можно повторять. Препарат противопоказан при поражении почек и печени. В период затихания острых явлений могут быть рекомендованы осторожная лечебная гимнастика, массаж конечностей. В хронической стадии с выраженными атрофиями и контрактурами показаны настойчивая лечебная гимнастика и массаж.

При раннем лечении адекватными дозами кортикостероидов у больных острым дерматомиозитом наступает стойкое выздоровление.

При подостром течении обычно удается добиться лишь ремиссии, поддерживаемой глюкокортикоидами. При хроническом дерматомиозите заболевание приобретает волнообразное течение.

СКЛЕРОДЕРМИЯ СИСТЕМНАЯ — хроническое системное заболевание соединительной ткани и мелких сосудов с распространенными фиброзно-склеротическими изменениями кожи и стромы внутренних органов и симптоматикой облитерирующего эндартериита в форме системного синдрома Рейно.

Э т и о л о г и я неизвестна. Провоцируется охлаждением, травмой, инфекцией, вакцинацией и др.

В п а т о г е н е з е ведущее значение имеет нарушение метаболизма коллагена, связанное с функциональной гиперактивностью фибробластов и гладкомышечных клеток сосудистой стенки. Не менее важным фактором патогенеза является нарушение микроциркуляции, обусловленное поражением сосудистой стенки и изменением внутрисосудистых агрегатных свойств крови. В известном смысле системная склеродермия — типичная коллагеновая болезнь, связанная с избыточным коллагенообразованием (и фиброзом) функционально неполноценными фибробластами и другими коллагенообразующими клетками. Имеет значение семейно-генетическое предрасположение. Женщины болеют в 3 раза чаще мужчин.

С и м п т о м ы, т е ч е н и е. Обычно заболевание начинается с синдрома Рейно (вазомоторных нарушений), нарушений трофики или стойких артралгий, похудания, повышения температуры тела, астении. Начавшись с какого-либо одного симптома, системная склеродермия постепенно или довольно быстро приобретает черты многосиндромного заболевания.

Поражение кожи — патогномоничный признак заболевания. Это распространенный плотный отек, в дальнейшем — уплотнение и атрофия кожи. Наибольшие изменения претерпевают кожа лица и конечностей; нередко кожа всего туловища оказывается плотной. Одновременно развиваются очаговая или распространенная пигментация с участками депигментации, телеангиэктазии. Характерны изъязвления и гнойнички на кончиках пальцев, длительно не заживающие и чрезвычайно болезненные, деформация ногтей, выпадение волос вплоть до облысения и другие нарушения трофики.

Нередко развивается фиброзирующий интерстициальный миозит. Мышечный синдром сопровождается миалгиями, прогрессирующим уплотнением, затем атрофией мышц, снижением мышечной силы. Лишь в редких случаях наблюдается острый полимиозит с болью, припухлостью мышцы и т. п. Фиброзирующие изменения в мышцах сопровождаются фиброзом сухожилий, что приводит к мышечно-сухожильным контрактурам — одной из причин сравнительно ранней инвалидизации больных. Поражение суставов связано главным образом с патологическими процессами в периартикулярных тканях (коже, сухожилиях, суставных сумках, мышцах). Артралгии наблюдаются у 80—90 % больных, нередко сопровождаясь выраженной деформацией суставов за счет пролиферативных изменений околосуставных тканей; рентгенологическое исследование не выявляет значительных деструкций. Важный диагностический признак — остеолиз концевых, а в тяжелых случаях и средних фаланг пальцев рук, реже ног. Отложение солей кальция в подкожной клетчатке локализуется преимущественно в области пальцев и периартикулярных тканях, выражается в виде болезненных неровных образований, иногда самопроизвольно вскрывающихся с отторжением крошковидных известковых масс.

Поражение сердечно-сосудистой системы наблюдается почти у всех больных: поражаются миокард и эндокард, редко перикард. Склеродермический кардиосклероз клинически характеризуется болью в области сердца, одышкой, экстрасистолией, приглушением тонов и систолическим шумом на верхушке, расширением сердца влево. При рентгенологическом исследовании отмечаются ослабление пульсации и сглаженность контуров сердца, при рентгенокимографии — немые зоны в участках крупноочагового кардиосклероза, а в наиболее тяжелых случаях образуется аневризма сердца в связи с замещением мышечной ткани фиброзной. На ЭКГ обычно наблюдаются снижение вольтажа, нарушения проводимости вплоть до атриовентрикулярной блокады; инфарктоподобная ЭКГ бывает при развитии массивных очагов фиброза в миокарде. Если процесс локализуется в эндокарде, возможны развитие склеродермического порока сердца и поражение пристеночного эндокарда. Обычно страдает митральный клапан. Склеродермическому пороку сердца свойственно доброкачественное течение. Сердечная недостаточность развивается редко, главным образом при распространенном поражении мышцы сердца или всех трех его оболочек.

Поражение мелких артерий, артериол обусловливает такие периферические симптомы склеродермии, как синдром Рейно, гангрена пальцев. Поражение сосудов внутренних органов ведет к тяжелой висцеральной патологии — кровоизлияниям, ишемическим и даже некротическим изменениям с клинической картиной тяжелого висцерита (распад легочной ткани, «истинная склеродермическая почка» и др.). Сосудистая патология определяет быстроту течения процесса, его тяжесть и нередко исход заболевания. В то же время возможно поражение крупных сосудов с клинической картиной облитерирующего тромбангиита; развиваются ишемические явления, а нередко и гангрена пальцев рук и ног, мигрирующие тромбофлебиты с трофическими язвами в области стоп и голеней и т. п.

Поражение легких в виде диффузного или очагового пневмофиброза, преимущественно базальных отделов легких, сопровождается, как правило, эмфиземой и бронхоэктазами, а нередко адгезивным плевритом. Отмечаются одышка, затруднение глубокого вдоха, жесткое дыхание, хрипы при аускультации легких, коробочный оттенок перкуторного звука, снижение жизненной емкости до 40—60 % должной, двустороннее усиление и деформация легочного рисунка иногда с мелкоячеистой структурой («медовые соты»); при рентгенологическом исследовании — признаки, которые обычно характеризуют склеродермический пневмофиброз. Поражение почек проявляется чаще очаговым нефритом, однако возможен диффузный гломерулонефрит с гипертоническим синдромом и почечной недостаточностью. При быстро прогрессирующем течении системной склеродермии нередко развивается «истинная склеродермическая почка», обусловленная поражением сосудов почки, приводящим к очаговым некрозам коры и почечной недостаточности. Поражение пищевода, проявляющееся дисфагией, расширением, ослаблением перистальтики и ригидностью стенок с замедлением пассажа бария при рентгенологическом исследовании, наблюдается весьма часто и имеет важное диагностическое значение. Нередко в нижнем отделе ригидного пищевода образуются пептические язвы. В связи с поражением сосудов возможно развитие изъязвлений, кровоизлияний, ишемических некрозов и кровотечений в пищеварительном тракте.

Поражение нервной системы проявляется полиневритами, вегетативной неустойчивостью (нарушение потоотделения, терморегуляции, вазомоторные реакции кожи), эмоциональной лабильностью, раздражительностью, плаксивостью и мнительностью, бессонницей. Лишь в редких случаях возникает картина энцефалита или психоза. Возможна симптоматика склероза сосудов головного мозга в связи с их склеродермическим поражением даже у лиц молодого возраста. Наблюдается поражение ретикулоэндотелиальной (полиадения, а у ряда больных и гепатоспленомегалия) и эндокринной (плюригландулярная недостаточность или патология той или другой железы внутренней секреции) систем.

Чаще имеет место хроническое течение, заболевание продолжается десятки лет с минимальной активностью процесса и постепенным распространением поражений на разные внутренние органы, функция которых долго не нарушается. Такие больные страдают преимущественно от поражения кожи, суставов и трофических нарушений. В рамках хронической системной склеродермии выделяют КРСТ-синдром (кальциноз, синдром Рейно, склеродактилия и телеангиэктазия), характеризующийся длительным доброкачественным течением с крайне медленным развитием висцеральной патологии. При подостром течении заболевание начинается с артралгий, похудания, быстро нарастает висцеральная патология, а заболевание приобретает неуклонно прогрессирующее течение с распространением патологического процесса на многие органы и системы. Смерть обычно наступает через 1—2 года от начала заболевания.

Лабораторные данные нехарактерны. Обычно наблюдаются умеренная нормо- или гипохромная анемия, умеренные лейкоцитоз и эозинофилия, преходящая тромбоцитопения. СОЭ нормальна или умеренно повышенна при хроническом течении и значительно увеличена (до 50—60 мм/ч) при подостром.

Лечение: применение противовоспалительных и общеукрепляющих средств, восстановление утраченных функций опорно-двигательного аппарата.

Активная противовоспалительная терапия кортикостероидами показана главным образом при подостром течении или в периоды выраженной активности процесса при хроническом течении. Преднизолон по 20—30 мг дают в течение 1—1,5 мес до достижения выраженного терапевтического эффекта, в дальнейшем очень медленно снижают, поддерживающую дозу (5—10 мг преднизолона) применяют долго, до получения стойкого эффекта. В период снижения доз гормональных препаратов можно рекомендовать нестероидные противовоспалительные средства. D-пеницилламин назначают по 150 мг 3—4 раза в день с постепенным повышением до 6 раз в день (900 мг) длительно, не менее года; особенно показан при быстром прогрессировании болезни; наиболее серьезное осложнение — нефротический синдром, требующий немедленной отмены препарата; диспепсические расстройства уменьшаются при временной отмене препарата, изменение вкуса может быть скорректировано назначением витамина B₆. Аминохинолиновые препараты показаны при всех вариантах течения. Делагил (по 0,25 г 1 раз в день) или плаквенил (по 0,2 г 2 раза в день) можно назначать длительно, годами, особенно при ведущем суставном синдроме.

В последние годы широко применяются блокаторы кальциевых каналов — коринфар (нифедипин) по 30—80 мг/сут, месяцами при хорошей переносимости. При «истинной склеродермической почке» — плазмаферез, длительный прием каптоприла по 400 мг в день (до 1 года и более).

При хроническом течении рекомендуется лидаза (гиалуронидаза), под влиянием которой уменьшается скованность и увеличивается подвижность в суставах, преимущественно за счет размягчения кожи и подлежащих тканей. Лидазу вводят через день по 64 УЕ в 0,5 % растворе новокаина п/к (12 инъекций на курс). Через 1—2 мес курс лечения лидазой можно повторить (всего 4—6 курсов в год). При выраженном ангиоспастическом компоненте (синдроме Рейно) показаны повторные курсы ангиатрофина (по 1 мл п/к, на курс 30 инъекций), калликреин-депо, андекалин (по 1 мл в/м, на курс 30 инъекций).

При всех вариантах течения болезни рекомендуется активная витаминотерапия, АТФ. При хроническом течении показаны бальнеотерапия (хвойные, радоновые и сероводородные ванны), парафиновые и грязевые аппликации, электрофорез гиалуронидазы, аппликации с 30—50 % раствором диметилсульфоксида (20—30 сеансов) на пораженные конечности. Важное значение имеют лечебная физкультура и массаж. При подостром течении рекомендуется утренняя гигиеническая гимнастика и активное положение в постели, при хроническом — настойчивое и длительное применение лечебной гимнастики в сочетании с массажем и различными трудовыми процессами (лепка из теплого парафина, плетение, пиление и т. п.).

СМЕШАННОЕ СОЕДИНИТЕЛЬНОТКАННОЕ ЗАБОЛЕВАНИЕ (синдром Шарпа) характеризуется сочетанием отдельных признаков системной склеродермии, полимиозита и системной красной волчанки.

Этиология неизвестна, а особенностью патогенеза является своеобразное нарушение иммунитета, проявляющееся циркуляцией антител к РНП, иммунных комплексов и изменением иммунорегуляторных функций Т-лимфоцитов. Особенностью патогенеза также является развитие пролиферативных процессов в интиме и (или) в медии крупных сосудов с признаками синдрома Рейно и легочной гипертензии. Болеют преимущественно женщины.

Симптомы, течение. Характерно сочетание синдрома Рейно, сопровождающегося плотным отеком, полиартрита и полимиозита, гипотонии пищевода и нарушения функции внешнего дыхания. Синдром Рейно не только наиболее частый, но нередко ранний признак болезни, протекающий без склонности к тяжелым ишемическим некротическим изменениям концевых фаланг кистей. Нередко он сопровождается плотным отеком кистей, но без исхода в склеродактилию. Весьма часты рецидивирующие полиартриты с развитием у 1/3 больных эрозивных изменений и у ряда больных ревматоидных узелков с появлением ревматоидного фактора. Мышечный синдром в виде миалгий, уплотнения мышц и слабости прокси-

мальных мышечных групп отмечен у 2/3 больных. Из висцеральных поражений отмечается гипотония пищевода, развитие первичной легочной гипертензии и реже — диффузного гломерулонефрита. Нервная система страдает редко, однако могут наблюдаться тяжелый асептический менингит, тригеминиты и др.

У ряда больных развивается анемия, лейкопения, а также отмечается гипергаммаглобулинемия и наличие в высоком титре антител к РНП, что имеет диагностическое значение. Заболевание течет более доброкачественно, чем каждое из перечисленных выше в отдельности. Прогноз неблагоприятный при развитии легочной гипертензии.

Лечение. Глюкокортикостероиды назначают в средних и малых дозах — от 30 до 10 мг в день и лишь при тяжелом полимиозите до 60 мг и более. Прием гормонов в поддерживающей дозе продолжается годами. При неэффективности стероидов может быть дополнительно рекомендован азатиоприн по 1 мг/кг длительно.

ШЕГРЕНА СИНДРОМ — хроническое воспаление экзокринных желез, преимущественно слюнных и слезных, с признаками их секреторной недостаточности. Может протекать изолированно, и тогда его называют первичным сухим синдромом в связи с наиболее яркими клиническими признаками сухости во рту и глазах, а при сочетании с аутоиммунными заболеваниями — вторичный синдром Шегрена. Этиология первичного синдрома Шегрена неясна. Наиболее распространено мнение об аутоиммунном генезе в связи с частым сочетанием с другими заболеваниями аутоиммунной природы — ревматоидным артритом, системной красной волчанкой, системной склеродермией и др. Болеют преимущественно женщины среднего возраста.

Симптомы, течение. Характерно сочетание сухого кератоконъюнктивита (ксерофтальмии) и сухого стоматита (ксеростомии), связанных с поражением слезных и слюнных желез и секреторной недостаточностью. Больные отмечают также рецидивирующие паротиты, обычно симметричные, боль и припухлость в области подчелюстных желез. Ксерофтальмия сопровождается постоянным чувством жжения, ощущения инородного тела в глазах, светобоязнью, уменьшением или полным исчезновением слезы. Из-за постоянной сухости во рту затруднено жевание и глотание, развивается глоссит, хейлит, прогрессирующий кариес зубов. Больных беспокоит постоянная боль в суставах, периодически припухлость, однако тяжелых деформаций и деструктивных изменений при сухом синдроме не развивается. Наблюдаются синдром Рейно, часто лекарственная непереносимость. Лабораторные данные — ревматоидный фактор резко положителен, СОЭ увеличена. Диагноз ставят при наличии двух из трех следующих признаков: ксерофтальмии, ксеростомии и аутоиммунного заболевания.

Течение хроническое рецидивирующее с вовлечением лимфатических узлов, а также внутренних органов.

Лечение в основном симптоматическое. Для уменьшения сухости слизистых оболочек применяют искусственную слезу (0,5 % раствор метилцеллюлозы) и частое полоскание полости рта. Обязательно систематическое наблюдение окулиста и стоматолога. При артритах — противовоспалительные нестероидные препараты в общепринятых дозах. Применение кортикостероидов показано при генерализации болезни, а также при сочетании с диффузными заболеваниями соединительной ткани.

РЕВМАТИЗМ

Системное воспалительное заболевание соединительной ткани с преимущественным поражением сердца. Болеют в основном дети и молодые люди; женщины в 3 раза чаще, чем мужчины.

Этиология, патогенез. Основной этиологический фактор при острых формах заболевания — ß-гемолитический стрептококк группы А. У больных с затяжными и непрерывно рецидивирующими формами ревмокардита связь заболевания со стрептококком часто не удается установить. В подобных случаях поражение сердца, полностью соответствующее всем главным критериям ревматизма, имеет, по-видимому, иную природу — аллергическую (вне связи со стрептококком или вообще инфекционными антигенами), инфекционно-токсическую, вирусную.

В развитии ревматизма существенное значение придают иммунным нарушениям, хотя конкретные этапы патогенеза не выяснены. Предполагают, что сенсибилизирующие агенты (стрептококк, вирус, неспецифические антигены и т. д.) могут приводить на первых этапах к иммунному воспалению в сердце, а затем к изменению антигенных свойств его компонентов с превращением их в аутоантигены и развитием аутоиммунного процесса. Важную роль в развитии ревматизма играет генетическое предрасположение. Системный воспалительный процесс при ревматизме морфологически проявляется характерными фазовыми изменениями соединительной ткани (мукоидное набухание — фибриноидное изменение — фибриноидный некроз) и клеточными реакциями (инфильтрация лимфоцитами и плазмоцитами, образование ашофф-талалаевских гранулем). Начиная со стадии фибриноидных изменений, полная тканевая репарация невозможна, и процесс завершается склерозированием.

Клиническая картина. В типичных случаях заболевание развивается через 1—3 нед после перенесенной ангины или реже другой инфекции. При повторных атаках этот срок может быть меньшим. У некоторых больных даже первичный ревматизм возникает через 1—2 дня после охлаждения без какой-либо связи с инфекцией. Рецидивы болезни часто развиваются после любых интеркуррентных заболеваний, оперативных вмешательств, физических перегрузок.

Наиболее характерным проявлением ревматизма, его «основным синдромом» является сочетание острого мигрирующего и полностью обратимого полиартрита крупных суставов с умеренно выраженным кардитом. Обычно начало заболевания острое, бурное, реже подострое. Быстро развивается полиартрит, сопровождающийся ремиттирующей лихорадкой до 38—40 °C с суточными колебаниями 1—2 °C и сильным потом, но обычно без озноба. Первым симптомом ревматического полиартрита является нарастающая острая боль в суставах, усиливающаяся при малейших пассивных и активных движениях и достигающая у нелеченых больных большой выраженности. К боли быстро присоединяется отечность мягких тканей в области суставов, почти одновременно появляется выпот в суставной полости. Кожа над пораженными суставами горячая, пальпация их резко болезненна, объем движений из-за боли крайне ограничен. Характерно симметричное поражение крупных суставов — обычно коленных, лучезапястных, голеностопных, локтевых. Типична «летучесть» воспалительных изменений, проявляющаяся в быстром (в течение нескольких дней) обратном развитии артритических явлений в одних суставах и столь же быстром их нарастании в других. Все суставные проявления исчезают бесследно; даже без лечения они длятся не более 2—4 нед. При современной терапии клинические симптомы ревматического полиартрита могут быть устранены в течение первых суток. Полагают, что при остром ревматизме полиартит развивается в 60—70 % случаев.

По мере стихания суставных явлений (реже с самого начала болезни) на первый план выступают обычно не столь яркие симптомы поражения сердца, считающегося наиболее частым и у многих больных единственным органным проявлением ревматизма. В то же время вопреки прежним представлениям заболевание не столь редко протекает без явных сердечных изменений.

Ревматический миокардит при отсутствии сопутствующего порока сердца у взрослых протекает, как правило, нетяжело. Жалобы на слабые боли или неясные неприятные ощущения в области сердца, легкую одышку при нагрузках, реже — на сердцебиения или перебои.

При исследовании области сердца патологии обычно не отмечается. По данным перкуссии и рентгеноскопии, сердце нормальных размеров или умеренно увеличено. Обычно наблюдается увеличение влево, реже — диффузное расширение. Для данных аускультации и ФКГ характерны удовлетворительная звучность тонов или небольшое приглушение I тона, иногда возникновение III, реже IV тона, мягкий мышечный систолический шум на верхушке сердца и проекции митрального клапана.

Артериальное давление нормальное или умеренно снижено. Иногда отмечается умеренная тахикардия, несколько превышающая уровень, соответствующий температуре.

На ЭКГ — уплощение, уширение и зазубренность зубца *P* и комплекса *QRS*, реже удлинение интервала *PQ* более 0,2 с. У ряда больных регистрируются небольшое смещение интервала *S — T* книзу от изоэлектрической линии и изменения зубца *T* (низкий, отрицательный, реже двухфазный прежде всего в отведениях V₁ — V₃). Редко наблюдаются экстрасистолы, атриовентрикулярная блокада II или III степени, внутрижелудочковая блокада, узловой ритм.

Недостаточность кровообращения в связи с первичным ревматическим миокардитом развивается в редких случаях.

У отдельных больных чаще в детском возрасте встречается так называемый *диффузный ревматический миокардит*. Он проявляется бурным воспалением миокарда с его выраженным отеком и нарушением функции. С самого начала заболевания беспокоят выраженная одышка, заставляющая принимать положение ортопноэ, постоянная боль в области сердца, учащенное сердцебиение. Характерны «бледный цианоз», набухание шейных вен. Сердце значительно и диффузно расширено, верхушечный толчок слабый. Тоны резко приглушены, часто выслушивается четкий III тон (противодиастолический ритм галопа) и отчетливый, но мягкий систолический шум. Пульс частый, слабого наполнения. Артериальное давление значительно понижено, может развиваться коллаптоидное состояние. Венозное давление быстро повышается, но с присоединением коллапса также падает. На ЭКГ отмечается снижение вольтажа всех зубцов, уплощение зубца *T*, изменение интервала *S — T*, атриовентрикулярная блокада. Очень характерно для диффузного миокардита развитие недостаточности кровообращения как по левожелудочковому, так и по правожелудочковому типу. Данный вариант ревматического миокардита среди взрослых в настоящее время практически не встречается.

Исходом ревматического миокардита при отсутствии активного лечения может быть миокардитический кардиосклероз, выраженность которого часто отражает степень распространенности миокардита. Очаговый кардиосклероз не нарушает функции миокарда. Диффузному миокардитическому кардиосклерозу свойственны признаки снижения сократительной функции миокарда: ослабление верхушечного толчка, приглушение тонов (особенно I), систолический шум. После физических нагрузок появляются умеренные признаки декомпенсации: пастозность голеней и небольшое увеличение печени. Частое сочетание миокардитического кардиосклероза с пороками сердца усугубляет его отрицательное действие на гемодинамику.

Ревматический эндокардит, являющийся причиной ревматических пороков сердца, весьма беден симптомами. Его существенным проявлением служит четкий систолический шум при достаточной звучности тонов и отсутствии признаков выраженного поражения миокарда. В отличие от шума, связанного с миокардитом, эндокардитический шум бывает более грубым, а иногда имеет музыкальный оттенок. Его звучность возрастает при перемене положения больного или после нагрузки. Весьма достоверным признаком эндокардита является изменчивость уже существующих шумов и особенно возник-

новение новых при неменяющихся (тем более — при нормальных) границах сердца. Легкие и довольно быстро исчезающие диастолические шумы, выслушиваемые иногда в начале ревматической атаки на проекции митрального клапана или сосудах, отчасти также могут быть связаны с эндокардитом. Глубокий эндокардит (вальвулит) створок митрального или аортального клапанов у ряда больных имеет отражение на эхокардиограмме: утолщение створок, их «лохматость», множественные эхосигналы от них.

Больные, у которых эндокардит является единственной или по крайней мере основной локализацией ревматизма, в течение длительного времени сохраняют хорошее общее самочувствие и трудоспособность, составляя группу больных с так называемым амбулаторным течением ревматизма. Только гемодинамические расстройства в связи с незаметно сформировавшимся пороком сердца заставляют таких больных впервые обратиться к врачу.

Перикардит в клинике современного ревматизма встречается редко. Сухой перикардит проявляется постоянной болью в области сердца и шумом трения перикарда, выслушивающимся чаще вдоль левого края грудины. Интенсивность шума различна, обычно он определяется в обеих фазах сердечного цикла. На ЭКГ характерно смещение интервала *S — T* вверх во всех отведениях в начале заболевания. В дальнейшем эти интервалы постепенно возвращаются к изоэлектрической линии, одновременно образуются двухфазные или отрицательные зубцы *T*. Иногда данные ЭКГ непоказательны. Сухой перикардит сам по себе не вызывает увеличения сердца.

Экссудативный перикардит — по существу дальнейшая стадия развития сухого перикардита. Часто первым признаком появления выпота бывает исчезновение боли в связи с разъединением воспаленных листков перикарда накапливающимся экссудатом. Появляется одышка, усиливающаяся в положении лежа. Область сердца при большом количестве экссудата несколько выбухает, межреберья сглажены, верхушечный толчок не пальпируется. Сердце значительно увеличивается и принимает характерную форму трапеции или круглого графина. Пульсация контуров при рентгеноскопии малая. Тоны и шумы очень глухие (в связи с выпотом). Пульс частый, малого наполнения; артериальное давление снижено. Венозное давление почти всегда повышено, отмечается набухание шейных и даже периферических вен. Электрокардиограмма в основном такая же, как при сухом перикардите; добавочным симптомом бывает лишь заметное снижение вольтажа комплекса *QRS*. Существенное диагностическое значение имеет эхокардиография, бесспорно устанавливающая наличие жидкости в сердечной сумке.

Поскольку жидкость в полости перикарда ограничивает диастолическое расширение сердца, то при значительном накоплении выпота может возникать недостаточное наполнение полостей сердца в период диастолы — так называемая гиподиастолия. Последняя препятствует притоку к сердцу, что приводит к застою в малом и особенно в большом круге кровообращения. Своеобразной чертой гиподиастолической недостаточности кровообращения является развитие декомпенсации даже без существенного поражения миокарда.

Исходом ревматического перикардита обычно бывают небольшие спайки между обоими листками или спайки наружного листка с окружающими тканями, что распознается лишь при тщательной рентгеноскопии (деформация контура перикарда).

Наличие перикардита у больных ревматизмом часто означает поражение всех слоев сердца — ревматический панкардит.

Среди *поражений кожи* практически патогномонична кольцевая эритема, представляющая собой розовые кольцевидные элементы, никогда не зудящие, располагающиеся преимущественно на коже внутренней поверхности рук и ног, живота, шеи и туловища. Она обнаруживается лишь у 1—2 % больных. «Ревматические узелки», описываемые в старых руководствах, в настоящее время практически не встречаются. Узловая эритема, геморрагии, крапивница совершенно не характерны.

Поражения легких. Ревматические пневмонии наблюдаются крайне редко и обычно возникают на фоне уже развившегося заболевания. Их симптомы такие же, как и банальных воспалений легких; отличительными признаками считаются резистентность к лечению антибиотиками и хороший эффект противоревматических средств (без антибактериальных). Лишь при этом условии диагноз может считаться обоснованным. Многие современные авторы сомневаются в самом факте существования ревматических пневмоний.

Ревматический плеврит по своим проявлениям также неспецифичен. Его диагностика облегчается при сочетании с другими признаками ревматизма. Он чаще бывает двусторонним и характеризуется хорошей обратимостью. Экссудат при ревматическом плеврите серозно-фибринозный и всегда стерильный. Проба Ривальты положительная. В начале болезни в экссудате преобладают нейтрофилы, позже — лимфоциты; возможна также примесь эритроцитов, эндотелиальных клеток и эозинофилов. Первым, а тем более единственным признаком ревматизма плеврит не бывает. Следует иметь в виду, что при недостаточности кровообращения у больных с пороками сердца застойные изменения в легких и гидроторакс могут легко симулировать «ревматические» пневмонию и плеврит.

Поражения почек. В острой фазе болезни, как правило, обнаруживаются незначительно выраженные протеинурия и гематурия (следствие генерализованного васкулита и поражения почечных клубочков и канальцев).

Поражения органов пищеварения редки. Гастриты и тем более изъязвления желудка и кишечника обычно бывают следствием длительного применения лекарств, особенно стероидных гормонов. У детей, больных ревматизмом, иног-да возникает сильная боль в животе, связанная с быстро обратимым аллергическим перитонитом. Боль может быть очень резкой и, сочетаясь с положительным симптомом Щеткина — Блюмберга, заставляет думать об остром хирургическом заболевании брюшной полости. Отличительными чертами являются разлитой характер боли, ее сочетание с другими признаками ревматизма (или указания на эту болезнь в анамнезе), очень быстрый эффект противоревматической терапии; нередко боль через короткий срок исчезает самостоятельно.

Изменения нервной системы и органов чувств. Малая хорея, типичная «нервная форма» ревматизма, встречается преимущественно у детей, особенно девочек. Она проявляется сочетанием эмоциональной лабильности с мышечной гипотонией и насильственными вычурными движениями туловища, конечностей и мимической мускулатуры. Малая хорея может протекать с рецидивами, однако к 17—18 годам она почти всегда заканчивается. Особенностями этой формы являются сравнительно небольшое поражение сердца и незначительные выраженные лабораторные показатели активности ревматизма (в том числе часто нормальная СОЭ).

Острые ревматические поражения ЦНС, протекающие по типу энцефалита или менингита, являются чрезвычайной редкостью. Они бывают только проявлением генерализованного ревматического васкулита, почти не встречающегося в наши дни, и всегда сочетаются с другими признаками ревматизма. Многочисленные сообщения невропатологов об изолированно существующих «ревматических цереброваскулитах» недостоверны. «Ревматических психозов» не существует (вопреки нередким описаниям в психиатрической литературе). Существование собственно ревматических плекситов, радикулитов и невритов достоверно не доказано.

Лабораторные данные. При остром ревматизме встречаются нейтрофильный лейкоцитоз (до 12—20 · 10^9/л) со сдвигом лейкограммы влево, тромбоцитоз, нарастание СОЭ до 40—60 мм/ч. При хроническом течении эти показатели изменены не столь выраженно, изредка развивается анемия (гипо- или нормохромная). Характерно нарастание титров противострептококковых антител: антистрептогиалуронидазы и антистрептокиназы более 1:300, антистрептолизина более 1:250. Высота титров противострептококковых антител и их динамика не отражают степень активности ревматизма. Кроме того, у многих больных хроническими формами ревматизма признаков участия стрептококковой инфекции вообще не наблюдается.

Все известные биохимические показатели активности ревматического процесса неспецифичны и непригодны для нозологической диагностики. Лишь в тех случаях, когда диагноз ревматизма обоснован клинико-инструментальными данными, комплекс этих показателей становится очень полезным для суждения о степени активности болезни (но не о наличии ревматизма). К этим показателям относятся повышение уровня фибриногена плазмы выше 4 г/л,

α_2-глобулинов выше 10 %, γ-глобулинов выше 20 %, гексоз выше 1,25 г/л, церулоплазмина выше 9,25 г/л, серомукоида выше 0,16 г/л, появление в крови С-реактивного белка. В большинстве случаев биохимические показатели активности параллельны величинам СОЭ.

К л а с с и ф и к а ц и я р е в м а т и з м а и о с о б е н н о с т и е г о т е ч е н и я. В соответствии с современной классификацией необходимо выделять прежде неактивную или активную фазу болезни. Активность может быть минимальной (I степени), средней (II степени) и максимальной (III степени). Для суждения о ней используются как выраженность клинических проявлений, так и изменения лабораторных показателей. Классификацию проводят также по локализации активного ревматического процесса (кардит, артрит, хорея и т. д.), характеру резидуальных явлений (миокардиосклероз и др.), состоянию кровообращения и течению болезни. Выделяется острое течение ревматизма, подострое, затяжное, непрерывно рецидивирующее и латентное (клинически бессимптомное). Выделение «латентного течения» оправдано только для ретроспективной характеристики ревматизма: латентное формирование порока сердца и т. п.

Д и а г н о з. Специфических методов диагностики ревматизма не существует. В то же время при развернутой картине болезни диагноз сравнительно несложен. Трудности возникают, как правило, вначале у тех больных, у которых заболевание проявляется каким-либо одним ярким клиническим симптомом (кардит или полиартрит). Наиболее принятой международной системой диагностики ревматизма являются критерии Джонса. Выделяют большие диагностические критерии ревматизма — кардит, полиартрит, хорея, кольцевая эритема, ревматические узелки и малые — лихорадка (не ниже 38 °C), артралгии, перенесенный в прошлом ревматизм или наличие ревматического порока сердца, повышенная СОЭ или положительная реакция на С-реактивный белок, удлиненный интервал $P - Q$ на ЭКГ. Диагноз считается достоверным, если у пациента имеются два больших критерия и один малый либо один большой и два малых, но лишь в том случае, если одновременно существует одно из следующих доказательств предшествующей стрептококковой инфекции: недавно перенесенная скарлатина (которая представляет собой бесспорное стрептококковое заболевание); высевание стрептококка группы А со слизистой оболочки глотки; повышенный титр антистрептолизина О или других стрептококковых антител. Эти критерии представляются весьма жесткими, но они служат серьезной гарантией объективно обоснованного диагноза и необходимым препятствием для чрезвычайно распространенной гипердиагностики ревматизма.

Среди больших критериев диагноз кардита как такового в свою очередь требует наличия объективных признаков. К ним относятся одышка, расширение границ сердца, появление четкого мягкого систолического шума на верхушке или проекции митрального клапана, неж-

ного мезодиастолического шума в этой же области или протодиастолического шума на аорте, шум трения перикарда, динамичные и обычно умеренные изменения ЭКГ, в частности атриовентрикулярная блокада I степени. Значительное приглушение тонов сердца, выраженная кардиалгия и нарушения ритма (в частности, пароксизмальная тахикардия) нехарактерны. Субъективные расстройства и анамнестические сведения, не подтвержденные документально, не могут служить основанием для диагноза ревматизма. Сочетание повышенной температуры с нормальной СОЭ практически исключает диагноз активного ревматизма. Необходимо иметь в виду также, что больным ревматизмом совершенно не свойствен «уход в болезнь», невротизация и стремление подробно и красочно описывать свои ощущения.

Важно дифференцировать ревматизм от аллергического (инфекционно-аллергического) миокардита, особенностью которого является частая диссоциация между отчетливыми сердечными изменениями и невысокими (часто нормальными) лабораторными признаками (СОЭ, глобулины, фибриноген и др.); пороки сердца никогда не образуются. Больным функциональной кардиопатией свойственны эмоциональная окрашенность жалоб, их многообразие и неадекватность отсутствию объективной сердечной патологии. Наиболее часты жалобы на постоянную боль в области сердца, совершенно не характерную для ревматизма, никогда не наблюдается достоверных признаков органического поражения сердца, лабораторные показатели нормальны.

П р о г н о з. Непосредственная угроза жизни от собственно ревматизма возникает крайне редко и почти исключительно в детском возрасте в связи с диффузным миокардитом. У взрослых преимущественно суставные и кожные формы протекают наиболее благоприятно. Хорея чаще сочетается с меньшими изменениями сердца. В основном прогноз при ревматизме определяется состоянием сердца (наличие и тяжесть порока, степень миокардиосклероза). Одним из главных прогностических критериев является степень обратимости симптомов ревмокардита. Непрерывно рецидивирующие ревмокардиты наиболее неблагоприятны. При поздно начатом лечении вероятность образования пороков увеличивается. У детей ревматизм протекает тяжелее и чаще приводит к стойким клапанным изменениям. При первичном заболевании в возрасте старше 25 лет процесс течет благоприятно, а порок сердца образуется очень редко. Если первичный ревматизм протекал без явных признаков ревмокардита или последние оказались полностью обратимыми, то можно полагать, что будущие рецидивы также не приведут к формированию клапанного порока. Если со времени установления диагноза конкретного порока сердца прошло более 3 лет, то вероятность формирования нового порока невелика, несмотря на сохраняющуюся активность ревматизма.

Л е ч е н и е. В первые 7—10 дней больной при легком течении болезни должен соблюдать полупостельный режим, а при выраженной тяжести в первый период лечения — строгий постельный (15—20 дней). Критерием расширения двигательной активности являются темпы наступления клинического улучшения и нормализации СОЭ, а также других лабораторных показателей. Ко времени выписки (обычно через 40—50 дней после поступления) больного следует перевести на свободный режим, близкий к санаторному. В диете рекомендуется ограничить поваренную соль.

До последнего времени основой лечения больных активным ревматизмом считалось раннее сочетанное применение преднизолона (реже триамцинолона) в постепенно уменьшающихся дозах и ацетилсалициловой кислоты в постоянной неснижающейся дозе 3—4 г в день. Начальная суточная доза преднизолона составляла обычно 20—25 мг, триамцинолона — 16—20 мг; курсовые дозы преднизолона — около 500—600 мг, триамцинолона — 400—500 мг. За последние годы, однако, были установлены факты, ставящие под сомнение целесообразность сочетания преднизолона с ацетилсалициловой кислотой. Так, при этом происходит суммирование отрицательного влияния на слизистую желудка. Выяснилось также, что преднизолон заметно снижает концентрацию ацетилсалициловой кислоты в крови (в том числе ниже терапевтического уровня). При быстрой отмене преднизолона концентрация ацетилсалициловой кислоты, напротив, может повыситься до токсической. Таким образом, рассматриваемая комбинация не представляется оправданной и ее эффект, по-видимому, достигается преимущественно за счет преднизолона. Поэтому при активном ревматизме преднизолон целесообразно назначать в качестве единственного антиревматического препарата, начиная с суточной дозы около 30 мг. Это тем более рационально и потому, что объективных клинических доказательств каких-либо преимуществ комбинированной терапии не существует.

Лечебный эффект глюкокортикоидов при ревматизме тем значительнее, чем выше активность процесса. Поэтому больным с особенно высокой активностью болезни (панкардит, полисерозит и т. п.) начальную дозу увеличивают до 40—50 мг преднизолона или более. Синдрома отмены кортикостероидов при ревматизме практически не бывает, в связи с чем при необходимости даже высокую их дозу можно резко уменьшить или отменить. Лучшим кортикостероидом для лечения ревматизма является преднизолон.

За последние годы было установлено, что изолированное назначение вольтарена или индометацина в полных дозах (150 мг/сут) приводит к столь же выраженным ближайшим и отдаленным результатам лечения острого ревматизма у взрослых, как и применение преднизолона. Быструю положительную динамику при этом обнаружили все проявления болезни, в том числе и ревмокардит. В то же время переносимость этих средств (особенно вольтарена) оказалась значительно лучшей. Однако остается открытым вопрос об эффективности вольтарена и индометацина при наиболее тяжелых формах кардита (с одышкой в покое, кардиомегалией, экссудативным перикардитом и недостаточностью кровообращения), которые у взрослых практически не встречаются. Поэтому пока при подобных формах болезни (прежде всего у детей) средством выбора являются кортикостероиды в достаточно больших дозах.

На проявления малой хореи антиревматические препараты прямо не влияют. В таких случаях к проводимой терапии рекомендуется присоединить люминал либо психотропные средства типа аминазина или особенно седуксена. Для ведения пациентов с хореей особое значение имеет спокойная обстановка, доброжелательное отношение окружающих, внушение больному уверенности в полном выздоровлении. В необходимых случаях требуется принять меры, предупреждающие самоповреждение пациента в результате насильственных движений.

При первой или повторных атаках острого ревматизма большинство авторов рекомендуют лечение пенициллином в течение 7—10 дней (для уничтожения наиболее вероятного возбудителя — β-гемолитического стрептококка группы А). В то же время на собственно ревматический процесс пенициллин не оказывает лечебного действия. Поэтому длительное и не строго обоснованное применение пенициллина или других антибиотиков при ревматизме нерационально.

У больных с затяжным и непрерывно рецидивирующим течением рассмотренные методы лечения, как правило, гораздо менее эффективны. Лучшим методом терапии в таких случаях является длительный (год и более) прием хинолиновых препаратов: хлорохина (делагила) по 0,25 г/сут или плаквенила по 0,2 г/сут под регулярным врачебным контролем. Эффект от применения этих средств проявляется не ранее чем через 3—6 нед, достигает максимума через 6 мес непрерывного приема. С помощью хинолиновых препаратов удается устранить активность ревматического процесса у 70—75 % больных с наиболее торпидными и резистентными формами заболевания. При особенно длительном назначении данных лекарств (более года) их доза может быть уменьшена на 50 %, а в летние месяцы возможны перерывы в лечении. Делагил и плаквенил можно назначать в комбинации с любыми антиревматическими лекарствами.

Недостаточность кровообращения при ревматических пороках сердца лечится по общим принципам (сердечные гликозиды, мочегонные и т. п.). Если сердечная декомпенсация развивается в связи с активным ревмокардитом, то в лечебный комплекс необходимо включать антиревматические средства (в том числе стероидные гормоны, не вызывающие существенной задержки жидкости — преднизолон или триамцинолон; дексаметазон не показан). Однако у большинства больных сердечная недостаточность — результат прогрессирующей миокардиодистрофии в связи с пороком сердца; удельный вес ревмокардита, если его бесспорные клинико-инструментальные и лабораторные признаки отсутствуют, при этом незначителен.

Поэтому у многих пациентов с пороками сердца и тяжелыми стадиями недостаточности кровообращения можно получить вполне удовлетворительный эффект с помощью только сердечных гликозидов и мочегонных средств. Назначение энергичной антиревматической терапии (особенно кортикостероидов) без явных признаков активного ревматизма может в подобных случаях усугубить дистрофию миокарда. Для ее уменьшения рекомендуются ундевит, кокарбоксилаза, препараты калия, рибоксин, анаболические стероиды.

При переходе ревматизма в неактивную фазу больных целесообразно направлять в местные санатории, однако все методы физиотерапии при этом исключают. Считается возможным курортное лечение даже пациентов с минимальной активностью, но на фоне продолжающегося лекарственного антиревматического лечения и в специализированных санаториях. Больных без порока сердца либо с недостаточностью митрального или аортального клапана при отсутствии декомпенсации целесообразно направлять в Кисловодск или на Южный берег Крыма, а больных с недостаточностью кровообращения I степени, в том числе с нерезкими митральными стенозами,— только в Кисловодск. Противопоказано курортное лечение при выраженных признаках активности ревматизма (II и III степени), тяжелых комбинированных или сочетанных пороках сердца, недостаточности кровообращения II или III стадии.

Профилактика ревматизма включает активную санацию очагов хронической инфекции и энергичное лечение острых заболеваний, вызванных стрептококком. В частности, рекомендуется лечение всех больных ангиной инъекциями пенициллина по 500 000 ЕД 4 раза в сутки в течение 10 дней. Эти мероприятия наиболее важны при уже развившемся ревматизме. Если у больного в неактивной фазе болезни появились первые признаки предположительно стрептококковой инфекции, то, помимо обязательного 10-дневного курса пенициллинотерапии, он должен в течение этого же срока принимать одно из противоревматических средств: ацетилсалициловую кислоту по 2—3 г, индометацин по 75 мг и т. п.

В соответствии с методическими рекомендациями МЗ СССР больным, перенесшим первичный ревмокардит без признаков клапанного поражения, показано назначение бициллина-1 по 1 200 000 ЕД или бициллина-5 по 1 500 000 ЕД 1 раз в 4 нед в течение 3 лет. После первичного ревмокардита с формированием порока сердца и после возвратного ревмокардита бициллинопрофилактика рекомендуется на срок до 5 лет.

Глава 10

БОЛЕЗНИ ОРГАНОВ ДЫХАНИЯ

АСПЕРГИЛЛЕЗ — заболевание, вызываемое грибами рода Aspergillus с частой локализацией в бронхолегочной системе.

Э т и о л о г и я, п а т о г е н е з. Аспергиллы — широко распространенные в природе сапрофиты, круглогодично выделяющие споры. К заболеванию ведет вдыхание большого количества спор аспергилл, например, при работе с заплесневелым гниющим сеном, компостом. В патогенезе, кроме аллергизирующего и гемолитического воздействия эндотоксина, большую роль играет снижение реактивности организма при длительных и хронических болезнях (туберкулез, нагноения, новообразования, системные болезни крови, алкоголизм и др.) или при длительном применении иммунодепрессивных препаратов.

С и м п т о м ы, т е ч е н и е. Выделяют 4 формы бронхолегочного аспергиллеза. Легкая форма протекает как быстропреходящий острый трахеобронхит. Для аллергического бронхиального аспергиллеза характерны транзиторные легочные инфильтраты, эозинофилия, лихорадка, бронхоспазм; мокрота может иметь коричневый оттенок, иногда откашливаются слепки бронхов; течение может быть длительным с повторными обострениями и развитием тяжелой бронхиальной астмы; в ряде случаев наступает выздоровление. Аспергиллома (колонии из мицелия гриба, свободно лежащие в туберкулезной каверне, в полости абсцесса, бронхоэктазах, участке медленно рассасывающейся пневмонии, инфаркта легкого, в области опухоли) может протекать бессимптомно, но чаще наблюдаются кашель с выделением мокроты без запаха, кровохарканье, потеря массы тела (вплоть до кахексии), высокая температура, боль в груди, прогрессирующее ухудшение состояния. Некротическая форма легочного аспергиллеза протекает с выраженной интоксикацией, лихорадкой.

В д и а г н о с т и к е используют данные рентгенологического исследования, посевов мокроты, серологических методов.

Л е ч е н и е. Эффективен амфотерицин B. Суточную дозу (250 ЕД/кг) вводят в 450 мл 5 % раствора стерильной глюкозы в/в капельно в течение 4—6 ч через день или 2 раза в неделю в течение 4—8 нед; ингаляции 50 000 ЕД амфотерицина B в 10 мл воды для инъекций производят 1—2 раза в день в течение 10—14 дней. Противогрибковое действие препарата усиливается при сочетании с рифампицином. Амфотерицин B обладает способностью

к кумулированию, нейро-нефро- и гепатотоксичен.

БРОНХИАЛЬНАЯ АСТМА — хроническое рецидивирующее заболевание с преимущественным поражением дыхательных путей. Характеризуется измененной реактивностью бронхов. Обязательным признаком болезни является приступ удушья и (или) астматический статус.

Выделяют две формы бронхиальной астмы — иммунологическую и неиммунологическую — и ряд клинико-патогенетических вариантов: атопический, инфекционно-аллергический, аутоиммунный, дисгормональный, нервно-психический, адренергического дисбаланса, первично измененной реактивности бронхов (в том числе «аспириновая» астма и астма физического усилия), холинергический.

Э т и о л о г и я и п а т о г е н е з. Общим патогенетическим механизмом, присущим разным вариантам бронхиальной астмы, является изменение чувствительности и реактивности бронхов, определяемое по реакции проходимости бронхов в ответ на воздействие физических и фармакологических факторов. Считают, что у $1/3$ больных (преимущественно у лиц, страдающих атопическим вариантом болезни) астма имеет наследственное происхождение. В возникновении аллергических форм астмы играют роль небактериальные (домашняя пыль, пыльца растений и др.) и бактериальные (бактерии, вирусы, грибы) аллергены. Наиболее изучены аллергические механизмы возникновения астмы, в основе которых лежат IgE или IgG обусловленные реакции. Центральное место в патогенезе «аспириновой» астмы отводят лейкотриенам. При астме физического усилия нарушается процесс теплоотдачи с поверхности дыхательных путей.

С и м п т о м ы, т е ч е н и е. Заболевание нередко начинается приступообразным кашлем, сопровождающимся экспираторной одышкой с отхождением небольшого количества стекловидной мокроты (астматический бронхит). Развернутая картина бронхиальной астмы характеризуется появлением легких, средней тяжести или тяжелых приступов удушья. Приступ может начинаться предвестником (обильное выделение водянистого секрета из носа, чиханье, приступообразный кашель и т. п.). Приступ астмы характеризуется коротким вдохом и удлиненным выдохом, сопровождающимся слышными на расстоянии хрипами. Грудная клетка находится в положении максимального вдоха.

В дыхании принимают участие мышцы плечевого пояса, спины, брюшной стенки. При перкуссии над легкими определяется коробочный звук, выслушивается множество сухих хрипов. Приступ, как правило, заканчивается отделением вязкой мокроты. Тяжелые затяжные приступы могут перейти в астматическое состояние — один из наиболее грозных вариантов течения болезни.

Астматическое состояние характеризуется возрастающей резистентностью к бронхорасширяющей терапии и непродуктивным кашлем. Выделяют две формы астматического состояния — анафилактическую и метаболическую. При анафилактической форме, обусловленной иммунологическими или псевдоаллергическими реакциями с высвобождением большого количества медиаторов аллергической реакции (чаще всего у лиц с повышенной чувствительностью к лекарственным препаратам), возникает острый тяжелейший приступ удушья. Метаболическая форма, связанная с функциональной блокадой β-адренергических рецепторов и возникающая в результате передозировки симпатомиметиков при инфекции дыхательных путей, неблагоприятных метеорологических факторах, вследствие быстрой отмены кортикостероидов, формируется в течение нескольких дней. В I (начальной) стадии перестает отходить мокрота, появляется боль в мышцах плечевого пояса, грудной клетке и в области брюшного пресса. Гипервентиляция, потеря влаги с выдыхаемым воздухом приводят к увеличению вязкости мокроты и обтурации просвета бронхов вязким секретом. Образование в заднениж них отделах легких участков «немого легкого» свидетельствует о переходе статуса во II стадию с явным несоответствием между выраженностью дистанционных хрипов и их отсутствием при аускультации. Состояние больных крайне тяжелое. Грудная клетка эмфизематозно вздута. Пульс превышает 120 в 1 мин. Артериальное давление имеет тенденцию к повышению. На ЭКГ — признаки перегрузки правых отделов сердца. Формируется респираторный или смешанный ацидоз. В III стадии (гипоксически-гиперкапническая кома) нарастают одышка и цианоз, резкое возбуждение сменяется потерей сознания, возможны судороги. Пульс парадоксальный, артериальное давление снижается.

Течение болезни часто циклическое: фаза обострения с характерными симптомами и данными лабораторно-инструментальных исследований сменяется фазой ремиссии. Осложнения бронхиальной астмы: эмфизема легких, нередко присоединение инфекционного бронхита, при длительном и тяжелом течении болезни — появление легочного сердца.

Д и а г н о з ставят на основании типичных приступов экспираторного удушья, эозинофилии в крови и особенно в мокроте, тщательно собранного анамнеза, аллергологического обследования с проведением кожных и в некоторых случаях провокационных ингаляционных тестов, исследования иммуноглобулинов E и G. Тщательный анализ анамнестических, клинических, рентгенологических и лабораторных данных (при необходимости и результатов бронхологического исследования) позволяет исключить синдром бронхиальной обструкции при неспецифических и специфических воспалительных заболеваниях органов дыхания, болезнях соединительной ткани, глистных инвазиях, обтурации бронхов (инородным телом, опухолью), эндокринно-гуморальной патологии (гипопаратиреоз, карциноидный синдром и др.), гемодинамических нарушениях в малом круге кровообращения, аффективной патологии и т. д.

Л е ч е н и е при бронхиальной астме должно быть строго индивидуализировано с учетом варианта течения, фазы болезни, наличия осложнений, сопутствующих заболеваний, переносимости больным лекарственных средств и наиболее рационального их применения в течение суток. Поликлиника — аллергологический кабинет — специализированное отделение стационара и в последующем постоянное наблюдение в аллергологическом кабинете — примерные этапы преемственности в лечении таких больных.

При атопической бронхиальной астме прежде всего назначают элиминационную терапию — максимально полное и постоянное прекращение контакта с аллергеном. Если аллерген идентифицирован, но изолировать от него больного нельзя, показана специфическая гипосенсибилизация в специализированных аллергологических учреждениях в фазу ремиссии. Больным атопической астмой (особенно при неосложненных формах болезни) назначают кромолин-натрий (интал) по 20 мг 4 раза в день, распыляя его с помощью специального ингалятора. Если астма сочетается с другими аллергическими проявлениями, предпочтительнее прием внутрь задитена (кетотифена) по 1 мг 2 раза в день. Эффект от обоих препаратов наступает постепенно (оценка терапевтической эффективности возможна не менее чем через 3—4 нед). При отсутствии эффекта назначают глюкокортикоиды, в нетяжелых случаях — желательно в виде ингаляций (бекоид по 50 мкг каждые 6 ч). При тяжелых обострениях показан прием глюкокортикоидов внутрь, начиная с преднизолона по 15—20 мг/сут или триамцинолона по 12—16 мг/сут; после достижения клинического эффекта дозу постепенно снижают. При пищевой аллергии показано применение разгрузочно-диетической терапии, проводимой в стационаре.

Больным инфекционно-аллергической формой астмы рекомендуют лечение аутовакциной, аутолизатом мокроты, гетеровакцинами, которые в настоящее время готовят по новой технологии. Лечение вакцинами проводят в условиях специализированного стационара. При нарушениях в системе иммунитета назначают соответствующую иммунокорригирующую терапию (левамизол, пирогенал и др.). В период ремиссии санируют очаги хронической инфекции. Вопрос о показаниях к антибактериальной терапии решают по характеру воспаления на данный момент. Ориентиром служит клеточный состав мокроты: при эозинофилии антибактериальные препараты не рекомендуют. У этой категории больных чаще применяют глюкокортикоиды; интал и задитен менее эффективны.

При инфекционно-зависимой форме астмы показаны оздоровительные мероприятия: физическая активность, регулярные занятия лечебной гимнастикой, закаливающие процедуры. В связи с нарушением мукоцилиарного клиренса необходима разжижающая мокроту терапия: обильное теплое питье, щелочные теплые ингаляции, 3 % раствор йодида калия (по 1 столовой ложке 5—6 раз в день при условии переносимости), отвар трав — багульника, мать-и-мачехи и др., муколитические средства.

Больным астмой физического усилия назначают коринфар при положительной фармакологической пробе с ним: уменьшение бронхоспазма на 6—10-й минуте отдыха после приема 20 мг коринфара сублингвально за 1,5 ч до физической нагрузки. При длительном применении препарат принимают по 10 мг 3 раза в день. В случае отрицательного результата фармакологической пробы проводят длительное лечение инталом или задитеном. Целесообразны физические тренировки: плавание или спокойный бег в теплом помещении; при хорошей переносимости каждую неделю увеличивают нагрузку на 1 мин (до 60 мин).

При «аспириновой» астме из рациона исключают продукты, содержащие ацетилсалициловую кислоту (ягоды, томаты, картофель, цитрусовые). Категорически запрещен прием нестероидных противовоспалительных препаратов. При необходимости назначают интал, задитен или кортикостероиды.

При выраженных эмоциональных расстройствах необходимо квалифицированное обследование и лечение психотерапевта с индивидуальным подбором психотропных препаратов. Показаны рациональная психотерапия, рефлексотерапия.

Для купирования приступов астмы назначают индивидуально подобранную бронхорасширяющую терапию. Оптимальную дозу бронхолитиков подбирают опытным путем (от небольшой дозы к наиболее эффективной). Положительное действие у большинства больных оказывают селективные стимуляторы β_2-адренорецепторов (салбутамол, беротек и др.), выпускаемые в виде дозированных ручных (карманных) ингаляторов. Во время приступа помогают 2 вдоха аэрозоля. В легких случаях подобные препараты можно применять в виде таблеток. При более тяжелых приступах используют инъекции бриканила (1 мл 0,005 % раствора) или эфедрина (0,5—1 мл 5 % раствора), реже адреналина (0,3—0,5 мл 0,1 % раствора) п/к. Следует предупредить больных об опасности злоупотребления симпатомиметиками, в частности, в виде дозированных ингаляторов, которые можно применять не более 3—4 раз в сутки. Передозировка этих препаратов (особенно при гипоксии) может оказать кардиотоксическое действие; кроме того, частое применение симпатомиметиков обуславливает блокаду β-рецепторов. Эффективным бронхорасширяющим средством остается эуфиллин, назначаемый в тяжелых случаях в/в (5—10 мл 2,4 %

раствора). Препарат применяют также в виде таблеток (по 0,15 г) и свечей (по 0,3 г).

Холиноблокаторы (атропин, белладонна, платифиллин) предпочтительны при инфекционно-аллергической форме болезни, особенно при обструкции крупных бронхов. Нередко эти препараты присоединяют к другим бронхорасширяющим средствам. Некоторым больным помогают солутан (по 10—30 капель после еды) и противоастматические сборы в виде порошка для курения или сигарет (астматол, астматин). Следует учитывать влияние холиноблокаторов на мукоцилиарный клиренс, что приводит к сгущению мокроты и затруднению ее отделения. Эффективным препаратом этой группы является атровент, выпускаемый в дозированных ингаляторах; его можно применять для профилактики приступов по 2 вдоха 3—4 раза в сутки. Препарат незначительно влияет на мукоцилиарный клиренс. Различные механизмы бронхиальной обструкции у каждого больного обуславливают целесообразность комбинации препаратов. Эффективным препаратом является беродуал — комбинация беротека и атровента в виде дозированного ингалятора.

Лечение астматического статуса проводят дифференцированно в зависимости от его стадии, формы, причины возникновения. При анафилактической форме вводят п/к раствор адреналина и сразу применяют глюкокортикоиды, начиная со 100 мг гидрокортизона в/в капельно. Если в ближайшие 15—30 мин явного улучшения не наступает, вливание гидрокортизона повторяют и начинают в/в капельное введение эуфиллина (10—15 мл 2,4 % раствора). Одновременно проводят оксигенотерапию через носовой катетер или маску (по 2—6 л/мин). Лечение должно проводиться в блоке интенсивной терапии.

Лечение метаболической формы астматического статуса проводят в зависимости от его стадии. Вначале необходимо ликвидировать непродуктивный кашель, улучшить отхождение мокроты посредством теплых щелочных ингаляций, обильного теплого питья. Если астматическое состояние обусловлено отменой или передозировкой симпатомиметиков, показано капельное введение преднизолона по 30 мг каждые 3 ч в/в до купирования статуса. Развитие ацидоза диктует необходимость в/в вливания 2 % раствора гидрокарбоната натрия. Обязательна регидратация путем введения большого количества жидкости. При II стадии астматического состояния дозу глюкокортикоидов повышают (преднизолон до 60—90—120 мг каждые 60—90 мин). Если в ближайшие 1,5 ч не исчезает картина «немого легкого», показана управляемая вентиляция с активным разжижением и отсасыванием мокроты. В III стадии интенсивную терапию осуществляют совместно с реаниматологом.

После выведения из астматического состояния дозу глюкокортикоидов сразу снижают вдвое, а затем постепенно уменьшают до поддерживающей. Более 50 % больных, получающих глюкокортикоиды, нуждаются в длительном их приеме, нередко годами. В таких случаях речь идет о стероиднозависимом варианте бронхиальной астмы. Диспансерное наблюдение за такими больными, максимальное сокращение поддерживающей дозы глюкокортикоидов, по возможности переход на ингаляционное их применение, комбинация с другими препаратами (задитен, интал, бронхоспазмолитики и др.), прерывистое применение глюкокортикоидов, использование психотропных препаратов и физическая реабилитация позволяют свести до минимума осложнения глюкокортикоидной терапии.

У тяжелых больных при отсутствии эффекта или недостаточном эффекте общепринятой терапии, а также при высокой потребности в глюкокортикоидах и в астматическом статусе показано применение плазмафереза.

В период ремиссии проводят гипосенсибилизирующую терапию, санацию очагов инфекции, лечебную физкультуру, физические тренировки (прогулки, плавание), физиотерапию, санаторно-курортное лечение. Наибольшее значение имеет лечение на местных курортах, так как стало очевидным, что процессы адаптации к новым климатическим условиям и через короткое время реадаптация не оказывают тренирующего действия. Значительно улучшает эффект комплексной терапии квалифицированная психотерапия.

П р о г н о з. При диспансерном наблюдении (не реже 2 раз в год), рационально подобранном лечении прогноз благоприятен. Летальный исход может быть связан с тяжелыми инфекционными осложнениями, несвоевременной и нерациональной терапией, прогрессирующей легочно-сердечной недостаточностью у больных легочным сердцем.

БРОНХИОЛИТ — острое воспаление бронхиол; рассматривается как тяжелая форма острого бронхита.

Э т и о л о г и я, п а т о г е н е з. Возбудители — обычно вирусы (гриппозные, респираторно-синцитиальные) или вирусно-бактериальная инфекция. Может развиться после вдыхания раздражающих газов, очень холодного воздуха. Воспаление бронхиол с нарушением их проходимости приводит к тяжелым нарушениям газообмена и кровообращения.

С и м п т о м ы, т е ч е н и е. Начало болезни острое или на фоне трахеобронхита. Лихорадка (38—39 °С), выраженная одышка (до 40 и более дыханий в 1 мин), дыхание поверхностное с участием вспомогательной мускулатуры. Грудная клетка фиксирована в положении вдоха с приподнятым плечевым поясом. Лицо одутловатое, цианотичное. Мучительный кашель со скудной слизистой мокротой, боль в груди вследствие перенапряжения мышц и сокращения диафрагмы при кашле. Перкуторный звук с коробочным оттенком, дыхание ослабленное или жесткое, обильные мелкопузырчатые (субкрепитирующие) незвучные хрипы, свистящие хрипы на выдохе. Нарастают симптомы обструктивной эмфиземы. К выраженной дыхательной недостаточности присоединяются расстройства легочной и внутрикардиальной гемодинамики вследствие легочной гипертензии.

Рентгенологически определяется усиление легочного рисунка в нижних отделах и в области корней легких. Отмечается лейкоцитоз, повышение СОЭ. Течение очень тяжелое, длительность болезни до 5—6 нед. Возможен летальный исход. Дифференцируют от милиарного туберкулеза, пневмонии. Решающее значение в дифференциальном диагнозе принадлежит рентгенологическому исследованию.

Л е ч е н и е. Парентеральное введение антибиотиков по принципу лечения острых пневмоний. Оксигенотерапия. Аналептические средства (кордиамин, сульфокамфокаин), эуфиллин (5 мл 2,4 % раствора в/в 2—3 раза в день). Симптоматическая терапия: в период мучительного непродуктивного кашля — противокашлевые (кодеин, этилморфина гидрохлорид), затем отхаркивающие и муколитики; анальгетики при боли; банки, горчичники, спиртовые компрессы на грудную клетку, растирание, например, скипидарной мазью. При необходимости — интенсивная терапия в условиях реанимационного отделения.

БРОНХИТ ОСТРЫЙ — диффузное острое воспаление трахеобронхиального дерева. Относится к частым заболеваниям.

Э т и о л о г и я, п а т о г е н е з. Заболевание вызывают вирусы (вирусы гриппа, парагриппозные, аденовирусы, респираторно-синцитиальные, коревые, коклюшные и др.), бактерии (стафилококки, стрептококки, пневмококки и др.); физические и химические факторы (сухой, холодный, горячий воздух, окислы азота, сернистый газ и др.). Предрасполагают к заболеванию охлаждение, курение табака, употребление алкоголя, хроническая очаговая инфекция в назофарингеальной области, нарушение носового дыхания, деформация грудной клетки. Повреждающий агент проникает в трахею и бронхи с вдыхаемым воздухом, гематогенным или лимфогенным путем (уремический бронхит). Острое воспаление бронхиального дерева может сопровождаться нарушением бронхиальной проходимости отечно-воспалительного или бронхоспастического механизма. Характерны гиперемия и набухание слизистой оболочки; на стенках бронхов, в их просвете слизистый, слизисто-гнойный или гнойный секрет; дегенеративные изменения реснитчатого эпителия. При тяжелых формах воспалительный процесс захватывает не только слизистую оболочку, но и глубокие ткани стенки бронхов.

С и м п т о м ы, т е ч е н и е. Бронхит инфекционной этиологии нередко начинается на фоне острого ринита, ларингита. При легком течении заболевания возникают саднение за грудиной, сухой, реже влажный кашель, чувство разбитости, слабость. Физикальные признаки отсутствуют или над легкими определяются жесткое дыхание, сухие хрипы. Температура тела субфебрильная или нормальная. Состав периферической крови не меняется. Такое течение наблюдается чаще при поражении трахеи и крупных бронхов. При среднетяжелом течении значительно выражены общее недомогание, слабость, характерны сильный сухой кашель с затруднением дыхания и одышкой, боль в нижних отде-

142

лах грудной клетки и брюшной стенки, связанная с перенапряжением мышц при кашле. Кашель постепенно становится влажным, мокрота приобретает слизисто-гнойный или гнойный характер. Над поверхностью легких выслушиваются жесткое дыхание, сухие и влажные мелкопузырчатые хрипы. Температура тела остается в течение нескольких дней субфебрильной. Выраженных изменений состава перифериеской крови нет. Тяжелое течение болезни наблюдается, как правило, при преимущественном поражении бронхиол (см. *Бронхиолит*). Острые симптомы болезни стихают к 4-му дню и при благоприятном исходе полностью исчезают к 7-му дню. Острый бронхит с нарушением бронхиальной проходимости имеет тенденцию к затяжному течению и переходу в хронический бронхит.

Тяжело протекают острые бронхиты токсикохимической этиологии. Болезнь начинается с мучительного кашля с выделением слизистой или кровянистой мокроты, быстро присоединяется бронхоспазм (на фоне удлиненного выдоха выслушиваются сухие свистящие хрипы) и прогрессирует одышка (вплоть до удушья), нарастают дыхательная недостаточность и гипоксемия. Рентгенологически могут определяться симптомы острой эмфиземы легких. Развивается симптоматический эритроцитоз, повышаются показатели гематокрита. Тяжелое течение могут принимать и острые пылевые бронхиты. Кроме кашля (вначале сухого, а затем влажного), отмечаются выраженная одышка, цианоз слизистых оболочек. Определяются коробочный оттенок перкуторного звука, жесткое дыхание, сухие хрипы. Возможен небольшой эритроцитоз. Рентгенологически выявляется повышенная прозрачность легочных полей и умеренное расширение корней легких.

Л е ч е н и е. Постельный режим, обильное теплое питье с медом, малиной, липовым цветом; подогретая щелочная минеральная вода; ацетилсалициловая кислота по 0,5 г 3 раза в день, аскорбиновая кислота до 1 г в день, витамин А по 3 мг 3 раза в день; горчичники, банки на грудную клетку. При длительном сухом кашле назначают кодеин (0,015 г) с гидрокарбонатом натрия (0,3 г) 2—3 раза в день. Препаратом выбора может быть либексин по 2 таблетки 3—4 раза в день. Из отхаркивающих средств эффективны настой термопсиса (0,8 г на 200 мл по 1 столовой ложке 6—8 раз в день); 3 % раствор йодида калия (по 1 столовой ложке 6 раз в день), бромгексин по 8 мг 3—4 раза в день в течение 7 дней и др. Показаны ингаляции отхаркивающих средств, муколитиков, подогретой минеральной щелочной воды, 2 % раствора гидрокарбоната натрия, эвкалиптового, анисового масла с помощью парового или карманного ингалятора. Ингаляции проводят 5 мин 3—4 раза в день в течение 3—5 дней. Бронхоспазм купируют назначением эуфиллина (0,15 г 3 раза в день). Показаны антигистаминные препараты. При неэффективности симптоматической терапии в течение 2—3 дней, а также среднетяжелом и тяжелом течении болезни назначают антибиотики и сульфаниламиды в тех же дозах, что и при пневмониях.

П р о ф и л а к т и к а. Устранение возможного этиологического фактора острого бронхита (запыленность и загазованность рабочих помещений, переохлаждение, курение, злоупотребление алкоголя, хроническая и очаговая инфекция в дыхательных путях и др.), а также меры, направленные на повышение сопротивляемости организма к инфекции (закаливание, витаминизация пищи).

БРОНХИТ ХРОНИЧЕСКИЙ — диффузное прогрессирующее воспаление бронхов, не связанное с локальным или генерализованным поражением легких и проявляющееся кашлем. О хроническом характере процесса принято говорить, если кашель продолжается не менее 3 мес в году в течение 2 лет подряд. Хронический бронхит — самая распространенная форма хронических неспецифических заболеваний легких (ХНЗЛ), имеющая тенденцию к учащению.

Э т и о л о г и я, п а т о г е н е з. Заболевание связано с длительным раздражением бронхов различными вредными факторами (курение, вдыхание воздуха, загрязненного пылью, дымом, окисью углерода, сернистым ангидридом, окислами азота и другими химическими соединениями) и рецидивирующей респираторной инфекцией (главная роль принадлежит респираторным вирусам, палочке Пфейффера, пневмококкам), реже возникает при муковисцидозе, α_1-антитрипсиновой недостаточности. Предрасполагающие факторы — хронические воспалительные и нагноительные процессы в легких, хронические очаги инфекции в верхних дыхательных путях, снижение реактивности организма, наследственные факторы. К основным патогенетическим механизмам относятся гипертрофия и гиперфункция бронхиальных желез с усилением секреции слизи, относительным уменьшением серозной секреции, изменением состава секреции — значительным увеличением в нем кислых мукополисахаридов, что повышает вязкость мокроты. В этих условиях реснитчатый эпителий не обеспечивает опорожнения бронхиального дерева и обычного в норме обновления всего слоя секрета (опорожнение бронхов происходит лишь при кашле). Длительная гиперфункция приводит к истощению мукоцилиарного аппарата бронхов, дистрофии и атрофии эпителия. Нарушение дренажной функции бронхов способствует возникновению бронхогенной инфекции, активность и рецидивы которой в значительной степени зависят от местного иммунитета бронхов и развития вторичной иммунологической недостаточности.

Тяжелое проявление болезни — развитие бронхиальной обструкции в связи с гиперплазией эпителия слизистых желез, отеком и воспалительной инфильтрацией бронхиальной стенки, фиброзными изменениями стенки со стенозированием или облитерацией бронхов, обтурацией бронхов избытком вязкого бронхиального секрета, бронхоспазмом и экспираторным коллапсом стенок трахеи и бронхов. Обструкция мелких бронхов приводит к перерастяжению альвеол на выдохе и нарушению эластических структур альвеолярных стенок, а также появлению гиповентилируемых и полностью невентилируемых зон, функционирующих как артерио-венозный шунт; в связи с тем что проходящая через них кровь не оксигенируется, развивается артериальная гипоксемия. В ответ на альвеолярную гипоксию наступает спазм легочных артериол с повышением общего легочного и легочно-артериолярного сопротивления), возникает прекапиллярная легочная гипертензия. Хроническая гипоксемия ведет к полицитемии и повышению вязкости крови, сопровождается метаболическим ацидозом, еще более усиливающим вазоконстрикцию в малом круге кровообращения.

Воспалительная инфильтрация, в крупных бронхах поверхностная, в средних и мелких бронхах, а также бронхиолах может быть глубокой с развитием эрозий, изъязвлений и формированием мезо- и панбронхита. Фаза ремиссии характеризуется уменьшением воспаления в целом, значительным уменьшением экссудации, пролиферацией соединительной ткани и эпителия, особенно при изъязвлении слизистой оболочки. Исходом хронического воспалительного процесса бронхов являются склероз бронхиальной стенки, перибронхиальный склероз, атрофия желез, мышц, эластических волокон, хрящей. Возможно стенозирование просвета бронха или его расширение с образованием бронхоэктазов.

Симптомы, течение. Начало постепенное. Первым симптомом является кашель по утрам с отделением слизистой мокроты. Постепенно кашель начинает возникать и ночью и днем, усиливаясь в холодную погоду, с годами становится постоянным. Количество мокроты увеличивается, она становится слизисто-гнойной или гнойной. Появляется и прогрессирует одышка. Выделяют 4 формы хронического бронхита. При простой, неосложненной форме бронхит протекает с выделением слизистой мокроты без бронхиальной обструкции. При гнойном бронхите постоянно или периодически выделяется гнойная мокрота, но бронхиальная обструкция не выражена. Обструктивный хронический бронхит характеризуется стойкими обструктивными нарушениями. Гнойно-обструктивный бронхит протекает с выделением гнойной мокроты и обструктивными нарушениями вентиляции. В период обострения при любой форме хронического бронхита может развиться бронхоспастический синдром.

Типичны частые обострения, особенно в периоды холодной сырой погоды: усиливаются кашель и одышка, увеличивается количество мокроты, появляются недомогание, пот по ночам, быстрая утомляемость. Температура тела нормальная или субфебрильная, могут определяться жесткое дыхание и сухие хрипы над всей поверхностью легких. Лейкоцитарная формула и СОЭ чаще остаются нормальными; возможен небольшой лейкоцитоз с палочкоядерным сдвигом в лейкоцитарной формуле. Лишь при обострении гнойных бронхитов незначительно изменяются биохимические показатели воспаления (С-реактивный белок, сиаловые кислоты, серомукоид, фибриноген и др.). В диагностике активности хронического бронхита сравнительно большое значение имеет исследование

мокроты: макроскопическое, цитологическое, биохимическое. Так, при выраженном обострении обнаруживают гнойный характер мокроты, преимущественно нейтрофильные лейкоциты, повышение содержания кислых мукополисахаридов и волокон ДНК, усиливающих вязкость мокроты, снижение содержания лизоцима и т. д. Обострения хронического бронхита сопровождаются нарастающими расстройствами функции дыхания, а при наличии легочной гипертензии — и расстройствами кровообращения.

Значительную помощь в распознавании хронического бронхита оказывает бронхоскопия, при которой визуально оценивают эндобронхиальные проявления воспалительного процесса (катаральный, гнойный, атрофический, гипертрофический, геморрагический, фибринозно-язвенный эндобронхит) и его выраженность (но только до уровня субсегментарных бронхов). Бронхоскопия позволяет произвести биопсию слизистой оболочки и гистологически уточнить характер поражения, а также выявить трахеобронхиальную гипотоническую дискинезию (увеличение подвижности стенок трахеи и бронхов во время дыхания вплоть до экспираторного спадения стенок трахеи и главных бронхов) и статическую ретракцию (изменение конфигурации и уменьшение просветов трахеи и бронхов), которые могут осложнять хронический бронхит и быть одной из причин бронхиальной обструкции.

Однако при хроническом бронхите основное поражение локализуется чаще всего в более мелких ветвях бронхиального дерева; поэтому в диагностике хронического бронхита используют бронхо- и рентгенографию. На ранних стадиях хронического бронхита изменения на бронхограммах у большинства больных отсутствуют. При длительно текущем хроническом бронхите на бронхограммах могут выявляться обрывы бронхов среднего калибра и отсутствие заполнения мелких разветвлений (вследствие обструкции), что создает картину «мертвого дерева». В периферических отделах могут обнаруживаться бронхоэктазы в виде заполненных контрастом мелких полостных образований диаметром до 5 мм, соединенных с мелкими бронхиальными ветвями. На рентгенограммах могут выявляться деформация и усиление легочного рисунка по типу диффузного сетчатого пневмосклероза часто с сопутствующей эмфиземой легких.

Важными критериями диагноза, выбора адекватной терапии, определения ее эффективности и прогноза при хроническом бронхите служат симптомы нарушения бронхиальной проходимости (бронхиальной обструкции): 1) появление одышки при физической нагрузке и выходе из теплого помещения на холод; 2) выделение мокроты после длительного утомительного кашля; 3) наличие свистящих сухих хрипов на форсированном выдохе; 4) удлинение фазы выдоха; 5) данные методов функциональной диагностики. Улучшение показателей вентиляции и механики дыхания при использовании бронхолитических препаратов указывает на наличие бронхоспазма и обратимость нарушений бронхиальной проходимости. В позднем периоде болезни присоединяются нарушения вентиляционно-перфузионных соотношений, диффузионной способности легких, газового состава крови.

Нередко возникает необходимость дифференцировать хронический бронхит от хронической пневмонии, бронхиальной астмы, туберкулеза и рака легкого. В отличие от хронической пневмонии хронический бронхит — всегда диффузное заболевание с постепенным развитием распространенной бронхиальной обструкции и нередко эмфиземы, дыхательной недостаточности и легочной гипертензии (хронического легочного сердца); рентгенологические изменения носят также диффузный характер: перибронхиальный склероз, повышение прозрачности легочных полей в связи с эмфиземой, расширение ветвей легочной артерии. От бронхиальной астмы хронический бронхит отличает отсутствие приступов удушья. Дифференциальный диагноз хронического бронхита и туберкулеза легких основан на наличии или отсутствии признаков туберкулезной интоксикации, микобактерий туберкулеза в мокроте, данных рентгенологического и бронхоскопического исследования, туберкулиновых проб. Очень важно раннее распознавание рака легкого на фоне хронического бронхита. Надсадный кашель, кровохарканье, боль в грудной клетке являются признаками, подозрительными в отношении опухоли, и требуют срочного рентгенологического и бронхологического исследования больного; наиболее информативны при этом томография и бронхография. Необходимо цитологическое исследование мокроты и содержимого бронхов на атипичные клетки.

Л е ч е н и е , п р о ф и л а к т и к а. В фазе обострения хронического бронхита терапия должна быть направлена на ликвидацию воспалительного процесса в бронхах, улучшение бронхиальной проходимости, восстановление нарушенной общей и местной иммунологической реактивности. Назначают антибиотики и сульфаниламиды курсами, достаточными для подавления активности инфекции. Длительность антибактериальной терапии индивидуальна. Антибиотик подбирают с учетом чувствительности микрофлоры мокроты (бронхиального секрета), назначают внутрь или парентерально, иногда сочетают с внутритрахеальным введением. Показаны ингаляция фитонцидов чеснока или лука (сок чеснока и лука готовят перед ингаляцией, смешивают с 0,25 % раствором новокаина или изотоническим раствором натрия хлорида в пропорции 1 часть сока на 3 части растворителя). Ингаляции проводят 2 раза в день; на курс 20 ингаляций. Одновременно с терапией активной инфекции бронхов проводят консервативную санацию очагов назофарингеальной инфекции.

Восстановление или улучшение бронхиальной проходимости — важное звено в комплексной терапии хронического бронхита как при обострении, так и в ремиссии; применяют отхаркивающие, муколитические и бронхоспазмолитические препараты, обильное питье. Отхаркивающим эффектом обладают йодид калия, настой

термопсиса, алтейного корня, листьев мать-и-мачехи, подорожника, а также муколитики и производные цистеина. Протеолитические ферменты (трипсин, химотрипсин, химопсин) уменьшают вязкость мокроты, но в настоящее время применяются все реже в связи с угрозой кровохарканья и развития аллергических реакций. Ацетилцистеин (мукомист, мукосольвин, флуимуцил, мистабрен) обладает способностью разрывать дисульфидные связи белков слизи и вызывает сильное и быстрое разжижение мокроты. Применяют в виде аэрозоля 20 % раствора по 3—5 мл 2—3 раза в день. Бронхиальный дренаж улучшается при использовании мукорегуляторов, влияющих как на секрет, так и на синтез гликопротеидов в бронхиальном эпителии (бромгексин, или бисольвон). Бромгексин (бисольвон) назначают по 8 мг (по 2 таблетки) 3—4 раза в день в течение 7 дней внутрь, по 4 мг (2 мл) 2—3 раза в день подкожно или в ингаляциях (2 мл раствора бромгексина разводят 2 мл дистиллированной воды) 2—3 раза в день. Перед ингаляцией отхаркивающих средств в аэрозолях применяют бронхолитики для предупреждения бронхоспазма и усиления эффекта от применяемых средств. После ингаляции выполняют позиционный дренаж, обязательный при вязкой мокроте и несостоятельности кашля (2 раза в день с предварительным приемом отхаркивающих средств и 400—600 мл теплого чая).

При недостаточности бронхиального дренажа и наличии симптомов бронхиальной обструкции к терапии добавляют бронхоспазмолитические средства: эуфиллин ректально (или в/в) 2—3 раза в день, холиноблокаторы (атропин, платифиллин внутрь, п/к; атровент в аэрозолях), адреностимуляторы (эфедрин, изадрин, новодрин, эуспиран, алупент, тербуталин, сальбутамол, беротек). В условиях стационара внутритрахеальные промывания при гнойном бронхите сочетают с санационной бронхоскопией (3—4 санационных бронхоскопии с перерывом 3—7 дней). Восстановлению дренажной функции бронхов способствуют также лечебная физкультура, массаж грудной клетки, физиотерапия. При возникновении аллергических синдромов назначают хлорид кальция внутрь и в/в антигистаминные средства; при отсутствии эффекта возможно проведение короткого (до снятия аллергического синдрома) курса глюкокортикоидов (суточная доза не должна превышать 30 мг). Опасность активации инфекции не позволяет рекомендовать длительный прием глюкокортикоидов.

При развитии у больного хроническим бронхитом синдрома бронхиальной обструкции можно назначить этимизол (по 0,05—0,1 г 2 раза в день внутрь в течение 1 мес) и гепарин (по 5000 ЕД 4 раза в сутки п/к в течение 3—4 нед) с постепенной отменой препарата. Кроме противоаллергического действия, гепарин в дозе 40 000 ЕД/сут оказывает муколитический эффект. У больных хроническим бронхитом, осложненным дыхательной недостаточностью и хроническим легочным сердцем, показано применение верошпирона (до 150—200 мг/сут).

Диета больных должна быть высококалорийной, витаминизированной. Назначают аскорбиновую кислоту в суточной дозе 1 г, витамины группы В, никотиновую кислоту; при необходимости — левамизол, алоэ, метилурацил. В связи с известной ролью в патогенезе хронического бронхита ряда биологически активных веществ (гистамин, ацетилхолин, кинины, серотонин, простагландины) разрабатываются показания к включению в комплексную терапию ингибиторов этих систем. При осложнении заболевания легочной и легочно-сердечной недостаточностью применяют оксигенотерапию, вспомогательную искусственную вентиляцию легких. Кислородная терапия включает ингаляции 30—40 % кислорода в смеси с воздухом, она должна быть прерывистой. Это положение основано на том, что при выраженном повышении концентрации углекислоты дыхательный центр стимулируется артериальной гипоксемией. Устранение ее интенсивным и продолжительным вдыханием кислорода приводит к снижению функции дыхательного центра, нарастанию альвеолярной гиповентиляции и гиперкапнической коме. При стабильной легочной гипертензии длительно применяют пролонгированные нитраты, антагонисты ионов кальция (верапамил, фенигидин). Сердечные гликозиды и салуретики назначают при застойной сердечной недостаточности.

Противорецидивная и поддерживающая терапия начинается в фазе стихающего обострения, может проводиться в местных и климатических санаториях, ее назначают также при диспансеризации. Рекомендуется выделять 3 группы диспансерных больных. В первую группу включают больных с резко выраженной дыхательной недостаточностью, легочным сердцем и другими осложнениями болезни, с утратой трудоспособности; больные нуждаются в систематической поддерживающей терапии, которая проводится в стационаре или участковым врачом. Целью терапии является борьба с прогрессированием легочно-сердечной недостаточности, амилоидоза и других возможных осложнений болезни. Осмотр этих больных проводится не реже 1 раза в месяц. Вторую группу составляют больные с частыми обострениями хронического бронхита и умеренными нарушениями функции дыхания. Осмотр больных осуществляется пульмонологом 3—4 раза в год, противорецидивные курсы назначают весной и осенью, а также после острых респираторных заболеваний. Удобным методом введения лекарственных средств является ингаляционный; по показаниям проводят санацию бронхиального дерева путем внутритрахеальных промываний, санационной бронхоскопии. При активной инфекции используют антибактериальные препараты. Важное место в комплексе противорецидивных средств занимают меры, направленные на нормализацию реактивности организма: направление в санатории, профилактории, исключение профессиональных вредностей, вредных привычек и т. д. Третью группу составляют больные, у которых противорецидивная терапия привела к стиханию процесса и отсутствию рецидивов его на протяжении 2 лет. Им показана сезонная профилактическая терапия, включающая средства, направленные на улучшение бронхиального дренажа и повышение реактивности.

ИНФАРКТ ЛЕГКОГО — заболевание, обусловленное эмболией или тромбозом ветвей легочной артерии (главным образом долевых и более мелких артерий). Считают, что инфаркт легкого развивается в 10—25 % случаев тромбоэмболий легочной артерии (ТЭЛА).

Этиология, патогенез. В основе заболевания лежит чаще всего тромбоз вен большого круга кровообращения (нижних конечностей, малого таза, подвздошных, нижней полой вены и т. д.), значительно реже — тромбоз правых полостей сердца. К развитию периферических флеботромбозов предрасполагают хирургические вмешательства, послеродовой период, хроническая сердечная недостаточность, переломы длинных трубчатых костей, злокачественные опухоли, длительная иммобилизация (в частности, постельный режим). К тромбозам сосудов легких ведут застой и замедление кровотока в легких, стабильная легочная гипертензия, легочный васкулит. Обтурация сосуда сопровождается рефлекторным спазмом в системе легочных артерий, что ведет к острой легочной гипертензии и перегрузке правых отделов сердца. Возникают нарушения диффузии газов и артериальная гипоксемия, которая усугубляется шунтированием недоокисленной крови через артериовенозные анастомозы в легких и межсистемные анастомозы.

Инфаркт легкого чаще возникает на фоне уже имеющегося венозного застоя и носит обычно геморрагический характер за счет излияния из бронхиальных артерий в легочную ткань крови, притекающей по межсистемным анастомозам, а также обратного тока крови из легочных вен. Инфаркт легкого формируется через сутки после обтурации легочного сосуда; полное его развитие заканчивается к 7-м суткам. В ряде случаев эмболия сосуда может привести к развитию неполного инфаркта в форме очаговой апоплексии легкого и не сопровождаться необратимой деструкцией легочной ткани. Инфицирование инфаркта легкого ведет к развитию перифокальных пневмоний (бактериальных, кандидозных) нередко с абсцедированием; при субплевральном расположении инфаркта возникает фибринозный или чаще геморрагический плеврит.

Симптомы, течение определяются калибром, локализацией и числом обтурированных сосудов, состоянием компенсаторных механизмов, исходной патологией легких и сердца. Самые частые признаки: внезапно возникшая одышка (или внезапно усилившаяся); боль в груди; бледность с пепельным оттенком кожи, реже цианоз; тахикардия, возможны нарушения сердечного ритма в форме экстрасистолии, реже мерцательной аритмии; артериальная гипотензия вплоть до коллапса; симптомы гипоксии миокарда; церебральные расстройства (психомоторное возбуждение, явления отека мозга, очаговые поражения мозга, связанные с кровоизлияниями, полиневрит); повышение температуры тела; кашель со слизистой или кровянистой мокротой; кровохарканье; притупление перкуторного звука; ослабленное дыхание, шум трения плевры и мелкопузырчатые влажные хрипы на ограниченном участке; односторонний экссудативный плеврит при наличии периферического флеботромбоза, легочно-плевральная боль в грудной клетке. Изредка наблюдается абдоминальный синдром, проявляющийся острой болью в правом подреберье, парезом кишечника, псевдоположительными симптомами Щеткина, Ортнера, Пастернацкого, лейкоцитозом, упорной икотой, рвотой, дисфагией, жидким стулом (синдром обусловлен поражением диафрагмальной плевры). Признаки острой легочной гипертензии и перегрузки правых отделов сердца (усиление сердечного толчка, смещение кнаружи правой границы сердца, пульсация во втором межреберье слева, акцент и расщепление II тона, систолический шум на легочной артерии, признаки правожелудочковой недостаточности) наблюдаются лишь при обтурации крупных стволов легочной артерии.

Возможны разнообразные сочетания приведенных признаков, различная степень их выраженности, что делает диагноз ТЭЛА и инфаркта легкого подчас трудным. Постановке диагноза помогают: выявление на ЭКГ признаков острой перегрузки правых отделов сердца; рентгенологическое исследование, при котором определяются односторонний парез диафрагмы, расширение корня легкого, очаговое уплотнение любой формы, затушеванность части легочного поля (чаще в области костно-диафрагмального синуса), асимметричность тени и субплевральное ее расположение, наличие выпота без контура. Решающую роль в диагностике ТЭЛА играют радиоизотопное сканирование легких, селективная ангиопульмонография. Прогноз зависит от основного заболевания, величины инфаркта.

Лечение. При подозрении на ТЭЛА немедленно вводят гепарин (15 000 — 20 000 ЕД), эуфиллин (10 мл 2,4 % раствора в/в); показана экстренная госпитализация. При уверенности в диагнозе применяют фибринолитические средства (стрептокиназа, фибринолизин) в сочетании с гепарином. Лечение гепарином продолжают в течение 7—10 дней с последующей заменой непрямыми антикоагулянтами. Наряду с этим используют эуфиллин, реополиглюкин, антибиотики.

КАНДИДОЗ ЛЕГКИХ — поражение бронхов и легких, вызванное дрожжеподобными грибами рода Candida.

Этиология, патогенез. Грибы Candida — сапрофиты, обитающие на коже и слизистых оболочках человека, оказывают патогенное действие при ослаблении иммунобиологической защиты организма (при хронических заболеваниях, авитаминозах, длительном приеме антибиотиков, иммунодепрессантов). Кандидоз легких — вторичная болезнь, возникающая на фоне бактериальных и вирусных пневмоний, туберкулеза, нагноений, глубокой гранулоцитопении; характеризуется мелкими пневмоническими очажками с некрозом в центре и фибринозным выпотом в альвеолах, которые окружают зону некроза. Может некротизироваться и стенка

бронха. Исходом заболевания являются образование гнойных полостей или фиброз легких.

Симптомы, течение. Лихорадка, одышка, тахикардия, боль в груди, мучительный кашель с выделением скудной слизистой мокроты, иногда с прожилками крови, бронхоспастический синдром. На рентгенограммах отмечаются пятнистые тени, более интенсивные участки затемнения, реже плевральный выпот. Диагноз подтверждают выявлением почкующихся клеток и мицелия грибов в мокроте, кале, моче, ростом грибов в посеве на специальные среды.

Лечение. Нистатин — 4 000 000 — 6 000 000 ЕД/сут внутрь повторными 10—14-дневными курсами с интервалом 2—3 нед; леворин — 1 500 000 ЕД/сут повторными 10—12-дневными курсами с интервалом между ними 5—7 дней; амфотерицин В в/в капельно в течение 4—6 ч в разовой дозе 250 ЕД/кг (суточная доза не более 1000 ЕД/кг) через день или 2—3 раза в неделю в течение 4—8 нед, общая курсовая доза 1 500 000—2 000 000 ЕД; амфоглюкамин (водорастворимый амфотерицин В) по 200 000 ЕД 2 раза в сутки внутрь в течение 14 дней — 4 нед; микогептин по 0,25 г 2 раза в сутки внутрь в течение 10—14 дней. Назначают препараты йода, витамины С и группы В, другие общеукрепляющие средства.

ПЛЕВРИТ — воспаление плевры с образованием фибринозного налета на ее поверхности или выпота в ее полости. Всегда вторичен, является синдромом или осложнением многих болезней, но в определенный период может выдвигаться в клинической картине на первый план, маскируя основное заболевание.

Этиология, патогенез. Возникновение плевритов инфекционной природы обусловлено воздействием возбудителей специфических (микобактерии туберкулеза, бледная трепонема) и неспецифических (пневмококки, стафилококки, кишечная палочка, вирусы, грибы и др.) инфекций; возбудители проникают в плевру контактным путем, лимфогенно, гематогенно, при нарушении полости плевры. Частой причиной развития плеврита являются системные болезни соединительной ткани (ревматизм, системная красная волчанка и др.); новообразования; тромбоэмболия и тромбоз легочных артерий. Патогенез большинства плевритов аллергический. В развитии бластоматозного плеврита большое значение имеет блокирование метастазами опухоли лимфатических узлов, лимфатических и венозных сосудов, при прорастании опухоли из прилежащих органов — деструкция серозных покровов.

Симптомы, течение определяются локализацией, распространенностью, характером воспаления плевры, изменением функции соседних органов. Основные формы плевритов: сухие, или фибринозные, выпотные, или экссудативные. Экссудативные плевриты, в свою очередь, разделяют по характеру выпота на серозные, серозно-фибринозные, гнойные, геморрагические, хилезные, смешанные. Определив характер выпота, можно уточнить причину развития плеврита и выбрать патогенетическую терапию. Так, причиной возникновения сухого и серозного, серозно-фибринозного плевритов чаще бывают туберкулез, пневмонии (парапневмонические, метапневмонические плевриты), ревматизм и другие системные болезни соединительной ткани (ревматические, волчаночные и другие плевриты). Геморрагические плевриты чаще всего развиваются при новообразованиях, тромбоэмболиях и тромбозах легочных сосудов, геморрагических диатезах, гриппе, реже при туберкулезе, ревматизме. По локализации выпота различают: паракостальные, диафрагмальные, парамедиастинальные, междолевые.

Сухой, или фибринозный, плеврит. Основной симптом — боль в боку, усиливающаяся при вдохе, кашле. Болевые ощущения уменьшаются в положении на пораженном боку. Заметно ограничение дыхательной подвижности соответствующей половины грудной клетки; при неизмененном перкуторном звуке может выслушиваться ослабленное дыхание вследствие щажения больным пораженной стороны, шум трения плевры. Температура тела чаще субфебрильная, могут быть озноб, ночной пот, слабость. Трудна диагностика диафрагмальных сухих плевритов. Для них характерна боль в грудной клетке, подреберье, в области нижних ребер, икота, боль в животе, метеоризм, напряжение брюшных мышц, боль при глотании. Тип дыхания грудной с участием лишь верхней части грудной клетки и усилением боли в нижней ее части при глубоком вдохе. Выявляются болевые точки: между ножками грудиноключично-сосцевидной мышцы, в первых межреберных промежутках у грудины, в месте прикрепления диафрагмы к ребрам, на остистых отростках первых шейных позвонков. В распознавании диафрагмальных плевритов помогает рентгенологическое исследование, при котором выявляются косвенные симптомы функциональных нарушений диафрагмы: высокое ее стояние, ограничение ее подвижности на больной стороне (симптом Вильямса). Течение благоприятное, длительность болезни 10—14 дней, но возможны рецидивы сухого плеврита на протяжении нескольких недель с последующим выздоровлением.

Выпотной, или экссудативный, плеврит. В начале плевральной экссудации отмечаются боль в боку, ограничение дыхательной подвижности пораженной стороны грудной клетки, шум трения плевры. Часто возникает сухой мучительный кашель рефлекторной природы. По мере накопления выпота боль в боку исчезает, появляются ощущения тяжести, нарастающая одышка, умеренный цианоз, некоторое выбухание пораженной стороны, сглаживание межреберных промежутков. Перкуторно над экссудатом выявляется тупой звук; голосовое дрожание и бронхофония ослаблены, дыхание не проводится или значительно ослаблено; выше тупости — тимпанический оттенок перкуторного звука, бронхиальный оттенок дыхания и мелкопузырчатые хрипы. При перкуссии и рентгенологическом исследовании может определяться характерный контур верхней границы выпота. Большой выпот вызывает смещение средостения в здоровую сторону и значительные нарушения функции внешнего дыхания за счет нарушения механики дыхания: уменьшается глубина дыхания, оно учащается; методами функциональной диагностики выявляется снижение показателей внешнего дыхания (жизненная емкость легких, резервы вентиляции и др.). Возникают нарушения сердечно-сосудистой системы: снижение ударного и минутного объема сердца вследствие уменьшения присасывания крови в центральные вены из-за вентиляционных нарушений, смещения сердца и крупных сосудов при больших плевральных выпотах; развивается компенсаторная тахикардия, АД имеет тенденцию к снижению.

Для экссудативных плевритов, особенно инфекционной природы, характерна фебрильная температура тела с самого начала плевральной экссудации, выраженные симптомы интоксикации, нейтрофильный лейкоцитоз, повышение СОЭ. Плевральный экссудат имеет относительную плотность выше 1016—1018, богат клеточными элементами, дает положительную реакцию Ривальта. Опухолевую этиологию плеврита исключают цитологическим исследованием экссудата. Течение зависит от этиологии плеврита. При инфекционно-аллергических плевритах, в том числе и туберкулезных, экссудат может рассосаться в течение 2—4 нед. Возможен исход с развитием в плевральной полости спаечного процесса, заращением плевральных полостей и междолевых щелей, образованием массивных наложений, шварт, утолщений плевры, формированием плевропневмоцирроза и дыхательной недостаточности. О гнойном плеврите см. *Эмпиема плевры.*

Л е ч е н и е комплексное, включает активное воздействие на основное заболевание и раннее энергичное лечение плеврита, при выпотном плеврите проводится в стационаре. Лечение складывается из следующих компонентов.

1. Антибактериальная терапия при инфекционно-аллергических плевритах и целенаправленная химиотерапия при плевритах другой этиологии (например, опухолевой); антибиотики и химиопрепараты вводят парентерально, при показаниях — внутриплеврально.

2. Санация плевральной полости путем эвакуации экссудата, а при необходимости — промываний антисептическими растворами. Показания к срочной эвакуации: смещение сердца и крупных сосудов в здоровую сторону с выраженным нарушением функции сердца, коллапс легкого (тяжелая одышка, цианоз, частый малый пульс, артериальная гипотензия). Несрочные показания: вялое, затяжное течение плеврита, отсутствие тенденции к рассасыванию экссудата.

3. Назначение десенсибилизирующих и противовоспалительных средств (натрия салицилат и другие препараты салициловой кислоты, бутадион или фенилбутазол, амидопирин, хлорид кальция). При плевритах туберкулезной и ревматической этиологии эффективно применение преднизолона в суточной дозе 15—20 мг.

4. Включение средств, направленных на мобилизацию защитно-иммунобиологических реакций организма: индивидуальный режим (в остром периоде постельный), рациональная вита-

минизированная диета с достаточным количеством белка (1,5—2 г/кг), ограничением воды и поваренной соли, парентеральное введение аскорбиновой кислоты, витаминов группы В, внутривенные капельные введения плазмозамещающих растворов, индивидуально дозированная лечебная физкультура, кислородотерапия, в период стихания плеврита — физические методы лечения.

5. Симптоматическая терапия — согревающие компрессы, горчичники, иммобилизация больной половины грудной клетки тугим бинтованием (при боли), кодеин, этилморфина гидрохлорид при кашле; кардиотонические средства при недостаточности кровообращения. В дальнейшем больные подлежат диспансерному наблюдению в течение 2—3 лет. Исключаются профессиональные вредности, рекомендуется высококалорийное питание, богатое витаминами.

ПНЕВМОКОНИОЗЫ — профессиональные заболевания легких, обусловленные длительным вдыханием пыли и характеризующиеся развитием диффузного интерстициального фиброза. Могут встречаться у рабочих горнорудной, угольной, асбестовой, машиностроительной и некоторых других отраслей промышленности. Развитие пневмокониоза зависит от физико-химических особенностей вдыхаемой пыли.

Клиническая картина пневмокониозов имеет ряд сходных черт: медленное, хроническое течение с тенденцией к прогрессированию, нередко приводящее к нарушению трудоспособности; стойкие склеротические изменения в легких. Общими являются и принципы профилактики пневмокониозов, прежде всего осуществление технических и санитарно-гигиенических мероприятий, направленных на максимальное снижение запыленности воздуха рабочих помещений, проведение предварительных (при поступлении на работу) и периодических медицинских осмотров. Так, противопоказаниями к приему на работу, связанную с воздействием кремнийсодержащей пыли, служат туберкулез легких, ряд заболеваний верхних дыхательных путей и бронхов, хронические заболевания переднего отрезка глаз, кожи, аллергические болезни. Обязательным является проведение периодических медицинских осмотров 2 раза в год или 1 раз в 2 года в зависимости от потенциальной опасности производства. Осмотры осуществляют терапевт, отоларинголог с проведением рентгенографии органов грудной полости, исследованием функции внешнего дыхания. Биологические методы профилактики направлены на повышение реактивности организма и ускорение выведения из него пыли. Рекомендуются общее ультрафиолетовое облучение, применение щелочных ингаляций, общая и дыхательная гимнастика; организуется специальное питание, направленное на нормализацию белкового обмена и торможение кониотического процесса.

Различают следующие основные виды пневмокониозов: силикоз и силикатозы, металлокониозы, карбокониозы, пневмокониозы от смешанной пыли (антракосиликоз, сидеросиликоз и др.), пневмокониозы от органической пыли.

Силикоз — наиболее распространенный и тяжело протекающий вид пневмокониоза, развивается в результате длительного вдыхания пыли, содержащей свободную двуокись кремния. Чаще всего встречается у горнорабочих различных рудников (бурильщики, забойщики, крепильщики и др.), рабочих литейных цехов (пескоструйщики, обрубщики, стерженщики и др.), рабочих производства огнеупорных материалов и керамических изделий. Представляет собой хроническое заболевание, тяжесть и темп развития которого могут быть различными и находятся в прямой зависимости как от агрессивности вдыхаемой пыли (концентрация пыли, количество свободной двуокиси кремния в ней, дисперсность и т. д.), так и от длительности воздействия пылевого фактора и индивидуальных особенностей организма.

Патогенез. Постепенная атрофия мерцательного эпителия дыхательных путей резко снижает естественное выделение пыли из органов дыхания и способствует ее задержке в альвеолах. В интерстициальной ткани легких развивается первичный реактивный склероз с неуклонно прогрессирующим течением. Наибольшей агрессивностью обладают частицы размером 1—2 мкм, способные проникать в глубокие разветвления бронхиального дерева, достигая легочной паренхимы и задерживаясь в ней. Определенную роль играет механическое, а также токсико-химическое повреждение легочной ткани, но активность пыли зависит главным образом от кристаллической структуры и способности кристаллов адсорбировать белки, что связано с наличием на их поверхности силанольных групп (SiOH). Это обусловливает большую гибель фагоцитов с высвобождением веществ липопротеидной природы (антигенов) и образование антител, вступающих в реакцию преципитации, которая лежит в основе формирования силикотического узелка. Прогрессирование фиброзного процесса влечет за собой нарушение кровоснабжения, лимфостаз и дальнейшее разрастание соединительной ткани. Все это наряду с воспалительными и атрофическими процессами в бронхах приводит к возникновению эмфиземы легких, легочного сердца и недостаточности внешнего дыхания.

Симптомы, течение. Заболевание развивается исподволь, как правило, при большом стаже работы в условиях воздействия пыли. Начальная клиническая симптоматика скудная: одышка при физической нагрузке, боль в груди неопределенного характера, редкий сухой кашель. Непосредственное обследование нередко не обнаруживает патологии. Однако даже в начальных стадиях можно определить ранние симптомы эмфиземы, развивающиеся преимущественно в нижнебоковых отделах грудной клетки: коробочный оттенок перкуторного звука, уменьшение подвижности легочных краев и экскурсий грудной клетки, ослабление дыхания. Присоединение изменений в бронхах проявляется жестким дыханием, иногда сухими хрипами. При выраженных формах заболевания одышка беспокоит даже в покое, боль в груди усиливается, появляется чувство давления в грудной клетке, кашель становится более постоянным и сопровождается выделением мокроты, нарастает выраженность перкуторных и аускультативных изменений.

Основным в диагностике силикоза является рентгенологическое исследование. В начальной стадии на рентгенограммах отмечаются усиление и деформация легочного рисунка, появление ячеистости и сетчатости, возникновение единичных теней силикотических узлов, уплотнение междолевой плевры; изменения, как правило, симметричны, иногда более выражены в правом легком с преимущественной локализацией в средних и нижних отделах. В дальнейшем нарастает деформация бронхиального рисунка, возникают многочисленные мелкопятнистые неправильной формы тени с располагающимися между ними силикотическими узелками округлой формы с четкими контурами (картина «снежной бури» или «дробового» легкого — II стадия заболевания). При переходе процесса в III стадию тени сливаются в крупные опухолевидные конгломераты с образованием в некоторых случаях полостей, чаще при сочетании с туберкулезом; выражены признаки эмфиземы легких.

В соответствии с клинико-рентгенологическими особенностями выделяют 3 формы силикоза: узелковую, интерстициальную и опухолевидную (узловую). Вопрос о возможности обратного развития начальных силикотических изменений не решен. В то же время силикоз отличается наклонностью к прогрессированию даже после прекращения работы в условиях воздействия пыли, содержащей двуокись кремния. При неблагоприятной комбинации ряда факторов (высокая дисперсность и концентрация, большое содержание в пыли свободной двуокиси кремния, тяжелые условия труда и т. д.) силикоз может развиться уже после нескольких месяцев работы («ранний силикоз»), что бывает чрезвычайно редко.

О с л о ж н е н и я силикоза: легочное сердце, легочно-сердечная недостаточность, пневмония, обструктивный бронхит, бронхиальная астма, реже бронхоэктатическая болезнь. Силикоз нередко осложняется туберкулезом, что приводит к смешанной форме заболевания — *силикотуберкулезу*. В дифференциальной диагностике силикоза и туберкулеза легких важны отсутствие при силикозе симптомов интоксикации, относительная выраженность жалоб и физикальных симптомов, характерная рентгенологическая картина. Опухолевидная форма силикоза отличается от рака легкого медленной эволюцией теней и относительно хорошим состоянием больного. Для силикоза характерно также изменение показателей внешнего дыхания: уменьшение жизненной емкости легких, пневмотахометрических показателей и максимальной вентиляции легких, т. е. снижение легочных резервов. Важны в диагностике силикоза «пылевой» стаж работы и санитарно-гигиеническая характеристика условий труда рабочего. Лечение направлено на нормализацию обмена веществ, в первую очередь белкового, при помощи рационального питания, насыщение организма витаминами С, Р и РР. Показаны препараты отхаркивающего действия, кислородотерапия, дыхательная гимнастика; при затрудненном дыхании — бронхорасширяющие средства (теофедрин, эуфиллин, аэрозоли атропина, эфедрина, эуспирана); при декомпенсации легочного сердца — мочегонные средства и сердечные гликозиды. В начальных стадиях показано санаторно-курортное лечение (Южный берег Крыма, Кисловодск, кумысолечение на курортах Казахстана и др.).

Силикатозы обусловлены вдыханием пыли силикатов — минералов, содержащих двуокись кремния, связанную с другими элементами (магний, кальций, железо, алюминий и др.). В эту группу пневмокониозов входят асбестоз, талькоз, цементоз, пневмокониоз от пыли слюды и др. Силикаты широко распространены в природе и применяются во многих отраслях промышленности. Силикатоз может развиться при работе, связанной как с добычей и производством силикатов, так и с их обработкой и применением. При силикатозах наблюдается преимущественно интерстициальная форма фиброза.

Асбестоз — наиболее частая форма силикатоза, вызванная вдыханием пыли асбеста. В развитии асбестоза играет роль не только химическое действие пыли, но и механическое повреждение легочной ткани асбестовыми волокнами. Встречается у рабочих строительной, авиационной, машино- и судостроительной промышленности, а также занятых при изготовлении шифера, фанеры, труб, асбестовых набивок, тормозных лент и др. Развивается у лиц со стажем работы в условиях воздействия асбестовой пыли от 5 до 10 лет. Проявляется симптомокомплексом хронического бронхита, эмфиземы легких и пневмосклероза. Склеротический процесс развивается преимущественно в нижних отделах легких вокруг бронхов, сосудов, в альвеолярных перегородках. Как правило, больных беспокоят одышка и кашель. В мокроте иногда обнаруживают «асбестовые тельца». При осмотре отмечаются так называемые асбестовые бородавки на коже конечностей. Рентгенологически в ранних стадиях заболевания определяются усиление легочного рисунка, расширение ворот легких и повышенная прозрачность их базальных отделов; по мере прогрессирования — появление грубой тяжистости. На фоне фиброза (он имеет, как правило, ячеистый или сетчатый характер) могут выявляться мелко- и крупноузелковые тени. В начале заболевания — признаки субатрофического или атрофического ринофарингита, иногда и ларингита. Типична выраженная плевральная реакция. Из осложнений наиболее часты пневмонии. Нередко возникает дыхательная недостаточность. Возможно развитие новообразований с локализацией в плевре, бронхах, легком (до 15—20 % случаев).

Талькоз — относительно доброкачественный силикатоз, вызванный вдыханием пыли талька. Реже, чем асбестоз, сопровождается синдромом бронхита, менее выражена склонность к прогрессированию. Тяжелее протекает талькоз, вызванный косметической пудрой.

Металлокониозы обусловлены вдыханием пыли некоторых металлов: бериллиоз — пыли бериллия, сидероз — пыли железа, алюминоз — пыли алюминия, баритоз — пыли бария и т. д. Наиболее доброкачественным течением отличаются металлокониозы, для которых характерно накопление в легких рентгеноконтрастной пыли (железа, олова, бария) с умеренной фиброзной реакцией. Эти пневмокониозы не прогрессируют, если исключено воздействие пыли данных металлов; возможна и регрессия процесса за счет самоочищения легких от рентгеноконтрастной пыли. Для алюминоза характерно наличие диффузного, преимущественно интерстициального фиброза. При некоторых металлокониозах преобладает токсическое и аллергическое действие пыли со вторичной фиброзной реакцией (бериллий, кобальт и др.) иногда с тяжелым прогрессирующим течением. Бериллиоз может проявляться различными клиническими формами: острым пневмонитом, диффузным бронхиолитом, гранулематозом легких, диффузным прогрессирующим пневмосклерозом (см. *Хаммена — Рича синдром*).

Карбокониозы обусловлены воздействием углеродсодержащей пыли (уголь, графит, сажа) и характеризуются развитием умеренно выраженного мелкоочагового и интерстициального фиброза легких.

Антракоз — карбокониоз, обусловленный вдыханием угольной пыли. Развивается исподволь у рабочих с большим стажем работы (15—20 лет) в условиях воздействия угольной пыли, шахтеров, работающих на выемке угля, рабочих обогатительных фабрик и некоторых других производств. Течение благоприятнее, чем при силикозе, фиброзный процесс в легких протекает по типу диффузного склероза. Вдыхание смешанной пыли угля и породы, содержащей двуокись кремния, вызывает *антракосиликоз* — более тяжелую форму пневмокониоза, характеризующуюся прогрессирующим развитием фиброза. Клинико-рентгенологическая картина антракосиликоза зависит от содержания в пыли свободной двуокиси кремния.

Пневмокониозы от органической пыли можно отнести к пневмокониозам условно, так как они не всегда сопровождаются диффузным процессом с исходом в пневмофиброз. Чаще развивается бронхит с аллергическим компонентом, что характерно, например, для *биссиноза,* возникающего от вдыхания пыли растительных волокон (хлопок). При воздействии пыли муки, зерна, сахарного тростника, пластмасс возможны диффузные легочные изменения воспалительного или аллергического характера с умеренной фиброзной реакцией. К этой же группе относится и «фермерское легкое» — результат воздействия различных сельскохозяйственных пылей с примесями грибов. Применительно ко всей данной группе пневмокониозов не всегда можно разграничить этиологическую роль профессионального пылевого фактора и патогенных микроорганизмов, особенно грибов.

ПНЕВМОНИЯ — воспаление легких; группа заболеваний, характеризующихся воспалением паренхиматозной или преимущественно паренхиматозной, т. е. респираторной, части легких; делятся на крупозные (долевые) и очаговые. Выделение острой интерстициальной и хронической пневмонии спорно. В отечественной литературе последних лет к хронической пневмонии относят рецидивирующее воспаление легких одной и той же локализации с вовлечением в процесс всех структурных элементов легкого и формированием пневмосклероза.

Э т и о л о г и я, п а т о г е н е з. Воспаление легких — этиологически неоднородное заболевание, в возникновении которого играют роль различные бактерии: пневмо-, стафило- и стрептококки, клебсиелла пневмонии, палочка Пфейффера, иногда кишечная палочка, протей, гемофильная и синегнойная палочки, возбудитель Ку-лихорадки — риккетсия Бернета, легионелла, палочка чумы, некоторые вирусы, микоплазмы, грибы. В возникновении заболевания важную роль могут играть вирусно-бактериальные ассоциации. Открыта новая группа возбудителей пневмонии — бактероиды, длительное время считавшиеся непатогенной флорой полости рта. Пневмоциста, ацинобактерии, аспергиллы, аэромонас и бранхамелла, рассматривавшиеся лишь как частые возбудители нозокомиальных (госпитальных) пневмоний, могут вызывать и «домашние» пневмонии. Химические и физические агенты — воздействие на легкие химических веществ (бензин и др.), термических факторов (охлаждение или ожог), радиоактивного излучения — как этиологические факторы обычно сочетаются с инфекцией. Пневмонии могут быть следствием аллергических реакций в легких или проявлением системного заболевания (интерстициальные пневмонии при заболеваниях соединительной ткани).

Возбудители проникают в легочную ткань бронхогенным, гематогенным и лимфогенным путями, как правило, из верхних дыхательных путей обычно при наличии в них острых или хронических очагов инфекции и из инфекционных очагов в бронхах (хронический бронхит, бронхоэктазы). Важную роль в патогенезе играют нарушения защитных механизмов бронхолегочной системы и состояния гуморального и тканевого иммунитета. Выживаемость бактерий в легких, их размножение и распространение по альвеолам в значительной мере зависят от их аспирации со слизью из верхних дыхательных путей и бронхов (чему благоприятствует охлаждение), от избыточного образования отечной жидкости, охватывающей при крупозной (пневмококковой) пневмонии целую долю или несколько долей легких. Одновременно возможно иммунологическое повреждение и воспаление легочной ткани вследствие реакции на антигенный материал микроорганизмов и другие аллергены. Вирусная инфекция, сама по себе вызывая воспаление верхних дыхательных путей и бронхов, а в части случаев и пневмонию, еще чаще благоприятствует активации бактериальной инфекции и возникновению бактериальных очаговых или долевых пневмоний. Появлению бактериальных пневмоний обычно в конце 1-й или в начале 2-й недели респираторного вирусного заболевания соответствует значительное сниже-

151

ние бактерицидной активности альвеолярно-макрофагальной системы легких. Хроническая пневмония может возникнуть вследствие неразрешившейся острой пневмонии при замедлении и прекращении резорбции экссудата в альвеолах и формировании пневмосклероза, воспалительно-клеточных изменений в интерстициальной ткани нередко иммунологического характера (лимфоцитарная и плазмоклеточная инфильтрация). Затяжному течению острых пневмоний, их переходу в хроническую форму способствуют иммунологические нарушения, обусловленные повторной респираторной вирусной инфекцией, хронической инфекцией верхних дыхательных путей (хронические тонзиллиты, синуситы и др.) и бронхов, метаболическими нарушениями при хроническом алкоголизме, сахарном диабете и др.

Симптомы и течение зависят от этиологии, характера и фазы течения, морфологического субстрата болезни и его распространенности в легких, а также осложнений (легочное нагноение, плеврит и др.).

Крупозная (пневмококковая) пневмония обычно начинается остро, нередко после охлаждения: больной испытывает потрясающий озноб; температура тела повышается до 39—40 °C, реже до 38 или 41 °C; боль при дыхании на стороне пораженного легкого усиливается при кашле, вначале сухом, позже с «ржавой» или гнойной вязкой мокротой с примесью крови. Аналогичное или не столь бурное начало болезни возможно в исходе острого респираторного заболевания или на фоне хронического бронхита. Состояние больного, как правило, тяжелое. Кожные покровы лица гиперемированы и цианотичны. Дыхание с самого начала болезни учащенное, поверхностное, с раздуванием крыльев носа. Часто отмечается Herpes labialis et nasalis.

До применения антибактериальной терапии высокая температура удерживалась в среднем неделю, снижаясь резко (критически); под воздействием антибактериальных препаратов происходит постепенное (литическое) снижение температуры. Грудная клетка отстает в акте дыхания на стороне пораженного легкого, перкуссия которого в зависимости от морфологической стадии болезни обнаруживает притупленный тимпанит (стадия прилива), укорочение (притупление) легочного звука (стадия красного и серого опеченения) и легочный звук (стадия разрешения). В зависимости от стадийного характера морфологических изменений при аускультации выявляется соответственно усиленное везикулярное дыхание и crepitatio indux, бронхиальное дыхание и везикулярное или ослабленное везикулярное дыхание, на фоне которого выслушивается crepitatio redux. В фазу опеченения определяются усиленное голосовое дрожание и бронхофония. Вследствие неравномерности развития морфологических изменений в легких перкуторная и аускультативная картины могут быть пестрыми. Из-за поражения плевры (парапневмонический серозно-фибринозный плеврит) выслушивается шум трения плевры. В разгар болезни пульс учащенный, мягкий,

соответствует сниженному АД. Нередки приглушение I тона и акцент II тона на легочной артерии. Характерен нейтрофильный лейкоцитоз $(1,2 \cdot 10^9/\text{л}—1,5 \cdot 10^9/\text{л})$, изредка гиперлейкоцитоз (до $3 \cdot 10^9/\text{л}$). Отсутствие лейкоцитоза, тем более лейкопения, может быть прогностически неблагоприятным признаком. Повышается СОЭ. При рентгенологическом исследовании определяется гомогенное затенение всей пораженной доли или ее части, особенно на боковых рентгенограммах. Рентгеноскопия может оказаться недостаточной в первые часы болезни. Атипичное течение чаще наблюдается у лиц, страдающих алкоголизмом.

Аналогично пневмококковой может протекать стафилококковая пневмония. Чаще, однако, она течет более тяжело, сопровождаясь деструкцией легких с образованием тонкостенных воздушных полостей, абсцессов легких. С явлениями выраженной интоксикации протекает стафилококковая (обычно многоочаговая) пневмония, осложняющая вирусную инфекцию бронхолегочной системы (вирусно-бактериальная пневмония). Частота вирусно-бактериальных пневмоний значительно возрастает в эпидемию гриппа. Для такого рода пневмонии характерен выраженный интоксикационный синдром, проявляющийся гипертермией, ознобом, гиперемией кожных покровов и слизистых оболочек, головной болью, головокружением, выраженной одышкой, кровохарканьем, тахикардией, тошнотой, рвотой. При тяжелом инфекционно-токсическом шоке развивается сосудистая недостаточность (АД 90—80/60—50 мм рт. ст., бледность кожных покровов, холодные конечности, появление липкого пота). С прогрессированием интоксикационного синдрома выявляются церебральные расстройства, нарастание сердечной недостаточности, нарушения ритма сердца, развитие шокового легкого, гепаторенального синдрома, ДВС-синдрома, токсического энтероколита. Такие пневмонии могут привести к быстрому летальному исходу.

Тяжелое течение наблюдается также при пневмонии, вызванной клебсиеллой пневмонии (палочкой Фридлендера); встречается сравнительно редко (чаще при алкоголизме); летальность достигает 50 %. Характерно полидолевое распространение с более частым, чем при пневмококковых пневмониях, вовлечением верхних долей. Мокрота нередко желеобразная, вязкая, но может быть гнойной или ржавого цвета. Типично образование абсцессов и осложнение эмпиемой.

Очаговые пневмонии, бронхопневмонии возникают как осложнения острых или хронических воспалений верхних дыхательных путей и бронхов, у больных с застойными легкими, тяжелыми, истощающими организм болезнями, в послеоперационном периоде, в результате жировых эмболий при травмах, при тромбоэмболиях. Заболевание может начаться ознобом, но не столь выраженным, как при долевой пневмонии. Температура тела повышается до 38—38,5 °C, реже выше. Появляется или усиливается кашель, сухой или со слизисто-гнойной мокротой. Возможна боль в грудной клетке при кашле и на вдохе. При сливной очаговой (обычно стафилококковой) пневмонии состояние ухудшается: выраженная одышка, цианоз; укорочение легочного звука; дыхание может быть усиленным везикулярным с очагами бронхиального, выслушиваются очаги мелко- и среднепузырчатых хрипов. Рентгенологически обнаруживаются буллы и очаги абсцедирования. Нередко наблюдается «стертость» клинической картины заболевания. Для вирусных, Ку-риккетсиозной и микоплазменной пневмоний характерно несоответствие между выраженной интоксикацией (лихорадка, головная и мышечная боль, резкое недомогание) и отсутствием или слабой выраженностью симптомов поражения органов дыхания. На рентгенограмме (порой лишь на томограмме) выявляются дольковые, субсегментарные и сегментарные тени, усиление легочного рисунка. Распространенные и сливные очаговые, особенно стафилококковые, пневмонии сопровождаются нейтрофильным лейкоцитозом, повышением СОЭ. Вирусные, риккетсиозные и микоплазменные пневмонии обычно не сопровождаются лейкоцитозом, иногда наблюдается лейкопения. У больных орнитозными пневмониями возможен гепатолиенальный синдром.

К *хронической пневмонии* может быть отнесено заболевание легких с ограниченным (сегмент, доля) повторяющимся воспалением бронхолегочной системы, чаще как проявление карнификации острой пневмонии. Клинически характеризуется периодическим повышением температуры тела обычно до субфебрильных цифр, усилением многолетнего кашля с увеличением отделения слизисто-гнойной мокроты, потливостью, нередко тупой болью в грудной клетке на стороне поражения, изредка укорочением перкуторного звука над проекцией пораженного легкого, усиленным везикулярным дыханием и мелкопузырчатыми хрипами. При наличии или присоединении хронического бронхита и эмфиземы легких отмечается одышка, вначале при физической нагрузке, в дальнейшем в покое, нередко экспираторного характера. Перкуторный звук становится коробочным, ослабевает везикулярное дыхание, наряду с очагом влажных хрипов выслушиваются сухие, дискантовые хрипы. Изменения при физикальном исследовании усугубляются также с развитием бронхоэктазов (стойкие очаги влажных хрипов), иногда хронического абсцесса (амфорическое дыхание, крупнопузырчатые влажные хрипы). Обострение болезни может проявиться нейтрофильным лейкоцитозом, увеличением СОЭ, острофазовыми реакциями (увеличение сиаловых кислот, повышение С-реактивного белка, диспротеинемия и др.). При инструментальных исследованиях очаги пневмонической инфильтрации в периоде обострения сочетаются с полями пневмосклероза, воспалением и деформацией бронхов, реже с их расширением (бронхоэктазы) и наличием полостей в паренхиме (абсцесс).

Частое о с л о ж н е н и е пневмоний — экссудативный *плеврит* (см.). Обычно он слабо выражен и не имеет клинического значения, но с увеличением экссудата или его нагноением приобретает ведущее значение в клинической картине. Тяжелое осложнение — *абсцесс легких* (см.). Стафилококковая деструкция легких может осложниться разрывом полости и развитием спонтанного (обычно клапанного) *пневмоторакса* (см.) или *пиопневмоторакса* (см.). Среди внелегочных осложнений наибольшее значение имеют острая сосудистая (коллапс) и сердечная недостаточность. Они возникают у больных с распространенным (обычно многодолевым) процессом при поздней госпитализации и неэффективном лечении, нередко на фоне хронических заболеваний сердечно-сосудистой системы (ишемическая болезнь и пороки сердца, артериальная гипертензия). Острая пневмония может осложняться очаговым нефритом, значительно реже — диффузным гломерулонефритом. Поражение печени при лобарной пневмонии иногда проявляется желтухой, которая может быть следствием гемолитической иммунной анемии, в частности при микоплазменной пневмонии. Редкими осложнениями стали перикардиты, эндокардиты, менингиты.

В диагностике учитывают, что укорочения перкуторного звука при очаговых пневмониях обычно нет, но отмечаются усиление везикулярного дыхания иногда с очагами бронхиального, крепитация, мелко- и среднепузырчатые хрипы, очаговые затенения, лучше выявляемые на рентгенограммах (иногда на томограммах). Для установления этиологического диагноза перед началом лечения исследуют мокроту или мазки из глотки (а иногда смывы из гортани и бронхов) на бактерии, включая микобактерии туберкулеза, вирусы, микоплазму пневмонии и риккетсии. Предположить вирусную или риккетсионную этиологию заболевания можно по несоответствию между остро возникающими инфекционно-токсическими явлениями и минимальными изменениями в органах дыхания при непосредственном исследовании (рентгенологически выявляются очаговые или интерстициальные тени в легких).

В дифференциальной диагностике пневмоний решающее значение имеет тщательно собранный анамнез. При остром бронхите и обострении хронического бронхита в отличие от пневмонии менее выражена интоксикация, рентгенологически не выявляются очаги затенения. При осложнении хронического бронхита бронхопневмонией разрешение пневмонии (но не всегда бронхита!) под влиянием лечения следует расценивать как свидетельство перенесенной пневмонии; напротив, стойко определяемые физикальные симптомы и перибронхитический пневмосклероз могут быть истолкованы как свидетельство хронической пневмонии по завершении ее обострения. Для тех, кто отрицает хроническую пневмонию как особую нозологическую форму, описанную ситуацию можно расценивать как острую пневмонию, возникшую и разрешившуюся на фоне хронического бронхита с постпневмоническим пневмосклерозом.

Начало туберкулезного экссудативного плеврита может быть столь же острым, как и пневмонии; укорочение перкуторного звука и бронхиальное дыхание над областью коллабированного к корню легкого могут имитировать долевую пневмонию. Ошибки можно избежать при тщательной перкуссии, выявляющей книзу от притупления тупой звук и ослабленное дыхание (при эмпиеме — ослабленное бронхиальное дыхание!). Дифференциации помогают рентгенограмма в боковой проекции (интенсивная тень в подмышечной области) и плевральная пункция с последующим исследованием экссудата. В отличие от нейтрофильного лейкоцитоза при долевой (реже очаговой) пневмонии гемограмма при экссудативном плеврите туберкулезной этиологии обычно не изменена. В отличие от долевых и сегментарных пневмоний при туберкулезном инфильтрате или очаговом туберкулезе обычно менее острое начало; пневмония под влиянием неспецифической терапии разрешается в ближайшие 1,5 нед, тогда как туберкулезный процесс не поддается столь быстро даже туберкулостатической терапии.

Тяжелая интоксикация с высокой лихорадкой при слабо выраженных физикальных симптомах характерна для милиарного туберкулеза, что требует его дифференциации с мелкоочаговой распространенной пневмонией. Острая пневмония и обструктивный пневмонит при бронхогенном раке могут начинаться остро на фоне кажущегося благополучия, нередко после охлаждения; отмечаются озноб, лихорадка, боль в грудной клетке, но кашель при обструктивном пневмоните чаще сухой, приступообразный, а позже с отделением небольшого количества мокроты и кровохарканьем; в неясных случаях только бронхоскопия позволяет уточнить диагноз.

Лечение пневмоний при легком течении и благоприятных бытовых условиях может осуществляться на дому, но большинство больных нуждаются в стационарном лечении. По экстренным показаниям госпитализируют больных с долевыми и другими пневмониями и выраженным инфекционно-токсическим синдромом. В разгар болезни показаны постельный режим, механически и химически щадящая диета с ограничением поваренной соли и достаточным количеством витаминов, особенно А и С. С исчезновением или значительным уменьшением явлений интоксикации расширяют режим, назначают лечебную физкультуру, при отсутствии противопоказаний (болезни сердца, органов пищеварения) больного переводят на диету № 15.

Сразу же после взятия мокроты, мазков или смывов для бактериологического исследования начинают этиотропную терапию, которую проводят под контролем клинической эффективности, в последующем — с учетом высеянной микрофлоры и ее чувствительности к антибиотикам. Больным моложе 30 лет при нетяжелом течении пневмонии и отсутствии хронических болезней можно назначить длительно действующие сульфаниламиды (сульфапиридазин, сульфамонометоксин, сульфадиметоксин по 1—2 г на первый прием 1 раз в сутки, по 0,5—1 г в последующие дни в течение 5—7—14 дней). В отличие от быстро всасывающихся из кишечника сульфапиридазина и сульфамонометоксина максимальная концентрация в крови сульфадиметоксина отмечается через 8—12 ч. Поэтому одновременно с сульфадиметоксином следует назначать в два приема с промежутком 3 ч по 2 г норсульфазола — сульфаниламида короткого действия. Норсульфазол в этой же дозе можно назначить за 3—4 ч до приема сульфапиридазина или сульфадиметоксина по 0,5—1 г 1 раз в сутки. Сульфален — сульфаниламид сверхдлительного действия с периодом полувыведения из организма 65—84 ч — принимают в дозе 0,2 г 1 раз в сутки или однократно 2 г в неделю. Сульфаниламиды следует применять в острый период и в течение 3—5 дней после исчезновения симптомов болезни. Их рекомендуется принимать растворенными в 1/2 стакана воды или 1—2 % раствора гидрокарбоната натрия натощак, за 30—40 мин до еды и не раньше чем через 3—5 ч после еды. Если препарат плохо растворяется (сульфадиметоксин, сульфапиридазин), таблетку следует тщательно разжевать и запить большим количеством воды. Более выраженным бактерицидным действием обладает комбинированный препарат, содержащий сульфаметоксазол и триметоприм, бактрим (бисептол), воздействующий на грамположительные и грамотрицательные микробы. Назначая по 2 таблетки (при тяжелых пневмониях по 3 таблетки) 2 раза в день в течение 1—2 нед, можно достичь хорошего эффекта.

При среднетяжелых и тяжелых формах пневмонии (особенно вызванных стафилококком и клебсиеллой пневмонии) используют антибиотики всех групп. Эффективным остается пенициллин (предпочтительно бензилпенициллина натриевая соль) в суточных дозах от 6 000 000 до 30 000 000 ЕД в 0,5—1 % растворе новокаина или изотонического раствора натрия хлорида; препарат вводят равными дозами в/м или в/в каждые 3—4 ч (иногда интратрахеально 1 раз в сутки). Следует учитывать, что большие дозы пенициллина могут создавать угрозу суперинфекции пенициллинрезистентной флорой. Внутривенное введение антибиотика позволяет получить в короткое время в 2—3 раза большие концентрации препарата в крови, чем при внутримышечном введении.

При пенициллинрезистентных формах пневмоний, чаще вызванных штаммами стафилококка, продуцирующего пенициллиназу, эффективны полусинтетические пенициллины — метициллина натриевая соль (по 1 г через 4—6 ч в/м, до 10—12 г/сут), оксациллина натриевая соль (по 0,25—0,5 г на прием, до 3—8 г/сут в зависимости от тяжести пневмонии или 1,5—3 г/сут в/м), а при пневмониях, вызванных грамотрицательными микробами (клебсиелла пневмонии, палочка Пфейффера, кишечная палочка) — ампициллина тригидрат (по 0,5 г каждые 4—6 ч внутрь с увеличением суточной дозы при тяжелых пневмониях до 6—10 г) или ампициллина натриевая соль (по 0,5 г в/м, в/в капельно или струйно каждые 4 ч, до 10 г/сут). Цефалоспорины (цепорин по 1—2 г 2—3 раза в день в/м или в/в, в том числе капельно, интратрахеально или эндобронхиально, в плевральную полость) в отличие от пенициллина устойчивы к стафилококковой пенициллиназе, что делает их особенно эффективными при стафилококковых пневмониях. Сочетание пенициллина со стрептомицином, как правило, не применяется в связи с высокой частотой стрептомицинрезистентных форм микробов, но в случаях «фридлендеровских» пневмоний стрептомицина сульфат (по 0,5—1 г в/м 2 раза в день) обычно оказывается эффективным. Стрептомицин по 0,5 г 2 раза в день сочетается с пенициллином и действует также на палочку Пфейффера.

Тетрациклины как препараты широкого спектра действия эффективны при пневмониях, вызванных вирусом орнитоза, микоплазмой пневмонии, риккетсией Бернета. Для приема внутрь назначают тетрациклин, окситетрациклина дигидрат (по 0,25—0,5 г 4 раза в день), а также метациклина гидрохлорид (рондомицин) в капсулах (по 0,3 г 2 раза в день); внутримышечно, интратрахеально (эндобронхиально) и в плевральную полость — тетрациклина гидрохлорид и окситетрациклина гидрохлорид (каждый по 0,1 г в 2,5—5 мл или 20 мл 0,5—1 % раствора новокаина 1—3 раза в день). При тяжелых пневмониях — внутривенное введение препаратов тетрациклинового ряда: гликоциклина (0,25—0,5 г 1—2 раза в сутки), морфоциклина (по 0,15—0,3 г 2—3 раза в сутки). Эритромицин (по 0,25—0,5 г каждые 4—6 ч за 1 ч до еды) или эритромицина аскорбинат (по 0,1—0,2 г в/в 2—3 раза до 1 г/сут) и олеандомицина фосфат (0,25—0,5 г 4 раза в день и 0,1—0,25—0,5 г 3—4 раза в сутки в/м или в/в) также эффективны при различных этиологических формах пневмоний, в том числе стафилококковых, устойчивых к пенициллину. Еще более возрастает их терапевтическая эффективность в комбинации с тетрациклином (олететрин или тетраолеан по 0,25—0,5 г 4 раза внутрь или 0,1 г в/м 2—3 раза или 0,25—0,5 г 2—4 раза в день в/в струйно или капельно) и морфоциклином (олеморфоциклин по 0,25 г 2—3 раза в сутки в/в). Из аминогликозидов при пневмониях предпочтительны канамицин (по 0,5—1 г в/м 2 раза в сутки) и гентамицина сульфат (по 40—80 мг в/м 3 раза в сутки). Используют и другие антибиотики (левомицетин, линкомицин, ристомицин, рифамицин и др.), а также производные нитрофурана: фуразолин по 0,1 г 3—4 раза в день, фурагин растворимый по 300—500 мл 0,1 % раствора (0,3—0,5 г) в/в капельно в течение 3—4 ч ежедневно или через день.

Эффективность сульфаниламидов и антибиотиков при пневмониях, как правило, выявляется к концу первых суток лечения, но не позже 3 дней их применения; после этого срока при отсутствии терапевтического эффекта назначенный препарат следует заменить другим. Но и в случаях положительного эффекта желательна смена препарата (препаратов) через каждые 5—6 дней. Антибактериальная терапия контролируется клиническими и параклиническими методами как для оценки ее эффективности, так и для выявления непереносимости (особенно лекарственной аллергии и гемоцитодепрессивного действия).

При тяжелых вирусно-бактериальных пневмониях, нередко возникающих вследствие взаимодействия вируса гриппа и стафилококка, наряду с внутривенно вводимыми антибиотиками широкого спектра действия показано введение специфического донорского противогриппозного γ-глобулина по 3—6 мл, при необходимости повторно каждые 4—6 ч, в первые 2 дня болезни. Применяют также дезинтоксикационные средства (гемодез и др.).

При выраженной тахикардии, снижении систолического давления до 100 мм рт. ст. и ниже больным пневмониями назначают строфантин (0,05 % раствор по 0,25—0,5 мл в/в 1 раз в день), кордиамин (по 2 мл в/м или в/в 3—4 раза в день), сульфокамфокаин (по 2 мл в/м 10 % раствора 2—4 раза в день). При выраженной одышке и цианозе назначают длительные ингаляции увлажненного кислорода. При пневмонии, развившейся на фоне хронического обструктивного бронхита, эмфиземы легких, концентрации кислорода не должны превышать 30 %, а ингаляции его контролируют исследованием кислотно-щелочного баланса. Используют безаппаратную физиотерапию (круговые банки, аппликации парафина, озокерита, лечебной грязи), после нормализации температуры тела можно назначить коротковолновую диатермию, электрическое поле УВЧ и др. При тяжелом течении острых и обострении хронических пневмоний, осложненных острой или хронической дыхательной недостаточностью, больных помещают в палаты интенсивной терапии; может быть проведен бронхоскопический дренаж, при артериальной гиперкапнии — вспомогательная искусственная вентиляция легких. При развитии отека легких, инфекционно-токсического шока и других тяжелых осложнений лечение больных пневмонией ведут совместно с реаниматологом.

Выписанные из стационара в период клинического выздоровления или ремиссии лица, перенесшие пневмонию, должны быть взяты под диспансерное наблюдение. Для проведения реабилитации их можно направлять в местные санатории. Больные хронической пневмонией без выраженного нагноительного процесса и легочно-сердечной недостаточности II—III стадии в фазе ремиссии могут быть направлены на лечение на курорты Южного берега Крыма, горные климатические курорты Кавказа, Алтая, в санатории Подмосковья, Приморья, Сибири и др.

П р о г н о з при пневмониях значительно улучшился с начала применения антибактериальных средств. Но он остается серьезным при стафилококковых и «фридлендеровских» пневмониях, при часто рецидивирующих хронических пневмониях, осложненных обструктивным процессом, дыхательной и легочно-сердечной недостаточностью, а также при возникновении пневмонии у лиц с тяжелыми болезнями сердечно-сосудистой и других систем. Летальность от пневмонии в этих случаях остается высокой.

ПНЕВМОСКЛЕРОЗ — развитие в легких соединительной ткани как исход неспецифического (пневмонии, бронхиты) или специфического (туберкулез, сифилис) воспалительного процесса, а также пневмокониозов, длительного застоя в малом круге кровообращения (мит-

ральный стеноз, другие болезни сердца), имму-
ноаллергических васкулитов. Образование соединительной ткани происходит клеточным путем, реже без участия клеток (гиалиноз). Характерны локализация в участках карнификации неразрешившейся пневмонии, по ходу оттока лимфы из очагов воспаления, вокруг лимфатических сосудов, в межальвеолярных и меж-
дольковых перегородках, в перибронхиальной
и периваскулярной ткани, запустевание капилляров с редукцией капиллярного русла.

С и м п т о м ы, т е ч е н и е зависят от основного заболевания, при обострениях которого
прогрессирует и пневмосклероз. Постепенно
уменьшается дыхательная поверхность легкого,
развивается эмфизема, происходит перестройка
легочной ткани с образованием бронхоэктазов,
возникает затруднение кровообращения в малом круге с формированием легочной гипертензии. Совокупность этих изменений называют
пневмоциррозом. Клиническая картина пневмосклероза (пневмоцирроза) определяется, таким
образом, признаками осложнений: эмфиземы,
деструкции и др.

Л е ч е н и е и профилактика определяются
вызвавшим пневмосклероз заболеванием.

САРКОИДОЗ — системное заболевание неясной этиологии, характеризующееся образованием в тканях гранулем, состоящих из эпителиоидных клеток и единичных гигантских клеток Пирогова — Лангханса или типа инородных тел. Гранулемы однотипны, округлы
(«штампованные»), четко отграничены от окружающей ткани. В отличие от туберкулезных
бугорков в них отсутствует казеозный некроз.
Саркоидоз встречается преимущественно в молодом и среднем возрасте, несколько чаще у
женщин. Поражаются практически все органы,
главным образом лимфатические узлы, легкие,
печень, селезенка, реже почки, кожа, глаза,
кости и др. Наиболее часто отмечается поражение органов дыхания.

С и м п т о м ы, т е ч е н и е. Стадия I характеризуется увеличением внутригрудных лимфатических узлов. При II стадии наряду с этим
определяются выраженные интерстициальные
изменения и очаги различной величины преимущественно в средних и нижних отделах легких. В III стадии выявляются значительный
диффузный фиброз в легких и крупные, обычно сливные фокусы, а также выраженная эмфизема нередко с буллезно-дистрофическими и
бронхоэктатическими полостями и плевраль-
ными уплотнениями. Приблизительно у $^1/_3$
больных при I и II стадиях отсутствуют замет-
ные субъективные расстройства и болезнь выявляется при рентгенофлюорографическом исследовании. Течение подострое или хроническое,
нередко волнообразное; отмечаются слабость,
субфебрилитет, боль в груди, сухой кашель,
снижение аппетита. Хрипы в легких прослушиваются редко и в небольшом количестве. Иногда саркоидоз начинается остро с высокой температуры, припуханием суставов конечностей,
появления узловатой эритемы, главным образом на коже голеней, увеличения наружных
лимфатических узлов. В крови — наклонность

к лимфопении и моноцитозу, реже эозинофилия; СОЭ в пределах нормы или нерезко увеличена. Характерный признак — снижение общей и местной чувствительности к туберкулину,
в связи с чем проба Манту обычно отрицательная. Характерна положительная реакция Квей-
ма. При III стадии заболевания эти признаки
выражены в большей степени, постепенно нарастают одышка и цианоз. Продолжительность
болезни от нескольких месяцев до многих лет.
Помимо клинико-рентгенологической картины,
диагноз подтверждают результаты гистологического или цитологического исследования лимфатических узлов, кожи, слизистой оболочки
бронхов и легочной ткани, где обнаруживают
элементы саркоидной гранулемы. Таким путем
удается дифференцировать саркоидоз от туберкулеза, различных диссеминаций в легких и
других заболеваний.

Л е ч е н и е неспецифическое с использованием главным образом глюкокортикоидов. Учитывая возможность спонтанного выздоровления, кортикостероиды обычно назначают после
3—5 мес наблюдения, если процесс не имеет
наклонности к спонтанной инволюции. В ранние
сроки гормональная терапия показана при яв-
ном прогрессировании, генерализации процесса, при поражениях глаз, почек, кожи, сердечно-сосудистой и нервной систем. Большей частью назначают преднизолон по 30—40 мг/сут,
а затем в постепенно снижающихся дозах
в течение 6—12 мес, иногда и дольше. При
невозможности применить гормонотерапию или
при ее недостаточной эффективности пользуются хингамином (делагилом) по 0,25 г 1—2 раза в сутки, витамином Е по 300 мг/сут.

П р о г н о з в подавляющем большинстве
случаев благоприятный. При III стадии в результате медленно нарастающей легочно-сердечной недостаточности возможен летальный исход.

ТУБЕРКУЛЕЗ ОРГАНОВ ДЫХАНИЯ — инфекционное заболевание, характеризующееся
образованием в пораженных тканях очагов специфического воспаления и выраженной общей
реакцией организма. Во многих экономически
развитых странах, в частности в СССР, значительно снизились заболеваемость туберкулезом
и смертность от него. Наиболее выражены эти
эпидемиологические сдвиги среди детей, подростков и женщин, в меньшей степени — среди
мужчин, особенно пожилого возраста. Тем не
менее туберкулез остается распространенным
заболеванием.

Э т и о л о г и я. Возбудитель — микобактерия туберкулеза (МТ), главным образом человеческого, редко бычьего и в исключительных
случаях птичьего типа. Основной источник заражения — больные люди или домашние животные, преимущественно коровы. Заражаются
обычно аэрогенным путем при вдыхании с воздухом выделяемых больным мельчайших капелек мокроты, в которых содержатся МТ. Кроме того, возможно проникновение в организм
инфекции при употреблении молока, мяса, яиц
от больных животных и птиц. В этих случаях
микробы заносятся в легкие или из глоточных

миндалин, или по лимфатическим и кровеносным путям из кишечника. У подавляющего большинства впервые заболевших в мокроте обнаруживают МТ, чувствительные, а у 5—10 % — устойчивые к различным противотуберкулезным препаратам. В последнем случае заражение происходит от больных, которые неэффективно лечатся специфическими медикаментами и выделяют устойчивые штаммы МТ. При специальном исследовании в мокроте и в органах больных иногда удается обнаружить L-формы МТ, отличающиеся сравнительно небольшой вирулентностью и патогенностью, но способные при определенных условиях превращаться в типичную микробную форму.

Патогенез, симптомы, течение. Впервые проникшие в организм МТ распространяются в нем различными путями — лимфогенным, гематогенным, бронхолегочным. При этом в различных органах, главным образом в лимфатических узлах и легких, могут образоваться отдельные или множественные туберкулезные бугорки и более крупные очаги, для которых характерно наличие эпителиоидных и гигантских клеток, а также элементов творожистого некроза. Одновременно появляется положительная реакция на туберкулин, так называемый туберкулиновый вираж, устанавливаемый по внутрикожной пробе Манту. Могут наблюдаться субфебрильная температура тела, гиперплазия наружных лимфатических узлов, умеренная лимфопения и сдвиг лейкоцитарной формулы влево, нередко изменяются СОЭ, а также белковые фракции сыворотки крови. При достаточной сопротивляемости организма и заражении небольшим количеством МТ туберкулезные бугорки и очаги рассасываются, рубцуются или обызвествляются, хотя МТ в них длительно сохраняются. Все эти изменения часто остаются незамеченными или протекают под маской различных интеркуррентных заболеваний, ликвидируются спонтанно; они выявляются только при тщательном динамическом наблюдении за впервые инфицировавшимися детьми, подростками или взрослыми людьми.

При массивной инфекции, под влиянием других неблагоприятных факторов (нарушение питания, тяжелые заболевания, ведущие к снижению иммунобиологической устойчивости организма) развивается клинически выраженный первичный туберкулез, протекающий в виде бронхоаденита, первичного комплекса, более или менее обширных диссеминаций в легких и других органах, экссудативного плеврита, воспаления других серозных оболочек. При этом нередко отмечаются повышенная чувствительность организма и наклонность к гиперергическим реакциям в виде узловатой эритемы, кератоконъюнктивита, аллергических васкулитов и т. д. Первичный туберкулез встречается преимущественно у детей, подростков, реже у молодых людей и крайне редко у лиц старшего и пожилого возраста, уже перенесших в прошлом первичное заражение, закончившееся биологическим излечением.

Остающиеся в «заживших» туберкулезных очагах и рубцах в легких и лимфатических узлах МТ могут «пробуждаться» и размножаться. Этому способствуют те же условия, которые благоприятствуют развитию первичного туберкулеза, а кроме того, повторное заражение (экзогенная суперинфекция). Тогда вокруг старых очагов возникает перифокальное воспаление, нарушается целость их капсулы, расплавляются участки казеозного некроза и инфекция распространяется лимфогенным, бронхогенным или гематогенным путем. Так развивается вторичный туберкулез, т. е. болезнь людей, уже перенесших первичную инфекцию и обладающих известным, хотя и недостаточным, иммунитетом. У таких больных процесс протекает с многообразными патоморфологическими и клиническими изменениями, чаще хронически.

За последнее время увеличилось заболевание туберкулезом лиц пожилого и старческого возраста. Клиническая картина болезни у них часто атипичная. Даже эволютивные формы процесса в течение длительного срока могут протекать незаметно, но иногда имеют сходство со злокачественными заболеваниями или хроническими неспецифическими воспалениями органов дыхания. Это приводит к несвоевременной диагностике болезни. У ряда больных этого возраста наблюдаются милиарный туберкулез и внелегочные поражения (менингит, туберкулез костей, надпочечников и пр.). Туберкулез может развиваться и как осложнение кортикостероидной терапии. Этот «стероидный» туберкулез имеет тенденцию к прогрессированию, что нередко ошибочно расценивают как особенность течения основного заболевания.

Согласно классификации, принятой в 1974 г., различают следующие формы туберкулеза органов дыхания: 1) первичный туберкулезный комплекс; 2) туберкулез внутригрудных лимфатических узлов; 3) диссеминированный туберкулез легких; 4) очаговый туберкулез легких; 5) инфильтративный туберкулез легких; 6) туберкулома легких; 7) кавернозный туберкулез легких; 8) фиброзно-кавернозный туберкулез легких; 9) цирротический туберкулез легких; 10) туберкулезный плеврит (в том числе эмпиема); 11) туберкулез верхних дыхательных путей, трахеи, бронхов; 12) туберкулез органов дыхания, комбинированный с пневмокониозами. Кроме того, процесс характеризуют по его локализации в тех или иных долях и сегментах легких, фазам развития (рассасывание, уплотнение, рубцевание, обызвествление, распад, инфильтрация, обсеменение), наличию бактериовыделения. Учитывают важнейшие осложнения (легочное кровотечение, ателектаз, амилоидоз, почечная недостаточность, легочно-сердечная недостаточность, свищи бронхиальные, торакальные и др.), а также остаточные изменения в легких после излеченного туберкулеза (фиброзные, фиброзно-очаговые, плевропневмосклероз и т. д.).

Первичный туберкулезный комплекс — наиболее типичная форма первичного туберкулеза — встречается в настоящее время сравнительно редко: в легких определяются очаги специфического воспаления (первичный аффект) и регионарный бронхоаденит. Иногда заболевание имеет скрытый характер, но чаще начинается подостро и проявляется субфебрильной температурой тела, потливостью, утомляемостью, небольшим сухим кашлем. При остром начале болезнь на первых порах протекает под видом неспецифической пневмонии с высокой лихорадкой, кашлем, болью в груди, иногда одышкой, умеренным лейкоцитозом со сдвигом лейкоцитарной формулы влево, увеличенной СОЭ. При небольшой величине первичного аффекта физические изменения в легких обычно не определяются. При более массивном воспалении отмечаются участки притупления перкуторного тона, везикулярно-бронхиальное дыхание, влажные мелкопузырчатые хрипы. У некоторых больных нередко увеличиваются наружные лимфатические узлы. Туберкулиновые пробы в 30—50 % значительно выражены. При отсутствии распада легочной ткани в мокроте и промывных водах бронхов МТ обычно не обнаруживают. В этих же случаях при трахеобронхоскопии не находят специфических изменений в бронхах, но они выявляются при формировании каверны в легких или распространении процесса из внутригрудных лимфатических узлов и бронхогенном обсеменении. Тогда же возможно обнаружение МТ. Рентгенологическая картина характеризуется появлением симптома биполярности в виде небольшого лобулярного или сегментарного фокуса, редко долевой пневмонии и группы увеличенных внутригрудных лимфатических узлов в корне легкого.

Даже при благоприятном течении процесса и применении современных методов лечения первичный комплекс излечивается медленно. Только через несколько месяцев, иногда лишь спустя 1—2 года после выявления и начала лечения наступает рассасывание или инкапсуляция и обызвествление элементов первичного комплекса с образованием очага Гона. При осложненном течении болезни возможен распад первичного очага в легком и образование каверны. Иногда возникает экссудативный плеврит. Возможно лимфогематогенное распространение МТ и формирование очагов в костях, почках, менингеальных оболочках и других органах.

Наиболее частая форма первичного туберкулеза — *туберкулез внутригрудных лимфатических узлов*. Клинические проявления болезни зависят от реактивности организма, распространенности поражения лимфатических узлов. Если в них образуются отдельные небольшие очаги творожистого некроза без перифокального воспаления, а общая реактивность нерезко снижена, то такая «малая» форма процесса может протекать скрыто или с незначительной интоксикацией. При более массивном инфильтративном или опухолевидном бронхоадените отмечаются высокая лихорадка, общая слабость, потливость, снижается трудоспособность, повышается возбудимость. Частый симптом — сухой кашель. У детей грудного и раннего возраста вследствие сдавления крупных бронхов и органов средостения увеличенными лимфатическими узлами кашель бывает звонким, битональным или коклюшеподобным. У взрослых этот симптом наблюдается редко. При физическом исследовании, особенно взрослых больных, трудно или даже невозможно определить увеличенные внутригрудные лимфатические узлы. Иногда в межлопаточном пространстве при перкуссии удается отметить треугольный участок притупления, а при выслушивании — измененное дыхание и небольшое количество сухих, редко влажных мелкопузырчатых хрипов.

Как у взрослых, так и у детей в части случаев увеличены шейные и подмышечные лимфатические узлы. Туберкулиновые реакции сравнительно часто, но отнюдь не всегда резко выражены. Число лейкоцитов в крови нормальное или несколько увеличено со сдвигом влево, СОЭ повышена. МТ обнаруживают редко. Рентгенологически определяют расширение корня одного, реже обоих легких; тень его малоструктурна, деформирована, особенно при массивном перифокальном воспалении, что типично для инфильтративного бронхоаденита. При резком увеличении бронхопульмональных и других групп лимфатических узлов контуры корня приобретают полициклический характер (опухолевидный бронхоаденит). Симптомы интоксикации, увеличение СОЭ, гиперергические туберкулиновые реакции могут долго сохраняться даже на фоне энергичного специфического лечения. Постепенно рассасывается перифокальное воспаление вокруг корней легких и происходит их уплотнение. Только спустя 1—2 года после начала заболевания и лечения в лимфатических узлах появляются участки обызвествления. Кальцинация казеозных очагов происходит быстрее у детей, медленнее у взрослых.

Заболевание нередко осложняется специфическим поражением бронхов; при нарушении их проходимости возникают сегментарные или долевые ателектазы легкого. При их инфицировании вторичной флорой развивается картина хронической, часто рецидивирующей пневмонии. При прорыве через стенку бронхов казеозных масс из лимфатических узлов и содержащихся в них МТ формируются туберкулезные очаги преимущественно в прикорневых и нижних, реже в других отделах легких (аденобронхолегочная форма процесса). В таких случаях при исследовании мокроты или промывных вод бронхов выявляется бактериовыделение. Возможно также осложнение междолевым, медиастинальным, реже костальным экссудативным плевритом. Из внутригрудных лимфатических узлов инфекция может распространиться лимфогенным путем и вызвать поражение других органов. При хроническом течении болезни сохраняется состояние повышенной чувствительности организма, что способствует возникновению параспецифических реакций. Так возникает картина хронически текущего и медленно прогрессирующего первичного туберкулеза, протекающего нередко под видом полисерозита, гепатолиенального синдрома и т. д.

Диссеминированный туберкулез легких чаще гематогенного происхождения. Источником бактериемии являются недавно образовавшиеся, а также недостаточно зажившие или активировавшиеся туберкулезные очаги в лимфатических узлах или других органах. Процесс может развиться как форма первичного или вторичного туберкулеза. При этом наблюдаются различные его разновидности: милиарная, средне- и крупноочаговая, ограниченная или распространенная, а по течению острая, подострая, хроническая формы.

Милиарный туберкулез — обычно генерализованный, но иногда он локализуется преимущественно в легких, а изредка — в отдельных их участках, например в верхушках. Различают тифоидную, легочную и менингеальную формы болезни. Проявляется сначала общим недомоганием, субфебрильной температурой тела, головной болью. Вскоре состояние больного резко ухудшается: лихорадка достигает 39—40 °C, одышка, тахикардия, акроцианоз. Физикальные изменения в легких незначительны (небольшое количество рассеянных сухих или мелкопузырчатых влажных хрипов). Печень и селезенка нерезко увеличены. Туберкулиновые пробы, вначале нормергические, по мере прогрессирования процесса становятся слабовыраженными или даже отрицательными. Лейкопения и лимфоцитоз сменяются умеренным лейкоцитозом со сдвигом влево, лимфопенией, увеличивается СОЭ. МТ в мокроте обычно отсутствуют. Рентгенологически в легких определяются множественные очаги величиной до просяного зерна, нерезко очерченные, расположенные цепочкообразно и симметрично в обоих легких на фоне мелкопетлистой сети воспалительно измененной межуточной ткани. Несмотря на значительную тяжесть и остроту течения милиарного туберкулеза, больные этой формой процесса при своевременном его распознавании и правильном лечении могут быть полностью излечены.

Чаще наблюдается подострый диссеминированный туберкулез легких, который может протекать под маской брюшного тифа, гриппа, очаговой пневмонии или затянувшегося бронхита с субфебрильной температурой тела, кашлем (сухим или с выделением мокроты, в которой иногда находят МТ). В ряде случаев симптомы характерны для внелегочной локализации процесса (поражений глотки, гортани, почек, придатков половых органов, костей и суставов). Предвестником или спутником диссеминированного туберкулеза легких бывает экссудативный плеврит. Физикальные изменения в легких незначительны — небольшое количество мелких влажных хрипов. Туберкулиновые реакции иногда резко выражены, чаще нормергические. Умеренный лейкоцитоз со сдвигом влево, СОЭ в пределах 20—30 мм/ч. Рентгенологически симметрично в обоих легких, преимущественно в их верхних наружных отделах, обнаруживают рассеянные однотипные очаги на фоне уплотненной грубо- или мелкопетлистой сетки. При своевременно начатой рациональной терапии подострый процесс может быть излечен.

Если заболевание в этой фазе не было распознано, то, медленно прогрессируя, оно переходит в хроническую форму: в легких образуются рассеянные различной плотности очаги, интерстициальный склероз, эмфизема, при распаде очагов формируются отдельные или множественные каверны, которые могут стать источником бронхогенного распространения инфекции. Появляются одышка, иногда астмоидного характера, кашель с выделением мокроты, содержащей МТ, кровохарканье, нарушения функции сердечно-сосудистой системы. Часто отмечаются выраженные вегетативные расстройства, плохой сон, потливость, тахикардия. В легких прослушивается много рассеянных сухих и влажных хрипов. При обострении процесса определяются умеренный лейкоцитоз со сдвигом влево, эозино- и лимфопения, моноцитоз; СОЭ повышена. При трахеобронхоскопии нередко находят специфические изменения в бронхах. Рентгенологически в легких обнаруживают очаги различной величины и плотности, расположенные менее симметрично, чем при подострой форме, сетчатый склероз, эмфизему, иногда буллезного типа, тонкостенные «штампованные» каверны. Корни легких подтянуты вверх, сердце и крупные сосуды имеют срединное «висячее» положение. Довольно часто имеются плевральные наслоения и диафрагмальные сращения. Излечение таких больных требует более длительного срока и не всегда достигается.

Очаговый туберкулез легких — наиболее частая форма (отмечается у 40—50 % всех впервые выявленных больных) — может возникнуть в период первичного заражения в результате гематогенного или лимфогенного распространения инфекции; развивается также при обострении старых очагов и фиброзных рубцов, реже при экзогенной суперинфекции как проявление вторичного туберкулеза. Возможны явления интоксикации. Кашля нет или он редкий и сухой, иногда с выделением скудной слизисто-гнойной мокроты, где МТ обнаруживают сравнительно редко (обычно при исследовании методом флотации, посева или заражении животного). Хрипы в легких при свежем очаговом туберкулезе выслушиваются лишь при прогрессировании болезни или в результате развития фиброзно-склеротических изменений в легких. Лимфоцитоз, незначительный сдвиг влево в лейкоцитарной формуле, СОЭ до 20 мм/ч. Туберкулиновые реакции большей частью нормергические, при первых формах процесса иногда гиперергические. Рентгенологически в подключичных областях и в верхушках, реже в других отделах легких обнаруживают отдельные или слившиеся друг с другом мелкие или средней величины очаги неправильно округлой или продолговатой формы на фоне интерстициальных воспалительных изменений (лимфангитов). При обострении старых очагов вокруг них выявляется зона перифокального воспаления. При затихании процесса свежие очаги рассасываются; при переходе его в хроническую форму они уменьшаются, уплотняются, а иногда образуют отдельные конгломераты; при этом возникают рубцовые изменения и плевральные сращения. При прогрессировании очаги укрупняются, сливаются между собой, возможен их распад с образованием небольших каверн.

Инфильтративный туберкулез легких. Его удельный вес в общей заболеваемости туберкулезом органов дыхания у взрослых составляет 25—40 %. Патоморфологическим субстратом процесса является преимущественно экссудативное перифокальное воспаление вокруг старых или вновь образованных туберкулезных очагов и в зоне интерстициально-склеротических изменений. Его развитию способствуют сахарный диабет, грипп, лечение глюкокортикоидами, массивная суперинфекция и пр. Характер и динамика тканевых реакций, а также форма и величина инфильтрата различны. Чаще всего он представляет собой бронхолобулярный фокус размером от 1,5—2 см и более. Но процесс может распространяться на сегмент или целую долю легкого. Творожистая пневмония при преобладании казеозно-некротических реакций встречается редко. Обычно процесс начинается под видом гриппа, неспецифической пневмонии или лихорадочного состояния неясной этиологии. Первым симптомом может быть кровохарканье или легочное кровотечение. Даже при значительных размерах воспалительного фокуса физические изменения в легких в начальной фазе болезни часто скудные. Умеренный лейкоцитоз со сдвигом лейкоцитарной формулы влево, лимфопения, СОЭ 20—40 мм/ч. В мокроте или в промывных водах бронхов у некоторых больных находят МТ. Казеозная пневмония начинается остро, лихорадка нередко гектического типа, озноб, одышка, боль в груди, кашель с выделением гнойной мокроты, тахикардия, цианоз; над областью поражения определяют интенсивное притупление перкуторного тона, бронхиальное дыхание, крепитирующие или звучные хрипы; в мокроте МТ и скопления эластических волокон; значительный лейкоцитоз, выраженная лимфопения, СОЭ до 50—60 мм/ч; туберкулиновые пробы слабо выражены или отрицательные.

Рентгенологически наблюдаются различные типы инфильтративного туберкулеза: крупные бронхолобулярные очаги неправильной формы с размытыми границами, сливающиеся (облаковидные) фокусы, овальные или округлые теневые образования, перициссуриты, лобиты. Обычно от этих фокусов к корню легкого отходит «дорожка», представляющая собой проекцию воспалительно уплотненных стенок бронхов и сосудов. При распаде казеозных участков инфильтратов образуются бухтообразные или округлые каверны. При поражении дренажных бронхов на дне полости распада иногда может определяться менискообразный уровень жидкости. В результате бронхогенного обсеменения в различных отделах легких формируются отдельные или множественные очаги, а иногда крупные фокусы. Казеозные пневмонии рентгенологически часто имеют вид лобита с мелкими участками распада или крупных сливных фокусов неправильной формы. Процесс отличается наклонностью к быстрому прогрессированию по типу так называемой скоротечной легочной чахотки. При своевременной терапии возможно излечение иногда с исходом в массивный цирроз легкого. При затихании инфильтративного туберкулеза легких фокусы постепенно уменьшаются или полностью рассасываются. Иногда они уплотняются и инкапсулируются, приобретая характер туберкулом или более мелких очагов.

Туберкулома легких характеризуется наличием фокуса округлой формы, отграниченного от окружающей ткани, диаметром 2 см и более. Может сформироваться при инволюции инфильтрата или в результате слияния нескольких мелких очагов при хроническом течении очагового или диссеминированного процесса. При заполнении каверны казеозными массами, фибрином, скоплениями лейкоцитов образуется фокус, называемый псевдотуберкуломой. Патоморфологический субстрат туберкулом различен. Иногда это крупный фокус сплошного творожистого некроза, окруженного фиброзной капсулой (солитарная гомогенная туберкулома или казеома). Чаще отмечается слоистое строение творожистого очага, окруженного тонкой гиалинизированной капсулой (слоистая туберкулома). Если происходит слияние нескольких мелких очагов, объединяющихся общей широкой капсулой, образуется так называемая конгломератная туберкулома. Туберкулома — часто стабильное образование, которое может сохраняться в течение многих лет. Но иногда туберкуломы, особенно большие, размягчаются, образуется деструкция и возникают бронхогенные очаги в различных отделах легких.

Клиника туберкуломы зависит от ее характера, величины, а также от фазы процесса. При стабильном состоянии болезненные симптомы отсутствуют. Они возникают при обострении процесса, когда фокус в легком увеличивается, а тем более размягчается с образованием каверны. Тогда появляются симптомы интоксикации, кашель с выделением мокроты, кровохарканье. В зоне расположения туберкуломы прослушиваются мелкие влажные хрипы. В мокроте обнаруживают МТ. Лимфопения со сдвигом лейкоцитарной формулы влево, увеличение СОЭ. Повышение уровня α_2- и γ-фракций в сыворотке крови. Туберкулиновые реакции иногда выражены значительно. При рентгенологическом исследовании обычно в верхних долях, реже в VI сегменте определяют фокусы различной величины с четкими контурами, нередко с вкраплением единичных или множественных мелких плотных или обызвествленных очагов. Такие же очаги могут быть вокруг туберкуломы или в других отделах легких. Наряду с этим видны плевральные сращения и рубцы. При распаде туберкуломы выявляется краевое серповидное, реже центрально расположенное просветление и воспалительная дорожка к корню легкого; при выделении значительной части творожистых масс — широкая с неровными внутренними контурами стенка каверны. Туберкуломы обычно плохо поддаются лечению антибактериальными препаратами и коллапсотерапии; наиболее эффективный способ лечения — оперативное удаление пораженного участка легкого.

При прогрессировании различных форм туберкулеза легких происходит казеозное размягчение очагов и образование полостей распада. Если инфильтративное воспаление и очаги бронхогенного или гематогенного происхождения рассасываются, а полость распада легочной ткани сохраняется, то диагностируют *каверзный туберкулез легких*. Он нередко наблюдается в связи с широким применением туберкулостатической терапии, под влиянием которой сравнительно быстро рассасываются свежие очаги и зоны перифокального воспаления, уменьшаются размеры каверны и истончаются ее стенки, но не наступает ее полное закрытие и рубцевание.

Симптомы интоксикации, а если каверна небольшая и глубоко расположена в легочной паренхиме, вокруг нее нет ателектаза и значительной реакции плевры,— то и физические изменения слабо выражены или отсутствуют (особенно если дренирующий бронх закрыт слизисто-гнойной пробкой, а тем более облитерирован: такие блокированные полости, даже значительных размеров, долго остаются «немыми»). При полостях распада с открытым дренирующим бронхом, еще полностью не санированных, бактериовыделение — закономерное явление. В начальном периоде деструкции появляется ретикулоцитоз, уменьшается содержание лимфоцитов и нарастает сдвиг влево в лейкоцитарной формуле, причем часть нейтрофилов приобретает патологическую зернистость; СОЭ до 30—40 мм/ч. При ликвидации острой вспышки процесса и его перехода в кавернозный туберкулез гемограмма и СОЭ нормализуются. Рентгенологически свежие и эластические каверны располагаются в относительно неизмененной легочной ткани и часто имеют округлую форму. Каверны в фиброзно-склеротических участках легкого имеют неправильные очертания. Санированные каверны обычно тонкостенные и напоминают кисты. Иногда у нижнего полюса каверны отмечается четкая менискообразная тень жидкости, смещающаяся при изменении положения больного. Этот симптом, связанный с нарушением дренажной функции бронхов, приобретает важное диагностическое значение при неясных контурах каверны. Воспалительная дорожка к корню легкого по мере инволюции процесса исчезает.

При прогрессировании различных форм туберкулеза легких развивается *фиброзно-кавернозный туберкулез*. Болезнь протекает длительно и волнообразно. При обострении выражены явления интоксикации, увеличиваются кашель и количество мокроты, появляются кровохарканье и легочные кровотечения, образуются новые бронхогенные очаги и участки распада в различных отделах легких, чему способствует часто возникающее туберкулезное и неспецифическое поражение бронхов. По мере прогрессирования болезни снижается интенсивность окислительных процессов, возникают дистрофические изменения в различных отделах нервной и эндокринной систем, нарастает артериальная гипотензия, понижается секреция желудочного сока.

Состояние ухудшается в связи со вторичными специфическими (туберкулез гортани или кишечника) или неспецифическими (амилоидоз паренхиматозных органов, легочно-сердечная недостаточность и др.) осложнениями. Аускультативные симптомы обычно резко выражены. Больные выделяют с мокротой МТ. Отмечаются выраженные патологические сдвиги в гемограмме и белковых фракциях сыворотки крови, увеличение СОЭ. Рентгенологически определяют фиброзно-индуративные изменения, плевральные наслоения, плотные или обызвествленные очаги, а на их фоне, главным образом в верхних отделах легких, каверны различной величины неправильной, иногда бобовидной формы с фиброзной стенкой. При обострении, кроме того, видны «мягкие» недавно возникшие очаги, чаще в средних или нижних отделах легких. Эта форма туберкулеза наблюдается главным образом у неэффективно лечившихся больных, лиц, страдающих алкоголизмом и наркоманией. Наиболее частая причина смерти при фиброзно-кавернозном туберкулезе — его прогрессирование и легочно-сердечная недостаточность.

Цирротический туберкулез легких представляет собой исход инфильтративного, диссеминированного и фиброзно-кавернозного туберкулеза в связи с интенсивным образованием фиброзно-склеротических изменений в легких и затиханием активности процесса. Бронхи и сосуды при этом деформируются, развиваются массивные плевральные изменения, выраженная эмфизема, смещаются органы средостения. Больные жалуются на значительную одышку, иногда астмоидного характера, кашель с выделением мокроты, часто гнойной, периодические кровохарканья. Притупление перкуторного звука, бронхиальное дыхание, большое количество разнокалиберных хрипов. Границы сердца изменены, тоны его приглушены, резкий акцент II тона на легочной артерии, тенденция к гипотензии. При развитии легочного сердца появляются отеки, увеличиваются размеры печени, возникает асцит. Осложнения — амилоидоз печени и почек. Гемограмма и СОЭ соответствуют фазе процесса. При обострении в мокроте появляются МТ.

При циррозе в результате инволюции инфильтративного туберкулеза рентгенологически отмечаются массивное уплотнение и уменьшение объема доли или всего легкого со смещением трахеи и срединной тени в сторону поражения, эмфизема нижней доли того же и противоположного легкого. Цирроз, образовавшийся на фоне диссеминированного туберкулеза, отличается диффузными фиброзно-склеротическими изменениями, наличием рассеянных плотных или обызвествленных очагов, подтянутыми вверх корнями легких, срединным расположением органов средостения (висячее, нередко сердце астеника — капельное сердце). На этом фоне могут выявляться отдельные или множественные полости (буллезно-дистрофические изменения или остаточные, часто санированные каверны). Резко выражена эмфизема легких. Цирротический туберкулез легких — необратимый процесс, как правило, протекающий длительно, вяло, но с обострениями. Лечение дает лишь симптоматический эффект.

Туберкулезный плеврит — воспаление плевры в результате воздействия на нее токсических веществ, продуктов тканевого распада либо специфическое ее поражение с формированием бугорка, казеозных очагов при распространении процесса из легкого или из внутригрудных лимфатических узлов контактным, лимфогенным или гематогенным путем.

С и м п т о м ы см. *Плеврит*. Обычно экссудат серозного характера. Важное диагностическое значение имеет обнаружение в экссудате МТ. Однако при небольшом их количестве результаты бактериоскопического исследования обычно отрицательные. Чаще МТ находят при посеве экссудата на специальные питательные среды и при прививке ее морским свинкам. Гнойный плеврит — результат нагноения серозно-фибринозного экссудата либо острый первично-гнойный процесс на почве казеоза плевры. Крайне тяжелое состояние наблюдается у больных с эмпиемой плевры, бурно развивающейся в результате нарушения целости каверны. В гнойной жидкости в 65—90 % случаев находят МТ. Геморрагический плеврит наблюдается редко и возникает большей частью при тяжелом специфическом поражении плевры с развитием милиарного или казеозного процесса. У ряда больных геморрагический плеврит обнаруживают после того, как прекращается длительно существовавший ригидный пневмоторакс. Иногда для установления этиологического диагноза, кроме исследования экссудата, используется биопсия плевры. Те или иные формы туберкулезного плеврита встречаются чаще всего у детей и лиц молодого возраста.

Туберкулез верхних дыхательных путей, трахеи, бронхов — как правило, вторичный процесс, осложняющий различные формы туберкулеза легких и внутригрудных лимфатических узлов. Наибольшее значение имеет туберкулез бронхов, который встречается преимущественно при деструктивных и бациллярных формах процесса в легких, а также при осложненном течении бронхоаденита. Его клиническими признаками служат сильный приступообразный кашель, боль позади грудины, одышка, локализованные сухие хрипы, образование ателектазов или эмфизематозного вздутия легкого, «раздувание» или блокада каверны, появление в ней уровня жидкости. Возможно и бессимптомное течение. Диагноз подтверждают при бронхоскопии, когда выявляют инфильтраты, язвы, свищи, грануляции и рубцы, которые нередко вызывают нарушения бронхиальной проходимости.

Редко встречается туберкулез гортани: отмечаются сухость, першение и жжение в горле, утомляемость и осиплость голоса, боль — самостоятельная или при глотании. При сужении голосовой щели в результате инфильтрации, отека или рубцов возникает затрудненное стенотическое дыхание. Диагноз туберкулеза гортани устанавливают при ларингоскопии. Туберкулез трахеи наблюдается крайне редко; проявляется упорным, надсадным громким кашлем,

болью за грудиной и одышкой. Диагноз устанавливают при ларинготрахеоскопии.

Среди форм туберкулеза органов дыхания, сочетающегося с пневмокониозами, наибольшее практическое значение имеет *силикотуберкулез*. Встречается преимущественно у рабочих, подвергающихся длительному воздействию кварцевой пыли (на рудниках по добыче золота и других металлов, в угольных шахтах, у пескоструйщиков и др.). Туберкулез, как правило, присоединяется к силикозу. Чаще всего выявляется очаговая, реже другие формы туберкулеза легких. Кроме того, наблюдаются силикотуберкулезный бронхоаденит, узловатый или так называемый массивный силикотуберкулез. В течении силикотуберкулеза условно выделяют две фазы. Первая (чаще при очаговом туберкулезе) обычно протекает без выраженных клинических признаков, во второй, связанной с прогрессированием туберкулеза, появляются общая слабость, быстрая утомляемость, субфебрилитет, потливость, кашель, влажные хрипы в легких, иногда в мокроте обнаруживают МТ; определяются соответствующие сдвиги в гемограмме, повышается СОЭ. Рентгенологически силикотуберкулез характеризуется изменениями, типичными для силикоза, в виде узелков преимущественно в средних и нижних отделах легких на фоне диффузного крупносетчатого фиброза, туберкулезных очагов, инфильтратов, каверн, расположенных главным образом в верхних долях легких.

Л е ч е н и е. Основной метод при всех формах туберкулеза — химиотерапия препаратами, воздействующими на МТ. К ним относятся производные гидразида изоникотиновой кислоты (изониазид, или тубазид, фтивазид, метазид, салюзид и др.), этамбутол, протионамид и этионамид, пиразинамид, циклосерин, тиоацетазон (тибон) и солютизон, натрия парааминосалицилат (ПАСК) и др., а также антибиотики: рифампицин (рифадин, бенемицин), стрептомицин, канамицин, флоримицин (виомицин). Как правило, применяют одновременно три, реже два противотуберкулезных препарата в течение длительного срока (6—12 мес и более) с учетом их переносимости больными и чувствительности МТ. Суточную дозу всех медикаментов обычно назначают в один прием, кроме этионамида, протионамида, пиразинамида, циклосерина, тиоацетазона и ПАСК, которые принимают дробно в 2—3 приема в день после еды. В начале проводят ежедневное лечение, а через некоторый срок переходят на прерывистую терапию (2—3 раза в неделю). Важно, чтобы лечение было регулярным и постоянно контролировалось медицинским персоналом и в стационаре, и на амбулаторном этапе. Для предупреждения и устранения побочных реакций применяют десенсибилизирующие средства (иногда глюкокортикоиды), витамины и др.

Химиотерапию сочетают с другими способами лечения, направленными на восстановление физиологического состояния организма и повышение его сопротивляемости инфекции. К ним относятся определенный режим, рациональное питание, аэротерапия, закаливающие процедуры, санаторное лечение в различных климатических условиях, некоторые физиотерапевтические методы лечения (электрофорез, индуктотермия и пр.). Сравнительно редко используют различные виды коллапсотерапии, в частности искусственный пневмоторакс. При бесперспективности консервативной терапии существенную роль играют хирургические методы (главным образом резекция пораженных отделов легких и внутригрудных лимфатических узлов); операции проводят на фоне химиотерапии.

При кровохарканье или легочном кровотечении применяют аминокапроновую кислоту, викасол, переливания плазмы или крови (обычно в гемостатических дозах по 100—150 мл), иногда прибегают к операции. Рациональное лечение позволяет у 90—95 % впервые выявленных больных прекратить бактериовыделение, у 80—90 % — закрыть каверны в легких.

П р о ф и л а к т и к а включает социально-профилактические и санитарно-гигиенические мероприятия по оздоровлению условий жизни, труда и быта населения, физическую культуру и спорт. Предохранительные прививки вакциной БЦЖ проводят в СССР всем новорожденным, а также неинфицированным детям и подросткам 7, 12 и 17 лет. Отрицательно реагирующих на туберкулин лиц до 30 лет ревакцинируют через каждые 7 лет. Химиопрофилактика показана в первую очередь детям, подросткам и взрослым, имеющим тесный контакт с больными, выделяющими МТ, а также детям и подросткам с резко выраженной реакцией Манту и другим лицам с повышенным риском заболевания. С этой целью обычно применяют изониазид (10 мг/кг 1 раз в сутки в течение 2—3 мес дважды в год на протяжении 1—2 лет).

Для своевременного выявления больных туберкулезом детей применяют туберкулиновые пробы; у лиц старше 12 лет — флюорографию, которую проводят не реже 1 раза в 1—2 года. Такому обследованию подлежат все жители городов и сельских местностей. В регулярных профилактических осмотрах особенно нуждаются лица, состоящие в контакте с бациллярными больными, работники лечебно-профилактических учреждений, детских домов и садов, учащиеся и работники школ, работники общественного транспорта, пищевой промышленности, бытового обслуживания, рабочие вредных производств и т. д. Не реже 1 раза в год обследуют излечившихся от туберкулеза, а также тех, у кого в легких обнаружены незаметно перенесенного в прошлом туберкулезного процесса.

ХАММЕНА — РИЧА СИНДРОМ — диффузный интерстициальный прогрессирующий легочный фиброз; отличается исключительно легочной локализацией процесса, малым эффектом терапии, частым летальным исходом. Заболевание считается редким, но частота его возрастает.

Э т и о л о г и я неясна. Предполагается аутоиммунный п а т о г е н е з. Основной патоморфологический субстрат — альвеолярно-капиллярный блок, приводящий к нарушению диффузной функции легких. Характерны серозно-фибринозное пропитывание альвеолярных перегородок, накопление в альвеолах богатого фибрином и макрофагами экссудата, выраженное разрастание соединительной ткани и ее склерозирование, гиалиновые мембраны в альвеолах; легкие плотны, красно-бурого цвета с сетью сероватых полосок и очагами буллезной эмфиземы.

С и м п т о м ы, т е ч е н и е. Ведущие и постоянные симптомы — резко выраженные, прогрессирующие и резистентные к терапии одышка и цианоз. Нарастает гипоксемия, развивается легочная гипертензия и правожелудочковая недостаточность. Отмечаются кашель, «барабанные пальцы», двусторонние трескучие крепитирующие хрипы, сухой плеврит; возможен спонтанный пневмоторакс. Характерны рестриктивный тип нарушения вентиляции, прогрессирующее снижение диффузионной способности легких. Рентгенологические признаки — диффузный интерстициальный фиброз, эмфизема легких. Изменения лейкограммы, протеинограммы, СОЭ, повышение температуры тела обусловлены обычно вторичной инфекцией. Течение острое, подострое и хроническое.

Л е ч е н и е. На ранних этапах болезни назначают преднизолон до 40 мг/сут с постепенным уменьшением дозы при достижении клинического эффекта. В поздний период болезни и при быстро прогрессирующем течении — кортикостероиды, комбинируя их с иммунодепрессантами (азатиоприн 2,5 мг/кг в сутки в течение 2 мес, затем 1,5 мг/кг в сутки в течение 1 года и более) и пеницилламином, или купренилом (300 мг/сут, затем постепенно дозу увеличивают до 1,8 г/сут с последующим уменьшением до поддерживающей — 300 мг/сут). Одновременно применяют препараты калия, верошпирон, пиридоксин.

ЭМФИЗЕМА ЛЕГКИХ характеризуется патологическим расширением воздушных пространств дистальнее терминальных бронхиол, которое сопровождается деструктивными изменениями альвеолярных стенок; одна из частых форм хронических неспецифических заболеваний легких. Различают первичную (идиопатическую) эмфизему легких, развивающуюся без предшествовавшего бронхолегочного заболевания, и вторичную (обструктивную) эмфизему — чаще всего осложнение хронического обструктивного бронхита. В зависимости от распространенности эмфизема может быть диффузной или очаговой.

Э т и о л о г и я, п а т о г е н е з. Выделяют две группы причин, приводящих к развитию эмфиземы легких. Первую группу составляют факторы, нарушающие эластичность и прочность легочных структурных элементов: патологическая микроциркуляция, изменение свойств сурфактанта, врожденный дефицит α_1-антитрипсина, газообразные вещества (соединения кадмия, окислы азота и др.), а также табачный дым, пылевые частицы во вдыхаемом воздухе. Эти причины могут привести к развитию первичной, всегда диффузной эмфиземы.

6 *

В основе ее патогенеза лежит патологическая перестройка всего респираторного отдела легкого; ослабление эластических свойств легкого приводит к тому, что во время выдоха и, следовательно, повышения внутригрудного давления мелкие бронхи, не имеющие своего хрящевого каркаса и лишенные эластической тяги легкого, пассивно спадаются, увеличивая этим бронхиальное сопротивление на выдохе и повышение давления в альвеолах. Бронхиальная проходимость на вдохе при первичной эмфиземе не нарушается.

Факторы второй группы способствуют повышению давления в респираторном отделе легких и усиливают растяжение альвеол, альвеолярных ходов и респираторных бронхиол. Наибольшее значение среди них имеет обструкция дыхательных путей, возникающая при хроническом обструктивном бронхите. Это заболевание становится основной причиной развития вторичной или обструктивной эмфиземы легких, так как именно при нем создаются условия для формирования клапанного механизма перерастяжения альвеол. Так, понижение внутригрудного давления во время вдоха, вызывая пассивное растяжение бронхиального просвета, уменьшает степень имеющейся бронхиальной обструкции; положительное внутригрудное давление в период выдоха вызывает дополнительную компрессию бронхиальных ветвей и, усугубляя уже имеющуюся бронхиальную обструкцию, способствует задержке инспирированного воздуха в альвеолах и их перерастяжению. Важное значение имеет распространение воспалительного процесса с бронхиол на прилегающие альвеолы с развитием альвеолита и деструкции межальвеолярных перегородок. Причинами очаговой (локализованной, иррегулярной) эмфиземы легких могут быть неполная клапанная обтурация бронха воспалительного или опухолевого генеза; ателектаз или цирроз участка легкого; врожденная патология (врожденная долевая эмфизема, врожденная односторонняя эмфизема).

Вторичная эмфизема характеризуется вздутием респираторных бронхиол и изменением формы преимущественно тех альвеол, которые лежат вблизи от них (центроацинарная эмфизема). При прогрессировании в патологический процесс может включаться весь ацинус (долька). Альвеолы уплощены, устья расширены, гладкомышечные пучки гипертрофированы, затем дистрофичны. Эластические волокна выпрямлены. Стенки респираторных бронхиол истончены, количество капилляров и клеточных элементов в них уменьшено. В поздних стадиях эмфиземы наблюдается нарушение и полное исчезновение структурных элементов респираторного отдела легких. При первичной эмфиземе имеется равномерное поражение всех альвеол, входящих в состав ацинуса легкого (панацинарная эмфизема), атрофия межальвеолярных перегородок; редукция капиллярного русла. Воспалительные изменения в бронхах, бронхиолах не выражены, и обструкции их, связанной с воспалительным отеком, не возникает.

С и м п т о м ы, т е ч е н и е. Характерны одышка, бочкообразная грудная клетка, уменьшение ее дыхательных экскурсий, расширение межреберных промежутков, выбухание надключичных областей, коробочный перкуторный звук, ослабленное дыхание, уменьшение области относительной тупости сердца, низкое стояние диафрагмы и уменьшение ее подвижности, повышение прозрачности легочных полей на рентгенограмме. Первичной эмфиземе в значительно большей степени, чем вторичной, свойственна тяжелая одышка, с которой (без предшествовавшего кашля) начинается заболевание; у больных уже в покое объем вентиляции предельно велик, поэтому их толерантность к физической нагрузке очень низка. Известный для больных первичной эмфиземой симптом «пыхтения» (прикрывание на выдохе ротовой щели с раздуванием щек) вызван необходимостью повысить внутрибронхиальное давление во время выдоха и тем самым уменьшить экспираторный коллапс мелких бронхов, мешающий увеличению объема вентиляции. При первичной эмфиземе менее, чем при вторичной, нарушен газовый состав крови, мало выражен цианоз («розовый» тип эмфиземы), усиленная вентиляция вплоть до терминальной стадии поддерживает удовлетворительную оксигенацию крови, поэтому у больных не бывает компенсаторной полиглобулии, свойственной вторичной эмфиземе. При первичной эмфиземе в отличие от вторичной не развивается обычно хроническое легочное сердце.

Рентгенологически для первичной эмфиземы характерны однородное повышение прозрачности легочных полей и обеднение легочного рисунка, особенно в нижних отделах легких, низкое стояние диафрагмы. При вторичной эмфиземе прозрачность нижних отделов легких уменьшена за счет перибронхиальных изменений, диафрагма может не смещаться, так как общий объем легких изменяется незначительно. При дифференциации этих двух форм диффузной эмфиземы используют методы функционального исследования внешнего дыхания.

Л е ч е н и е первичной эмфиземы симптоматическое: дыхательная гимнастика, направленная на максимальное включение диафрагмы в акт дыхания; курсы кислородотерапии, исключение курения и других вредных воздействий, в том числе профессиональных; ограничение физической нагрузки. Разрабатывается терапия ингибиторами α_1-антитрипсина. Присоединение бронхолегочной инфекции требует назначения антибиотиков. При вторичной эмфиземе проводят лечение основного заболевания и терапию, направленную на купирование дыхательной и сердечной недостаточности. Есть попытки хирургического лечения очаговой эмфиземы — резекции пораженных участков легкого. Профилактика вторичной эмфиземы сводится к профилактике хронического обструктивного бронхита.

Глава 11

БОЛЕЗНИ ОРГАНОВ ПИЩЕВАРЕНИЯ

АЛИМЕНТАРНАЯ ДИСТРОФИЯ (голодная болезнь, безбелковый отек и др.) — болезнь длительного недостаточного питания, характеризующаяся общим истощением, расстройством всех видов обмена веществ, дистрофией тканей и органов с нарушением их функций.

Этиология, патогенез. Недостаточное поступление в организм и всасывание питательных веществ, обусловленное экзогенными, а также эндогенными причинами (опухолевое, рубцовое сужение пищевода, привратника, синдромы недостаточности пищеварения, всасывания). Имеют значение не только абсолютное, но и относительное (непропорциональное выполняемой физической работе) снижение калорийности пищи, качественные изменения пищевого рациона, особенно дефицит белков (главным образом животных), жиров, недостаток незаменимых аминокислот, жирных кислот и витаминов (в первую очередь жирорастворимых). При продолжительном недостатке питания возникают гипопротеинемия, дистрофические изменения в различных органах и тканях, нарушается функция многих органов, возникает полигландулярная недостаточность. Дистрофические изменения в стенке пищеварительного тракта и пищеварительных железах сопровождаются прогрессирующими нарушениями их функций и еще более усугубляют изменения обмена в организме.

Симптомы, течение. Выделяют 3 стадии алиментарной дистрофии. Стадия I характеризуется понижением питания, поллакиурией, усилением аппетита, жажды, стремлением к повышенному потреблению поваренной соли. Общее состояние больных резко не страдает. Во II стадии наряду с отчетливым похуданием ухудшается общее состояние больных, возникает мышечная слабость, теряется трудоспособность, появляются гипопротеинемические отеки на ногах, умеренная гипотермия тела. Наблюдаются повышенный аппетит и жажда, поли- и поллакиурия, начальные дистрофические изменения в различных органах, изменения психики. Для III стадии характерны кахексия, полное исчезновение подкожной жировой клетчатки, атрофия мышц, резкая слабость (до полной невозможности совершать самостоятельные движения), апатия, выраженные изменения психики, парестезии, полигиповитаминоз, признаки сердечной, печеночной недостаточности, анемия, мучительные запоры,

нередко пролежни. Затем развивается выраженная гипотермия (температура тела снижается в отдельных случаях до 30 °C), гипотензия, ацидоз; во многих случаях развивается голодная кома или наступает внезапная смерть.

Течение болезни при отсутствии экстренных мер прогрессирующее вплоть до развития голодной комы. Гибель больных в III стадии алиментарной дистрофии наступает в виде или медленного постепенного умирания, или так называемой ускоренной смерти (в течение суток), вызванной присоединением инфекционной болезни, а также внезапной смерти в момент даже небольшого физического напряжения. Осложнения: присоединение инфекционных заболеваний (пневмония, туберкулез, кишечные инфекции и др.).

Лечение. Соблюдение полного физического и психического покоя в первые дни, полноценное, богатое витаминами и белком питание с постепенным расширением диеты. Одновременно — внутривенное введение плазмы, белковых гидролизатов, витаминов. Симптоматическая терапия: борьба с ацидозом, сердечной и сосудистой недостаточностью, мочегонные средства (при выраженных отеках), анаболические стероидные гормоны. Постепенное расширение режима, лечебная физкультура.

При голодной коме — в/в введение 50 мл 40 % раствора глюкозы каждые 2 ч, кровезаменяющих препаратов, плазмы, белковых гидролизатов, согревание больного. При судорогах — в/в введение 10 % раствора хлорида кальция (10 мл), при выведении из комы — горячий сладкий чай, затем частое дробное кормление больного (небольшими порциями) с использованием наиболее легко усваиваемой пищи.

При алиментарной дистрофии, вызванной нарушением проходимости верхних отделов пищеварительного тракта, в первую очередь — устранение причины (опухолевого или рубцового стеноза пищевода, ахалазии кардии) или паллиативные операции (гастростома и др.).

АМЕБИАЗ см. *Инфекционные болезни.*

АМИЛОИДОЗ — системное заболевание с поражением многих органов и различных тканевых структур, характеризующееся нарушением белкового обмена и внеклеточным отложением в них сложного белково-полисахаридного комплекса. Различают следующие основные формы амилоидоза: 1) первичный амилоидоз, по-видимому, представляющий собой врожденную ферментопатию, наследуемую аутосом-но-доминантным путем (возможно, имеется несколько форм врожденного амилоидоза); 2) вторичный, возникающий на фоне длительных хронических заболеваний, характеризующихся распадом тканей и всасыванием продуктов распада (при туберкулезе легких и других органов, бронхоэктатической болезни, хроническом остеомиелите и других заболеваниях) или значительными иммунопатологическими нарушениями (неспецифический язвенный колит, сывороточная болезнь и т. д.); 3) идиопатический; 4) старческий амилоидоз.

Поражение пищеварительной системы встречается при любой форме амилоидоза, особенно некоторых ее отделов (языка — макроглоссия, кишечника, печени). В большинстве случаев поражение пищеварительной системы представляет лишь одну из многих локализаций процесса (одновременно имеет место амилоидоз почек, кожи, скелетной мускулатуры, нервной системы и других органов и тканей).

Амилоидоз пищевода встречается чаще одновременно с поражениями других отделов пищеварительной системы. Характерны дисфагия при проглатывании плотной и сухой пищи, особенно при еде лежа, отрыжка. При рентгенологическом исследовании пищевод гипотоничен, перистальтика ослаблена, при исследовании больного в горизонтальном положении бариевая взвесь долго задерживается в пищеводе. Осложнения: амилоидные язвы пищевода и пищеводные кровотечения.

Амилоидоз желудка обычно сочетается с амилоидозом кишечника и других органов. Клиническая картина: ощущение тяжести в эпигастральной области после еды, диспепсические расстройства; при рентгенологическом исследовании — сглаженность складок слизистой оболочки, ослабление перистальтики и эвакуации содержимого из желудка. Осложнения: амилоидные язвы желудка, желудочные кровотечения, перфорация язв. Дифференциальный диагноз проводят с хроническим гастритом, язвенной болезнью желудка, реже — опухолью. Решающее значение имеют данные биопсии (выявление амилоидоза).

Амилоидоз кишечника — частая локализация этого заболевания. Проявляется ощущением дискомфорта, тяжести, реже умеренными тупыми или спастическими болями в животе, нарушениями стула: запорами или упорными поносами. Копрологическое исследование выявляет выраженную стеаторею, амилорею, китаринорею. В крови анемия, лейкоцитоз, повышение СОЭ, гипопротеинемия (за счет гипоальбуминемии), гиперглобулинемия, гипонатриемия, гипотромбинемия, гипокальциемия. Специальные методы исследования обнаруживают нарушение пристеночного пищеварения и всасывания в кишечнике (см. *Недостаточности всасывания синдром*). При рентгенологическом исследовании характерна развернутость («вздыбленность») кишечных петель, утолщение складок и сглаженность рельефа слизистой кишки, замедление или ускорение пассажа бариевой взвеси по кишечнику. Биопсия слизистой оболочки тонкой и толстой кишок подтверждает диагноз и позволяет провести дифференциальную диагностику с энтеритами и колитами, особенно с неспецифическим язвенным колитом. Изолированный опухолевидный амилоидоз кишечника протекает под маской опухоли (боль, непроходимость кишечника) и обычно обнаруживается уже на операционном столе. Осложнения: тяжелая гипопротеинемия вследствие нарушения процессов всасывания в кишечнике, полигиповитаминозы, стенозирование кишечника, амилоидные язвы, кишечные кровотечения, перфорации.

Амилоидоз печени встречается сравнительно часто. Характерны увеличение и уплотнение печени, при пальпации край ее ровный, безболезнен. Нередок синдром портальной гипертензии, асцит. Реже встречаются боль в правом подреберье, диспепсические явления, спленомегалия, желтуха, геморрагический синдром. Лабораторные исследования определяют изменение белково-осадочных проб, гиперглобулинемию, гиперхолестеринемию, в ряде случаев — гипербилирубинемию, повышение активности щелочной фосфатазы, аминотрансфераз сыворотки крови; положительная проба с бромсульфалеином. Решающее значение в диагностике имеет пункционная биопсия печени. Осложнения: печеночная недостаточность (в 7 % случаев).

Амилоидоз поджелудочной железы диагностируется редко (протекает под маской хронического панкреатита); характерны тупая боль в левом подреберье, диспепсические явления, панкреатогенные поносы, стеаторея. Исследование дуоденального содержимого выявляет внешнесекреторную недостаточность поджелудочной железы. В тяжелых случаях развивается вторичный сахарный диабет.

Диагноз амилоидоза органов системы пищеварения. Большое значение имеет выявление поражения других органов и систем: почек, сердца, кожи, селезенки и пр.; наиболее достоверным методом диагностики амилоидоза является биопсия органов, в пунктатах которых обнаруживают глыбки амилоида при окраске срезов конго красным, метиленовым или генциановым фиолетовым. При вторичной форме этой болезни важно выявление хронического заболевания, которое обычно осложняется амилоидозом (туберкулез, бронхоэктатическая болезнь, эмпиема плевры и т. д.). Применяют также функциональные клинические пробы: с конго красным и метиленовым синим (быстрое исчезновение красок при внутривенном введении из сыворотки крови вследствие фиксации амилоидом и резкое снижение выделения их почками с мочой). Однако при первичном амилоидозе они дают непостоянный результат. Диагноз первичного амилоидоза основан на тщательном генетическом анализе (выявление амилоидоза у родственников). Лабораторные исследования крови обнаруживают диспротеинемию (гипоальбуминемия, гипергаммаглобулинемия; в поздней стадии — увеличение содержания альфа-2- и бета-глобулинов в сыворотке крови), повышение СОЭ, в ряде случаев — гиперфибриногенемию, повышение содержания холестерина и бета-липидов крови. Однако эти изменения неспецифичны для амилоидоза. Течение прогрессирующее. По мере прогрессирования заболевания больные инвалидизируются.

П р о г н о з неблагоприятный. Смерть больных наступает от истощения, почечной, сердечной недостаточности.

Л е ч е н и е. При вторичном амилоидозе в первую очередь — лечение основного заболевания (туберкулез, остеомиелит, хроническая эмпиема плевры и др.), после излечения которого нередко исчезают и симптомы амилоидоза. Из специфических средств лечения амилоидоза используют иммунодепрессанты, кортикостероиды. При раннем лечении возможно обратное развитие амилоидоза. Симптоматическая терапия: поливитамины (парентерально), диуретические средства (при выраженных отеках), переливания плазмы. При печеночной недостаточности — соответствующая симптоматическая терапия. При амилоидозе кишечника, протекающем с упорными поносами,— вяжущие средства (нитрат висмута основного, адсорбенты). При изолированном опухолевидном амилоидозе желудочно-кишечного тракта — хирургическое лечение.

АРТЕРИОМЕЗЕНТЕРИАЛЬНАЯ НЕПРОХОДИМОСТЬ ЧАСТИЧНАЯ — симптомокомплекс, обусловленный частичным сдавлением нижней горизонтальной части двенадцатиперстной кишки верхней брыжеечной артерии. Может быть острой (при чрезмерном приеме пищи) и хронической (при выраженном висцеро- и гастроптозе).

С и м п т о м ы, т е ч е н и е. Боль, ощущение тяжести и распирания в эпигастральной области, возникающие после еды и исчезающие при приеме больным коленно-локтевого положения, тошнота, в ряде случаев — рвота на высоте боли. Характерно астеническое телосложение или сильное исхудание больных. Рентгенологическое исследование выявляет сдавление нижней горизонтальной ветви двенадцатиперстной кишки узкой поперечной перетяжкой (в месте проекции верхней брыжеечной артерии).

Л е ч е н и е. Частое дробное питание; в тяжелых случаях больным рекомендуется в первое время принимать коленно-локтевое положение после еды (уменьшающее натяжение брыжейки тонкой кишки и сдавление кишки верхней брыжеечной артерией), анаболические стероидные гормоны. В особо тяжелых случаях — операция.

АТОНИЯ ПИЩЕВОДА, ЖЕЛУДКА см. *Дискинезии пищеварительного тракта.*

АХАЛАЗИЯ КАРДИИ (кардиоспазм, хиатоспазм, мегаэзофагус, идиопатическое расширение пищевода и др.) — заболевание сравнительно редкое, характеризующееся дистрофическими изменениями интрамурального нервного сплетения пищевода и кардии, атонией, расширением пищевода, нарушением перистальтики его стенки и рефлекторного раскрытия кардии при глотании, а также возникающим вследствие этого нарушением прохождения пищи в желудок и длительной задержкой ее в пищеводе.

Э т и о л о г и я и п а т о г е н е з изучены недостаточно.

С и м п т о м ы, т е ч е н и е. Характерны загрудинная боль, дисфагия и регургитация. Загрудинная боль проявляется в виде болевых кризов, часто возникающих ночью; иногда боль возникает при пустом или, наоборот, переполненном пищеводе. Дисфагия вначале эпизодическая, в выраженных случаях наблюдается при каждой еде и особенно при проглатывании сухой или плохо прожеванной пищи, усиливается при волнениях. Для облегчения прохождения пищи больные выпивают залпом стакан воды или заглатывают воздух, делают глубокие вдохи, выгибают туловище назад и т. д., что в ряде случаев помогает. Регургитация проявляется срыгиванием скопившихся в пищеводе слюны, слизи и пищевых остатков, возникающим при наклоне туловища, при переполненном пищеводе или ночью, во время сна. В последнем случае возможна аспирация срыгиваемых масс, что нередко является причиной аспирационных пневмоний.

Д и а г н о з подтверждается рентгенологическим исследованием, которое обнаруживает различной степени расширение и удлинение пищевода, в ряде случаев сочетающиеся с его S-образным искривлением, нарушение перистальтики, скопление в пищеводе жидкости натощак. Бариевая взвесь длительно задерживается в пищеводе, верхний уровень ее нередко достигает уровня ключиц, после чего она внезапно как бы «проваливается» в желудок. Кардиальный сегмент пищевода сужен, имеет ровные контуры и вид «кончика морковки» или «мышиного хвоста», не раскрывается при глотании, задерживая поступление контраста в желудок; газовый пузырь желудка отсутствует (патогномоничный признак). Прием 1—2 таблеток нитроглицерина расслабляет кардиальный сфинктер, вследствие чего содержимое пищевода легче проходит в желудок и временно устраняется дисфагия. Эта фармакологическая проба облегчает дифференциальную диагностику ахалазии кардии и органических стенозов пищевода. Эзофагогастрофиброскопия помогает в дифференциальной диагностике этих заболеваний.

Течение обычно прогрессирующее с усилением дисфагии и других симптомов заболевания, нарастающим истощением. Осложнения: повторные аспирационные пневмонии и хронические бронхиты. Отмечено более частое возникновение рака пищевода у этих больных.

Л е ч е н и е. Медикаментозная терапия малоэффективна. Лечение чаще всего проводят кардиодилатацией (используют металлический или пневматический кардиодилататор) в специальных терапевтических или хирургических стационарах, где налажена эта методика. При значительном расширении и удлинении пищевода проводится операция внеслизистой эзофагокардиомиотомии, дополненная эзофагокардиодиафрено- или гастропластикой. При особо резком расширении пищевода операция дополняется также эзофагопликацией (ушиванием расширенной части) и низведением его терминального отдела в брюшную часть.

Прогноз при своевременном лечении благоприятный. Больным противопоказана работа, связанная с большой физической нагрузкой и нерегулярным питанием.

АХИЛИЯ ЖЕЛУДКА ФУНКЦИОНАЛЬНАЯ — состояние, характеризующееся временным угнетением желудочной секреции без органического поражения секреторного аппарата желудка.

Этиология, патогенез: депрессия, интоксикация, тяжелое инфекционное заболевание, гиповитаминозы, нервное и физическое переутомление и пр. По-видимому, у части лиц функциональная ахилия и гипохилия связаны с врожденной слабостью секреторного аппарата желудка. Функциональные ахилии наблюдаются у больных тиреотоксикозом, сахарным диабетом. Как правило, функциональная ахилия является временным состоянием. Однако при длительном торможении нервно-железистого аппарата желудка в нем развиваются органические изменения.

Симптомы, течение. Протекает бессимптомно или проявляется снижением аппетита, в редких случаях — нерезко выраженными диспепсическими явлениями, плохой переносимостью некоторых видов пищи (молока), наклонностью к поносам.

Различают состояние ахлоргидрии (отсутствие в желудочном соке свободной соляной кислоты) и ахилии, при которой в желудочном соке отсутствует также пепсин. Исследование желудочного сока с так называемыми субмаксимальными (гистамин в дозе 0,008 мг/кг) и максимальными стимуляторами желудочной секреции (гистамина дигидрохлорид в дозе 0,032 мг/кг п/к с предварительным введением антигистаминных препаратов, пентагастрин в дозе 6 мг/кг п/к, инсулин — 12—15 ЕД) позволяет установить функциональный (обратимый) или же органический характер ахилии. В ряде случаев установить наличие кислого активного желудочного сока удается только при внутрижелудочной пристеночной рН-метрии. Аспирационная и прицельная биопсия слизистой оболочки желудка не обнаруживают воспалительных и атрофических изменений в ней.

Лечение. Необходимо устранить факторы, приводящие к развитию функциональной ахилии. При неврогенной ахилии — налаживают режим труда и отдыха, регулярное питание, назначают экстрактивные сокогонные вещества, витамины, горечи.

БАУГИНИТ — воспалительное поражение баугиниевой заслонки. Обычно наблюдается при энтеритах или колитах.

Симптомы, течение. Боль в правой илеоцекальной области, метеоризм, нарушение стула. Пальпация живота в правой илеоцекальной области болезненна, нередко возникает урчание. Признаки воспаления баугиниевой заслонки могут быть выявлены при рентгенологическом исследовании кишечника и при колоно-

скопии. Иногда выявляется недостаточность баугиниевой заслонки.

Лечение и профилактика — как при колите и энтерите.

БЕРИ-БЕРИ — недостаточность витамина B₂ (см. *Болезни витаминной недостаточности*).

БРОНЗОВЫЙ ДИАБЕТ см. *Гемохроматоз*.

БУЛЬБИТ см. *Дуоденит*.

ГАСТРИТ — воспаление слизистой оболочки (в ряде случаев и более глубоких слоев) стенки желудка.

Гастрит острый — острое воспаление слизистой оболочки желудка.

Этиология, патогенез. Острый гастрит — полиэтиологическое заболевание, обусловленное химическими, механическими, термическими и бактериальными причинами. Патогенез сводится к дистрофически-некробиотическому повреждению поверхностного эпителия и железистого аппарата слизистой оболочки желудка и развитию в ней воспалительных изменений. Воспалительный процесс может ограничиваться поверхностным эпителием слизистой оболочки или распространяться на всю толщу слизистой оболочки, интерстициальную ткань и даже мышечный слой стенки желудка. Острый гастрит часто протекает как острый гастроэнтерит или острый гастроэнтероколит. Различают простой (банальный, катаральный), коррозивный и флегмонозный гастрит.

Гастрит простой встречается наиболее часто. Причиной экзогенного гастрита являются погрешности в питании, пищевые токсикоинфекции, раздражающее действие некоторых лекарств (салицилаты, бутадион, бромиды, наперстянка, антибиотики, сульфаниламиды), пищевая аллергия (на землянику, грибы и др.) и т. д. Эндогенный острый гастрит возникает при острых инфекциях, нарушениях обмена веществ и массивном распаде белков (при ожогах и пр.). Острое раздражение желудка может развиваться при тяжелых радиационных поражениях.

При катаральном гастрите имеют место инфильтрация лейкоцитами поверхностного, местами дистрофически и некробиотически измененного эпителия, а также признаки воспалительной гиперемии.

Симптомы, течение. Симптомы острого гастрита проявляются обычно через 4—8 ч после воздействия этиологического фактора. Характерны чувство тяжести и полноты в подложечной области, тошнота, слабость, головокружение, рвота, понос. Кожные покровы и видимые слизистые бледные, язык обложен серовато-белым налетом, слюнотечение или, наоборот, сильная сухость во рту. При пальпации выявляется болезненность в эпигастральной области.

Дифференциальный диагноз: необходимо исключить в первую очередь сальмонеллез и другие кишечные инфекции. Решающее значение при этом имеют бактериологическое и серологическое исследования.

Прогноз при своевременно начатом лечении благоприятный. Если действие вредоносных факторов повторяется, то острый гастрит обычно переходит в хронический.

Лечение острого гастрита начинают с очищения желудка и кишечника, а при инфекционной этиологии гастрита — назначения антибактериальных препаратов (энтеросептол по 0,25—0,5 г 3 раза в день, левомицетин по 2 г/сут и пр.) и абсорбирующих веществ (активированный уголь, каолин и др.). При остром аллергическом гастрите показаны антигистаминные средства. При выраженном болевом синдроме — холинолитические препараты (атропин — 0,5—1 мл 0,1 % раствора п/к, платифиллина гидротартрат — 1 мл 0,2 % раствора п/к), спазмолитики (папаверина гидрохлорид 1 мл 2 % раствора п/к). При обезвоживании — парентеральное введение изотонического раствора хлорида натрия и 5 % раствора глюкозы. При хлорпеническом синдроме внутривенно вводят гипертонический раствор натрия хлорида. При острой сосудистой недостаточности показаны кордиамин, кофеин, мезатон, норадреналин.

Лечебное питание: первые 1—2 дня рекомендуется воздерживаться от приема пищи, но разрешается питье небольшими порциями крепкого чая, боржома; 2—3-й день разрешают нежирный бульон, слизистый суп, манную и протертую рисовую кашу, кисели. Затем больного переводят на диету № 1, а через 6—8 дней — на обычное питание.

Профилактика простого гастрита сводится к рациональному питанию, строгому санитарно-гигиеническому надзору на предприятиях общественного питания, санитарно-просветительной работе с населением.

Гастрит коррозивный развивается вследствие попадания в желудок крепких кислот, щелочей, солей тяжелых металлов, концентрированного этилового спирта.

Симптомы, течение. Боль во рту, за грудиной и в эпигастральной области, часто нестерпимая, повторная мучительная рвота; в рвотных массах — кровь, слизь, иногда фрагменты тканей. На губах, слизистой рта, зева и гортани — следы химического ожога — отек, гиперемия, изъязвления (от серной и хлористоводородной кислоты появляются серовато-белые пятна, от азотной — желтые и зеленовато-желтые струпья, от хромовой — коричневато-красные, от карболовой — ярко-белые, напоминающие налет извести, от уксусной — поверхностные беловато-серые ожоги). При поражении гортани появляются охриплость голоса и стридорозное дыхание. В тяжелых случаях развивается коллапс. Живот обычно вздут, болезнен при пальпации в подложечной области; иногда выявляются признаки раздражения брюшины. Острая перфорация наступает у 10—15 % больных в первые часы после отравления (реже — позднее).

Прогноз зависит от тяжести воспалительно-деструктивных изменений и терапевтической тактики в первые часы и дни заболевания. Угрожающий жизни период болезни продолжается 2—3 дня, смерть может наступить от шока или перитонита. Исходом коррозивного гастрита могут быть рубцовые изменения, особенно в пилорическом и кардиальном отделах желудка.

Лечение начинают с промывания желудка большим количеством холодной воды через зонд, смазанный растительным маслом (противопоказаниями к введению зонда являются коллапс и деструкция пищевода). Перед промыванием, особенно при болевом синдроме, показаны наркотические анальгетики (морфина гидрохлорид, промедол), фентанил с дроперидолом. При коллапсе, кроме того, — кофеин, кордиамин, мезатон, норадреналин (п/к или в/в с кровезамещающими жидкостями, глюкозой, изотоническим раствором хлорида натрия), а также строфантин. В течение первых дней — голодание, парентеральное введение изотонического раствора натрия хлорида, 5 % раствора глюкозы. При невозможности в течение ближайших дней питания через рот — парентеральное введение плазмы, белковых гидролизатов. При перфорации желудка, отеке гортани — срочное оперативное лечение. Для предупреждения сужения пищевода производят бужирование в период заживления; при неэффективности последнего — оперативное лечение стеноза.

Гастрит флегмонозный (флегмона желудка) встречается крайне редко, характеризуется флегмонозным воспалением стенки желудка с диффузным или ограниченным распространением гноя преимущественно в подслизистом слое; распознается обычно при хирургическом вмешательстве. Обычно сопровождается развитием перигастрита и нередко перитонита. Возникает чаще первично; вызывается стрептококками нередко в сочетании с кишечной палочкой, реже стафилококком, пневмококком, протеем и др. Иногда развивается как осложнение язвы или распадающегося рака желудка, повреждения слизистой желудка при травме живота. Вторичная форма развивается при общих инфекциях (сепсис, брюшной тиф и др.).

Симптомы, течение. Характерно острое развитие с ознобом, повышением температуры, резкой адинамией, болью в верхней половине живота, тошнотой и рвотой. Язык сухой, живот вздут. Общее состояние резко ухудшается. Больные отказываются от еды и питья, быстро истощаются, изменяются черты лица (лицо Гиппократа). В подложечной области при пальпации — болезненность. В крови высокий нейтрофильный лейкоцитоз с токсической зернистостью, повышенная СОЭ, изменения белковых фракций и другие признаки воспаления. Прогноз во многих случаях неблагоприятный. Возможны осложнения (гнойный медиастинит, плеврит, поддиафрагмальный абсцесс, тромбофлебит крупных сосудов брюшной полости, абсцесс печени и др.).

Лечение проводят в основном в хирургических стационарах. Парентерально вводят антибиотики широкого спектра действия в больших дозах. При неэффективности консервативной терапии — хирургическое лечение.

Гастрит хронический проявляется хроническим воспалением слизистой оболочки (в ряде случаев и более глубоких слоев) стенки желудка. Весьма распространенное заболевание, составляющее в структуре болезней органов пищеварения около 35 %, а среди заболеваний желудка — 80—85 %.

Этиология. Хронический гастрит иногда является результатом дальнейшего развития острого гастрита, однако чаще развивается под влиянием различных экзогенных факторов (повторные и длительные нарушения питания, употребление острой и грубой пищи, пристрастие к горячей пище, плохое разжевывание, еда всухомятку, употребление крепких спиртных напитков — гастрит алкогольный). Причиной хронического гастрита могут быть качественно неполноценное питание (особенно дефицит белка, железа и витаминов), длительный бесконтрольный прием медикаментов, обладающих раздражающим действием на слизистую оболочку желудка (салицилаты, бутадион, преднизолон, некоторые антибиотики, сульфаниламиды и др.), производственные вредности (соединения свинца, угольная, металлическая пыль и др.), заболевания, обусловливающие гипоксию тканей (хроническая недостаточность кровообращения, пневмосклероз, анемия), эндогенные интоксикации при заболеваниях почек, подагре (при которых слизистой оболочкой желудка выделяются мочевина, мочевая кислота, индол, скатол и др.), действие токсинов при инфекционных заболеваниях и местных хронических очагах инфекции (так называемой элиминационный хронический гастрит), наследственная предрасположенность. В 75 % случаев хронический гастрит сочетается с хроническим холециститом, аппендицитом, колитом и другими заболеваниями органов пищеварения.

Патогенез. Под влиянием длительного воздействия эндогенных и экзогенных этиологических факторов сначала развиваются функциональные секреторные и моторные нарушения деятельности желудка, а в дальнейшем — дистрофические и воспалительные изменения и нарушения процессов регенерации. Эти структурные изменения развиваются прежде всего в эпителии поверхностных слоев слизистой оболочки, а в дальнейшем в патологический процесс вовлекаются железы желудка, которые постепенно атрофируются или перестраиваются по типу крипт. В прогрессировании заболевания имеют значение аутоиммунные процессы.

Различают хронический гастрит как основное и как сопутствующее заболевание (вторичный гастрит). По этиологическому признаку различают экзогенные и эндогенные хронические гастриты. По степени секреторных расстройств выделяют хронические гастриты с секреторной недостаточностью. На основании данных биопсии выделяют поверхностный гастрит, гастрит с поражением желез (без атрофии), атрофический гастрит (умеренно выраженный), гастрит с явлениями перестройки слизистой оболочки желудка. По локализации морфологических изменений различают: хронический гастрит распространенный, антральный и изолированный гастрит тела (дна) желудка. К особым формам хронического гастрита относят геморрагический, ригидный, гигантский гипертрофический и полипозный гастриты.

Симптомы, течение. Наиболее частыми симптомами являются ощущение давления и распирания в эпигастральной области после еды, изжога, тошнота, иногда тупая боль, снижение аппетита, неприятный вкус во рту, при пальпации — нередко легкая болезненность в эпигастрии. Вначале заболевание может протекать с различным секреторным фоном, хотя чаще всего имеется тенденция к снижению секреции и кислотности желудочного сока.

Хронический гастрит с нормальной и повышенной секреторной функцией желудка — обычно поверхностный или с поражением желудочных желез без атрофии; возникает чаще в молодом возрасте преимущественно у мужчин. Характерны боль, нередко язвенноподобная, изжога, отрыжка кислым, ощущение тяжести в эпигастральной области после еды, иногда — запоры. Желудочная секреция: базальная до 10 ммоль/ч, стимулированная (после максимальной гистаминовой стимуляции) — до 35 ммоль/ч. Нередко наблюдается обильная желудочная секреция в ночное время.

Геморрагический гастрит (гастрит эрозивный, эрозии желудка хронические) характеризуется склонностью к желудочным кровотечениям, преимущественно воспалительными и эрозивными изменениями слизистой оболочки желудка, сохраненной или высокой желудочной секрецией. В ряде случаев кровотечения связаны с повышенной проницаемостью сосудов желудка и легкой травматизацией его слизистой. Другие клинические проявления — как при предыдущей форме гастрита.

Хронический гастрит с секреторной недостаточностью характеризуется атрофическими изменениями слизистой оболочки желудка и его секреторной недостаточностью, выраженными в различной степени; развивается в основном у лиц зрелого и пожилого возраста. Отмечаются желудочная и кишечная диспепсия (неприятный вкус во рту, снижение аппетита, тошнота, особенно по утрам, отрыжка воздухом, урчание и переливание в животе, запоры или поносы); при длительном течении — похудание, гипопротеинемия, симптомы полигиповитаминоза, нерезко выраженного гипокортицизма, недостаточности других эндокринных желез (общая слабость, импотенция и др.), нормохромная или железодефицитная анемия. Часто возникает сопутствующий энтерит; кишечный дисбактериоз, панкреатит, холецистит накладывают свой отпечаток на клиническую картину заболевания.

Ригидный (антральный) гастрит характеризуется выраженными глубокими воспалительно-рубцовыми изменениями преимущественно антрального отдела желудка, его деформацией и сужением. Симптомы: боль в эпигастральной области, диспепсические явления, повышенная секреция желудочного сока, редко ахлоргидрия. При рентгенологическом исследовании выявляется трубкообразное сужение привратника, что представляет дифференциально-диагностические трудности с опухолью. Диагноз подтверждается гастрофиброскопией с прицельной биопсией и динамическим наблюдением за больным.

Полипозный гастрит характеризуется атрофией и дисрегенераторной гиперплазией слизистой оболочки желудка, ахлоргидрией. Типичной клинической картины не имеет.

Гигантский гипертрофический гастрит (гастрит опухолевидный, болезнь Менетрие, полиаденома стелющаяся и др.) характеризуется наличием в слизистой оболочке желудка множественных или единичных аденом и кист, вследствие чего ее складки приобретают резко утолщенный грубый вид, повышенной потерей белка с желудочным соком, гипопротеинемией (в тяжелых случаях). Дифференциальный диагноз с опухолью желудка основан на рентгенологическом и гастрофиброскопическом исследовании с прицельной биопсией (из-за глубокого залегания аденоматозная ткань не всегда попадает в биоптат); дозированное раздувание желудка при проведении этих исследований облегчает диагноз, вызывая сглаживание желудочных складок (в отличие от опухолевой инфильтрации).

Т е ч е н и е хроническое с периодами обострений под воздействием неблагоприятных факторов (нарушение режима питания и диеты, прием крепких алкогольных напитков и их суррогатов и т. д.). Возможные положения: профузные кровотечения (при геморрагическом гастрите).

Хронический гастрит (особенно «перестройки» и атрофически-гиперпластическая его форма) рассматриваются как предопухолевое заболевание.

П р о г н о з в отношении жизни благоприятный: под влиянием лечения в большинстве случаев сравнительно быстро улучшается самочувствие больных, но основные морфологические изменения хронического гастрита и нарушения секреторной функции желудка, как правило, остаются.

Д и ф ф е р е н ц и а л ь н ы й д и а г н о з основных форм гастрита проводится с функциональными расстройствами секреторной функции желудка («раздраженный желудок», ахилия желудочная, функциональная — см.); при этом для хронического гастрита более характерны более стойкие и выраженные симптомы, картина воспалительных изменений слизистой оболочки по данным гастрофиброскопии и биопсии.

Гастрит с сохраненной и повышенной желудочной секрецией, антральный гастрит, часто проявляющиеся болями, следует дифференцировать от язвенной болезни; при гастрите отсутствует сезонность обострений, на высоте обострения не выявляется изъязвление слизистой оболочки желудка. Полипозный гастрит дифференцируют от полипоза желудка; решающее значение имеют данные прицельной биопсии.

Для дифференциации антрального и гигантского гипертрофического гастрита с опухолью желудка решающее значение имеют гастрофиброскопия с прицельной биопсией.

Л е ч е н и е обычно проводят в амбулаторных условиях, при обострениях целесообразна госпитализация. Ведущее значение имеет лечебное питание. В период обострения болезни питание должно быть дробным, 5—6 раз в сутки (диета № 1а). По мере стихания обострения диетотерапия строится с учетом характера секреторных нарушений. При хроническом гастрите с секреторной недостаточностью назначают диету № 2. При хроническом гастрите с нормальной и повышенной секрецией в период обострения назначают диету № 1а, через 7—10 дней переходят к столу № 1б, а через следующие 7—10 дней — к диете № 1. В период затухания обострения диета должна быть полноценной, ограничиваются лишь поваренная соль, углеводы и экстрактивные вещества, особенно при повышенной кислотности желудочного сока.

При повышенной секреторной и моторно-эвакуаторной функции желудка назначают холинолитические, спазмолитические и ганглиоблокирующие средства (атропин, платифиллин, спазмолитин, бензогексоний) в комбинации с антацидами (викалин, альмагель и др.) и препаратами, стимулирующими регенераторные процессы (метилурацил, пентоксил, препараты лакрицы и др.).

При хроническом гастрите с секреторной недостаточностью при боли назначают ганглиоблокирующие препараты (кватерон, ганглерон, которые, вызывая выраженный спазмолитический эффект, сравнительно мало влияют на секреторную функцию желудка), а также сок подорожника, плантаглюцид, вызывающие некоторое повышение секреции, усиливающие двигательную функцию желудка и обладающие противовоспалительным и спазмолитическим действием. Показаны вяжущие и обволакивающие средства. С целью воздействия на секреторную функцию желудка назначаются витамины РР, С, В$_6$. Вне обострения при признаках декомпенсации гастрита (метеоризм, ахилические поносы) применяют заместительную терапию — желудочный сок, абомин, бетацид, панкреатин и др. Для лечения хронического гастрита с секреторной недостаточностью, в развитии которого значительную роль играют аутоиммунные процессы, в ряде случаев обосновано назначение глюкокортикостероидных гормонов. Физические методы лечения: грелки, грязелечение, диатермия, электро- и гидротерапия и т. д.

Санаторно-курортное лечение хронического гастрита проводится вне обострения болезни. Курорты с минеральными водами для питьевого лечения: Арзни, Аршан, Березовские Минеральные Воды, Боржоми, Ижевск, Джалал-Абад, Джермук, Друскининкай, Ессентуки, Железноводск, Пятигорск, Саирме, Феодосия, Шира и др., а также местные санатории гастроэнтерологического профиля. Минеральные воды можно применять и во внекурортных условиях: при пониженной кислотности предпочтительно употребление вод соляно-щелочных источников за 15—20 мин до приема пищи, а при сохраненной и повышенной секреторной функции — бикарбонатных за 1 ч до приема пищи и во время изжоги.

П р о ф и л а к т и к а. Основное значение имеет рациональное питание, отказ от употребления крепких алкогольных напитков, курения. Необходимо следить за состоянием полости рта, своевременно лечить заболевания других органов брюшной полости, устранять профессиональные вредности. Больные хроническим гастритом, особенно с атрофически-дисрегенераторными изменениями, должны находиться на диспансерном учете и комплексно обследоваться не реже двух раз в год.

ГАСТРОКАРДИАЛЬНЫЙ СИНДРОМ (Ремхельда синдром) — комплекс рефлекторных функциональных сердечно-сосудистых изменений, возникающих после еды при резко переполненном желудке и высоком стоянии диафрагмы, раздражении слизистой оболочки кардиальной зоны, язвах и раке кардиального отдела желудка и пищевода. Предрасполагает к появлению этого синдрома атеросклеротическое поражение коронарных артерий.

Характерны боль, ощущение давления в области сердца, изменения сердечного ритма и артериального давления.

Л е ч е н и е: в первую очередь — основного заболевания, а также частое дробное питание, спазмолитические средства за 20—30 мин до еды, транквилизаторы.

ГАСТРОПТОЗ см. *Дискинезии пищеварительного тракта.*

ГАСТРОЭНТЕРИТ см. *Гастрит; Энтерит.*

ГАСТРОЭНТЕРОКОЛИТ см. *Гастрит; Энтерит; Колит.*

ГЕМОХРОМАТОЗ (пигментный цирроз печени бронзовый диабет, синдром Труазье — Ано — Шоффара, сидерофилия и др.) — общее заболевание, характеризующееся нарушением обмена железа, повышенным его содержанием в сыворотке крови и накоплением в тканях и внутренних органах. Встречается сравнительно редко, преимущественно у мужчин.

Э т и о л о г и я, п а т о г е н е з. Первичный («идиопатический») гемохроматоз относят к ферментопатиям и рассматривают как врожденное заболевание с аутосомно-доминантным путем наследования, при котором в тонком кишечнике человека всасывается значительно больше железа, чем в норме, и оно избыточно депонируется в тканях — в печени, поджелудочной железе, сердечной мышце, коже и т. д. в основном в виде нерастворимого гемосидерина. Возникает вторичная воспалительно-склеротическая реакция тканей пораженных органов. В гладких мышцах также избыточно откладывается липофусцин, в эпидермисе — меланин. Вторичный гемохроматоз возникает при избыточном поступлении в организм железа (длительном неконтролируемом лечении препаратами железа, при повторных частых переливаниях крови и т. д.).

С и м п т о м ы, т е ч е н и е. Характерны гиперпигментация кожи (особенно открытых частей тела, подмышечных впадин, ладоней, половых органов и старых кожных рубцов), принимающей серо-бурый или коричневатый цвет, увеличенная и плотная печень и диабет. Нередки явления недостаточности эндокринных желез, в первую очередь половых. Гемосидероз миокарда проявляется электрокардиографическими признаками дистрофии миокарда, аритмиями, сердечной недостаточностью.

Повышена концентрация сывороточного железа (до 50—70 мкмоль/л), насыщенность железом трансферрина достигает 90 % (в норме 30 %). Гиперферремия выявляется еще до того, как возникают гиперпигментация кожи и увеличение печени. Исследование окрашенных голубым нитропруссидом гистологических препаратов, приготовленных из биоптатов печени больного, позволяет обнаружить большое количество внутриклеточного железа. Отмечается повышенное выделение с мочой железа после инъекции дефероксамина. Биохимические сдвиги, характерные для цирроза печени, появляются в более позднем периоде заболевания по сравнению с гиперпигментацией и увеличением печени. Как правило, выявляется гипергликемия и глюкозурия.

Т е ч е н и е постепенно прогрессирующее.

П р о г н о з без лечения неблагоприятный. Средняя продолжительность жизни больных после установления диагноза (при отсутствии лечения) не превышает 4—5 лет. Причиной гибели больных могут быть печеночная или диабетическая кома, острое кровотечение из варикозно-расширенных вен пищевода и желудка, сердечная недостаточность; у пожилых больных с длительным течением заболевания в 15—20 % случаев развивается рак печени.

Л е ч е н и е. Назначают систематические кровопускания (приблизительно раз в неделю по 400—500 мл крови), повторные курсы инъекций дефероксамина (по 10 мл 10 % раствора в/м или в/в). Диабет, печеночные и сердечные осложнения гемохроматоза купируют соответствующей симптоматической терапией.

ГЕПАТИТ — воспалительное заболевание печени.

Гепатит острый. Э т и о л о г и я, п а т о г е н е з. Наиболее частая причина острого поражения печени у человека — вирусный гепатит. Острый гепатит может быть вызван также энтеровирусами, возбудителями кишечных инфекций, вирусами инфекционного мононуклеоза, лептоспирой, некоторыми тропическими паразитами, септической бактериальной инфекцией (см. *Инфекционные болезни; Сепсис*). Существуют также острые токсические гепатиты, вызываемые лекарственными препаратами (ингибиторами МАО — производными гидразина, ПАСК, производными изоникотиновой кислоты, экстрактом мужского папоротника и др.), промышленными ядами (фосфор, фосфорорганические инсектициды, тринитротолуол и др.), грибными ядами бледной поганки, сморчков (мускарин, афалотоксин и др.). Острый гепатит может возникнуть как следствие лучевого (радиационного) поражения, при обширных ожогах тела, тяжелых инфекционных заболеваниях, токсикозах беременных. Употребление алкоголя нередко предрасполагает к развитию острого гепатита. Патогенез острого гепатита заключается либо в непосредственном действии повреждающего фактора на печеночную паренхиму, либо в иммунологических нарушениях, возникающих в ответ на первичное поражение печени, с последующим цитолизом пораженных и интактных гепатоцитов. В некоторых случаях дополнительное значение имеет нарушение микроциркуляции в печени и внутрипеченочный холестаз.

С и м п т о м ы, т е ч е н и е. В легких случаях острый гепатит протекает практически бессимптомно, выявляясь лишь при случайном либо целенаправленном обследовании (например, на производстве среди лиц, контактирующих с гепатотропными ядами, при бытовых групповых отравлениях грибами и т. д.). В более тяжелых случаях (например, при токсическом гепатите) клинические симптомы заболевания развиваются быстро, часто в сочетании с признаками общей интоксикации и токсического поражения других органов и систем. В разгар болезни характерны желтушное окрашивание кожи и слизистых оболочек, беловато-глинистого цвета стул, насыщенно-темного цвета («цвета пива») моча, геморрагические явления. Цвет кожных покровов бывает оранжевым или шафранным. Однако в легких случаях желтуха видна только при дневном освещении, наиболее рано появляется желтушное окрашивание склер и слизистой оболочки мягкого неба. Нередки носовые кровотечения, петехии; больных беспокоит кожный зуд, отмечаются брадикардия, угнетенное психическое состояние, повышенная раздражительность больных, бессонница и другие признаки поражения центральной нервной системы.

Печень и селезенка несколько увеличены и слабо болезненны. При особо тяжелых поражениях и преобладании некротических изменений в печени (острой дистрофии) ее размеры могут уменьшаться.

Лабораторные исследования обнаруживают гипербилирубинемию (100—300 мкмоль/л и более), повышение активности ряда сывороточных ферментов: альдолазы, аспартатаминотрансферазы и особенно аланинаминотрансферазы (значительно выше 40 ед.), лактатдегидрогеназы, гипоальбуминемию, гиперглобулинемию (преимущественно повышается содержание α_2- и реже γ-глобулинов). Отклонены от нормы показатели белково-осадочных проб (тимоловая, сулемовая и др.). Нарушена выработка фибриногена, протромбина, VII, V факторов свертывания, вследствие чего возникают геморрагические явления.

Т е ч е н и е, о с л о ж н е н и я, п р о г н о з. При своевременном лечении часто наступает полное выздоровление. В части случаев острый гепатит переходит в хронический, а затем в цирроз печени. В отдельных случаях развивается острая дистрофия печени (см. *Гепатоз*) с клиникой острой печеночной или печеночно-почечной недостаточности, от которой больные могут погибнуть.

Д и ф ф е р е н ц и а л ь н ы й д и а г н о з. Большое значение имеет тщательно собранный анамнез, установление возможности профессиональных или бытовых интоксикаций, учет эпидемиологической обстановки в выявлении характера и причины заболевания. В неясных случаях прежде всего следует подумать о вирусном гепатите. Выявление так называемого австралийского антигена характерно для сывороточного гепатита В (он выявляется также у вирусоносителей, редко при других заболеваниях). Механическая (подпеченочная) желтуха возникает остро обычно лишь при закупорке общего желчного протока камнем при желчнокаменной болезни. Но в этом случае появлению желтухи предшествует приступ желчной колики; билирубин в крови в основном прямой, стул — обесцвеченный. При гемолитической надпочечной желтухе в крови определяется свободный (непрямой) билирубин, стул интенсивно окрашен, осмотическая резистентность эритроцитов обычно снижена. В случае ложной желтухи (вследствие окрашивания кожи каротином при длительном и обильном употреблении в пищу апельсинов, моркови, тыквы) склеры обычно не окрашены, гипербилирубинемия отсутствует.

Л е ч е н и е. Больных острым вирусным гепатитом (и с подозрением на таковой), а также инфекционными гепатитами другой этиологии обязательно госпитализируют в специальные отделения инфекционных больниц, а в очаге инфекции проводят санитарно-эпидемические мероприятия. Больных с токсическими гепатитами госпитализируют в центры отравлений, где им проводят мероприятия по удалению яда из организма (промывания желудка и т. д.), дезинтоксикационную терапию.

Больным острым гепатитом назначают постельный режим, щадящую диету с ограничением жиров и увеличением содержания углеводов, большое количество фруктовых соков. В тяжелых случаях, особенно при выраженной анорексии и рвоте, внутривенно капельным способом вводят 5—10 % раствор глюкозы (до 500 мл).

При появлении признаков загруженности или комы по срочным показаниям проводят массивный плазмаферез. С помощью центрифуги либо сепаратора удаляют 1,5—2 л плазмы и вводят в/в 2 л свежезамороженной плазмы. Если нет стойкого улучшения — прояснения сознания, нарастания уровня протромбина, на следующий день и далее процедуру повторяют. Ежедневно в течение 2—3 дней и более до стойкого исчезновения признаков комы необходимо вводить 1—2 л свежезамороженной плазмы до нормализации системы свертывания крови.

П р о г н о з зависит от этиологии заболевания, тяжести поражения печени, своевременности лечебных мероприятий.

П р о ф и л а к т и к а острых гепатитов, учитывая многообразие их этиологических факторов, заключается в четком проведении санитарно-эпидемических мероприятий, соблюдении правил личной гигиены, обеспечении соответствующего санитарно-технического надзора на предприятиях, предотвращающего возможность производственных отравлений гепатотропными ядами. Не следует употреблять в пищу заведомо несъедобные или неизвестные грибы, а также съедобные, но старые (которые тоже могут вызвать тяжелое отравление).

Хронические гепатиты — полиэтиологические хронические (длительностью более 6 мес) поражения печени воспалительно-дистрофического характера с умеренно выраженным фиброзом и преимущественно сохраненной дольковой структурой печени. Среди хронических заболеваний печени хронический гепатит является наиболее частым.

Э т и о л о г и я, п а т о г е н е з. Наибольшее значение имеет вирусное, токсическое и токсико-аллергическое поражение печени при вирусных гепатитах, промышленных, бытовых, лекарственных хронических интоксикациях (алкоголь, хлороформ, соединения свинца, тринитротолуол, атофан, аминазин, изониазид, метилдофа и др.), реже — вирусы инфекционного мононуклеоза, герпеса, цитомегалий. Хронический гепатит часто наблюдается при затяжном септическом эндокардите, висцеральном лейшманиозе, малярии. Хронический холестатический гепатит может быть обусловлен длительным подпеченочным холестазом (вследствие закупорки камнем или рубцового сдавления общего желчного протока, рака головки поджелудочной железы и т. д.) в сочетании с обычно присоединяющимся воспалительным процессом в желчных протоках и ходах, преимущественным первично-токсическим или токсико-аллергическим поражением холангиол. Он также может быть вызван некоторыми медикаментами (производные фенотиазина, метилтестостерон и его аналоги и т. д.) или возникать после перенесенного вирусного гепатита.

Помимо хронических гепатитов, представляющих собой самостоятельное заболевание (первичные гепатиты), встречаются также хронические неспецифического характера гепатиты, возникающие на фоне хронических инфекций (туберкулеза, бруцеллеза и др.), различных хронических заболеваний пищеварительного тракта, системных заболеваний соединительной ткани и т. д. (вторичные, или реактивные, гепатиты). Наконец, во многих случаях этиология хронического гепатита остается невыясненной.

П а т о г е н е з: непосредственное действие этиологического фактора (вируса, гепатотоксического вещества) на печеночную паренхиму, вызывающее дистрофию и некробиоз гепатоцитов и реактивную пролиферацию мезенхимы. Одним из патогенетических механизмов перехода острого вирусного и токсического гепатита в хронический и дальнейшего прогрессирования последнего являются специфические иммунологические нарушения.

С и м п т о м ы, т е ч е н и е. Характерны увеличение печени, боль или чувство тяжести, полноты в правом подреберье, диспепсические явления; реже выявляются желтуха, кожный зуд, субфебрилитет. Увеличение печени встречается приблизительно у 95 % больных, однако в большинстве случаев оно умеренное. Увеличение селезенки отсутствует или она увеличена незначительно. Боль в области печени тупого характера, постоянная. Часты снижение аппетита, отрыжка, тошнота, плохая переносимость жиров, алкоголя, метеоризм, неустойчивый стул, общая слабость, снижение трудоспособности, гипергидроз. У трети больных выявляется нерезко выраженная (субиктеричность склер и неба) или умеренная желтуха. Часты, но неспецифичны увеличение СОЭ, диспротеинемия за счет снижения концентрации альбуминов

и повышения глобулинов, преимущественно α- и γ-фракции. Положительны результаты белково-осадочных проб — тимоловой, сулемовой и др. В сыворотке крови больных увеличено содержание аминотрансфераз: АлАТ, АсАТ и ЛДГ, при затруднении оттока желчи — щелочной фосфатазы. Приблизительно у 50 % больных находят незначительную или умеренную гипербилирубинемию преимущественно за счет повышения содержания в сыворотке крови связанного (прямого) билирубина. Нарушается поглотительно-экскреторная функция печени (удлиняется период полувыведения из крови бромсульфалеина).

При холестатическом гепатите обычно наблюдается более выраженная и стойкая желтуха и лабораторный синдром холестаза: в сыворотке крови повышено содержание щелочной фосфатазы, холестерина, желчных кислот, связанного билирубина, меди.

Выделяют малоактивный (неактивный), доброкачественный персистирующий и активный, агрессивный, прогрессирующий рецидивирующий гепатит.

Т е ч е н и е. Малоактивный (персистирующий) гепатит протекает бессимптомно или с незначительными симптомами, изменения лабораторных показателей также незначительны. Обострения процесса нехарактерны.

Хронический активный рецидивирующий (агрессивный) гепатит характеризуется выраженными жалобами и яркими объективными клиническими и лабораторными признаками. У некоторых больных наблюдаются системные аутоаллергические проявления заболевания (полиартралгия, кожные высыпания, гломерулонефрит и т. д.). Характерны частые рецидивы болезни, иногда наступающие под воздействием даже незначительных факторов (погрешность в диете, переутомление и т. д.). Частые рецидивы приводят к значительным морфологическим изменениям печени и развитию цирроза. В связи с этим прогноз при активном гепатите более тяжелый.

Пункционная биопсия печени и лапароскопия позволяют более точно различить эти две формы гепатита, а также провести дифференциальную диагностику с другими заболеваниями печени.

Сканирование печени позволяет определить ее размеры; при гепатитах иногда отмечается уменьшенное или неравномерное накопление радиоизотопного препарата в ткани печени, в ряде случаев происходит повышенное его накопление в селезенке.

Д и ф ф е р е н ц и а л ь н ы й д и а г н о з в случаях с яркой клинической картиной диффузного поражения печени в первую очередь нужно проводить с циррозом печени. При циррозе более выражены симптомы заболевания, печень обычно значительно плотнее, чем при гепатите; она может быть увеличенной, но нередко и уменьшенной в размерах (атрофическая фаза цирроза). Как правило, наблюдается спленомегалия, часто выявляются печеночные признаки (сосудистые телеангиэктазии, печеночный язык, печеночные ладони), могут иметь место симптомы портальной гипертензии. Лабораторные исследования показывают значительные отклонения от нормы результатов так называемых печеночных проб; при пункционной биопсии — дезорганизация структуры печени, значительное разрастание соединительной ткани.

Фиброз печени в отличие от гепатита обычно не сопровождается клиническими симптомами и изменением функциональных печеночных проб. Анамнез (наличие в прошлом заболевания, которое могло вызвать фиброз печени), длительное наблюдение за больным и пункционная биопсия печени (в необходимых случаях) позволяют дифференцировать его от хронического персистирующего гепатита.

При жировом гепатозе печень обычно более мягка, чем при хроническом гепатите, селезенка не увеличена, решающее значение в диагностике имеет пункционная биопсия печени.

Дифференциальный диагноз с функциональными гипербилирубинемиями основывается на особенностях их клинической картины (легкая желтуха с гипербилирубинемией без яркой клинической симптоматики и изменения данных лабораторных печеночных проб и пункционной биопсии печени). Амилоидозу с преимущественной печеночной локализацией в отличие от хронического гепатита свойственны симптомы и других органных локализаций процесса, положительная проба с конго красным или метиленовым синим; диагноз подтверждается пункционной биопсией печени. При очаговых поражениях (опухоль, киста, туберкулома и др.) печень неравномерно увеличена, а сканирование определяет очаг деструкции печеночной паренхимы.

Лечение. Больные хроническим персистирующим и агрессивным гепатитом вне обострения должны соблюдать диету с исключением острых, пряных блюд, тугоплавких животных жиров, жареной пищи. Рекомендуется творог (ежедневно по 100—150 г), неострые сорта сыра, нежирные сорта рыбы в отварном виде (треска и др.). При токсических и токсико-аллергических гепатитах чрезвычайно важно полное прекращение контакта с соответствующим токсическим веществом, при алкогольных гепатитах — приема алкоголя, в необходимых случаях показано лечение от алкоголизма.

При обострении гепатита показана госпитализация, постельный режим, более строгая щадящая диета с достаточным количеством белков и витаминов. Назначают глюкозу по 25—30 г внутрь, витаминотерапию (особенно витамины B_1, B_2, B_6 и B_{12}, никотиновую, фолиевую и аскорбиновую кислоту). С целью улучшения анаболических процессов применяют анаболические стероидные гормоны (метандростенолон внутрь по 15—20 мг/сут с постепенным снижением дозы или ретаболил по 20—50 мг 1 раз в 2 нед в/м). В более острых случаях, особенно с признаками значительной активности иммунокомпетентной системы, показаны в небольших дозах кортикостероидные гормоны (по 20—40 мг преднизолона в сутки) и(или) иммунодепрессанты также в небольших дозах, но длительно. Проводят лечение экстрактами и гидролизатами печени (витогепат, камполон, сирепар и др.), но осторожно, так как при острых

гепатитах введение печеночных гидролизатов может усилить аутоаллергические процессы и способствовать еще большему обострению гепатита.

При хроническом холестатическом гепатите основное внимание должно быть направлено на выявление и устранение причины холестаза, в этом случае можно ожидать успеха от лечебных мероприятий.

Больные хроническим гепатитом нуждаются в трудоустройстве (ограничение тяжелой физической нагрузки, освобождение от работ, связанных с частыми командировками и не позволяющих соблюдать режим питания). Больных агрессивным гепатитом с быстрым прогрессированием процесса переводят на инвалидность III, а в отдельных случаях — II группы.

Профилактика хронических гепатитов сводится к профилактике инфекционного и сывороточного гепатита, борьбе с алкоголизмом, исключению возможности производственных и бытовых интоксикаций гепатотропными веществами, а также к своевременному выявлению и лечению острого и подострого гепатита.

ГЕПАТОЗЫ — болезни печени, характеризующиеся дистрофическими изменениями ее паренхимы без выраженной мезенхимально-клеточной реакции. Различают острые и хронические гепатозы, среди последних — жировой и холестатический.

Гепатоз острый (токсическая дистрофия печени, острая желтая атрофия печени и др.). Этиология и патогенез. Острый гепатоз развивается при токсических поражениях печени — тяжелых отравлениях фосфором, мышьяком, большими дозами алкоголя, некоторых лекарств (тетрациклины, экстракт папоротника и др.), несъедобными грибами — сморчками, бледной поганкой и др. Иногда острой дистрофией печени осложняются вирусный гепатит и сепсис.

Симптомы, течение. Острый жировой гепатоз развивается бурно, проявляется диспепсическими расстройствами, признаками общей интоксикации, желтухой. Печень вначале несколько увеличена, мягка, в дальнейшем — не пальпируется, ее перкуторные размеры уменьшены. В крови значительное повышение содержания аминотрансфераз, особенно АлАТ, фруктозо-1-фосфатальдолазы, урокиназы. В тяжелых случаях имеет место гипокалиемия, может повышаться СОЭ. Изменения других печеночных проб незакономерны. В биоптатах печени обнаруживают жировую дистрофию гепатоцитов вплоть до некроза.

Дифференциальный диагноз. В отличие от вирусного гепатита при гепатозах нет характерного продромального периода. Следует учитывать также данные анамнеза (систематическое злоупотребление алкоголем, прием гепатотоксических препаратов, употребление в пищу не известных больному грибов и т. д.), эпидемиологические данные. При острых гепатозах обычно селезенка не увеличивается, при острых гепатитах — увеличивается.

Острый жировой гепатоз может сопровождаться тяжелой печеночной недостаточностью и привести к гибели больного от печеночной комы, вторичных геморрагических явлений. В более легких случаях морфология и функция печени могут восстановиться или же заболевание переходит в хроническую форму.

Л е ч е н и е. Больных госпитализируют, принимают срочные меры для прекращения поступления в организм токсического фактора и выведения его из организма (промывание желудка, солевые слабительные, сифонные клизмы). Проводят борьбу с геморрагическим синдромом (переливание свежезамороженной плазмы — 1,5—2 л и более, введение викасола — 1—3 мл 1 % раствора 3—4 раза в день, рутина), общим токсикозом, гипокалиемией (капельное в/в введение панангина, 5 % раствора глюкозы с витаминами С, группы В, гемодеза и др.). При первых признаках — плазмаферез (см. *Гепатит острый*). При остром вирусном гепатозе больного госпитализируют в инфекционную больницу (терапия основного заболевания, печеночной недостаточности).

П р о ф и л а к т и к а — санитарно-эпидемические мероприятия, направленные на борьбу с вирусным гепатитом, профилактика токсических производственных и бытовых интоксикаций гепатотропными ядами.

Гепатоз хронический жировой (жировая дистрофия, жировая инфильтрация, стеатоз печени и др.) характеризуется жировой (иногда с элементами белковой) дистрофией гепатоцитов и хроническим течением.

Э т и о л о г и я, п а т о г е н е з: чаще всего — алкоголизм, реже — эндогенный (при тяжелых панкреатитах, энтеритах) дефицит белка и витаминов, хронические интоксикации четыреххлористым углеродом, фосфорорганическими соединениями, другими токсическими веществами, обладающими гепатотропным действием, бактериальными токсинами, различные нарушения обмена в организме (гиповитаминозы, общее ожирение, сахарный диабет, тиреотоксикоз и др.). Патогенез поражения печени в этих случаях в основном сводится к нарушению метаболизма липидов в гепатоцитах и образования липопротеидов. В прогрессировании дистрофических и некробиотических изменений имеют значение не только непосредственное действие повреждающего фактора на печеночную клетку, но и токсико-аллергические процессы.

С и м п т о м ы, т е ч е н и е. Возможна малосимптомная форма, при которой клиника маскируется проявлениями основного заболевания (тиреотоксикоз, сахарный диабет и др.), токсического поражения других органов или сопутствующих заболеваний желудочно-кишечного тракта. В других случаях наблюдаются выраженные диспепсические явления, общая слабость, тупая боль в правом подреберье; иногда — легкая желтуха. Печень умеренно увеличена, с гладкой поверхностью, болезненная при пальпации. Спленомегалия нехарактерна. Содержание аминотрансфераз в сыворотке крови умеренно или незначительно повышено, нередко также повышено содержание холестерина, ß-липопротеидов. Характерны результаты бромсульфалеиновой и вофавердиновой проб: задержка

выделения печенью этих препаратов наблюдается в большинстве случаев. Другие лабораторные тесты малохарактерны. Решающее значение в диагностике имеют данные пункционной биопсии печени (жировая дистрофия гепатоцитов).

Т е ч е н и е относительно благоприятное: во многих случаях, особенно при исключении действия повреждающего агента и своевременном лечении, возможно выздоровление. Однако гепатоз в отдельных случаях может трансформироваться в хронический гепатит и цирроз.

Д и ф ф е р е н ц и а л ь н ы й   д и а г н о з. Отсутствие спленомегалии позволяет с известной степенью уверенности дифференцировать хронические гепатозы с гепатитами и циррозами печени. При циррозах печени обычно имеются печеночные стигматы (печеночные звездочки — телеангиэктазии, ярко-красного или малинового цвета язык, «перламутровые» ногти и т. д.), признаки портальной гипертензии, чего не бывает при гепатозах. Следует иметь в виду также гепатолентикулярную дегенерацию (см.), гемохроматоз (см). Очень большое значение для дифференциальной диагностики гепатоза с другими поражениями печени имеет чрескожная биопсия печени.

Л е ч е н и е. Необходимо стремиться к прекращению действия этиологического фактора. Категорически запрещают прием алкогольных напитков. Назначают диету № 5 с повышенным содержанием полноценных белков животного происхождения (до 100—120 г/сут) и липотропных факторов (творог, отварная треска, дрожжи, изделия из гречневой, овсяной крупы и т. д.). Ограничивают поступление в организм жиров, особенно тугоплавких, животного происхождения. Назначают липотропные препараты: холина хлорид, липоевую, фолиевую кислоту, витамин B_{12}, препараты, содержащие экстракты и гидролизаты печени (сирепар по 5 мл внутримышечно ежедневно, эссенциале и др.).

Гепатоз холестатический характеризуется холестазом и накоплением желчного пигмента в гепатоцитах, дистрофическими изменениями в них (преимущественно белковой дистрофией).

Э т и о л о г и я: токсическое и токсико-аллергическое воздействие некоторых веществ, например медикаментов (аминазин, аналоги тестостерона, гестагены, некоторые антибиотики и др.).

П а т о г е н е з: нарушение обмена в гепатоцитах, преимущественно холестерина и желчных кислот, нарушение желчеобразования и оттока желчи по внутридольковым желчным канальцам.

С и м п т о м ы, т е ч е н и е. Желтуха, кожный зуд, обесцвечивание кала, темный цвет мочи, нередко имеет место лихорадка. Печень обычно увеличена. Лабораторные исследования выявляют гипербилирубинемию, повышенную активность щелочной фосфатазы и лейцинаминопептидазы в сыворотке крови, гиперхолестеринемию, нередко — увеличение СОЭ. Испражнения в большей или меньшей степени обесцвечены за счет уменьшенного содержания в них стеркобилина.

176

Диагностическое значение имеют данные пункционной биопсии: при холестатическом гепатозе желчный пигмент накапливается в гепатоцитах, ретикулоэндотелиоцитах и во внутридольковых желчных канальцах, определяются дистрофические изменения гепатоцитов (преимущественно белковая дистрофия), в запущенных случаях — явления холангита.

Заболевание может быть острым или иметь затяжное хроническое течение. Хронический холестатический гепатоз сравнительно быстро трансформируется в гепатит вследствие возникающей реакции ретикулогистиоцитарной стромы печени и вторичного холангита.

Л е ч е н и е такое же, как при хроническом жировом гепатозе. Дополнительно нередко назначают кортикостероидные гормоны. Санаторно-курортное лечение не рекомендуется.

П р о ф и л а к т и к а хронических гепатозов состоит в устранении причин, вызывающих эти заболевания (борьба с алкоголизмом, тщательный врачебный контроль за применением больными и действием различных лекарственных препаратов, обладающих побочным гепатотропным эффектом), обеспечение сбалансированного рационального питания, своевременное лечение заболеваний пищеварительной системы, выявление и лечение заболеваний, которые могут осложниться жировым гепатозом (сахарный диабет, тиреотоксикоз). Больные хроническим гепатозом должны находиться на диспансерном наблюдении с периодическими (1—2 раза в год и более) курсами лечения и профилактики обострения.

ГЕПАТОЛЕНТИКУЛЯРНАЯ ДЕГЕНЕРАЦИЯ

(гепатолентикулярная дистрофия, гепатоцеребральная дегенерация, семейный юношеский гепатит с дегенерацией полосатого тела, болезнь Вестфаля — Вильсона — Коновалова и др.) — общее заболевание, характеризующееся нарушением обмена меди, поражением печени типа цирроза и деструктивными процессами в головном мозге. Встречается чаще всего в юношеском возрасте и, по-видимому, относится к генетически обусловленным ферментопатиям, наследственно передается по аутосомно-рецессивному типу. В сыворотке крови больных снижено содержание церулоплазмина, связывающего медь, и значительно усилена абсорбция меди в кишечнике. Вследствие этого происходит повышенное отложение меди в печени (что ведет к развитию цирроза), ганглиях нервной системы (вызывая их токсическое поражение), в коже, по периферии роговиц и в других тканях. В 5—10 раз усиливается выделение меди с мочой.

С и м п т о м ы, т е ч е н и е. Нередко заболевание начинается с признаков поражения печени и диагностируется как хронический гепатит, цирроз печени, затем присоединяются неврологические расстройства: тремор конечностей, скандированная речь, амимия лица, далее развиваются гипертонус мышц конечностей, нарушения мышления. В других случаях поражение нервной системы развивается раньше, а затем у больных выявляется цирроз печени, обычно крупноузловой, по своим клиническим проявлениям в основном не отличающийся от циррозов другой этиологии. Отложение меди в почках ведет к гипераминоацидурии, а в ряде случаев — почечной глюкозурии. Диагностическое значение имеет гиперпигментация кожи — от темносерого до коричневого цвета и наличие на периферии роговиц больного характерного зеленовато-коричневого ободка — так называемых колец Кайзера — Флейшнера. Как правило, обнаруживается умеренная спленомегалия. Диагноз подтверждается пункционной биопсией печени и лабораторными тестами: исследованием содержания церулоплазмина в сыворотке и крови, концентрации меди в крови и суточной моче. В нелеченых случаях болезнь прогрессирует и через несколько лет после проявления явных симптомов заканчивается гибелью больных.

Л е ч е н и е. Рекомендуется специальная диета с низким содержанием меди. Хорошие результаты отмечены от назначения D-пеницилина (по 20—40 мг/кг ежедневно в течение длительного времени), который увеличивает выделение меди с мочой.

ГЕПАТОСПЛЕНОМЕГАЛИЧЕСКИЙ ЛИПОИДОЗ

см. *Гиперлипемия эссенциальная.*

ГЕПАТОЛИЕНАЛЬНЫЙ СИНДРОМ

— сочетанное увеличение печени и селезенки. Наблюдается при циррозах печени, портальной гипертензии, инфекционных и паразитарных заболеваниях и в других случаях.

С и м п т о м ы, л е ч е н и е. Отмечается одновременное увеличение печени и селезенки, при значительной давности процесса — уплотнение их. Могут наблюдаться гиперглобулинемия, повышение СОЭ, изменение белково-осадочных проб. Гематологической особенностью гепатолиенального синдрома являются симптомы гиперспленизма — анемия, лейкопения и тромбоцитопения.

Л е ч е н и е. Проводят лечение основного заболевания. При резко выраженном гиперспленизме — спленэктомия.

ГИПЕРБИЛИРУБИНЕМИИ ФУНКЦИОНАЛЬНЫЕ

(гипербилирубинемии доброкачественные, желтухи функциональные) — группа заболеваний и синдромов, характеризующихся желтушным окрашиванием кожи и слизистых, гипербилирубинемией при нормальных других показателях функции печени и (при основных формах) отсутствии морфологических изменений в печени, доброкачественным течением. К ним относятся гипербилирубинемия постгепатитная и гипербилирубинемии функциональные врожденные.

Гипербилирубинемии функциональные врожденные — группы наследственно передающихся (генетически обусловленных) негемолитических гипербилирубинемий. Заболевания обусловлены нарушением процессов захватывания гепатоцитами свободного билирубина из крови, связывания его с глюкуроновой кислотой с образованием билирубин-глюкуронида (связанного билирубина) и последующего выделения его с желчью.

Во всех случаях гипербилирубинемия и желтуха обнаруживаются с раннего детства, в большинстве случаев (кроме синдрома Криглера — Найяра) — незначительны, могут иметь перемежающийся характер (усиливаться под влиянием погрешностей в диете, приема алкоголя, интеркуррентных заболеваний, физического переутомления и других причин). Нередки нерезко выраженные диспепсические явления, легкая астенизация, слабость, быстрая утомляемость. Печень обычно не увеличена, мягка, безболезненна, функциональные пробы печени (за исключением гипербилирубинемии) не изменены. Радиоизотопная гепатография изменений не выявляет. Селезенка не увеличена. Осмотическая резистентность эритроцитов, продолжительность их жизни — нормальны. Пункционная биопсия при всех формах (кроме синдрома Дубина — Джонсона) изменений не выявляет.

Жильбера синдром (Жильбера болезнь, Жильбера — Лербулле симптом, врожденная семейная холемия, гипербилирубинемия врожденная, простая семейная холемия, идиопатическая гипербилирубинемия, конституциональная гипербилирубинемия, идиопатическая неконъюгированная гипербилирубинемия) характеризуется умеренным интермитирующим повышением содержания несвязанного (непрямого) билирубина в крови, уменьшением степени гипербилирубинемии под действием фенобарбитала, отсутствием других функциональных или морфологических изменений печени и аутосомно-доминантным (?) типом наследования.

Криглера — Найяра синдром (врожденная негемолитическая желтуха I типа, врожденная негемолитическая желтуха с желтушным окрашиванием нервных ядер, идиопатическая гипербилирубинемия) характеризуется крайне высоким содержанием в крови свободного (непрямого) билирубина из-за отсутствия в гепатоцитах глюкуронилтрансферазы, переводящей свободный билирубин в связанный, токсическим действием билирубина на базальные и стволовые ядра головного мозга с возникающей вследствие этого энцефалопатией, нередко приводящей больных к смерти в детском возрасте, и аутосомно-рецессивным типом наследования.

Дубина — Джонсона синдром (желтуха Дубина — Джонсона, желтуха конституциональная негемолитическая с липохромным гепатозом) характеризуется умеренным повышением содержания в крови связанного билирубина — прямого (билирубина-глюкуронида) вследствие нарушения механизмов его транспорта из микросом гепатоцитов в желчь, извращенными результатами теста на задержку бромсульфалеина со вторичным повышением его содержания в крови через 90 мин после внутривенного введения, неконтрастированием желчного пузыря при пероральной холецистографии, черным цветом печени из-за скопления в гепатоцитах коричневого липохромного пигмента, повышенным выделением с мочой копропорфирина I и аутосомно-рецессивным типом наследования.

Ротора синдром (гипербилирубинемия идиопатическая типа Ротора) характеризуется умеренным повышением содержания в крови связанного билирубина (билирубина-глюкуронида), задержкой выделения печенью введенного

внутривенно бромсульфалеина, повышенным выделением почками копропорфирина (преимущественно I изомера), отсутствием других функциональных и морфологических изменений печени, аутосомно-рецессивным типом наследования.

Течение при всех формах (кроме синдрома Криглера — Найяра) доброкачественное, прогноз благоприятный; трудоспособность, как правило, сохранена. При синдроме Криглера — Найяра больные обычно погибают в раннем детском возрасте.

Л е ч е н и е. Больные в специальном лечении, как правило, не нуждаются, лишь в период усиления желтухи назначают щадящую диету № 5, витаминотерапию, желчегонные средства. Запрещается употреблять алкогольные напитки, острую и жирную пищу, не рекомендуются физические перегрузки.

ГИПЕРБИЛИРУБИНЕМИЯ ПОСТГЕПАТИТНАЯ см. *Постгепатитный синдром.*

ГИПЕРЛИПЕМИЯ ЭССЕНЦИАЛЬНАЯ (гепатоспленомегалический липоидоз) — группа наследственных ферментопатий, характеризующаяся нарушениями жирового обмена.

Э т и о л о г и я, п а т о г е н е з: понижение активности липопротеидлипазы (расщепляющей триглицериды), недостаточность белковых акцепторов жирных кислот, ослабление расщепления хиломикронов, присутствие ингибиторов, недостаток плазменных кофакторов.

С и м п т о м ы, т е ч е н и е. В типичных случаях — развитие ксантом, быстро прогрессирующий атероматоз, увеличение печени, селезенки, возможны абдоминальные боли, симптомы сахарного диабета. Выделяют 5 типов заболевания. Тип I характеризуется гиперхиломикронемией, гипертриглицеридемией и гиперхолестеринемией; тип IIA — гипер-бета-липопротеидемией, гиперхолестеринемией при незначительной гипертриглицеридемии; IIБ — высокой гиперлипопротеидемией и гипертриглицеридемией; тип III — гиперхолестеринемией и гипертриглицеридемией; IV — гипер-пребета-протеидемией и гипертриглицеридемией; тип V — смешанный, проявляется гиперхиломикронемией, гиперглицеридемией, гипер-пребета-липопротеидемией и гиперхолестеринемией. В основе диагностики лежит тщательное биохимическое исследование компонентов липидного обмена. Прогноз относительно благоприятный, однако нередки осложнения, сопровождающие атеросклероз.

Л е ч е н и е. Диета с ограничением калорийности пищи, жиров, а при III и IV типах заболевания — и углеводов; лечебная физкультура, препараты, снижающие содержание холестерина в крови (мисклерон, полиспонин, линетол и др.).

ГИПОВИТАМИНОЗЫ см. *Болезни витаминной недостаточности.*

ГИПЕРСЕКРЕЦИЯ ЖЕЛУДОЧНАЯ ФУНКЦИОНАЛЬНАЯ (гиперацидное состояние, синдром раздраженного желудка) характеризуется повышением желудочного сокоотделения и кислотности желудочного сока. Временное повышение желудочной секреции наблюдается при употреблении в пищу большого количества приправ, обладающих сокогонным действием, острых веществ, алкоголя, при преимущественно белково-углеводном питании, при психическом возбуждении. Усиление желудочной секреции наблюдается в начальной стадии тиреотоксикоза, при гиперкортицизме и длительном лечении стероидными препаратами. Язвенная болезнь с локализацией процесса в луковице двенадцатиперстной кишки и привратнике часто сопровождается гиперсекрецией желудка. Подобные функциональные нарушения имеют место при дуодените (на ранних стадиях заболевания) и в период, предшествующий обострению язвенной болезни.

С и м п т о м ы, т е ч е н и е. В большинстве случаев функциональная желудочная гиперсекреция протекает бессимптомно, но могут быть язвенно-подобные боли в эпигастрии (вследствие рефлекторного спазма привратника — повышенного привратникового рефлекса на резкое закисление содержимого двенадцатиперстной кишки), изжога, в редких случаях — рвота большим количеством кислого желудочного сока натощак. При рентгенологическом исследовании в желудке определяется большое количество сока натощак, при фракционном желудочном зондировании с применением современных стимуляторов желудочной секреции (гистамин, пентагастрин) и pH-метрии — гиперацидитас. Дифференциальная диагностика — в первую очередь с язвенной болезнью с локализацией изъязвления в привратнике или двенадцатиперстной кишке.

Л е ч е н и е направлено на нормализацию питания, режима труда и отдыха, деятельности центральной нервной системы. При наличии клинических симптомов лечение проводится, как при язвенной болезни.

ДИАБЕТ БРОНЗОВЫЙ см. *Гемохроматоз*.
ДИАРЕЯ ФУНКЦИОНАЛЬНАЯ см. *Дискинезии пищеварительного тракта*.

ДИСБАКТЕРИОЗ КИШЕЧНЫЙ — синдром, характеризующийся нарушением подвижного равновесия микрофлоры, в норме заселяющей кишечник. Если у здоровых людей в дистальных отделах тонкой кишки и в толстом кишке преобладают лактобактерии, анаэробные стрептококки, кишечная палочка, энтерококки и другие микроорганизмы, то при дисбактериозе равновесие между этими микроорганизмами нарушается, обильно развивается гнилостная или бродильная флора, грибы, преимущественно типа Candida, в кишечнике обнаруживаются микроорганизмы, в норме нехарактерные для него, большое количество микробов находится в содержимом проксимальных отделов тонкой кишки и в желудке. Активно развиваются условно-патогенные микроорганизмы, обычно обнаруживаемые в содержимом кишечника в небольших количествах, вместо непатогенных штаммов кишечной палочки (эшерихии) нередко обнаруживаются ее более патогенные штаммы. Таким образом, при дисбактериозе наблюдаются качественные и количественные изменения состава микробных ассоциаций в желудочно-кишечном тракте (микробный пейзаж).

Э т и о л о г и я и п а т о г е н е з. К кишечному дисбактериозу приводят заболевания и состояния, которые сопровождаются нарушением процессов переваривания пищевых веществ в кишечнике (диспепсии кишечные, хронические гастриты с секреторной недостаточностью, хронические панкреатиты, энтериты, колиты и т. д.). Причиной кишечного дисбактериоза может быть длительный, неконтролируемый прием антибиотиков, особенно широкого спектра действия, подавляющих нормальную кишечную флору и способствующих развитию тех микроорганизмов, которые имеют устойчивость к этим антибиотикам.

При дисбактериозе нарушается антагонистическая активность микрофлоры кишечника в отношении патогенных и гнилостных микроорганизмов. Продукты ненормального расщепления пищевых веществ необычной для кишечника микрофлорой (органические кислоты, альдегиды, индол, скатол, сероводород и др.), образующиеся в больших количествах, раздражают стенку кишки. Возможно также возникновение аллергии либо на обычные продукты расщепления пищевых веществ, либо на антигены бактерий.

С и м п т о м ы, т е ч е н и е. Характерны симптомы диспепсии, снижение аппетита, неприятный вкус во рту, тошнота, метеоризм, понос или запор. Каловые массы имеют резкий гнилостный или кислый запах. Часто наблюдаются признаки общей интоксикации, наблюдается вялость, снижается трудоспособность. Диагноз подтверждается повторными исследованиями фекальной микрофлоры. При дифференциальной диагностике следует различать дисбактериозы, возникающие на фоне нерационального применения антибактериальных препаратов, на фоне систематических алиментарных погрешностей (что устанавливается на основании анамнеза) и дисбактериозы, сопутствующие острым и хроническим заболеваниям органов пищеварения. При длительном течении возможны гиповитаминозы (особенно дефицит витаминов группы В). Некоторые виды кишечного дисбактериоза (особенно стафилококковый, кандидамикозный, протейный, реже другие) могут переходить в генерализованную форму (сепсис).

Л е ч е н и е в легких случаях амбулаторное, в более тяжелых — в стационарных условиях. Прекращают введение антибактериальных средств, которые могли повести к развитию дисбактериоза, назначают общеукрепляющую и десенсибилизирующую терапию (витамины, противогистаминные препараты и т. д.). При кандидамикозе рекомендуются нистатин и леворин, при стафилококковом дисбактериозе — эритромицин. Для нормализации кишечной флоры целесообразно применение энтеросептола, колибактерина, бифидумбактерина, бификола, лактобактерина. При дисбактериозах, возникающих на фоне основного заболевания пищеварительного тракта (энтерит, колит и т. д.), необходимо рациональное его лечение. Нередко целесообразно назначение препаратов пищеварительных ферментов (абомин, полизим, фестал и т. д.).

Профилактика сводится к рациональному назначению антибиотиков, полноценному питанию и общеукрепляющей терапии лиц, переболевших тяжелыми общими заболеваниями органов пищеварения.

ДИСКИНЕЗИИ ПИЩЕВАРИТЕЛЬНОГО ТРАКТА — функциональные заболевания, проявляющиеся нарушением тонуса и перистальтики органов пищеварения, имеющих гладкую мускулатуру (пищевода, желудка, желчевыводящих путей, кишечника).

Дискинезия пищевода проявляется в виде его атонии и паралича, спастической дискинезии (эзофагоспазма), недостаточности глоточно-пищеводного и кардиального сфинктеров.

Атония и паралич пищевода обусловлены нарушением его иннервации и наблюдаются при поражениях как центральной (при травмах головы, кровоизлияниях в мозг, опухолях мозга, полиомиелите и т. д.), так и периферической нервной системы (поражение блуждающего нерва, нервных сплетений пищевода), а также мышечной оболочки пищевода (системная склеродермия, миастения и др.).

Симптомы атонии и паралича пищевода в большинстве случаев маскируются проявлениями основного заболевания. Атония пищевода проявляется дисфагией, возникающей при употреблении сухой и плохо прожеванной пищи, а также при еде в положении лежа. При атонии глоточно-пищеводного сфинктера затрудняется проглатывание и возникает поперхивание вследствие попадания содержимого пищевода в дыхательные пути. Диагноз устанавливается на основании характерных клинических симптомов, данных прицельного рентгенологического исследования, эзофаготонокимографии.

Лечение — холинолитические и антихолинэстеразные средства. При вторичной атонии пищевода — лечение основного заболевания.

Недостаточность кардиального сфинктера возникает при аксиальных грыжах пищеводного отверстия диафрагмы, повреждениях кардиального сфинктера вследствие оперативного вмешательства, при системной склеродермии, а также в результате дискинезии желудка и пищевода (функциональная недостаточность кардии).

Характерны отрыжка, срыгивание желудочным содержимым после обильной еды, при наклоне туловища и в положении лежа. Диагноз устанавливают на основании жалоб на частую, порой мучительную отрыжку и срыгивание (особенно при наклоне туловища) и данных рентгенологического исследования, которое производят, помимо вертикального положения больного, также в горизонтальном положении, что позволяет выявить затекание контрастной бариевой взвеси из желудка в пищевод, а нередко установить наличие грыжи пищеводного отверстия диафрагмы. Эзофаготонокимография позволяет определить наличие и степень снижения тонуса кардиального сфинктера. С помощью эзофагофиброскопии и pH-метрии косвенно подтверждают наличие недостаточности кардии, выявляя заброс желудочного содержимого в пищевод (желудочно-пищеводный рефлюкс). Вследствие систематического попадания активного желудочного сока в пищевод часто развиваются рефлюкс-эзофагит, пептическая язва и затем пептическая стриктура пищевода.

Лечение. Следует рекомендовать больным избегать тех положений, при которых проявляется недостаточность функции кардиального сфинктера, т. е. возникает желудочно-пищеводный рефлюкс. Противопоказаны физические упражнения и все виды работ, связанные с напряжением брюшного пресса, наклоном туловища. Спать рекомендуется с высоко приподнятым изголовьем. При возникновении пептических осложнений — терапия антацидными и вяжущими средствами.

Дискинезия пищевода спастическая (эзофагоспазм). Различают первичный эзофагоспазм, являющийся следствием кортикальных нарушений регуляции функции пищевода, и вторичный (рефлекторный и симптоматический), возникающий при эзофагите, язвенной и желчнокаменной болезни и т. д. или при заболеваниях, сопровождающихся общим судорожным синдромом (эпилепсия и пр.). Длительный выраженный эзофагоспазм приводит к резкой гипертрофии мышечной оболочки стенки пищевода.

Характерна непостоянная дисфагия, иногда имеющая парадоксальный характер: возникающая при приеме жидкости и отсутствующая при проглатывании плотной и кашицеобразной пищи. Часто отмечается загрудинная боль, связанная с глотанием, но в ряде случаев напоминающая коронарную. Диагноз подтверждается рентгенологическим исследованием: при проглатывании контрастной взвеси выявляются разнообразные спастические деформации пищевода. Течение может быть длительным. Осложнениями являются формирование истинных дивертикулов пищевода (см.), аксиальной грыжи пищеводного отверстия диафрагмы.

Дифференциальный диагноз проводят с начальными стадиями ахалазии кардии. Основное значение имеет рентгенологическое исследование, при котором устанавливается нормальная проходимость кардии, хорошо выявляется газовый пузырь желудка. Эзофагофиброскопия позволяет исключить рак пищевода и другие его органические поражения, нередко протекающие со вторичным эзофагоспазмом.

Лечение при вторичном эзофагоспазме в первую очередь должно быть направлено на лечение основного заболевания. Рекомендуется регулярное частое (4—6 раз в день) дробное питание, механически и термически щадящая диета. Во всех случаях назначают спазмолитические, холинолитические и седативные препараты.

Дискинезия желудка проявляется острой атонией, хронической гипотонией и гастроптозом, гипертонической дискинезией, пневматозом.

Острая атония желудка — парез мышц его стенки, возникающий как вследствие непосредственного поражения иннервирующих желудок нервных образований, так и рефлекторно. Заболевание редкое, может наблюдаться при инфаркте миокарда, перитоните, пневмонии, при тромбозе сосудов желудка, иногда — на фоне длительно существующего стеноза привратника, при некоторых тяжелых инфекционных заболеваниях (брюшном тифе и т. д.); в хирургической практике — при травме желудка, ранении спинного мозга, в послеоперационном периоде и выходе больного из наркоза.

Характерны ощущение тяжести, переполнения в эпигастральной области, позывы на рвоту (рвота большим количеством зеленоватой жидкости), икота, тупая распирающая боль под ложечкой. Симптоматика быстро нарастает, возникают осложнения (нарушения кровоснабжения стенки желудка, разрыв желудка). При осмотре определяется значительное, быстро увеличивающееся выбухание в эпигастральной области; при перкуссии над ним определяется широкая зона тимпанического звука, заходящая за срединную линию вправо. Желудочный зонд свободно вводится в желудок, при этом эвакуируется очень большое количество жидкого содержимого и наступает временное облегчение.

Лечение. Проводят желудочное зондирование с одномоментным извлечением всего скопившегося в желудке содержимого, затем — постоянный дренаж (с помощью зонда или катетера, проводимого в пищевод и желудок через нижний носовой ход) до восстановления тонуса желудка. Одновременно проводят интенсивное лечение основного заболевания, на фоне которого возникло острое расширение желудка. Для борьбы с обезвоживанием внутривенно капельно вводят большое количество изотонического раствора натрия хлорида и 5 % раствора глюкозы. Для повышения тонуса и стимуляции перистальтики желудка вводят карбохолин (1 мл 0,01 % раствора п/к), ацеклидин (1—2 мл 0,2 % раствора п/к, можно повторно 2—3 раза с интервалами 20—30 мин), антихолинэстеразные препараты (прозерин и др.), а также стрихнин (по 1 мл 1 % раствора 2—3 раза в день). Запрещается прием лекарств и пищи внутрь. Наркотические анальгетики и холинолитики противопоказаны.

Хроническая гипотония желудка и гастроптоз обычно сочетаются. Различают три степени г а с т р о п т о з а. При I степени малая кривизна определяется на 2—3 см выше l. biiliaca, при II степени — на уровне и при III степени — ниже ее. Выделяют также тотальный гастроптоз и частичный, т. е. антропилороптоз. Гастроптоз чаще встречается у женщин обычно в возрасте 15—45 лет и старше.

Этиология, патогенез. Врожденный гастроптоз в первую очередь обусловлен конституциональной астенией: чрезмерно длинной брыжейкой толстой кишки, которая, опускаясь, натягивает желудочно-ободочную связку и тянет за собой большую кривизну желудка, вызывая гастроптоз. Опущение антропилорического отдела желудка приводит к перегибу начальной части двенадцатиперстной кишки, что еще более нарушает эвакуацию из желудка и может вызывать боль. Приобретенный гастроптоз наблюдается при резком ослаблении мышц брюшной стенки вследствие значительного похудания, после родов, удаления асцитической жидкости или крупных опухолей брюшной полости. Он объясняется растяжением связочного

аппарата, фиксирующего положение желудка. В большинстве случаев антропилороптоз сочетается с удлинением и гипотонией желудка; тотальный гастроптоз наблюдается лишь при одновременном опущении диафрагмы (вследствие эмфиземы легких, массивного плеврального выпота и т. д.), смещающей вниз дно желудка.

Симптомы, течение. В большинстве случаев гастроптоз I и II степени протекает бессимптомно. Реже имеются жалобы на ощущение тяжести, распирания, полноты в подложечной области, особенно после обильной еды; тупая ноющая боль в эпигастрии облегчается в лежачем положении больного и объясняется растяжением фиксирующих желудок связок. Иногда отмечается кардиалгия. У некоторых больных возникает кратковременная боль в животе во время бега или прыжков, которая самостоятельно проходит, тошнота, снижение аппетита. Часто наблюдается запор. Сочетание гастроптоза с птозом других органов (печени, почек и т. д.) может давать дополнительные симптомы. Больные с конституциональным гастроптозом нередко предъявляют большое количество невротических жалоб. При осмотре больного гастроптозом обращает на себя внимание отвислый живот, при этом при подтягивании его кверху боль нередко уменьшается или исчезает. Опущение привратника и большой кривизны желудка можно определить пальпаторно. Диагноз подтверждается при рентгенологическом исследовании. В желудочном соке часта ахлоргидрия.

Лечение. При гастроптозе I—II степени, протекающем бессимптомно, рекомендуют занятия физкультурой, упражнения, направленные на укрепление брюшного пресса. При гастроптозе III степени назначают специальные курсы лечебной физкультуры, массаж живота, водолечение. Во всех случаях показано частое дробное питание калорийной и легко усвояемой пищей, особенно при резком похудании. Для повышения аппетита — горечи, небольшие дозы (4—6 ЕД) инсулина за 20 мин до еды п/к и другие стимулирующие аппетит средства; при ахилии назначают желудочный сок и его заменители. Рекомендуют также анаболические гормоны (метандростенолон по 0,005 г 1—2 раза в день перед едой), препараты стрихнина и мышьяка (дуплекс — по 1 мл 1—2 раза в день п/к). Необходимо устранение запора с помощью диетических мероприятий и слабительных. В тяжелых случаях гастроптоза, связанных с резкой дряблостью передней брюшной стенки, рекомендуют в течение 1—1,5 ч после еды лежать и назначают лечебный бандаж; его накладывают в положении больного лежа.

Профилактика гастроптоза и гипотонии желудка заключается в правильном физическом воспитании детей и подростков. Большое значение имеет укрепление брюшной стенки у женщин в период беременности и в первые месяцы после родов, применение лечебной гимнастики.

Гипертоническая дискинезия желудка характеризуется повышением его тонуса и нарушением перистальтики по спастическому типу. Наблюдается как на фоне общих заболеваний, проявляющихся спастическим состоянием мускулатуры (столбняк, свинцовая интоксикация и т. д.), так и в результате рефлекторных изменений перистальтики желудка (при пептической язве желудка, привратника, при желчнокаменной болезни и т. д.). Иногда является следствием истерического невроза или временного повышения тонуса желудка под влиянием эмоций, психического напряжения. Ограниченная (локальная, местная) гипертония и спазм мышечной оболочки стенки желудка обычно бывают рефлекторными (локальный спазм большой кривизны при пептической язве малой кривизны желудка, пилороспазм при язве привратника или луковицы двенадцатиперстной кишки). Желудочная тетания может быть следствием и одним из проявлений недостаточности паращитовидных желез и гипокальциемии. Курение усиливает спастические сокращения желудка. Значительная гиперсекреция и гиперацидное состояние желудка способствуют усилению спазма привратника.

С и м п т о м ы, т е ч е н и е. Гипертоническая дискинезия протекает бессимптомно или проявляется болью в эпигастральной области, нередко язвенноподобной. При пилороспазме имеется наклонность к рвоте. При рентгенологическом исследовании размеры желудка (в случаях тотальной гипертонии) небольшие, он имеет форму рога. Контрастная масса длительное время задерживается в верхних отделах желудка, принимает форму уширенного клина с вершиной, направленной дистально. При пилороспазме продвижение контрастной массы через привратник затруднено и совершается небольшими редкими порциями; в фазе декомпенсированного пилороспазма и пилоростеноза желудок расширен, его перистальтика ослаблена. Длительно существующий пилороспазм может повести к формированию органического пилоростеноза.

Л е ч е н и е. При неврогенной и психогенной гипертонической дискинезии желудка рекомендуется щадящая дробная диета по типу противоязвенной, режим труда и отдыха, седативные лекарственные средства, транквилизаторы, холинолитические (атропин, платифиллин, метацин и др.) и спазмолитические (папаверин, но-шпа и др.) средства, тепло на область эпигастрия.

Пневматоз желудка — повышенное содержание в желудке воздуха. Может возникнуть вследствие органического заболевания (при грыжах пищеводного отверстия диафрагмы, поражении диафрагмального нерва, левого купола диафрагмы и пр.), но чаще — при нарушениях высшей нервной деятельности, истерическом психозе (неврогенная аэрофагия, нервная отрыжка).

С и м п т о м ы, т е ч е н и е. Чувство тяжести, давления, переполнения в эпигастрии и частая сильная отрыжка, иногда настолько громкая, что препятствует появлению больных пневматозом желудка в общественных местах. Вследствие высокого стояния левого купола диафрагмы может наблюдаться кардиалгия (облегчающаяся после отрыжки, зондирования желудка, усиливающаяся после обильной еды). При перкуссии и рентгенологическом исследовании обнаруживается больших размеров газовый пузырь желудка.

Дифференциальный диагноз с аксиальной грыжей пищеводного отверстия диафрагмы и кардиоэзофагеальным раком проводится с помощью рентгенологического и гастроскопического исследования.

Л е ч е н и е пневматоза желудка функционального происхождения проводится средствами общеукрепляющей терапии, седативными препаратами и транквилизаторами, лечебной физкультурой. В ряде случаев помогают гипноз, иглотерапия. Больным рекомендуется частое дробное питание, запрещаются газированные напитки.

Дискинезии желчных путей — функциональные нарушения тонуса и моторики желчного пузыря и желчных путей. Различают гипертонически-гиперкинетическую, характеризующуюся гипертоническим состоянием желчного пузыря (обычно в сочетании с гипертонусом сфинктеров Люткенса и Одди), и гипотонически-гипокинетическую, для которой характерно гипотоническое состояние желчного пузыря и сфинктера Одди. Встречаются чаще у женщин. Гипертонически-гиперкинетическая дискинезия чаще выявляется в более молодом возрасте, а гипотонически-гипокинетическая — у астеников и у лиц старше 40 лет.

Э т и о л о г и я, п а т о г е н е з. Дискинезии желчных путей обусловлены в первую очередь нарушением нейрогуморальной регуляции, встречаются при неврозе, диэнцефальном синдроме, солярите, эндокринно-гормональных нарушениях (при гипо- и гипертиреозе, климаксе, недостаточной функции яичников, надпочечников и других эндокринных желез). Гипертонически-гиперкинетическая форма возникает рефлекторно (при язвенной болезни, колите, аппендиците, аднексите и т. д.), при нарушении выработки гастроинтестинального гормона (холецистокинина-панкреозимина) слизистой оболочкой двенадцатиперстной кишки при атрофическом дуодените и других заболеваниях. Астенические состояния, обусловленные перенесенными тяжелыми инфекционными заболеваниями, вирусным гепатитом, авитаминозом, недостаточное питание, различные эндогенные и экзогенные интоксикации также могут привести к развитию дискинезий желчных путей. При выраженной астенической конституции, малоподвижном образе жизни, нерациональном питании с очень большими интервалами между приемами пищи сравнительно часто выявляется гипотонически-гипокинетическая форма дискинезии. Частое, но нерегулярное питание, чрезмерное увлечение острыми блюдами, систематическое применение в пищу специй, раздражающих слизистую оболочку пищеварительного тракта, предрасполагают к возникновению гипертонически-гиперкинетической дискинезии желчных путей. Органические поражения желчевыделительной системы (холециститы, холангиты, желчнокаменная болезнь и др.), паразитарные, глистные инвазии пищеварительного тракта нередко протекают с выраженными явлениями дискинезии желчного пузыря и желчных путей.

С и м п т о м ы, т е ч е н и е. Гипертонически-гиперкинетическая дискинезия желчных путей протекает с приступообразной болью в правом подреберье ноющего или схваткообразного характера, напоминающей приступы колики при желчнокаменной болезни. Возникновению приступов способствуют волнения, значительная нервно-психическая нагрузка, отрицательные эмоции, у женщин обострения могут быть связаны с менструальным циклом. Боль может иррадиировать в правую лопатку, правое плечо, иногда в область сердца, сопровождаться общими вегетативными реакциями — резкой потливостью, бледностью, тошнотой, иногда головной болью, ощущением сердцебиения и т. д. Болевые приступы продолжаются от нескольких минут до нескольких дней; тупая давящая и ноющая боль в правом подреберье может сохраняться неделями, временами усиливаясь или затихая. В период болевого приступа живот не напряжен. Желтухи, лихорадочной реакции, лейкоцитоза и повышения СОЭ после приступа не наблюдается.

Гипотонически-гипокинетическая форма дискинезии проявляется в основном малоинтенсивной болью в правом подреберье, часто длительной. При пальпации выявляется небольшая болезненность в области желчного пузыря.

Д и а г н о з подтверждается многомоментным хромодиагностическим дуоденальным зондированием; при гипертонически-гиперкинетической форме дискинезии II фаза (закрытого сфинктера Одди) может быть удлинена, IV фаза (сокращения желчного пузыря) — укорочена. При гипотонически-гипокинетической форме дискинезии II фаза может отсутствовать (сфинктер Одди постоянно находится в расслабленном состоянии), IV фаза — задержана и удлинена; часто пузырный рефлекс удается получить только при введении достаточно сильного раздражителя (холецистокинина-панкреозимина). Пероральная холецисто- и внутривенная холеграфия, эхография, в более диагностически сложных случаях — компьютерная томография подтверждают функциональный характер заболевания. При гипертонически-гиперкинетической форме с помощью серийной рентгенографии определяется ускоренное и сильное сокращение желчного пузыря после введения стимулятора (двух яичных желтков), при гипотонически-гипокинетической форме желчный пузырь больших размеров, в ряде случаев — опущен, сокращается вяло. Гипотоническое состояние сфинктера Одди иногда выявляется во время рентгенологического исследования двенадцатиперстной кишки (затекание контрастной массы через расслабленный сфинктер Одди и общий желчный проток). В последнее время стала применяться радиоизотопная холецистография.

Т е ч е н и е обычно длительное с периодами обострений (провоцированными нередко эмоциональными стрессами, алиментарными нарушениями) и ремиссией. С течением времени, однако, в желчном пузыре и протоках может возникнуть воспалительный процесс или могут образоваться желчные камни.

Л е ч е н и е. Регуляция режима питания, правильное чередование труда и отдыха, нормализация сна и других функций ЦНС (седативные препараты, транквилизаторы, физиотерапевтические процедуры). При гипертонически-гиперкинетической форме в период обострения показана диета № 5, 5а и 2 — магниевая (с ограничением механических и химических пищевых раздражителей, жиров), спазмолитические и холинолитические средства, тепловые физиотерапевтические процедуры, минеральная вода низкой минерализации (славянская и смирновская, ессентуки № 4 и № 20, нарзан и др. обычно в горячем виде дробно, 5—6 приемов в день по $^1/_3$—$^1/_2$ стакана).

При гипотонически-гипокинетической дискинезии рекомендуются диета № 5, 15 или 3, психомоторные стимуляторы и аналептики (препараты стрихнина, кофеина и др.), лечебная физкультура и физиотерапевтические средства тонизирующего действия, повторные дуоденальные зондирования, закрытые тюбажи, курсовое лечение минеральной водой высокой минерализации типа ессентуки № 17, арзни, баталинская и др.; воду назначают в холодном или слегка подогретом виде по 200—250 мл 2—3 раза в день за 30—90 мин до еды. Хирургическое лечение не показано. При рефлекторных дискинезиях желчных путей ведущее значение имеет лечение основного заболевания.

П р о ф и л а к т и к а дискинезий желчных путей заключается в соблюдении рационального режима и характера питания, нормализации режима труда и отдыха, систематическом занятии физкультурой, устранении стрессовых ситуаций на работе и дома, своевременном лечении невротических расстройств.

Дискинезии кишечника включают неврозы кишечника и рефлекторные расстройства, которые наблюдаются как при органических заболеваниях пищеварительной системы (язвенная болезнь, холецистит, желчнокаменная болезнь, аппендицит, трещина заднего прохода и пр.), так и при поражении других органов и систем (мочекаменная болезнь, аднексит и пр.).

Э т и о л о г и я, п а т о г е н е з. Неврогенные дискинезии кишечника, как правило, сопровождаются другими проявлениями общего невроза, однако являются ведущими в клинической картине заболевания. Способствующими факторами являются психические перенапряжения (хорошо известна «медвежья болезнь» — понос при волнениях), семейные, бытовые или производственные конфликты, особенно в сочетании с беспорядочным и нерациональным питанием (поспешная еда, употребление слишком горячей, острой или грубой пищи и пр.). Функциональный характер имеет так называемый ахилический понос при атрофических гастритах с секреторной недостаточностью желудка. В этом случае возникает ускорение перистальтики из-за раздражения слизистой оболочки кишечника непереваренной пищевой массой. Функциональные расстройства кишечника могут быть следствием эндокринных нарушений (при тиреотоксикозе — понос, при недостаточности функции щитовидной железы — атония кишечника и запор). Наконец, функциональные расстройства кишечника могут сопровождать заболевания центральной и периферической нервной системы (паркинсонизм, сирингомиелию, опухоли и травмы спинного мозга и пр.).

С и м п т о м ы , т е ч е н и е . *Тотальная дискинезия кишечника* проявляется нарушением стула — хроническими запорами или поносами, причем в каловых массах нет патологических примесей (слизь, кровь и т. д.), ощущениями урчания, переливания в животе или тяжести, иногда ухудшением аппетита, неприятным вкусом во рту. Рентгенологическое исследование выявляет ускоренный или замедленный пассаж бариевой массы по кишечнику. При ректоромано- и колоноскопии (а также при биопсии) морфологических изменений слизистой оболочки толстой кишки не выявляется.

Дискинезия двенадцатиперстной кишки и дуоденостаз нередко сопровождают язвенную и желчнокаменную болезнь; клиническими симптомами являются боль в эпигастральной области спастического характера, чувство давления или переполнения в эпигастральной области, тошнота, приступы рвоты. При рентгенологическом исследовании двенадцатиперстной кишки определяются длительная задержка бариевой взвеси в ней (свыше 40 с), чередование спазмов и расширений различных участков кишки, забрасывание контрастной массы в более проксимальные отделы кишки, желудок.

Дискинезия тонкой кишки проявляется спастическими болями в животе, поносами или появлением полужидкого стула, урчанием и ощущением переливания в животе.

Дискинезия толстой кишки может возникнуть после дизентерии. Нарушения моторной функции толстой кишки проявляются спазмом либо атонией. Может наблюдаться либо понос — диарея функциональная (при этом в отличие от колита каловые массы обычно не содержат примесей слизи и крови), либо запор. В последнем случае самостоятельного стула не бывает от нескольких дней до 1—2 нед. Особой клинической формой моторно-секреторных нарушений толстой кишки является колика слизистая, при которой возникают приступы боли в животе, сопровождающиеся выделением испражнений со значительным количеством слизи обычно в виде лент или пленок. При микроскопическом исследовании нередко обнаруживают большое количество эозинофилов и кристаллов Шарко — Лейдена.

Дифференциальный диагноз проводят с энтеритами, энтероколитами; подтверждением функциональной природы заболевания служит появление и усиление нарушений функции кишечника под влиянием эмоций, психических расстройств, наличие признаков общего невроза, других заболеваний, нередко сопровождающихся кишечными расстройствами, внешний вид неизмененной слизистой оболочки кишечника

при дуодено- и колоноскопии, отсутствие изменений слизистой при гистологическом исследовании биоптатов различных участков слизистой оболочки кишечника. Причиной стойких запоров могут быть органические поражения кишечника: опухоли, спаечный процесс в брюшной полости, а также аномалии развития толстой кишки (мегаколон), что подтверждается ирригоскопией и эндоскопическим исследованием толстой кишки.

Л е ч е н и е . Регуляция режима и характера питания, образа жизни, занятия физкультурой, седативные средства и транквилизаторы. При спастической дискинезии кишечника назначают небольшими курсами (2—3 нед) холинолитические средства. При гипотонической дискинезии помогает самомассаж живота, лечебная физкультура, общеукрепляющая терапия.

ДИСПЕПСИЯ — собирательный термин для обозначения расстройств пищеварения преимущественно функционального характера, возникающих вследствие недостаточного выделения пищеварительных ферментов (см. *Недостаточности всасывания синдром*) или нерационального питания (диспепсия алиментарная).

Диспепсия алиментарная возникает в результате длительного нерационального питания. Различают бродильную, гнилостную и жировую диспепсию. *Бродильная диспепсия* связана с чрезмерным употреблением в пищу углеводов (сахара, меда, мучных продуктов, фруктов, винограда, гороха, бобов, капусты и т. д.), а также бродильных напитков (кваса), в результате чего в кишечнике создаются условия для развития бродильной флоры. *Гнилостная диспепсия* возникает при преимущественном употреблении в пищу белковых продуктов, особенно бараньего, свиного мяса, которое медленнее переваривается в кишечнике. Иногда гнилостная диспепсия возникает вследствие использования в пищу несвежих мясных продуктов. *Жировая диспепсия* обусловлена чрезмерным употреблением медленно перевариваемых, особенно тугоплавких, жиров (свиной, бараний).

Нарушение двигательной функции пищеварительного тракта (ускорение пассажа химуса) затрудняет нормальное переваривание и способствует развитию диспепсий. В то же время при диспепсиях необычные или образующиеся в чрезмерных количествах продукты расщепления пищевых веществ (органические кислоты, индол, скатол, сероводород) раздражают рецепторы слизистой оболочки кишечника и вызывают ускорение кишечной перистальтики. Расстройство процессов пищеварения нарушает нормальное развитие кишечной микрофлоры и вызывает дисбактериоз.

С и м п т о м ы , т е ч е н и е . *Диспепсия бродильная* проявляется метеоризмом, урчанием в кишечнике, выделением большого количества газов, частым, слабо окрашенным жидким пенистым стулом с кислым запахом. При копрологическом исследовании определяется большое количество крахмальных зерен, кристаллов органических кислот, клетчатки, йодофильных микроорганизмов. Реакция кала резко кислая.

Диспепсия гнилостная также проявляется поносом, но цвет испражнений насыщенно темный, запах — гнилостный. Вследствие общей интоксикации продуктами гниения (диметилмеркаптан, сероводород, индол, скатол и т. д.) нередки ухудшение аппетита, слабость, понижение работоспособности. Микроскопическое исследование испражнений выявляет креаторею. Реакция кала резко щелочная.

При *жировой диспепсии* испражнения светлые, обильные, с жирным блеском, нейтральной или щелочной реакции. Копрологическое исследование обнаруживает в них большое количество непереваренного нейтрального жира (в виде капель), кристаллов жирных кислот и их нерастворимых солей.

Д и а г н о з устанавливают на основании расспроса больного (характер питания), клинических проявлений диспепсии, данных копрологического исследования. При ректоромано- и колоноскопии признаков воспаления слизистой оболочки толстой кишки не выявляется.

Д и ф ф е р е н ц и а л ь н ы й   д и а г н о з проводят с органическими заболеваниями систем пищеварения — атрофическим гастритом с секреторной недостаточностью, хроническим панкреатитом с недостаточностью внешнесекреторной функции поджелудочной железы, хроническим энтеритом, энтероколитом и другими заболеваниями, нередко сопровождающимися синдромом кишечной диспепсии. Установлением факта нерационального питания больных при отсутствии изменений в секреторной функции и морфологии органов пищеварения подтверждают функциональный (алиментарный) характер диспепсии. Быстрое устранение симптомов диспепсии при нормализации питания больных также подтверждает диагноз. Дифференциальный диагноз необходимо также проводить с инфекционными и паразитарными энтероколитами и колитами (бациллярной и амебной дизентерии и пр.). В этих случаях имеют значение соответствующий эпидемиологический анамнез, нарушение общего состояния больных (лихорадка, спастические боли в животе, тенезмы), данные ректороманоскопии (воспалительный процесс), выявление сальмонелл, шигелл, энтамеб и их цист, лямблий, балантидий и других возбудителей в испражнениях или в соскобе слизистой оболочки прямой кишки, взятом во время ректороманоскопии.

Панкреатическая диспепсия обусловлена внешнесекреторной недостаточностью поджелудочной железы (вследствие хронического панкреатита, опухоли и т. д.). Недостаточное поступление в кишечник панкреатической липазы, амилазы и трипсина нарушает переваривание пищевых веществ. Возникает ощущение урчания и переливания в животе, метеоризм, нарушается аппетит, возможны коликообразные боли в животе, характерны обильный «панкреатогенный» понос (жирный кал), стеаторея, амилорея, креаторея.

Л е ч е н и е. Большое значение имеет правильно отрегулированная диета. При алиментарных диспепсиях назначают голод в течение 1—1,5 сут, затем при гнилостной диспепсии в суточном рационе больного необходимо увеличить количество углеводов, при бродильной диспепсии — белков (одновременно уменьшают количество низкомолекулярных углеводов). При жировой диспепсии ограничивают поступление в организм жиров, особенно тугоплавких, животного происхождения (свиной, бараний). При желудочной и панкреатической диспепсии проводят заместительную терапию препаратами пищеварительных ферментов (ацидинпепсином, абомином, панкреатином, полизимом и др.). Необходимо лечить основное заболевание (хронический гастрит, хронический панкреатит и др.).

П р о ф и л а к т и к а диспепсий сводится к рациональному питанию и профилактике заболеваний, ведущих к развитию диспепсии.

ДИСТРОФИЯ ПЕЧЕНИ см. *Гепатоз.*

ДУБИНА — ДЖОНСОНА СИНДРОМ см. *Гипербилирубинемии функциональные.*

ДУОДЕНИТ — воспалительные заболевания двенадцатиперстной кишки. Встречаются часто, преимущественно у мужчин. Различают дуодениты острые и хронические, распространенные и ограниченные (главным образом луковицей двенадцатиперстной кишки — бульбит).

Острый дуоденит обычно протекает в сочетании с острым воспалением желудка и кишечника как острый гастроэнтерит, гастроэнтероколит; бывает катаральным, эрозивно-язвенным и флегмонозным.

Э т и о л о г и я, п а т о г е н е з. Пищевые токсикоинфекции, отравления токсическими веществами, обладающими раздражающим действием на слизистую оболочку пищеварительного тракта, чрезмерный прием очень острой пищи обычно в сочетании с большим количеством крепких алкогольных напитков, повреждения слизистой оболочки двенадцатиперстной кишки инородными телами.

С и м п т о м ы,   т е ч е н и е. Характерны боль в эпигастральной области, тошнота, рвота, общая слабость, болезненность при пальпации в эпигастральной области. Диагноз (в необходимых случаях) подтверждается дуоденофиброскопией, обнаруживающей воспалительные изменения слизистой двенадцатиперстной кишки. При очень редком флегмонозном дуодените резко ухудшается общее состояние больного, определяется напряжение мышц брюшной стенки в эпигастральной области, положительный симптом Щеткина — Блюмберга, лихорадка, нейтрофильный лейкоцитоз, повышение СОЭ. Дуоденальное зондирование и дуоденофиброскопия противопоказаны.

Острый катаральный и эрозивно-язвенный дуоденит обычно заканчивается самоизлечением в несколько дней; при повторных дуоденитах возможен переход в хроническую форму. При флегмонозном дуодените прогноз серьезный. Возможны осложнения: кишечные кровотечения, перфорация стенки кишки, развитие острого панкреатита.

Л е ч е н и е. При остром катаральном и эрозивно-язвенном дуодените 1—2 дня — голод, постельный режим, промывания желудка слабым раствором перманганата калия с последующим введением 25—30 г магния сульфата в стакане воды (с целью очистить кишечник). В последующие дни — диета № 1а — 1, вяжущие и обволакивающие средства внутрь, при боли — спазмолитические и холинолитические препараты. При флегмонозном дуодените лечение оперативное в сочетании с антибиотикотерапией.

Дуоденит хронический бывает поверхностным, атрофическим, интерстициальным, гиперпластическим, или эрозивно-язвенным.

Э т и о л о г и я, п а т о г е н е з. Нерегулярное питание с частым употреблением острой, раздражающей, слишком горячей пищи, алкоголизм. Вторичный хронический дуоденит наблюдается при хроническом гастрите, язвенной болезни желудка и двенадцатиперстной кишки, хроническом панкреатите, лямблиозе, пищевой аллергии, уремии. Помимо непосредственного воздействия раздражающего агента на слизистую оболочку двенадцатиперстной кишки, в патогенезе хронического дуоденита имеет значение протеолитическое действие на нее активного желудочного сока (при трофических нарушениях, дискинезиях).

С и м п т о м ы, т е ч е н и е. Характерна боль в эпигастральной области — постоянная, тупого характера или язвенноподобная, ощущение полноты или распирания в верхних отделах живота после еды, снижение аппетита, тошнота, иногда рвота. Пальпаторно отмечается болезненность глубоко в эпигастральной области. Диагноз подтверждается дуоденофиброскопией. При необходимости проводят биопсию слизистой оболочки двенадцатиперстной кишки. Данные рентгенологического исследования малохарактерны. Течение длительное с периодами обострения (при пищевых погрешностях и пр.).

П р о г н о з благоприятный при соответствующем лечении. Осложнения: кишечные кровотечения при эрозивно-язвенной форме дуоденита.

Л е ч е н и е в период обострения проводят в стационаре. Назначают диету № 1а, затем 1б, антацидные (при сохраненной кислотности желудочного сока), вяжущие, спазмолитические, ганглиоблокирующие и холинолитические средства. Для улучшения процессов регенерации назначают витамины (А, B 6, B 12), в/в капельные вливания белковых гидролизатов (аминопептид, аминокровин и др.), алоэ, пентоксил и др. При вторичных дуоденитах необходимо лечение основного заболевания. Больные хроническим дуоденитом должны находиться под диспансерным наблюдением, им показано проведение противорецидивного лечения (см. *Язвенная болезнь*).

П р о ф и л а к т и к а. Рациональное регулярное питание, борьба с алкоголизмом, своевременное лечение других заболеваний, на фоне которых возникает вторичный дуоденит.

ДУОДЕНОСТАЗ см. *Дискинезии пищеварительного тракта*.

ЕЮНИТ см. *Энтерит*.

ЖЕЛТУХА — синдромы различного происхождения, характеризующиеся желтушным окрашиванием кожи и слизистых оболочек.

Желтуха (истинная) — симптомокомплекс, характеризующийся желтушным окрашиванием кожи и слизистых оболочек, обусловленный накоплением в тканях и крови билирубина. В зависимости от причин гипербилирубинемии различают желтухи гемолитическую (надпочечную), паренхиматозную (печеночную) и механическую (надпочечную).

Желтуха гемолитическая см. *Болезни системы крови*.

Желтуха ложная (псевдожелтуха) — желтушное окрашивание крови (но не слизистых оболочек!) вследствие накопления в ней каротинов при длительном и обильном употреблении в пищу моркови, апельсинов, тыквы, а также возникающая при приеме внутрь акрихина, пикриновой кислоты и некоторых других препаратов.

Желтуха механическая см. *Хирургические болезни*.

Желтуха паренхиматозная (печеночная) — истинная желтуха, возникающая при различных поражениях паренхимы печени. Наблюдается при тяжелых формах вирусного гепатита, иктерогеморрагическом лептоспирозе, отравлениях гепатотоксическими ядами, сепсисе, хроническом агрессивном гепатите и т. д. Вследствие поражения гепатоцитов снижается их функция по улавливанию свободного (непрямого) билирубина из крови, связыванию его с глюкуроновой кислотой с образованием нетоксичного водорастворимого билирубина-глюкуронида (прямого) и выделению последнего в желчные капилляры. В результате в сыворотке крови повышается содержание билирубина (до 50—200 мкмоль/л, реже больше). Однако в крови повышается не только содержание свободного, но и связанного билирубина (билирубина-глюкуронида) — за счет его обратной диффузии из желчных капилляров в кровеносные при дистрофии и некробиозе печеночных клеток. Возникает желтушное окрашивание кожи, слизистых оболочек.

Для паренхиматозной желтухи характерен цвет кожи — шафраново-желтый, красноватый («красная желтуха»). Вначале желтушная окраска появляется на склерах и мягком небе, затем окрашивается кожа. Паренхиматозная желтуха сопровождается зудом кожи, однако менее выраженным, чем механическая, так как пораженная печень меньше продуцирует желчных кислот (накопление которых в крови и тканях и вызывает этот симптом). При длительном течении паренхиматозной желтухи кожа может приобретать, как и при механической, зеленоватый оттенок (за счет превращения отлагающегося в коже билирубина в биливердин, имеющий зеленый цвет). Обычно повышается содержание альдолазы, аминотрансфераз, особенно аланинаминотрансферазы, изменены другие печеночные пробы. Моча приобретает темную окраску (цвета пива) за счет появления в ней связанного билирубина и уробилина. Кал обесцвечивается за счет уменьшения содержания в нем стеркобилина. Соотношение количества выделяемого стеркобилина с калом и уробилиновых тел с мочой (являющееся важным лабораторным признаком дифференциации желтух), составляющее в норме 10:1—20:1, при печеночноклеточных желтухах значительно снижается, достигая при тяжелых поражениях до 1:1.

Т е ч е н и е зависит от характера поражения печени и длительности действия повреждающего начала; в тяжелых случаях может возникнуть печеночная недостаточность.

Д и ф ф е р е н ц и а л ь н ы й   д и а г н о з проводится с гемолитической, механической и ложной желтухой; он основывается на анамнезе, клинических особенностях паренхиматозной желтухи и данных лабораторных исследований.

Л е ч е н и е. Проводят лечение основного заболевания.

Желтуха функциональная см. *Гипербилирубинемия функциональная.*

ЖЕЛЧНОКАМЕННАЯ БОЛЕЗНЬ см. Главу *Хирургические болезни.*

ЗАПОР — полиэтиологический синдром длительной задержки дефекации. Различают запоры: 1) неврогенные (при функциональных либо органических заболеваниях ЦНС, частых сознательных подавлениях рефлекса на дефекацию, обусловленных условиями жизни или труда — отсутствие туалета, работа водителя, продавца и т. д.); 2) рефлекторные (при органических поражениях органов пищеварения, а также других органов и систем), в том числе проктогенные; 3) токсические (при хронических отравлениях препаратами свинца, морфином, никотином, нитробензолом, длительном приеме в больших дозах холинолитиков и спазмолитиков); 4) «эндокринные» — при понижении функции гипофиза, щитовидной железы, яичников; 5) алиментарные (при недостаточном поступлении с пищей клетчатки); 6) гипокинетические (при недостаточной физической активности, преимущественно сидячем образе жизни); 7) механические (вследствие сужения кишки опухолью, рубцами либо врожденного патологического удлинения толстой кишки, недоразвития ее интрамуральных нервных сплетений — мегаколон, болезнь Гиршпрунга). Перечисленные причины могут вызвать преимущественно двигательные расстройства кишечника либо нарушения секреции и всасывания, либо вазомоторные нарушения; однако в большинстве случаев конечный результат (клинические проявления) — это следствие сочетания нескольких нарушений.

С и м п т о м ы, т е ч е н и е. Характерна длительная задержка дефекации. При *атонических запорах* каловые массы обильные, оформленные, колбасовидные; нередко начальная порция очень плотная, большего, чем в норме, диаметра, конечная — полуоформленная. Дефекация осуществляется с большим трудом, очень болезненная; вследствие надрывов слизистой оболочки анального канала на поверхности каловых масс могут появиться прожилки свежей крови. При *спастических запорах* испражнения приобретают форму овечьего кала (фрагментированный стул). Запоры часто сопровождаются метеоризмом, чувством давления, расширения, спастической болью в животе. Длительные запоры нередко сопровождаются усталостью, вялостью, снижением работоспособности. Рентгенологическое исследование выявляет замедление продвижения каловых масс по кишечнику.

Л е ч е н и е. При запорах, обусловленных органическими заболеваниями толстой кишки, проводят их лечение. При атонических запорах в ежедневном пищевом рационе увеличивают количество продуктов, содержащих большое количество растительной клетчатки (овощи, фрукты). Особенно показаны чернослив, свекла, морковь. При спастических запорах диета должна быть более щадящей, мясо и рыбу назначают в отваренном виде, овощи и фрукты — в протертом или в виде пюре. Целесообразно регулярно принимать свежую простоквашу и другие молочнокислые продукты. Больным с атоническими запорами рекомендуют более активный образ жизни, лечебную гимнастику, циркулярный душ, субаквальные ванны. При спастической дискинезии кишечника помогают парафиновые аппликации, хвойные ванны и другие тепловые процедуры, способствующие снятию спазмов кишечника. Если причиной запора в первую очередь является чрезмерная психоэмоциональная лабильность, назначают седативные препараты и транквилизаторы.

При спастических запорах кишечника показаны спазмолитики (папаверина гидрохлорид по 0,04 г 3—4 раза в день внутрь, по 0,02 г в виде свечей в прямую кишку 1—2 раза в день или по 1—2 мл 1—3 раза в день п/к; но-шпа по 0,04 г внутрь или п/к 2—3 раза в день и т. д.), холинолитические средства (атропина сульфат, платифиллина гидротартрат и т. д.), а также комбинированные препараты (беллатаминал и др.).

При атонических запорах в качестве симптоматической терапии применяют слабительные средства: фенолфталеин, ревень, препараты крушины, сенны, вазелиновое масло внутрь (по 20—30 мл) и др.

П р о г н о з при своевременно назначенном лечении хороший.

ИЛЕИТ см. *Энтерит.*

КАНДИДОЗ (кандидамикоз, молочница) — группа заболеваний, вызванных дрожжеподобными грибами рода Candida. Грибы рода Candida обнаруживают на фруктах, овощах, в молочнокислых продуктах, сточных водах бань и т. д., они также являются частыми обитателями (сапрофитами) слизистых оболочек полости рта, пищеварительного тракта, дыхательных путей, влагалища, кожи здоровых людей. Экзогенная передача грибов происходит контактным, возможно, и воздушно-капельным путем, при употреблении в пищу продуктов, содержащих дрожжеподобные грибы. Возникновению кандидоза способствуют нарушения защитных сил организма (тяжелые истощающие заболевания, опухоли, сахарный диабет, авитаминозы, и т. д.), а таже длительное бесконтрольное применение антибиотиков широкого спектра действия, подавляющих нормальную микрофлору слизистых оболочек и кожи, антагонистов грибов рода Candida. Различают кандидамикоз кожи (см. главу *Кожные и венерические болезни*), изолированный кандидамикоз внутренних органов пищеварительной системы, легких, мочеполовой системы, влагалища, кандидозный сепсис.

Кандидоз пищеварительной системы чаще всего проявляется поражением слизистой оболочки рта, глотки; характеризуется появлением мелких красных пятен, а позже точечных белых налетов на слизистой оболочке языка, щек, гортани, которые могут сливаться, образуя четко очерченные очаги, покрытые молочно-белыми пленками, по удалении которых обнаруживаются эрозированные поверхности. При этом больные отмечают жжение во рту, болезненность слизистых, затруднение (из-за боли) жевания и глотания. Поражение пищевода чаще локализуется в его средней трети, характеризуется отеком и гиперемией его слизистой оболочки, изъязвлениями, покрытыми беловатой пленкой, болезненной дисфагией. Кандидамикоз желудка и кишечника встречается редко и протекает в виде катарального или эрозивного гастрита, энтерита, энтероколита. Тяжелые формы язвенного кандидамикоза желудочно-кишечного тракта могут осложниться желудочно-кишечным кровотечением, перфорацией и развитием перитонита.

Кандидозный сепсис представляет собой генерализованную форму кандидоза, характеризуется тяжелым общим состоянием больного, гектической лихорадкой, образованием абсцессов в различных органах (в почках, печени, поджелудочной железе, головном мозге, мышцах и т. д.), нередко сопровождается гнойным менингитом, бородавчато-язвенным эндокардитом. Прогноз во многих случаях неблагоприятный.

Д и а г н о з кандидамикозного поражения пищеварительного тракта устанавливают при наличии характерного поражения слизистой оболочки полости рта с молочницей в сочетании с симптомами поражения других органов системы пищеварения. Определить поражение пищевода, желудка, толстой кишки можно при эндоскопическом исследовании (при этом берут отделяемое язвенного поражения, пленки на лабораторное исследование; производят биопсию из пораженных мест). Достоверным является диагноз кандидоза при лабораторном выделении дрожжеподобных грибов (исследуется отделяемое язвенных поражений слизистых оболочек, гной, желчь, при кандидозном сепсисе — кровь), а также обнаружение грибов в гистологических препаратах, полученных при прицельной биопсии. Имеют диагностическую ценность положительные реакции с вакциной грибов Candida в разведении исследуемой сыворотки 1:200 и выше и с полисахаридным антигеном в реакции связывания комплемента (при разведении сыворотки 1:20 и выше).

Л е ч е н и е стационарное. Назначают нистатин по 400 000 ЕД 4 раза в день (при генерализованном кандидозном сепсисе суточная доза увеличивается до 4 000 000—6 000 000 ЕД). При кандидозе прямой кишки свечи с нистатином (содержащие 250 000—500 000 ЕД нистатина). Применяют леворин в виде водной взвеси (1:200) для полоскания и защечных таблеток по 500 000 ЕД при кандидозе полости рта. При кандидозе желудочно-кишечного тракта леворин назначают внутрь по 500 000 ЕД в виде таблеток или капсул 2—4 раза в день. Активными антибиотиками при кандидозе являются амфотерицин и амфоглюкамин. В упорных случаях наряду с антибиотикотерапией проводят лечение поливалентной вакциной из культур Candida, антигистаминными препаратами, растворами йодида натрия или калия внутрь, витаминами группы В. При аллергических реакциях — глюкокортикостероидные гормоны. Необходимо лечить заболевания, на фоне которых иногда возникает кандидоз (сахарный диабет и др.).

П р о ф и л а к т и к а. Устранение возможности заражения от больных кандидозом; санитарно-технический контроль, механизация и автоматизация труда и средств личной гигиены и профилактики на предприятиях, где возможны профессиональные кандидозы. Тщательное врачебное наблюдение за больными, которым проводится лечение антибиотиками широкого спектра действия; параллельное назначение витаминов группы В, при возможности — периодическая замена антибиотика; при длительном лечении — профилактическое назначение нистатина или леворина.

КАРДИОСПАЗМ см. *Ахалазия кардии.*

КАРЦИНОИД (карциноидный синдром) — редко встречающаяся потенциально-злокачественная гормонально-активная опухоль, происходящая из аргентофильных клеток. Преимущественная локализация этой опухоли — в червеобразном отростке, реже в подвздошной, толстой (особенно прямой) кишке, еще реже — в желудке, желчном пузыре, поджелудочной железе; исключительно редко возникает в бронхах, яичнике и других органах.

Э т и о л о г и я карциноида, как и других опухолей, пока неясна. Происхождение многих симптомов заболевания обусловлено гормональной активностью опухоли. Доказано значительное выделение клетками опухоли серотонина, лизил-брадикинина и брадикинина, гистамина, простагландинов.

С и м п т о м ы, т е ч е н и е карциноида складываются из местных симптомов, обусловленных самой опухолью, и так называемого карциноидного синдрома, обусловленного ее гормональной активностью. Местные проявления — это локальная болезненность; нередко отмечаются признаки, напоминающие острый или хронический аппендицит (при наиболее частой локализации опухоли в червеобразном отростке) или симптомы кишечной непроходимости, кишечного кровотечения (при локализации в тонкой или толстой кишке), боль при дефекации и выделение с калом алой крови (при карциноиде прямой кишки), похудание, анемизация. Карциноидный синдром включает своеобразные вазомоторные реакции, приступы бронхоспазма, гиперперистальтики желудочно-кишечного тракта, характерные изменения кожи, поражения сердца и легочной артерии. В выраженной форме он наблюдается не у всех больных, чаще — при метастазах опухоли в печень и другие органы, особенно множественных.

Наиболее характерным проявлением карциноидного синдрома является внезапное кратковременное покраснение кожи лица, верхней половины туловища, сопровождающееся общей слабостью, ощущением жара, тахикардией, гипотензией, иногда слезотечением, насморком, бронхоспазмом, тошнотой и рвотой, поносом и схваткообразной болью в животе. Приступы продолжаются от нескольких секунд до 10 мин, в течение дня они могут повторяться многократно. С течением времени гиперемия кожи может стать постоянной и обычно сочетается с цианозом, возникает гиперкератоз и гиперпигментация кожи пеллагроидного типа. Часто у больных определяется недостаточность трехстворчатого клапана сердца и стеноз устья легочной артерии (реже другие пороки сердца), недостаточность кровообращения.

Лабораторное исследование в подавляющем большинстве случаев показывает повышенное содержание в крови 5-гидрокситриптамина (до 0,1—0,3 мкг/мл) и в моче — конечного продукта его превращения — 5-гидроксиндолуксусной кислоты (свыше 100 мг/сут). При рентгенологическом исследовании опухоль выявить трудно из-за ее небольших размеров и эксцентрического роста. Особенностью опухоли является медленный рост и сравнительно редкое метастазирование, вследствие чего средняя продолжительность жизни больных составляет 4—8 лет и более. Наиболее часто метастазы обнаруживают в регионарных лимфатических узлах, печени. Смерть может наступить от множественных метастазов и кахексии, сердечной недостаточности, кишечной непроходимости.

Лечение хирургическое (радикальное удаление опухоли и метастазов). Симптоматическая терапия заключается в назначении блокаторов α- и β-адренергических рецепторов (анаприлин, фентоламин и др.), менее эффективны кортикостероиды, аминазин и антигистаминные препараты.

КИШЕЧНАЯ ЛИМФАНГИЭКТАЗИЯ см. *Энтеропатии кишечные.*

КИШЕЧНАЯ ЛИПОДИСТРОФИЯ (болезнь Уиппла, стеаторея идиопатическая и др.) — системное заболевание с преимущественным поражением тонкой кишки и нарушением всасывания жиров. Редкое заболевание, встречающееся преимущественно у мужчин среднего и пожилого возраста.

Этиология и патогенез неизвестны. Основными симптомами являются упорный понос (до 5—15 раз в сутки), общее истощение, коликоподобная боль в животе, слабость. Стул обильный, светлый, пенистый или мазевидный, иногда своеобразный «хилезный». Часто наблюдают мигрирующие полиартралгии, сухой кашель, возможна субфебрильная лихорадка. Кожа сухая и гиперпигментированная. Периферические лимфатические узлы увеличены, плотноваты, но безболезненны. Иногда определяются признаки полисерозита. Живот вздут, мягкий, в ряде случаев при пальпации можно определить очаговое уплотнение у места прикрепления брыжейки тонкой кишки, образованное конгломератом увеличенных лимфоузлов. Могут возникать гипопротеинемические отеки на ногах.

В крови определяется умеренный нейтрофильный лейкоцитоз (в ряде случаев эозинофилия), гипопротеинемия, гипохолестеринемия, гипокальциемия. Характерным признаком служит выявление в испражнениях больного большого количества нейтрального жира, кристаллов жирных кислот, непереваренных мышечных волокон. При рентгенологическом исследовании отмечается утолщение складок слизистой оболочки тонкой кишки, снижение ее тонуса и перистальтики.

Диагноз устанавливают при аспирационной биопсии слизистой оболочки тонкой кишки: при гистологическом исследовании биоптатов выявляется атрофия кишечных ворсинок и обнаруживаются специфические для данного заболевания макрофаги с пенистой протоплазмой, окрашивающейся в розовый цвет реактивом Шиффа (тельца Сиераки). Дифференциальный диагноз проводится с хроническим энтеритом, энтероколитом, европейским и тропическим спру, дисахаридазодефицитными и глютеновой энтеропатиями, экссудативной энтеропатией, хроническим панкреатитом.

Течение. Заболевание начинается незаметно, постепенно, с полиартралгии или умеренных поносов, но затем быстро прогрессирует, возникают выраженные нарушения кишечного пищеварения и всасывания. Средняя продолжительность жизни больных равна 2 годам.

Лечение в периоды обострения процесса стационарное. Назначают диету с повышенным содержанием белка, витаминов и ограничением жиров. Медикаментозную терапию проводят глюкокортикостероидными гормонами (20—30 мг преднизолона в сутки) и антибиотиками. Дополнительно, лучше парентерально, назначают витамины, особенно жирорастворимые (А, Е, К), всасывание которых сильнее всего страдает при этом заболевании, а также внутрь — ферментные препараты (фестал, панзинорм и др.), вяжущие средства (танальбин, каолин и др.). После выписки из стационара проводят поддерживающую терапию кортикостероидными гормонами в небольших дозах, препаратами пищеварительных ферментов.

КОЛИКА КИШЕЧНАЯ см. *Дискинезии пищеварительного тракта.*

КОЛИТ — воспаление слизистой оболочки толстой кишки.

Колит гранулематозный см. *Хирургические болезни — Крона болезнь.*

Колит ишемический — сегментарное поражение толстой кишки, обусловленное нарушением ее кровоснабжения. Чаще поражается область селезеночной кривизны, реже — поперечная ободочная, нисходящая и сигмовидная кишки.

Этиология и патогенез: атеросклеротическое поражение нижней брыжеечной артерии у пожилых лиц, страдающих атеросклерозом; предрасполагающим фактором является анатомическая особенность отхождения этой артерии под острым углом от аорты.

Симптомы, течение. Гангренозная (некротическая) форма возникает при полной закупорке нижней брыжеечной артерии, проявляется приступом резчайших болей в левой половине живота, признаками кишечной непроходимости, ректальным кровотечением и затем — перитонитом. Преходящая эпизодическая форма — «перемежающаяся хромота кишечника» — наблюдается при частичной закупорке этой артерии; проявляется болью в левой половине живота или эпигастрии, возникающей сразу или вскоре после еды, диареей, вздутием живота, иногда рвотой. Постепенно может развиться похудание. При пальпации живота определяется болезненность соответственно локализации места поражения участка толстой кишки, иногда — защитное напряжение мышц передней брюшной стенки.

Д и а г н о з подтверждается ирриго-, ректоромано- и колоноскопией. При ирригоскопии в зоне поражения обнаруживается картина «псевдотумора» с дефектом наполнения в виде «отпечатка большого пальца». Эндоскопическое исследование выявляет отечность слизистой оболочки пораженного участка, подслизистые кровоизлияния, в хронических случаях — воспалительную инфильтрацию слизистой оболочки, изъязвления и вследствие рубцевания язв — стриктуры пораженного участка кишки. Селективная брыжеечная ангиография позволяет подтвердить нарушение проходимости брыжеечной артерии.

Течение хронической формы прогрессирующее, прогноз в большинстве случаев неблагоприятный. Осложнения: острые кишечные профузные кровотечения, некроз участка кишки с развитием перитонита, постепенное сужение пораженного сегмента вследствие воспалительно-рубцовых процессов в стенке кишки.

Л е ч е н и е. Больных с гангренозной формой ишемического колита срочно госпитализируют в хирургический стационар. Гангренозная и стриктурная формы требуют хирургического лечения. При хронической форме назначают спазмолитические и холинолитические средства, при опасности инфицирования некротизированной стенки кишки — антибиотики.

Колит острый обычно бывает распространенным, часто сочетается с одновременным острым воспалением слизистой оболочки тонкой кишки (острый энтероколит), а иногда и желудка (гастроэнтероколит).

Э т и о л о г и я, п а т о г е н е з. Возбудители острого колита — шигеллы (дизентерия бактериальная), сальмонеллы, реже другая патогенная бактериальная флора, вирусы и т. д. Его причиной могут быть пищевые небактериальные отравления, грубые погрешности в питании. Значительно меньшая роль принадлежит некоторым общим инфекциям, пищевой аллергии, токсическим веществам. Воспалительный процесс в толстой кишке возникает вследствие местного действия на слизистую оболочку кишки повреждающих факторов, которые находятся в содержимом кишечника, либо (токсины, бактерии и др.) поступают гематогенным путем и оказывают действие при выделении слизистой оболочкой (экскреторная функция кишки).

С и м п т о м ы, т е ч е н и е. Остро возникает боль тянущего или спастического характера, урчание в животе, потеря аппетита, поносы, общее недомогание. Стул жидкий с примесью слизи. В более тяжелых случаях стул водянистый, содержит большое количество слизи, иногда кровь; частота стула до 15—20 раз в сутки; могут присоединяться императивные позывы на дефекацию, возникать болезненные тенезмы. Повышается температура тела (до 38 °C и выше). В особо тяжелых случаях резко выражены симптомы общей интоксикации, язык сухой, обложенный серым или грязно-серым налетом; живот несколько вздут, а при сильном поносе втянут. При пальпации отмечается болезненность по ходу толстой кишки, в различных ее отделах — урчание.

При ректороманоскопии определяется гиперемия и отек слизистой дистальных отделов толстой кишки, на стенках кишки видно большое количество слизи, а в более тяжелых случаях — гноя; могут быть эрозии, изъязвления и кровоизлияния. Исследование крови выявляет умеренный лейкоцитоз с палочкоядерным сдвигом, повышение СОЭ.

В легких случаях состояние больного быстро улучшается; в тяжелых случаях заболевание приобретает затяжной характер. Осложнения: абсцессы печени, пиелит, перитонит, сепсис.

Л е ч е н и е. Больных острым колитом госпитализируют (при подозрении на инфекционную природу заболевания — в инфекционные больницы). Назначают антибактериальную или противопаразитарную терапию, при токсических колитах — солевые слабительные. В первый день разрешают только обильное питье (несладкий или полусладкий чай), затем, на 2—5-й день, диету № 4, затем № 4б и 4в. При обезвоживании капельно п/к или в/в вводят 0,9 % раствор натрия хлорида, 5 % раствор глюкозы или гемодез. Внутрь назначают обволакивающие и вяжущие средства (висмута нитрат основной по 1 г 4—6 раз в день, танальбин, каолин и др.), препараты пищеварительных ферментов (абомин, полизим и др.), холинолитические средства. Для нормализации кишечной флоры назначают энтеросептол, интестопан, колибактерин, бификол и др. Больные острым неинфекционным колитом подлежат в последующем диспансеризации в течение 6 мес.

П р о ф и л а к т и к а такая же, как при остром энтерите (см.).

Колит хронический — одно из наиболее часто встречающихся заболеваний системы пищеварения. Нередко сочетается с воспалительным поражением тонкой кишки (энтероколит) и желудка.

Э т и о л о г и я, п а т о г е н е з. Колиты инфекционного происхождения могут быть вызваны возбудителями кишечных инфекций, в первую очередь шигеллами и сальмонеллами, возбудителями других инфекционных заболеваний (микобактерии туберкулеза и др.), условно-патогенной и сапрофитной флорой кишечника человека (вследствие дисбактериоза). Протозойные колиты обусловлены воздействием возбудителей амебиаза, балантидиаза, лямблиоза и др. Гельминты могут поддерживать воспалительный процесс в кишечнике, вызванный другой причиной. В терапевтической практике наибольшее распространение имеют колиты неинфекционного происхождения. Алиментарные колиты возникают вследствие длительных и грубых нарушений режима питания и рациональной диеты. Сопутствующие колиты, сопровождающие ахилические гастриты, панкреатиты с внешнесекреторной недостаточностью поджелудочной железы или хронические энтериты, развиваются вследствие систематического раздражения слизистой оболочки толстой кишки продуктами недостаточно полного переваривания пищи, а также в результате дисбактериоза. Токсические колиты возникают вследствие длительных экзогенных интоксикаций соединениями ртути, свинца, фосфора, мышьяка и др. Лекарственные колиты связаны с длительным бесконтрольным применением слабительных средств, содержащих антрогликозиды (препараты корня ревеня, коры крушины, плода жостера, листа сенны и др.), антибиотиков и некоторых других лекарств. Токсические колиты эндогенного происхождения возникают вследствие раздражения стенки кишки выводящимися ею продуктами, образовавшимися в организме (при уремии, подагре).

Колиты аллергической природы наблюдаются при пищевой аллергии, при непереносимости некоторых лекарственных и химически активных веществ, повышенной индивидуальной чувствительности организма к некоторым видам бактериальной флоры кишечника и продуктам распада микроорганизмов. Колиты вследствие длительного механического раздражения стенки толстой кишки возникают при хроническом копростазе, злоупотреблении слабительными клизмами и ректальными свечами и т. д. Нередко хронические колиты имеют несколько этиологических факторов, которые взаимно усиливают действие.

С и м п т о м ы ,   т е ч е н и е . Чаще имеет место тотальное поражение всей толстой кишки (панколит). Основными симптомами являются нарушение стула (хронический понос или запор), боль в различных отделах живота, иногда болезненные тенезмы, метеоризм, диспепсические расстройства. В большинстве случаев, особенно при правостороннем колите, преобладают поносы — дефекация возникает до 10—15 раз и более в сутки, нередко наблюдается чередование поноса и запора. Характерен симптом недостаточного опорожнения кишечника: после дефекации у больного остается ощущение неполного его опорожнения. При обострении процесса появляются ложные позывы на дефекацию, сопровождающиеся отхождением газа и отдельных комочков каловых масс, покрытых тяжами или хлопьями слизи, или слизи с прожилками крови, или периодическим отхождением слизи в виде пленок (колит псевдомембранозный). При спастическом колите, особенно вовлечении в процесс дистальных отделов толстой кишки, каловые массы имеют фрагментированный вид («овечий кал»). Боль при колите обычно тупая, ноющая,

локализуется преимущественно в боковых и нижних отделах живота, усиливается после приема пищи и перед дефекацией. Иногда боль приобретает спастический характер (при спастическом колите), стихает от применения тепла (грелка, компресс), после приема холино- и спазмолитиков; приступ боли может сопровождаться отхождением газов или возникновением позыва к дефекации. При распространении воспалительного процесса на серозную оболочку толстой кишки (периколит) боль, имеющая постоянный характер, усиливается от тряски, при ходьбе и облегчается в положении лежа. Упорная ноющая боль по всему животу или преимущественно в подложечной области, не связанная с приемом пищи, актом дефекации, трудно поддающаяся лечению, наблюдается при сопутствующем ганглионите, особенно солярите.

Метеоризм при колите объясняется нарушением переваривания пищи в тонкой кишке и дисбактериозом. Часто наблюдаются анорексия, тошнота, отрыжка, ощущение горечи во рту, урчание в животе и т. д. Могут наблюдаться слабость, общее недомогание, снижение трудоспособности, астеноневротический синдром, похудание, нерезко выраженные симптомы полигиповитаминоза и анемии.

При поверхностной пальпации нередко выявляются участки болезненности брюшной стенки, располагающиеся по ходу толстой кишки, при хроническом перивисцерите отмечается резистентность мышц передней брюшной стенки в соответствующих участках. При глубокой пальпации пораженные участки толстой кишки обычно болезнены и спастически сокращены, могут иметь место чередование спастически сокращенных и расширенных участков, наполненных плотным или жидким содержимым, сильное урчание и даже плеск в соответствующем отделе кишки. При периколите, ганглионите и мезадените болезненность брюшной стенки не ограничена областью расположения толстой кишки, а может наблюдаться в подложечной области и ниже по средней линии (зоны локализации солнечного, верхнего и нижнего брыжеечных сплетений), около пупка (локализация мезентериальных лимфатических узлов).

Испражнения нередко зловонны: при копрологическом исследовании определяется большое количество слизи и лейкоцитов, нередко выявляется также большое количество йодофильной флоры, непереваренной клетчатки и внутриклеточного крахмала, а также эритроцитов (при эрозивных и язвенных формах).

Ирригоскопия при хроническом колите особых изменений не выявляет; обнаруживаются функциональные нарушения (ускорение или замедление перистальтики кишки, усиленная гаустрация, спастические сокращения или, наоборот, атония кишечной стенки). При тяжелых формах колитов выявляются изменения рельефа слизистой оболочки кишки за счет воспалительного отека и инфильтрации, в ряде случаев участки рубцово-воспалительного сужения просвета кишки.

Ректороманоскопия, сигмоидоскопия и колоноскопия чаще всего обнаруживают катаральное воспаление слизистой оболочки толстой кишки, в редких случаях — гнойное, фибринозное или некротически-язвенное поражение.

При обострениях колита могут быть умеренный нейтрофильный лейкоцитоз со сдвигом влево, повышение СОЭ, субфебрилитет. Обострение аллергического колита, помимо болевого приступа, часто сопровождается лихорадкой, эозинофилией, появлением кристаллов Шарко — Лейдена в испражнениях. Гнойные, фибринозные и некротически-язвенные колиты протекают со значительно более тяжелой клинической картиной. Особую форму колита представляет неспецифический язвенный колит (см. *Хирургические болезни*).

С е г м е н т а р н ы е к о л и т ы. *Хронические тифлиты* чаще сопутствуют хроническому энтериту и аппендициту, нередко бывают алиментарного происхождения или слепая кишка вовлекается в процесс при хроническом правостороннем аднексите. Протекают с упорными болями в правой подвздошной области, иррадиирующими в пах, поясницу; вздутием и урчанием в правой половине живота в большинстве случаев с обильным полужидким стулом 3—5 раз в сутки («коровий кал»). В области слепой кишки и восходящего отдела ободочной — болезненность, иногда они спастически сокращены, иногда расслаблены, при их ощупывании отмечается сильное урчание. При перитифлите в период обострения воспалительного процесса может определяться нерезко выраженный симптом Щеткина — Блюмберга, что может стимулировать обострение хронического аппендицита.

Изолированный трансверзит возникает сравнительно редко и во многих случаях сочетается с колоптозом. Поражение поперечной ободочной кишки и особенно ее дистальной части во многих случаях обусловлено затруднением прохождения ее содержимого через необычно заостренный левый изгиб в нисходящую ободочную кишку (вследствие значительного опущения поперечной ободочной кишки, образования спаек, аномалии развития толстой кишки и других причин) — так называемый синдром селезеночной кривизны. Проявляется тупой болью в эпигастральной, околопупочной областях и левом подреберье, нередко усиливающейся после еды, метеоризмом, ощущением распирания живота, которые облегчаются после дефекации, нарушениями стула. При пальпации определяется болезненная, нередко опущенная и неравномерно спазмированная поперечная ободочная кишка. При выраженных явлениях перипроцесса в области селезеночного изгиба могут возникнуть симптомы частичной, а в редких случаях — полной непроходимости кишечника.

Проктит и проктосигмоидит — наиболее частые формы хронического колита. В их происхождении особую роль играют бактериальная дизентерия, хронический запор, систематическое раздражение слизистой оболочки прямой кишки при злоупотреблениях слабительными и лечеб-

ными клизмами, свечами. Проявляются болью в левой подвздошной области и в области заднего прохода, болезненными тенезмами, метеоризмом; боль может сохраняться некоторое время после дефекации, возникать при проведении очистительной клизмы. Нередко наблюдаются запоры в сочетании с тенезмами; стул необильный, иногда типа «овечьего кала», содержит много видимой слизи, а нередко кровь и гной. При пальпации отмечается болезненность сигмовидной кишки, ее спастическое сокращение или урчание (при поносе). В ряде случаев выявляется дополнительная петля сигмовидной кишки — «долихосигма» (врожденная аномалия развития). Осмотр анальной области и пальцевое исследование прямой кишки позволяют оценить состояние ее сфинктера, выявить нередко встречающуюся сопутствующую патологию, развивающуюся на фоне хронического проктита (геморрой, трещины заднего прохода, парапроктит, выпадение прямой кишки и др.). Большое диагностическое значение имеет ректороманоскопия.

Д и ф ф е р е н ц и а л ь н ы й д и а г н о з. В первую очередь следует исключить колиты инфекционного или паразитарного происхождения. Возникновение хронического колита после острого проктосигмоидита заставляет заподозрить самый частый вид инфекционного колита — дизентерийный. Нахождение шигелл при бактериологическом исследовании позволяет подтвердить диагноз. Для диагноза хронических колитов, возникающих в результате паразитарных инвазий, основное значение имеет обнаружение соответствующих возбудителей, цист, члеников или яичек гельминтов в испражнениях (см. *Инфекционные болезни*).

Хронические колиты необходимо дифференцировать от дискинезий толстой кишки, хотя длительные функциональные расстройства кишки могут с течением времени привести к развитию хронического колита. Основное значение имеет анализ клинической симптоматики, в необходимых случаях — ректороманоскопия или колоноскопия с биопсией слизистой оболочки. Хронические колиты следует дифференцировать от хронических энтеритов, панкреатитов, анацидных гастритов, однако очень часто встречается и сочетание этих заболеваний с хроническим колитом. Опухоли толстой кишки могут протекать под маской хронического колита, поэтому в подозрительных случаях всегда нужно проводить ирригоскопию, а при недостаточно ясной картине — эндоскопию с биопсией.

Т е ч е н и е хронического колита в одних случаях длительное, малосимптомное, в других — постепенно прогрессирующее с чередованием периодов обострений и ремиссий, развитием атрофических изменений в стенке кишки. При своевременном лечении прогноз благоприятный. Осложнения: перфорация язв при тяжелом язвенном колите, кишечные кровотечения, сужение просвета кишки (при рубцевании язв), спаечный процесс.

Л е ч е н и е в период обострения проводится в стационаре; больных инфекционными и паразитарными колитами лечат в соответствующих инфекционных отделениях больниц. Показано частое дробное питание (4—6 раз в сутки), диета — механически щадящая (слизистые супы, пюре, фрикадельки, паровые мясные и рыбные котлеты и т. д.). Пища должна содержать 100—120 г белка, 100—120 г легко усвояемых жиров (сливочное, растительное масла), около 400—500 г углеводов. В период наибольшей остроты процесса временно ограничивают поступление в организм углеводистых продуктов (до 350 и даже 250 г) и жиров. Жиры переносятся и усваиваются больными хроническими заболеваниями кишечника лучше, если они поступают в организм не в чистом виде, а в связи с другими пищевыми веществами (в процессе кулинарной обработки пищи). Переносимость углеводов и растительной клетчатки значительно повышается при их соответствующей кулинарной обработке (протирание, варка на пару, в наиболее тяжелых случаях — гомогенизированные овощные пюре и пр.).

Витамины назначают внутрь в виде поливитаминов или парентерально (С, B_2, B_6, B_{12} и др.). Фрукты используют в виде киселей, соков, пюре, в печеном виде (яблоки), а в период ремиссии — и в натуральном виде, за исключением тех, которые способствуют усилению процессов брожения в кишечнике (виноград) или обладают послабляющим действием, что нежелательно при поносах (чернослив, инжир и др.). Холодная пища и напитки, низкомолекулярные сахара, молочнокислые продукты с кислотностью выше 90° по Тернеру усиливают перистальтику кишечника, поэтому их при обострениях колита и поносах назначать не следует. Исключают острые приправы, пряности, тугоплавкие жиры, черный хлеб, свежие хлебные продукты из сдобного или дрожжевого теста, капусту, свеклу, кислые сорта ягод и фруктов, ограничивают поваренную соль. Основная диета в период обострения — № 2, 4 и 4а (при преобладании бродильных процессов), по мере стихания воспалительного процесса — диета № 4б и более расширенная, приближающаяся к нормальной — диета № 4в (пищу назначают в непротертом виде). Полезно ацидофильное молоко (150—200 г 3 раза в день). При наличии сопутствующих заболеваний (холецистит, панкреатит, атеросклероз) в диету вводят необходимые коррективы.

В период обострений хронических колитов назначают на короткое время антибиотики широкого спектра действия (тетрациклины, левомицетин, аминогликозиды и др.) или сульфаниламидные препараты (сульгин, фталазол) в обычных дозах. Наиболее эффективным во многих случаях является назначение энтеросептола (по 0,25—0,5 г 3 раза в день), мексаформа, интестопана, которые оказывают угнетающее действие в первую очередь на патогенную флору кишечника, уменьшают бродильные и гнилостные процессы. Полезны колибактерин, бифидумбактерин, бификол, лактобактерин, которые назначают по 5—10 доз в день (в зависимости от тяжести заболевания).

С целью повышения реактивности организма назначают подкожно экстракт алоэ (по

1 мл 1 раз в сутки, 10—15 инъекций), пелоидин (внутрь по 40—50 мл 2 раза в день за 1—2 ч до еды или в виде клизм по 100 мл 2 раза в день в течение 10—15 дней), проводят аутогемотерапию.

При проктосигмоидите назначают микроклизмы (ромашковые, таниновые, протарголовые, из взвеси висмута нитрата), а при проктите — вяжущие средства (ксероформ, дерматол, цинка окись и др.) в свечах, нередко в комбинации с белладонной и анестезином «Анестезол», «Анузол», «Неоанузол» и др.)

При поносе рекомендуются вяжущие и обволакивающие средства (танальбин, тансал, висмута нитрат основной, белая глина и др.), настои и отвары растений, содержащие дубильные вещества (отвары 15:200 корневищ змеевика, лапчатки или кровохлебки по 1 столовой ложке 3—6 раз в день, настой или отвар плодов черемухи, плодов черники, соплодий ольхи, травы зверобоя и др.), холинолитики (препараты белладонны, атропина сульфат, метацин и др.). Холино- и спазмолитики назначают при спастическом колите.

При выраженном метеоризме рекомендуется уголь активированный (по 0,25—0,5 г 3—4 раза в день), настой листа мяты перечной (5: 200 по 1 столовой ложке несколько раз в день), цветков ромашки (10:200 по 1—2 столовые ложки несколько раз в день) и другие средства. Если понос обусловлен в первую очередь секреторной недостаточностью желудка, поджелудочной железы, сопутствующим энтеритом, полезны препараты пищеварительных ферментов — панкреатин, фестал и др.

Большое место в терапии обострений хронических колитов занимают физиотерапевтические методы (кишечные орошения, грязевые аппликации, диатермия и др.) и санаторно-курортное лечение (Ессентуки, Железноводск, Друскининкай, местные санатории для больных с заболеваниями кишечного тракта).

Трудоспособность больных при средней тяжести и тяжелых формах хронических колитов, особенно сопровождающихся поносами, ограничена. Им не показаны виды работ, связанные с невозможностью соблюдать режим питания, частые командировки.

Профилактика. Необходимы профилактика и своевременное лечение острых колитов, диспансеризация реконвалесцентов, санитарно-просветительная работа, направленная на разъяснение населению необходимости соблюдения рационального режима питания, полноценной диеты, тщательного прожевывания пищи, своевременной санации полости рта, а при необходимости — протезирования зубов, занятий физической культурой и спортом, укрепления нервной системы. Необходимо строгое соблюдение правил техники безопасности на производствах, связанных с химическими веществами, способными вызвать поражение толстой кишки.

НЕДОСТАТОЧНОСТИ ВСАСЫВАНИЯ СИНДРОМ (мальабсорбции синдром) — симптомокомплекс, возникающий вследствие расстройства всасывания в тонкой кишке. Нередко сочетается с синдромом недостаточности пищеварения. Различают первичный и вторичный синдром недостаточности всасывания.

П р и ч и н а возникновения синдрома недостаточности всасывания — наследственные нарушения структуры слизистой оболочки кишечной стенки и генетически обусловленная кишечная ферментопатия. Механизм развития вторичного синдрома недостаточного всасывания — приобретенные структурные изменения слизистой оболочки тонкой кишки. При острых и подострых состояниях основное значение имеет нарушение внутрикишечного переваривания пищевых продуктов и ускоренный пассаж содержимого по кишечнику, при хронических — дистрофические и атрофически-склеротические изменения слизистой оболочки кишки, укорочение и уплощение ворсин и крипт, резкое сокращение числа микроворсинок, развитие фиброзной ткани в стенке кишки с нарушением в ней крово- и лимфотока, нарушение процессов пристеночного пищеварения. Все перечисленные изменения приводят к недостаточному поступлению в организм продуктов гидролиза белков, жиров, углеводов, а также минеральных солей и витаминов через кишечную стенку (см. также *Алиментарная дистрофия*).

С и м п т о м ы, т е ч е н и е. Характерны постепенное истощение больного, расстройство всех видов обмена веществ (белкового, жирового, витаминного, водно-солевого), дистрофические изменения во внутренних органах с постепенно возникающими нарушениями их функций, а также постоянная стеаторея, креаторея и амилорея. Развивается гипопротеинемия (в основном за счет альбуминов), гипохолестеринемия, гипокальциемия, умеренная гипогликемия. При гипопротеинемии ниже 40—50 г/л возникают гипопротеинемические отеки. Характерны симптомы полигиповитаминоза, остеопороз, анемия, трофические изменения кожи, ногтей, прогрессирующая атрофия мышц, явления полигландулярной недостаточности, общая слабость, в тяжелых случаях — психические расстройства, ацидоз, кахексия.

Лабораторные методы позволяют определить гипопротеинемию, гипохолестеринемию, гипогликемию и другие нарушения как следствие недостаточного всасывания в кишечнике.

При копрологическом исследовании отмечается повышенное выделение непереваренных пищевых веществ, а также продуктов их ферментативного расщепления. Энтеробиопсия выявляет атрофические изменения слизистой оболочки проксимальных отделов тонкой кишки. Для исследования процессов всасывания используются разнообразные специальные методы, йодкалиевая проба, пробы с D-ксилозой, галактозой, каротином, фолиевой кислотой, тест на всасывание железа, методы с применением меченных радиоактивными изотопами казеина, альбумина, олеиновой кислоты, метионина, глицина, витамина B_{12}, фолиевой кислоты и других веществ.

Течение зависит от характера основного заболевания и возможности его излечения. В тяжелых неизлечимых случаях прогноз неблагоприятный.

Л е ч е н и е. Проводят лечение основного заболевания. Симптоматическая терапия включает парентеральное питание, введение витаминов, плазмы, белковых гидролизатов, раствора глюкозы, питательные кишечные клизмы, коррекцию нарушений электролитного обмена.

П р о ф и л а к т и к а. Предупреждение и своевременное лечение заболеваний, протекающих с синдромом недостаточного всасывания.

НЕДОСТАТОЧНОСТИ ПИЩЕВАРЕНИЯ СИНДРОМ — симптомокомплекс, характеризующийся нарушением пищеварения в желудочно-кишечном тракте. Различают нарушения преимущественно полостного пищеварения (диспепсии) и пристеночного пищеварения, а также смешанные формы синдрома недостаточности пищеварения.

Диспепсии. Э т и о л о г и я, п а т о г е н е з. Диспепсия возникает вследствие некомпенсированной недостаточности секреторной функции желудка, внешнесекреторной функции поджелудочной железы, желчевыделения, обусловленных различными причинами, нарушения пассажа химуса по желудочно-кишечному тракту (стазы, застой в результате стенозирования или сдавления кишки или резкое ускорение вследствие усиленной перистальтики); имеют значение кишечные инфекции, дисбактериоз, алиментарные нарушения (чрезмерная пищевая нагрузка, преимущественно белковой, жировой или углеводистой пищи, прием большого количества бродильных напитков). Диспепсия может быть функциональной, но чаще является следствием заболеваний органов пищеварения. Характеризуется неполным расщеплением пищевых веществ, активным размножением бактериальной флоры в кишечнике с расселением ее и в проксимальные отделы тонкой кишки, развитием дисбактериоза, более активным, чем в норме, участием бактерий в ферментативном расщеплении пищевых продуктов с образованием ряда токсических продуктов (аммиак, индол, низкомолекулярные жирные кислоты и др.), вызывающих раздражение слизистой оболочки кишки, усилением перистальтики и симптомами интоксикации организма вследствие их всасывания и поступления в кровь.

Диспепсия желудочная наблюдается при ахлоргидрии и ахилии, длительных декомпенсированных стенозах привратника, атрофическом гастрите, раке желудка. Характеризуется ощущением тяжести, давления и распирания в эпигастральной области после еды, частой отрыжкой воздухом, пищей, нередко кислой или с тухлым неприятным запахом, неприятным вкусом во рту, тошнотой, снижением аппетита. Нередки ахилические поносы, метеоризм.

Диспепсия кишечная наблюдается при недостаточности внешнесекреторной функции поджелудочной железы, хронических воспалительных заболеваниях тонкой кишки и т. д. Характеризуется ощущениями вздутия живота, урчания и переливания в кишечнике, обильным выделением газов, поносом с гнилостным или кислым запахом каловых масс (редко запором). Для копрологического исследования характерны стеаторея, амилорея, креаторея, китаринорея. При рентгенологическом исследовании отмечается ускоренный пассаж бариевой взвеси по тонкой кишке. Исследования внешнесекреторной функции поджелудочной железы, аспирационная энтеробиопсия, определение энтерокиназы и щелочной фосфатазы в кишечном соке позволяют уточнить причину кишечной диспепсии. Исследование гликемической кривой с пероральной нагрузкой крахмалом и радиоизотопное исследование с триолеатглицерином, подсолнечным или оливковым маслом позволяют оценить степень нарушения полостного пищеварения. Важное значение имеет изучение микрофлоры кишечника (см. *Дисбактериоз*).

Л е ч е н и е. В первую очередь лечение основных заболеваний. Симптоматическая терапия: при поносе — диета № 4 на 2—5 дней, а затем № 4б; дополнительно ферментные (панкреатин, абомин, фестал и др.), вяжущие препараты, карболен.

Недостаточность пристеночного пищеварения наблюдается при хронических заболеваниях тонкой кишки, сопровождающихся дистрофическими, воспалительно-склеротическими изменениями ее слизистой оболочки, нарушениями структуры ворсинок и микроворсинок и уменьшением их количества, нарушениями кишечной перистальтики (энтериты, спру, кишечная липодистрофия, экссудативная энтеропатия и пр.).

С и м п т о м ы те же, что при диспепсии кишечной и синдроме недостаточности всасывания. Диагноз устанавливают путем определения активности ферментов (амилазы, липазы) при последовательной десорбции их в гомогенатах кусочков слизистой оболочки, полученных при аспирационной биопсии слизистой оболочки тонкой кишки. Метод изучения гликемической кривой после пероральных нагрузок ди- и моносахаридами позволяет отдифференцировать синдром недостаточности пристеночного пищеварения от поражений тонкой кишки, сопровождающихся нарушением процессов всасывания кишечной стенкой продуктов расщепления пищевых веществ, а прием полисахаридов (крахмала) — от синдрома недостаточности полостного пищеварения. Аспирационная биопсия позволяет выявить атрофические изменения слизистой тонкой кишки (косвенный признак).

Л е ч е н и е. Проводят лечение основного заболевания, синдрома недостаточности всасывания. Симптоматическая терапия — ферментные (абомин, фестал и т. д.) и вяжущие (танальбин и др.) препараты внутрь.

ПАНКРЕАТИТ ХРОНИЧЕСКИЙ (панкреатит острый см. *Хирургические болезни*) — хроническое воспаление поджелудочной железы. Встречается обычно в среднем и пожилом возрасте, чаще у женщин. Различают первичные хронические панкреатиты и вторичные, или сопутствующие, развивающиеся на фоне других заболеваний пищеварительного тракта (хронического гастрита, холецистита, энтерита и др.). В хронический может перейти затянувшийся острый панкреатит, но чаще он формируется постепенно на фоне хронического холецистита,

желчнокаменной болезни или под воздействием бессистемного нерегулярного питания, частого употребления острой и жирной пищи, хронического алкоголизма, особенно в сочетании с систематическим дефицитом в пище белков и витаминов, пенетрации язвы желудка или двенадцатиперстной кишки в поджелудочную железу, атеросклеротического поражения сосудов поджелудочной железы, инфекционных заболеваний (особенно при инфекционном паротите, брюшном и сыпном тифе, вирусном гепатите), некоторых гельминтозов, хронических интоксикаций свинцом, ртутью, фосфором, мышьяком.

П а т о г е н е з: задержка выделения и внутриорганная активация панкреатических ферментов — трипсина и липазы, осуществляющих аутолиз паренхимы железы, реактивное разрастание и рубцовое сморщивание соединительной ткани, которая затем приводит к склерозированию органа. Хроническое нарушение кровообращения в поджелудочной железе. В прогрессировании воспалительного процесса большое значение имеют процессы аутоагрессии. При хронических панкреатитах инфекционного происхождения возбудитель может проникнуть в поджелудочную железу из просвета двенадцатиперстной кишки (например, при дисбактериозе) или из желчных путей через панкреатические протоки восходящим путем, чему способствует дискинезия пищеварительного тракта, сопровождающаяся дуодено- и холедохопанкреатическим рефлюксом. Предрасполагают к возникновению хронического панкреатита спазмы, воспалительный стеноз или опухоль фатерова соска[1], препятствующие выделению панкреатического сока в двенадцатиперстную кишку, а также недостаточность сфинктера Одди, облегчающая свободное попадание дуоденального содержимого в проток поджелудочной железы, особенно содержащейся в кишечном соке энтерокиназы, активирующей трипсин. Воспалительный процесс может быть диффузным или ограничиваться только областью головки или хвоста поджелудочной железы. Различают хронический отечный (интерстициальный), паренхиматозный, склерозирующий и калькулезный панкреатит.

С и м п т о м ы, т е ч е н и е. Боль в эпигастральной области и левом подреберье, диспепсические явления, понос, похудание, присоединение сахарного диабета. Боль локализуется в эпигастральной области справа при преимущественной локализации процесса в области головки поджелудочной железы, при вовлечении в воспалительный процесс ее тела — в эпигастральной области слева, при поражении ее хвоста — в левом подреберье; нередко боль иррадиирует в спину и имеет опоясывающий характер, может иррадиировать в область сердца, имитируя стенокардию. Боль может быть постоянной или приступообразной и появляться через некоторое время после приема жирной или острой пищи. Отмечается болезненность в эпигастральной области и левом подреберье. Нередко отмечается болезненность точки в левом реберно-позвоночном углу (симптом Мейо — Робсона). Иногда

---

[1] Большой сосочек двенадцатиперстной кишки.

определяется зона кожной гиперестезии соответственно зоне иннервации восьмого грудного сегмента слева (симптом Кача) и некоторая атрофия подкожной жировой клетчатки в области проекции поджелудочной железы на переднюю стенку живота.

Диспепсические симптомы при хроническом панкреатите почти постоянны. Часты полная потеря аппетита и отвращение к жирной пище. Однако при развитии сахарного диабета, наоборот, больные могут ощущать сильный голод и жажду. Часто наблюдаются повышенное слюноотделение, отрыжка, приступы тошноты, рвоты, метеоризм, урчание в животе. Стул в легких случаях нормальный, в более тяжелых — понос или чередование запора и поноса. Характерен панкреатический понос с выделением обильного кашицеобразного зловонного с жирным блеском кала; копрологическое исследование выявляет стеаторею, креаторею, китаринорею.

В крови — умеренная гипохромная анемия, в период обострения — повышение СОЭ, нейтрофильный лейкоцитоз, гипопротеинемия и диспротеинемия за счет повышенного содержания глобулинов. При развитии сахарного диабета выявляются гипергликемия и глюкозурия, в более тяжелых случаях — нарушения электролитного обмена, в частности гипонатриемия. Содержание трипсина, антитрипсина, амилазы и липазы в крови и амилазы в моче повышается в период обострения панкреатита, а также при препятствиях к оттоку панкреатического сока (воспалительный отек головки железы и сдавление протоков, рубцовый стеноз фатерова соска и др.). В дуоденальном содержимом концентрация ферментов и общий объем сока в начальном периоде болезни могут быть увеличенными, однако при выраженном атрофически-склеротическом процессе в железе эти показатели снижаются, имеет место панкреатическая гипосекреция. Дуоденорентгенография выявляет деформации внутреннего контура петли двенадцатиперстной кишки и вдавления, обусловленные увеличением головки поджелудочной железы. Эхография и радиоизотопное сканирование показывают размеры и интенсивность тени поджелудочной железы; в диагностически сложных случаях проводят компьютерную томографию.

Течение заболевания затяжное. По особенностям течения выделяют хронический рецидивирующий панкреатит, болевую, псевдоопухолевую, латентную форму (встречается редко). Осложнения: абсцесс, киста или кальцификаты поджелудочной железы, тяжелый сахарный диабет, тромбоз селезеночной вены, рубцово-воспалительный стеноз панкреатического протока и дуоденального сосочка и др. При склерозирующей форме хронического панкреатита может наблюдаться подпеченочная (механическая) желтуха вследствие сдавления проходящего в ней отрезка общего желчного протока уплотненной тканью железы. На фоне длительно протекающего панкреатита возможно вторичное развитие рака поджелудочной железы.

Хронический панкреатит дифференцируют прежде всего от опухоли поджелудочной железы, при этом большое значение приобретают панкреатоангиорентгенография, ретроградная панкреатохолангиография (вирзунгография), эхография и радиоизотопное сканирование поджелудочной железы. Может возникнуть необходимость дифференциальной диагностики хронического панкреатита с желчнокаменной болезнью, язвенной болезнью желудка и двенадцатиперстной кишки (следует учитывать также возможность сочетания этих заболеваний), хроническим энтеритом и реже другими формами патологии системы пищеварения.

Лечение. В начальных стадиях заболевания и при отсутствии тяжелых осложнений — консервативное; в период обострения лечение целесообразно проводить в условиях стационара гастроэнтерологического профиля (в период резкого обострения лечение такое же, как при остром панкреатите).

Питание больного должно быть дробным, 5—6-разовым, но небольшими порциями. Исключают алкоголь, маринады, жареную, жирную и острую пищу, крепкие бульоны, обладающие значительным стимулирующим действием на поджелудочную железу. Диета должна содержать повышенное количество белков (стол № 5) в виде нежирных сортов мяса, рыбы, свежего нежирного творога, неострого сыра. Содержание жиров в пищевом рационе умеренно ограничивают (до 80—70 г в сутки) в основном за счет свиного, бараньего жира. При значительной стеаторее содержание жиров в пищевом рационе еще более уменьшают (до 50 г). Ограничивают углеводы, особенно моно- и дисахариды; при развитии сахарного диабета последние полностью исключают. Пищу дают в теплом виде.

При обострениях назначают антиферментные средства (трасилол, контрикал или пантрипин); в менее острых случаях — препараты метаболического действия (пентоксил по 0,2—0,4 г на прием, метилурацил по 1 г 3—4 раза в день на протяжении 3—4 нед), липотропные средства — липокаин, метионин. Антибиотики показаны при выраженных обострениях или абсцедировании поджелудочной железы. При сильной боли показаны паранефральная или паравертебральная новокаиновая блокада, ненаркотические анальгетики, баралгин, в особо тяжелых случаях — наркотические анальгетики в сочетании с холинолитическими и спазмолитическими средствами. При внешнесекреторной недостаточности поджелудочной железы назначают заместительные ферментные препараты: панкреатин (по 0,5 г 3—4 раза в день), абомин, холензим, фестал, панзинорм и др.; поливитамины. После снятия острых явлений и с целью профилактики обострения в дальнейшем рекомендуется курортное лечение в Боржоми, Ессентуках, Железноводске, Пятигорске, Карловых Варах и в местных санаториях гастроэнтерологического профиля. Больным хроническим панкреатитом не показаны виды работ, при которых невозможно соблюдение четкого режима питания; при тяжелом течении заболевания — перевод на инвалидность.

Хирургическое лечение рекомендуется при тяжелых болевых формах хронического панкреатита, рубцово-воспалительном стенозировании общего желчного и (или) панкреатического протока, абсцедировании или развитии кисты железы.

П р о ф и л а к т и к а. Своевременное лечение заболеваний, играющих этиологическую роль в возникновении панкреатита, устранение возможности хронических интоксикаций, способствующих развитию этого заболевания (производственных, а также алкоголизма), обеспечение рационального питания и режима дня.

ПЕЧЕНОЧНОЙ НЕДОСТАТОЧНОСТИ СИНДРОМ — симптомокомплекс, характеризующийся нарушением одной или многих функций печени вследствие острого или хронического повреждения ее паренхимы. Различают острую и хроническую печеночную недостаточность и 3 стадии ее: I стадию — начальную (компенсированную), II стадию — выраженную (декомпенсированную) и III стадию — терминальную (дистрофическую). Терминальная стадия печеночной недостаточности заканчивается печеночной комой.

Э т и о л о г и я, п а т о г е н е з. Острая печеночная недостаточность может возникнуть при тяжелых формах вирусного гепатита, отравлениях промышленными (соединения мышьяка, фосфора и др.), растительными (несъедобные грибы) и другими гепатотропными ядами, некоторыми лекарствами (экстракт мужского папоротника, тетрациклин и др.), переливании иногруппной крови и в ряде других случаев. Хроническая печеночная недостаточность возникает при прогрессировании многих хронических заболеваний печени (цирроз, злокачественные опухоли и т. д.).

Печеночная недостаточность объясняется дистрофией и распространенным некробиозом гепатоцитов и (при хронических формах) массивным развитием портокавальных анастомозов, через которые значительная часть крови из воротной вены поступает в полые и затем — в артериальное русло, минуя печень (что еще более снижает ее участие в дезинтоксикации вредных веществ, всасывающихся в кишечнике). Наиболее страдает антитоксическая функция печени, снижается также ее участие в различных видах обмена (белковом, жировом, углеводном, электролитном, витаминном и др.).

С и м п т о м ы, т е ч е н и е зависят от характера поражения печени, остроты течения процесса. В I стадию клинические симптомы отсутствуют, однако снижается толерантность организма к алкоголю и другим токсическим воздействиям, положительны результаты нагрузочных печеночных проб (с галактозой, бензоатом натрия, билирубином, особенно вофавердином). Для II стадии характерны клинические симптомы: немотивированная слабость, снижение трудоспособности, диспепсические расстройства, появление и прогрессирование желтухи, геморрагического диатеза, асцита, иногда гипопротеинемических отеков. Лабораторные исследования показывают значительные отклонения от нормы многих или всех печеночных проб; снижено содержание в крови альбумина, протромбина, фибриногена, холестерина. Обычно увеличено содержание в крови аминотрансфераз, особенно аланинаминотрансферазы, часто отмечается анемия, уве-

личение СОЭ. Степень нарушения функции печени можно определить также методом радиоизотопной гепатографии. В III стадии наблюдаются глубокие нарушения обмена веществ в организме, дистрофические явления не только в печени, но и в других органах (ЦНС, почках и т. д.); при хронических заболеваниях печени выражена кахексия. Появляются признаки приближающейся печеночной комы.

Кома печеночная (гепатаргия). В развитии печеночной комы выделяют стадии прекомы, угрожающей комы и собственно кому. Различают также печеночно-клеточную (эндогенную) кому, возникающую вследствие массивного некроза паренхимы, портокавальную (обходную, шунтовую, экзогенную), обусловленную существенным исключением печени из обменных процессов вследствие наличия выраженных портокавальных анастомозов, и смешанную кому, встречающуюся главным образом при циррозах печени.

В прекоматозный период обычно отмечается прогрессирующая анорексия, тошнота, уменьшение размеров печени, нарастание желтухи, гипербилирубинемия, увеличение содержания желчных кислот в крови.

В дальнейшем нарастают нервно-психические нарушения, замедление мышления, депрессия, иногда и некоторая эйфория. Характерна неустойчивость настроения, раздражительность; нарушается память, расстраивается сон. На ЭЭГ регистрируются медленные дельта- и тета-волны. Повышаются сухожильные рефлексы, характерен мелкий тремор конечностей. Развивается азотемия. Под влиянием активной терапии больные могут выйти из этого состояния, но чаще при тяжелых необратимых изменениях печени наступает кома.

В период комы возможно возбуждение, которое затем сменяется угнетением (ступор) и прогрессирующим нарушением сознания вплоть до полной потери его. Развиваются менингеальные явления, патологические рефлексы, двигательное беспокойство, судороги. Нарушается дыхание (типа Куссмауля, Чейна — Стокса); пульс — малый, аритмичный; имеет место гипотермия тела. Лицо больного осунувшееся, конечности холодные, изо рта, а также от кожи исходит характерный сладковатый печеночный запах, усиливаются геморрагические явления (кожные кровоизлияния, кровотечения из носа, десен, варикозно-расширенных вен пищевода и т. д.). Повышается СОЭ, уровень остаточного азота и аммиака в сыворотке крови, имеют место гипокалиемия и нередко гипонатриемия, метаболический ацидоз. В терминальной фазе кривая ЭЭГ уплощается.

Острая печеночная недостаточность развивается быстро, на протяжении нескольких часов или дней, и при своевременной терапии может быть обратимой. Хроническая печеночная недостаточность развивается постепенно, на протяжении нескольких недель или месяцев, но присоединение провоцирующих факторов (прием алкоголя, пищеводно-желудочное кровотечение из варикозно-расширенных вен пищевода, интеркуррентная инфекция, физическое переутомление, прием больших доз мочегонных или одномоментное удаление большого количества асцитической жидкости и т. д.) может быстро спровоцировать развитие печеночной комы. Прогноз, особенно при хронической печеночной недостаточности, неблагоприятный, однако в отдельных случаях печеночная кома (портокавальная форма) может регрессировать и на протяжении ряда месяцев вновь рецидивировать.

Л е ч е н и е. Больных с острой печеночной недостаточностью (независимо от ее стадии) немедленно госпитализируют (при вирусном гепатите, лептоспирозе и других инфекционных заболеваниях — в инфекционные больницы, при токсических поражениях печени — в центры отравлений). При остро возникшей печеночной недостаточности и печеночной коме очень важно интенсивными лечебными мероприятиями поддержать жизнь больного в течение критического периода (нескольких дней), рассчитывая на значительную регенеративную способность печени. Проводят лечение основного заболевания, при токсических гепатозах — мероприятия, направленные на удаление токсического фактора. Назначают слабительные, клизмы. С целью связывания аммиака, накапливающегося в организме, внутривенно вводят 10—20 мл 1 % раствора глутаминовой кислоты (лучше в 5 % растворе глюкозы капельно) 2—3 раза в день в течение нескольких дней (из аммиака и глутаминовой кислоты образуется не обладающий токсическим действием глутамин, последний к тому же усиливает выведение аммиака в виде аммониевых солей). Вводят большое количество раствора глюкозы в/в (до 3 л 10 % раствора при прекоматозных состояниях), кокарбоксилазу (50—150 мг/сут), витамины B_6, B_{12}, панангин (внутрь или внутримышечно), липоевую кислоту. Проводят оксигенотерапию, гипербарическую оксигенацию.

При развитии печеночной комы вводят раствор гидрокарбоната натрия (при метаболическом ацидозе) или калия хлорида (0,4—0,5 % раствор в 5 % растворе глюкозы в количестве до 500 мл внутривенно капельно, осторожно); через носовой катетер дают дышать увлажненным кислородом. При снижении венозного и артериального давления внутривенно вводят полиглюкин, альбумин. При массивных кровотечениях предпринимают соответствующие меры для их остановки, переливают свежую одногруппную кровь, вводят препараты, содержащие факторы свертывания крови. При выраженных признаках диссеминированного внутрисосудистого свертывания крови вводят гепарин. С целью борьбы с почечной недостаточностью проводят перитонеальный гемодиализ, плазмаферез. Для устранения психомоторного воздействия и судорог применяют дипразин, галоперидол, оксибутират натрия. При выведении больного из коматозного состояния в дальнейшем проводится интенсивная терапия основного заболевания.

При хронической печеночной недостаточности проводят лечение основного заболевания и симптоматическую терапию. Ограничивают поступление белка с пищей, полезны молочнокислые продукты, назначают слабительные и клизмы с целью удаления из кишечника продуктов белко-

вого распада; курсами (по 2—3 нед) назначают внутрь антибиотики тетрациклинового ряда. Внутривенно вводят растворы глюкозы, глутаминовую кислоту, парентерально витамины B_1, B_6, B_{12}, гидролизаты печени — сирепар (по 2—3 мл в/в или в/м 1 раз в день, на курс — до 60 инъекций), витогепат (в/м по 1—2 мл в день). При наличии геморрагических явлений назначают викасол, при выраженной гипопротеинемии и гипопротеинемических отеках переливают плазму, альбумин. Категорически запрещают прием спиртных напитков, наркотиков, барбитуратов. Больные хроническими заболеваниями печени, осложнившимися печеночной недостаточностью, нетрудоспособны и нуждаются в переводе на инвалидность.

П р о ф и л а к т и к а острой печеночной недостаточности сводится к профилактике инфекционных и токсических поражений печени. Профилактика хронической печеночной недостаточности — это своевременное лечение заболеваний печени, которые могут послужить ее причиной. Большое значение имеет борьба с алкоголизмом.

ПИЩЕВАЯ АЛЛЕРГИЯ. Э т и о л о г и я, п а т о г е н е з. Аллергические поражения органов пищеварения бывают пищевого, лекарственного, бактериального и прочего происхождения. Пищевая аллергия наблюдается при употреблении в пищу определенных, нередко сезонных продуктов: некоторых овощей, фруктов, ягод, грибов, редких морских и рыбных продуктов. Аллергия может развиваться также после приема лекарств (и попадания в организм других химических веществ), обладающих высокими сенсибилизирующими свойствами (антибиотики, сульфаниламидные препараты, гидразины, атофан, производные пиразолона и др.). Возможно аллергическое поражение пищеварительной системы при ингаляционном поступлении в организм некоторых аллергенов: пыльцы цветов, пыли и паров некоторых химических веществ. Аллергенами могут быть также белковые антигены, образующиеся при распаде бактерий, паразитирующих в желудочно-кишечном тракте простейших, гельминтов. Аллергические реакции могут провоцироваться психическим состоянием больного, метеорологическими факторами, у женщин обострение симптомов может быть связано с менструальным циклом. Аллергические поражения органов пищеварения могут быть острыми и хроническими, протекать приступообразно с более или менее длительными интервалами полного отсутствия симптомов.

Аллергическое поражение желудочно-кишечного тракта может проявляться ретонарными отеками (типа отека Квинке), участками гиперемии слизистой оболочки, петехиями и более крупными геморрагиями; может наблюдаться увеличение лимфатических узлов брюшной полости. Аллергическое поражение печени встречается в виде холеостатического, реже паренхиматозного гепатита и жировой дистрофии печени, в особо тяжелых случаях — со множественными массивными некрозами печеночной паренхимы; иногда имеет место гранулематозный гепатит.

С и м п т о м ы, характерные для поражения органов пищеварения, довольно редко выходят на первое место в общей клинической картине аллергической реакции.

При поражении пищевода наблюдаются дисфагия и загрудинная боль, обычно при глотании. Поражение желудочно-кишечного тракта проявляется болью в животе, иногда острыми абдоминальными кризами, симулирующими острые хирургические заболевания брюшной полости. Могут наблюдаться желудочно-кишечные кровотечения. Поражение печени проявляется ее увеличением, желтухой, изменением функциональных биохимических показателей (бромсульфалеиновой реакции, аминотрансфераз, белковых фракций, белковых осадочных проб и др.).

Тяжелые случаи — с массивным некрозом печеночной паренхимы — протекают очень остро и заканчиваются печеночной недостаточностью и гибелью больного в несколько дней.

Д и а г н о з устанавливается на основании других аллергических проявлений и четкой связи во многих случаях с определенным фактором, заставляющим заподозрить аллергическую природу заболевания (прием некоторых лекарств, употребление таких продуктов, как клубника, апельсины, икра, крабы и т. д.). Значительная эозинофилия крови также позволяет предположить аллергическую природу заболевания.

Л е ч е н и е. Необходимо устранить аллерген, назначить щадящую диету (стол № 1—1а при поражении желудочно-кишечного тракта и № 5а — 5 при поражении печени). Проводят десенсибилизирующую терапию. В тяжелых случаях, не поддающихся обычной терапии, назначают глюкокортикоидные препараты.

ПНЕВМАТОЗ ЖЕЛУДКА см. *Дискинезии пищеварительного тракта.*

ПОНОСЫ (диарея) [1] — учащенное (свыше 2 раз в сутки) выделение жидких испражнений, связанное с ускоренным прохождением содержимого кишечника вследствие усиления его перистальтики, нарушением всасывания воды в толстом кишечнике и выделением кишечной стенкой значительного количества воспалительного секрета или транссудата. В большинстве случаев поносы являются симптомом острого или хронического колита, энтерита.

Инфекционные поносы отмечаются при дизентерии, сальмонеллезах, пищевых токсикоинфекциях, вирусных болезнях (вирусная диарея), амебиазе и т. д. Алиментарные поносы могут быть при неправильном питании или при аллергии к тем или иным пищевым продуктам. Диспепсические поносы наблюдаются при нарушении переваривания пищевых масс вследствие секреторной недостаточности желудка, поджелудочной железы, печени или недостаточного выделения тонкой кишкой некоторых ферментов. Токсические поносы сопровождают уремию, отравление ртутью, мышьяком. Медикаментозные поносы могут быть следствием подавления физиологической флоры кишечника, развития дисбактериоза. Неврогенные поносы наблюдаются при нарушении нервной регуляции моторной деятельности кишечника (например, поносы, возникающие под влиянием волнения, страха).

Частота стула бывает различной, испражнения — водянистыми или кашицеобразными. Характер испражнений зависит от заболевания. Так, при дизентерии кал имеет сначала плотную консистенцию, потом становится жидким, скудным, в нем появляются слизь и кровь; при амебиазе — содержит стекловидную слизь и кровь, иногда кровь пропитывает слизь и испражнения приобретают вид малинового желе. При поносах могут быть боль в животе, ощущение урчания, переливания, вздутие живота, тенезмы. Легкие и недлительные поносы мало отражаются на общем состоянии больных, тяжелые и хронические приводят к истощению, гиповитаминозам, выраженным изменениям в органах.

Для установления причины поноса проводят копрологическое и бактериологическое исследование. О тяжести поноса можно судить по скорости пассажа (продвижения) по кишечнику карболена (появление черной окраски кала после приема больным карболена через 2—5 ч вместо нормальных 20—26 ч) или сульфата бария при рентгенологическом исследовании.

При подозрении на холеру, сальмонеллез, пищевую токсикоинфекцию больные подлежат немедленной госпитализации в инфекционное отделение.

Л е ч е н и е направлено на устранение причины, вызвавшей понос. Например, при гиповитаминозах парентерально вводят соответствующие витамины, при ахилии желудка назначают желудочный сок или его заменители, при недостаточности поджелудочной железы — панкреатин или панзинорм, фестал и др. При поносах, не связанных с инфекцией, показана щадящая диета (ограничение углеводов, тугоплавких жиров животного происхождения), частое дробное питание, тщательное пережевывание пищи. В качестве симптоматических средств используют карбонат кальция, препараты висмута, танальбин; отвары из коры дуба, травы зверобоя, корневища змеевика, лапчатки или кровохлебки, плодов черемухи, настой черники, соплодий ольхи, цветов ромашки, настойку красавки и др. При поносах, обусловленных дисбактериозом, назначают колибактерин, лактобактерин, бификол, бифидумбактерин.

Вирусная диарея приобретает в современной врачебной практике особую актуальность. У детей ведущим этиологическим фактором, вызывающим острый инфекционный понос, становится ротавирус. Чаще всего ротавирусный понос наблюдается у детей до 2 лет в виде спорадических случаев; возможны эпидемии ротавирусной инфекции, чаще зимой. У взрослых ротавирус редко оказывается возбудителем гастроэнтерита и процесс, им вызванный, протекает стерто. Острый понос у взрослых чаще вызывает вирус Norwolk.

Латентный период у ротавирусной инфекции — от одного до нескольких дней. Начало вирусного гастроэнтерита острое — со рвоты, у детей выраженной; затем возникают понос, а также общие симптомы инфекции: головные боли, миалгии, лихорадка, но эти явления, как

---

[1] Статья написана акад. А. И. Воробьевым и докт. мед. наук А. Л. Гребеневым.

правило, умеренно выражены. Боли в животе нехарактерны для вирусного гастроэнтерита. Отек и воспаление в стенке тонкой кишки, вызываемые вирусом, ведут к нарушению секреции и абсорбции жидкости, богатой натрием и калием. Понос носит водный характер, теряемая с поносом жидкость содержит мало белка, но много солей. Эта картина напоминает секреторный понос, вызываемый холерным вибрионом или энтеротоксинами кишечной палочки; он может привести к массивной потере жидкости, превышающей у взрослого 1 л в час. При вирусном поносе не страдает толстая кишка и в стуле нет лейкоцитов. Вирусный понос у взрослых длится 1—3 дня, у детей — вдвое больше. Выраженная дегидратация может угрожать жизни больного. Терапия сводится главным образом к замещению потерянной жидкости. Это замещение может проводиться инфузионно и с помощью назначения питья, содержащего глюкозу и соли (глюкоза стимулирует всасывание натрия). Жидкость вводится из расчета 1,5 л на 1 л стула, но основным контролем является видимое наполнение сосудов кожи, слизистых оболочек. Антибиотическая терапия при водном поносе не меняет длительности болезни.

ПОРТАЛЬНОЙ ГИПЕРТЕНЗИИ СИНДРОМ — симптомокомплекс, характеризующийся повышением давления в бассейне воротной вены, расширением естественных портокавальных анастомозов, асцитом, спленомегалией. Различают внепеченочную форму портальной гипертензии, когда препятствие к кровотоку локализовано во внепеченочных отделах воротной вены (а — подпеченочная) или во внеорганных отделах печеночных вен (б — надпеченочная), внутрипеченочную (препятствие кровотоку локализовано в самой печени) и смешанную формы портальной гипертензии. Выделяют также острый и хронический синдромы портальной гипертензии.

Затруднение кровотока в воротной вене приводит к расширению ее анастомозов, при этом при подпеченочной форме портальной гипертензии в основном налаживаются портопортальные пути коллатерального кровообращения (в обход места препятствия), а при внутри- и надпеченочной форме — портокавальные (из воротной вены в нижнюю и верхнюю полые): возникает варикозное расширение вен пищевода и желудка, геморроидального сплетения, расширяются поверхностные вены, расходящиеся в разные стороны от пупка (симптом головы Медузы). Вследствие застоя крови, повышения давления в воротной вене, а также гипоальбуминемии образуется асцит, увеличивается селезенка.

С и м п т о м ы, т е ч е н и е. На ранней стадии протекает бессимптомно, в более поздних случаях характерно появление асцита, расширение геморроидальных и подкожных околопупочных вен (в виде «головы Медузы»), возникновение повторных геморроидальных или профузных пищеводно-желудочных кровотечений; последние нередко являются причиной гибели больных.

Д и а г н о з (косвенно) подтверждается контрастной рентгенографией пищевода (обнаруживается варикозное расширение его вен).

Более точным является измерение давления в пищеводных венах (через эзофагоскоп), однако чаще проводится спленоманометрия; при портальной гипертензии давление в селезенке (тождественное таковому в воротной вене) возрастает с 70—150 до 300—600 мм вод. ст. и более. Реже с этой же целью проводят трансумбиликальную портоманометрию. Специальные рентгенологические методы — спленопортография и трансумбиликальная портогепатография — в необходимых случаях позволяют уточнить уровень и (предположительно) причину нарушения портального кровотока.

Т е ч е н и е и п р о г н о з определяются характером заболевания, вызвавшего портальную гипертензию, и присоединением осложнений, наиболее грозным из которых является пищеводно-желудочное кровотечение. Быстрое удаление большого количества асцитической жидкости и назначение больших доз диуретиков больным хроническими заболеваниями печени с синдромом портальной гипертензии может спровоцировать возникновение печеночной комы. При отсутствии хирургического лечения больные, у которых наблюдалось пищеводно-желудочное кровотечение, живут не более 1—1,5 лет.

Л е ч е н и е хирургическое (чаще всего наложение портокавального или спленоренального анастомоза). Больным с портальной гипертензией противопоказаны физические нагрузки.

ПОСТГЕПАТИТНЫЙ СИНДРОМ (гипербилирубинемия постгепатитная, желтуха постгепатитная) — симптомокомплекс, характеризующийся остаточной легкой гипербилирубинемией с повышенным содержанием в крови преимущественно непрямого (свободного) билирубина, выявляющийся у части больных, перенесших острый (обычно вирусный) гепатит, без признаков других функциональных и морфологических изменений печени. У больных иногда отмечаются общая слабость, быстрая утомляемость, легкие диспепсические явления. Печень обычно нормальных размеров или слегка увеличена, мягкая, безболезненная.

На протяжении нескольких недель или месяцев отмечается полная регрессия симптомов.

Л е ч е н и е. Больные в стационарном лечении не нуждаются. Диета: исключение острых и жирных блюд, алкогольных напитков. Рекомендуются легкие желчегонные средства (экстракт кукурузных рылец, минеральная вода типа есентуков) курсами, витаминотерапия. Тепловые и электрические процедуры на область печени не рекомендуются. Трудоспособность больных сохранена, но необходимо ограничение физических и нервных перегрузок.

СКОРБУТ см. *Болезни витаминной недостаточности* (недостаточность витамина С).

СПРУ НЕТРОПИЧЕСКАЯ см. *Энтеропатия кишечная (глютеновая).*

СПРУ ТРОПИЧЕСКАЯ (тропическая диарея) — тяжелое хроническое заболевание, характеризующееся воспалительно-атрофическими изменениями слизистой оболочки, упорными поносами, глосситом и нормохромной анемией; распространено в странах с тропическим и субтропическим климатом, в Советском Союзе встречается в Средней Азии и Закавказье, очень редко среди жителей средней полосы. Чаще болеют женщины, особенно в период беременности, и лица пожилого возраста.

Этиология и патогенез изучены недостаточно. Развитию заболевания предрасполагают неполноценное питание (преимущественно растительной пищей), недостаточное употребление в пищу белка, дефицит витаминов, тяжелые инфекционные заболевания, предшествующие бактериальные и протозойные энтероколиты, ослабление и истощение организма, эндокринные дисфункции (в период лактации у женщин, угасание половой функции), нервно-психические перенапряжения. Недостаток в пище витаминов, усугубленный нарушением их всасывания в кишечнике, способствует возникновению дистрофических изменений во внутренних органах, а дефицит фолиевой кислоты и витамина B_{12} — развитию анемии.

Симптомы, течение. Заболевание начинается с неопределенных диспепсических жалоб, ощущений урчания, переливания в животе, метеоризма, чувства жжения в языке. Затем появляется упорный понос; испражнения жидкие, пенистые, белесоватого цвета (от большого содержания неусвоенного жира). При вовлечении в процесс дистальных отделов толстой кишки присоединяются тенезмы; испражнения содержат примесь слизи и гноя. Больные худеют, возникают признаки полигиповитаминоза. Кожа сухая, гиперпигментирована, живот резко вздут, перкуторно над ним определяется громкий тимпанический звук. Характерен эрозивно-язвенный глоссит; постепенно сосочки языка атрофируются, язык становится гладким, блестящим («лаковый язык»).

Лабораторные исследования выявляют анемию (нормо- или гиперхромную), гипопротеинемию. Кал имеет кислую реакцию, в нем определяются большое количество капель непереваренного жира, кристаллы жирных кислот, мыл, мышечных волокон, непереваренной клетчатки. При рентгенологическом исследовании — сглаженность рельефа слизистой оболочки и резко ускоренный пассаж контрастной взвеси по кишечнику; иногда определяются горизонтальные уровни скоплений жидкости и газа в кишечных петлях. Эндоскопическое исследование и биопсия слизистой оболочки желудка, двенадцатиперстной, толстой кишки подтверждают наличие воспалительно-атрофических изменений в органах пищеварения.

Течение медленно прогрессирующее с периодами ремиссии и обострения. В начальных стадиях можно добиться выздоровления больного, в запущенных случаях прогноз плохой, частой причиной смерти является общее истощение.

Дифференциальный диагноз проводят с амебиазом, дизентерией, банальными формами энтероколита. Гиперхромная анемия в ряде случаев может вызвать трудности в дифференциальной диагностике с B_{12}-дефицитной анемией; однако наличие диареи, данные биопсии слизистых оболочек пищеварительного тракта позволяют поставить правильный диагноз.

Лечение в период обострения заболевания и выраженных проявлениях синдрома недостаточности питания проводят в стационаре. Назначают диету с некоторым ограничением жиров (свиного, бараньего) и углеводов, повышенным содержанием белка (140—160 г) и витаминов. Пища должна быть хорошо механически обработана (протертая, провернутая через мясорубку и т. д.), приготовлена на пару. Питание дробное 4—5 раз в день. Дополнительно парентерально и внутрь назначают витамины, в особо больших дозах (до 200—300 мг/сут) — фолиевую кислоту. В тяжелых случаях рекомендуются анаболические стероидные гормоны и глюкокортикостероиды. Язвочки во рту обрабатывают 2 % раствором натрия тетрабората и другими антисептическими и вяжущими средствами. В случаях, когда заболевание плохо поддается лечению, полезен переезд в места с более прохладным климатом.

ТУБЕРКУЛЕЗ ПИЩЕВАРИТЕЛЬНОЙ СИСТЕМЫ. Туберкулез пищевода представляет одну из редких локализаций этого заболевания и в большинстве случаев наблюдается у лиц с далеко зашедшими его легочными формами незадолго до смерти.

Этиология, патогенез. Туберкулезные микобактерии попадают в пищевод при заглатывании инфицированной мокроты, при активном туберкулезе гортани, надгортанника и глотки, реже лимфогенным или гематогенным путем, а также в результате непосредственного перехода туберкулезного процесса с окружающих органов: бифуркационных лимфатических узлов, позвоночника, щитовидной железы, гортани, глотки. Туберкулезные язвы возникают в результате казеозного распада туберкулезных бугорков. Встречаются также милиарная и стенозирующая формы туберкулезного поражения пищевода.

Симптомы, течение. Заболевание может протекать бессимптомно, однако чаще его симптомы затушевываются более выраженными проявлениями туберкулезного поражения других органов (прежде всего легких и гортани) и тяжелым общим состоянием больного.

Наиболее ярким симптомом является дисфагия, которая при наличии изъязвлений слизистой может сопровождаться резкой болью.

Рентгенологическое исследование выявляет крупные туберкулезные язвы и рубцовое сужение просвета пищевода.

Диагноз облегчают эзофагоскопия, биопсия, бактериологическое исследование материала, полученного из язвы.

Прогноз определяется выраженностью туберкулезных изменений в легких и других органах. Осложнения: фистулезные сообщения пищевода с трахеей, бронхами, плеврой, гнойный медиастинит; прорыв казеозной полости в крупный сосуд грозит профузным кровотечением. При заживлении туберкулезных язв образуются стриктуры пищевода, нарушается его проходимость; в результате спаечного процесса между бифуркационными лимфатическими узлами и стенкой пищевода образуются его тракционные дивертикулы.

Л е ч е н и е проводят в специализированных противотуберкулезных больницах. При туберкулезных язвах пищевода внутрь дополнительно назначают препараты висмута, местные анестетики. При рубцовом сужении пищевода проводят бужирование; в ряде случаев для поддержания питания больного временно накладывают гастростому.

Туберкулез желудка встречается очень редко, обычно в терминальной фазе легочного туберкулеза. В последнее время, однако, у больных туберкулезом легких в результате длительного лечения противотуберкулезными препаратами обнаруживают «лекарственные гастриты».

С и м п т о м ы, т е ч е н и е. Заболевание может протекать бессимптомно или же сопровождаться болью в эпигастральной области, отрыжкой, рвотой, резким снижением аппетита; как правило, наблюдаются общее истощение, лихорадка, повышенная потливость.

Д и а г н о з туберкулеза желудка подтверждается рентгенологическим исследованием и гастрофиброскопией. Поэтому особую ценность имеет прицельная биопсия. При исследовании желудочного сока часто выявляется ахилия, в желудочном содержимом (чаще в промывных водах) обнаруживают микобактерии туберкулеза.

Т е ч е н и е и п р о г н о з в большинстве случаев определяются тяжестью легочной и других локализаций туберкулеза. Редкими осложнениями являются перфорация туберкулезной язвы желудка, желудочное кровотечение, рубцовый стеноз привратника.

Л е ч е н и е проводят в специализированных туберкулезных стационарах. Больным с туберкулезным поражением желудка назначают щадящую диету (стол № 1а — 1) и симптоматические средства (как при лечении язвенной болезни желудка и двенадцатиперстной кишки).

Туберкулез поджелудочной железы встречается очень редко. Даже у больных активным туберкулезом легких он выявляется лишь в 0,5—2 % случаев.

С и м п т о м ы, т е ч е н и е. Больные предъявляют жалобы на отрыжку, понижение аппетита, тошноту, боль в верхнем левом квадранте живота, нередко опоясывающего характера, поносы, усиленную жажду (при нарушении инкреторной функции поджелудочной железы), прогрессирующее истощение, повышенную потливость, недомогание, лихорадку. Кожа иногда приобретает темноватую окраску, как при аддисоновой болезни. При пальпации поджелудочной железы отмечается болезненность в месте ее расположения.

Д и а г н о з. Для подтверждения диагноза проводят эхографию, ретроградную панкреатохолангиографию, вирсунгографию, сканирование поджелудочной железы, исследование ее внешней и внутренней секреции (характерна недостаточность функции). Дифференциальный диагноз проводят с неспецифическими панкреатитами, злокачественными и доброкачественными опухолями поджелудочной железы.

Л е ч е н и е осуществляют в специализированных противотуберкулезных клиниках. Назна-

чают также дробное 5—6-разовое питание, щадящую диету с ограниченным содержанием жиров, исключением острых продуктов и повышенным содержанием белка. При признаках внешнесекреторной недостаточности поджелудочной железы назначают ферментные препараты, как при хроническом панкреатите.

Туберкулез печени сопровождает туберкулез кишечника в 79—99 % случаев. Туберкулезные микобактерии проникают в печень гематогенным или лимфогенным путем, возможно также распространение процесса по желчным ходам. Чаще всего наблюдаются милиарная форма или множественные туберкуломы печени с казеозным распадом в центре. Встречаются также неспецифические изменения в печени при туберкулезе легких в виде реактивного гепатита, жировой дистрофии, амилоидоза или лекарственного гепатита (при длительном применении туберкулостатических средств).

С и м п т о м ы, т е ч е н и е. Анорексия, общее недомогание, слабость, повышенная потливость, субфебрилитет, боль в правом подреберье. Печень увеличена, край ее плотный, в ряде случаев поверхность неровная (при гранулематозной форме) или удается прощупать узел на ее поверхности (туберкулему). Нередко увеличена селезенка. Заподозрить туберкулезное поражение печени можно в том случае, если у больного легочным туберкулезом обнаруживается увеличение печени, отмечается боль в правом подреберье.

Д и а г н о з подтверждается лапароскопией, пункционной биопсией печени, эхографией и сканированием.

Л е ч е н и е. К противотуберкулезным средствам дополнительно назначают диету № 5а и 5, при резком нарушении функции печени вводят сирепар.

Туберкулез кишечника обнаруживают у 60—90 % лиц, умерших от туберкулеза. Туберкулезные микобактерии попадают в кишечник чаще всего гематогенным или лимфогенным путем либо при заглатывании инфицированной мокроты, слюны и слизи, особенно при туберкулезном поражении гортани и глотки. Чаще всего поражаются дистальные отделы подвздошной и слепой кишки, аппендикс, реже — восходящая, поперечная, ободочная кишка.

С и м п т о м ы, т е ч е н и е. Вначале туберкулезное поражение кишечника может протекать бессимптомно или с общими симптомами — нарушением аппетита, тошнотой и тяжестью в животе после еды, слабостью, недомоганием, субфебрильной лихорадкой, повышенной потливостью, вздутием кишечника, неустойчивым стулом, малохарактерными болями в животе. В дальнейшем боль становится более постоянной, локализуется чаще в правой подвздошной области и около пупка, при пальпации определяются плотные болезненные утолщения стенок слепой кишки и конечной части подвздошной кишки. При поражении прямой кишки наблюдаются тенезмы и ложные позывы. При туберкулезном мезадените боль локализуется в глубине живота несколько влево и книзу от пупка или по ходу брыжейки тонкой кишки. Во время рентгенологического исследования кишечника обнаруживают изъязвления слизистой оболочки, дискинетические явления, рубцовые стенозы, иногда дефекты наполнения слепой кишки. Поражение толстой кишки может быть уточнено при колоноскопии. При исследовании кала отмечают положительные реакции на скрытую кровь и пробу Трибуле на растворимый белок. В крови — гипохромная анемия, лейкопения с относительным лимфоцитозом, при обострении — нейтрофильный лейкоцитоз, увеличение СОЭ.

Течение туберкулеза кишечника при отсутствии соответствующего лечения обычно прогрессирующее. Прогноз в значительной степени определяется тяжестью туберкулезного поражения легких и других органов. Осложнения: сужение просвета кишки, перфорация туберкулезных язв, перитонит и кишечное кровотечение.

Дифференциальный диагноз проводят с неспецифическим энтероколитом, болезнью Крона, неспецифическим язвенным колитом, раком слепой кишки.

Лечение. В период обострения назначают пищу в протертом виде, дробно (4—5 раз в день), богатую белками, легко усвояемыми жирами и витаминами. При нарушении ферментативных процессов — препараты пищеварительных ферментов (абомин, панзинорм и др.), поливитамины, при железодефицитной анемии — препараты железа парентерально.

УИППЛА БОЛЕЗНЬ см. *Кишечная липодистрофия.*

ХОЛЕЦИСТИТ ОСТРЫЙ см. *Хирургические болезни.*

Холецистит хронический — хроническое воспаление желчного пузыря. Заболевание распространенное, чаще встречается у женщин.

Этиология, патогенез. Бактериальная флора (кишечная палочка, стрептококки, стафилококки и др.), в редких случаях — анаэробы, глистная инвазия (аскариды) и грибковое поражение (актиномикоз,), вирусы гепатита; встречаются холециститы токсической и аллергической природы. Проникновение микробной флоры в желчный пузырь происходит энтерогенным, гематогенным или лимфогенным путем. Предрасполагающим фактором возникновения холецистита является застой желчи в желчном пузыре, к которому могут приводить желчные камни, сдавления и перегибы желчевыводящих протоков, дискинезии желчного пузыря и желчевыводящих путей, нарушения тонуса и двигательной функции желчных путей под влиянием различных эмоциональных стрессов, эндокринных и вегетативных расстройств, рефлексов из патологически измененных органов пищеварительной системы. Застою желчи в желчном пузыре также способствуют опущение внутренностей, беременность, малоподвижный образ жизни, редкие приемы пищи и др.; имеет также значение заброс панкреатического сока в желчные пути при их дискинезии с его протеолитическим действием на слизистую оболочку желчных протоков и желчного пузыря.

Непосредственным толчком к вспышке воспалительного процесса в желчном пузыре часто являются переедание, особенно прием очень жирной и острой пищи, прием алкогольных напитков, острый воспалительный процесс в другом органе (ангина, пневмония, аднексит и т. д.).

Холецистит хронический может возникнуть после острого, но чаще развивается самостоятельно и постепенно, на фоне желчно-каменной болезни, гастрита с секреторной недостаточностью, хронического панкреатита и других заболеваний органов пищеварения, ожирения.

Симптомы, течение. Характерна тупая, ноющая боль в области правого подреберья постоянного характера или возникающая через 1—3 ч после приема обильной и особенно жирной и жареной пищи. Боль иррадиирует вверх, в область правого плеча и шеи, правой лопатки. Периодически может возникать резкая боль, напоминающая желчную колику. Нередки диспепсические явления: ощущение горечи и металлического вкуса во рту, отрыжка воздухом, тошнота, метеоризм, нарушение дефекации (нередко чередование запора и поноса), а также раздражительность, бессонница. Желтуха нехарактерна. При пальпации живота, как правило, определяется чувствительность, а иногда и выраженная болезненность в области проекции желчного пузыря на переднюю брюшную стенку и легкое мышечное сопротивление брюшной стенки (резистентность). Часто положительны симптомы Мюсси—Георгиевского, Ортнера, Образцова—Мерфи. Печень несколько увеличена с плотноватым и болезненным при пальпации краем при осложнениях хронического холецистита (хронический гепатит, холангит). Желчный пузырь в большинстве случаев не пальпируется, так как обычно он сморщен вследствие хронического рубцово-склерозирующего процесса. При обострениях наблюдаются нейтрофильный лейкоцитоз, повышение СОЭ и температурная реакция. При дуоденальном зондировании часто не удается получить пузырной порции В желчи (вследствие нарушения концентрационной способности желчного пузыря и нарушения пузырного рефлекса) или же эта порция желчи имеет лишь несколько более темную окраску, чем А и С, часто мутна. При микроскопическом исследовании в дуоденальном содержимом обнаруживается большое количество слизи, клеток десквамированного эпителия, «лейкоцитов», особенно в порции В желчи (обнаружению «лейкоцитов» в желчи не придают былого значения, как раньше; как правило, они оказываются ядрами распадающихся клеток дуоденального эпителия). Бактериологическое исследование желчи (особенно повторное) позволяет определить возбудителя холецистита.

При холецистографии отмечается изменение формы желчного пузыря, часто его изображение получается нечетким вследствие нарушения концентрационной способности слизистой, иногда в нем обнаруживаются камни. После приема раздражителя — холецистокинетика (обычно два яичных желтка) — отмечается недостаточное сокращение желчного пузыря. Признаки хронического холецистита определяются и при эхографии (в виде утолщения стенок пузыря, деформации его и т. д.).

203

Течение в большинстве случаев длительное, характеризуется чередованием периодов ремиссии и обострений; последние часто возникают в результате нарушения питания, приема алкогольных напитков, тяжелой физической работы, присоединения острых кишечных инфекций, переохлаждения. Прогноз в большинстве случаев благоприятный. Ухудшение общего состояния больных и временная потеря их трудоспособности — лишь на периоды обострений болезни. В зависимости от особенностей течения выделяют латентную (вяло-текущую), наиболее распространенную — рецидивирующую, гнойно-язвенную формы хронического холецистита. Осложнения: присоединение хронического холангита, гепатита, панкреатита. Часто воспалительный процесс является «толчком» к образованию камней в желчном пузыре.

Хронический холецистит дифференцируют от желчнокаменной болезни (эти два заболевания часто сочетаются), хронического холангита. Основное значение имеют данные холецисто- и холеграфии, особенно повторные для исключения желчных камней, а также эхография.

Л е ч е н и е. При обострении хронического холецистита больных госпитализируют в хирургические или терапевтические стационары и лечение проводят, как при остром холецистите. В легких случаях возможно амбулаторное лечение. Назначают постельный режим, диетическое питание (диета № 5а) с приемом пищи 4—6 раз в день, антибиотики (олететрин, эритромицин, левомицин, ампициллин внутрь или гликоциклин, мономицин и др. парентерально). Назначают также сульфаниламидные препараты (сульфадимезин, сульфапиридазин и др.). Для устранения дискинезии желчных путей, спастических болей, улучшения желчеоттока назначают спазмолитические и холинолитические средства (папаверина гидрохлорид, но-шпа, атропина сульфат, платифиллина гидротартрат и др.), а при нерезких обострениях и в период стихания воспалительных явлений — дуоденальные зондирования (через 1—2 дня, на курс 8—12 процедур) либо так называемые слепые, или беззондовые, тюбажи с сульфатом магния или теплой минеральной водой (ессентуки № 17 и др.). При выраженной боли воспалительного характера применяют амидопирин или анальгин в/м, паранефральные новокаиновые блокады, вводят новокаин — 30—50 мл 0,25—0,5 % раствора внутрикожно над областью максимальной болезненности или же назначают электрофорез с новокаином на эту зону. В период стихания воспалительного процесса можно назначить тепловые физиотерапевтические процедуры на область правого подреберья (диатермия, УВЧ, индуктотермия и др.).

Для улучшения оттока желчи из желчного пузыря как в период обострений, так и в период ремиссий широко назначают желчегонные средства: аллохол (по 2 таблетки 3 раза в день), холензим (по 1 таблетке 3 раза в день), отвар (10:250) цветков бессмертника песчаного (по ¹/₂ стакана 2—3 раза в день до еды); отвар или настой кукурузных рылец (10:200 по 1—3 столовые ложки 3 раза в день) или их жидкий экст-

ракт (по 30—40 капель 3 раза в день); чай желчегонный (одну столовую ложку заварить 2 стаканами кипятка, процеженный настой принимать по ¹/₂ стакана 3 раза в день за 30 мин до еды); циквалон, никодин и др., а также олиметин, ровахол, энатин (по 0,5—1 г в капсулах 3—5 раз в день) и холагол (по 5 капель на сахар за 30 мин до еды 3 раза в день). Эти средства обладают спазмолитическим, желчегонным, неспецифическим противовоспалительным и мочегонным действием. При легком приступе желчной колики холагол назначают по 20 капель на прием.

Проводят лечение хронических холециститов минеральной водой (ессентуки № 4 и № 17, славяновская, смирновская, миргородская, нафтуся, ново-ижевская и др.), а также сульфатом магния (по 1 столовой ложке 25 % раствора 3 раза в день) или карловарской солью (по 1 чайной ложке в стакане теплой воды 3 раза в день). После стихания обострения холецистита и для профилактики последующих обострений (желательно ежегодно) показано санаторно-курортное лечение (Ессентуки, Железноводск, Трускавец, Моршин и другие санатории, в том числе местные, предназначенные для лечения холециститов).

При безуспешности консервативного лечения и частых обострениях проводят хирургическое лечение хронического холецистита (обычно холецистэктомию).

П р о ф и л а к т и к а хронического холецистита заключается в соблюдении режима питания, занятиях спортом, физкультурой, профилактике ожирения, лечении очаговой инфекции.

ЦИНГА см. *Болезни витаминной недостаточности (недостаточность витамина С).*

ЦИРРОЗ ПЕЧЕНИ — хроническое прогрессирующее заболевание, характеризующееся поражением как паренхимы, так и стромы органа с дистрофией печеночных клеток, узловой регенерацией печеночной ткани, развитием соединительной ткани, диффузной перестройкой дольчатой структуры и сосудистой системы печени, гиперплазией ретикулоэндотелиальных элементов печени и селезенки и клиническими симптомами, отражающими нарушения кровотока по внутрипеченочным портальным трактам, желчевыделения, желчеоттока, функциональные расстройства печени, признаки гиперспленизма. Встречается сравнительно нередко, чаще у мужчин, преимущественно в среднем и пожилом возрасте.

Э т и о л о г и я. Цирроз может развиться после вирусного гепатита; вследствие недостаточности питания (особенно белков, витаминов) и нарушений обмена (при сахарном диабете, тиреотоксикозе), хронического алкоголизма; на почве холестаза при длительном сдавлении или закупорке желчных протоков; как исход токсических или токсико-аллергических гепатитов; вследствие конституционально-семейного предрасположения; хронических инфильтраций печени некоторыми веществами с последующей воспалительной реакцией (гемохроматоз, гепатолентикулярная дистрофия); на фоне хронических инфекций, изредка — паразитарных инвазий.

Выделяют первичные циррозы печени, а также циррозы, при которых поражение печени является лишь одним из многих проявлений в общей клинической картине болезни: при туберкулезе, бруцеллезе, сифилисе, эндокринно-обменных заболеваниях, некоторых интоксикациях, коллагенозах.

П а т о г е н е з. Непосредственное поражение печеночной ткани инфекционным или токсическим фактором при длительном воздействии иммунологических нарушений, проявляющихся в приобретении белками печени антигенных свойств и выработке к ним антител. В основе первичного (перихолангиолитического) билиарного цирроза лежит длительный внутрипеченочной холестаз. При вторичном билиарном циррозе печени имеет значение нарушение оттока желчи по внепеченочным желчным протокам, холангит, выработка антител к белкам эпителиальных клеток желчных канальцев. При всех видах цирроза развивается дистрофия и некробиоз гепатоцитов, наблюдается выраженная мезенхимальная реакция, разрастание соединительной ткани, вследствие чего нарушается дольчатая структура печени, внутрипеченочный кровоток, лимфоток, отток желчи. Нарушение внутрипеченочного кровотока вызывает гипоксию и усиливает дистрофические изменения в паренхиме печени. Характерна также узловая регенерация гепатоцитов.

По морфологическим и клиническим признакам выделяют циррозы портальные, постнекротические, билиарные (первичные и вторичные), смешанные; по активности процесса — активные, прогрессирующие и неактивные; по степени функциональных нарушений — компенсированные и декомпенсированные. Различают также мелко- и крупноузловой цирроз и смешанный его вариант.

С и м п т о м ы, т е ч е н и е. Наряду с увеличением или уменьшением размеров печени характерно ее уплотнение, сопутствующая спленомегалия (см. *Гепатолиенальный синдром*), симптомы портальной гипертензии (см.), желтухи (см.). Нередка тупая или ноющая боль в области печени, усиливающаяся после погрешностей в диете и физической работы; диспепсические явления, кожный зуд, обусловленный задержкой выделения и накоплением в тканях желчных кислот. При осмотре больного выявляются характерные для цирроза «печеночные знаки»: сосудистые телеангиэктазии («звездочки», «паучки») на коже верхней половины туловища, эритема ладоней («печеночные ладони»), «лаковый язык» малинового цвета, «печеночный язык». Нередки ксантелазмы, ксантомы, пальцы в виде барабанных палочек, у мужчин — гинекомастия, нарушение роста волос на подбородке и в подмышечных впадинах.

Часто выявляют анемию, лейко- и тромбоцитопению, повышение СОЭ, гипербилирубинемию, особенно при билиарном циррозе. При желтухе в моче обнаруживают уробилин, билирубин, содержание стеркобилина в кале уменьшено. Отмечают гиперглобулинемию, изменение показателей белковых, осадочных проб (сулемовой, тимоловой и др.).

Д и а г н о з устанавливают на основании клинической картины, данных лабораторных исследований. Дифференциальную диагностику с другими хроническими гепатопатиями (хроническим гепатитом, гепатозом, гемохромотозом и пр.), а также уточнение клинико-морфологической формы заболевания обеспечивают пункционная биопсия, эхография и сканирование печени. Рентгенологическое исследование с взвесью бария сульфата позволяет выявить варикозное расширение вен пищевода, особенно характерное для портального и смешанного цирроза. В сомнительных случаях применяют лапароскопию, спленопортографию, ангиографию, компьютерную томографию.

Постнекротический цирроз развивается в результате обширного некроза гепатоцитов (чаще у больных, перенесших тяжелые формы вирусного гепатита B). Печень умеренно увеличена или уменьшена в размерах, характерны признаки печеночной недостаточности, выражена слабость, снижение трудоспособности, в крови определяется гипопротеинемия (в основном гипоальбуминемия), гипофибриногенемия, гипопротромбинемия, нередки признаки геморрагического диатеза.

Портальный цирроз возникает после вирусного гепатита, в результате алкоголизма, недостаточного питания, реже вследствие других причин; его особенностью является массивное разрастание в печени соединительнотканных перегородок, затруднение кровотока по внутрипеченочным разветвлениям воротной вены. Симптомы обусловлены портальной гипертензией (см.), рано возникает асцит, варикозное расширение вен геморроидального сплетения, вен пищевода и кардиального отдела желудка, а также подкожных околопупочных вен, расходящихся в разные стороны от пупочного кольца («голова Медузы»). Желтуха и лабораторно-биохимические изменения возникают относительно в более позднем периоде. Наиболее частыми осложнениями являются профузные пищеводно-желудочные и повторные геморроидальные кровотечения.

Билиарный цирроз возникает на почве длительного холестаза и проявляется рано возникающими желтухой, гипербилирубинемией, кожным зудом, лихорадкой в ряде случаев с ознобами. В сыворотке крови повышается содержание щелочной фосфатазы и холестерина, нередко α_2- и β-глобулинов.

Смешанный цирроз встречается наиболее часто, имеет общие клинико-лабораторные проявления всех трех перечисленных выше форм цирроза.

Компенсированный цирроз характеризуется удовлетворительным самочувствием больных и при наличии характерных для цирроза клинико-лабораторно-морфологических изменений — сохранением основных функций печени. Декомпенсированный цирроз печени проявляется общей слабостью, желтухой, портальной гипертензией, геморрагическими явлениями, лабораторными изменениями, свидетельствующими о снижении функциональной способности печени.

Течение при неактивном циррозе медленно

прогрессирующее (многие годы и десятки лет), нередки периоды длительной ремиссии с сохранением удовлетворительного самочувствия больных, близкими к норме показателями печеночных проб. При активном циррозе прогрессирование заболевания быстрое (несколько лет), значительные клинические и лабораторные проявления активности процесса (лихорадка, гипергло-булинемия, повышение СОЭ, сдвиги белковых осадочных проб).

Нерегламентированный образ жизни, систематические нарушения диеты, злоупотребления алкогольными напитками способствуют активации процесса в печени.

Терминальный период болезни независимо от формы цирроза характеризуется прогрессированием признаков функциональной недостаточности печени с исходом в печеночную кому.

П р о г н о з неблагоприятный при активном циррозе, несколько лучше (в отношении продолжительности жизни и длительности сохранения работоспособности) — при неактивном, компенсированном. При вторичном билиарном циррозе прогноз во многом определяется причинами, вызвавшими закупорку желчного протока (опухоль, камень и др.), и возможностью их устранения. Ухудшается прогноз у больных с кровотечениями из варикозно-расширенных вен пищевода и желудка в анамнезе; такие больные живут не более 1—1,5 лет и нередко погибают от повторного кровотечения.

Л е ч е н и е при активных декомпенсированных циррозах и возникновении осложнений стационарное. Назначают постельный режим, диету № 5. При усилении активности процесса показаны глюкокортикостероидные гормоны (преднизолон — 15—20 мг/сут и др.). При варикозном расширении вен пищевода —вяжущие и антацидные препараты; при асците — бессолевая диета, диуретики, спиронолактоны, при отсутствии эффекта — парацентез. При выраженной гипоальбуминемии — плазма, альбумин в/в. При декомпенсированном циррозе показаны гидролизаты печени (сирепар и др.), витамины B1, B6, кокарбоксилаза, липоевая и глутаминовая кислоты. При первых признаках печеночной энцефалопатии ограничивают поступление в организм белка и проводят лечение печеночной недостаточности, нарушений водно-солевого обмена, геморрагического синдрома. Для уменьшения мучительного зуда назначают холестирамин, связывающий желчные кислоты в кишечнике и препятствующий их обратному всасыванию.

При билиарном циррозе, осложненном холангитом, и при печеночной недостаточности показаны антибиотики широкого спектра действия (тетрациклин и др.), при вторичном билиарном циррозе — хирургическое лечение с целью устранения закупорки или сдавления общего желчного протока.

При остром кровотечении из варикозно-расширенных вен пищевода — срочная госпитализация в хирургический стационар, голод, остановка кровотечения тампонадой с помощью специального зонда с двумя раздуваемыми баллонами или введение через эзофагоскоп в кровоточащие вены коагулирующих препаратов, лазерная коагуляция, назначение викасола, капельное введение питуитрина в/в, в ряде случаев — срочное хирургическое лечение.

При неактивном циррозе проводят диспансерное наблюдение за больными (не реже 2 раз в год), показана диета № 5, регулярное 4—5-разовое питание, ограничение физических нагрузок (особенно при портальных циррозах). Запрещаются алкогольные напитки. Полезны 1—2 раза в год курсы витаминотерапии, лечение сирепаром, эссенциале. При портальном циррозе со значительным варикозным расширением вен пищевода или упорным, не поддающимся лечению асцитом с целью разгрузки портальной системы профилактически накладывают хирургическим путем портокавальный или спленоренальный анастомоз (или производят другие типы операций). Больные циррозом печени ограниченно трудоспособны или нетрудоспособны и нуждаются в переводе на инвалидность.

П р о ф и л а к т и к а. Профилактика эпидемического и сывороточного гепатита, рациональное питание, действенный санитарно-технический надзор на производствах, связанных с гепатотропными ядами, борьба с алкоголизмом. Своевременное лечение хронических гепатитов и заболеваний, протекающих с холестазом.

ЦИРРОЗ ПЕЧЕНИ ПИГМЕНТНЫЙ см. *Гемохроматоз.*

ЭЗОФАГИТ — воспаление пищевода. Различают острые, подострые и хронические эзофагиты.

Э т и о л о г и я, п а т о г е н е з. Острые эзофагиты возникают вследствие раздражения слизистой оболочки пищевода горячей пищей и питьем, химическими веществами (йод, крепкие кислоты, щелочи) — коррозивные эзофагиты, при острых инфекционных заболеваниях (скарлатина, дифтерия, сепсис и др.), сопровождают острые фарингиты, гастриты. Подострые и хронические эзофагиты возникают вследствие повторного действия на слизистую оболочку раздражителей: слишком горячей, грубой и острой пищи, крепких алкогольных напитков, некоторых производственных токсических веществ, находящихся в воздухе (или в виде пыли), заглатываемых и попадающих в пищевод и т. д. Хронические эзофагиты нередко сопровождают хронические воспалительные заболевания носоглотки и желудка, в ряде случаев могут наблюдаться при хронических инфекционных заболеваниях — туберкулезе, сифилисе. Застойные эзофагиты возникают при застое и разложении в пищеводе пищи у больных со стенозами пищевода, ахалазии кардии. Самой частой причиной подострого и хронического эзофагита является заброс желудочного сока в пищевод вследствие недостаточности кардии — так называемый рефлюкс-эзофагит или пептический эзофагит, который наблюдается при аксиальных грыжах пищеводного отверстия диафрагмы, после операций, сопровождающихся резекцией или повреждением кардиального сфинктера, при системной склеродермии — вследствие атрофии гладких мышц зоны кардии.

При язвенной болезни, холелитиазе может иметь место относительная, т. е. функциональная, недостаточность кардии вследствие спастического сокращения привратника и гипертонуса желудка, повышения внутрижелудочного давления. Недостаточность кардии и рефлюкс-эзофагит наблюдаются также при беременности, больших опухолях брюшной полости вследствие значительного повышения внутрибрюшного давления.

П а т о г е н е з: непосредственное раздражающее химическое, термическое, токсическое или пептическое (при недостаточности кардии и рефлюкс-эзофагите) воздействие на слизистую оболочку пищевода, в редких случаях — бактериальное токсическое или токсико-аллергическое поражение.

С и м п т о м ы , т е ч е н и е. Острый катаральный эзофагит проявляется болью при глотании, ощущением саднения за грудиной, иногда дисфагией. При геморрагическом эзофагите может быть кровавая рвота и мелена. При псевдомембранозном эзофагите (чаще он наблюдается при дифтерии, скарлатине) в рвотных массах обнаруживаются пленки фибрина. Абсцесс и флегмона пищевода протекают с картиной септической интоксикации.

Подострые и хронические эзофагиты проявляются изжогой, чувством жжения, саднения за грудиной, в редких случаях — болью, дисфагией. При рефлюкс-эзофагите основными симптомами являются изжога и срыгивание, усиливающиеся при наклоне туловища и в горизонтальном положении больного. Нередко наблюдается загрудинная боль при глотании, иногда она напоминает коронарную.

Рентгенологическое исследование при рефлюкс-эзофагите позволяет выявить грыжу пищеводного отверстия диафрагмы и наблюдать желудочно-пищеводный рефлюкс. Эзофагоскопия позволяет оценить степень эзофагита, его распространенность, характер.

Осложнения: при флегмоне и абсцессе пищевода может возникнуть перфорация его стенки, мадиастинит или перитонит. При геморрагическом и эрозивном эзофагите возможны пищеводные кровотечения. Тяжелые острые и хронические эзофагиты могут привести к стриктуре и рубцовому укорочению пищевода; последнее способствует образованию или увеличению имеющейся аксиальной грыжи пищеводного отверстия диафрагмы.

Л е ч е н и е острого коррозивного эзофагита, а также абсцесса и флегмоны проводят в стационаре. При остром и подостром эзофагите назначают щадящую диету № 1 (в ряде случаев на несколько дней рекомендуется голодание или питание через зонд). При абсцессе и флегмоне пищевода назначают антибиотики. При остром, подостром и хроническом эзофагите полезны вяжущие средства (висмута нитрат основной по 1 г или 0,06 % раствор нитрата серебра по 20 мл 4—6 раз в день до еды).

Лечение рефлюкс-эзофагита в основном проводят консервативными мерами. С целью предотвращения желудочно-пищеводного рефлюкса запрещают физическую работу, связанную с наклоном туловища и напряжением брюшного пресса. Спать рекомендуется с приподнятой верхней половиной туловища. Из медикаментозных средств назначают вяжущие и антацидные препараты (магния окись, кальция карбонат осажденный, алюминия гидроокись по 1 г 5 раз в день после еды, альмагель и др.). При резко выраженном сопутствующем эзофагоспазме показаны спазмолитические и холинолитические средства. При коррозивных эзофагитах во избежание формирования стриктуры рано начинают бужирование пищевода.

При рефлюкс-эзофагитах, обусловленных грыжей пищеводного отверстия диафрагмы и не поддающихся консервативному лечению, проводят операцию, направленную на устранение грыжи и восстановление замыкательного механизма кардии.

П р о г н о з при острых коррозивных эзофагитах, абсцессе и флегмоне пищевода весьма серьезный, при хронических эзофагитах — в значительной степени зависит от своевременности и систематичности проводимого лечения. Трудоустройство: больным рефлюкс-эзофагитом противопоказаны все виды тяжелых физических работ, а также работы, связанные с наклоном туловища (копание земли, мытье полов и т. д.).

П р о ф и л а к т и к а коррозивных эзофагитов: тщательное хранение концентрированных растворов щелочей и кислот, уксусной эссенции во избежание их случайного приема внутрь. Предупреждение рефлюкс-эзофагита при аксиальных грыжах пищеводного отверстия диафрагмы и других заболеваниях, сопровождающихся недостаточностью кардии,— профилактическое назначение курсов лечения антацидными и вяжущими средствами (2—4 курса в год), рекомендации больным избегать тех положений тела, при которых возникает желудочно-пищеводный рефлюкс.

ЭЗОФАГОСПАЗМ см. *Дискинезии пищеварительного тракта.*

ЭНТЕРИТ — воспалительное заболевание слизистой оболочки тонкой кишки.

Энтерит острый. При остром энтерите часто в патологический процесс одновременно вовлекается также желудок (гастроэнтерит) и толстая кишка (гастроэнтероколит).

Э т и о л о г и я , п а т о г е н е з. Выделяют острые энтериты: 1) инфекционного и вирусного происхождения (с клинической картиной тяжелого энтерита протекают холера, брюшной тиф, сальмонеллезы, иногда грипп и т. д.); 2) алиментарные (обусловленные перееданием с приемом большого количества острой либо слишком грубой пищи, раздражающих слизистую оболочку приправ, крепких алкогольных напитков); 3) токсические (при отравлениях соединениями мышьяка, сулемой и другими ядами; отравлениях грибами — бледной поганкой, мухоморами, ложными опятами, другими ядовитыми веществами небактериальной природы, которые могут содержаться в пищевых продуктах — косточковых плодах, некоторых рыбных продуктах — печень налима, щуки, икра скумбрии и т. д.); 4) аллергические (при идиосинкразии к некоторым пищевым продуктам — землянике, яйцам, крабам и т. д. или при аллергической реакции на медикаменты — препараты йода, брома, некоторые сульфаниламиды, антибиотики и т. п.).

Патогенез обусловлен либо непосредственным действием патологического начала на слизистую оболочку тонкой кишки, либо его гематогенным заносом (микробы, токсины) в кишечные сосуды, а затем повреждающим действием при выделении слизистой оболочкой в просвет кишечника либо вследствие аутоиммунных механизмов. Предрасполагающими моментами к возникновению острого гастроэнтерита являются холодное питье, общее охлаждение организма, полигиповитаминозы, злоупотребление продуктами, богатыми грубой клетчаткой, и другие факторы.

С и м п т о м ы , т е ч е н и е . Заболевание может начинаться с местных симптомов — тошноты, рвоты, диареи, выраженного урчания в животе, иногда спастических болей. Затем к ним присоединяются слабость, общее недомогание, холодный пот, лихорадка (температура может достигать 38—39 °C и выше), явления общей интоксикации, симптомы сосудистого коллапса. В других случаях общие симптомы появляются первыми, а спустя некоторое время (от получаса до нескольких часов) к ним присоединяются признаки воспалительного поражения тонкой кишки. При пальпации живота отмечается болезненность в эпигастральной области, иногда сильное урчание при пальпации слепой кишки. Отмечается умеренный, реже выраженный лейкоцитоз, повышение СОЭ.

Д и ф ф е р е н ц и а л ь н ы й д и а г н о з неинфекционных энтеритов прежде всего проводят с острыми кишечными инфекциями (холерой, брюшным тифом, пищевыми интоксикациями), а также с общими инфекционными и вирусными заболеваниями, которые могут протекать с энтеритным синдромом. Большое значение имеет эпидемиологический анамнез. Бактериологическое исследование испражнений часто позволяет выделить патогенного возбудителя (при инфекционных острых энтеритах). Детальный расспрос больного облегчает дифференциальную диагностику алиментарных, токсических, аллергических энтеритов.

В легких и среднетяжелых случаях заболевание заканчивается выздоровлением через несколько дней. Тяжелые формы могут осложняться кишечными кровотечениями, некрозом и перфорацией тонкой кишки. При токсических и аллергических энтеритах могут иметь место сопутствующие поражения других органов — сердца, печени, почек и т. д.

Л е ч е н и е . Больных с тяжелым энтеритом, а также энтеритом токсического происхождения (дальнейшее течение которого трудно определить в первые часы болезни) обязательно госпитализируют. Больных с инфекционными энтеритами госпитализируют в инфекционные больницы. Во всех случаях острого энтерита с целью удаления из желудочно-кишечного тракта токсинов желудок промывают (зондовым или беззондовым способом) слабым раствором натрия гидрокарбоната, дают внутрь слабительное (30 мл касторового масла или 25 мг магния сульфата в 100 мл воды). В первые 12—24 ч назначают голод, рекомендуют обильное питье (кипяченая вода, несладкий чай). При выраженной общей интоксикации назначают п/к или в/в капельные вливания изотонического раствора натрия хлорида или 5 % раствора глюкозы, кордиамин, сульфокамфокаин, кофеин. Внутрь назначают препараты пищеварительных ферментов (абомин, фестал и др.), а в дальнейшем с целью нормализации кишечной флоры — энтеросептол, интестопан или же колибактерин, бифидумбактерин, бификол, лактобактерин. Со 2-го дня заболевания больным разрешают нежирный бульон, протертые каши на воде, сухари; в последующие дни диету расширяют.

П р о ф и л а к т и к а острых энтеритов заключается в строгом соблюдении правил личной гигиены, употреблении в пищу только тщательно вымытых овощей и фруктов, рациональном питании. Для профилактики токсических энтеритов из пищи исключают продукты, которые могут оказать токсическое действие на организм (неизвестные грибы и т. д.).

Энтерит хронический. Э т и о л о г и я : 1) систематические алиментарные нарушения, злоупотребление острой пищей и острыми приправами, безрежимное питание; 2) алкоголизм, особенно прием крепких алкогольных напитков и их суррогатов; 3) производственные интоксикации при нарушениях техники безопасности и хронических отравлениях соединениями свинца, ртути, фосфора, мышьяка и др.; бытовые интоксикации, в частности лекарственные (при злоупотреблении солевыми слабительными, длительном бесконтрольном применении антибиотиков широкого спектра действия, способных вызвать кишечный дисбактериоз и др.) и эндогенные (при уремии); 4) пищевая аллергия; 5) паразитарные инвазии (лямблиоз и др.), некоторые кишечные гельминтозы; 6) радиационные поражения (производственные при нарушении техники безопасности и в результате лучевого лечения злокачественных новообразований живота); 7) «сопутствующие» энтериты при длительно протекающих гастритах с секреторной недостаточностью желудка, хронических пакреатитах, колитах.

П а т о г е н е з . Наиболее изученные механизмы развития заболевания: 1) непосредственное хроническое повреждающее воздействие этиологического фактора на стенку тонкой кишки (токсическое, раздражающее); 2) длительно существующий дисбактериоз, сопровождающийся раздражением и токсическим действием продуктов ненормального расщепления пищевых веществ под влиянием ферментов необычной кишечной флоры (органические кислоты, альдегиды, индол, скатол, метан, сероводород и др.), а также бактериальных токсинов на слизистую оболочку кишечной стенки; 3) иммунологические механизмы. В некоторых случаях преимущественно поражается тощая (еюнит) или подвздошная (илеит) кишка.

С и м п т о м ы , т е ч е н и е . Боль (если имеет место) обычно носит тупой, редко спастический характер, локализуется в околопупочной области; здесь же нередко отмечается болезненность при пальпации живота и сильном давлении (несколько левее и выше пупка — симптом Поргеса), болезненность по ходу брыжейки тонкой кишки (по направлению от пупка к правому крестцово-подвздошному сочленению — симптом Штернберга). Боль при сотрясении тела, ходьбе может быть признаком перивисцерита. Урчание и плеск при пальпации слепой кишки — важный признак энтерита (симптом Образцова).

Синдром кишечной диспепсии проявляется малохарактерными диспепсическими жалобами: ощущением давления, распирания и вздутия живота, особенно после еды, тошнотой, ощущением урчания, переливания в животе и др., которые возникают в результате нарушения переваривания пищевых веществ в кишечнике, ускорения их пассажа по тонкой кишке, а также нарушения всасывания в кишечнике. Иногда при тяжелом энтерите вскоре после еды возникают слабость, головокружение и другие общие явления, напоминающие демпинг-синдром.

Энтеритный копрологический синдром: частый (до 15—20 раз в сутки) кашицеобразный, с непереваренными частицами пищи, но без видимой слизи, часто зловонной, с пузырьками газа стул. Характерна полифекалия: общее количество каловых масс за сутки может достигать 1,5—2 кг. Иногда возникают резкие позывы к дефекации вскоре после еды, а после дефекации возникает резкая слабость, сопровождаемая холодным потом, дрожанием рук (еюнальная диарея). В нетяжелых случаях и при отсутствии сопутствующего колита понос может отсутствовать и даже наблюдаться запор. Характерна непереносимость молока: после его приема усиливаются метеоризм, понос. Обострение заболевания вызывает прием острой пищи, содержащей большое количество жиров и углеводов, переедание. Часто имеет место своеобразный желтоватый (золотистый) цвет каловых масс вследствие наличия невосстановленного билирубина и большого количества жира, придающего каловым массам глинистый вид. При микроскопическом исследовании: большое количество остатков непереваренной пищи (лиентерея), капли нейтрального жира (стеаторея), капельки, глыбки и кристаллы жирных кислот и нерастворимых мыл, мышечные волокна (китаринорея), свободный внеклеточный крахмал (амилорея), большое количество слизи, равномерно перемешанной с каловыми массами.

Синдром недостаточности всасывания проявляется постепенным снижением массы тела больного (в тяжелых случаях вплоть до кахексии), общей слабостью, недомоганием, понижением работоспособности. В крови гипопротеинемия, гипохолестеринемия, обычно уплощается сахарная кривая.

Изучение сахарного профиля при применении дифференцированных углеводных нагрузок позволяет определять преимущественно нарушение полостного переваривания углеводов (при нагрузке крахмалом), пристеночного пищеварения (при нагрузке сахарозой) и процессов всасывания (при нагрузке глюкозой). Проба с d-ксилозой (низкое содержание в крови пентоз через 2 ч после приема больным внутрь d-ксилозы и сниженная экскреция их с мочой) подтверждает нарушение всасывания. Анемия бывает железодефицитной, в ряде случаев B_{12}-дефицитной, но нередко имеет смешанный характер, с нормальным цветовым показателем.

Нередки явления гиповитаминоза (витаминов B_1, B_2, B_6, B_{12}, D, K, A, биотина, фолиевой кислоты); их проявлением могут быть сухость кожи, ангулярные стоматиты, выпадение волос, ломкость ногтей, полиневриты, нарушения сумеречного зрения и т. д.

В крови понижается концентрация ряда ионов, особенно Ca, в тяжелых случаях возникают патологическая хрупкость костей и другие признаки гипопаратиреоидизма. Гипофизарная недостаточность проявляется нерезко выраженными явлениями несахарного диабета (полидипсия, полиурия в сочетании с гипоизостенурией), надпочечниковая — нерезко выраженными явлениями аддисонизма (гиперпигментация кожи, особенно закрытых от действия света участков, кожных складок ладоней, слизистой рта, а также артериальная и мышечная гипотония). Нарушение функции половых желез у мужчин проявляется импотенцией, у женщин — аменореей.

При тяжелом энтерите наблюдаются дистрофические изменения в сердечной мышце, печени, почках и других органах.

Рентгенологически при хроническом энтерите чаще всего определяется ускоренный пассаж бариевой взвеси по тонкой кишке и неравномерное скопление ее в различных петлях кишки; нередко видны утолщенные отечные складки слизистой оболочки, в тяжелых случаях — их сглаживание вследствие процесса атрофии.

При аспирационной биопсии из верхних отделов тощей кишки наблюдаются воспалительные и дистрофические изменения слизистой оболочки, уменьшение размеров ворсинок, уплощение клеток поверхностного эпителия слизистой и его щеточной каймы, в тяжелых стадиях — развитие склеротических изменений.

Течение хронического энтерита прогрессирует постепенно или бурно, в редких случаях (особенно под влиянием лечения и строго выдержанной диеты) наблюдается регрессия симптомов заболевания.

При дифференциальном диагнозе в первую очередь следует исключить алиментарные диспепсии, возникающие вследствие систематического нерационального питания (бродильную, гнилостную, жировую). В этих случаях специальные исследования не показывают нарушений процессов всасывания кишечной стенкой, при аспирационной биопсии не обнаруживается воспалительных изменений в слизистой оболочке кишки, а перевод больного на рациональное питание без дополнительных лечебных мероприятий обычно быстро устраняет патологические симптомы и нормализует функцию кишечника. В случаях тяжелого энтерита нужно проводить дифференциальную диагностику со спру. Сравнительно редкой формой энтерита является регионарный энтерит (болезнь Крона), который протекает чаще всего с преимущественным поражением подвздошной кишки, лихорадочным состоянием, гипер-α_2- и γ-глобулинемией, прогрессирующим течением. Следует исключить возможность врожденных энзимодефицитных энтеропатий (глютеновой, дисахаридазной и т. д.) в первую очередь назначением соответствующей диеты, а также пробами с нагрузками различными дисахарами, глиадином и т. д.

Л е ч е н и е в период обострения проводится в стационаре. Назначают диету № 4—4а, б, в. Пищевой рацион должен содержать достаточное количество белка (130—150 г) в основном животного происхождения (телятина, нежирное говяжье или куриное мясо, рыба, яйца, творог) и легко усвояемых жиров (100—110 г). Исключают тугоплавкие жиры животного происхождения (бараний, свиной); в период обострения процесса количество жиров временно уменьшают до 60—70 г. Количество углеводов в дневном рационе обычное — как при легкой и средней физической нагрузке (около 500—450 г), однако ограничивают продукты, содержащие большое количество клетчатки. Последнее достигается, помимо подбора продуктов, тщательной механической обработкой пищи (протертые овощи и фрукты, пюре). При поносах исключают из пищевого рациона чернослив, инжир, капусту, виноград, черный хлеб, свежевыпеченные мучные продукты, орехи, бродильные напитки — пиво, квас. Режим частого (5—6 раз в день) дробного питания; вся пища принимается в теплом виде. В период обострения процесса пища назначается в механически щадящем виде — в виде слизистых отваров, супов, протертых каш, пюре, паровых котлет, суфле и т. д. При поносах хороший эффект оказывает систематический прием ацидофильного молока (по 100—200 г 3—4 раза в день) и несладких соков и киселей из фруктов и ягод, содержащих дубильные вещества (черника, черная смородина, гранаты, груши и др.). При явлениях авитаминоза назначают витамины, в первую очередь B_1, B_2, B_6, B_{12}, фолиевую кислоту, витамин A, при геморрагических явлениях — витамин K (викасол). Особенно полезны комплексные витаминные препараты: пангексавит, декамевит, ундевит и др.

Антибиотики широкого спектра действий при хроническом энтерите не находят большого применения из-за опасности дисбактериоза. Чаще назначают колибактерин, бифидумбактерин, бификол и особенно производные оксихинолина: энтеросептол, интестопан, мексаформ, мексазу. Препараты пищеварительных ферментов (желудочный сок и аналогичные лекарственные средства, панкреатин, фестал, холензим, абомин и др.) показаны при преимущественном нарушении полостного внутрикишечного пищеварения.

В период обострения процесса, особенно сопровождающегося поносом, показано пероральное применение вяжущих и обволакивающих средств (нитрат висмута основного, танальбин, теальбин, отвары корневища или корней змеевика, кровохлебки, лапчатки — 4,0—15,0 : 200,0 или настоев цветов пижмы, травы зверобоя, шишек ольхи и др.— 10,0—30,0 : 200,0 по 1 столовой ложке 5—6 раз в день).

При тяжелых энтеритах с явлениями недостаточности всасывания назначают повторные гемотрансфузии (особенно при наличии анемии), внутривенные вливания плазмы, белковых гидролизатов (аминопептид, гидролизат казеина, аминокровин и др.) — до 1 л/сут; в более легких случаях их вводят через интрагастральный зонд капельно. Полезно назначение анаболических стероидных гормонов (метандростенолона по 0,0005—0,01 г 1—2 раза в день перорально или ретаболила 0,025—0,05 г 1 раз в 1—3 нед в/м).

Из физиотерапевтических процедур наиболее эффективны согревающие компрессы, парафиновые аппликации, озокерит, диатермия, индуктотермия и т. д. Курортное лечение в санаториях Железноводска, Ессентуков, Пятигорска, Миргорода, Боржоми. В тяжелых случаях хронического энтерита показано трудоустройство больных и перевод на инвалидность.

П р о ф и л а к т и к а заключается в предотвращении действия тех факторов, которые способны вызвать хронический энтерит. Необходимо своевременное лечение острых и подострых энтеритов и диспансеризация больных хроническим энтеритом с целью профилактики рецидивов болезни и возникновения возможных осложнений.

ЭНТЕРОКОЛИТ см. *Энтерит, Колит.*

ЭНТЕРОПАТИИ КИШЕЧНЫЕ — общее название невоспалительных хронических заболеваний кишечника, в основе которых лежат ферментопатия или врожденные аномалии строения кишечной стенки.

Энтеропатия глютеновая (спру европейская, спру нетропическая, целиакия взрослых, стеаторея идиопатическая) — редкое наследственное заболевание (ферментопатия) кишечника, характеризующееся отсутствием или пониженной выработкой кишечной стенкой ферментов, расщепляющих глютен (клейковина) — полипептид, содержащийся в некоторых злаковых (пшенице, ржи, ячмене, овсе). Отсутствие (или относительная недостаточность) выработки этой пептидазы особенно проявляется при нарушениях питания, преобладании в пище злаковых, содержащих глютен, при кишечных инфекциях. Продукты неполного переваривания глютена (глиадин и др.) токсически действуют на кишечную стенку.

Характерен понос, возникающий при употреблении в пищу продуктов, изготовленных из пшеницы, ржи и ячменя. При прогрессировании заболевания присоединяются полигиповитаминозы, нарушения электролитного баланса, истощение. В запущенных случаях развивается хронический энтерит с синдромом недостаточности всасывания. Известную помощь в дифференциальной диагностике могут оказывать пробы с нагрузкой глиадином (быстрое повышение содержания в крови глутамина после перорального введения глиадина в дозе 350 мг/кг), наличие признаков заболевания с раннего детства, обострение симптомов заболевания при значительном добавлении к пищевому рациону продуктов из пшеницы, ржи, ячменя, овса, а также обратное развитие симптомов болезни при переводе больного на безглютеновую диету (глютен отсутствует во всех продуктах животного происхождения, в кукурузе, рисе, соевых бобах, картофеле, овощах, фруктах, ягодах и других продуктах).

Л е ч е н и е в тяжелых случаях заболевания проводят в стационаре. Переводят больного полностью на безглютеновую диету с повышенным содержанием витаминов, перорально назначают обволакивающие и вяжущие средства. По мере улучшения состояния диету расширяют, однако содержание в суточном рационе продуктов, содержащих глютен, оставляют ограниченным.

Энтеропатии дисахаридазодефицитные — наследственные заболевания, обусловленные отсутствием или недостаточностью выработки слизистой оболочкой тонкой кишки дисахаридаз (лактазы, мальтазы, инвертазы и др.), в результате чего нарушается пристеночный гидролиз в кишечнике соответствующих дисахароз — лактозы, мальтозы, сахарозы. Тип наследования точно не установлен.

Клинически проявляется непереносимостью одного (или нескольких) дисахаридов и усилением бродильных процессов при их приеме в обычных и особенно в повышенных дозах; возникают симптомы бродильной диспепсии, урчание в животе, метеоризм, понос, полифекалия с кислой реакцией каловых масс.

Д и а г н о з и дифференциальный диагноз с другими хроническими заболеваниями тонкой кишки основываются на ряде специфических тестов: 1) улучшение клинической картины заболевания после исключения из пищевого рациона соответствующих дисахаридов; 2) изучении гликемических кривых после приема внутрь больным различных дисахаридов — сахарозы, лактозы, мальтозы (отсутствие подъема содержания сахара в крови после приема одного из дисахаридов и повышение ее после приема моносахаридов, входящих в их состав, является признаком нарушения расщепления этого дисахарида). Врожденная непереносимость дисахаридов обычно проявляется уже с детских лет. Однако нарушение ферментопродукции может быть и приобретенным вследствие тяжелого энтерита. В последнем случае нарушение продукции дисахаридаз обычно сочетается с нарушением выработки кишечным эпителием и других ферментов.

Т е ч е н и е в большинстве случаев нетяжелое, но со временем при большом содержании в пищевом рационе сахаристых веществ и других неблагоприятных условиях в результате длительного вторичного раздражения слизистой оболочки кишки продуктами усиленного брожения может развиться хронический энтерит, сопровождающийся синдромом недостаточности всасывания.

Л е ч е н и е. Строгое соблюдение диеты с исключением из пищевого рациона (или резким ограничением содержания) соответствующего дисахарида; в более тяжелых случаях — назначение ферментной заместительной терапии.

Энтеропатия экссудативная (экссудативная гипопротеинемическая лимфангиэктазия) — редкое заболевание, наблюдающееся в основном у лиц молодого возраста.

Э т и о л о г и я, п а т о г е н е з не выяснены. Характеризуется патологическим расширением лимфатических сосудов и повышенной проницаемостью кишечной стенки, поносом, значительной потерей белка через желудочно-кишечный тракт, гипопротеинемическими отеками. В тяжелых случаях развивается общее истощение. Нередки гипохромная анемия, незначительный лейкоцитоз с наклонностью к лимфопении. Гипопротеинемия отмечается в основном за счет снижения содержания альбуминов и гамма-глобулинов; гипохолестеринемия; гипокальциемия. В испражнениях повышено содержание нейтрального жира, жирных кислот и мыл. Специальные лабораторные методы исследования обнаруживают повышенное содержание белка в тонкокишечном секрете и повышенное выделение его с испражнениями. Радиоизотопное исследование экскреторной функции тонкой кишки позволяет определить увеличение радиоактивности фекалий и быстрое снижение радиоактивности крови после внутривенного введения сывороточного альбумина, меченного ^{131}I или ^{51}Cr, т. е. подтверждает повышенную потерю белка из организма через кишечник. В биоптатах из слизистой стенки кишки наблюдается расширение лимфатических сосудов, воспалительная инфильтрация ткани. В расширенных лимфатических сосудах и синусах мезентеральных лимфатических узлов — липофаги, содержащие в протоплазме микрокапельки жира.

Дифференциальный диагноз проводится с энтеритами, энтероколитами, а также невоспалительными дисахаридазодефицитными энтеропатиями, спру, глютеновой болезнью. С достоверностью установить диагноз экссудативной энтеропатии позволяет энтеробиопсия. Заболевание протекает хронически и медленно прогрессирует. Больные подвержены интеркуррентным инфекциям (пневмонии, гнойные инфекции, ангины и т. д.), которые могут послужить причиной их гибели. В тяжелых случаях прогноз плохой.

Л е ч е н и е в период обострения проводят в стационаре. Назначают диету с повышенным содержанием белка, витаминов, ограничением жидкости и поваренной соли. Внутривенно переливают плазму. Вводят витамины, при гипокальциемии — препараты кальция. При отеках одновременно с переливаниями крови, плазмы и белковых препаратов назначают диуретические средства.

ЯЗВА ПИЩЕВОДА ПЕПТИЧЕСКАЯ — изъязвление стенки нижней части пищевода, обусловленное протеолитическим действием затекающего в пищевод желудочного сока при недостаточности кардии. Во многих случаях сочетается с грыжей пищеводного отверстия диафрагмы или с язвенной болезнью желудка и двенадцатиперстной кишки. Пептические язвы пищевода в большинстве случаев одиночны, но могут быть и множественными.

Этиология, патогенез. Основное значение имеет нарушение трофики пищеводной стенки и постоянное воздействие на нее активного желудочного сока вследствие недостаточности кардии и желудочно-пищеводного рефлюкса. Наиболее часто наблюдается при аксиальных грыжах пищеводного отверстия диафрагмы, после операции на области пищеводно-желудочного перехода, при системной склеродермии. Постоянно сопутствующие язвенной болезни нарушение перистальтики желудка и повышение тонуса привратника (что способствует забросу желудочного сока в пищевод) также являются одними из патологических факторов возникновения пептической язвы пищевода.

Симптомы, течение. Основным симптомом является боль за грудиной или в эпигастральной области, возникающая или усиливающаяся во время еды или сразу после нее, при проглатывании пищи, иногда в положении лежа (вследствие рефлюса желудочного сока в пищевод). Часто боль по характеру напоминает коронарную. Нередки дисфагия, изжога, отрыжка, срыгивание кислым желудочным содержимым. Изжога и срыгивание обычно усиливаются при наклоне туловища или положении лежа. При рентгенологическом исследовании пептическая язва обнаруживается в виде ниши на контуре или рельефе слизистой оболочки, но выявить ее трудно. Наиболее достоверным методом диагностики является эзофагоскопия. Исследование каловых масс часто обнаруживает положительные реакции на скрытое кровотечение.

Осложнения: профузные или оккультные пищеводные кровотечения, перфорация язвы, развитие стриктуры пищевода при рубцевании язвы, рубцовое укорочение пищевода, что является причиной образования или постепенного увеличения уже существующей аксиальной грыжи пищеводного отверстия диафрагмы.

Дифференциальный диагноз проводят с язвами пищевода другой природы: раковыми, туберкулезными, сифилитическими, декубитальными; основное значение имеет эзофагоскопия, исследование желудочного сока (которое следует проводить осторожно): достоверно установленная ахлоргидрия отвергает пептическую природу язвы.

Лечение проводят в стационаре. Назначают противоязвенную диету. Рекомендуют положение в постели с приподнятой верхней половиной туловища (с целью профилактики желудочно-пищеводного рефлюкса). Назначают вяжущие (нитрат висмута основного по 1 г или 0,06 % раствор нитрата серебра 4—6 раз в день за 30 мин до еды; последний препарат иногда вводят в пищевод через зонд капельно непосредственно на область изъязвления) и антацидные средства (магния окись, кальция карбонат основной, алюминия гидроокись и др. по 0,5—1 г

5—6 раз в день после еды, альмагель и т. д.). Спазмолитические и холинолитические препараты применяют только при наличии сопутствующего эзофагоспазма, так как они снижают тонус кардиального сфинктера и могут усилить желудочно-пищеводный рефлюкс. Лечение обычно длительное (1,5—2 мес и более). Хирургическое лечение показано при отсутствии эффекта от консервативного лечения, а также при наличии осложнений заболевания.

Больные пептической язвой пищевода нуждаются в диспансерном наблюдении и систематическом (2—4 раза в год) противорецидивном лечении вяжущими и антацидными средствами. В этом случае прогноз более благоприятный: сохраняется удовлетворительное самочувствие и (в известных пределах) работоспособность больного.

Профилактика сводится к мерам предупреждения образования грыж пищеводного отверстия диафрагмы и предотвращению возникновения желудочно-пищеводного рефлюкса при заболеваниях, сопровождающихся развитием недостаточности кардии: высокое изголовье постели во время сна и лежания, ранний ужин (за 2,5—3 ч до сна), избегание всех видов работ, связанных с наклоном туловища.

ЯЗВА ТОНКОЙ КИШКИ ПРОСТАЯ (неспецифическая, идиопатическая, пептическая, трофическая, круглая и т. д.). Первичная язва тонкой кишки — редкое заболевание, характеризующееся появлением одного или множественных изъязвлений преимущественно в подвздошной кишке, напоминающих по морфологии пептические язвы желудка и двенадцатиперстной кишки. Встречается преимущественно у мужчин.

Этиология и патогенез неизвестны. Предрасполагающими факторами являются местные сосудистые нарушения, повышенная триптическая активность сока поджелудочной железы, длительное применение некоторых препаратов (преднизолона, солей калия и др.).

Симптомы малохарактерны и диагноз часто устанавливается во время операции при возникновении осложнений (перфорация, кишечное кровотечение). Иногда наблюдаются боль в эпигастрии или правой подвздошной области, возникающая через 3—4 ч после еды, локальная болезненность в этой области и напряжение мышц передней брюшной стенки при пальпации. Исследование кала выявляет скрытое кровотечение. При прицельном рентгенологическом исследовании иногда удается обнаружить язвенную нишу в тонкой кишке. Дифференциальную диагностику проводят с туберкулезными язвами, язвами тонкой кишки при брюшном тифе, амилоидозе, региональном энтерите, распадающейся опухоли.

Возможные осложнения: кишечные кровотечения, перфорация, стенозирование кишки.

Лечение проводят в стационаре по общим принципам лечения язвенной болезни (см.). При возникновении осложнений — хирургическое лечение.

ЯЗВЫ СИМПТОМАТИЧЕСКИЕ. Симптоматические язвы желудка — острые или хронические очаговые деструкции слизистой оболочки желудка, по этиологии и патогенезу отличные от язвенной болезни и являющиеся лишь одним из местных желудочных проявлений патологического состояния организма, вызванного различными факторами.

Этиология, патогенез. К симптоматическим язвам желудка относятся: а) язвы «лекарственные» (при длительном неконтролируемом приеме ацетилсалициловой кислоты и ее производных, производных пиразолона, индола, гистамина, глюкокортикостероидов и т. д.); б) «гипоксические язвы», сопутствующие атеросклерозу, гипертонической болезни, сердечной застойной недостаточности, хроническим пневмониям, эмфиземе легких; в) «гормоногенные язвы» при гиперпаратиреоидизме, ульцерогенных опухолях поджелудочной железы (синдром Цоллингера — Эллисона) и др.; г) острые стрессовые язвы при инфаркте миокарда, ожоговой болезни, инсульте и т. д.; д) язвы при гепатитах и циррозах печени. Возникновению симптоматических язв желудка нередко способствует сочетание предрасполагающих факторов. Так, у здоровых лиц длительный прием производных салициловой кислоты и глюкокортикоидов редко вызывает изъязвление слизистой оболочки желудка, в то время как применение этих же препаратов больными активным ревматизмом и ревматическими пороками сердца при наличии недостаточности кровообращения резко повышает частоту возникновения симптоматических язв желудка (реже двенадцатиперстной кишки).

Симптомы и течение симптоматических язв желудка полиморфны. Они могут протекать определенное время бессимптомно, маскируясь клиническими проявлениями основного страдания (инфаркт миокарда, хроническая пневмония, гипертоническая болезнь, атеросклероз и т. д.), могут наблюдаться неопределенного характера боли в животе и диспепсические явления, иногда заболевание протекает с типичной симптоматологией язвенной болезни. При рентгенологическом исследовании, гастроскопии выявляется язвенная ниша в желудке, как при язвенной болезни. Для диагностики существенное значение имеет анамнез (например, прием «ульцерогенных» лекарств) и обследование (выявление заболеваний, при которых нередко встречаются симптоматические язвы желудка, и установление взаимосвязи между этими заболеваниями и изъязвлением слизистой оболочки желудка).

Туберкулезные язвы желудка обычно возникают в терминальной стадии легочного туберкулеза. Для исключения раковой язвы желудка (первично-язвенная форма рака) необходима гастроскопия с прицельной биопсией.

Симптоматические язвы желудка могут быть острыми («стрессовые» и др.) и хроническими (медикаментозные, при циррозах печени, хронической пневмонии, атеросклерозе и т. д.). Осложнения: перфорация язвы и язвенное кровотечение, часто возникающие на сравнительно «спокойном фоне», при отсутствии жалоб со стороны пищеварительной системы.

Лечение — как при язвенной болезни. Проводят терапию основного заболевания. При «лекарственных» язвах отменяют препарат, вызвавший образование язвы.

Профилактика симптоматических язв желудка заключается в своевременном лечении заболеваний, часто осложняющихся симптоматическими язвами желудка; при длительном лечении больных препаратами, обладающими побочным «ульцерогенным» действием,— систематический клинический и рентгенологический контроль состояния желудка, исследование испражнений на скрытую кровь каждые 3—4 дня, профилактическое назначение щадящей диеты, антацидных и вяжущих средств.

Прогноз при своевременном выявлении и лечении относительно благоприятный.

ЯЗВЕННАЯ БОЛЕЗНЬ ЖЕЛУДКА И ДВЕНАДЦАТИПЕРСТНОЙ КИШКИ — хроническое рецидивирующее заболевание, при котором в результате нарушений нервных и гуморальных механизмов, регулирующих секреторно-трофические процессы в гастродуоденальной зоне, в желудке или двенадцатиперстной кишке образуется язва (реже две язвы и более).

Этиология, патогенез. Язвенная болезнь связана с нарушением нервных, а затем и гуморальных механизмов, регулирующих секреторную, моторную функции желудка и двенадцатиперстной кишки, кровообращение в них, трофику слизистых оболочек. Образование язвы в желудке или двенадцатиперстной кишке является лишь следствием расстройств указанных выше функций.

Отрицательные эмоции, длительные психические перенапряжения, патологические импульсы из пораженных внутренних органов при хроническом аппендиците, хроническом холецистите, желчнокаменной болезни и др. нередко являются причиной развития язвенной болезни.

Среди гормональных факторов имеют значение расстройства деятельности гипофизарно-надпочечниковой системы и функции половых гормонов, а также нарушение выработки пищеварительных гормонов (гастрина, секретина, энтерогастрона, холецистокинина — панкреозимина и др.), нарушение обмена гистамина и серотонина, под влиянием которых резко возрастает активность кислотно-пептического фактора. Определенную роль играют наследственные и конституциональные факторы (наследственное предрасположение встречается среди больных язвенной болезнью в 15—40 % случаев).

Непосредственное формирование язвы происходит в результате нарушения физиологического равновесия между «агрессивными» (протеолитически активный желудочный сок, заброс желчи) и «защитными» факторами (желудочная и дуоденальная слизь, клеточная регенерация, нормальное состояние местного кровотока, защитное действие некоторых интестинальных гормонов, например секретина, энтерогастрона, а также щелочная реакция слюны и панкреатического сока). В формировании язв в желудке наибольшее значение имеет снижение резистентности слизистой оболочки, ослабление ее сопротивляемости повреждающему воздействию кислого желудочного сока. В механизме же развития язв в выходном отделе желудка и особенно в двенадцатиперстной кишке, напротив, решающим фактором является усиление агрессивности кислотно-пептического фактора. Образованию язв предшествуют ультраструктурные изменения и нарушения в тканевом обмене слизистой желудка.

Раз возникнув, язва становится патологическим очагом, поддерживающим афферентным путем развитие и углубление болезни в целом и дистрофических изменений в слизистой оболочке гастродуоденальной зоны в частности, способствует хроническому течению болезни и вовлечению в патологический процесс других органов и систем организма. Предрасполагающими факторами являются нарушения режима питания, злоупотребление острой, грубой, раздражающей пищей, постоянно быстрая, поспешная еда, употребление крепких спиртных напитков и их суррогатов, курение.

С и м п т о м ы, т е ч е н и е. Характерны боль, изжога, нередко рвота кислым желудочным содержимым вскоре после еды на высоте боли. В период обострения боль ежедневная, возникает натощак, после приема пищи временно уменьшается или исчезает и появляется вновь (при язве желудка через 0,5—1 ч, двенадцатиперстной кишки — 1,5—2,5 ч). Нередка ночная боль. Боль купируется антацидами, холинолитиками, тепловыми процедурами на эпигастральную область. Часто язвенная болезнь двенадцатиперстной кишки сопровождается запорами. При пальпации определяется болезненность в эпигастральной области, иногда некоторая резистентность мышц брюшного пресса. Копрологическое исследование определяет скрытое кровотечение. При локализации язвы в желудке кислотность желудочного сока нормальна или несколько снижена, при язве двенадцатиперстной кишки — повышена. Наличие стойкой гистаминорезистентной ахлоргидрии исключает язвенную болезнь (возможна раковая, трофическая, туберкулезная и другая природа изъязвления).

При рентгенологическом исследовании в большинстве случаев (60—80 %) выявляется ограниченное затекание бариевой взвеси за контур слизистой оболочки — язвенная ниша. В желудке язвы обычно локализуются по малой кривизне, в двенадцатиперстной кишке — в луковице. Редко встречаются и трудно диагностируются язвы привратника, внелуковичные язвы двенадцатиперстной кишки.

Наиболее достоверным методом д и а г н о с т и к и является гастродуоденоскопия, позволяющая обнаружить язву, определить ее характер, взять биопсию (при язвах желудка).

Д и ф ф е р е н ц и а л ь н у ю д и а г н о с т и к у проводят с симптоматическими язвами желудка, изъязвленной опухолью (в том числе первично-язвенным раком), туберкулезной, сифилитической язвой; изъязвлениями при коллагенозах, амилоидозе. Особенностью язвенной болезни является характер болей (голодные, после еды через определенный срок, ночные), длительный анамнез заболевания с периодическими обострениями в весенне-осенние периоды, наличие хлористоводородной кислоты в желудочном соке при исследовании.

Т е ч е н и е обычно длительное с обострениями в весенне-осенний период и под воздействием неблагоприятных факторов (стрессовые ситуации, пищевые погрешности, прием крепких алкогольных напитков и пр.).

О с л о ж н е н и я: кровотечение, перфорация, пенетрация, деформации и стенозы, перерождение язвы в рак (см. *Хирургические болезни*); вегетативно-сосудистая дистония, спастическая дискинезия желчного пузыря, хронический холецистит, жировой гепатоз, реактивный панкреатит.

П р о г н о з относительно благоприятный, за исключением тех случаев, когда возникают осложнения. Трудоспособность сохранена, однако не показаны все виды работ, связанных с нерегулярным питанием, большими эмоциональными и физическими перегрузками.

Л е ч е н и е в период обострения проводят в стационаре. В первые 2—3 нед режим постельный, затем палатный. Питание дробное и частое (4—6 раз в сутки), диета полноценная, сбалансированная, химически и механически щадящая (№ 1а, 1б, затем № 1). Назначают антацидные (альмагель, окись магния, карбонат кальция и др.), обволакивающие, вяжущие (нитрат висмута основного, 0,06 % раствор нитрата серебра), а также холинолитические (атропина сульфат и др.), спазмолитические (папаверина гидрохлорид, но-шпа и др.) лекарственные средства или ганглиоблокаторы. Для снятия эмоционального напряжения используют препараты брома и другие седативные лекарственные средства, транквилизаторы.

Назначают витамины (U, A, группы B), метандростенолон (0,01 г), ретаболил (0,025—0,05 г в/м 1 раз в неделю), метилурацил (0,5—1 г), пентоксил (0,25 г), биогенные стимуляторы (ФиБС, экстракт алоэ и др.), действующие на метаболические и репаративные процессы. Широко используют физиотерапию (диатермия, УВЧ-терапия, грязелечение, парафиновые и озокеритовые аппликации).

Санаторно-курортное лечение рекомендуется проводить лишь в стадии стойкой ремиссии (Железноводск, Боржоми, Ессентуки, Пятигорск, Моршин, Старая Русса и др.).

П р о ф и л а к т и к а: соблюдение гигиенических норм труда, быта и питания, воздержание от курения и употребления алкоголя.

Больные должны находиться под диспансерным наблюдением с активным проведением курсов противорецидивного лечения (весной, осенью). Профилактическое лечение даже без выраженных обострений болезни должно проводиться в течение 3—5 лет.

Глава 12
БОЛЕЗНИ ПОЧЕК И МОЧЕВЫХ ПУТЕЙ

АМИЛОИДОЗ — в большинстве случаев системное заболевание, в основе которого лежат изменения, приводящие к внеклеточному выпадению в ткани амилоида (представляет собой сложный белково-полисахаридный комплекс), вызывающего в конечном итоге нарушение функций органов. Фибриллярный белок амилоида в одних случаях имеет ряд свойств, сближающих его с иммуноглобулинами, в других — не обладая этими свойствами, имеет антигенное сродство с сывороточным белком, считающимся предшественником амилоида. Амилоидоз почек — проявление общего амилоидоза. Амилоид в этом органе обычно откладывается в основной мембране, между эндотелием почечных клубочков и артериол и в основной мембране почечных канальцев.

Э т и о л о г и я,   п а т о г е н е з амилоидоза неизвестны. Обычно это состояние ассоциируется с наличием в организме хронической инфекции (туберкулез, сифилис) или нагноения (остеомиелит, легочные нагноения). Это так называемый вторичный амилоидоз. Довольно распространен вторичный амилоидоз и при таких заболеваниях, как ревматоидный артрит, язвенный колит, некоторые опухоли, затяжной септический эндокардит. Существуют первичный амилоидоз, амилоидоз при миеломной болезни и болезни Вальденстрема, наследственный (семейный), старческий и локальный (опухолевидный) амилоидоз. Из наследственных вариантов в СССР встречается чаще амилоидоз при периодической болезни, который может возникнуть и без типичных приступов этой болезни в анамнезе.

Хотя патогенез и причины преимущественного поражения некоторых органов (почки, кишечник, кожа и др.) при разных вариантах амилоидоза остаются не вполне ясными, все же имеются данные, позволяющие выявить звенья развития этого сложного заболевания. К условиям, способствующим возникновению и развитию амилоидоза, относятся диспротеинемия, отражающая извращенную белково-синтетическую функцию РЭС, и иммунологические изменения, касающиеся прежде всего клеточной системы иммунитета (угнетение Т-системы, изменения фагоцитоза и т. п.).

С и м п т о м ы   и   т е ч е н и е амилоидоза разнообразны и зависят от локализации амилоидных отложений, степени их распространенности в органах, длительности течения заболевания, наличия осложнений. Клиническая картина становится развернутой при поражении почек — наиболее частой локализации, а также кишечника, сердца, нервной системы. Поражение почек является типичным не только при наиболее распространенной вторичной форме амилоидоза, но и при первичном, в том числе наследственном амилоидозе.

Больные амилоидозом почек долго не предъявляют каких-либо жалоб, и только появление отеков, их распространение, усиление общей слабости, резкое снижение активности, развитие почечной недостаточности, артериальной гипертензии, присоединение осложнений (например, тромбозы почечных вен с болевым синдромом и анурией) заставляют больных обратиться к врачу. Иногда наблюдается диарея.

Важнейший симптом амилоидоза почек — протеинурия. Она развивается при всех его формах, но наиболее характерна для вторичного амилоидоза. С мочой за сутки выделяется до 40 г белка, основную часть которого составляют альбумины. Продолжительная потеря белка почками приводит к гипопротеинемии (гипоальбуминемии) и обусловленному ею отечному синдрому. При амилоидозе отеки приобретают распространенный характер и сохраняются в терминальной стадии уремии. Диспротеинемия проявляется также значительным повышением СОЭ и изменением осадочных проб. При выраженном амилоидозе возникает гиперлипидемия за счет увеличения содержания в крови холестерина, β-липопротеидов, триглицеридов. Сочетание массивной протеинурии, гипопротеинемии, гиперхолестеринемии и отеков (классический нефротический синдром) характерно для амилоидоза с преимущественным поражением почек.

При исследовании мочи, помимо белка, в осадке обнаруживают цилиндры, эритроциты, лейкоциты.

Среди других проявлений амилоидоза наблюдаются нарушения функции сердечно-сосудистой системы (прежде всего в виде гипотензии, редко гипертензии, различных нарушений проводимости и ритма сердца, сердечной недостаточности), а также желудочно-кишечного тракта (синдром нарушения всасывания). Часто отмечается увеличение печени и селезенки, иногда без явных признаков изменения их функции.

Появление и прогрессирование протеинурии, тем более возникновение нефротического синдрома или почечной недостаточности при наличии клинических или анамнестических признаков заболевания, при котором может развиться амилоидоз, имеют первостепенное значение для диагноза. Но об амилоидозе следует думать и в отсутствие указаний на такое заболевание, особенно когда остается неясной этиология нефропатии. Методом обеспечения достоверной диагностики амилоидоза в настоящее время является биопсия органа: наиболее надежно — почки, но также и слизистой оболочки прямой кишки, реже ткани десны, кожи, печени. Морфологическое подтверждение необходимо во всех случаях, когда тщательное изучение анамнеза, в том числе семейного, клинические проявления и лабораторные показатели делают вероятным диагноз амилоидоза.

Л е ч е н и е (специфическое) амилоидоза не разработано, что связано с отсутствием окончательных представлений об этиологии и патогенезе этого заболевания. Рекомендации по общему режиму и питанию при амилоидозе такие же, как при хроническом гломерулонефрите. Для прогноза имеет значение активность лечения заболевания, которое привело к развитию амилоидоза. Больным амилоидозом показан длительный (1,5—2 года) прием сырой печени (по 100—120 г/сут). В начальных стадиях процесса назначают препараты 4-аминохинолинового ряда (делагил по 0,25 г 1 раз в день длительно под контролем анализов крови — лейкопения). Необходим и контроль окулиста — возможно отложение дериватов препарата в преломляющих средах глаза. Вопрос о целесообразности применения кортикостероидных и цитостатических препаратов окончательно не решен. Амилоидоз следует считать скорее противопоказанием к лечению этими препаратами. Применяются курсы введения 5 % раствора унитиола по 5—10 мл в/м (30—40 дней). Обсуждается возможность применения колхицина. Объем симптоматической терапии определяется выраженностью тех или иных клинических проявлений (мочегонные при значительном отечном синдроме, гипотензивные средства при наличии артериальной гипертензии и т. д.). Возможность использования гемодиализа и трансплантации почки в терминальной стадии почечной недостаточности при амилоидозе пока изучается.

АНОМАЛИИ МОЧЕВЫДЕЛИТЕЛЬНОЙ СИСТЕМЫ являются наиболее частыми из всех врожденных пороков развития; их значение различно. Некоторые оказываются причиной внутриутробной гибели плода или смерти в раннем детском возрасте, другие не вызывают сколько-нибудь заметных нарушений функции мочевыделительной системы и обнаруживаются случайно. Часть аномалий отличается медленным прогрессированием и клинически может проявиться лишь в пожилом возрасте. Некоторые аномалии мочевыделительной системы могут быть предрасполагающими факторами возникновения почечнокаменной болезни, хронического пиелонефрита, артериальной гипертензии.

Среди установленных причин образования аномалий — наследственные факторы, некоторые заболевания матери (например, краснуха в первые месяцы беременности), ионизирующие воздействия, сифилис, алкоголизм, употребление гормональных противозачаточных средств и др. При обнаружении аномалии мочевыделительной системы необходимо провести тщательное обследование всех членов семьи больного.

Различают следующие группы аномалий мочевыделительной системы: а н о м а л и и к о л и ч е с т в а п о ч е к — двусторонняя агенезия, односторонняя агенезия (единственная почка), удвоенная почка; а н о м а л и и п о л о ж е н и я п о ч е к — гомолатеральная дистопия (опущенная почка находится на своей стороне), гетеролатеральная — перекрестная — дистопия (перемещение почки на противоположную сторону); а н о м а л и и в з а и м о р а с п о л о ж е н и я п о ч е к (сращенные почки) — подковообразная, галетообразная, S-образная, L-образная почка, а н о м а л и и в е л и ч и н ы и с т р у к т у р ы п о ч е к — аплазия, гипоплазия, поликистозная почка; а н о м а л и и п о ч е ч н о й л о х а н к и и м о ч е т о ч н и к о в — кисты, дивертикулы, раздвоение лоханки, аномалии числа, калибра, формы, положения мочеточников.

ГИДРОНЕФРОЗ развивается вследствие нарушения оттока мочи и характеризуется расширением лоханочно-чашечной системы, патологическими изменениями интерстициальной ткани почки и атрофией ее паренхимы. Гидронефроз правой или левой почки встречается одинаково часто, двусторонний — лишь в 5—9 % случаев этого заболевания.

Э т и о л о г и я, п а т о г е н е з. Гидронефроз может быть врожденным и приобретенным. Причинами врожденного гидронефроза служат дискинезия мочевых путей; врожденная аномалия расположения почечной артерии (или ее ветви), сдавливающей мочеточник; врожденные клапаны и стриктуры мочеточника; ретрокавальное расположение мочеточника; уретероцеле, врожденная обструкция нижних мочевых путей. Причинами приобретенного гидронефроза являются некоторые урологические заболевания: почечнокаменная болезнь, воспалительные изменения мочевой системы, травматические сужения мочевых путей, опухоли мочевых путей, опухоли предстательной железы, а также ретроперитонеальной клетчатки, опухоли шейки матки, злокачественная инфильтрация забрюшинной клетчатки и клетчатки малого таза, метастазы опухоли в забрюшинные лимфатические узлы, наконец, различные травматические и другие повреждения спинного мозга, ведущие к нарушениям оттока мочи. В тех случаях, когда препятствие оттоку мочи расположено дистальнее лоханочно-мочеточникового сегмента и расширяется не только лоханка, но и мочеточник, имеет место гидроуретеронефроз.

Гидронефроз бывает асептическим и инфицированным. В первом случае почечные изменения зависят от степени обструкции и длительности заболевания, во втором — как от степени обструкции и длительности заболевания, так и от вирулентности инфекции. В начальных стадиях заболевания почка внешне мало отличается от здорового органа, обнаруживается лишь расширение лоханки и чашечек. Повышенное внутрилоханочное давление нарушает функцию почек, но эти нарушения еще обратимы и после устранения обструкции функция почки восстанавливается. При более длительном нарушении оттока мочи в почке развиваются органические изменения, которые рассматриваются как обструктивный интерстициальный нефрит. При этом после устранения обструкции функция почки восстанавливается лишь частично. Если происходит инфицирование гидронефроза, то интерстициальный нефрит переходит в обструктивный пиелонефрит.

С и м п т о м ы, т е ч е н и е. Гидронефроз может длительно развиваться бессимптомно, и лишь присоединение таких осложнений, как инфекция, образование камня в лоханке или травматическое повреждение пораженной почки, обусловливают первые симптомы заболевания, дающие основание для исследования мочевой системы. В большинстве случаев гидронефроз проявляется болями в поясничной области. Боли носят характер почечной колики (см. *Почечная колика*) с типичной локализацией и иррадиацией по ходу мочеточника в паховую область, в яичко у мужчин и наружные половые органы у женщин, бедро или промежность.

Приступы почечной колики более характерны для начальной стадии гидронефроза. В дальнейшем, когда стенка лоханки и чашечек частично замещается соединительной тканью, лоханка и чашечки теряют способность активно сокращаться, гидронефроз проявляется тупыми болями в поясничной области. Боли при гидронефрозе, как и при нефролитиазе, могут возникать и днем, и ночью независимо от того, на каком боку спит больной. Последний симптом важен для дифференциальной диагностики гидронефроза с нефроптозом, при котором больные предпочитают спать на больном боку. При обструкции верхних мочевых путей дизурии обычно не бывает или она возникает лишь во время приступа болей. Другой важный симптом гидронефроза — гематурия. Макроскопическая гематурия наблюдается у 20 % больных гидронефрозом, микрогематурия — значительно чаще. Повышение температуры во время усиления болей в поясничной области свидетельствует о присоединении инфекции. Прощупать увеличенную почку удается лишь при очень большом гидронефрозе. Более информативным методом исследования при гидронефрозе является хромоцистоскопия, при которой обнаруживается значительное запаздывание или отсутствие выделения индигокармина со стороны пораженной почки. Рентгенологическое исследование почки — основной метод диагностики гидронефроза.

Обзорная рентгенограмма дает возможность определить размеры почек и обнаружить камни, если они имеются. На серии внутривенных урограмм можно отметить замедленное накопление контрастного раствора в расширенных лоханке (лоханках) и чашечках. На урограммах видны расширенная, округлой формы лоханка, расширенные чашечки. При значительном нарушении функции почки контрастный раствор может накопиться в достаточной концентрации лишь через 1—2 ч или вовсе не выделиться больной почкой. Таким образом, внутривенная урография позволяет диагностировать и стадию заболевания от пиелоэктазии до гигантского гидронефроза с утратой функции почки. Дополнительными методами диагностики, существенно уточняющими данные клинико-рентгенологических методов, являются радионуклидная ренография и сканирование почек, устанавливающие степень нарушения функции почки (почек).

Вследствие сходства с и м п т о м о в гидронефроз следует дифференцировать от почечнокаменной болезни (не осложненной развитием гидронефроза), при которой рентгенологически обнаруживается только камень почки; от нефроптоза, при котором боли возникают при движении, больные предпочитают спать на больном боку, смещающаяся почка прощупывается в положении больного стоя, а на рентгенограммах, выполненных в положении лежа и стоя, выявляется значительная подвижность почки. При опухоли почки в отличие от гидронефроза пальпируемая почка плотная и бугристая. При поликистозе бугристые почки прощупываются с обеих сторон.

Во всех этих случаях в дифференциальной диагностике ведущая роль принадлежит рентгенологическим методам исследования.

Л е ч е н и е гидронефроза хирургическое. Его важно провести в ранний период, когда устранение обструкции мочевых путей не только предотвращает дальнейшие анатомические изменения, но и приводит к улучшению функции почек. В лечении инфицированного гидронефроза важное место занимает антибактериальная терапия под контролем посевов мочи и исследования микрофлоры на чувствительность к антибактериальным препаратам (см. *Пиелонефрит*).

П р о г н о з. Двусторонний гидронефроз при нарастании содержания остаточного азота в крови и других нарушениях гомеостаза приводит к хронической почечной недостаточности.

ГЛОМЕРУЛОНЕФРИТ. Диффузный гломерулонефрит — иммуноаллергическое заболевание с преимущественным поражением сосудов клубочков: протекает в виде острого или хронического процесса с повторными обострениями и ремиссиями. В более редких случаях наблюдается подострый гломерулонефрит, для которого характерно бурное прогрессирующее течение, быстро приводящее к почечной недостаточности. Диффузный гломерулонефрит — одно из наиболее частых заболеваний почек.

Острый гломерулонефрит может развиться в любом возрасте, однако большинство больных составляют лица до 40 лет.

Э т и о л о г и я, п а т о г е н е з. Возникает заболевание чаще всего после ангин, тонзиллитов, инфекций верхних дыхательных путей, скарлатины и др. Важную роль в возникновении гломерулонефрита играет стрептококк, особенно тип 12 β-гемолитического стрептококка группы А. В странах с жарким климатом чаще других острому гломерулонефриту предшествуют стрептококковые кожные заболевания. Он может также развиваться после пневмоний (в том числе стафилококковых), дифтерии, сыпного и брюшного тифа, бруцеллеза, малярии и некоторых других инфекций. Возможно возникновение гломерулонефрита под влиянием вирусной инфекции, после введения вакцин и сывороток (сывороточный, вакцинный нефрит). К числу этиологических факторов относится и охлаждение организма во влажной среде («окопный» нефрит). Охлаждение вызывает рефлекторные расстройства кровоснабжения почек и влияет на течение иммунологических реакций. В настоящее время общепринятым является представление об остром гломерулонефрите как об иммунокомплексной патологии. Появлению симптомов гломерулонефрита после перенесенной инфекции предшествует 1—3-недельный латентный период, во время которого изменяется реактивность организма, образуются антитела к микробам или вирусам. Комплексы антиген — антитело, взаимодействуя с комплементом, откладываются на поверхности базальной мембраны капилляров преимущественно клубочков. Развивается генерализованный васкулит с поражением главным образом почек.

С и м п т о м ы, т е ч е н и е. Острый гломерулонефрит характеризуется тремя основными симптомами — отечным, гипертоническим и мочевым. В моче находят главным образом белок и эритроциты. Количество белка в моче обычно колеблется от 1 до 10 г/л, но нередко достигает 20 г/л и более. Однако высокое содержание белка в моче отмечается лишь в первые 7—10 дней, поэтому при позднем исследовании мочи протеинурия чаще оказывается невысокой (менее 1 г/л). Небольшой протеинурия в ряде случаев может быть с самого начала болезни, а в некоторые периоды она даже может отсутствовать. Небольшие количества белка в моче у больных, перенесших острый нефрит, наблюдаются долго и исчезают только через 3—6, а в ряде случаев даже 9—12 мес от начала заболевания.

Гематурия — обязательный и постоянный признак острого гломерулонефрита; в 13—15 % случаев бывает макрогематурия, в остальных случаях — микрогематурия, иногда количество эритроцитов может превышать 10—15 в поле зрения. Цилиндрурия — не обязательный симптом острого гломерулонефрита. В 75 % случаев находят единичные гиалиновые и зернистые цилиндры, иногда встречаются эпителиальные цилиндры. Лейкоцитурия, как правило, бывает незначительной, однако иногда обнаруживают 20—30 лейкоцитов и более в поле зрения. При этом всегда все же отмечается количественное преобладание эритроцитов над лейкоцитами, что лучше выявляется при подсчете форменных элементов осадка мочи с помощью

методик Каковского — Аддиса, Де Альмейда — Нечипоренко.

Олигурия (400—700 мл мочи в сутки) — один из первых симптомов острого нефрита. В некоторых случаях в течение нескольких дней наблюдается анурия (острая почечная недостаточность). У многих больных в течение первых нескольких дней заболевания отмечается незначительная или умеренная азотемия. Часто при остром гломерулонефрите уменьшаются содержание гемоглобина и число эритроцитов в периферической крови. Это связано с гидремией (повышенным содержанием воды в крови), а также может быть обусловлено истинной анемией в результате влияния инфекции, приведшей к развитию гломерулонефрита (например, при септическом эндокардите).

Часто определяется повышенная СОЭ. Количество лейкоцитов в крови, как и температурная реакция, определяются начальной или сопутствующей инфекцией (чаще температура нормальная и нет лейкоцитоза).

Большое значение в клинической картине острого гломерулонефрита имеют отеки, которые служат ранним признаком заболевания у 80—90 % больных; располагаются они преимущественно на лице и вместе с бледностью кожи создают характерное «лицо нефритика». Часто жидкость накапливается в полостях (плевральной, брюшной, полости перикарда). Прибавка массы тела за короткое время может достигать 15—20 кг и более, но через 2—3 нед отеки обычно исчезают. Одним из кардинальных симптомов острого диффузного гломерулонефрита является артериальная гипертензия, наблюдающаяся у 70—90 % больных. В большинстве случаев АД не достигает высоких уровней (180/120 мм рт. ст.). У детей и подростков повышение АД бывает реже, чем у взрослых. Остро возникшая артериальная гипертензия может привести к развитию острой сердечной недостаточности, особенно левожелудочковой. Позднее возможно развитие гипертрофии левого желудочка сердца. При обследовании определяется расширение границ сердечной тупости, что может быть обусловлено накоплением транссудата в полости перикарда и гипертрофией миокарда. Нередко выслушиваются функциональный систолический шум на верхушке, акцент II тона на аорте, иногда ритм галопа; в легких — сухие и влажные хрипы. На ЭКГ могут наблюдаться изменения зубцов R и T в стандартных отведениях, нередко глубокий зубец Q и несколько сниженный вольтаж комплекса QRS.

Артериальная гипертензия при остром гломерулонефрите может сопровождаться развитием эклампсии, но уремии при этом нет. Эклампсию правильнее считать острой энцефалопатией, так как она обусловлена артериальной гипертензией и отеками (гиперволемический отек мозга). Несмотря на тяжелую клиническую картину экламптических припадков, они редко кончаются смертью и проходят большей частью бесследно.

Различают две наиболее характерные формы острого гломерулонефрита. Ц и к л и ч е с к а я ф о р м а начинается бурно. Появляются отеки, одышка, головная боль, боль в поясничной области, уменьшается количество мочи. В анализах мочи — высокие цифры протеинурии и гематурии. Повышается АД. Отеки держатся 2—3 нед. Затем в течении болезни наступает перелом: развивается полиурия и снижается АД. Период выздоровления может сопровождаться гипостенурией. Однако нередко у хорошем самочувствии больных и практически полном восстановлении работоспособности могут длительно, месяцами, наблюдаться небольшая протеинурия (0,03—0,1 г/л) и остаточная гематурия. Л а т е н т н а я форма встречается нередко, и диагностика ее имеет большое значение, так как часто при этой форме заболевание становится хроническим. Эта форма гломерулонефрита характеризуется постепенным началом без каких-либо выраженных субъективных симптомов и проявляется лишь небольшой одышкой или отеками на ногах. В таких случаях гломерулонефрит удается диагностировать только при систематическом исследовании мочи. Длительность относительно активного периода при латентной форме заболевания может быть значительной (2—6 мес и более).

Острый гломерулонефрит может сопровождаться нефротическим синдромом. Всякий острый гломерулонефрит, не закончившийся бесследно в течение года, нужно считать перешедшим в хронический. Следует помнить, что в ряде случаев остро начавшийся диффузный гломерулонефрит может принять характер подострого злокачественного экстракапиллярного гломерулонефрита с бурно прогрессирующим течением.

Д и а г н о з острого диффузного гломерулонефрита не представляет больших трудностей при выраженной клинической картине, особенно у лиц молодого возраста. Важно, что часто ведущими в картине заболевания являются симптомы сердечной недостаточности (одышки, отеки, сердечная астма и др.). Для установления диагноза в этих случаях существенную роль играет то, что острое развитие заболевания происходит у больных без предшествующей патологии сердца и что при этом обнаруживаются выраженный мочевой синдром, особенно гематурия, а также склонность к брадикардии.

Труден дифференциальный диагноз между острым гломерулонефритом и обострением хронического гломерулонефрита. Здесь имеет значение уточнение срока от начала инфекционного заболевания до острых проявлений нефрита. При остром гломерулонефрите этот срок составляет 1—3 нед, а при обострении хронического процесса — всего несколько дней (1—2 дня). Мочевой синдром может быть одинаковым по выраженности, но стойкое уменьшение относительной плотности мочи ниже 1,015 и снижение фильтрационной функции почек более характерно для обострения хронического процесса. Трудно диагностировать латентную форму острого гломерулонефрита. Преобладание в осадке мочи эритроцитов над лейкоцитами, отсутствие активных и бледных лейко-

цитов (при окраске по Штернгеймеру — Мальбину), отсутствие в анамнезе дизурических явлений помогают его отличить от хронического латентно-протекающего пиелонефрита. Данные рентгеноурологических исследований могут иметь значение для дифференциальной диагностики с пиелонефритом, почечнокаменной болезнью, туберкулезом почек и другими заболеваниями, протекающими с малым мочевым синдромом.

Л е ч е н и е. Назначаются постельный режим и диета. Резкое ограничение поваренной соли в пище (не более 1,5—2 г/сут) уже само по себе может приводить к усиленному выделению воды и ликвидации отечного и гипертонического синдромов. В первое время назначают сахарные дни (по 400—500 г сахара в сутки с 500—600 мл чая или фруктовых соков). В дальнейшем дают арбузы, тыкву, апельсины, картофель, которые обеспечивают почти полностью безнатриевое питание.

Длительное ограничение потребления белков при остром гломерулонефрите недостаточно обосновано, так как задержки азотистых шлаков, как правило, не наблюдается, а предполагаемое иногда повышение АД под влиянием белкового питания не доказано. Из белковых продуктов лучше употреблять творог, а также яичный белок. Жиры разрешаются в количестве 50—80 г/сут. Для обеспечения суточной калорийности добавляют углеводы. Жидкости можно потреблять до 600—1000 мл/сут. Антибактериальная терапия показана при явной связи гломерулонефрита с имеющейся инфекцией, например при затяжном септическом эндокардите, хроническом тонзиллите. При хроническом тонзиллите показана тонзиллэктомия через 2—3 мес после стихания острых явлений гломерулонефрита.

Целесообразно применение стероидных гормонов — преднизолона (преднизон), триамцинолона, дексаметазона. Лечение преднизолоном начинают не раньше чем через 3—4 нед от начала заболевания, когда общие симптомы (в частности, артериальная гипертензия) менее выражены. Особенно показаны кортикостероидные гормоны при нефротической форме или затянувшемся течении острого гломерулонефрита, а также при так называемом остаточном мочевом синдроме, в том числе и гематурии. Преднизолон применяют, начиная с дозы 10—20 мг/сут, быстро (в течение 7—10 дней) доводят суточную дозу до 60 мг. Эту дозу продолжают давать в течение 2—3 нед, затем ее постепенно уменьшают. Курс лечения длится 5—6 нед. Общее количество преднизолона на курс 1500—2000 мг. Если за это время не достигается достаточный лечебный эффект, можно продолжить лечение поддерживающими дозами преднизолона (по 10—15 мг/сут) длительно под врачебным контролем. Кортикостероидная терапия влияет как на отечный, так и на мочевой синдром. Она может способствовать выздоровлению и предупреждению перехода острого гломерулонефрита в хронический. Умеренная артериальная гипертензия не является противопоказанием к применению кортикостероидных препаратов. При тенденции к повышению АД и нарастании отеков лечение кортикостероидными гормонами следует сочетать с гипотензивными и диуретическими средствами. Если в организме имеются очаги инфекции, то одновременно с кортикостероидными гормонами необходимо назначать антибиотики.

При наличии артериальной гипертензии и особенно при возникновении эклампсии показана комплексная гипотензивная терапия периферическими вазодилататорами (верапамил, гидралазин, нитропруссид натрия, диазоксид) или симпатолитиками (резерпин, клофелин) в сочетании с салуретиками (фуросемид, этакриновая кислота) и транквилизаторами (диазепам и др.). Могут применяться ганглиоблокаторы и ß-адреноблокаторы. Для уменьшения отека мозга используют осмотические диуретики (40 % раствор глюкозы, маннитол). При судорогах (на I этапе) дают эфирно-кислородный наркоз. При непрекращающихся судорогах проводят кровопускание.

П р о г н о з. Может наступить полное выздоровление. Смертельный исход в остром периоде заболевания бывает редко. Переход острого гломерулонефрита в хроническое заболевание наблюдается приблизительно в $^1/_3$ случаев. В связи с применением кортикостероидных гормонов прогноз теперь значительно улучшился. В остром периоде больные нетрудоспособны и должны находиться в стационаре. При типичном течении через 2—3 мес может наступить полное выздоровление: перенесшие заболевание могут возвратиться к трудовой деятельности даже при наличии умеренного мочевого синдрома или остаточной альбуминурии. Лица, перенесшие острый гломерулонефрит, подлежат диспансерному наблюдению, так как клиническое выздоровление нередко может быть кажущимся. Во избежание рецидивов заболевания особое внимание следует уделять борьбе с очаговой инфекцией. Необходимо в течение года избегать работы, связанной с охлаждением, во влажной среде.

П р о ф и л а к т и к а в основном сводится к предупреждению и раннему интенсивному лечению острых инфекционных болезней, устранению очаговой инфекции, особенно в миндалинах. Профилактическое значение имеет и предупреждение резких охлаждений тела. Лицам, страдающим аллергическими заболеваниями (крапивница, бронхиальная астма, сенная лихорадка), противопоказаны профилактические вакцинации.

Подострый диффузный гломерулонефрит имеет злокачественное течение и, как правило, заканчивается смертью больных через 0,5—2 года от начала заболевания. Решающее значение для возникновения злокачественного течения подострого гломерулонефрита, по-видимому, имеет активность иммунологических реакций.

С и м п т о м ы, т е ч е н и е. Болезнь начинается обычно как острый гломерулонефрит (чаще бурно), но может вначале протекать латентно. Характерны большие упорные отеки, выраженная альбуминурия (до 10—30 г/л), а

также резко выраженные гипопротеинемия (45—35 г/л) и гиперхолестеринемия (до 6—10 г/л), т. е. признаки липоидно-нефротического синдрома. Одновременно наблюдается выраженная гематурия с олигурией. При последней относительная плотность мочи высокая только вначале, а затем она становится низкой. Прогрессивно снижается фильтрационная функция почек. Уже с первых недель заболевания может нарастать азотемия, что ведет к развитию уремии. Артериальная гипертензия при этой форме нефрита бывает очень высокой и сопровождается тяжелыми изменениями на глазном дне (кровоизлияния в сетчатку, отек дисков зрительных нервов, образование экссудативных белых ретинальных пятен).

Д и а г н о з ставят, учитывая быстрое развитие почечной недостаточности, упорную тяжелую артериальную гипертензию, часто текущую по злокачественному типу. Ввиду того что синдром злокачественной гипертензии может наблюдаться при гипертонической болезни и при ряде заболеваний почек — окклюзионных поражениях почечных артерий (особенно часто), хроническом пиелонефрите, а также при внепочечных заболеваниях (например, при феохромоцитоме), подострый гломерулонефрит приходится дифференцировать с ними. О подостром гломерулонефрите свидетельствует большая выраженность отечно-воспалительного и липоидно-нефротического синдромов.

Л е ч е н и е стероидными гормонами этой формы гломерулонефрита менее эффективно, а в ряде случаев не показано из-за высокой и прогрессирующей артериальной гипертензии (АД выше 200/140 мм рт. ст.). В последнее время рекомендуют применять антиметаболиты и иммунодепрессанты (6-меркаптопурин, азатиоприн, а также циклофосфан) при тщательном контроле за морфологическим составом крови. Лечение иммунодепрессантами более эффективно в сочетании с кортикостероидными гормонами, которые при этом назначают в меньших дозах (25—30 мг/сут). Такое сочетание не только способствует эффективности лечения, но и уменьшает опасность развития осложнений как от кортикостероидов, так и от иммунодепрессантов (в частности, тяжелой лейкопении).

Для борьбы с отеками и артериальной гипертензией применяют гипотиазид (по 50—100 мг/сут). Показано также назначение других гипотензивных средств: допегита, резерпина, клофелина. При этом надо избегать резкого снижения АД, так как это может вести к ухудшению фильтрационной функции почек. При нарастании почечной недостаточности и повышенном содержании в крови азотистых шлаков необходимо уменьшить потребление с пищей белков и вводить большие количества концентрированной глюкозы (80—100 мл 20 % раствора в/в), а также 5 % раствор глюкозы по 300—500 мл в/в капельно. При отсутствии отеков следует капельно вводить 100—200 мл 5 % раствора гидрокарбоната натрия. В случае появления признаков сердечной недостаточности назначают препараты наперстянки, диуретики.

Применение диализа (перитонеального или искусственной почки) менее эффективно, чем при хроническом гломерулонефрите, из-за высокой активности и быстроты прогрессирования основного почечного процесса. Пересадка почки не показана.

П р о г н о з подострого гломерулонефрита плохой. Это заболевание, как правило, заканчивается летально через 6 мес, но не позже чем через 2 года. Смерть наступает от хронической почечной недостаточности и уремии, реже — от кровоизлияния в мозг.

Хронический диффузный гломерулонефрит — длительно (не менее года) протекающее иммунологическое двустороннее заболевание почек. Это заболевание заканчивается (иногда спустя многие годы) сморщиванием почек и смертью больных от хронической почечной недостаточности. Хронический гломерулонефрит может быть как исходом острого гломерулонефрита, так и первично-хроническим, без предшествующей острой атаки.

Э т и о л о г и я и п а т о г е н е з см. *Острый гломерулонефрит.*

С и м п т о м ы, т е ч е н и е такие же, что и при остром гломерулонефрите: отеки, артериальная гипертензия, мочевой синдром и нарушение функций почек.

В течении хронического гломерулонефрита выделяют две стадии: а) почечной компенсации, т. е. достаточной азотовыделительной функции почек (эта стадия может сопровождаться выраженным мочевым синдромом, но иногда долго протекает латентно, проявляясь лишь небольшой альбуминурией или гематурией); б) почечной декомпенсации, характеризующейся недостаточностью азотовыделительной функции почек (мочевые симптомы могут быть менее значительными; как правило, наблюдается высокая артериальная гипертензия, отеки чаще умеренные; в этой стадии выражены гипоизостенурия и полиурия, которые заканчиваются развитием азотемической уремии).

Выделяют следующие клинические формы хронического гломерулонефрита.

1. Н е ф р о т и ч е с к а я ф о р м а (см. *Нефротический синдром*) — наиболее частая форма первичного нефротического синдрома. Этой форме в отличие от чистого липоидного нефроза свойственно сочетание нефротического синдрома с признаками воспалительного поражения почек. Клиническая картина заболевания может долго определяться нефротическим синдромом и только в дальнейшем наступает прогрессирование собственно гломерулонефрита с нарушением азотовыделительной функции почек и артериальной гипертензией.

2. Г и п е р т о н и ч е с к а я ф о р м а. Длительное время среди симптомов преобладает артериальная гипертензия, тогда как мочевой синдром мало выражен. Изредка хронический гломерулонефрит развивается по гипертоническому типу после первой бурной атаки гломерулонефрита, но чаще бывает результатом возникновения латентной формы острого гломерулонефрита. АД достигает 180/100—200/120 мм рт. ст. и может подвергаться большим колебаниям в течение суток под влиянием различных факторов. Развивается гипертрофия левого желудочка сердца, выслушивается акцент II тона над аортой. Как правило, гипертензия все же не приобретает злокачественного характера, АД, особенно диастолическое, не достигает высоких уровней. Наблюдаются изменения глазного дна в виде нейроретинита.

3. С м е ш а н н а я ф о р м а. При этой форме одновременно имеются нефротический и гипертонический синдромы.

4. Л а т е н т н а я ф о р м а. Это довольно часто возникающая форма; проявляется обычно лишь слабо выраженным мочевым синдромом без артериальной гипертензии и отеков. Она может иметь очень длительное течение (10—20 лет и более), позднее все же приводит к развитию уремии.

Следует также выделять и г е м а т у р и ч е с к у ю ф о р м у, так как в ряде случаев хронический гломерулонефрит может проявляться гематурией без значительной протеинурии и общих симптомов (гипертензия, отеки).

Все формы хронического гломерулонефрита могут периодически давать рецидивы, весьма напоминающие или полностью повторяющие картину первой острой атаки диффузного гломерулонефрита. Особенно часто обострения наблюдаются осенью и весной и возникают через 1—2 сут после воздействия раздражителя, чаще всего стрептококковой инфекции. При любом течении хронический диффузный гломерулонефрит переходит в свою конечную стадию — вторично-сморщенную почку. Для вторично-сморщенной почки характерна картина хронической азотемической уремии (см. *Хроническая почечная недостаточность*).

Д и а г н о з. При наличии в анамнезе острого гломерулонефрита и выраженной клинической картины диагноз не представляет больших трудностей. Однако при латентной форме, а также при гипертонической и гематурической формах заболевания его распознавание иногда бывает весьма трудным. Если в анамнезе нет определенных указаний на перенесенный острый гломерулонефрит, то при умеренно выраженном мочевом синдроме приходится проводить дифференциальную диагностику с одним из многих одно- или двусторонних заболеваний почек. Следует также помнить о возможности возникновения ортостатической альбуминурии.

При дифференцировании гипертонической и смешанной форм хронического гломерулонефрита от гипертонической болезни имеет значение определение времени появления мочевого синдрома по отношению к возникновению артериальной гипертензии. При хроническом гломерулонефрите мочевой синдром может задолго предшествовать артериальной гипертензии или возникать одновременно с ней. Для хронического гломерулонефрита характерны также меньшая выраженность гипертрофии сердца, меньшая склонность к гипертоническим кризам (за исключением обострений, протекающих с эклампсией) и более редкое или менее интенсивное развитие атеросклероза, в том числе коронарных артерий.

В пользу наличия хронического гломерулонефрита при дифференциальной диагностике с хроническим пиелонефритом свидетельствуют преобладание в осадке мочи эритроцитов над лейкоцитами, отсутствие активных и бледных (при окраске по Штернгеймеру — Мальбину) лейкоцитов, а также одинаковая величина и форма двух почек и нормальная структура лоханок и чашечек, что обнаруживается при рентгеноурологическом исследовании. Нефротическую форму хронического гломерулонефрита следует отличать от липоидного нефроза, амилоидоза и диабетического гломерулосклероза. При дифференциальной диагностике амилоидоза почек имеет значение наличие в организме очагов хронической инфекции и амилоидной дегенерации другой локализации.

Так называемая застойная почка иногда дает повод к неправильной диагностике, ибо может протекать со значительной протеинурией при умеренной гематурии и высокой относительной плотностью мочи. Застойная почка часто проявляется отеками, иногда артериальной гипертензией. О застойной почке говорят наличие самостоятельного первичного заболевания сердца, увеличение печени, расположение отеков преимущественно на нижних конечностях, меньшая выраженность гиперхолестеринемии и мочевого синдрома, а также исчезновение его при уменьшении сердечной декомпенсации.

Л е ч е н и е. Необходимо устранение очагов инфекции (удаление миндалин, санация полости рта и т. д.). Длительные диетические ограничения (соли и белков) не предупреждают перехода острого гломерулонефрита в хронический. Больные хроническим нефритом должны избегать охлаждения, особенно воздействия влажного холода. Им рекомендуется сухой и теплый климат. При удовлетворительном общем состоянии и отсутствии осложнений показано санаторно-курортное лечение в Средней Азии (Байрам-Али) или на Южном берегу Крыма (Ялта). Постельный режим необходим только в период появления значительных отеков или развития сердечной недостаточности, а также при уремии.

Для лечения больных хроническим гломерулонефритом существенное значение имеет диета, которую назначают в зависимости от формы и стадии заболевания. При нефротической и смешанной формах (отеки) поступление хлорида натрия с пищей не должно превышать 1,5—2,5 г/сут, для чего прекращают солить пищу. При достаточной выделительной функции почек (нет отеков) пища должна содержать достаточное количество (1—1,5 г/кг) животного белка, богатого полноценными фосфорсодержащими аминокислотами. Это нормализует азотистый баланс и компенсирует белковые потери. При гипертонической форме рекомендуется умеренно ограничивать потребление хлорида натрия до 3—4 г/сут при нормальном содержании в диете белков и углеводов. Латентная форма заболевания существенных ограничений в питании больных не требует, оно должно быть полноценным, разнообразным и богатым витаминами. Витамины (С, компл

лекс В, А) должны входить в рацион и при других формах хронического гломерулонефрита. Следует иметь в виду, что длительная безбелковая и бессолевая диета не предупреждает прогрессирования нефрита и плохо отражается на общем состоянии больных.

Особенно большое значение имеет кортикостероидная терапия, являющаяся основой патогенетической терапии при этом заболевании. На курс лечения применяют 1500—2000 мг преднизолона (преднизона) или 1200—1500 мг триамцинолона. Начинают лечение обычно с 10—20 мг преднизолона и доводят дозу до 60— 80 мг/сут (дозу триамцинолона увеличивают с 8 до 48—64 мг), а затем постепенно снижают ее. Рекомендуется проводить повторные полные курсы лечения (при обострениях) или поддерживающие небольшие курсы.

На фоне приема кортикостероидных гормонов возможно обострение скрытых очагов инфекции. В связи с этим лечение кортикостероидами лучше проводить, назначая одновременно антибиотики, или после удаления очагов инфекции (например, тонзиллэктомии).

Противопоказанием к назначению кортикостероидов у больных хроническим гломерулонефритом является прогрессирующая азотемия. При умеренной артериальной гипертензии (АД 180/110 мм рт. ст.) лечение кортикостероидными гормонами можно проводить, одновременно применяя гипотензивные средства. При высокой артериальной гипертензии требуется предварительное снижение АД. При противопоказаниях к кортикостероидной терапии или при ее неэффективности рекомендуется применение негормональных иммунодепрессантов: азатиоприна (имуран), 6-меркаптопурина, циклофосфана. Эти препараты более эффективны, и лечение ими лучше переносится больными при одновременном приеме преднизолона в умеренных дозах (по 10—30 мг/сут), что предупреждает токсические влияния иммунодепрессантов на лейкопоэз. В поздних стадиях — при склерозе клубочков и их атрофии с наличием высокой гипертензии — иммунодепрессанты и кортикостероиды противопоказаны, так как иммунологической активности в клубочках уже нет, а продолжение такого лечения только усугубляет артериальную гипертензию.

Иммунодепрессивным свойством обладают также препараты 4-аминохинолинового ряда — хингамин (делагил, резохин, хлорохин), гидроксихлорохин (плаквенил). Резохин (или хлорохин) применяют по 0,25 г 1—2—3 раза в день в течение 2—3—8 мес. Резохин может вызывать побочные явления — рвоту, поражение зрительных нервов, поэтому необходим контроль офтальмолога.

Индометацин (метиндол, индоцид) — производное индола — является нестероидным противовоспалительным препаратом. Предполагают, что, помимо оказания обезболивающего и жаропонижающего действия, индометацин воздействует на медиаторы иммунологического повреждения. Под влиянием индометацина снижается протеинурия. Назначают его внутрь по 25 мг 2—3 раза в день, затем в зависимости от переносимости увеличивают дозу до 100—150 мг/сут. Лечение проводится длительно, в течение нескольких месяцев. Одновременное применение стероидных гормонов и индометацина позволяет значительно снизить дозу кортикостероидов с постепенной полной их отменой.

Осаждение фибрина в клубочках и артериолах, участие фибрина в образовании капсульных «полулуний», нерезкое повышение содержания в плазме фибриногена служат патогенетическим обоснованием для проведения антикоагулянтной терапии хронического гломерулонефрита. Усиливая фибринолиз, нейтрализуя комплемент, гепарин воздействует на многие аллергические и воспалительные проявления и в результате снижает протеинурию, уменьшает диспротеинемию, улучшает фильтрационную функцию почек. Назначаемый п/к по 20 000 ЕД в день в течение 2—3 нед с последующим постепенным снижением дозы в течение недели или в/в капельно (1000 ЕД в час) гепарин может применяться в сочетании с кортикостероидами и цитостатиками.

При смешанной форме хронического гломерулонефрита (отечный и выраженный гипертонический синдромы) показано применение натрийуретиков, так как они оказывают выраженное диуретическое и гипотензивное действие. Гипотиазид назначают по 50—100 мг 2 раза в день, лазикс по 40—120 мг/сут, этакриновую кислоту (урегит) по 150—200 мг/сут. Салуретики целесообразно комбинировать с конкурентным антагонистом альдостерона альдактоном (верошпирон) — по 50 мг 4 раза в день, повышающим выделение натрия и уменьшающим выделение калия. Мочегонный эффект гипотиазида (и других салуретиков) сопровождается выделением с мочой калия, что может приводить к гипокалиемии с развитием свойственных ей общей слабости, адинамии и нарушения сократительной способности сердца. Поэтому следует одновременно назначать раствор хлорида калия. При упорных отеках на фоне гипопротеинемии можно рекомендовать применение среднемолекулярной фракции полимера глюкозы — полиглюкина (декстрана) в виде капельного внутривенного введения 500 мл 6 % раствора, что повышает коллоидно-осмотическое давление плазмы крови, вызывает перемещение жидкости из тканей в кровь и вызывает диурез. Полиглюкин лучше действует на фоне лечения преднизолоном или диуретиками. Ртутные мочегонные средства при почечных отеках не следует применять, так как их диуретическое действие связано с токсическим влиянием на канальцевый эпителий и клубочки почек, что приводит наряду с увеличением диуреза к снижению фильтрационной функции почек. При лечении почечных отеков пуриновые производные — теофиллин, эуфиллин и др.— малоэффективны.

При лечении гипертонической формы хронического гломерулонефрита могут быть назначены гипотензивные средства, применяемые при лечении гипертонической болезни: резерпин, резерпин с гипотиазидом, адельфан, трирезид,

кристепин, допегит. Однако следует избегать резких колебаний АД и его ортостатического падения, которые могут ухудшить почечный кровоток и фильтрационную функцию почек. В преэклампсическом периоде и при лечении эклампсии, которая может возникнуть и при обострении хронического гломерулонефрита, больным может быть назначен сульфат магния; при внутривенном и внутримышечном введении он в виде 25 % раствора может снижать АД и улучшить функцию почек с диуретическим эффектом, а также способствует уменьшению отека мозга. Лечение в конечной стадии хронического нефрита см. *Почечная недостаточность хроническая.*

П р о г н о з. Исходом хронического гломерулонефрита является сморщивание почек с развитием хронической почечной недостаточности — хронической уремии. Иммунодепрессивная терапия значительно изменила течение болезни. Наблюдаются случаи полной ремиссии болезни с исчезновением как общих, так и мочевых симптомов.

Нефротический синдром (НС) — неспецифический клинико-лабораторный симптомокомплекс, выражающийся в массивной протеинурии (5 г/сут и более), нарушениях белково-липидного и водно-солевого обмена. Эти нарушения проявляются гипоальбуминемией, диспротеинемией (с преобладанием α_2-глобулинов), гиперлипидемией, липидурией, а также отеками до степени анасарки с водянкой серозных полостей.

Термин НС широко используется в классификациях заболеваний ВОЗ и почти вытеснил старый термин «нефроз». НС бывает первичным и вторичным. П е р в и ч н ы й НС развивается при собственно заболеваниях почек (все морфологические типы гломерулонефрита Брайта, в том числе так называемый липоидный нефроз, мембранозная нефропатия, нефропатическая форма первичного амилоидоза, врожденный и наследственный НС). В т о р и ч н ы й НС встречается реже, хотя группа обусловливающих его заболеваний весьма многочисленна: коллагенозы (СКВ, узелковый периартериит, системная склеродермия), геморрагический васкулит, ревматизм, ревматоидный артрит, септический эндокардит, диабетический гломерулосклероз, болезни крови (лимфомы), хронические нагноительные заболевания (абсцессы легких, бронхоэктазы и др.), инфекции (туберкулез), в том числе паразитарные (малярия) и вирусные, опухоли, лекарственная болезнь и аллергия. Гистологические и цитологические исследования прежде всего выявляют изменения, характерные для нефропатий, вызвавших развитие НС. К гистологическим признакам самого НС относятся слияние ножковых отростков и распластывание тел подоцитов в клубочках, гиалиновая и вакуольная дистрофия клеток проксимальных канальцев, наличие «пенистых» клеток, содержащих липиды.

П а т о г е н е з НС тесно связан с основным заболеванием. Большинство перечисленных выше болезней имеют иммунологическую основу, т. е. возникают вследствие осаждения в органах (и почке) фракций комплемента, иммунных комплексов или антител против антигена базальной мембраны клубочка с сопутствующими нарушениями клеточного иммунитета.

Главным звеном в патогенезе ведущего симптома НС — массивной протеинурии — является уменьшение или исчезновение постоянного электрического заряда стенки капиллярной петли клубочка. Последнее связано с обеднением или исчезновением из нее сиалопротеина, в норме тонким слоем «одевающего» эпителий и его отростки, лежащие на базальной мембране, и находящегося в составе самой мембраны. В результате исчезновения «электростатической ловушки» белки в большом количестве выходят в мочу. Вскоре происходит «срыв» процесса реабсорбции белков в проксимальном канальце нефрона. Нереабсорбированные белки попадают в мочу, обусловливая своим составом селективный (альбумин и трансферрин) или неселективный (высокомолекулярные белки, например, α_2-МГ) характер протеинурии.

Все остальные многочисленные нарушения при НС являются вторичными по отношению к массивной протеинурии. Так, в результате гипоальбуминемии, снижения коллоидно-осмотического давления плазмы, гиповолемии, уменьшения почечного кровотока, усиленной продукции АДГ, ренина и альдостерона с гиперреабсорбцией натрия развиваются отеки.

С и м п т о м ы, т е ч е н и е. Клиническая картина НС, помимо отеков, дистрофических изменений кожи и слизистых оболочек, может осложняться периферическими флеботромбозами, бактериальной, вирусной, грибковой инфекцией различной локализации, отеком мозга, сетчатки, глазного дна, нефротическим кризом (гиповолемический шок). В некоторых случаях признаки НС сочетаются с артериальной гипертензией (смешанная форма НС).

Д и а г н о с т и к а НС трудностей не представляет. Диагноз основного заболевания и обусловливающей НС нефропатии ставят на основании анамнестических данных, данных клинического исследования и данных, полученных с помощью пункционной биопсии почки (реже других органов), а также дополнительных лабораторных методов (LE-клетки при наличии СКВ).

Течение НС зависит от формы нефропатии и характера основного заболевания. В целом НС — потенциально обратимое состояние. Так, липоидному нефрозу (даже у взрослых) свойственны спонтанные и лекарственные ремиссии, хотя могут быть и рецидивы НС (до 5—10 раз в течение 10—20 лет). При радикальном устранении антигена (своевременная операция при опухоли, исключение лекарства-антигена) возможна полная и стабильная ремиссия НС. Персистирующее течение НС встречается при мембранозном, мезангиопролиферативном и даже при фибропластическом гломерулонефрите. Прогрессирующий характер течения НС с исходом в хроническую почечную недостаточность в первые 1,5—3 года болезни отмечается при фокально-сегментарном гиалинозе, экстра-

капиллярном нефрите, подостром волчаночном нефрите.

Л е ч е н и е больных с НС заключается в диетотерапии — ограничение потребления натрия, потребления животного белка до 100 г/сут. Режим стационарный без соблюдения строго постельного режима и лечебная физкультура для предупреждения тромбоза вен конечностей. Обязательна санация очагов латентной инфекции. Из лекарственных средств применяют: 1) кортикостероиды (преднизолон по 0,8—1 мг/кг в течение 4—6 нед; в случае отсутствия полного эффекта — постепенное снижение до 15 мг/сут и продолжение лечения на 1—2 мес; 2) цитостатики (азатиоприн — 2—4 мг/кг или лейкеран — 0,3—0,4 мг/кг) до 6—8 мес; 3) антикоагулянты (гепарин — 20 000—50 000 ЕД в сутки; иногда антикоагулянты непрямого действия; 4) противовоспалительные препараты (индометацин — 150—200 мг в сутки, бруфен — 800—1200 мг в сутки); 5) мочегонные (салуретики — одни или в сочетании с внутривенными инфузиями альбумина, фуросемид, верошпирон). Эффективность терапии определяется характером основного заболевания и морфологическими особенностями нефропатии. Курортное лечение (санатории Байрам-Али, Мохн-Хоса, Бухары в период ремиссии и Южного берега Крыма) показано больным с НС в зависимости от вида основного заболевания и степени его активности.

П р о г н о з при своевременном и адекватном лечении основного заболевания может быть благоприятным.

ПИЕЛИТ — воспаление почечной лоханки. Острое воспаление слизистой оболочки верхних мочевых путей — лоханки и чашечек — неизменно сопровождается воспалительным повреждением и паренхимы почек. Хроническое воспаление лоханки и чашечек всегда поддерживается какой-либо причиной — хроническим воспалением интерстициальной ткани почек или заболеванием, препятствующим ликвидации воспалительного процесса (камень лоханки, опухоль верхних мочевых путей, структура мочеточника и др.). Во всех этих случаях необходимо диагностировать основное заболевание — хронический пиелонефрит, инфицированный нефролитиаз, гидронефроз, опухоль и т. д. «Чистого» пиелита практически не бывает, и правильнее говорить об остром и хроническом пиелонефрите.

ПИЕЛОНЕФРИТ — неспецифическое инфекционное заболевание почек, поражающее почечную паренхиму, преимущественно интерстициальную ткань, лоханку и чашечки. Пиелонефрит может быть одно- и двусторонним, первичным и вторичным, острым (серозный или гнойный), хроническим или рецидивирующим.

Э т и о л о г и я, п а т о г е н е з. Чаще всего пиелонефрит вызывается кишечной эшерихией, энтерококком, протеем, стафилококками, стрептококками. У $^1/_3$ больных острым пиелонефритом и у $^2/_3$ больных хроническим пиелонефритом микрофлора бывает смешанной. Во время лечения микрофлора и ее чувствительность к антибиотикам меняются, что требует повторных посевов мочи для определения адекватных уроантисептиков. Необходимо помнить о роли протопластов и L-форм бактерий в возникновении рецидивов пиелонефрита. Если инфекция в почке поддерживается протопластами, то посев мочи не обнаруживает их. Развитие пиелонефрита в значительной степени зависит от общего состояния макроорганизма, снижения его иммунобиологической реактивности. Инфекция проникает в почку, лоханку и ее чашечки гематогенным или лимфогенным путем, из нижних мочевых путей по стенке мочеточника, по его просвету — при наличии ретроградных рефлюксов. Важное значение в развитии пиелонефрита имеют стаз мочи, нарушения венозного и лимфатического оттока из почки. Пиелонефриту часто предшествует латентно протекающий интерстициальный нефрит.

Острый пиелонефрит бывает интерстициальным, серозным или гнойным. Апостематозный нефрит и карбункул почки — возможные последующие стадии острого гнойного пиелонефрита.

С и м п т о м ы , т е ч е н и е. Заболевание начинается остро: появляются высокая (до 40 °С) температура, озноб, проливной пот, боль в поясничной области; на стороне пораженной почки — напряжение передней брюшной стенки, резкая болезненность в реберно-позвоночном углу; общее недомогание, жажда, дизурия или поллакиурия. Присоединяющиеся головная боль, тошнота, рвота указывают на быстро нарастающую интоксикацию. Отмечаются нейтрофильный лейкоцитоз, анэозинофилия, пиурия с умеренной протеинурией и гематурией. Иногда при ухудшении состояния больных лейкоцитоз сменяется лейкопенией, что служит плохим прогностическим признаком. Симптом Пастернацкого, как правило, бывает положительным. При двустороннем остром пиелонефрите часто появляются признаки почечной недостаточности. Острый пиелонефрит может осложняться паранефритом, некрозом почечных сосочков.

Д и а г н о з. Важную роль в диагностике играют указания в анамнезе на недавно перенесенный острый гнойный процесс или наличие хронических заболеваний (подострый септический эндокардит, гинекологические заболевания и др.). Характерно сочетание лихорадки с дизурией, болью в поясничной области, олигурией, пиурией, протеинурией, гематурией, бактериурией при высокой относительной плотности мочи. Следует помнить, что патологические элементы в моче могут наблюдаться при любом остром гнойном заболевании и что пиурия может иметь внепочечное происхождение (предстательная железа, нижние мочевые пути). На обзорной рентгенограмме обнаруживается увеличение одной из почек в объеме, при экскреторной урографии — резкое ограничение подвижности пораженной почки при дыхании, отсутствие или более позднее появление тени мочевыводящих путей на стороне поражения. Сдавление чашечек и лоханки, ампутация одной или нескольких чашечек указывают на наличие карбункула.

Л е ч е н и е. В остром периоде назначают стол № 7а, потребление до 2—2,5 л жидкости в сутки. Затем диету расширяют, увеличивая в ней содержание белков и жиров. При развитии метаболического ацидоза назначают натрия гидрокарбонат внутрь 3—5 г или в/в 40—60 мл 3—5 % раствора. Для улучшения местного кровообращения, уменьшения болей назначают тепловые процедуры (согревающие компрессы, грелки, диатермия поясничной области). Если боли не стихают, то применяют спазмолитики (платифиллин, папаверин, экстракт белладонны и др.).

Проводится антибактериальная терапия налидиксовой кислотой (невиграмон, неграм), курс лечения которой должен продолжаться не менее 7 дней (по 0,5—1 г 4 раза в день), производными нитрофурана (фурадонин по 0,15 г 3—4 раза в день, курс лечения 5—8 дней), нитроксолином (5-НОК), назначаемым по 0,1—0,2 г 4 раза в день в течение 2—3 нед. Применение этих препаратов должно быть поочередным. Нельзя одновременно назначать налидиксовую кислоту и нитрофурановые производные, так как при этом ослабляется антибактериальный эффект. В течение первых 5—6 дней, особенно при инфекции, резистентной к антибиотикам, можно применять гексаметилентетрамин (уротропин) внутрь по 0,5—1 г 3—4 раза в день или в/в 5—10 мл 40 % раствора ежедневно.

Весьма эффективно сочетанное лечение антибиотиками и сульфаниламидами. Подбор антибиотиков осуществляется в зависимости от чувствительности к ним микрофлоры. Назначают препараты группы пенициллина (бензилпенициллин по 1 000 000 — 2 000 000 ЕД/сут, оксациллин внутрь или в/м по 2—3 г/сут, ампициллин внутрь по 6—10 г/сут, ампициллина натриевую соль в/м или в/в не менее 2—3 г/сут и др.) или вместе со стрептомицином (0,25—0,5 г в/м 2 раза в сутки). Применяют также тетрациклины (тетрациклин внутрь по 0,2—0,3 г 4—6 раз в сутки; его производные — морфоциклин, метациклин и др.), антибиотики-макролиды (олететрин, тетраолеан внутрь по 0,25 г 4—6 раз в сутки), антибиотики-аминогликозиды (канамицин в/м по 0,5 г 2—3 раза в сутки, гентамицин в/м по 0,4 мг/кг 2—3 раза в сутки), антибиотики-цефалоспорины (цефалоридин, цепорин в/м или в/в по 1,5—2 г в сутки) и др. Следует помнить о необходимости смены антибиотиков каждые 5—7—10 дней и о применении их в умеренных дозах с осторожностью при функциональной недостаточности почек.

Из сульфаниламидных препаратов назначают уросульфан и этазол (по 1 г 6 раз в сутки), сульфаниламиды длительного действия (сульфапиридазин по 1—2 г в первые сутки, затем по 1 г в течение 2 нед; сульфамонометоксин, сульфадиметоксин). У большинства больных уже через несколько дней исчезают изменения в моче, однако антибактериальная терапия должна продолжаться (обычно курс лечения длится 4 нед). При неэффективности консервативной терапии (чаще при апостематозном нефрите и карбункуле почек) показано оперативное вмешательство.

Хронический пиелонефрит может быть следствием неизлеченного острого пиелонефрита (чаще) или первично-хроническим, т. е. может протекать без острых явлений с начала заболевания. У большинства больных хронический пиелонефрит возникает в детском возрасте, особенно у девочек. У $^1/_3$ больных при обычном обследовании не удается выявить несомненных признаков пиелонефрита. Нередко лишь периоды необъяснимой лихорадки свидетельствуют об обострении болезни. В последние годы все чаще отмечаются случаи комбинированного заболевания хроническим гломерулонефритом и пиелонефритом.

С и м п т о м ы , т е ч е н и е . Односторонний хронический пиелонефрит характеризуется тупой постоянной болью в поясничной области на стороне пораженной почки. Дизурические явления у большинства больных отсутствуют. В период обострения лишь у 20 % больных повышается температура. В осадке мочи определяется преобладание лейкоцитов над другими форменными элементами мочи. Однако по мере сморщивания пиелонефритической почки выраженность мочевого синдрома уменьшается. Относительная плотность мочи сохраняется нормальной. Для диагностики существенное значение имеет обнаружение в моче активных лейкоцитов. При латентном течении пиелонефрита целесообразно проведение пирогеналового или преднизолонового теста (30 мг преднизолона, растворенного в 10 мл изотонического раствора хлорида натрия, вводят в/в в течение 5 мин; через 1; 2; 3 ч и через сутки после этого мочу собирают для исследования). Преднизолоновый тест положителен, если после введения преднизолона за 1 ч мочой выделяется более 400 000 лейкоцитов, значительная часть которых — активные. Обнаружение в моче клеток Штернгеймера — Мальбина свидетельствует только о наличии в мочевой системе воспалительного процесса, но еще не доказывает существования пиелонефрита.

Одним из симптомов заболевания у большинства больных является бактериурия. Если число бактерий в 1 мл мочи превышает 100 000, то необходимо определить их чувствительность к антибиотикам и химиопрепаратам. Артериальная гипертензия — частый симптом хронического пиелонефрита, особенно двустороннего.

Функциональное состояние почек исследуют с помощью хромоцистоскопии, экскреторной урографии, клиренс-методов (например, определение коэффициента очищения эндогенного креатинина каждой почкой в отдельности), радионуклидных методов (ренография с гиппураном, меченным ^{131}I, сканирование почек). При хроническом пиелонефрите рано нарушается концентрационная способность почек, тогда как азотовыделительная функция сохраняется на протяжении многих лет. Развивающийся вследствие нарушения функций канальцев ацидоз, а также почечные потери кальция и фосфатов иногда приводят к вторичному паратиреоидизму с почечной остеодистрофией.

При инфузионной урографии вначале определяются снижение концентрационной способности почек, замедленное выделение рентгеноконтрастного вещества, локальные спазмы и деформации чашечек и лоханок. В последующем спастическая фаза сменяется атонией, чашечки и лоханки расширяются. Затем края чашечек принимают грибовидную форму, сами чашечки сближаются. Инфузионная урография бывает информативной только у больных с содержанием мочевины в крови ниже 1 г/л. В диагностически неясных случаях прибегают к биопсии почек. Однако при очаговом поражениях почки при пиелонефрите отрицательные данные биопсии не исключают текущего процесса, так как возможно попадание в биоптат непораженной ткани.

С развитием почечной недостаточности появляются бледность и сухость кожных покровов, тошнота и рвота, носовые кровотечения. Больные худеют, нарастает анемия. Из мочи исчезают патологические элементы. Осложнения пиелонефрита: нефролитиаз, пионефроз, некроз почечных сосочков.

Д и а г н о з нередко представляет большие трудности. При дифференциальной диагностике с хроническим гломерулонефритом важное значение имеют характер мочевого синдрома (преобладание лейкоцитурии над гематурией, наличие активных лейкоцитов и клеток Штернгеймера — Мальбина, значительная бактериурия при пиелонефрите), данные экскреторной урографии, радионуклидной ренографии. Нефротический синдром свидетельствует о наличии гломерулонефрита. При артериальной гипертензии следует проводить дифференциальную диагностику между пиелонефритом, гипертонической болезнью и вазоренальной гипертензией. Характерный анамнез, свойственный пиелонефриту мочевой синдром, результаты рентгенологического и радионуклидного исследований, выявляемая с помощью хромоцистоскопии асимметрия экскреции красителя в подавляющем большинстве случаев позволяют распознать заболевание. Вопрос о наличии вазоренальной гипертензии решается с помощью внутривенной урографии, радионуклидной ренографии и аортоартериографии.

Л е ч е н и е хронического пиелонефрита должно проводиться длительно (годами). Начинать лечение следует с назначения нитрофуранов (фурадонин, фурадантин и др.), налидиксовой кислоты (неграм, невиграмон), 5-НОК, сульфаниламидов (уросульфан, этазол и др.), попеременно чередуя их. Одновременно целесообразно проводить лечение клюквенным экстрактом. При неэффективности этих препаратов, обострениях болезни применяют антибиотики широкого спектра действия. Назначению антибиотика каждый раз должно предшествовать определение чувствительности к нему микрофлоры. Большинству больных достаточны ежемесячные 10-дневные курсы лечения. Однако у части больных при такой терапевтической тактике из мочи продолжает высеваться вирулентная микрофлора. В таких случаях рекомендуется длительная непрерывная антибиотикотерапия со сменой препаратов каждые 5—7 дней.

При развитии почечной недостаточности эффективность антибактериальной терапии снижается (из-за снижения концентрации антибактериальных препаратов в моче). При содержании в сыворотке крови остаточного азота более 0,7 г/л терапевтически действенной концентрации в моче антибактериальных препаратов достичь практически не удается. При отсутствии почечной недостаточности показано курортное лечение в Трускавце, Ессентуках, Железноводске, Саирме, Байрам-Али.

ПОЛИКИСТОЗ ПОЧЕК — врожденное заболевание, при котором в обеих почках появляются и постепенно увеличиваются кисты, что приводит к атрофии функционирующей паренхимы. Относится к наследственным аномалиям развития и часто встречается у членов одной семьи. Болезнь в течение жизни прогрессирует, чаще всего проявляется и диагностируется в возрасте 20—40 лет, но иногда обнаруживается и у детей, и в пожилом возрасте.

Э т и о л о г и я, п а т о г е н е з. Причина возникновения аномалии неизвестна. Патогенез обусловлен пороком эмбрионального развития канальцев, часть которых трансформируется в кисты. Почки у большинства больных увеличены, содержат множество кист различных размеров, между которыми расположены участки сохранившейся паренхимы, местами замещенной соединительной тканью. Чашечки и лоханки сдавлены и деформированы. Кисты могут нагнаиваться.

С и м п т о м ы, т е ч е н и е. Обычно заболевание в течение многих лет протекает бессимптомно. Поликистоз может быть обнаружен случайно при обследовании, на операции или даже на вскрытии. Это объясняется малой характерностью симптомов на ранних стадиях заболевания. Когда масса функционирующей паренхимы значительно уменьшается, нарушается концентрационная способность почек, больные отмечают полиурию и жажду, а затем ухудшение аппетита, снижение трудоспособности, появляются тупые боли и чувство тяжести в поясничной области, головная боль. Эти наиболее частые субъективные признаки поликистоза почек дополняются объективными данными. Полиурия иногда достигает 3—4 л/сут. Моча бесцветная, низкой относительной плотности. Наблюдаются никтурия и изостенурия. Протеинурия и суточная потеря белка минимальны; мало выражена и цилиндрурия. В осадке мочи постоянно обнаруживают эритроциты, наблюдается и макрогематурия. Иногда макрогематурия носит характер профузного, опасного для жизни почечного кровотечения. Лейкоцитурия часто свидетельствует о сопутствующей инфекции, иногда приводящей к атаке пиелонефрита и нагноению кист. В этих случаях повышается температура (иногда с ознобом), усиливаются боли в области почки, нарастает интоксикация. При пальпации прощупывается увеличенная, бугристая, плотная и болезненная почка.

Полиурия способствует выведению продуктов обмена, и долгое время азотемии может не быть, но с течением времени азотовыделительная функция почек нарушается и возникает азотемия. В этот период состояние больного ухудшается, появляются неприятный вкус во рту, тошнота. Обычно азотемия при поликистозе почек прогрессирует медленно, но почечное кровотечение, нагноение кист, а также травма, хирургическое вмешательство, беременность и роды часто ускоряют развитие азотемии. Прогрессированию заболевания способствует также часто сопутствующая ему артериальная гипертензия, которая в большинстве случаев бывает умеренной, но иногда протекает злокачественно. Артериальная гипертензия сопровождается расстройствами кардиогемодинамики и гипертрофией левого желудочка. В поздних стадиях заболевания наблюдаются анемия и другие признаки почечной недостаточности (см. *Почечная недостаточность*).

Д и а г н о з поликистоза почек основывается на данных анамнеза, нередко указывающих на такое же заболевание у родственников, на данных пальпации (иногда сам больной говорит о том, что прощупывает у себя в подреберье плотное, бугристое образование) и исследования функции почек. При поликистозе рано нарушается концентрационная функция почек и обнаруживается гипоизостенурия. Клубочковая фильтрация снижается значительно медленнее. Хотя радионуклидное сканирование почек нередко дает картину, свойственную поликистозу, рентгенологические методы остаются самыми точными в распознавании заболевания. На обзорной рентгенограмме видны тени увеличенных почек, на внутривенных урограммах и ретроградных пиелограммах — характерные деформации вытянутых чашечек и лоханок. С помощью почечной ангиографии определяются кисты в увеличенных почках.

Поликистоз почек необходимо дифференцировать от хронического гломерулонефроза и хронического пиелонефрита, когда на первый план выступают симптомы почечной недостаточности, и от опухоли почки, если заболевание проявляется бессимптомной гематурией. В отличие от гломерулонефрита и пиелонефрита при поликистозе почки увеличены в размерах и дают характерную рентгенологическую картину. В отличие от опухоли почки заболевание всегда двустороннее и сопровождается нарушением функции обеих почек.

Л е ч е н и е только симптоматическое. Больные должны избегать чрезмерных нагрузок, длительной ходьбы и тряской езды, остерегаться инфекций, простудных заболеваний, следить за состоянием носоглотки и зубов. При появлении макрогематурии больной должен соблюдать строгий постельный режим, что в большинстве случаев обеспечивает остановку кровотечения без назначения гемостатических лекарств. Во время атаки присоединяющегося пиелонефрита назначают антибиотики и уроантисептики (см. *Пиелонефрит*) с учетом сниженной функции почек. Снижение функции почек заставляет соблюдать диету с ограничением белка и поваренной соли, однако питание должно быть достаточно калорийным и богатым витаминами. Строгое ограничение белка необходимо только при уровне креатинина плазмы более 0,02 г/л (см. *Почечная недостаточность*). При выраженной артериальной гипертензии применяют гипотензивные средства, а при сниженном диурезе — мочегонные: лазикс, гипотиазид, альдактон и др. Хирургическое вмешательство — вскрытие кист — целесообразно только при их нагноении. В терминальной стадии почечной недостаточности могут быть применены гемодиализ и пересадка почки.

П р о г н о з. Чаще всего заболевание приводит к почечной недостаточности в различные сроки от его начала.

ПОЧЕЧНАЯ КОЛИКА — синдром, наблюдающийся при ряде заболеваний почек, основное проявление которых — острые боли в поясничной области.

Э т и о л о г и я, п а т о г е н е з. Наиболее частыми причинами почечной колики бывают почечнокаменная болезнь, гидронефроз, нефроптоз, при которых нарушается уродинамика в верхних мочевых путях. Почечную колику могут вызвать обструкция мочеточника сгустком крови, казеозными массами при туберкулезе почек, опухолью, а также поликистоз и другие заболевания почек и мочеточников. Ведущая роль в развитии симптомокомплекса принадлежит спазму мочевых путей с их ишемией, растяжению фиброзной капсулы почки и лоханочно-почечному рефлюксу.

С и м п т о м ы, л е ч е н и е. Приступ чаще всего развивается неожиданно в виде сильных болей в поясничной области, но иногда ему предшествует нарастающий дискомфорт в области почки. Ходьба, бег, езда на мотоцикле, поднятие тяжести нередко провоцируют приступ, но он может возникнуть и в покое. Интенсивность боли быстро нарастает, больной мечется, не находя места от боли, громко стонет, держась руками за больной бок. Боль локализуется в поясничной области, но затем перемещается вниз по ходу мочеточника, иррадиирует в паховую область и половые органы. При исследовании мочи, как правило, обнаруживают эритроциты и небольшое количество белка, иногда — конкременты, соли, сгустки крови. Нередко при камнях мочеточника почечная колика сопровождается болями в животе, парезом кишечника подобно картине острого живота. В таких случаях дифференциальная диагностика с аппендицитом, холециститом, кишечной непроходимостью и панкреатитом бывает нелегкой, тем более что приступ часто сопровождается тошнотой и рвотой, а наличие эритроцитов в моче не исключает наличия аппендицита. Если камень небольшого размера локализуется в нижнем отделе мочеточника или почечная колика связана с отхождением песка, то возникают частые, болезненные позывы на мочеиспускание. Приступ может сопровождаться ознобом, повышением температуры, тахикардией, лейкоцитозом, повышением СОЭ. Он может быстро закончиться или продолжаться много часов.

Д и а г н о з почечной колики ставят на основании характерной локализации и иррадиации боли, усиливающейся при пальпации и поколачивании в области почки, на основании изменений мочи, данных хромоцистоскопии и внутривенной урографии. При почечнокаменной болезни и гидронефрозе приступ может возникнуть как днем, так и ночью (больные спят на любом боку), при нефроптозе боль чаще возникает днем (больные предпочитают спать на больном боку). При хромоцистоскопии во время приступа индигокармин с больной стороны не выделяется или выделение его значительно запаздывает. Иногда в области устья мочеточника видны буллезный отек, кровоизлияния или ущемленный камень. Вне приступа при гидронефрозе выделение индигокармина всегда замедленно, а при нефроптозе, как правило, нормальное.

Внутривенная урография — наиболее ценный метод диагностики почечной колики и ее дифференциальной диагностики с острыми хирургическими заболеваниями органов брюшной полости. Она позволяет при нефролитиазе обнаружить камень и изменения мочевых путей, при гидронефрозе — расширение лоханки и чашечек, а при нефроптозе — патологическую смещаемость почки и изгиб мочеточника. Внутривенная урография выявляет также другие, более редкие причины почечной колики.

Л е ч е н и е начинают с применения тепла (грелка, ванна температуры 37—39 °C), спазмолитических и обезболивающих средств. Приступ могут купировать внутримышечное введение 5 мл раствора баралгина в сочетании с приемом баралгина внутрь по 0,5 г 3 раза в день или подкожные инъекции 1 мл 0,1 % раствора атропина в сочетании с 1 мл 2 % раствора промедола или 1 мл 2 % раствора пантопона (или 1 мл 1 % раствора морфина). При затянувшемся приступе целесообразна новокаиновая блокада семенного канатика (круглой связки матки) со стороны поражения. Почечная колика, сопровождающаяся повышением температуры,— показание к госпитализации в урологическое отделение, где с лечебной целью может быть проведена катетеризация мочеточника.

П р о г н о з при своевременном и адекватном лечении благоприятный.

ПОЧЕЧНОКАМЕННАЯ БОЛЕЗНЬ связана с образованием в почках, вернее в чашечках и лоханках, конкрементов, что вызывает разнообразные патологические изменения почек и мочевых путей.

Э т и о л о г и я, п а т о г е н е з. Причины возникновения камней в почках изучены недостаточно. Определенную роль играют нарушения обмена: фосфорно-кальциевого, щавелевой кислоты, мочевой кислоты и реже аминокислот. Важными факторами образования мочевых камней являются инфекции и нарушения уродинамической функции почек и мочевых путей. Расстройства фосфорно-кальциевого обмена бывают обусловлены гиперпаратиреозом, некоторыми эндокринопатиями, повреждениями костей, гипервитаминозом D, длительным приемом щелочей и солей кальция, т. е. избыточным выделением почками кальция и фосфатов. Камни из фосфата кальция образуются при pH мочи около 7,0. Усиленное выделение солей щавелевой кислоты и образование камней из оксалата кальция обусловлены избыточным эндогенным образованием оксалатов и избыточным поступлением с пищей щавелевой кислоты или веществ, формирующих оксалаты в результате метаболизма (например, прием больших доз аскорбиновой кислоты). Оксалаты выпадают в осадок при pH мочи около 5,5 и повышении концентрации ионов кальция. Растворимость оксалатов усиливается в присутствии ионов магния в моче.

Уратурия и образование уратов наблюдаются при нарушении обмена мочевой кислоты (подагра), при заболеваниях, сопровождающихся распадом собственных белков, и при избыточном поступлении с пищей пуриновых оснований. Уратные камни образуются при pH мочи ниже 5,5, а при pH выше 6,2 они растворяются. Реже образуются конкременты из цистина при цистинурии и камни другого химического состава. Часто мочевые камни имеют смешанный состав. Для образования конкрементов необходимы определенные условия — мочевая инфекция и мочевой стаз. Камни почки вызывают не только воспаление слизистой оболочки лоханки и чашечек, но и вторичный интерстициальный нефрит. Инфекция и обструкция мочевых путей усугубляют патологические изменения (апостематозный нефрит, калькулезный пиелонефрит и др.) и нарушают функции почки.

С и м п т о м ы ,   т е ч е н и е . Иногда болезнь протекает скрыто и обнаруживается случайно при рентгенологическом исследовании по другому поводу или ее первые признаки появляются тогда, когда камень имеет большие размеры, а больной отмечает лишь тупые неопределенные боли в поясничной области. Чаще всего при небольшом камне заболевание проявляется приступами почечной колики, а в период между приступами — тупыми болями, изменениями мочи, отхождением камней и песка. Тупая боль в поясничной области усиливается при длительной ходьбе, во время тряской езды, после поднятия тяжестей, но чаще без определенных причин. Поскольку больной часто применяет грелку (после чего боль утихает), можно видеть в области «мраморную» пигментацию кожи в области над пораженной почкой. Повторные исследования мочи при почечнокаменной болезни всегда обнаруживают микрогематурию, усиливающуюся после ходьбы и физических нагрузок.

Пиурия — нередкий симптом заболевания, который наряду с бактериурией свидетельствует об инфицировании камня. Повышение температуры тела и лейкоцитоз часто сопутствуют почечной колике и не всегда обусловлены гнойной инфекцией. Но длительно не купируемые боли в поясничной области, сопровождающиеся повышением температуры и лейкоцитозом, могут быть проявлением развивающегося апостематозного нефрита и служат показанием к госпитализации больного. Гнойная инфекция часто осложняет течение почечнокаменной болезни и приводит к возникновению калькулезного пиелонефрита (или пионефроза). При нарушении оттока мочи эти осложнения сопровождаются повышением температуры тела, симптомами интоксикации, лейкоцитозом, сдвигом лейкоцитарной формулы влево, повышением СОЭ. Другим грозным осложнением является анурия. Она может быть результатом обтурации мочевых путей с обеих сторон (или единственной почки), но нередко анурия развивается вследствие бактериального шока при обтурации одного мочеточника.

Д и а г н о з . Почечнокаменную болезнь легко диагностируют, если после почечной колики появляется гематурия и отходят мочевые камни. При отсутствии этих признаков диагноз ставят на основании совокупности указанных выше симптомов и данных урологического обследования. Рентгенологическое исследование — основной метод диагностики почечнокаменной болезни. Наиболее ценна внутривенная урография, она позволяет установить наличие камней, их количество, локализацию, размеры, состояние почек и мочевых путей. Обнаружение камня, не задерживающего рентгеновские лучи, с большой вероятностью указывает на то, что это урат.

Л е ч е н и е почечнокаменной болезни направлено на купирование приступов почечной колики, удаление камня, лечение инфекции и предупреждение рецидивного камнеобразования. Решение этих задач требует специальных знаний и консультации уролога. Самостоятельно может отойти лишь гладкий камень диаметром менее 10 мм. Хирургическое удаление камней почек показано при сопутствующей инфекции, обструкции мочевых путей, нарушающих функцию почек, и мучительных повторяющихся болях. Консервативное лечение и профилактика рецидивного камнеобразования зависят от состава камней. Устранение инфекции и подкисление мочи — основные мероприятия по профилактике рецидивов образования фосфатов. Диета должна быть богатой белками, содержать животные жиры. Можно назначать аскорбиновую кислоту по 3—4 г/сут или метионин по 3—4 г/сут. Профилактика образования оксалатов заключается в соблюдении диеты, исключающей продукты, богатые щавелевой, аскорбиновой кислотами, солями кальция (щавель, бобы, шоколад, молоко и др.). При фосфатурии и оксалатурии целесообразно применять препараты магния (окись магния по 0,15 г 3 раза в день), а после операции — метиленовый синий. Уратные камни удается растворять, применяя диету и средства, подщелачивающие мочу, и препараты, уменьшающие образование мочевой кислоты. Диета при уратах исключает продукты, богатые пуриновыми соединениями (мясо птицы, почки, печень, сыры, кофе). Пища должна быть преимущественно растительной. Для подщелачивания мочи применяются магурлит, солуран, блемарен и другие подобные им препараты в дозах, обеспечивающих поддержание pH мочи между 6,2 и 6,6. Аллопуринол — препарат, уменьшающий образование мочевой кислоты, применяется при высокой концентрации мочевой кислоты в крови. В профилактике любого камнеобразования важно, чтобы моча была малоконцентрированной. Больной должен много пить жидкостей, показано курортное лечение (Трускавец, Саирме, Железноводск и др.).

Прогноз при своевременном и адекватном лечении благоприятный.

ПОЧЕЧНАЯ НЕДОСТАТОЧНОСТЬ. Основные функции почек — выведение продуктов обмена и поддержание постоянства водно-электролитного состава и кислотно-щелочного состояния организма — осуществляется следующими процессами: почечным кровотоком, клубочковой фильтрацией и деятельностью канальцев (реабсорбция, секреция, концентрационная способность). Не всякое изменение этих почечных процессов приводит к тяжелому нарушению почечных функций и может называться почечной недостаточностью. Почечная недостаточность — это синдром, развивающийся в результате тяжелых нарушений почечных процессов, приводящих к расстройству гомеостаза, и характеризующийся азотемией, нарушением водно-электролитного состава и кислотно-щелочного состояния организма. Острая почечная недостаточность может возникнуть внезапно вследствие острых, чаще всего обратимых заболеваний почек. Хроническая почечная недостаточность развивается постепенно в результате прогрессирующей необратимой утраты функционирующей паренхимы.

Острая почечная недостаточность (ОПН). Этиология, патогенез. Причины ОПН многообразны: 1) нарушение почечной гемодинамики (шок, коллапс и др.); 2) экзогенные интоксикации (яды, применяемые в народном хозяйстве и быту, укусы ядовитых змей и насекомых, лекарственные препараты); 3) инфекционные болезни (геморрагическая лихорадка с почечным синдромом и лептоспироз); 4) острые заболевания почек (острый гломерулонефрит и острый пиелонефрит); 5) обструкция мочевых путей; 6) аренальное состояние (травма или удаление единственной почки).

Нарушения почечной гемодинамики и экзогенные интоксикации вызывают 90 % всех случаев ОПН. Основным механизмом повреждений почек при этих двух формах ОПН является аноксия почечных канальцев. При этих формах ОПН развиваются некроз эпителия канальцев, отек и клеточная инфильтрация интерстициальной ткани, повреждения капилляров почек, т. е. развивается некротический нефроз. В большинстве случаев эти повреждения обратимы.

Симптомы, течение. В начальный период ОПН на первый план выступают симптомы, обусловленные шоком (болевой, анафилактический или бактериальный), гемолизом, острым отравлением, инфекционным заболеванием, но уже в первые сутки обнаруживается падение диуреза (менее 500 мл/сут), т. е. развивается период олигурии-анурии, и уже нарушается гомеостаз. В плазме наряду с повышением уровней креатинина, мочевины, остаточного азота, сульфатов, фосфатов, магния, калия снижаются уровни натрия, хлора и каль-

ция. Совокупность гуморальных нарушений обусловливает нарастающие симптомы острой уремии. Адинамия, потеря аппетита, тошнота, рвота наблюдаются уже в первые дни олигурии-анурии. По мере нарастания азотемии (обычно уровень мочевины ежедневно повышается на 0,5 г/л), ацидоза, гипергидратации и электролитных нарушений появляются мышечные подергивания, сонливость, заторможенность сознания, усиливается одышка из-за ацидоза и отека легких, ранняя стадия которого определяется рентгенологически. Характерны тахикардия, расширение границ сердца, глухие тоны, систолический шум на верхушке, иногда шум трения перикарда. У части больных — артериальная гипертензия. Расстройства ритма нередко связаны с гиперкалиемией; она особенно опасна и может быть причиной внезапной смерти. При гиперкалиемии более 6,5 ммоль/л на ЭКГ зубец T высокий, остроконечный, расширяется комплекс QRS, может снижаться зубец R. Блокады сердца или фибрилляция желудочков могут закончиться остановкой сердца. Анемия сохраняется во все периоды ОПН, лейкоцитоз характерен для периода олигурии-анурии. Боли в животе, увеличение печени — частые симптомы острой уремии. Смерть при ОПН чаще всего наступает от уремической комы, нарушений гемодинамики и сепсиса. При ОПН с самого начала обнаруживается гипоизостенурия.

Содержание белка в моче и характер мочевого осадка зависят от причины ОПН. Увеличение диуреза более 500 мл/сут означает период восстановления диуреза. Клиническое улучшение становится очевидным, даже после наступления полиурии, не сразу, а постепенно, по мере снижения уровня азотемии и восстановления гомеостаза. Во время периода полиурии возможна гипокалиемия (менее 3,8 ммоль/л) с изменением ЭКГ (низкий вольтаж зубца T, волна U, снижение сегмента ST) и экстрасистолия. Ко времени нормализации содержания остаточного азота в крови гомеостаз в основном восстанавливается — период выздоровления. В этот период восстанавливаются почечные процессы. Он длится до года и более. Однако у части больных снижение клубочковой фильтрации и концентрационной способности почек остается, а у некоторых — почечная недостаточность принимает хроническое течение, важную роль при этом играет присоединившийся пиелонефрит.

Диагноз ставят на основании внезапного падения диуреза в результате одной из указанных выше причин, нарастания азотемии и других типичных нарушений гомеостаза. Дифференцировать от обострения хронической почечной недостаточности или ее терминальной стадии помогают данные анамнеза, уменьшение размеров почек при хроническом гломерулонефрите и пиелонефрите, выявление хронического урологического заболевания. При остром гломерулонефрите наблюдается высокая протеинурия.

Лечение. С первых часов заболевания показана патогенетическая терапия, характер которой определяется причиной, вызвавшей ОПН. Прежде всего необходимо провести плазмаферез, объем которого определяется тяжестью состояния больного, степенью интоксикации. Замещать удаляемую плазму надо свежезамороженной плазмой, раствором альбумина. При расстройствах гемодинамики показаны противошоковые мероприятия (восполнение кровопотери переливанием крови и кровезаменителей, внутривенное капельное введение 100—200 — до 400 мл преднизолона). При продолжающейся гипотонии (после восполнения кровопотери) целесообразно внутривенное капельное введение 1 мл 0,2 % раствора норадреналина в 200 мл изотонического раствора хлорида натрия. При острых отравлениях наряду с противошоковой терапией принимают меры по удалению яда из организма (см. *Отравления*). При массивном внутрисосудистом гемолизе, если гематокрит ниже 20 %, производят заменное переливание крови (или плазмы). Если причиной ОПН является бактериальный шок, то, кроме противошоковых мероприятий, назначают антибиотики. В самом начале заболевания ОПН в/в вводят 10 % раствор маннитола из расчета 1 г на 1 кг массы тела больного. При продолжающейся 2—3 сут анурии лечение маннитолом нецелесообразно. В начальном периоде олигурии-анурии диурез стимулируют фуросемидом (в/в по 160 мг 4 раза в сутки). Если диурез увеличивается, то применение фуросемида продолжают. Дальнейшая терапия направлена на регулирование гомеостаза. Диета, ограничивающая поступление белка и калия, должна быть достаточно калорийной за счет достаточного количества углеводов и жиров. Количество вводимой жидкости должно превышать диурез, а также количество воды, потерянной с рвотой и поносом, не более чем на 500 мл. В этот объем входит 400 мл 20 % раствора глюкозы с 20 ЕД инсулина. Кроме того, при гиперкалиемии в/в вводят 10—20 мл 10 % раствора глюконата кальция и капельно 200 мл 5 % раствора гидрокарбоната натрия. Большие количества раствора гидрокарбоната натрия можно вводить только после установления степени ацидоза и под контролем рН крови.

Внутримышечно вводят тестостерона пропионат по 50 мг/сут или 100 мг ретаболила один раз в неделю. Назначение антибиотиков часто бывает необходимо, но их дозу из-за ограничения выделения почками уменьшают в 2—3 раза. Стрептомицин, мономицин, неомицин в условиях анурии обладают весьма выраженным ототоксическим свойством, и их использовать при ОПН не следует. Продолжающаяся олигурия и нарастание симптомов уремии служат показанием к переводу больного в отделение гемодиализа, где ему можно провести экстракорпоральное очищение с помощью искусственной почки или перитонеального диализа.

Показаниями к гемодиализу или перитонеальному диализу являются уровень мочевины в плазме более 2 г/л, калия — 6,5 ммоль/л; декомпенсированный метаболический ацидоз и клиническая картина острой уремии. Противо-

показания к гемодиализу: кровоизлияния в мозг, желудочное и кишечное кровотечение, тяжелые нарушения гемодинамики с падением АД. Противопоказаниями к перитонеальному диализу являются только что произведенная операция на органах брюшной полости и спаечный процесс в брюшной полости.

П р о г н о з. При своевременном и правильном применении адекватных методов лечения большинство больных с ОПН выздоравливают и возвращаются к нормальной жизни.

Хроническая почечная недостаточность (ХПН). Э т и о л о г и я, п а т о г е н е з. Наиболее частые причины ХПН — хронический гломерулонефрит, хронический пиелонефрит, нефриты при системных заболеваниях, наследственные нефриты, поликистоз почек, нефроангиосклероз, диабетический гломерулосклероз, амилоидоз почек, а также урологические заболевания (двусторонние или единственной почки). Основной патогенетический механизм ХПН — прогрессирующее уменьшение количества действующих нефронов, приводящее к снижению эффективности почечных процессов, а затем к нарушению почечных функций. Морфологическая картина почки при ХПН зависит от основного заболевания, но чаще всего наблюдаются замещение паренхимы соединительной тканью и сморщивание почки.

Прежде чем возникнет ХПН, хронические заболевания почек могут длиться от 2 до 10 лет и более. Они проходят ряд стадий, условное выделение которых необходимо для правильного планирования лечения как заболеваний почек, так и ХПН. Когда клубочковая фильтрация и канальцевая реабсорбция поддерживаются на нормальном уровне, основное заболевание находится еще в стадии, не сопровождающейся нарушениями почечных процессов. С течением времени клубочковая фильтрация становится ниже нормы, снижается также способность почек концентрировать мочу — заболевание вступает в стадию нарушения почечных процессов. В этой стадии гомеостаз еще сохранен (почечной недостаточности еще нет). При дальнейшем уменьшении количества действующих нефронов и скорости клубочковой фильтрации ниже 50 мл/мин в плазме крови повышаются уровни креатинина более 0,02 г/л и мочевины более 0,5 г/л. В этой стадии требуется консервативное лечение ХПН. При фильтрации ниже 10 мл/мин азотемия и другие нарушения гомеостаза неуклонно растут, несмотря на консервативную терапию, наступает терминальная стадия ХПН, в которой необходимо применение диализа.

При постепенном развитии ХПН медленно изменяется и гомеостаз — нарастают уровни в крови не только креатинина, мочевины, но производных гуанидина, сульфатов, фосфатов и других метаболитов. Когда диурез сохранен (часто наблюдается полиурия), вода выводится достаточно, а уровень натрия, хлора, магния и калия в плазме не изменяется. Постоянно наблюдаемая гипокальциемия связана с нарушением обмена витамина D и всасывания кальция в кишечнике. Полиурия может привести к гипо-

231

калиемии. Очень часто выявляется метаболический ацидоз. В терминальной стадии (особенно когда возникает олигурия) быстро нарастает азотемия, усугубляется ацидоз, нарастает гипергидратация, развиваются гипонатриемия, гипохлоремия, гипермагниемия и особенно опасная для жизни гиперкалиемия. Совокупность гуморальных нарушений обусловливает симптомы хронической уремии.

Симптомы, течение. Больные жалуются на быструю утомляемость, понижение работоспособности, головную боль, снижение аппетита. Иногда они отмечают неприятный вкус во рту, появляются тошнота и рвота. Больной бледен, кожа сухая, дряблая. Мышцы теряют тонус, наблюдаются мелкие подергивания мышц, тремор пальцев и кистей. Иногда появляются боли в костях и суставах. Развивается анемия, появляются лейкоцитоз и кровоточивость. Часто имеется артериальная гипертензия, которая обычно обусловлена основным заболеванием почек. Границы сердца расширены, тоны его приглушены, определяются изменения ЭКГ (иногда они связаны с дискалиемией). Эта стадия может длиться несколько лет. Консервативная терапия дает возможность регулировать гомеостаз, и общее состояние больного нередко позволяет ему еще работать, но увеличение физической нагрузки, психическое напряжение, погрешности в диете, ограничение питья, инфекция, операция могут привести к ухудшению функции почек и усугублению уремических симптомов.

При клубочковой фильтрации ниже 10 мл/мин консервативная коррекция гомеостаза невозможна. Для этой терминальной стадии ХПН характерны эмоциональная лабильность (апатия сменяется возбуждением), нарушение ночного сна, сонливость днем, заторможенность и неадекватность поведения. Лицо одутловатое, серо-желтого цвета, кожный зуд, на коже есть расчесы. Волосы тусклые, ломкие. Нарастает дистрофия, характерна гипотермия. Аппетита нет. Голос хриплый. Изо рта ощущается аммиачный запах. Возникает афтозный стоматит. Язык обложен, живот вздут, часто повторяются рвота, срыгивания. Нередко — понос, стул зловонный, темного цвета. Нарастают анемия и геморрагический синдром, мышечные подергивания становятся частыми и мучительными. При длительном течении уремии наблюдаются боли в руках и ногах, ломкость костей, что объясняется уремической невропатией и почечной остеодистрофией. Шумное дыхание часто зависит от ацидоза, отека легких или пневмонии. Уремическая интоксикация осложняется фибринозным перикардитом, плевритом, асцитом, энцефалопатией и уремической комой.

Диагноз ставят на основании данных анамнеза о хроническом заболевании почек, характерных симптомов уремии, лабораторных данных об азотемии и других типичных расстройствах гомеостаза. Дифференциальной диагностике с острой почечной недостаточностью помогают анамнестические данные и отличающие хроническую уремию симптомы (анемия, дистрофия и др.).

Энцефалопатия при ХПН отличается от приступа энцефалопатии при остром гломерулонефрите постепенным развитием, не всегда глубокой комой, мелкими судорожными подергиваниями отдельных групп мышц, шумным дыханием, тогда как почечная эклампсия имеет острое начало и сопровождается полной потерей сознания, расширением зрачков, большими судорогами и асфиксией.

Лечение ХПН неотделимо от лечения заболевания почек, которое привело к почечной недостаточности. В стадии, не сопровождающейся нарушениями почечных процессов, проводят этиологическую и патогенетическую терапию, которая может излечить больного и предотвратить развитие почечной недостаточности или привести к ремиссии и более медленному течению заболевания. В стадии нарушения почечных процессов патогенетическая терапия не утрачивает значения, но увеличивается роль симптоматических методов лечения (гипотензивные препараты, антибактериальные средства, ограничение белка в суточном рационе — не более 1 г на 1 кг массы тела, санаторно-курортное лечение и др.). Совокупность этих мероприятий позволяет отсрочить наступление ХПН, а периодический контроль за уровнем клубочковой фильтрации, почечного кровотока и концентрационной способностью почек, за уровнем креатинина и мочевины в плазме дает возможность прогнозировать течение заболевания.

Консервативное лечение ХПН: терапевтические мероприятия в основном направлены на восстановление гомеостаза, снижение азотемии и уменьшение симптомов уремии. Содержание белка в суточном рационе зависит от степени нарушения функций почек. При клубочковой фильтрации ниже 50 мл/мин и уровне креатинина в крови выше 0,02 г/л целесообразно снизить количество потребляемого белка до 30—40 г/сут, а при клубочковой фильтрации ниже 20 мл/мин назначается диета с содержанием белка не более 20—24 г/сут. Диета должна быть высококалорийной (около 3000 ккал) и содержать незаменимые аминокислоты (картофельно-яичная диета без мяса и рыбы). Пищу готовят с ограниченным (до 2—3 г) количеством поваренной соли, а больным с высокой гипертензией — без соли. При отсутствии отеков и наличии умеренной гипертензии больному дают дополнительно 2—3 г поваренной соли для досаливания пищи. Нарушение кальциевого обмена и развитие остеодистрофии требуют длительного применения глюконата кальция и витамина D до 100 000 МЕ в сутки, но введение витамина D в больших дозах при гиперфосфатемии может привести к кальцификации внутренних органов. Для снижения уровня фосфатов в крови применяют альмагель по 1—2 чайные ложки 4 раза в день; лечение требует регулярного контроля за уровнем кальция и фосфора в крови.

При ацидозе в зависимости от его степени вводят в/в 100—200 мл 5 % раствора гидрокарбоната натрия. При снижении диуреза показан фуросемид (лазикс) в дозах (до 1 г/сут), обеспечивающих полиурию. Для снижения АД используют обычные гипотензивные средства (см. *Гипертоническая болезнь*) в сочетании с фуросемидом. Лечение анемии комплексное и включает назначение тестостерона пропионата для усиления эритропоэза по 1 мл 5 % масляного раствора в/м ежедневно, препаратов железа. При гематокрите 25 % и ниже показаны переливания эритроцитной массы дробными дозами. Антибиотики и химиотерапевтические препараты при ХПН следует применять осторожно; дозы пенициллина, ампициллина, метициллина, цепорина и сульфаниламидов уменьшают в 2—3 раза. Стрептомицин, мономицин, неомицин, полимиксин при ХПН даже в уменьшенных дозах могут вызвать неврит слухового нерва и другие осложнения. Производные нитрофуранов при ХПН противопоказаны.

При сердечной недостаточности у больных с ХПН гликозиды применяют с осторожностью, в уменьшенных дозах, особенно при гипокалиемии. При лечении перикардита назначают небольшие дозы преднизолона, но более эффективно применение гемодиализа. Гемодиализ может быть показан при обострении почечной недостаточности, и после улучшения состояния больного можно вновь более или менее длительно проводить консервативную терапию.

Хороший эффект при ХПН дают повторные курсы плазмафереза. В терминальной стадии, если консервативная терапия не дает эффекта и если нет противопоказаний, больного переводят на лечение регулярным (2—3 раза в нед) гемодиализом. Регулярный гемодиализ применяют обычно тогда, когда клиренс креатинина ниже 10 мл/мин, а его уровень в плазме становится выше 0,1 г/л. Опыт показывает, что длительное состояние уремии, глубокая дистрофия, энцефалопатия и другие осложнения ХПН существенно ухудшают результаты гемодиализа и не позволяют произвести операцию пересадки почки, поэтому решения о проведении гемодиализа и трансплантации почки следует принимать своевременно.

П р о г н о з. Гемодиализ и пересадка почки изменяют судьбу больных ХПН, позволяют продлить их жизнь и достигнуть реабилитации на годы. Отбор больных для этих видов лечения проводится специалистами центров гемодиализа и трансплантации органов.

ТУБЕРКУЛЕЗ ПОЧЕК. В почку микобактерии туберкулеза попадают гематогенным путем. Иногда туберкулез почки может быть проявлением диссеминированного туберкулеза.

П а т о г е н е з. Для возникновения туберкулезного процесса в почке, кроме проникновения микобактерий, необходимы благоприятные для них условия, особое иммунопатологическое состояние организма и почечной ткани. Распространение патологического процесса на мочевые пути происходит по лимфатическим путям. Патологоанатомической картине свойственно разнообразие: от специфической экссудации и пролиферации, от появления специфических бугорков до образования каверн и изъязвлений сосочков почки и мочевых путей. Вокруг очага туберкулезного поражения развивается неспецифическое воспаление интерстициальной ткани.

С и м п т о м ы, т е ч е н и е. В начале болезни нет каких-либо характерных признаков. Жалобы на слабость, утомляемость, субфебрильную температуру, сочетающиеся с тупыми и неопределенными болями в поясничной области, заставляют внимательно исследовать мочу. Хроническая пиурия — наиболее частое проявление туберкулеза почек, но и микрогематурия может быть ранним симптомом заболевания. Моча почти всегда кислой реакции, содержит много лейкоцитов, а протеинурия выражена мало. При посеве мочи на обычные среды он остается стерильным, так как микобактерии вытесняют другую флору, а сами на обычных средах не растут. Пиурия редко заставляет больного обратиться к врачу, чаще его тревожат примесь крови в моче или приступ почечной колики. Распространение патологического процесса на мочевые пути сопровождается усилением болей в поясничной области и мучительной дизурией. Иногда при поздней диагностике болезни в процесс вовлекаются уретра, предстательная железа и яички с придатками.

Д и а г н о з туберкулеза почки ставят на основании данных урологического исследования, но раннее распознавание возможно, если помнить, что под маской хронического пиелонефрита нередко протекает туберкулез почки, что асептическая пиурия может быть при наличии микобактерий туберкулеза в моче, что одной из причин хронического цистита является туберкулез. Не только пиурия, но и микрогематурия, если причина их с точностью не установлена, служат поводом для повторного исследования мочи на микобактерии туберкулеза (посев на специальные среды, заражение морской свинки). Обнаружение микобактерий туберкулеза в моче подтверждает диагноз. Достоверным признаком туберкулеза мочевой системы является также обнаружение туберкулезных бугорков на слизистой оболочке мочевого пузыря и признаков каверн на пиелограмме. При подозрении на туберкулез почки больному показано урологическое исследование.

Л е ч е н и е. Консервативное лечение требует применения специфических противотуберкулезных средств (изониазид по 300 мг 1 раз в день или рифамицин по 300 мг 2 раза в сутки в сочетании с этамбутолом по 400 мг 3 раза в сутки) и мероприятий, повышающих сопротивляемость организма. Лечение обычно проводят в противотуберкулезном диспансере или в специальных больницах и санаториях (особенно в осенний и весенний периоды). Поликавернозный процесс требует хирургического лечения.

П р о г н о з при ранней диагностике и своевременном лечении благоприятный.

УРЕМИЯ ОСТРАЯ см. *Острая почечная недостаточность.*

УРЕМИЯ ХРОНИЧЕСКАЯ см. *Хроническая почечная недостаточность.*

ЦИСТИТ — воспаление мочевого пузыря. Наблюдается в любом возрасте, но чаще всего у пожилых женщин.

Э т и о л о г и я. Ведущая роль принадлежит инфекции. Проникновение патогенных бактерий в мочевой пузырь у женщин обусловлено особенностями строения мочеполового аппарата — короткая и широкая уретра, близость к влагалищу и прямой кишке.

Возникновению цистита способствуют нарушение оттока мочи из мочевого пузыря, дефлорация, беременность, роды, воспаление половых органов, охлаждение, запор, употребление веществ, раздражающих слизистую оболочку мочевого пузыря (гексаметилентетрамин — уротропин), облучение мочевого пузыря при лучевой терапии опухолей органов таза.

Сопротивляемость организма и слизистой оболочки мочевого пузыря имеет большое значение в предупреждении воспаления. Местные нарушения кровообращения, высокая вирулентность бактерий и продолжительность пребывания их в мочевом пузыре существенно способствуют возникновению цистита. В большинстве случаев инфекция мочевых путей у женщин связана с половой жизнью (соблюдение гигиены половой жизни и опорожнение мочевого пузыря до и после полового акта уменьшают возможность занесения инфекции). Возникновение цистита у мужчин может быть обусловлено простатитом (острый и хронический), стриктурой уретры, аденомой, камнем или раком предстательной железы и другими заболеваниями половых органов. Причиной хронического цистита как у мужчин, так и у женщин могут быть камни, опухоль, лейкоплакия и туберкулез мочевого пузыря, но такой «хронический цистит» является вторичным, в основе его лежит другое заболевание мочевого пузыря, которое должно быть своевременно распознано врачом.

Первичных хронических циститов практически не бывает, под маской хронического цистита скрывается обычно другое урологическое заболевание. В этиологии цистита у детей важную роль играют аномалии развития мочеиспускательного канала, его сужения, клапаны и т. д. Возможно и гематогенное проникновение инфекции в мочевой пузырь.

С и м п т о м ы, т е ч е н и е. Воспаление мочевого пузыря может развиться внезапно, но чаще всего явления цистита нарастают постепенно. Он проявляется чувством дискомфорта, ощущением жжения и зуда в области уретры и промежности во время мочеиспускания. Ощущение дискомфорта и боли над лобком или в области промежности могут оставаться и после мочеиспускания. Мочеиспускания становятся частыми, болезненными, количество мочи при каждом мочеиспускании уменьшается. В конце акта мочеиспускания иногда моча окрашивается кровью. Позывы на мочеиспускание могут быть императивными, иногда наблюдается неудержание мочи. В большинстве случаев при остром цистите температура тела остается нормальной, редко бывает субфебрильной. Повышение температуры при цистите свидетельствует о том, что инфекция распространилась за пределы мочевого пузыря, чаще всего на верхние мочевые пути. Пальпация и перкуссия в надлобковой области при цистите иногда сопровождаются болезненностью. Напряжение мышц передней брюшной стенки наблюдается главным образом у детей. Моча при остром цистите содержит много лейкоцитов и эритроцитов, что обусловливает наличие в ней небольших количеств белка. Бактериурия всегда выявляется при инфекционном цистите. Как и при других формах инфекции мочевых путей, при цистите важно определить степень бактериурии. Обнаружение в 1 мл мочи более 100 000 микробных тел свидетельствует об остром процессе. При цистите в крови определяются лишь умеренный лейкоцитоз и повышенная СОЭ.

Важными методами исследования являются посев мочи и исследование флоры на чувствительность к антибиотикам и химиотерапевтическим препаратам. Это исследование позволяет провести рациональную антибактериальную терапию цистита, но занимает около 48 ч. Наличие цистита при стерильной моче — основание для проведения диагностики туберкулеза мочевой системы.

Л е ч е н и е. Больной острым циститом должен соблюдать покой, находиться в тепле, желателен постельный режим. Грелка на надлобковую область, сидячие теплые ванны уменьшают боль. Пища должна быть без острых приправ, маринадов, консервантов. Рекомендуется пить чай с молоком. Применять мочегонные средства не следует, так как при этом значительно снижается концентрация антибактериальных препаратов в моче. Основой лечения являются антибактриальные препараты; их следует назначать, не дожидаясь результатов посева мочи и определения микрофлоры на чувствительность. Широким спектром действия и высокой эффективностью обладает бактрим (бисептол), который при цистите можно назначать по 2 таблетки 2 раза в день. После получения данных исследования микрофлоры мочи и ее чувствительности препарат можно заменить. Для лечения цистита применяют невиграмон по 0,5 г 4 раза в день, фурадонин по 0,1 г 4 раза в день, фурагин по 0,1 г 3 раза в день.

Лечение продолжается 5—10 дней. Если заболевание длится дольше и обнаруживается бактериурия (более 100 000 микробных тел в 1 мл мочи), следует назначить антибиотики. Наиболее целесообразно в этих случаях применить ампициллин по 500 мг 4 раза в день.

П р о ф и л а к т и к а: соблюдение правил личной гигиены, содержание половых органов и промежности в чистоте, лечение запоров и гинекологических заболеваний.

П р о г н о з при своевременном лечении благоприятный.

ЭКЛАМПСИЯ ПОЧЕЧНАЯ см. *Гломерулонефрит острый.*

Глава 13

БОЛЕЗНИ СИСТЕМЫ КРОВИ

АГРАНУЛОЦИТОЗ — уменьшение числа лейкоцитов (менее 1000 в 1 мкл) или числа гранулоцитов (менее 750 в 1 мкл крови). Агранулоцитоз, как правило, представляет собой синдром какого-то общего заболевания. Чаще встречается миелотоксический агранулоцитоз (см. *Цитостатическая болезнь*) и иммунный. Последний может быть обусловлен появлением аутоантител (например, при системной красной волчанке) и антител к гранулоцитам после приема медикаментов, оказавшихся гаптенами (при попадании в организм эти медикаменты, соединяясь с белком, обретают свойства антигена). Гаптеновый агранулоцитоз развивается под влиянием диакарба (диамокса), амидопирина, антипирина, ацетилсалициловой кислоты, барбитуратов, изониазида (тубазида), мепротана (мепробамата), фенацетина, бутадиона, новокаинамида (прокаинамида), индометацина, левамизола, сульфаниламидов, метициллина, триметоприма (входит в состав бактрима), хингамина (хлорохина), инсектицидов, клозапина (лепонекса) и др.

П а т о г е н е з изучен недостаточно. При аутоиммунных формах поражения преждевременная гибель гранулоцитов и их костномозговых предшественников обусловлена аутоантителами. Механизм индивидуальной реакции организма на введение медикамента при гаптеновом агранулоцитозе неясен. Однажды появившись, гаптеновый агранулоцитоз будет неизменно повторяться при введении в организм того же препарата-гаптена.

К л и н и ч е с к а я к а р т и н а болезни обусловлена агранулоцитозом, для которого характерны септические осложнения: ангины, пневмонии и т. п. При гаптеновом агранулоцитозе гранулоцитов в крови обычно нет, но число лимфоцитов, тромбоцитов, ретикулоцитов нормальное. Геморрагий не бывает. При аутоиммунном агранулоцитозе изредка возможно появление антител и к тромбоцитам, тогда возникает тромбоцитопеническая геморрагическая пурпура. Клиническая картина во многом напоминает проявления цитостатической болезни.

Л е ч е н и е . Больных срочно госпитализируют и помещают в асептические условия (изолятор, ультрафиолетовое облучение воздуха с защитой больного, персонал входит в масках, шапочках, бахилах). Лечение септических осложнений аналогично терапии при острой лучевой болезни. При аутоиммунном агранулоцитозе показаны глюкокортикоиды в высоких дозах (60—100 мг/сут) до нормализации числа гранулоцитов в крови с последующей постепенной отменой гормонов. При гаптеновом агранулоцитозе глюкокортикоиды неэффективны. Лечение больных с иммунными агранулоцитозами желательно проводить в условиях специализированного стационара.

П р о г н о з аутоиммунного агранулоцитоза определяется основным заболеванием (системная красная волчанка, ревматоидный артрит и т. п.). Гаптеновый агранулоцитоз дает высокий процент (до 80) смертельных исходов. Резко отягощается прогноз гаптенового агранулоцитоза при повторном применении вызвавшего агранулоцитоз препарата на фоне болезни. Поскольку нередко врач не может установить, какой именно медикамент оказался гаптеном, приходится исключать из употребления больным не только во время болезни, но и в дальнейшем (на всю жизнь!) все подозреваемые препараты, применявшиеся непосредственно перед развитием агранулоцитоза. Именно это правило является профилактикой повторных агранулоцитозов гаптенового типа.

АНЕМИИ (малокровие) — уменьшение в крови общего количества гемоглобина, которое, за исключением острых кровопотерь, характеризуется снижением уровня гемоглобина в единице объема крови. В большинстве случаев при анемии падает и уровень эритроцитов в крови. Однако при железодефицитных состояниях, анемиях, связанных с нарушением синтеза порфиринов, талассемии содержание эритроцитов в крови может оставаться нормальным (при талассемии — нередко повышенным) при низком уровне гемоглобина. При острых кровопотерях (массивное кровотечение или острый гемолиз) в первые часы уровень гемоглобина и эритроцитов в крови остается нормальным, хотя есть очевидные признаки малокровия — бледность кожных покровов, конъюнктив, спавшиеся вены, сердцебиение и одышка при небольшой нагрузке, а в тяжелых случаях и падение артериального давления.

Анемии всегда вторичны, т. е. являются одним из симптомов какого-то общего заболевания. Наряду с часто встречающимися и легко диагностируемыми формами анемий имеются и очень редкие анемические синдромы, требующие для диагностики сложных методических приемов. Некоторые формы анемий можно диагностировать лишь в специализированных учреждениях.

Анемия постгеморрагическая острая — малокровие вследствие острой кровопотери в течение короткого срока. Минимальная кровопотеря, представляющая опасность для здоровья взрослого человека,— 500 мл.

Э т и о л о г и я. Причиной кровопотери могут быть травмы, хирургическое вмешательство, кровотечение при язве желудка или двенадцатиперстной кишки, из расширенных вен пищевода, при нарушении гемостаза, внематочной беременности, заболеваниях легких и т. п.

П а т о г е н е з складывается из явлений острой сосудистой недостаточности, обусловленной в первую очередь острым опустошением сосудистого русла, потерей плазмы; при массивной кровопотере наступает и гипоксия из-за потери эритроцитов, когда эта потеря уже не может быть компенсирована ускорением циркуляции за счет учащения сердечных сокращений.

К л и н и ч е с к а я   к а р т и н а. Сосудистые нарушения: сердцебиение, одышка, падение артериального и венозного давления, бледность кожных покровов и слизистых оболочек. Выраженность этих изменений не находится в четкой связи только со степенью кровопотери, так как нередко коллапс появляется и в ответ на боль, травму, вызвавшую кровопотерю. Существенный признак внутреннего кровотечения — внезапная сухость во рту. Тяжесть клинической картины определяется не только количеством потерянной крови, но и скоростью кровопотери. Определенное значение имеет и источник кровопотери: кровотечение в желудочно-кишечный тракт может сопровождаться повышением температуры тела, картиной интоксикации, повышением уровня мочевины в крови (при нормальном уровне креатинина); полостные кровотечения могут даже при небольшом количестве излившейся крови вызывать симптомы сдавления органов и т. п.

Л е ч е н и е начинают с остановки кровотечения. Быстрое снижение содержания гемоглобина ниже 80 г/л (8 г %), гематокрита ниже 25 %, белков плазмы ниже 50 г/л (5 г %) является основанием для трансфузионной терапии, при этом потерю эритроцитов достаточно восполнить на $1/3$; первоочередная задача — восстановление объема циркулирующей крови путем переливания коллоидных растворов (альбумин плацентарный или кровяной, свежезамороженная плазма или протеин), полиглюкина или желатиноля. При отсутствии полиглюкина и желатиноля можно перелить 1000 мл 10 % раствора глюкозы, а затем 500 мл 5 % раствора; глюкозу переливают со скоростью 0,5 г/(кг · ч). Реополиглюкин и его аналоги как дезагреганты (т. е. препараты, снижающие свертывающую способность крови) не должны применяться в условиях возможного возобновления (или продолжающегося) кровотечения. Для возмещения потери эритроцитов используют эритроцитную массу. Показанием к переливанию эритроцитов является очевидная массивность кровопотери (более 1 л), сохранение бледности кожи и слизистых оболочек, тахикардии и одышки, несмотря на восстановление объема циркулирующей крови с помощью плазмозаменителей.

Ни в коем случае нельзя стремиться к восполнению кровопотери по эритроцитам «капля за каплю»: свежезамороженную плазму вместе с плазмозаменителями приходится вливать в большем объеме, чем было потеряно, а эритроциты — существенно в меньшем. Наступающая в результате этого гемодилюция обеспечивает улучшение микроциркуляции, в то время как массивные трансфузии цельной крови или эритроцитов усиливают образование микростазов, обусловленное шоком, способствуют развитию ДВС-синдрома.

Небольшие кровопотери восполняют введением солевых растворов, альбумина. Цельную кровь переливают при отсутствии эритроцитной массы, а если нет консервированной крови, переливают свежецитратную кровь (теплую, только что заготовленную) или осуществляют прямое переливание (весьма нежелательное без крайней необходимости из-за наличия микросгустков в такой крови). При операционных кровопотерях менее 1 л переливание эритроцитной массы обычно не используют.

Анемии железодефицитные связаны с дефицитом железа в организме, что ведет вначале к множественным трофическим нарушениям (сухость кожи, ломкость ногтей, выпадение волос), так как ухудшается функция тканевых дыхательных ферментов, содержащих железо, а затем нарушается образование гемоглобина, развивается гипохромная анемия.

Э т и о л о г и я, п а т о г е н е з определяются недостаточным поступлением в организм железа: в большинстве случаев решающую роль играют хронические кровопотери, не компенсируемые поступлением железа с пищей, реже (это бывает у детей) анемия обусловлена малым исходным поступлением железа в организм плода из-за дефицита железа у матери. Особую группу составляют больные после резекции или с тяжелым поражением тонкого кишечника (резекция желудка без сопутствующего энтерита не ведет к развитию дефицита железа).

К л и н и ч е с к а я   к а р т и н а. Характерны вялость, повышенная утомляемость еще до развития выраженной анемии, запор, головная боль, извращение вкуса (больные едят мел, глину, появляется склонность к острой, соленой пище и т. п.), ломкость, искривление и поперечная исчерченность ногтей, выпадение волос, императивные позывы на мочеиспускание, недержание мочи. Кроме этих признаков, не имеющих прямого отношения к уровню гемоглобина в крови, отмечаются специфические для всех анемий признаки, связанные со степенью малокровия: бледность кожи и слизистых оболочек, сердцебиение, одышка при физической нагрузке. Важное значение в клинической картине имеет характер заболевания, определившего дефицит железа (язва желудка, двенадцатиперстной кишки, геморрой, миома матки, обильные меноррагии и т. п.). При исследовании крови выявляется анемия. Цветовой показатель обычно низкий (иногда ниже 0,5); выраженная гипохромия эритроцитов, их анизоцитоз, пойкилоцитоз; СОЭ обычно незначительно увеличена. Важнейший показатель болезни — снижение уровня железа сыворотки (норма — 13 — 28 ммоль/л для мужчин; 11—26 ммоль/л для женщин). Проверять его можно не ранее чем через неделю после отмены препаратов, содержащих железо.

Диагноз железодефицитной анемии предварительно устанавливают при сниженном уровне гемоглобина и низком цветовом показателе на фоне типичных для железодефицитных состояний трофических нарушений. Доказательным он становится при низком уровне сывороточного железа и ферритина, а также повышении уровня общей железосвязывающей способности сыворотки. Но и в этом случае требуется точно установить причину дефицита железа, после чего формируется диагноз заболевания в целом. С низким цветовым показателем, но без снижения уровня сывороточного железа и без свойственных дефициту железа трофических нарушений протекают талассемии и анемии, вызванные нарушениями синтеза порфиринов, в частности свинцовая интоксикация.

Кровопотеря из желудочно-кишечного тракта — одна из частых причин железодефицитной анемии. Желудочно-кишечные кровопотери могут оставаться скрытыми в течение многих лет, несмотря на многократные рентгенологические, гастро-, дуодено- и колоноскопические исследования, так как миомы и ангиомы тонкого кишечника при этих исследованиях не всегда выявляются. Количественно кровопотерю из желудочно-кишечного тракта можно оценить лишь при помощи метки эритроцитов по ^{51}Сг.

Другой скрытой причиной кровопотери могут быть кровоизлияния в легочную паренхиму при изолированном легочном гемосидерозе. Заболевание характеризуется рецидивирующими эпизодами пневмонии с развитием железодефицитной анемии, сопровождающейся периодическим подъемом уровня ретикулоцитов в крови. При рентгенографии выявляются облаковидные множественные, нередко асимметричные тени, которые могут исчезнуть в течение 1—2 дней. Физикальные данные очень скудны: выслушиваются несколько усиленный выдох, единичные крепитирующие хрипы. Температура тела чаще невысокая. Тенеобразования в легких обусловлены кровоизлияниями (если их объем велик и они повторяются, то развивается железодефицитная анемия), сопровождающимися появлением в мокроте «клеток сердечных пороков» — макрофагов, насыщенных гемосидерином. Повторные легочные кровоизлияния могут привести к развитию легочного гемосидероза. В сомнительных случаях для диагностики приходится проводить биопсию легких.

Описанная картина легочного гемосидероза в сочетании с тяжелым прогрессирующим нефритом — синдром Гудпасчера — также может сопровождаться железодефицитной анемией. Синдром Гудпасчера развивается в результате образования аутоантител к базальной мембране клубочков почек; эти же антитела действуют и на базальную мембрану легочных альвеол. Сходную клиническую картину, складывающуюся из гломерулонефрита и кровохарканья, дает поражение эндотелия клубочков почек и сосудов легких иммунными комплексами, которые могут появиться в ответ на инфекционный процесс любой природы и определяются методом иммунофлюоресценции в биоптате почек или легочной ткани. Иммунные комплексы нередко представлены криоглобулинами (комплекс иммуноглобулинов, выпадающих в осадок при температуре ниже 37 °С), которые могут циркулировать в крови, откладываться под эндотелием сосудов разных органов и тканей, вызывая развитие генерализованного васкулита, например болезни Шенлейна — Геноха. Железодефицитная анемия может быть следствием хронического воспалительного процесса в организме (хронический пиелит, сепсис и т. п.).

Скрытым источником кровопотери могут оказаться так называемые шоколадные кисты. Чаще речь идет о кистах яичников, повторные кровоизлияния в которые приводят к дефициту железа в организме, так как образующийся в местах кровоизлияний гемосидерин не всасывается и не утилизируется для нужд кроветворения. Эти кисты распознают при тщательном гинекологическом и рентгенологическом исследовании, с помощью компьютерной томографии, ультразвукового исследования. Недостаточное поступление железа с пищей может стать причиной железодефицитной анемии при беременности и лактации, усиленном росте в период полового созревания у девушек, хотя во всех этих случаях обычно существует скрытый предшествующий дефицит железа. Железодефицитная анемия может быть у недоношенных детей, у детей от многоплодной беременности. Меноррагии и метроррагии (например, при миомах матки), кровопотери при геморрое, носовых кровотечениях нередко служат причиной анемии. Однако во всех случаях, казалось бы, очевидных причин железодефицитной анемии необходимо самым тщательным образом исключить (прежде всего клинически) возможные другие источники кровопотерь, так как нередко анемия обусловлена не одной, а несколькими причинами. Появление железодефицитной анемии в пожилом возрасте независимо от пола требует исключения возможной опухоли желудочно-кишечного тракта.

Лечение. В первую очередь необходимо устранить причину кровопотерь. Обязательно назначают препараты железа: гемостимулин, феррокаль, ферроплекс, орферон, конферон. При тяжелых формах малокровия рекомендуется принимать по 2 таблетки одного из этих препаратов 3 раза в день до еды. При плохой переносимости (тошнота, боль в животе) таблетки принимают после или во время еды и в таком количестве, чтобы диспепсических нарушений не было. Уменьшение дозы замедляет нормализацию состава крови. Препараты железа обычно принимают в течение нескольких месяцев, при сохраняющемся источнике кровопотерь (например, меноррагии) их назначают с небольшими перерывами почти постоянно, ориентируясь прежде всего на субъективные признаки дефицита железа (повышенная утомляемость, сонливость), появление ломкости и деформации ногтей, сухость кожи, а затем и на показатели крови, которые при правильно организованном диспансерном наблюдении за такими больными должны быть нормальными.

Прием препаратов железа усиливает костномозговую продукцию эритроцитов и сопровождается подъемом уровня ретикулоцитов в крови через 8—12 дней после начала терапии (факт, имеющий дифференциально-диагностическое значение). Назначать хлористоводородную кислоту, витамины группы В вместе с препаратами железа нет необходимости; несколько усиливает всасывание железа аскорбиновая кислота. Лечение парентерально вводимыми препаратами железа менее эффективно, чем прием таблеток внутрь.

Для внутримышечного введения применяют жектофер, фербитол, Феррум Лек и др. Последний препарат выпускают и для внутривенного введения. Показанием к парентеральному введению железа при железодефицитной анемии служат тяжелые энтериты, состояния после обширных резекций тонкой кишки (но не резекций желудка). Дозы назначают из расчета 1,5 мг железа на 1 кг массы тела в сутки. Жектофер вводят в/м по 2 мл в день больному с массой тела 60 кг.

При изолированном легочном гемосидерозе наряду с лечением препаратами железа применяют иммунодепрессивную терапию — преднизолон, а при его неэффективности и тяжелом клиническом состоянии — азатиоприн (имуран), циклофосфан или другие цитостатики. При синдроме Гудпасчера с лечебной целью используют те же иммунодепрессивные средства наряду с плазмаферезом, направленным на удаление иммунных комплексов.

Железодефицитная анемия, обусловленная инфекционным процессом, требует в первую очередь активной антибактериальной терапии. Препараты железа при остром процессе назначать не следует, если его дефицит обусловлен только инфекцией.

Лечение препаратами железа обычно проводят амбулаторно. Контрольные исследования крови целесообразны через 1,5 нед от начала лечения для выявления ретикулоцитарного подъема и через месяц, когда уровень гемоглобина обычно приближается к нормальному; в дальнейшем контроль достаточно осуществлять 1 раз в 3 мес и даже реже, если больной хорошо оценивает субъективные признаки дефицита железа. Эти показатели — важный фактор контроля для систематической профилактики железодефицитных состояний. Даже при отсутствии явных признаков дефицита железа, но выявлении отдельных его симптомов без развития анемии у беременных и женщин, страдающих обильными меноррагиями, целесообразно назначить 1 таблетку препарата железа в день до ликвидации всех этих явлений (витамин B$_{12}$ и другие витамины группы В в подобных ситуациях бесполезны!). Нередко наблюдаемая при беременности псевдоанемия вследствие гидремии (гемоглобин около 85 — 100 г/л, цветовой показатель, близкий к единице, розовый цвет лица и слизистых оболочек, отсутствие выраженного анизоцитоза эритроцитов) вообще не требует какого-либо специального противоане-

мического лечения. Псевдоанемия бесследно проходит самостоятельно.

Переливание крови при железодефицитных анемиях не показано, за исключением тяжелых состояний, связанных с массивной кровопотерей и сопровождающихся признаками острой постгеморрагической анемии.

Железодефицитная анемия у стариков нередко требует подключения и кардиотонических средств, так как она осложняется сердечной недостаточностью, задержкой жидкости, гидремией, которая сама по себе ухудшает показатели анализа крови. Доказательством гидремической псевдоанемии является повышение показателей красной крови после лечения диуретиками и кардиотоническими средствами.

Наследственные анемии, связанные с нарушением синтеза порфиринов (сидероахрестические анемии), характеризуются гипохромией эритроцитов, повышением уровня сывороточного железа, отложением железа с картиной гемосидероза органов.

Патогенез наиболее частой формы связан с нарушением синтеза протопорфирина, что ведет к нарушению связывания железа и накоплению его в организме при резко нарушенном образовании гемоглобина.

Клиническая картина. Умеренная анемия с резко сниженным цветовым показателем. Трофических нарушений, свойственных железодефицитным состоянием, не наблюдается. Жалобы отсутствуют или отмечаются небольшая слабость, утомляемость. Чаще страдают мужчины. Болезнь наследуется по рецессивному типу, наследование сцеплено с Х-хромосомой. В начале болезни иногда отмечается небольшое увеличение селезенки, в дальнейшем в связи с повышенным отложением железа в органах развивается гемосидероз печени (печень увеличивается и становится плотной), поджелудочной железы (появляется картина сахарного диабета). Накопление железа в сердечной мышце приводит к тяжелой недостаточности кровообращения, гемосидероз яичек сопровождается развитием евнухоидизма. Иногда кожа приобретает серый оттенок.

Картина крови: выраженная гипохромия эритроцитов (цветовой показатель 0,4—0,6), уровень гемоглобина снижен, в меньшей степени изменено число эритроцитов, повышен уровень сывороточного железа. Морфологически отмечаются анизоцитоз, пойкилоцитоз, иногда небольшое количество мишеневидных форм. Содержание ретикулоцитов обычно нормальное. Другие показатели крови нормальные.

Диагноз устанавливается на основании гипохромной анемии без каких-либо признаков железодефицитного синдрома (отсутствуют выраженная астенизация, сухость кожи, выпадение волос, ломкость и деформация ногтей и т. п.), повышенного уровня сывороточного железа. Следует иметь в виду, что железодефицитные анемии чаще встречаются у женщин, а данная форма — почти исключительно у мужчин. При исследовании костного мозга в отличие от железодефицитных анемий отмечается высокий процент кольцевых сидеробластов (практически все эритрокариоциты — кольцевые сидеробласты). Дифференциальный диагноз с талассемиями — см. *Талассемия*. Окончательно диагноз может быть установлен при исследовании уровня порфиринов в эритроцитах.

Л е ч е н и е. Назначают пиридоксин (витамин B$_6$) по 1 мл 5 % раствора в/м 2 раза в день. При эффективной терапии через 1,5 нед резко возрастает содержание ретикулоцитов, а затем повышается и уровень гемоглобина. При нарушении активности фермента пиридоксалькиназы эффект дает применение кофермента витамина B$_6$ — пиридоксальфосфата (по 2 мг 3 раза в день в таблетках). Для лечения гемосидероза как такового, сопровождающегося патологией печени, поджелудочной железы и других органов, а также для лечения форм, устойчивых к витамину B$_6$ (ими болеют как мужчины, так и женщины; наследование рецессивное, не сцепленное с полом), применяют дефероксамин (десферал) курсами не менее месяца по 500 мг в/м ежедневно. Таких курсов может быть 4—6 в год. Повышенное выведение из организма железа с помощью дефероксамина не только способствует нормализации функций, нарушенных из-за гемосидероза органов, но и уменьшает степень анемии, улучшая деятельность блокированного избытком железа костного мозга.

Анемия при свинцовом отравлении обусловлена нарушением синтеза порфиринов и гема.

П а т о г е н е з определяется блокадой свинцом ферментов, участвующих в синтезе гема. В результате развивается гипохромная анемия при высоком уровне сывороточного железа. Кроме того, свинец повреждает оболочку эритроцитов, вызывая повышенный гемолиз. В результате нарушения синтеза гема повышается выведение из организма порфиринов и, что патогномонично для свинцового отравления, дельта-аминолевулиновой кислоты, уровень которой в моче повышается в десятки раз.

К л и н и ч е с к а я к а р т и н а складывается из общих признаков анемического синдрома без явлений дефицита железа, полиневрита, приступообразной боли в животе. При исследовании крови выявляется гипохромная анемия, повышение содержания ретикулоцитов до 10 % вследствие гемолиза, базофильная пунктация в эритроцитах, высокий уровень сывороточного железа. В костном мозге высокий процент сидеробластов. Диагноз подтверждается существенным повышением в моче дельта-аминолевулиновой кислоты. Другой важный признак свинцового отравления — повышенное выделение свинца с мочой при введении в организм комплексонов (тетацин-кальций, оксатиол и др.). Определенную помощь в диагностике оказывают анамнестические сведения о контакте со свинцом (например, литье дроби, игрушек, употребление молока или квашеных овощей, хранившихся в глиняной посуде кустарного производства, глазурь которых нередко содержит свинец).

Л е ч е н и е проводят комплексонами под контролем уровня выводимого свинца и дельта-аминолевулиновой кислоты в моче. При эффективной терапии ее содержание в моче нормализуется.

Мегалобластные анемии — группа анемий, общим признаком которых служит обнаружение в костном мозге своеобразных эритрокариоцитов со структурными ядрами, сохраняющими эти черты на поздних стадиях дифференцировки (результат нарушения синтеза ДНК и РНК в клетках, называемых мегалобластами). В большинстве случаев мегалобластная анемия характеризуется цветовым показателем выше единицы. Поскольку синтез нуклеиновых кислот касается всех костномозговых клеток, частыми признаками болезни являются уменьшение числа тромбоцитов, лейкоцитов, увеличение числа сегментов в гранулоцитах.

Анемии, связанные с дефицитом витамина B$_{12}$, независимо от причин этого дефицита характеризуются появлением в костном мозге мегалобластов, внутрикостномозговым разрушением эритроцитов, гиперхромной макроцитарной анемией, тромбоцитопенией и нейтропенией, атрофическими изменениями слизистой оболочки желудочно-кишечного тракта и изменениями нервной системы в виде фуникулярного миелоза.

Э т и о л о г и я, п а т о г е н е з. Идиопатическая форма B$_{12}$-дефицитной анемии (пернициозная анемия) развивается в результате недостаточного поступления в организм экзогенного цианокобаламина (витамина B$_{12}$), встречается преимущественно у лиц пожилого возраста. Патогенез дефицита витамина B$_{12}$ чаще связан с нарушением выработки гликопротеина, соединяющегося с пищевым витамином B$_{12}$ и обеспечивающего его всасывание (внутренний фактор). Нередко первые признаки заболевания появляются после перенесенного энтерита, гепатита. В первом случае это связано с нарушением всасывания витамина B$_{12}$ в тонкой кишке, во втором — с расходованием его запасов в печени, являющейся основным депо витамина B$_{12}$. Однако и тот и другой провоцирующий момент может играть роль пускового механизма лишь при уже ранее имевшемся скрытом дефиците этого витамина за счет нарушения секреции внутреннего фактора. Развитие B$_{12}$-дефицитной анемии после тотальной гастрэктомии (когда полностью ликвидируется секреция внутреннего фактора) происходит через 5—8 лет и более после операции. В течение этого срока больные живут запасами витамина в печени при минимальном пополнении его за счет очень незначительного всасывания в тонкой кишке не соединенного с внутренним фактором витамина.

Весьма редкой формой B$_{12}$-дефицитной анемии является нарушение ассимиляции витамина при инвазии широким лентецом, когда паразит поглощает большое количество витамина B$_{12}$. Причинами нарушенного всасывания витамина B$_{12}$ при поражении кишечника могут быть тяжелый хронический энтерит, терминальный илеит, дивертикулез тонкого кишечника, возникновение слепой петли тонкой кишки после операции на ней.

В возникновении дефицита витамина в последних случаях важную роль играет его поглощение избыточно развившейся кишечной микробной флорой.

К редкой форме дефицита витамина B_{12} относится рецессивно наследуемый синдром Имерслунд — Гресбека с поражением эпителия кишечника, почек, кожи. Болезнь развивается у детей и характеризуется сочетанием мегалобластной анемии с поражением почек. Изредка болезнь бывает у взрослых.

Одной из причин нарушенного выделения внутреннего фактора может быть хроническая алкогольная интоксикация, когда она сопровождается токсическим поражением слизистой оболочки желудка. Причина возникновения наиболее распространенной идиопатической формы болезни не совсем ясна, хотя для многих случаев может быть доказана наследственная природа (рецессивное наследование).

С и м п т о м ы,   т е ч е н и е,   д и а г н о з. Клиническая картина дефицита витамина B_{12} характеризуется поражением кроветворной ткани, пищеварительной и нервной систем. Отмечаются слабость, утомляемость, сердцебиение при физической нагрузке. Один из характерных признаков — фуникулярный миелоз. Желудочная секреция угнетена, возможна стойкая ахлоргидрия. Нередко наблюдаются признаки глоссита — «полированный» язык, ощущение жжения в нем. Кожа больных иногда слегка желтушна, в сыворотке крови увеличен уровень непрямого билирубина (за счет повышенной гибели гемоглобинсодержащих мегалобластов костного мозга). Определяется небольшое увеличение селезенки, реже печени.

Картина крови: резко выраженный анизоцитоз эритроцитов, появление мелких осколков (шизоцитов) наряду с очень крупными (более 12 мкм в диаметре) клетками — мегалоцитами, резчайший пойкилоцитоз, повышенное насыщение эритроцитов гемоглобином — гиперхромия, появление полисегментированных нейтрофилов, гиперхромный, реже нормохромный характер анемии, тромбоцитопения, лейкопения. Степень цитопении может быть различной, редко отмечается параллелизм в снижении уровня всех трех форменных элементов крови. Решающее значение в диагностике принадлежит исследованию костного мозга, которое обнаруживает резкое увеличение в нем числа элементов эритроидного ряда с преобладанием мегалобластов. Описанная картина относится к далеко зашедшим состояниям.

Часто B_{12}-дефицитная анемия определяется лишь по картине крови у больных без каких-либо жалоб: отмечаются умеренная, обычно гиперхромная анемия, лейкопения, тромбоцитопения (иногда либо тромбоцитопения, либо лейкопения). Полисегментация ядер нейтрофилов, резко выраженные изменения формы эритроцитов могут отсутствовать. В костном мозге во всех случаях находят большой процент мегалобластов. Однако если больной за несколько дней до пункции костного мозга получил инъекцию витамина B_{12}, то мегалобластоз костного мозга может либо оказаться не очень резко выраженным, либо отсутствовать вовсе. Следовательно, во всех случаях нормохромной или гиперхромной анемии, сопровождающейся лейко- и тромбоцитопенией (признак необязательный),

необходимо помнить важнейшее правило: проводить пункцию костного мозга до назначения витамина B_{12}.

Клетки красного ряда, очень напоминающие мегалобласты, могут встречаться при остром эритромиелозе, который, как и B_{12}-дефицитная анемия, сопровождается небольшой желтушностью, часто сочетается с лейко- и тромбоцитопенией. Однако при этом лейкозе нет столь выраженного анизо- и пойкилоцитоза, как при B_{12}-дефицитной анемии, а главное — в костном мозге наряду с мегалобластоподобными клетками встречаются в большом количестве миелобласты или недифференцируемые бласты. В сомнительных случаях следует после пункции костного мозга начать терапию витамином B_{12}, которая при B_{12}-дефицитной анемии через 8—10 дней приведет к резкому возрастанию в крови процента ретикулоцитов (ретикулоцитарный криз), подъему уровня гемоглобина, исчезновению в крови выраженного анизоцитоза, а в костном мозге — мегалобластов. При остром эритромиелозе введение витамина B_{12} не может изменить ни картину крови, ни состояние больного.

Установление причины дефицита витамина B_{12} — следующий этап диагностики. Надо иметь в виду, что иногда дефицит витамина B_{12} сочетается с раком желудка, так как рак желудка несколько чаще возникает у лиц, страдающих этой формой анемии. Наряду с проведением всех обязательных исследований (для исключения инвазии широким лентецом, энтерита и т. п.) необходимо убедиться с помощью гастроскопии или рентгенологического исследования в отсутствии рака желудка.

Л е ч е н и е. Цианокобаламин (витамин B_{12}) вводят ежедневно п/к в дозе 200—500 мкг 1 раз в день в течение 4—6 нед. После нормализации кроветворения и состава крови, наступающей через 1,5—2 мес, витамин вводят 1 раз в неделю в течение 2—3 мес, затем в течение полугода 2 раза в месяц (в тех же дозах, что и в начале курса). В дальнейшем больных следует поставить на диспансерный учет; профилактически им вводят витамин B_{12} 1—2 раза в год короткими курсами по 5—6 инъекций. Эта рекомендация может быть изменена в зависимости от динамики показателей крови, состояния кишечника, функции печени.

Диагностику заболевания, самым сложным элементом которой является костномозговая пункция, и лечение витамином B_{12} можно провести в амбулаторных условиях. Длительность нетрудоспособности определяется выраженностью анемии и неврологическими нарушениями. Стойкой утраты трудоспособности при этом заболевании практически не бывает. Опасным, угрожающим жизни осложнением дефицита витамина B_{12} является развитие комы. Чаще это состояние наблюдается в глубокой старости у лиц, которым задолго до этого осложнения исследовали периферическую кровь или вообще не проверяли кровь десятки лет. Старикам, стационируемым в коматозном состоянии, после установления низкого уровня гемоглобина необходимо немедленно произвести стернальную пункцию, окрасить мазок и, увидев картину

В$_{12}$-дефицитной мегалобластной анемии, начать введение больших доз витамина; переливание эритроцитной массы начинают только при выявлении низкого уровня гемоглобина.

Фолиево-дефицитная анемия — мегалобластная анемия, сходная в основных проявлениях с В$_{12}$- дефицитной анемией; развивается при дефиците фолиевой кислоты. Нарушение всасывания фолиевой кислоты наблюдается у беременных, страдающих гемолитической анемией или злоупотреблявших алкоголем до беременности, у недоношенных детей, особенно при вскармливании их козьим молоком, у лиц, перенесших резекцию тонкой кишки, при тропической спру и целиакии, у страдающих алкоголизмом, а также при длительном приеме противосудорожных препаратов типа фенобарбитала, дифенина. Клиническая картина, картина крови и костного мозга аналогичны таковым при дефиците витамина В$_{12}$, но обычно не бывает глоссита и фуникулярного миелоза.

Диагноз фолиево-дефицитной анемии можно достоверно установить по снижению уровня фолиевой кислоты в эритроцитах и сыворотке крови. В практической работе это трудно осуществимо. Обнаружение мегалобластного характера анемии при описанных выше состояниях является достаточным основанием для назначения фолиевой кислоты в дозе 5—15 мг/сут внутрь (такая доза обеспечивает лечебный эффект даже после резекции тонкой кишки, при энтеритах и т. п.). Ретикулоцитарный подъем через 1,5—2 нед лечения свидетельствует о правильности диагностики. Профилактика фолиево-дефицитной анемии заключается в назначении фолиевой кислоты лицам, перенесшим ее дефицит однажды и страдающим одним из состояний, описанных выше. Фолиевую кислоту следует назначать беременным, болеющим гемолитической анемией.

Кроме описанных, встречаются рецессивно наследуемые формы мегалобластных анемий, когда анемия наряду с другими признаками встречается у детей и не поддается лечению витамином В$_{12}$ и фолиевой кислотой. Эти больные должны обследоваться в специализированных учреждениях.

Гемолитические анемии связаны с усиленным разрушением эритроцитов. Все гемолитические состояния характеризуются увеличением в крови содержания продуктов распада эритроцитов — билирубина или свободного гемоглобина или появлением гемосидерина в моче. Важный признак — значительное нарастание в крови процента «новорожденных» эритроцитов — ретикулоцитов за счет повышения продукции клеток красной крови. Костный мозг при гемолитических анемиях характеризуется значительным увеличением числа клеток красного ряда.

Наследственный микросфероцитоз. Э т и о л о г и я, п а т о г е н е з. Болезнь наследуется по доминантному типу. В основе гемолиза лежит дефект структуры мембраны эритроцитов, что вызывает ее повышенную проницаемость и способствует проникновению внутрь эритроцитов избытка натрия и накоплению воды. Эритроциты приобретают сферическую форму, повреж-

даясь при прохождении через узкие пространства синусов селезенки. Поврежденные клетки захватываются макрофагами (внутриклеточный гемолиз); превращение в них гемоглобина в билирубин ведет к непрямой гипербилирубинемии, желтухе.

К л и н и ч е с к а я к а р т и н а. Внутриклеточный распад эритроцитов определяет клинические проявления болезни — желтуху, увеличение селезенки, анемию, склонность к образованию камней в желчном пузыре, характерные морфологические изменения эритроцитов, ретикулоцитоз. Первые клинические проявления болезни могут быть в любом возрасте, хотя в действительности она начинается с рождения. Весьма редкий и неспецифический признак болезни — образование трофических язв на голенях. Длительно, с раннего детства, существующий гемолиз сопровождается гиперплазией костного мозга, что в свою очередь ведет к нарушению костеобразования. Отмечаются деформация челюстей с неправильным расположением зубов, высокое небо, выступающий лоб, легкая микрофтальмия и т. п. Селезенка пальпируется всегда.

Картина крови: микросфероцитоз эритроцитов, высокий ретикулоцитоз, обычно исчисляемый десятками процентов, нормохромная анемия разной выраженности, иногда число эритроцитов и гемоглобин нормальные. В период гемолитического криза возможен нейтрофильный лейкоцитоз. Очень редко возникают так называемые арегенераторные кризы, когда повышенный гемолиз в течение нескольких дней не сопровождается эритропоэзом; ретикулоциты исчезают из крови, быстро нарастает анемия, уровень билирубина падает. Сфероцитозу эритроцитов соответствует их пониженная осмотическая стойкость. Средний диаметр эритроцитов уменьшается, соответственно увеличивается их толщина, в связи с чем в большинстве клеток не видно центрального просветления, так как эритроцит из двояковогнутого превращается в шаровидный.

Д и а г н о з. Желтуха, увеличенная селезенка, сфероцитоз эритроцитов, их пониженная осмотическая стойкость, высокий ретикулоцитоз, деформация лицевого черепа и увеличение селезенки делают диагноз наследственного сфероцитоза несомненным. Как правило, аналогичные симптомы удается обнаружить у одного из родителей больного, хотя их выраженность может быть иной. В редких случаях родители совершенно здоровы. Трудности диагностики часто обусловлены желчнокаменной болезнью, обычно сопровождающей наследственный микросфероцитоз (из-за образования в протоках и желчном пузыре билирубиновых камней). Свойственная гемолизу непрямая билирубинемия при холелитиазе сменяется прямой — возникает механическая желтуха. Болезненность в области желчного пузыря, некоторое увеличение печени — обычные признаки при наследственном микросфероцитозе. Нередко в течение многих лет больных ошибочно рассматривают как лиц, страдающих заболеванием желчевыводящих путей или печени. Одним из источников ошибок является отсутствие сведений о ретикулоцитах.

Сфероцитоз эритроцитов и другие признаки гемолиза (желтуха, увеличение селезенки, ретикулоцитоз) встречаются и при аутоиммунных гемолитических анемиях. Однако в отличие от наследственного микросфероцитоза при них не бывает изменений лицевого черепа, признаков наследственного микросфероцитоза у кого-либо из родителей; при первых клинических проявлениях аутоиммунного гемолиза еще не отмечается существенного увеличения селезенки, болезненности в области желчного пузыря, но анизоцитоз и пойкилоцитоз эритроцитов выражены больше, чем при микросфероцитозе. В сомнительных случаях необходимо ставить пробу Кумбса, которая бывает положительной (прямая проба) в большинстве случаев аутоиммунной гемолитической анемии и отрицательной при наследственном микросфероцитозе. Характерные для наследственного микросфероцитоза изменения выявляются в кислотной эритрограмме: обнаруживаются резкое увеличение устойчивости эритроцитов к действию хлористоводородной кислоты с типичной кривой их лизиса во времени, уменьшение их стойкости после отмывания.

Л е ч е н и е. Радикальный метод — спленэктомия, показанная при выраженном гемолизе, анемии, желчнокаменной болезни, трофических язвах голени. У детей спленэктомию желательно проводить в возрасте после 7—8 лет, однако выраженная анемия, тяжелые гемолитические кризы являются прямым показанием к операции в любом возрасте. После операции наступает практическое выздоровление у всех больных, хотя остаются сфероцитоз эритроцитов и весьма небольшие признаки повышенного гемолиза. При калькулезном холецистите одновременно со спленэктомией может быть произведена холецистэктомия. При арегенераторных кризах переливают эритроцитную массу, иногда назначают преднизолон до 40—60 мг в день.

Наследственный овалоцитоз (эллиптоцитоз) — доминантно наследуемая аномалия эритроцитов, иногда осложняющаяся повышенным гемолизом. У большинства носителей аномалии признаков повышенного гемолиза нет. Клиническая картина болезни при гемолизе соответствует наследственному микросфероцитозу. Диагноз устанавливают на основании овалоцитоза большинства эритроцитов и признаков внутриклеточного гемолиза (желтуха, ретикулоцитоз, увеличение селезенки).

Л е ч е н и е. При выраженном гемолизе — спленэктомия.

Наследственный стоматоцитоз — доминантно наследуемая аномалия формы эритроцитов, иногда осложняющаяся внутриклеточным гемолизом. Сама по себе аномалия протекает бессимптомно.

П а т о г е н е з гемолитического синдрома, по-видимому, аналогичен таковому при наследственном сфероцитозе.

К л и н и ч е с к а я к а р т и н а гемолитического синдрома характеризуется желтухой, ретикулоцитозом, увеличением селезенки. Специфическая особенность эритроцитов при этом заболевании — две своеобразные соединяющиеся по краям клетки линии в области центрального просветления эритроцита. Они придают ему форму рта, отсюда и название аномалии.

Л е ч е н и е. При выраженном гемолитическом синдроме — спленэктомия.

Гемолитические анемии, обусловленные дефицитом глюкозо-6-фосфатдегидрогеназы (Г-6-ФДГ). Болезнь широко распространена в ряде стран Азии и Африки. В СССР встречается в Азербайджане, реже в других республиках Закавказья, спорадически — повсеместно. Ген, регулирующий синтез Г-6-ФДГ, располагается в Х-хромосоме. Нарушения в структуре этого гена, ведущие к дефициту фермента, встречаются преимущественно у мужчин. Генетические нарушения в данном структурном гене варьируют довольно широко: активность фермента в одних случаях лишь слегка ниже нормальной, в других — почти отсутствует. Весьма разнообразны патологические процессы, связанные с дефицитом Г-6-ФДГ. Клинически они проявляются гемолитическими кризами в ответ на прием некоторых лекарств, употребление в пищу конских бобов, но возможен и хронический гемолитический процесс, обостряющийся под влиянием тех же провоцирующих воздействий.

П а т о г е н е з повышенного гемолиза при дефиците Г-6-ФДГ не совсем ясен. Нарушение восстановительных процессов в эритроците ведет к окислению гемоглобина, выпадению в осадок цепей глобина, повышенному разрушению таких эритроцитов в селезенке.

К л и н и ч е с к а я к а р т и н а. Гемолитический криз при дефиците Г-6-ФДГ характеризуется появлением темной мочи (гемосидерин и свободный гемоглобин в моче), небольшой желтухой на 2—3-й день приема медикамента, спровоцировавшего гемолиз. Дальнейший прием этого лекарства ведет к тяжелому внутрисосудистому гемолизу с повышением температуры тела, болью в костях рук и ног, в тяжелых случаях — падением АД, анемической комой. В крови — нейтрофильный лейкоцитоз (иногда очень высокий) со сдвигом до миелоцитов, выраженная анемия, высокий ретикулоцитоз. Моча темно-бурого цвета. Уровень билирубина умеренно повышен за счет непрямого. Провокаторами гемолиза являются хинин, акрихин, примахин, сульфаниламиды (в том числе и противодиабетические средства), нитрофураны, производные 8-оксихинолина (нитроксолин и др.), налидиксовая кислота (невиграмон), изониазид (тубазид), фтивазид, ПАСК, антипирин, фенацетин, амидопирин, ацетилсалициловая кислота, викасол. Этими препаратами, вероятно, не исчерпывается список провокаторов гемолитического криза при дефиците Г-6-ФДГ. Его уточнению мешает провоцирующая роль самой инфекции, ставшей причиной назначения лекарства. Поскольку тяжесть поражения связана с дозой препарата, его немедленная отмена ведет к стиханию гемолиза. Иногда отмечается временное прекращение гемолиза, несмотря на продолжающийся прием провоцировавшего медикамента (возможно, в связи с выходом в кровь большого числа повышенно стойких молодых форм эритроцитов). Тяжелый гемолитический криз может вызвать острый некронефроз с развитием тяжелой почечной недостаточности.

Особой формой болезни является *тяжелый гемолитический криз у новорожденных,* клиническая картина которого соответствует резус-конфликту.

Фавизм — развитие острого гемолитического синдрома у некоторых лиц с дефицитом Г-6-ФДГ в ответ на употребление с пищей конских бобов или попадание в легкие пыльцы этого растения. Картина гемолитического криза соответствует описанной при приеме лекарств, но развивается раньше — уже через несколько часов после употребления этих бобов появляется тяжелый гемолиз с развитием почечной недостаточности. Гемолиз, спровоцированный цветочной пыльцой этих бобов, возникает через несколько минут после контакта с ней, протекает легко.

Наряду с гемолитическими кризами при дефиците Г-6-ФДГ возможен постоянный гемолиз с небольшой желтухой, умеренной анемией, повышением в крови процента ретикулоцитов, увеличением размеров селезенки. Воздействие описанных провоцирующих факторов, в том числе и инфекции, усиливает гемолиз. Диагноз с достоверностью может быть поставлен лишь при использовании методов, определяющих активность Г-6-ФДГ в эритроцитах. В дифференцировке с иммунным гемолизом определенную помощь оказывает реакция Кумбса, особенно при гемолитической болезни новорожденного, когда нет несовместимости по резус-антигену. Поскольку дефицит Г-6-ФДГ распространен в Закавказье, особенно в Азербайджане, гемолитический криз у этнических представителей этого региона всегда требует исключения данного заболевания. Хронические формы повышенного гемолиза необходимо дифференцировать прежде всего от талассемии, гемоглобинопатий, зона распространения которых совпадает с дефицитом Г-6-ФДГ.

Л е ч е н и е. Отмена медикамента, вызвавшего гемолитический криз. Рибофлавин по 0,015 г 2—3 раза в день внутрь, эревит по 2 мл 2 раза в день в/м. При тяжелом гемолитическом кризе для предупреждения почечной недостаточности в/в медленно вводят 5 % раствор гидрокарбоната натрия (реополиглюкин противопоказан при почечной недостаточности), фуросемид (лазикс) — по 40—60 мг и более в/в повторно для усиления диуреза. При развитии анурии используют плазмаферез, при необходимости — гемодиализ. Тяжелый анемический синдром с начальными признаками анемической комы может быть основанием для переливания эритроцитов. В связи с тем что иногда вопрос о гемотрансфузиях приходится решать до установления природы гемолитического криза, следует пользоваться отмытыми эритроцитами (лучше размороженными).

П р о ф и л а к т и к а. Тщательный сбор анамнеза. Каждый носитель дефекта должен быть снабжен списком противопоказанных ему лекарственных препаратов и осведомлен об опасности употребления в пищу конских бобов.

Профилактические прививки носителям данного дефекта следует проводить лишь по строгим эпидемиологическим показаниям.

Талассемии — группа наследственных гемолитических анемий, характеризующихся выраженной гипохромией эритроцитов при нормальном или повышенном уровне железа в сыворотке крови. Часто повышено содержание билирубина в крови, отмечаются умеренный ретикулоцитоз, увеличение селезенки. В нашей стране болезнь распространена преимущественно в Азербайджане, реже встречается в Грузии, Армении, Таджикистане, Узбекистане; спорадические случаи могут быть повсеместно. При талассемии нарушается синтез одной из четырех цепей глобина. Наследование патологии от одного (гетерозиготность) или обоих родителей (гомозиготность), тип нарушенной цепи определяют выраженность клинических проявлений.

П а т о г е н е з повышенной гибели эритроцитов связан с нарушенной структурой клетки из-за неправильного соотношения цепей глобина в ней. Кроме укорочения жизни эритроцитов, при талассемии происходит гибель эритрокариоцитов костного мозга — так называемый неэффективный эритропоэз.

К л и н и ч е с к а я к а р т и н а гомозиготной талассемии характеризуется тяжелой гипохромной анемией, резко выраженным анизоцитозом эритроцитов, наличием мишеневидных форм (вместо нормального просветления в центре определяется пятно гемоглобина, напоминающее мишень). Раннее начало гемолиза, сопровождающегося резкой гиперплазией костного мозга, ведет к грубым нарушениям лицевого черепа (квадратный, башенный череп, седловидный нос, нарушения прикуса, расположения зубов и т. п.). Рано начавшаяся анемия обусловливает физическое и умственное недоразвитие ребенка. Отмечается небольшая желтушность (за счет непрямого билирубина). Селезенка увеличена. Рентгенологически определяются утолщение и своеобразное строение губчатого слоя костей свода черепа: «волосатая» структура. Больные подвержены инфекционным заболеваниям. При тяжелой анемии дети умирают на первом году жизни. Встречаются и менее тяжелые формы гомозиготной талассемии, когда больные доживают до зрелого возраста.

Гетерозиготная талассемия может протекать с умеренной гипохромной анемией, небольшим ретикулоцитозом, легкой желтушностью, незначительным увеличением селезенки. Однако признаки повышенного гемолиза при гетерозиготном носительстве могут отсутствовать. Морфология эритроцитов аналогична описанной, хотя выраженность изменений при этом меньшая.

Картина крови при талассемиях характеризуется описанной выше морфологией эритроцитов, низким цветовым показателем. Число эритроцитов нормальное или слегка увеличенное, лейкограмма, число тромбоцитов не меняются. Диагностический признак — нормальные или повышенные цифры сывороточного железа.

Диагноз. Талассемия может быть заподозрена при обнаружении гипохромной анемии с резко выраженным анизоцитозом эритроцитов, их мишеневидностью (признак не абсолютно специфический), увеличением селезенки, нормальным уровнем сывороточного железа. Если при железодефицитной анемии прием препаратов железа сопровождается подъемом уровня ретикулоцитов в крови к середине или концу второй недели лечения, то при талассемии прием железа не меняет уровня ретикулоцитов. Форма талассемии может быть определена лишь при специальном исследовании цепей глобина.

Лечение тяжелых гомозиготных форм сводится к коррекции анемии с помощью переливаний эритроцитов в таком количестве, которое позволяет удерживать гемоглобин на уровне 85 г/л (так называемая супертрансфузия), выводя при этом избытки железа десфералом. Одним из рано применяемых методов терапии может быть трансплантация костного мозга. При тяжелом гемолизе и значительном увеличении селезенки показана спленэктомия, однако к ней редко приходится прибегать при талассемии.

Профилактика. Поскольку тяжелая гомозиготная форма болезни чаще встречается в браках кровных родственников, необходимо предупреждать такие браки.

Серповидно-клеточная анемия. В большой группе заболеваний, обусловленных нарушениями аминокислотного состава глобина,— гемоглобинопатий наиболее распространенной является серповидно-клеточная анемия. Болезнь встречается в двух формах: гомозиготной (тяжелой) и гетерозиготной; последняя осложняется анемическим кризом лишь в особых условиях кислородного голодания. Сама по себе аномалия структуры глобина (замена в бета-цепи глобина глутаминовой кислоты на валин) наследуется доминантно, однако клинически яркие проявления болезни возникают лишь у гомозигот, т. е. наследуются рецессивно. Серповидно-клеточная анемия распространена в Центральной Африке, спорадические случаи встречаются среди выходцев из Африки повсеместно; в СССР очаги распространения серповидно-клеточной анемии отмечены в Закавказье.

Клиническая картина гомозиготной формы складывается из ранней тяжелой гемолитической анемии, имеющей нормохромный или гиперхромный характер. Физическая и некоторая умственная отсталость, связанная с рано развившимся и глубоким анемическим синдромом, сопровождается нарушениями скелета: дети худы с удлиненными конечностями, череп своеобразно деформированный, высокий, суженный, имеет часто утолщенный шов лобных частей в виде гребня. Характерны тромботические осложнения. Тромбозы сосудов, питающих кости, сопровождаются сильной болью в длинных трубчатых костях и суставах, их припухлостью. Наблюдаются асептические некрозы головок бедренной и плечевой костей. Нередко возникают тромбозы мезентериальных сосудов,

инфаркты легких. Гемолитический криз обычно протекает с высокой температурой, выраженным нейтрофильным лейкоцитозом с омоложением формулы, тромбоцитозом. Массивный внутрисосудистый гемолиз при кризе сопровождается выделением темной мочи, в которой определяется гемосидерин. Нередко встречаются язвы голеней. В начале болезни часто увеличена селезенка, в дальнейшем из-за повторных инфарктов она сморщивается и перестает пальпироваться. Печень также несколько увеличена.

Картина крови: нормохромная анемия, выраженный анизоцитоз эритроцитов, присутствие своеобразных форм, напоминающих полудиск, небольшое число мишеневидных эритроцитов. Настоящие серповидные эритроциты выявляются лишь при специальной пробе с метабисульфитом натрия, который, действуя как восстановитель, вызывает недостаток кислорода в эритроцитах, что ведет к кристаллизации гемоглобина в них и появлению серповидных форм. Снятие покровного стекла с препарата — доступ кислорода — ведет к восстановлению нормальной формы эритроцитов.

Клинические проявления гетерозиготной формы наблюдаются лишь при гемолитических кризах, спровоцированных аноксическими состояниями (полет в самолете без герметизации кабины, тяжелая пневмония, наркоз и т. п.). Криз сопровождается множественными тромботическими осложнениями. В крови анемия, нейтрофильный лейкоцитоз, тромбоцитоз. Эритроциты претерпевают те же изменения, что и при гомозиготной форме, та же проба выявляет серповидность. Электрофорез гемоглобина при гомозиготной форме обнаруживает присутствие лишь S-гемоглобина, а при гетерозиготной — как S-, так и A-фракцию гемоглобина.

Лечение. В период гемолитического криза — госпитализация больного и согревание, так как при низкой температуре признаки серповидности выражены больше. Внутрь назначают ацетилсалициловую кислоту (в качестве дезагреганта и фактора, меняющего сродство гемоглобина к кислороду) в дозе 0,5 г 3 раза в день. При тяжелой анемии переливают эритроцитную массу.

Кроме серповидно-клеточной гемоглобинопатии, встречаются и другие аномалии гемоглобина, обычно дающие гемолитический синдром лишь в гомозиготном состоянии: отмечаются небольшая желтуха, увеличение селезенки, анизоцитоз и иногда мишеневидность эритроцитов, ретикулоцитоз. Электрофорез гемоглобина позволяет уточнить характер гемоглобинопатии. Может встречаться гетерозиготность двух патологических гемоглобинов или их сочетание с талассемией.

Гемолитические анемии при нестабильных гемоглобинах. Особую группу гемолитических анемий представляет носительство нестабильных гемоглобинов; их неустойчивость к воздействию окислителей, нагреванию возникает в результате замен аминокислот в альфа- или бета-цепи глобина. Болезни наследуются по доминантному типу, встречаются редко, гомозиготные формы отсутствуют.

К л и н и ч е с к а я   к а р т и н а   характеризуется гемолитическим синдромом (желтуха, ретикулоцитоз, анемия, увеличение селезенки). У одних больных гемолиз протекает почти бессимптомно, у других выражен. Анемия обычно нормохромная, отмечаются анизоцитоз, иногда тельца Гейнца, небольшая мишеневидность эритроцитов; встречается их базофильная пунктация. Последние два феномена позволяют предполагать носительство нестабильного гемоглобина.

Д и а г н о з. При воздействии на эритроциты различных окисляющих агентов, например бриллиантового крезилового синего, нестабильный гемоглобин подвергается денатурации и выпадает в осадок в виде мелких круглых включений. В ряде случаев проверяется термостабильность эритроцитов.

Л е ч е н и е   разработано недостаточно; при спленомегалии и выраженном гемолитическом синдроме спленэктомия в большинстве случаев несколько уменьшает интенсивность гемолиза.

Пароксизмальная ночная гемоглобинурия (ПНГ, болезнь Маркьяфавы — Микеле, пароксизмальная ночная гемоглобинурия с постоянной гемосидеринурией, болезнь Штрюбинга — Маркьяфавы) — своеобразная приобретенная гемолитическая анемия, протекающая с постоянным внутрисосудистым гемолизом, гемосидеринурией, угнетением грануло- и тромбоцитопоэза.

П а т о г е н е з   болезни связан с внутрисосудистым разрушением эритроцитов, дефектных в значительной своей части. Наряду с патологической популяцией эритроцитов сохраняется и часть нормальных клеток, имеющих нормальный срок жизни. Обнаружены нарушения в структуре гранулоцитов и тромбоцитов. Болезнь не является наследственной, но какие-либо внешние факторы, провоцирующие образования дефектной популяции клеток, которая является клоном, т. е. потомством одной первоначально измененной клетки, не известны. Тромботические осложнения при ПНГ связаны с внутрисосудистым гемолизом, провоцирующим тромбообразование. Происхождение важного, но далеко не обязательного признака болезни — пароксизмов гемоглобинурии ночью или утром — остается неясным. Пароксизм связан не со временем суток, а со сном, который днем также может вызвать криз. Отмечается повышенная комплементчувствительность патологических эритроцитов при ПНГ. Возможно, именно это является основой для провокации гемолитического криза переливанием свежей крови, в которой содержатся факторы, активирующие комплемент. Переливание крови, хранившейся более недели, гемолиз не провоцирует.

К л и н и ч е с к а я   к а р т и н а. Заболевание развивается медленно: появляются признаки умеренной анемии, слабость, утомляемость, сердцебиение при нагрузке, боль в животе, нередко связанная с тромбозом мезентериальных сосудов. Кожа и слизистые оболочки бледно-желтушные, сероватые в связи с анемией и отложением гемосидерина. Характерны признаки внутрисосудистого гемолиза. Появление черной мочи — непостоянный признак. Поскольку ПНГ часто сопровождается лейкопенией (преимущественно за счет гранулоцитопении), возможны хронические инфекционные осложнения. Тромбоцитопения может осложниться геморрагическим синдромом. Длительное выделение с мочой гемоглобина и гемосидерина постепенно ведет к развитию железодефицитного состояния — возникает астенический синдром, появляются сухость кожи, ломкость ногтей.

Картина крови характеризуется вначале нормохромной, а затем гипохромной анемией, небольшим ретикулоцитозом (2—4 % и более), лейкопенией и тромбоцитопенией. Морфология эритроцитов не имеет характерных признаков. В костном мозге наблюдается гиперплазия красного ростка, но в трепанате отмечается незначительное увеличение клеточности костного мозга, который по мере развития болезни может стать гипопластичным. В связи с постоянно текущим внутрисосудистым гемолизом в плазме повышено содержание свободного гемоглобина (в норме менее 0,05 г/л). Уровень сывороточного железа вначале нормален, затем может быть значительно снижен. Наряду с типичным началом болезни, когда преобладает гемолитический синдром, возможно развитие картины апластического синдрома, который через несколько лет может осложниться гемолитическим кризом с типичной ночной гемоглобинурией. Чаще гемолитический криз провоцирует переливание крови.

Д и а г н о з   устанавливают на основании признаков внутрисосудистого гемолиза (анемия, небольшой ретикулоцитоз, гемосидерин в моче). Уточняют диагноз специальными исследованиями (положительная сахарозная проба, проба Хема, отрицательная проба Кумбса).

Похожая по внешним проявлениям на ПНГ гемолизиновая форма аутоиммунной гемолитической анемии, протекающая с внутрисосудистым гемолизом, характеризуется наличием гемолизинов в сыворотке крови, положительной пробой Кумбса. В отличие от ПНГ при ней нет лейкопении и тромбоцитопении, обычно хороший эффект дает преднизолон. Отличить от апластической анемии ПНГ позволяет картина костного мозга: при аплазии трепанат характеризуется преобладанием жира, при гемолизе — клеточной гиперплазией, однако в редких случаях ПНГ может развиться картина гипоплазии костного мозга, хотя в моче постоянно обнаруживают гемосидерин, а в крови — ретикулоцитоз.

Л е ч е н и е   при отсутствии выраженной анемии не проводится. Тяжелый анемический синдром требует переливания эритроцитов; наилучшие результаты дает переливание отмытых или выдержанных в течение 7—10 дней эритроцитов. При гипоплазии кроветворения показаны анаболические стероиды: неробол по 10—20 мг в день или ретаболил по 50 мг в/м в течение 2—3 нед. Применяют препараты железа, но они могут иногда провоцировать гемолитический криз. Для предупреждения криза железо назначают в малых дозах на фоне лечения анаболическими стероидами. При тромбозах показан гепарин: при первой инъекции в/в вводят 10 000 ЕД, затем по 5000—10 000 ЕД 2—3 раза в день под кожу живота (тонкой иглой на глубину 2 см в жировую клетчатку) под контролем свертывания крови. Противопоказания к лечению гепарином — недавнее обострение язвенной болезни желудка или двенадцатиперстной кишки, а также наличие источников кровотечения.

Иммунные гемолитические анемии развиваются под воздействием антител на эритроциты. Основные формы иммунных гемолитических анемий: 1) аутоиммунные, обусловленные появлением в организме антител против собственных эритроцитов; 2) гаптеновые, вызванные фиксацией на эритроцитах чуждых для организма антигенов — гаптенов (лекарства, вирусы и т. п.) с антителами, образованными в ответ на соединение с попаданием в организм новорожденного антител матери, направленных против эритроцитов ребенка (при несовместимости ребенка и матери по Rh-антигену и гораздо реже по антигенам системы АВ0).

Аутоиммунные гемолитические анемии. В основе патологического процесса лежит срыв иммунологической нечувствительности к собственному антигену..

К л и н и ч е с к а я   к а р т и н а   болезни складывается из признаков анемического синдрома; тяжесть состояния больных определяется выраженностью и остротой развития анемии. При хроническом, медленно развивающемся процессе первым признаком болезни может быть небольшая желтуха (за счет непрямого билирубина); одновременно выявляется и анемия. В других случаях начало болезни характеризуется бурным гемолизом с быстро нарастающей анемией и желтухой. Нередко повышается температура тела. Часто увеличивается селезенка. Возможно увеличение печени за счет холелитиаза, жировой дистрофии. Обычно выслушивается функциональный систолический шум на верхушке и на основании сердца, нередко определяется раздвоение II тона.

Картина крови характеризуется нормохромной анемией (при остром гемолизе уровень гемоглобина может падать до катастрофических цифр, больной может впадать в анемическую кому). Морфология эритроцитов существенно не меняется, но иногда отмечается их микросфероцитоз, что требует дифференцировки от наследственного микросфероцитоза. При остром гемолизе в крови могут определяться единичные эритрокариоциты. Уровень ретикулоцитов высок. Белая кровь существенно не меняется, но гемолитический криз может сопровождаться непродолжительным нейтрофильным лейкоцитозом (назначение стероидных гормонов при гемолизе может сопровождаться очень высоким нейтрофильным лейкоцитозом со сдвигом до промиелоцитов). Число тромбоцитов обычно нормальное. Однако встречается аутоиммунный цитолиз, касающийся двух ростков — тромбоцитарного и эритроцитарного (синдром Ивенса — Фишера). В этом случае клинически определяются признаки гемолитической анемии и тромбоцитопенической пурпуры. Костный мозг при аутоиммунной гемолитической анемии характеризуется раздражением красного ростка (при сочетании гемолиза с тромбоцитопенией в костном мозге отмечается высокий мегакариоцитоз), но нередко можно встретить высокий процент ретикулярных клеток — своеобразных элементов с грубоструктурным ядром с нуклеолой и широкой цитоплазмой, содержащей скудную азурофильную зернистость. Биохимические исследования обнаруживают, помимо гипербилирубинемии, увеличение содержания гамма-глобулинов, которые в отдельных случаях могут иметь моноклоновый характер.

Прогнозировать течение гемолитического процесса невозможно, дозу назначаемых стероидных гормонов приходится нередко повышать (первая доза — обычно 60 мг в день), если нет ответа на первую. Заболевание может проявиться единственным эпизодом гемолиза либо принять хроническое течение.

Наряду с этой наиболее частой формой аутоиммунной гемолитической анемии, при которой поврежденные аутоантителами эритроциты поглощаются макрофагальными клетками селезенки (внутриклеточный гемолиз), встречается форма болезни с внутрисосудистым гемолизом. Отличительная особенность при этом — выделение темной мочи за счет гемоглобинурии и гемосидеринурии. При тяжелом гемолизе возможны тромбозы в системе мезентериальных сосудов с появлением сильной приступообразной боли в животе и вздутием его за счет пареза кишечника. Как правило, тромбируются мелкие сосуды и гангрена кишечника не развивается, в оперативном вмешательстве потребность не возникает. Иногда может отмечаться внутрисосудистый гемолиз в ответ на охлаждение (холодовая гемоглобинурия). Эта форма гемолитической анемии связана с действием гемолизинов сыворотки крови на эритроциты больного.

Изредка (в основном у лиц пожилого возраста) встречаются формы внутриклеточного гемолиза, вызванного холодовыми агглютининами к эритроцитам. Провокатором такого гемолиза обычно является резкое охлаждение. Заболевание приобретает хроническое течение. Больные, как правило, плохо переносят холод; возможно развитие гангрены пальцев после длительного пребывания на холоде. Специфическим признаком данного процесса является аутоагглютинация эритроцитов во время взятия крови при комнатной температуре, что может помешать определению уровня эритроцитов и СОЭ. Кровь может агглютинировать в мазке, в пробирке. При подогревании агглютинация исчезает. В сыворотке крови больных при определении белковых фракций находят градиент моноклональных иммуноглобулинов, относящихся к холодовым антителам.

Диагноз аутоиммунной гемолитической анемии устанавливают на основании общих признаков гемолиза (повышение уровня билирубина в крови или появление гемосидерина в моче, повышение процента ретикулоцитов в крови и обнаружение аутоантител на поверхности эритроцитов с помощью пробы Кумбса, которая бывает положительной почти в 60 % случаев аутоиммунного гемолиза). Более высокий процент положительных находок дает агрегатгемагглютинационная проба. Обе пробы могут быть поставлены в специализированных учреждениях. С диагностической целью, но лишь в исключительных случаях, может быть проведена терапия стероидными гормонами, которые уменьшают или ликвидируют повышенный гемолиз в течение нескольких дней. Диагностику и разработку конкретной программы лечения при аутоиммунной гемолитической анемии осуществляют в условиях специализированного учреждения. Последующее лечение обычно проводят амбулаторно.

Лечение. Начинают терапию обычно с назначения 60 мг преднизолона (для взрослых) в день. При тяжелом гемолитическом процессе с бурно прогрессирующей анемией дозу преднизолона быстро увеличивают до 100—200 мг в день. Неэффективность стероидной терапии, выявляемая по нарастанию анемии, процента ретикулоцитов, может потребовать проведения спленэктомии уже в самом начале болезни. Обычно вопрос о спленэктомии приходится решать после нескольких месяцев консервативного лечения. По жизненным показаниям и при неэффективности спленэктомии назначают иммунодепрессанты (циклофосфан, азатиоприн, метотрексат и др.). При тяжелом анемическом синдроме переливают подобранную по непрямой пробе Кумбса кровь или отмытые (лучше замороженные) эритроциты.

Апластические (гипопластические) анемии — группа заболеваний, характеризующихся нарастающим уменьшением содержания форменных элементов в периферической крови и костном мозге.

Этиология, патогенез. Различают апластические анемии с известной причиной и идиопатическую форму. В основе первых могут лежать токсическое воздействие некоторых медикаментов (например, левомицетина), химических веществ (например, бензола), аутоагрессия и появление антител к кроветворным клеткам в результате изменения их антигенной структуры под влиянием вирусной инфекции, медикаментов — гаптенов. Причины идиопатической апластической анемии неясны.

Клиническая картина сводится к нарастающей анемии, тромбоцито- и лейкоцитопении. Панцитопения сопровождается инфекционными осложнениями, повышенной кровоточивостью. Заболевание может развиваться постепенно, исподволь или иметь острое начало с быстро нарастающей панцитопенией, тяжелым геморрагическим синдромом. В крови: нормохромная анемия без выраженного анизоцитоза, содержание ретикулоцитов может быть очень низким или несколько повышенным (обычно не более 2—3 %), общее число лейкоцитов и тромбоцитов снижено. В пунктате костного мозга — очень малая клеточность, в трепанате — костномозговые пространства почти целиком заполнены жиром, очаги кроветворения редки и малоклеточны. Именно картина трепаната является решающим диагностическим признаком.

Лечение должно проводиться в условиях специализированного стационара. Применение анаболических стероидов, глюкокортикоидов, спленэктомии позволяет добиваться не только ремиссий, но и выздоровления во многих случаях. У 40—60 % больных оказывается эффективной трансплантация костного мозга (донорами могут быть родные брат и сестра, совместимые по HL-A).

БОЛЕЗНЬ ГОШЕ относится к сфинголипидозам — болезням хранения липидов; обусловлена дефектом гена, ответственного за синтез лизосомального гидролитического фермента бета-глюкоцереброзидазы (бета-глюкозидазы). Дефект и дефицит этого фермента ведут к нарушению утилизации липидов — глюкоцереброзидов и накоплению их в макрофагах преимущественно костного мозга, селезенки, печени. Выделяют три типа болезни Гоше. Тип 1 (доброкачественный) в 30 раз чаще встречается у евреев (западноевропейской группы Ашкенази); неврологические нарушения при этом отсутствуют, висцеральные изменения связаны преимущественно с кроветворными органами, увеличением селезенки, явлениями гиперспленизма, деструкцией костной ткани. При двух других типах какого-либо этнического преобладания не отмечено. Тип 2 представляет собой злокачественную форму процесса с грубыми неврологическими нарушениями, которые проявляются уже у новорожденных и ведут к смерти в первые 2 года жизни. Тип 3 отличается вариабельностью висцеральных и неврологических нарушений; по течению он менее злокачествен, чем тип 2. Разнообразие форм болезни Гоше обусловлено гетерогенностью мутаций гена бета-гликозидазы.

Этиология. Болезнь Гоше наследуется рецессивно; дети больного родителя, как правило, не заболевают. Однако есть случаи болезни племянников, тетей и дядей. Мутация гена, ведущая к болезни Гоше, очевидно, способствовала эволюционному отбору лиц с этим дефектом, что обусловило распространенность этой мутации в одной из этнических групп.

Патогенез. Накопление липидов — глюкоцереброзидов в макрофагах; за счет их размножения увеличиваются селезенка, печень, нарушается структура трубчатых костей.

Клиническая картина. Вначале бессимптомное увеличение селезенки, затем печени, боль в костях. В крови постепенно нарастает цитопения. В костном мозге, печени и селезенке обилие клеток Гоше.

Диагноз устанавливают по обнаружению специфических клеток Гоше (лимфоцитоподобное ядро, эксцентрично расположенное, и очень широкая светлая цитоплазма с чуть приметной циркулярной исчерченностью) в пунктате селезенки (пункцию ее можно делать только в стационаре) или в костном мозге.

Лечение злокачественной формы симптоматическое; при доброкачественной форме в случае выраженной тромбоцитопении, подкожных кровоизлияний или значительного увеличения селезенки — резекция селезенки, спленэктомия, трансплантация костного мозга.

Прогноз злокачественной формы плохой — дети умирают в течение 1—2 лет, при доброкачественной форме большинство больных доживают до старости.

Профилактика: в семье, где уже болен один ребенок, возможна диагностика дефицита глюкоцереброзидазы в клетках амниотической жидкости, при этом рекомендуется прерывать беременность.

ГЕМОРРАГИЧЕСКИЕ ДИАТЕЗЫ И СИНДРОМЫ — формы патологии, характеризующиеся склонностью к кровоточивости.

Этиология, патогенез. Различают наследственные (семейные) формы с многолетней, начинающейся с детского возраста кровоточивостью и приобретенные формы в большинстве своем вторичные (симптоматические). Бо́льшая часть наследственных форм связана с аномалиями мегакариоцитов и тромбоцитов, дисфункцией последних либо с дефицитом или дефектом плазменных факторов свертывания крови, а также фактора Виллебранда, реже — с неполноценностью мелких кровеносных сосудов (телеангиэктазия, болезнь Ослера — Рандю). Большинство приобретенных форм кровоточивости связано с синдромом ДВС, иммунными и иммунокомплексными поражениями сосудистой стенки (васкулит Шенлейна — Геноха, эритемы и др.) и тромбоцитов (большинство тромбоцитопений), с нарушениями нормального гемопоэза (геморрагии при лейкозах, гипо- и апластических состояниях кроветворения, лучевой болезни), токсико-инфекционным поражением кровеносных сосудов (геморрагические лихорадки, сыпной тиф и др.), заболеваниями печени и обтурационной желтухой (ведущими к нарушению синтеза в гепатоцитах факторов свертывания крови), воздействием лекарственных препаратов, нарушающих гемостаз (дезагреганты, антикоагулянты, фибринолитики) либо провоцирующих иммунные нарушения — тромбоцитопению (гаптеновая форма), васкулиты. При многих перечисленных заболеваниях нарушения гемостаза носят смешанный характер и резко усиливаются в связи с вторичным развитием синдрома ДВС, чаще всего в связи с инфекционно-септическими, иммунными, деструктивными или опухолевыми (включая лейкозы), процессами.

По патогенезу различают следующие группы геморрагических диатезов: 1) обусловленные нарушениями свертываемости крови, стабилизации фибрина или повышенным фибринолизом, в том числе при лечении антикоагулянтами, стрептокиназой, урокиназой, препаратами дефибринирующего действия (арвином, рептилазой, дефибразой и др.); 2) обусловленные нарушением тромбоцитарно-сосудистого гемостаза (тромбоцитопении, тромбоцитопатии); 3) обусловленные нарушениями как коагуляционного, так и тромбоцитарного гемостаза: а) болезнь Виллебранда, б) диссеминированное внутрисосудистое свертывание крови (тромбогеморрагический синдром); в) при парапротеинемиях, гемобластозах, лучевой болезни и др.; 4) обусловленные первичным поражением сосудистой стенки с возможным вторичным вовлечением в процесс коагуляционных и тромбоцитарных механизмов гемостаза (наследственная телеангиэктазия Ослера — Рандю, гемангиомы, геморрагический васкулит Шенлейна — Геноха, эритемы, геморрагические лихорадки, гиповитаминозы C и B и др.).

В особую группу включают различные формы так называемой невротической, или имитационной, кровоточивости, вызываемой у себя самими больными вследствие расстройств психики путем механической травматизации тканей (нащипывание или насасывание синяков, травмирование слизистых оболочек и т. д.), тайным приемом лекарственных препаратов геморрагического действия (чаще всего антикоагулянтов непрямого действия — кумаринов, фенилина и др.), самоистязанием или садизмом на эротической почве и т. д.

Реже встречаются близкие к ДВС-синдрому тромбогеморрагические заболевания, протекающие с выраженной лихорадкой,— тромботическая тромбоцитопеническая пурпура (болезнь Мошкович) и гемолитико-уремический синдром.

Общая диагностика геморрагических заболеваний и синдромов базируется на следующих основных критериях: 1) определение сроков возникновения, давности, длительности и особенностей течения заболевания (появление в раннем детском, юношеском возрасте либо у взрослых и пожилых людей, острое или постепенное развитие геморрагического синдрома, недавнее или многолетнее (хроническое, рецидивирующее) его течение и т. д.; 2) выявление по возможности семейного (наследственного) генеза кровоточивости (с уточнением типа наследования) либо приобретенного характера болезни; уточнение возможной связи развития геморрагического синдрома с предшествовавшими патологическими процессами, воздействиями (в том числе и лечебными — лекарственные препараты, прививки и др.) и фоновыми заболеваниями (болезни печени, лейкозы, инфекционно-септические процессы, травмы, шок и т. д.); 3) определение преимущественной локализации, тяжести и типа кровоточивости. Так, при болезни Ослера — Рандю преобладают и часто являются единственными упорные носовые кровотечения; при патологии тромбоцитов — синяковость, маточные и носовые кровотечения, при гемофилиях — глубокие гематомы и кровоизлияния в суставы.

Типы кровоточивости. *Гематомный* тип свойствен ряду наследственных нарушений свертываемости крови (гемофилии A и B, тяжелый дефицит фактора VII) и приобретенных коагулопатий — появлению в крови ингибиторов факторов VIII, IX, VIII + V, передозировке антикоагулянтов (забрюшинные гематомы). Характеризуется болезненными напряженными кровоизлияниями в подкожную клетчатку, мышцы, крупные суставы, в брюшину и забрюшинное пространство (со сдавлением нервов, разрушением хрящей, костной ткани, нарушением функции опорно-двигательного аппарата), в некоторых случаях — почечными и желудочно-кишечными кровотечениями, длительными анемизирующими кровотечениями из мест порезов, ран, после удаления зубов и хирургических вмешательств.

Капиллярный, или микроциркуляторный (петехиально-синячковый), тип свойствен тромбоцитопениям и тромбоцитопатиям, болезни Виллебранда, а также дефициту факторов протромбинового комплекса (VII, X, V и II), некоторым вариантам гипо- и дисфибриногенемий, умеренной передозировке атикоагулянтов. Часто сочетается с кровоточивостью слизистых оболочек, меноррагиями. Возможны тяжелые кровоизлияния в мозг.

Смешанный капиллярно-гематомный тип кровоточивости — петехиально-пятнистые кровоизлияния в сочетании с обширными плотными кровоизлияниями и гематомами. При наследственном генезе кровоточивости этот тип свойствен тяжелому дефициту факторов VII и XIII, тяжелым формам болезни Виллебранда, а из приобретенных — характерен для острых и подострых форм ДВС-синдрома, значительной передозировке антикоагулянтов. При дифференциальной диагностике следует учитывать и большие различие в частоте и распространенности геморрагических диатезов, одни из которых исключительно редки, тогда как на другие приходится подавляющее большинство встречающихся в клинической практике случаев кровоточивости.

Геморрагические диатезы, обусловленные нарушениями в свертывающей системе крови. Среди наследственных форм подавляющее большинство случаев (более 95 %) приходится на дефицит компонентов фактора VIII (гемофилия А, болезнь Виллебранда) и фактора IX (гемофилия В), по 0,3—1,5 % — на дефицит факторов VII, X, V и XI. Крайне редки (единичные наблюдения) формы, связанные с наследственным дефицитом других факторов — XII (дефект Хагемана), II (гипопротромбинемия), I (гиподисфибриногенемия), XIII (дефицит фибринстабилизирующего фактора). Среди приобретенных форм, помимо ДВС-синдрома, преобладают коагулопатии, связанные с дефицитом или депрессией факторов протромбинового комплекса (II, VII, X, V) — болезни печени, обтурационная желтуха, кишечные дисбактериозы, передозировка антикоагулянтов — антагонистов витамина К (кумарины, фенилин и др.), геморрагическая болезнь новорожденных; формы, связанные с появлением в крови иммунных ингибиторов факторов свертывания (чаще всего антител к фактору VIII); кровоточивость, обусловленная гепаринизацией, введением препаратов фибринолитического (стрептокиназа, урокиназа и др.) и дефибринирующего действия (арвин, анкрод, дефибраза, рептилаза, анцистрон-Н).

Гемофилии. Гемофилия А и В — рецессивно наследуемые, сцепленные с полом (Х-хромосомой) заболевания; болеют лица мужского пола, женщины являются передатчицами заболевания. Генетические дефекты характеризуются недостаточным синтезом или аномалией факторов VIII (коагуляционная часть) — гемофилия А или фактора IX — гемофилия В. Временный (от нескольких недель до нескольких месяцев) приобретенный дефицит факторов VIII, реже — IX, сопровождающийся сильной кровоточивостью, наблюдается и у мужчин, и у женщин (особенно в послеродовом периоде, у лиц с иммунными заболеваниями) вследствие появления в крови в высоком титре антител к этим факторам.

Патогенез. В основе кровоточивости лежит изолированное нарушение начального этапа внутреннего механизма свертывания крови, вследствие чего резко удлиняется общее время свертывания цельной крови (в том числе параметр R тромбоэластограммы) и показатели более чувствительных тестов — аутокоагуляционного (АКТ), активированного парциального тромбопластинового времени (АПТВ) и т. д. Протромбиновое время (индекс) и конечный этап свертывания, а также все параметры тромбоцитарного гемостаза (число тромбоцитов и все виды их агрегации) не нарушаются. Пробы на ломкость микрососудов (манжеточная и др.) остаются нормальными.

Клиническая картина. Гематогенный тип кровоточивости с раннего детского возраста у лиц мужского пола, обильные и длительные кровотечения после любых, даже малых, травм и операций, включая экстракцию зубов, прикусы губ и языка и т. д. Характерны повторяющиеся кровоизлияния в крупные суставы конечностей (коленные, голеностопные и др.) с последующим развитием хронических артрозов с деформацией и ограничением подвижности суставов, атрофией мышц и контрактурами, инвалидизирующих больных, заставляющих их пользоваться ортопедической коррекцией, костылями, инвалидными колясками. Возможны большие межмышечные, внутримышечные, поднадкостничные и забрюшинные гематомы, вызывающие иногда деструкцию подлежащей костной ткани (гемофилические псевдоопухоли), патологические переломы костей. Возможны упорные рецидивирующие желудочно-кишечные и почечные кровотечения. Тяжесть заболевания соответствует степени дефицита антигемофилических факторов: при крайне тяжелых формах их уровень ниже 1 %, при тяжелых — 1—2 %, средней тяжести — 3—5 %, легкой — больше 5 %. Однако при травмах и операциях угроза развития опасных для жизни кровотечений сохраняется и при легких формах гемофилии, и лишь поддержание уровня факторов VIII или IX выше 30—50 % обеспечивает надежный гемостаз.

Диагноз. Гемофилию предполагают у больных мужского пола с гематомным типом кровоточивости и гемартрозами, возникающими с раннего детства. Лабораторные признаки: удлинение общего времени свертывания крови при нормальных показаниях протромбинового и тромбинового тестов. Для дифференциальной диагностики гемофилий А и В используют тест генерации тромбопластина, коррекционные пробы в аутокоагулограмме: при гемофилии А нарушение свертываемости устраняется добавлением к плазме больного донорской плазмы, предварительно адсорбированной сульфатом бария (при этом удаляется фактор IX, но сохраняется фактор VIII), но не устраняется нормальной сывороткой, продолжительность хранения которой 1—2 сут (содержит фактор IX, но лишена фактора VIII); при гемофилии В коррекцию дает старая сыворотка, но не BaSO$_4$-плазма. При наличии в крови больного иммунного ингибитора антигемофилического фактора («ингибиторная» форма гемофилии) коррекцию не дают ни BaSO$_4$-плазма, ни старая сыворотка, мало нарастает уровень дефицитного фактора в плазме больного после в/в введения его концентрата или донорской плазмы. Титр ингибитора определяют по способности разных разведений плазмы больного нарушать свертываемость свежей нормальной донорской плазмы.

Кофакторная (компонентная) гемофилия — очень редкая форма. Тип наследования аутосомный. Низкая активность фактора VIII устраняется в тесте смешивания плазмы исследуемого с плазмой больного гемофилией А. Время кровотечения, адгезивность тромбоцитов, уровень в плазме фактора Виллебранда и его мультимерная структура не нарушены, что отличает кофакторную гемофилию от болезни Виллебранда.

Л е ч е н и е. Основной метод — заместительная гемостатическая терапия криопреципитатом или концентратами фактора VIII (при гемофилии А) или фактора IX — препарат ППСБ (при гемофилии В). При отсутствии этих препаратов или неустановленной форме гемофилии — введение в/в струйно больших объемов свежей или свежезамороженной донорской плазмы, содержащей все необходимые факторы свертывания. При гемофилии А криопреципитат вводят в зависимости от тяжести геморрагий, травм или хирургического вмешательства в дозах от 10 до 30 ЕД/кг 1 раз в сутки, плазму — в дозах по 300—500 мл каждые 8 ч. При гемофилии В вводят концентраты фактора IX по 4—8 доз в сутки (под прикрытием 1500 ЕД гепарина на каждую дозу) либо донорскую плазму (до 3—4 дней хранения) по 10—20 мл/(кг·сут) ежедневно или через день. При анемизации прибегают также к трансфузиям свежей (1—2 дней хранения) одногруппной донорской крови или эритроцитной массы. Трансфузии крови и плазмы от матери больному ребенку нецелесообразны: у передатчиц гемофилии уровень антигемофильных факторов существенно снижен.

Показания к заместительной терапии: кровотечения, острые гемартрозы и гематомы, острые болевые синдромы неясного генеза (часто связаны с кровоизлияниями в органы), прикрытие хирургических вмешательств (от удаления зубов до полостных операций). Причины

неудач: разведение и медленное (капельное) введение концентратов факторов или плазмы, дробное введение их малыми дозами, одновременные вливания кровезаменителей (5 % раствор глюкозы, полиглюкин, гемодез и т. д.), снижающих путем разведения концентрации антигемофильных факторов в крови больного. При «ингибиторных» формах сочетают плазмаферез (удаление антител к факторам свертывания) с введениями очень больших количеств концентратов факторов и преднизолона — до 4—6 мг/(кг·сут).

Л е ч е н и е г е м а р т р о з о в. В остром периоде — возможно более ранняя заместительная гемостатическая терапия в течение 5—10 дней, при больших кровоизлияниях — пункция сустава с аспирацией крови и введением в его полость гидрокортизона или преднизолона (при строгом соблюдении асептики). Иммобилизация пораженной конечности на 3—4 дня, затем — ранняя лечебная физкультура под прикрытием криопреципитата; физиотерапевтическое лечение, в холодном периоде — грязелечение (в первые дни под прикрытием криопреципитата). При всех кровотечениях, кроме почечных, показан прием внутрь аминокапроновой кислоты по 4—12 г в сутки (в 6 приемов). Локальная гемостатическая терапия: аппликация на кровоточащую поверхность тромбина с гемостатической губкой и аминокапроновой кислотой. Викасол и препараты кальция неэффективны и не показаны.

Остеоартрозы, контрактуры, патологические переломы, псевдоопухоли требуют восстановительного хирургического и ортопедического лечения в специализированных отделениях. При артралгиях противопоказано назначение нестероидных противовоспалительных препаратов, резко усиливающих кровоточивость.

П р о ф и л а к т и к а. 1. Медико-генетическое консультирование, определение пола плода и наличия в его клетках гемофилической Х-хромосомы. 2. Профилактика гемартрозов и других геморрагий: диспансеризация больных, рекомендации определенного образа жизни, устраняющего возможность травм, раннее использование допустимых видов лечебной физкультуры (плавание, атравматичные тренажеры). Организация раннего введения антигемофилических препаратов на дому (выездные специализированные бригады, обучение родителей в школе медицинских сестер); рентгенотерапия пораженных суставов, хирургическая и изотопная синовэктомия. В наиболее тяжелых случаях систематическое (2—3 раза в месяц) профилактическое введение концентрата факторов VIII или IX.

Болезнь Виллебранда — один из наиболее частых наследственных геморрагических диатезов. Аутосомно наследуемый дефицит или аномальная структура синтезируемого в эндотелии сосудов макромолекулярного компонента фактора VIII.

П а т о г е н е з. Нарушается взаимодействие стенок сосудов с тромбоцитами, вследствие чего повышается ломкость микрососудов (положительные пробы на ломкость капилляров), при большинстве форм резко возрастает время кровотечения, снижается адгезивность тромбоцитов к субэндотелию и их агглютинация под влиянием ристомицина. Одновременно в большей или меньшей степени снижается коагуляционная активность фактора VIII, что сближает болезнь Виллебранда с легкими формами гемофилии А (отсюда старое название болезни — ангиогемофилия).

К л и н и ч е с к а я к а р т и н а. У женщин с профузными меноррагиями болезнь часто протекает намного тяжелее, чем у мужчин. Тип кровоточивости в тяжелых случаях смешанный, в более легких — микроциркуляторный. При незначительной травматизации возникают геморрагии в кожу и подкожную клетчатку, носовые и маточные кровотечения, часто ошибочно расцениваемые как дисфункциональные, реже — желудочно-кишечные, внутричерепные. Гемартрозы редки и поражают лишь единичные суставы, не ведут к глубоким нарушениям функции опорно-двигательного аппарата. Наиболее мучительны изнуряющие и анемизирующие меноррагии, из-за которых иногда приходится прибегать к экстирпации матки. Во время беременности фактор Виллебранда при одних формах нормализуется и роды протекают нормально, при других — остается сниженным и роды осложняются при отсутствии адекватной терапии опасными для жизни кровотечениями. Возможно сочетание болезни Виллебранда с различными мезенхимально-сосудистыми дисплазиями — телеангиэктазией (форма Квика), артериовенозными шунтами, пролабированием створок клапанов сердца, слабостью связочного аппарата и т. д.

Д и а г н о з устанавливают по типичной форме пожизненной кровоточивости и выявлению в разных сочетаниях следующих признаков: положительных проб на ломкость капилляров; удлинения времени кровотечения, особенно в пробах с наложением манжеты ($+40$ мм рт. ст.) по Айви, Борхгревинку или Шитиковой, при нормальном содержании тромбоцитов в крови, нормальной их величине, снижения адгезивности тромбоцитов к стеклу и коллагену, снижения агглютинации их под влиянием ристомицина и одновременного нарушения начального этапа свертываемости крови (в аутокоагуляционном тесте, при исследовании активированного парциального тромбопластинового времени). При большинстве форм снижены активность фактора Виллебранда в плазме и (или) тромбоцитах, а также уровень связанного с ним антигена. Коагуляционная активность фактора VIII при одних формах снижена, при других — нормальна. После трансфузии свежей донорской плазмы или введений криопреципитата активность фактора VIII при болезни Виллебранда возрастает в большей степени и на более длительный срок, чем при гемофилии А. Ряд форм болезни Виллебранда связан с неправильным распределением этого фактора между плазмой и тромбоцитами (например, в тромбоцитах их мало, в плазме — много или наоборот) и нарушением его мультимерной структуры. Из-за

этого разнообразия патогенетических форм каждый из перечисленных выше лабораторных признаков может отсутствовать, что затрудняет диагностику отдельных вариантов данного заболевания. Однако типичные формы диагностируют достаточно надежно.

Л е ч е н и е. При кровотечениях и хирургических вмешательствах — введения криопреципитата и струйно свежезамороженной плазмы. Дозы и частота их введения могут быть в 2—3 раза меньше, чем при гемофилии А. С первого и до последнего дня менструального цикла, а также при носовых и желудочно-кишечных кровотечениях назначают внутрь аминокапроновую кислоту (8—12 г/сут) либо осуществляют гормональный гемостаз (см. главу «Акушерство и женские болезни»).

П р о ф и л а к т и к а. Избегать браков между больными (в том числе между родственниками) в связи с рождением детей с тяжелой гомозиготной формой болезни.

Дефицит фактора XI (гемофилия С) — редкое аутосомно наследуемое заболевание (чаще встречается у евреев), характеризующееся слабым нарушением внутреннего механизма начального этапа свертывания крови, отсутствием или незначительной выраженностью геморрагий.

К л и н и ч е с к а я к а р т и н а. Чаще всего болезнь протекает бессимптомно и случайно выявляется при исследовании свертывающей системы крови. Спонтанная кровоточивость отсутствует или незначительна. Травмы и операции в ряде случаев (не всегда даже у одного и того же больного) осложняются кровотечениями.

Д и а г н о с т и к а основана на выявлении нарушения начального этапа свертывания крови (в аутокоагулограмме, АПТВ) при нормальном протромбиновом и тромбиновом времени. В коррекционных тестах нарушение исправляют добавлением как нормальной $BaSO_4$-плазмы, так и нормальной сыворотки (отличие от легчайших форм гемофилии А и В).

Л е ч е н и е. В большинстве случаев лечения не требуется. При операциях и родах, осложненных кровотечениями,— струйные трансфузии свежезамороженной плазмы.

П р о ф и л а к т и к а такая же, как при болезни Виллебранда.

Диспротромбии — геморрагические диатезы, обусловленные наследственным дефицитом факторов протромбинового комплекса — VII (*гипопроконвертинемия*), Х (*болезнь Стюарта — Прауэра*), II (*гипопротромбинемия*) и V (*гипоакцелеринемия*). Дефицит перечисленных факторов часто встречается как приобретенный дефект системы гемостаза, но редко (факторы VII, X, V) или крайне редко (фактор II) как наследственный дефект.

К л и н и ч е с к а я к а р т и н а. При легких формах — микроциркуляторный, при более тяжелых — смешанный тип кровоточивости. Гемартрозы редки (преимущественно при дефиците фактора VII).

Д и а г н о с т и к а. При всех формах значительно удлинено протромбиновое время (снижен протромбиновый индекс) при нормальном тромбиновом времени. Внутренний механизм свертывания (аутокоагулограмма, активированное парциальное тромбопластиновое время) нарушен при дефиците факторов X, V и II, но остается нормальным при дефиците фактора VII. Разграничение дефицита факторов X, V и II проводят с помощью корригирующих проб, тестов со змеиными ядами, путем количественного определения каждого из факторов.

Приобретенные формы дефицита факторов протромбинового комплекса чаще всего обусловлены приемом антикоагулянтов непрямого действия (кумаринов — пелентана, синкумара и др., фенилина), К-витаминной недостаточностью при обтурационной желтухе и кишечном дисбактериозе, тяжелыми заболеваниями печени, системным амилоидозом, чрезмерной депрессией этих факторов (ниже 20 % нормы) на 3—7-й день после рождения (геморрагическая болезнь новорожденных). Следует, однако, учитывать, что в указанных ситуациях кровоточивость часто возникает и вследствие одновременного развития ДВС-синдрома.

К л и н и ч е с к а я к а р т и н а. Комплексный приобретенный дефицит витамин-К-зависимых факторов первоначально проявляется петехиально-синячковой кровоточивостью (в частности, геморрагиями в местах инъекций, носовыми и десенными кровотечениями, гематурией), затем более обширными кровоподтеками и гематомами в области спины, в забрюшинном пространстве, геморрагиями в брюшину и стенку кишок, нередко имитирующими острый живот, меленой, иногда кровоизлияниями в мозг.

Д и а г н о з устанавливают по наличию геморрагического синдрома и характерных нарушений гемостаза — редкого снижения протромбинового индекса и свертываемости в общих коагуляционных тестах (аутокоагулограмма, АПТВ) при нормальных тромбиновом времени, уровне фибриногена, отрицательных паракоагуляционных тестах, нормальном содержании в крови тромбоцитов. Учитывают предшествующие заболевания и воздействия, в том числе возможность отравления кумаринами (лекарственные формы, крысиный яд и др.).

Л е ч е н и е. При наследственном дефиците факторов протромбинового комплекса — заместительная терапия (свежезамороженная плазма, введение препарата ППСБ в/в). При приобретенных формах — такая же терапия и введение водорастворимых препаратов витамина К (викасола) по 20—40 мг в/в повторно до купирования кровоточивости и нормализации протромбинового времени.

Дисфибриногенемии — наследственные молекулярные аномалии фибриногена, характеризующиеся либо замедлением свертывания этого белка под влиянием тромбина и тромбиноподобных ферментов, либо неправильной его полимеризацией, либо изменением чувствительности к фибринолизину (плазмину). Кровоточивость (как правило, легкая петехиально-синячковая) выявляется лишь при некоторых формах,

тогда как при большинстве форм нет угрозы кровотечений или имеется наклонность к тромбозам.

Л е ч е н и е в большинстве случаев не показано; при острых обстоятельствах (большие операции, множественные тромбозы) — плазмаферез с заменой таким же объемом свежезамороженной или нативной донорской плазмы (по 800—1000 мл в день в течение 2—3 дней).

Геморрагические диатезы, обусловленные патологией тромбоцитов: тромбоцитопении и тромбоцитопатии. *Тромбоцитопеническая пурпура* (идиопатическая, приобретенная) — сборная группа заболеваний, объединяемая по принципу единого патогенеза тромбоцитопении: укорочения жизни тромбоцитов, вызванного наличием антител к тромбоцитам или иным механизмом их лизиса. Различают аутоиммунную и гаптеновую иммунную тромбоцитопению. В свою очередь аутоиммунная тромбоцитопения может быть как идиопатической, первичной, так и вторичной. В происхождении гаптеновых (иммунных) форм тромбоцитопении ведущее значение имеют медикаменты и инфекции.

К л и н и ч е с к а я к а р т и н а. Нарушен тромбоцитарно-сосудистый гемостаз. Характерны синяки и геморрагии различной величины и формы на коже; кровотечения из носа, десен, матки, иногда из почек, желудочно-кишечного тракта. Кровотечения возникают спонтанно; появлению синяков способствуют ушибы. Спленомегалия отсутствует. Заболевание осложняется хронической железодефицитной анемией различной тяжести. Течение заболевания может быть легким, средней тяжести и тяжелым.

Диагноз тромбоцитопенической пурпуры предполагается при наличии геморрагий на коже в сочетании с носовыми и маточными кровотечениями. Лабораторная диагностика: тромбоцитопения в анализах периферической крови, удлинение времени кровотечения по Дьюку, Айви или Борхгревинку — Ваалеру, положительные пробы на ломкость капилляров, повышенное или нормальное содержание мегакариоцитов в костном мозге. Клинически диагноз аутоиммунной тромбоцитопении предполагают на основании отсутствия семейного анамнеза и других признаков наследственного дефицита тромбоцитов, а также положительного результата стероидной терапии.

Л е ч е н и е. Консервативное лечение — назначение преднизолона в начальной дозе 1 мг/(кг·сут). При недостаточном эффекте дозу увеличивают в 2—4 раза (на 5—7 дней). Продолжительность лечения 1—4 мес в зависимости от эффекта и его стойкости. О результатах терапии свидетельствует прекращение геморрагий в течение первых дней. Отсутствие эффекта (нормализация уровня тромбоцитов в крови через 6—8 нед лечения преднизолоном) или его кратковременность (быстрый рецидив тромбоцитопении после отмены стероидов) служит показанием к спленэктомии. Абсолютные показания к спленэктомии — тяжелый тромбоцитопенический геморрагический синдром, не поддающийся консервативной терапии, появление мелких множественных геморрагий на лице, языке, кровотечений, начинающаяся геморрагия в мозг, а также тромбоцитопения средней тяжести, но часто рецидивирующая и требующая постоянного назначения глюкокортикоидов. Терапию иммунных тромбоцитопений химиотерапевтическими препаратами — иммунодепрессантами (азатиоприн, циклофосфан, винкристин и др.) изолированно или в комплексе с преднизолоном назначают только при неэффективности стероидной терапии и спленэктомии в условиях специализированного стационара и лишь по жизненным показаниям. Гемостаз осуществляют путем тампонады (когда возможно), местного или внутривенного применения аминокапроновой кислоты, назначения адроксона, этамзилата (дицинона) и других симптоматических средств. Маточные кровотечения купируют приемом аминокапроновой кислоты (внутрь по 8—12 г в день), местранола или фекундина.

П р о г н о з различен. При иммунологической редукции мегакариоцитарного ростка, а также при неэффективной спленэктомии прогноз ухудшается. Больные подлежат обязательной диспансеризации. Частоту посещений врача определяют тяжесть заболевания и программа лечения на данный момент.

Спленогенные тромбоцитопении — тромбоцитопении, обусловленные спленомегалией и гиперспленизмом.

П а т о г е н е з. Спленомегалии любого генеза могут сопровождаться повышенной секвестрацией и деструкцией тромбоцитов.

Д и а г н о з основан на обнаружении тромбоцитопении при увеличенной селезенке и нормальном (или даже реактивно увеличенном) числе мегакариоцитов в костном мозге.

Л е ч е н и е патогенетическое — спленэктомия.

Симптоматические тромбоцитопении, обусловленные нарушением тромбоцитообразования, встречаются при неопластических, апластических и других заболеваниях костного мозга (острые и хронические лейкозы, аплазии кроветворения различного генеза, миелофиброз, остеомиелосклероз, миелокарциноматоз, болезнь Педжета и некоторые другие заболевания костей).

Д и а г н о з ставят при выявлении заболевания кроветворной системы с тромбоцитопенией, нарушении мегакариоцито- и тромбоцитообразования по данным морфологического исследования костного мозга.

Л е ч е н и е направлено на основное заболевание.

Тромбоцитопатии — заболевания, в основе которых лежит врожденная (чаще всего наследственная) или приобретенная качественная неполноценность тромбоцитов. При ряде тромбоцитопатий возможна непостоянная вторичная тромбоцитопения (обычно умеренная), обусловленная укорочением продолжительности жизни дефектных тромбоцитов.

Тромбастения (болезнь Гланцманна) — наследственное заболевание, передаваемое по аутосомно-доминантному или неполному рецессивному типу, поражающее лиц обоего пола.

П а т о г е н е з. Первичный дефект коллаген- и АДФ-индуцированной агрегации тромбоцитов при сохранении реакции освобождения из тромбоцитов пластиночных компонентов: серотонина, АДФ, факторов III и IV и др. при воздействии коллагеном.

Дизагрегационные тромбоцитопатии — нарушение одной или нескольких агрегационных функций пластинок. В группу включают формы с нарушением реакции освобождения тромбоцитарных факторов и без него, а также с нарушением накопления в этих клетках АТФ, АДФ и серотонина.

П а т о г е н е з. Наследственно обусловленное или приобретенное снижение всех или отдельных адгезивно-агрегационных свойств. Свойством провоцировать скрытую дисфункцию пластинок или вызывать ее обладает ряд лекарственных препаратов: ацетилсалициловая кислота, бутадион (фенилбутазол), индометацин (метиндол) и др.

Геморрагические диатезы, обусловленные патологией сосудов. *Наследственная телеангиэктазия* (геморрагический ангиоматоз, болезнь Ослера — Рандю) — наследственное заболевание, передаваемое по аутосомно-доминантному типу. Характеризуется истончением и недостаточным развитием на отдельных участках сосудистого русла субэндотелиального каркаса мелких сосудов, неполноценностью эндотелия.

П а т о г е н е з. В детском или юношеском возрасте образуются тонкостенные, легко кровоточащие и травмируемые малые ангиомы; в ряде случаев формируются артериовенозные шунты в легких и других органах, прочие признаки неполноценности мезенхимы — растяжимость кожи (резиновая кожа), слабость связочного аппарата (привычные вывихи, пролабирование створок клапанов сердца). Возможно сочетание с болезнью Виллебранда.

К л и н и ч е с к а я к а р т и н а. Преобладают рецидивирующие кровотечения из телеангиэктазий, расположенных чаще всего в носу. Реже кровоточат телеангиэктазы на кайме губ, слизистых оболочках ротовой полости, глотки, желудка. Число телеангиэктазий и кровотечений нарастает в период полового созревания и в возрасте до 20—30 лет. При наличии артериовенозных шунтов возникают одышка, цианоз, гипоксический эритроцитоз; рентгенологически в легких обнаруживают единичные округлые или неправильной формы тени, ошибочно принимаемые нередко за опухоли. Возможно сочетание с пролабированием створок клапанов сердца (шумы, аритмия), гипермобильностью суставов, вывихами и другими мезенхимальными нарушениями (геморрагические мезенхимальные дисплазии по З. С. Баркагану) и с дефицитом фактора Виллебранда (синдром Квика). Заболевание может осложниться циррозом печени.

Д и а г н о з основан на обнаружении типичных телеангиэктазий, рецидивирующих кровотечений из них, семейного характера заболевания (возможны и спорадические случаи).

Существенных нарушений системы гемостаза нет (кроме случаев сочетания с дефицитом фактора Виллебранда). При частых и обильных кровотечениях развивается постгеморрагическая анемия; при артериовенозных шунтах — эритроцитоз, повышенное содержание гемоглобина в крови.

Л е ч е н и е. В периоды кровотечений используют средства местной и общей гемостатической терапии — орошения тромбином с 5 % раствором аминокапроновой кислоты, тампонада носа масляными тампонами, отслойка слизистой оболочки в области кровотечения, прижигания и др. Более эффективна криотерапия. Иногда приходится прибегать к хирургическому лечению (иссечение ангиом, пластика перегородки носа, перевязка артерий). Используют баротерапию, прижигания с помощью лазера. Все эти мероприятия часто дают лишь временный эффект. Введения викасола не показаны. При сопутствующем дефиците фактора Виллебранда показаны трансфузии нативной плазмы, введения криопреципитата. При анемизации — гемотрансфузии, введение препаратов железа.

П р о г н о з в большинстве случаев относительно благоприятный, но встречаются формы с неконтролируемыми кровотечениями.

П р о ф и л а к т и к а. Избегать травматизации слизистых оболочек в местах расположения ангиом, смазывание слизистой оболочки носа ланолином (с тромбином) или нейтральными маслами.

Геморрагический васкулит (анафилактоидная пурпура, иммунный микротромбоваскулит, болезнь Шенлейна — Геноха) — кровоточивость, обусловленная поражением сосудов малого калибра иммунными комплексами и компонентами системы комплемента (см. *Васкулиты системные* в главе «Ревматические болезни»).

ЛЕЙКЕМОИДНЫЕ РЕАКЦИИ — изменения в крови и органах кроветворения, напоминающие лейкозы и другие опухоли кроветворной системы, но всегда имеющие реактивный характер и не трансформирующиеся в ту опухоль, на которую они похожи. Могут быть вызваны различными инфекциями, интоксикациями, опухолями, метастазами опухолей в костный мозг.

П а т о г е н е з. Механизм развития неодинаков при различных типах реакций: в одних случаях — выход в кровь незрелых клеточных элементов, в других — повышенная продукция клеток крови либо ограничение выхода клеток в ткани, либо наличие нескольких механизмов одновременно. Лейкомоидные реакции могут касаться изменений в крови, костном мозге, лимфатических узлах, селезенке. Особую группу реакций составляют изменения белковых фракций крови, имитирующие опухоли иммунокомпетентной системы — миеломную болезнь, макроглобулинемию Вальденстрема.

Лейкемоидные реакции гранулоцитарного типа, напоминающие хронический миелолейкоз или сублейкемический миелоз, сопровождают тяжелые инфекции, интоксикации. В крови отмечается нейтрофильный лейкоцитоз со сдвигом ядерной формулы до миелоцитов. В отличие от хронического миелолейкоза реактивный лейкоцитоз всегда имеет в своей основе тяжелый процесс, сопровождающийся повышением температуры тела, наличием воспалительных очагов, сепсиса. Именно с массивной гибелью микробных тел и попаданием в кровь эндотоксина связаны выброс в кровь гранулоцитарного резерва костного мозга, повышенная продукция гранулоцитов. В начале хронического миелолейкоза и при сублейкемическом миелозе, с которым можно спутать воспалительную картину крови, никакой интоксикации не наблюдается, соматически больной совершенно сохранен. В сомнительных случаях динамическое наблюдение позволит устранить диагностические затруднения: либо станет очевидным воспалительный процесс, либо неуклонный рост числа лейкоцитов послужит основанием для специального исследования костного мозга (см. *Хронический миелолейкоз*). Изредка нейтрофильный лейкоцитоз без существенного омоложения формулы наблюдается при раке, однако при хроническом миелолейкозе всегда имеет место «омоложение» формулы до миелоцитов и промиелоцитов.

Эозинофильные реакции крови сопровождают аллергические диатезы, сенсибилизацию организма паразитами, медикаментами, изредка опухолевый рост (например, лимфогранулематоз, Т-клеточную лимфосаркому, рак и т. п.). Высокая эозинофилия крови требует тщательного исследования: в первую очередь исключения медикаментозной сенсибилизации, инвазии паразитов (см. *Гельминтозы*). В редких случаях высокая эозинофилия может отражать реакцию на острый Т-клеточный лейкоз в алейкемической стадии (когда бластные клетки еще не вышли в кровь), рак. Поэтому немотивированная высокая эозинофилия требует всестороннего онкологического обследования, в том числе и пункции костного мозга. Уровень лейкоцитоза при высокой эозинофилии может достигать многих десятков тысяч в 1 мкл. Эозинофилия всегда сочетается с высоким процентом эозинофилов в костном мозге. Изредка наблюдается стойкая бессимптомная эозинофилия у совершенно здоровых людей — «конституциональная эозинофилия» (такой диагноз может быть поставлен лишь после квалифицированного специального обследования больного на носительство паразитов, исключения иных причин, о которых говорилось выше, и многолетнего наблюдения). Высокая эозинофилия может сопровождаться пристеночным фибропластическим эндокардитом («эозинофильный коллагеноз»); и то, и другое является дебютом развития гематосаркомы.

Реактивные эритроцитозы довольно часто служат предметом дифференцировки с эритремией. Причиной эритроцитозов чаще всего являются заболевания легких с понижением оксигенации крови, врожденные пороки сердца, артериовенозные аневризмы. Высокий эритроцитоз, иногда с несколько повышенным содержанием тромбоцитов, наблюдается при гипернефроме (которая может сопровождаться повышенной выработкой эритропоэтина). Левостороняя опухоль почки может быть ошибочно принята за увеличенную селезенку — характерный признак эритремии. В таких случаях необходимо ультразвуковое и компьютерное исследование. Кроме того, при пункции пальпируемого образования в пунктате обнаруживают раковые клетки, при эритремии — лимфоциты, молодые элементы гранулоцитов, эритрокариоциты. Важнейшими критериями в дифференцировке эритремии с симптоматическими эритроцитозами являются картина трепаната костного мозга и определение массы крови. Некоторую роль в дифференцировке этих процессов играет оценка СОЭ, которая резко замедлена при эритремии и не изменена, а иногда и ускорена при эритроцитозах, однако этот признак не абсолютно надежен.

Миелемия — наличие в крови клеток костного мозга — миелоцитов, промиелоцитов, эритрокариоцитов, реже ядер мегакариоцитов. Эта картина в какой-то мере может напоминать острый эритромиелоз, от которого ее отличает отсутствие бластных клеток, в большом количестве присутствующих при этом лейкозе в крови (на ранних стадиях их там может и не быть) и в костном мозге. Миелемия встречается при милиарных метастазах рака в кости, при остром гемолитическом кризе. При раковой миелемии пунктат костного мозга содержит обычно очень мало костномозговых клеток, а при тщательном исследовании мазка можно обнаружить скопления раковых клеток (при гемолизе пунктат очень богат клеточными элементами, преобладают эритрокариоциты).

Лейкемоидные реакции лимфтического типа чаще всего являются результатом вирусной инфекции. Наиболее распространенный реактивный лимфоцитоз — малосимптомный инфекционный лимфоцитоз. По картине крови его легко можно принять за хронический лимфолейкоз, но он встречается почти исключительно у детей, а у них не бывает хронического лимфолейкоза. Инфекционный лимфоцитоз продолжается обычно несколько дней, сопровождается легкими катаральными явлениями. Для дифференцировки процесса с хроническим лимфолейкозом нет необходимости в пункции костного мозга — нужно лишь выждать несколько дней с окончательным суждением о диагнозе. Реактивный лимфоцитоз может возникать после спленэктомии.

Лейкемоидные реакции моноцитарного типа встречаются при туберкулезе, саркоидозе, макроглобулинемии Вальденстрема, хронических воспалительных процессах. Реактивный моноцитоз отличается от хронического моноцитарного лейкоза наличием признаков какого-либо заболевания, в то время как хронический моноцитарный лейкоз в течение первых лет болезни практически бессимптомен. В сомнительных случаях при длительно наблюдаемом моноцитозе показана трепанобиопсия костного мозга, которая при хроническом моноцитарном лейкозе выявляет выраженную клеточную гиперплазию с почти полным вытеснением жира. При реактивном моноцитозе костный мозг

нормален. Для макроглобулинемии Вальденстрема характерны лимфатическая гиперплазия в костном мозге (по пунктату), моноклоновое увеличение IgM в сыворотке крови.

В редких случаях инфекционный мононуклеоз у детей принимают за острый лейкоз. Это возможно лишь при анализе плохо приготовленных мазков крови: у детей нередко мононуклеары инфекционного мононуклеоза содержат нуклеолы. Но в правильно приготовленном мазке при мононуклеозе никогда нет обязательных для острого лейкоза бластных клеток. В сомнительных случаях всякая попытка лечить подозреваемый лейкоз преднизолоном или цитостатическими препаратами н е д о п у ст и м а! Правильный диагноз устанавливают при повторных исследованиях крови, в которой при инфекционном мононуклеозе происходит закономерная морфологическая эволюция: широплазменные клетки становятся узкоплазменными, хроматин ядер приобретает менее гомогенную структуру. При остром лейкозе появившийся бластоз в крови быстро нарастает. Во всех подобных случаях обязательно сохранение мазков до окончательного установления диагноза.

Широкоплазменные (как при инфекционном мононуклеозе) клетки могут встречаться при лекарственном дерматите. Отсутствие бластного строения ядра (бластная клетка имеет нежноструктурную хроматиновую сеть с равномерностью окраски и калибра нитей; в толстом мазке бластные клетки приобретают черты зрелого лимфоцита) отличает эту реакцию от острого лейкоза.

К *лейкемоидным реакциям костного мозга* относят некоторые формы и стадии агранулоцитоза и особенно этапы «выхода» из него. Картина костного мозга в этих случаях имитирует острый лейкоз. В крови отмечается почти полное отсутствие зрелых гранулоцитов. Как правило, имеет место связанная с агранулоцитозом инфекция. Бластные клетки в крови при агранулоцитозе никогда не появляются. Продолжительность выхода из агранулоцитоза, когда в костном мозге может оказаться очень много промиелоцитов или несколько ранее — большое количество клеток-предшественников, внешне напоминающих крупные лимфоциты, но имеющих гомогенное строение ядерного хроматина, составляет 2—3 дня. В сомнительных случаях необходимо подождать несколько дней для окончательного суждения о диагнозе: при выходе из агранулоцитоза состав крови нормализуется и в необходимости в повторной пункции костного мозга не будет, при остром лейкозе в крови сохранится гранулоцитопения и для уточнения ее характера придется повторить пункцию костного мозга.

Изменения белковых фракций крови, напоминающие миеломную болезнь или болезнь Вальденстрема, могут встречаться при хроническом гепатите, хроническом нефрите, гипернефроме, паразитарных инвазиях и некоторых других состояниях. Изменениям сывороточных белков нередко сопутствует повышенный процент плазматических клеток в костном мозге.

От миеломной болезни эти реактивные изменения отличаются следующими признаками: а) отсутствием моноклоновости гамма-глобулина (если даже и определяется М-градиент, обычно отсутствует моноклоновость белка, определяемая с помощью иммуноэлектрофореза); б) процент плазматических клеток в костном мозге менее 10—12 (для доказательной миеломной болезни их процент должен быть существенно выше). В редких случаях хронического гепатита, хронического нефрита, аутоиммунной гемолитической анемии, генерализованного васкулита может иметь место и истинная моноклоновость того или иного иммуноглобулина. Если речь идет о моноклоновости IgM, то можно подозревать макроглобулинемию Вальденстрема, при моноклоновости других белков — миеломную болезнь. Последняя должна быть во всех случаях подтверждена нахождением в костном мозге высокого процента плазматических клеток. Болезнь Вальденстрема подтверждается высоким процентом лимфоцитов (реже — плазматических клеток или и тех, и других) в костном мозге. И при том, и при другом виде лейкоза обычно снижается уровень нормальных иммуноглобулинов в сыворотке крови.

Серьезные подозрения на существование парапротеинемического гемобластоза может вызывать так называемая болезнь иммунных комплексов: генерализованный васкулит, проявляющийся преимущественно либо синдромом Шенлейна — Геноха, либо картиной нефрита, либо сочетанием множественных геморрагий в легочную ткань и нефрита (синдром Гудпасчера), либо распространенным васкулитом (капилляротоксикозом), поражающим все органы и системы, включая головной мозг. В основе этого процесса лежит появление комплекса антигена и иммуноглобулина и двух иммуноглобулинов, к которым присоединяется и комплемент (его уровень в крови в связи с этим резко падает); крупные иммунные комплексы выпадают в осадок в охлажденной сыворотке (криоглобулины); их циркуляция в крови ведет к повреждению эндотелия и развитию органной патологии. В иммунном комплексе двух иммуноглобулинов один из иммуноглобулинов является антигеном (чаще G), другой — антителом (чаще М). При этом может быть истинная моноклоновость IgM.

«Виновником» комплексообразования обычно бывает антитело, способное к соединению не только с собственным, но и с донорским соответствующим иммуноглобулином. Источником моноклонового IgM могут быть болезнь Вальденстрема, лимфосаркома, зрелоклеточная лимфоцитарная опухоль — лимфоцитома, лимфолейкоз, и эта продукция может быть не связанной с лимфоцитарной опухолью, а спровоцированной аутоагрессивным гемолизом (в частности, аутоиммунным гемолизом), раковой опухолью, паразитарной инвазией. Кроме того, причина появления иммунных комплексов может оставаться невыясненной (идиопатическая форма). Изредка криоглобулинемия бывает непродолжительным эпизодом в течении острых инфекций, в частности гепатита, тяжелой пневмонии и т. п. Поэтому сам по себе феномен криоглобулинемии, особенно при обнаружении моноклоновости одного из иммуноглобулинов, требует специализированного обследования больного для исключения всех перечисленных заболеваний, которые могут быть ее причиной.

Лимфоаденит иммунобластный — реактивное разрастание лимфатических узлов (иногда и селезенки), обусловленное увеличением числа и размеров фолликулов за счет гиперплазии их центров размножения, клетки которых представлены молодыми крупными со светлыми ядрами лимфоцитами-иммунобластами. Следует отметить, что до последнего времени эти клетки патогистологи называли ретикулярными. Сейчас строго доказано, что они никакого отношения к стромальным, ретикулярным клеткам не имеют, что это лимфоциты, которые под влиянием антигенного стимулирования увеличиваются в размерах, иногда становятся двуядерными. Иммунобластный лимфоаденит развивается при лекарственных дерматитах, является патогистологическим субстратом инфекционного мононуклеоза, возникает в ответ на интоксикацию (например, туберкулезную), введение вакцин, сывороток; он может быть первым симптомом системной красной волчанки и иметь место при других коллагенозах. Иммунобластный лимфоаденит напоминает нодулярную форму лимфосарком, лимфогранулематоз.

Решающая роль в диагностике этого состояния принадлежит патогистологу, исследующему материал биопсии. Но для исключения непоправимой ошибки (при диагнозе саркомы начинают мощную цитостатическую терапию, которая уничтожит все следы лимфоаденита, и ревизовать диагноз уже будет невозможно, а эта терапия крайне небезопасна, в частности, она увеличивает риск заболеть лейкозом в сотни, а иногда и в тысячи раз) патологоанатом должен получить точнейшие сведения о больном. Сомнительная картина всегда должна истолковываться против опухоли. Иногда для уточнения диагноза приходится делать повторные биопсии.

Большую помощь в диагностике оказывают отпечаток и мазок с поверхности биопсированного лимфатического узла (это необходимо делать при всех биопсиях). При лимфосаркоме преобладающее большинство клеток (минимум 30 %) составляют однообразные бластные клетки. При иммунобластном лимфоадените бластных клеток обычно менее 10 %, они разнообразны по степени зрелости ядра, базофилии цитоплазмы, обнаруживается много плазматических клеток. Патогистологическое заключение по исследованию лимфатического узла должно быть очень подробным, исключающим неопределенную диагностику. Патогистолог по имеющейся картине не всегда может поставить диагноз опухоли, и это должно быть точно отражено в заключении. Например, для диагностирования начальных форм доброкачественных лимфом (лимфоцитом) иногда приходится длительно наблюдать больного и исследовать лимфатические узлы повторно. Для диагностики начальных форм миеломной болезни, подозреваемой по обнаружению моноклонального иммуноглобулина, иногда требуются многолетние наблюдения и повторные пункции костного мозга. До уточнения диагноза противоопухолевая терапия противопоказана.

Мононуклеоз инфекционный (железистая лихорадка, моноцитарная ангина, болезнь Филатова — Пфейффера) — вирусное инфекционное заболевание, характеризующееся бласттрансформацией лимфоцитов, появлением этих своеобразных клеток в периферической крови, реактивным лимфаденитом, увеличением лимфатических узлов, селезенки. Возбудитель — вирус Эпштейна — Барра. В основе заболевания бласттрансформация лимфоцитов, обусловленная специфической вирусной инфекцией.

К л и н и ч е с к а я к а р т и н а разнообразна. В легких случаях — нарушения самочувствия в связи с ринитом. Типичные симптомы: ангина («пылающий зев»), затруднение носового дыхания в первые дни болезни за счет отека слизистой оболочки, увеличение и болезненность заднешейных лимфатических узлов (нередко лимфатических узлов и других групп), увеличение селезенки. Картина крови: лейкоцитоз до 15—20 · 10^9/л (реже лейкопения), умеренная (иногда резкая) нейтропения, увеличение процента лимфоцитов, моноцитов, эозинофилов.

Необходимым и достаточным для д и а г н о з а признаком заболевания является присутствие в крови специфических мононуклеаров (более 10—20 %) — клеток, имеющих ядро большого лимфоцита и широкую базофильную с фиолетовым оттенком цитоплазму с выраженным перинуклеарным просветлением (однако подобную картину может дать и иерсиниоз). Продолжительность болезни — несколько недель, но в некоторых случаях нормализация картины крови затягивается на месяцы. Наблюдаются и рецидивы — с более легким течением, иногда с интервалами в несколько лет после первого острого периода.

О с л о ж н е н и я: разрыв селезенки, обусловленный ее быстрым увеличением, острый гепатит, агранулоцитоз, аутоиммунный гемолиз, энцефалит.

Л е ч е н и е. Обычно больные не нуждаются в специальной медикаментозной терапии, так как в течение нескольких дней основные симптомы исчезают, картина крови нормализуется. При затяжном течении, тяжелом состоянии больного применяют патогенетическое лечение: преднизолон в дозе 20—30 мг в день или другие глюкокортикоиды.

П р о г н о з, как правило, благоприятный. Контагиозность невысока, поэтому изоляция больного необязательна. Опасны разрывы селезенки. Восстановление трудоспособности определяется появлением несомненных признаков уменьшения размеров органа, а также нормализацией температуры тела, исчезновением ангины. Если инфекционный мононуклеоз проявляет себя гепатитом, необходима госпитализация больного.

ЛЕЙКОЗЫ — термин, объединяющий многочисленные опухоли кроветворной системы, возникающие из кроветворных клеток и поражающие костный мозг. Разделение лейкозов на две основные группы — острые и хронические — определяется строением опухолевых клеток: к острым отнесены лейкозы, клеточный субстрат которых представлен бластами, а к хроническим — лейкозы, при которых основная масса опухолевых клеток дифференцирована и состоит в основном из зрелых элементов. Продолжительность заболевания не определяет отнесения того или иного лейкоза к группе острых или хронических.

Э т и о л о г и я, п а т о г е н е з. Причиной возникновения острых лейкозов и хронического миелолейкоза человека могут быть нарушения состава и структуры хромосомного аппарата, наследственно обусловленные или приобретенные под влиянием некоторых мутагенных факторов. Одним из них является ионизирующая радиация. Причиной развития лейкозов является также действие химических мутагенов. Доказано учащение острых лейкозов среди лиц, подвергшихся воздействию бензола, а также среди больных, получавших цитостатические иммунодепрессанты (имуран, циклофосфан, лейкеран, сарколизин, мустарген и др.); частота острых лейкозов среди этого контингента больных повышается в сотни раз. Известны факты возникновения острого миелобластного лейкоза, острого эритромиелоза на фоне длительной химиотерапии хронического лимфолейкоза, макроглобулинемии Вальденстрема, миеломной болезни, лимфогранулематоза и других опухолей. Показана предрасполагающая к лейкозам роль наследственных дефектов в миелоидной и лимфатической ткани. Описаны наблюдения доминантного и рецессивного наследования хронического лимфолейкоза, отмечена низкая заболеваемость этим лейкозом в некоторых этнических группах и повышенная — в других. Чаще в этих случаях наследуется не сам лейкоз, а повышенная изменчивость — нестабильность хромосом, предрасполагающая родоначальные миелоидные или лимфатические клетки к лейкозной трансформации.

Применение хромосомного анализа позволило установить, что при любом лейкозе происходит расселение по организму клона опухолевых лейкозных клеток — потомков одной первоначально мутировавшей клетки. Нестабильность генотипа злокачественных клеток при лейкозах обусловливает появление в первоначальном опухолевом клоне новых клонов, среди которых в процессе жизнедеятельности организма, а также под воздействием лечебных средств «отбираются» наиболее автономные клоны. Этим феноменом объясняются прогредиентность течения лейкозов, их уход из-под контроля цитостатиков.

Лейкозы острые. По морфологическим (главным образом цитохимическим) критериям выделяют следующие основные формы острых лейкозов: лимфобластную, миелобластную, промиелоцитарную, миеломонобластную, монобластную, мегакариобластную, эритромиелоз, плазмобластную, недифференцируемую, мало-процентный острый лейкоз.

Для всех острых лейкозов характерны нарастающая «беспричинная» слабость, недомогание, иногда одышка, головокружение, обусловленные анемией. Повышение температуры тела, интоксикация — частые симптомы миелобластных острых лейкозов. Увеличение лимфатических узлов, печени и селезенки в развернутой стадии встречается не при всех острых лейкозах, но может развиваться независимо от формы острого лейкоза в терминальной стадии. Нередок геморрагический синдром, обусловленный прежде всего тромбоцитопенией: кровоточивость слизистых оболочек, петехиальная сыпь на коже, особенно голеней. В легких, миокарде и других тканях и органах могут появляться лейкозные бластные инфильтраты.

Д и а г н о с т и к а острых лейкозов строится на данных цитологического исследования крови и костного мозга, обнаруживающих высокий процент бластных клеток. На ранних этапах их в крови обычно нет, но выражена цитопения. Поэтому при цитопении, даже касающейся одного ростка, необходима пункция костного мозга, которую можно делать амбулаторно. В костном мозге отмечается высокое (десятки процентов) содержание бластов при всех острых лейкозах, за исключением острого малопроцентного лейкоза, при котором в течение многих месяцев в крови и костном мозге процент бластных клеток может быть менее 15—20, причем в костном мозге при этой форме, как правило, процент бластов меньше, чем в крови. Форму острого лейкоза устанавливают с помощью гистохимических методов.

Наиболее частые формы острого лейкоза у взрослых — *миелобластный* и *миеломонобластный лейкозы*. В начале заболевания при этих формах печень и селезенка обычно нормальных размеров, лимфатические узлы не увеличены, вместе с тем нередки глубокая гранулоцитопения, анемия, тромбоцитопения. Нередко выражена интоксикация, повышена температура тела. Бластные клетки имеют структурные ядра с нежной сетью хроматина, нередко несколько мелких нуклеол; цитоплазма бластных клеток содержит азурофильную зернистость или тельца Ауэра, которые дают положительную реакцию на пероксидазу и липиды. При миеломонобластном лейкозе в цитоплазме выявляются не только эти вещества, но и альфа-нафтилэстераза, характерная для элементов моноцитарного ряда; альфа-нафтилэстераза подавляется фторидом натрия.

Острый лимфобластный лейкоз чаще встречается у детей. Как правило, с самого начала протекает с лимфоаденопатией, увеличением селезенки, оссалгиями. В крови вначале может отмечаться лишь умеренная нормохромная анемия, лейкопения, но в костном мозге — тотальный бластоз. Бластные клетки имеют округлое ядро с нежной сетью хроматина и 1—2 нуклеолами, беззернистую узкую цитоплазму. При ШИК-реакции в цитоплазме выявляются глыбки гликогена, сосредоточенные в виде ожерелья вокруг ядра.

Острый промиелоцитарный лейкоз встречается довольно редко; до последнего времени он характеризовался быстротой течения. Ему присущи выраженная интоксикация, кровоточивость и гипофибриногенемия, обусловленные ДВС-синдромом. Лимфатические узлы, печень и селезенка обычно не увеличены. В гемограмме анемия, выраженная тромбоцитопения, в костном мозге большой процент атипических бластов. Бластные клетки различной величины и формы имеют цитоплазму, густо заполненную в одних клетках крупной фиолетово-бурой зернистостью, располагающейся и на ядре, в других — мелкой обильной азурофильной зернистостью; нередки тельца Ауэра. Зернистость содержит кислые сульфатированные мукополисахариды. Ядра этих лейкозных клеток в крови нередко имеют двудольчатую форму, еще чаще их форму бывает трудно различить из-за обилия зернистости в цитоплазме. Непосредственной причиной смерти больного острым промиелоцитарным лейкозом чаще всего бывает кровоизлияние в мозг.

Острый монобластный лейкоз встречается относительно редко. Типичное начало этой формы мало отличается от миелобластной, но более выражены интоксикация и повышение температуры тела до фебрильных цифр. Частый симптом — гиперплазия слизистой оболочки десен из-за лейкемических пролифератов в них. В крови вначале может быть относительно сохранен гранулоцитарный росток, наряду с бластами обнаруживается немало зрелых, в большей или меньшей степени уродливых моноцитов. Бластные клетки имеют бобовидное структурное ядро с несколькими нуклеолами и серовато-голубую цитоплазму иногда со скудной азурофильной зернистостью. Цитохимически выявляется положительная реакция на α-нафтилэстеразу, подавляемая фторидом натрия, слабоположительная реакция на пероксидазу и липиды. В сыворотке крови и моче этих больных высок уровень лизоцима.

Острый плазмобластный лейкоз характеризуется появлением в костном мозге и крови плазмобластов и плазмоцитов с чертами клеточного атипизма; кроме того, обнаруживается немало недифференцируемых бластов. Характерные цитохимические признаки этой формы острого лейкоза неизвестны; ее особенностью является обнаружение парапротеина в сыворотке. Нередко выражены экстрамедуллярные лейкемические очаги — увеличение лимфатических узлов, печени, селезенки, лейкемиды в коже, яичках.

Острый мегакариобластный лейкоз, очень редок. Для него характерно присутствие в костном мозге и крови мегакариобластов (клеток с бластным, но гиперхромным ядром, узкой цитоплазмой с нитевидными выростами), а также недифференцированных бластов. Нередко в крови и костном мозге встречаются уродливые мегакариоциты и осколки их ядер. Характерен тромбоцитоз (более $100 \cdot 10^4$ в 1 мкл).

Острый эритромиелоз встречается сравнительно редко. Заболевание характеризуется гиперплазией клеток красного ряда без признаков резкого гемолиза. Клинические симптомы:

прогрессирование нормо- или гиперхромной анемии без ретикулоцитоза (обычно до 2 %), нерезкая иктеричность из-за распада эритрокариоцитов, нарастающие лейкопения и тромбоцитопения. В костном мозге повышено содержание клеток красного ряда с наличием многоядерных эритробластов и недифференцированных бластных клеток. В отличие от других форм острого лейкоза опухолевые клетки красного ряда нередко дифференцируются до стадии оксифильного нормоцита или до эритроцита. Острый эритромиелоз часто трансформируется в острый миелобластный.

Нейролейкемия является одним из частых осложнений острого лейкоза, реже хронического миелолейкоза. Нейролейкемия — это лейкемическое поражение (инфильтрация) нервной системы. Особенно часто это осложнение встречается при остром лимфобластном лейкозе детей, реже — при других формах острого лейкоза. Возникновение нейролейкемии обусловлено метастазированием лейкозных клеток в оболочки головного и спинного мозга или в вещество мозга (прогностически это более тяжелый тип опухолевого роста).

Клиника нейролейкемии складывается из менингеального и гипертензионного синдромов. Отмечают стойкую головную боль, повторную рвоту, вялость, раздражительность, отек дисков зрительных нервов, нистагм, косоглазие и другие признаки поражения черепных нервов и менингеальные знаки. В спинномозговой жидкости высокий бластный цитоз. Обнаружение высокого цитоза и бластных клеток в спинномозговой жидкости — более ранний признак нейролейкемии, чем описанная клиническая картина. При внутримозговых метастазах — картина опухоли мозга без цитоза.

Л е ч е н и е. При остром лейкозе показана срочная госпитализация. В отдельных случаях при точном диагнозе возможно цитостатическое лечение в амбулаторных условиях.

Применяют патогенетическое лечение для достижения ремиссии с помощью комбинированного введения цитостатиков с целью ликвидации всех явных и предполагаемых лейкемических очагов, при этом возможна выраженная депрессия кроветворения. Ремиссией при остром лейкозе называют состояние, при котором в крови уровень тромбоцитов выше $10 \cdot 10^4$ в 1 мкл, лейкоцитов — выше $3 \cdot 10^3$ в 1 мкл, в костном мозге бластов менее 5 %, а лимфоидных клеток менее 30 %, нет внекостномозговых лейкемических пролифератов. При остром лимфобластном лейкозе детей обязательным критерием полноты ремиссии является нормальный состав спинномозговой жидкости.

У детей, страдающих острым лимфобластным лейкозом, наиболее эффективна комбинация винкристина, назначаемого в дозе 1,4 мг/м² (не более 2 мг) 1 раз в неделю в/в, и преднизолона внутрь ежедневно в дозе 40 мг/м². С помощью этой терапии ремиссия достигается примерно у 95 % детей за 4—6 нед. Уже в период достижения ремиссии начинают профилактику нейролейкемии: первую спинномозговую пункцию следует делать на следующий день после установления диагноза острого лимфобластного лейкоза и при этом вводить интралюмбально метотрексат (аметоптерин) в дозе 12,5 мг/м². Спинномозговые пункции с введением метотрексата в указанной дозе повторяют каждые 2 нед до получения ремиссии. Сразу по достижении ремиссии проводят специальный профилактический курс, включающий облучение головы в дозе 2400 рад с двух латеральных полей с захватом I и II шейных позвонков, но с защитой глаз, рта, всей области лицевого черепа, и одновременное 5-кратное (за 3 нед облучения) интралюмбальное введение метотрексата в той же дозе (12,5 мг/м²). При диагностировании нейролейкемии во время люмбальной пункции профилактическое облучение головы отменяют, проводят терапию нейролейкемии с помощью интралюмбального введения двух цитостатических препаратов: метотрексата в дозе 10 мг/м² (максимум 10 мг) и цитозара (начальную дозу 5 мг/м² постепенно повышают до 30 мг/м²).

В период ремиссии острого лимфобластного лейкоза у детей проводят непрерывную цитостатическую терапию тремя цитостатиками — 6-меркаптопурином (50 мг/м² в день) ежедневно, циклофосфаном (200 мг/м² 1 раз в неделю), метотрексатом (20 мг/м² 1 раз в неделю); лечение продолжают 3,5—5 лет.

При остром лимфобластном лейкозе у взрослых и детей при неблагоприятных исходных показателях (поздно начатое и прерванное лечение до поступления на терапию по программе, возраст старше 10—12 лет, исходный уровень лейкоцитов более 20 000 в 1 мм³) на первой неделе ремиссии, получаемой по программе, включающей винкристин, преднизолон и рубомицин, назначают одну из цитостатических комбинаций: COAP, или CHOP, или POMP. Комбинация COAP состоит из циклофосфана и цитозара, вводимых с 1-го по 4-й день курса в/в по 50 мг/м² 3 раза в день шприцем; винкристина, вводимого в дозе 1,4 мг/м² в/в в 1-й день, и преднизолона, даваемого ежедневно с 1-го по 4-й день в дозе 100 мг/м². Комбинация CHOP состоит из циклофосфана, вводимого в/в в дозе 750 мг/м² в 1-й день курса, адриамицина — 50 мг/м² в/в в 1-й день, винкристина — 1,4 мг/м² (максимум 2 мг) в 1-й день в/в и преднизолона, даваемого ежедневно с 1-го по 5-й день курса в дозе 100 мг/м² в день. Комбинация POMP рассчитана на 5-дневный курс, включающий 6-меркаптопурин (пуринетол) по 300—500 мг/м² в день внутрь с 1-го по 5-й день, винкристин — 1,4 мг/м² в/в в 1-й день, метотрексат по 7,5 мг/м² в/в ежедневно с 1-го по 5-й день и преднизолон, назначаемый внутрь ежедневно по 200 мг/м² в день. Один из этих курсов проводят в начале ремиссии для ее закрепления (консолидации). Затем (после выхода из цитопении — подъеме уровня лейкоцитов до 3000 клеток в 1 мм³) начинают терапию поддерживания ремиссии; при остром лимфобластном лейкозе ее проводят непрерывно теми же тремя препаратами (6-меркаптопурин, метотрексат и циклофосфан), что и у детей 2—10 лет, но каждые полтора месяца вместо этой терапии, назначаемой внутрь в таблетках или, как циклофосфамид, в порошке, проводят поочередно курс СОАР, СНОР или РОМР (на все время терапии поддерживания, т. е. на 5 лет, выбирают какие-либо два из этих трех курсов для данного больного). Независимо от возраста больным с острым лимфобластным лейкозом проводят профилактику нейролейкемии двумя цитостатическими препаратами: метотрексатом (10 мг/м², максимум 10 мг) и цитозаром (в возрастающей дозе от 5 до 30 мг — всего 5 интралюмбальных введений) или облучением головы (в дозе 24 Гр за 15 сеансов) и метотрексатом, вводимым интралюмбально 5 раз одновременно с облучением в дозе 12,5 мг/м².

При острых нелимфобластных лейкозах основными препаратами, используемыми для достижения ремиссии, являются цитозар и рубомицин (или адриамицин). Они могут быть назначены в комбинации «7+3»: цитозар вводят 7 дней непрерывно в суточной дозе 200 мг/м² или 2 раза в день каждые 12 ч по 200 мг/м² в течение 2 ч в/в; рубомицин вводят в/в шприцем в дозе 45 мг/м² (30 мг/м² лицам старше 60 лет) в 1-й, 2-й и 3-й дни курса. К цитозару и рубомицину может быть добавлен 6-меркаптопурин, назначаемый каждые 12 ч в дозе 50 мг/м², при этом дозу цитозара уменьшают до 100 мг/м², вводимых каждые 12 ч. Цитозар вводится 8 дней, 6-меркаптопурин — с 3-го по 9-й день. При достижении ремиссии закрепляющий курс — консолидация — может быть таким же, как и приведший к ремиссии.

Для поддержания ремиссии используют или ту же комбинацию цитозара и рубомицина (курс «7+3»), назначаемую каждый месяц с интервалом 2,5 или 3 нед, либо 5-дневное введение цитозара п/к по 100 мг/м² каждые 12 ч в сочетании (в первый день курса) с одним из таких цитостатиков, как циклофосфан (750 мг/м²) либо рубомицин (45 мг/м²) или винкристин (1,4 мг/м² в 1-й день) и преднизолон (40 мг/м² с 1-го по 5-й день) либо метотрексат (30 мг/м²). Поддерживающую терапию продолжают 5 лет, как и при остром лимфобластном лейкозе. Всем больным проводят профилактику нейролейкемии. Первую люмбальную пункцию с введением метотрексата в дозе 12,5 мг/м² (максимум 15 мг) производят при всех формах острого лейкоза во всех возрастных группах в первые дни после установления диагноза острого лейкоза. У взрослых основной курс профилактики нейролейкемии проводят после достижения ремиссии; у детей с острым лимфобластным лейкозом еще в период индукции ремиссии каждые 2 нед повторно вводят метотрексат в дозе 12,5 мг/м² (максимум 15 мг). В случае реакций перед введением назначают преднизолон в/в в дозе 120 мг.

Лейкозы хронические. Чаще встречаются лимфолейкоз, миелолейкоз, миеломная болезнь, эритремия, реже — хронический сублейкемический миелоз (остеомиелосклероз, миелофиброз), хронический моноцитарный лейкоз, макроглобулинемия Вальденстрема.

При *хроническом миелолейкозе* опухолевым процессом поражается как гранулоцитарный, так и тромбоцитарный и эритроцитарный рост-

ки костного мозга. Родоначальница опухоли — клетка-предшественница миелопоэза. Процесс может распространяться на печень, селезенку, а в терминальной стадии пораженной может оказаться любая ткань. В клиническом течении хронического миелолейкоза выделяют развернутую и терминальную стадии. В начале развернутой стадии у больного отсутствуют жалобы, не увеличена или незначительно увеличена селезенка, состав периферической крови изменен. В этой стадии диагноз можно установить путем анализа «немотивированной» природы нейтрофильного лейкоцитоза со сдвигом в формуле до миелоцитов и промиелоцитов, обнаружения существенно повышенного соотношения лейкоциты/эритроциты в костном мозге и «филадельфийской» хромосомы в гранулоцитах крови и клетках костного мозга. В трепанате костного мозга уже в этот период, как правило, наблюдается почти полное вытеснение жира миелоидной тканью. Развернутая стадия может продолжаться в среднем 4 года. При правильной терапии состояние больных остается удовлетворительным, они сохраняют трудоспособность, ведут обычный образ жизни при амбулаторном наблюдении и лечении. В терминальной стадии течение хронического миелолейкоза приобретает черты злокачественности: высокая лихорадка, быстро прогрессирующее истощение, боль в костях, резкая слабость, быстрое увеличение селезенки, печени, иногда увеличение лимфатических узлов. Для этой стадии характерны появление и быстрое нарастание признаков подавления нормальных ростков кроветворения — анемия, тромбоцитопения, осложняющаяся геморрагическим синдромом, гранулоцитопения, осложняющаяся инфекцией, некрозами слизистых оболочек. Важнейшим гематологическим признаком терминальной стадии хронического миелолейкоза является бластный криз — увеличение содержания бластных клеток в костном мозге и крови (сначала чаще миелобластов, затем недифференцируемых бластов). Кариологически в терминальной стадии более чем в 80 % случаев определяется появление анеуплоидных клонов клеток — кроветворных клеток, содержащих ненормальное число хромосом. Длительность жизни больных в этой стадии чаще не превышает 6—12 мес.

Л е ч е н и е хронического миелолейкоза проводят с момента установления диагноза. В развернутой стадии эффективна терапия миелосаном в дозе 2—4 мг/сут (при уровне лейкоцитов более 100 000 в 1 мм³ назначают до 6 мг/сут). Лечение проводят амбулаторно. При неэффективности миелосана назначают миелобромол (при значительной спленомегалии можно провести облучение селезенки).

При переходе процесса в терминальную стадию используют комбинации цитостатических препаратов, применяемых обычно для лечения острых лейкозов: винкристин и преднизолон, ВАМП, цитозар и рубомицин. В начале терминальной стадии нередко эффективен миелобромол.

Хронический лимфолейкоз представляет собой доброкачественную опухоль иммунокомпетентной системы; основу опухоли составляют морфологически зрелые лимфоциты. Начало болезни нередко определить не удается: среди полного здоровья и отсутствия у больного каких-либо неприятных субъективных ощущений в крови обнаруживают небольшой, но постепенно нарастающий лимфоцитоз. На ранних этапах число лейкоцитов может быть нормальным. Характерный признак болезни — увеличение лимфатических узлов. Иногда их увеличение обнаруживают одновременно с изменениями в крови, иногда позже. Увеличение селезенки — частый симптом; реже увеличивается печень. В крови наряду с увеличением числа лимфоцитов, присутствием единичных пролимфоцитов и иногда редких лимфобластов часто можно отметить характерные для хронического лимфолейкоза так называемые тени Гумпрехта — разрушенные при приготовлении мазка ядра лимфоцитов, в которых среди глыбок хроматина можно заметить нуклеолы. В развернутой стадии болезни содержание нейтрофилов, тромбоцитов и эритроцитов многие годы может оставаться на нормальном уровне. В костном мозге при хроническом лимфолейкозе находят высокий процент лимфоцитов.

Развитие заболевания нередко сопровождается снижением общего уровня гамма-глобулинов. Угнетение гуморального иммунитета проявляется частыми инфекционными осложнениями, особенно пневмониями. Другое нередкое осложнение — цитопении, чаще анемии и тромбоцитопении. Это осложнение может быть связано с появлением аутоантител против эритроцитов и тромбоцитов или против эритрокариоцитов и мегакариоцитов. Но это не единственный механизм цитопении при хроническом лимфолейкозе; возможно подавляющее действие лимфоцитов (в частности, Т-лимфоцитов) на клетки-предшественники эритропоэза или тромбоцитопоэза. Терминальная стадия хронического лимфолейкоза, проявляющаяся саркомным ростом или бластным кризом, наблюдается нечасто, особенно редок бластный криз.

Развитие лимфосаркомы в ряде случаев может сопровождаться сменой лимфоцитоза в крови нейтрофилезом.

Волосато-клеточный лейкоз — особая форма хронического лимфолейкоза, при котором лимфоциты имеют гомогенное ядро, напоминающее ядро бласта, ворсинчатые выросты цитоплазмы. Цитоплазма этих клеток содержит много кислой фосфатазы, устойчивой к действию тартариковой кислоты. Клиническая картина характеризуется увеличением селезенки, незначительным увеличением периферических лимфатических узлов и выраженной цитопенией. В 75 % случаев волосато-клеточного лейкоза, протекающего с увеличением селезенки, эффективной оказывается спленэктомия. Если цитопения не связана с увеличением селезенки или есть какие-либо иные органные изменения или лимфаденопатия, терапией выбора является применение α-интерферона (3 000 000—9 000 000 ЕД в/м ежедневно многие месяцы с учетом положительной динамики показателей крови, изменений в пораженных тканях).

Отдельную форму представляет собой хронический лимфолейкоз с поражением кожи — *форма Сезари*. Процесс начинается нередко с поражения кожи, кожного зуда, появления локальных лимфатических инфильтратов под эпидермисом, которые затем могут стать тотальными. Постепенно нарастают лимфоцитоз и процент уродливых лимфоцитов в крови. Это обычно крупные клетки с изрезанными контурами ядра петлистой структуры, но клетки могут быть и небольшими с бобовидным ядром. Доказана принадлежность этих лимфоцитов к Т-клеткам. Лимфоаденопатия может быть смешанной природы: одни лимфатические узлы увеличены реактивно вследствие инфекции в коже, другие — в связи с их лейкемической инфильтрацией. Селезенка может увеличиться в процессе болезни. В лечении формы Сезари нередко дает эффект длительное применение малых доз хлорбутина (2—4 мг/сут ежедневно в течение нескольких месяцев под контролем анализов крови, прежде всего уровня тромбоцитов — 1 раз в 2—3 нед), который снимает кожный зуд, уменьшает лейкозную инфильтрацию кожи.

Лечение хронического лимфолейкоза, проявляющегося ростом лейкоцитоза, умеренной лимфоаденопатией, начинают с применения хлорбутина. При значительных размерах лимфатических узлов используют циклофосфан. Стероидную терапию назначают при аутоиммунных осложнениях, геморрагическом синдроме, а также неэффективности отдельных цитостатиков (в последнем случае иногда комбинируют хлорбутин или циклофосфан с преднизолоном). Длительное применение стероидов при хроническом лимфолейкозе противопоказано. При значительной плотности периферических лимфатических узлов, вовлечения в процесс лимфатических узлов брюшной полости с успехом используют комбинации препаратов типа ВАМП или сочетания циклофосфана, винкристина или винбластина и преднизолона (СОР или CVP). Облучают селезенку, лимфатические узлы, кожу. Одним из методов лечения аутоиммунной цитопении при хроническом лимфолейкозе является спленэктомия. Особое значение имеет лечение инфекционных осложнений. В последнее время стали применять лейкоцитоферез для лечения лимфолейкоза с высоким лейкоцитозом и цитопений. Больные хроническим лимфолейкозом многие годы сохраняют хорошее самочувствие и трудоспособность.

Хронический моноцитарный лейкоз относится к редким формам лейкозов, характеризуется высоким моноцитозом в периферической крови (20—40 %) при нормальном или несколько повышенном числе лейкоцитов. Наряду со зрелыми моноцитами в крови имеются единичные промоноциты. В костном мозге процент моноцитов повышен незначительно, но в трепанате наблюдается гиперплазия костномозговой ткани с диффузным разрастанием моноцитарных элементов. В крови и моче высокое содержание лизоцима. У 50 % больных пальпируется селезенка. Длительное благополучное течение хронического моноцитарного лейкоза может смениться терминальной стадией, имеющей те же особенности, что и терминальная стадия хронического миелолейкоза. В развернутой стадии процесс не требует специального лечения, только при глубокой анемии необходимо периодическое переливание эритроцитной массы, которое можно проводить амбулаторно.

НЕЙТРОПЕНИИ НАСЛЕДСТВЕННЫЕ — группа редких наследственных заболеваний с почти полным отсутствием в крови нейтрофилов, обнаруживаемых постоянно (постоянные нейтропении) или через равные промежутки времени (периодические нейтропении). Как правило, болезни наследуются рецессивно. Патогенез первичных механизмов нейтропении изучен плохо, инфекционные воспалительные процессы обусловлены нейтропенией.

К л и н и ч е с к а я к а р т и н а — склонность к инфекциям (как правило, стафилококковым), тяжелая альвеолярная пиорея с детства (обнаженные шейки зубов, их расшатывание и выпадение). При периодической форме болезни — лихорадка и инфекции строго периодичны и соответствуют дням нейтропении. В крови почти полностью отсутствуют нейтрофилы, повышено число эозинофилов и моноцитов. При периодической форме эти изменения продолжаются несколько дней, возникая через строго определенные отрезки времени. Анемии, тромбоцитопении нет. В костном мозге — обрыв созревания нейтрофилов на стадии промиелоцита (реже миелоцита), моноцитоз (у детей часто много промоноцитов), эозинофилия.

Л е ч е н и е. Антибиотики при наличии инфекционных осложнений, непрерывная терапия альвеолярной пиореи.

П р о г н о з. Ликвидация инфекций позволяет сохранить жизнь больных детей; с годами тяжесть болезни ослабевает.

П р о ф и л а к т и к а. При периодической форме назначают антибиотики (например, оксациллин) перед кризом, что позволяет резко ослабить тяжесть инфекции.

ПАРАПРОТЕИНЕМИЧЕСКИЕ ГЕМОБЛАСТОЗЫ — особая группа опухолей лимфатической системы, при которых опухолевые клетки (лимфоциты или плазматические) синтезируют иммуноглобулин. Поскольку эти лейкозы, как и другие, возникают из одной первоначально измененной клетки, вся масса опухолевых клеток производит какой-то один иммуноглобулин, который, даже оставаясь нормальным, оказывается для организма в целом бесполезным или вредным из-за своей крайней избыточности. Как правило, синтез остальных иммуноглобулинов снижен; постепенно нарастает иммунологическая несостоятельность организма. К парапротеинемическим гемобластозам относятся миеломная болезнь, макроглобулинемия Вальденстрема, болезнь тяжелых цепей. Эти лейкозы своим клеточным субстратом имеют преимущественно зрелые элементы — плазмоциты, лимфоциты, поэтому должны относиться к группе хронических лейкозов. Кроме того, способностью к синтезу однотипного, моноклонового (т. е. производимого клетками, происходящими из одной первоначально измененной клетки) иммуноглобулина обладают следующие опухоли кроветворной системы: острый плазмобластный лейкоз, редкие формы лимфосарком и редкие формы зрелоклеточных лимфатических внекостномозговых опухолей — лимфоцитом.

Миеломная болезнь (множественная миелома, плазмоцитома) представляет собой костномозговую опухоль, состоящую из плазматических клеток разной степени зрелости. Выход плазматических клеток в периферическую кровь нехарактерен для этого лейкоза, хотя иногда возможен.

К л и н и ч е с к а я к а р т и н а в начале болезни не имеет типичных черт. По мере прогрессирования процесса возникают боль в позвонках, корешковый синдром, боль в ребрах, обусловленные разрушением (гнездным или диффузным) костей растущей плазмоцитомой. Иногда ведущими становятся признаки, связанные с угнетением продукции костного мозга: анемия, гранулоцитопения с ее инфекционными осложнениями, тромбоцитопенической геморрагический синдром. В других случаях ведущим симптомом довольно быстро становится нарастающая протеинурия, почечная недостаточность.

Патогенез описываемых явлений различен. Костный деструктивный процесс обусловлен остеолитическим влиянием на кость опухолевых лимфоцитарных предшественников миеломных клеток. Недостаточность продукции нормальных иммуноглобулинов вызвана угнетением нормального лимфоцитопоэза опухолевыми клетками. В основе почечной патологии лежит отложение в канальцах и клубочках имеющегося в избытке моноклонового иммуноглобулина или его дериватов. На этой основе развиваются склеротические процессы в почках с прогрессирующей их недостаточностью. Белковые отложения в тканях внутренних органов, суставов могут провоцировать развитие соответствующей патологии, в частности сердечной недостаточности, ревматоидоподобного синдрома и т. п. Угнетение продукции нормальных иммуноглобулинов ведет к недостаточной выработке антител, склонности к инфекциям. Избыток белковой продукции может приводить к появлению синдрома повышенной вязкости (резкий астенический синдром, нарушения кровообращения по микроциркуляторному типу, тромбозы, инфаркты внутренних органов, геморрагический синдром по типу васкулита).

Диагноз устанавливают на основании обнаружения высокого содержания плазматических (иногда атипичных) клеток в костном мозге (выше 15 %), появления моноклонового иммуноглобулина в сыворотке крови (нередко и в моче) в виде узкой полосы на электрофореграмме (М-градиент), снижения уровня нормальных иммуноглобулинов (по данным иммуноэлектрофореза). В сомнительных случаях, например при несекретирующей миеломе, отсутствии высокого процента плазмоцитов в костном мозге, диагноз устанавливают в специализированном учреждении. Подозрительны следующие признаки: немотивированное нарастающее на протяжении ряда лет повышение СОЭ (следствие избытка гамма-глобулинов в крови), упорная протеинурия (не альбуминурия, а глобулинурия, устанавливаемая методом электрофореза мочи), появление остеодеструктивных очагов, анемия, лейкоцито- и тромбоцитопения. Само по себе установление диагноза миеломной болезни не является показанием к цитостатической терапии; ее назначает специалист.

Лечение обычно начинают в стационаре, назначая цитостатики — циклофосфан или сарколизин вместе с преднизолоном и метандростенолоном (неробол) или ретаболилом. Сарколизин назначают по 10 мг/сут через день или ежедневно, по 200—300 мг на курс. В течение всего курса дают преднизолон — 10—20 мг/сут, ретаболил по 50 мг в/в 1 раз в неделю (или неробол по 10—15 мг ежедневно). После завершения курса переходят к поддерживающей терапии сарколизином по 10 мг 1 раз в 5—10 дней. При почечной недостаточности сарколизин становится крайне опасным, так как он выводится почками и нарушение его выведения ведет к резкому повышению концентрации цитостатика в крови с развитием глубокой панцитопении. Вместо сарколизина можно использовать циклофосфан по 400 мг через день внутрь, в/в или в/м (на курс 8—10 г). В течение всего курса преднизолон и неробол (или ретаболил) дают в той же дозе, что и в курсе с сарколизином. После окончания курса проводят поддерживающую терапию (по 400 мг циклофосфана в день 1 раз в 5—10 дней). Существуют и другие схемы лечения миеломной болезни, требующие участия специалиста. При снижении уровня лейкоцитов до $1 \cdot 10^3$ в 1 мкл необходима отмена цитостатика. Локальные очаги поражения часто требуют лучевой терапии.

Макроглобулинемия Вальденстрема представляет собой костномозговую опухоль, состоящую из лимфоцитов или лимфоцитов и плазмоцитов и характеризующуюся высокой продукцией моноклонового макроглобулина — IgM. По гематологическим и клиническим признакам, особенно в начале болезни, процесс мало отличается от хронического лимфолейкоза. Однако повышенная продукция крупнодисперсного белка ведет к развитию синдрома повышенной вязкости. Характерны множественные мелкие тромбозы, тромбоцитопения, геморрагический синдром.

Д и а г н о з устанавливают на основании лимфоцитоза в крови, костном мозге, изолированного увеличения фракции IgM на иммуноэлектрофореграмме. Частый, но не обязательный симптом — увеличение лимфатических узлов, селезенки. Повышенная продукция макроглобулина часто приводит к развитию синдрома повышенной вязкости: резкая слабость, вялость, загруженность (вплоть до комы), возможны перемежающаяся глухота и парезы.

Л е ч е н и е. Цитостатическая терапия хлорбутином, циклофосфаном в тех же дозах, что при хроническом лимфолейкозе. При синдроме повышенной вязкости — плазмаферез (удаление плазмы с заменой ее раствором альбумина и плазмозаменителей или нормальной плазмой).

ЛИМФОГРАНУЛЕМАТОЗ — опухоль лимфатических узлов с наличием клеток Березовского — Штернберга. Этиология неизвестна.

К л и н и ч е с к а я к а р т и н а разнообразна. В одних случаях болезнь начинается с появлений интоксикации (лихорадка, слабость, потливость, увеличение лимфатических узлов, повышение СОЭ). Иногда начало болезни характеризуется лишь увеличением какой-либо одной группы (или одного) лимфатических узлов. Узлы плотноватые, эластичные, чаще не спаяны между собой. Иногда в них возникают некрозы, появляются свищи (посев из них нередко стерилен). Частый симптом интоксикации — кожный зуд. При первичной локализации опухоли в лимфатических узлах брюшной полости возможна тяжелая интоксикация с гипертермией, проливным потом, лейкопенией с палочкоядерным сдвигом и повышением СОЭ. Изредка отмечается первичная локализация лимфогранулематоза в желудке, легком, селезенке. Картина крови в типичных случаях характеризуется выраженной лимфопенией, нейтрофилезом с умеренным палочкоядерным сдвигом, увеличением СОЭ. При тяжелой интоксикации возможна эозинофилия. При отсутствии интоксикации кровь может долгое время не изменяться, в отдельных случаях наблюдается небольшой лимфоцитоз.

Д и а г н о з устанавливают на основании гистологического исследования биопсированного лимфатического узла (или органа при экстранодальной локализации опухоли); обнаруживают нарушение структуры узла, стертость его рисунка и наличие клеток Березовского — Штернберга (обязательный диагностический признак). Клиническая или только цитологическая по пунктату диагностика лимфогранулематоза не должна иметь место. В начале процесса, особенно если пораженный лимфатический узел вовлечен в банальный воспалительный процесс (при этом он может быть болезненным, быстро увеличивается на высоте инфекции и уменьшается на фоне антибактериальной терапии — лимфоаденит опухолевого лимфатического узла), гистологическая трактовка биоптата может оказаться невозможной (поэтому на высоте инфекции биопсия лимфатического узла нежелательна). В этих случаях приходится прибегать к повторной биопсии увеличенных плотных лимфатических узлов (ни в коем случае не следует биопсировать мягкие неувеличенные лимфатические узлы в расчете на «системность» процесса: эта опухоль не первичномножественная, а метастазирует, как и другие опухоли лимфатических узлов).

Л е ч е н и е проводят по определенным схемам, что при отсутствии органных поражений позволяет добиться выздоровления у большинства больных. Основные программы лечения заключаются в назначении 2—4 курсов полихимиотерапии, затем в поэтапном облучении всех основных групп лимфатических узлов (как пораженных, так и неизмененных) по обе стороны диафрагмы, облучении селезенки или ее ложа (если нет признаков распространения опухоли за пределы лимфатических узлов, селезенку обычно удаляют) и последующем назначении полихимиотерапии. Суммарно до и после облучения проводят обычно 6 курсов полихимиотерапии. Для облучения используют источники высоких энергий, позволяющие достичь поглощенной дозы на очаг около 4000 рад без тяжелого повреждения кожи. Область первоначального поражения желательно облучать в более высокой дозе. Полихимиотерапия по эффективности почти не уступает лучевому лечению. Назначают циклофосфан, винкристин, прокарбазин (натулан) и преднизолон в течение 2 нед с последующим 2-недельным перерывом. Препараты назначают в следующем порядке: циклофосфан — 600 мг/м^2 в/в или мустарген — 6 мг/м^2 (все дозы для взрослых) в 1-й и 8-й день цикла, винкристин — 2 мг в/в в 1-й и 8-й день цикла, прокарбазин (натулан) — 100 мг/м^2 в день внутрь ежедневно с 1-го по 14-й день цикла, преднизолон — 40 мг/м^2 в день внутрь с 1-го по 14-й день цикла с отменой его в один день полностью. Преднизолон назначают только в 1-м, 4-м, 8-м и 12-м циклах. В остальных циклах проводят без преднизолона. Желательно чередовать курсы химиотерапии, при которых мустарген сменяет циклофосфан, или проводить курсы с адреабластином, блеомицином, CCNV. При наличии соответствующих условий полихимиотерапию и облучение можно проводить в основном амбулаторно. Иногда (при выраженной тошноте и рвоте) приходится госпитализировать больных для в/в введения цитостатиков. При полиневрите, вызванном введением винкристина (чаще у стариков или при тяжелом поражении печени), препарат заменяют винбластином. Существуют и другие схемы полихимиотерапии. Применение монохимиотерапии для начала лечения противопоказано.

Прогноз трудовой и прогноз в целом определяются не формальной распространенностью процесса, а результатами лечения. Сейчас выздоравливают до 60—80 % больных при программном лечении.

Профилактика болезни не разработана. Профилактика рецидивов — выполнение программы лечения и соблюдение необходимого режима. Возникновению рецидивов способствуют инсоляция, беременность, роды. Беременность допустима не ранее чем через 2 года от начала ремиссии.

ВНЕКОСТНОМОЗГОВЫЕ ГЕМОБЛАСТОЗЫ — ГЕМАТОСАРКОМЫ И ЛИМФОМЫ (ЛИМФОЦИТОМЫ). Опухоли из кроветворных клеток, на начальных этапах не поражающие костный мозг, могут быть образованы бластными клетками (гематосаркомы) и зрелыми лимфоцитами (лимфомы, или лимфоцитомы). Нередко эти внекостномозговые опухоли независимо от степени их зрелости объединяют в понятие «гематосаркомы». По существу все эти опухоли имеют аналоги среди лейкозов. Чаще всего встречаются лимфоцитарные опухоли — лимфосаркомы и лимфоцитомы. Опухоли из миелобластов встречаются значительно реже. Иногда клетки опухоли имеют гистохимические особенности как миелобластов, так и монобластов (как при миеломонобластном остром лейкозе); встречаются и недифференцируемые (т. е. гистохимически неопределяемые) гематосаркомы. Все гематосаркомы и лимфоцитомы могут трансформироваться в соответст-

вующий лейкоз: гематосаркомы — в острый, лимфоцитомы — в хронический лимфолейкоз.

Диагноз устанавливают при помощи гистологического и цитологического (с гистохимической идентификацией формы) исследования биопсированной опухоли. Локализация этих опухолей может быть разнообразной: лимфатические узлы, желудок, селезенка, кожа, легкие и т. п. Поскольку нередко диагноз опухоли устанавливают лишь после гистологического исследования удаленного новообразования, которое клинически определялось как рак, следует взять за правило: любую удаленную опухоль изучать цитологически, приготовив сразу после ее удаления отпечатки и мазки.

Клиническая картина лимфоцитомы очень напоминает хронический лимфолейкоз, от которого лимфоцитому отличают выраженная лимфатическая пролиферация в органах при невысоком лейкоцитозе, очаговая пролиферация в костном мозге, лимфатических узлах и селезенке (важнейший признак, поскольку при хроническом лимфолейкозе пролиферация в этих органах носит диффузный характер). При лимфоцитомах средний срок жизни больных в 2—3 раза больше, чем при хроническом лимфолейкозе. Селезенка при лимфоцитоме обычно значительно увеличена (показана спленэктомия). Лимфоцитому легкого, желудка лечат обычно хирургическим путем. Консервативная терапия — как при хроническом лимфолейкозе.

Лечение лимфосарком проводят по программе СОРР (циклофосфан, винкристин, прокарбазин и преднизолон) или по радикальной программе облучения на гамма-установках. С помощью этой терапии в последние годы получены хорошие результаты: около половины больных без рецидива переживают пятилетний срок. При лимфосаркоме желудка удаление опухоли также обеспечивает пятилетнее безрецидивное течение более чем у половины больных. Начатую в стационаре терапию по программе СОРР в дальнейшем проводят амбулаторно. Поскольку внекостномозговые гемобластозы очень часто трансформируются в лейкоз (в результате метастазирования опухолевых клеток в костный мозг), больные должны находиться под наблюдением гематологов. Лимфосаркома детей, миелобластная, монобластная саркома независимо от возраста, как правило, переходят в соответствующий острый лейкоз. Таких больных лечат по схемам, соответствующим аналогичному острому лейкозу. В частности, у детей с лимфосаркомой после достижения ремиссии проводят курс профилактики нейролейкемии с облучением головы в дозе 2400 рад, в дальнейшем — обычно курс реиндукции, а затем — непрерывная длительная химиотерапия для поддержания ремиссии.

ЛУЧЕВАЯ БОЛЕЗНЬ. *Острая лучевая болезнь* представляет собой самостоятельное заболевание, развивающееся в результате гибели преимущественно делящихся клеток организма под влиянием кратковременного (до нескольких суток) воздействия на значительные области тела ионизирующей радиации. Причиной острой лучевой болезни могут быть как авария, так и тотальное облучение организма с лечебной целью — при трансплантации костного мозга, при лечении множественных опухолей.

В патогенезе острой лучевой болезни определяющую роль играет гибель клеток в непосредственных очагах поражения. Сколько-нибудь существенных первичных изменений в органах и системах, не подвергавшихся непосредственному лучевому воздействию, не наблюдается. Под влиянием ионизирующей радиации гибнут прежде всего делящиеся клетки, находящиеся в митотическом цикле, однако в отличие от эффекта большинства цитостатиков (за исключением миелосана, который действует на уровне стволовых клеток) погибают и покоящиеся клетки, гибнут и лимфоциты. Лимфопения является одним из ранних и важнейших признаков острого лучевого поражения. Фибробласты организма оказываются высокоустойчивыми к воздействию радиации. После облучения они начинают бурный рост, что в очагах значительных поражений способствует развитию тяжелого склероза. К важнейшим особенностям острой лучевой болезни относится строгая зависимость ее проявлений от поглощенной дозы ионизирующей радиации.

Клиническая картина острой лучевой болезни весьма разнообразна; она зависит от дозы облучения и сроков, прошедших после облучения. В своем развитии болезнь проходит несколько этапов. В первые часы после облучения появляется первичная реакция (рвота, лихорадка, головная боль непосредственно после облучения). Через несколько дней (тем раньше, чем выше доза облучения) развивается опустошение костного мгза, в крови — агранулоцитоз, тромбоцитопения. Появляются разнообразные инфекционные процессы, стоматит, геморрагии. Между первичной реакцией и разгаром болезни при дозах облучения менее 500—600 рад[1] мечается период внешнего благополучия — латентный период. Деление острой лучевой болезни на периоды первичной реакции, латентный, разгара и восстановления неточное: чисто внешние проявления болезни не определяют истинного положения.

При близости пострадавшего к источнику излучения уменьшение дозы облучения, поглощенной на протяжении человеческого тела, оказывается весьма значительным. Часть тела, обращенная к источнику, облучается существенно больше, чем противоположная его сторона. Неравномерность облучения может быть обусловлена и присутствием радиоактивных частиц малых энергий, которые обладают небольшой проникающей способностью и вызывают преимущественно поражение кожи, подкожной клетчатки, слизистых оболочек, но не костного мозга и внутренних органов.

Целесообразно выделять четыре стадии острой лучевой болезни: легкую, средней тяжести, тяжелую и крайне тяжелую. К легкой относятся случаи относительно равномерного облучения в дозе от 100 до 200 рад, к средней — от 200 до 400 рад, к тяжелой — от 400 до 600 рад, к крайне тяжелой — свыше 600 рад. При облучении в дозе менее 100 рад говорят о лучевой травме. В основе деления облучения по степени тяжести лежит четкий терапевтический принцип. Лучевая травма без развития болезни не требует специального врачебного наблюдения в стационаре. При легкой степени больных обычно госпитализируют, но специального лечения не проводят, и лишь в редких случаях, при дозах, приближающихся к 200 рад, возможно развитие непродолжительного агранулоцитоза со всеми инфекционными осложнениями и последствиями, требующими антибактериальной терапии. При средней тяжести агранулоцитоз и глубокая тромбоцитопения наблюдаются практически у всех больных; необходимо лечение в хорошо оборудованном стационаре, изоляция, проведение мощной антибактериальной терапии в период депрессии кроветворения. При тяжелой степени наряду с поражением костного мозга наблюдается картина радиационного стоматита, радиационного поражения желудочно-кишечного тракта. Таких больных следует госпитализировать только в высокоспециализированный гематологический и хирургический стационар, где есть опыт ведения подобных больных.

При неравномерном облучении совсем не просто выделять степень тяжести болезни, ориентируясь лишь на дозовые нагрузки. Однако задача упрощается, если исходить из терапевтических критериев: лучевая травма без развития болезни — нужды в специальном наблюдении нет; легкая — госпитализация в основном для наблюдения; средняя — всем пострадавшим требуется лечение в обычном многопрофильном стационаре; тяжелая — требуется помощь специализированного стационара (в плане гематологических поражений либо глубоких кожных или кишечных поражений); крайне тяжелая — в современных условиях прогноз безнадежен (табл. 8). Дозу редко устанавливают физическим путем, как правило, это делают с помощью биологической дозиметрии. Разработанная в нашей стране специальная система биологической дозиметрии позволяет в настоящее время не только безошибочно устанавливать сам факт переоблучения, но и надежно (в пределах описанных степеней тяжести острой лучевой болезни) определять поглощенные в конкретных участках человеческого тела дозы радиации. Это положение справедливо для случаев непосредственного, т. е. в течение ближайших после облучения суток, поступления пострадавшего для обследования. Однако даже по прошествии нескольких лет после облучения можно не только подтвердить этот факт, но и установить примерную дозу облучения по хромосомному анализу

---

[1] Рад — единица поглощенной дозы излучения, равная энергии 100 эрг, поглощенной 1 г облученного вещества; рентген (Р) — единица экспозиционной дозы облучения, соответствующая дозе рентгеновского или гамма-излучения, под действием которого в 1 см³ сухого воздуха в нормальных условиях (температура 0 °С, давление 760 мм рт. ст.) создаются ионы, несущие одну электростатическую единицу количества электричества каждого знака [Кейрим-Маркус И. Б., 1974]; бэр — биологический эквивалент рада; грей (Гр) = 100 рад.

Таблица 8. Органные поражения и зависимость проявлений от дозы на ткань

Клинический синдром	Минимальная доза, рад
Гематологический:	
первые признаки цитопении (тромбоцитопении до 10·10^4 в 1 мкл на 29—30-е сутки)	50—100
агранулоцитоз (снижение лейкоцитов ниже 1·10^3 в 1 мкл), выраженная тромбоцитопения	200 и более
Эпиляция:	
начальная	Свыше 250—300
постоянная	700 и более
Кишечный:	
картина энтерита	500, чаще 800—1000
язвенно-некротические изменения слизистых оболочек ротовой полости, ротоглотки, носоглотки	1000
Поражение кожи:	
эритема (начальная и поздняя)	800—1000
сухой радиоэпидермит	1000—1600
экссудативный радиоэпидермит	1600—2500
язвенно-некротический дерматит	2500 и более

лимфоцитов периферической крови и лимфоцитов костного мозга.

Клиническая картина первичной реакции зависит от дозы облучения; она различна при разных степенях тяжести (табл. 9). Повторность рвоты определяется главным образом облучением области груди и живота. Облучение нижней половины тела, даже очень обширное и тяжелое, обычно не сопровождается существенными признаками первичной реакции. В течение ближайших часов после облучения у больных отмечается нейтрофильный лейкоцитоз без заметного омоложения формул. Он, по-видимому, обусловлен мобилизацией в основном сосудистого гранулоцитотарного резерва. Высота этого лейкоцитоза, в развитии которого может играть важную роль и эмоциональный компонент, не связана четко с дозой облучения. В течение первых 3 сут у больных отмечается снижение уровня лимфоцитов в крови, обуслов-

Таблица 9. Дифференциация острой лучевой болезни по степени тяжести в зависимости от проявлений первичной реакции

Степень тяжести и доза, рад	Ведущий признак — рвота (время и кратность)	Косвенные признаки			
		общая слабость	головная боль и состояние сознания	температура	гиперемия кожи и инъекция склер
Легкая (100—200)	Нет или позже 3 ч и однократно	Легкая	Кратковременная головная боль, сознание ясное	Нормальная	Легкая инъекция склер
Средняя (200—400)	Через 30 мин — 3 ч 2 раза и более	Умеренная	Головная боль, сознание ясное	Субфебрильная	Отчетливая гиперемия кожи и инъекция склер
Тяжелая (400—600)	То же	Выраженная	Временами сильная головная боль, сознание ясное	То же	Выраженная гиперемия кожи и инъекция склер
Крайне тяжелая (более 600)	Через 10—30 мин многократно	Резчайшая	Упорная сильная головная боль, сознание может быть спутанным	Может быть 38—39 °C	Резкая гиперемия кожи и инъекция склер

ленное, по-видимому, интерфазной гибелью этих клеток. Этот показатель через 48—72 ч после облучения имеет дозовую зависимость (табл. 10).

После окончания первичной реакции наблюдается постепенное падение уровня лейкоцитов, тромбоцитов и ретикулоцитов в крови. Лимфоциты остаются близкими к уровню их первоначального падения.

Л е й к о ц и т а р н а я к р и в а я и в основном сходные с ней кривые тромбоцитов и ретикулоцитов характеризуют закономерные, а не случайные изменения уровня этих клеток в крови (анализ крови делают ежедневно). Вслед за первоначальным подъемом уровня лейкоцитов развивается постепенное их снижение, связанное с расходованием костномозгового грануцитарного резерва, состоящего преимущественно из зрелых, устойчивых к воздействию радиации клеток — палочкоядерных и сегментоядерных нейтрофилов. Время достижения минимальных уровней и сами эти уровни в первоначальном снижении лейкоцитов имеют дозовую зависимость (см. табл. 10). Таким образом, при неустановленности дозы облучения в первые дни болезни ее можно с достаточной для лечения точностью определить по прошествии 1— 1,5 нед.

При дозах облучения выше 500—600 рад на костный мозг первоначальное снижение сольется с периодом агранулоцитоза, глубокой тромбоцитопении. При меньших дозах вслед за первичным падением будет отмечен некоторый подъем лейкоцитов, тромбоцитов и ретикулоцитов. В отдельных случаях лейкоциты могут достигать нормального уровня. Затем вновь наступит лейко- и тромбоцитопения. Итак, агранулоцитоз и тромбоцитопения при облучении костного мозга в дозах более 200 рад возникнут тем раньше, чем больше доза, но не раньше конца первой недели, в течение которой расходуется костномозговой грануцитарный резерв и «доживают» тромбоциты.

Период агранулоцитоза и тромбоцитопении по своим клиническим проявлениям идентичен таковым при других формах цитостатической болезни. При отсутствии переливаний крови геморрагический синдром при острой лучевой болезни человека не выражен, если период глубокой тромбоцитопении не превышает 1,5— 2 нед. Глубина цитопении и тяжесть инфекционных осложнений с дозой облучения строго не связаны. Выход из агранулоцитоза наступает тем раньше, чем раньше он начался, т. е. чем выше доза.

Период агранулоцитоза завершается окончательным восстановлением уровня лейкоцитов и тромбоцитов. Рецидивов глубокой цитопении при острой лучевой болезни не отмечается. Выход из агранулоцитоза бывает обычно быстрым — в течение 1—3 дней. Нередко ему предшествует за 1—2 дня подъем уровня тромбоцитов. Если в период агранулоцитоза была высокая температура тела, то иногда ее падение на 1 день опережает подъем уровня лейкоцитов. К моменту выхода из агранулоцитоза возрастает и уровень ретикулоцитов, нередко существенно превышая нормальный — репаративный — ретикулоцитоз. Вместе с тем именно в это время (через 1—1,5 мес) уровень эритроцитов достигает своего минимального значения.

Поражение других органов и систем при острой лучевой болезни отчасти напоминает гематологический синдром, хотя сроки развития их иные. При облучении слизистой оболочки рта в дозе выше 500 рад развивается так называемый *оральный синдром*: отек слизистой оболочки рта в первые часы после облучения, кратковременный период ослабления отека и вновь его усиление, начиная с 3—4-го дня; сухость во рту, нарушение слюноотделения, появление вязкой, провоцирующей рвоту слюны; развитие язв на слизистой оболочке рта. Все эти изменения обусловлены местным лучевым поражением, они первичны. Их возникновение обычно предшествует агранулоцитозу, который может усугуб-

Т а б л и ц а 10. Дифференциация острой лучевой болезни по степени тяжести в зависимости от биологических показателей в латентный период

Степень тяжести	Число лимфоцитов через 48— 72 ч	Число лейкоцитов на 7, 8, 9-е сутки (наименьшая цифра)	Число тромбоцитов на 20-е сутки	Начало периода агранулоцитоза	Срок обязательной госпитализации или назначения постельного режима
Легкая	Более 20 % (1000) *	3000	80 000	Агранулоцитоза нет	Амбулаторное наблюдение
Средняя	6—20 % (500—1000)	2000—3000	80 000 или менее	20—33-и сутки	С 20-х суток
Тяжелая	2—5 % (100—400)	1000—2000	—	8—20-е сутки	С 8-х суток
Крайне тяжелая	0,5—1,5 % (100)	1000		До 8-х суток	» 1-х »

* В скобках указаны абсолютные числа лимфоцитов в 1 мкл.

лять инфицированность оральных поражений. Оральный синдром протекает волнообразно с постепенным ослаблением тяжести рецидивов, затягиваясь иногда на 1,5—2 мес. Начиная со 2-й недели после поражения при дозах облучения менее 500 рад, отек слизистой оболочки рта сменяется появлением плотно сидящих белесых налетов на деснах — гиперкератозом, внешне напоминающим молочницу. В отличие от нее эти налеты не снимаются; в дифференцировке помогает и микроскопический анализ отпечатка с налета, не обнаруживающий мицелия гриба. Язвенный стоматит развивается при облучении слизистой оболочки рта в дозе выше 1000 рад. Его продолжительность около 1—1,5 мес.

Восстановление слизистой оболочки практически всегда полное; лишь при облучении слюнных желез в дозе выше 1000 рад возможно стойкое выключение саливации.

При дозах облучения выше 300—500 рад области кишечника могут развиваться признаки *лучевого энтерита*. При облучении до 500 рад отмечаются легкое вздутие живота на 3—4-й неделе после облучения, неучащенный кашицеобразный стул, повышение температуры тела до фебрильных цифр. Время появления этих признаков определяется дозой: чем выше доза, тем раньше появится кишечный синдром. При более высоких дозах развивается картина тяжелого энтерита: понос, гипертермия, боль в животе, его вздутие, плеск и урчание, болезненность в илеоцекальной области. Кишечный синдром может характеризоваться поражением толстой кишки (в частности, прямой с появлением характерных тенезмов), лучевым гастритом, лучевым эзофагитом. Время формирования лучевого гастрита и эзофагита приходится на начало второго месяца болезни, когда костномозговое поражение обычно уже ликвидировано.

Еще позже (через 3—4 мес) развивается *лучевой гепатит*. Его клиническая характеристика отличается некоторыми особенностями: желтуха возникает без продрома, билирубинемия невысокая, повышен уровень аминотрансфераз (в пределах 200—250 ед.), выражен кожный зуд. На протяжении нескольких месяцев процесс проходит много «волн» с постепенным уменьшением тяжести. «Волны» отличаются усилением зуда, некоторым подъемом уровня билирубина и выраженной активностью ферментов сыворотки крови. Непосредственный прогноз для печеночных поражений должен считаться хорошим, хотя никаких специфических лечебных средств пока не найдено (преднизолон ухудшает течение гепатита).

В дальнейшем процесс может прогрессировать и через много лет приводит больного к гибели от цирроза печени.

Типичное проявление острой лучевой болезни — *поражение кожи и ее придатков*. Выпадение волос — один из самых ярких внешних признаков болезни, хотя он меньше всего влияет на ее течение. Волосы разных участков тела обладают неодинаковой радиочувствительностью: наиболее резистентны волосы на ногах,

наиболее чувствительны — на волосистой части головы, на лице, но брови относятся к группе весьма резистентных. Окончательное (без восстановления) выпадение волос на голове происходит при однократной дозе облучения выше 700 рад.

Кожа имеет также неодинаковую радиочувствительность разных областей. Наиболее чувствительны области подмышечных впадин, паховых складок, локтевых сгибов, шеи. Существенно более резистентны зоны спины, разгибательных поверхностей верхних и нижних конечностей.

Поражение кожи — лучевой дерматит — проходит соответствующие фазы развития: первичная эритема, отек, вторичная эритема, развитие пузырей и язв, эпителизация. Между первичной эритемой, которая развивается при дозе облучения кожи выше 800 рад, и появлением вторичной эритемы проходит определенный срок, который тем короче, чем выше доза,— своеобразный латентный период для кожных поражений. Необходимо подчеркнуть, что сам по себе латентный период при поражении конкретных тканей совсем не должен совпадать с латентным периодом поражения других тканей.

Иными словами, такого периода, когда отмечается полное внешнее благополучие пострадавшего, не удается отметить при дозах облучения выше 400 рад для равномерного облучения; он практически не наблюдается при неравномерных облучениях, когда костный мозг оказывается облученным в дозе более 300—400 рад.

Вторичная эритема может закончиться шелушением кожи, легкой ее атрофией, пигментацией без нарушения целостности покровов, если доза облучения не превышает 1600 рад. При более высоких дозах (начиная с дозы 1600 рад) появляются пузыри. При дозах свыше 2500 рад первичная эритема сменяется отеком кожи, который через неделю переходит в некроз либо на его фоне появляются пузыри, наполненные серозной жидкостью.

Прогноз кожных поражений не может считаться достаточно определенным: он зависит от тяжести не только собственно кожных изменений, но и от поражения сосудов кожи, крупных артериальных стволов. Пораженные сосуды претерпевают прогрессирующие склеротические изменения на протяжении многих лет, и ранее хорошо зажившие кожные лучевые язвы через длительный срок могут вызвать повторный некроз, привести к ампутации конечности и т. п. Вне поражения сосудов вторичная эритема заканчивается развитием пигментации на месте лучевого «ожога» часто с уплотнением подкожной клетчатки. В этом месте кожа обычно атрофична, легко ранима, склонна к образованию вторичных язв. На местах пузырей после их заживления образуются узловатые кожные рубцы с множественными ангиэктазиями на атрофичной коже. По-видимому, эти рубцы не склонны к раковому перерождению.

Д и а г н о з острой лучевой болезни в настоящее время не представляет трудностей.

Характерная картина первичной реакции, ее временны́е характеристики изменения уровней лимфоцитов, лейкоцитов, тромбоцитов делают диагностику не только безошибочной, но и точной относительно степени тяжести процесса. Хромосомный анализ клеток костного мозга и лимфоцитов крови позволяет уточнить дозу и тяжесть поражения сразу после облучения и ретроспективно, через месяцы и годы после облучения. При облучении данной области костного мозга в дозе более 500 рад частота клеток с хромосомными нарушениями практически равна 100 %, при дозе 250 рад — около 50 %.

Лечение острой лучевой болезни строго соответствует ее проявлениям. Лечение первичной реакции имеет симптоматический характер: рвоту купируют применением противорвотных лекарственных средств, введением гипертонических растворов (при неукротимой рвоте), при дегидратации необходимо введение плазмозаменителей.

Для профилактики экзогенных инфекций больных изолируют и создают им асептические условия (боксы, ультрафиолетовая стерилизация воздуха, применение бактерицидных растворов). Лечение бактериальных осложнений должно быть неотложным. До выявления возбудителя инфекции проводят так называемую эмпирическую терапию антибиотиками широкого спектра действия по одной из следующих схем. I. Пенициллин — 20 000 000 ЕД/сут, стрептомицин — 1 г/сут. II. Канамицин — 1 г/сут, ампициллин — 4 г/сут. III. Цепорин — 3 г/сут, гентамицин — 160 мг/сут. IV. Рифадин (бенемицин) — 450 мг внутрь в сутки, линкомицин — 2 г/сут.

Суточные дозы антибиотиков (кроме рифадина) вводят в/в 2—3 раза в сутки. При высеве возбудителя инфекции антибактериальная терапия становится направленной.

Лечение некротической энтеропатии: полный голод до ликвидации ее клинических проявлений (обычно около 1—1,5 нед), пить только воду (но не соки!); при необходимости длительного голодания — парентеральное питание; тщательный уход за слизистой оболочкой полости рта (полоскания); стерилизация кишечника (канамицин — 2 г, полимиксин М — до 1 г, ристомицин — 1,5 г, нистатин — по 10 000 000 — 20 000 000 ЕД/сут).

Для борьбы с тромбоцитопеническим геморрагическим синдромом необходимы трансфузии тромбоцитов, получаемых от одного донора. Следует еще раз предупредить о нецелесообразности переливания эритромассы при острой лучевой болезни, если нет для этого четких показаний в виде выраженной анемии и обусловленной ею дыхательной, сердечной недостаточности. Иными словами, при уровне гемоглобина выше 83 г/л (8,3 г%) без признаков острой кровопотери переливать эритромассу не надо, так как это может еще более усугубить лучевое поражение печени, усилить фибринолиз, спровоцировать тяжелую кровоточивость.

Прогноз. После ликвидации всех выраженных проявлений острой лучевой болезни (костномозгового, кишечного, орального синдромов, кожных поражений) больные выздоравливают. При легких и среднетяжелых поражениях выздоровление обычно полное, хотя на многие годы может сохраняться умеренная астения. После перенесенной тяжелой степени болезни выраженная астения сохраняется обычно долго. Кроме того, таким больным угрожает развитие катаракты. Ее появление обусловлено дозой воздействия на глаза более 300 рад. При дозе около 700 рад развиваются тяжелое поражение сетчатки, кровоизлияния на глазном дне, повышение внутриглазного давления, возможно, с последующей потерей зрения в пораженном глазу.

После острой лучевой болезни изменения в картине крови не строго постоянны: в одних случаях наблюдаются стабильная умеренная лейкопения и умеренная тромбоцитопения, в других случаях этого нет. Повышенной склонности к инфекционным заболеваниям у таких больных не обнаруживается. Появление грубых изменений в крови — выраженной цитопении или, наоборот, лейкоцитоза — всегда свидетельствует о развитии нового патологического процесса (апластической анемии как самостоятельного заболевания, лейкоза и т. п.). Не подвержены каким-либо рецидивам изменения кишечника и полости рта.

Хроническая лучевая болезнь представляет собой заболевание, вызванное повторными облучениями организма в малых дозах, суммарно превышающих 100 рад. Развитие болезни определяется не только суммарной дозой, но и ее мощностью, т. е. сроком облучения, в течение которого произошло поглощение дозы радиации в организме. В условиях хорошо организованной радиологической службы в настоящее время в нашей стране новых случаев хронической лучевой болезни нет. Плохой контроль за источниками радиации, нарушение персоналом техники безопасности в работе с рентгенотерапевтическими установками в прошлом приводили к появлению случаев хронической лучевой болезни.

Клиническая картина болезни определяется прежде всего астеническим синдромом и умеренными цитопеническими изменениями в крови. Сами по себе изменения в крови не являются источником опасности для больных, хотя снижают трудоспособность. Патогенез астенического синдрома остается неясным. Что касается цитопении, то в ее основе лежат, по-видимому, не только уменьшение плацдарма кроветворения, но и перераспределительные механизмы, так как у этих больных в ответ на инфекцию, введение преднизолона развивается отчетливый лейкоцитоз.

Патогенетического лечения хронической лучевой болезни нет. Симптоматическая терапия направлена на устранение или ослабление астенического синдрома.

Прогноз. Собственно хроническая лучевая болезнь не представляет опасности для жизни больных, ее симптомы не имеют склонности к прогрессированию, вместе с тем полного выздоровления, по-видимому, не наступает.

Хроническая лучевая болезнь не является продолжением острой, хотя остаточные явления острой формы и напоминают отчасти форму хроническую.

При хронической лучевой болезни очень часто возникают опухоли — гемобластозы и рак. При хорошо поставленной диспансеризации, тщательном онкологическом осмотре 1 раз в год и исследовании крови 2 раза в год удается предупредить развитие запущенных форм рака, и продолжительность жизни таких больных приближается к нормальной.

Наряду с острой и хронической лучевой болезнью можно выделить п о д о с т р у ю ф о р м у, возникающую в результате многократных повторных облучений в средних дозах на протяжении нескольких месяцев, когда суммарная доза за сравнительно короткий срок достигает более 500—600 рад. По клинической картине это заболевание напоминает острую лучевую болезнь.

Лечение подострой формы не разработано, так как подобные случаи не встречаются в настоящее время. Основную роль играют, по-видимому, заместительная терапия компонентами крови при тяжелой аплазии и антибактериальная терапия при инфекционных болезнях.

ЦИТОСТАТИЧЕСКАЯ БОЛЕЗНЬ — своеобразное полисиндромное заболевание, возникающее в связи с воздействием на организм цитостатических факторов и обусловленное гибелью главным образом делящихся клеток, в первую очередь костного мозга, эпителия пищеварительного тракта, кожи; нередко проявление цитостатической болезни — поражение печени.

Э т и о л о г и я: прием цитостатиков, используемых в лечении опухолей или в качестве иммунодепрессантов, воздействие ионизирующей радиации (в этом случае говорят о лучевой болезни).

П а т о г е н е з: гибель больших количеств делящихся клеток с опустошением костного мозга, нарушением целостности эпителия пищеварительного тракта, выпадением волос, а также поражение разной степени всех органов и систем. Развивающиеся у больных агранулоцитоз, тромбоцитопения, язвенно-некротические изменения желудочно-кишечного тракта могут осложняться вторичными процессами: ангиной, сепсисом, геморрагиями, прободением кишечника и т. п. Важнейшую роль в патологическом процессе играют доза цитостатика и «мощность» воздействия, т. е. количество препарата, принятого в единицу времени (чем выше разовая доза цитостатика, тем тяжелее поражение). Широкое распространение цитостатиков приводит к случайным отравлениям ими детей, использованию с суицидальной целью, употреблению при истерии.

К л и н и ч е с к а я к а р т и н а складывается из ряда последовательно развивающихся синдромов. Вначале появляется отек слизистой оболочки полости рта, который в дальнейшем может смениться гиперкератозом (белесоватые трудно снимаемые наложения главным образом

на деснах). Вслед за оральным поражением, иногда почти одновременно с ним, в крови снижается число лейкоцитов, тромбоцитов, ретикулоцитов. В отличие от иммунных агранулоцитозов гранулоциты, уменьшаясь в числе, не исчезают совсем. На высоте гранулоцитопении развивается инфекция (ангины, пневмонии, абсцессы на местах инъекций и т. п.); глубокая тромбоцитопения сопровождается кровотечениями из носа, желудочно-кишечного тракта, кожными геморрагиями. При отсутствии кровопотерь на высоте агранулоцитоза выраженной анемии не бывает, она появляется позже. В костном мозге — опустошение клеточного состава. Поражение желудочно-кишечного тракта проявляется некротической энтеропатией (см. *Острая лучевая болезнь*).

Отдельные системы организма поражаются различными цитостатиками неодинаково. Циклофосфан вызывает выраженную иммунодепрессию, быстро развивающийся агранулоцитоз (непродолжительный), общую неглубокую тромбоцитопению, поражение кишечника. Миелосан, напротив, почти не вызывает иммунодепрессии, почти не поражает кишечник; агранулоцитоз и тромбоцитопения появляются поздно (через 2 нед после отравления), не бывают очень глубокими и продолжаются несколько недель. Рубомицин и адриабластин при передозировке могут вызывать тяжелый миокардит. Винкристин почти не поражает гранулоцитарный и тромбоцитарный ростки, но вызывает иммунодепрессию, часто полиневрит. Гепатотропное действие оказывают преимущественно циклофосфан, 6-меркаптопурин.

Одно из частых проявлений цитостатической болезни — септицемия: высокая температура, иногда озноб, бактериемия (патогенная микрофлора) при отсутствии очага инфекции. Пневмонии отличаются малой выраженностью клинических признаков: может быть сухой кашель, рентгенологические данные скудные, хрипов мало, они влажные мелкопузырчатые, иногда крепитирующие.

Л е ч е н и е аналогично таковому при острой лучевой болезни. Преднизолон при цитостатической болезни не показан. Обязательны изоляция больных и соблюдение условий асептики. Решающую роль играют антибактериальная терапия, переливание тромбоцитов при тромбоцитопеническом геморрагическом синдроме. При отсутствии выраженной анемии переливание крови не показано. Инъекционные препараты вводят только внутривенно.

П р о г н о з определяется тяжестью поражения. Установлено, что без повторного введения цитостатических препаратов болезнь рецидивирует.

ТРОМБОФИЛИИ ГЕМАТОГЕННЫЕ — состояния, характеризующиеся наклонностью к развитию рецидивирующих тромбозов кровеносных сосудов (преимущественно вен) разной локализации вследствие нарушений состава и свойств крови.

Э т и о л о г и я, п а т о г е н е з. Различают две основные группы гематогенных тромбофилий: 1) связанные преимущественно с изменениями реологических свойств и клеточного состава крови; 2) обусловленные первичными нарушениями в системе гемостаза. В первой группе выделяют формы, связанные с избытком клеток крови и ее сгущением (полицитемия, эритроцитозы, тромбоцитемии и др.), с нарушениями формы и деформабельности эритроцитов (например, множественные тромбозы и инфаркты при серповидноклеточной анемии), с повышением вязкости плазмы (миеломная болезнь, болезнь Вальденстрема, криоглобулинемия и др.). Во второй группе выделяют формы: а) связанные с повышением агрегационной функции тромбоцитов (в том числе вследствие нарушения равновесия между стимуляторами и ингибиторами агрегации в плазме крови); б) связанные с гиперпродукцией и гиперактивностью фактора Виллебранда; в) связанные с дефицитом или аномалиями основных физиологических антикоагулянтов — антитромбина III, белков C и S; г) связанные с дефицитом или аномалиями факторов свертывания крови и компонентов фибринолитической и калликреин-кининовой системы (дефицит фактора XII, плазменного прекалликреина, высокомолекулярного кининогена, активатора плазминогена, ряд молекулярных аномалий фибриногена и др.). Все эти нарушения могут быть наследственными, т. е. генетически обусловленными, и приобретенными (симптоматическими).

К л и н и ч е с к а я   к а р т и н а. Выраженность тромбофилии, частота и тяжесть тромбоэмболий зависят от степени гематологических нарушений и сопутствующих (фоновых) состояний, патологических процессов и воздействий. Так, при полицитемии выраженность тромботического процесса зависит от степени полиглобулии и сгущения крови (нарастания уровня гемоглобина и гематокрита), а также выраженности гипертромбоцитоза. При дефиците антитромбина III, белков C и S степень выраженности тромбоэмболического синдрома целиком зависит от величины снижения соответствующих антикоагулянтов в плазме больного и нередко провоцируется большими физическими нагрузками, травмами, внутривенными манипуляциями, хирургическим вмешательством, беременностью.

В частности, выделяют следующие градации тромбофилии при дефиците антитромбина III: 1) тяжелые формы с рецидивирующими спонтанными тромбоэмболиями и инфарктами органов, начинающимися с молодого (до 20—35 лет) возраста — при уровне антитромбина III ниже 40 %; 2) пограничные формы с редкими спонтанными тромбозами, но закономерным развитием тромбоэмболий (в молодом и среднем возрасте) после травм, операций, больших физических напряжений, в родах и при стрессовых ситуациях (уровень антитромбина III — 40—65 %); 3) потенциальная форма — спонтанные тромбозы отсутствуют, но они легко возникают после внутривенных манипуляций (больные не переносят проколов вен), при продолжительной неподвижности (гиподинамия, сидячая работа), при ожирении и всех перечисленных в предыдущем пункте провоцирующих факторах (уро-

вень антитромбина III находится в пределах 6—75 %).

Следует учитывать, что прием противозачаточных гормональных препаратов, снижающих дополнительно уровень антитромбина III, длительное лечение гепарином, прием ингибиторов фибринолиза также могут провоцировать тромбозы на фоне сравнительно небольшого исходного дефицита этого антикоагулянта или других тромбофилических состояний. Такие тромбофилии часто клинически дебютируют при развитии рака (легкого, почек и других локализаций), являясь иногда ранним признаком еще не выявленной опухоли (*синдром Труссо*). Клинически все тромбофилии характеризуются рецидивирующими множественными тромбозами разной локализации, тромбоэмболиями в бассейне легочной артерии, инфарктами органов, развивающимися, как правило, у больных сравнительно молодого возраста.

Д и а г н о з   основывается на выявлении склонности к тромбозам в сравнительно молодом возрасте, частой политопности процесса, непереносимости внутривенных манипуляций, выявлении семейной предрасположенности к тромбозам («тромбоэмболические семьи») и на характерных лабораторных признаках того или иного вида тромбофилии.

Л е ч е н и е   должно быть патогенетически обоснованным, поскольку использование только общепринятых способов терапии тромбозов часто оказывается недостаточно эффективным. При формах, связанных с изменениями реологических свойств и клеточного состава крови, наряду с антикоагулянтами и дезагрегантами (ацетилсалициловая кислота, курантил) используют кровопускания (пиявки), методы гемодилюции — эритроцито- и тромбоцитоферез, реополиглюкин, специфическое лечение полицитемии и тромбоцитемии (см. *Лейкозы*). При дефиците факторов свертывания и антикоагулянтов (антитромбина III и др.) эффективны струйные заменные переливания значительных количеств свежезамороженной или свежей плазмы (по 300—600—900 мл/сут) в сочетании с гепаринизацией и применением дезагрегантов (без трансфузий плазмы или при капельном ее введении гепарин при дефиците антитромбина III неэффективен). Замещения криоплазмой используют также при дефиците компонентов фибринолитической и калликреин-кининовой системы, а также при некоторых гиперагрегационных тромбофилиях (при тромботической тромбоцитопенической пурпуре, или болезни Мошкович, жизнь больных может быть спасена только быстрыми заменными переливаниями плазмы, т. е. сочетанием массивного плазмафереза со струйно-капельными введениями свежезамороженной плазмы). В остальном используют традиционные способы лечения тромбозов — антикоагулянты, тромболитики и другие лекарственные средства.

П р о ф и л а к т и к а. Выявление лиц с тромбофилией и семей с наклонностью к тромбозам, своевременное определение вида тромбофилии, массовый их скрининг позволяют эффективно предупреждать и лечить тромбоэмболии. Устранение провоцирующих и способствующих проявлению болезни факторов (борьба с гипокинезией, ожирением, чрезмерными физическими нагрузками, охлаждением, отказ от внутривенных манипуляций и приема гормональных противозачаточных препаратов), своевременное подключение к традиционной антитромботической терапии и профилактике коррекции реологических свойств крови, заместительной криоплазменной терапии и плазма- или цитафереза позволяют значительно облегчить течение тромбофилии, обеспечить предупреждение или быстрое купирование тромбоэмболического процесса. При многих формах показано длительное (до 1 года и более) применение анаболических гормонов пролонгированного действия — станазолола, ретаболила и др., под влиянием которых увеличивается синтез в эндотелии антитромбина III и активатора фибринолиза, ослабляются трофические изменения в тканях конечностей.

П р о г н о з зависит от формы и тяжести тромбофилии, эффективности лечения основных и фоновых форм патологии (полицитемии и др.), степени дефицита основных антикоагулянтов и активаторов фибринолиза, нарушения антиагрегационной активности сосудистой стенки и крови. При тяжелых формах больные часто гибнут или инвалидизируются в молодом и среднем возрасте от тромбоэмболий и инфарктов органов. Своевременное распознавание сути заболевания и проведение заместительной терапии и гемокоррекции значительно улучшают прогноз.

Глава 14

ЭНДОКРИННЫЕ И ОБМЕННЫЕ БОЛЕЗНИ

АКРОМЕГАЛИЯ — заболевание, обусловленное избыточной продукцией соматотропина и характеризующееся диспропорциональным ростом костей скелета, мягких тканей и внутренних органов.

П а т о г е н е з. Определяющую роль играет увеличенная продукция гормона роста, обусловленная у большого числа больных эозинофильной аденомой гипофиза (опухолевая форма заболеваний) либо поражением гипоталамо-гипофизарной системы. Вторичны нарушения функции других эндокринных желез: поджелудочной, половых, щитовидной и коры надпочечников. Проявления заболевания, помимо роста опухоли гипофиза, обусловлены вторичными изменениями и осложнениями со стороны внутренних органов. Усиление анаболической фазы белкового обмена приводит к увеличению массы мягких тканей и внутренних органов, усилению периостального роста костей, задержке азота в организме. Избыток соматотропного гормона в организме способствует повышению функции β-клеток поджелудочной железы, их гиперплазии и затем истощению резервных возможностей, что ведет к развитию сахарного диабета.

С и м п т о м ы, т е ч е н и е. Заболевают одинаково часто у мужчины и женщины преимущественно в возрасте 20—40 лет. Больные жалуются на слабость, головную боль, боль в суставах, чувство онемения конечностей, нарушение сна, повышенную потливость, женщины — на нарушение менструальной и детородной функции, лакторею, мужчины — на снижение либидо и потенции.

Изменения внешности происходят медленно и, как правило, впервые отмечаются не больным, а окружающими. С развитием заболевания появляются симптомы, специфичные для акромегалии: огрубение черт лица — увеличение надбровных дуг, скуловых костей, нижней челюсти, промежутков между зубами. Происходит разрастание мягких тканей лица: увеличиваются нос, губы, уши; кожа образует грубые складки на лице и голове, особенно в области щек, лба и затылка.

Наблюдаются гипертрофия сальных и потовых желез, акне, фолликулиты, усиление роста волос на туловище, конечностях. Вследствие утолщения голосовых связок голос становится низким, во сне больные храпят. Отмечаются увеличение кистей и стоп главным образом в ширину, утолщение пяточных костей с развитием экзостозов. При открытых зонах роста заболевание сопровождается гигантизмом. Увеличивается объем грудной клетки, расширяются межреберные промежутки, может деформироваться позвоночник с развитием сколиоза или кифоза. Гипертрофия мышц вначале сопровождается увеличением мышечной силы, но по мере прогрессирования заболевания развиваются мышечная слабость и адинамия.

Обнаруживаются признаки спланхномегалии, повышения внутричерепного давления; по мере роста опухоли могут появиться симптомы сдавления близлежащих нервов, симптомы нарушения функции диэнцефальной области.

Сдавление опухолью перекреста зрительных нервов приводит к снижению остроты зрения, сужению полей зрения и застойным явлениям на глазном дне. Выявляются нарушения толерантности к углеводам, сахарный диабет, диффузные или узловые формы зоба без нарушений или с нарушением функции, симптомы гипокортицизма, снижение функции половых желез, гипертензия.

Рентгенография костей скелета выявляет гиперостоз свода черепа, пневматизацию полостей височной и основной костей, усиление сосудистого рисунка, увеличение нижней челюсти, увеличение турецкого седла и его деструктивные изменения.

На рентгенограммах трубчатых костей обнаруживаются утолщение эпифизов, экзостозы. При офтальмологическом исследовании могут быть выявлены застойные диски зрительных нервов, ограничение полей зрения. В крови — высокий уровень соматотропного гормона, пролактина ($^1/_3$ больных), повышение уровня фосфора и активности щелочной фосфатазы. Проводится динамическое исследование секреции соматотропина (тест с глюкозой или тиролиберином). Течение заболевания длительное.

Л е ч е н и е. Гамма-терапия межуточно-гипофизарной области, протонотерапия гипофиза, хирургическое удаление аденомы гипофиза. Препараты, снижающие секрецию гормона роста: парлодел, лизинил. До лечения проводят пробу на чувствительность к парлоделу (2,5 мг препарата внутрь утром натощак с определением в пробах крови до и через 2 и 4 ч после его приема уровня гормона роста). Для лечения парлодел применяют в среднем в дозе 10—20 мг/сут. Препарат способствует снижению секреции соматотропина и пролактина, уменьшению размеров опухоли, интенсивности головной боли, нормализации менструальной функции

273

у женщин. Эффект сохраняется только на фоне приема препарата.

Симптоматическое лечение: диетотерапия, гипогликемизирующие средства; женщинам с целью восстановления менструального цикла — гормонотерапия эстрогенами и прогестероном, мужчинам — препараты тестостерона. При головной боли — средства, снижающие внутричерепное давление, и анальгезирующие препараты.

ВИРИЛЬНЫЙ СИНДРОМ — появление у женщин вторичных мужских половых признаков, обусловленное повышенным содержанием в организме женщины мужских половых гормонов. Следствие нарушения функции коры надпочечников, яичников, длительного лечения женщин большими дозами андрогенов.

С и м п т о м ы. Рост волос на лице, конечностях, спине, груди, животе, выпадение волос на голове по мужскому типу, изменение тембра голоса (голос становится низким), развитие мужского типа телосложения, атрофия молочных желез, нарушение менструального цикла от олигоменореи до аменореи, гипертрофия и вирилизация клитора, уменьшение матки, атрофия эндометрия и слизистой оболочки влагалища. В крови повышается уровень тестостерона, увеличивается экскреция с мочой тестостерона и 17-кетостероидов.

Л е ч е н и е при опухоли яичников или коры надпочечников хирургическое (см. также *Иценко — Кушинга болезнь, Адреногенитальный синдром, Синдром склерокистозных яичников*).

ВРОЖДЕННЫЕ НАРУШЕНИЯ ПОЛОВОЙ ДИФФЕРЕНЦИРОВКИ — заболевания, обусловленные хромосомными нарушениями.

П а т о г е н е з. Половая принадлежность гонады определяется генетически и зависит от сочетания половых хромосом: две X-хромосомы определяют женский, а сочетание X- и Y-хромосом — мужской пол. Для нормальной функции половых желез необходим не только набор хромосом XX и XY, но и полный набор генов. Нарушения в наборе хромосом, возникшие при нерасхождении половых хромосом, потеря одной хромосомы либо изменения структуры хромосом приводят к заболеваниям, характеризующимся нарушением половой дифференцировки.

В этих случаях ткань половой железы неспособна к нормальной секреции половых гормонов и развитие мужских или женских начал определяется элементами половой ткани, формирующими гонаду.

С и м п т о м ы, т е ч е н и е. Наблюдаются агонадизм (врожденное отсутствие половых желез), дисгенезии гонад (могут быть обнаружены отдельные структурные элементы половых желез). Симптоматика различных клинических форм дисгенезии половых желез разнообразна. По внешним признакам легко диагностируется *синдром Шерешевского — Тернера*: отсутствие вторичных половых признаков, недоразвитие молочных желез, наружных половых органов, низкорослость, короткая шея с крыловидными складками, часто аномалии скелета — вальгусная девиация локтевых и коленных суставов, синдактилия, деформация позвонков, птоз, вы-

сокое небо, нарушения со стороны сердечно-сосудистой системы — пороки сердца и крупных сосудов. Половой хроматин отрицательный, кариотип чаще 46, XY.

Труднее диагностируется *«чистая дисгенезия гонад»*, при которой отсутствуют соматические аномалии, характерные для синдрома Шерешевского — Тернера. Большое значение имеют результаты исследования внутренних половых органов: гонады отсутствуют; рудиментарные матка, трубы, влагалище. Половой хроматин отрицательный, набор хромосом 46, XY.

При синдроме Шерешевского — Тернера и «чистой дисгенезии гонад» в некоторых случаях могут наблюдаться признаки маскулинизации: гипертрофия клитора, вирильное оволосение. Одной из форм дисгенезии гонад является *дисгенезия яичников*. Основные симптомы: отсутствие менструаций, недоразвитие вторичных половых признаков. *Дисгенезия тестикул*: наличие внутренних женских половых органов при отсутствии элементов яичника, наружные половые органы бисексуальны. Отрицательный половой хроматин, кариотип 46, XY.

Тестикулярная феминизация (ложный мужской гермафродитизм) — развитие наружных половых органов и вторичных половых признаков по женскому типу, наличие мужских половых желез, отсутствие матки, половой хроматин отрицательный, кариотип 46, XY. В некоторых случаях (при неполной форме) могут выявляться признаки маскулинизации: недостаточное развитие молочных желез, грубоватый голос, гипертрофия клитора.

Синдром Клайнфелтера — гинекомастия, евнухоидные пропорции тела, недоразвитие вторичных половых признаков, недоразвитие яичек при нормальных размерах полового члена, азооспермия, снижение потенции. Половой хроматин положительный, кариотип 47, XXY.

Истинный гермафродитизм — наличие у индивидуума функционирующей гонадной ткани обоего пола и вследствие этого женских и мужских половых признаков. При изучении кариотипа он наиболее часто определяется как XX/XY.

Л е ч е н и е. При необходимости проводят коррекцию пола с учетом психосексуальной ориентации и анатомических и функциональных возможностей половой сферы. Заместительная терапия половыми гормонами в зависимости от избранного пола: для усиления феминизации применяют эстрадиола дипропионат, микрофоллин, для маскулинизации — тестостерона пропинат, тестэнат, сустанон-250, омнадрен.

ГИПЕРИНСУЛИНИЗМ (гипогликемическая болезнь) — заболевание, характеризующееся приступами гипогликемии, обусловленными абсолютным или относительным повышением уровня инсулина.

Э т и о л о г и я, п а т о г е н е з. Опухоли островков Лангерганса (инсулиномы), диффузная гиперплазия β-клеток поджелудочной железы, заболевания ЦНС, печени, внепанкреатические опухоли, секретирующие инсулиноподобные вещества, опухоли (чаще соединительно-тканного происхождения), усиленно поглощающие глюкозу, недостаточная продукция контринсулярных гормонов. Гипогликемия приводит к нарушению функционального состояния ЦНС, повышению активности симпатико-адреналовой системы.

С и м п т о м ы, т е ч е н и е. Заболевают в возрасте 26—55 лет, чаще женщины. Приступы гипогликемии возникают обычно утром натощак, после длительного голодания, а при функциональном гиперинсулинизме — после приема углеводов. Физическая нагрузка, психические переживания могут являться провоцирующими моментами. У женщин вначале приступы могут повторяться только в предменструальном периоде.

Начало приступа характеризуется ощущением голода, потливостью, слабостью, дрожанием конечностей, тахикардией, чувством страха, бледностью, диплопией, парестезиями, психическим возбуждением, немотивированными поступками, дезориентацией, дизартрией; в дальнейшем наступают потеря сознания, клонические и тонические судороги, иногда напоминающие эпилептический припадок, кома с гипотермией и гипорефлексией. Иногда приступы начинаются с внезапной потери сознания. В межприступном периоде появляются симптомы, обусловленные поражением ЦНС: снижение памяти, эмоциональная неустойчивость, безразличие к окружающему, потеря профессиональных навыков, нарушения чувствительности, парестезии, симптомы пирамидной недостаточности, патологические рефлексы. Из-за необходимости частого приема пищи больные имеют избыточную массу тела.

Для д и а г н о с т и к и проводят определение уровня сахара в крови, иммунореактивного инсулина и С-пептида (натощак и на фоне пробы с голоданием и глюкозотолерантного теста). Для топической диагностики используют ангиографию поджелудочной железы, ультразвуковое исследование, копьютерную томографию, ретроградную панкреатодуоденографию.

Л е ч е н и е инсулиномы и опухолей других органов, обусловливающих развитие гипогликемических состояний, хирургическое. При функциональном гиперинсулинизме назначают дробное питание с ограничением углеводов, кортикостероиды (преднизолон по 5—15 мг/сут). Приступы гипогликемии купируют внутривенным введением 40—60 мл 40 % раствора глюкозы.

ГИПЕРПАРАТИРЕОЗ (генерализованная фиброзная остеодистрофия, болезнь Реклингхаузена) — заболевание, обусловленное гиперфункцией околощитовидных желез.

П а т о г е н е з. Избыток паратиреоидного гормона, обусловленный аденомой или гиперплазией желез, приводит к нарушениям фосфорно-кальциевого обмена, усилению остеокластических процессов, выведению кальция и фосфора из скелета и поступлению в избытке в кровь. Одновременно вследствие снижения канальцевой реабсорбции и повышения выделения фосфора возникают гипофосфатемия и гиперфосфатурия. В костной ткани наблюдаются явления остеопороза и остеомаляции. Разли-

чают также вторичный гиперпаратиреоз, развивающийся на фоне длительно существующей гипокальциемии (при поражении почек или желудочно-кишечного тракта), и третичный гиперпаратиреоз на фоне длительно существующего вторичного гиперпаратиреоза или прогрессирующей почечной недостаточности.

С и м п т о м ы, т е ч е н и е. Заболевание встречается в возрасте 20—50 лет, чаще у женщин. Развиваются общая мышечная слабость, утомляемость, гипотония мышц верхних и нижних конечностей, боль в стопах, жажда, расшатывание и выпадение зубов, похудание, образуются камни в мочевыводящих путях. По мере развития заболевания выявляется преимущественное поражение той или иной системы. При костной и смешанной формах основные симптомы: боль в костях, усиливающаяся при движении; длительно заживающие малоболезненные переломы (чаще бедренных, тазовых, плечевых костей, ребер), образование ложных суставов, деформация скелета, уменьшение роста. Характерна медлительная, раскачивающаяся «утиная» походка. Грудная клетка бочкообразной формы, пальпация скелета может выявить булавовидные вздутия на месте кист, зоны бывших переломов. Выделяют две формы гиперпаратиреоидной остеодистрофии — фиброзно-кистозный остеит и педжетоидную и две стадии — остеопоротическую и кистозную. На рентгенограммах выявляются системный остеопороз (в первую очередь в трубчатых костях, черепе и реже позвоночнике), субпериостальная резорбция в основных и средних фалангах пальцев. Концевые фаланги имеют фестончатый вид. При кистозной стадии развиваются кисты, чаще в бедренной кости, костях таза, предплечья, плеч, голени.

При почечной форме основные симптомы: полидипсия, полиурия, гипоизостенурия, щелочная реакция мочи. Развиваются двусторонний нефрокальциноз, иногда гидронефроз, что при длительном течении может привести к азотемии и уремии. Больных беспокоят диспепсические расстройства, частые приступы почечной колики, повышение АД. При висцеропатической форме часто развиваются пептические язвы двенадцатиперстной кишки, желудка, кишечника, язвы рецидивируют, приводят к кровотечению, перфорации стенки желудка и кишечника. Развиваются хронический панкреатит, панкреокальциноз, наблюдается образование камней в желчном пузыре. Отмечаются снижение сухожильных рефлексов, радикулярные симптомы, повышенная возбудимость, плаксивость, раздражительность, нарушение сна, снижение памяти.

При офтальмологическом исследовании обнаруживается отложение солей кальция в передней камере глаза, что проявляется снижением остроты зрения, возникновением «мушек» перед глазами. В крови — гиперкальциемия (повышение уровня общего и ионизированного кальция), гипофосфатемия, повышение активности щелочной фосфатазы и уровня паратиреоидного гормона; в моче — повышение содержания кальция, фосфора, пролина и оксипролина. Исследование должно быть многократным. С целью топической диагностики проводят сканирование околощитовидных желез с селенметионином-75, ультразвуковое исследование области шеи, артериографию.

Лечение оперативное.

ГИПЕРПРОЛАКТИНЕМИЯ — синдром галактореи-аменореи у женщин и гипогонадизма у мужчин. Возникает при повышении секреции пролактина гипофизом.

Этиология и патогенез. Опухоль гипофиза (микро- и макроаденома), нарушение секреции пролактина вследствие применения препаратов, блокирующих действие дофамина (нейролептики; церукал и др.), противозачаточных средств (эстрогены); длительно нелеченный первичный гипотиреоз. Повышенный уровень пролактина приводит к снижению секреции гонадотропинов, возникает бесплодие.

Симптомы, течение. У женщин галакторея может быть спонтанной или определяется при надавливании. Наблюдаются либо аменорея, либо опсоменорея или отсутствие овуляции; снижение либидо, гипоплазия матки, влагалища, ожирение различной степени. У мужчин — олиго- или азоспермия, импотенция, снижение либидо, нечасто — гинекомастия. Значительные нарушения возникают у лиц, заболевших в пубертатном возрасте.

Диагноз. Опухоль гипофиза выявляется на боковой краниограмме или при компьютерной томографии. Характерны повышение уровня пролактина, снижение уроня ЛГ, ФСГ, эстрогенов у женщин, тестостерона у мужчин. При всех случаях бесплодия и нарушения менструального цикла рекомендуется определение уровня пролактина в плазме крови.

Лечение. При макропролактиномах применяют оперативное лечение, при микропролактиномах назначают парлодел в дозе 2,5—10 мг/сут длительно.

ГИПОГОНАДИЗМ (мужской) — патологическое состояние, обусловленное недостаточной секрецией андрогенов.

Этиология — врожденное недоразвитие половых желез, токсическое, инфекционное, лучевое их поражение, нарушение функции гипоталамо-гипофизарной системы.

Патогенез — снижение секреции половых гормонов яичками. При первичном гипогонадизме поражается непосредственно тестикулярная ткань, при вторичном — гипофункция половых желез возникает вследствие поражения гипоталамо-гипофизарной системы со снижением гонадотропной функции гипофиза.

Симптомы, течение. Клинические проявления зависят от возраста, в котором возникло заболевание, и степени андрогенной недостаточности. Различают допубертатные и постпубертатные формы гипогонадизма. При поражении яичек до полового созревания развивается типичный евнухоидный синдром, высокий непропорциональный рост вследствие запаздывания окостенения эпифизарных зон роста, удлинение конечностей, недоразвитие грудной клетки и плечевого пояса. Скелетная мускулатура развита слабо, подкожная жировая клетчатка распределена по женскому типу. Нередка

истинная гинекомастия. Кожные покровы бледные. Слабое развитие вторичных половых признаков: отсутствие оволосения на лице и теле (на лобке — по женскому типу), недоразвитие гортани, высокий голос. Половые органы недоразвиты: половой член малых размеров, мошонка сформирована, но депигментирована, без складчатости, яички гипоплазированы, предстательная железа недоразвита, нередко пальпаторно не определяется.

При вторичном гипогонадизме, кроме симптомов андрогенной недостаточности, часто наблюдается ожирение, нередки симптомы гипофункции других желез внутренней секреции — щитовидной, коры надпочечников (результат выпадения тропных гормонов гипофиза). Может наблюдаться симптоматика пангипопитуитаризма. Половое влечение и потенция отсутствуют.

Если выпадение функции яичек произошло после полового созревания, когда половое развитие и формирование костно-мышечной системы уже закончены, симптомы заболевания выражены меньше. Характерны уменьшение яичек, снижение оволосения лица и тела, истончение кожи и утрата ее эластичности, развитие ожирения по женскому типу, нарушение половых функций, бесплодие, вегетативно-сосудистые расстройства.

В диагностике используются данные рентгенологического и лабораторного исследования. При гипогонадизме, развившемся до периода полового созревания, отмечается отставание «костного» возраста от паспортного на несколько лет. Содержание в крови тестестерона ниже нормы. При первичном гипогонадизме — повышение уровня гонадотропинов в крови, при вторичном — его снижение, в некоторых случаях их содержание может быть в пределах нормы. Экскреция с мочой 17-КС может быть в пределах нормы или ниже ее. При анализе эякулята — азоо- или олигоспермия; в некоторых случаях эякулят получить не удается.

Прогноз для жизни благоприятный. Заболевание хроническое, в процессе лечения удается уменьшить симптомы андрогенной недостаточности.

Лечение: заместительная терапия препаратами тестостерона (тестостерона пропинат, тестэнат, тетрастерон, сустанон-250, омнадрен-250). Ввиду заместительного характера лечения оно проводится постоянно.

При вторичном гипогонадизме назначают стимулирующую терапию хорионическим гонадотропином по 1500—3000 ЕД 2—3 раза в неделю курсами по месяцу с месячными перерывами или терапию хорионическим гонадотропином в сочетании с андрогенами.

Показаны общеукрепляющая терапия, лечебная физкультура.

ГИПОПАРАТИРЕОЗ (тетания) — заболевание, характеризующееся снижением функции околощитовидных желез, повышенной нервно-мышечной возбудимостью и судорожным синдромом.

Этиология. Удаление или повреждение околощитовидных желез во время операции, их поражение при инфекциях, интоксикациях, аутоиммунных нарушениях, снижение чувствительности тканей к действию паратгормона.

П а т о г е н е з. Недостаточное выделение паратгормона, приводящее к нарушениям кальциево-фосфорного гомеостаза (гипокальциемия и гиперфосфатемия). Повышается нервно-мышечная возбудимость, появляется склонность к развитию судорожного синдрома.

С и м п т о м ы, т е ч е н и е. Приступу судорог обычно предшествуют чувство онемения, ползания мурашек в области верхней губы, пальцев рук и ног, похолодание конечностей, чувство скованности. Затем развиваются болезненные тонические и клонические судороги отдельных групп мышц: конечностей, лица, туловища. Судороги наблюдаются преимущественно в сгибательных мышцах, поэтому кисть руки принимает характерное положение «руки акушера».

При тетании сгибательных мышц нижних конечностей стопа сгибается внутрь, пальцы подгибаются к подошве («конская стопа»). Судороги лицевой мускулатуры сопровождаются тризмом, образованием «рыбьего рта».

Распространение судорог на мышцы шеи может вызвать ларингоспазм, сопровождающийся одышкой, цианозом, иногда асфиксией. Могут развиться пилороспазм с рвотой, тошнотой, ацидозом; спазмы мускулатуры кишечника, мочевого пузыря. Спазм венечных сосудов сердца сопровождается резкими болями в области сердца. Приступы тетании провоцируются различными раздражителями: болевыми, механическими, термическими, гипервентиляцией.

Постукивание по стволу лицевого нерва около наружного слухового прохода вызывает сокращение мышц лба, верхнего века, рта (симптом Хвостека), постукивание вдоль верхней веточки лицевого нерва у наружного края глазницы приводит к сокращению круглой мышцы века; перетягивание плеча жгутом — к характерному положению кисти — «рука акушера» (симптом Труссо).

При длительном течении заболевания в межприступный период больных беспокоят потливость, ухудшение зрения из-за нарушения аккомодации, звон в ушах, снижение слуха. Развиваются гипокальциемическая катаракта, ломкость ногтей, ломкость и кариес зубов. Наблюдаются изменения психики: снижение интеллекта, нарушение памяти, неврозы.

Содержание кальция в крови снижено, особенно ионизированной его фракции; установлена зависимость между тяжестью тетании и степенью снижения уровня кальция в крови. Содержание фосфора в крови выше нормы, экскреция кальция и фосфора с мочой снижена. Уровень паратиреоидного гормона в крови снижен.

Л е ч е н и е. Для купирования приступа тетании в/в вводят 10—20 мл 10 % раствора хлорида или глюконата кальция, паратиреоидин — 2 мл в/м.

Для предупреждения приступов назначают внутрь препараты кальция (глюконат, лактат, глицерофосфат) по 4—6 г/сут; паратиреоидин — 2 мл 2—3 раза в неделю курсами 1,5—2 мес;

препараты, улучшающие всасывание кальция в кишечнике (дигидротахистерол) по 10—25 капель 2—3 раза в день, анаболические стероиды (метандростенолон, нероболил, ретаболил, силаболин), диету, богатую кальцием (молоко, сыр, капуста, салат, редис, абрикосы, клубника, лимоны).

ГИПОТИРЕОЗ (микседема) — заболевание, обусловленное недостаточным обеспечением органов и тканей гормонами щитовидной железы.

Э т и о л о г и я. При первичном гипотиреозе — непосредственное повреждение щитовидной железы: врожденные аномалии, воспалительные — при хронических инфекциях, аутоиммунной природы, повреждения щитовидной железы после введения радиоактивного йода, операции на щитовидной железе, недостаток йода в окружающей среде; при вторичном — инфекционные, опухолевые или травматические поражения гипоталамо-гипофизарной системы. Передозировка мерказолила может привести к функциональной форме первичного гипотиреоза.

Периферическая форма заболевания обусловлена либо нарушениями периферического метаболизма тиреоидных гормонов, либо снижением чувствительности органов и тканей к тиреоидным гормонам.

П а т о г е н е з. Снижение секреции тиреоидных гормонов, приводящее к замедлению всех процессов обмена веществ.

С и м п т о м ы. Первичный гипотиреоз наблюдается чаще у женщин. Характерны зябкость, сонливость, вялость, снижение памяти, замедление речи, движений, быстрая утомляемость, снижение работоспособности, артралгии, отечность лица и конечностей, имеющая своеобразный характер (при надавливании пальцем в области передней поверхности голени ямки не остается). Кожные покровы сухие, бледные, с желтоватым оттенком. Язык утолщен, по краям — вдавления от зубов. Охриплость голоса. Ломкость и выпадение волос на голове, латеральной трети бровей, лобке. Снижение температуры тела, запор. Брадикардия, глухость тонов сердца, реже нормальная частота сердечных сокращений, редко тахикардия. Склонность к гипотензии, у 10—20 % больных — артериальная гипертензия, которая, как правило, снижается или исчезает на фоне терапии тиреоидными препаратами. Изменение ЭКГ: низкий вольтаж зубцов, изменения конечной части желудочкового комплекса.

Первичный гипотиреоз аутоиммунного генеза может сочетаться с первичной недостаточностью других периферических эндокринных желез: надпочечников (синдром Шмидта), околощитовидных, поджелудочной. Нередко развивается гипохромная железодефицитная анемия. У некоторых больных можно наблюдать сочетание первичного гипотиреоза, лактореи и аменореи.

Вторичный гипотиреоз обычно сочетается со снижением или выпадением нескольких или всех функций гипофиза (пангипопитуитаризм).

Выраженность симптоматики и быстрота развития заболевания зависят от степени тиреоидной недостаточности и индивидуальных особенностей больного. Характерно снижение поглощения йода щитовидной железой, уровней белково-связанного йода, тироксина, трийодтиронина.

При первичном гипотиреозе — повышение, вторичном — снижение уровня тиреотропного гормона в крови; гиперхолестеринемия, высокий уровень липопротеидов. Большое диагностическое значение, особенно при скрытых формах первичного гипотиреоза, имеет проба с тиролиберином — реакция тиреотропного гормона на тиролиберин значительно превышает нормальную. При вторичном гипотиреозе гипофизарного генеза реакции тиреотропного гормона на тиролиберин не наблюдается. При первичном гипотиреозе часто повышен базальный и стимулированный тиролиберином уровень пролактина.

При рефлексометрии выявляется увеличение продолжительности ахиллова рефлекса.

Л е ч е н и е. Заместительная терапия препаратами щитовидной железы или синтетическими тиреоидными гормонами (тиреоидин, трийодтиронин, тироксин, тиреотом, тиреотом-форте, тиреокомб). При тахикардии или артериальной гипертензии совместно с β-блокаторами (анаприлин, тразикор). При сочетании гипотиреоза и гипокортицизма — заместительная терапия кортикостероидами, предшествующая или назначаемая одновременно с тиреоидной. Витамины А, С, В₁, при показаниях мочегонные (триампур, верошпирон), коронарорасширяющие средства.

ГИПОФИЗАРНЫЙ НАНИЗМ (карликовость) — заболевание, характеризующееся задержкой роста и физического развития. Карликовым считают рост взрослого мужчины ниже 130 см, взрослой женщины — ниже 120 см.

Э т и о л о г и я. Имеют значение генетические факторы, опухолевые (краниофарингиомы, менингиомы, хромофобные аденомы), травматические, токсические и инфекционные повреждения межуточно-гипофизарной области.

П а т о г е н е з. Снижение или выпадение соматотропной функции гипофиза, биологическая неактивность гормона роста или нарушение чувствительности к нему периферических тканей.

С и м п т о м ы. Задержка роста выявляется в первые месяцы жизни ребенка, реже — в период полового созревания (учитывают не только рост и массу тела, но и динамику этих показателей). Тело сохраняет пропорции, свойственные детскому возрасту. Отмечаются отставание дифференцировки и синостозирования скелета от возраста, задержка смены зубов. Кожа сухая, бледная, морщинистая; слабое развитие подкожной жировой клетчатки, иногда избыточное отложение жира на груди, животе, бедрах. Слабо развита мышечная система.

Выпадение гонадотропной функции гипофиза проявляется признаками недостаточности полового развития. У больных мужского пола половые железы и половой член уменьшены по сравнению с возрастными нормами, мошонка недоразвита, отсутствуют вторичные половые признаки. У большинства больных женского пола

также выражены явления гипогонадизма: отсутствуют менструации, недоразвиты молочные железы, вторичные половые признаки. Умственное развитие нормальное с некоторыми ювенильными чертами. При неврологическом обследовании могут быть выявлены признаки органического поражения нервной системы. Характерно уменьшение размеров внутренних органов (спланхномикрия), нередки гипотензия, брадикардия. Возможны явления вторичного гипотиреоза и вторичного гипокортицизма.

Турецкое седло, как правило, уменьшено, нередко имеется обызвествление его диафрагмы; при наличии опухоли гипофиза выявляются увеличение турецкого седла, деструкция его стенок. При рентгенологическом исследовании кистей и лучезапястных суставов отмечается задержка дифференцировки и окостенения скелета. Базальная концентрация гормона роста в сыворотке крови снижена или в пределах нормы, введение инсулина (инсулиновый тест) или аргинина не сопровождается повышением секреции гормона роста, в некоторых случаях может быть кратковременное и незначительное повышение его секреции.

Л е ч е н и е. С целью стимуляции роста применяют прерывистые курсы терапии анаболическими стероидами (метиландростендиол — 1— 1,5 мг/кг в сутки под язык, метандростенолон — 0,1—0,15 мг/кг в сутки, феноболин — 1 мг/кг в месяц, месячную дозу вводят за 2—3 приема, ретаболил — 1 мг/кг в месяц). Соматотропин человека (при низком уровне эндогенного соматотропина) по 4 ЕД внутримышечно 3 раза в неделю курсами по 2 мес с перерывами 2 мес. Больным с клиническими проявлениями гипотиреоза назначают тиреоидин, тиреотом, тиреокомб, тироксин. Для стимуляции полового развития после закрытия зон роста назначают половые гормоны: женщинам — эстрогены и препараты желтого тела (синэстрол, микрофоллин, эстрадиола дипропионат, прегнин, прогестерон, инфекундин), хорионический гонадотропин; мужчинам — хорионический гонадотропин и препараты тестостерона (тестостерона пропионат, тестэнат, сустанон-250, омнадрен), при гипофункции коры надпочечников — преднизолон, кортизон, дезоксикортикостерона ацетат.

При нарушении функции ЦНС назначают глутаминовую кислоту, церебролизин, аминалон. В некоторых случаях проводят дегидратационную (фуросемид, верошпирон, гипотиазид), рассасывающую (бийохинол, алоэ) терапию. Диета с увеличенным содержанием белка, витаминов.

ДИАБЕТ НЕСАХАРНЫЙ — заболевание, обусловленное абсолютной или относительной недостаточностью антидиуретического гормона (вазопрессина) и характеризующееся полиурией и полидипсией.

Э т и о л о г и я. Острые и хронические инфекции, опухоли, травмы (случайные, хирургические). Известны сосудистые поражения гипоталамо-гипофизарной системы. У некоторых больных этиология заболевания остается неизвестной — эту форму выделяют как идиопатический несахарный диабет.

Патогенез. Нарушение секреции антидиуретического гормона (центральная форма заболевания) или недостаточность физиологического действия антидиуретического гормона при нормальной его секреции (относительная недостаточность). В развитии последней имеют значение неполноценность регуляции водно-солевого обмена, снижение способности канальциевого эпителия почек реагировать на антидиуретический гормон (нефрогенная форма заболевания) при кистозных, дегенеративных и воспалительных поражениях почек, усиленная инактивация антидиуретического гормона печенью и почками. Недостаточность антидиуретического гормона приводит к снижению реабсорбции воды в дистальных отделах почечных канальцев и собирательных трубках почек и способствует выделению большого количества неконцентрированной мочи, общей дегидратации, появлению жажды и приему большого количества жидкости.

Симптомы, течение. Заболевание возникает у лиц обоего пола в молодом возрасте. Внезапно появляются частое и обильное мочеиспускание (полиурия), жажда (полидипсия), которые беспокоят больных и ночью, нарушая сон. Суточное количество мочи составляет 6—15 л и более, моча светлая, низкой относительной плотности. Отмечаются отсутствие аппетита, снижение массы тела, раздражительность, повышенная утомляемость, сухость кожи, снижение потоотделения, нарушение функции желудочно-кишечного тракта.

Возможно отставание детей в физическом и половом развитии. У женщин может наблюдаться нарушение менструального цикла, у мужчин — снижение потенции. Характерны психические нарушения: бессонница, эмоциональная неуравновешенность. При ограничении потребляемой жидкости у больных развиваются симптомы дегидратации: головная боль, сухость кожных покровов и слизистых оболочек, тошнота, рвота, повышение температуры тела, тахикардия, психические нарушения, сгущение крови, коллапс.

Диагноз основывается на наличии полидипсии, полиурии при низкой относительной плотности мочи и отсутствии патологических изменений в мочевом осадке; отсутствии повышения относительной плотности мочи при пробе с сухоядением; высокой осмолярности плазмы, положительной пробе с введением питуитрина и низком содержании при центральной форме заболевания антидиуретического гормона в плазме крови.

Прогноз для жизни благоприятный, однако случаи выздоровления наблюдаются редко.

Лечение направлено в первую очередь на ликвидацию основной причины заболевания (нейроинфекция, опухоли). Проводят заместительную терапию адиурекрином, адиуретином, питуитрином. Применяют также хлорпропамид (под контролем уровня глюкозы в крови), клофибрат (мисклерон), тегретол (финлепсин, карбамазепин), гипотиазид. Общеукрепляющая терапия.

ДИАБЕТ САХАРНЫЙ — заболевание, обусловленное абсолютной или относительной недостаточностью инсулина и характеризующееся грубым нарушением обмена углеводов с гипергликемией и глюкозурией, а также другими нарушениями обмена веществ.

Этиология. Имеют значение наследственное предрасположение, аутоиммунные, сосудистые нарушения, ожирение, психические и физические травмы, вирусные инфекции.

Патогенез. При абсолютной недостаточности инсулина снижается уровень инсулина в крови вследствие нарушения его синтеза или секреции β-клетками островков Лангерганса. Относительная инсулиновая недостаточность может являться результатом снижения активности инсулина вследствие его повышенного связывания с белком, усиленного разрушения ферментами печени, преобладания эффектов гормональных и негормональных антагонистов инсулина (глюкагона, гормонов коры надпочечников, щитовидной железы, гормона роста, неэстерифицированных жирных кислот), изменения чувствительности инсулинзависимых тканей к инсулину.

Недостаточность инсулина приводит к нарушению углеводного, жирового и белкового обмена. Снижается проницаемость для глюкозы клеточных мембран в жировой и мышечной ткани, усиливаются гликогенолиз и глюконеогенез, возникают гипергликемия, глюкозурия, которые сопровождаются полиурией и полидипсией. Снижается образование и усиливается распад жиров, что приводит к повышению в крови уровня кетоновых тел (ацетоуксусной, α-оксимасляной и продукта конденсации ацетоуксусной кислоты — ацетона). Это вызывает сдвиг кислотно-щелочного состояния в сторону ацидоза, способствует повышенной экскреции ионов калия, натрия, магния с мочой, нарушает функцию почек.

Щелочной резерв крови может уменьшиться до 25 об.% CO_2, pH крови снизиться до 7,2—7,0. Происходит снижение буферных оснований. Повышенное поступление неэстерифицированных жирных кислот в печень вследствие липолиза приводит к повышенному образованию триглицеридов. Наблюдается усиленный синтез холестерина. Снижается синтез белка, в том числе и антител, что приводит к уменьшению сопротивляемости инфекциям. Неполноценный синтез белка является причиной развития диспротеинемии (уменьшение фракции альбуминов и увеличение α-глобулинов). Значительная потеря жидкости вследствие полиурии приводит к обезвоживанию организма. Усиливается выделение из организма калия, хлоридов, азота, фосфора, кальция.

Симптомы, течение. Принятая классификация сахарного диабета и смежных категорий нарушения толерантности к глюкозе, предложенная научной группой ВОЗ по сахарному диабету (1985), выделяет: А. Клинические классы, к которым относятся сахарный диабет (СД): инсулинзависимый сахарный диабет (ИЗСД); инсулиннезависимый сахарный диабет (ИНСД) у лиц с нормальной массой тела и у лиц с ожирением; сахарный диабет, связанный с недостаточностью питания (СДНП); другие типы СД, связанные с определенными состояниями и синдромами: 1) заболеваниями поджелудочной железы, 2) болезнями гормональной природы, 3) состояниями, вызванными лекарственными средствами или воздействием химических веществ, 4) изменением инсулина и его рецепторов, 5) определенными генетическими синдромами, 6) смешанными состояниями; нарушенная толерантность к глюкозе (НТГ) у лиц с нормальной массой тела и у лиц с ожирением; нарушенная толерантность к глюкозе, связанная с другими состояниями и синдромами; сахарный диабет беременных.

Б. Статистически достоверные классы риска (лица с нормальной толерантностью к глюкозе, но со значительно увеличенным риском развития сахарного диабета). Предшествовавшие нарушения толерантности к глюкозе. Потенциальные нарушения толерантности к глюкозе.

В клинической практике наиболее часто встречаются больные с НТГ, у которых содержание глюкозы в крови натощак и в течение суток не превышает нормы, но при введении легкоусвояемых углеводов уровень гликемии превышает значения, характерные для здоровых лиц, и истинный СД: ИЗСД тип I и ИНСД тип II у лиц с нормальной массой тела или у лиц с ожирением, характерными клиническими и биохимическими симптомами заболевания.

ИЗСД чаще развивается у молодых людей до 25 лет, имеет выраженную клиническую симптоматику, часто лабильное течение со склонностью к кетоацидозу и гипогликемиям, в большинстве случаев начинается остро, иногда с возникновения диабетической комы. Содержание инсулина и С-пептида в крови ниже нормы или не определяется.

Основные жалобы больных: сухость во рту, жажда, полиурия, похудание, слабость, снижение трудоспособности, повышенный аппетит, кожный зуд и зуд в промежности, пиодермия, фурункулез. Часто наблюдаются головная боль, нарушение сна, раздражительность, боль в области сердца, в икроножных мышцах. В связи со снижением резистентности у больных СД часто развивается туберкулез, воспалительные заболевания почек и мочевыводящих путей (пиелит, пиелонефрит). В крови определяется повышенный уровень глюкозы, в моче — глюкозурия.

ИНСД II типа возникает обычно в зрелом возрасте, часто у лиц с избыточной массой тела, характеризуется спокойным, медленным началом. Уровень инсулина и С-пептида в крови в пределах нормы или может превышать ее. В некоторых случаях СД диагностируется лишь при развитии осложнений или при случайном обследовании. Компенсация достигается преимущественно диетой или пероральными гипогликемизирующими препаратами, течение без кетоза.

В зависимости от уровня гликемии, чувствительности к лечебным воздействиям и наличия или отсутствия осложнений выделяют три степени тяжести СД. К легкой степени относят случаи заболевания, когда компенсация достигает-

ся диетой, кетоацидоз отсутствует. Возможно наличие ретинопатии I степени. Обычно это больные с СД II типа. При среднетяжелой степени компенсация достигается сочетанием диеты и пероральных гипогликемизирующих препаратов или введением инсулина в дозе не более 60 ЕД/сут, уровень глюкозы крови натощак не превышает 12 ммоль/л, имеется склонность к кетоацидозу, могут быть нерезко выраженные явления микроангиопатии. Тяжелая степень СД характеризуется лабильным течением (выраженные колебания уровня сахара крови в течение суток, склонность к гипогликемии, кетоацидозу), уровень сахара крови натощак превышает 12,2 ммоль/л, доза инсулина, необходимая для компенсации, превышает 60 ЕД/сут, имеются выраженные осложнения: ретинопатия III—IV степени, нефропатия с нарушением функции почек, периферическая нейропатия; трудоспособность нарушена.

Осложнения сахарного диабета. Характерны сосудистые осложнения: специфические поражения мелких сосудов — микроангиопатии (ангиоретинопатия, нефропатия и другие висцеропатии), нейропатия, ангиопатия сосудов кожи, мышц и ускоренное развитие атеросклеротических изменений в крупных сосудах (аорта, коронарные церебральные артерии и т. д.). Ведущую роль в развитии микроангиопатий играют метаболические и аутоиммунные нарушения.

Поражение сосудов сетчатки глаз (диабетическая ретинопатия) характеризуется дилатацией вен сетчатки, образованием капиллярных микроаневризм, экссудацией и точечными кровоизлияниями в сетчатку (I стадия, непролиферативная); выраженными венозными изменениями, тромбозом капилляров, выраженной экссудацией и кровоизлияниями в сетчатку (II стадия, препролиферативная); при III стадии — пролиферативной — имеются вышеперечисленные изменения, а также прогрессирующая неоваскуляризация и пролиферация, представляющие главную угрозу для зрения и приводящие к отслойке сетчатки, атрофии зрительного нерва. Часто у больных СД возникают и другие поражения глаз: блефарит, нарушения рефракции и аккомодации, катаракта, глаукома.

Хотя почки при СД часто подвергаются инфицированию, главная причина ухудшения их функции состоит в нарушении микрососудистого русла, проявляющемся гломерулосклерозом и склерозом афферентных артериол (диабетическая нефропатия).

Первым признаком диабетического гломерулосклероза является преходящая альбуминурия, в дальнейшем — микрогематурия и цилиндрурия. Прогрессирование диффузного и узелкового гломерулосклероза сопровождается повышением АД, изогипостенурией, ведет к развитию уремического состояния. В течении гломерулосклероза различают 3 стадии: в пренефротической стадии имеются умеренная альбуминурия, диспротеинемия; в нефротической — альбуминурия увеличивается, появляются микрогематурия и цилиндрурия, отеки, повышение АД; в нефросклеротической стадии появляются и нарастают симптомы хронической почечной недостаточности. Нередко имеется несоответствие между уровнем гликемии и глюкозурией. В терминальной стадии гломерулосклероза уровень сахара в крови может резко снижаться.

Диабетическая нейропатия — частое осложнение при длительно текущем СД; поражаются как центральная, так и периферическая нервная система. Наиболее характерна периферическая нейропатия: больных беспокоят онемение, чувство ползания мурашек, судороги в конечностях, боли в ногах, усиливающиеся в покое, ночью и уменьшающиеся при ходьбе. Отмечается снижение или полное отсутствие коленных и ахилловых рефлексов, снижение тактильной, болевой чувствительности. Иногда развивается атрофия мышц в проксимальных отделах ног. Возникают расстройства функции мочевого пузыря, у мужчин нарушается потенция.

Диабетический кетоацидоз развивается вследствие выраженной недостаточности инсулина при неправильном лечении СД, нарушении диеты, присоединении инфекции, психической и физической травме или служит начальным проявлением заболевания. Характеризуется усиленным образованием кетоновых тел в печени и увеличением их содержания в крови, уменьшением щелочных резервов крови; увеличение глюкозурии сопровождается усилением диуреза, что вызывает дегидратацию клеток, усиление экскреции с мочой электролитов; развиваются гемодинамические нарушения.

Диабетическая (кетоацидемическая) кома развивается постепенно. Для диабетической прекомы характерна симптоматика быстро прогрессирующей декомпенсации СД: сильная жажда, полиурия, слабость, вялость, сонливость, головная боль, отсутствие аппетита, тошнота, запах ацетона в выдыхаемом воздухе, сухость кожных покровов, гипотензия, тахикардия. Гипергликемия превышает 16,5 ммоль/л, реакция мочи на ацетон положительная, высокая глюкозурия. Если своевременно не оказана помощь, развивается диабетическая кома: спутанность и затем потеря сознания, многократная рвота, глубокое шумное дыхание типа Куссмауля, резко выраженная сосудистая гипотензия, гипотония глазных яблок, симптомы дегидратации, олигурия, анурия, гипергликемия, превышающая 16,55—19,42 ммоль/л и достигающая иногда 33,3—55,5 ммоль/л, кетонемия, гипокалиемия, гипонатриемия, липемия, повышение остаточного азота, нейтрофильный лейкоцитоз.

При гиперосмолярной некетонемической диабетической коме отсутствует запах ацетона в выдыхаемом воздухе, имеется выраженная гипергликемия — более 33,3 ммоль/л при нормальном уровне кетоновых тел в крови, гиперхлоремия, гипернатриемия, азотемия, повышенная осмолярность крови (эффективная плазменная осмолярность выше 325 мосм/л), высокие показатели гематокрита.

Лактацидотическая (молочнокислая) кома возникает обычно на фоне почечной недостаточности и гипоксии, наиболее часто встречается у больных, получающих бигуаниды, в частности фенформин. В крови отмечаются высокое содержание молочной кислоты, повышение коэффициента лактат/пируват, ацидоз.

Диагноз сахарного диабета. В основе диагноза лежат: 1) наличие классических симптомов диабета: полиурии, полидипсии, кетонурии, снижения массы тела, гипергликемии; 2) повышение уровня глюкозы натощак (при неоднократном определении) не менее чем 6,7 ммоль/л либо 3) гликемия натощак менее 6,7 ммоль/л, но при высокой гликемии в течение суток либо на фоне проведения глюкозотолерантного теста (более 11,1 ммоль/л).

В неясных случаях, а также для выявления нарушения толерантности к глюкозе проводят пробу с нагрузкой глюкозой, исследуют содержание глюкозы в крови натощак после приема внутрь 75 г глюкозы, растворенной в 250—300 мл воды. Кровь из пальца для определения содержания глюкозы берут каждые 30 мин в течение 2 ч.

У здоровых с нормальной толерантностью к глюкозе гликемия натощак менее 5,6 ммоль/л, между 30-й и 90-й минутой теста — менее 11,1 ммоль/л, а через 120 мин после приема глюкозы гликемия меньше 7,8 ммоль/л.

Нарушение толерантности к глюкозе фиксируется, если гликемия натощак менее 6,7 ммоль/л, между 30-й и 90-й минутой соответствует или меньше 11,1 ммоль/л и через 2 ч колеблется между 7,8 и 11,1 ммоль/л.

Лечение. Используют диетотерапию, пероральные гипогликемизирующие препараты и инсулин, лечебную физкультуру. Цель терапевтических мероприятий — нормализация нарушенных обменных процессов и массы тела, сохранение или восстановление работоспособности больных, предупреждение или лечение сосудистых осложнений.

Диета обязательна при всех клинических формах СД. Основные ее принципы: индивидуальный подбор суточной калорийности; содержание физиологических количеств белков, жиров, углеводов и витаминов; исключение легкоусвояемых углеводов; дробное питание с равномерным распределением калорий и углеводов.

Расчет суточной калорийности производят с учетом массы тела и физической нагрузки. При умеренной физической активности диету строят из расчета 30—35 ккал на 1 кг идеальной массы тела (рост в сантиметрах минус 100). При ожирении калорийность уменьшают до 20—25 ккал на 1 кг идеальной массы тела.

Соотношение белков, жиров и углеводов в пище должно быть близким к физиологическому:15—20 % общего числа калорий приходится на белки, 25—30 % — на жиры и 50—60 % — на углеводы. Диета должна содержать не менее 1—1,5 г белка на 1 кг массы тела, 4,5—5 г углеводов и 0,75—1,5 г жиров в сутки. Следует придерживаться тактики ограничения или полного исключения из пищи рафинированных углеводов. Однако общее количество углеводов должно составлять не менее 125 г в день с целью предупреждения кетоацидоза. Диета должна содержать малое количество холестерина и насыщенных жиров: из общего количества жиров около $^2/_3$ должно приходиться на моно- и полиненасыщенные жирные кислоты (подсолнечное, оливковое, кукурузное, хлопковое масло). Пищу принимают дробно 4—5 раз в день, что содействует лучшему ее усвоению при минимальной гипергликемии и глюкозурии. Общее количество потребляемой пищи в течение дня распределяется обычно следующим образом: первый завтрак — 25 %, второй завтрак — 10—15 %, обед — 25 %, полдник — 5—10 %, ужин — 25 %, второй ужин — 5—10 %. Набор продуктов составляют по соответствующим таблицам. Целесообразно включать в рацион питания продукты, богатые пищевыми волокнами. Содержание в пище поваренной соли не должно превышать 10 г/сут ввиду наклонности больных к артериальной гипертензии, сосудистым и почечным поражениям.

Показаны дозированные адекватные ежедневные физические нагрузки, усиливающие утилизацию глюкозы тканями.

В виде самостоятельного метода лечения диетотерапию применяют при нарушении толерантности к углеводам и легкой форме ИНСД. Показателем компенсации СД является гликемия в течение суток 3,85—8,9 ммоль/л и отсутствие глюкозурии.

Таблетированные сахароснижающие препараты относятся к двум основным группам: сульфаниламидам и бигуанидам.

Сульфаниламидные препараты являются производными сульфанилмочевины. Их сахароснижающее действие обусловлено стимулирующим влиянием на ß-клетки поджелудочной железы, повышением чувствительности к инсулину инсулинзависимых тканей путем воздействия на рецепторы к инсулину, увеличением синтеза и накопления гликогена, снижением глюконеогенеза. Препараты оказывают также антилиполитическое действие.

Различают сульфаниламидные препараты I и II генерации.

Препараты I генерации дозируются в дециграммах. К этой группе относятся хлорпропамид (диабинез, меллинез), букарбан (надизан, оранил), орадиан, бутамид (толбутамид, орабет, диабетон) и др. К препаратам, дозируемым в сотых и тысячных долях грамма (II генерация), относят глибенкламид (манинил, даонил, эуглюкон), глюренорм (гликвидон), гликлазид (диамикрон, предиан, диабетон), глипизид (минидиаб).

При применении препаратов I генерации лечение начинают с малых доз (0,5—1 г), повышая до 1,5—2 г/сут. Дальнейшее увеличение дозы нецелесообразно. Гипогликемизирующее действие проявляется на 3—5-е сутки от начала лечения, оптимальное — через 10—14 дней. Доза препаратов II генерации обычно не должна превышать 10—15 мг. Необходимо учитывать, что почти все сульфаниламидные препараты выводятся почками, за исключением глюренорма, выводящегося из организма преимущественно кишечником, поэтому последний хорошо переносится больными с поражением почек. Некоторые препараты, например предиан (диамикрон), оказывают нормализующее действие на реологические свойства крови — уменьшают агрегацию тромбоцитов.

Показаниями к назначению препаратов сульфанилмочевины являются ИНСД средней тяжести, а также переход легкой формы диабета в среднетяжелую, когда одной диеты недостаточно для компенсации. При СД II типа средней тяжести препараты сульфанилмочевины могут быть использованы в комбинации с бигуанидами; при тяжелой и инсулинрезистентной формах СД I типа они могут применяться с инсулином.

Комбинированное лечение инсулином и сульфаниламидами проводится в ряде случаев при небольших операциях, при наличии инфекции, при поражении почек и печени без выраженных нарушений их функции.

Побочные действия при применении сульфаниламидных препаратов редки и выражаются лейкопенией и тромбоцитопенией, кожными аллергическими реакциями, нарушением функции печени и желудочно-кишечными расстройствами. При передозировке могут возникать гипогликемические явления.

Критерием компенсации при назначении сульфаниламидных препаратов являются нормальный уровень сахара крови натощак и его колебания в течение суток, не превышающие 8,9 ммоль/л, отсутствие глюкозурии. У больных с тяжелыми сопутствующими поражениями сердечно-сосудистой системы, не ощущающих начальных признаков гипогликемии, во избежание возможных гипогликемий допускаются повышение уровня сахара крови в течение суток до 10 ммоль/л, глюкозурия не более 5—10 г.

В амбулаторных условиях компенсация оценивается на основании определения уровня сахара в крови натощак и через 1—2 ч после завтрака. Одновременно собирают 3—4 порции суточной мочи.

Бигуаниды являются производными гуанидина. К ним относятся фенилэтилбигуаниды (фенформин, диботин), бутилбигуаниды (адебит, буформин, силубин) и диметилбигуаниды (глюкофаг, диформин, метоформин). Различают препараты, действие которых продолжается 6—8 ч, и препараты пролонгированного (10—12 ч) действия.

Гипогликемизирующий эффект обусловлен потенцированием влияния инсулина, усилением проницаемости клеточных мембран для глюкозы в мышцах, торможением неоглюкогенеза, уменьшением всасывания глюкозы в кишечнике. Важное свойство бигуанидов — торможение липогенеза и усиление липолиза.

Показанием к применению бигуанидов является ИНСД (II тип) средней тяжести без кетоацидоза и при отсутствии заболеваний печени и почек. Препараты назначают главным образом больным с избыточной массой тела, при резистентности к сульфаниламидам, применяют в комбинации с инсулином, особенно у больных с избыточной массой тела. Используется также комбинированная терапия бигуанидами и сульфаниламидами, позволяющая получить максимальный сахаропонижающий эффект при минимальных дозах препаратов.

Побочные явления: нарушения функции желудочно-кишечного тракта (ощущение металлического вкуса во рту, тошнота, рвота, поносы) и печени, аллергические реакции в виде кожных высыпаний. При применении больших доз, при склонности к гипоксии, наличии сердечной недостаточности, нарушении функции печени и почек может развиваться токсическая реакция в виде повышения содержания в крови молочной кислоты (развитие лактат-ацидоза). Наименее токсичны метформин, диформин и глиформин.

Общие противопоказания к назначению пероральных сахароснижающих средств: кетоацидоз, кетоацидотическая, гиперосмолярная, лактацидотическая кома, беременность, лактация, обширные операции, тяжелые травмы, инфекции, выраженные нарушения функции почек и печени, заболевания крови с лейкопенией или тромбоцитопенией.

Инсулинотерапию назначают при следующих показаниях: СД I типа, кетоацидоз различной степени тяжести, кетоацидотическая, гиперосмолярная, лактацидотическая кома, истощение больного, тяжелые формы СД с наличием осложнений, инфекции, оперативные вмешательства; беременность, роды, лактация (при любой форме и тяжести СД), наличие противопоказаний к применению пероральных гипогликемизирующих препаратов.

Основным критерием, определяющим дозу инсулина, является уровень глюкозы крови. Применяют препараты, различные по длительности действия. Препараты инсулина короткого действия (простой инсулин) необходимы для быстрого устранения острых нарушений обмена веществ (особенно в состоянии прекомы и комы), а также при острых осложнениях, вызванных инфекцией, травмой. Простой инсулин применим при любой форме СД, однако кратковременность действия (5—6 ч) делает необходимым его введение до 3—5 раз в сутки.

При декомпенсации СД простой инсулин вводят 4—5 раз в сутки. Применение препарата позволяет также определить истинную потребность в инсулине. При постоянном лечении простой инсулин используется вместе с препаратами пролонгированного действия. Кроме инсулина, полученного из поджелудочных желез крупного рогатого скота, применяют также свиной инсулин (суинсулин), актрапид (Дания).

Среди пролонгированных различают препараты инсулина средней продолжительности и длительного действия.

К препаратам средней продолжительности действия относятся суспензия цинк-инсулина аморфного (ИЦС-А); действие проявляется через 1—1,5 ч, максимум через 4—6 ч, длительность действия 12—16 ч. По действию ИЦС-А близка к зарубежному препарату Insulinum semilente, инсулину Б (ГДР). Начало действия через 1—2 ч после введения, максимум — через 4—6 ч, длительность действия 10—18 ч.

Препараты инсулина длительного действия: протамин-цинк-инсулин (ПЦИ); начало действия через 6—8 ч, максимум — через 14—18 ч, длительность действия 20—24 ч (при назначении ПЦИ необходимо дополнительное введение

простого инсулина утром для снижения гипергликемии в дообеденные часы); суспензия инсулин-протамина (СИП), начало действия через 60—90 мин, максимум — через 8—12 ч, длительность действия 20—24 ч; суспензия цинк-инсулина кристаллического (ИЦС-К, Insulinum ultralente) — начало действия через 6—8 ч, максимум — через 12—18 ч, длительность действия 30 ч; инсулин-цинк-суспензия (ИЦС, Insulinum lente) — смесь 30 % ИЦС-А и 70 % ИЦС-К; начало действия через 60—90 мин, максимум — через 5—7 и 10—14 ч, длительность действия — 18—24 ч.

В последние годы начат выпуск очищенных, лишенных белковых высокомолекулярных примесей монопиковых или монокомпонентных инсулинов короткого, средней продолжительности и длительного действия. Это: М-инсулин, имеющий такое же начало, максимум и продолжительность действия, как и су-инсулин. Суспензии инсулина семилонг, лонг и ультралонг по параметрам гипогликемизирующего действия соответствуют инсулинам группы ИЦС (соответственно ИЦС-А, ИЦС и ИЦС-К). Эти препараты инсулина обладают меньшими аллергизирующими свойствами, поэтому значительно реже вызывают аллергические реакции, а также липоатрофии. Соответствующие зарубежные препараты — актрапид-МС, монотард-МС, рапитард-МС, протафан-МС, ленте-МС, семиленте-МС, ультраленте-МС. За рубежом налажен выпуск препаратов человеческого инсулина (актрапид-НМ, протафан-НМ, монотард-НМ). Эти препараты предпочтительнее начинать только при выявленном сахарном диабете I типа, особенно в детском и юношеском возрасте, при аллергии к инсулину, липодистрофии, беременности.

Рассчитать потребность в экзогенном инсулине бывает очень трудно из-за различной индивидуальной реакции и чувствительности к инсулину в разные периоды заболевания. Для определения потребности в инсулине и получения компенсации вводят инсулин короткого действия 4—5 раз в сутки, по достижении компенсации больных переводят на 2-разовую инъекцию инсулинов средней продолжительности или длительного действия в сочетании с инсулином короткого действия. Например, введение инсулина средней продолжительности действия и простого инсулина перед завтраком и ужином либо перед завтраком — средней продолжительности и короткого действия, перед ужином — короткого и сном — средней продолжительности действия; могут быть и другие варианты. Применяя такие режимы введения инсулина, можно соотнести «пики секреции» инсулина с периодами посталиментарной гипергликемии и, таким образом, имитировать в определенной степени секрецию инсулина в норме. Критерий компенсации сахарного диабета I типа: гликемия не должна превышать в течение суток 11 ммоль/л. Необходимо также учитывать отсутствие гипогликемии, признаков декомпенсации, трудоспособность больного, длительность заболевания, наличие сердечно-сосудистых нарушений. Поэтому в каждом конкретном случае к критериям компенсации необходим индивидуальный подход.

Завышение доз инсулина, стремление добиться нормогликемии и аглюкозурии, особенно при применении одной инъекции инсулина суточного действия, может привести к развитию у больного *синдрома хронической передозировки инсулина* (синдрома Сомоджи).

Вечерняя и ночная гипогликемия (максимум действия инсулинов суточного действия) вызывает реактивную гипергликемию, которая и фиксируется при определении гликемии натощак. Это может побудить врача увеличить дозу инсулина и привести к еще более выраженным колебаниям уровня глюкозы в крови (т. е. усилить лабильность течения заболевания).

Диагностика синдрома хронической передозировки инсулина основывается на анализе самочувствия больного и колебаний гликемии и глюкозурии в течение суток. В этих случаях необходимо постепенно снизить дозу инсулина: больной переводится на 4—5-разовое введение инсулина короткого действия, а затем на 2-разовое введение инсулинов короткого и средней продолжительности действия.

При лечении препаратами инсулина может развиться *гипогликемия* — состояние, обусловленное резким снижением уровня глюкозы в крови. Провоцирующими моментами являются: нарушение диеты и режима питания, передозировка инсулина, тяжелая физическая нагрузка. Симптомы: резкая слабость, потливость, чувство голода, возбуждение, дрожание рук, головокружение, немотивированные поступки. Если не дать больному легкоусвояемых углеводов, то возникают судороги, утрачивается сознание — развивается гипогликемическая кома.

Особенно опасны гипогликемии у больных пожилого и старческого возраста из-за возможности развития ишемии миокарда и нарушения мозгового кровообращения.

Частые гипогликемии способствуют прогрессированию сосудистых осложнений. Тяжелые и длительные гипогликемии могут привести к необратимым дегенеративным изменениям в ЦНС.

Другое осложнение инсулинотерапии — аллергические реакции: местная (покраснение, уплотнение и зуд кожи в месте введения инсулина) или общая, которая проявляется слабостью, высыпанием на коже (крапивница), генерализованным зудом, повышением температуры, редко может развиться анафилактический шок.

Инсулинорезистентность — большая потребность в инсулине для достижения компенсации. Считается, что доза инсулина у больных СД должна составлять около 0,6—0,8 ЕД/кг. Инсулинорезистентность в большинстве случаев развивается в результате действия негормональных и гормональных антагонистов инсулина. Различают 3 степени инсулинорезистентности: легкую (суточная потребность в инсулине не более 80—100 ЕД), средней тяжести (суточная потребность 120—200 ЕД) и тяжелую (суточная потребность более 300 ЕД инсулина).

В местах инъекции инсулина могут развиваться липодистрофии (гипертрофическая или атрофическая). В основе лежат иммунные процессы, приводящие к деструкции подкожной клетчатки. Их развитие не зависит от дозы вводимого инсулина, компенсации или декомпенсации диабета. Инсулиновые отеки являются редким осложнением и наблюдаются при декомпенсации сахарного диабета.

Лечение осложнений сахарного диабета. При возникновении кетоацидоза назначают дробное введение простого инсулина (дозировка индивидуальная), в рационе ограничивают жиры (до 20—30 г), увеличивают количество легкоусвояемых углеводов (300—400 г/сут и более), назначают витамины С, группы В, кокарбоксилазу, щелочное питье, ксилит. При прекоматозном состоянии необходима срочная госпитализация, отменяют препараты инсулина продленного действия, дробно вводят п/к простой инсулин (в 4—5 инъекциях). Начальная доза обычно не превышает 20 ЕД, последующие введения дозируют с учетом динамики клинической картины и уровня гликемии. Рекомендуются щелочное питье, ксилит.

Одновременно с введением первой дозы инсулина начинают капельное вливание изотонического раствора хлорида натрия (1,5—2 л в течение 2—3 ч).

Лечение кетоацидотической комы проводят в стационаре. Мероприятия направлены на компенсацию углеводного, жирового белкового, водно-электролитного обмена и предупреждение вторичных осложнений. В настоящее время получил признание метод лечения небольшими дозами инсулина, вводимого внутривенно,— режим малых доз инсулина. Это обеспечивает высокий стабильный уровень инсулина в крови, уменьшает его количество, необходимое для купирования коматозного состояния, способствует плавному снижению гликемии, более быстрой ликвидации кетоза, уменьшает возможность развития гипогликемии. Начальная доза зависит от тяжести состояния, уровня гликемии, выраженности кетоацидоза.

Внутривенно вводят свиной или обычный инсулин в дозе 8—12 ЕД одномоментно. При гликемии, превышающей 33,3 ммоль/л, доза инсулина может быть увеличена до 12—16 ЕД. Доза последующего введения зависит от уровня глюкозы в крови, который определяют каждые 1—2 ч.

Если содержание глюкозы в крови в первые 2—4 ч не снизилось на 30 %, то первоначальную дозу увеличивают вдвое. При снижении уровня сахара до половины исходного доза вводимого инсулина также снижается наполовину.

При клиническом улучшении, снижении гипергликемии и кетонемии, восстановлении гемодинамики, функции почек, ЦНС начинают введение инсулина п/к каждые 3—6 ч.

Вводят изо- или гипотонический раствор хлорида натрия (до 3—5 л/сут). При быстром снижении гликемии примерно через 3—4 ч от начала инсулинотерапии вводят 5 % раствор глюкозы. Для улучшения окислительных процессов в инфузируемый состав добавляют 5 % раствор аскорбиновой кислоты, кокарбоксилазу. Проводят кислородотерапию.

Для коррекции электролитных сдвигов вводят 10 % раствор хлорида калия из расчета 3—6 г/сут. Калий вводят спустя 4—6 ч после того, как больной начинает выходить из коматозного состояния, под контролем содержания калия в сыворотке крови, выделительной функции почек и мониторного ЭКГ-наблюдения. При гиперлактацидемической коме для устранения ацидоза вводят бикарбонат натрия. По показаниям — строфантин (корглюкон), кордиамин, мезатон, антибиотики. После восстановления сознания в течение 3—4 дней продолжают дробное введение инсулина и постепенно расширяют диету. В дальнейшем переводят на лечение препаратами инсулина пролонгированного действия (лучше средней продолжительности действия в 2 инъекциях).

Основной принцип лечения микроангиопатии — полная компенсация обменных нарушений, достигаемая адекватной диетой и инсулинотерапией (или пероральными сахароснижающими средствами). Используют ангиопротекторы (дицинон, доксиум, трентал, диваскан, пармидин), анаболические гормоны (метандростенолон, ретаболил, силаболин), препараты, понижающие содержание в крови холестерина и липопротеидов (клофибрат, мисклерон, препараты никотиновой кислоты (никошпан, нигексин, компламин), витамины (аскорутин, витамины группы В, ретинол).

Для лечения ретинопатии применяют коагуляцию при помощи лазера, для лечения неосложненной нейропатии — физиотерапевтические методы (индуктотермия, электрофорез и т. д.).

Для устранения гипогликемии назначают внутрь легкоусвояемые углеводы или в/в 40 % раствор глюкозы (20—100 мл), адреналин, глюкагон (в/м). Для устранения аллергических реакций используют метод быстрой десенсибилизации, вводят препараты инсулина другого типа либо более очищенные препараты инсулина (монокомпонентные, монопиковые).

При инсулинорезистентности применяют очищенные препараты инсулина, кортикостероиды (20—40 мг) с постепенным снижением дозы, комбинированное лечение — инсулин и пероральные гипогликемизирующие средства. При наличии липодистрофии рекомендуется обкалывание свиным инсулином, электрофорез с лидазой.

Большое значение в лечении СД имеет обучение больных методам самоконтроля, особенностям гигиенических процедур, так как это является основой поддержания компенсации СД, предупреждения осложнений и сохранения трудоспособности.

ДИСПИТУИТАРИЗМ ЮНОШЕСКИЙ — дисфункция гипоталамо-гипофизарной системы с увеличением секреции адренокортикотропного гормона и гормона роста, нарушением секреции тиреотропного и гонадотропных гормонов; наблюдается в пубертатном периоде жизни.

Этиология, патогенез. Инфекции, травмы, ожирение с раннего детского возраста,

уменьшение физической нагрузки, прекращение систематических занятий спортом. На этом фоне возрастная физиологическая активация нейроэндокринной системы ведет к ее дисфункции.

Симптомы, течение. Наблюдается в равной степени у юношей и девушек в возрасте 12—23 лет, преимущественно в 15—18 лет. Характерны высокорослость, чаще у юношей (иногда субгигантизм). Ожирение II—III степени, равномерное. На коже груди, живота, бедер, плеч — множественные розовые или красные полосы растяжения, чаще короткие, поверхностные. Половое развитие может быть нормальным, ускоренным или замедленным. Увеличение молочных желез (гинекомастия) у юношей и нарушение менструального цикла у девушек. Нередко отмечается транзиторная гипертензия (чаще у юношей).

На рентгенограммах черепа — признаки внутричерепной гипертензии, участки обызвествления твердой мозговой оболочки в области турецкого седла. На ЭЭГ — признаки нарушения функции неспецифических структур среднего мозга и диэнцефальной области. У части больных нарушена толерантность к глюкозе, повышена функция коры надпочечников, имеется гиперинсулинизм. Течение синдрома обычно доброкачественное.

Лечение. Диета с пониженной калорийностью и повышенная физическая нагрузка нормализуют массу тела, одновременно уменьшаются другие симптомы заболевания. В стационаре назначают специальную диету (1200—1500 ккал; 80—100 г белка, 70—80 г жира, 80—120 г углеводов), препараты аноректического действия (фепранон, дезопимон, бигуаниды), спиронолактоны, мочегонные средства, тиреоидные препараты, адипозин. Для улучшения функциональной активности мозга назначают курсами церебролизин (20—40 инъекций на курс), аминалон (в течение 1—3 мес), ноотропил, стугерон, кавинтон, циннаризин (1—3 мес). При нарушении глюкозотолерантности применяют бигуаниды. При симптомах половой недостаточности юношам назначают хорионический гонадотропин по 1500 ЕД 2—4 раза в неделю (курсами по 3—4 нед). Лечение юношеских форм ожирения является профилактикой развития сахарного диабета, гипертонической болезни, бесплодия.

ЗОБ ДИФФУЗНЫЙ ТОКСИЧЕСКИЙ (болезнь Грейвса — Базедова) — заболевание, характеризующееся гиперплазией и гиперфункцией щитовидной железы.

Этиология, патогенез. Имеют значение наследственные факторы, инфекции, интоксикации, психические травмы. В основе патогенеза — нарушения иммунного «надзора», приводящие к образованию аутоантител, обладающих стимулирующим действием, ведущим к гиперфункции, гиперплазии и гипертрофии железы. Имеют значение изменение чувствительности тканей к тиреоидным гормонам и нарушение их обмена. Клинические проявления обусловлены действием избытка тиреоидных гормонов на различные виды обмена веществ, органы и ткани.

Симптомы, течение. Больные жалуются на раздражительность, плаксивость, повышенную возбудимость, нарушение сна, слабость, утомляемость, потливость, тремор рук и дрожание всего тела. Прогрессирует похудание при сохраненном или даже повышенном аппетите. У больных молодого возраста может отмечаться, наоборот, увеличение массы тела — «жирный Базедов». Щитовидная железа диффузно увеличена; зависимости между степенью ее увеличения и тяжестью тиреотоксикоза нет. Изменения со стороны глаз: экзофтальм, как правило, двусторонний без трофических нарушений и ограничения движения глазных яблок, симптомы Грефе (отставание верхнего века от движения глазного яблока при взгляде вниз), Дальримпля (широкое раскрытие глазных щелей), Мебиуса (слабость конвергенции), Кохера (ретракция верхнего века при быстром переводе взгляда).

К ведущим проявлениям тиреотоксикоза относятся изменения со стороны сердечно-сосудистой системы — тиреотоксическая кардиомиопатия: тахикардия различной интенсивности, тахисистолическая форма мерцательной аритмии (пароксизмальная либо постоянная), в тяжелых случаях приводящая к развитию сердечной недостаточности. В редких случаях, чаще у мужчин, пароксизмы мерцательной аритмии могут быть единственным симптомом тиреотоксикоза. Характерно большое пульсовое давление вследствие повышения систолического и снижения диастолического давления, расширение границ сердца влево, усиление тонов, функциональные систолические шумы над верхушкой и легочной артерией, пульсация сосудов в области шеи, живота.

Отмечаются также диспепсические явления, боль в животе, в тяжелых случаях — увеличение размеров и нарушение функции печени, желудка. Нередко нарушение толерантности к углеводам.

При тяжелом тиреотоксикозе или длительном его течении появляются симптомы надпочечниковой недостаточности: резкая адинамия, гипотензия, гиперпигментация кожных покровов.

Частым симптомом токсического зоба является мышечная слабость, сопровождающаяся атрофией мышц, иногда развивается паралич проксимальных отделов мышц конечностей. Неврологическое обследование выявляет гиперрефлексию, анизорефлексию, неустойчивость в позе Ромберга.

В некоторых случаях может наблюдаться утолщение кожи на передней поверхности голеней и тыле стоп (претибиальная микседема).

У женщин часто развивается нарушение менструального цикла, у мужчин — снижение потенции, иногда дву- или односторонняя гинекомастия, исчезающая после излечения тиреотоксикоза.

В пожилом возрасте развитие тиреотоксикоза вызывает потерю массы тела, слабость, мерцательную аритмию, быстрое развитие сердечной недостаточности, ухудшение течения ИБС. Часты изменения психики — апатия, депрессия, может развиться проксимальная миопатия.

Различают легкое, средней тяжести и тяжелое течение заболевания. При легком течении симптомы тиреотоксикоза нерезко выражены, частота пульса не превышает 100 в 1 мин, потеря массы тела не более 3—5 кг. Для заболевания средней тяжести характерны четко выраженные симптомы тиреотоксикоза, тахикардия 100—120 в 1 мин, потеря массы тела 8—10 кг. При тяжелом течении частота пульса превышает 120—140 в 1 мин, отмечаются резкое похудание, вторичные изменения во внутренних органах.

В крови снижен уровень холестерина, повышены содержание связанного с белком йода, уровень тироксина и трийодтиронина; уровень тиротропного гормона низкий. Поглощение ^{131}I и ^{99}Tc щитовидной железой высокое. При рефлексометрии — укорочение продолжительности ахиллова рефлекса.

В сомнительных случаях проводят пробу с тиролиберином. Отсутствие повышения уровня тиреотропного гормона при введении тиролиберина подтверждает диагноз диффузного токсического зоба.

Лечение. Применяют медикаментозные (тиреостатические средства, радиоактивные йод) и хирургический методы. Основным тиреостатическим препаратом является мерказолил (30—60 мг в зависимости от тяжести заболевания с постепенным переходом на поддерживающие дозы препарата — по 2,5—5 мг в день, через день или раз в 3 дня; курс лечения 1—1,5 года). Осложнения — аллергические реакции (зуд, крапивница), лейкопения, агранулоцитоз, зобогенное действие. При непереносимости препарат отменяют, при лейкопении назначают преднизолон, лейкоген, пентоксил, натрия нуклеинат.

В комплексном лечении тиреотоксикоза применяют также β-блокаторы [анаприлин (обзидан), тразикор] от 40 до 200 мг/сут; кортикостероиды (гидрокортизон, преднизолон), транквилизаторы (реланиум, рудотель, феназепам), перитол. При значительном истощении назначают анаболические стероиды (ретаболил, феноболин, силаболин, метандростенолон), в некоторых случаях инсулин (по 4—6 ЕД перед обедом). При недостаточности кровообращения — сердечные гликозиды (строфантин, коргликон, дигоксин, изоланид), мочегонные средства (триампур, верошпирон, фуросемид), препараты калия (хлорид, ацетат калия). При осложнениях со стороны печени — эссенциале, корсил. Назначают также поливитамины, аскорбиновую кислоту, кокарбоксилазу.

При отсутствии стойкого эффекта медикаментозной терапии, развитии осложнений (аллергические реакции, лейкопения, агранулоцитоз при введении мерказолила), а также при тяжелом течении тиреотоксикоза, наличии мерцательной аритмии после соответствующей подготовки направляют на хирургическое лечение или радиойодтерапию.

ЗОБ ЭНДЕМИЧЕСКИЙ — заболевание жителей определенных географических районов с недостаточностью йода в окружающей среде, характеризующееся увеличением щитовидной железы.

Э т и о л о г и я, п а т о г е н е з. Недостаток йода в почве, воде, пищевых продуктах, употребление продуктов, содержащих вещества тиреостатического действия (некоторые сорта капусты, репы, брюквы, турнепса), приводят к компенсаторному увеличению щитовидной железы. Увеличение щитовидной железы, не обусловленное недостаточным содержанием йода в окружающей среде,— признак спорадического зоба (генетические нарушения интратиреоидного обмена йода и биосинтеза тиреоидных гормонов).

С и м п т о м ы. Различают диффузную, узловую и смешанные формы зоба. Функция щитовидной железы может быть не нарушена, снижена или повышена. Наиболее типично развитие гипотиреоза. Одним из проявлений недостаточности щитовидной железы с детства является кретинизм (сочетание гипотиреоза с задержкой умственного и физического развития). При значительных размерах зоба появляются симптомы сдавления органов шеи, расстройства дыхания, явления дисфагии, охриплость голоса. При загрудинном расположении зоба могут быть симптомы сдавления бронхов, верхней полой вены, пищевода. При расположении зоба в переднем средостении (внутригрудинный зоб) ведущим в диагностике является рентгенологическое исследование. Поглощение[131] I щитовидной железой часто повышено, уровень тиреотропного гормона в крови превышает норму, при гипотиреозе — низкие уровни T_3 и T_4 в крови.

Л е ч е н и е. При диффузной форме, протекающей без симптомов нарушения функции щитовидной железы,— антиструмин, микродозы йода, тиреоидин, тиреотом, тиреокомб, тироксин. При гипотиреозе — тиреоидные гормоны в дозах, необходимых для компенсации состояния. При узловом или смешанном зобе, признаках сдавления органов шеи, загрудинном расположении зоба — оперативное лечение.

П р о ф и л а к т и к а: применение йодированной поваренной соли, антиструмина в эндемических очагах.

ИЦЕНКО — КУШИНГА БОЛЕЗНЬ характеризуется нарушением функции гипоталамо-гипофизарно-надпочечниковой системы и симптомами повышенной продукции кортикостероидных гормонов. Наблюдается в любом возрасте, но чаще в 20—40 лет; женщины болеют в 10 раз чаще, чем мужчины.

Э т и о л о г и я. Опухоли гипофиза (микро- и макроаденомы), воспалительные процессы головного мозга; у женщин часто развивается после родов. Опухоли надпочечника (глюкостеромы, глюкоандростеромы), опухоли легких, бронхов, средостения, поджелудочной железы, секретирующие АКТГ, синдром эктопической продукции АКТГ вызывают синдром Кушинга, характеризующийся сходными клиническими симптомокомплексами.

П а т о г е н е з. Нарушение дофаминергического и серотонинергического механизма секреции АКТГ, увеличение продукции АКТГ гипофизом и кортикостероидов надпочечниками.

С и м п т о м ы, т е ч е н и е. Избыточное отложение жира в области лица, шеи, туловища. Лицо становится лунообразным. Конечности тонкие. Кожа сухая, истонченная, на лице и в области груди — багрово-цианотичного цвета. Акроцианоз. Отчетливо выражен венозный рисунок на груди и конечностях, полосы растяжения на коже живота, бедер, внутренних поверхностях плеч. Нередко отмечается гиперпигментация кожи, чаще в местах трения. На коже лица, конечностей у женщин гипертрихоз. Склонность к фурункулезу и развитию рожистого воспаления. АД повышено. Остеопоротические изменения скелета (при тяжелом течении встречаются переломы ребер, позвоночника). Стероидный диабет характеризуется инсулинорезистентностью. Гипокалиемия различной степени выраженности. Стероидная миопатия и кардиопатия. Количество эритроцитов, гемоглобина и холестерина увеличено. Психические нарушения (депрессия, эйфория).

Различают легкую, средней тяжести и тяжелую формы заболевания; течение может быть прогрессирующим (развитие всей симптоматики за 6—12 мес) и торпидным (симптомы постепенно нарастают в течение 3—10 лет).

Д и а г н о з основывается на следующих данных: увеличение содержания 17-ОКС в суточной моче, кортизола и АКТГ в плазме крови (наиболее достоверно ночное повышение); при макроаденомах гипофиза — увеличение размеров турецкого седла; остеопороз позвоночника и других костей скелета; по данным оксисупраренографии или компьютерной томографии — увеличение обоих надпочечников, а при наличии опухоли надпочечника видно ее изображение на соответствующей стороне; по данным сцинтиграфии надпочечников после введения 19-йодхолестерина отмечается увеличение контуров двух надпочечников, при наличии опухоли — одного. Диагностическими тестами для исключения опухоли коры надпочечников являются пробы с дексаметазоном, метопироном и АКТГ: при наличии опухоли надпочечника содержание 17-ОКС в суточной моче при введении этих веществ не изменяется, а при двусторонней гиперплазии уровень 17-ОКС снижается после введения дексаметазона (более чем на 50 %) и повышается после введения АКТГ и метопирона (в 2—3 раза от исходного уровня).

Л е ч е н и е. При легком и среднетяжелом течении проводят лучевую терапию межуточно-гипофизарной области (гамма-терапия или протонотерапия); после проведения гамма-терапии назначают резерпин — 1• мг/сут (4—6 мес). В случае отсутствия эффекта от лучевой терапии удаляют один надпочечник или проводят курс лечения хлодитаном (ингибитор биосинтеза гормонов в коре надпочечников) в комбинации с назначением резерпина, парлодела, дифенина, перитола.

У тяжелобольных применяют двустороннюю адреналэктомию; после операции развивается хроническая надпочечниковая недостаточность, что требует постоянной заместительной терапии.

Симптоматическая терапия направлена на компенсацию белкового (анаболические стероиды), минерального (препараты калия, верошпирон) и углеводного (бигуаниды в сочетании с препаратами инсулина) обмена; гипотензивные препараты (резерпин), мочегонные средства, сердечные гликозиды.

МЕЖУТОЧНО-ГИПОФИЗАРНАЯ НЕДОСТАТОЧНОСТЬ (пангипопитуитаризм, диэнцефально-гипофизарная кахексия, болезнь Симмондса) — заболевание, характеризующееся выпадением или снижением функции гипоталамо-гипофизарной системы со вторичной гипофункцией периферических эндокринных желез.

Этиология. Поражение гипоталамо-гипофизарной системы при инфекциях (сепсис, энцефалиты, туберкулез), саркоидозе, травме, опухолях или вследствие сосудистых нарушений.

Патогенез. Выпадение или снижение кортикотропной, гонадотропной, тиреотропной функций гипофиза вызывает гипофункцию коры надпочечников, половых желез, щитовидной железы. Клиническая картина зависит от степени снижения тропных функций гипофиза.

Симптомы. Слабость, адинамия, апатия, вялость, снижение аппетита. Прогрессирующее снижение массы тела, кахексия (при болезни Симмондса). Симптомы гипофункции щитовидной железы — сухость, бледность кожных покровов, выпадение волос на голове, лобке, в подмышечных впадинах, выпадение бровей, ломкость костей, отечность лица, зябкость, заторможенность, сонливость, запоры. Снижением активности коры надпочечников обусловлены адинамия, гипотония, склонность к гипогликемии, диспепсические нарушения. Расстройство гонадотропной функции гипофиза приводит у женщин к аменорее, атрофии молочных желез, у мужчин — к импотенции. Диэнцефальная патология может проявляться нарушением сна, полидипсией, булимией.

При *болезни Шихена* (межуточно-гипофизарная недостаточность, развившаяся вследствие массивной кровопотери и коллапса во время родов) может наблюдаться неодновременное и неравномерное выпадение тропных функций гипофиза с гипофункцией той или иной железы. Начальные симптомы: слабость, головокружение, анорексия, агалактия, аменорея. Часто на первый план в клинической картине выступают симптомы гипокортицизма. Истощения, как при болезни Симмондса, как правило, не наблюдается. Диагноз основывается на анамнестических данных, клинике, снижении содержания 17-оксикортикостероидов в крови и суточной моче, низких уровнях ТТГ, Т3, Т4 в плазме. При рентгенологическом исследовании позвоночника — нередко явления остеопороза.

Лечение. Заместительная терапия кортикостероидами (кортизон 25—50 мг в день, преднизолон 5—10 мг/сут). При низком АД на фоне приема глюкокортикоидов добавляют масляный раствор дезоксикортикостерона ацетата в виде инъекции 5 мг 2—3 раза в неделю или в таблетках 1—3 раза в день под язык (0,1—0,2 г/сут). Тиреоидные гормоны (тиреоидин, тиреокомб, тиреотом, тироксин), половые гормоны в зависимости от пола больного (микрофоллин, прогестерон, инфекундин, тестостерона пропионат, тестэнат, омнадрен), анаболические стероиды (ретаболил, метандростенолон, силаболин), перитол, витамины С, B_1, B_6, B_{12}. Диета с введением достаточного количества белков, жиров, витаминов.

НАДПОЧЕЧНИКОВАЯ НЕДОСТАТОЧНОСТЬ — синдром, обусловленный первичным нарушением коры надпочечников (болезнь Аддисона) или вторичными ее изменениями в результате уменьшения секреции АКТГ; проявляется симптомами сниженной продукции гормонов коры надпочечников. Различают хроническую и острую надпочечниковую недостаточность.

Этиология, патогенез. Первичная надпочечниковая недостаточность обусловлена туберкулезом (в 40 % случаев) или атрофией коры надпочечников, вызванной аутоиммунными процессами (в 50 % случаев), реже двусторонней адреналэктомией, тромбозом вен или эмболией надпочечников. Причиной вторичной недостаточности могут быть послеродовой некроз гипофиза (синдром Шихена), опухоли гипофиза, гипофизэктомия, краниофарингиомы.

Патогенез: снижение секреции кортизола, альдостерона и кортикостерона.

Симптомы, течение. Для первичной хронической недостаточности характерны постоянная мышечная слабость, усиливающаяся после физической нагрузки, уменьшение массы тела, гиперпигментация кожных покровов лица, шеи, ладонных складок, подмышечных областей, промежности. Пигментные пятна на слизистых оболочках (внутренняя поверхность щек, язык, твердое небо, десны, влагалище, прямая кишка) имеют синевато-черную окраску. АД обычно понижено, иногда нормальное, может быть повышено при сочетании с гипертонической болезнью. Почти всегда выражены желудочно-кишечные расстройства (снижение аппетита, тошнота, рвота, боль в животе, жидкий стул); нарушаются белковый (снижен синтез белка), углеводный (низкий уровень сахара натощак, плоская кривая после нагрузки глюкозой) и водно-солевой (гиперкалиемия, гипернатриемия) обмен. Выделение с мочой натрия увеличено, калия — уменьшено. Характерны снижение уровня 17-ОКС в плазме и моче, отсутствие или снижение резервов секреции гормонов корой надпочечников при стимуляции АКТГ. Вторичная надпочечниковая недостаточность, сопровождающаяся выпадением только секреции АКТГ гипофизом, встречается крайне редко. Чаще наблюдается сочетание с недостаточностью тиреотропного, соматотропного, гонадотропных гормонов, характеризующееся соответствующими симптомами (межуточно-гипофизарная недостаточность).

Диагноз ставят на основании снижения исходного уровня 17-ОКС в моче и плазме и сохраненной реакции на АКТГ. Изолированная недостаточность АКТГ встречается у больных, принимающих синтетические кортикостероиды для лечения неэндокринных заболеваний (бронхиальная астма, кожные и почечные заболевания).

Острая надпочечниковая недостаточность, или аддисонический криз,— острое коматозное состояние, возникающее у больных с хронической надпочечниковой недостаточностью, как правило, при присоединении инфекции, травмы, операции и других экстремальных состояниях. Встречается при остром кровоизлиянии в надпочечники или при развитии в них инфаркта. Для аддисонического криза характерны: сердечно-сосудистая недостаточность, падение АД, желудочно-кишечные расстройства (неукротимая рвота, жидкий многократный стул), нервно-психические нарушения, усиление пигментации. Из данных лабораторного исследования характерны снижение содержания натрия в крови до 130 ммоль/л и ниже, повышение содержания калия до 6—8 ммоль/л, наличие низкого уровня сахара в крови, эозинофилия, лимфоцитоз.

Лечение первичной и вторичной надпочечниковой недостаточности заключается во введении гормонов коры надпочечников. Применяют преднизолон (преднизон) по 5—10 мг или кортизон по 25—50 мг в день; рекомендуются комбинации преднизолона и кортизона; $2/3$ дозы гормонов принимают внутрь утром и $1/3$ — во второй половине дня (обязательно после еды). Если АД не нормализовалось, то добавляют дезоксикортикостерона ацетат по 5 мг в масляном растворе в/м ежедневно, через день или 2 раза в неделю либо в таблетках по 5 мг 1—3 раза в день под язык. Лечение проводят под контролем АД (если оно выше 130/80 мм рт. ст., дозу уменьшают, добиваясь нормализации АД), массы тела (быстрое увеличение также свидетельствует о передозировке глюкокортикоидов), общего самочувствия больного (исчезновение анорексии, диспепсии, мышечной слабости). Синтетические препараты (дексаметазон, триамцинолон и др.) не должны применяться длительно для компенсации хронической надпочечниковой недостаточности. Диета должна содержать достаточное количество белков, жиров, углеводов и витаминов; дополнительно назначают поваренную соль (до 10 г в день); при резком снижении массы тела рекомендуют анаболические стероиды (курсами 3—4 раза в год). Аскорбиновую кислоту назначают по 1—2 г в сутки постоянно. При туберкулезной этиологии заболевания противотуберкулезное лечение проводят совместно с фтизиатром.

При острой надпочечниковой недостаточности гидрокортизон вводят в/м (50—100 мг 4—6 раз в сутки) и в/в (специальный раствор для внутривенного введения кортизона и гидрокортизона — 100—200 мг струйно; 200—400 мг капельным способом в изотоническом растворе хлорида натрия или 5 % растворе глюкозы — 300 мл в течение 4—5 ч вместе с сердечно-сосудистыми препаратами).

Можно вводить раствор преднизолона для вливания в/в струйно или капельно в дозах

30—90 мг. Дезоксикортикостерона ацетат вводят по 5—10 мг в/м ежедневно до нормализации АД. При сопутствующих воспалительных процессах применяют антибактериальную терапию.

Прогноз благоприятный при своевременной и адекватной заместительной терапии.

ОЖИРЕНИЕ — заболевание, характеризующееся избыточным развитием жировой ткани. Чаще ожирение возникает после 40 лет, преимущественно у женщин.

Этиология, патогенез. Основным фактором, приводящим к развитию ожирения, является нарушение энергетического баланса, заключающееся в несоответствии между энергетическими поступлениями в организм и их затратами. Наиболее часто ожирение возникает вследствие переедания, но может происходить из-за нарушения контроля расхода энергии. Несомненна роль наследственно-конституциональной предрасположенности, снижения физической активности, возрастных, половых, профессиональных факторов, некоторых физиологических состояний (беременность, лактация, климакс).

Ожирение является гипоталамо-гипофизарным заболеванием, в патогенезе которого ведущую роль играют выраженные в той или иной степени гипоталамические нарушения, обусловливающие изменение поведенческих реакций, особенно пищевого поведения, и гормональные нарушения. Повышается активность гипоталамо-гипофизарно-надпочечниковой системы: увеличиваются секреция АКТГ, скорость продукции кортизола, ускоряется его метаболизм. Снижается секреция самототропного гормона, обладающего липолитическим действием, нарушается секреция гонадотропинов и половых стероидов. Характерны гиперинсулинемия, снижение эффективности его действия. Нарушается метаболизм тиреоидных гормонов и чувствительность периферических тканей к ним.

Выделяют: алиментарно-конституциональное, гипоталамическое и эндокринное ожирение. Алиментарно-конституциональное ожирение носит семейный характер, развивается, как правило, при систематическом переедании, нарушении режима питания, отсутствии адекватной физической нагрузки, часто у членов одной семьи или близких родственников. Гипоталамическое ожирение возникает вследствие нарушения гипоталамических функций и в связи с этим имеет ряд клинических особенностей. Эндокринное ожирение является одним из симптомов первичной патологии эндокринных желез: гиперкортицизма, гипотиреоза, гипогонадизма. Однако при всех формах ожирения имеются в той или иной степени гипоталамические нарушения, возникающие либо первично, либо в процессе развития ожирения.

Симптомы, течение. Общим признаком всех форм ожирения является избыточная масса тела. Выделяют четыре степени ожирения и две стадии заболевания — прогрессирующую и стабильную. При I степени фактическая масса тела превышает идеальную не более чем на 29 %, при II — избыток составляет 30—40 %, при III степени — 50—99 %, при IV — фактическая масса тела превосходит идеальную на 100 % и более.

Иногда степень ожирения оценивается по индексу массы тела, вычисляемому по формуле: $\frac{\text{масса тела (кг)}}{\text{рост (м)}^2}$; за норму принимается индекс массы, составляющий 20—24,9, при I степени — индекс 25—29,9, при II — 30—40, при III — более 40.

Больные I—II степенью ожирения обычно жалоб не предъявляют, при более массивном ожирении беспокоят слабость, сонливость, снижение настроения, иногда нервозность, раздражительность; тошнота, горечь во рту, одышка, отеки нижних конечностей, боль в суставах, позвоночнике.

При гипоталамическом ожирении часто беспокоят повышенный аппетит, особенно во второй половине дня, чувство голода ночью, жажда. У женщин — различные нарушения менструального цикла, бесплодие, гирсутизм, у мужчин — снижение потенции. Нечистота и трофические нарушения кожи, мелкие розовые стрии на бедрах, животе, плечах, подмышечных впадинах, гиперпигментация шеи, локтей, мест трения, повышение АД. При электроэнцефалографическом исследовании больных с гипоталамическим ожирением выявляются признаки поражения диэнцефальных структур мозга. Определение экскреции 17-ОКС и 17-КС часто выявляет их умеренное повышение.

Для дифференциальной диагностики гипоталамического ожирения и гиперкортицизма проводят малый дексаметазоновый тест, рентгенологическое исследование черепа и позвоночника.

При наличии жажды, сухости во рту определяют содержание сахара в крови натощак и в течение суток, по показаниям проводят глюкозотолерантный тест. При нарушениях менструального цикла — гинекологическое исследование, ультразвуковое исследование органов малого таза, измерение ректальной температуры, другие тесты функциональной диагностики.

Л е ч е н и е комплексное, направленное на снижение массы тела, включающее диетотерапию и физические методы лечения. Рекомендуется сбалансированная низкокалорийная диета за счет снижения содержания углеводов (100—120 г) и отчасти жиров (80—90 г преимущественно животных) при достаточном содержании белков (120 г), витаминов, минеральных веществ (с учетом энергетических затрат). Используют продукты с высоким содержанием клетчатки, способствующей быстрому насыщению, ускорению прохождения пищи через кишечник. Питание дробное, 5—6 раз в сутки. Применяют разгрузочные дни: белковые (350 г отварного мяса или 500 г творога), фруктовые и т. д. Необходимы активный двигательный режим, систематическая лечебная гимнастика, душ, массаж.

На фоне потери массы тела снижается основной обмен, что способствует сохранению поступившей с пищей энергии и снижению эффек-

тивности диетического лечения. Это требует в процессе лечения перерасчета суточной калорийности пищи и увеличения двигательной активности. Больным с повышенным аппетитом назначают анорексигенные препараты: фепранон, теронак. Курс лечения не более 1—1,5 мес из-за возможного возникновения пристрастия к ним. В связи с возбуждением действием препаратов рекомендуется применять их в первой половине дня. В качестве жиромобилизующего средства назначают адипозин по 50 ЕД 1—2 раза в сутки курсами по 20—30 дней в комбинации с мочегонными препаратами. Используют тиреоидные препараты (тиреоидин до 0,3 г в день, трийодтиронин от 20 до 100 мкг) под контролем пульса и ЭКГ-исследования. При нарушении толерантности к углеводам — бигуаниды (адебит, диформин, глиформин), обладающие также липолитическими и отчасти анорексигенными свойствами.

У женщин при отсутствии восстановления функции яичников на фоне снижения и нормализации массы тела проводят медикаментозную коррекцию синтетическими эстроген-гестагенными препаратами (бисекурин, нон-овлон, овидон, регивидон). В случаях увеличения массы тела на фоне прогестино-эстрогенных препаратов их отменяют и назначают прогестерон и синтетические гестагены. В некоторых случаях эффективна терапия кломифен-цитратом (клостильбегит, кломид), менопаузальным человеческим гонадотропином в сочетании с хорионическим гонадотропином. При гирсутизме — антиандрогены (андрокур) в комбинации с микрофоллином, верошпирон.

При ожирении IV степени терапией выбора являются хирургические методы лечения. При эндокринных формах ожирения проводят лечение основного заболевания.

ОПУХОЛИ. Эндокринные заболевания опухолевой природы см. *Акромегалия, Вирильный синдром, Гиперинсулинизм, Гиперпаратиреоз, Феохромоцитома.*

Токсическая аденома щитовидной железы характеризуется образованием узла (аденомы) в железе с избыточной продукцией тиреоидных гормонов. Симптомы: слабость, раздражительность, плохой сон, снижение массы тела, потливость, сердцебиение, дрожание рук. При пальпации щитовидной железы в одной из долей определяется узел различной плотности с четкими границами, не спаянный с окружающими тканями. При сканировании щитовидной железы определяется повышение поглощения ^{131}I узлом и отсутствие или снижение накопления изотопа в окружающей паренхиме железы. В крови уровни T_3, T_4 превышают норму. Лечение оперативное.

ПРЕЖДЕВРЕМЕННОЕ ПОЛОВОЕ РАЗВИТИЕ — наступление периода полового созревания у девочек до 8 лет и у мальчиков до 10 лет.

Э т и о л о г и я, п а т о г е н е з. При патологических процессах в области шишковидной железы, гипоталамуса и в гипоталамо-гипофизарной системе наступают изменения, напоминающие таковые при нормальном половом созревании и приводящие к усилению секреции гонадотропных гормонов гипофиза, что в свою очередь приводит к половому развитию, имитирующему препубертатный и пубертатный периоды (так называемое истинное преждевременное половое развитие как у мальчиков, так и у девочек, всегда изосексуальное). При опухолях гонад, опухолях или дисфункции коры надпочечников наступает ложное преждевременное половое развитие: секреция гонадотропинов не усиливается, а чрезмерная продукция половых гормонов корой надпочечников или опухолями гонад не соответствует изменениям, свойственным нормальному препубертатному или пубертатному периоду, гонады остаются инфантильными.

У девочек ложное преждевременное половое развитие может быть гетеросексуальным — при адреногенитальном синдроме (см. *Женские болезни* в главе «Акушерство») или изосексуальным — при опухолях яичников, у мальчиков — изосексуальным.

С и м п т о м ы. Ускорение роста и увеличение массы тела, опережение сверстников в половом развитии. У девочек — увеличение молочных желез, появление оволосения на лобке, кровянистых выделений из влагалища, увеличение матки, придатков соответственно препубертатному и пубертатному периоду, в некоторых случаях появляются регулярные менструации. У мальчиков — увеличение наружных половых органов, появление оволосения на лобке и лице, эрекции, поллюции. Выявляются усиление сосудистого рисунка, гиперпневматизация пазухи основной кости; дифференцировка скелета ускорена. Раннее закрытие зон роста приводит в конечном итоге к низкорослости. Может выявляться неврологическая симптоматика: головная боль, быстрая утомляемость, булимия, полидипсия, симптомы поражения глазодвигательных нервов.

Л е ч е н и е. Оксипрогестерона капронат, ципротерона ацетат. Симптоматическая терапия: нейролептики (меллерил и др.), транквилизаторы (оксазепам, триоксазин, диазепам).

Тиреоидиты — заболевания щитовидной железы, различные по этиологии и патогенезу. Воспаление диффузно увеличенной щитовидной железы называют струмитом.

Острый тиреоидит — гнойный или негнойный. Может быть диффузным и очаговым. *Острый гнойный тиреоидит* развивается на фоне острой или хронической инфекции (тонзиллит, пневмония и др.). Симптомы: боль в области передней поверхности шеи, иррадиирующая в затылок, нижнюю и верхнюю челюсть, усиливающаяся при движении головы, глотании. Увеличение шейных лимфатических узлов. Повышение температуры, озноб. При пальпации — болезненное увеличение части или целой доли щитовидной железы, при сформировавшемся абсцессе — флюктуация. Высокий лейкоцитоз, сдвиг лейкоцитарной формулы влево, повышенная СОЭ. При сканировании щитовидной железы определяется «холодная область», не поглощающая изотоп и соответствующая воспалительному очагу. *Острый негнойный тиреоидит* может раз-

виться после травмы, кровоизлияния в железу, лучевой терапии. Протекает по типу асептического воспаления. Симптоматика менее выражена, чем при остром гнойном воспалении щитовидной железы.

Подострый тиреоидит (тиреоидит де Кервена). Заболевают чаще женщины в возрасте 30—50 лет. Развивается после вирусных инфекций. Симптомы: боль в области шеи, иррадиирующая в затылочную область, нижнюю челюсть, уши, височную область. Головная боль, слабость, адинамия. Повышение температуры. Повышение СОЭ, лейкоцитоз. Может протекать без изменений со стороны крови. В начале заболевания (гипертиреоидная, острая стадия) могут наблюдаться симптомы тиреотоксикоза: тахикардия, потливость, похудание, тремор рук. В крови — повышенные уровни тиреоидных гормонов, при сканировании — снижение захвата изотопов щитовидной железой.

При длительном течении могут развиться симптомы гипотиреоза (гипотиреоидная стадия), сонливость, вялость, заторможенность, зябкость, отечность лица, сухость кожи, брадикардия, запоры. Щитовидная железа увеличена (часто только правая доля), плотной консистенции, не спаяна с окружающими тканями, болезненна при пальпации. В крови — низкое содержание тироксина и трийодтиронина и высокое — тиреотропного гормона.

В стадии выздоровления исчезает болезненность щитовидной железы, нормализуются СОЭ, уровни тиреоидных гормонов и тиреотропина в крови.

Заболевание склонно к рецидивированию, особенно при повторных вирусных инфекциях, переохлаждении.

Хронический фиброзный тиреоидит (зоб Риделя) — заболевание неизвестной этиологии. Симптомы: диффузное, реже очаговое увеличение щитовидной железы. Железа очень плотная, неподвижная, не смещается при глотании, спаяна с окружающими тканями. Прогрессирование и распространение процесса на всю железу сопровождается развитием гипотиреоза. При больших размерах железы наблюдаются симптомы сдавления органов шеи: осиплость голоса, затруднение глотания, дыхания. Важный диагностический метод — пункционная биопсия.

Аутоиммунный хронический тиреоидит (тиреоидит Хашимото) — заболевание, в основе которого лежит аутоиммунное поражение щитовидной железы, образуются антитела к различным компонентам щитовидной железы — тиреоглобулину, микросомальной фракции, рецепторам к тиреотропину — с образованием комплекса антиген — антитело, развитием деструктивных изменений и лимфоидной инфильтрации щитовидной железы.

Симптомы: диффузное, иногда неравномерное увеличение щитовидной железы, при пальпации железа плотно-эластической консистенции, подвижная. При больших размерах железы появляются симптомы сдавления органов шеи. По мере развития заболевания деструктивные изменения приводят к нарушению функции железы — вначале явлениям гипертиреоза вследствие поступления в кровь большого количества ранее синтезированных гормонов, в дальнейшем (или минуя гипертиреоидную фазу) — к гипотиреозу. Содержание тиреоидных гормонов в крови снижено, тиреотропного гормона — превышает норму.

В диагностике большое значение имеют определение титра антитиреоидных антител, данные пункционной биопсии, сканирование (характерна неравномерность поглощения изотопа). Поглощение [131] I щитовидной железой может быть снижено, нормально или повышено (за счет массы железы).

Л е ч е н и е. При остром тиреоидите — антибиотики (пенициллин, олететрин и др.), симптоматические средства (седативные и др.), витамины С, группы В. При абсцедировании — хирургическое лечение. При подостром тиреоидите — длительное применение кортикостероидов (преднизолон, дексаметазон, триамцинолон), препаратов салицилового или пиразолонового ряда на фоне снижения кортикостероидов, при явлениях гипертиреоза — ß-блокаторы, гипотиреоза — небольшие дозы тиреоидных гормонов.

При хроническом фиброзном тиреоидите — при наличии явлений гипотиреоза заместительная терапия тиреоидными гормонами, при симптомах сдавления органов шеи — оперативное лечение.

При хроническом аутоиммунном тиреоидите — лечение тиреоидными гормонами (трийодтиронин, тироксин, тиреотом, тиреотом-форте). При отсутствии уменьшения зоба на фоне адекватной заместительной терапии (3—4 мес) назначают кортикостероиды (преднизолон с 30—40 мг с постепенным снижением дозы) на 2—3 мес. При быстрорастущих, болезненных формах зоба, больших размерах щитовидной железы с явлениями сдавления органов шеи — оперативное лечение.

ФЕОХРОМОЦИТОМА — заболевание, обусловленное доброкачественной или злокачественной опухолью хромаффинной ткани надпочечников или вненадпочечниковой локализации.

П а т о г е н е з. Избыточная выработка катехоламинов (адреналина, норадреналина).

С и м п т о м ы. Характерны кризы с резким повышением АД в сочетании с нервно-психическими, эндокринно-обменными, желудочно-кишечными и гематологическими симптомами (пароксизмальная форма заболевания). Во время приступа клиника напоминает симптоматику симпатико-адреналового криза: появляются чувство страха, беспокойство, дрожь, озноб, бледность кожных покровов, головная боль, боль за грудиной, в области сердца, тахикардия, экстрасистолия, тошнота, рвота, повышение температуры тела, потливость, сухость во рту. В крови — лейкоцитоз, лимфоцитоз, эозинофилия, гипергликемия. Приступ завершается полиурией. Продолжительность криза от нескольких минут до нескольких часов. Криз может осложниться кровоизлиянием в сетчатку глаза, нарушением мозгового кровообращения,

отеком легких. Приступы возникают, как правило, внезапно и могут провоцироваться эмоциональным стрессом, физическим напряжением, пальпацией опухоли, резким изменением положения тела. При стабильной форме заболевания отмечается постоянно высокая гипертензия, возможны нарушения функционального состояния почек, изменения глазного дна. Наблюдаются повышенная возбудимость, лабильность настроения, утомляемость, головная боль. При злокачественной опухоли — феохромобластоме — нередки похудание, боль в животе. Возможно развитие сахарного диабета. В диагностических целях проводят ультразвуковое исследование надпочечников, компьютерную томографию, ретропневмоперитонеум (топическая диагностика), определяют экскрецию с мочой (в течение суток или в трехчасовой порции мочи, собранной после приступа) катехоламинов и их метаболитов: адреналина, норадреналина, ванилилминдальной кислоты, проводят фармакологические пробы с гистамином или тропафеном.

Л е ч е н и е хирургическое (удаление опухоли). Для купирования криза применяют тропафен.

ЭНДОКРИННАЯ ОФТАЛЬМОПАТИЯ — аутоиммунное заболевание тканей и мышц орбиты, приводящее к развитию экзофтальма и комплексу глазных симптомов.

П а т о г е н е з. В основе заболевания лежат аутоиммунные нарушения, приводящие к изменениям экстраокулярных мышц и ретробульбарной клетчатки: нарушению структуры мышечных волокон, диффузной клеточной инфильтрации лимфоцитами и плазматическими клетками, накоплению мукополисахаридов, отеку мышц и клетчатки, обуславливающему увеличение объема ретробульбарных тканей, нарушение микроциркуляции с последующим разрастанием соединительной ткани и развитием фиброза. Часто сочетается с аутоиммунными заболеваниями щитовидной железы.

С и м п т о м ы. Больные жалуются на слезотечение, особенно на ветру, светобоязнь, чувство давления в глазах, двоение (особенно при взгляде вверх и вбок), выпячивание глазных яблок. При осмотре отмечается выраженный экзофтальм, чаще двусторонний. В норме при экзофтальмометрии выступание глазных яблок соответствует 15—18 мм. У больных выстояние глазных яблок может превышать эти показатели на 2—8 мм. При отечной форме заболевания отмечаются выраженные отеки век, конъюнктивы, инъекция сосудов склер. При преимущественном вовлечении в патологический процесс экстраокулярных мышц на первый план выступают симптомы, обусловленные их поражением: симптомы Мебиуса, Грефе, Дальримпля, Штельвага и др.; ограничение подвижности глазных яблок вплоть до их полной неподвижности. Глазное дно: отек сетчатки, дисков зрительных нервов, атрофия зрительных нервов. Отмечаются концентрическое сужение полей зрения, центральные скотомы. Могут наблюдаться изъязвления роговицы, ее перфорация, присоединение инфекции. Для диагноза большое значение имеет ультразвуковое исследование ретробульбарного пространства, позволяющее определить тяжесть повреждения и выделить группы пораженных глазодвигательных мышц, и определение функции щитовидной железы.

Лечение. Глюкокортикоиды (преднизолон, начиная с 30—40 мг/сут внутрь; при противопоказаниях со стороны желудочно-кишечного тракта кортикостероиды вводят парентерально — метипред). Уменьшение отечности, экзофтальма, увеличение объема движения глазных яблок, уменьшение неприятных ощущений в глазах служат показаниями к снижению дозы кортикостероидов, назначают ретробульбарные инъекции дексазона или кеналога (под контролем внутриглазного давления),

дегидратационную терапию (триампур, фуросемид), препараты, улучшающие обменные процессы в глазодвигательных мышцах (рибоксин, солкосерил), а для стимуляции нервно-мышечной проводимости — прозерин. Может оказаться полезной магнитотерапия на область орбит. В тяжелых случаях, при выраженном отеке, отсутствии эффекта от кортикостероидной терапии — рентгенотерапия на область орбит. Высыхание роговицы предотвращают склеиванием век или использованием предохранительных пленок. Диета с ограничением соли и жидкости. При нарушении функции щитовидной железы обязательна ее коррекция. В случаях тяжело протекающего заболевания — корригирующие операции на мышцах орбиты и ретробульбарной клетчатке.

Глава 15

ПРОФЕССИОНАЛЬНЫЕ БОЛЕЗНИ

Профессиональные болезни возникают в результате воздействия на организм неблагоприятных факторов производственной среды. Клинические проявления часто не имеют специфических симптомов, и только сведения об условиях труда заболевшего позволяют установить принадлежность выявленной патологии к категории профессиональных болезней. Лишь некоторые из них характеризуются особым симптомокомплексом, обусловленным своеобразными рентгенологическими, функциональными, гематологическими и биохимическими изменениями.

Общепринятой классификации профессиональных болезней не существует. Наибольшее признание получила классификация по этиологическому принципу. Исходя из этого, выделено пять групп профессиональных заболеваний: 1) вызываемые воздействием химических факторов (острые и хронические интоксикации, а также их последствия, протекающие с изолированным или сочетанным поражением различных органов и систем); 2) вызываемые воздействием пыли (пневмокониозы- силикоз, силикатозы, металлокониозы, пневмокониозы электросварщиков и газорезчиков, шлифовальщиков, наждачников и т. д.); 3) вызываемые воздействием физических факторов: вибрационная болезнь; заболевания, связанные с воздействием контактного ультразвука — вегетативный полиневрит; снижение слуха по типу кохлеарного неврита — шумовая болезнь; заболевания, связанные с воздействием электромагнитных излучений и рассеянного лазерного излучения; лучевая болезнь; заболевания, связанные с изменением атмосферного давления — декомпрессионная болезнь, острая гипоксия; заболевания, возникающие при неблагоприятных метеорологических условиях — перегрев, судорожная болезнь, облитерирующий эндартериит, вегетативно-сенситивный полиневрит; 4) вызываемые перенапряжением: заболевания периферических нервов и мышц — невриты, радикулополиневриты, вегетосенситивные полиневриты, шейно-плечевые плекситы, вегетомиофасциты, миофасциты; заболевания опорнодвигательного аппарата — хронические тендовагиниты, стенозирующие лигаментиты, бурситы, эпикондилит плеча, деформирующие артрозы; координаторные неврозы — писчий спазм, другие формы функциональных дискинезий; заболевания голосового аппарата — фонастения и органа зрения — астенопия и миопия; 5) вы-

зываемые действием биологических факторов: инфекционные и паразитарные — туберкулез, бруцеллез, сап, сибирская язва, дисбактериоз, кандидамикоз кожи и слизистых оболочек, висцеральный кандидоз и др.

Вне этой этиологической систематики находятся профессиональные аллергические заболевания (конъюнктивит, заболевания верхних дыхательных путей, бронхиальная астма, дерматит, экзема) и онкологические заболевания (опухоли кожи, мочевого пузыря, печени, рак верхних дыхательных путей).

Различают также острые и хронические профессиональные заболевания. Острое профессиональное заболевание (интоксикация) возникает внезапно, после однократного (в течение не более одной рабочей смены) воздействия относительно высоких концентраций химических веществ, содержащихся в воздухе рабочей зоны, а также уровней и доз других неблагоприятных факторов. Хроническое профессиональное заболевание возникает в результате длительного систематического воздействия на организм неблагоприятных факторов.

Для правильной диагностики профессионального заболевания особенно важно тщательное изучение санитарно-гигиенических условий труда, анамнеза больного, его «профессионального маршрута», включающего все виды работ, выполнявшиеся им с начала трудовой деятельности. Некоторые профессиональные болезни, например силикоз, бериллиоз, асбестоз, папиллома мочевого пузыря, могут выявляться через много лет после прекращения контакта с производственными вредностями. Достоверность диагноза обеспечивается тщательной дифференциацией наблюдаемой болезни с аналогичными по клинической симптоматике заболеваниями непрофессиональной этиологии. Определенным подспорьем в подтверждении диагноза служит обнаружение в биологических средах химического вещества, вызвавшего заболевание, или его дериватов. В ряде случаев лишь динамическое наблюдение за больным в течение длительного срока дает возможность окончательно решить вопрос о связи заболевания с профессией.

Основным документом, который используется при определении принадлежности данного заболевания к числу профессиональных, является «Список профессиональных заболеваний» с инструкцией по его применению, утвержденный МЗ СССР и ВЦСПС.

К числу важнейших профилактических мероприятий по охране труда и профилактике профессиональных болезней относятся предварительные (при поступлении на работу) и периодические осмотры трудящихся, подвергающихся воздействию вредных и неблагоприятных условий труда.

ПРОФЕССИОНАЛЬНЫЕ ЗАБОЛЕВАНИЯ, ОБУСЛОВЛЕННЫЕ ВОЗДЕЙСТВИЕМ ХИМИЧЕСКИХ ФАКТОРОВ. В народном хозяйстве страны используются разнообразные по строению и физико-химическим свойствам химические вещества. В производственных условиях токсические вещества поступают в организм человека через дыхательные пути, кожу, желудочно-кишечный тракт. После резорбции в кровь и распределения по органам яды подвергаются превращениям, а также депонированию в различных органах и тканях (легкие, головной мозг, кости, паренхиматозные органы и др.). Выделение поступивших в организм токсических веществ происходит легкими, почками, через желудочно-кишечный тракт, кожей.

В зависимости от совокупности проявлений действия химического вещества и от преимущественно поражаемых им органов и систем промышленные яды можно объединить в следующие группы: раздражающего действия; нейротропного действия; гепатотропного действия; яды крови; почечные яды; промышленные аллергены; промышленные канцерогены. Такое деление весьма условно, характеризует лишь основное направление действия ядов и не исключает многообразный характер их влияния.

Заболевания, вызываемые воздействием раздражающих веществ. Основные группы токсических веществ раздражающего действия составляют:

— хлор и его соединения (хлористый водород, хлористоводородная кислота, хлорная известь, хлорпикрин, фосген, хлорокись фосфора, треххлористый фосфор, четыреххлористый кремний);

— соединения серы (сернистый газ, серный газ, сероводород, диметилсульфат, серная кислота);

— соединения азота (нитрогазы, азотная кислота, аммиак, гидразин);

— соединения фтора (фтористый водород, плавиковая кислота и ее соли, перфторизобутилен);

— соединения хрома (хромовый ангидрид, окись хрома, бихроматы калия и натрия, хромовые квасцы);

— карбонильные соединения металлов (карбонил никеля, пентакарбонил железа);

— растворимые соединения бериллия (фтористый бериллий, фторокись бериллия, хлористый бериллий, сернокислый бериллий).

Все перечисленные соединения, проникая в организм ингаляционным путем, вызывают преимущественно поражение органов дыхания; некоторые из них могут раздражать слизистые оболочки глаз. При острых интоксикациях тяжесть поражения дыхательных путей определяется не только концентрацией химического вещества в воздухе и продолжительностью его действия, но и степенью растворимости яда в воде. Токсические вещества, легко растворимые в воде (хлор, сернистый газ, аммиак), действуют преимущественно на слизистые оболочки верхних дыхательных путей, трахеи и крупных бронхов. Действие этих веществ наступает сразу после контакта с ними. Вещества, трудно или почти нерастворимые в воде (окислы азота, фосген, диметилсульфат) поражают преимущественно глубокие отделы органов дыхания. Клинические признаки при воздействии этих веществ, как правило, развиваются после латентного периода различной продолжительности. При контакте с тканями токсические вещества вызывают воспалительную реакцию, а в более выраженных случаях — разрушение тканей и их некроз.

Острое токсическое поражение органов дыхания. Могут наблюдаться следующие клинические синдромы: острое поражение верхних дыхательных путей, острый токсический бронхит, острый токсический бронхиолит, острый токсический отек легких, острая токсическая пневмония.

При *остром поражении верхних дыхательных путей* развивается острый токсический ларингофаринготрахеит. В легких случаях пострадавшие жалуются на затрудненное носовое дыхание, першение и ощущение царапания в горле, жжение за грудиной, сухой кашель, осиплость голоса. При осмотре отмечается гиперемия слизистых оболочек полостей носа, рта, глотки, гортани и трахеи. В полости носа скапливаются слизистые выделения, набухают носовые раковины и голосовые складки. Процесс обычно легко обратим и заканчивается выздоровлением в течение нескольких дней.

При воздействии высоких концентраций раздражающих веществ развиваются более выраженные изменения: на фоне резкой гиперемии слизистой оболочки верхних дыхательных путей отмечаются участки некроза на месте ожогов, обилие слизисто-гнойного отделяемого в полости носа и трахее. В таких случаях процесс может затягиваться и выздоровление наступает через 10—15 дней и более. В ряде случаев, особенно при присоединении инфекции, процесс приобретает затяжное течение и может развиться хроническое катаральное воспаление полости носа, гортани и трахеи.

При воздействии очень высоких концентраций раздражающих веществ возможно преобладание рефлекторных реакций со спазмом голосовой щели; отмечается затрудненный вдох, сопровождающийся свистом (стридорозное дыхание), а в некоторых случаях — молниеносная смерть вследствие асфиксии. Все эти явления развиваются до наступления воспалительных изменений слизистых оболочек дыхательных путей и требуют оказания экстренной помощи.

Острый токсический бронхит характеризуется диффузным поражением бронхиального дерева. Первые признаки заболевания, как правило, появляются сразу после воздействия токсического вещества. Клиническая картина определяется глубиной поражения стенки бронхов и его распространенностью. В легких случаях пострадавшие жалуются на сухой болезненный кашель, боль и першение в горле, стеснение и жжение в груди, затрудненное дыхание. Одновременно отмечаются признаки раздражения верхних дыхательных путей, нередко конъюнктивы глаз (слезотечение, светобоязнь). Объективно определяется жесткое дыхание иногда с бронхиальным оттенком, на фоне которого выслушиваются сухие рассеянные хрипы. Легкие случаи заболевания, как правило, имеют непродолжительное течение, заканчиваются выздоровлением через 3—7 дней.

В более тяжелых случаях больные испытывают жжение, резь и боль за грудиной. Кашель мучительный, удушливый, сухой, часто приступами, через 2—3 дня может сопровождаться отделением небольшого количества мокроты нередко с примесью крови. Вдох часто затруднен, дыхание шумное. Отмечаются некоторый цианоз губ и кожи, тахикардия. Дыхание учащено до 26—30 в 1 мин; в дыхании принимает участие вспомогательная дыхательная мускулатура. На фоне жесткого дыхания прослушиваются сухие рассеянные свистящие и грубые жужжащие хрипы. Определяются большей или меньшей выраженности явления острой эмфиземы легких. Признаки воспаления при токсическом бронхите менее выражены по сравнению с инфекционным бронхитом: у больных может повышаться температура до субфебрильных цифр, в крови — умеренный нейтрофильный лейкоцитоз, небольшое повышение СОЭ. Рентгенологически, как правило, изменений не определяется. Лишь иногда отмечается некоторое усиление легочного рисунка и расширение корней легких. При соответствующем уходе и лечении заболевание через 2—6 нед может окончиться полным выздоровлением. Однако нередко острый токсический бронхит осложняется инфекцией, переходит в хроническую форму, периодически обостряется, медленно прогрессирует и ведет к развитию перибронхита и пневмосклероза.

Острый токсический бронхиолит. Начальные признаки заболевания проявляются через несколько часов, а в отдельных случаях через 1—2 сут после пребывания в зоне высоких концентраций токсических веществ. У пострадавшего появляются резкая одышка, мучительный кашель — сухой или с выделением густой слизистой мокроты, нередко с примесью крови. Возникают приступы удушья, колющая боль в грудной клетке, обильное потоотделение, головная боль, потеря аппетита, общая слабость. Повышается температура тела до 38—39 °C. При осмотре отмечается выраженный цианоз кожи и слизистых оболочек. Дыхание учащено до 36—40 в 1 мин. Над легкими определяется коробочный звук, края легких опущены, подвижность их ограничена. Выслушивается большое количество средне- и мелкопузырчатых влажных хрипов. Заболевание протекает с выраженной тахикардией, падением артериального давления, глухостью тонов сердца. Нередко в процесс вовлекается печень, которая увеличивается и становится болезненной; могут наблюдаться признаки нефропатии (протеинурия,

цилиндрурия). В периферической крови — повышение содержания гемоглобина, эритроцитов, лейкоцитоз с палочкоядерным сдвигом, относительная лимфопения, иногда эозинофилия и повышение СОЭ до 50 мм/ч. Рентгенологически на фоне пониженной прозрачности легочных полей в средних и нижних отделах наблюдаются мелкоочаговые образования, местами сливающиеся между собой, расширение корней легких. Обратному развитию клинические симптомы заболевания подвергаются в течение 2—3 мес. Исходом может быть полное выздоровление или переход в хроническую форму с развитием облитерирующего бронхиолита и пневмосклероза.

Острый токсический отек легких — наиболее тяжелая форма поражения; наиболее часто вызывается окислами азота. Ведущее значение в его развитии принадлежит повышению проницаемости альвеолярных и капиллярных стенок легких. В течении заболевания условно различают несколько стадий: стадию начальных явлений (рефлекторную), скрытых явлений, клинических проявлений, обратного развития. В стадии начальных явлений, развивающейся тотчас за воздействием токсического вещества, у пострадавшего отмечается легкое раздражение слизистых оболочек дыхательных путей и глаз: небольшой кашель, першение в носоглотке, стеснение в груди, резь в глазах. Через 15—30 мин эти симптомы исчезают и наступает скрытая стадия, продолжающаяся 2—24 ч (в среднем 4—6 ч). Постепенно период относительного благополучия сменяется стадией клинических проявлений. У пострадавшего учащается дыхание, появляются кашель с мокротой, цианоз; в дыхательном акте начинают принимать участие вспомогательные мышцы; нижняя граница легких опускается, перкуторный звук приобретает коробочный оттенок. В нижних отделах легких появляются звонкие мелкопузырчатые влажные хрипы, количество которых по мере развития заболевания увеличивается. Появляются средне- и крупнопузырчатые влажные хрипы. Дыхание становится клокочущим. Отделяется большое количество пенистой мокроты часто с примесью крови. Развивается тахикардия. Артериальное давление остается нормальным или незначительно повышается. Определяется сгущение крови: увеличивается количество гемоглобина до 100—120 г/л, эритроцитов до 6—8 · 10^{12}/л, лейкоцитов до 10—15 · 10^9/л. Повышаются вязкость и свертываемость крови. Рентгенологически — понижение прозрачности легочной ткани, нечеткость и размытость сосудисто-бронхиального рисунка, очаговые пятнистые затемнения, напоминающие «тающие хлопья снега». Содержание кислорода в артериальной крови резко падает, а углекислоты нарастает. Развивается распространенный цианоз и акроцианоз бледно-фиолетового оттенка («синяя гипоксемия»).

В этой стадии может наблюдаться также симптомокомплекс «серой гипоксемии», при котором ведущим является падение сердечно-сосудистой деятельности (коллапс). Лицо больного становится пепельно-серым, покрывается холодным потом. Слизистые оболочки приобретают своеобразный землистый оттенок. Конечности холодны и влажны на ощупь. Пульс становится частым, нитевидным, трудно пальпируется. Артериальное давление резко падает. Наряду с артериальной и венозной гипоксемией возникает гипокапния.

Тяжелые формы заболевания могут приводить к смерти через 24—48 ч после отравления. Особенно неблагоприятным в прогностическом отношении является «серая гипоксемия». В более легких случаях и при проведении своевременного лечения наступает стадия обратного развития — обычно на 3-и сутки после отравления. Становятся менее выраженными одышка и цианоз, снижается количество отделяемой мокроты. Уменьшаются, а затем исчезают влажные хрипы. Нормализуется состав периферической крови. Выздоровление наступает в течение нескольких дней или недель.

При токсическом отеке легких нередко наблюдаются нервно-психические расстройства: пострадавшие жалуются на головную боль, головокружение; отмечаются эмоциональная неустойчивость, раздражительность, чувство тревоги, депрессивно-ипохондрическое состояние, иногда возбуждение и судороги, а в тяжелых случаях оглушенность, сонливость, адинамия, потеря сознания. На высоте токсического отека может наблюдаться снижение диуреза вплоть до анурии. В моче — следы белка, гиалиновые и зернистые цилиндры, эритроциты. Указанные изменения связаны с возможностью развития токсического нефроза, обусловленного общими сосудистыми изменениями.

Токсический отек легких протекает значительно тяжелее и сопровождается большей летальностью, чем легочный отек другой этиологии. Наиболее частые осложнения токсического отека легких — присоединение вторичной инфекции и развитие пневмонии.

Острая токсическая пневмония возникает в первые-вторые сутки после воздействия токсических веществ. При этом сначала могут доминировать признаки токсического ларингофаринготрахеита или бронхита. Затем повышается температура, появляются слабость, разбитость, головная боль. При кашле отделяется мокрота часто с примесью крови. В легких на фоне жесткого дыхания и сухих хрипов появляются участки мелкопузырчатых звонких и влажных хрипов и (или) крепитация. В крови возрастает лейкоцитоз. При рентгенологическом исследовании обнаруживают очаговые инфильтративные изменения большей или меньшей распространенности. Первичная токсическая пневмония, не осложненная инфекцией, имеет обычно благоприятное течение. К концу 5—7-х суток процесс заканчивается выздоровлением.

При интоксикациях некоторыми веществами раздражающего действия поражения органов дыхания сочетаются с общетоксическим эффектом, что проявляется нарушением функций других систем и органов, в первую очередь нервной системы. Из раздражающих веществ наиболее сильным нервным ядом считается серо-

водород, который, угнетая ферменты тканевого дыхания, приводит к развитию гистотоксической гипоксии. В связи с этим при выраженных формах отравления в клинической картине преобладают признаки поражения ЦНС (вплоть до коматозного состояния). Наиболее неблагоприятна молниеносная форма отравления, при которой в результате паралича дыхания и сосудистого центра моментально наступает смерть.

Прогноз острых поражений дыхательных путей определяется степенью тяжести отравления и исходным состоянием организма. В ряде случаев даже очень тяжелые поражения при соответствующем уходе и лечении могут заканчиваться полным выздоровлением. Часть больных, перенесших острые отравления, на протяжении многих месяцев и даже лет страдают бронхитом, часто обостряющимся, принимающим хроническое течение и сочетающимся с перибронхитом. Развитие фиброзного процесса ведет к пневмосклерозу, эмфиземе, бронхоэктатическим изменениям, сердечно-легочной недостаточности.

Лечение. Первая помощь заключается прежде всего в немедленном прекращении контакта с токсическим веществом. Пострадавшего выводят из загазованной атмосферы, освобождают от одежды, а при попадании яда на кожу обильно промывают ее водой с мылом; срочно госпитализируют. Зная о наличии скрытого периода при отравлении веществами раздражающего действия, даже при отсутствии признаков интоксикации за пострадавшим следует наблюдать не менее 24 ч, создав ему полный покой. Только после этого при отсутствии каких-либо проявлений интоксикации отменяют режим покоя. При раздражении слизистых оболочек глаз их тщательно промывают водой или 2 % раствором натрия гидрокарбоната, при резких болях в глазах закапывают 0,1—0,2 % раствор дикаина, а для профилактики инфицирования за веки закладывают глазную мазь (0,5 % синтомициновая, 10 % сульфациловая) или закапывают 30 % раствор сульфацил-натрия. При раздражении слизистых оболочек верхних дыхательных путей эффективны полоскание 2 % раствором натрия гидрокарбоната или тепло-влажные ингаляции этого раствора. При затруднении носового дыхания закапывают в нос 2 % раствор эфедрина с добавлением адреналина (1:1000).

При поражении гортани необходим режим молчания; рекомендуется теплое молоко с натрия гидрокарбонатом, боржом. При сильном кашле назначают кодеин и дионин, отвлекающие средства — горчичники, банки. С целью профилактики инфекции назначают сульфаниламиды и антибиотики. При скоплении секрета необходимо его удаление (отсасывание) через катетер. При явлениях рефлекторного спазма показаны спазмолитики (подкожное введение атропина или эфедрина). В случаях тяжелого ларингоспазма приходится проводить трахеотомию и интубацию.

При рефлекторных расстройствах дыхания и сердечной деятельности можно использовать вдыхание так называемой противодымной смеси (хлороформа 40 мл, этилового спирта 40 мл, эфира серного 20 мл, нашатырного спирта 5 капель), которая уменьшает рефлекторную возбудимость рецепторов. Проведение искусственного дыхания показано только при остановке дыхания, так как в других случаях оно чревато опасностью развития отека легких.

При бронхите и бронхиолите показаны полный покой, длительное вдыхание кислорода, противокашлевые препараты, ингаляции кортикостероидных препаратов. С целью профилактики инфекции применяют антибактериальную терапию — комбинацию антибиотиков и сульфаниламидов. При астматических состояниях применяют бронходилататоры и спазмолитики (эуфиллин, адреналин, изадрин), антигистаминные препараты (димедрол, супрастин, пипольфен).

При токсическом отеке легких одним из основных методов патогенетической терапии является применение мочевины, обладающей мощным дегидратирующим действием на легочную ткань. Аналогичным эффектом обладают и салуретики (фуросемид), вводимые внутривенно в дозе не менее 200 мг/сут. С целью разгрузки малого круга кровообращения используют ганглиоблокаторы: арфонад, гексоний, пентамин и др., а также эуфиллин. При сниженном артериальном давлении эти препараты следует вводить внутривенно медленно (с осторожностью и обязательно в сочетании с прессорными аминами). Для снижения проницаемости сосудистой стенки используют глюкокортикоиды (преднизолон в дозе до 160—200 мг или гидрокортизон до 150—300 мг/сут), антигистаминные препараты (пипольфен), хлорид кальция, витамины группы Р и С, гипертонический раствор глюкозы. Среди методов симптоматической терапии значительное место занимает оксигенотерапия в сочетании с ингаляцией противовспенивающих средств (этиловый спирт, антифомислан), под воздействием которых отечный экссудат из пенистого состояния переходит в жидкость, что сокращает его объем и освобождает дыхательную поверхность легких для диффузии газов. Эффективны регулярные ингаляции кислорода с добавлением бронхолитиков (эфедрин), гормонов и антибиотиков. С целью снятия состояния эмоционального напряжения и двигательного беспокойства показано введение литической смеси (морфина 10 мг, аминазина 25 мг, пипольфена 25 мг) или нейроплегиков (дроперидол и др.). При нарушениях сосудистого тонуса или присоединении сердечной недостаточности назначают сосудистые средства (камфору, кофеин, кордиамин, мезатон) или сердечные гликозиды (коргликон, строфантин). Введение адреналина не показано из-за возможного усиления явлений отека. Для стимуляции дыхания подкожно вводят лобелин или цититон. С целью профилактики инфекции назначают антибиотики и сульфаниламидные препараты.

Хронические токсические поражения органов дыхания могут быть следствием длительного (10—15 и более лет) воздействия относительно малых концентраций веществ раздражающего действия либо однократной или повторных острых интоксикаций.

При *поражении верхних дыхательных путей* могут развиваться хронические риниты, фарингиты и ларингиты, но наиболее часто наблюдаются комбинированные поражения слизистой оболочки носа, глотки и гортани. Изменения слизистой оболочки могут быть катаральные, субатрофические, атрофические, реже гипертрофические. Симптоматика и клинические проявления токсических поражений верхних дыхательных путей не отличаются от таковых другой этиологии.

Хронический токсический бронхит характеризуется рецидивирующим и прогрессирующим течением; симптоматика его не отличается от таковой при хроническом бронхите иной этиологии. Однако, характеризуясь большой глубиной повреждения бронхиального дерева, токсический бронхит предрасполагает к более раннему формированию пневмосклероза. Прогрессирование пневмосклероза может происходить путем развития бронхоэктатических изменений либо нарастания легочной и сердечной недостаточности, которые, однако, могут нередко протекать одновременно.

Заболевания, вызываемые воздействием нейротропных веществ. К ядам, действующим преимущественно на нервную систему, относятся металлическая ртуть, марганец, соединения мышьяка, сероуглерод, тетраэтилсвинец, многие наркотические вещества, в том числе углеводороды предельного, непредельного и циклического ряда. Кроме того, вовлечение в патологический процесс нервной системы может наблюдаться и при интоксикации другими химическими веществами, которые вызывают нарушения функций различных органов и систем (свинец, бензол, фталатные и фосфатные пластификаторы, винилхлорид, окись углерода, диизоцианаты и многие другие химические вещества).

При острой и хронической интоксикации нейротропными ядами в патологический процесс вовлекаются различные отделы центральной и периферической нервной системы. Легкие острые отравления характеризуются неспецифическими общетоксическими проявлениями: общая слабость, головная боль, головокружение, тошнота и др. В более тяжелых случаях наблюдаются нарушения нервной системы в виде резкого возбуждения или угнетения, обморока, коллапса, коматозного состояния, судорог, психотических нарушений. Наиболее тяжелые последствия острых отравлений — токсическая кома или острый интоксикационный психоз. При хронических интоксикациях чаще отмечаются состояния вегетососудистой дистонии, астеновегетативные, астеноневротические явления полиневропатии. Что касается токсической энцефалопатии, то в настоящее время преобладают стертые формы ее, которые обозначают как астеноорганический синдром — появление на фоне токсической астении неврологических микроорганических симптомов. При энцефалопатии чаще страдают стволовые отделы мозга, в связи с чем выделяют мозжечкововестибулярный, гипоталамический, экстрапирамидный и другие синдромы.

Интоксикация марганцем встречается при добыче и переработке марганцевых руд, в сталелитейном производстве и в производстве ферросплавов, при изготовлении и применении марганецсодержащих электродов. В основе заболевания — поражение нервных клеток и сосудистой системы головного и спинного мозга, преимущественная локализация дегенеративно-дистрофического процесса в подкорковых узлах (полосатое тело). Страдают синтез и депонирование дофамина, адренергическая и холинергическая системы медиации.

В клиническом течении выделяют 3 стадии. Для I стадии характерны астения, повышенная сонливость, парестезии и тупые боли в конечностях, снижение активности, скудость жалоб, легкая гипомимия, мышечная гипотония, оживление сухожильных рефлексов, гипестезия дистального типа. Во II стадии заболевания нарастают симптомы токсической энцефалопатии: апатия, сонливость, ослабление памяти, выявляется мнестико-интеллектуальный дефект. Патогномоничны признаки экстрапирамидной недостаточности: гипомимия, брадикинезия, про- и ретропульсия, мышечная дистония. Нарастают проявления полиневропатии. Для III стадии (марганцевый паркинсонизм) характерны грубые экстрапирамидные нарушения: маскообразность лица, дизартрия, брадикинезия, спастико-паретическая, или петушиная, походка. Критика к болезни снижена, отмечаются насильственный плач, смех, значительный мнестико-интеллектуальный дефект. Дифференцировать необходимо от паркинсонизма иной этиологии. Течение заболевания хроническое прогрессирующее, органические изменения необратимы. При выявлении даже начальных симптомов интоксикации дальнейший контакт с марганцем запрещается.

Л е ч е н и е проводят в стационаре. В I стадии — инъекции витаминов B₁, B₆, С, новокаин в/в, внутрь аминалон; 2—3 курса в год антидотной терапии (кальций-динатриевая соль ЭДТА по общепринятой схеме). Во II—III стадиях и в отдаленном периоде показаны повторные курсы леводопы, мидантана, центральные холинолитики, препараты, улучшающие кровоснабжение и мозговой метаболизм. Прогноз для трудоспособности в I стадии благоприятный, во II и III — неблагоприятный; в III стадии больные часто нуждаются в уходе.

Интоксикация мышьяком возможна в химическом, кожевенном, меховом производстве, при протравливании зерна, применении пестицидов. Диффузные дистрофические изменения в центральной и периферической нервной системе более выражены в передних и боковых рогах спинного мозга, в периферических нервах. В производственных условиях встречаются только хронические формы интоксикаций — легкой, редко средней степени тяжести, протекающие в виде чувствительных (реже смешанных) форм полиневропатий. Начальная гиперестезия и гиперпатия сменяется гипестезией по полиневритическому типу. Характерны жгучая боль,

парестезии, реже слабость в конечностях, возможна гипотрофия мелких мышц, гиперкератозы, выпадение волос, белые поперечные полоски на ногтях (полоски Мееса). Возможно развитие токсического гепатита.

Л е ч е н и е см. *Профессиональные полиневропатии.* Как специфическое средство применяют унитиол (по общепринятой схеме), сульфидные ванны. При интоксикации легкой степени — лечение в амбулаторных условиях, при интоксикации средней тяжести — в условиях стационара. При трудоустройстве исключают контакт с токсическими веществами.

Интоксикация ртутью возможна при добыче ртути, производстве измерительных приборов, пестицидов. Заглатывание металлической ртути опасности не представляет.

Ртуть — тиоловый яд, блокирующий сульфгидрильные группы тканевых белков; этот механизм лежит в основе полиморфных нарушений в деятельности ЦНС. Ртуть обладает выраженным тропизмом к глубинным отделам головного мозга.

Клинически для острой интоксикации парами ртути характерны головная боль, лихорадка, понос, рвота, спустя несколько дней развиваются геморрагический синдром и язвенный стоматит.

Начальная стадия хронической интоксикации парами ртути протекает по типу вегетососудистой дистонии, неврастении (раздражительная слабость, головная боль, прерывистый сон, сонливость днем). Характерен мелкий, неритмичный тремор пальцев, тахикардия, повышенная потливость, «игра» вазомоторов, блеск глаз. Повышается функция щитовидной железы, коры надпочечников; дисфункция яичников. Выраженная интоксикация протекает по типу астеновегетативного синдрома. Нарастает головная боль, астения, беспокоят упорная бессонница, тягостные сновидения. Характерен симптом «ртутного эретизма» — робость, неуверенность в себе, при волнении — гиперемия лица, сердцебиение, потливость. Типичны выраженная сосудистая неустойчивость, кардиалгии. Возможно развитие синдрома гипоталамической дисфункции с вегетососудистыми пароксизмами. По мере прогрессирования заболевания формируется синдром энцефалопатии, нарастают психопатологические расстройства. Изменения внутренних органов носят дисрегуляторный характер (кардионеврозы, дискинезии). Часто наблюдается субфебрилитет.

Л е ч е н и е. Для выведения ртути из организма применяют унитиол (по общепринятой схеме), в/в вливания натрия тиосульфата (20 мл 30 % раствора, на курс 15—20 вливаний), сукцимер или D-пеницилламин, сероводородные ванны. В начальной стадии — амбулаторное или санаторное лечение, временный перевод (сроком на 2 мес) на работу вне контакта с ртутью. При выраженных проявлениях — стационарное лечение, перевод на другую работу.

Интоксикация сероуглеродом встречается при производстве вискозных волокон (шелка, корда, штапеля), целлофана, в химической промышленности (растворитель), в сельском хозяйстве (инсектициды). Сероуглерод вызывает ферментно-медиаторное действие; связываясь с аминокислотами, образует дитиокарбаминовые кислоты, блокирует медьсодержащие ферменты, нарушает обмен витаминов B$_6$, PP, серотонина, триптамина. Обладает выраженным тропизмом к глубинным отделам головного мозга; нарушает вегетососудистую и нейроэндокринную регуляцию.

Клиника острой интоксикации при легкой форме напоминает опьянение, носит обратимый характер. Тяжелые формы сопровождаются комой, возможен летальный исход. После выхода из комы формируется энцефалополиневрит.

Хроническая интоксикация отличается сочетанием вегетососудистых, нейроэндокринных и психопатологических расстройств с вегетосенсорной полиневропатией. В начальной стадии выявляются вегетососудистая дистония, церебральная астения, легкая вегетосенсорная полиневропатия. По мере нарастания заболевания формируется стадия органических расстройств — энцефалопатии характерно многообразие церебральных синдромов; облигатными являются гипоталамические синдромы. Характерны тактильные, элементарные и гипнагогические галлюцинации, сенестопатии, нарушение схемы тела, мнестико-интеллектуальные нарушения, депрессия. В стадии органических расстройств нередко наблюдается стойкая артериальная гипертензия, гиперлипидемия. В тяжелых случаях интоксикаций возможно развитие энцефаломиелополиневрита или паркинсонизма.

Л е ч е н и е проводят в стационаре. Показаны препараты, улучшающие метаболизм и кровоснабжение головного мозга и периферической нервной системы. Эффективно назначение витамина B$_6$, энцефабола.

При нарастании функциональных нарушений даже в начальной стадии необходим перевод на работу, исключающую контакт с сероуглеродом; при выраженных формах трудоспособность стойко снижена.

Интоксикация тетраэтилсвинцом (ТЭС) возможна при производстве ТЭС, изготовлении смесей, в автотранспортной промышленности. ТЭС непосредственно поражает все отделы головного мозга, обладает тропизмом к гипоталамическим отделам и ретикулярной формации ствола, приводит к нарушению метаболизма головного мозга.

При острых отравлениях имеется скрытый период действия от 6—8 ч до 2 сут. О симптомах и лечении см. *Тетраэтилсвинец* в главе «Острые отравления».

Клиника хронической интоксикации ТЭС и этиловой жидкостью напоминает клинику стертой острой интоксикации: на фоне упорной головной боли и бессонницы выявляются психопатологические расстройства; вегетативная триада: артериальная гипотония, брадикардия, гипотермия; ощущение «волоса во рту»; формируется энцефалопатия, психопатизация личности.

Клиника хронической интоксикации этилированным бензином характеризуется вегетососудистой дистонией (церебральной ангиодистонией), невротическими расстройствами (повы-

шенная возбудимость, беспокойный сон, устрашающие сновидения). По мере углубления интоксикации выявляются вегетосенсорная полиневропатия, микроочаговая церебральная симптоматика. Возможны приступы нарколепсии или мышечной слабости.

Л е ч е н и е неспецифическое, направленное на смягчение астенических и психовегетативных расстройств, улучшение метаболизма головного мозга. Противопоказаны соединения морфина, хлоралгидрат, бромистые препараты. Лечение выраженных психопатологических расстройств проводят в психиатрическом стационаре.

Обратное развитие процесса возможно только при легких интоксикациях, в подавляющем большинстве случаев рекомендуется перевод на другую работу; у больных энцефалопатией может наступить полная потеря трудоспособности.

Интоксикация бензинами. Характер действия — наркотический, раздражающий. Пути поступления — органы дыхания, кожа; выводится через легкие, с мочой. Острая интоксикация сопровождается головной болью, раздражением слизистых оболочек, гиперемией лица, головокружением, чувством опьянения, эйфорией. В тяжелых случаях — психомоторное возбуждение, делирий, потеря сознания (см. также *Бензин* в главе «Острые отравления»). Хронические интоксикации характеризуются астеновегетативным синдромом, невротическими расстройствами.

Л е ч е н и е — по общепринятым схемам.

Заболевания крови, вызываемые воздействием ядов. В зависимости от характера поражения выделяют четыре группы профессиональных заболеваний крови.

Первая группа характеризуется угнетением гемопоэза и реже — миелопролиферативным процессом. В основе заболевания — интоксикация бензолом и его гомологами, хлорпроизводными бензола, гексаметилендиамином, хлорорганическими пестицидами и др.; ионизирующее излучение. Поражается гемопоэз на уровне полипотентных стволовых клеток, что ведет к уменьшению их содержания в костном мозге и селезенке, а также нарушению способности этих клеток к дифференциации.

Хроническая интоксикация бензолом как наиболее типичным представителем ядов этой группы клинически протекает с преимущественным угнетением гемопоэза и поражением нервной системы, а также изменениями в других органах и системах. Легкая степень интоксикации характеризуется умеренной лейкопенией, тромбоцитопенией, ретикулоцитозом; возможны носовые кровотечения, кровоточивость десен, синяки на коже. Развивается неврастенический или астеновегетативный синдром. По мере нарастания тяжести интоксикации увеличивается выраженность геморрагического диатеза, отмечается наклонность к гипотензии, нарушение функциональной способности печени, дистрофия миокарда, появление симптомов полиневропатии, токсической энцефалопатии. В крови — нарастание лейкопении, тромбоцитопении, анемия (глубокая панцитопения); ретикулоцитоз сменяется ретикулоцитопенией; повышенная СОЭ. В стернальных пунктатах — компенсаторная активация кроветворения при легкой степени и гипоплазия — при тяжелой.

Л е ч е н и е проводят в стационаре. При легкой степени — витамины С, Р, группы В. При геморрагическом синдроме — викасол, аминокапроновая кислота, хлорид кальция. Глубокая панцитопения требует повторных гемотрансфузий в сочетании с кортикостероидными гормонами, гемостимуляторами, анаболические гормоны (неробол). Лечение других синдромов симптоматическое.

П р о г н о з благоприятный при прекращении контакта с токсическими веществами и проведении адекватной терапии. Рекомендуется рациональное трудоустройство. При снижении трудоспособности — направление на ВТЭК.

Вторая группа характеризуется развитием гипохромной гиперсидеремической сидеробластной анемии. В основе заболевания — интоксикация свинцом и его неорганическими соединениями.

Свинец — тиоловый яд, блокирующий сульфгидрильные, а также карбоксильные и аминные группы ферментов, обеспечивающих процесс биосинтеза порфиринов и гема. В результате нарушения биосинтеза гема происходит накопление в эритроцитах протопорфирина и железа, в сыворотке — негемоглобинового железа, а с мочой выделяется большое количество дельта-аминолевулиновой кислоты (АЛК) и копропорфирина (КП). Свинец оказывает также повреждающее действие непосредственно на эритроциты, сокращая продолжительность их жизни.

Клиническая картина интоксикации свинцом складывается из нескольких синдромов, ведущим из которых является поражение крови и порфиринового обмена. Начальная форма характеризуется лишь лабораторными изменениями в виде увеличения количества ретикулоцитов, базофильно-зернистых эритроцитов в крови и АЛК и КП в моче. При легкой форме наряду с нарастанием указанных сдвигов появляются признаки астеновегетативного синдрома и периферической полиневропатии. Для выраженной формы характерны не только дальнейшее нарастание изменений крови и нарушений порфиринового обмена, но и развитие анемии, кишечной колики, выраженных неврологических синдромов (астеновегетативного, полиневропатии, энцефалопатии), признаков токсического гепатита.

При свинцовой колике наблюдаются резкая схваткообразная боль в животе, стойкий запор, артериальная гипертензия, умеренный лейкоцитоз, повышение температуры тела, выделение мочи темно-красного цвета за счет гиперкопропорфиринурии. Колика всегда сопровождается выраженным анемическим синдромом.

Диагностика интоксикации основывается на данных профанамнеза, результатах клинического и лабораторного исследования. Интоксикацию свинцом необходимо дифференцировать от заболеваний крови (гипохромная железодефицитная, гемолитическая анемии, талассемия), порфирий, острого живота, поражений нервной системы и печени непрофессиональной этиологии.

Л е ч е н и е проводят в стационаре. Основным методом выделительной и патогенетической терапии является применение комплексонов: тетацин-кальция, пентацина, D-пеницилламина (по общепринятой схеме). Колика купируется введением 20 мл 10 % раствора в/в тетацин-кальция (до 2 раз в первый день лечения). При наличии полиневропатии и других синдромов лечение симптоматическое. Рекомендуется пища с высоким содержанием белка, кальция, железа, серы; в рацион вводят овощи, фрукты, соки (пектины). Показано санаторно-курортное лечение (Пятигорск, Серноводск, Мацеста).

П р о г н о з при начальной и легкой форме благоприятный. При выраженной форме необходимо исключить контакт со свинцом и другими токсическими веществами. При снижении трудоспособности — направление на ВТЭК.

Третью группу профессиональных заболеваний крови составляют гемолитические анемии. В основе заболевания — интоксикация мышьяковистым водородом, фенилгидразином, метгемоглобинообразователями (окислители, амино- и нитропроизводные бензола).

Патогенез: патологическое окисление (оксидантный гемолиз), ведущее к накоплению перекисных соединений. Это приводит к функциональным и структурным изменениям в гемоглобине, необратимым сдвигам в липидах мембран эритроцитов и ингибированию активности сульфгидрильных групп.

Клинически при легкой форме интоксикации наблюдаются слабость, головная боль, тошнота, озноб, иктеричность склер. При выраженной форме после скрытого периода (2—8 ч) наступает период прогрессирующего гемолиза, сопровождающегося нарастающей слабостью, головной болью, болью в эпигастральной области и правом предреберье, пояснице, тошнотой, рвотой, лихорадкой. В крови — снижение гемоглобина, эритроцитопения, ретикулоцитоз (до 200—300$^0/_{00}$), лейкоцитоз со сдвигом влево. В моче — гемоглобинурия, протеинурия. Моча приобретает темно-красный, иногда черный цвет. Температура тела 38—39 °С. На 2—3-и сутки появляется желтуха, нарастает билирубинемия. На 3—5-е сутки в процесс вовлекаются печень и почки. При своевременном лечении период выздоровления продолжается от 4 до 6—8 нед. При отравлении мышьяковистым водородом наблюдаются также симптомы общетоксического действия (миокардиопатия, артериальная гипотензия, полиневропатия и др.).

Л е ч е н и е. Пострадавшего удаляют из загазованного помещения и обеспечивают полный покой. Применяют антидоты: мекаптид (1 мл 40 % раствора в/м, при тяжелых формах до 2 мл, повторное введение через 6—8 ч), антарсин (1 мл 5 % раствора в/м). Наряду с указанными препаратами вводят унитиол (5 мл 5 % раствора в/м). С целью детоксикации и ликвидации симптомов печеночной и почечной недостаточности используют форсированный диурез, ощелачивание плазмы, витаминотерапию. Показано раннее проведение гемодиализа. Рекомендуются антибактериальные средства и симптоматическая терапия.

Прогноз при легких формах благоприятный, при тяжелых — возможны остаточные явления (функциональная недостаточность печени, почек, анемия), ведущие к длительному снижению трудоспособности.

Профилактика: обеспечение чистоты воздушной среды. Система сигнализации о наличии в воздухе рабочей зоны мышьяковистого водорода.

Четвертая группа характеризуется образованием патологических пигментов крови — карбоксигемоглобина (HbCO) и метгемоглобина (MtHb). В основе заболевания — интоксикация окисью углерода (CO) и метгемоглобинообразователями (амино- и нитросоединения бензола, бертолетова соль и др.).

Патогенез: соединение CO с железом гемоглобина, окисление метгемоглобинообразователями двухвалентного железа гемоглобина в трехвалентное приводит к образованию патологических пигментов — HbCO и MtHb. Вследствие этого развивается гемическая гипоксия. CO связывается также с двухвалентным железом ряда тканевых биохимических систем (миоглобин, цитохром и др.), вызывая развитие гистотоксической гипоксии. Гипоксический синдром ведет к поражению в первую очередь центральной нервной системы.

Симптомы и лечение. Острая интоксикация окисью углерода — см. *Угарный газ* в главе «Острые отравления».

Помимо типичной формы CO-интоксикации, выделяют нетипичные формы: апоплексическую (молниеносную), обморочную и эйфорическую, характеризующиеся поражением ЦНС и острой сосудистой недостаточностью. Диагностика острой интоксикации CO основана на установлении факта повышенной концентрации CO в воздухе рабочей зоны, клинических данных, увеличении содержания в крови HbCO.

Прогноз при отсутствии остаточных явлений благоприятный. При наличии стойких отдаленных последствий — направление на ВТЭК.

Профилактика: систематический контроль за концентрацией CO в воздухе помещений.

Клиническая картина острой интоксикации метгемоглобинообразователями. При легкой степени наблюдаются синюшность слизистых оболочек, ушных раковин, общая слабость, головная боль, головокружение. Сознание сохранено. В крови уровень MtHb не превышает 20 %. При средней степени увеличивается цианоз слизистых оболочек и кожи. Отмечаются головная боль, головокружение, заплетающаяся речь, нарушение ориентации, неуверенность походки. Кратковременная потеря сознания. Лабильность пульса, одышка, повышение сухожильных рефлексов, вялая реакция зрачков на свет. В крови уровень MtHb повышается до 30—50 %, определяются тельца Гейнца — Эрлиха (эритроциты с наличием в них патологических включений). Длительность этого периода 5—7 сут. Тяжелая степень проявляется резкой синюшностью кожных покровов и слизистых оболочек, сильной головной болью, головокружением, тошнотой, рвотой. Отмечаются прострация, чередующаяся с рез-

ким возбуждением, клонико-тонические судороги, непроизвольные дефекация и мочеиспускание, тахикардия, гепатомегалия. В крови уровень MtHb более 50 %, количество телец Гейнца — Эрлиха достигает 50$^{0}/_{00}$ и более.

На 5—7-е сутки развивается вторичная гемолитическая анемия, сопровождающаяся ретикулоцитозом, макроцитозом и нормобластозом. Гемоглобинурия может приводить к почечному синдрому. Отмечаются рецидивы интоксикации, обусловленные выходом яда из депо (печень, жировая ткань) и повторным образованием MtHb. Этому способствуют прием алкоголя, горячий душ. Длительность интоксикации — 12—14 дней. При средней и тяжелой формах могут наблюдаться признаки токсического поражения печени.

Хроническая интоксикация метгемоглобинообразователями характеризуется, помимо анемии регенераторного характера, поражением печени, нервной системы (астеновегетативный синдром, вегетососудистая дистония), глаз (катаракта), мочевыводящих путей (от цистита до рака мочевого пузыря). Развитие этих синдромов зависит от химической структуры яда.

Диагностика интоксикации основывается на данных санитарно-гигиенической характеристики, клинического и лабораторного исследований (MtHb, тельца Гейнца — Эрлиха).

Лечение. Оксигенотерапия. При гипокапнии кратковременное вдыхание карбогена; в/в введение 1 % раствора метиленового синего — (1—2 мл/кг в 5 % растворе глюкозы), хромосмона, 50—100 мл 30 % раствора тиосульфата натрия, 30—50 мл 40 % раствора глюкозы с аскорбиновой кислотой; в/м 600 мг витамина B$_{12}$. При очень тяжелых формах — замещение крови (не менее 4 л). По показаниям — форсированный диурез; симптоматическая терапия. Лечение хронической интоксикации симптоматическое.

Прогноз при отсутствии остаточных явлений благоприятный. При наличии стойких последствий — направление на ВТЭК.

Заболевания, вызываемые воздействием гепатотропных веществ. Среди химических веществ выделяют группу гепатотропных ядов, интоксикация которыми приводит к поражению печени. К их числу относятся хлорированные углеводороды (четыреххлористый углерод, дихлорэтан, тетрахлорэтан и др.), бензол и его производные (анилин, тринитротолуол, стирол и др.), некоторые пестициды (ртуть-, хлор- и фосфорорганические соединения). Печеночный синдром наблюдается при воздействии ряда металлов и металлоидов (свинец, мышьяк, фтор и др.), мономеров, используемых для получения полимерных материалов (нитрил акриловой кислоты, диметилформамид и др.).

Интоксикации перечисленными соединениями встречаются при их производстве или применении в качестве растворителей, исходных продуктов для изготовления ароматических соединений, органических красителей в различных отраслях промышленности, в сельском хозяйстве.

Патогенез. Химическое вещество непосредственно действует на печеночную клетку, ее эндоплазматическую сеть и мембраны эндоплазматического ретикулума гепатоцитов, что сопровождается нарушением проницаемости мембран с выходом в кровь ферментов и уменьшением синтеза белка. Имеет значение и аллергический механизм развития токсического гепатита.

Клиническая картина. По своему течению токсические гепатиты могут быть острыми и хроническими. Острое поражение печени развивается на 2—5-е сутки после интоксикации и характеризуется увеличением печени, ее болезненностью при пальпации, нарастающей желтухой. Степень выраженности этих изменений зависит от тяжести интоксикации. Характерны значительное повышение активности ферментов в сыворотке крови: аланин- и аспартатаминотрансферазы, лактатдегидрогеназы, фруктозомонофосфатальдолазы; гипербилирубинемия с преобладанием фракции билирубинглюкуронида, а также уробилирубинурия и желчные пигменты в моче. В тяжелых случаях — гипопротеинемия с гипоальбуминемией, сниженное количество β-липопротеидов и фосфолипидов в крови. Одним из признаков печеночной недостаточности является геморрагический синдром — от микрогематурии до массивных кровотечений.

В развитии и течении острых профессиональных гепатитов в отличие прежде всего от вирусного гепатита А (болезнь Боткина) отмечается ряд особенностей, имеющих дифференциально-диагностическое значение. Так, для острых токсических гепатитов характерны отсутствие спленомегалии, лейкопении, меньшая выраженность диспепсических расстройств. Кроме того, острый профессиональный гепатит протекает на фоне других клинических проявлений, характерных для той или иной интоксикации. Своевременное лечение обычно приводит к довольно быстрому выздоровлению (через 2—4 нед) с восстановлением функции печени.

Клиническая картина хронического токсического гепатита весьма скудна. Больные жалуются на снижение аппетита, горечь во рту, тупую боль в правом подреберье, усиливающуюся после острой и жирной пищи, неустойчивый стул. Боль в правом подреберье может носить приступообразный характер с иррадиацией в правую лопатку и руку. Отмечается иктеричность склер, реже желтушность кожных покровов, умеренное увеличение печени, болезненность ее при пальпации, положительные симптомы раздражения желчного пузыря. Наблюдается дискинезия желчного пузыря; умеренная гипербилирубинемия за счет увеличения фракции свободного билирубина при легких формах гепатита, а при выраженных — за счет билирубинглюкуронида или обеих его фракций; умеренное повышение активности ферментов в крови, в том числе фруктозомонофосфатальдолазы. Изменяется белковый спектр сыворотки крови за счет умеренной гипоальбуминемии и гипергаммаглобулинемии. Течение хронического токсического гепатита обычно доброкачественное, и после устранения вредного фактора возможно полное выздоровление, однако в некоторых случаях отмечается развитие цирроза печени.

Диагностика профессионального токсического гепатита осуществляется с учетом других симптомов и синдромов, характерных для той или иной интоксикации.

Лечение проводят в стационаре. При поступлении яда внутрь — промывание желудка (10—15 л воды) с последующим введением 150 мл вазелинового масла или 30—50 г солевого слабительного. В первые сутки после отравления показано сочетание методов форсированного диуреза с использованием диуретиков (мочевина, маннитол, фуросемид). При наличии симптомов интоксикации — гемодиализ или замещение крови. Липотропные средства — внутривенно капельно 30 мл 20 % раствора холина хлорида вместе с 600 мл 5 % раствора глюкозы, витамины группы В, витамин Е внутримышечно по 1 мл 4—6 раз в сутки, трасилол, контрикал, кокарбоксилаза, глутаминовая кислота, антибиотики. Симптоматическая терапия.

При хроническом токсическом поражении печени легкой степени — лечебное питание, витаминотерапия, желчегонные средства, дуоденальное зондирование. Вливание в/в глюкозы, липотропные средства (холина хлорид, метионин, липамид). Лечение в амбулаторных условиях. При выраженных формах или обострении хронического гепатита применяют сирепар, прогепар, гепалон. Лечение в стационаре. Санаторно-курортное лечение: Боржоми, Джермук, Ессентуки, Железноводск, Пятигорск, Моршин, Трускавец.

Прогноз благоприятный. Трудоспособность определяется тяжестью интоксикации, остаточными явлениями, возрастом, профессией больного и условиями труда.

Заболевания, вызываемые воздействием почечных ядов. Эту группу заболеваний составляют токсические нефропатии — поражения почек, вызванные химическими веществами: тяжелыми металлами и их соединениями (ртуть, свинец, кадмий, литий, висмут и др.), органическими растворителями (четыреххлористый углерод, дихлорэтан, этиленгликоль), гемолитическими ядами (мышьяковистый водород, фенилгидразин, метгемоглобинообразователи).

Патогенез: прямое токсическое воздействие на ткань почки и расстройство почечного кровотока на фоне нарушения общего кровообращения. Возможен и иммунологический (токсико-аллергический) механизм повреждения почек.

Клиническая картина. Поражение почек является одним из неспецифических синдромов острых и хронических интоксикаций. Однако при ряде острых интоксикаций токсическая нефропатия может играть доминирующую роль в клинической картине, а при хроническом отравлении кадмием поражение почек занимает ведущее место в клинике интоксикации. Токсическое поражение почек проявляется острой почечной недостаточностью (ОПН), хронической тубулоинтерстициальной нефропатией, острым и хроническим гломерулонефритом. При гемоглобинурийном нефрозе — одной из форм ОПН, обусловленной интоксикацией гемолитическими ядами,— наблюдаются гемоглобинурия, протеинурия, олигурия, переходящая в тяжелых случаях в анурию.

Для нефронекроза («выделительного» некроза), вызываемого соединениями тяжелых металлов, характерны выраженная олигурия, умеренная протеинурия, микрогематурия, быстро нарастающая уремия. ОПН наблюдается также при интоксикациях гликолями, хлорированными углеводородами.

Хроническая тубулоинтерстициальная нефропатия развивается при хронических интоксикациях солями тяжелых металлов и прежде всего кадмия. Кадмиевая нефропатия проявляется протеинурией с выделением низкомолекулярных белков (β₂-микроглобулинов). Возможно развитие медленно прогрессирующей анемии. Повышение в моче количества β₂-микроглобулинов служит ранним признаком интоксикации кадмием.

Л е ч е н и е. Основной принцип лечения ОПН — борьба с шоком и нарушением гемодинамики, удаление нефротоксического агента из организма (см. *Острая почечная недостаточность*). Токсическая нефропатия при хронических профессиональных интоксикациях не требует специальных лечебных мероприятий.

П р о г н о з зависит от формы токсической ОПН. В ряде случаев возможен переход ОПН в ХПН.

Одной из форм профессиональных поражений мочевыводящих путей являются доброкачественные опухоли мочевого пузыря (папилломы) с последующей трансформацией в рак (ароматические аминосоединения — бензидин, α- и β-нафтиламин).

ПРОФЕССИОНАЛЬНЫЕ ЗАБОЛЕВАНИЯ, ОБУСЛОВЛЕННЫЕ ВОЗДЕЙСТВИЕМ ПЫЛИ см. *Пневмокониозы* в главе «Болезни органов дыхания».

ПРОФЕССИОНАЛЬНЫЕ ЗАБОЛЕВАНИЯ, ОБУСЛОВЛЕННЫЕ ВОЗДЕЙСТВИЕМ ФИЗИЧЕСКИХ ФАКТОРОВ. Вибрационная болезнь обусловлена длительным (не менее 3—5 лет) воздействием вибрации в условиях производства. Вибрации делят на локальные (от ручных инструментов) и общие (от станков, оборудования, движущихся машин). Воздействие вибрации встречается во многих профессиях.

П а т о г е н е з: хроническая микротравматизация периферических вегетативных образований, периваскулярных сплетений с последующим нарушением кровоснабжения, микроциркуляции, биохимизма и трофики тканей.

К л и н и ч е с к а я к а р т и н а характеризуется сочетанием вегетососудистых, чувствительных и трофических расстройств. Наиболее характерные клинические синдромы: ангиодистонический, ангиоспастический (синдром Рейно), вегетосенсорной полиневропатии. Заболевание развивается медленно, через 5—15 лет от начала работы, связанной с вибрацией, при продолжении работы заболевание нарастает, после прекращения отмечается медленное (3—10 лет), иногда неполное выздоровление. Условно выделяют 3 степени болезни: начальные проявления (I степень), умеренно выраженные (II степень) и выраженные (III степень) проявления. Характерные жалобы: боли, парестезии, зябкость конечностей, приступы побеления или синюшно-

сти пальцев рук при охлаждении, снижение силы в руках. При нарастании заболевания присоединяются головная боль, утомляемость, нарушение сна. При воздействии общей вибрации преобладают жалобы на боль и парестезии в ногах, пояснице, головную боль, головокружения.

Объективные признаки заболевания: гипотермия, гипергидроз и отечность кистей, цианоз или бледность, пальцев, приступы «белых» пальцев, возникающие при охлаждении, реже во время работы. Сосудистые нарушения проявляются в гипотермии кистей и стоп, спазме или атонии капилляров ногтевого ложа, снижении артериального притока крови к кисти. Могут быть кардиалгии. Обязательным является повышение порогов вибрационной, болевой, температурной, реже тактильной чувствительности. Нарушение чувствительности имеет полиневритический характер. По мере нарастания заболевания выявляется сегментарная гипалгезия, гипалгезия на ногах. Отмечается болезненность мышц конечностей, уплотнение или дряблость отдельных участков.

На рентгенограммах кистей часто выявляются кистовидные просветления, мелкие островки уплотнения или остеопороз. При длительном (15—25 лет) воздействии общей вибрации часто выявляются дегенеративно-дистрофические изменения поясничного отдела позвоночника, осложненные формы поясничного остеохондроза.

Х а р а к т е р и с т и к а о с н о в н ы х с и н д р о м о в в и б р а ц и о н н о й б о л е з н и. Периферический ангиодистонический синдром (I степень): жалобы на боль и парестезии в руках, зябкость пальцев. Нерезко выраженные гипотермия, цианоз и гипергидроз кистей, спазмы и атония капилляров ногтевого ложа, умеренное повышение порогов вибрационной и болевой чувствительности, снижение кожной температуры кистей, замедленное восстановление ее после холодовой пробы. Сила, выносливость мышц не изменены.

Периферический ангиоспастический синдром (синдром Рейно) (I, II степень) является патогномоничным для воздействия выбрации. Беспокоят приступы побеления пальцев, парестезии. По мере нарастания заболевания побеление распространяется на пальцы обеих рук. Клиническая картина вне приступов побеления пальцев близка к ангиодистоническому синдрому. Преобладает капилляроспазм.

Синдром вегетосенсорной полиневропатии (II степени) характеризуется диффузными болями и парестезиями в руках, реже ногах, снижением болевой чувствительности по полиневритическому типу. Вибрационная, температурная, тактильная чувствительность снижена. Снижена сила и выносливость мышц. По мере нарастания заболевания вегетососудистые и чувствительные расстройства выявляются и на ногах. Учащаются и удлиняются по времени приступы побеления пальцев. Развиваются дистрофические нарушения в мышцах рук, плечевого пояса (миопатоз). Изменяется структура ЭМГ, замедляется скорость проведения возбуждения по двигательным волокнам локтевого нерва. Нередко выявляются астения, вазомоторная головная боль. Вибрационная болезнь III степени встречается редко, ведущим при этом является синдромом сенсомоторной полиневропатии. Обычно она сочетается с генерализованными вегетососудистыми и трофическими нарушениями, выраженной церебрастенией.

Вибрационную болезнь следует дифференцировать от синдрома Рейно иной этиологии, сирингомиелии, полиневропатий (алкогольных, диабетических, лекарственных и др.), вертеброгенной патологии нервной системы.

Л е ч е н и е. Временное или постоянное прекращение контакта с вибрацией. Эффективно сочетание медикаментозного, физиотерапевтического и рефлекторного лечения. Показаны ганглиоблокаторы — галидор, бупатол, сосудорасширяющие средства — препараты никотиновой кислоты, симпатолитики, препараты, улучшающие трофику и систему микроциркуляции: АТФ, фосфаден, компламин, трентал, курантил, инъекции витаминов группы В, инъекции гумизоля. Эффективны камерные гальванические ванны с эмульсией нафталанской нефти, электрофорез новокаина, папаина или гепарина на кисти, диатермия, УВЧ или УФО на область шейных симпатических узлов, диадинамические токи, ультразвук с гидрокортизоном, массаж, ЛФК. Показана гипербарическая оксигенация. Широко используют курортные факторы: минеральные воды (радоновые, сероводородные, йодобромные, азотные термальные), лечебные грязи.

Трудоспособность больных вибрационной болезнью I степени длительно остается сохранной; рекомендуется профилактическое лечение 1 раз в год с временным переводом (на 1—2 мес) на работу без воздействия вибрации. Больных вибрационной болезнью II и в особенности III степени необходимо переводить на работу без вибрации, охлаждения и перенапряжения рук; им назначают повторные курсы лечения. При II степени больные остаются трудоспособными в широком круге профессий. При III степени профессиональная и общая трудоспособность больных стойко снижена.

П р о ф и л а к т и к а заключается в применении так называемых вибробезопасных инструментов, соблюдении оптимальных режимов труда. Во время сменных перерывов рекомендуется самомассаж и обогрев рук (суховоздушные тепловые ванны). Показаны курсы профилактического лечения (1—2 раза в год).

Профессиональная тугоухость (кохлеарный неврит) — постепенное снижение остроты слуха, обусловленное длительным (многолетним) воздействием производственного шума (преимущественно высокочастотного). Высокая степень тугоухости встречается у кузнецов, котельщиков, рубщиков, чеканщиков, медников, авиационных мотористов. В СССР предельно допустимый уровень производственного шума — 80 дБ.

П а т о г е н е з. Вследствие хронической микротравматизации формируются нервно-сосудистые и дистрофические изменения в спиральном (кортиевом) органе и спиральном ганглии.

К л и н и ч е с к а я к а р т и н а. Жалобы на постепенно ухудшающийся слух, шум в ушах,

при этом отмечается плохая слышимость шепотной речи (при хорошем восприятии разговорной). Поражение обычно двустороннее. При осмотре отоскопическая картина не изменена. Различают три степени выраженности заболевания. Для I степени характерно легкое снижение слуха (шепот воспринимается на расстоянии до 4 м), при II степени отмечается умеренное снижение слуха (восприятие шепота до 2 м), III степень отличается значительным снижением слуха (шепот воспринимается на расстоянии до 1 м и меньше). Длительное воздействие интенсивного производственного шума при сочетании с напряженным трудом может быть фактором риска в развитии неспецифических реакций нервной и сердечно-сосудистой систем, протекающих в виде невротических расстройств, нейроциркуляторной дистонии.

П р и д и а г н о с т и к е необходимо учитывать стаж работы и интенсивность воздействующего шума, характер развития тугоухости, данные отоскопии и аудиометрии, данные предварительного и периодических медицинских осмотров. Дифференциальный диагноз следует проводить с кохлеарными невритами иной этиологии, с отосклерозом.

Л е ч е н и е направлено на улучшение функционального состояния рецепторов лабиринта. Назначают препараты, улучшающие мозговую гемодинамику (стугерон, кавинтон, компламин, продектин, трентал), препараты, улучшающие клеточный и тканевый метаболизм (витамины B_1, B_6, B_{15}, А, Е; АТФ), биостимуляторы (экстракт алоэ, ФиБС, гумизоль, апилак). Для улучшения проводимости нервных импульсов назначают дибазол, галантамин, прозерин; холинолитики (атропин, платифиллин). Шум в ушах уменьшается при приеме беллоида, беллатаминала. Назначают эндоауральный электрофорез раствора никотиновой кислоты, галантамина, прозерина; рекомендуется иглотерапия. Противопоказаны препараты ототоксического действия (стрептомицин, мономицин, гентамицин и др.).

При I и II степени снижения слуха трудоспособность остается сохранной; рекомендуются курсы амбулаторного лечения. При значительном снижении слуха (III степень) и при II степени у лиц, работа которых требует хорошего слуха (например, испытатели авиационных моторов), рекомендуется перевод на работу без воздействия интенсивного шума, рациональное трудоустройство.

П р о ф и л а к т и к а. Применение противошумных вкладышей, наушников, шлемов.

Заболевания, вызываемые воздействием неионизирующих излучений. К неионизирующим излучениям относятся электромагнитные излучения (ЭМИ) диапазона радиочастот, постоянные и переменные магнитные поля (ПМП и ПеМП), электромагнитные поля промышленной частоты (ЭМППЧ), электростатические поля (ЭСП), лазерное излучение (ЛИ). Нередко действию неионизирующего излучения сопутствуют другие производственные факторы, способствующие развитию заболевания (шум, высокая температура, химические вещества, эмоционально-психическое напряжение, световые вспышки, напряжение зрения).

Клиническая картина. Острое воздействие встречается в исключительно редких случаях грубого нарушения техники безопасности у лиц, обслуживающих мощные генераторы или лазерные установки. Интенсивное ЭМИ вызывает раньше всего тепловой эффект. Больные жалуются на недомогание, боль в конечностях, мышечную слабость, повышение температуры тела, головную боль, покраснение лица, потливость, жажду, нарушение сердечной деятельности. Могут наблюдаться диэнцефальные расстройства в виде приступов тахикардии, дрожи, приступообразной головной боли, рвоты.

При остром воздействии лазерного излучения степень поражения глаз и кожи (критических органов) зависит от интенсивности и спектра излучения. Лазерный луч может вызвать помутнение роговой оболочки, ожог радужки, хрусталика с последующим развитием катаракты. Ожог сетчатки ведет к образованию рубца, что сопровождается снижением остроты зрения. Перечисленные поражения глаз лазерным излучением не имеют специфических черт.

Поражения кожи лазерным пучком зависят от параметров излучения и носят самый разнообразный характер: от функциональных сдвигов в активности внутрикожных ферментов или легкой эритемы в месте облучения до ожогов, напоминающих электрокоагуляционные ожоги при поражении электротоком, или разрыва кожных покровов.

В условиях современного производства профессиональные заболевания, вызываемые воздействием неионизирующих излучений, относятся к хроническим.

Ведущее место в клинической картине заболевания занимают функциональные изменения центральной нервной системы, особенно ее вегетативных отделов, и сердечно-сосудистой системы. Выделяют три основных синдрома: астенический, астеновегетативный (или синдром нейроциркуляторной дистонии гипертонического типа) и гипоталамический.

Больные жалуются на головную боль, повышенную утомляемость, общую слабость, раздражительность, вспыльчивость, снижение работоспособности, нарушение сна, боли в области сердца. Характерны артериальная гипотензия и брадикардия. В более выраженных случаях присоединяются вегетативные нарушения, связанные с повышенной возбудимостью симпатического отдела вегетативной нервной системы и проявляющиеся сосудистой неустойчивостью с гипертензивными ангиоспатическими реакциями (неустойчивость артериального давления, лабильность пульса, бради- и тахикардия, общий и локальный гипергидроз). Возможно формирование различных фобий, ипохондрических реакций. В отдельных случаях развивается гипоталамический (диэнцефальный) синдром, характеризующийся так называемыми симпатико-адреналовыми кризами.

Клинически обнаруживается повышение сухожильных и периостальных рефлексов, тремор пальцев, положительный симптом Ромберга, угнетение или усиление дермографизма, дистальная гипестезия, акроцианоз, снижение кожной температуры. При действии ПМП может развиться полиневрит, при воздействии электромагнитных полей СВЧ — катаракта.

Изменения в периферической крови неспецифичны. Отмечается наклонность к цитопении, иногда умеренный лейкоцитоз, лимфоцитоз, уменьшенная СОЭ. Может наблюдаться повышение содержания гемоглобина, эритроцитоз, ретикулоцитоз, лейкоцитоз (ЭППЧ и ЭСП); снижение гемоглобина (при лазерном излучении).

Диагностика поражений от хронического воздействия неионизирующего излучения затруднена. Она должна базироваться на подробном изучении условий труда, анализе динамики процесса, всестороннем обследовании больного.

Лечение симптоматическое.

Прогноз благоприятный. При снижении трудоспособности — рациональное трудоустройство, возможно направление на ВТЭК.

Профилактика: совершенствование технологии, соблюдение санитарных правил, техники безопасности.

Заболевания, связанные с работой в условиях повышенного атмосферного давления. В производственных условиях воздействию повышенного атмосферного давления человек подвергается при водолазных спусках, кессонных работах, в подводных домах, при работе в компрессионных барокамерах. Выделяют три группы профессиональных заболеваний: первая связана с воздействием на организм перепадов общего давления (декомпрессионная, или кессонная, болезнь, баротравма легких, уха); вторая обусловлена изменением парциального давления газов (наркотическое действие индифферентных газов, кислородное отравление); третья — неспецифические поражения, связанные с особенностями труда человека в воде и с другими причинами (охлаждение, перегрев, отравление различными веществами).

Декомпрессионная болезнь связана с недостаточно медленной декомпрессией, в результате чего не происходит освобождения жидких сред организма от инертных газов (азот, гелий и др.); это приводит к образованию свободных газовых пузырьков в тканях и жидких средах, нарушению обменных процессов и аэроэмболии. При легкой форме первые симптомы возникают через 2—4 и даже через 12—24 ч и более после декомпрессии. Наблюдаются кожный зуд, сыпь на коже, мышечная и суставная боль, общее недомогание, учащение пульса и дыхания. Тяжелая форма, развившаяся в период декомпрессии или в первые минуты после ее окончания, характеризуется резкой болью в суставах, мышцах и костях, чувством стеснения и болью в груди, параличами конечностей, нарушением кровообращения и дыхания, потерей сознания.

По основным клиническим признакам различают суставную, вестибулярную, неврологическую и легочную формы заболевания. Повторное перенесение легких форм декомпрессионных повреждений может приводить к формированию хронических поражений в виде некротических очагов, инфарктов, абсцессов и других нарушений в различных органах.

Л е ч е н и е. Проведение лечебной рекомпрессии, до начала которой рекомендуется непрерывная ингаляция кислорода. Лекарственная терапия — по показаниям.

Баротравма легких характеризуется разрывом легочной ткани, попаданием газа в кровоток и развитием газовой эмболии. Возможно развитие пневмоторакса, проникновение газов в клетчатку средостения и брюшную полость. При тяжелых поражениях — плевропульмональный шок. Клинически — боль в грудной клетке, выделение кровавой пены изо рта, кровохарканье, кашель, одышка, тахикардия, нарушение речи, судороги.

Л е ч е н и е. Проведение лечебной рекомпрессии с максимально допустимой скоростью повышения давления. Удаление воздуха из плевральной полости, анальгезирующие смеси, сердечные средства.

Баротравма среднего уха выражается в изменении барабанной перепонки — от гиперемии до разрыва. Возникает ощущение надавливания на уши, их заложенности, появляются колющие, порой нестерпимые боли, иррадиирующие в височную область, в щеку. Боль в ушах, глухота и ощущение шума могут продолжаться в течение многих часов даже после прекращения давления.

Л е ч е н и е. Туалет наружного слухового прохода, анальгетики, местное тепло, закапывание в нос раствора эфедрина, антибиотиков.

Наркотическое действие индифферентных газов. При погружении водолазов на глубину свыше 40 м с использованием для дыхания сжатого воздуха может наступить так называемый азотный наркоз (состояние, сходное с алкогольным опьянением), обусловленный, вероятно, высоким парциальным давлением азота и накоплением углекислого газа в организме.

Первая помощь при начальных признаках наркотического действия азота — прекращение работ под давлением и проведение декомпрессии.

Отравление кислородом может протекать в двух формах. При легочной форме отмечаются одышка, кашель, сильная боль в грудной клетке при вдохе, жесткое дыхание, сухие и влажные хрипы, воспаление и отек легких, дыхательная недостаточность. При поражении центральной нервной системы наблюдаются понижение чувствительности и онемение кончиков пальцев рук и ног, сонливость, апатия, слуховые галлюцинации, нарушение зрения. Возможны судороги по типу эпилептического приступа.

Л е ч е б н ы е м е р о п р и я т и я сводятся к подъему пострадавшего, переключению на дыхание воздухом; покой, тепло, симптоматическая терапия (противосудорожные и антибактериальные препараты).

П р о г н о з при легких формах благоприятный. Выраженные формы и стойкие нарушения центральной нервной системы, хронические заболевания костно-суставной системы, а также сердца и сосудов приводят к снижению и даже потере трудоспособности.

П р о ф и л а к т и к а: строгое соблюдение требований безопасности труда водолазов, кессонщиков и представителей других профессий, связанных с работой в условиях повышенного барометрического давления; медицинский отбор и переосвидетельствование водолазов в соответствии с инструктивно-методическими указаниями Минздрава СССР.

При подъеме на высоту может развиться патологическое состояние, называемое **горной, или высотной, болезнью.** Ее формирование обусловлено в основном недостатком кислорода. Первыми признаками болезни являются головокружение, общая слабость, сонливость, нарушение зрения, координации движений, тошнота, рвота. Наблюдаются носовые кровотечения, тахикардия, тахипноэ. Продолжительность периода адаптации определяется высотой. Для полной адаптации требуется 1—2 мес. Однако на высоте 3—4 км даже при полной адаптации выполнение тяжелых физических работ вызывает затруднение.

Л е ч е н и е. Вдыхание кислорода или смеси его с воздухом.

П р о ф и л а к т и к а. Правильный профессиональный отбор. Постепенная тренировка к кислородному голоданию, соблюдение установленных инструкций. Обильное употребление подкисленной и витаминизированной жидкости.

Заболевания, вызываемые воздействием микроклимата горячих цехов. К числу предприятий, характеризующихся высокой температурой воздуха, относятся горячие цехи на металлургических, машиностроительных и химических, стекольных и других заводах. В результате длительного поступления большого количества тепла в организм наступает нарушение терморегуляции так называемое тепловое поражение.

П а т о г е н е з тепловых поражений включает: вегетативно-эндокринные нарушения, нарушения обмена веществ с образованием токсических продуктов и нарушение водно-солевого обмена — обезвоживание и гипохлоремия.

Выделяют три вида тепловых поражений: острые, подострые и хронические. Острые поражения легкой степени характеризуются общей слабостью, вялостью, сонливостью, головной болью, тошнотой, учащением дыхания и пульса, субфебрильной температурой; кожа влажная и прохладная на ощупь. При средней тяжести, помимо отмеченных жалоб, наблюдается кратковременная потеря сознания. Кожа гиперемирована, влажная. Пульс и дыхание учащены, температура тела достигает 40—41 °C. Тяжелая степень развивается постепенно или внезапно: отмечаются потеря сознания или психомоторное возбуждение, тошнота, рвота, судороги, непроизвольные дефекация и мочеиспускание, парезы, параличи, коматозное состояние; иногда — остановка дыхания. Кожа гиперемирована, влажная (липкий пот), горячая. Температура тела 42 °C и выше; тахикардия (120—140 в 1 мин), тахипноэ (30—40 в 1 мин); гипотензия, коллапс.

Подострые тепловые поражения, возникающие при длительном пребывании в условиях высокой внешней температуры без нарушений процессов терморегуляции в организме, проявляются в дегидратационной, судорожной и смешанной формах. Для первой характерны неустойчивость температуры, общая слабость, разбитость, головная боль, головокружение, потливость, одышка, тахикардия, олигурия, обморочные состояния, рвота. Характерным признаком второй формы является судорожный синдром (периодически возникающие болезненные судороги различных групп мышц, чаще ног, лица, иногда переходящие в общие судороги). Чаще наблюдается смешанная форма. В тяжелых случаях находят: запавшие глаза, окруженные темными кругами, ввалившиеся щеки, заостренный нос, цианотичные губы. Кожа бледная, сухая, холодная на ощупь. Тахикардия. Гипотензия. В крови — эритроцитоз, лейкоцитоз, повышенное количество гемоглобина, гипохлоремия. Олигурия, гипохлорурия.

Для хронического теплового поражения характерны следующие синдромы или их сочетания: неврастенический (с дистонией вегетативной нервной системы); анемический (с умеренным уменьшением количества эритроцитов, лейкоцитов, гемоглобина и ретикулоцитозом); сердечно-сосудистый (тахикардия, лабильность пульса, одышка, понижение максимального артериального давления, на ЭКГ — признаки дистрофии миокарда); желудочно-кишечный (диспепсические нарушения, тупые боли в подложечной области после еды; гастриты, энтериты, колиты).

Л е ч е н и е. Гидропроцедуры. В легких случаях — теплый душ (26—27 °C) в течение 5—8 мин; при выраженных формах — ванны (29 °C) в течение 7—8 мин с последующим душем (26 °C). При отсутствии душа и ванн — влажные обертывания в течение 10—15 мин, холод на голову, обильное питье до полного утоления жажды. Полный покой. Внутривенное введение изотонического раствора хлорида натрия, глюкозы, плазмы. Оксигенотерапия. Симптоматическое лечение.

П р о г н о з благоприятный при отсутствии остаточных явлений в виде нарушений функций нервной системы (парезы, параличи, мнестико-интеллектуальные расстройства и др.).

П р о ф и л а к т и к а: мероприятия санитарно-технического характера, направленные на улучшение условий микроклимата в горячих цехах, рациональный режим труда и отдыха; средства индивидуальной защиты, питьевой и пищевой режим.

ПРОФЕССИОНАЛЬНЫЕ ЗАБОЛЕВАНИЯ, ОБУСЛОВЛЕННЫЕ ПЕРЕНАПРЯЖЕНИЕМ ОТДЕЛЬНЫХ ОРГАНОВ И СИСТЕМ. Заболевания опорно-двигательного аппарата часто встречаются при работе в таких отраслях промышленности, как строительная, горнорудная, машиностроительная и др., а также в сельском хозяйстве. Они обусловлены хроническим функциональным перенапряжением, микротравматизацией, выполнением быстрых однотипных движений. Наиболее часто встречаются заболевания мышц, связок и суставов верхних конечностей: миозиты, крепитирующий тендовагинит предплечья, стенозирующий лигаментит (стенозирующий тендовагинит), эпикондилит плеча,

бурситы, деформирующие остеоартрозы, периартроз плечевого сустава, остеохондроз позвоночника (дискогенные пояснично-крестцовые радикулиты). Заболевания развиваются подостро, имеют рецидивирующее или хроническое течение.

Миозиты, крепитирующие тендовагиниты (чаще правого предплечья) встречаются у гладильщиц, полировщиков, шлифовщиков, плотников, кузнецов и др. Протекают подостро (2—3 нед). Боль в предплечье жгучая, усиливается во время работы, мышца и место ее прикрепления болезненны, отмечается отечность, крепитация.

Стенозирующие лигаментиты (стилоидит, синдром запястного канала, защелкивающийся палец) часто встречаются у полировщиков, маляров, штукатуров, каменщиков, портных и др. В этих профессиях хроническая микротравматизация кисти приводит к рубцовому сморщиванию связок, сдавлению нервно-сосудистого пучка и в результате этого — к нарушению функции руки.

Стилоидит характеризуется болью и припухлостью в области шиловидного отростка лучевой кости, во время работы боль усиливается и иррадиирует в кисть и предплечье. Резко болезненно отведение большого пальца. На рентгенограмме кисти — деформация или периостит шиловидного отростка.

Синдром запястного канала характеризуется уплотнением поперечной связки и сужением канала запястья. При этом происходит сдавление срединного нерва, сухожилий сгибателей и сосудов кисти. Характерны ночные парестезии и боль в кистях, усиление парестезий при давлении на плечо, на поперечную связку, при поднятии руки вверх (в положении лежа). Выявляется гипестезия кончиков II—III пальцев, атрофия проксимальной части тенара, нарушение противопоставления большого пальца.

Защелкивающийся палец возникает вследствие длительной травматизации ладони на уровне пястно-фаланговых суставов. При этом происходит уплотнение кольцевидных связок, затруднение свободного скольжения сгибателей пальцев (палец при сгибании внезапно «защелкивается», разгибание затруднено, болезненно). При нарастании процесса разгибание возможно только с помощью другой руки, при дальнейшем ухудшении может развиться сгибательная контрактура.

Бурситы развиваются медленно (5—15 лет) при длительной травматизации сустава. Локтевой бурсит часто наблюдается у чеканщиков, граверов, сапожников; препателлярный — у шахтеров, плиточников, паркетчиков. Бурситы характеризуются флюктуирующей болезненной припухлостью в области сустава: в суставной сумке накапливается выпот. Движения в суставе не ограничены, но болезненны.

Эпикондилит плеча (чаще наружный) встречается в профессиях, труд которых требует длительной напряженной супинации и пронации предплечья (кузнецы, гладильщики, каменщики, штукатуры и др.). Характеризуется постепенно нарастающей болью в области наружного надмыщелка; во время работы боль усиливается, распространяясь по всей руке. Постепенно нарастает слабость в руке. Характерны боль при давлении на надмыщелок и симптом Томсена (резкая боль в области надмыщелка при напряженной экстензии кисти). На рентгенограмме выявляются краевая резорбция или параоссальные уплотнения в области надмыщелка.

Деформирующий остеоартроз суставов кисти часто встречается при травматизации кисти (сапожники, плотники, сколотчики ящиков). Крупные суставы чаще поражаются у лиц, выполняющих тяжелую физическую работу (шахтеры, кузнецы, волочильщики, каменщики). Клиническая картина близка к остеоартрозам непрофессионального характера.

Периартроз плечевого сустава — дегенеративно-дистрофические изменения (с элементами реактивного воспаления) мягких околосуставных тканей плеча. Встречается при постоянной травматизации периартикулярных тканей вследствие резких движений в плечевом суставе (маляры, штукатуры, волочильщики и др.). Клиническая картина идентична периартрозу плечевого сустава непрофессиональной этиологии.

Остеохондроз позвоночника — полиэтиологическое заболевание, обусловленное дегенеративно-дистрофическим поражением межпозвонковых дисков и других тканей позвоночника. Чаще встречается остеохондроз поясничного отдела у представителей профессий, связанных с тяжелым физическим трудом (горнорабочие, металлурги, обрубщики, лесорубы, трактористы, экскаваторщики, бульдозеристы). При этом перенапряжение и микротравматизация позвоночника часто сочетаются с неудобной позой, охлаждением, вибрацией. Сочетание неблагоприятных факторов может быть причиной развития в сравнительно молодом возрасте осложненных форм остеохондроза (рецидивирующие люмбаго, дискогенные радикулиты).

Д и а г н о з. Установление связи перечисленных заболеваний опорно-двигательного аппарата с профессией требует тщательного анализа производственных условий, исключения других причин. Существенное значение имеет связь начала обострений с перенапряжением определенных групп мышц, с выполнением определенных операций. Установление связи осложненных форм остеохондроза с профессией основывается на учете длительности работы (не менее 10 лет), связанной с большой нагрузкой на позвоночник в «вынужденной» позе, охлаждением, воздействием вибрации.

Л е ч е н и е проводят по общепринятым схемам. Широко назначают физиотерапевтические процедуры, нестероидные противовоспалительные препараты, блокады, массаж, ЛФК, акупунктуру. На время лечения рекомендуется перевод в облегченные условия труда.

Вопросы трудоспособности решаются с учетом степени выраженности заболевания, частоты рецидивов, эффекта от проводимого лечения, сохранности функции, возможности рационального трудоустройства. В случае стойкого снижения трудоспособности больных направляют на ВТЭК.

Профессиональные дискинезии (координаторные неврозы) встречаются среди профессий, работа которых требует быстрых движений, точной координации, нервно-эмоционального напряжения (музыканты, телеграфисты, машинистки).

П а т о г е н е з: нарушение координированной рефлекторной деятельности двигательного анализатора.

Профессиональные дискинезии относятся к функциональным заболеваниям. Наиболее частые формы: писчий спазм, дискинезия руки музыканта; у лиц, играющих на духовых инструментах, может развиться дискинезия губ. Характерным является избирательное поражение функции рабочей руки: нарушается профессиональный навык (письмо, игра на музыкальном инструменте), но другие функции руки остаются сохраненными. Развивается дискинезия медленно, вначале беспокоит ощущение усталости в руке, слабость, дрожание или неловкость. Затем во время игры (письма) в отдельных пальцах появляется слабость (паретическая форма дискинезии) или судорожное сокращение (судорожная форма). Попытка «приспособиться», изменить положение руки (пальцев) лишь усугубляет дефект. Нередко дискинезия сочетается с миозитами, явлениями неврастении.

Диагноз ставят с учетом характерных расстройств координации движения, учитывают характер выполняемой работы. Дифференцировать следует от истерических парезов (или судороги) руки, дискинезий органического характера (при торсионной дистонии, дрожательном параличе, гепатолентикулярной дегенерации). Дискинезия может быть симптомом шейного остеохондроза, туберкулеза шейных позвонков, краниовертебральной опухоли.

Л е ч е н и е проводят при условии временного (2 мес) перерыва в игре (письме) с одновременным лечением невротических расстройств. Показаны массаж, ЛФК, акупунктура; устранение триггерных зон, электросон, психотерапия, аутотренинг. Профессиональный прогноз неблагоприятный. Больные остаются трудоспособными в широком круге профессий (музыкантам-исполнителям рекомендуют преподавательскую деятельность, при необходимости длительного письма — обучение машинописи).

П р о ф и л а к т и к а дискинезий предусматривает общегигиенические меры (соблюдение режима труда и отдыха), своевременное лечение невротических расстройств, оздоровительные мероприятия.

Профессиональные полиневропатии (вегетативные, вегетативно-сенсорные) — распространенная группа заболеваний, встречающихся при воздействии вибрации, интоксикациях свинцом, сероуглеродом, мышьяком, функциональном перетруживании рук (микротравматизация, давление), охлаждении — местном и общем (рыбаки, рыбообработчики, рабочие мясокомбинатов и холодильников, лесорубы, сплавщики леса).

П а т о г е н е з: поражение вегетативных и чувствительных (реже двигательных) волокон периферических нервов, реже корешков; нарушение микроциркуляции и биохимизма тканей вследствие хронического воздействия неблагоприятных производственных факторов.

К л и н и ч е с к а я к а р т и н а. Жалобы на тупые боли и парестезии в руках (при общем охлаждении — и в ногах), «зябкость» конечностей. Эти ощущения больше беспокоят в ночное время. Симптомы: отечность, цианоз и гипотермия пальцев или всей кисти, гипергидроз ладоней, пальцев. Трофические расстройства: сухость кожи, трещины на концевых фалангах, ломкость ногтей. Снижение болевой и температурной чувствительности в виде перчаток и носков. Резкое снижение температурной чувствительности характерно для холодовых полиневритов (холодовые полиневриты широко известны как нейроваскулиты, ангиотрофоневрозы). В выраженных случаях полиневропатий нарастают боли и слабость в конечностях, присоединяются гипотрофии (атрофии) мелких мышц, снижается сила и функция конечности. Нарастает отечность кистей, формируется сгибательная контрактура пальцев. Присоединяются стойкие болевые, нередко корешковые синдромы. Нарастают чувствительные расстройства. Значительно снижается интенсивность пульсового кровенаполнения, затрудняется тканевый кровоток; выявляются аневризмы или запустение капилляров.

Д и а г н о з должен опираться на подтвержденные данные о хроническом воздействии неблагоприятных производственных факторов. Заболевание следует дифференцировать от других форм полиневропатий (инфекционных, алкогольных, медикаментозных и др.).

Л е ч е н и е проводят по общепринятым принципам и схемам. В целях улучшения гемодинамики и микроциркуляции назначают гали-дор, препараты никотиновой кислоты, трентал. Для улучшения трофики: витамины B_1, B_6, B_{12}, фосфаден, АТФ, инъекции гумизоля, электрофорез новокаина, камерные гальванические ванны, радоновые или сероводородные ванны, массаж, ЛФК. Этиологическое лечение предусматривает прекращение или ослабление воздействия вредного фактора.

Вопросы трудоспособности решаются в зависимости от степени выраженности заболевания. Трудоспособность длительно остается сохранной. В начальном периоде рекомендуется временный перевод (1—2 мес) на работу без воздействия вредного фактора, амбулаторное лечение. В случае стойкого болевого синдрома, нарастания чувствительных и трофических расстройств рекомендуется стационарное лечение, последующее рациональное трудоустройство. При ограничении профессиональной трудоспособности — направление на ВТЭК.

П р о ф и л а к т и к а. Помимо гигиенических мер (использование утепленных перчаток, обуви), имеют значение оздоровительные мероприятия (самомассаж, гимнастика, суховоздушные тепловые ванны для рук в период сменных перерывов), профилактические курсы лечения в заводских профилакториях.

ЗАБОЛЕВАНИЯ, ОБУСЛОВЛЕННЫЕ ВОЗДЕЙСТВИЕМ БИОЛОГИЧЕСКИХ ФАКТОРОВ см. *Инфекционные болезни.*

О профессиональных аллергических заболеваниях см. в главах «Ревматические болезни», «Болезни органов дыхания», «Кожные и венерические болезни» и др. О профессиональных онкологических заболеваниях см. в главе «Лечение опухолевых заболеваний».

Глава 16

ОСТРЫЕ ОТРАВЛЕНИЯ

ПРИНЦИПЫ ОКАЗАНИЯ НЕОТЛОЖНОЙ ПОМОЩИ

Неотложная помощь при острых экзогенных отравлениях заключается в сочетанном проведении следующих лечебных мероприятий: ускоренном выведении токсических веществ из организма (методы активной детоксикации); срочном применении специфической (антидотной) терапии, благоприятно изменяющей метаболизм токсического вещества в организме или уменьшающей его токсичность; симптоматической терапии, направленной на защиту и поддержание той функции организма, которая преимущественно поражается данным токсическим веществом.

На месте происшествия необходимо установить причину отравления, вид токсического вещества, его количество и путь поступления в организм, по возможности узнать время отравления, концентрацию токсического вещества в растворе или дозировку в лекарственных препаратах. Эти сведения работники скорой помощи должны сообщить врачу стационара.

Следует учитывать, что поступление токсического вещества в организм возможно не только через рот (пероральные отравления), но и через дыхательные пути (ингаляционные отравления), через незащищенные кожные покровы (перкутанные отравления), после инъекций токсических доз лекарственных препаратов (инъекционные отравления) или при введении токсических веществ в различные полости организма (прямую кишку, влагалище, наружный слуховой проход и пр.).

Диагностика острого отравления основана на определении вида вызвавшего заболевание химического препарата по клиническим проявлениям «избирательной токсичности» и последующей его идентификации методами лабораторного химико-токсикологического анализа.

Все пострадавшие с клиническими признаками острых отравлений подлежат срочной госпитализации в специализированные центры по лечению отравлений или больницы скорой помощи.

Методы активной детоксикации организма. При отравлениях токсическими веществами, принятыми внутрь, обязательным и экстренным мероприятием является *промывание желудка через зонд*. Для промывания желудка используют 12—15 л воды комнатной температуры (18—20 °C) порциями по 300—500 мл. При тяжелой интоксикации у больных, находящихся в бессознательном состоянии (отравления снотворными препаратами, фосфорорганическими инсектицидами и пр.), желудок промывают повторно 2—3 раза в первые сутки после отравления, так как в связи с резким замедлением резорбции в состоянии глубокой комы в пищеварительном тракте может депонироваться значительное количество невсосавшегося токсического вещества. По окончании промывания в желудок вводят 100—150 мл 30 % раствора сульфата натрия или вазелинового масла в качестве слабительного средства. Для адсорбции находящихся в пищеварительном тракте токсических веществ применяют активированный уголь с водой (в виде кашицы по одной столовой ложке внутрь до и после промывания желудка) или 5—6 таблеток карболена.

В коматозном состоянии больного при отсутствии кашлевого и гортанного рефлексов с целью предотвращения аспирации рвотных масс в дыхательные пути желудок промывают после предварительной интубации трахеи трубкой с раздувной манжеткой. Назначение рвотных средств (апоморфин) и вызывание рвоты раздражением задней стенки глотки противопоказано у больных раннего детского возраста (до 5 лет), в сопорозном или бессознательном состоянии, а также у лиц, отравившихся прижигающими ядами.

При укусах змей, подкожном или внутримышечном введении токсических доз лекарственных средств местно применяют холод на 6—8 ч. Показаны также введение в место инъекций 0,3 мл 0,1 % раствора адреналина и циркулярная новокаиновая блокада конечности выше участка попадания токсинов. Наложение жгута на конечность противопоказано.

При ингаляционных отравлениях следует прежде всего вынести пострадавшего на чистый воздух, уложить, обеспечить проходимость дыхательных путей, освободить от стесняющей одежды, дать ингаляцию кислорода. Лечение проводят в зависимости от вида вызвавшего отравление вещества. Персонал, работающий в зоне поражения, должен иметь средства защиты (изолирующий противогаз).

При попадании токсических веществ на кожу необходимо обмывание кожных покровов проточной водой.

При введении токсических веществ в полости (в прямую кишку, влагалище, мочевой пузырь) следует провести их промывание с помощью клизм, спринцевания и т. д.

Основным способом консервативного лечения отравлений служит метод *форсированного диуреза*, основанный на применении осмотических диуретиков (мочевина, маннитол) или салуретиков (фуросемид или лазикс), и показанный при большинстве интоксикаций, когда выведение токсических веществ осуществляется преимущественно почками. Метод включает три последовательных этапа: водную нагрузку, внутривенное введение диуретика и заместительную инфузию растворов электролитов. Предварительно компенсируют развивающуюся при тяжелых отравлениях гиповолемию внутривенными введениями плазмозамещающих растворов (полиглюкин, гемодез) и 5 % раствора глюкозы в объеме 1—1,5 л. Одновременно определяют концентрацию токсического вещества в крови и моче, уровень электролитов, гематокрит. Больным вводят постоянный мочевой катетер для измерения почасового диуреза.

Мочевину в виде 30 % раствора или 15 % раствор маннитола вводят в/в струйно в течение 10—15 мин в дозе 1 г/кг. По окончании введения осмотического диуретика продолжают водную нагрузку раствором электролитов, содержащим 4,5 г хлорида калия, 6 г хлорида натрия и 10 г глюкозы на 1 л раствора. Скорость внутривенного введения растворов должна соответствовать скорости диуреза (800—1200 мл/ч). Этот цикл при необходимости повторяют через 4—5 ч до полного удаления ядовитого вещества из кровеносного русла и восстановления осмотического равновесия организма. Фуросемид (лазикс) вводят внутривенно в дозе 80—200 мг. Следует учитывать, что при повторном его применении возможны значительные потери электролитов (особенно калия); поэтому в процессе и по окончании лечения методом форсированного диуреза необходимы контроль за содержанием электролитов (калий, натрий, кальций) в крови и гематокритом с последующей компенсацией обнаруженных нарушений водно-электролитного равновесия.

При лечении острых отравлений барбитуратами, салицилатами и другими химическими препаратами, растворы которых имеют кислую реакцию (pH ниже 7,0), а также при отравлениях гемолитическими ядами показано ощелачивание крови в сочетании с водной нагрузкой. С этой целью в/в капельно вводят 500—1500 мл/сут 4 % раствора гидрокарбоната натрия с одновременным контролем кислотно-основного состояния для поддержания постоянной щелочной реакции мочи (pH более 8,0). Использование форсированного диуреза позволяет в 5—10 раз ускорить выведение токсических веществ из организма.

Метод форсированного диуреза не применяют при интоксикациях, осложненных острой сердечно-сосудистой недостаточностью (стойкий коллапс), застойной сердечной недостаточности, нарушении функции почек с олигурией, азотемией.

У больных старше 50 лет эффективность форсированного диуреза заметно снижена.

Плазмаферез является одним из наиболее простых и действенных средств детоксикации. Его производят с помощью либо центрифуг, либо специальных сепараторов. Обычно удаляют около 1,5 л плазмы, заменяя ее солевыми растворами. При развитии синдрома диссеминированного внутрисосудистого свертывания удаляемую плазму необходимо замещать и свежезамороженной плазмой в количестве 0,5—1 л (не менее).

Гемодиализ с использованием аппарата искусственная почка является эффективным методом лечения отравлений диализирующимися токсическими веществами, способными проникать через полупроницаемую мембрану диализатора. Метод применяют как мероприятие неотложной помощи в раннем токсикогенном периоде отравлений, когда яд определяют в крови, с целью его ускоренного выведения из организма. По скорости очищения крови от ядов (клиренсу) гемодиализ в 5—6 раз превосходит метод форсированного диуреза. В плановом порядке гемодиализ широко используют при лечении острой почечной недостаточности, возникшей под действием различных нефротоксических ядов. Противопоказанием к применению гемодиализа является острая сердечно-сосудистая недостаточность (коллапс, некомпенсированный токсический шок). Операцию гемодиализа проводят в отделениях «искусственная почка» или специализированных центрах лечения отравлений.

Перитонеальный диализ используют для ускоренного выведения токсических веществ, обладающих способностью депонироваться в жировых тканях или прочно связываться с белками плазмы. Выполнение операции перитонеального диализа возможно в условиях любого хирургического стационара. При острых отравлениях перитонеальный диализ проводят прерывистым методом после вшивания в брюшную стенку специальной фистулы, через которую посредством полиэтиленового катетера в брюшную полость вводят диализирующую жидкость следующего состава: хлорид натрия — 8,3 г, хлорид калия — 0,3 г, хлорид кальция — 0,3 г, хлорид магния — 0,1 г, глюкоза — 6 г на 1 л дистиллированной воды; pH раствора устанавливают в зависимости от типа реакции токсического вещества добавлением гидрокарбоната натрия (при кислой реакции) до получения его 2 % раствора или глюкозы (при щелочной реакции) до получения ее 5 %. Стерильную диализирующую жидкость, подогретую до 37 °С, вводят в количестве 2 л и через каждые 30 мин заменяют. Перитонеальный диализ по клиренсу токсических веществ не уступает методу форсированного диуреза и может применяться одновременно с ним. Важным достоинством этого метода является возможность его использования без снижения эффективности по клиренсу даже при острой сердечно-сосудистой недостаточности. Противопоказанием к проведению перитонеального диализа служат выраженный спаечный процесс в брюшной полости и большие сроки беременности.

Т а б л и ц а 11. Специфическая (антидотная) терапия острых отравлений

Антидот	Токсическое вещество, вызвавшее отравление
Активированный уголь	Неспецифический сорбент медикаментозных средств (алкалоидов, снотворных препаратов) и прочих токсических веществ
Атропина сульфат (0,1 % раствор)	Мухомор, пилокарпин, сердечные гликозиды, фосфорорганические вещества
АТФ (1 % раствор)	Пахикарпин
Бемегрид (0,5 % раствор)	Барбитураты
Гидрокарбонат натрия (4 % раствор)	Кислоты
Гепарин	Укусы змей
Аскорбиновая кислота (5 % раствор)	Анилин, калия перманганат
Викасол (1 % раствор)	Антикоагулянты непрямого действия
Пиридоксин (5 % раствор)	Тубазид, фтивазид
Тиамин (5 % раствор)	Пахикарпин
Кислород в ингаляции	Окись углерода, сероуглерод
Мекаптид (40 % раствор)	Мышьяковистый водород
Метиленовый синий (1 % раствор)	Анилин, перманганат калия, синильная кислота
Налорфин, 0,5 % раствор	Препараты опия (морфин, кодеин и пр.), промедол
Натрия нитрат (1 % раствор)	Синильная кислота
Пилокарпин (1 % раствор)	Атропин
Прозерин (0,05 % раствор)	Пахикарпин, атропин
Протаминсульфат (1 % раствор)	Гепарин
Противозмеиная сыворотка	Укусы змей
Реактиваторы холинэстеразы: дипироксим (1 мл 15 % раствора), диэтексим (5 мл 10 % раствора)	Фосфорорганические вещества
Магния сульфат (30 % раствор внутрь)	Барий и его соли
Тетацин-кальций (10 % раствор)	Мышьяк, сердечные гликозиды, сулема, дихлорэтан, тетрахлорид углерода
Натрия тиосульфат (30 % раствор)	Анилин, тензол, йод, медь, синильная кислота, сулема, фенолы, ртуть
Унитиол (5 % раствор)	Медь и ее соли, мышьяк, сулема, фенолы, хромпик
Натрия хлорид (2 % раствор)	Нитрат серебра
Кальция хлорид (10 % раствор)	Антикоагулянты, этиленгликоль, щавелевая кислота
Калия хлорид (0,5 % раствор)	Сердечные гликозиды
Аммония хлорид или карбонат (3 % раствор)	Формалин
Физостигмин (0,1 % раствор)	Амитриптилин
Этиловый алкоголь (30 % раствор внутрь, 5 % раствор в/в)	Метиловый спирт, этиленгликоль

Детоксикационная гемосорбция — перфузия крови больного через специальную колонку (детоксикатор) с активированным углем или другим видом сорбента — является эффективным методом удаления ряда токсических веществ из организма.

Операция замещения крови реципиента кровью донора (ОЗК) показана при острых отравлениях некоторыми химическими веществами, вызывающими образование метгемоглобина, длительное снижение активности холинэстераз, массивный гемолиз и пр. Для замещения крови используют 2—3 л одногруппной резуссовместимой индивидуально подобранной донорской крови, но лучше соответствующим количеством эритроцитной массы. Для выведения крови у пострадавшего катетеризируют большую поверхностную вену бедра; донорскую кровь переливают под небольшим давлением также через катетер в одну из кубительных вен. Необходимо строгое соответствие объема вводимой и выводимой крови; скорость замещения должна составлять не более 40—50 мл/мин. Для предупреждения тромбирования катетеров в/в вводят 5000 ЕД гепарина. При использовании донорской крови, содержащей цитрат натрия, в/м вводят по 10 мл 10 % раствора глюконата кальция на каждые 1000 мл перелитой крови. После операции необходим контроль и коррекция электролитного и кислотно-основного состояния крови. Эффективность ОЗК по клиренсу токсических веществ значительно уступает всем указанным выше методам активной детоксикации. Операция противопоказана при острой сердечно-сосудистой недостаточности.

Специфическая (антидотная) терапия (табл. 11) при острых отравлениях может проводиться в следующих основных направлениях.

1. Инактивирующее влияние на физико-химическое состояние токсического вещества в пищеварительном тракте: например, введение в желудок различных сорбентов (яичного белка, активированного угля, синтетических сорбентов), препятствующих резорбции ядов (химические противоядия контактного действия).

2. Специфическое физико-химическое взаимодействие с токсическим веществом в гуморальной среде организма (химические противоядия парентерального действия): например, использование тиоловых и комплексообразующих веществ (унитиол, ЭДТА) для образования растворимых соединений (хелатов) с металлами и ускоренного выделения их с мочой посредством форсированного диуреза.

3. Выгодное изменение путей биотрансформации токсических веществ с помощью использования антиметаболитов: например, применение этилового алкоголя при отравлении метиловым спиртом и этиленгликолем, что позволяет задержать образование в печени опасных метаболитов этих соединений («летальный синтез») — формальдегида, муравьиной или щавелевой кислоты.

4. Выгодное изменение биохимических реакций, в которые вступают токсические вещества в организме (биохимические противоядия): например, при отравлении фосфорорганическими соединениями применение реактиваторов холинэстеразы (дипироксим), позволяющих нарушить связь ядов с ферментами.

5. Фармакологический антагонизм в действии на одни и те же биохимические системы организма (фармакологические противоядия). Так, антагонизм между атропином и ацетилхолином, прозерином и пахикарпином позволяет ликвидировать многие опасные симптомы отравления этими препаратами. Специфическая (антидотная) терапия сохраняет свою эффективность только в ранней «токсикогенной» фазе острых отравлений и может быть использована лишь при условии достоверного клинико-лабораторного диагноза соответствующего вида интоксикации. В противном случае антидот может сам оказать токсическое влияние на организм.

6. Использование противоядных сывороток для уменьшения токсического влияния животных токсинов (иммунологические противоядия): например, противозмеиная поливалентная сыворотка.

Симптоматическая терапия определяется клиническими проявлениями интоксикации.

Психоневрологические расстройства при острых отравлениях складываются из совокупности психических, неврологических и соматовегетативных симптомов вследствие сочетания прямого токсического воздействия на различные структуры центральной и периферической нервной системы (экзогенный токсикоз) и развившихся в результате интоксикации поражений других органов и систем, в первую очередь печени и почек (эндогенный токсикоз). Наиболее тяжело протекают острый интоксикационный психоз и токсическая кома. Если лечение токсической комы требует строго дифференцированных мероприятий, то психоз купируют современными психотропными средствами (аминазин, галоперидол, виадрил, оксибутират натрия) независимо от вида отравления.

Неотложной помощи требует развитие судорожного синдрома при отравлении стрихнином, амидопирином, тубазидом, фосфорорганическими инсектицидами и пр. Прежде всего следует восстановить проходимость дыхательных путей и ввести в/в 4—5 мл 0,5 % раствора диазепама; при необходимости инфузию повторяют через 20—30 с до 20 мл суммарно. В тяжелых случаях показан эфирно-кислородный наркоз с миорелаксантами.

При судорожных состояниях и токсическом отеке мозга (при отравлении угарным газом, барбитуратами, этиленгликолем и пр.) возможно развитие синдрома гипертермии (дифференцировать от лихорадочных состояний при пневмонии). В этих случаях необходимы краниоцеребральная гипотермия, повторные спинномозговые пункции, в/м введение литической смеси: 1 мл 2,5 % раствора аминазина, 2 мл 2,5 % раствора дипразина (пипольфена) и 10 мл 4 % раствора амидопирина.

Нарушения дыхания при острых отравлениях проявляются в различных клинических формах. Аспирационно-обтурационная форма наиболее часто наблюдается в коматозном состоянии при закупорке воздухоносных путей в результате западения языка, аспирации рвотных масс, резкой бронхореи и саливации. В этих случаях необходимо удалить тампоном рвотные массы из полости рта и зева, отсосать слизь из глотки при помощи электроотсоса, вывести язык языкодержателем и вставить воздуховод. При резко выраженной саливации и бронхорее вводят п/к 1 мл 0,1 % раствора атропина (при необходимости повторно).

В тех случаях, когда асфиксия обусловлена ожогом верхних дыхательных путей и отеком гортани при отравлении прижигающими ядами, необходима срочная операция — нижняя трахеостомия.

Центральная форма нарушений дыхания развивается на фоне глубокого коматозного состояния и проявляется отсутствием или явной недостаточностью самостоятельных дыхательных движений, что обусловлено поражением иннервации дыхательной мускулатуры. В этих случаях необходимо искусственное, по возможности аппаратное дыхание, которое лучше проводить после предварительной интубации трахеи.

Легочная форма нарушений дыхания связана с развитием патологического процесса в легких (острая пневмония, токсический отек легких, трахеобронхит и пр.). Острая пневмония — наиболее распространенная причина поздних дыхательных осложнений при отравлении, особенно у больных в коматозном состоянии или при ожогах верхних дыхательных путей прижигающими химическими веществами. В связи с этим во всех случаях тяжелых отравлений с нарушением дыхания необходима ранняя антибактериальная терапия (в/м не менее 12 000 000 ЕД пенициллина и 1 г стрептомицина ежедневно). При недостаточном эффекте следует увеличить дозу антибиотиков и расширить спектр применяемых препаратов. Особую форму нарушений дыхания составляет гемическая гипоксия при гемолизе, метгемоглобинемии, карбоксигемоглобинемии, а также тканевая гипоксия вследствие блокады дыхательных ферментов тканей при отравлении цианидами; особое значение в лечении данной патологии имеют оксигенотерапия и специфическая антидотная терапия.

К ранним нарушениям функции сердечно-сосудистой системы в токсикогенной фазе отравления относится экзотоксический шок, наблюдаемый при большинстве тяжелых острых интоксикаций. Он проявляется падением артериального давления, бледностью кожных покровов, тахикардией и одышкой; развивается декомпенсированный метаболический ацидоз. При исследовании гемодинамических показателей в этот период отмечается снижение объема циркулирующей крови и плазмы, падение центрального венозного давления, уменьшение ударного и минутного объема сердца, что свидетельствует о развитии относительной или абсолютной гиповолемии. В подобных случаях необходимо в/в капельное введение плазмозамещающих жидкостей (полиглюкин, гемодез) и 10—15 % раствора глюкозы с инсулином для восстановления объема циркулирующей крови и нормализации артериального и центрального венозного давления (иногда до 10—15 л/сут). Для успешного лечения гиповолемии необходимо одновременное проведение гормональной терапии (преднизолон в/в до 500—800 мг/сут). При метаболическом ацидозе в/в капельно вводят 300—400 мл 4 % раствора гидрокарбоната натрия. При отравлении прижигающими ядами (кислоты и щелочи) необходимо купировать болевой синдром с помощью в/в введения глюкозоновокаиновой смеси (500 мл 5 % раствора глюкозы, 50 мл 2 % раствора новокаина), применения наркотических анальгетиков или нейролептанальгезии. При отравлении кардиотоксическими ядами, первично действующими на сердце (хинин, вератрин, хлорид бария, пахикарпин и пр.), возможны нарушения проводимости (резкая брадикардия, замедление внутрисердечной проводимости) с развитием коллапса. В подобных случаях вводят в/в 1—2 мл 0,1 % раствора атропина, 5—10 мл 10 % раствора хлорида калия.

Токсический отек легких возникает при ожогах верхних дыхательных путей парами хлора, аммиака, крепких кислот, а также при отравлениях фосгеном и окислами азота. При токсическом отеке легких следует ввести в/в 30—60 мг преднизолона в 20 мл 40 % раствора глюкозы (при необходимости повторно), 100—150 мл 30 % раствора мочевины или 80—100 г лазикса, применять оксигенотерапию. Кроме этого, применяют аэрозоли (с помощью ингалятора) с димедролом, эфедрином, новокаином, стрептомицином. При отсутствии ингалятора эти же препараты вводят парентерально в обычных дозах.

Острые дистрофические изменения миокарда относятся к более поздним осложнениям отравлений и выражены тем отчетливее, чем длительнее и тяжелее протекает интоксикация. На ЭКГ обнаруживают при этом изменения фазы реполяризации (снижение сегмента ST, сглаженный и отрицательный зубец T). В комплексной терапии острой токсической дистрофии миокарда следует использовать лекарственные препараты, улучшающие обменные процессы (витамины группы B, кокарбоксилаза, АТФ и т. д.).

Поражение почек (токсическая нефропатия) возникает при отравлениях нефротоксическими ядами (антифриз, сулема, дихлорэтан, тетрахлорид углерода и др.), гемолитическими ядами (уксусная кислота, медный купорос), при глубоких трофических нарушениях с миоглобинурией (миоренальный синдром), а также при длительном токсическом шоке на фоне других отравлений. Следует уделять особое внимание профилактике возможного развития острой почечной недостаточности. Применение плазмафереза и гемодиализа в раннем периоде острых отравлений нефротоксическими ядами позволяет вывести эти вещества из организма и предупредить поражение почек. При отравлениях гемолитическими ядами и миоглобинурии хороший эффект оказывает ощелачивание плазмы и мочи с одновременным проведением форсированного диуреза. Консервативное лечение острой почечной недостаточности осуществляют под ежедневным контролем электролитного состава крови, содержания мочевины и креатинина в крови и рентгенологическим контролем задержки жидкости в легких. В комплексе лечебных мероприятий рекомендуется проведение паранефральной новокаиновой блокады, в/в капельное введение глюкозо-новокаиновой смеси (300 мл 10 % раствора глюкозы, 30 мл 2 % раствора новокаина), а также ощелачивание крови посредством в/в введения 300 мл 4 % раствора гидрокарбоната натрия. Показаниями к проведению гемодиализа служат отчетливая гиперкалиемия, высокий уровень мочевины в крови (свыше 2 г/л), значительная задержка жидкости в организме.

Поражение печени (токсическая гепатопатия) развивается при острых отравлениях «печеночными» ядами (дихлорэтан, тетрахлорид углерода), некоторыми растительными ядами (мужской папоротник, грибы) и медикаментами (акрихин). Клинически проявляется увеличением и болезненностью печени, иктеричностью склер и кожных покровов. При острой печеночной недостаточности обычно возникают церебральные расстройства — двигательное беспокойство, бред, сменяющийся сонливостью, апатией, комой (гепатаргия), и явления геморрагического диатеза (носовые кровотечения, кровоизлияния в конъюнктиву и склеры, в кожу и слизистые оболочки). Поражение печени часто сочетается с поражением почек (печеночно-почечная недостаточность). Важнейшим способом лечения печеночно-почечной недостаточности является массивный плазмаферез. Удаляют 1,5—2 л плазмы с помощью центрифуги или специального сепаратора. Удаляемую плазму восполняют свежезамороженной плазмой в количестве 1,5—2 л, солевыми растворами.

При печеночной недостаточности вводят в/м по 2 мл 5 % раствора пиридоксина (витамина B$_6$) — 2,5 % раствора, 0,5 % раствора липоевой кислоты, никотинамида, 1000 мкг цианокобаламина (витамина B$_{12}$). Целесообразно в/в введение 20—40 мл 1 % раствора глутаминовой кислоты, до 40 мл/сут 5 % раствора унитиола, 200 мг кокарбоксилазы; капельно дважды в сутки вводят по 750 мл 10 % раствора глюкозы, а в/м инсулин по 16—20 ЕД/сут. Эффективным методом лечения острой печеночной недостаточности является бужирование и катетеризация пупочной вены с непосредственным введением в печень лекарственных препаратов, дренирование грудного лимфатического протока, гемосорбция. В тяжелых случаях печеночно-почечной недостаточности рекомендуется проведение гемодиализа.

Для оказания консультативной помощи врачам по вопросам диагностики, клиники и лечения острых отравлений химической этиологии во Всесоюзном центре по лечению отравлений Московского НИИ скорой помощи им. Н. В. Склифософского имеется специальная информационная служба, куда можно круглосуточно обращаться по телефону: 228-16-87.

СИМПТОМЫ И НЕОТЛОЖНАЯ ПОМОЩЬ ПРИ НАИБОЛЕЕ РАСПРОСТРАНЕННЫХ ОТРАВЛЕНИЯХ [1]

АКОНИТ (борец, голубой лютик, иссыккульский корень). Избирательное нейротоксическое действие алкалоида аконитина. Анестезия кожи всего тела, сопровождающаяся чувством ползания мурашек, ощущением жара и холода в конечностях. Окружающая обстановка представляется в зеленом свете. Судороги. Вслед за возбуждением наступает угнетение ЦНС и паралич дыхательного центра. Смертельная доза около 1 г растения, 5 мл настойки, 2 мг алкалоида аконитина.
Л е ч е н и е см. *Никотин.*
АКРИХИН см. *Хинин.*
АЛКОГОЛЬ см. *Спирт этиловый; Суррогаты алкоголя.*
АМИДОПИРИН (анальгин, бутадион). Избирательное нейротоксическое, психотропное действие). При легких отравлениях — шум в ушах, тошнота, рвота, общая слабость, снижение температуры тела, одышка, сердцебиение. При тяжелых отравлениях — судороги, сонливость, бред, потеря сознания и коматозное состояние с расширением зрачков, цианозом, гипотермией, снижением артериального давле-

---

[1] В методах лечения цифры обозначают: 1 — методы активной детоксикации, 2 — применение антидотов; 3 — симптоматическая терапия.

ния. Возможно развитие периферических отеков (вследствие задержки в организме ионов натрия и хлора), острого агранулоцитоза, желудочных кровотечений, геморрагической сыпи. Смертельная доза 10—15 г.
Л е ч е н и е. 1. Промывание желудка через зонд; солевое слабительное внутрь, форсированный диурез, ощелачивание мочи, в раннем периоде — гемодиализ или перитонеальный диализ. 3. Тиамин (2 мл 6 % раствора в/м); сердечно-сосудистые средства, при судорогах — 10 мг диазепама в/в; при отеках — по 1 г хлорида калия внутрь, мочегонные.

АМИНАЗИН (хлорпромазин, ларгактил, плегомазин и другие производные фенотиазина). Избирательное психотропное (седативное), нейротоксическое (ганглиоблокирующее, адренолитическое) действие. Резкая слабость, головокружение, сухость во рту, тошнота. Возможны судороги, потеря сознания. Коматозное состояние неглубокое, сухожильные рефлексы повышены, зрачки сужены. Учащение пульса, снижение артериального давления без цианоза. По выходе из комы возможны паркинсонизм, ортостатический коллапс. Кожные аллергические реакции. При разжевывании драже аминазина возникают гиперемия и отек слизистой оболочки рта. Смертельная доза 5—10 г.
Л е ч е н и е. 1. Промывание желудка, солевое слабительное; форсированный диурез без ощелачивания плазмы; перитонеальный диализ или гемосорбция. 3. При гипотонии — кофеин (1—3 мл 10 % раствора п/к); эфедрин (2 мл 5 % раствора п/к); тиамин (4 мл 6 % раствора в/м); при паркинсонизме — динезин (депаркин) по 100—150 мг/сут внутрь, имизин (мелипрамин) по 50—75 мг/сут внутрь.
АММИАК см. *Щелочи едкие.*
АМИТАЛ-НАТРИЙ см. *Барбитураты.*
АМИТРИПТИЛИН (триптизол) и другие трициклические антидепрессанты. Избирательное психотропное, нейротоксическое (антихолинергическое, антигистаминное), кардиотоксическое действие. В легких случаях сухость во рту, нарушение зрения, психомоторное возбуждение, ослабление перистальтики кишечника, задержка мочи. При тяжелых отравлениях — нарастающая тахикардия, нарушения сердечного ритма и проводимости (вплоть до атриовентрикулярной блокады и фибрилляции желудочков), судороги, потеря сознания. Глубокая кома, осложненная парезом кишечника, токсической гепатопатией. Смертельная доза свыше 1,5 г.
Л е ч е н и е. 1. Промывание желудка, форсированный диурез, в тяжелых случаях — перитонеальный диализ, гемосорбция. 2. Прозерин — 10 мл 0,05 % раствора в/м в сутки, лучше физостигмин до 0,003 г п/к. 3. При судорогах и возбуждении — диазепам (5—10 мг в/м), мониторное наблюдение ЭКГ, тиамин (10 мл 6 % раствора в/м).
АНАЛЬГИН см. *Амидопирин.*
АНДАКСИН (мепробамат, мепротан). Избирательное психотропное, нейротоксическое действие. Сонливость, головокружение, мышечная слабость. В тяжелых случаях — коматозное состояние с расширением зрачков, гипотония,

пневмония, периферические отеки. Смертельная доза 10—15 г.

Л е ч е н и е. 1. Промывание желудка, солевое слабительное; форсированный диурез без ощелачивания плазмы; при коме — перитонеальный диализ, детоксикационная гемосорбция. 3. См. *Барбитураты.*

АНЕСТЕЗИН. Избирательное гемотоксическое действие. При приеме внутрь токсической дозы появляется выраженный цианоз губ, ушей, лица, конечностей вследствие острой метгемоглобинемии. Психомоторное возбуждение. При метгемоглобинемии свыше 50 % возможно развитие коматозного состояния, гемолиза, экзотоксического шока. Высокая опасность анафилактических реакций, особенно у детей.

Л е ч е н и е. 1. Промывание желудка через зонд, форсированный диурез с ощелачиванием крови. 2. Метиленовый синий по 1—2 мл/кг 1 % раствора в/в с 10 % раствором глюкозы (250—300 мл) и 5 % раствором аскорбиновой кислоты. 3. Оксигенотерапия.

АНИЛИН (аминобензол, фениламин). Избирательное наркотическое, гепатотоксическое, гемотоксическое действие. Синюшная окраска слизистой оболочки губ, ушей, ногтей вследствие острой метгемоглобинемии. Резкая слабость, головокружение, головная боль, эйфория с двигательным возбуждением, рвота, одышка. Пульс частый, печень увеличена и болезненна. При тяжелых отравлениях быстро наступает нарушение сознания и коматозное состояние, зрачки сужены, без реакции на свет, слюнотечение и бронхорея, гемическая гипоксия; опасность паралича дыхательного центра и экзотоксического шока. На 2—3-и сутки заболевания возможны рецидивы метгемоглобинемии, клонико-тонические судороги, токсическая анемия, паренхиматозная желтуха, острая печеночно-почечная недостаточность. Смертельная доза около 1 г внутрь.

Л е ч е н и е. 1. При попадании на кожу — обмывание раствором перманганата калия (1 : 1000); при приеме внутрь — обильное промывание желудка, введение 150 мл вазелинового масла; при метгемоглобинемии — операция замещения крови и гемодиализ, в последующем — форсированный диурез, перитонеальный диализ. 2. Лечение метгемоглобинемии: 1 % раствор метиленового синего (1—2 мл/кг) с 5 % раствором глюкозы в/в повторно; аскорбиновая кислота (до 60 мл 5 % раствора в сутки в/в); витамин B12 (600 мкг в/м); тиосульфат натрия 100 мл 30 % раствора в/в). 3. Лечение экзотоксического шока, острой печеночно-почечной недостаточности; оксигенотерапия (гипербарическая оксигенация).

АНТАБУС (тетурам, дисульфирам). Избирательное психотропное, гепатотоксическое (влияние накопления ацетальдегида) действие. После курса лечения антабусом прием алкоголя вызывает резкую вегетососудистую реакцию — гиперемию кожных покровов, ощущение жара в лице, затруднение дыхания, сердцебиение, чувство страха смерти, озноб. Постепенно реакция заканчивается и через 1—2 ч наступает сон. Однако после приема больших доз алкоголя возможны более тяжелая реакция — резкая бледность кожных покровов, цианоз, повторная рвота, учащение пульса и падение артериального давления, признаки ишемии миокарда. Смертельная доза: без алкоголя — около 30 г, при концентрации алкоголя в крови более 1 г/л — 1 г.

Л е ч е н и е. 3. Придать больному горизонтальное положение; ввести в/в глюкозу (40 мл 40 % раствора) с аскорбиновой кислотой (10 мл 5 % раствора), гидрокарбонат натрия (200 мл 4 % раствора) в/в капельно; тиамин (2 мл 6 % раствора) в/м; фуросемид (40 мг) в/в; сердечно-сосудистые средства.

АНТИБИОТИКИ (стрептомицин, мономицин, канамицин и др.). Избирательное нефротоксическое, ототоксическое действие. Одноразовый прием внутрь высокой дозы антибиотика (свыше 10 г) может вызвать глухоту (за счет поражения слухового нерва) или олигурию (вследствие почечной недостаточности). Эти осложнения развиваются чаще при заметно сниженном диурезе и меньшей суточной дозе препарата, но более длительном его использовании.

Л е ч е н и е. 1. При снижении слуха в 1—3-и сутки после отравления показан гемодиализ или форсированный диурез. При олигурии в первые сутки — форсированный диурез, лечение острой почечной недостаточности.

АНТИКОАГУЛЯНТЫ (гепарин, дикумарин, пелентан, фенилин и др.). Избирательное гемотоксическое действие (гипокоагуляция крови). Кровотечения носовые, маточные, желудочные, кишечные. Гематурия. Кровоизлияния в кожу, мышцы, склеры, геморрагическая анемия. Резкое увеличение времени свертывания крови (гепарин) или снижение протромбинового индекса (прочие препараты).

Л е ч е н и е. 1. В тяжелых случаях — заместительное переливание крови и плазмозаменителей. 2. Викасол (5 мл 1 % раствора) в/в под контролем уровня протромбина; хлорид кальция (10 мл 10 % раствора) в/в, переливание крови (по 250 мл) повторно; при передозировке гепарина — протамин-сульфат (5 мл 1 % раствора) в/в, при необходимости повторно (по 1 мл на каждые 100 ЕД введенного гепарина). 3. Аминокапроновая кислота (250 мл 5 % раствора) в/в; трансфузии антигемофильной плазмы (500 мл); сердечно-сосудистые средства по показаниям.

АНТИФРИЗ см. *Этиленгликоль.*

АТРОПИН (белладонна, белена, дурман). Избирательное антихолинергическое действие. Сухость во рту и глотке, расстройство речи и глотания, нарушение ближнего видения, диплопия, светобоязнь, сердцебиение, одышка, головная боль. Кожа красная, сухая, пульс частый, зрачки расширены, на свет не реагируют. Психомоторное возбуждение, зрительные галлюцинации, бред, эпилептиформные судороги с последующей потерей сознания и развитием коматозного состояния, представляющего особую опасность у детей. Смертельная доза для взрослых более 100 мг, для детей (до 10 лет) — около 10 мг.

Лечение. 1. При пероральном отравлении — промывание желудка через зонд, обильно смазанный вазелиновым маслом; форсированный диурез, гемосорбция. 2. В коматозном состоянии при отсутствии резкого возбуждения — 1 мл 1 % раствора пилокарпина, 1 мл 0,05 % раствора прозерина п/к. 3. При возбуждении — 2 мл 2,5 % раствора аминазина или тизерцина с 2 мл 1 % раствора димедрола и 1 мл 2 % раствора промедола п/к, 5—10 мг диазепама; при резкой гипертермии — 10—20 мл 4 % раствора амидопирина в/м, пузыри со льдом на голову и паховые области, обертывание влажной простыней и обдувание вентилятором.

АЦЕТИЛСАЛИЦИЛОВАЯ КИСЛОТА. Избирательное психотропное, гемотоксическое (антикоагулянтное) действие. Возбуждение, эйфория. Головокружение, шум в ушах, ослабление слуха, расстройство зрения. Дыхание шумное, учащенное. Бред, сопорозное состояние, кома. Иногда подкожные геморрагии, носовые, желудочно-кишечные и маточные кровотечения. Возможны метгемоглобинемия, токсическая нефропатия, метаболический ацидоз, периферические отеки. Смертельная доза около 30—40 г, для детей — 10 г.

Лечение. 1. Промывание желудка, 50 мл вазелинового масла внутрь; форсированный диурез, ощелачивание мочи; ранний гемодиализ, гемосорбция. 3. При кровотечениях — викасол, 10 % раствор хлорида кальция в/в, при возбуждении — 2 мл 2,5 % раствора аминазина п/к или в/м; терапевтические меры при метгемоглобинемии — см. *Анилин*.

АЦЕТОН (диметилкетон, пропанол). Избирательное наркотическое, нефротоксическое, местное раздражающее действие. При попадании внутрь или при вдыхании паров состояние опьянения, головокружение, слабость, шаткая походка, тошнота, рвота, боль в животе, коллапс, коматозное состояние. Возможно снижение диуреза, появление белка и эритроцитов в моче. При выходе из коматозного состояния часто развивается пневмония. Смертельная доза более 150 мл.

Лечение. 1. При пероральном отравлении — промывание желудка, при ингаляционном — промывание глаз водой, ингаляция кислорода; форсированный диурез с ощелачиванием мочи. 3. Лечение острой сердечно-сосудистой недостаточности (токсический шок), нефропатия, пневмония.

АЭРОН см. *Атропин*.

БАРБИТУРАТЫ (барбамил, этаминал-натрий, фенобарбитал). Избирательное психотропное (снотворное, наркотическое) действие. Наркотическое опьянение, затем поверхностное или глубокое коматозное состояние, осложненное острой сердечно-сосудистой или дыхательной недостаточностью. При тяжелых отравлениях в глубокой коме дыхание редкое, поверхностное, пульс слабый, цианоз, зрачки узкие, на свет не реагируют (в терминальной стадии могут расширяться), роговичный и глоточный рефлексы ослабевают или отсутствуют; диурез уменьшен. В случае продолжительной комы

(свыше 12 ч) возможно развитие бронхопневмонии, коллапса, глубоких пролежней и септических осложнений. В посткоматозном периоде — непостоянная неврологическая симптоматика (птоз, шаткая походка и пр.), эмоциональная лабильность, депрессия, тромбоэмболические осложнения. Смертельная доза составляет примерно 10 лечебных (большие индивидуальные различия).

Лечение. 1. При коме — повторное промывание желудка после предварительной интубации трахеи через 3—4 ч до возвращения сознания; форсированный диурез в сочетании с ощелачиванием крови; раннее применение гемодиализа при отравлении барбитуратами длительного действия, перитонеальный диализ, гемосорбция — при отравлении барбитуратами короткого действия и при смешанных отравлениях различными психотропными лекарствами. 2. Кордиамин (2—3 мл) п/к. 3. Интенсивная инфузионная терапия (полиглюкин, гемодез), тиамин, антибиотики.

БАРИЙ. Избирательное нейротоксическое (паралитическое), кардиотоксическое, гемотоксическое действие. Токсичны все растворимые соли бария, практически нетоксичен нерастворимый сульфат бария, применяемый в рентгенологии. При отравлении — жжение во рту и пищеводе, боль в животе, тошнота, рвота, профузный понос, головокружение, обильный пот, кожные покровы бледные, покрыты холодным потом. Пульс замедлен, слабый; экстрасистолия, бигеминия, мерцание предсердий с последующим снижением артериального давления. Одышка, цианоз. Через 2—3 ч после отравления — нарастающая мышечная слабость, особенно мышц верхних конечностей и шеи. Возможны гемолиз, ослабление зрения и слуха, клонико-тонические судороги при сохранении сознания. Смертельная доза около 1 г.

Лечение. 1. 2. Промывание желудка через зонд 1 % раствором сульфата натрия или сульфата магния; внутрь 100 мл 30 % раствора сульфата магния; форсированный диурез, гемодиализ; 20 мл 10 % раствора тетацин-кальция с 500 мл 5 % глюкозы в/в капельно. 3. Промедол (1 мл 2 % раствора) и атропин (1 мл 0,1 % раствора) в 5 % растворе глюкозы в/в; при нарушениях ритма — хлорид калия (2,5 г на 500 мл 5 % раствора глюкозы) в/в капельно, при необходимости повторно; сердечно-сосудистые средства; 6 % раствор тиамина и 5 % раствор пиридоксина по 10 мл в/м; оксигенотерапия; лечение токсического шока; противопоказаны сердечные гликозиды.

БЕЛЛОИД (белласпон). Избирательное наркотическое и нейротоксическое (антихолинергическое) действие; в состав препарата входят барбитураты, эрготамин, атропин. Раньше всего проявляются симптомы отравления атропином (см. *Атропин*) с последующим развитием тяжелого коматозного состояния, сходного с барбитуровой комой (см. *Барбитураты*), при выраженной сухости кожных покровов и слизистых оболочек, расширении зрачков и гиперемии кожи, гипертермии. Отравления особенно опасны в детском возрасте. Смертельная доза более 50 таблеток.

Л е ч е н и е. 1. Промывание желудка, гемосорбция. 3. При возбуждении — см. *Атропин*, при развитии комы — см. *Барбитураты*.

БЕНЗИН (керосин). Избирательное наркотическое, гепатотоксическое, нефротоксическое, пневмотоксическое действие. Особенно опасен этилированный бензин, содержащий тетраэтилсвинец. При вдыхании паров — головокружение, головная боль, опьянение, возбуждение, тошнота, рвота. В тяжелых случаях — нарушение дыхания, потеря сознания, судороги, запах бензина изо рта. При заглатывании — боль в животе, рвота, увеличение и болезненность печени с желтухой (токсическая гепатопатия и нефропатия). При аспирации — боль в груди, кровянистая мокрота, цианоз, одышка, лихорадка, резкая слабость (бензинная токсическая пневмония).

Л е ч е н и е. 1. Удаление пострадавшего из помещения, насыщенного парами бензина; при попадании бензина внутрь — промывание желудка через зонд, введение 200 мл вазелинового масла или активированного угля. 3. При вдыхании паров или аспирации бензина — ингаляции кислорода, антибиотики (12 000 000 ЕД пенициллина в/м и 1 г стрептомицина в/м в ингаляциях), банки, горчичники; камфора (2 мл 20 % раствора), 2 мл кордиамина, кофеин (2 мл 10 % раствора) п/к; 30—50 мл 40 % раствора глюкозы с коргликоном (1 мл 0,06 % раствора) или строфантином (0,5 мл 0,05 % раствора) в/в; при боли — 1 мл 2 % раствора и 1 мл 0,1 % раствора атропина п/к; при нарушениях дыхания — оксигенотерапия, интубация трахеи, искусственная вентиляция легких.

БЕНЗОЛ. Избирательное наркотическое, гемотоксическое, гепатотоксическое действие. При вдыхании паров бензола — возбуждение, подобное алкогольному, клонико-тонические судороги, бледность лица, покраснение слизистых оболочек, расширение зрачков. Одышка с нарушениями ритма дыхания. Пульс учащенный, нередко аритмичный; снижение артериального давления. Возможны кровотечения из носа и десен, кровоизлияния в кожу, маточные кровотечения. При приеме бензола внутрь — жжение во рту, за грудиной, в эпигастрии, рвота, боль в животе, головокружение, головная боль, возбуждение, сменяющееся угнетением, увеличение печени с желтухой (токсическая гепатопатия).

Л е ч е н и е. 1. Удаление пострадавшего из опасной зоны; при поступлении яда внутрь — промывание желудка через зонд, вазелиновое масло (200 мл внутрь); форсированный диурез, операция замещения крови. 2. Тиосульфат натрия (до 200 мл 30 % раствора) в/в. 3. Тиамин (3 мл 6 % раствора), пиридоксин (3 мл 5 % раствора) цианокобаламин (до 1000 мкг/сут) в/м; сердечно-сосудистые средства; аскорбиновая кислота (10—20 мл, 5 % раствора) с глюкозой в/в; ингаляция кислорода; при кровотечении — викасол в/м.

БИХРОМАТ КАЛИЯ см. *Хромпик*.

БОЛИГОЛОВ (омег пятнистый, цикута). Ядовитое растение, содержащее алкалоид кониин избирательного нефротического действия. Симптомы и л е ч е н и е см. *Никотин*.

БРОМ. Местное прижигающее действие. При вдыхании паров — насморк, слезотечение, конъюнктивит, коричневая окраска слизистых оболочек носа и полости рта, носовые кровотечения, бронхит, возможна пневмония. При попадании на кожу и внутрь — химические ожоги с образованием долго не заживающих язв.

Л е ч е н и е см. *Кислоты крепкие*.

БРИЛЛИАНТОВЫЙ ЗЕЛЕНЫЙ см. *Анилин*.

ГАШИШ см. *Индийская конопля*.

ГЕКСАХЛОРАН см. *Хлорорганические соединения*.

ГЕРОИН см. *Морфин*.

ГРИБЫ ЯДОВИТЫЕ. Содержат токсические алкалоиды фаллоидин и аманитин (бледная поганка) избирательного гепато- и нефротоксического действия, мускарин (мухомор) нейротоксического (холинолитического) и гельвеловую кислоту (строчки) гемотоксического действия.

Поганка бледная: неукротимая рвота, коликообразная боль в животе, понос с кровью, слабость, на 2—3-и сутки желтуха, печеночно-почечная недостаточность, анурия, кома, коллапс.

Л е ч е н и е. 1. Промывание желудка через зонд, солевое слабительное внутрь, гемосорбция в первые сутки после отравления. 2. Липоевая кислота по 20—30 мг/(кг · сут) в/в. 3. Атропин (1 мл 0,1 % раствора) п/к, 0,1 % — 1 мл; изотонический раствор хлорида натрия до 1000 мл/сут в/в; при повторной рвоте и поносе — полиглюкин (400 мл) в/в капельно; пенициллин до 12 000 000 ЕД/сут; лечение печеночно-почечной недостаточности.

Мухоморы: рвота, повышенное потоотделение и саливация, боль в животе, понос, потливость, одышка, бронхорея, бред, галлюцинации.

Л е ч е н и е. 1. Промывание желудка через зонд, солевое слабительное внутрь. 2. Атропин (по 1—2 мл 0,1 % раствора) в/в до прекращения симптомов отравления.

Строчки, сморчки: рвота, боль в животе, понос, гемолиз и гематурия после приема внутрь плохо отваренных грибов и бульона. Поражение печени и почек. Гемолитическая желтуха.

Л е ч е н и е. 3. Гидрокарбонат натрия (1000 мл 4 % раствора) в/в; профилактика и лечение печеночно-почечной недостаточности.

ДДТ см. *Хлорорганические соединения*.

ДЕНАТУРАТ см. *Суррогаты алкоголя*.

ДИГИТАЛИС см. *Сердечные гликозиды*.

ДИКУМАРИН см. *Антикоагулянты*.

ДИМЕДРОЛ см. *Атропин*.

ДИМЕТИЛФТАЛАТ см. *Спирт метиловый*.

ДИХЛОРЭТАН (хлористый этилен, этилендихлорид). Избирательное наркотическое, гепатотоксическое, нефротоксическое действие. Токсический метаболит — хлорэтанол. При поступлении внутрь — тошнота, упорная рвота с примесью крови, боль в подложечной области, саливация, жидкий хлопьевидный стул с запахом дихлорэтана, резкая слабость, гиперемия склер, головная боль, психомоторное возбуждение, коллапс, кома, явления острой печеночно-почечной недостаточности, геморрагический диатез (желудочное кровотечение). При ингаляционных отравлениях — головная боль, сонливость, диспепсические расстройства с последующим развитием печеночной и почечной недостаточности, повышенная саливация. Смертельная доза при приеме внутрь около 10—20 мл.

Л е ч е н и е. 1. Обильное промывание желудка через зонд с последующим введением в желудок вазелинового масла (50—100 мл); сифонная клизма; в первые 6 ч после отравления — гемодиализ, затем перитонеальный диализ; форсированный диурез с ощелачиванием крови. 2. Ацетилцистеин — 50 мг/(кг · сут) в/в. 3. При глубокой коме — интубация трахеи, искусственная вентиляция легких; сердечно-сосудистые средства; лечение токсического шока; преднизолон (до 120 мг) в/в повторно; цианокобаламин (до 1500 мкг), тиамин (4 мл 6 % раствора), пиридоксин (4 мл 5 % раствора) в/м; кальция пангамат (до 5 г) внутрь; аскорбиновая кислота (5—10 мл 5 % раствора) в/в; тетацин-кальций (20 мл 10 % раствора) с 300 мл 5 % раствора глюкозы в/в; унитиол (5 мл 5 % раствора) в/м повторно; липоевая кислота — 20 мг/(кг · сут) в/в; антибиотики (левомицетин, пенициллин); при резком возбуждении — пипольфен (2 мл 2,5 % раствора) в/в; лечение токсической нефропатии и гепатопатии.

ДРЕВЕСНЫЙ СПИРТ см. *Спирт метиловый.*

ЗМЕИНЫЙ ЯД см. *Укусы змей.*

ИНДИЙСКАЯ КОНОПЛЯ (гашиш, план, марихуана, анаша). Избирательное психотропное (наркотическое) действие. Отравление возможно при ингаляции дыма, табака вместе с указанными веществами, при приеме внутрь или введении в полость носа, а также при введении в вену их водного раствора. Вначале возникают психомоторное возбуждение, расширение зрачков, шум в ушах, яркие зрительные галлюцинации. Затем наступает общая слабость, вялость, плаксивость и долгий, глубокий сон с замедлением пульса и понижением температуры тела.

Л е ч е н и е. 1. Промывание желудка в случае приема яда внутрь; активированный уголь; форсированный диурез; гемосорбция. 2. При резком возбуждении — аминазин (4—5 мл 2,5 % раствора), галоперидол (2—3 мл 0,5 % раствора) в/м.

ИНСУЛИН. Избирательное нейротоксическое (гипогликемическое) действие. Активен только при парентеральном введении. При передозировке возникают симптомы гипогликемии — слабость, усиленное потоотделение, тремор рук, чувство голода. При тяжелом отравлении (уровень сахара в крови меньше 0,5 г/л) — психомоторное возбуждение, клонико-тонические судороги, кома. При выходе из

коматозного состояния — длительная токсическая энцефалопатия. У здоровых лиц тяжелое отравление возможно после введения более 400 ЕД инсулина.

Л е ч е н и е. 1. Немедленное внутривенное введение маннитола; форсированный диурез с ощелачиванием крови. 2. Немедленное внутривенное введение 20 % раствора глюкозы в объеме, необходимом для восстановления нормального уровня сахара в крови; глюкагон (0,5— 1 мг) в/м. 3. При коме — адреналин (1 мл 0,1 % раствора) п/к; сердечно-сосудистые средства.

ЙОД. Местное прижигающее действие. При вдыхании паров йода поражаются верхние дыхательные пути (см. *Хлор*). При попадании концентрированных растворов йода внутрь — тяжелые ожоги пищеварительного тракта, слизистые оболочки приобретают характерный желтый цвет. Смертельная доза около 3 г.

Л е ч е н и е. 1. Промывание желудка через зонд, лучше 0,5 % раствором тиосульфата натрия. 2. Тиосульфат натрия (до 300 мл/сут 30 % раствора) в/в капельно, 10 % хлорид натрия (30 мл 10 % раствора) в/в. 3. Лечение ожогов пищеварительного тракта (см. *Кислоты крепкие*).

КАЛИЙ ЕДКОЕ см. *Щелочи едкие.*

КАЛИЙ ЦИАНИСТЫЙ см. *Синильная кислота.*

КАЛОМЕЛЬ см. *Ртуть.*

КАРБОЛОВАЯ КИСЛОТА см. *Фенол.*

КАРБОФОС см. *Фосфорорганические вещества.*

КАУСТИЧЕСКАЯ СОДА см. *Щелочи едкие.*

КИСЛОТЫ КРЕПКИЕ (азотная, серная, соляная, уксусная, щавелевая и пр.). Избирательное местное прижигающее (коагуляционный некроз), гемотоксическое (гемолитическое) и нефротоксическое (для органических кислот — уксусная, щавелевая) действие. При поступлении крепких кислот внутрь возникают явления токсического ожогового шока вследствие химического ожога полости рта, пищевода, желудка и иногда кишечника. На 2—3-и сутки преобладают симптомы экзогенной токсемии (повышение температуры тела, возбуждение), затем явления нефропатии и гепатопатии, инфекционные осложнения. Резчайшая боль в полости рта, по ходу пищевода и в желудке. Повторная рвота с примесью крови, пищеводно-желудочное кровотечение. Значительная саливация, возможна механическая асфиксия в связи с болезненностью акта откашливания и отеком гортани. К концу первых суток при тяжелых отравлениях (особенно уксусной эссенцией) отмечается желтушность кожных покровов в результате гемолиза. Моча приобретает темно-коричневый цвет. Печень увеличена и болезненна. Нередки реактивный перитонит, панкреатит. При отравлении уксусной эссенцией наиболее выражен гемоглобинурийный нефроз (анурия, азотемия). Частые осложнения — гнойный трахеобронхит и пневмонии. При отравлениях минеральными кислотами с третьей недели появляются признаки рубцового сужения пищевода или чаще выходного отдела желудка. Постоянно отмечается ожоговая астения с похуданием и нарушением белкового и водно-электролитного равновесия. Фибринозно-язвенный гастрит и эзофагит может приобрести хроническое течение. Смертельная доза крепких кислот 30—50 мл.

Л е ч е н и е. 1. Промывание желудка холодной водой через зонд, смазанный растительным маслом; перед промыванием — п/к морфин (1 мл 1 % раствора) и атропин (1 мл 0,1 % раствора); форсированный диурез с ощелачиванием крови; глотать кусочки льда. 2. Введение 4 % раствора гидрокарбоната натрия до 1500 мл в/в при появлении темной мочи и развитии метаболического ацидоза (лучше через бужированную пупочную вену). 3. Лечение ожогового шока — полиглюкин 800 мл в/в капельно; кордиамин (2 мл), кофеин (2 мл 10 % раствора) п/к; глюкозоновокаиновая смесь (300 мл 5 % раствора глюкозы, 50 мл 40 % раствора глюкозы, 30 мл 2 % раствора новокаина) в/в капельно; локальная гипотермия желудка; при значительной кровопотере — повторное переливание крови; антибиотикотерапия (пенициллин — 8 000 000 ЕД/сут); гормонотерапия (125 мг гидрокортизона, 40 ЕД АКТГ). Для местного лечения обожженной поверхности внутрь каждые 3 ч дают 20 мл микстуры следующего состава: 200 мл 10 % эмульсии подсолнечного масла, 2 г анестезина, 2 г левомицетина. Витамины в/м: цианокобаламин (400 мкг), тиамин (2 мл 6 % раствора), пиридоксин (2 мл 5 % раствора). Лечение токсической нефропатии. При отеке гортани — ингаляции аэрозолей: новокаина (3 мл 0,5 % раствора) с эфедрином (1 мл 5 % раствора) или адреналином (1 мл 0,1 % раствора); при безуспешности ингаляций — трахеостомия. Диета № 1а в течение 3—5 сут, затем стол № 5а, при кровотечении — голод. Фибринозно-язвенный гастрит является показанием для гипербаротерапии.

КЛЕЙ БФ см. *Суррогаты алкоголя.*

КОДЕИН см. *Морфин.*

КОРТИКОСТЕРОИДЫ (гидрокортизон, преднизолон и пр.). Избирательное нефротоксическое, кардиотоксическое действие. Симптоматика: повышение артериального давления, нефропатия (появление белка в моче), периферические отеки. Нарушения сердечного ритма. Гипергликемия.

Л е ч е н и е. 1. Форсированный диурез с ощелачиванием крови. 3. Хлорид калия 3—5 г/сут внутрь. При гипергликемии 8—10 ЕД п/к инсулина.

КОФЕИН. Избирательное психотропное судорожное действие. Шум в ушах, головокружение, тошнота, сердцебиение. Возможны психомоторное возбуждение, клонико-тонические судороги; в дальнейшем — угнетение вплоть до сопорозного состояния, выраженная тахикардия, сопровождающаяся гипотонией, сердечные аритмии. При передозировке препаратов теофилина, особенно при внутривенном введении, возможен приступ клонико-тонических судорог и падение артериального давления. Опасен ортостатический коллапс.

Л е ч е н и е. 1. Промывание желудка через зонд, солевое слабительное; форсированный диурез. 3. Аминазин (2 мл 2,5 % раствора) в/м; при тяжелых отравлениях — литическая смесь (1 мл 2,5 % раствора аминазина, 1 мл 1 % раствора промедола, 2 мл 2,5 % раствора пипольфена с новокаином в/м); при судорогах 15 мг диазепама в/в.

КРЕЗОЛ см. *Фенол.*

КСИЛОЛ см. *Бензол.*

КУПОРОС МЕДНЫЙ см. *Медь и ее соединения.*

ЛАК ИНСЕКТИЦИДНЫЙ см. *Формалин.*

ЛАНТОЗИД см. *Сердечные гликозиды.*

ЛИЗОЛ см. *Фенол.*

ЛОСЬОНЫ см. *Суррогаты алкоголя.*

МАРИХУАНА см. *Индийская конопля.*

МАТОЧНЫЕ РОЖКИ см. *Спорынья.*

МЕДИНАЛ см. *Барбитураты.*

МЕДЬ И ЕЕ СОЕДИНЕНИЯ (медный купорос). Местное прижигающее, резорбтивное нефротоксическое, гепатотоксическое действие. При поступлении внутрь медного купороса — тошнота, рвота, боль в животе, частый стул, слабость, головокружение, головная боль, тахикардия, экзотоксический шок. При выраженном гемолизе (гемоглобин в моче) — острая почечная недостаточность (анурия, уремия). Токсическая гепатопатия. Гемолитическая желтуха, анемия. При попадании во время сварки цветных металлов высокодисперсной пыли меди (цинка, хрома) в верхние дыхательные пути — острая литейная лихорадка (озноб, сухой кашель, головная боль, слабость, одышка, стойкая лихорадка). Возможна аллергическая реакция (красная сыпь на коже, зуд). Смертельная доза медного купороса 30—50 мл.

Л е ч е н и е. 1. Промывание желудка через зонд; ранний гемодиализ; форсированный диурез. 2. Унитиол (10 мл 5 % раствора одномоментно, затем по 5 мл каждые 3 ч в/м в течение 2—3 сут); тиосульфат натрия (100 мл 30 % раствора в/в), морфин (1 мл 1 % раствора) и атропин (1 мл 0,1 % раствора) п/к. При частой рвоте — аминазин (1 мл 2,5 % раствора) в/м. Глюкозоновокаиновая смесь (500 мл 5 % раствора глюкозы, 50 мл 2 % раствора новокаина) в/в, антибиотики. Витаминотерапия. При метгемоглобинурии — гидрокарбонат натрия (100 мл 4 % раствора в/в). Лечение острой почечной недостаточности и токсического шока. При литейной лихорадке — ацетилсалициловая кислота, кодеин.

МЕПРОБАМАТ см. *Барбитураты.*

МЕРКАПТОФОС см. *Фосфорорганические вещества.*

МЕТАНОЛ см. *Спирт метиловый.*

МЕТАФОС см. *Фосфорорганические вещества.*

МИНДАЛЬ ГОРЬКИЙ см. *Синильная кислота.*

«МИНУТКА» (пятновыводитель) см. *Трихлорэтилен.*

МОРФИН (опий, омнопон, героин, кодеин и др.). Избирательное психотропное, нейротоксическое (наркотическое) действие. При приеме внутрь или парентеральном введении токсических доз препаратов — коматозное состояние с характерным значительным сужением зрачков и ослаблением их реакции на свет, гиперемией кожи, гипертонусом мышц, иногда клонико-тоническими судорогами. При тяжелых отравлениях — нарушения дыхания, резкий цианоз слизистых оболочек, расширение зрачков, брадикардия, коллапс, гипотермия. При тяжелом отравлении кодеином сознание больного может сохраняться.

Л е ч е н и е. 1. Повторное промывание желудка (даже при внутривенном введении морфина), активированный уголь внутрь, солевое слабительное; форсированный диурез с ощелачиванием крови, перитонеальный диализ. 2. Введение 3—5 мл 0,5 % раствора налорфина (анторфина) в/в. 3. Атропин (1—2 мл 0,1 % раствора), кофеин (2 мл 10 % раствора), кордиамин (2 мл) в/в и п/к. Согревание тела. Тиамин (3 мл 6 % раствора) в/в повторно. Ингаляция кислорода, искусственное дыхание.

МЫШЬЯК И ЕГО СОЕДИНЕНИЯ. Общетоксическое (нефротоксическое, гепатотоксическое, энтеротоксическое, нейротоксическое) действие. При поступлении внутрь чаще наблюдается желудочно-кишечная форма отравления: металлический вкус во рту, рвота, сильная боль в животе. Рвотные массы зеленоватого цвета. Жидкий стул, напоминающий рисовый отвар. Резкое обезвоживание организма с хлорпеническими судорогами. Гемоглобинурия в результате гемолиза, желтуха, гемолитическая анемия, острая почечная недостаточность. В терминальной фазе — коллапс, кома. Возможна паралитическая форма: оглушение, сопорозное состояние, судороги, потеря сознания, кома, паралич дыхания, коллапс. При ингаляционных отравлениях мышьяковистым водородом быстро развивается тяжелый гемолиз, гемоглобинурия, цианоз, на 2—3-и сутки печеночно-почечная недостаточность, гемолитическая анемия. Смертельная доза мышьяка при приеме внутрь 0,1—0,2 г.

Л е ч е н и е. 1. Промывание желудка через зонд, повторные сифонные клизмы; ранний гемодиализ с одновременным введением унитиола (150—200 мл 5 % раствора в/в). 2. Унитиол по 5 мл 5 % раствора 8 раз в сутки в/м; тетацин-кальций (30 мл 10 % раствора на 500 мл 5 % раствора глюкозы) в/в капельно. 3. Витаминотерапия; 10 % раствор хлорида натрия в/в повторно, при резкой боли в кишечнике — платифиллин (1 мл 0,2 % раствора), атропин (1 мл 0,1 % раствора) п/к; паранефральная блокада новокаином; сердечно-сосудистые средства; лечение экзотоксического шока; операция замещения крови. При гемоглобинурии — глюкозоновокаиновая смесь (500 мл 5 % раствора глюкозы, 50 мл 2 % раствора новокаина), гипертонические растворы глюкозы (200—300 мл 20—30 % раствора), эуфиллин (10 мл 2,4 % раствора), гидрокарбонат натрия (1000 мл 4 % раствора) в/в. Форсированный диурез.

МУХОМОРЫ см. *Грибы ядовитые.*

НАПЕРСТЯНКА см. *Сердечные гликозиды.*

НАФТАЛИН. Местное раздражающее, гемотоксическое (гемолитическое) действие. При попадании в желудок — оцепенение, сопорозное состояние. Диспепсические расстройства, боль в животе. При длительном вдыхании паров — метгемоглобинемия с цианозом. Токсическая нефропатия и гепатопатия. Особенно опасны отравления у детей. Смертельная доза около 10 г.

Л е ч е н и е. 1. Промывание желудка, солевое слабительное; ощелачивание мочи введением 4 % раствора гидрокарбоната натрия; форсированный диурез. 2. При метгемоглобинемии — см. *Анилин.* 3. Хлорид кальция (10 мл 10 % раствора) и аскорбиновая кислота (10 мл 5 % раствора) в/в; внутрь рутин (0,01 г), рибофлавин (0,02 г) повторно; лечение острой почечной недостаточности.

НАШАТЫРНЫЙ СПИРТ (раствор аммиака) см. *Щелочи едкие.*

НИГРОЗИН (спиртовая морилка для дерева). При приеме внутрь — алкогольное опьянение, интенсивное прокрашивание кожных покровов и слизистых оболочек в синий цвет, которое сохраняется 3—4 мес. Дифференцировать от метгемоглобинемии. Клиническое течение благоприятное.

Л е ч е н и е см. *Спирт этиловый.*

НИКОДУСТ см. *Никотин.*

НИКОТИН (экстракт табака). Избирательное психотропное (возбуждающее), нефротоксическое (холиноблокирующее, судорожное) действие. Головная боль, головокружение, тошнота, рвота, понос, слюнотечение, холодный пот. Пульс сначала медленный, затем учащенный, неправильный. Сужение зрачков, расстройства зрения и слуха, миофибрилляция, клонико-тонические судороги. Кома, коллапс. Некурящие более чувствительны к никотину, чем длительно курящие. Смертельные исходы возможны у взрослых при попадании в организм 40 мг, у детей — 10 мг (в одной сигарете содержится около 15 мг никотина).

Л е ч е н и е. 1. Промывание желудка раствором перманганата калия (1 : 1000) с последующим введением солевого слабительного; активированный уголь внутрь. 3. Глюкозоновокаиновая смесь (500 мл 5 % раствора глюкозы, 20—50 мл 1 % раствора новокаина) в/в, 10 мл 25 % раствора сульфата магния в/м; при судорогах с затруднением дыхания — 15 мг диазепама в/в; антиаритмические препараты при соответствующих показаниях.

НИТРАТ НАТРИЯ см. *Анилин.*

НОКСИРОН см. *Барбитураты.*

НОРСУЛЬФАЗОЛ см. *Сульфаниламиды.*

ОДЕКОЛОН см. *Суррогаты алкоголя.*

ОКИСЬ УГЛЕРОДА см. *Угарный газ.*

ОСАРСОЛ см. *Мышьяк.*

ПАХИКАРПИН. Избирательное нейротоксическое (ганглиоблокирующее) действие. Расширение зрачков, расстройство зрения, резкая слабость, атаксия, сухость слизистых оболочек, головокружение, тошнота, рвота, психомоторное возбуждение, клонико-тонические судороги, тахикардия, бледность, акроцианоз, гипотония, боль в животе. В тяжелых случаях потеря сознания, коллапс (часто ортостатический), остановка сердца при внезапной брадикардии. Смертельная доза около 2 г.

Л е ч е н и е. 1. Промывание желудка, солевое слабительное, форсированный диурез, гемодиализ, гемосорбция. 2. АТФ (2—3 мл 1 % раствора) в/м, прозерин (1 мл 0,05 % раствора) п/к повторно, тиамин (10 мл 6 % раствора) в/в повторно. 3. При остановке дыхания — искусственная вентиляция легких. При судорогах — барбамил (3 мл 10 % раствора) в/в; лечение экзотоксического шока; сердечно-сосудистые средства.

ПЕРМАНГАНАТ КАЛИЯ. Местное прижигающее, резорбтивное гемотоксическое (метгемоглобинемия) действие. При попадании внутрь — резкая боль в полости рта, по ходу пищевода, в животе, рвота, понос. Слизистая оболочка рта и глотки отечная, темно-коричневого цвета, возможны отек гортани и механическая асфиксия, ожоговый шок, двигательное возбуждение, судороги. Часто наблюдаются тяжелые пневмонии, геморрагический колит, нефропатия, явления паркинсонизма. При понижении кислотности желудочного сока возможна метгемоглобинемия с выраженным цианозом и одышкой. Смертельная доза около 1 г.

Л е ч е н и е. 1 См. *Кислоты крепкие.* 2. При резком цианозе (метгемоглобинемия) — метиленовый синий (50 мл 1 % раствора), аскорбиновая кислота (30 мл 5 % раствора) в/в. 3. Цианокобаламин до 1000 мкг, пиридоксин (3 мл 5 % раствора) в/м; лечение острой почечной недостаточности.

«ПЕРСОЛЬ» (стиральный порошок см. *Перекись водорода.*

ПЕРЕКИСЬ ВОДОРОДА (пергидроль). Местное прижигающее действие. При попадании на кожу — побледнение, ожог, волдыри. При приеме внутрь — ожоги пищеварительного тракта. Особенно опасны отравления техническим (40 %) раствором, при котором возможна газовая эмболия в сосуды сердца и мозга.

Л е ч е н и е см. *Щелочи едкие.*

ПИЛОКАРПИН. Избирательное нейротоксическое (холиномиметическое) действие. Покраснение лица, астматическое состояние, бронхорея, слюнотечение, обильное потоотделение, рвота, понос, сужение зрачков, неправильный пульс, цианоз, коллапс. Токсическая доза свыше 0,02 г.

Л е ч е н и е. 1. Промывание желудка 0,1 % раствором перманганата калия с последующим введением солевого слабительного и активированного угля; форсированный диурез. 2. Атропин (2—3 мл 0,1 % раствора) п/к или в/в повторно до ликвидации бронхореи.

ПОГАНКА БЛЕДНАЯ см. *Грибы ядовитые.*

«ПРОГРЕСС» (состав для борьбы со ржавчиной) см. *Щелочи едкие.*

ПОЛИТУРА см. *Суррогаты алкоголя.*

ПРОМЕДОЛ см. *Морфин.*

РЕЗОРЦИН см. *Фенолы.*

РЕОПИРИН см. *Амидопирин.*

РТУТЬ см. *Сулема* (дихлорид ртути).

САЛИЦИЛАТ НАТРИЯ см. *Ацетилсалициловая кислота.*

САЛИЦИЛОВЫЙ СПИРТ см. *Ацетилсалициловая кислота.*

СЕЛИТРА см. *Анилин.*

СЕРДЕЧНЫЕ ГЛИКОЗИДЫ (дигоксин, дигитоксин, препараты ландыша, строфанта, морского лука и др.). Избирательное кардиотоксическое действие. Диспепсические расстройства (тошнота, рвота). Брадикардия, экстрасистолия, нарушения проводимости, различные виды тахикардии, мерцание желудочков. Падение артериального давления, цианоз, судороги. Смертельная доза дигоксина около 10 мг, дигитоксина — 5 мг.

Л е ч е н и е. 1. Промывание желудка, солевое слабительное, активированный уголь внутрь. 2. Атропин (1 мл 0,1 % раствора) п/к при брадикардии; хлорид калия (500 мл 0,5 % раствора) в/в капельно; тетацин-кальций (20 мл 10 % раствора в 300 мл 5 % раствора глюкозы) в/в капельно повторно. 3. Дипразин (пипольфен) по 1 мл 2,5 % раствора и промедол по 1 мл 1 % раствора в/в.

СЕРЕБРА НИТРАТ. Местное прижигающее действие. Ожоги слизистой оболочки полости рта, пищевода, желудка, степень которых зависит от концентрации препарата. Рвота белыми, темнеющими на свету массами. Боль при глотании, по ходу пищевода и в желудке. Возможно развитие ожогового шока.

Л е ч е н и е. 1—2. Обильное промывание желудка 2 % раствором хлорида натрия; активированный уголь внутрь. 3. Лечение ожогов (см. *Кислоты крепкие*).

СЕРОВОДОРОД. Избирательное нейротоксическое (гипоксическое) действие. Насморк, кашель, резь в глазах, блефароспазм, бронхит. Головная боль, тошнота, рвота, возбуждение. В тяжелых случаях кома, судороги, токсический отек легких.

Л е ч е н и е. 2. Ингаляция амилнитрита. 3. Щелочные ингаляции. Длительная ингаляция кислорода, кодеин внутрь. Лечение токсического отека легких.

СИНИЛЬНАЯ КИСЛОТА И ДРУГИЕ ЦИАНИДЫ. Общетоксическое (нейротоксическое, тканевая гипоксия) действие. Резкая головная боль, тошнота, рвота, боль в животе, нарастающая слабость, выраженная одышка, сердцебиение, психомоторное возбуждение, судороги, потеря сознания. Кожные покровы гиперемированы, слизистые оболочки цианотичны. При смертельной дозе (0,05 г) — клонико-тонические судороги, резкий цианоз, острая сердечно-сосудистая недостаточность и остановка дыхания.

Л е ч е н и е. 1. Ингаляция амилнитрита (2—3 ампулы); промывание желудка через зонд, лучше 0,1 % раствором перманганата калия или 0,5 % раствором тиосульфата натрия; активированный уголь внутрь. 2. Нитрат натрия (10 мл 1 % раствора) в/в медленно каждые 10 мин 2—3 раза; тиосульфат натрия (50 мл 30 % раствора) и метиленовый синий (50 мл 1 % раствора) в/в. 3. Глюкоза (20—40 мл 40 %

раствора) в/в повторно; оксигенотерапия; цианокобаламин до 1000 мкг/сут в/м и аскорбиновая кислота (20 мл 5 % раствора) в/в; сердечно-сосудистые средства.

СКИПИДАР. Местное раздражающее, резорбтивное нефротоксическое действие. При поступлении внутрь — резкая боль по ходу пищевода и в животе, рвота с примесью крови, жидкий стул, резкая слабость, головокружение. Возможны психомоторное возбуждение, бред, судороги, потеря сознания, кома с нарушением дыхания по типу механической асфиксии. Позже могут развиться бронхопневмония, нефропатия, почечная недостаточность.

Л е ч е н и е. 1. Промывание желудка; форсированный диурез. 3. При возбуждении и судорогах — диазепам (20 мг) и барбамил (5 мл 10 % раствора) в/м; сердечно-сосудистые средства; цианокобаламин 400 мкг, тиамин (5 мл 5 % раствора) в/м; лечение токсического шока и нефропатии.

СОЛЯНАЯ КИСЛОТА см. *Кислоты крепкие.*
СПИРТ ГИДРОЛИЗНЫЙ см. *Суррогаты алкоголя.*

СПИРТ МЕТИЛОВЫЙ (метанол, древесный спирт). Избирательное психотропное (наркотическое) нейротоксическое (дистрофия зрительного нерва), нефротоксическое действие. Токсические метаболиты: формальдегид, муравьиный спирт. Опьянение выражено слабо; тошнота, рвота. Мелькание «мушек» перед глазами. На 2—3-и сутки появляется неясность видения, слепота. Боль в ногах, голове, нарастание жажды. Кожа и слизистые оболочки сухие, гиперемированы с синюшным оттенком, язык обложен серым налетом, зрачки расширены с ослабленной реакцией на свет. Тахикардия с последующим замедлением и нарушением ритма. Выраженный метаболический ацидоз. Артериальное давление сначала повышено, затем падает. Сознание спутано, возможно психомоторное возбуждение, судороги, кома, гипертонус мышц конечностей, ригидность затылочных мышц, токсический шок, паралич дыхания. Смертельная доза около 100 мл (без предварительного приема этанола).

Л е ч е н и е. 1. Промывание желудка, солевое слабительное, форсированный диурез с ощелачиванием; ранний гемодиализ. 2. Этиловый 30 % алкоголь 100 мл внутрь, затем каждые 2 ч по 50 мл, всего 4—5 раз; в коматозном состоянии — в/в капельно 5 % раствор этилового спирта — 1 мл/(кг · сут). 3. Преднизолон (30 мг), тиамин (5 мл 6 % раствора) и аскорбиновая кислота (20 мл 5 % раствора в/в); глюкоза (200 мл 40 % раствора) и новокаин (20 мл 2 % раствора) в/в капельно; АТФ (2—3 мл 1 % раствора) в/м повторно; лечение токсического шока; люмбальная пункция при отеке мозга и нарушении зрения.

СПИРТ МУРАВЬИНЫЙ см. *Спирт метиловый.*

СПИРТ НАШАТЫРНЫЙ см. *Щелочи едкие.*
СПИРТ ЭТИЛОВЫЙ (этанол, алкогольные напитки). Избирательное психотропное (наркотическое) действие. При приеме внутрь токси-

ческих доз после общеизвестных симптомов опьянения быстро развивается кома. Холодная липкая кожа, гиперемия лица и конъюнктивит, снижение температуры тела, рвота, непроизвольное выделение мочи и кала. Зрачки сужены, а при нарастании расстройств дыхания расширяются. Горизонтальный нистагм. Дыхание замедленное. Пульс частый, слабый. Иногда судороги, аспирация рвотных масс, ларингоспазм. Возможны остановка дыхания в результате механической асфиксии и острая сердечно-сосудистая недостаточность. Смертельная доза около 300 мл 96 % спирта, у привычных к алкоголю — значительно выше.

Л е ч е н и е. 1. Промывание желудка через зонд; солевое слабительное; форсированный диурез. 3. Туалет полости рта, фиксация языка языкодержателем, отсасывание слизи из полости рта и глотки. Атропин (1 мл 0,1 % раствора), кордиамин (2 мл), кофеин (2 мл 20 % раствора) под кожу, внутриязычно или в вену; при отсутствии глоточных рефлексов — интубация трахеи и искусственная вентиляция легких. Глюкоза (40 мл 40 % раствора) с инсулином (15 ЕД) в/в; тиамин (5 мл 6 % раствора) и пиридоксин (2 мл 5 % раствора) в/м; гидрокарбонат натрия (до 1000 мл 4 % раствора) в/в капельно; никотиновая кислота (1 мл 5 % раствора) под кожу повторно; антибиотики; лечение токсического шока.

СПОРЫНЬЯ (маточные рожки, эрготин, эрготоксин, эрготамин). Избирательное нейротоксическое (никотиноподобное) действие. Слюнотечение, рвота, понос, жажда, боль в животе, головокружение, бледность, одышка, бред, кома, анестезия кожи конечностей, судороги, маточные кровотечения, при беременности — самопроизвольный выкидыш. Нарушения кровоснабжения конечностей, трофические язвы.

Л е ч е н и е. 1. Промывание желудка, солевое слабительное; форсированный диурез. 3. Выдыхание амилнитрита. Глюкозоновокаиновая смесь (30 мл 2 % раствора новокаина, 500 мл 10 % раствора глюкозы) в/в капельно; при судорогах — диазепам (20 мг) в/м; при сосудистых спазмах — 2 мл 2 % раствора папаверина п/к.

СТРИПТИЦИН см. *Спорынья.*
СТРИХНИН. Избирательное нейротоксическое (судорожное) действие. Горький вкус во рту, пугливость, беспокойство, сведение затылочных мышц, тризм, тетанические судороги, сердцебиение, затруднение дыхания, цианоз. Смертельная доза 15—20 мг.

Л е ч е н и е. 1. Промывание желудка; активированный уголь внутрь; солевое слабительное; форсированный диурез. 3. При судорогах — диазепам (20 мг) в/в, эфирно-кислородный наркоз с миорелаксантами, искусственная вентиляция легких; сердечно-сосудистые средства.

СТРОФАНТИН см. *Сердечные гликозиды.*
СУЛЕМА (дихлорид ртути). Избирательное нефротоксическое, энтеротоксическое, местное — прижигающее действие. При поступлении внутрь концентрированных растворов — резкая боль в животе, по ходу пищевода. Рвота,

через несколько часов понос с кровью. Медно-красная окраска слизистых оболочек рта и глотки. Набухание лимфатических узлов, металлический вкус во рту, слюнотечение, кровоточивость десен, позже — темная кайма сернистой ртути на деснах. Со 2—3-го дня — явления острой почечной недостаточности (сулемовая почка). Рано появляются повышенная возбудимость, гипертонический синдром, гипохромная анемия. Смертельная доза 0,5 г.

Л е ч е н и е. 1. Повторное промывание желудка; активированный уголь внутрь; ранний гемодиализ с введением 100—150 мл 5 % раствора унитиола в/в капельно. 2. Унитиол (10 мл 5 % раствора) в/м повторно; тетацин-кальций (10 мл 10 % раствора) с глюкозой (300 мл 5 % раствора) и тиосульфат натрия (100 мл 30 % раствора) в/в капельно. 3. Двусторонняя паранефральная новокаиновая блокада. Цианокобаламин (до 1000 мкг/сут); тиамин, пиридоксин; атропин (1 мл 0,1 % раствора), морфин (1 мл 1 % раствора) п/к. Лечение острой почечной недостаточности, антибиотики внутрь и в/м.

СУЛЬФАНИЛАМИДЫ (сульфадимезин, норсульфазол и пр.). Избирательное нефротоксическое, гемотоксическое действие. При легких отравлениях — тошнота, рвота, головокружение, слабость. При тяжелых отравлениях образуется сульфгемоглобин и метгемоглобин, что ведет к появлению резкого цианоза. Возможны агранулоцитоз, некротическая ангина. Острая почечная недостаточность развивается при повторном приеме больших доз препаратов (свыше 10 г), на фоне сниженного диуреза и кислой реакции мочи (кристаллурия).

Л е ч е н и е. 1. Промывание желудка через зонд, солевое слабительное; форсированный диурез с ощелачиванием крови; ранний гемодиализ. 3. Димедрол (1 мл 1 % раствора), хлорид кальция (10 мл 10 % раствора) в/в; аскорбиновая кислота (10 мл 5 % раствора), цианокобаламин (до 600 мкг); паранефральная новокаиновая блокада; лечение острой почечной недостаточности. При метгемоглобинемии — см. *Анилин*.

СУРРОГАТЫ АЛКОГОЛЯ. Гидролизный и сульфитный спирты получают из древесины путем гидролиза. Токсичнее обычного этилового спирта. Симптоматика и лечение см. *Спирт этиловый*.

Денатураты — технический спирт с примесью метилового спирта, альдегида и др. Токсичнее этилового спирта. Симптоматика и лечение см. *Спирт этиловый*.

Одеколоны и лосьоны содержат до 60 % этилового спирта, метиловый спирт, альдегид, эфирные масла и пр. Симптоматика и лечение см. *Спирт этиловый*.

Клей БФ: его основа — фенольно-формальдегидная смола и поливинилацеталь, растворенный в этиловом спирте, ацетоне, хлороформе. Симптоматика и лечение см. *Спирт этиловый, Ацетон*.

Политура — токсический этиловый спирт с содержанием большого количества ацетона, бутилового и амилового спиртов. Некоторые виды политур содержат анилиновые красители. Симптоматика и лечение см. *Спирт этиловый, Ацетон*.

ТЕТРАЭТИЛСВИНЕЦ. Избирательное психотропное (возбуждающее), нейротоксическое (холинолитическое) действие. Потеря аппетита, тошнота, рвота, слабость, головокружение, нарушение сна, кошмарные сновидения, галлюцинации, брадикардия, гипотония, потливость, слюнотечение, зуд, дрожание, возбуждение. В тяжелых случаях — острый психоз.

Л е ч е н и е. 1. Обмыть кожу керосином, затем мылом и водой; при попадании в желудок — промывание 2 % раствором гидрокарбоната натрия или 0,5 % раствором сульфата магния, после чего внутрь сульфат магния; форсированный диурез. 3. Глюкоза (30—50 мл 40 % раствора), тиосульфат натрия (20 мл 30 % раствора), хлорид кальция (2—10 мл 10 % раствора) в/в; при возбуждении — диазепам (20 мг) в/м, барбитураты. Противопоказано введение морфина, хлоралгидрата, бромидов.

ТЕТУРАМ см. *Антабус*.

ТИОФОС см. *Фосфорорганические вещества*.

ТОРМОЗНАЯ ЖИДКОСТЬ см. *Этиленгликоль*.

ТРИОРТОКРЕЗИЛФОСФАТ. Избирательное нейротоксическое (паралитическое) действие. Диспепсические расстройства, головокружение, слабость. На 8—30-е сутки — периферические спастические параличи конечностей в результате необратимого токсического повреждения спинного мозга.

Л е ч е н и е. 1. Промывание желудка, солевое слабительное; форсированный диурез; ранний гемодиализ. 3. АТФ (2—3 мл 1 % раствора), прозерин (2 мл 0,05 % раствора) в/м; тиамин (5 мл 6 % раствора) в/м.

ТРИХЛОРЭТИЛЕН. Избирательное психотропное (наркотическое) действие. При поступлении в желудок — тошнота, рвота, диарея. Психомоторное возбуждение, острый психоз. В тяжелых случаях кома, гастроэнтерит.

Л е ч е н и е. 1. Промывание желудка, вазелиновое масло внутрь; форсированный диурез. 3. Сердечно-сосудистые средства. Спазмолитики.

ТУБАЗИД И ДРУГИЕ ПРОИЗВОДНЫЕ ИЗОНИАЗИДА. Избирательное нейротоксическое (судорожное) действие. Диспепсические расстройства, головокружение, боль в животе, дизурические расстройства, протеинурия. При тяжелых отравлениях — судороги эпилептиформного типа с потерей сознания и расстройством дыхания.

Л е ч е н и е. 1. Промывание желудка, солевое слабительное, форсированный диурез с ощелачиванием крови; ранний гемодиализ. 2. Пиридоксин (10 мл 5 % раствора) в/в повторно. 3. Эфирно-кислородный наркоз с миорелаксантами, искусственная вентиляция легких.

УГАРНЫЙ ГАЗ (окись углерода). Избирательное нейротоксическое (гипоксическое), гемотоксическое (карбоксигемоглобинемия) действие. Головная боль, стук в висках, головокружение, сухой кашель, боль в груди, слезотечение, тошнота, рвота. Возможно возбуждение со зрительными и слуховыми галлюцинациями. Гиперемия кожи. Тахикардия, повышение артериального давления. Адинамия, сонливость, двигательные параличи, потеря сознания, кома, судороги, нарушения дыхания и мозгового кровообращения, отек мозга. Возможно развитие инфаркта миокарда, кожно-трофических расстройств.

Л е ч е н и е. 1—2. Вынести больного на свежий воздух; ингаляция кислорода, гипербаротерапия. 3. Аскорбиновая кислота (10—20 мл 5 % раствора), глюкоза (500 мл 5 % раствора) и новокаин (50 мл 2 % раствора) в/в капельно. При возбуждении — аминазин (2 мл 2,5 % раствора), димедрол (1 мл 1 % раствора), пипольфен (2 мл 2,5 % раствора), промедол (1 мл 2 % раствора) в/м. При нарушениях дыхания — эуфиллин (10 мл 2,4 % раствора) в/в, искусственная вентиляция легких. При судорогах — диазепам (20 мг) в/м, барбамил (3 мл 10 % раствора) в/в, витаминотерапия; при длительной коме — гипотермия головы, гепарин (5000—10 000 ЕД) в/в, антибиотики, осмотический диурез, повторные спинномозговые пункции.

УКСУСНАЯ ЭССЕНЦИЯ см. *Кислоты крепкие.*

ФЕНИЛГИДРАЗИН см. *Анилин.*

ФЕНИЛИН см. *Антикоагулянты.*

ФЕНОБАРБИТАЛ см. *Барбитураты.*

ФЕНОЛЫ (карболовая кислота, крезол, лизол, резорцин). Местное прижигающее, общее нейротоксическое (наркотическое), нефротоксическое действие. При поступлении внутрь — характерный запах фиалок изо рта, ожог слизистых, боль во рту, глотке, животе, рвота бурыми массами. Бледность, головокружение, сужение зрачков, падение температуры тела, обморок, кома, судороги. Бурая, быстро темнеющая на воздухе моча. При отравлении лизолом — гемолиз, гемоглобинурийный нефроз. Острая почечная недостаточность. При действии на кожу — жжение, гиперемия и анестезия пораженного участка.

Л е ч е н и е. 1. Промывание желудка через зонд; активированный уголь внутрь; форсированный диурез. 2. Тиосульфат натрия (100 мл 30 % раствора) в/в капельно. 3. Витаминотерапия; антибиотики, лечение токсического шока (см. *Кислоты крепкие*). При отравлении лизолом — лечение гемоглобинурийного нефроза, острой печеночно-почечной недостаточности.

ФОРМАЛИН (формальдегид). Местное прижигающее (колликвационный некроз), общее гепатотоксическое, нефротоксическое действие. При поступлении яда внутрь — ожоги пищеварительного тракта, жжение во рту, за грудиной и в подложечной области. Жажда. Токсический шок. Поражение печени и почек (олигурия, желтуха). Слезотечение, кашель, одышка. При ингаляции — раздражение слизистых оболочек, разлитой бронхит, ларингит, пневмония. Психомоторное возбуждение. Смертельная доза при приеме внутрь около 50 мл.

Л е ч е н и е. 1—2. Промывание желудка раствором хлорида или карбоната аммония, раствором аммиака (для превращения формалина в неядовитый гексаметилентетрамин); сульфат натрия (30 г) внутрь; осмотический диурез с введением 30 % раствора мочевины (100—150 мл). 3. Сердечно-сосудистые средства; атропин (1 мл 0,1 % раствора), промедол (1 мл 2 % раствора) в/м (см. также *Кислоты крепкие*); при отравлении ингаляционным путем вынести больного на свежий воздух, ингаляция водяных паров с добавлением нескольких капель раствора аммиака, увлажненный кислород, кодеин или этилморфина гидрохлорид (дионин) внутрь.

ФОСФОРОРГАНИЧЕСКИЕ ВЕЩЕСТВА (тиофос, хлорофос, карбофос, дихлофос и пр.). Избирательное нейротоксическое (мускарино-никотино-курареподобное) действие. Отравление развивается при попадании этих препаратов в желудок, через дыхательные пути и кожные покровы. Стадия I — психомоторное возбуждение, миоз, стеснение в груди, одышка, влажные хрипы в легких, потливость, повышение артериального давления. Стадия II — преобладают отдельные или генерализованные миофибрилляции, клонико-тонические судороги, хореические гиперкинезы, ригидность грудной клетки, нарушение дыхания из-за нарастающей бронхореи; коматозное состояние; снижение активности холинэстеразы крови на 50 % и более. Стадия III — нарастающая слабость дыхательных мышц и угнетение дыхательного центра до полной остановки дыхания; затем параличи мышц конечностей, падение артериального давления, расстройства сердечного ритма и проводимости. Смертельная доза карбофоса или хлорофоса при попадании внутрь — около 5 г.

Л е ч е н и е. 1. Промывание желудка (повторное), жировое слабительное (вазелиновое масло и пр.), сифонные клизмы; ранний гемодиализ, перитонеальный диализ, гемосорбция в первые сутки после отравления. 2. В I стадии — атропин (2—3 мл 0,1 % раствора) п/к, аминазин (2 мл 2,5 % раствора) и сульфат магния (10 мл 25 % раствора) в/м; атропинизация до сухости во рту в течение суток. Во II стадии — атропин по 3 мл в/в в 5 % растворе глюкозы (повторно) до купирования бронхореи и появления сухости слизистых оболочек (25—30 мл); при резкой гипертензии и судорогах — гексоний (1 мл 2,5 % раствора), сульфат магния (10 мл 25 % раствора) в/м, диазепам (20 мг) в/в, гидрокарбонат натрия (до 1000 мл 4 % раствора) в/в; реактиваторы холинэстеразы (1 мл 15 % раствора дипироксима, 5 мл 10 % раствора диэтиксима) в/м повторно, только в первые сутки; атропинизация в течение 3—4 сут. В III стадии — искусственная вентиляция легких; атропин в/в капельно (20—30 мл) до купирования бронхореи; реактиваторы холинэстеразы; лечение токсического шока; гидрокортизон (250—300 мг) в/м; антибиотики, переливание крови на 2—3-и сутки после отравления, если отмечаются низкая активность холинэстеразы и нарушение проводимости (150—200 мл повторно); атропинизация в течение 4—6 сут.

ХИНИН (акрихин, плазмоцид). Избирательное психотропное (возбуждающее), нейротоксическое, кардиотоксическое действие. Для легкого отравления характерны головная боль, головокружение, шум в ушах, нарушение зрения, диспепсические расстройства, рвота, жидкий стул, боль в животе. При отравлении акрихином — «акрихиновый психоз»: резкое психомоторное возбуждение с галлюцинациями и полной дезориентацией больных, клонико-тонические судороги. Желтушное окрашивание кожных покровов и склер. При тяжелых отравлениях преобладают явления сердечно-сосудистой недостаточности, ускорение пульса и падение артериального давления, нарушение проводимости. Возможно развитие глубокого коматозного состояния с расширением зрачков и отсутствием их реакции на свет, нарушение дыхания. Иногда наблюдаются токсическое поражение печени, атрофия зрительного нерва. Смертельная доза около 10 г.

Л е ч е н и е. 1. Внутрь активированный уголь; промывание желудка, лучше раствором перманганата калия (1:1000); солевое слабительное (30,0); форсированный диурез с ощелачиванием крови; ранний гемодиализ; гемосорбция. 3. При акрихиновом опьянении — аминазин (2 мл 2,5 % раствора), димедрол (2 мл 1 % раствора) в/м, фенобарбитал (0,2 г внутрь). Лечение токсического шока; глюкоза (100 мл 40 % раствора) в/в капельно, инсулин (10 ЕД), аскорбиновая кислота (20 мл 5 % раствора) в/м; гидрокортизон (до 300 мг/сут). Сердечно-сосудистые средства. При амблиопии — спинномозговая пункция, никотиновая кислота (10 мл 1 % раствора) в/в медленно, ретинол, тиамин.

ХЛОДЕПИД (элениум) см. *Барбитураты.*
ХЛОР и другие раздражающие газы. Местное раздражающее действие. Вдыхание концентрированных паров может привести к быстрой смерти в результате химического ожога дыхательных путей и ларингобронхоспазма. При менее тяжелых отравлениях — резь в глазах, слезотечение, мучительный приступообразный кашель, боль в груди, головная боль, диспепсические расстройства. В легких много сухих и влажных хрипов, явления острой эмфиземы легких, тяжелая одышка, цианоз слизистых оболочек. Возможна тяжелая бронхопневмония с токсическим отеком легких.

Л е ч е н и е. Вынести пострадавшего на свежий воздух; кислород, морфин (1 мл 1 % раствора), атропин (1 мл 0,1 % раствора), эфедрин (1 мл 5 % раствора) п/к; хлорид кальция (15 мл 10 % раствора) или глюконат кальция (20 мл 10 % раствора), эуфиллин (10 мл 2,4 % раствора) в/в; димедрол (2 мл 1 % раствора) п/к, гидрокортизон (до 300 мг/сут) в/м. Ингаляция аэрозолей раствора гидрокарбоната натрия, антибиотиков, новокаина с эфедрином. Антибиотикотерапия. Лечение токсического отека легких и токсического шока. Лечение конъюнктивита: промывание глаз водопроводной водой, введение стерильного вазелинового масла. Ингаляция кислорода противопоказана.

ХЛОРИСТОВОДОРОДНАЯ КИСЛОТА см. *Соляная кислота.*
ХЛОРНАЯ ИЗВЕСТЬ см. *Щелочи едкие.*
ХЛОРОРГАНИЧЕСКИЕ СОЕДИНЕНИЯ (ДДТ, детойль, гексахлоран и пр.). Избирательное нейротоксическое (судорожное) действие. Диспепсические расстройства, боль в животе, резкое возбуждение, ознобоподобный гиперкинез, судороги икроножных мышц, мышечная слабость, ослабление рефлексов. Возможны сопорозное состояние, поражение печени, острая сердечно-сосудистая недостаточность. Смертельная доза при приеме внутрь 30 г, для детей — 150 мг на 1 кг массы тела.

Л е ч е н и е. 1. Промывание желудка через зонд; солевое слабительное; форсированный диурез с ощелачиванием мочи. 2. Глюконат и хлорид кальция (по 10 мл 10 % раствора) в/в; никотиновая кислота (3 мл 1 % раствора) п/к повторно; тиамин (2 мл 6 % раствора), цианокобаламин (до 600 мкг) в/м; при судорогах диазепам (10 мг), барбамил (5 мл 10 % раствора) в/м. Лечение токсического шока и токсической гепатопатии. Не вводить адреналин! Лечение гипохлоремии — 10—30 мл 10 % раствора хлорида натрия в/в.

ХЛОРОФОС см. *Фосфорорганические вещества.*
ХРОМПИК (бихромат калия). Местное прижигающее, общее гемотоксическое, нефротоксическое, гепатотоксическое действие. При поступлении внутрь — ожоги пищеварительного тракта, выраженный гемолиз, гемоглобинурийный нефроз, поражение печени (желтуха). См. также *Кислоты крепкие.*

Л е ч е н и е. 1. Промывание желудка через зонд; форсированный диурез, ранний гемодиализ. 2. Унитиол (10 мл 5 % раствора) в/м. 3. См. *Кислоты крепкие.*

ЩЕЛОЧИ ЕДКИЕ. Местное прижигающее (колликвационный некроз) действие. При поступлении внутрь — ожоги пищеварительного тракта, экзотоксический ожоговый шок, повторные пищеводно-желудочные кровотечения, механическая асфиксия в результате ожога и отека гортани. Ожоговая болезнь, реактивный перитонит. В более поздние сроки (на 3—4-й неделе) — рубцовое сужение пищевода, антрального отдела желудка. Основные осложнения: поздние язвенные кровотечения, аспирационная пневмония.

Л е ч е н и е см. *Кислоты крепкие.*
«ЭВРИКА» (порошок для чистки металлических изделий) см. *Щелочи едкие.*
«ЭГЛЕ» (жидкость для чистки паркета, содержит щавелевую кислоту) см. *Кислоты крепкие.*
ЭРГОТОКСИН см. *Спорынья.*
«ЭМУЛЬТОКС» см. *Фосфорорганические вещества.*
ЭТАМИНАЛ-НАТРИЙ см. *Барбитураты.*
ЭТИЛЕНГЛИКОЛЬ (антифриз; тормозная жидкость этиленгликолевого состава). Избирательное психотропное (наркотическое), нефротоксическое, гепатотоксическое действие. Токси-

ческие метаболиты: гликолевая кислота, щавелевая кислота. После приема антифриза внутрь вначале наступает легкое опьянение при хорошем самочувствии. Спустя 5—8 ч появляются боль в животе, сильная жажда, головная боль, рвота, понос. Кожа сухая, гиперемирована. Слизистые оболочки с цианотичным оттенком. Психомоторное возбуждение, расширение зрачков, повышение температуры тела, одышка, тахикардия. При тяжелых отравлениях — потеря сознания, ригидность затылочных мышц, клонико-тонические судороги. Дыхание глубокое, шумное; метаболический ацидоз. Острая сердечная недостаточность, отек легких. На 2—5-е сутки — анурия вследствие острой печеночно-почечной недостаточности. Смертельная доза около 100 мл.

Лечение. 1. Промывание желудка через зонд, солевое слабительное; форсированный диурез с ощелачиванием крови; ранний гемодиализ в первые сутки после отравления. 2. Хлорид или глюконат кальция (по 10—20 мл 10 % раствора) в/в повторно; этиловый алкоголь (по 30 мл 30 % раствора внутрь повторно или 100—200 мл 5 % раствора в/в) в первые сутки. 3. Гемодиализ при острой печеночно-почечной недостаточности; при возбуждении — сульфат магния (10 мл 2,5 % раствора) в/м повторно, спинномозговая пункция, глюкозоновокаиновая смесь в/в. Сердечно-сосудистые средства.

ОТРАВЛЕНИЯ, ВЫЗВАННЫЕ УКУСАМИ ЯДОВИТЫХ ЖИВОТНЫХ

ЗМЕИ. Острое отравление обусловлено специфическим действием змеиного яда — продукта ядовитых желез змеи.

Этиология. Наиболее опасные для человека ядовитые змеи принадлежат к следующим 4 семействам: 1) морские змеи (Hydrophiidae), обитающие в прибрежных тропических водах Индийского и Тихого океанов (в СССР не встречаются); 2) аспиды (Elapidae), из которых в СССР на крайнем юге Средней Азии встречается лишь один вид — среднеазиатская кобра (Naja oxyana); 3) ямкоголовые змеи (Crotalidae), представленные в СССР лишь несколькими видами рода щитомордников (Agkistrodon) — азиатским (Средняя Азия, Казахстан, крайний юг Сибири), восточным и скалистым (юг Приморского края и Восточной Сибири); 4) гадюки (Viperidae), из которых в СССР наиболее опасны гюрза (Средняя Азия, юг Казахстана, Закавказье) и песчаная эфа (пустыни и полупустыни юга Средней Азии); наиболее распространены гадюка обыкновенная (средняя полоса и частично север страны от Прибалтики и Карелии через лесные и лесостепные зоны Европейской части СССР, Средний и Южный Урал и Сибирь до о. Сахалин на востоке), степная гадюка (Молдавия, Украина, Северный Кавказ, Нижнее Поволжье, Казахстан, север Средней Азии). На ограниченных участках Кавказа и Закавказья встречаются гадюка Радде, кавказская гадюка, носатая гадюка.

Основные действующие начала ядов — токсические белки и полипептиды, на долю которых приходится более 80 % сухой массы яда. В ядах морских змей и аспидов (эволюционно более примитивные группы) преобладают низкомолекулярные нейро- и кардиотропные цитотоксины (гемолизины), а в ядах гадюк и щитомордников — крупномолекулярные белки геморрагического, гемокоагулирующего и некротизирующего действия, большая часть из которых относится к протеазам. В тело жертвы яд вводится с помощью двух зубов. Обломавшиеся зубы сразу же заменяются запасными, в связи с чем удаление ядовитых зубов не обезвреживает змею.

Патогенез. При отравлении нейрокардиотоксическими ядами аспидов и морских змей — нарушения чувствительности, парестезии, восходящий периферический двигательный паралич (курареподобный эффект), нарушение функции ЦНС, паралич дыхания, коллапс, нарушения ритма сердца (экстрасистолия, блокады), на поздних этапах при использовании управляемой вентиляции легких — сердечная недостаточность. Возможен выраженный внутрисосудистый гемолиз (цитотоксический эффект). При отравлениях ядами гадюк и щитомордников — отечно-геморрагический эффект, деструкция и геморрагическое пропитывание тканей в зоне введения яда, прогрессирующий шок сложного генеза (освобождение биологически активных веществ, внутрисосудистое свертывание крови — гемокоагуляционный шок, гиповолемия), диссеминированное внутрисосудистое свертывание крови (тромбогеморрагический синдром); системное повышение капиллярной проницаемости, гипопротеинемия и гипоальбуминемия, гиповолемия, острая постгеморрагическая анемия (с более или менее выраженным вторичным гемолизом), дистрофические изменения в паренхиматозных органах — печени, почках. В состав ядов ряда тропических ямкоголовых змей (некоторые ботропсы и гремучие змеи), а также австралийских аспидов входят как нейротоксины, так и компоненты геморрагического и гемокоагулирующего действия, в связи с чем патогенез и клиника отравления складываются из совокупного воздействия веществ первой и второй групп.

Клиническая картина. Тяжесть интоксикации варьирует в очень больших пределах, что зависит от вида укусившей змеи (тропические и субтропические виды более опасны), ее размера, степени раздраженности, количества введенного при укусе яда, возраста, массы тела и исходного состояния здоровья пострадавшего (дети и больные переносят интоксикацию тяжелее), локализации укуса, степени васкуляризации тканей, в которые попал яд, своевременности и правильности лечения. Неправильные действия при оказании помощи пострадавшему нередко наносят больший ущерб его здоровью, чем укус змеи, существенно затрудняют диагностику и дальнейшее лечение.

При *укусах кобры* и отравлениях другими нейротоксическими ядами (на территории СССР такие поражения крайне редки и возможны только на юге Средней Азии) клиническая картина характеризуется следующими признаками: в первые же минуты появляются онемение и боль в зоне укуса, быстро распространяющиеся на всю пораженную конечность, а затем и туловище. Разнообразны сенсорные расстройства. В первые 15—20 мин развивается начальный коллапс, затем — через 2—3 ч — АД нормализуется, но еще позднее при ослаблении деятельности сердца могут возникнуть поздний шок и отек легких. Рано нарушается координация движений (шатающаяся походка, невозможность стоять), быстро прогрессирует восходящий паралич двигательной мускулатуры, нарушается функция языка, мускулатуры глотки, глазодвигательных мышц (афония, дисфагия, диплопия и т. д.), прогрессирует угнетение дыхания, которое становится все более редким и поверхностным, что может стать причиной смерти пострадавшего. Позднее проявляется кардиотоксическое действие — аритмия, снижение систолического и минутного объема. На месте укуса изменения отсутствуют или минимальны, если они не вызваны «лечебными» воздействиями — разрезами, прижиганиями, жгутом и т. д. Температура тела может повышаться до 38—39 °C, возможен незначительный нейтрофильный лейкоцитоз. Иногда отмечаются признаки умеренного внутрисосудистого гемолиза. Наиболее тяжелый и опасный период — в первые 12—18 ч интоксикации.

При *укусах гадюк и щитомордников* рано возникают петехиальные и пятнистые кровоизлияния в зоне укуса, быстро прогрессирует геморрагический отек мягких тканей пораженной конечности (в тяжелых случаях он не только захватывает всю или почти всю конечность, но и переходит на туловище). В первые 20—40 мин возникают явления шока: бледность покровов, головокружение, тошнота, рвота, малый и частый пульс, снижение АД, возможна периодическая потеря сознания. Геморрагия и отек быстро прогрессируют и распространяются, причем только в пораженной части тела внутренняя потеря крови и плазмы может составить несколько литров. В связи с этим прогрессируют шок, гиповолемия, острая постгеморрагическая анемия, гипопротеинемия и гипоальбуминемия. Все эти явления усугубляются синдромом диссеминированного внутрисосудистого свертывания крови (смена фаз гипер- и гипокоагуляции, гипофибриногенемия, тромбоцитопения потребления и т. д.). В органах (почках, печени, легких) возникают блокада микроциркуляции, геморрагии; периваскулярный отек, дистрофические изменения, в тяжелых случаях — признаки острой недостаточности паренхиматозных органов. В пораженной части тела на фоне цианоза, геморрагий могут возникать геморрагические пузыри, некроз тканей, гангрена (эти явления особенно тяжелы, если больному накладывали жгут). Наибольшей выраженности все симптомы достигают обычно к концу первых суток интоксикации.

Лечение. При оказании первой помощи пострадавшему сразу же после укуса должен быть обеспечен полный покой в горизонтальном положении. Раскрытие ранок надавливанием и начатое в первые же минуты энергичное отсасывание содержимого ранок ртом позволяют удалить от 20 до 50 % введенного яда. Отсасывание ртом проводят в течение 15 мин (для лица, оказывающего первую помощь, оно совершенно не опасно), после чего рану дезинфицируют обычным способом и накладывают на нее стерильную повязку, которую по мере развития отека периодически ослабляют, чтобы она не врезалась в мягкие ткани. Наложение на пораженную конечность жгута намного усугубляет как местные, так и общие проявления болезни, часто ведет к гангрене, повышает летальность.

Противопоказаны разрезы, прижигания, введения в область укуса перманганата калия и других сильных окислителей и все травмирующие местные воздействия. Распространение яда в организме значительно замедляется при ранней иммобилизации пораженной части тела шинами, после чего пострадавшего следует возможно быстрее доставить на носилках в ближайшее лечебное учреждение. Целесообразно обильное питье. Алкоголь противопоказан.

Специфическая терапия проводится моно- и поливалентными противоядными сыворотками (СПС) — «антигюрза», «антиэфа», «антикобра», «антикобра + антигюрза». Сыворотки обладают определенной, хотя и менее выраженной активностью против ядов змей того же рода. СПС «антигюрза» нейтрализует как яд гюрзы (Vipera lebetina), так и в меньшей степени яды других змей рода Vipera (обыкновенной гадюки, кавказской гадюки и др.), но не влияет на отравления ядами эфы (род Echis), кобры (род Naja). СПС следует вводить при интоксикациях тяжелых и средней тяжести возможно более рано, но в условиях медицинского учреждения и под врачебным контролем (из-за возможности анафилактического шока и других аллергических реакций). Вводят их по Безредке с биологической пробой, а затем дробно или капельно по 40—80 мл (суммарная доза от 1000 до 3000 АЕ). При отравлениях средней тяжести сыворотку можно вводить в/м или п/к. При легко протекающих интоксикациях и укусах таких малоопасных змей, как гадюка обыкновенная и степная, а также щитомордников отечественной фауны прибегать к сывороточной терапии в подавляющем большинстве случаев нет необходимости.

Патогенетическая терапия включает в себя противошоковые мероприятия, среди которых ведущее значение имеет борьба с гиповолемией и гипопротеинемией (в/в введения 5—10 % альбумина, реополиглюкина, нативной или свежезамороженной плазмы — до 1000—2000 мл и более в первые сутки отравления), а также в связи с острой анемией — трансфузии эритроцитной массы, отмытых эритроцитов, свежецитратной крови.

При *укусах аспидов* необходимо в/в введение сыворотки «антикобра» в дозе до 300 мл и более (концентрированные сыворотки назначают по 100—200 мл) в сочетании с в/в введением прозерина по 0,5 г через каждые 30 мин (т. е. по 1 мл 0,05 % раствора) вместе с атропином (по 0,5 мл 0,1 % раствора). При необходимости подключают аппарат управляемого дыхания. Для предупреждения осложнений используют антибиотики и противостолбнячную сыворотку.

П р о ф и л а к т и к а. В местах, где водится много змей, не следует размещать детские учреждения, располагаться на ночлег. Надежной защитой от укусов служат сапоги, одежда из плотной ткани. Змеи неагрессивны и наносят укусы только в порядке самозащиты, поэтому не следует ловить этих животных, играть с ними, содержать в живых уголках школ и т. д.

П р о г н о з, как правило, благоприятный. Летальность при укусах самых опасных змей, обитающих в Средней Азии, в прошлом составляла приблизительно 8 %; при правильном лечении этот показатель снижается до десятых долей процента. Летальные исходы при укусах других змей отечественной фауны чаще являются следствием не самой интоксикации, а неправильного оказания первой помощи пострадавшим.

Ядовитые членистоногие. На территории СССР патогенны для человека скорпионы (Средняя Азия и юг Казахстана, Кавказ и Закавказье, южная часть Крыма), пауки — каракурт (Средняя Азия, Казахстан, юг Западной Сибири и Приуралья, Нижнее Поволжье, Северный Кавказ и Закавказье, причерноморская часть Украины), осы, пчелы, сколопендры.

П а т о г е н е з. Интоксикацию вызывают входящие в состав ядов низкомолекулярные белки, оказывающие нейротоксическое действие, а также биологически активные амины (гистамин, серотонин и др.) и их либераторы. Следует четко различать собственно токсическое действие ядов и аллергические реакции на них, которые часто протекают крайне тяжело и служат причиной скоропостижной смерти пострадавших. Такие аллергические реакции в большинстве случаев связаны с ужалениями ос и пчел, тогда как при укусах других ядовитых членистоногих наблюдается, как правило, истинная интоксикация.

Ужаления скорпионов вызывают острую мучительную боль в зоне инокуляции яда, нередко иррадиирующую по нервным волокнам. Выраженность гиперемии и отека в зоне поражения варьирует в очень больших пределах, причем при слабой местной реакции общая интоксикация часто выражена больше, чем при значительной местной воспалительной реакции на яд. Иногда в зоне ужаления наряду с отеком возникают поверхностные пузыри с серозным содержимым. Симптомы общей интоксикации отмечаются лишь у отдельных пострадавших, преимущественно у детей дошкольного возраста. Развиваются общее недомогание, головная боль, головокружение, познабливание, боль в области сердца, одышка, сердцебиение, общее беспокойство, сменяющееся сонливостью и адинамией, тремор, мелкие судорожные подергивания конечностей, обильное потоотделение, слюно-, слезотечение, обильное выделение слизи из носа. Нередко возникает затруднение дыхания с бронхоспазмом, цианозом; на ранних этапах наблюдаются выраженная тахикардия и повышение АД, сменяющееся затем брадикардией и гипотонией. Возможно кратковременное повышение температуры тела до 38 °C. Признаки интоксикации сохраняются не более 24—36 ч, причем они наиболее выражены в первые 2—3 ч после ужаления. Летальные случаи на территории СССР неизвестны; значительно более тяжелы и опасны ужаления тропических скорпионов, обитающих в Северной Африке и Южной Америке.

Л е ч е н и е. Боль и местная отечно-воспалительная реакция ослабляются теплом и жировыми мазевыми повязками, обкалыванием места укуса 1 % раствором новокаина. Признаки общей интоксикации быстро купируются комплексным применением М-холиноблокаторов (0,5—1 мл 0,1 % раствора атропина п/к) и адренолитиков — эрготамина (0,5—1 мл 0,05 % раствора п/к) или редергама (0,5—1 мл 0,03 % раствора п/к). Раздельное применение этих препаратов не устраняет всех общетоксических симптомов. Ужаления скорпионов фауны СССР не требуют применения специфических противоядных сывороток, но они необходимы при поражениях тропическими скорпионами африканской и центральноамериканской фауны (особенно при ужалениях детей в возрасте до 5 лет).

Укусы каракурта не вызывают сколько-нибудь выраженной местной реакции на яд, но сопровождаются значительной и своеобразной общей интоксикацией: быстрым развитием (в течение 5—20 мин) резко выраженной мышечной слабости, нарушением походки, атаксией, мышечного тремора, мучительной глубокой ломящей болью в конечностях, области поясницы и в животе, резко выраженным болезненным напряжением мышц передней брюшной стенки, что имитирует картину острого живота, гиперемией лица и склер, отечностью век, ознобом, потливостью, повышением температуры тела до 38—39 °C и АД до 160/100—220/120 мм рт. ст. Больные не могут встать на ноги, часто очень возбуждены, кричат от боли, мечутся в постели. Возможно появление менингеальных симптомов, патологических рефлексов. Часты задержка стула и мочеиспускания (спазм сфинктеров). В наиболее тяжелых случаях возбуждение сменяется депрессией, возникает сопорозное или коматозное состояние, развиваются клонические судороги, резкая одышка, отек легких. Особенно тяжело протекает интоксикация у детей и стариков. Ее продолжительность колеблется от 4 до 12 дней. После отравления могут длительно наблюдаться общая слабость, быстрая утомляемость, слабость конечностей, импотенция.

П р о г н о з в большинстве случаев благоприятный, но изредка регистрируются летальные исходы.

Л е ч е н и е. Повторные в/в введения 25 % раствора магния сульфата и 10 % раствора кальция хлорида, согревание конечностей и тела грелками, обильное питье; при задержке стула и парезе кишечника — клизмы, при задержке мочи — катетеризация мочевого пузыря. В наиболее тяжелых случаях вводят специфическую антикаракуртовую иммунную сыворотку.

Укусы других пауков и сколопендры сопровождаются слабой местной реакцией на яд и не требуют специального лечения.

Ужаления ос и пчел сопровождаются резкой локальной болевой реакцией, появлением в зоне поражения умеренной гиперемии и отека. Тяжелая общая интоксикация — судороги, коллапс, рвота, сопорозное или коматозное состояние — наблюдается лишь при множественных ужалениях (летальные исходы зарегистрированы при нескольких сотнях ужалений). Тяжелые же местные и общие реакции на одиночные или немногочисленные ужаления обусловлены, как правило, аллергией к пчелиному или осиному яду.

Аллергические реакции на ужаления ос и пчел могут протекать в виде резко выраженной (гиперергической) местной отечной реакции либо с общими нарушениями — анафилактическим шоком, отеком Квинке, крапивницей или

бронхоспастическим синдромом. Смерть пострадавшего может наступить в течение первых 20 мин — 3 ч от шока, асфиксии вследствие отека гортани и (или) бронхоспазма с последующим отеком легких.

Л е ч е н и е . При обычной реакции на ужаление — удаление жала из кожи, холодные примочки на места укусов. При местных или общих признаках гиперергической реакции на яд необходимо немедленно начинать интенсивную антиаллергическую терапию: введение адреналина п/к, норадреналина или мезатона в/в капельно, гидрокортизона или преднизолона в/в; антигистаминные препараты с амидопирином (при отеке Квинке), строфантин. Инъекции адреналина можно заменить введением эфедрина. В связи с опасностью молниеносной реакции пострадавший нуждается в постоянном врачебном наблюдении в первые часы после поражения.

П р о ф и л а к т и к а . Лица с повышенной чувствительностью к яду ос и пчел должны избегать контакта с этими насекомыми. Хороший временный эффект дает специфическая десенсибилизация таких лиц вытяжками из насекомых.

Глава 17

ИНФЕКЦИОННЫЕ БОЛЕЗНИ

АМЕБИАЗ (амебная дизентерия) — протозойное заболевание, характеризующееся язвенным поражением толстого кишечника, иногда осложняющееся абсцессами печени, поражением легких и других органов.

Этиология, патогенез. Возбудитель — дизентерийная амеба — может находиться в трех формах. Большая вегетативная форма (тканевая форма, эритрофаг) способна фагоцитировать эритроциты и встречается только у больных; просветная форма и стадия цисты встречаются у носителей амеб. Заражение наступает при попадании цист в пищеварительный тракт человека. В толстом кишечнике циста превращается в просветную форму, наступает носительство. Заболевание развивается лишь при переходе просветной формы в тканевую. При размножении тканевой формы в стенке кишки возникают небольшие абсцессы в подслизистой, которые затем прорываются в просвет кишки с образованием язв слизистой оболочки. Гематогенно дизентерийная амеба может проникнуть в печень, реже в другие органы и вызвать там специфические абсцессы. Рубцы, возникающие при заживлении язв, могут привести к сужению кишечника.

Симптомы, течение. Инкубационный период продолжается от 1 нед до 3 мес. Болезнь начинается относительно остро. Появляются слабость, головная боль, умеренная боль в животе, стул становится жидким с примесью стекловидной слизи и крови. Температура субфебрильная. После острого периода, как правило, бывает длительная ремиссия, затем заболевание обостряется вновь и принимает хроническое течение. Без антипаразитарного лечения хронические формы могут продолжаться 10 лет и более. Они протекают в виде рецидивирующих или непрерывных форм. Отмечаются боль в животе, понос, чередующийся с запором, временами примесь крови в испражнениях. При длительном течении развивается астенический синдром, упадок питания, гипохромная анемия. При ректороманоскопии обнаруживаются язвы до 10 мм в диаметре, глубокие, с подрытыми краями. Дно язв покрыто гноевидным налетом. Язвы окружены венчиком гиперемированной слизистой оболочки.

К осложнениям амебиаза относятся перитонит вследствие перфорации кишечника, амебома, кишечное кровотечение. Из внекишечных осложнений чаще наблюдается абсцесс печени. Он может развиться как во время острого периода, так и спустя длительное время, когда уже нет выраженных поражений кишечника. При остром течении абсцесса появляются лихорадка гектического типа, озноб, боль в правом подреберье. Рентгенологически выявляется высокое стояние диафрагмы или локальное выпячивание ее. Даже небольшие абсцессы можно выявить при сканировании печени. При хроническом абсцессе интоксикация и лихорадка выражены слабо. Амебный абсцесс может прорваться в окружающие органы и привести к образованию поддиафрагмального абсцесса, перитонита, гнойного плеврита.

Лабораторным подтверждением диагноза служит обнаружение в испражнениях большой вегетативной формы амебы с фагоцитированными эритроцитами. Чаще амебы обнаруживаются в материале, взятом при ректороманоскопии с кишечной язвы. Исследование нужно проводить не позднее 20 мин после дефекации или взятия материала. Имеются серологические методы диагностики.

Амебиаз необходимо дифференцировать от дизентерии, балантидиаза, неспецифического язвенного колита, новообразования толстого кишечника.

Лечение. Назначают 2 % раствор эметина гидрохлорида по 1,5—2 в/м 2 раза в день в течение 5—7 дней; через неделю цикл повторяют. В промежутках между циклами эметина назначают хингамин (делагил, хлорохин) по 0,25 г 3 раза в день, хиниофон (ятрен) по 0,5 г 3 раза в день. Можно давать также тетрациклин по 0,5 г 4 раза в день, мономицин по 0,25 г 4—6 раз в день в течение 5—7 дней. Наиболее эффективным и нетоксичным препаратом для лечения больных как с кишечными, так и внекишечными проявлениями амебиаза считают метронидазол (трихопол, флагил). Назначают его по 0,5—0,75 г 3 раза в день в течение 5—7 дней. При амебных абсцессах печени препарат назначают более длительно — до рассасывания абсцесса (по данным сканирования печени). При больших абсцессах печени используют хирургические методы лечения.

Прогноз при кишечном амебиазе благоприятный. Возможны резидуальные явления в виде сужения кишечника. При амебном абсцессе печени или мозга возможен летальный исход, однако современная терапия сделала прогноз более благоприятным.

П р о ф и л а к т и к а. Изоляция, госпитализация и лечение больных. Носители амеб не допускаются к работе в системе общественного питания. Общие меры профилактики такие же, как при дизентерии.

БАЛАНТИДИАЗ

БАЛАНТИДИАЗ — протозойная болезнь, характеризующаяся язвенным поражением толстой кишки, тяжелым течением и высокой летальностью при поздно начатой терапии.

Э т и о л о г и я, п а т о г е н е з. Возбудитель — балантидия — относится к классу инфузорий, встречается в вегетативной форме и в виде цист, устойчивых во внешней среде. Естественными носителями балантидий являются свиньи. Заражение человека происходит при попадании балантидий в пищеварительный тракт, где они могут длительно существовать (в тонком кишечнике), не вызывая болезни. У некоторых инфицированных лиц балантидии проникают в ткани, вызывая кровоизлияния, очаги некроза и язвы. Они имеют неправильные очертания, изрезанные и утолщенные края, неровное дно, покрытое кровянисто-гнойным налетом. Может наступить прободение язв, перитонит.

С и м п т о м ы, т е ч е н и е. Острые формы болезни характеризуются лихорадкой, симптомами общей интоксикации и признаками поражения кишечника (боль в животе, понос, метеоризм, возможны тенезмы). В испражнениях отмечается примесь слизи в крови. Характерны спазм и болезненность толстого кишечника, увеличение печени. При ректороманоскопии выявляется очаговый инфильтративно-язвенный процесс. При тяжелом течении отмечаются общая интоксикация, высокая лихорадка, стул до 20 раз в сутки с примесью слизи и крови с гнилостным запахом. Больные быстро худеют, иногда появляются симптомы раздражения брюшины. При ректороманоскопии устанавливают обширные язвенные поражения. При хроническом балантидиазе симптомы интоксикации выражены слабо, температура тела нормальная, стул до 2—3 раз в сутки, жидкий, со слизью, иногда с примесью крови. При пальпации болезненность преимущественно слепой и восходящей кишки. При ректороманоскопии могут быть типичные язвенные изменения. Подтверждением диагноза служит обнаружение паразитов в кале.

Л е ч е н и е. Этиотропные препараты применяют в виде 2—3 пятидневных циклов. Назначают мономицин по 0,15 г 4 раза в сутки, окситетрациклин по 0,4 г 4 раза в сутки, метронидазол по 0,5 г 3 раза в сутки. Интервал между циклами 5 дней.

П р о г н о з при современной терапии благоприятный. Без применения антипаразитарной терапии летальность достигала 10—12 %.

П р о ф и л а к т и к а. Соблюдение гигиенических мер при уходе за свиньями. Выявление и лечение больных балантидиазом людей. Общие меры профилактики те же, что при дизентерии.

БЕШЕНСТВО

БЕШЕНСТВО (водобоязнь, гидрофобия) — острая вирусная болезнь, возникающая после попадания на поврежденную кожу слюны инфицированного животного. Характеризуется развитием своеобразного энцефалита со смертельным исходом.

Э т и о л о г и я, п а т о г е н е з. Возбудитель относится к группе рабдовирусов. Патогенен для многих теплокровных животных, которые начинают выделять вирус со слюной за 7—8 дней до появления клинических симптомов. После внедрения через поврежденную кожу вирус по нервным стволам достигает головного мозга, вызывая в нем отек, кровоизлияния, дегенерацию нервных клеток. Вирус попадает также в слюнные железы и со слюной выделяется во внешнюю среду.

С и м п т о м ы, т е ч е н и е. Инкубационный период длится от 7 дней до года (чаще 1—3 мес). Выделяют стадии предвестников, возбуждения и параличей. Стадия предвестников длится 1—3 дня. В это время у больного появляются неприятные ощущения в области укуса или ослюнения (жжение, тянущие боли, зуд), хотя рана уже зарубцевалась, беспричинная тревога, депрессия, бессонница. Стадия возбуждения характеризуется гидрофобией, аэрофобией и повышенной чувствительностью. Гидрофобия (водобоязнь) проявляется в том, что при попытке пить, а затем лишь при приближении к губам стакана с водой у больного возникает судорожное сокращение мышц глотки и гортани, дыхание становится шумным в виде коротких судорожных вдохов, возможна кратковременная остановка дыхания. Судороги могут возникнуть от дуновения в лицо струи воздуха (аэрофобия). Температура тела субфебрильная. Слюноотделение повышено, больной не может проглотить слюну и постоянно ее сплевывает. Возбуждение нарастает, появляются зрительные и слуховые галлюцинации. Иногда возникают приступы буйства с агрессивными действиями. Через 2—3 дня возбуждение сменяется параличами мышц конечностей, языка, лица. Смерть наступает через 12—20 ч после появления параличей. В качестве вариантов течения выделяют бульбарную форму с выраженными симптомами поражения продолговатого мозга, паралитическую (начинается с параличей, иногда типа Ландри) и мозжечковую с мозжечковыми расстройствами.

Дифференцируют от столбняка, энцефалитов, энцефаломиелитов, истерии. После смерти больных диагноз подтверждают гистологическим исследованием головного мозга.

Л е ч е н и е. После появления клинических симптомов спасти больных не удается. Больных помещают в затемненную звукоизолированную палату. Вводят повторно пантопон, аминазин, димедрол, хлоралгидрат в клизмах.

П р о ф и л а к т и к а. Проводят борьбу с бешенством среди животных и предупреждают бешенство у людей, подвергшихся укусам инфицированных животных. При укусе рану промывают мыльной водой, прижигают настойкой йода. Хирургическое иссечение краев раны и наложение швов в первые дни противопоказаны. Антирабические прививки и серотерапию проводят на пастеровских пунктах по специальной схеме, утвержденной МЗ СССР.

БОЛЕЗНЬ БРИЛЛА (повторный сыпной тиф, рецидивный сыпной тиф) — рецидив эпидемического сыпного тифа, возникающий у переболевших через многие годы. Характеризуется спорадичностью заболеваний при отсутствии вшивости и источника инфекции, более легким, чем эпидемический сыпной тиф, течением, но с типичной клиникой. Подробнее см. *Тиф сыпной.*

«БОЛЕЗНЬ КОШАЧЬЕЙ ЦАРАПИНЫ» (доброкачественный лимфоретикулез, небактериальный регионарный лимфаденит) — острое инфекционное заболевание, возникающее при контакте с инфицированными кошками — при укусе, царапинах, ослюнении. Характеризуется лихорадкой, регионарным лимфаденитом, увеличением печени и селезенки, иногда первичным аффектом и экзантемой.

Э т и о л о г и я, п а т о г е н е з. Возбудитель относится к хламидиям. По антигенным свойствам близок к возбудителям орнитоза. Инфицированные кошки остаются здоровыми.

С и м п т о м ы, т е ч е н и е. Инкубационный период длится от 3 до 60 дней (чаще 2—3 нед). Болезнь может начинаться с появления небольшой язвочки или пустулы на месте царапины (укуса), самочувствие остается хорошим. Спустя 15—30 дней после заражения появляется регионарный лимфаденит — наиболее характерный признак болезни. Чаще бывают увеличены подмышечные, локтевые, шейные, реже другие лимфатические узлы. Они достигают 3—5 см в диаметре, болезненны при пальпации, не спаяны с окружающими тканями. В 50 % случаев нагнаиваются с образованием густого желтовато-зеленого гноя (высеять бактерии не удается). Одновременно появляются симптомы общей интоксикации, лихорадка, увеличение печени и селезенки. Лимфаденит может сохраняться до нескольких месяцев. Подтверждением диагноза может служить положительный результат РСК (реакция связывания комплемента) с орнитозным антигеном, хотя у многих больных эта реакция остается отрицательной.

Л е ч е н и е. Преднизолон по 20—30 мг/сут в течение 7—10 дней. При нагноении — пункции с отсасыванием гноя.

П р о г н о з благоприятный.

БОТУЛИЗМ — отравление ботулотоксином, накопившимся в пищевых продуктах; характеризуется поражением нервной системы.

Э т и о л о г и я, п а т о г е н е з. Возбудитель — клостридия ботулизма — строгий анаэроб, образует споры и очень сильный экзотоксин (смертельная доза для человека около 0,3 мкг). Имеются 7 антигенных типов возбудителя, антитоксин против какого-либо типа не защищает от воздействия остальных типов. Токсин разрушается при нагревании. Споры выдерживают кипячение до 5 ч (при домашнем консервировании продуктов споры не уничтожаются). Попавший в пищеварительный тракт ботулотоксин не разрушается ферментами, всасывается через слизистые оболочки желудка и кишечника и гематогенно разносится по всему организму. При ботулизме грудных детей токсинообразование происходит в кишечнике, а при раневом ботулизме — в некротических тканях. Ботулотоксин избирательно поражает холинергические отделы нервной системы. Прекращение выделения ацетилхолина в нервных синапсах вызывает паралич мышц. Паралич мышц гортани, глотки, дыхательных мышц приводит к нарушению глотания и дыхания, что способствует возникновению аспирационных пневмоний, обусловленных вторичной микрофлорой.

С и м п т о м ы, т е ч е н и е. Инкубационный период колеблется от нескольких часов до 2—5 дней. Выделяют следующие синдромы: паралитический, гастроинтестинальный и общетоксический. Последний выражен слабо. Гастроинтестинальный синдром — довольно частое проявление начального периода ботулизма. Он характеризуется тошнотой, рвотой, поносом и длится около суток. Неврологическая симптоматика развивается на фоне гастроинтестинального синдрома, а у некоторых больных лишь через 1—2 сут. Отмечаются общая слабость, сухость во рту, нарушение зрения (нечеткость видения вблизи, «туман», «сетка» перед глазами, диплопия). Объективно выявляется расширение зрачков, их вялая реакция на свет, анизокория, недостаточность какой-либо из глазодвигательных мышц (при диплопии), опущение век и невозможность их поднять (птоз), нистагм. Нередко наблюдается паралич мягкого неба (речь с носовым оттенком, при попытке глотания жидкость выливается через нос). Паралич мышц гортани ведет к осиплости голоса и даже к афонии. Нарушается глотание из-за паралича мышц глотки. Часты парезы мимических мышц. Возможны параличи жевательных мышц, мышц шеи и верхних конечностей. В тяжелых случаях быстро развивается недостаточность дыхательных мышц. Расстройств чувствительности не бывает. Сознание полностью сохранено. Лихорадка отсутствует. При тяжелых формах смерть наступает от паралича дыхания на 3—5-й день болезни. Осложнения — острые пневмонии, токсический миокардит, миозиты, невриты, сепсис.

Д и а г н о з основывается на характерной клинической симптоматике. Ботулизм нужно дифференцировать от стволовых энцефалитов, бульбарной формы полиомиелита, дифтерии, нарушения мозгового кровообращения, отравлений (атропином, беленой, мухоморами, этанолом и др.), а при наличии гастроинтестинального синдрома — от гастроэнтеритов другой этиологии. Учитывают эпидемические предпосылки (употребление определенных продуктов, групповой характер заболеваний). Лабораторное подтверждение диагноза является ретроспективным. Определяют наличие ботулотоксина (в остатках пищи, содержимом желудка, кишечника, сыворотке крови) или возбудителя.

Л е ч е н и е. Больным ботулизмом промывают желудок 2 % раствором гидрокарбоната натрия, ставят сифонную клизму, назначают слабительное (30 г сульфата магния в 500 мл воды). Возможно раньше вводят противоботулинические сыворотки (А, В, Е). Сыворотку типа А вводят в количестве 10 000—15 000 МЕ, типа В — 5000—7500 МЕ и типа Е — 15 000 МЕ. Сыворотку предварительно нагревают до 37 °С и вводят в/в (после предварительной внутрикожной пробы с разведенной 1:100 сывороткой). При тяжелых формах болезни сыворотку в тех же дозах вводят в/м еще 1—2 раза с интервалом 6—8 ч. Назначают также 5 % раствор глюкозы п/к или в/в, изотонический раствор хлорида натрия (до 1000 мл), мочегонные средства. При нарастании асфиксии вследствие паралитического закрытия верхних дыхательных путей производят трахеостомию. При параличе дыхания больного переводят на искусственную вентиляцию легких.

Прогноз серьезный. Даже при современных методах терапии летальность составляет 15—30 %. Срок пребывания в стационаре 1—2 мес.

Профилактика. Проверка консервов перед употреблением, изъятие «бомбажных» банок. Разъяснение населению правил домашнего консервирования продуктов. Прогревание до 100 °С (в течение 30 мин) закатанных в домашних условиях в банки грибов и овощных консервов перед употреблением (для разрушения ботулотоксина). Лицам, употреблявшим вместе с заболевшим инфицированный продукт, вводят профилактически сыворотки (в/м) А, В, Е по 1000—2000 МЕ каждого типа и наблюдают за ними в течение 10—12 дней.

БРУЦЕЛЛЕЗ — зоонозное инфекционно-аллергическое заболевание, характеризующееся общей интоксикацией, поражением опорно-двигательного аппарата, нервной и половой систем.

Этиология, патогенез. Известно 6 видов бруцелл. Наибольшее значение имеют бруцеллы коз и овец, затем — бруцеллы крупного рогатого скота и свиней. Возбудитель устойчив во внешней среде, а также в пищевых продуктах (молоко, брынза). Заражение происходит алиментарным путем или через микроповреждения кожи (во время помощи при отелах, ягнении и т. д.). Возбудитель гематогенно распространяется по всему организму, приводит к аллергизации и формированию очагов в различных органах и системах.

Симптомы, течение. Инкубационный период продолжается от 6 до 30 дней. Бруцеллез характеризуется полиморфизмом клинических проявлений. У некоторых инфицированных возникает первично-латентная форма без клинических симптомов, которая проявляется лишь иммунологическими реакциями. У других заболевание протекает в острой (остросептической) или в хронических (первично-хроническая метастатическая и вторично-хроническая метастатическая) формах. После исчезновения клинических симптомов (при сохранении бруцелл в организме) заболевание переходит во вторично-латентную форму, которая при ослаблении организма может вновь обостриться и снова перейти в одну из хронических форм.

Остросептическая форма бруцеллеза характеризуется высокой лихорадкой (до 40 °С), при которой самочувствие больных остается хорошим (иногда они даже сохраняют трудоспособность). Отмечаются умеренная головная боль, повторные познабливания, повышенная потливость. Умеренно увеличены все группы периферических лимфатических узлов (микрополиаденит), печень и селезенка. При хронических формах на фоне субфебрильной (реже фебрильной) температуры и ретикулоэндотелиоза (микрополиаденит, увеличение печени и селезенки) появляются различные органные изменения. Часто поражаются крупные суставы (периартриты, артриты, бурситы), мышцы (миозиты), периферическая нервная системы (моно- и полиневриты, радикулиты, плекситы), половая система (орхиты, оофориты, эндометриты, самопроизвольные аборты). Течение хронических форм бруцеллеза длительное, обострения сменяются ремиссиями. У некоторых больных и после санации организма от бруцелл могут быть стойкие остаточные явления (резидуальный бруцеллез).

При диагностике учитывают эпидемиологические предпосылки и характерные клинические проявления. Дифференцировать необходимо от сепсиса, малярии, туберкулеза, ревматоидного артрита. Из специфических методов используют реакции Райта, Хеддлсона, внутрикожную аллергическую пробу с бруцеллином (проба Бюрне).

Лечение. При остросептической форме основной является этиотропная терапия, которая продолжается до 3—4 нед. Назначают антибиотики тетрациклиновой группы, стрептомицин, левомицетин, рифампицин. При хронических формах проводят комплекс общеукрепляющих терапевтических мероприятий в сочетании с вакцинотерапией. Санаторно-курортное лечение возможно не ранее 6 мес после исчезновения клинических симптомов бруцеллеза. Прогноз для жизни благоприятный, однако болезнь часто приводит к частичной потере трудоспособности.

Профилактика. Борьба с бруцеллезом сельскохозяйственных животных. Противобруцеллезная вакцинация лиц из группы риска.

ВИРУСНЫЕ ГЕПАТИТЫ (болезнь Боткина) — вирусные заболевания, протекающие с общей интоксикацией и преимущественным поражением печени. К ним относится вирусный гепатит А (инфекционный гепатит), вирусный гепатит В (сывороточный гепатит) и гепатит ни А ни В.

Этиология, патогенез. Вирус гепатита А устойчив к эфиру, кислотам, хлору, чувствителен к формалину, при кипячении инактивируется в течение 5 мин. Выделяется с испражнениями, начиная с конца инкубационного и в течение преджелтушного периода. С появлением желтухи вирус в кале обнаружить не удается. Вирус гепатита В (частица Дейне) сохраняется при комнатной температуре до 6 мес, выдерживает нагревание до 60 °С до 10 ч, при температуре 100 °С инактивируется в течение 10 мин. Устойчив к химическим факторам. В организме человека может сохраняться в течение нескольких лет. Внедрение вируса гепатита А происходит через слизистые оболочки желудочно-кишечного тракта. Вирус гепатита В проникает в организм при переливании крови или препаратов крови (кроме альбумина и донорского иммуноглобулина), при медицинских манипуляциях, татуировке, контактах с кровью (хирурги, лаборанты); доказан половой путь передачи инфекции.

Симптомы, течение. Инкубационный период при вирусном гепатите А колеблется от 7 до 50 дней (чаще 15—30 дней), при гепатите В — от 50 до 180 (чаще 60—120 дней). Вирусные гепатиты могут протекать в желтушной, безжелтушной и субклинической формах. По длительности различают острое (до 3 мес), затяжное (3—6 мес) и хроническое (свыше 6 мес) течение вирусных гепатитов. Болезнь начинается постепенно с преджелтушного периода, который длится 1—2 нед. Различают гриппоподобный, диспепсический, астеновегетативный и артралгический варианты этого периода. В конце преджелтушного периода моча становится темной, кал обесцвечивается, выявляется увеличение селезенки, повышается активность сывороточных ферментов, особенно АлАТ. Во время желтушного периода больные жалуются на общую слабость, снижение аппетита, тупую боль в области печени, кожный зуд. Желтуха постепенно нарастает, ее выраженность отражает тяжесть болезни, хотя могут быть тяжелые формы при небольшой желтухе. Нередко увеличена не только печень, но и селезенка. При вирусном гепатите А желтушный период длится 7—15 дней, а выздоровление наступает в течение 1—2 мес. Вирусный гепатит В может принимать затяжное и хроническое течение. При гепатите В может развиться острая печеночная недостаточность (печеночная кома, печеночная энцефалопатия). Признаки нарастания печеночной недостаточности — нарушение памяти, усиление общей слабости, головокружение, возбуждение, учащение рвоты, усиление желтухи, уменьшение размеров печени, появление геморрагического синдрома, асцита, лихорадки, нейтрофильного лейкоцитоза, уменьшение уровня холестерина (ниже 2,6 ммоль/л), коэффициента эстерификации ниже 0,2, сулемового титра менее 1,4, протромбинового индекса ниже 40 %, фибриногена ниже 2,93 мкмоль/л, тромбоцитов менее $100 \cdot 10^9$/л.

Диагноз вирусных гепатитов основывается на клинических и эпидемиологических данных. Лабораторным подтверждением диагноза является обнаружение в сыворотке крови больного с помощью иммунофлюоресцентного метода антител к вирусу гепатита А. При гепатите В диагностическое значение имеет выявление поверхностного антигена вируса гепатита В или антител к нему. Дифференцируют вирусные гепатиты от поражений печени при других инфекциях (лептоспироз, инфекционный мононуклеоз, псевдотуберкулез, орнитоз, сальмонеллез, сепсис), от токсических гепатитов (отравление четыреххлористым углеродом, дихлорэтаном), медикаментозных желтух (аминазин, противотуберкулезные препараты и др.), гемолитической и механической желтухи, функ-

циональной гипербилирубинемии (синдромы Жильбера, Дубина — Джонсона).

Лечение. Основой лечения являются щадящий режим и питание (стол № 5). Жидкость до 2—3 л/сут в виде соков, щелочных минеральных вод. Назначают комплекс витаминов. При среднетяжелых формах капельно в/в вводят 5 % раствор глюкозы и раствор Рингера — Локка по 250—300 мл. В более упорных случаях в/в вводят гемодез или реополиглюкин по 200—400 мл. При тяжелых формах больных переводят в палаты или отделения интенсивной терапии. Вводят в/в 10 % раствор глюкозы (до 1 л/сут), раствор Лобари (в 1 л апирогенной воды содержится 1,2 г хлорида калия, 0,8 г сульфата магния, 0,4 г хлорида кальция и 100 г глюкозы) до 1—1,5 л/сут. При острой печеночной недостаточности вводят преднизолон (в/в или в/м) по 60—90 мг/сут. Применяют 20 % раствор сорбитола (250—500 мл/сут), 15 % раствор альбумина (200—300 мл/сут). Внутривенно 2—3 раза в сутки назначают по 10 000—30 000 ЕД контрикала (трасилол). Для подавления кишечной микрофлоры внутрь назначают неомицин по 1 г 4 раза в день или канамицин по 0,5 г 4 раза в день. Ежедневно делают сифонную клизму с 2 % раствором гидрокарбоната натрия. Рекомендуется обменное переливание крови. Перспективной оказалась гипербарическая оксигенация с режимом сеансов от 1,5 до 2,5 атм, длительностью 45 мин, а также гемосорбция с использованием активированных углей.

Прогноз в отношении жизни, как правило, благоприятный. После гепатита В может развиться хронический гепатит и цирроз печени.

Профилактика. Методы предупреждения гепатита А такие же, как при дизентерии. Для профилактики вирусного гепатита В необходимо наблюдение за донорами (исключают лиц с наличием в крови поверхностного антигена вируса гепатита В или антител к нему), тщательная стерилизация инструментов.

ГЕЛЬМИНТОЗЫ — заболевания, вызываемые поселившимися в организме паразитическими червями — гельминтами и их личинками.

Альвеококкоз. Этиология, патогенез. Возбудитель — личиночная стадия альвеококка. Заражение происходит после попадания онкосфер в рот после соприкосновения с загрязненными шкурками лисиц, песцов, собак, с водой непроточных водоемов и при употреблении в пищу лесных ягод, собранных в эндемичной местности. Скопления личинок (обычно в печени) инфильтрируют и прорастают в ткани, нарушают кровоснабжение органов, вызывают дегенерацию и атрофию ткани, оказывают токсико-аллергизирующее влияние.

Симптомы, течение. Заболевание развивается медленно, долго остается бессимптомным. Отмечается прогрессирующее увеличение печени, появляются тяжесть и давление в правом подреберье, тупая ноющая боль. Через несколько лет печень становится бугристой и очень плотной. Может развиться желтуха. Нередко увеличивается селезенка. Возможен асцит. При распаде узлов повышается температура тела, наблюдается потливость, лейкоцитоз, эозинофилия, повышение СОЭ. Характерны гиперпротеинемия, гипергаммаглобулинемия. Некротизация и прорастание в нижнюю полую вену могут привести к профузным кровотечениям. При метастазах в легкие могут возникнуть симптомы пневмонии, бронхита, кровохарканье. Метастаз в мозг имитирует клиническую картину опухоли мозга.

Д и а г н о з основывается на клинических данных. Ставят серологические реакции с альвеококковым антигеном. Для уточнения локализации используют рентгенологическое и ультразвуковое исследование, сканирование печени, перитонеоскопию, компьютерную томографию. Пробная пункция категорически запрещается из-за опасности обсеменения других органов. Дифференцируют от опухолей, эхинококкоза и цирроза печени.

Л е ч е н и е хирургическое и симптоматическое. П р о г н о з серьезный.

П р о ф и л а к т и к а см. *Эхинококкоз*.

Анкилостомидозы (анкилостомоз и некатороз). Э т и о л о г и я, п а т о г е н е з. Возбудители — анкилостома и некатор, паразитирующие в тонких кишках человека, чаще в двенадцатиперстной кишке. Заражение происходит при активном внедрении личинок через кожу или при проглатывании их с загрязненными овощами, фруктами, водой. Личинки совершают миграцию по большому и малому кругам кровообращения, длящуюся 7—10 дней. В тонком кишечнике личинки превращаются в половозрелые особи и спустя 4—6 нед начинают откладывать яйца. Продолжительность жизни анкилостомид от нескольких месяцев до 20 лет. В период миграции личинки вызывают токсико-аллергические явления. Взрослые гельминты — гематофаги. При фиксации к слизистой оболочке кишки они травмируют ткани, приводят к образованию геморрагий, эрозий, вызывают кровотечения, анемизацию, поддерживают состояние аллергии, дискинезию желудочно-кишечного тракта и диспепсию.

С и м п т о м ы, т е ч е н и е. Вскоре после заражения возникают кожный зуд и жжение, уртикарные высыпания, астмоидные явления, лихорадка, эозинофилия. В поздней стадии появляются тошнота, слюнотечение, рвота, боль в животе, расстройства функции кишечника (запор или понос), вздутие живота. Иногда возникает псевдоязвенный синдром (голодные боли в эпигастральной области, скрытые кровотечения). Характерно развитие гипохромной железодефицитной анемии; ее выраженность зависит от интенсивности инвазии, дефицита питания, индивидуальных особенностей организма. При слабой интенсивности инвазия может протекать субклинически, проявляясь эозинофилией.

Д и а г н о з подтверждается обнаружением яиц в кале и изредка в дуоденальном содержимом.

Л е ч е н и е. При выраженной анемии (гемоглобин ниже 67 г/л) лечение начинают с препаратов железа, гематогена, гемотрансфузий. Дегельминтизацию проводят нафтамоном,

комбантрином или левамизолом. Нафтамон назначают натощак в течение 2—5 дней. Разовая доза для взрослых 5 г. Для устранения горького вкуса и тошноты препарат лучше давать в 50 мл теплого сахарного сиропа. Комбантрин (пирантел) назначают в суточной дозе 10 мг/кг в два приема после еды, а левамизол (декарис) в суточной дозе 2,5 мг/кг в один прием. Лечение этими препаратами продолжается 3 дня. Эффективность около 80 %.

П р о г н о з в большинстве случаев благоприятный.

П р о ф и л а к т и к а. В очагах анкилостомидозов не следует ходить босиком и лежать на земле без подстилки. Необходимо тщательное мытье и обваривание кипятком фруктов, овощей, ягод перед употреблением их в пищу, нельзя пить некипяченую воду.

Аскаридоз. Э т и о л о г и я, п а т о г е н е з. Возбудитель — аскарида, паразитирующая во взрослой стадии в тонких кишках. Продолжительность жизни аскарид около года. В миграционной стадии (первые 6—8 нед после заражения) личинки аскарид оказывают механическое и сенсибилизирующее действие, вызывая кровоизлияния, эозинофильные инфильтраты в тканях различных органов. В кишечной фазе (через 8 нед после заражения) взрослые аскариды вызывают общие токсико-аллергические и нервнорефлекторные реакции организма и разнообразные местные механические воздействия.

С и м п т о м ы, т е ч е н и е. Миграционная фаза часто протекает под маской ОРЗ, бронхита; возможны летучие эозинофильные инфильтраты в легких. В кишечной фазе различают желудочно-кишечную форму (слюнотечение, тошнота, снижение аппетита, схваткообразные боли вокруг пупка, иногда расстройства стула и желудочной секреции); гипотоническую (снижение АД, слабость) и неврологическую (головокружение, головная боль, утомляемость, нарушение сна, вегетативно-сосудистые расстройства) формы.

Осложнения: аскаридозная непроходимость кишечника, характерной особенностью которой являются выделение аскарид с рвотными массами и пальпация подвижной «опухоли» — клубка гельминтов; аскаридозный аппендицит; перфоративный перитонит; аскаридоз печени с развитием желтухи, гнойного ангиохолита, абсцесса печени, поддиафрагмального абсцесса; аскаридоз поджелудочной железы с симптомами острого панкреатита; заползание аскарид в дыхательные пути с развитием асфиксии.

Д и а г н о з ранней фазы аскаридоза основывается на обнаружении личинок нематод в мокроте и антител в крови, поздней кишечной фазы — яиц аскарид в фекалиях.

Л е ч е н и е. В миграционной стадии аскаридоза назначают димедрол по 0,025—0,05 г 3 раза в день, хлорид кальция, глюконат кальция. Для изгнания молодых особей и взрослых аскарид применяют пиперазин, левамизол, комбантрин; в условиях стационара —

кислород. Пиперазин назначают после еды 2 раза в день с интервалом между приемами 2—3 ч в течение 2 дней подряд в дозе 1,5—2 г на прием (3—4 г/сут). Эффективность повышается при приеме пиперазина после ужина перед сном. Левамизол (декарис) назначается после еды в дозе 150 мг однократно. Комбантрин (пирантел) рекомендуется однократно после еды из расчета 10 мг/кг. Лечение кислородом проводят натощак или через 3—4 ч после завтрака, 2—3 дня подряд. Кислород вводят в желудок через тонкий зонд в количестве 1500 мл на сеанс. После введения кислорода больной должен лежать 2 ч.

П р о г н о з при отсутствии осложнений, требующих хирургического вмешательства, благоприятный.

П р о ф и л а к т и к а. Массовое обследование населения и лечение всех инвазированных аскаридозом. Охрана почвы огородов, садов, ягодников от загрязнения фекалиями. Тщательное мытье и обваривание кипятком овощей, фруктов. Меры личной гигиены.

Гименолепидоз. Э т и о л о г и я, п а т о г е н е з. Возбудитель — карликовый цепень. Заражение происходит при заглатывании яиц паразита, попавших на руки при контакте с больным и с загрязненными фекалиями предметами домашнего обихода (ночными горшками, стульчаками и пр.) и стенами уборных. Местное воздействие личинок и взрослых форм на слизистую оболочку кишечника выражается в разрушении ворсинок, пролиферативном воспалении (иногда с изъязвлением) слизистой оболочки с обильным выделением слизи. Наблюдается и токсико-аллергическое действие.

С и м п т о м ы, т е ч е н и е. Снижение аппетита, тошнота, боль в животе, понос или запор, головокружение, головная боль, раздражительность, повышенная утомляемость, беспокойный сон. Иногда отмечаются похудание, умеренная анемия, эозинофилия. Гименолепидоз может протекать бессимптомно.

Д и а г н о з устанавливается на основании обнаружения яиц карликового цепня в кале.

Л е ч е н и е. Для дегельминтизации применяют фенасал. Лечение проводят циклами с промежутками 4—7 дней. Через месяц после основного курса проводят один цикл противорецидивного лечения. В промежутках между циклами дегельминтизации проводят общеукрепляющее лечение (витамины, глицерофосфат кальция). В период лечения необходимо соблюдать санитарно-гигиенические правила (дезинфекция горшков, стульчаков, смена белья, личная гигиена). Фенасал назначают в суточной дозе 2—3 г. Проводят 2—3 цикла лечения по 4 дня с интервалом между ними 4 дня (схема 1) или 5—7 циклов по 2 дня с интервалом 5 дней (схема 2). По схеме 1 фенасал назначают в 4 приема через каждые 2 ч 4 дня подряд. В дни лечения прием пищи в 8, 13 и 18 ч, прием фенасала — в 10, 12, 14 и 16 ч. По схеме 2 фенасал назначают в один прием натощак за 1,5—2 ч до еды 2 дня подряд. Накануне и в дни лечения больные получают бесшлаковую диету. В первые дни первых двух циклов днем

после приема фенасала назначают слабительное, а на ночь — очистительную клизму. Во время лечения и 3—4 дня после окончания больной должен ежедневно принимать душ и менять белье. Все лица, лечившиеся от гименолепидоза, при отсутствии яиц цепней в кале остаются на диспансерном учете в течение года.

П р о г н о з серьезный в связи с возможностью аутосуперинвазии.

П р о ф и л а к т и к а. Соблюдение гигиены тела, одежды, жилища, общественной гигиены. Обследование на гельминты всех членов семьи больного и одновременное лечение всех инвазированных.

Дифиллоботриоз. Э т и о л о г и я, п а т о г е н е з. Возбудитель — лентец широкий. Продолжительность его жизни составляет десятки лет. Заражение человека происходит при употреблении в пищу свежей, недостаточно просоленной икры и сырой рыбы (щука, окунь, омуль, хариус и др.). Лентец, прикрепляясь к слизистой оболочке кишки своими ботриями, травмирует ее. Большие скопления паразита могут закупорить просвет кишечника. Продукты обмена гельминта сенсибилизируют организм. Абсорбция широким лентецом витамина B_{12} непосредственно из пищеварительного тракта ведет к гиповитаминозу B_{12} и развитию анемии.

С и м п т о м ы, т е ч е н и е. Характерны тошнота, неустойчивый стул, выделение при дефекации обрывков стробилы. Больные иногда жалуются на слабость, головокружение, боль в животе. Изредка развивается анемия пернициозного типа, близкая к анемии Аддисона — Бирмера.

Д и а г н о з устанавливается при обнаружении яиц лентеца и обрывков стробилы в фекалиях.

Л е ч е н и е. При выраженной анемии до гельминтизации назначают витамин B_{12} по 300—500 мкг в/м 2—3 раза в неделю в течение месяца, препараты железа, гемостимулин, гематоген. Для дегельминтизации применяют фенасал, экстракт мужского папоротника, отвар из семян тыквы.

П р о г н о з при отсутствии осложнений благоприятный.

П р о ф и л а к т и к а. Нельзя употреблять в пищу сырую, непроваренную или недостаточно просоленную и провяленную рыбу, а также «живую» щучью икру.

Клонорхоз — гельминтоз печени и поджелудочной железы, вызываемый трематодой — двуусткой китайской. Встречается у населения, живущего в бассейне Амура. Патогенез, клиника, диагноз, лечение и профилактика те же, что и при описторхозе.

Метагонимоз — гельминтоз, вызываемый мелкой трематодой. Возбудитель паразитирует в тонком кишечнике человека, собаки, кошки, свиньи. Заражение человека происходит при употреблении сырой рыбы. В кишечнике из метацеркариев метагонимуса вылупляются личинки, которые в толще слизистой оболочки через 2 нед достигают половой зрелости и выходят в просвет кишки. В результате механического и токсико-аллергического воздействия развивается энтерит.

С и м п т о м ы, т е ч е н и е. Боль в животе, слюнотечение, упорный понос. Иногда протекает субклинически.

Д и а г н о з основывается на обнаружении в кале яиц метагонимуса.

Л е ч е н и е. Экстракт мужского папоротника однократно или дважды с интервалом 2—3 нед в дозе 3 г (взрослым) и нафтамон в суточной дозе 2,5—5 г (как при анкилостомидозах).

П р о ф и л а к т и к а см. *Дифиллоботриоз*.

Нанофиетоз — кишечный гельминтоз, встречающийся среди населения Дальнего Востока. Возбудитель — нанофиетус, паразитирующий в кишечнике человека, собаки, кошки, норки, барсука. Заражение происходит при употреблении в пищу сырой рыбы. Гельминты оказывают механическое и токсико-аллергическое воздействие на ткани кишечника.

С и м п т о м ы, т е ч е н и е. Боль и урчание в животе, поносы, запоры, слюнотечение и тошнота по ночам.

Д и а г н о з ставится на основании обнаружения яиц нанофиетусов (напоминающих яйца дифиллоботрид) в кале.

Л е ч е н и е. Экстракт мужского папоротника в дозе 3—3,5 г.

П р о ф и л а к т и к а. см. *Дифиллоботриоз*.

Описторхоз. Э т и о л о г и я, п а т о г е н е з. Возбудитель — двуустка кошачья, или сибирская, которая паразитирует в желчных протоках печени, желчном пузыре и протоках поджелудочной железы человека, кошек, собак и др. В организме человека паразит живет 20—40 лет. Заражение происходит при употреблении в пищу сырой (талой, мороженой), слабо просоленной и недостаточно прожаренной рыбы карповых пород (язь, чебак, елец и др.). Описторхисы травмируют слизистые оболочки панкреатических и желчных протоков, создают препятствия оттоку желчи, способствуют развитию кистозных расширений и новообразований печени. Оказывают токсическое и нервнорефлекторное воздействие. В ранней стадии наблюдается выраженная аллергизация организма (эозинофильно-лейкемоидные реакции крови).

С и м п т о м ы, т е ч е н и е. Инкубационный период около 2 нед. В раннем периоде могут быть повышение температуры, боль в мышцах и суставах, рвота, понос, болезненность и увеличение печени, реже селезенки, лейкоцитоз и высокая эозинофилия, аллергические высыпания на коже. В хронической стадии наиболее часты жалобы на боль в подложечной области, правом подреберье, отдающую в спину и левое подреберье. Иногда отмечаются приступы боли типа желчепузырной колики. Часты головокружения, различные диспепсические явления. Выявляют резистентность мышц в правом подреберье, увеличение печени, изредка иктеричность склер, увеличение желчного пузыря, симптомы панкреатита. Наиболее часто при описторхозе развиваются явления ангиохолита, холецистита, дискинезии желчных путей, хронического гепатита и панкреатита, реже —

симптомы гастродуоденита, энтероколита. В отдельных случаях возникает картина холангитического цирроза печени. Описторхоз может протекать бессимптомно.

Д и а г н о з основывается на обнаружении в кале и дуоденальном содержимом яиц гельминтов.

Л е ч е н и е. Назначают хлоксил (гексахлорпараксилол), в дни лечения и в течение 2 дней после лечения ограничивают употребление жиров и запрещают алкоголь. Препарат лучше давать в молоке. Слабительное не назначают. Лечение хлоксилом продолжается 5 дней, суточную дозу препарата (60 мг/кг) дают в три приема после завтрака, обеда и ужина. Общая доза на цикл лечения 0,3 г/кг. Через день после окончания лечения хлоксилом следует провести дуоденальное зондирование. В дальнейшем назначают желчегонные и антисептические средства (холосас, хологон, аллохол и др.) и 1—2 раза в неделю — дренаж желчных путей без зонда. Ежемесячно проводят дуоденальное зондирование. Вывод о результатах лечения можно делать только при длительном наблюдении за больным (через 4—6 мес после лечения). При бессимптомном описторхозе используют мебендазол (вермокс) по 0,1 г 2 раза в день в течение 3 дней.

П р о г н о з серьезный в связи с развитием тяжелых осложнений.

П р о ф и л а к т и к а. Разъяснение населению опасности употребления в пищу сырой, талой и мороженой (строганина), слабо просоленной и недостаточно прожаренной рыбы.

Стронгилоидоз. Э т и о л о г и я, п а т о г е н е з. Возбудитель — угрица кишечная, паразитирующая в стенке кишки (преимущественно двенадцатиперстной), иногда в протоках печени и поджелудочной железы, в период миграции — в бронхах и легочной ткани. Проникновение личинок стронгилоидеса в тело человека может происходить активно через кожу (при ходьбе босиком и пр.) и через рот (при употреблении в пищу загрязненных фруктов, овощей, а также при питье воды). Взрослые паразиты, локализуясь в стенке кишки, травмируют кишечные крипты (либеркюновы железы), солитарные фолликулы и способствуют изъязвлению слизистой оболочки, а личинки, совершая миграцию, — ткань печени, легких и других органов. Большое значение имеет токсико-аллергическое воздействие взрослых паразитов и их личинок на организм человека, а также вторичная инфекция.

С и м п т о м ы, т е ч е н и е. Часто возникают признаки аллергии: кожный зуд, жжение, крапивница, эозинофилия, иногда «летучие инфильтраты» в легких и др. В поздней стадии преобладают явления гастродуоденита, энтероколита, иногда холецистита. Характерна триада в виде хронической рецидивирующей крапивницы, упорного энтероколита и длительной высокой эозинофилии. Часты головокружение, головная боль, бессонница, повышенная возбудимость. Иногда болезнь проявляется лишь эозинофилией и кожным зудом. Течение длительное, многолетнее (до специфического лечения), так как при этом гельминтозе (особенно при запорах) возможна аутореинвазия. Имеются указания на связь гиперинвазии с применением кортикостероидов и иммунодепрессивных средств. При тяжелых формах болезни развивается язвенный энтероколит с обезвоживанием, кахексией, анемией и летальным исходом.

Д и а г н о з основывается на клинических данных и обнаружении личинок угрицы в кале (при исследовании по методу Бермана) и в дуоденальном содержимом, реже в мокроте и в моче.

Л е ч е н и е. Медамин в суточной дозе 10 мг/кг в три приема после еды в течение 3 дней или тиабендазол (минтезол) в суточной дозе 25 мг/кг в течение 2—3 дней подряд.

П р о г н о з обычно удовлетворительный.

П р о ф и л а к т и к а см. *Анкилостомидозы.*

Тениаринхоз. Э т и о л о г и я, п а т о г е н е з. Возбудитель — цепень бычий. Человек заражается при употреблении в пищу сырого мяса крупного рогатого скота, содержащего финны (личинки бычьего цепня). В тонкой кишке из финны через 3 мес развивается взрослый гельминт, который может прожить много лет. Он оказывает механическое, токсико-аллергическое и рефлекторное воздействие на организм человека.

С и м п т о м ы, т е ч е н и е. Больные отмечают самопроизвольное выползание члеников из ануса и выделение их с калом. Иногда могут быть тошнота, рвота, головокружение, боль в животе, раздражительность, головная боль, ларингоспазм, синдром Меньера, эпилептиформные припадки, задержка стула и газов (как при динамическом илеусе).

Д и а г н о з устанавливается, если имеются указание на отхождение члеников и в перианальном соскобе и кале обнаруживаются яйца паразита.

Л е ч е н и е. Назначают фенасал натощак в дозе 2—3 г.

П р о г н о з благоприятный.

П р о ф и л а к т и к а — не употреблять в пищу сырое мясо, не пробовать сырой мясной фарш.

Тениоз. Э т и о л о г и я. Возбудитель — цепень свиной, который может паразитировать у человека не только в половозрелой, но и в личиночной стадии, вызывая заболевание — цистицеркоз. Взрослый гельминт паразитирует в тонкой кишке в течение многих лет. Заражение людей тениозом происходит при употреблении в пищу сырого или полусырого мяса, содержащего финны.

П а т о г е н е з см. *Тениаринхоз.*

С и м п т о м ы, т е ч е н и е такие же, как при тениаринхозе, однако членики паразита активно из ануса не выходят (изредка с калом отходят нежные членики, которых больной обычно не замечает).

Д и а г н о з ставят на основании повторного исследования кала на наличие члеников гельминтов и слизи с перианальных складок (путем соскоба) на наличие яиц цепня.

Л е ч е н и е. Используют фенасал в тех же дозах, как при тениаринхозе. Иногда применяют

эфирный экстракт мужского папоротника и семена тыквы.

П р о г н о з серьезный из-за опасности осложнений.

П р о ф и л а к т и к а: нельзя употреблять в пищу непроваренную и непрожаренную свинину.

Трихинеллез (трихиноз). Э т и о л о г и я, п а т о г е н е з. Возбудитель — трихинелла. В личиночной стадии попадает в организм человека с мясом свиней или диких животных (кабан, медведь, барсук и др.). После переваривания мяса мышечные трихинеллы освобождаются от капсул, внедряются в ткань ворсинки, быстро растут, развиваются, и уже через 80—90 ч после заражения самки откладывают многочисленные личинки, которые разносятся по организму. Местом дальнейшего развития юных трихинелл служат поперечнополосатые мышцы, особенно межреберные, жевательные, мышцы диафрагмы, языка, глотки, глаз. Здесь трихинеллы через 2—3 нед свертываются в спираль, инкапсулируются, некоторые из них обызвествляются. Длительность кишечной стадии трихинеллы около 2 мес. Мышечные трихинеллы сохраняют жизнеспособность до 20 лет и более. Продукты распада и обмена трихинелл сенсибилизируют организм, вызывая эозинофилию, капилляропатию, инфильтраты в мышцах, отеки и другие болезненные явления. Имеет значение механическое воздействие взрослых трихинелл в кишечнике и их личинок в мышцах и других тканях, а также вторичная инфекция.

С и м п т о м ы, т е ч е н и е. Инкубационный период — от 3 до 45 дней. Характерны ранние симптомы: одутловатость лица, сопровождающаяся конъюнктивитом, лихорадка, боль в мышцах, эозинофилия. Часты различные высыпания на коже, а также желудочно-кишечные расстройства, гипотония, глухость тонов сердца, сердцебиение, головная боль, бессонница. При легких формах отмечается лишь отек век и эозинофилия. Продолжительность болезни от 2—3 дней до 8 нед и более. Иногда наблюдается рецидивирующее течение трихинеллеза. Осложнения: миокардит, менингоэнцефалит, тромбозы артерий и вен, пневмония, нефрит и др.

Д и а г н о з основывается на эпидемиологических (употребление непроваренной свинины и другого мяса, групповые заболевания), характерных клинических данных (эозинофилия, отек век, лихорадка, боли в мышцах). Используют серологические реакции с трихинеллезным антигеном. Подтверждением диагноза может быть обнаружение трихинелл и характерных инфильтратов в биопсированных кусочках мышц (трапециевидная, дельтовидная, икроножная) или в остатках мяса, вызвавшего заболевание. Биопсию делают с 9—10-го дня болезни.

Л е ч е н и е. Больных госпитализируют. Назначают минтезол в дозе 25 мг/(кг·сут) в 3 приема в течение 5—10 дней или вермокс по 0,1 г 2—3 раза в течение 7—10 дней, симптоматические средства.

П р о г н о з серьезный.

П р о ф и л а к т и к а: нельзя употреблять в пищу сырую или недостаточно проваренную свинину, а также мясо кабана, медведя, барсука и др.

Трихостронгилидозы. Возбудители — мелкие гельминты из семейства трихостронгилид. Основной источник инвазии — овцы, козы, крупный рогатый скот. Человек заражается через загрязненную пищу или воду.

С и м п т о м ы, т е ч е н и е. Характерны тошнота, боль в животе, неустойчивый стул, головокружение, головная боль. Иногда развиваются гипохромная или нормохромная анемия и упадок питания. Диагноз основывается на обнаружении в кале яиц трихостронгилид.

Л е ч е н и е. Назначают нафтамон и комбантрин (см. *Анкилостомидозы*).

П р о г н о з благоприятный.

П р о ф и л а к т и к а: соблюдение мер личной гигиены.

Трихоцефалез. Э т и о л о г и я, п а т о г е н е з. Возбудитель — власоглав, паразитирующий в толстой кишке человека. Продолжительность жизни паразита около 5 лет. Власоглавы травмируют слизистую оболочку кишки, являются гематофагами и способствуют инокуляции микрофлоры, вызывают рефлекторные реакции в других органах брюшной полости. Продукты их обмена сенсибилизируют организм.

С и м п т о м ы, т е ч е н и е. Беспокоят слюнотечение, понижение (реже повышение) аппетита, боль в правой половине живота и эпигастрии, тошнота, запор или понос. Могут быть воспалительные явления в кишечнике. Нередко отмечаются головная боль, головокружение, беспокойный сон, раздражительность; возможны умеренная гипохромная анемия и небольшой лейкоцитоз. При интенсивной инвазии у детей описаны случаи выпадения прямой кишки (вследствие упорного поноса), эпилептиформных припадков, синдрома Меньера. При слабой интенсивности инвазия власоглавами протекает бессимптомно.

Д и а г н о з устанавливают при обнаружении в кале яиц власоглава.

Л е ч е н и е. Назначают дифезил, мебендазол, кислород, медамин, нафтамон. Дифезил — в суточной дозе 5 г (при двукратном приеме натощак) в течение 5 дней; он оказывает легкое послабляющее действие. Мебендазол (вермокс) назначают по 0,1 г во время еды 2 раза в день в течение 3 дней подряд. Кислород вводят через прямую кишку. Предварительно больному ставят очистительную клизму. Через 1 ч при положении больного на левом боку через резиновый наконечник для клизмы медленно вводят кислород. После введения кислорода больной должен лежать на спине 2 ч. Доза кислорода детям — из расчета 100 мл на год жизни. Цикл лечения продолжается 5—7 дней подряд или через день. После окончания оксигенотерапии назначают слабительное в течение 1—2 дней. Противопоказания к оксигенотерапии: трещина заднего прохода, опухоли кишечника, острые и подострые воспаления в брюшной полости, менструальный период и все формы язвенного колита. Медамин назначают в суточной дозе 10 мг/кг в два приема после еды в течение 3 дней. Нафтамон (алкопар) принимают натощак за 3 ч

до еды; разовая доза 5 г. Препарат размешивают в 30—50 мл воды (лучше сахарного сиропа или сладкого чая) и выпивают в один прием. Больной должен лежать 3 ч. Цикл лечения 5 дней. Нафтамон (в половинной дозе) можно сочетать с кислородом.

П р о г н о з благоприятный.

П р о ф и л а к т и к а — см. *Аскаридоз*.

Фасциолез. Э т и о л о г и я, п а т о г е н е з. Возбудители — печеночная и гигантская двуустки. Основной источник инвазии людей — различные сельскохозяйственные животные. Заражение человека обычно происходит в теплое время года при проглатывании личинок фасциолы с водой, щавелем, салатом и другой зеленью. Продолжительность жизни гельминтов в организме составляет около 10 лет. Имеют значение травматизация и токсико-аллергическое повреждение гепатобилиарной системы. Возможен занос фасциол в другие ткани и органы.

С и м п т о м ы, т е ч е н и е. Заболевание характеризуется эозинофилией, аллергическими явлениями, расстройствами функции печени и желчного пузыря, напоминающими симптомы описторхоза (желтуха и приступы желчепузырной колики наблюдаются чаще).

Д и а г н о з ранней стадии фасциолеза труден, так как яйца гельминтов выделяются лишь спустя 3—4 мес после заражения. Используют иммунологические методы. В поздней стадии диагноз основывается на обнаружении яиц фасциол в дуоденальном содержимом и кале.

Л е ч е н и е. Назначают хлоксил, как при описторхозе. После дегельминтизации назначают желчегонные средства в течение 1—2 мес. Необходима длительная (не менее года) диспансеризация больных.

П р о г н о з при лечении благоприятный.

П р о ф и л а к т и к а. Запрещение употребления воды из стоячих водоемов; тщательное мытье и обваривание кипятком зелени.

ЦИСТИЦЕРКОЗ. Э т и о л о г и я, п а т о г е н е з. Возбудитель — личиночная стадия цепня свиного (цистицерк). Цистицеркоз развивается в результате попадания в желудок яиц цепня свиного (загрязненные продукты, грязные руки, забрасывание зрелых члеников из кишечника в желудок, например при рвоте у лиц, зараженных половозрелой формой свиного цепня). Главную роль играет механическое воздействие. Нарушение функций зависит от локализации цистицерка.

С и м п т о м ы, т е ч е н и е. При цистицеркозе ЦНС поражаются большие полушария, желудочки и основание мозга. При этом возникают эпилептиформные припадки, менингеальные явления, психические расстройства и др. Цистицеркоз глаза может вызывать различные нарушения зрения вплоть до слепоты. Цистицеркоз мягких тканей протекает обычно бессимптомно. Для диагностики, помимо клинических данных, используют иммунологические реакции (РСК с антигенами из цистицерков), изучение клеточного состава спинномозговой жидкости, применяют рентгенографию черепа, компьютерную томографию, ультразвуковое исследование. При цистицеркозе глаза используется офтальмоскопия. Поверхностно расположенные цистицерки выявляют при осмотре и биопсии.

Л е ч е н и е. При цистицеркозе мозга и глаза лечение хирургическое, при распространенном цистицеркозе — симптоматическое. Описаны случаи успешного лечения мебендазолом. Для предупреждения новых очагов цистицеркоза проводят дегельминтизацию, как при кишечном тениозе.

П р о г н о з при локализации цистицерков в мягких тканях благоприятный, при цистицеркозе мозга — очень серьезный.

П р о ф и л а к т и к а. Соблюдение правил личной гигиены, своевременное выявление и лечение больных тениозом.

Энтеробиоз. Э т и о л о г и я, п а т о г е н е з. Возбудитель — острица, паразитирующая в нижнем отделе тонкого и толстого кишечника. Возможно заползание в червеобразный отросток, женские половые органы. Продолжительность жизни остриц до 75 дней. Острицы оказывают механическое, токсическое и аллергизирующее воздействие на организм, способствуя воспалительным процессам в кишечнике, перианальной области, половых органах (особенно у девочек), мочевыводящих путях.

С и м п т о м ы, т е ч е н и е. Основной симптом — зуд в области заднего прохода по ночам, продолжающийся по несколько дней и повторяющийся через 3—4 нед. Нередки тошнота, потеря аппетита, сухость во рту, схваткообразные боли в животе, иногда понос со слизью, головная боль, головокружение, бессонница, ухудшение памяти, рассеянность, судорожные припадки (у детей). В крови выявляется эозинофилия, для которой характерно волнообразное течение. Иногда развивается неврастенический синдром. Острицы могут способствовать возникновению трещин, дерматита и экземы в области заднего прохода, промежности, половых органов, вульвовагинита, пиелоцистита, мастурбации и ночного недержания мочи. Диагноз устанавливается при отхождении остриц и обнаружении яиц в перианальном соскобе.

Л е ч е н и е. Терапия эффективна при тщательном соблюдении личной профилактики и одновременном лечении всех членов семьи, а в детском коллективе — всех инвазированных детей и обслуживающего персонала. Для предупреждения аутоинвазии рекомендуется ношение плотно облегающих трусов или рейтуз с резинкой, проглаживание их и постельного белья горячим утюгом в течение 2—3 мес. Для борьбы с перианальным зудом и с целью механического удаления остриц и слизи следует вставлять на ночь в задний проход вату, делать очистительные клизмы (взрослым из 5 стаканов, детям из 1—3 стаканов воды, в которую добавляется гидрокарбонат натрия по $1/2$ чайной ложки на стакан) и по утрам обмывать теплой водой с мылом область заднего прохода. При упорном зуде — смазывание зудящих мест анестезиновой мазью (1 г анестезина и 25 г вазелина) и назначение внутрь димедрола. С целью дегельминтизации назначают пирвиний памоат, пирантел, комбантрин, вермокс, пиперазин. Пирвиний памоат (ванкин)

назначают в дозе 5 мг/кг, а комбантрин — в дозе 10 мг/кг однократно после еды. Вермокс (мебендазол) назначают в дозе 100 мг. Курс дегельминтизации пиперазином состоит из 2—35-дневных циклов с перерывом 5 дней. Суточная доза 2—3 г. В случаях упорного течения энтеробиоза рекомендуется назначать пирвиний памоат, пирантел и вермокс повторно с интервалом 2 нед.

П р о г н о з благоприятный.

П р о ф и л а к т и к а см. *Гименолепидоз.*

Эхинококкоз. Э т и о л о г и я, п а т о г е н е з. Возбудитель — личиночная стадия эхинококка — паразитирует в печени, легких и других органах. Представляет собой однокамерный пузырь, окруженный двухслойной капсулой и наполненный жидкостью; размер пузырей — от просяного зерна до головы новорожденного ребенка. Пузырь растет медленно, его жизнеспособность сохраняется в течение многих лет. Человек заражается чаще всего от собак, на шерсти которых могут находиться яйца паразита. Эхинококковый пузырь оказывает механическое и токсико-аллергическое воздействие на ткани. Крупные пузыри смещают и сдавливают ткани, нарушая их кровообращение, вызывают расстройства функций. При травмах и беременностях рост пузыря ускоряется. Всасывание жидкости из неповрежденных пузырей ведет к сенсибилизации организма.

С и м п т о м ы, т е ч е н и е. Начальная стадия заболевания обычно не диагностируется. При поражении печени ранними симптомами являются боли в правом подреберье, эозинофилия, крапивница и лихорадка. Определяется увеличение печени, неровность ее поверхности, изредка синдром «дрожания гидатид» и куполообразное выпячивание на поверхности печени. Могут быть желтуха, синдром сдавления портальной вены (асцит, отеки). Рентгенологически иногда выявляется обызвествленная оболочка кисты, высокое стояние правого купола диафрагмы. При поражении легких могут быть кровохарканье, сухой кашель, одышка, симптомы плеврита. Иногда киста выявляется только при целенаправленном обследовании больного (рентгенологическом, ультразвуковом). При прорыве кисты в бронх возникают мучительный кашель, внезапная одышка, рвота. Из бронхов извергается содержимое эхинококкового пузыря в виде светлой водянистой или гнойной жидкости, в которой можно обнаружить фрагменты эхинококка (обрывки оболочек, сколексы, крючья). Течение многолетнее. Состояние больных долгое время остается вполне удовлетворительным. Опасны нагноения и разрывы, так как при этом возможны обсеменение других органов сколексами (головками) паразита и дочерними пузырями и резкие анафилактические реакции вплоть до коллапса и смерти.

Д и а г н о з основывается на данных эпидемиологического анамнеза, клинической картине, результатах рентгенологического, ультразвукового исследования и использования методов серологической диагностики (реакции непрямой гемагглютинации, реакции латекс-агглютинации с эхинококковым антигеном).

Л е ч е н и е хирургическое и симптоматическое.

П р о г н о з серьезный ввиду возможных осложнений и рецидивов.

П р о ф и л а к т и к а: соблюдение мер личной гигиены при уходе за собаками, при обработке и снятии шкурок с животных, сборе диких ягод.

ГЕМОРРАГИЧЕСКАЯ ЛИХОРАДКА с почечным синдромом (геморрагический нефрозонефрит) — острая вирусная природно-очаговая болезнь, протекающая с интоксикацией, лихорадкой, своеобразным почечным синдромом и геморрагическими проявлениями.

Э т и о л о г и я, п а т о г е н е з. Возбудитель относится к группе арбовирусов. В лихорадочном периоде болезни вирус содержится в крови, вызывая инфекционно-токсическое поражение нервной системы и тяжелый геморрагический капилляротоксикоз. Характерно поражение почек с развитием острой почечной недостаточности.

С и м п т о м ы, т е ч е н и е. Инкубационный период от 11 до 23 дней. Болезнь начинается остро. Появляется лихорадка (38—40 °C), головная боль, бессонница, миалгия, светобоязнь. Лицо, шея, верхние отделы туловища гиперемированы, сосуды склер инъецированы. К 3—4-му дню болезни состояние ухудшается, появляются боль в животе, рвота, геморрагический синдром (геморрагическая сыпь, носовые кровотечения, кровоизлияния в местах инъекций и др.). Боль в животе и пояснице усиливается до нестерпимой, количество мочи уменьшается, ее относительная плотность низкая (до 1,004), может наступить анурия, нарастает азотемия; острая почечная недостаточность может привести к уремической коме. После снижения температуры тела до нормы состояние больного не улучшается. Нарастает токсикоз (тошнота, рвота, икота), нарушается сон, иногда появляются менингеальные симптомы. Характерно отсутствие желтухи, увеличения печени и селезенки. Может возникнуть спонтанный разрыв почек. Транспортировка больного в этот период должна быть очень осторожной. В процессе выздоровления признаки болезни постепенно уменьшаются, длительно сохраняется астенизация. После этого периода типична полиурия (до 4—5 л/сут), которая длится до 2 мес.

Д и а г н о с т и к а основывается на характерной клинической симптоматике; специфические методы лабораторной диагностики не вошли еще в широкую практику. Дифференцировать необходимо от лептоспироза, лихорадки Ку, псевдотуберкулеза.

Л е ч е н и е. Этиотропной терапии нет. Рекомендуют постельный режим, молочно-растительную диету, витамины. Назначают преднизолон от 50 до 120 мг/сут. После нормализации температуры тела дозу постепенно снижают. Длительность курса 8—15 дней. В первые дни в/в вводят 5 % раствор глюкозы или изотонический раствор хлорида натрия с добавлением 1 % раствора хлорида калия (50 мл на 1 л изотонического раствора), 5 % раствора аскорбиновой кислоты (20 мл/сут) и 4 % раствора гидрокарбоната натрия (50 мл на 1 л раствора). За сутки вводят 1—1,5 л. При отсутствии артериальной гипотензии в фазе олигурии назначают маннитол или фуросемид (лазикс). Рекомендуются промывание желудка 2 % раствором гидрокарбоната натрия и сифонные клизмы. При сильной боли назначают пантопон. При нарастании почечной недостаточности больному необходимо проводить экстракорпоральный гемодиализ.

П р о г н о з благоприятный; иногда возникают тяжелые осложнения (разрыв почек, уремическая кома, менингоэнцефалит), которые угрожают жизни больного. Трудоспособность восстанавливается медленно, иногда через 2 мес.

П р о ф и л а к т и к а. Борьба с грызунами, защита от них продуктов. Больных изолируют. В помещении, где содержатся больные, проводится текущая и заключительная дезинфекция.

ГЕРПЕТИЧЕСКАЯ ИНФЕКЦИЯ — заболевания, обусловленные вирусом простого герпеса; характеризуются поражением кожи и слизистых оболочек, в некоторых случаях могут обусловить поражения глаз, нервной системы и внутренних органов.

Э т и о л о г и я, п а т о г е н е з. Возбудитель относится к семейству герпеса, разделяется на 6 антигенных групп. Наиболее распространен I тип; с вирусом II типа связывают возникновение генитального герпеса и генерализованной инфекции новорожденных. Воротами инфекции являются кожа и слизистые оболочки. После внедрения вирус герпеса сохраняется в организме человека пожизненно в виде латентной инфекции, которая может переходить в клинически выраженные формы под влиянием ослабляющих организм факторов (грипп и другие болезни, лечение иммунодепрессантами, СПИД и др.).

С и м п т о м ы, т е ч е н и е. Инкубационный период 2—12 дней (чаще 4 дня). Первичная инфекция обычно протекает субклинически, лишь у 10—20 % больных возникают различные клинические проявления. Выделяют следующие клинические формы: 1) герпетические поражения кожи (локализованные и распространенные); 2) герпетические поражения полости рта; 3) ОРЗ; 4) генитальный герпес; 5) герпетическое поражение глаз (поверхностное и глубокое); 6) энцефалиты и менингоэнцефалиты; 7) висцеральные формы (гепатит, пневмония); 8) генерализованный герпес новорожденных. Локализованные герпетические поражения кожи являются наиболее частыми, они обычно сопровождают какое-либо другое заболевание (ОРЗ, малярия, менингококковая инфекция и др.). Общие симптомы отсутствуют или маскируются проявлениями основного заболевания. Пузырьки локализуются вокруг рта, на губах, крыльях носа. В некоторых случаях бывает распространенная герпетическая сыпь. Поражение слизистых оболочек полости рта обычно протекает в виде афтозного герпетического стоматита. Вирусы герпеса обусловливают 5—7 % всех ОРЗ; клинически они мало отличаются от ОРЗ другой этиологии.

Генитальный герпес, передающийся половым путем, протекает чаще в виде некротического цервицита, герпетических поражений влагалища и наружных половых органов. Эта форма способствует возникновению рака шейки матки, у беременных представляет опасность для плода (может возникнуть тяжелый генерализованный герпес новорожденных). Герпетическое поражение глаз чаще протекает в виде поверхностных и глубоких поражений роговицы. Заболевание склонно к длительному рецидивирующему течению. Может обусловить стойкое помутнение роговицы. Тяжело протекают герпетические энцефалиты, они нередко заканчиваются летально. Висцеральные формы герпеса обычно возникают на фоне массивного лечения различными иммунодепрессантами, а также у больных СПИДом, чаще проявляются в виде гепатита, пневмонии, энцефалитов. Генерализованный герпес новорожденных протекает с энцефалитом, поражением кожи и внутренних органов, без лечения противовирусными препаратами обычно кончается летально.

Д и а г н о с т и к а герпетической инфекции облегчается наличием характерных поражений кожи или слизистых оболочек. Для подтверждения диагноза используется выделение вируса из различного материала (содержимое пузырьков, соскобы с роговицы, спинномозговая жидкость, материал биопсии шейки матки и др.).

Л е ч е н и е. При локализованных неосложненных формах герпетической инфекции проводят лечение основного заболевания, местно элементы сыпи смазывают 1 % раствором метиленового синего или бриллиантового зеленого. При появлении корок применяют тетрациклиновую и эритромициновую мази. Для предупреждения генерализации инфекции в/м вводят 6 мл нормального человеческого иммуноглобулина. При нагноении элементов сыпи назначают антибиотики: оксациллин по 1 г через 6 ч, эритромицин по 0,5 г 4 раза в день. Для профилактики поражений глаз можно закапывать в глаза 0,1 % раствор 5-йод-2-дезоксиуридина (керецид). Этот же раствор хорошо помогает при герпетических поражениях слизистых оболочек. Местно используется лейкоцитарный интерферон.

П р о г н о з сомнительный при генерализованном герпесе, герпетических энцефалитах. При поражениях глаз может быть длительное рецидивирующее течение, что ведет к нарушению трудоспособности.

Для п р о ф и л а к т и к и генерализации инфекции вводят нормальный человеческий иммуноглобулин (по 6 мл через каждые 3 нед). Для предупреждения рецидивов эффективна убитая вакцина из вируса герпеса. Мероприятий в очаге не проводят.

ГРИПП — острая вирусная болезнь, антропоноз, передается воздушно-капельным путем. Характеризуется острым началом, лихорадкой, общей интоксикацией и поражением респираторного тракта.

Э т и о л о г и я, п а т о г е н е з. Возбудители гриппа относятся к семейству ортомиксовирусов, которые включают род вирусов гриппа А, род вируса гриппа В и С. Вирусы гриппа рода А подразделяются на многие серотипы. Постоянно возникают новые антигенные варианты. Вирус гриппа быстро погибает при нагревании, высушивании и под влиянием различных дезинфицирующих агентов. Воротами инфекции являются верхние отделы респираторного тракта. Вирус гриппа избирательно поражает цилиндрический эпителий дыхательных путей, особенно трахеи. Повышение проницаемости сосудистой стенки приводит к нарушению микроциркуляции и возникновению геморрагического синдрома (кровохарканье, носовые кровотечения, геморрагическая пневмония, энцефалопатия). Грипп обусловливает снижение иммунологической реактивности. Это приводит к обострению различных хронических заболеваний — ревматизма, хронической пневмонии, пиелита, холецистита, дизентерии, токсоплазмоза и пр., а также к возникновению вторичных бактериальных осложнений. Вирус сохраняется в организме больного обычно в течение 3—5 дней от начала болезни, а при осложнении пневмонией — до 10—14 дней.

С и м п т о м ы, т е ч е н и е. Инкубационный период продолжается от 12 до 48 ч. Типичный грипп начинается остро, нередко с озноба или познабливания, быстро повышается температура тела, и уже в первые сутки лихорадка достигает максимального уровня (38—40 °С). Отмечаются признаки общей интоксикации (слабость, адинамия, потливость, боль в мышцах, сильная головная боль, боль в глазах) и симптомы поражения дыхательных путей (сухой кашель, першение в горле, саднение за грудиной, осиплость голоса). При обследовании отмечается гиперемия лица и шеи, инъецирование сосудов склер, повышенное потоотделение, брадикардия, гипотония. Выявляется поражение верхних дыхательных путей (ринит, фарингит, ларингит, трахеит). Особенно часто поражается трахея, тогда как ринит иногда отсутствует (так называемая акатаральная форма гриппа). Характерны гиперемия и своеобразная зернистость слизистой оболочки зева. Язык обложен, может быть кратковременное расстройство стула. Осложнения со стороны ЦНС проявляются в виде менингизма и энцефалопатии. Характерны лейкопения, нейтропения; СОЭ в неосложненных случаях не повышена. Легкие формы гриппа иногда могут протекать без лихорадки (афебрильная форма гриппа). Осложнения: пневмонии (до 10 % всех больных и до 65 % госпитализированных больных гриппом), фронтиты, гаймориты, отиты, токсическое повреждение миокарда.

Во время эпидемии гриппа диагноз трудностей не представляет. В межэпидемическое по гриппу время это заболевание встречается редко (3—5 % всех случаев ОРЗ) и протекает часто в виде легких и стертых форм. В этих случаях грипп трудно отличить от ОРЗ другой этиологии. Для подтверждения диагноза гриппа используется обнаружение вируса в материале из зева и носа, а также выявление нарастания титра специфических антител при исследовании парных сывороток: первая сыворотка берется до 6-го дня заболевания, вторая — через 10—

14 дней; диагностическим является нарастание титров антител в 4 раза и более.

Л е ч е н и е. Больных гриппом лечат на дому. В стационар направляют больных с тяжелыми формами гриппа, с осложнениями, с тяжелыми сопутствующими заболеваниями, а также по эпидемическим показаниям (из общежитий, интернатов и др.). Оставленных для лечения дома помещают в отдельную комнату или изолируют от окружающих посредством ширмы. Выделяют отдельную посуду, которая обеззараживается крутым кипятком. Лица, ухаживающие за больным, должны носить четырехслойную маску из марли. Во время лихорадочного периода больному необходимо соблюдать постельный режим. Рекомендуется тепло (грелки к ногам, обильное горячее питье). Для профилактики геморрагических осложнений, особенно пожилым людям с повышенным АД, необходимо рекомендовать зеленый чай, варенье или сок черноплодной рябины, грейпфруты, а также витамины группы Р (рутин, кварцетин) в сочетании с 300 мг аскорбиновой кислоты в сутки.

Эффективным средством является противогриппозный донорский гамма-глобулин, который назначают при тяжелых формах гриппа по возможности в более ранние сроки (взрослым по 6 мл, детям по 0,15—0,2 мл/кг). Можно использовать нормальный человеческий иммуноглобулин, который вводят в/м в тех же дозах. Антибиотики и сульфаниламиды не предупреждают осложнений, в частности пневмоний. Они показаны лишь при осложнениях. Чаще используют антибиотики пенициллиновой группы, тетрациклины, гентамицин. Широко используют патогенетические и симптоматические препараты. Для уменьшения головной и мышечных болей применяют амидопирин, аскофен и др. Терапевтическое действие оказывают антигистаминные препараты (пипольфен, супрастин, димедрол). Для улучшения дренажной функции бронхов применяют щелочные ингаляции, отхаркивающие, бронходилататоры. При выраженном рините местно применяют 2—5 % раствор эфедрина, нафтизин, галазолин, санорин и др. Иногда используют смеси препаратов. Так называемый антигриппин содержит 0,5 г ацетилсалициловой кислоты, 0,3 г аскорбиновой кислоты, 0,02 г рутина, 0,02 г димедрола и 0,1 лактата кальция. Реконвалесцентам назначают банки, горчичники.

При крайне тяжелых гипертоксических формах гриппа (температура выше 40 °C, одышка, цианоз, резкая тахикардия, снижение АД) больных лечат в палатах интенсивной терапии. Этим больным в/м вводят противогриппозный иммуноглобулин (6—12 мл), назначают антибиотики противостафилококкового действия (оксациллин, метициллин, цепорин по 1 г 4 раза в сутки). Два раза в сутки в/в вводят смесь, содержащую 200—300 мл гемодеза или 40 % раствора глюкозы, 0,25—0,5 мл 0,05 % раствора строфантина (или 1 мл 0,06 % раствора коргликона), 2 мл 1 % раствора лазикса, 250—300 мг гидрокортизона или преднизолона, 10 мл 2,4 % раствора эуфиллина, 10 мл 5 % раствора аскорбиновой кислоты, 10 мл 10 % раствора

хлорида кальция, 400 мл реополиглюкина, 10 000—20 000 ЕД контрикала. Проводят оксигенотерапию. При учащении дыхания свыше 40 в 1 мин, при нарушениях ритма дыхания больного переводят на искусственную вентиляцию легких.

П р о г н о з. При неосложненном гриппе трудоспособность восстанавливается через 7—10 дней, при присоединении пневмонии — не ранее 3—4 нед. Прогноз в отношении благоприятный, хотя тяжелые формы с энцефалопатией или отеком легких (обычно во время эпидемий) могут представлять угрозу для жизни.

П р о ф и л а к т и к а. Используется вакцинация живой (интраназально) или инактивированными (внутрикожно и под кожу) вакцинами. Для профилактики гриппа А можно использовать ремантадин (по 0,1 г/сут), который дают в течение всей эпидемической вспышки. В очаге проводят текущую и заключительную дезинфекцию (посуду обдают крутым кипятком, белье кипятят).

ДИЗЕНТЕРИЯ (дизентерия бактериальная, шигеллез) — инфекционная болезнь с фекально-оральным механизмом передачи, вызывается бактериями рода шигелл. Протекает с преимущественным поражением слизистой оболочки дистального отдела толстой кишки.

Э т и о л о г и я, п а т о г е н е з. Возбудителями являются 4 вида шигелл: 1) шигелла дизентерии; 2) шигелла Флекснера (с подвидом Ньюкастл); 3) шигелла Бойда и 4) шигелла Зонне. Наиболее распространенными являются шигеллы Зонне и Флекснера. Возбудители могут длительно сохраняться во внешней среде (до 1,5 мес). На некоторых пищевых продуктах они не только сохраняются, но могут и размножаться (молочные продукты и др.). Отмечается возрастание резистентности шигелл к различным антибиотикам, а к сульфаниламидам резистентно большинство штаммов. Получены авирулентные штаммы шигелл, которые используются для разработки живых ослабленных вакцин для энтеральной иммунизации. Инфицирующая доза при дизентерии мала. Доказана возможность паразитирования шигелл в эпителии кишечника. Заболевание возникает при проникновении в кровь токсинов шигелл. Дизентерийные токсины действуют на стенку сосудов, ЦНС, периферические нервные ганглии, симпатико-адреналовую систему, печень, органы кровообращения. При тяжелых формах дизентерии больные обычно умирают от инфекционно-токсического шока.

С и м п т о м ы, т е ч е н и е. Инкубационный период от 1 до 7 дней (чаще 2—3 дня). По клиническим проявлениям дизентерию можно разделить на следующие формы. I. Острая дизентерия: а) типичная (разной тяжести); б) атипичная (гастроэнтероколитическая); в) субклиническая. II. Хроническая дизентерия: а) рецидивирующая; б) непрерывная (затяжная). III. Постдизентерийные дисфункции кишечника (постдизентерийный колит). Типичные формы дизентерии начинаются остро и проявляются симптомами общей интоксикации (лихорадка, ухудшение аппетита, головная боль, адинамия, понижение АД) и признаками поражения желудочно-кишечного тракта. Боль в животе вначале тупая, разлитая по всему животу, постоянная, затем становится более острой, схваткообразной, локализуется в нижних отделах живота, чаще слева или над лобком. Боль усиливается перед дефекацией. Появляются также тенезмы — тянущие боли в области прямой кишки, отдающие в крестец. Они возникают во время дефекации и продолжаются в течение 5—15 мин после нее. Тенезмы обусловлены воспалительными изменениями слизистой оболочки ампулярной части прямой кишки. С поражением дистального отдела толстого кишечника связаны ложные позывы и затянувшийся акт дефекации, ощущение его незавершенности. При пальпации живота отмечаются спазм и болезненность толстого кишечника, более выраженные в области сигмовидной кишки. Стул учащен (до 10 раз в сутки и более). Испражнения вначале каловые, затем в них появляется примесь слизи и крови, а в более тяжелых случаях при дефекации выделяется лишь небольшое количество кровянистой слизи.

При легких формах (до 80 % всех заболеваний) самочувствие больных удовлетворительное, температура тела субфебрильная или нормальная, боль в животе незначительная, тенезмы и ложные позывы могут отсутствовать. Стул 3—5 раз в сутки, не всегда удается обнаружить примесь слизи и крови в испражнениях. Субклинические формы дизентерии обычно выявляются при бактериологическом исследовании, клинические симптомы выражены слабо. Подобные больные нередко считают себя здоровыми и никаких жалоб не предъявляют. При атипичных формах на фоне приведенной выше симптоматики отмечаются явления острого гастрита (боль в эпигастрии, тошнота, рвота), что создает трудности для диагностики.

Тяжелая форма дизентерии встречается у 3—5 % заболевших. Она протекает с высокой лихорадкой или, наоборот, с гипотермией. Отмечаются резкая слабость, адинамия, аппетит полностью отсутствует. Больные заторможены, апатичны, кожа бледная, пульс частый, слабого наполнения. Может развиться картина инфекционного коллапса (прогрессирующее падение АД, цианоз, чувство холода, головокружение, пульс едва прощупывается). Стул до 50 раз в сутки, слизисто-кровянистый. При тяжелом течении может иногда наступить парез сфинктеров, зияние заднего прохода, из которого выделяется кровянистая слизь.

Для диагностики, помимо клинической симптоматики, большое значение имеет ректороманоскопия. В зависимости от тяжести выявляются разной степени выраженности изменения слизистой оболочки толстого кишечника (катаральные, катарально-геморрагические, эрозивные, язвенные, фибринозные). Наиболее характерны для дизентерии геморрагические и эрозивные изменения на фоне воспаления слизистой оболочки. Доказательством дизентерийной природы заболевания является выделение шигелл из испражнений, однако это удается

лишь у 50 % больных (во время вспышек чаще). Для диагноза хронической дизентерии важно указание на перенесенную острую дизентерию в течение последних 6 мес.

Хроническая дизентерия вначале протекает в виде отдельных обострений (рецидивов), в дальнейшем переходит в непрерывную (затяжную) форму, когда периоды ремиссии отсутствуют. Постдизентерийные дисфункции кишечника формируются спустя 2 года после перенесенной дизентерии. В этот период шигелл от больного выделить уже не удается.

Дизентерию нужно дифференцировать от острого колита другой этиологии (сальмонеллезные и др.), а также амебиаза, балантидиаза, неспецифического язвенного колита, рака толстой кишки.

Лечение. Больных дизентерией можно лечить как в инфекционном стационаре, так и в домашних условиях. Госпитализируют больных со среднетяжелыми и тяжелыми формами, детей в возрасте до 3 лет, ослабленных больных, а также при невозможности организовать лечение на дому; по эпидемиологическим показаниям госпитализируются дети, посещающие дошкольные учреждения, работники питания, лица, проживающие в общежитиях. В качестве этиотропных препаратов назначают антибиотики, сульфаниламиды, производные нитрофурана и 8-оксихинолина. Из антибиотиков чаще используют тетрациклины (по 0,2—0,4 г 4 раза в сутки) или левомицетин (по 0,5 г 4 раза в сутки). Более эффективен ампициллин (по 1 г 4—6 раз в сутки). Курс лечения 5—7 дней. Нитрофураны (фуразолидон, фурадонин, фуразолин) назначают по 0,1 г 4 раза в день в течение 5—7 суток. Производные 8-оксихинолина (энтеросептол, мексаза) дают по 2 таблетки 4 раза в сутки в течение 5—7 дней. Сульфаниламиды (сульфазол, сульфатиазол, сульфадимезин) можно назначать по 1 г 3—4 раза в день в течение 5—6 сут. Назначают комплекс витаминов. Для предупреждения рецидивов дизентерии необходимы тщательное выявление и лечение сопутствующих заболеваний.

Прогноз благоприятный. Переход в хронические формы наблюдается при современной терапии относительно редко (1—2 %).

Профилактика. Реконвалесценты после дизентерии выписываются не ранее чем через 3 дня после клинического выздоровления, нормализации стула, температуры тела и однократного отрицательного бактериологического исследования, проведенного не ранее 2 дней после окончания этиотропного лечения. Диспансерному наблюдению подлежат работники питания и лица, к ним приравненные, а также больные хронической дизентерией. Срок диспансерного наблюдения 3—6 мес. При оставлении больного дома в квартире проводят текущую дезинфекцию. За лицами, находившимися в контакте с больными, устанавливают медицинское наблюдение в течение 7 дней.

ДИФТЕРИЯ — острая инфекционная болезнь с воздушно-капельным механизмом передачи; характеризуется крупозным или дифтеритическим воспалением слизистой оболочки в воротах инфекции — в зеве, носу, гортани, трахее, реже в других органах и общей интоксикацией.

Этиология, патогенез. Возбудитель — токсигенная дифтерийная палочка, грамположительная, устойчивая во внешней среде. Патогенное действие связано с экзотоксином. Нетоксигенные коринебактерии непатогенны. Дифтерийная палочка вегетирует на слизистых оболочках зева и других органов, где развивается крупозное или дифтеритическое воспаление с образованием пленок. Продуцируемый возбудителем экзотоксин всасывается в кровь и вызывает общую интоксикацию с поражением миокарда, периферической и вегетативной нервной системы, почек, надпочечников.

Симптомы, течение. Инкубационный период — от 2 до 10 дней. В зависимости от локализации процесса различают дифтерию зева, носа, гортани, глаз и др.

Дифтерия зева. Различают локализованную, распространенную и токсическую дифтерию зева. При локализованной форме образуются фибринозные пленчатые налеты на миндалинах. Зев умеренно гиперемирован, боль при глотании выражена умеренно или слабо, регионарные лимфатические узлы увеличены незначительно. Общая интоксикация не выражена, температурная реакция умеренная. Разновидностью этой формы является островчатая дифтерия зева, при которой налеты на миндалинах имеют вид небольших бляшек, нередко расположенных в лакунах. При распространенной форме дифтерии зева фибринозные налеты переходят на слизистую оболочку небных дужек и язычка; интоксикация выражена, температура тела высокая, более значительна и реакция регионарных лимфатических узлов. Токсическая дифтерия характеризуется резким увеличением миндалин, значительным отеком слизистой оболочки зева и образованием толстых грязно-белых налетов, переходящих с миндалин на мягкое и даже твердое небо. Регионарные лимфатические узлы значительно увеличены, окружающая их подкожная клетчатка отечная. Отек шейной подкожной клетчатки отражает степень интоксикации. При токсической дифтерии I степени отек распространяется до середины шеи, при II степени — до ключицы, при III степени — ниже ключицы. Общее состояние больного тяжелое, отмечаются высокая температура (39—40 °C), слабость, анорексия, иногда рвота и боль в животе. Наблюдаются выраженные расстройства сердечно-сосудистой системы. Разновидностью этой формы служит субтоксическая дифтерия зева, при которой симптомы выражены слабее, чем при токсической дифтерии I степени.

Дифтерия гортани (дифтерийный, или истинный, круп) в последнее время встречается редко, характеризуется крупозным воспалением слизистой оболочки гортани и трахеи. Течение болезни быстро прогрессирующее. В первой катаральной (дисфонической) стадии, продолжающейся 1—2 дня, наблюдается повышение температуры тела, обычно умеренное, нарастающая осиплость голоса, кашель, вначале «лающий», затем теряющий свою звучность. Во второй (стенотической) стадии нарастают симптомы стеноза верхних дыхательных путей: шумное дыхание, напряжение при вдохе вспомогательной дыхательной мускулатуры, инспираторные втяжения уступчивых мест грудной клетки. Третья (асфиктическая) стадия проявляется выраженным расстройством газообмена — цианозом, выпадением пульса на высоте вдоха, потливостью, беспокойством. Если своевременно не оказывают врачебную помощь, больной умирает от асфиксии.

Дифтерия носа, конъюнктивы глаз, наружных половых органов в последнее время почти не наблюдается.

Характерны осложнения, возникающие главным образом при токсической дифтерии II и III степени, особенно при поздно начатом лечении. В раннем периоде болезни могут нарастать симптомы сосудистой и сердечной слабости. Миокардит выявляется чаще на 2-й неделе болезни и характеризуется нарушением сократительной способности миокарда и его проводящей системы. Обратное развитие миокардита происходит относительно медленно. Миокардит — одна из причин смерти при дифтерии. Моно- и полирадикулоневриты проявляются вялыми периферическими парезами и параличами мягкого неба, наружных глазных мышц, мышц конечностей, шеи, туловища. Опасность для жизни представляют парезы и параличи гортанных, дыхательных межреберных мышц, диафрагмы и поражение иннервационных приборов сердца. Могут возникать осложнения, обусловленные вторичной бактериальной инфекцией (пневмонии, отиты и др.).

Подтверждением диагноза служит выделение токсигенных дифтерийных палочек. Дифференцировать нужно от ангин, инфекционного мононуклеоза, «ложного крупа», пленчатого аденовирусного конъюнктивита (при дифтерии глаза).

Лечение. Основной метод терапии — возможно наиболее раннее в/м введение противодифтерийной сыворотки в соответствующих дозах (табл. 12).

При легких формах дифтерии сыворотку вводят однократно, при выраженной интоксикации (особенно при токсических формах) — в течение ряда дней. Во избежание анафилактических реакций проводят внутрикожную пробу с разведенной (1 : 100) сывороткой, при отсутствии в течение 20 мин реакции вводят 0,1 мл цельной сыворотки и через 30 мин — всю лечебную дозу.

При токсических формах с целью дезинтоксикации проводится также неспецифическая патогенетическая терапия: внутривенные капельные вливания белковых препаратов (плазма, альбумин), а также неокомпенсана, гемодеза в сочетании с 10 % раствором глюкозы; вводят преднизолон, кокарбоксилазу, витамины. Постельный режим при токсической форме дифтерии в зависимости от ее тяжести должен соблюдаться 3—8 нед.

При дифтерийном крупе необходимы покой, свежий воздух. Рекомендуются седативные средства (фенобарбитал, бромиды, аминазин —

Таблица 12. Доза противодифтерийной сыворотки (в тысячах МЕ)

Форма дифтерии	Первая разовая доза	Средняя доза на курс лечения
Локализованная форма дифтерии зева	10—30	10—40
Распространенная » » »	30—40	50—60
Токсическая I степени	50—70	100—120
» II »	60—80	160—200
» III »	100—120	250—350
Дифтерия носа	10—15	20—25
» гортани	15—30	30—40

не вызывать глубокий сон!). Ослаблению гортанного стеноза способствует назначение глюкокортикоидов. Применяют (при хорошей переносимости) парокислородные ингаляции в палатках-камерах. Хороший эффект может оказать отсасывание слизи и пленок из дыхательных путей с помощью электроотсоса. Учитывая частоту развития при крупе пневмонии (особенно у детей раннего возраста), назначают антибиотики. При тяжелом стенозе (при переходе второй стадии стеноза в третью) прибегают к назотрахеальной (оротрахеальной) интубации или нижней трахеостомии.

При дифтерийном бактерионосительстве рекомендуют пероральное применение тетрациклина или эритромицина с одновременным назначением аскорбиновой кислоты; длительность лечения 7 дней.

П р о ф и л а к т и к а. Активная иммунизация — основа успешной борьбы с дифтерией. Иммунизация проводится всем детям (с учетом противопоказаний) адсорбированной коклюшно-дифтерийно-столбнячной вакциной (АКДС) и адсорбированным дифтерийно-столбнячным анатоксином (АДС). Первичная вакцинация проводится, начиная с 3-месячного возраста троекратно по 0,5 мл вакцины с интервалом 1,5 мес; ревакцинация той же дозой вакцины — через 1,5—2 года по окончании курса вакцинации. В возрасте 6 и 11 лет детей ревакцинируют только против дифтерии и столбняка АДС-М-анатоксином (препаратом с уменьшенным количеством антигенов). Больные дифтерией подлежат обязательной госпитализации. В квартире больного после его изоляции проводят заключительную дезинфекцию. Реконвалесцентов выписывают из больницы при условии отрицательного результата двукратного бактериологического исследования на токсигенные дифтерийные палочки; в детские учреждения они допускаются после предварительного двукратного бактериологического исследования. Бактерионосителям токсигенных дифтерийных палочек (детям и взрослым) разрешается посещать детские учреждения, где все дети привиты против дифтерии, через 30 дней после установления бактерионосительства.

ИЕРСИНИОЗ — острая инфекционная болезнь, относящаяся к зоонозам. Основной путь заражения человека алиментарный. Больной человек опасности для окружающих не представляет.

Э т и о л о г и я, п а т о г е н е з. Возбудитель (иерсиниа) по своим свойствам сходен с возбудителями чумы и псевдотуберкулеза. Отличается полиморфизмом, биполярной окраской, грамотрицателен, капсул и спор не образует. Может расти при температуре 5 °C. Высокочувствителен к левомицетину, тетрациклинам, аминогликозидам. Иерсинии делятся на 5 биотипов, 10 фаготипов, а по О-антигену более чем на 30 серотипов. Наибольшее значение в патологии человека имеют 2-й и 4-й биотипы, 3, 5, 8-й и 9-й серотипы. Внедрение возбудителя происходит в нижних отделах тонкого кишечника, развивается картина терминального илеита, могут быть язвенные изменения. Лимфогенно возбудитель достигает мезентериальных лимфатических узлов, возникает лимфаденит с тенденцией к абсцедированию.

С и м п т о м ы, т е ч е н и е. Инкубационный период от 15 ч до 4 сут (чаще 1—2 дня). Основными клиническими формами являются: 1) гастроэнтероколитическая, 2) аппендикулярная, 3) септическая, 4) субклиническая. Заболевание начинается остро. Температура тела повышается до 38—40 °C, лихорадка длится до 5 дней, при септических формах — дольше. Наблюдаются симптомы общей интоксикации (озноб, головная боль; боль в мышцах, суставах). При гастроэнтероколитической форме на этом фоне появляется схваткообразная боль в животе, чаще в нижних отделах справа или в пупочной области. Могут быть тошнота и рвота, стул жидкий зловонный, до 10 раз в сутки. Может быть примесь слизи, крови обычно не бывает. В отличие от дизентерии нет также тенезмов, ложных позывов, спазма и болезненности сигмовидной кишки. При аппендикулярной форме, кроме того, появляются симптомы аппендицита (иногда гнойного). Лейкоцитоз до $15 \cdot 10^9$/л; СОЭ повышена. Септическая форма развивается у ослабленных лиц, протекает с лихорадкой неправильного типа, отмечаются повторные ознобы, профузный пот, увеличение печени и селезенки, нарастает анемизация, появляется желтуха. Эта форма заканчивается летально.

Иерсиниоз необходимо дифференцировать от гастроэнтероколитов другой этиологии (дизентерия, сальмонеллезы, эшерихиозы), псевдотуберкулеза, аппендицита. Лабораторным подтверждением диагноза служит выделение возбудителя (из кала, крови, гноя, удаленного червеобразного отростка) и РНГА.

Л е ч е н и е. Назначают левомицетин (по 0,5 г 3—4 раза в день), тетрациклины (0,3—0,4 г 4 раза в день) в течение 5—7 дней.

П р о ф и л а к т и к а см. *Сальмонеллезы.*

КАМПИЛОБАКТЕРИОЗ (виброз) — острая инфекционная болезнь зоонозной природы. Характеризуется острым началом, лихорадкой, преимущественным поражением желудочно-кишечного тракта, общей интоксикацией. У новорожденных нередко протекает в виде септического заболевания.

Э т и о л о г и я, п а т о г е н е з. Возбудителем являются различные серотипы кампилобактера. Заражение наступает от многих домашних и сельскохозяйственных животных. Оптимум роста возбудителя 37 °C, он хорошо сохраняется во внешней среде. Возбудитель попадает в организм преимущественно через желудочно-кишечный тракт при алиментарном заражении, возможно проникновение через поврежденную кожу. У беременных женщин отмечается трансплантарная передача инфекции, что приводит к абортам и внутриутробному заражению детей. У ослабленных людей заболевание принимает септическое течение с формированием вторичных очагов.

С и м п т о м ы, т е ч е н и е. Инкубационный период продолжается от 1 до 6 дней (чаще 1—2 дня). По клиническому течению выделяют следующие формы: 1) гастроинтестинальную; 2) генерализованную (септическую); 3) хроническую; 4) субклиническую (бактерионосительство). Чаще наблюдается гастроинтестинальная форма. Кампилобактериозом обусловлено от 3 до 31 % всех диарейных заболеваний у детей, чаще у детей первого года жизни. Заболевание начинается остро. Появляются лихорадка, общая интоксикация и синдром гастроэнтерита. Отмечаются тошнота, боли в эпигастрии, рвота. Стул обильный, жидкий, пенистый, примеси слизи и крови у взрослых обычно не бывает. У детей интоксикация более выражена, в стуле могут быть примеси слизи и крови, нередко обезвоживание организма (сухость кожи и слизистых оболочек, олигурия).

Генерализованная (септическая) форма чаще наблюдается у детей первых месяцев жизни, реже у ослабленных взрослых. Заболевание характеризуется неправильной лихорадкой, истощением, анемией. На этом фоне развиваются пневмония, перитонит, абсцессы печени, головного мозга и др. При субклинической форме отмечаются выделение возбудителей из испражнений и нарастание титра антител в сыворотке крови.

Хронические формы с самого начала принимают хроническое течение (без острой фазы). Отмечаются длительный субфебрилитет, слабость, астенизация, снижение массы тела, поражение глаз. У женщин часто развиваются вагинит, вульвовагинит, эндоцервицит, бесплодие. Реже бывают артриты, эндокардиты, плевриты и др.

Д и а г н о з подтверждается выделением возбудителя из испражнений, крови, спинномозговой жидкости, гноя абсцесов, ткани абортированного плода, а также серологически (РСК, РНГА и др.).

Л е ч е н и е. Наиболее эффективны эритромицин и гентамицин. Эритромицин применяют по 0,25—0,3 г 4—6 раз в сутки (не более 2 г/сут). Гентамицина сульфат назначают из расчета 0,8—1 мг/кг 3 раза в сутки в/м. Длительность курса антибиотикотерапии 7—10 дней. При хронических формах проводят повторные курсы лечения.

П р о ф и л а к т и к а. Ликвидация инфекции среди животных, соблюдение санитарно-гигиенических норм забоя животных, соблюдение личной гигиены, защита продуктов от загрязнения.

КОКЛЮШ — острая инфекционная болезнь, относящаяся к воздушно-капельным антропонозам; характеризуется приступами спазматического кашля. Наблюдается преимущественно у детей раннего и дошкольного возраста.

Э т и о л о г и я, п а т о г е н е з. Возбудитель — мелкая, овоидная, грамотрицательная палочка, малоустойчивая во внешней среде. Входные ворота инфекции — верхние дыхательные пути, где и вегетирует коклюшная палочка. Образуемый ею токсин обусловливает раздражение слизистой оболочки дыхательных путей и оказывает общее действие главным образом на нервную систему, в результате чего развивается спастический компонент (спастическое состояние диафрагмы и других дыхательных мышц, бронхоспазм, склонность к спазму периферических сосудов), а у маленьких детей — иногда клонико-тонические судороги скелетных мышц. При тяжелых формах возникает гипоксия. В патогенезе коклюша определенную роль играют аллергические механизмы.

С и м п т о м ы, т е ч е н и е. Инкубационный период 3—15 дней (чаще 5—7 дней). Катаральный период проявляется небольшим или умеренным повышением температуры тела и кашлем, постепенно нарастающим по частоте и выраженности. Этот период продолжается от нескольких дней до 2 нед. Переход в спастический период происходит постепенно. Появляются приступы спастического, или конвульсивного, кашля, характеризующиеся серией коротких кашлевых толчков и последующим вдохом, который сопровождается протяжным звуком (реприз). Возникает новая серия кашлевых толчков. Это может повторяться несколько раз. В конце приступа (особенно при тяжелой форме) наблюдается рвота. В течение суток приступы в зависимости от тяжести болезни повторяются до 20—30 раз и более. Лицо больного становится одутловатым, на коже и конъюнктиве глаз иногда появляются кровоизлияния, на уздечке языка образуется язвочка. При тяжелом течении на высоте приступа могут возникнуть клонические или клонико-тонические судороги, а у детей первого года жизни — остановка дыхания. При исследовании крови выявляется лейкоцитоз (до 20—70 × $\times 10^9$/л и более), лимфоцитоз; СОЭ при отсутствии осложнений нормальная или пониженная. Этот период продолжается 1—5 нед и более. В периоде разрешения, продолжающемся 1—3 нед, кашель теряет конвульсивный характер, постепенно исчезают все симптомы.

В зависимости от частоты кашлевых приступов и выраженности прочих симптомов различают легкую, среднетяжелую и тяжелую формы коклюша. Наблюдаются и стертые формы коклюша, при которых спастический характер кашля не выражен. Эта форма наблюдается у детей, получивших вакцинопрофилактику, и у взрослых.

Осложнения: пневмонии (в развитии которых участвует бактериальная микрофлора), ателектазы легких, эмфизема средостения и подкожной клетчатки, энцефалопатии и др.

Затруднения в распознавании встречаются главным образом при стертой форме. Необходимо дифференцировать от ОРЗ, бронхитов. Подтверждением диагноза служит выделение коклюшной палочки из трахеобронхиального секрета; для ретроспективного диагноза в более поздние периоды используют серологические методы (реакция агглютинации, РСК, РНГА).

Л е ч е н и е проводится на дому. Госпитализируют детей с тяжелыми формами болезни, при наличии осложнений и по эпидемиологическим показаниям. Рекомендуется длительное пребывание больного на свежем воздухе. Детям раннего возраста при тяжелых и среднетяжелых формах болезни или при наличии осложнений назначают антибиотики: эритромицин по 5—10 мг/кг на прием 3—4 раз в сутки; ампициллин перорально и в/м 25—50 мг/(кг· сут) в 4 приема, курс лечения 8—10 дней. Назначают также тетрациклин по 30—40 мг/(кг· сут) в течение 10—12 дней. В тяжелых случаях применяют комбинацию двух антибиотиков. В ранних стадиях болезни эффективен противококлюшный гамма-глобулин (по 3—6 мл ежедневно 3 дня подряд). При тяжелых и осложненных формах коклюша применяют преднизолон. С целью ослабления спастических явлений и кашлевых приступов назначают нейролептические средства — аминазин, пропазин. При гипоксии показана оксигенотерапия, при апноэ — длительная искусственная вентиляция легких. При затянувшейся репарации назначают стимулирующую терапию (переливание плазмы, инъекции иммуноглобулина, физиотерапевтические процедуры, витамины).

П р о г н о з. Для детей первого года жизни, особенно при развитии осложнений, коклюш остается опасным заболеванием. Прогноз ухудшается при наличии сопутствующих заболеваний (рахит и др.).

П р о ф и л а к т и к а. Иммунопрофилактика с помощью АКДС-вакцины (см. «Календарь профилактических прививок»). У детей первых лет жизни при контакте с больным рекомендуют специфический гамма-глобулин (по 3 мл двукратно с интервалом 1 день). Изоляция больного продолжается 30 дней с начала болезни. На детей до 7-летнего возраста, бывших в контакте с больным, ранее не болевших коклюшем и непривитых, накладывается карантин сроком

на 14 дней с момента изоляции больного. Если изоляция не проведена, этот срок удлиняется до 25 дней со дня заболевания. Заключительная дезинфекция не производится.

КОРЬ — острая вирусная болезнь с воздушно-капельным механизмом передачи, характеризующаяся лихорадкой, интоксикацией, катаром дыхательных путей и макулопапулезной сыпью.

Э т и о л о г и я, п а т о г е н е з. Возбудитель из семейства парамиксовирусов быстро инактивируется во внешней среде. В конце инкубационного и до 3-го дня периода высыпания вирус содержится в крови (вирусемия). Происходит системное поражение лимфоидной ткани и ретикулоэндотелиальной системы с образованием гигантских многоядерных структур. Вирус поражает слизистые оболочки дыхательных путей и вызывает гнездное периваскулярное воспаление верхних слоев кожи, что проявляется сыпью. Доказана роль аллергических механизмов. Установлена возможность персистенции коревого вируса в организме после перенесенной кори с развитием подострого склерозирующего панэнцефалита, имеющего прогрессирующее течение и заканчивающегося смертью.

С и м п т о м ы, т е ч е н и е. Инкубационный период 9—10 дней, иногда он удлиняется до 17 дней. Катаральный (начальный) период характеризуется повышением температуры тела, общей интоксикацией, выраженным катаром верхних дыхательных путей (насморк, кашель). Патогномоничный симптом, возникающий за 1—2 дня до высыпания,— пятна Бельского — Филатова — Коплика: на слизистой оболочке щек, реже губ, десен появляются мелкие белесоватые папулы, не сливающиеся между собой. Этот симптом держится 2—3 дня. На 3—5-й день болезни при новом повышении температуры появляется сыпь, начинается период высыпания, который продолжается 3 дня и характеризуется этапностью: вначале сыпь обнаруживается на лице, шее, верхней части груди, затем на туловище и на 3-й день — на конечностях. Элементы сыпи — макулопапулы, сливающиеся между собой и после угасания оставляющие пятнистую пигментацию и мелкое отрубевидное шелушение. В период высыпания катаральные явления и симптомы интоксикации нарастают; в крови отмечается лейкопения с относительным нейтрофилезом и эозинофилией.

Продолжительность болезни 7—9 дней. В периоде реконвалесценции отмечаются астения и снижение сопротивляемости организма к различным патогенным агентам. Корь протекает в легкой, среднетяжелой и тяжелой формах. У лиц, получавших серопрофилактику, наблюдается митигированная (ослабленная) корь, характеризующаяся рудиментарностью всех симптомов. Среди осложнений наиболее часты ларингит, который может сопровождаться стенозом гортани — ранним крупом, связанным с действием коревого вируса, и поздним крупом с более тяжелым и длительным течением; пневмония, связанная, как и поздний круп, со вторичной бактериальной инфекцией и особенно частая у детей раннего возраста; стоматит, отит, блефарит, кератит. Очень редким и опасным осложнением является коревой энцефалит. менингоэнцефалит.

В типичных случаях д и а г н о з может быть установлен уже в катаральном периоде. Точному распознаванию помогает серологическое исследование (РТГА). Дифференцировать следует от ОРЗ, краснухи, аллергических и лекарственных сыпей.

Л е ч е н и е. Специфические методы терапии не разработаны. Основа лечения — постельный режим, гигиеническое содержание больного, симптоматические средства. При осложнениях бактериальной природы — антибиотики. Лечение пневмоний, крупа, энцефалита проводится по общим правилам. Госпитализация больных осуществляется по клиническим (тяжелые формы, осложнения) и эпидемиологическим показаниям.

П р о г н о з. Смертельные исходы кори очень редки и наблюдаются главным образом при коревом энцефалите.

П р о ф и л а к т и к а. Активная иммунизация всех детей с 15—18 мес. Применяется живая аттенуированная вакцина Л-16. Прививку проводят однократно путем подкожного введения 0,5 мл разведенной вакцины. При контакте с больным корью непривитым детям до 3-летнего возраста (а также ослабленным детям без возрастных ограничений) с целью профилактики вводят 3 мл иммуноглобулина. Больной корью изолируется не менее чем до 5-го дня с момента высыпания. Дети, бывшие в контакте с больным и ранее не подвергавшиеся активной иммунизации, подлежат разобщению с 8-го по 17-й день, а пассивно иммунизированные — до 21-го дня с момента предполагаемого заражения. Дезинфекция не проводится.

КРАСНУХА — острая вирусная инфекционная болезнь с воздушно-капельным путем передачи; характеризуется кратковременным лихорадочным состоянием, пятнистой сыпью и припуханием заднешейных и затылочных лимфатических узлов.

С и м п т о м ы, т е ч е н и е. Инкубационный период 16—20 дней. Типичный ранний симптом — припухание заднешейных, затылочных и других лимфатических узлов. В отдельных случаях отмечается слабо выраженный катар верхних дыхательных путей. Одновременно с небольшим повышением температуры на коже всего тела появляется бледно-красная пятнистая экзантема, элементы которой не имеют склонности к слиянию и исчезают через 2—3 дня, не оставляя пигментации. Самочувствие больного, как правило, почти не нарушено. Нередко краснушная инфекция протекает скрытно. Осложнения при постнатальном заражении очень редки (атропатии, энцефалиты). При внутриутробном заражении эмбрион погибает или у него развивается хроническая краснушная инфекция с поражением различных органов и формированием внутриутробных пороков развития (микроцефалия, гидроцефалия, глухота, катаракта, пороки сердца и др.). При внутриутробном заражении после окончания органогенеза развивается фетопатия (анемия, тромбоцитопеническая пурпура, гепатит, пора-

жения костей и др.). У таких детей наблюдается длительная персистенция вируса.

В отличие от кори при краснухе в большинстве случаев отсутствуют катаральный период, пятна Бельского — Филатова — Коплика, выраженная этапность высыпания; сыпь более бледная, не имеет склонности к слиянию и не оставляет пигментации и шелушения. Точному диагнозу помогает серологическое исследование (РТГА).

Л е ч е н и е симптоматическое. П р о г н о з благоприятный.

П р о ф и л а к т и к а. Изоляция больного до 5-го дня заболевания малоэффективна, так как у большинства реконвалесцентов выделение вируса может продолжаться дольше. Необходимо оберегать беременных женщин, не болевших краснухой, от общения с больными на срок не менее 3 нед. В случае контакта беременной женщины с больным краснухой рекомендуется ввести гипериммунный гамма-глобулин (до 20 мл). При заболевании женщины краснухой в первые 3 мес беременности считают показанным ее прерывание. Разработан метод активной иммунизации.

ЛЕГИОНЕЛЛЕЗ (болезнь легионеров, питтсбургская пневмония, понтиакская лихорадка, легионелла-инфекция) — острая инфекционная болезнь, обусловленная различными видами легионелл, характеризуется лихорадкой, выраженной общей интоксикацией, тяжелым течением, поражением легких, ЦНС, органов пищеварения. В США легионеллами обусловлено до 1,5 % всех острых пневмоний.

Э т и о л о г и я, п а т о г е н е з. Легионеллы представляют собой грамотрицательные бактерии, широко распространенные и длительно сохраняющиеся во внешней среде (в воде до 1 года). Заражение наступает аэрогенно при вдыхании мельчайших капелек инфицированной воды (душевые установки, распылители кондиционеров и др.). Легионеллы высокочувствительны к эритромицину, левомицетину, ампициллину, малочувствительны к тетрациклину и совершенно нечувствительны к пенициллину и цефалоспоринам. Воротами инфекции служат нижние отделы респираторного тракта. Чаще заболевают лица среднего и пожилого возраста; заболеванию способствуют курение, употребление алкоголя, сахарный диабет, применение иммунодепрессантов, СПИД. При распаде микробов высвобождается эндотоксин, который обусловливает поражение ряда органов и систем. В тяжелых случаях развивается инфекционно-токсический шок, протекающий с дыхательной и сердечно-сосудистой недостаточностью, гипоксией, респираторным ацидозом.

С и м п т о м ы, т е ч е н и е. Инкубационный период 2—10 дней (чаще 5—7 сут). Заболевание начинается остро. Быстрое повышение температуры тела сопровождается ознобом. Быстро нарастают общая слабость, разбитость, мышечные боли. С первых дней появляются мучительный кашель, колющие боли в груди. Выявляются признаки пневмонии, частота дыхания доходит до 30—40 в 1 мин. Может быть рвота, жидкий стул. Поражается ЦНС (головокружение, бред, расстройства сознания). Отмечается тахикардия, АД понижено. Может развиться геморрагический синдром. При тяжелом течении быстро нарастает дыхательная и сердечно-сосудистая недостаточность, развивается инфекционно-токсический шок. Смерть наступает к концу 1-й недели болезни.

Легионеллез не всегда протекает в виде пневмонии. Так называемая понтиакская лихорадка характеризуется кратковременным повышением температуры (2—5 дней), умеренно выраженной общей интоксикацией. Могут выявляться у части больных симптомы бронхита и плеврита, но пневмония отсутствует. Летальных исходов при этой форме болезни не наблюдается.

О легионеллезе необходимо думать при развитии тяжелой пневмонии в необычный сезон (конец лета) у мужчин среднего и пожилого возраста при наличии предрасполагающих факторов (курение, алкоголизм, сахарный диабет и др.). Имеет значение и отсутствие терапевтического эффекта от обычно применяемых при пневмонии антибиотиков (пенициллина, стрептомицина, тетрациклина). Дифференцировать необходимо от других пневмоний. Для подтверждения диагноза используют бактериологические и серологические методы.

Л е ч е н и е. Наиболее эффективен эритромицин по 0,4—0,5 г 4—6 раз в сутки до стойкой нормализации температуры. В тяжелых случаях можно в/в назначать эритромицина фосфат 2—3 раза в сутки по 0,2 г. Эффективность повышается при сочетании эритромицина с рифампицином.

П р о г н о з серьезный. В США летальность достигала 20 %; при использовании эритромицина летальность около 4 %.

П р о ф и л а к т и к а. Обеззараживание воды, ванных помещений, душевых сеток, контроль за кондиционированием воздуха. Больных помещают в отдельных палатах. Проводят текущую дезинфекцию мокроты и других выделений больного.

ЛЕЙШМАНИОЗЫ — паразитарные заболевания, вызываемые лейшманиями. У человека протекают в следующих формах: 1) висцеральный лейшманиоз (кала-азар), 2) кожный лейшманиоз (болезнь Боровского, пендинская язва), 3) кожно-слизистый американский лейшманиоз (эспундия). Висцеральный лейшманиоз характеризуется длительной лихорадкой, увеличением печени и селезенки, резкой лейкопенией, анемией, прогрессирующим течением. При кожном лейшманиозе наиболее характерно образование длительно не заживающих язв.

Э т и о л о г и я, п а т о г е н е з. Возбудители лейшманиозов — различные виды лейшманий. В организме москитов-переносчиков лейшмании находятся в жгутиковой форме, в организме человека — в лейшманиальной (внутриклеточной). Воротами инфекции является кожа в месте укуса москита, где происходит размножение и накопление лейшманий. Через несколько дней или недель возникает небольшая папула или язвочка. При висцеральном лейшманиозе возбудитель гематогенно проникает и фиксируется в органах ретикулоэндотелиальной системы (костный мозг, печень, селезенка, лимфатические узлы), вызывая некротические и дегенеративные изменения. При кожном лейшманиозе изменения наблюдаются преимущественно в области ворот инфекции.

С и м п т о м ы, т е ч е н и е. Инкубационный период при висцеральном лейшманиозе продолжается от 3 нед до 3 лет (чаще несколько месяцев). Заболевание начинается постепенно, первые проявления болезни обычно не замечают. Нарастает общая слабость, появляется лихорадка, которая часто бывает волнообразной. Отмечается бледность кожи вследствие анемизации, кожа может быть темной за счет поражения надпочечников, иногда наблюдается геморрагическая сыпь. При агранулоцитозе могут возникнуть язвенно-некротические изменения в полости рта. Состояние больных прогрессивно ухудшается, они худеют, нарастают анемия, лейкопения, выявляется значительное увеличение печени (до пупочной линии) и селезенки (до полости малого таза). При исследовании крови — лейкопения, анемия, агранулоцитоз, тромбоцитопения, повышение СОЭ, уменьшение содержания альбуминов и повышение уровня глобулинов.

Кожный лейшманиоз протекает в виде антропонозного и зоонозного типа. Антропонозный тип (поздно изъязвляющийся кожный лейшманиоз городского типа, ашхабадка) характеризуется длительным инкубационным периодом (3—8 мес). На месте внедрения возбудителя образуется небольшой бугорок (диаметром 2—3 мм), медленно увеличивающийся и через 3—6 мес покрывающийся чешуйчатой корочкой, под которой обнаруживается язва с подрытыми неровными краями. Рубцевание идет медленно и заканчивается через 1—2 года. Зоонозный тип кожного лейшманиоза (сельский тип, пендинская язва, остро некротизирующийся кожный лейшманиоз) характеризуется более коротким инкубационным периодом (до 3 нед), бугорок на месте укуса быстро увеличивается, через несколько дней его диаметр достигает 10—15 мм. В центре бугорка происходит некроз и открывается язва с широким инфильтратом и отеком вокруг. Диаметр язвы иногда доходит до 5 см. К 3-му месяцу дно язвы очищается, а через 5 мес заканчивается рубцевание. Для диагноза имеют значение указание на пребывание в эндемичных по лейшманиозу местностях в последние 1—2 года, характерные клинические симптомы, картина крови и изменения белкового состава при висцеральном лейшманиозе. Доказательством болезни служит обнаружение лейшманий (материал из узла, пунктатов костного мозга, лимфатических узлов).

Л е ч е н и е. Применяют солюсурмин в виде 10—20 % раствора в/в, в/м или п/к 1 раз в день в течение 10—15 дней (для лечения висцерального лейшманиоза). В 1-й день вводят $1/3$ дозы, на 2-й день — $2/3$ дозы, и с 3-го дня лечения вводится полная доза, которая составляет для детей до 7 лет 0,15 г/кг, от 7 до 16 лет 0,12 г/кг и для взрослых 0,1 г/кг. Если после выписки из стационара состояние снова ухудшается, проводят второй курс химиотерапии. Для подавления вторичной микрофлоры назначают антибиотики (ампициллин, оксациллин). Используют витамины, антианемические средства, переливания крови, плазмы. Для лечения кожного лейшманиоза назначают мономицин по 250 000 ЕД в/м 3 раза в день в течение 10—12 дней. Местно применяют мономициновую мазь (70 г вазелина, 30 г ланолина и 2 000 000 ЕД мономицина). При кожном лейшманиозе зоонозного типа можно использовать солюсурмин в тех же дозах, что и при лечении висцерального лейшманиоза. Курс лечения занимает 10—12 дней. Иногда назначают аминохинол (внутрь по 0,1—0,2 г 3 раза в день в течение 10—12 сут), однако он менее эффективен.

П р о г н о з при современных методах лечения для жизни благоприятный. При поздно начатой терапии при выраженной анемизации и гепатоспленомегалии для восстановления трудоспособности требуется несколько месяцев. Рубцевание язв при кожных формах может длиться в зависимости от типа болезни от нескольких месяцев до 1—2 лет.

П р о ф и л а к т и к а. Раннее выявление и лечение больных, борьба с москитами-переносчиками, использование отпугивающих средств. В последние годы проводят прививки против кожного лейшманиоза. Прививки делают живыми культурами лейшманий на закрытых участках кожи.

ЛЕПТОСПИРОЗ — острое инфекционное заболевание, вызываемое различными серотипами лептоспир. Характеризуется общей интоксикацией, лихорадкой, поражением почек, печени, нервной системы и мышц. При тяжелых формах наблюдаются острая почечная недостаточность, желтуха и геморрагический синдром. Относится к зоонозам с природной очаговостью. Инфицирование человека происходит через зараженные водоемы, реже через пищевые продукты или при контакте с инфицированными животными (свиньями и др.).

Э т и о л о г и я, п а т о г е н е з. В патогенном виде лептоспиры насчитывается свыше 120 серологических типов и подтипов. Лептоспиры в водоемах сохраняются до 25 дней, быстро погибают при нагревании, высушивании, при добавлении соли, сахара. На пищевых продуктах сохраняются до 1—2 сут. Лептоспиры чувствительны к пенициллину, тетрациклинам, левомицетину. Воротами инфекции чаще служит кожа. Лептоспиры проникают через микротравмы при контакте с инфицированной водой. Могут проникать и через слизистые оболочки пищеварительного тракта. Тяжесть болезни зависит от реактивности микроорганизмов, а не от серотипа лептоспир. В течение первой недели болезни лептоспиры обнаруживаются в крови.

С и м п т о м ы, т е ч е н и е. Инкубационный период длится от 4 до 14 дней (чаще 7—9 дней). Заболевание начинается остро без каких-либо продромальных симптомов. Появляется сильный озноб, температура тела уже в первые сутки достигает 39—40 °C. Больные жалуются на сильную головную боль, бессонницу, отсутствие аппетита, мышечную боль, особенно в икроножных мышцах. Боль в мышцах настолько сильная, что больные с трудом могут ходить. При пальпации отмечается выраженная болезненность мышц. Кожа лица и шеи гиперемирована, сосуды склер инъецированы. Лихорадка держится 5—10 дней, у некоторых больных (без антибиотикотерапии) наблюдается вторая волна лихорадки. При тяжелых формах болезни с 3—5-го дня появляется иктеричность склер и кожных покровов. В это же время у 20—50 % больных отмечается полиморфная экзантема (кореподобная, краснухоподобная, реже скарлатиноподобная). Тяжелые формы характеризуются геморрагическим синдромом (петехиальная сыпь, кровоизлияния в склеру, кровоподтеки в местах инъекций, носовые кровотечения и др.). Однако встречаются тяжелые формы с летальным исходом от уремии, при которых отсутствуют желтуха и проявления геморрагического синдрома. С 4—5-го дня отмечается увеличение печени и селезенки. Может появиться менингеальный синдром (чаще вследствие серозного менингита). В крови — нейтрофильный лейкоцитоз, повышение СОЭ. Легкие формы могут протекать с 2—3-дневной лихорадкой, с умеренно выраженными симптомами общей интоксикации.

Осложнения: менингит, энцефалит, миелит, ириты, иридоциклиты, острая почечная недостаточность (основная причина смерти больных), пневмонии, отит и др. Необходимо дифференцировать от гриппа, геморрагической лихорадки с почечным синдромом, псевдотуберкулеза, инфекционного мононуклеоза, тифопаратифозных заболеваний. Доказательством болезни служит обнаружение возбудителя или нарастание титра специфических антител. После выздоровления формируется длительный иммунитет по отношению к гомологичному типу.

Л е ч е н и е. Назначают пенициллин по 2 000 000—4 000 000 ЕД/сут, при тяжелых формах, признаках менингита суточные дозы пенициллина увеличивают до 12 000 000— 16 000 000 ЕД/сут. Можно назначать тетрациклины в дозе 0,8—1,2 г/сут. Антибиотики применяют в течение 8—10 дней. При выраженной интоксикации и геморрагическом синдроме назначают преднизолон по 30—40 мг/сут. Выпускается специальный противолептоспирозный гамма-глобулин, который вводят по 10 мл в/м после предварительной десенсибилизации. При развитии острой почечной недостаточности приходится прибегать к экстракорпоральному гемодиализу.

П р о г н о з при тяжелых формах болезни серьезный.

П р о ф и л а к т и к а. Запрещение купания в водоемах, расположенных в эндемичной местности, и употребления воды из открытых водоемов. Использование резиновых сапог при работе на мокрых лугах и спецодежды при уходе за больными животными. По показаниям — вакцинация. Больные люди опасности для окружающих не представляют.

ЛИСТЕРИОЗ — инфекционная болезнь из группы зоонозов; характеризуется полиморфизмом клинических проявлений. Острые формы протекают в виде гнойных менингитов, менингоэнцефалитов, сепсиса, хронические — чаще в виде рецидивирующего воспаления мочевыводящих путей. Преобладает алиментарный путь инфицирования.

Этиология, патогенез. Листерии — короткие грамположительные палочки, аэробы, устойчивые во внешней среде, чувствительные к пенициллину, тетрациклинам, эритромицину, левомицетину. Воротами инфекции является слизистая оболочка пищеварительного тракта. В некоторых случаях возникает здоровое носительство листерий. При проникновении листерий в кровь может развиться септическое заболевание, при заносе в ЦНС возникает менингит или менингоэнцефалит. Листерии могут длительно сохраняться в почках, что имеет значение у беременных (возможно внутриутробное инфицирование плода).

Симптомы, течение. Инкубационный период продолжается 2—4 нед. Острые формы листериоза начинаются внезапно: озноб, повышение температуры тела, головная боль, раздражительность, боль в мышцах. Болезнь нередко протекает с экзантемой. Сыпь крупнопятнистая или эритематозная, сгущается в области крупных суставов, на лице образует фигуру «бабочки». При железистых формах, кроме того, появляется увеличение и болезненность периферических лимфатических узлов. При нервных формах наблюдаются менингеальные симптомы, а иногда и признаки энцефалита. Цереброспинальная жидкость имеет гнойный характер. Печень и селезенка увеличены. Иногда в клинической картине листериоза на первый план выступают симптомы острого гастроэнтерита, пиелита, эндокардита. Листериоз новорожденных протекает тяжело, с летальностью до 50 %. Отмечаются высокая лихорадка, одышка, цианоз, воспаление верхних дыхательных путей, специфическая листериозная пневмония, нередко осложняющаяся гнойным плевритом. Печень и селезенка увеличены, у отдельных больных появляется желтуха, иногда экзантема. Часто в процесс вовлекается ЦНС.

При хронических формах листерии могут длительно находиться в организме человека, не вызывая выраженных клинических изменений. Иногда они вызывают обострение в виде легких гриппоподобных заболеваний или обострения хронического пиелита. При ослаблении организма (лечение кортикостероидами, иммунодепрессантами) они могут вызвать обострение, протекающее в виде тяжелой генерализованной инфекции. Клиническая диагностика трудна. Наиболее убедительным доказательством заболевания является выделение возбудителя из крови, цереброспинальной жидкости, околоплодных вод, смывов зева. Серологическое исследование имеет меньшее значение, так как листерии в антигенном отношении сходны с другими микроорганизмами.

Лечение. При острых формах листериоза назначают антибиотики тетрациклиновой группы по 0,2—0,3 г через 6 ч в течение 7—10 дней, пенициллин (по 400 000 ЕД через 4—6 ч), эритромицин (по 0,25 г через 6 ч) в течение 8—10 дней. При лечении беременных в первые 3 мес тетрациклин не назначают (опасность тератогенного влияния).

Прогноз при железистых формах благоприятный, у беременных листериоз может привести к тяжелым поражениям плода. После листериозных менингоэнцефалитов могут быть стойкие резидуальные явления со стороны ЦНС.

Профилактика. Борьба с листериозом сельскохозяйственных животных. Беременных женщин, работающих в животноводстве, временно переводят на работы вне контакта с животными. Специфическая профилактика не разработана.

ЛИХОРАДКА КУ — острое риккетсиозное заболевание, характеризующееся общей интоксикацией, лихорадкой и частым поражением легких. Относится к зоонозам. Заражение возможно трансмиссивным, контактным, алиментарным и воздушно-пылевым путем.

Этиология, патогенез. Возбудителем является риккетсия Бернета. Устойчива во внешней среде. Не инактивируется при высушивании, сохраняется в молочных продуктах после пастеризации. Воротами инфекции чаще является слизистая оболочка дыхательных путей или пищеварительного тракта. Пути инфицирования определяют клинические проявления. При воздушно-пылевом инфицировании возникает поражение бронхов и нередко перибронхиальное воспаление легочной ткани. Гематогенно поражаются и другие органы.

Симптомы, течение. Инкубационный период длится чаще 14—19 дней. Заболевание начинается остро. Температура тела повышается до 38—39 °С, лихорадка длится 1—2 нед, хотя в отдельных случаях может затягиваться до месяца. Характерны большие суточные размахи температуры, сопровождающиеся ознобом и потом; боль в мышцах, головная боль, болезненность глазных яблок. Кожа лица и шеи гиперемирована, сосуды склер инъецированы. Наблюдаются гипотензия, брадикардия. Симптомы поражения органов дыхания появляются обычно с 3—4-го дня болезни: сухой кашель, саднение за грудиной, сухие, а затем мелкопузырчатые влажные хрипы, реже выявляется укорочение перкуторного звука. Рентгенологические изменения в легких преимущественно интерстициального (перибронхиального) характера, на фоне которых у отдельных больных возникают очаговые инфильтративные изменения. К концу недели увеличиваются печень и селезенка. В периоде реконвалесценции длительно сохраняется астенизация; полное восстановление трудоспособности наступает через 2—4 нед. Могут быть рецидивы болезни. При диагностике учитывается пребывание в эндемичной местности.

Дифференцируют от орнитоза, микоплазмоза, острых пневмоний, лептоспироза, бруцеллеза, тифо-паратифозных заболеваний. Доказательством является обнаружение специфических антител с помощью РСК.

Лечение. Тетрациклин в суточной дозе 0,8—1,2 г или левомицетин по 2 г/сут. Курс лечения 8—10 сут. Во время лихорадочного периода вводят 5 % раствор глюкозы или изотонический раствор хлорида натрия по 500—1000 мл в/в, назначают комплекс витаминов, при поражении легких дополнительно рекомендуется оксигенотерапия, бронходилататоры.

Прогноз благоприятный. Трудоспособность восстанавливается полностью.

Профилактика. Борьба с лихорадкой Ку сельскохозяйственных животных. Молоко от больных животных необходимо кипятить. По показаниям в очагах лихорадки Ку проводят специфическую профилактику. Больной для окружающих не опасен.

ЛИХОРАДКА ЛАССА — острая вирусная болезнь из группы зоонозов с природной очаговостью. Характеризуется тяжелым течением, высокой летальностью, геморрагическим синдромом, язвенным фарингитом, поражением органов дыхания, почек, ЦНС, миокардитом.

Этиология, патогенез. Возбудитель относится к аренавирусам. Резервуаром инфекции в природе служит многососковая крыса, широко распространенная в Западной Африке. Заражение может происходить алиментарным и воздушно-капельным путем, через микротравмы кожи, а также воздушно-пылевым путем. Возбудитель лихорадки Ласса относится к числу наиболее опасных для человека вирусов, работа с ним требует строжайших мер предосторожности. Вирус довольно устойчив во внешней среде. На месте ворот инфекции изменений не выявляется. Характерны гематогенная диссеминация вируса и поражение многих органов и систем. Повышается ломкость сосудов, возникают глубокие расстройства гемостаза и развивается синдром диссеминированного внутрисосудистого свертывания. Кровоизлияния наиболее выражены в кишечнике, печени, миокарде, легких, в головном мозге.

Симптомы, течение. Инкубационный период продолжается 3—17 дней. Продромальных симптомов нет. Заболевание начинается относительно постепенно. С каждым днем нарастает выраженность лихорадки и симптомов общей интоксикации. В первые дни больные отмечают общую слабость, разбитость, общее недомогание, умеренную мышечную и головную боль. Температура тела нарастает и через 3—5 дней достигает 39—40 °C. Лихорадка может продолжаться 2—3 нед. Нарастают и симптомы общей интоксикации (астенизация, мышечная боль, расстройства сознания). Лицо и шея гиперемированы, иногда пастозны, сосуды склер инъецированы. В начальный период у большинства больных (у 80 %) появляется характерное поражение зева — на дужках миндалин и мягком небе отмечаются очаги некротически-язвенных изменений желтовато-сероватой окраски, окруженные зоной яркой гиперемии. Число их затем увеличивается, они могут сливаться, налеты могут напоминать фибринозные. На 5-й день болезни могут появиться боль в подложечной области, тошнота, рвота, обильный жидкий, водянистый стул. Иногда развивается обезвоживание. При тяжелых формах болезни на 2-й неделе резко усиливаются симптомы интоксикации, присоединяются пневмония, отек легкого, миокардит, отек лица и шеи, геморрагический синдром. В этот период возможен летальный исход.

Рано выявляется генерализованная лимфаденопатия, в конце 1-й недели появляется экзантема (розеолы, папулы, пятна). Клинически и рентгенологически выявляется пневмония, нередко плевральный выпот. Отмечаются боль в подложечной области, обильный водянистый стул. Печень увеличена. Иногда развивается асцит. В крови лейкопения, тромбоцитопения, повышается активность аминотрансфераз.

Диагноз. Большое значение имеют эпидемиологические данные (пребывание в эндемичной местности не более чем за 17 дней до развития болезни). Дифференцировать необходимо от многих болезней — ангины, дифтерии, тяжелых пневмоний, желтой лихорадки, малярии и др. Специфическим подтверждением диагноза являются выделение вируса (в специальных лабораториях) и серологические исследования (РСК, РИФ).

Лечение. Все больные подлежат изоляции. Этиотропных средств нет. Основой является патогенетическая терапия. Проводится регидратация (см. *Холера*), в/в капельно вводят 10 000 ЕД гепарина и 60—80 мг преднизолона, 400—800 мл реополиглюкина. Проводят оксигенотерапию, назначают комплекс витаминов.

Прогноз серьезный, летальность 36—67 %.

Профилактика. Необходимо строгое проведение профилактических мер с учетом воздушно-капельного и контактного путей передачи. Больного изолируют в бокс, а по возможности в специальные пластиковые или стеклянно-металлические кабины с автономным жизнеобеспечением. Персонал должен работать в защитной одежде (халаты, респираторы, защитные очки). Проводят тщательную текущую и заключительную дезинфекцию. Опасность представляют кровь и моча, поэтому не только бактериологические, но и обычные клинические и биохимические исследования проводят с соблюдением всех мер безопасности. Продолжительность изоляции больных не менее 30 дней от начала заболевания. За лицами, контактирующими с больными лихорадкой Ласса, проводят наблюдение в течение 17 дней (максимальный срок инкубации). При необходимости транспортировки больных соблюдают строгие меры профилактики рассеивания инфекции. Специфическая профилактика не разработана.

ЛИХОРАДКА МАРБУРГ (геморрагическая лихорадка Мариди, лихорадка Эбола) — острая вирусная болезнь, характеризующаяся тяжелым течением, высокой летальностью, геморрагическим синдромом, поражением печени, желудочно-кишечного тракта и ЦНС.

Этиология, патогенез. Впервые болезнь наблюдалась в 1967 г. в Марбурге и во Франкфурте-на-Майне (лихорадка Марбург), в дальнейшем подобные заболевания наблюдались в Судане, в деревне Мариди (лихорадка

Мариди) и в Заире около реки Эбола (лихорадка Эбола). Вирусы Марбурга, Эбола, Мариди сходны по своей морфологии и свойствам, установлены лишь небольшие антигенные отличия. Источником инфекции в Европе (ФРГ, Югославия) служили ткани африканских зеленых мартышек, были и вторичные заболевания. Инфицирование людей может происходить воздушно-капельным и контактным путем. Для медицинских работников особую опасность представляет контакт с кровью больных. Попадание ее на кожу при микротравмах приводит к заражению. Воротами инфекции могут служить и слизистые оболочки (ротовая полость, глаза). Характерна гематогенная диссеминация вируса. Размножение его может происходить в различных органах и тканях. Вирус длительно обнаруживается в крови, сперме (до 12 нед.) Отмечаются морфологические изменения в печени, почках, селезенке, миокарде, легких.

Симптомы, течение. Инкубационный период 2—16 сут. Клинические симптомы, тяжесть течения и исходы при болезнях, описанных как лихорадка Марбург и лихорадка Мариди, не различаются. Продромальный период отсутствует. Болезнь начинается остро, с быстрым повышением температуры тела до 39—40 °C, выраженной общей интоксикацией (головная боль, разбитость, мышечные и суставные боли), через несколько дней присоединяются геморрагический синдром и поражение желудочно-кишечного тракта; развивается обезвоживание, нарушается сознание. В начальный период больные жалуются на головную боль, колющую боль в груди, кашель, сухость в горле. Отмечается гиперемия слизистой оболочки глотки, кончик и края языка красные; на твердом и мягком небе, языке появляются везикулы, при вскрытии которых образуются поверхностные эрозии; в отличие от лихорадки Ласса выраженного некроза не наблюдается. Тонус мышц, особенно мышц спины, шеи, жевательных мышц, повышен, пальпация их болезненна. С 3—4-го дня присоединяется боль в животе схваткообразного характера. Стул жидкий, водянистый, у половины больных отмечается примесь крови в стуле (иногда сгустками) или наблюдаются признаки желудочно-кишечного кровотечения (мелена). Понос появляется почти у всех больных и длится около недели, рвота бывает реже (68 %), продолжается в течение 4—5 дней.

У половины больных на 4—5-й день болезни появляется сыпь, чаще кореподобная, которая захватывает туловище и конечности, может быть кожный зуд. В конце 1-й недели, иногда на 2-й неделе признаки токсикоза достигают максимальной выраженности. Появляются симптомы дегидратации, инфекционно-токсического шока. В этот период больные нередко умирают.

Диагноз обосновывается эпидемиологическими данными (пребывание в местностях с природными очагами лихорадки Марбург, работа с тканями африканских мартышек) и характерной клинической симптоматикой. Специфические методы лабораторных исследований позволяют выявить вирус или антитела к нему.

Лечение. Этиотропная терапия не разработана. Основное значение имеет патогенетическая терапия. Проводится комплекс мероприятий, направленных на борьбу с обезвоживанием, инфекционно-токсическим шоком и геморрагическим синдромом (см. Холера, Лихорадка Ласса). При наслоении вторичной бактериальной инфекции назначают антибиотики, преимущественно противостафилококкового действия (оксациллин, метициллин, эритромицин).

Прогноз всегда серьезный, летальность 30—90 %.

Профилактика. Больные лихорадкой Марбург подлежат обязательной госпитализации и строгой изоляции в отдельном боксе. При лечении больного и проведении лабораторных исследований соблюдают все меры предосторожности, рекомендуемые для работы с особо опасными инфекциями (см. Лихорадка Ласса). Осуществляется контроль за лицами, прибывающими из эндемичных местностей. Специфическая профилактика не разработана.

ЛЯМБЛИОЗ — инвазия лямблиями, протекающая в виде дисфункции кишечника или как бессимптомное паразитоносительство. Источником инвазии является только человек.

Этиология, патогенез. Возбудитель — лямблия; относится к простейшим. Существует в виде вегетативной и цистной стадий развития. Лямблия вегетативной стадии грушевидной формы, длина 8—18 мкм, ширина 6—7 мкм, имеет четыре пары жгутиков и присасывательный диск. Во внешней среде быстро погибает. Цисты сохраняются во внешней среде до 3 мес. Ворота инфекции — верхние отделы тонкого кишечника. Инфицирующая доза — более 100 цист лямблий. У большей части инвазированных никаких симптомов не выявляется, поэтому ряд исследователей сомневаются в патогенности лямблий. Вегетативная форма лямблий может существовать только на поверхности слизистой оболочки верхнего отдела тонкой кишки. Лямблии не могут существовать в желчевыводящих путях (желчь их убивает). Они могут вызывать изменения слизистой оболочки в месте прикрепления и оказывать рефлекторные воздействия.

Симптомы, течение. Инкубационный период продолжается 10—15 дней. Паразиты начинают выделяться через 9 дней после инфицирования. Общее самочувствие больных остается хорошим, температура тела нормальная. Больные жалуются на неприятные ощущения в эпигастрии, тошноту, пониженный аппетит, иногда урчание в животе, ощущение дискомфорта в верхних отделах живота. У части больных наблюдается жидкий водянистый стул, может быть небольшое снижение массы тела. Через несколько дней все эти симптомы постепенно исчезают. Доказательством лямблиоза является обнаружение вегетативных форм лямблий (в дуоденальном содержимом, жидком стуле) или цист (в оформленном стуле). Необходимо учитывать возможность сочетания носительства лямблий с каким-либо другим заболеванием.

Л е ч е н и е. Наиболее эффективны метронидазол (трихопол, флагил) и фуразолидон. Метронидазол назначают по 0,25 г 3 раза в день в течение 7 дней. Из импортных препаратов эффективен тинидазол (по 0,15 г 2 раза в день в течение 7 дней), близкий по структуре к метронидазолу. Фуразолидон принимают по 0,1 г 4 раза в сутки в течение 5 дней.

П р о ф и л а к т и к а см. *Дизентерия.*

МАЛЯРИЯ — острая протозойная болезнь, характеризующаяся лихорадочными приступами, анемией, увеличением печени и селезенки. Возможны рецидивы. Источником инфекции является только человек, больной малярией, или гаметоноситель. Инфекция передается различными видами комаров.

Э т и о л о г и я, п а т о г е н е з. Малярию человека вызывают 4 вида возбудителей: Plasmodium falciparum — возбудитель тропической малярии, P. vivax — возбудитель трехдневной малярии (вивакс-малярия), P. ovale — возбудитель овале-малярии и P. malariae — возбудитель четырехдневной малярии. Плазмодии малярии проделывают сложный цикл развития в организме позвоночного хозяина (тканевая и эритроцитарная шизогония) и в организме комара-переносчика (спорогония). При заражении во время укуса комара в организм проникают спорозоиты, которые превращаются в клетках печени в тканевые шизонты. Они многократно делятся и образуют большое число (до 50 000 из каждого шизонта) тканевых мерозоитов. Длительность преэритроцитарного цикла 6—9 сут. Затем паразиты проникают в эритроциты, и начинается эритроцитарная шизогония. Продолжительность шизогонии у возбудителей четырехдневной малярии 72 ч, у остальных — 48 ч. Большое значение имеет лекарственная устойчивость возбудителя тропической малярии. В некоторых странах Юго-Восточной Азии более половины штаммов возбудителей тропической малярии устойчивы к хингамину (хлорохину, делагилу), а также к хлоридину, акрихину, хинину.

Заболевания, вызванные лекарственно-устойчивыми штаммами, часто принимают затяжное (свыше 50 %) и злокачественное (3—5 %) течение. Лекарственная устойчивость возбудителей тропической малярии отмечается и в других регионах. Преэритроцитарный цикл развития паразита не сопровождается клиническими проявлениями. Начало приступа совпадает по времени с моментом массового разрушения пораженных эритроцитов и выхода в кровь паразита. Приступ является своеобразной реакцией на проникающий в кровь чужеродный белок. Разрушение эритроцитов приводит к анемизации. Иммунитет при малярии развивается только по отношению к гомологичному виду плазмодия.

С и м п т о м ы, т е ч е н и е. Инкубационный период при тропической малярии продолжается 10—14 дней, при трехдневной с короткой инкубацией — 10—14 дней, с длинной — 8—14 мес, при четырехдневной — 20—25 дней. В начале

заболевания лихорадка может быть неправильного типа (инициальная лихорадка), и лишь спустя несколько дней устанавливается правильное чередование приступов. В течении приступа различают периоды озноба, жара и пота. Приступы возникают обычно утром с максимальной температурой в первой половине суток (при овале-малярии приступы начинаются вечером после 18—20 ч). Озноб наступает внезапно и бывает «потрясающим». Его длительность 1,5—2 ч. Длительность всего приступа при трехдневной малярии и овале-малярии 6—8 ч, четырехдневной 12—24 ч, при тропической малярии приступ продолжительный, а период апирексии настолько короткий, что его удается обнаружить лишь при термометрии через каждые 3 ч. Период озноба сменяется жаром, а с началом снижения температуры больной начинает сильно потеть. Его самочувствие быстро улучшается, он успокаивается и часто засыпает. В период апирексии самочувствие больного остается хорошим, нередко он сохраняет работоспособность. При трехдневной, тропической и овале-малярии приступы повторяются через день, а при четырехдневной — через 2 дня. Лихорадка во время приступов достигает обычно 40 °С и выше. Уже после первых 2—3 приступов появляется выраженное увеличение печени и особенно селезенки, она болезненна при пальпации. Нередко бывает герпетическая сыпь. В результате распада эритроцитов возникает бледность и желтушное окрашивание кожных покровов. Без антипаразитарного лечения длительность трехдневной малярии (при исключении реинфекции) доходит до 2—3 лет, тропической — до года и четырехдневной — до 20 лет и более.

Осложнения: малярийная кома, разрыв селезенки, гемоглобинурийная лихорадка. Для диагностики имеет значение изменение крови — гипохромная анемия, пойкилоцитоз, анизоцитоз, увеличение числа ретикулоцитов, лейкопения, повышение СОЭ. Дифференцировать необходимо от тех заболеваний, при которых возможно приступообразное повышение температуры тела (сепсис, лептоспироз, бруцеллез, висцеральный лейшманиоз). Доказательством служит обнаружение малярийных плазмодиев в крови. Мазки и толстую каплю необходимо брать до начала противомалярийного лечения.

Л е ч е н и е. При тропической малярии назначают хингамин (делагил, хлорохин): в 1-й день 1 г и через 6 ч еще 0,5 г препарата, затем в течение 4 дней по 0,5 г/сут. При лечении трех- и четырехдневной малярии вначале проводят трехдневный курс лечения хингамином: в 1-й день дают по 0,5 г 2 раза в сутки, на 2-й и 3-й день — по 0,5 г в один прием. Этот курс купирует приступы малярии, но не действует на тканевые формы паразита. Для радикального лечения сразу же после окончания приема хингамина проводят 10-дневный курс лечения примахином (по 0,027 г/сут) или хиноцидом (по 0,03 г/сут). Для лечения тропической малярии, вызванной лекарственно-устойчивыми плазмодиями, можно использовать хинина сульфат по 0,65 г 3 раза в сутки в течение

10 дней в сочетании с сульфапиридазином: в 1-й день 1 г, в последующие 4 дня по 0,5 г. Эффективно сочетание хингамина (в 1-й день 0,5 г 2 раза в сутки, в последующие 3—4 дня по 0,5 г/сут) с сульфапиридазином (1-й день 1 г, последующие 4 дня по 0,5 г/сут). Используют и другие препараты. Лечение малярийной комы лучше начинать с в/в капельного (60 капель в 1 мин) введения хинина дигидрохлорида в дозе 0,65 г в 250—500 мл изотонического раствора хлорида натрия. Вливание можно повторить через 8 ч. Суточная доза не должна превышать 2 г. Используют также 5 % раствор делагила (выпускается в ампулах по 5 мл) по 10 мл через 6—8 ч, но не более 30 мл/сут. При тяжелых формах проводят и патогенетическое лечение. Назначают глюкокортикоиды (преднизолон по 30 мг 3 раза в сутки), антигистаминные препараты, инфузионную терапию и др.

П р о г н о з при неосложненных формах малярии благоприятный. При разрыве селезенки и малярийной коме нередки летальные исходы.

П р о ф и л а к т и к а. Уничтожение комаров-переносчиков, предохранение людей от укусов комаров (использование репеллентов, сеток). Лицам, выезжающим в эндемичные по малярии местности, проводят химиопрофилактику (хингамин по 0,25 г 2 раза в неделю). Препарат назначают за 3 дня до прибытия в очаг и продолжают прием в течение 4—6 нед после выезда. За переболевшими малярией осуществляют диспансерное наблюдение в соответствии с инструкциями.

МЕНИНГОКОККОВАЯ ИНФЕКЦИЯ — вызываемые менингококками заболевания, протекающие в виде острого назофарингита, гнойного менингита и менингококцемии. Относятся к воздушно-капельным антропонозам. Широко распространено здоровое носительство менингококков.

Э т и о л о г и я, п а т о г е н е з. Менингококки — попарно расположенные грамотрицательные сферические образования; в цереброспинальной жидкости локализуются внутриклеточно и имеют форму кофейного боба. Во внешней среде быстро погибают. Имеются различные серотипы возбудителя (А, В, С и др.). Чувствительны к пенициллину, левомицетину, тетрациклинам. Ворота инфекции — слизистая оболочка верхних дыхательных путей. В большинстве случаев присутствие менингококков на слизистой оболочке не ведет к развитию заболевания (носительство). У некоторых инфицированных развивается картина острого назофарингита, и лишь у некоторых лиц менингококк проникает в кровь, гематогенно поражая различные органы и системы (менингококцемия). Иногда изменения локализуются преимущественно в мозговых оболочках (цереброспинальный менингит). Может развиться инфекционно-токсический шок.

С и м п т о м ы, т е ч е н и е. Инкубационный период длится от 2 до 10 дней (чаще 4—6 дней). Острый назофарингит может явиться продромальной стадией гнойного менингита или самостоятельной формой менингококковой инфек-

ции. Характеризуется субфебрильной температурой тела, умеренными симптомами интоксикации (головная боль, слабость) и ринофарингитом. Менингококковый сепсис (менингококкемия) начинается внезапно и протекает бурно. Отмечаются озноб и сильная головная боль, температура тела быстро повышается до 40 °C и выше. Через 5—15 ч от начала болезни появляется геморрагическая сыпь. Элементы сыпи могут иметь вид звездочек неправильной формы, наряду с которыми могут быть и мелкие петехии, и крупные кровоизлияния до 2—4 см в диаметре. Последние нередко сочетаются с некрозами участков кожи, кончиков пальцев. Одновременно с геморрагиями могут возникнуть розеолезные и папулезные элементы сыпи. Симптомы менингита при этой форме отсутствуют. Возможно развитие артритов, пневмоний, эндокардита. При сверхостром менингококковом сепсисе потрясающий озноб, повышение температуры тела до 40—41 °C через несколько часов сменяются появлением обильной геморрагической сыпи с некротическими элементами и одновременным падением температуры до нормы; снижается АД, появляется тахикардия, одышка, на коже — большие синеватые пятна, напоминающие трупные. Двигательное возбуждение, судороги сменяются комой. Менингококкемия нередко сочетается с менингококковым менингитом.

Менингококковый менингит также начинается остро. Лишь у отдельных больных за 1—5 дней отмечаются симптомы назофарингита. Заболевание начинается с озноба, повышения температуры тела, возбуждения, двигательного беспокойства. Рано появляются сильнейшая головная боль, рвота без предшествующей тошноты, общая гиперестезия. К концу первых суток болезни возникают и нарастают менингеальные симптомы (ригидность затылочных мышц, симптомы Кернига — Брудзинского). Возможны бред, затемнение сознания, судороги, тремор. Сухожильные рефлексы оживлены, иногда отмечаются патологические рефлексы (Бабинского, Россолимо). У некоторых больных поражаются черепные нервы (чаще зрительный, слуховой, отводящий). У половины больных на 2—5-й день болезни появляется обильная герпетическая сыпь. В крови — нейтрофильный лейкоцитоз (до 16—25· 10^9/л), СОЭ повышена. Цереброспинальная жидкость вытекает под повышенным давлением; в начале болезни она опалесцирующая, затем становится мутной, гнойной (цитоз до 10· 10^3 в 1 мкл). На фоне менингита могут появиться энцефалитические симптомы (нистагм, моно- и гемиплегии, мозжечковые симптомы, эпилептиформные припадки).

Осложнения: инфекционно-токсический шок, острая надпочечниковая недостаточность, отек и набухание мозга, приводящие к вклиниванию мозга. Дифференцировать необходимо от других гнойных менингитов. Доказательством заболевания служит выделение менингококка из цереброспинальной жидкости или крови.

Л е ч е н и е. Наиболее эффективна рано начатая интенсивная пенициллинотерапия. Бензилпенициллин назначают немедленно после установления диагноза или при подозрении на менингококковый менингит. Препарат вводят из расчета 200 000 ЕД/(кг· сут). Минимальная доза пенициллина для детей в возрасте до 3 мес 1 200 000 ЕД/сут; от 4 до 6 мес — 1 500 000 ЕД/сут; 7—11 мес — 2 000 000 ЕД/сут; 1—2 лет — 2 400 000 ЕД/сут; 3 лет — 2 800 000 ЕД/сут; 4 лет — 3 200 000 ЕД/сут; 5—7 лет — 4 000 000 ЕД/сут; 8—10 лет — 6 000 000 ЕД/сут; 11—15 лет — 9 000 000 ЕД/сут; для взрослых — 12 000 000 ЕД/сут. Интервалы между введением пенициллина не должны превышать 4 ч. Пенициллин вводят внутримышечно. Дозу пенициллина в ходе лечения уменьшать нельзя. Длительность антибиотикотерапии 5—8 сут. Показанием к отмене пенициллина служит уменьшение цитоза в цереброспинальной жидкости ниже 100—150 клеток в 1 мкл. Эффективны также полусинтетические пенициллины (ампициллин, метициллин), которые вводят в дозе 200—300 мг/(кг· сут) в/м. При непереносимости пенициллина назначают левомицетина сукцинат натрия в дозе 50—100 мг/(кг · · сут) в/м. При развитии судорог показаны фенобарбитал, хлоралгидрат в клизмах.

П р о г н о з при раннем и адекватном лечении благоприятный. При тяжелых формах и несвоевременно начатом лечении возможны летальные исходы. Реконвалесценты должны находиться под наблюдением участкового врача и районного психоневролога не менее 2—3 лет и обследоваться один раз в 3—6 мес.

П р о ф и л а к т и к а. Выявление и изоляция больных. В стационаре проводят текущую дезинфекцию. Заключительную дезинфекцию и химиопрофилактику в очагах не проводят.

МИКОПЛАЗМОЗ — острое инфекционное заболевание, обусловленное микоплазмами. Протекает преимущественно в виде ОРЗ и пневмонии, реже поражаются другие органы.

Э т и о л о г и я, п а т о г е н е з. Поражение органов дыхания обусловлено микоплазмой пневмонии. M. hominis и Т-микоплазмы паразитируют в мочеполовых органах. Микоплазмы устойчивы к сульфаниламидным препаратам, пенициллину, стрептомицину, чувствительны к антибиотикам тетрациклиновой группы. Ворота инфекции — слизистые оболочки респираторного и мочеполового тракта (в зависимости от вида микоплазм), где возникает воспалительный процесс. Передача возбудителя происходит воздушно-капельным путем или при половом контакте. У беременных женщин может наступить внутриутробное инфицирование плода.

С и м п т о м ы, т е ч е н и е. Инкубационный период колеблется от 4 до 25 дней (чаще 7—14 дней). Инфекция протекает в виде острого респираторного заболевания, острой пневмонии, абактериального (негонококкового) уретрита, гинекологических воспалительных заболеваний. Для микоплазмозного ОРЗ характерны экссудативный фарингит и ринофарингиты. Общее самочувствие удовлетворительное, температура субфебрильная. Острые пневмонии начинаются с озноба, повышения температуры тела, симп-

томов общей интоксикации. При физикальном и рентгенологическом исследовании микоплазмозные пневмонии мало отличаются от острых бактериальных пневмоний. Для лабораторного подтверждения диагноза используют серологические реакции (связывания комплемента — РСК и непрямой гемагглютинации — РНГА). Диагноз подтверждается нарастанием титра антител в 4 раза и более. Для подтверждения мочеполового микоплазмоза используют выделение микоплазм.

Л е ч е н и е. Назначают тетрациклиновые препараты по 0,3 г в сутки в течение 6—8 дней. При мочеполовом микоплазмозе используют местное лечение тетрациклином. При пневмониях проводят весь комплекс патогенетической терапии (оксигенотерапия, бронходилататоры, ЛФК и др.).

П р о г н о з благоприятный.

П р о ф и л а к т и к а. Больных микоплазмозными пневмониями изолируют на 2—3 нед, больных ОРЗ — на 5—7 дней. Профилактические мероприятия такие же, как и при других ОРЗ.

МОНОНУКЛЕОЗ ИНФЕКЦИОННЫЙ см. *Болезни системы крови.*

ОРНИТОЗ — острое инфекционное заболевание, вызванное хламидиями; характеризуется лихорадкой, общей интоксикацией, поражением легких, нервной системы, увеличением печени и селезенки. Относится к зоонозам. Резервуаром инфекции и источником заражения являются домашние и дикие птицы. Заболевание чаще встречается в холодное время года. Установлено, что 10—20 % всех острых пневмоний имеют орнитозную этиологию.

Э т и о л о г и я, п а т о г е н е з. Возбудитель — хламидия, которая имеет оболочку и чувствительна к некоторым антибиотикам (тетрациклин, левомицетин). Хламидии развиваются внутриклеточно, образуя цитоплазматические включения. Во внешней среде сохраняются до 2—3 нед. Воротами инфекции является преимущественно слизистая оболочка респираторного тракта: инфицирование происходит воздушно-пылевым путем. Чаще возбудитель внедряется в мелкие бронхи и бронхиолы, вызывая перибронхиальное воспаление. Очень быстро возбудитель проникает в кровь, обусловливая симптомы общей интоксикации и поражение различных органов — печени, селезенки, нервной системы, надпочечников. Реже воротами инфекции служит слизистая оболочка пищеварительного тракта. В этих случаях возбудитель также попадает в кровь, вызывая выраженную интоксикацию, увеличение печени и селезенки, но вторичной гематогенной пневмонии не бывает. Вследствие этого заболевание протекает атипично — без поражения легких. В некоторых случаях хламидии проникают в ЦНС, приводят к развитию серозного менингита.

С и м п т о м ы, т е ч е н и е. Инкубационный период продолжается от 6 до 17 дней (чаще 8—12 дней). Пневмонические формы орнитоза начинаются остро: с лихорадки и симптомов общей интоксикации, к которым лишь позднее присоединяются признаки поражения органов дыхания. У большинства больных температура выше 39 °C, озноб, сильная головная боль, боль в мышцах спины и конечностей, слабость, могут быть рвота, носовые кровотечения. На 2—4-й день болезни присоединяются признаки поражения легких: сухой кашель, иногда колющая боль в груди, через 1—3 дня начинает выделяться небольшое количество слизистой или слизисто-гнойной мокроты, иногда (у 15 % больных) с примесью крови. При объективном исследовании отмечается бледность кожных покровов, отсутствие выраженных поражений верхних дыхательных путей, брадикардия, снижение АД, приглушение тонов сердца. У большинства больных поражаются нижние доли легких, чаще правая. Выявляется укорочение перкуторного звука над пораженным участком, выслушиваются сухие и мелкопузырчатые влажные хрипы, у некоторых больных шум трения плевры. Рентгенологически выявляются перибронхиальные и паренхиматозные изменения (очаговые и сегментарные пневмонии). В конце 1-й недели у половины больных увеличиваются печень и селезенка. Длительность и выраженность отдельных симптомов зависят от тяжести заболевания. При легких формах токсикоз выражен умеренно, а лихорадка длится 2—5 дней, при тяжелых она может продолжаться до месяца. Лихорадка неправильного типа с большими суточными размахами, с повторными ознобами и потами, иногда волнообразная. В периоде реконвалесценции длительно (при тяжелых формах до 2—3 мес) сохраняется астенизация с нарушением трудоспособности. В периоде ранней реконвалесценции можно ожидать возникновения рецидивов и осложнений (миокардиты, тромбофлебиты). У отдельных больных заболевание переходит в хронические формы.

Атипичное течение острого орнитоза проявляется менингеальным синдромом, который может возникнуть на фоне орнитозной пневмонии (менингопневмония), или серозным менингитом с длительным течением (лихорадка до месяца, санация цереброспинальной жидкости через 2 мес). Иногда орнитоз протекает как острое лихорадочное заболевание с выраженным токсикозом, увеличением печени и селезенки, но без признаков поражения легких. При диагностике типичных форм нужно дифференцировать от туберкулеза легких и пневмоний другой этиологии; менингеальные формы дифференцируют от туберкулезных и вирусных менингитов. Подтверждением диагноза служит выявление специфических антител (в титре 1:16—1:32 и выше) при исследовании парных сывороток.

Лечение. Назначают антибиотики тетрациклиновой группы по 0,3—0,5 г 4 раза в сутки до 4—7-го дня нормальной температуры. При наличии признаков незакончившегося патологического процесса тетрациклин дают до 9—10-го дня нормальной температуры. Можно назначать левомицетин, эритромицин (при непереносимости тетрациклина), но эти антибиотики менее эффективны. Пенициллин, стрептоми-

цин и сульфаниламидные препараты при орнитозе неэффективны. Используется и патогенетическая терапия.

Прогноз благоприятный.

Профилактика. Борьба с орнитозом птиц, регулирование численности голубей, ограничение контакта с ними; соблюдение правил обработки птицы. Больной практически не опасен для окружающих.

ОСПА ВЕТРЯНАЯ — острая вирусная болезнь с воздушно-капельным путем передачи, возникающая преимущественно в детском возрасте и характеризующаяся лихорадочным состоянием, папуловезикулезной сыпью, доброкачественным течением.

Этиология, патогенез. Возбудитель ветряной оспы относится к вирусам группы герпеса, неустойчив во внешней среде. Проникает в организм через слизистые оболочки верхних дыхательных путей. После инкубационного периода возникает вирусемия; вирус фиксируется в эпителиальных клетках кожи и слизистых оболочек, вызывая характерную сыпь. Возбудитель может персистировать в организме; в результате различных провоцирующих факторов он активируется и вызывает локальные кожные высыпания — опоясывающий лишай.

Симптомы, течение. Инкубационный период продолжается в среднем 14 дней (от 11 до 21 дня). Начало болезни острое — с повышения температуры тела; почти одновременно на коже всего тела возникает сыпь, элементы которой вначале имеют вид мелких папул, затем быстро превращаются в везикулы; через 1—3 дня они подсыхают, образуя поверхностные корочки. Подсыпают новые элементы; вследствие неодновременного их созревания сыпь характеризуется полиморфизмом. У ослабленных детей встречается очень редкая форма — генерализованная ветряночная инфекция с поражением висцеральных органов, которая может закончиться смертью больного. Возникновению этой формы может способствовать лечение кортикостероидами и цитостатическими препаратами.

Осложнения редки: абсцессы, флегмоны, пневмонии, энцефалиты.

Диагноз не вызывает особых затруднений. При необходимости могут быть использованы лабораторные методы (вирусоскопия, РСК, реакция нейтрализации). Если возникает необходимость дифференцировать от натуральной оспы, следует учитывать следующее: при натуральной оспе начальный период сопровождается высокой температурой и сильной болью в крестце; в начале высыпания, которое приходится на 4-й день болезни, отмечается снижение, а не повышение температуры тела; элементы сыпи находятся в одной стадии развития (мономорфизм сыпи), имеют значительную плотность и расположены в толще кожи, на инфильтрированном основании; оспины многокамерны, поэтому не спадаются при проколе, имеют пупковидное вдавление. Большое значение для дифференциальной диагностики имеют данные эпидемиологического анамнеза и лабораторных исследований.

Лечение. Гигиеническое содержание больного, предупреждение вторичной инфекции. Везикулы смазывают 1—2 % раствором перманганата калия, 1 % раствором бриллиантового зеленого; применяют индифферентные мази.

Прогноз благоприятный.

Профилактика. Больной подлежит изоляции в домашних условиях до 5-го дня с момента появления последнего элемента сыпи. Дезинфекцию не проводят. Детей в возрасте до 3 лет, бывших в контакте с больным ветряной оспой и не болевших ею ранее, разобщают с 11-го до 21-го дня, считая с момента контакта.

ОСПА НАТУРАЛЬНАЯ — острая вирусная болезнь, относящаяся к карантинным инфекциям. Характеризуется лихорадкой, общей интоксикацией и пустулезной сыпью. Оспа была широко распространена в странах Азии и Африки. В настоящее время натуральная оспа ликвидирована во всем мире.

Этиология, патогенез. Возбудитель относится к вирусам группы оспы, хорошо сохраняется при высушивании. Вирус проникает в организм через слизистые оболочки верхних отделов респираторного тракта. Гематогенно инфицируется эпителий, где происходит размножение, что обусловливает развитие экзантемы и энантемы. Может развиться инфекционно-токсический шок. Для тяжелых форм характерен геморрагический синдром.

Симптомы, течение. Инкубационный период продолжается 5—15 дней (чаще 10—12 дней). Болезнь начинается остро. С ознобом повышается температура тела (до 40 °С и выше). Больных беспокоят слабость, головная боль, боль в пояснице, крестце, реже тошнота, рвота, боль в животе. Кожа лица, шеи и груди гиперемирована, сосуды склер инъецированы. Может появиться «предвестниковая» быстро исчезающая сыпь. На 4-й день болезни снижается температура тела, несколько улучшается самочувствие больного, и в это же время появляется характерная для оспы экзантема. Элементы сыпи представляют собой пятна, которые превращаются в папулы, затем в везикулы и к 7—8-му дню болезни — в пустулы. К этому времени температура вновь повышается и состояние больного ухудшается. С 14-го дня болезни пустулы превращаются в корочки, после отпадения которых остаются рубцы. К тяжелым формам относятся сливная оспа и геморрагическая (черная) оспа. У привитых оспа протекает легко (вариолоид), иногда напоминает ветряную оспу.

Осложнения: энцефалиты, пневмонии, поражения глаз.

Диагноз оспы должен быть обязательно подтвержден лабораторно. Клинические проявления болезни служат лишь основанием для предварительного диагноза и взятия материала для специфического исследования. Дифференцируют от оспы обезьян, ветряной оспы (см. *Оспа ветряная*).

Лечение. Используют противооспенный гамма-глобулин (по 3—6 мл в/м), внутрь на-значают метисазон (по 0,6 г 2 раза в день в течение 4—6 сут). Проводят симптоматическую терапию. При наслоении вторичной бактериальной инфекции назначают антибиотики (метициллин, оксациллин, эритромицин и др.).

Прогноз у привитых благоприятный. Геморрагические формы чаще заканчиваются летально.

Профилактика. В настоящее время в нашей стране вакцинация против натуральной оспы отменена. При подозрении на оспу больных немедленно изолируют, сообщают в районный или городской отдел здравоохранения, составляют списки контактирующих с больными. Всем контактировавшим проводят вакцинацию и ревакцинацию. Проводят текущую и заключительную дезинфекцию.

ОСТРЫЕ РЕСПИРАТОРНЫЕ ЗАБОЛЕВАНИЯ (ОРЗ, острые катары верхних дыхательных путей, острые респираторные инфекции) широко распространены, характеризуются общей интоксикацией и преимущественным поражением дыхательных путей. Относятся к антропонозам с воздушно-капельным механизмом передачи. Чаще болеют дети. Встречаются в виде спорадических случаев и эпидемических вспышек.

Этиология, патогенез. ОРЗ могут быть обусловлены большим количеством (свыше 200) различных этиологических агентов. К ним относятся: 1) вирусы гриппа различных антигенных типов и вариантов; 2) вирусы парагриппа — 4 типа; 3) аденовирусы — 32 типа; 4) реовирусы — 3 типа; 5) риновирусы — свыше 100 типов; 6) коронавирусы — 4 типа; 7) респираторно-синцитиальный вирус; 8) энтеровирусы — около 70 типов; 9) вирус простого герпеса; 10) микоплазмы; 11) стрептококки, стафилококки и другие бактериальные агенты. Ворота инфекции — различные отделы респираторного тракта, где и возникают воспалительные изменения.

Симптомы, течение. Характерны умеренно выраженные симптомы общей интоксикации, преимущественное поражение верхних отделов респираторного тракта и доброкачественное течение. Локализация наиболее выраженных изменений респираторного тракта зависит от вида возбудителя. Например, риновирусные заболевания характеризуются преобладанием ринита, аденовирусные — ринофарингита, парагрипп проявляется преимущественным поражением гортани, грипп — трахеи, респираторно-синцитиальное вирусное заболевание — бронхов. Некоторые этиологические агенты, кроме поражения респираторного тракта, обусловливают возникновение других симптомов. При аденовирусных заболеваниях могут возникать конъюнктивиты и кератиты, при энтеровирусных заболеваниях — признаки эпидемической миалгии, герпангины, экзантемы. Длительность ОРЗ, не осложненных пневмонией, колеблется от 2—3 до 5—8 дней. При наличии пневмоний заболевание может затянуться до 3—4 нед.

Клиническая дифференциальная диагностика спорадических случаев ОРЗ трудна, поэтому в работе практического врача этиологическая характеристика заболевания часто остается нераскрытой. Во время эпидемических вспышек характерные клинические проявления позволяют предположить этиологию болезни. Подтверждением диагноза служит нарастание титра специфических антител в парных сыворотках. Первая сыворотка берется до 6-го дня болезни, вторая — через 10—14 дней. Диагноз подтверждается нарастанием титров в 4 раза и более. Используют РСК и РТГА. Быстрым методом расшифровки этиологии заболеваний является обнаружение возбудителей при помощи иммунофлюоресцентного метода. При сходстве клинических проявлений перенесенные заболевания оставляют после себя лишь типоспецифический иммунитет. В связи с этим один и тот же человек может переносить ОРЗ 5—7 раз в течение года. Особенно это наблюдается в детских коллективах.

Л е ч е н и е. Больных неосложненными ОРЗ лечат в домашних условиях. Госпитализации подлежат больные с тяжелыми и осложненными формами болезни, а также лица из организованных коллективов. Антибиотики и химиопрепараты не действуют на вирусы, поэтому их назначают лишь при наличии микробных осложнений (отиты, пневмонии, синуситы и др.). Во время лихорадочного периода больной должен соблюдать постельный режим. Назначают комплекс витаминов (витамин С до 300 мг, тиамин и рибофлавин по 6 мг, никотиновая кислота по 20 мг/сут). Для уменьшения кашля используют паровые ингаляции, отхаркивающие средства. При выраженном рините в нос закапывают 2 % раствор эфедрина, санорин и др. При необходимости назначают другие симптоматические средства. Можно использовать антигриппин, представляющий собой комплекс симптоматических препаратов (см. *Грипп*). При тяжелых формах болезни можно вводить (по возможности в первые дни болезни) нормальный человеческий иммуноглобулин (гамма-глобулин) по 6 мл в/м. При развитии синдрома ложного крупа у детей рекомендуется увлажнение воздуха в помещении (развешать мокрые полотенца, поставить посуду с горячей водой), накладывание теплых или горячих компрессов на шею; назначают хлоралгидрата в клизмах в возрастных дозах; назначают также фенобарбитал.

П р о г н о з благоприятный. Средняя длительность нетрудоспособности 5—7 дней.

П р о ф и л а к т и к а. Изоляция больного от окружающих, выделение индивидуальной посуды, которую следует ошпаривать кипятком. Мероприятия в очаге такие же, как при гриппе.

ПАРАКОКЛЮШ — острая инфекционная болезнь, вызываемая паракоклюшной палочкой; имеет сходство с легкими формами коклюша. Болеют преимущественно дети в возрасте от 2 до 5 лет. Инкубационный период в среднем 10—11 дней. Болезнь протекает чаще без лихорадки, с кашлем, который может принимать судорожный, коклюшеподобный характер. Осложнения (пневмонии) редки, течение благоприятное.

Д и а г н о з подтверждается бактериологически.

Л е ч е н и е симптоматическое.

ПАРОТИТ ЭПИДЕМИЧЕСКИЙ (свинка) — острое вирусное инфекционное заболевание, поражающее преимущественно детей до 15 лет; характеризуется воспалением слюнных желез и других железистых органов и нередко развитием серозного менингита.

Э т и о л о г и я, п а т о г е н е з. Возбудитель — вирус из семейства парамиксовирусов, малоустойчив во внешней среде. Инфекция передается главным образом воздушно-капельным путем. Входные ворота инфекции — слизистые оболочки носа, рта, носоглотки. Гематогенно возбудитель заносится в различные органы, проявляя тропизм в отношении железистых органов и ЦНС (преимущественно мягких мозговых оболочек). Наиболее часто поражаются околоушные железы, в которых развиваются явления перипаротита. После перенесенного заболевания создается стойкий иммунитет.

С и м п т о м ы, т е ч е н и е. Инкубационный период продолжается от 11 до 23 дней (чаще 15—20 дней). Болезнь начинается с повышения температуры тела и болезненного припухания околоушной железы, иногда одновременно с обеих сторон. Примерно в половине случаев в процесс вовлекаются подчелюстные и изредка подъязычные слюнные железы. В первые дни припухлость увеличивается, а с 3—4-го дня уменьшается одновременно со снижением температуры и к 8—10-му дню обычно полностью исчезает. Нагноения не происходит. У подростков и молодых мужчин нередко возникает орхит (у женщин — оофорит); реже поражается поджелудочная железа (острый панкреатит) и еще реже — другие железистые органы (мастит, бартолинит, дакриоцистит и пр.). Нередкое проявление болезни — острый серозный менингит (в цереброспинальной жидкости лимфоцитарный плеоцитоз, небольшое увеличение содержания сахара и хлоридов). Очень редким и опасным осложнением является энцефалит или менингоэнцефалит; может возникнуть поражение среднего уха.

При диагностике следует исключить вторичные бактериальные паротиты, верхнешейный лимфаденит, а при наличии серозного менингита — энтеровирусный и туберкулезный менингит. При необходимости используют лабораторные методы (РСК, РТГА).

Л е ч е н и е симптоматическое. Местно — тепловые процедуры, УВЧ-терапия. При орхите, панкреатите и менингите — лечение по общим правилам. При тяжелом орхите рекомендуются кортикостероиды.

П р о г н о з благоприятный. Редкое поражение внутреннего уха может привести к развитию стойкой глухоты. Последствием двустороннего орхита может быть атрофия яичек с последующим нарушением генеративной функции.

П р о ф и л а к т и к а. Больной изолируется на дому на 9 дней с момента заболевания при условии исчезновения острых клинических явлений. Госпитализация проводится лишь при тяжелом течении болезни и по эпидемиологическим показаниям. Дети до 10-летнего возраста, бывшие в контакте с больным, подлежат разобщению на 21 день. При точном установлении времени контакта их не допускают в детские учреждения с 11-го до 21-го дня с момента возможного заражения. Активная иммунизация живой паротитной вакциной проводится детям в возрасте 15—18 мес одновременно с вакцинацией против кори.

ПЕДИКУЛЕЗ (вшивость) — паразитирование на человеке мелких кровососущих насекомых — вшей. Вши обитают в волосах человека (головная вошь), нательном белье и одежде (платяная вошь), лобковой области и реже на других волосистых частях тела (лобковая вошь). Самка ежедневно откладывает 5—15 яиц (гнид), прочно приклеенных к волосам и белью. Длительность периода развития при температурных условиях, близких к температуре тела, от откладки яиц до созревания — 16 дней. Вши передаются от человека к человеку при непосредственном контакте (через одежду, белье, предметы обихода, щетки и т. д.). Лобковая вошь часто передается половым путем. Педикулез проявляется кожным зудом в месте укуса вшей, мелкими серовато-голубоватыми пятнами на коже, расчесами, наличием гнид в волосах. В результате инфицирования расчесов могут развиваться гнойничковые заболевания. Головные и платяные вши являются переносчиками сыпного тифа и ряда других риккетсиозов.

Л е ч е н и е. Для борьбы с педикулезом используют химические средства (см. приложение 6, «Дезинфекционные средства», кипячение белья, обеззараживание одежды в дезинфекционных камерах (либо проглаживание горячим утюгом).

П р о ф и л а к т и к а: соблюдение личной и общественной гигиены (регулярное мытье, смена белья, обеспечение санитарного режима бань, парикмахерских и т. д.).

ПИЩЕВЫЕ ОТРАВЛЕНИЯ БАКТЕРИАЛЬНЫМИ ТОКСИНАМИ — заболевания, возникающие после употребления продуктов, обсемененных различными микроорганизмами и содержащих бактериальные токсины. К ним относятся отравления токсинами ботулизма, Cl. perfringens и стафилококковые отравления. В данном разделе описаны отравления стафилококковым токсином и Cl. perfringens (см. также *Ботулизм*).

Э т и о л о г и я, п а т о г е н е з. Пищевые отравления стафилококкового происхождения связаны со штаммами патогенных стафилококков, способных продуцировать энтеротоксин. Они способны также образовывать гематоксины, гиалуронидазу, дают положительную реакцию плазмокоагуляции. При попадании в продукты (от людей, больных гнойничковыми заболеваниями, или аэрогенно от здоровых носителей стафилококков) они способны размножаться, что приводит к накоплению в продуктах энтеротоксина. Стафилококковые отравления чаще связаны с употреблением молока, молочных продуктов, мясных, рыбных, овощных блюд, тортов, пирожных, рыбных консервов в масле. Продук-

ты, содержащие энтеротоксин, по внешнему виду и запаху не отличаются от доброкачественных. Стафилококки переносят высокие концентрации соли и сахара. Если стафилококки погибают при прогревании до 80 °C, то энтеротоксин выдерживает прогревание до 100 °C в течение 1,5—2 ч. К энтеротоксину очень чувствительны котята и щенки, на которых проводят биологическую пробу. Микробы Cl. perfringens представляют собой крупные грамотрицательные палочки. Растут в анаэробных условиях, способны образовывать споры. По антигенным свойствам делятся на 6 серотипов (A, B, C, D, E, F). Отравления чаще связаны с возбудителем типа A.

Стафилококковые отравления обусловлены только токсинами, могут возникать в отсутствие самого возбудителя (например, отравления продуктами, содержащими энтеротоксин). Энтеротоксин не разрушается пищеварительными ферментами и способен проникать через слизистые оболочки желудочно-кишечного тракта. Учитывая короткий инкубационный период (до 2 ч), можно думать, что всасывание токсина происходит уже в желудке. Токсин вызывает активацию моторики желудочно-кишечного тракта, действует на сердечно-сосудистую систему (значительное снижение АД).

При отравлении токсинами клостридий наибольшее значение придается лецитиназе C (альфа-токсин). Токсины приводят к повреждению слизистой оболочки кишечника, нарушают его всасывательную функцию, гематогенно проникают в различные органы, связываются с митохондриями клеток печени, почек, селезенки, легких. Повреждается сосудистая стенка, что ведет к развитию геморрагического синдрома. В тяжелых случаях может развиться анаэробный сепсис.

С и м п т о м ы, т е ч е н и е. Инкубационный период при стафилококковых отравлениях чаще длится 1,5—2 ч, при отравлениях токсинами клостридий — от 6 до 24 ч. При стафилококковых отравлениях наиболее характерные признаки — режущая схваткообразная боль в подложечной области, рвота. Температура тела нормальная или субфебрильная. Поноса может не быть; кратковременное расстройство стула наблюдается примерно у половины больных. Типичны нарастающая слабость, бледность кожных покровов, похолодание конечностей, снижение АД. Может развиться коллаптоидное состояние. Однако даже при резко выраженной симптоматике начального периода к концу суток от начала болезни наступает выздоровление, лишь у отдельных больных в течение 2—3 дней сохраняется слабость.

Отравления, вызываемые токсинами клостридий, протекают значительно тяжелее. Заболевание начинается с боли в животе, преимущественно в пупочной области; нарастает общая слабость, стул учащается до 20 раз и более, он обильный, водянистый, иногда в виде рисового отвара. Рвота и жидкий стул приводят иногда к выраженному обезвоживанию. В некоторых случаях возникает картина некротического энтерита. Летальность достигает 30 %.

Диагноз стафилококкового отравления может быть поставлен на основании характерной симптоматики и эпидемиологических предпосылок (групповой характер заболеваний, связь с определенным продуктом). Для доказательства диагноза может быть использовано выделение стафилококка, продуцирующего энтеротоксин, из остатков пищи или содержимого желудка. При отравлении прогретой пищей наличие энтеротоксина устанавливают при помощи биологической пробы на котятах или реакции преципитации. Доказательством отравления токсинами клостридий является обнаружение этих микроорганизмов в подозрительных продуктах, в промывных водах или рвотных массах.

Лечение. Для удаления токсинов из организма промывают желудок водой или 5 % раствором гидрокарбоната натрия, после чего при стафилококковом отравлении можно назначить солевое слабительное. При развитии обезвоживания (отравление токсином клостридий) проводят комплекс мероприятий по регидратации. При среднетяжелой форме вводят в/в капельно изотонический раствор натрия хлорида или равные его объемы с 5 % раствором глюкозы в количестве 1000—1500 мл. При тяжелых и очень тяжелых формах с успехом используется раствор «Трисоль». Состав его следующий: 1000 мл апирогенной стерильной воды, 5 г хлорида натрия, 4 г гидрокарбоната натрия и 1 г хлорида калия. «Трисоль» рекомендуется комбинировать с коллоидными растворами, которые способствуют выведению токсинов из организма, восстановлению микроциркуляции. Принципы регидратационной терапии такие же, как при лечении больных холерой (см.). При стафилококковых отравлениях антибиотики не назначают. При отравлениях, вызванных клостридиями, учитывая возможность анаэробного сепсиса, назначают антибиотики широкого спектра действия (тетрациклины, левомицетин, эритромицин).

Прогноз при стафилококковых отравлениях благоприятный. При отравлениях токсинами клостридий прогноз серьезный, особенно при развитии анаэробного сепсиса.

Профилактика. Проводят мероприятия по уменьшению носительства стафилококков среди работников службы питания (предупреждение и лечение гнойничковых заболеваний, лечение хронических воспалительных заболеваний миндалин, верхних дыхательных путей). Не допускаются к работе лица, имеющие гнойничковые заболевания. Необходимо правильное хранение готовых блюд, исключающее размножение в них стафилококков. Для профилактики отравлений токсинами клостридий основное значение имеет контроль за забоем скота, обработкой, хранением и транспортировкой мяса.

ПСЕВДОТУБЕРКУЛЕЗ — острое инфекционное заболевание из группы зоонозов, характеризующееся лихорадкой, общей интоксикацией, поражением тонкого кишечника, печени, нередко скарлатиноподобной сыпью. Заражение происходит преимущественно алиментарным путем.

Этиология, патогенез. Возбудитель — иерсиния — грамотрицательная палочка с биполярным окрашиванием; без капсулы, спор не образует. По антигенным свойствам имеет сходство с возбудителями чумы и кишечного иерсиниоза. Хорошо сохраняется во внешней среде, в частности, на продуктах — до 3 мес. Быстро погибает при прогревании. Ворота инфекции — слизистая оболочка желудочно-кишечного тракта, преимущественно нижних отделов тонкого кишечника, где и возникают воспалительные изменения (илеит); поражаются также региональные лимфатические узлы (мезаденит). Проникновение микробов в кровь и их гибель приводят к токсемии и метастатическим заносам возбудителя в различные органы. При недостаточности иммунной системы организма возможны обострения и рецидивы болезни.

Симптомы, течение. Инкубационный период — от 3 до 21 дня (чаще 8—10 дней). Заболевание начинается остро: появляются озноб, лихорадка, симптомы общей интоксикации (слабость, боль в мышцах и суставах, головная боль, нарушения сна). В первые дни болезни могут быть симптомы катара верхних дыхательных путей. Наблюдается боль в животе, иногда тошнота, рвота, понос. Отмечается гиперемия кожи лица, шеи, ладоней и подошвенной поверхности стоп. На 2-4-й день болезни у большей части больных появляется экзантема (мелкопятнистая, скарлатиноподобная, макулопапулезная, в поздние сроки болезни иногда появляется узловатая эритема). У некоторых больных экзантема сопровождается зудом кожи, со 2—3-й недели начинается шелушение кожи (на ладонях и стопах оно пластинчатое, на туловище отрубевидное). У больных отмечается также «малиновый» язык, что усиливает сходство со скарлатиной (скарлатиноподобные формы).

При абдоминальных формах на первый план выступают симптомы поражения желудочно-кишечного тракта в виде гастроэнтерита, мезаденита, аппендицита. При желтушной форме (у 6—7 % больных) отмечается токсический гепатит с нарушением пигментного обмена, при артралгической форме на фоне общей интоксикации появляются симптомы моно- или полиартрита. При смешанной форме возможны проявления различных клинических форм болезни.

При диагностике, помимо клинических симптомов, учитывают эпидемиологические предпосылки. Для подтверждения диагноза используют выделение возбудителя из испражнений или из крови больных, а также серологические методы (реакция агглютинации и РНГА).

Лечение. Назначают левомицетин по 0,5 г 4 раза в сутки в течение 10—14 дней. Проводят симптоматическую терапию. При абдоминальной форме необходима консультация хирурга для решения вопроса об оперативном вмешательстве.

Прогноз: трудоспособность восстанавливается через 2—4 нед.

Профилактика. Дератизация, защита продуктов от грызунов, запрещение употребления овощей (капуста, морковь) без термической обработки. Больных выписывают из стационара после полного клинического выздоровления и двукратного отрицательного бактериологического исследования испражнений.

РОЖА — острое стрептококковое заболевание, характеризующееся поражением кожи с образованием резко ограниченного воспалительного очага, а также лихорадкой и симптомами общей интоксикации, частыми рецидивами.

Э т и о л о г и я, п а т о г е н е з. Возбудитель — гемолитический стрептококк — ничем не отличается от возбудителя других стрептококковых заболеваний (например, ангины). Проникает через небольшие повреждения кожи. Возможно экзогенное инфицирование (загрязненные инструменты, перевязочный материал). В возникновении рецидивов рожи на одном и том же месте имеет значение аллергическая перестройка и сенсибилизация кожи к гемолитическому стрептококку.

С и м п т о м ы, т е ч е н и е. Длительность инкубационного периода от нескольких часов до 5 дней (чаще 3—4 дня). По характеру местных поражений различают эритематозную, эритематозно-буллезную, эритематозно-геморрагическую и буллезную формы, по тяжести — легкую, среднетяжелую и тяжелую, по кратности — первичную, рецидивирующую и повторную, по локализации местных явлений — локализованную, распространенную и метастатическую. Первичная рожа начинается, как правило, остро, с симптомов общей интоксикации. Температура тела повышается до 39—40 °C, появляются общая слабость, озноб, головная боль, миалгия, в тяжелых случаях могут быть судороги, бред, раздражение мозговых оболочек. Через 10—24 ч от начала болезни отмечаются местные симптомы: боль, жжение и чувство напряжения в пораженном участке кожи, при осмотре выявляется гиперемия и отек кожи. Эритема чаще равномерная, возвышающаяся над уровнем кожи. Отек бывает особенно выражен при локализации воспаления в области век, губ, пальцев, половых органов. Иногда на фоне эритемы образуются пузыри, заполненные серозным (эритематозно-буллезная) или геморрагическим (буллезно-геморрагическая рожа) содержимым. Отмечаются также лимфангит и воспаление регионарного лимфатического узла. На месте воспаления в дальнейшем появляется шелушение кожи. Местные изменения держатся 5—15 дней; могут длительно сохраняться пастозность и пигментация кожи.

Рецидивы рожи могут возникать в период от нескольких дней до 2 лет после перенесенного заболевания. При более позднем (свыше 2 лет) появлении рожи говорят о повторной роже. Она локализуется обычно на новом участке кожи. Рецидивированию способствуют недостаточное лечение первичной рожи, остаточные явления после рожи (лимфостаз и др.). При частых рецидивах лихорадка и симптомы интоксикации выражены нерезко.

Осложнения и последствия рожи могут быть такими же, как и при других стрептококковых болезнях (ревматизм, нефрит, миокардит), но могут быть и специфичными для рожи: язвы и некрозы кожи (гангренозная рожа), абсцессы и флегмоны (абсцедирующая рожа), нарушение лимфообращения, приводящее к слоновости. При клинической диагностике необходимо дифференцировать от других заболеваний, при которых могут возникнуть локальное покраснение и отечность кожи (тромбоз вен, эризипелоид, флегмоны и абсцессы, острые дерматиты и др.). При исследовании крови отмечается небольшой лейкоцитоз, нейтрофилез, повышение СОЭ. Иммунитета после рожи не возникает.

Л е ч е н и е. Наиболее эффективны антибиотики пенициллинового ряда. При первичной роже и редких рецидивах назначают пенициллин в дозе 500 000 ЕД через 6 ч в течение 7—10 дней, в конце курса дополнительно вводят бициллин-5 (1 500 000 ЕД в/м). При значительных остаточных явлениях для профилактики рецидивов бициллин-5 необходимо вводить в течение 4—6 мес (по 1 500 000 ЕД через 4 нед). При непереносимости пенициллина можно назначать эритромицин (по 0,3 г 5 раз в день) или тетрациклин (по 0,3—0,4 г 4 раза в день), длительность курса 7—10 дней. При упорных и частых рецидивах антибиотики комбинируют с кортикостероидами (преднизолон по 30 мг/сут).

П р о г н о з благоприятный. При часто рецидивирующей роже может возникнуть слоновость, нарушающая трудоспособность.

П р о ф и л а к т и к а. Предупреждение травм и потертостей ног, лечение стрептококковых заболеваний. При выраженной сезонности рецидивов проводят бициллинопрофилактику, которую начинают за месяц до начала сезона и продолжают в течение 3—4 мес (вводят каждые 4 нед бициллин-5 по 1 500 000 ЕД). При частых рецидивах рожи проводят круглогодичную бициллинопрофилактику. Мероприятий в очаге не проводят. Специфической профилактики нет.

РОТАВИРУСНОЕ ЗАБОЛЕВАНИЕ — острая вирусная болезнь с преимущественной заболеваемостью детей; характеризуется симптомами общей интоксикации, поражением желудочно-кишечного тракта, дегидратацией. Обусловливает около половины всех кишечных расстройств у детей первых 2 лет жизни.

Э т и о л о г и я, п а т о г е н е з. Возбудитель — ротавирусы; подразделяются на два антигенных варианта; устойчивы во внешней среде. Инфицируется человек алиментарным путем. Размножение и накопление ротавируса происходит преимущественно в верхних отделах желудочно-кишечного тракта. Характерны большие потери жидкости и электролитов, что приводит к дегидратации I—III степени. После перенесенного заболевания развивается иммунитет.

С и м п т о м ы, т е ч е н и е. Инкубационный период длится от 15 ч до 7 дней (чаще 1—2 дня). Заболевание начинается остро. Развернутая картина болезни формируется уже через 12—24 ч от начала заболевания. У детей выраженной лихорадки обычно не бывает.

Характерен обильный жидкий водянистый стул без примеси слизи и крови. Более тяжелое течение обычно обусловлено наслоением вторичной инфекции. У половины больных отмечается рвота. У взрослых на фоне умеренно выраженной интоксикации и субфебрильной температуры появляются боль в эпигастральной области, рвота, понос. Лишь у отдельных больных рвота повторяется на 2—3-й день болезни. У всех больных наблюдается обильный водянистый стул с резким запахом; иногда мутновато-белесоватые испражнения могут напоминать испражнения холерного больного. Характерно громкое урчание в животе. Позывы к дефекации императивного характера, ложных позывов не бывает. У некоторых больных в испражнениях обнаруживают примесь слизи и крови, что всегда свидетельствует о сочетании ротавирусного заболевания с бактериальной инфекцией (шигеллез, эшерихиоз). У этих больных более выражены лихорадка и интоксикация. При обильном жидком стуле может развиться обезвоживание; у 95—97 % больных обезвоживание обычно I или II степени, у детей иногда наблюдается тяжелая дегидратация с декомпенсированным метаболическим ацидозом. В этих случаях возможны острая почечная недостаточность и гемодинамические расстройства.

При пальпации живота отмечаются болезненность в эпигастральной и пупочной областях, грубое урчание в правой подвздошной области. Печень и селезенка не увеличены. При ректороманоскопии у большинства больных изменений нет. Количество мочи в острый период болезни уменьшено, у отдельных больных обнаруживают альбуминурию, лейкоциты и эритроциты в моче; повышается содержание остаточного азота в сыворотке крови. В начале болезни может быть лейкоцитоз, который в периоде разгара сменяется лейкопенией; СОЭ не изменена.

Д и а г н о з. При распознавании учитывают клинические симптомы и эпидемиологические предпосылки. Диагноз подтверждается обнаружением ротавирусов в испражнениях различными методами (электронная микроскопия, иммунофлюоресцентный метод и др.). Меньшее значение имеют серологические исследования (РСК и др.). Дифференцируют от холеры, дизентерии, эшерихиоза, кишечного иерсиниоза.

Л е ч е н и е. Основой являются патогенетические методы терапии, прежде всего восстановление потерь жидкости и электролитов. При обезвоживании I—II степени растворы дают перорально. По рекомендации ВОЗ используют следующий раствор: хлорид натрия — 3,5 г, гидрокарбонат натрия — 2,5 г, хлорид калия — 1,5 г, глюкоза — 20 г/л. Раствор дают пить малыми дозами через каждые 5—10 мин. Помимо раствора, рекомендуются другие жидкости (чай, морс, минеральная вода).

П р о г н о з благоприятный.

П р о ф и л а к т и к а. Больных изолируют на 10—15 дней. При легких формах больные могут оставаться дома под наблюдением врача, если обеспечиваются лечение и достаточная изоляция. Проводят текущую и заключительную дезинфекцию. Специфическая профилактика не разработана.

САЛЬМОНЕЛЛЕЗ — острая инфекционная болезнь, вызываемая сальмонеллами; характеризуется разнообразными клиническими проявлениями, от бессимптомного носительства до тяжелейших септических форм. Чаще протекает с преимущественным поражением органов пищеварения (гастроэнтериты, колиты).

Э т и о л о г и я, п а т о г е н е з. Возбудитель — большая группа сальмонелл, насчитывающая в настоящее время около 2000 серотипов. Относительно часто у человека встречаются около 90 серотипов, причем 10 из них обусловливают 85—91 % всех сальмонеллезов человека. Сальмонеллы представляют собой грамотрицательные палочки, имеют жгутики, подвижны, хорошо растут на питательных средах; длительно (до нескольких месяцев) сохраняются во внешней среде, продуктах, а в некоторых из них (молоко, мясные продукты) способны размножаться, не изменяя внешнего вида и вкуса продуктов. Воротами инфекции является преимущественно слизистая оболочка тонкого кишечника, в котором сальмонеллы способны к внутриклеточному паразитированию в макрофагах и ретикулоцитах. При генерализованной форме сальмонеллы проникают в кровь, а при септической заносятся в различные органы, где образуются вторичные гнойные очаги. Выделяющийся сальмонеллами эндотоксин обусловливает многообразные повреждения внутренних органов. При тяжелых формах может развиться обезвоживание, а также инфекционно-токсический шок.

С и м п т о м ы, т е ч е н и е. Инкубационный период от 6 ч до 3 сут (чаще 12—24 ч). Наиболее распространенная гастроинтестинальная форма (раньше ее относили к пищевым токсикоинфекциям) начинается остро, с повышения температуры тела до 38—40 °C, озноба и симптомов общей интоксикации. Появляются также боль в подложечной области, тошнота, рвота, а спустя несколько часов — понос. Стул жидкий, водянистый, зловонный, до 10—15 раз в сутки. Тенезмов, ложных позывов, а также примеси крови в кале не отмечается. При обильном частом стуле и повторной рвоте может развиться синдром обезвоживания: жажда, олигурия, цианоз губ, запавшие глаза, сморщенная кожа, судороги, снижение АД. Лихорадка длится 2—5 дней. При легкой форме заболевание ограничивается субфебрильной температурой, однократной рвотой и небольшим послаблением стула; все явления проходят через 1—2 дня.

Тифоподобная форма по своим проявлениям почти не отличается от брюшного тифа, диагноз уточняется после выделения гемокультуры сальмонелл. Наиболее тяжело протекает септическая форма сальмонеллеза. Она начинается остро, сопровождается резко выраженным токсикозом, лихорадка неправильного типа, с большими суточными размахами, повторными ознобом и потом, длится в течение многих недель. Заболевание плохо поддается антибиотикотерапии. Вторичные гнойные очаги часто развиваются в опорно-двигательном аппарате (остеомиелиты, артриты, спондилиты). Иногда наблюдаются септический сальмонеллезный эндокардит, аортит с последующим развитием аневризмы аорты, гнойные менингиты, реже возникают абсцессы печени, гнойный струмит, инфицированная киста яичника.

Колитическая форма сальмонеллеза сходна с острой дизентерией. Могут быть тенезмы, ложные позывы, примесь крови в испражнениях, катарально-геморрагический проктосигмоидит (по данным ректороманоскопии) и др.

Для диагностики, помимо клинических проявлений, имеют значение эпидемиологические предпосылки (групповой характер заболеваний, связь с определенным продуктом). Для лабораторного подтверждения диагноза наибольшее значение имеет выделение возбудителя (исследуют остатки пищи, рвотные массы, испражнения, кровь при генерализованных формах, гной при септических формах болезни).

Лечение. При гастроинтестинальной форме как можно раньше промывают желудок 2—3 л воды или 2 % раствора гидрокарбоната натрия. Промывание проводят с помощью желудочного зонда до отхождения чистых промывных вод. При легких формах ограничиваются промыванием желудка, диетой и питьем солевых растворов. Обычно используют раствор следующего состава: натрия хлорида — 3,5 г, калия хлорида — 1,5 г, гидрокарбоната натрия — 2,5 г, глюкозы — 20 г на 1 л питьевой воды. Количество жидкости должно соответствовать ее потерям (не более 3 % массы тела).

При средней тяжести течения гастроинтестинальной формы сальмонеллеза, отсутствии рвоты и выраженных нарушений гемодинамики жидкость также можно вводить перорально. При нарастании обезвоживания регидратацию проводят так же, как и при холере.

При развитии инфекционно-токсического шока, помимо полиионных растворов, вводят гемодез, полиглюкин, реополиглюкин по 400—1000 мл, назначают 60—90 мг преднизолона или 125—250 мг гидрокортизона в/в струйно, через 4—6 ч переходят на капельное введение (до 120—300 мг преднизолона в сутки). Одновременно вводят дезоксикортикостерона ацетат по 5—10 мг в/м через каждые 12 ч. Тифоподобные формы лечат так же, как и при брюшной тиф. При септических формах комбинируют длительное назначение ампициллина (4—6 г/сут) с хирургическим лечением гнойных очагов.

Прогноз. В большинстве случаев наступает выздоровление. У отдельных больных формируется хроническое бактерионосительство при всех клинических вариантах течения.

Профилактика. Ветеринарно-санитарный надзор за забоем скота, контроль за приготовлением и хранением мясных и рыбных блюд. Реконвалесценты выписываются после полного клинического выздоровления и проведения двукратного бактериологического исследования кала.

СИБИРСКАЯ ЯЗВА — острое инфекционное заболевание из группы зоонозов. У человека протекает в виде кожной, легочной, кишечной и септической форм.

Этиология, патогенез. Возбудитель — относительно крупная сибиреязвенная палочка; образует споры и капсулу. Вегетативная форма возбудителя погибает без доступа воздуха, при прогревании, воздействии дезинфицирующих средств. Споры возбудителя во внешней среде весьма устойчивы.

Симптомы, течение. Инкубационный период от нескольких часов до 8 дней (чаще 2—3 дня). Наиболее часто сибирская язва у человека протекает в виде кожной формы (95—99 % случаев) и лишь у 1—5 % больных — в виде легочной и кишечной. Типичные проявления кожной формы сибирской язвы возникают в зоне ворот инфекции. Вначале появляется красное зудящее пятнышко, которое быстро превращается в папулу, а последняя — в везикулу с прозрачным или геморрагическим содержимым. Больной при продолжающемся зуде срывает пузырек, на его месте образуется язвочка с темным дном и обильным серозным отделяемым. По периферии язвочки развивается воспалительный валик, в зоне которого образуются дочерние пузырьки. Одновременно с этим вокруг язвочки развивается отек (может быть весьма обширным) и регионарный лимфаденит. Характерно отсутствие чувствительности в области дна язвочки, а также отсутствие болезненности в области увеличенных лимфатических узлов.

К моменту образования язвочки появляется лихорадка, которая продолжается в течение 5—7 дней, общая слабость, разбитость, головная боль, адинамия. Местные изменения в области поражения нарастают примерно в течение тех же сроков, что и лихорадка, а затем начинается обратное развитие: сначала снижается температура тела, прекращается отделение серозной жидкости из зоны некроза, начинается уменьшение (до полного исчезновения) отека, а на месте некроза постепенно формируется струп. На 10—14-й день струп отторгается, образуется язва с гранулирующим дном и умеренным гнойным отделяемым с последующим рубцеванием.

Легочная форма сибирской язвы начинается остро, протекает тяжело. Проявляется болью в груди, одышкой, цианозом, тахикардией (до 120—140 в 1 мин), кашлем с отделением пенистой кровянистой мокроты. Температура тела быстро достигает высоких цифр (40 °C и выше), АД снижается.

Кишечная форма сибирской язвы характеризуется общей интоксикацией, повышением температуры тела, болью в эпигастральной области, поносом и рвотой. Живот вздут, резко болезнен при пальпации, нередко имеются признаки раздражения брюшины. В рвотных массах и выделениях из кишечника появляется примесь крови. При любой из описанных форм сибирской язвы может развиться сепсис с бактериемией и вторичными очагами (поражение печени, селезенки, почек, мозговых оболочек).

Для диагностики важны эпидемиологические данные (профессия больного, контакт с больными животными или зараженным сырьем животного происхождения) и характерные поражения кожи. Лабораторным подтверждением диагноза является выделение возбудителя сибирской язвы. Вспомогательное значение имеет аллергическая проба с антраксином.

Лечение. При легких формах болезни назначают пенициллин в дозе 200 000—300 000 ЕД 6—8 раз в сутки в течение 5—7 дней. При крайне тяжелых формах с септическим компонентом разовую дозу пенициллина увеличивают до 1 500 000—2 000 000 ЕД 6—8 раз в сутки. Эффективен левомицетина сукцинат натрия в дозе 3—4 г/сут. Лучшие результаты дает лечение антибиотиками в сочетании со специфическим противоязвенным иммуноглобулином в дозе 20—75 мл в/м. Антибиотики отменяют, когда значительно уменьшается отек, прекращается увеличение размеров некроза кожи и отделение жидкости из зоны поражения. При тяжелых формах сибирской язвы для выведения больного из инфекционно-токсического шока требуется интенсивная патогенетическая терапия.

Прогноз при кожной форме и при своевременно начатом лечении благоприятный. При кишечной и легочной формах прогноз сомнителен даже при рано начатом и интенсивном лечении.

Профилактика. Больного сибирской язвой госпитализируют в отдельную палату с выдачей индивидуальных предметов ухода, белья, посуды. Выделения больных (испражнения, моча, мокрота), перевязочный материал дезинфицируют. Больных выписывают после полного клинического выздоровления при эпителизации язв, а при кишечной и легочной формах — после двукратного отрицательного бактериологического исследования испражнений, мочи и мокроты на палочку сибирской язвы.

СКАРЛАТИНА — острый воздушно-капельный антропоноз, поражающий преимущественно детей до 10 лет; характеризуется лихорадкой, общей интоксикацией, ангиной и мелкоточечной сыпью. Заболеваемость повышается в осенне-зимние месяцы.

Этиология, патогенез. Возбудитель — бета-гемолитический токсигенный стрептококк группы А — заселяет носоглотку, реже кожу, вызывая местные воспалительные изменения (ангина, регионарный лимфаденит). Продуцируемый им экзотоксин вызывает симптомы общей интоксикации и экзантему. Стрептококк при условиях, благоприятствующих микробной инвазии, вызывает септический компонент, проявляющийся лимфаденитом, отитом, септицемией. В развитии патологического процесса большую роль играют аллергические механизмы, участвующие в возникновении и патогенезе осложнений в позднем периоде болезни. Развитие осложнений нередко связано со стрептококковой суперинфекцией или реинфекцией.

Симптомы, течение. Инкубационный период продолжается 5—7 дней. Заболевание начинается остро. Повышается температура тела, появляются выраженное недомогание, головная боль, боль при глотании. Типичный и постоянный симптом — ангина, характеризующаяся яркой гиперемией мягкого неба, увеличением миндалин, в лакунах или на поверхности которых нередко обнаруживается налет. Верхнешейные лимфатические узлы увеличены, болезненны. Часто возникает рвота, иногда неоднократная. В 1-й, реже на 2-й день на коже всего тела появляется ярко-розовая или красная мелкоточечная сыпь. Носогубный треугольник остается бледным (симптом Филатова); белый дермографизм; в сгибах конечностей нередки точечные кровоизлияния. Сыпь держится от 2 до 5 дней, а затем бледнеет, одновременно понижается температура тела. На второй неделе болезни появляется шелушение кожи — пластинчатое на дистальных частях конечностей, мелко- и крупнотрубевидное — на туловище. Язык вначале обложен, со 2—3-го дня очищается и к 4-му дню принимает характерный вид: ярко-красная окраска, резко выступающие сосочки («малиновый» язык). При наличии выраженной интоксикации наблюдается поражение ЦНС (возбуждение, бред, затемнение сознания). В начале болезни отмечаются симптомы повышения тонуса симпатической, а с 4—5-го дня — парасимпатической нервной системы.

При легкой форме скарлатины интоксикация выражена слабо, лихорадка и все остальные проявления болезни исчезают к 4—5-му дню; это наиболее частый вариант современного течения скарлатины. Среднетяжелая форма характеризуется большей выраженностью всех симптомов, в том числе явлений интоксикации; лихорадочный период продолжается 5—7 дней. Тяжелая форма, в настоящее время очень редкая, встречается в двух основных вариантах: токсическая скарлатина с резко выраженными явлениями интоксикации (высокая лихорадка, симптомы поражения ЦНС — затемнение сознания, бред, а у детей раннего возраста судороги, менингеальные знаки), все симптомы со стороны зева и кожи ярко выражены; тяжелая септическая скарлатина с некротической ангиной, бурной реакцией регионарных лимфатических узлов и частыми осложнениями септического порядка; некрозы в зеве могут располагаться не только на миндалинах, но и на слизистой оболочке мягкого неба и глотки.

Токсико-септическая скарлатина характеризуется сочетанием симптомов этих двух вариантов тяжелой формы. К атипичным формам болезни относится стертая скарлатина, при которой все симптомы выражены рудиментарно, а некоторые вовсе отсутствуют. Если входными воротами инфекции является кожа (ожоги, ранения), то возникает экстрафарингеальная, или экстрабуккальная, форма скарлатины, при которой такой важный симптом, как ангина, отсутствует. При легкой и стертой формах скарлатины изменения периферической крови невелики или отсутствуют. При среднетяжелой и тяжелой формах наблюдаются лейкоцитоз, нейтрофилез с ядерным сдвигом влево и значительное повышение СОЭ. С 3-го дня болезни нарастает содержание эозинофилов, однако при тяжелой септической форме возможно их уменьшение или полное исчезновение.

Осложнения: гломерулонефрит (главным образом на 3-й неделе), синовит, так называемое инфекционное сердце, реже миокардит. При наличии септического компонента болезни могут возникать гнойные осложнения: лимфаденит, аденофлегмона, отит, мастоидит, синусит, септикопиемия. Возможны пневмонии. Рецидивы скарлатины и рецидивы ангины связаны со стрептококковой реинфекцией. В последние десятилетия частота осложнений резко сократилась. После перенесенной скарлатины сохраняется, как правило, пожизненный иммунитет. Однако в последнее время частота повторных заболеваний несколько увеличилась.

Затруднения при распознавании возникают при атипичных формах болезни. Дифференцировать следует от кори, краснухи, лекарственной сыпи, скарлатиноподобной формы псевдотуберкулеза. Наблюдаются случаи стафилококковой инфекции со скарлатиноподобным синдромом.

Л е ч е н и е. При наличии соответствующих условий терапию проводят на дому. Госпитализируют больных с тяжелыми и осложненными формами скарлатины, а также по эпидемиологическим показаниям. Постельный режим в течение 5—6 дней (и далее в тяжелых случаях). Проводят антибиотикотерапию: назначают бензилпенициллин из расчета 15 000—20 000 ЕД/ (кг · сут) в/м в течение 5—7 дней. В домашних условиях при легкой форме скарлатины можно применять феноксиметилпенициллин внутрь, удваивая указанную суточную дозу. При токсической форме в условиях стационара применяют внутривенные вливания неокомпенсана, гемодеза, 20 % раствора глюкозы с витаминами. При септической форме показана интенсивная антибиотикотерапия. Лечение осложнений (лимфаденита, отита, нефрита) проводят по обычным правилам.

П р о г н о з благоприятный.

П р о ф и л а к т и к а. Больного изолируют в домашних условиях или (по показаниям) госпитализируют. Палаты в больнице заполняют одновременно в течение 1—2 дней, исключают контакты выздоравливающих с больными в остром периоде скарлатины. Реконвалесцентов выписывают из больницы при отсутствии осложнений на 10-й день болезни. В детское учреждение реконвалесцента допускают на 23-й день с момента заболевания. Дети, бывшие в контакте с больным и не болевшие ранее скарлатиной, допускаются в дошкольное учреждение или в первые два класса школы после 7-дневной изоляции на дому. В квартире, где содержится больной, проводят регулярную текущую дезинфекцию, при этих условиях заключительная дезинфекция является излишней.

СИНДРОМ ПРИОБРЕТЕННОГО ИММУНОДЕФИЦИТА (СПИД) — особо опасное вирусное заболевание; характеризуется длительным инкубационным периодом, подавлением клеточного иммунитета, развитием вторичных инфекций (вирусных, бактериальных, протозойных) и опухолевых поражений, которые, как правило, приводят больных к гибели. Болезнь впервые описана в 1981 г.; к 1989 г. она зарегистрирована в 130 странах с общим числом больных около 140 000, ежегодно число их удваивается. В группы риска входят лица, получавшие множественные переливания крови и ее препаратов; наркоманы; гомосексуалисты; лица, имеющие многочисленных случайных половых партнеров.

Э т и о л о г и я, п а т о г е н е з. Возбудителем СПИДа является человеческий Т-лимфотропный вирус, относящийся к семейству ретровирусов. Вирус открыт в 1983 г., вначале он обозначался как LAV, а также как HTLV-111. С 1986 г. введено обозначение human immunodeficiency virus (HIV), или вирус иммунодефицита человека (ВИЧ). Ретровирусы содержат фермент — обратную транскриптазу. Вирусы можно культивировать в культуре клеток. Прогревание при 56 °C инактивирует вирусы. Выявлено два типа (варианта) вируса иммунодефицита человека. Многие их свойства изучены недостаточно.

Возбудитель СПИДа проникает в организм человека через микротравмы кожи (контакт с кровью) и слизистых оболочек полового тракта или прямой кишки. От момента инфицирования до появления первых симптомов инфекции проходит длительный латентный (инкубационный) период — от 1 мес до 4—6 лет.

Персистирование и накопление вируса происходит в лимфоидной ткани. Однако уже в этот период время от времени вирус проникает в кровь и может обнаруживаться в выделениях. Такие лица без выраженной симптоматики СПИДа могут быть источниками инфекции. С появлением клинической симптоматики вирусемия становится более интенсивной. В основе патогенеза СПИДа лежит Т-лимфотропность вируса. Размножаясь в Т4-клетках (хелперах), вирусы СПИДа угнетают их пролиферацию и нарушают структуру белков плазмолеммы Т-хелперов. Изменение структуры этих белков препятствует распознаванию инфицированных Т4-клеток и уничтожению их цитотоксическими Т8-лимфоцитами. Угнетение пролиферации приводит к снижению абсолютного числа Т4-клеток.

Дефектность механизмов распознавания антигенов вируса СПИДа проявляется усилением синтеза антител классов А и G, не обладающих, однако, способностью нейтрализовать возбудителя болезни. Дефицит иммунитета приводит к активации латентной инфекции или присоединению так называемой оппортунистической (случайной) инфекции, вызванной условно-патогенными микроорганизмами. Именно эти болезни и приводят обычно к гибели больных в ближайшие 1—2 года после появления первых клинических симптомов СПИДа. Снижение клеточного иммунитета может привести также к возникновению некоторых злокачественных новообразований: саркомы Капоши, лимфомы головного мозга, ангиобластической лимфаденопатии.

В качестве наслоившихся инфекций наиболее часто отмечаются пневмония, вызванная пневмоцистами, желудочно-кишечные и легочные формы криптоспороидоза, генерализованная токсоплазмозная инфекция, протекающая чаще в виде энцефалита, генерализованные проявления герпетической и цитомегаловирусной инфекций, микозов, бактериальных инфекций.

Симптомы, течение. Инкубационный период продолжается чаще около 6 мес. Начало заболевания постепенное. Для начального (продромального, неспецифического) периода характерны повышение температуры тела (выше 38 °C) с обильным потоотделением, симптомы общей интоксикации (вялость, депрессия, снижение работоспособности). Типично также поражение желудочно-кишечного тракта. Иногда развивается эзофагит (боль при глотании, дисфагия, язвы пищевода), обусловленный чаще грибами кандида, а иногда вирусной инфекцией (герпетической, цитомегаловирусной). Энтерит проявляется болью в животе, диареей, при ректороманоскопии изменений не выявляется. Энтерит чаще обусловлен простейшими (лямблии, криптоспоридии, изоспоры) и гельминтами (стронгилоидоз), реже цитомегаловирусами. Колит чаще обусловлен шигеллами, сальмонеллами, кампилобактером, реже дизентерийными амебами и хламидиями. У гомосексуалистов иногда на первый план выступают признаки проктита, связанного с инфекцией гонококками, возбудителями сифилиса, реже цитомегаловирусной и герпетической инфекцией.

Характерным проявлением начального периода СПИДа является генерализованная лимфаденопатия. Увеличение начинается чаще с шейных, подмышечных и затылочных лимфатических узлов. Для СПИДа характерно поражение лимфатических узлов не менее чем в двух местах и на протяжении 3 мес и более. Лимфатические узлы могут увеличиваться до 5 см в диаметре и оставаться безболезненными, отмечается тенденция к их слиянию. У 20 % больных с лимфаденопатией выявляется увеличение селезенки.

Более чем у половины больных развиваются различные кожные изменения — макулопапулезные элементы, себорейные дерматиты, экзема, устойчивая к стероидным препаратам лихорадка, и др.

Клинические проявления начального периода болезни и лабораторные изменения обозначают как «симптомокомплекс, родственный СПИДу». Одновременное обнаружение двух и более клинических признаков, входящих в этот комплекс, и двух и более лабораторно-диагностических признаков позволяет с весьма высокой вероятностью говорить о том, что у больного развивается СПИД и что необходимо провести комплекс специальных исследований, который позволит поставить окончательный диагноз.

Симптомокомплекс, родственный СПИДу. А. Клинические признаки (на протяжении 3 мес и более):
1) немотивированная лимфаденопатия;
2) немотивированная потеря массы тела (более 7 кг или 10 % массы тела);
3) немотивированная лихорадка (постоянная или перемежающаяся);
4) немотивированная диарея;
5) немотивированный ночной пот.

Б. Лабораторно-диагностические признаки:
1) снижение количества Т-хелперов;
2) снижение отношения Т-хелперы/Т-супрессоры;
3) анемия или лейкопения, или тромбоцитопения, или лимфопения;
4) увеличение количества иммуноглобулинов G и A в сыворотке крови;
5) снижение реакции бласттрансформации лимфоцитов на митогены;
6) отсутствие кожной реакции гиперчувствительности замедленного типа на несколько антигенов;
7) повышение уровня циркулирующих иммунных комплексов.

Манифестный период СПИДа (период разгара болезни) характеризуется преобладанием клинических проявлений вторичной (оппортунистической) инфекции. Почти у половины больных возникают поражения легких (легочный тип СПИДа), обусловленные чаще пневмоцистой. Пневмоцистная пневмония протекает тяжело, с летальностью 90—100 %. Появляются боль в груди, усиливающаяся при вдохе, кашель, одышка, цианоз, рентгенологически выявляются множественные инфильтраты в легочной ткани. Почти так же тяжело протекают поражения легких, обусловленные легионеллой и другими бактериальными агентами. Легкие могут поражаться при генерализованной цитомегаловирусной инфекции. При формировании в легких абсцессов в их полостях дополнительно может развиваться инфекция, обусловленная грибами (чаще аспергиллез).

У 30 % больных на первый план выступают поражения ЦНС (церебральная форма СПИДа). Чаще развивается картина энцефалита, обусловленного генерализованной токсоплазмозной инфекцией, реже цитомегаловирусной и герпетической. Признаки энцефалита могут сочетаться с признаками серозного менингита. Может развиваться также первичная или вторичная лимфома головного мозга.

При желудочно-кишечной форме СПИДа основными проявлениями служат длительная диарея, потеря массы тела, картина энтерита, обусловленного криптоспоридиями и другими микроорганизмами. Иногда у больных СПИДом на первый план выступают длительная лихорадка и симптомы общей интоксикации, лихорадка чаще неправильного (септического) типа, могут быть и очаговые проявления. Чаще это является следствием диссеминированного микобактериоза.

Примерно у 30 % больных развивается саркома Капоши. В обычных условиях это редкое заболевание пожилых лиц с преимущественным поражением кожи нижних конечностей. У больных СПИДом она поражает многие группы лимфатических узлов, слизистые оболочки, кожу, протекает более агрессивно. Заболевание неуклонно прогрессирует. Больные манифестными формами СПИДа погибают в течение ближайших 1—2 лет.

Д и а г н о с т и к а. Обследуемые контингенты, а также этапы и объем клинико-лабораторных исследований регламентируются указом Президиума Верховного Совета СССР от 25. 08.87 г. и правилами медицинского освидетельствования на выявление заражения вирусом СПИДа, устанавливаемыми Министерством здравоохранения СССР в соответствии с положениями этого указа. Исследования проводят в специально выделенных лабораториях.

Л е ч е н и е. Эффективных этиотропных средств нет. Используются противовирусные препараты (азидотимидин, виразол). Ведутся поиски новых противовирусных препаратов. При развитии вторичной инфекции назначают соответствующие этиотропные препараты. Используются также иммуномодуляторы (препараты вилочковой железы, лимфоциты, интерферон и др.). Удается добиться лишь временного улучшения, затем болезнь рецидивирует обычно за счет наслоения другого инфекционного агента.

П р о ф и л а к т и к а. Общие меры профилактики регламентируются указом Президиума Верховного Совета СССР от 25.08.87 г. «О мерах профилактики заражения вирусом СПИД».

Больных размещают в отдельных боксах, уход за ними осуществляет специально закрепленный инструктированный персонал. Взятие крови и других материалов, а также обработку их проводят в резиновых перчатках. При попадании инфекционного материала на кожу ее обрабатывают 70 % спиртом или 1 % раствором хлорамина. Лабораторная посуда, содержащая кровь и другие материалы, должна быть специально маркирована. Ведутся работы по созданию специфической вакцины.

СТОЛБНЯК — острая инфекционная болезнь, характеризующаяся тяжелым токсическим поражением нервной системы с тоническими и клоническими судорогами, нарушениями терморегуляции.

Э т и о л о г и я, п а т о г е н е з. Возбудитель — крупная палочка, анаэроб; образует споры, продуцирует экзотоксин. Часто обнаруживается в почве. Споры возбудителя проникают в организм человека при различных травмах, часто небольших повреждениях кожи, особенно нижних конечностей. В анаэробных условиях споры превращаются в вегетативные формы, которые начинают размножаться и выделять экзотоксин, который вызывает поражение передних рогов спинного мозга.

С и м п т о м ы, т е ч е н и е. Инкубационный период — от 3 до 30 (чаще 7—14) дней; при коротком инкубационном периоде заболевание протекает значительно тяжелее. Заболевание начинается с неприятных ощущений в области раны (тянущие боли, подергивания мышц вокруг нее). Наиболее характерный симптом — появление судорог. Рано возникает судорожное сокращение жевательных мышц (тризм), а также мимической мускулатуры. Тоническое сокращение мышц сменяется приступами клонических судорог, захватываются мышцы спины, конечностей, возникает опистотонус. Приступы судорог провоцируются малейшими внешними раздражениями. Судорожное сокращение дыхательных мышц, диафрагмы и мышц гортани может привести к смерти больного от асфиксии. Характерны головная боль и мышечная боль, лихорадка, повышенная потливость, сонливость, слабость.

Осложнения: пневмония, разрыв мышц, компрессионный перелом позвоночника. Столбняк необходимо дифференцировать от истерии, тетании, отравления стрихнином, бешенства, менингитов.

Л е ч е н и е проводят в специализированных противостолбнячных центрах. Перевозку больного осуществляет врач, вызванный из такого центра. Перед транспортировкой вводят нейроплегическую смесь следующего состава: 2,5 % раствор аминазина — 2 мл, 2 % раствор пантопона — 1 мл, 2 % раствор димедрола — 2 мл, 0,05 % раствор скополамина — 0,5 мл. Через 30 мин в/м вводят 5—10 мл 10 % раствора гексенала или тиопентала. Для лечения в первые 2—3 дня вводят в/м противостолбнячную сыворотку по 100 000—150 000 МЕ (лучше противостолбнячный гамма-глобулин). Нейроплегическую смесь вводят 3—4 раза в сутки. Для уменьшения судорог назначают хлоралгидрат в клизмах (по 50—150 мл 3—5 % раствора).

В противостолбнячных центрах проводят комплекс реанимационных мероприятий (тотальная миорелаксация в сочетании с искусственной вентиляцией легких и др.).

П р о г н о з серьезный.

П р о ф и л а к т и к а. Плановая иммунизация столбнячным анатоксином. Борьба с травматизмом. При травмах (ожоги, укусы, повреждения кожи и слизистых оболочек) сначала вводят п/к 1 мл адсорбированного анатоксина, а через 30 мин другим шприцем и в другой участок тела — 3000 МЕ противостолбнячной сыворотки. Ранее иммунизированным против столбняка лицам вводят только 0,5 мл адсорбированного анатоксина. Больной для окружающих опасности не представляет. Мероприятий в очаге не проводят.

ТИФО-ПАРАТИФОЗНЫЕ ЗАБОЛЕВАНИЯ (брюшной тиф, паратифы А и В) — группа острых инфекционных заболеваний с фекально-оральным механизмом передачи, вызванных сальмонеллами и сходных по клиническим проявлениям. Характеризуются лихорадкой, общей интоксикацией, бактериемией, увеличением печени и селезенки, энтеритом и своеобразным поражением лимфатического аппарата кишечника. Относятся к кишечным антропонозам. Основным источником инфекции в последние годы являются хронические бактерионосители сальмонелл (см. также *Сальмонеллез*).

Э т и о л о г и я, п а т о г е н е з. Возбудителями заболевания являются несколько видов сальмонелл — Salmonella typhi, S. paratyphi A, S. schottmulleri. Возбудители чувствительны к левомицетину и ампициллину. Инфицирующая доза колеблется от 10 млн до 1 млрд микробных клеток. Внедрение возбудителя происходит в тонком кишечнике, где развивается специфический энтерит. Поражаются лимфатические образования тонкого кишечника и мезентериальные лимфатические узлы. С первых дней болезни можно выделить возбудителей из крови. При распаде сальмонелл выделяется эндотоксин, который обусловливает симптомы общей интоксикации и играет важную роль в генезе язв тонкого кишечника, лейкопении и может обусловить развитие инфекционно-токсического шока.

Симптомы, течение. Инкубационный период продолжается от 1 до 3 нед. При типичном течении болезнь начинается постепенно. Нарастают слабость, головная боль, симптомы интоксикации, с каждым днем повышается температура тела, достигая наибольших цифр к 7—9-му дню болезни. Стул обычно задержан, появляется метеоризм. При паратифе В в начальном периоде болезни могут быть симптомы острого гастроэнтерита. При паратифе А бывают симптомы катара дыхательных путей. В период разгара отмечаются заторможенность больных, головная боль, снижение аппетита, умеренно выраженный кашель. При обследовании выявляется типичная брюшнотифозная экзантема. Она представляет собой единичные розеолы диаметром 3—6 мм, возвышающиеся над уровнем кожи с четкими границами. Через 3—5 дней розеолы бесследно исчезают. Могут периодически появляться новые элементы сыпи. Отмечается относительная брадикардия; может быть дикротия пульса, АД понижено, тоны сердца приглушены. Над легкими выслушиваются рассеянные сухие хрипы. Язык сухой, покрыт плотным коричневатым налетом. Края и кончик языка свободны от налета, с отпечатками зубов. Живот вздут, отмечаются грубое урчание в слепой кишке и болезненность в правой подвздошной области. Печень и селезенка увеличены. На высоте болезни уменьшается число лейкоцитов в периферической крови, особенно нейтрофилов и эозинофилов. СОЭ нормальная или умеренно повышенная (до 20 мм/ч). В моче следы белка.

Наиболее грозные осложнения — перфорация кишечных язв и кишечное кровотечение. Возможны пневмония, инфекционный психоз, острый холецистит, реже другие осложнения. Перфорация кишечника возникает у 0,5—8 % больных обычно в период с 11-го по 25-й день болезни. В последние годы перфорация кишечника чаще возникает на фоне нормальной температуры и хорошего самочувствия больного, нередко при расширении двигательного режима. Она начинается внезапно с острых болей в животе, напряжения мышц, симптомов раздражения брюшины. Отмечаются свободный газ в брюшной полости, уменьшение размеров печеночной тупости. Эти начальные проявления перфорации могут уменьшиться, что обусловливает трудности в ранней диагностике, а в дальнейшем (если не сделана операция в первые 6 ч) развивается картина разлитого перитонита — рвота, нарастающий метеоризм, повышение температуры тела, тахикардия, нарастание симптомов раздражения брюшины,

появление жидкости в брюшной полости, лейкоцитоз. Кишечное кровотечение возможно в те же сроки, что и перфорация кишечной язвы. Определяется по появлению примеси измененной крови в испражнениях или по симптомам остро развивающегося внутреннего кровотечения. При ранней отмене антибиотиков частота рецидивов доходила до 20—30 %. Рецидивы иногда возникают через 1—2 мес после нормализации температуры тела. Хроническое бактерионосительство развивается у 3—5 % переболевших.

Клиническая диагностика в начальный период тифо-паратифозных заболеваний представляет трудности, особенно в легких и атипичных случаях. В этот период доказательством служит выделение или обнаружение возбудителей в крови (посевы на желчный бульон, обнаружение с помощью иммунофлюоресцентного метода). При типичной клинической картине диагностика нетрудна. В поздние периоды болезни можно использовать посевы испражнений и серологические методы (реакция Видаля, РНГА).

Лечение. Назначают левомицетин по 0,5—0,75 г 4 раза в сутки до 10—12-го дня нормальной температуры. При отсутствии эффекта, наличии противопоказаний (псориаз, экзема, микозы), непереносимости препарата назначают ампициллин внутрь по 1 г 4—6 раз в сутки до 10—12-го дня нормальной температуры. При тяжелых формах антибиотикотерапию сочетают с коротким курсом (5—7 дней) глюкокортикоидов (преднизолон по 30—40 мг/сут). Используется патогенетическая терапия (витамины, оксигенотерапия, вакцинотерапия). Постельный режим до 7—10-го дня нормальной температуры. При кишечном кровотечении больному необходимы абсолютный покой, холод на живот, викасол (1 мл 1 % раствора), аминокапроновая кислота (200 мл 5 % раствора). При перфорации кишечника — неотложное оперативное вмешательство. Лечение хронического бактерионосительства не разработано.

Прогноз при современных методах лечения благоприятный. При тяжелых формах и наличии осложнений (особенно перфорации кишечника) прогноз хуже. Трудоспособность восстанавливается через 1,5—2 мес от начала болезни.

Профилактика. Санитарный надзор за питанием и водоснабжением. Реконвалесцентов выписывают после троекратного отрицательного бактериологического исследования кала и мочи и однократного исследования желчи (порций В и С). Переболевшие стоят на учете санитарно-эпидемиологической станции в течение 2 лет (работники пищевых предприятий — 6 лет). Изоляция больных прекращается с 21-го дня нормальной температуры тела. По показаниям проводят специфическую иммунизацию. В очаге проводят заключительную дезинфекцию.

ТИФ СЫПНОЙ (сыпной тиф эпидемический, вшивый) — острое риккетсиозное заболевание, характеризующееся лихорадкой, общей интоксикацией, поражением сосудов и нервной системы. Возможны рецидивы заболевания спустя много лет (болезнь Брилла). Относится к трансмиссивным антропонозам, передается вшами.

Этиология, патогенез. Возбудитель — риккетсии Провацека; проникают в организм через мельчайшие повреждения кожи при расчесах, сопровождающихся втиранием в кожу инфицированных испражнений вшей; размножаются в эндотелии сосудов, вызывая васкулит, приводящий к нарушению кровообращения. Наиболее выраженные изменения отмечаются в мозге, надпочечниках, коже. При распаде риккетсии выделяется эндотоксин, обусловливающий общую интоксикацию.

Симптомы, течение. Инкубационный период длится 12—14 дней. Начало заболевания острое. Появляются головная боль, слабость, общая разбитость, озноб, общая гиперестезия, бессонница, возбуждение, повышается температура тела (до 39—40 °C). Кожа лица и шеи гиперемирована, сосуды конъюнктив расширены, могут быть мелкие кровоизлияния (пятна Киари — Авцына). Слизистая оболочка зева гиперемирована, на мягком небе могут быть точечные кровоизлияния. На 4—5-й день появляется сыпнотифозная экзантема. Сыпь обильная, полиморфная, состоит из розеол, первичных и вторичных петехий, исчезает спустя 6—7 дней. Отмечаются тахикардия, гипотензия, учащение дыхания. К 4—5-му дню увеличиваются печень и селезенка. При тяжелых формах может развиться сыпнотифозный энцефалит. Температура тела без антибиотикотерапии снижается укороченным лизисом к 8—12-му дню болезни, при назначении антибиотиков (тетрациклины, левомицетин) — нормализуется через 1—2 дня от начала лечения.

Осложнения: пневмония, тромбозы вен, отиты и др.

Для диагностики преобладающей сейчас болезни Брилла большое значение имеет указание на перенесенный в прошлом сыпной тиф. Для подтверждения диагноза используется РСК с риккетсиями Провацека и реакция агглютинации риккетсий. Антитела появляются на 2-й неделе болезни.

Лечение. Назначают тетрациклин по 0,3—0,4 г через 6 ч в течение 4—5 дней. Прогноз благоприятный.

Профилактика. Реконвалесцентов выписывают не ранее 12-го дня нормальной температуры. Наблюдение за контактировавшими лицами ведется в течение 25 дней при ежедневном измерении температуры. По эпидемиологическим показаниям проводят специфическую профилактику.

ТИФ СЫПНОЙ КЛЕЩЕВОЙ — острая инфекционная болезнь, характеризующаяся лихорадкой, общей интоксикацией, появлением первичного аффекта и макулопапулезной сыпи. Относится к зоонозам с природной очаговостью. Встречается в некоторых районах Сибири и Дальнего Востока. Передается клещами, характерна весенне-летняя сезонность.

Этиология, патогенез. Возбудитель — риккетсия — попадает в организм человека при присасывании клеща. На месте внедрения формируется первичный аффект. Гематогенно риккетсии проникают в эндотелий сосудов, вызывая эндоваскулит.

Симптомы, течение. Инкубационный период продолжается чаще 4—6 дней. Заболевание начинается остро. Появляются озноб, головная боль, слабость, боль в суставах и мышцах, уже в первые сутки температура тела повышается до 38—39 °C и выше, длительность лихорадки (без антибиотикотерапии) — до 15 дней. С первых дней на месте укуса можно обнаружить первичный аффект в виде небольшого участка некроза кожи, покрытого темно-коричневой корочкой и окруженного участком гиперемированной и инфильтрированной кожи. Диаметр первичного аффекта 3—4 см. Сыпь обильная, появляется на 4—5-й день болезни. Элементы сыпи состоят из папул и пятен диаметром до 1 см. Иногда сыпь сгущается в области крупных суставов. Отмечаются гиперемия лица и шеи, инъецирование сосудов склер, гиперемия слизистой оболочки зева. Может наблюдаться бронхит, реже пневмония. Язык сухой, обложен, печень и селезенка увеличены.

Для диагностики имеют значение эпидемиологические предпосылки (сезон, пребывание в эндемичной местности), обнаружение первичного эффекта и характерная клиническая картина. Для подтверждения диагноза используется РСК со специфическим антигеном.

Лечение. Назначают тетрациклин по 0,2—0,3 г через 6 ч в течение 4—5 дней.

Прогноз благоприятный.

Профилактика: борьба с клещами, использование защитной одежды и отпугивающих средств. Больные для окружающих не опасны.

ТОКСОПЛАЗМОЗ — паразитарное заболевание, характеризующееся хроническим течением, поражением нервной системы, лимфаденопатией, мезаденитом, частым поражением миокарда, мышц и глаз. Основным хозяином паразита являются кошки, выделяющие с испражнениями ооцисты, способные сохраняться в почве до года. Человек заражается при попадании ооцист в пищеварительный тракт. Другие животные опасности не представляют. От них можно заразиться лишь при употреблении сырого мяса (мясной фарш). Больной человек опасности для окружающих не представляет. При заражении во время беременности возможно внутриутробное инфицирование плода.

Этиология, патогенез. Возбудитель — токсоплазма — относится к простейшим. В организме человека и других промежуточных хозяев существует в виде трофозоитов, которые размножаются внутриклеточно. Эти формы очень нестойки во внешней среде, инактивируются под влиянием многих химиотерапевтических препаратов. Кроме того, в организме образуются цисты, представляющие собой скопление большого числа паразитов, окруженных плотной оболочкой. Цисты очень устойчивы и не погибают под воздействием химиотерапевтических препаратов. Ворота инфекции — органы пищеварения. Внедрение возбудителя происходит в тонком кишечнике; с током лимфы токсоплазмы попадают в регионарные лимфатические узлы, где возникают воспалительные изменения. Гематогенно токсоплазмы попадают в различные органы и ткани, где образуются цисты, сохраняющиеся в организме человека десятки лет и пожизненно. Происходит аллергизация организма и выработка антител. Инфекция чаще протекает в латентной форме, но при ослаблении защитных сил организма может наступить обострение болезни, а при резком угнетении иммунной системы (прием иммунодепрессантов, СПИД) может развиться генерализованная инфекция с тяжелым энцефалитом.

С и м п т о м ы , т е ч е н и е . Токсоплазмоз обычно начинается как первично-хроническое заболевание; от момента заражения до первых проявлений болезни может пройти много месяцев. Различают врожденный и приобретенный токсоплазмоз. Врожденный токсоплазмоз может развиться только при заражении женщины во время беременности. Чаще он проявляется в виде энцефалита и поражения глаз. Наличие токсоплазмозной инфицированности женщины до беременности не приводит к врожденному токсоплазмозу.

У большинства инфицированных токсоплазмоз протекает латентно без каких-либо клинических проявлений. Среди манифестных форм преобладают хронические (у 99 %) и очень редко наблюдается острый токсоплазмоз, протекающий чаще в виде энцефалита. Хроническая форма может длиться многие годы с периодическими обострениями и ремиссиями. Наиболее частые ее проявления — длительный субфебрилитет, генерализованная лимфаденопатия, миозит, мезаденит, увеличение печени, изменения ЭКГ, функциональные изменения со стороны ЦНС (у 50—90 % больных), реже отмечаются увеличение селезенки, хориоретиниты и увеиты, невынашивание беременности (у 10—20 % больных).

Для в ы я в л е н и я инфицированности используют внутрикожную пробу с токсоплазмином и серологические реакции (чаще РСК). Поскольку инфицировано около 20—30 % всего населения, положительные специфические реакции малоинформативны для диагностики. Отрицательные реакции (особенно внутрикожная аллергическая проба) позволяют исключить токсоплазмоз. Основное диагностическое значение принадлежит клиническим данным. Необходимо дифференцировать от других хронических заболеваний (ревматизм, хронический тонзиллит, бруцеллез и др.).

Л е ч е н и е . При острых формах токсоплазмоза основой является этиотропная терапия. Назначают хлоридин по 0,025 г 2—3 раза в сутки и сульфадимезин по 2—4 г в сутки в течение 5—7 дней. Обычно проводят 3 курса с интервалом 7—10 дней. При хронических формах этиотропная терапия малоэффективна. Применяют комплексное лечение, которое включает один (5—7 дней) курс этиотропного лечения (тетрациклины, делагил, метронидазол, хлоридин с сульфадимезином, бисептол и др.) в сочетании с неспецифической десенсибилизи-

рующей терапией (антигистаминные препараты, кортикостероиды), витаминами. Основное значение имеет вакцинотерапия (токсоплазминотерапия). Подбирают индивидуальную дозу (разведение токсоплазмина). Затем его вводят внутрикожно в нарастающей дозировке под контролем индивидуальной чувствительности. Беременные с положительными реакциями на токсоплазмоз, но без клинических проявлений болезни лечению не подлежат. Назначение химиотерапевтических препаратов (особенно хлоридина и сульфадимезина) в ранние сроки беременности (первые 3 мес) категорически противопоказано, так как они могут обусловить возникновение уродств.

П р о г н о з . При хроническом приобретенном токсоплазмозе один курс комплексной терапии приводит к стойкому выздоровлению 85 % больных; у 15 % через различные промежутки времени наступают рецидивы, требующие лечения. У отдельных больных могут быть резидуальные явления, снижающие трудоспособность (снижение зрения, поражение нервной системы). При острых формах прогноз серьезный.

П р о ф и л а к т и к а . Соблюдение гигиенических правил при содержании кошек, запрещение употребления (опробывания) сырого мясного фарша и мясных блюд без достаточной термической обработки.

ТУЛЯРЕМИЯ — острая инфекционная болезнь, характеризующаяся лихорадкой, общей интоксикацией, поражением лимфатического аппарата, кожи, слизистых оболочек, а при аэрогенном инфицировании — легких; относится к зоонозам с природной очаговостью. Распространена во многих районах СССР, источником инфекции служат многие грызуны.

Э т и о л о г и я , п а т о г е н е з . Возбудителем являются мелкие коккоподобные палочки, грамотрицательные, устойчивые во внешней среде. Туляремия отличается многообразием ворот инфекции. Различают следующие пути заражения: через кожу (контакт с инфицированными грызунами, трансмиссивная передача кровососущими насекомыми), через слизистые оболочки пищеварительных органов (употребление инфицированной воды и пищи) и респираторного тракта (вдыхание инфицированной пыли). Клинические формы болезни тесно связаны с воротами инфекции. При контактном и трансмиссивном инфицировании развиваются бубонные и кожно-бубонные формы болезни, при аспирационном — пневмонические, при алиментарном — кишечные и ангинозно-бубонные формы туляремии. При инфицировании через конъюнктиву возникает глазо-бубонная форма. После перенесенного заболевания развивается иммунитет.

С и м п т о м ы , т е ч е н и е . Инкубационный период продолжается от нескольких часов до 14 дней (чаще 3—7 дней). Болезнь начинается остро: появляется озноб, температура тела быстро повышается до 39—40 °C. Больные жалуются на сильную головную боль, слабость, боль в мышцах, бессонницу, может быть рвота. Кожа лица и шеи гиперемирована, сосуды склер инъецированы. У части больных с 3-го дня болезни появляется сыпь, нередко эритематозного характера. При бубонных формах характерно значительное увеличение регионарных лимфатических узлов, чаще шейных и подмышечных. При абдоминальных формах могут быть симптомы острого мезаденита. При туляремийных бубонах периаденит отсутствует, нагноение бубонов наблюдается редко и происходит в поздние сроки (в конце 3-й недели болезни). Продолжительность лихорадки колеблется от 5 до 30 сут (чаще 2—3 нед). В периоде реконвалесценции может сохраняться длительный субфебрилитет. Для глазо-бубонной формы, кроме типичного поражения лимфатического узла, характерен резко выраженный конъюнктивит с отеком век, язвами на конъюнктиве. Поражается обычно один глаз. Процесс длится до нескольких месяцев, зрение восстанавливается полностью. При ангинозно-бубонной форме, помимо типичных бубонов, характерен специфический тонзиллит. Он проявляется болью при глотании, некротическими изменениями миндалин, небных дужек, появлением на пораженных участках фибринозного налета, напоминающего дифтерийный. Язвы заживают очень медленно.

Для абдоминальной формы характерны боль в животе, метеоризм, задержка стула, при пальпации — болезненность в области мезентериальных лимфатических узлов. Легочная форма туляремии характеризуется длительной лихорадкой неправильного типа с повторным ознобом и обильным потом. Больные жалуются на боль в груди, кашель, вначале сухой, затем со слизисто-гнойной, а иногда и с кровянистой мокротой. Рентгенологически выявляется очаговая или лобарная инфильтрация легочной ткани. Пневмония характеризуется вялым затяжным течением (до 2 мес и более), рецидивированием.

Диагностика туляремии в первые дни болезни (до появления бубонов) представляет значительные трудности. При появлении бубонов диагностика облегчается. Необходимо дифференцировать от бубонной формы чумы, болезни от кошачьих царапин, содоку и гнойных лимфаденитов. Для подтверждения диагноза используют серологические реакции (реакция агглютинации, РНГА) и кожно-аллергические пробы с тулярином.

Лечение. Назначают стрептомицин в/м по 0,5 г 2 раза в сутки, тетрациклин по 0,4 г через 6 ч или левомицетин по 0,5 г через 6 ч. Антибиотикотерапию проводят до 5—7-го дня нормальной температуры. При затяжном течении используют убитую туляремийную вакцину (в дозе от 1 до 15 млн микробных тел с интервалами 3—5 дней, всего 6—10 сеансов). При появлении флюктуации бубонов показан разрез их и опорожнение от гноя.

Прогноз благоприятный.

Профилактика: борьба с грызунами, защита от них продуктов и воды. По эпидемиологическим показаниям — специфическая профилактика.

ХОЛЕРА — острая инфекционная болезнь. Характеризуется развитием водянистого поноса и рвоты, нарушениями водно-электролитного обмена, развитием гиповолемического шока, расстройством функции почек. Относится к особо опасным инфекциям.

Этиология, патогенез. Возбудитель — холерный вибрион двух разновидностей. Действием экзотоксина холерного вибриона на эпителий слизистой оболочки тонкой кишки обусловлена потеря жидкости организмом. Морфологических изменений эпителиальных клеток и подлежащих тканей стенки кишки не имеется.

Симптомы, течение. Инкубационный период продолжается от нескольких часов до 5 дней. Заболевание начинается остро: с появления поноса, к которому несколько позже присоединяется рвота. Стул становится все более частым, испражнения теряют каловый характер и запах, становятся водянистыми. Позывы на дефекацию императивные, больные не могут удержать испражнений. Выделения из кишечника по виду напоминают рисовый отвар или представляют собой жидкость, окрашенную желчью в желтый или зеленый цвет. Относительно часто в выделениях имеется примесь слизи и крови. Рвотные массы имеют тот же химический состав, что и выделения из кишечника. Это жидкость, окрашенная в желтый цвет, без кислого запаха. Потеря жидкости при рвоте и поносе быстро приводит к обезвоживанию организма, вследствие чего меняется внешний вид больного: черты лица заостряются, слизистые оболочки рта суховатые, голос становится хриплым, кожа теряет обычный тургор и легко собирается в складки, развивается цианоз кожи и слизистых оболочек. Появляются тахикардия, одышка, тоны сердца становятся приглушенными, снижается АД, уменьшается количество мочи. Часто возникают тонические судороги, болезненные судороги мышц конечностей. При пальпации живота определяется переливание жидкости по кишечнику, усиленное урчание, а в ряде случаев шум плеска жидкости. Пальпация безболезненна. Температура тела нормальная. При прогрессировании заболевания у больного развивается тяжелое состояние, которое характеризуется снижением температуры тела до 34—35,5 °C, крайней обезвоженностью (больные теряют 8—12 % массы тела), нарушениями гемодинамических показателей, одышкой. Окраска кожи у таких больных приобретает пепельный оттенок, голос отсутствует, глаза запавшие, склеры тусклые, взгляд немигающий. Живот втянут, стул и мочеиспускание отсутствуют. В крови за счет сгущения отмечаются высокий лейкоцитоз, увеличение содержания гемоглобина и эритроцитов, индекса гематокрита, увеличение относительной плотности плазмы.

Распознавание в очаге холеры при наличии характерных проявлений болезни трудности не представляет. Диагностика первых случаев холеры в местности, где она ранее не регистрировалась, всегда затруднительна и требует обязательного бактериологического подтверждения.

Лечение проводят в больнице, но в некоторых случаях по неотложным показаниям оно может быть начато на дому. Больным с крайней обезвоженностью и явлениями гиповолемического шока (падение АД, резчайшая тахикардия или отсутствие пальпаторно определяемого пульса, одышка, цианоз, отсутствие мочи) для возмещения потерянной жидкости и солей немедленно начинают струйное внутривенное введение теплого (38—40 °C) стерильного солевого раствора типа «Трисоль» (1000 мл стерильной апирогенной воды, 5 г хлорида натрия, 4 г гидрокарбоната натрия, 1 г хлорида калия). В ряде случаев при невозможности венепункции проводят венесекцию. В течение первого часа больным с явлениями гиповолемического шока вводят солевой раствор в количестве, равном 10 % массы тела (при массе больного 75 кг — 7,5 л раствора), а затем переходят на капельное введение раствора со скоростью 80—100 капель в 1 мин. Общий объем вводимого солевого раствора определяется количеством потерянной с испражнениями и рвотными массами жидкости (например, если за 2 ч после окончания струйного введения раствора больной потерял 3 л жидкости, ему необходимо ввести за этот же период такое же количество солевого раствора). При появлении пирогенной реакции на вводимый солевой раствор (озноб, повышение температуры тела) жидкость вводят более медленно и назначают через инфузионную систему в/в по 1—2 мл 2 % раствора промедола и 2,5 % раствора пипольфена или 1 % раствора димедрола. При более выраженных реакциях вводят в/в 30—60 мг преднизолона.

При прекращении рвоты больным назначают тетрациклин внутрь по 0,3 г 4 раза в сутки в течение 5 дней. Материал для бактериологического исследования берут до назначения тетрациклина. *Сердечные гликозиды, прессорные амины, плазму, кровь, коллоидные растворы применять для выведения больных из гиповолемического шока при холере не рекомендуется.*

П р о г н о з при своевременно начатом лечении больных холерой, в том числе с крайне тяжелым течением, благоприятный.

П р о ф и л а к т и к а. При подозрении на холеру больных немедленно госпитализируют. При выявлении подобных больных на дому, в гостинице, на транспорте врач до их госпитализации принимает меры к изоляции больных от окружающих лиц и немедленно сообщает о заболевании главному врачу своего учреждения. Главный врач ставит в известность о случившемся санитарно-эпидемиологическую станцию и отдел (городской, районный) здравоохранения. Одновременно составляют список лиц, соприкасавшихся с больным; после госпитализации больного их помещают в отделение для контактировавших. В помещении, где находился больной холерой, после его госпитализации проводят заключительную дезинфекцию.

ЧУМА (pestis) [1] — острая природно-очаговая инфекционная болезнь, вызываемая палочкой чумы — Yersinia pestis. Относится к особо опасным инфекциям. На земном шаре сохраняется ряд природных очагов, где чума постоянно

встречается у небольшого процента обитающих там грызунов. Эпидемии чумы среди людей часто были обусловлены миграцией крыс, заражающихся в природных очагах. От грызунов к человеку микробы передаются через блох, которые при массовой гибели животных меняют хозяина. Кроме того, возможен путь заражения при обработке охотниками шкур убитых зараженных животных. Принципиально иным является заражение от человека к человеку, осуществляемое воздушно-капельным путем. О спорадических случаях чумы сообщается в разных странах, в том числе в США.

Э т и о л о г и я, п а т о г е н е з. Возбудитель чумы устойчив к низким температурам, хорошо сохраняется в мокроте, но при температуре 55 °C погибает в течение 10—15 мин, а при кипячении — практически немедленно. Попадает в организм через кожу (при укусе блохи), слизистые оболочки дыхательных путей, пищеварительного тракта, конъюнктивы.

При укусе зараженных чумными бактериями блох у человека на месте укуса может возникнуть папула или пустула, наполненная геморрагическим содержимым (кожная форма). Затем процесс распространяется по лимфатическим сосудам без проявления лимфангита. Размножение бактерий в макрофагах лимфатических узлов приводит к их резкому увеличению, слиянию и образованию конгломерата (бубонная форма). Дальнейшая генерализация инфекции, которая не является строго обязательной, тем более в условиях современной антибактериальной терапии, может приводить к развитию септической формы, сопровождающейся поражением практически всех внутренних органов. Однако с эпидемиологических позиций важнейшую роль играют «отсевы» инфекции в легочную ткань с развитием легочной формы болезни. С момента развития чумной пневмонии больной человек сам становится источником заражения, но при этом от человека к человеку уже передается легочная форма болезни — крайне опасная, с очень быстрым течением.

С и м п т о м ы, т е ч е н и е. Бубонная форма чумы характеризуется появлением резко болезненных конгломератов, чаще всего паховых лимфатических узлов с одной стороны. Инкубационный период — 2—6 дней (реже 1—12 дней). В течение нескольких дней размеры конгломерата увеличиваются, кожа над ним может стать гиперемированной. Одновременно появляется увеличение и других групп лимфатических узлов — вторичные бубоны. Лимфатические узлы первичного очага подвергаются размягчению, при их пункции получают гнойное или геморрагическое содержимое, микроскопический анализ которого выявляет большое количество грамотрицательных с биполярным окрашиванием палочек. При отсутствии антибактериальной терапии нагноившиеся лимфатические узлы вскрываются. Затем происходит постепенное заживление свищей. Тяжесть состояния больных постепенно нарастает к 4—5-му дню, температура может быть повышенной, иногда сразу появляется высокая лихорадка, но в первое время состояние больных нередко остает-

---

[1] Статья написана акад. А. И. Воробьевым.

ся в целом удовлетворительным. Этим объясняется тот факт, что заболевший бубонной чумой человек может перелететь из одной части света в другую, считая себя здоровым.

Однако в любой момент бубонная форма чумы может вызвать генерализацию процесса и перейти во вторично-септическую или вторично-легочную форму. В этих случаях состояние больных очень быстро становится крайне тяжелым. Симптомы интоксикации нарастают по часам. Температура после сильнейшего озноба повышается до высоких фебрильных цифр. Отмечаются все признаки сепсиса: мышечные боли, резкая слабость, головная боль, головокружение, загруженность сознания, вплоть до его потери, иногда возбуждение (больной мечется в кровати), бессонница. С развитием пневмонии нарастает цианоз, появляется кашель с отделением пенистой кровянистой мокроты, содержащей огромное количество палочек чумы. Именно эта мокрота и становится источником заражений от человека к человеку с развитием теперь уже первичной легочной чумы.

Септическая и легочная формы чумы протекают, как и всякий тяжелый сепсис, с проявлениями синдрома диссеминированного внутрисосудистого свертывания: возможно появление мелких кровоизлияний на коже, возможны кровотечения из желудочно-кишечного тракта (рвота кровавыми массами, мелена), выраженная тахикардия, быстрое и требующее коррекции (допамина) падение артериального давления. Аускультативно — картина двусторонней очаговой пневмонии.

Клиническая картина первичной септической или первичной легочной формы принципиально не отличается от вторичных форм, но первичные формы нередко имеют более короткий инкубационный период — до нескольких часов.

Д и а г н о з. Важнейшую роль в диагностике в современных условиях играет эпидемиологический анамнез. Приезд из зон, эндемичных по чуме (Вьетнам, Бирма, Боливия, Эквадор, Туркмения, Каракалпакская АССР и др.), или с противочумных станций больного с описанными выше признаками бубонной формы или с признаками тяжелейшего — с геморрагиями и кровавой мокротой — пневмонии при выраженной лимфаденопатии является для врача первого контакта достаточно серьезным аргументом для принятия всех мер локализации предполагаемой чумы и точной ее диагностики. Надо особо подчеркнуть, что в условиях современной медикаментозной профилактики вероятность заболевания персонала, который какое-то время контактировал с кашляющим больным чумой, весьма мала. В настоящее время случаев первичной легочной чумы (т. е. случаев заражения от человека к человеку) среди медицинского персонала не наблюдается. Установление точного диагноза необходимо осуществлять с помощью бактериологических исследований. Материалом для него является пунктат нагноившегося лимфатического узла, мокрота, кровь больного, отделяемое свищей и язв.

Лабораторная диагностика осуществляется с помощью флюоресцентной специфической антисыворотки, которой окрашивают мазки отделяемого язв, пунктата лимфатических узлов, культуры, полученной на кровяном агаре.

Л е ч е н и е. При подозрении на чуму больной должен быть немедленно госпитализирован в бокс инфекционного стационара. Однако в отдельных ситуациях может оказаться более целесообразным осуществить госпитализацию (до установления точного диагноза) в том учреждении, где находится больной в момент предположения о наличии у него чумы. Лечебные мероприятия неотделимы от профилактики заражения персонала, который должен немедленно надеть 3-слойные марлевые маски, бахилы, платок из 2 слоев марли, полностью закрывающий волосы, и защитные очки для предупреждения попадания брызг мокроты на слизистую оболочку глаз. При возможности персонал надевает противочумный костюм. Весь персонал, контактировавший с больным, остается для дальнейшего оказания ему помощи. Специальный медицинский пост изолирует отсек, где находится больной и лечащий его персонал, от контакта с другими людьми. В изолированный отсек должны войти туалет и процедурный кабинет. Весь персонал немедленно получает профилактическое лечение антибиотиками (см. приложение 5), которое продолжается все дни, которые он проводит в изоляторе.

При бубонной форме чумы больному вводят в/м стрептомицин 3—4 раза в сутки (суточная доза по 3 г), тетрациклиновые антибиотики (вибромицин, морфоциклин) в/в по 4—6 г/сут. При интоксикации в/в вводят солевые растворы, гемодез. Падение артериального давления при бубонной форме само по себе должно расцениваться как признак генерализации процесса, признак сепсиса; при этом возникает необходимость проведения реанимационных мероприятий, введения допамина, установления постоянного катетера. При легочной и септической формах чумы дозу стрептомицина увеличивают до 4—5 г/сут, а тетрациклина — до 6 г. При формах, резистентных к стрептомицину, можно вводить левомицетина сукцинат до 6—8 г в/в. При улучшении состояния дозы антибиотиков уменьшают: стрептомицина — до 2 г/сут до нормализации температуры, но в течение не менее 3 дней, тетрациклинов — до 2 г/сут ежедневно внутрь, левомицетина — до 3 г/сут, суммарно 20—25 г. С большим успехом используется в лечении чумы и бисептол.

При легочной, септической форме, развитии геморрагий немедленно приступают к купированию синдрома диссеминированного внутрисосудистого свертывания: проводят плазмаферез (прерывистый плазмаферез в пластикатных мешках может быть осуществлен на любой центрифуге со специальным или воздушным охлаждением при емкости ее стаканов 0,5 л и более) в объеме удаляемой плазмы 1—1,5 л при замещении таким же количеством свежезамороженной плазмы. При наличии геморрагического синдрома ежесуточные введения свежезамороженной плазмы не должны быть менее

2 л. До купирования острейших проявлений сепсиса плазмаферез проводят ежедневно. Исчезновение признаков геморрагического синдрома, стабилизация артериального давления обычно при сепсисе являются основаниями для прекращения сеансов плазмафереза. Вместе с тем эффект плазмафереза в остром периоде болезни наблюдается практически немедленно: уменьшаются признаки интоксикации, снижается потребность в допамине для стабилизации артериального давления, стихают мышечные боли, уменьшается одышка.

В бригаде медицинского персонала, обеспечивающего лечение больного с легочной или септической формой чумы, должен быть специалист по интенсивной терапии.

П р о г н о з. В условиях современной терапии смертность при бубонной форме не превышает 5—10 %, но и при других формах процент выздоровлений достаточно высок, если лечение начато рано.

При подозрении на чуму об этом немедленно извещают санитарно-эпидемиологическую станцию района. Заполняет извещение врач, заподозривший инфекцию, а его пересылку обеспечивает главный врач учреждения, где обнаружен такой больной.

ЭНТЕРОВИРУСНЫЕ БОЛЕЗНИ — острые инфекционные болезни, вызываемые кишечными вирусами; нередко протекают с поражением мышц, ЦНС и кожных покровов. Встречаются в виде спорадических случаев и эпидемических вспышек. Передаются преимущественно воздушно-капельным путем.

Э т и о л о г и я, п а т о г е н е з. К энтеровирусам, помимо вирусов полиомиелита, относятся 23 типа вируса Коксаки А, 6 типов вируса Коксаки В, 32 типа вирусов ECHO и еще 4 энтеровируса человека (энтеровирусы 68—71). Все они могут вызывать заболевания. Энтеровирус 70 является возбудителем острого геморрагического конъюнктивита. Ворота инфекции — слизистые оболочки респираторного и пищеварительного тракта. В месте внедрения могут возникать воспалительные изменения. Вирусы быстро проникают в кровь, разносятся по всему организму, фиксируясь преимущественно в нервной системе, мышцах и эпителиальных клетках, вызывая их изменения.

С и м п т о м ы, т е ч е н и е. Инкубационный период продолжается от 2 до 10 дней (чаще 3—4 дня). Энтеровирусная инфекция обусловливает многообразные клинические проявления. Наиболее часты ОРЗ и «малая болезнь», серозный менингит, герпангина, эпидемическая миалгия, геморрагический конъюнктивит, реже наблюдаются миелиты с параличами, энцефалиты, перикардиты, миокардиты, инфекционные экзантемы, энтеровирусные диареи. Заболевание начинается остро.

Острое респираторное заболевание может быть вызвано любыми энтеровирусами, но преобладающий возбудитель — вирус Коксаки А-21.

«Малой болезнью» называют кратковременное легкое энтеровирусное заболевание без органной симптоматики и признаков ОРЗ.

Серозный энтеровирусный менингит начинается остро с повышения температуры (до 39—40 °C) и симптомов общей интоксикации. К концу 1-го дня или на 2-й день появляются четко выраженные менингеальные симптомы (сильная головная боль, ригидность затылочных мышц, симптомы Кернига и др.). Иногда наблюдается экзантема. Цереброспинальная жидкость прозрачная, цитоз около 200—300 в 1 мкл, нейтрофилов до 50 %, количество сахара и хлоридов нормальное.

Герпангина вызывается вирусами Коксаки. Заболевание начинается остро, температура тела повышается до 39—40 °C, однако общее состояние больных остается удовлетворительным. Лихорадка длится 3—5 дней. Боли в горле умеренные или отсутствуют. На гиперемированной слизистой оболочке зева появляются единичные (от 1 до 20) папулы, быстро превращающиеся в пузырьки диаметром около 5 мм. Вскоре на месте пузырьков возникают поверхностные изъязвления, покрытые сероватым налетом и окруженные узким венчиком гиперемированной слизистой оболочки. Отдельные язвочки могут сливаться. Они расположены обычно на передних дужках.

Эпидемическая миалгия (плевродиния, болезнь Борнхольма) также вызывается вирусами Коксаки. Заболевание начинается внезапно с озноба, повышения температуры (до 39—40 °C) и появления сильнейшей боли в мышцах живота или нижних отделах грудной клетки. Боль усиливается при движении, кашле. Приступы миалгии продолжаются 5—10 мин и повторяются через 50—60 мин, иногда продолжаются до 2 сут. Лихорадка длится 2—3 дня; может быть вторая волна лихорадки с повторением боли. Эту форму болезни необходимо дифференцировать от острых хирургических заболеваний. Для подтверждения диагноза используют выделение вируса и серологические реакции.

Л е ч е н и е. Проводят симптоматическую и патогенетическую терапию. При серозных менингитах назначают преднизолон (по 20—30 мг/сут) в течение 5—7 дней.

П р о г н о з благоприятный. Тяжело протекают энтеровирусные энцефаломиокардиты у новорожденных.

П р о ф и л а к т и к а: выявление и изоляция больных (сроком на 14 дней). В детских коллективах всем контактировавшим вводят нормальный человеческий иммуноглобулин (гамма-глобулин) по 0,3 мл/кг.

ЭНЦЕФАЛИТ КЛЕЩЕВОЙ — острая вирусная болезнь, характеризующаяся поражением серого вещества головного и спинного мозга. Резервуаром и источником инфекции являются дикие животные (преимущественно грызуны) и иксодовые клещи. Возможно инфицирование не только при присасывании клеща, но и при употреблении молока инфицированных коз.

Э т и о л о г и я, п а т о г е н е з. Возбудитель относится к арбовирусам. Ворота инфекции — кожные покровы (при присасывании клещей) или слизистая оболочка пищеварительного тракта (при алиментарном заражении). Вирус гематогенно проникает в ЦНС, вызывая наиболее выраженные изменения в нервных клетках передних рогов шейного отдела спинного мозга и в ядрах продолговатого мозга.

Симптомы, течение. Инкубационный период продолжается от 8 до 23 дней (чаще 7—14 дней). Заболевание начинается остро: появляются озноб, сильная головная боль, слабость. В первые дни отмечаются лишь общетоксические симптомы. Характерные изменения нервной системы возникают лишь с 3—4-го дня болезни. По характеру поражения нервной системы можно выделить следующие синдромы: менингеальный, полиомиелитический, полирадикулоневритический, а также проявления диффузного и очагового энцефалита. Легкие формы клещевого энцефалита могут протекать в виде кратковременных лихорадочных заболеваний без выраженных признаков поражения нервной системы. Среднетяжелые и тяжелые формы болезни протекают с преобладанием какоголибо синдрома. У отдельных больных (от 1 до 14 %) заболевание может перейти в хроническую форму. После перенесенного энцефалита могут остаться стойкие последствия в виде вялых параличей мышц шеи, плечевого пояса, кожевниковской эпилепсии. Для диагностики имеют значение эпидемиологические предпосылки (сезонность, присасывание клеща, пребывание в эндемичной местности), характерные поражения нервной системы. Для подтверждения диагноза используют серологические реакции (РСК, РНГА).

Лечение. Строгий постельный режим: при легких формах 7—10 дней, при среднетяжелых 2—3 нед, при тяжелых — значительно дольше. В первые 3 дня лечения вводят противоэнцефалитный гамма-глобулин по 3—6 мл в/м. Оксигенотерапия, витамины. При развитии энцефалита назначают преднизолон по 40—60 мг, мочегонные средства. В период реконвалесценции при наличии парезов и параличей проводят ортопедическое лечение.

Прогноз при современных методах лечения значительно улучшился. У отдельных больных может быть стойкое нарушение трудоспособности в результате остаточных явлений поражения нервной системы.

Профилактика. При присасывании клеща в неблагополучной по энцефалиту местности необходимо вводить противоэнцефалитный гамма-глобулин (взрослым 3 мл, детям 1,5—2 мл). По показаниям проводят профилактическую вакцинацию.

ЭШЕРИХИОЗЫ — болезни, обусловленные различными штаммами энтеропатогенных кишечных палочек. Протекают с преимущественным поражением кишечника. Источниками инфекций являются больные люди и здоровые бактерионосители, механизм передачи фекально-оральный. Чаще болеют дети.

Этиология, патогенез. Возбудитель — кишечная палочка, имеющая много антигенных вариантов. У детей заболевание чаще вызывают следующие 0-группы: 011, 055, 026, 086, 0119 и др. У взрослых в большинстве случаев возбудителем является эшерихия 0124.

Внедрение возбудителя происходит в тонкой кишке. Эндотоксин эшерихий оказывает энтеротропное действие и вызывает выраженное токсическое повреждение слизистой оболочки кишечника. Общее действие токсина проявляется падением АД, а иногда развитием инфекционного коллапса.

Симптомы, течение. Инкубационный период длится 3—6 дней (чаще 4—5 дней). Эшерихиозы могут протекать в следующих клинических формах: 1) кишечные заболевания детей; 2) кишечные заболевания взрослых; 3) сепсис. У детей кишечные формы эшерихиоза протекают в виде различной тяжести энтеритов и энтероколитов в сочетании с синдромом общей интоксикации. При легких формах температура тела субфебрильная, стул 3—5 раз в сутки, жидкий, иногда с примесью небольшого количества слизи. Среднетяжелая форма начинается остро, появляется рвота, повышается температура тела (38—39 °С), живот вздут, стул до 10—12 раз за сутки, жидкий со слизью. Тяжелые формы характеризуются резко выраженным токсикозом, стул до 20 раз в сутки, водянистый, пенистый с примесью слизи, иногда с прожилками крови. Температура тела повышается до 39—40 °С, аппетит отсутствует, ребенок беспокойный, кожные покровы бледные, АД понижено; отмечается похудание.

У взрослых заболевание, вызванное эшерихией 0124, напоминает по течению и клиническим симптомам острую дизентерию. Протекает чаще в стертой и легкой формах, реже (15—20 %) встречается среднетяжелая и тяжелая (3 %) формы. Тенезмы и ложные позывы бывают реже, чем при дизентерии. Стул жидкий с примесью слизи, у некоторых больных с кровью. При пальпации, кроме спазма и болезненности толстой кишки, отмечаются симптомы энтерита — болезненность в пупочной области, грубое урчание при пальпации слепой кишки.

Дифференцировать эшерихиозы от дизентерии и сальмонеллезных энтероколитов только на основании клинических данных довольно трудно.

Диагноз устанавливается на основании бактериологического исследования испражнений.

Лечение. При легких формах эшерихиозов у взрослых можно ограничиться патогенетической и симптоматической терапией. Из этиотропных препаратов используют преимущественно аминогликозиды. Назначают мономицин внутрь детям по 10 000—25 000 ЕД/сут (в 3—4 приема с интервалом 6—8 ч), взрослым — по 250 000 ЕД 4 раза в день. Курс лечения 5—7 дней. Используют также неомицин (по 2,5—5 мг/кг в сутки в течение 6—8 дней), канамицин и др. При выраженном токсикозе применяют инфузионную терапию.

Прогноз у взрослых и детей старше года благоприятный, наиболее тяжело заболевание протекает у детей первого полугодия жизни.

Профилактические мероприятия должны быть особенно строгими во всех лечебных детских учреждениях, где находятся дети первого года жизни (особенно первого полугодия). Мероприятия направлены на предупреждение заноса инфекции в эти учреждения, раннее выявление и изоляцию больных. С этой целью обследуют на эшерихиозы беременных перед родами, а также рожениц, родильниц и новорожденных, у которых можно заподозрить эшерихиозную инфекцию. При выявлении изолируют заболевших, обследуют персонал на носительство патогенных эшерихий. При эшерихиозах взрослых профилактику проводят так же, как при дизентерии.

ЯЩУР — острая вирусная болезнь, характеризующаяся лихорадкой, общей интоксикацией, афтозными поражениями слизистой оболочки рта, поражением кожи кистей рук. Относится к зоонозам.

Э т и о л о г и я, п а т о г е н е з. Возбудитель — мелкий вирус; хорошо сохраняется при высушивании и замораживании. По антигенным свойствам вирус ящура делится на 7 типов (А, О, С и др.), каждый из которых подразделяется на множество вариантов (подтипов). Ворота инфекции — слизистая оболочка полости рта или поврежденная кожа. В месте внедрения развивается первичная афта. Затем вирус гематогенно разносится по организму и фиксируется в эпителии слизистых оболочек (полость рта, язык, слизистая оболочка носа, уретры) и кожи кистей рук. Здесь образуются вторичные афты. Возникают общетоксические проявления.

С и м п т о м ы, т е ч е н и е. Инкубационный период — от 2 до 12 дней (чаще 3—8 дней). Заболевание начинается остро. Появляется озноб, боль в мышцах, температура тела повышается до 40 °C. Лихорадка длится 5—6 дней. Вскоре после начала болезни появляются симптомы поражения слизистых оболочек — жжение во рту, слюнотечение, покраснение глаз, болезненность при мочеиспускании. На резко гиперемированной слизистой оболочке полости рта появляется большое число мелких пузырьков, заполненных мутной желтоватой жидкостью. Через сутки на месте пузырьков образуются язвочки. Речь и глотание затруднены. Афты располагаются на слизистой оболочке полости рта (язык, десны, небо), носа, влагалища, уретры. Иногда поражается кожа, особенно в межпальцевых складках и около ногтей. Выздоровление наступает чаще через 10—15 дней. При диагностике нужно дифференцировать от афтозных стоматитов, герпангины и т. п. Для подтверждения диагноза используют выделение вируса и серологические реакции (РСК, РНГА).

Л е ч е н и е. Уход за полостью рта, орошение 0,25 % раствором новокаина. При поражении глаз их промывают 2 % раствором борной кислоты, закапывают 20 % раствор сульфацил-натрия. Пища полужидкая, нераздражающая. Перед приемом пищи больному дают 0,1 г анестезина. При выраженных афтозных поражениях иногда прибегают к кормлению через зонд.

П р о г н о з благоприятный.

П р о ф и л а к т и к а. Борьба с ящуром среди домашних животных. Запрещение употребления сырых молочных продуктов. Соблюдение мер предосторожности при уходе за больными животными.

ПРИЛОЖЕНИЯ К ТОМУ I

1. БОЛЕЗНИ ВИТАМИННОЙ НЕДОСТАТОЧНОСТИ

БОЛЕЗНИ ВИТАМИННОЙ НЕДОСТАТОЧ-НОСТИ (авитаминозы, гиповитаминозы и др.) — группа заболеваний, вызванных недостаточностью в организме одного или многих витаминов.

Витамины — незаменимые биологически активные вещества, выполняющие роль катализаторов различных ферментных систем или входящие в состав многих ферментов. Витамины необходимы для нормального обмена веществ, роста и обновления тканей, биохимического обеспечения всех функций организма.

Недостаточное поступление витаминов ведет к нарушению ферментативных реакций, гипо- и авитаминозу с соответствующей картиной заболевания. Значительный дефицит тех или иных витаминов в организме (авитаминоз) в настоящее время довольно редок. Значительно чаще встречается субнормальная обеспеченность витаминами, что не сопровождается яркой клинической картиной авитаминоза, но все же отрицательно сказывается на общем состоянии: ухудшается самочувствие, уменьшается сопротивляемость организма инфекционным заболеваниям, снижается работоспособность. Субнормальная обеспеченность витаминами, выявляемая специальными ферментными и радиоизотопными методами исследования, отражается на общем физическом развитии ребенка или подростка. Доказано, что рациональный пищевой рацион не во всех случаях обеспечивает должное поступление витаминов в организм человека; нередко это требует периодического дополнительного их введения в виде поливитаминных препаратов («Гексавит», «Ундевит» и др.).

Этиология, патогенез. Различают гиповитаминозы первичные (экзогенные, обусловленные дефицитом поступления витаминов в организм с пищей) и вторичные (эндогенные, связанные с нарушением всасывания витаминов в желудочно-кишечном тракте или их усвоением, избыточной потребностью в витаминах при лечении некоторыми антибиотиками). Способствуют возникновению витаминной недостаточности чрезмерно низкая или высокая температура окружающей среды, длительное физическое или нервно-психическое напряжение, заболевание эндокринных желез, некоторые профессиональные вредности и другие факторы. Особое значе-

ние имеют ограниченность рациона питания (при недостаточном содержании витаминов в продуктах, например консервах), некоторые гельминтозы (потребление большого количества витаминов гельминтами), беременность и период лактации у женщин (повышенная потребность в витаминах для плода и грудного ребенка). Полигиповитаминозы часто наблюдались в различных странах в период социальных и стихийных бедствий (войны, неурожаи), при нерациональном (несбалансированном) питании как групп людей (во время длительных походов, путешествий и т. д.), так и отдельных лиц (питание консервами, сушеными продуктами, длительное однообразное питание). В некоторых развивающихся странах болезни витаминной недостаточности все еще встречаются очень часто. Многие заболевания желудочно-кишечного тракта, сопровождающиеся синдромами недостаточности пищеварения и недостаточности всасывания, ведут к витаминной недостаточности.

Заболевания печени и нарушение проходимости внепеченочных желчных ходов (опухоль, закупорка камнем и др.), сопровождающиеся прекращением поступления желчи в кишечник, приводят к нарушению всасывания жирорастворимых витаминов. Кишечный дисбактериоз (при острых и хронических заболеваниях кишечника, длительном лечении антибиотиками) нарушает эндогенный синтез некоторых витаминов бактериальной флорой кишечника (особенно B_1, B_2, B_6 и РР). В детском возрасте (вследствие повышенной потребности растущего организма) и старческом возрасте (вследствие нарушения усвоения) витаминная недостаточность встречается чаще и имеет свои особенности. При тяжелых инфекционных заболеваниях повышается потребность в некоторых витаминах. Следует учитывать синергизм ряда витаминов, задерживающий развитие витаминной недостаточности (аскорбиновой кислоты с тиамином, фолиевой кислотой, тиамина — с рибофлавином и пиридоксином и др.), а также их антагонизм (токоферола с пиридоксином, никотиновой кислоты с тиамином, холином и т. д.).

Клинические проявления болезней витаминной недостаточности возникают постепенно, по мере расходования витаминов, депонированных в различных органах и тканях (запасы большинства витаминов, за исключением А и B_{12}, в организме невелики). Различают 3 стадии развития болезней витаминной недостаточности. Стадия I — прегиповитаминоз (субнормальная обеспеченность витаминами) — проявляется малоспецифическими общими изменениями некоторых функций внутренних органов, снижением тонуса, общей сопротивляемости организма, работоспособности. Наличие витаминной недостаточности на этой стадии подтверждается лишь специальными лабораторными исследованиями. Стадия II — гиповитаминоза — является следствием относительного дефицита витамина (витаминов). Характеризуется явными клиническими проявлениями, зависящими от преимущественного дефицита того или иного витамина; последнее подтверждается лабораторными исследованиями (определением содержания витамина в сыворотке крови, выделения его или продуктов метаболизма с мочой и др.). Стадия III — авитаминоза — крайняя степень витаминной недостаточности вследствие полного (или почти полного) отсутствия поступления витаминов в организм. Проявляется характерной яркой клинической картиной и значительным снижением содержания витаминов в организме (при лабораторных исследованиях).

Различают также моногипо- и моноавитаминоз, развивающийся при недостаточности в организме какого-то одного витамина, и полигипо- и поливитаминоз, развивающийся при недостаточности нескольких или многих витаминов. Следует особо отметить, что стертые эндогенные формы гиповитаминозов, особенно наблюдающиеся при хронических заболеваниях органов пищеварения и нарушениях процессов всасывания кишечной стенкой, встречаются достаточно часто и представляют известные трудности для ранней диагностики. Ниже рассмотрены наиболее часто встречающиеся болезни витаминной недостаточности.

Недостаточность витамина А (ксерофтальмия, недостаточность ретинола) возникает при недостатке витамина А и каротина в пище, нарушении его всасывания в кишечнике и синтеза витамина А из каротина в организме. Витамин А содержится во многих продуктах животного происхождения (сливочное масло, яичный желток, печень, особенно некоторых рыб и морских животных); в растительных пищевых продуктах содержится каротин, являющийся провитамином А, из которого в организме человека синтезируется этот витамин. Витамин А жирорастворимый. Суточная потребность для взрослого человека — 1,5 мг (5000 МЕ). Витамин способствует нормальному обмену веществ, росту и развитию организма, обеспечивает физиологические функции эпителия кожных покровов и слизистых оболочек, потовых, сальных и слезных желез, органа зрения.

К л и н и ч е с к а я к а р т и н а. Характерны гемералопия (ночная, или «куриная», слепота вследствие дистрофических изменений сетчатки и зрительных нервов), ксерофтальмия (сухость конъюнктивы, образование на ней белесоватых непрозрачных бляшек), кератомаляция (изъязвление роговицы), гиперкератоз (дистрофические изменения эпителия кожи, слизистых оболочек и кожных желез — сухость, шелуше-

ние и бледность кожи, ороговение волосяных фолликулов; атрофия потовых и сальных желез и др.), наклонность к гнойничковым заболеваниям кожи, инфекционным поражениям системы дыхания, мочеотделения, пищеварительного тракта, общее недомогание, слабость; у детей — задержка роста и развития, неврологические нарушения.

Д и а г н о з устанавливают на основании анамнестических данных и характерной клинической картины. При биохимическом исследовании сыворотки крови содержание ретинола при недостаточности витамина А ниже 100 мкг/л, каротина — ниже 200 мкг/л. Офтальмологическое исследование позволяет определить время темновой адаптации.

Л е ч е н и е. Полноценное питание с включением продуктов, богатых ретинолом и каротином, препараты ретинола в суточной дозе взрослому от 10 000 до 100 000 МЕ/сут в зависимости от степени тяжести витаминной недостаточности в течение 2—4 нед под тщательным врачебным контролем (большие дозы и бесконтрольное лечение могут вызвать гипервитаминоз А). При гемералопии, ксерофтальмии и пигментном ретините одновременно назначают рибофлавин.

П р о ф и л а к т и к а. Разнообразное питание с включением в пищу продуктов, богатых ретинолом и каротином; в условиях вынужденного однообразного питания — дополнительное назначение ретинола по 1—2 драже (3300—6600 МЕ).

Недостаточность витамина В₁ (тиамина). Гиповитаминоз и авитаминоз В₁ (бери-бери, алиментарный полиневрит) возникают при недостатке в пище этого витамина (преимущественное питание полированным рисом в странах Восточной и Юго-Восточной Азии), нарушение его всасывания в кишечнике и усвоения (при тяжелых поражениях кишечника, протекающих с нарушением всасывания, упорной рвоте, длительном поносе и т. д.). Предрасполагают к развитию заболевания беременность и лактация, тяжелый физический труд, лихорадочные заболевания, тиреотоксикоз, сахарный диабет. Суточная потребность взрослого человека в витамине В₁ составляет около 2 мг. Витамин В₁ входит в состав ряда ферментов, участвующих в углеводном обмене; в организме превращается в кокарбоксилазу, являющуюся простетической группой ферментов, участвующих в углеводном обмене. В развитии полной клинической картины авитаминоза В₁ имеет значение также сопутствующий дефицит других витаминов группы В.

К л и н и ч е с к а я к а р т и н а. Заболевание характеризуется распространенным поражением периферических нервов (полиневрит), сердечно-сосудистой системы и отеками. Первыми жалобами являются общая слабость, быстрая утомляемость, головная боль, одышка и сердцебиение при физической нагрузке. Затем присоединяются явления полиневрита: парестезии и понижение кожной чувствительности нижних конечностей, а позднее и других участков тела, ощущение тяжести и слабости в ногах, быстрая утомляемость при ходьбе, хромота. Икроножные мышцы становятся твердыми, болезненными при пальпации. Характерна походка больных бери-бери: они наступают на пятку и затем наружный край стопы, щадя пальцы. Далее угасают сухожильные рефлексы, возникают мышечные атрофии. Нарушение деятельности сердечно-сосудистой системы проявляется тахикардией, дистрофическими изменениями в сердечной мышце с недостаточностью кровообращения, понижением артериального давления, в основном диастолического. Наблюдаются также симптомы дистрофических поражений и нарушений функций органов пищеварительной системы, расстройства зрения, нарушения психики. Соответственно преобладающим симптомам, выделяют отечную форму (с более выраженными поражениями сердечно-сосудистой системы и отеками) и сухую (с преобладающим поражением нервной системы), а также острую, злокачественную «молниеносную» форму, часто заканчивающуюся смертью. Трудно распознать бери-бери у детей раннего детского возраста.

Диагноз устанавливают на основании данных анамнеза (характер питания, наличие заболеваний, способствующих проявлению тиаминной недостаточности), характерных изменений сердечно-сосудистой и нервной систем; диагноз подтверждается биохимическими исследованиями: доказательно снижение содержания тиамина в суточной моче ниже 100 мкг, в часовой (натощак) — ниже 10 мкг, содержание кокарбоксилазы в эритроцитах ниже 20—40 мкг/л. Характерно повышение содержания пировиноградной кислоты в плазме (выше 0,01 г/л) и повышенное выделение ее с мочой (более 25 мг/сут). В последнее время с этой целью используют также ряд более сложных современных методов.

Дифференциальный диагноз с инфекционными (при полиомиелите, дифтерии и др.) и токсическими полиневритами (отравление ртутью, метиловым спиртом, фосфором и т. д.) основывается на учете эпидемической обстановки, анамнеза заболевания, а также на результатах биохимических исследований обмена тиамина. Дифференциальный диагноз отечной формы бери-бери с миокардитами, миокардиодистрофиями облегчается наличием симптомов полиневрита.

Лечение в тяжелых и средней тяжести случаях стационарное. Режим постельный. Назначают витамин B_1 по 30—50 мг в/м или п/к с последующим переходом на прием внутрь; одновременно назначают никотиновую кислоту (25 мг), рибофлавин (10—20 мг), витамин B_6. Симптоматическая терапия: сердечно-сосудистые средства, диуретики, для повышения тонуса нервной системы — инъекции стрихнина (1:1000 по 1—1,5 мг). При эндогенной недостаточности витамина B_1, вызванной хроническими заболеваниями кишечника,— их лечение.

Профилактика. Полноценное, богатое витамином B_1 питание, своевременная диагностика и лечение заболеваний, при которых нарушается всасывание витамина B_1.

Недостаточность витамина B_2 (рибофлавина). Гипо- или арибофлавиноз возникает при недостатке витамина B_2 в пище, нарушении его всасывания в кишечнике, усвоения или при повышенном разрушении его в организме. Рибофлавин содержится во многих продуктах животного и растительного происхождения. Суточная потребность взрослого человека составляет 2—3 мг. В организме рибофлавин, взаимодействуя с АТФ, образует флавинмоно- и флавиндинуклеотиды, участвующие в регулировании окислительно-восстановительных процессов. При арибофлавинозе возникает клеточная гипоксия. Рибофлавин принимает участие в осуществлении зрительной функции глаза и синтезе гемоглобина. В патогенезе арибофлавиноза имеет значение и недостаток других витаминов группы В.

Клиническая картина. Характерны понижение аппетита, похудание, слабость, головная боль, нарушение сумеречного зрения, дистрофические изменения кожи и слизистых оболочек: ощущение жжения кожи, резь в глазах, появление конъюнктивита, ангулярного стоматита (трещин и мацерации эпителия и корочек в углах рта), афтозного стоматита, глоссита (язык ярко-красный, сухой), себорейного дерматита, особенно выраженного в области носогубных складок, на крыльях носа, ушах, сухого зудящего дерматита на кистях рук. При длительном течении наблюдаются нарушения нервной системы: парестезии, повышение сухожильных рефлексов, атаксия и др., а также гипохромная анемия. Течение хроническое, с обострениями в весенне-летние месяцы.

Диагноз основан на характерных клинических признаках, биохимических исследованиях (доказательно снижение содержания рибофлавина в суточной моче ниже 100 мкг, часовой моче — ниже 10 мкг, содержание в сыворотке крови — ниже 3 мкг/л, эритроцитах — ниже 100 мкг/л). Имеет значение снижение темновой адаптации. Дифференциальный диагноз проводят с пеллагрой, авитаминозом А, рассеянным склерозом. В сомнительных случаях наиболее доказательны результаты исследований содержания витаминов в крови и моче.

Лечение. Полноценное питание, рибофлавин внутрь по 10—30 мг в течение 2—4 нед. Одновременно назначают другие витамины группы В. При эндогенной недостаточности — лечение заболеваний кишечника, сопровождающихся нарушениями всасывания.

Недостаточность никотиновой кислоты (витаминов РР, B_3 и др.) обусловлена недостаточным поступлением этого витамина с пищей (например, при преимущественном питании кукурузой), недостаточным всасыванием его в кишечнике (различные заболевания желудка и тонкой кишки, сопровождающиеся синдромом недостаточности всасывания) или повышенной потребностью в нем (беременность, тяжелая физическая работа и т. д.). Тяжелая степень недостаточности никотиновой кислоты проявляется клиническими симптомами пеллагры, которая встречается в некоторых странах Африки и Азии. Никотиновая кислота и ее амид являются действенными антипеллагрическими средствами, участвуют в клеточном дыхании, являясь простетическими группами ферментов кодегидразы I и

II. При их дефиците в организме возникают значительные нарушения обмена веществ и функций многих органов, дистрофические и дегенеративные изменения в органах и тканях, наиболее выраженные в коже, нервной и пищеварительной системах. Обычно при пеллагре наблюдаются признаки дефицита других витаминов группы В, а также аминокислоты триптофана (содержащейся в полноценных белках). Во многих продуктах питания животного и растительного происхождения никотиновая кислота имеется в достаточном количестве. Суточная потребность взрослых в никотиновой кислоте и ее амиде составляет 20—25 мг.

К л и н и ч е с к а я   к а р т и н а обусловлена преимущественным поражением пищеварительной, нервной систем и кожи. Появляются потеря аппетита, сухость и жжение во рту, рвота, понос, чередующийся с запором, общая прогрессирующая слабость. Язык ярко-красный отечный с болезненными изъязвлениями, позднее — лаковый. Атрофические и эрозивные изменения обнаруживаются и в других отделах пищеварительного тракта, подавляется секреция пищеварительных желез, возникает ахилия. Поражение нервной системы проявляется общей раздражительностью, симптомами полиневрита, иногда признаками поражения спинного мозга (чаще заднебоковых столбов). В тяжелых случаях возникают судороги, атаксия, иногда развивается слабоумие. Поражение кожи проявляется пеллагрической эритемой, сопровождающейся кожным зудом, гиперпигментацией (преимущественно на открытых участках тела и конечностях), шелушением кожи, появлением фолликулярных папул. Нарушаются функции эндокринной системы, развивается гипопротеинемия.

Д и а г н о з основан на характерных клинических проявлениях заболевания, данных биохимических исследований: характерно содержание N_1-метилникотинамида в суточной моче ниже 4 мг, в часовой моче — ниже 0,3 мг; содержание никотиновой кислоты ниже 0,2 мг. Снижается содержание в крови и моче других витаминов группы В.

Л е ч е н и е в среднетяжелых и тяжелых случаях стационарное: полноценное дробное питание с постепенным увеличением калорийности, никотиновая кислота или никотинамид внутрь по 25—100 мг/сут в течение 2—3 нед в сочетании с другими витаминами группы В. При эндогенных формах — парентеральное введение никотиновой кислоты и ее амида.

П р о ф и л а к т и к а: разнообразное сбалансированное питание с достаточным содержанием в пищевом рационе продуктов, богатых никотиновой кислотой. При эндогенной форме — своевременная диагностика и лечение заболеваний кишечника, профилактическое введение никотиновой кислоты и ее амида; дополнительное введение витамина РР лицам с повышенной потребностью в нем.

Недостаточность витамина B₆ (пиридоксина). У взрослых наблюдается только эндогенная форма при подавлении бактериальной флоры кишечника (синтезирующей пиридоксин в доста-

точном для организма количестве) длительным приемом антибиотиков, сульфаниламидных и противотуберкулезных препаратов, особенно при одновременной повышенной потребности в этом витамине (значительные физические нагрузки, беременность и т. д.). Витамин B₆ в достаточном количестве содержится во многих продуктах растительного и животного происхождения, особенно в дрожжах. В организме он превращается в пиридоксаль-5-фосфат и входит в состав ферментов, участвующих в декарбоксилировании и переаминировании аминокислот, обмене гистамина, жировом обмене. Суточная потребность в пиридоксине для взрослых равна 2—2,5 мг. При недостаточности витамина B₆ возникают дистрофические изменения в клетках различных органов, особенно пищеварительной и нервной систем, кожи; у детей раннего возраста наблюдается задержка роста.

К л и н и ч е с к а я   к а р т и н а. Раздражительность либо заторможенность, бессонница, полиневриты верхних и нижних конечностей, парестезии, диспепсические расстройства, анорексия, стоматит, глоссит, себорейный и десквамативный дерматит лица, волосистой части головы, шеи, гипохромная анемия.

Д и а г н о з устанавливается на основании клинических симптомов и данных биохимических исследований (содержание Н-пиридоксиновой кислоты в суточной моче ниже 0,5 мг, часовой — ниже 30 мкг, содержание пиридоксина в цельной крови ниже 50 мкг/л). После приема 10 г триптофана выделение ксантуреновой кислоты превышает 50 мг.

Л е ч е н и е. Препараты пиридоксина 10—50—100 мг в день в течение 2—3 нед внутрь, при хронических заболеваниях желудочно-кишечного тракта — парентерально; устранение этиологических факторов.

П р о ф и л а к т и к а. При длительном лечении антибиотиками, сульфаниламидами и противотуберкулезными препаратами, а также при состояниях, сопровождающихся повышенной потребностью в пиридоксине (беременность, резко повышенная физическая нагрузка и т. д.),— профилактическое назначение пиридоксина.

Недостаточность витамина B₁₂ см. *Анемии (пернициозная анемия).*

Недостаточность витамина C (недостаточность аскорбиновой кислоты, скорбут, цинга и др.). Витамин C играет большую роль в окислительно-восстановительных процессах, углеводном обмене, синтезе коллагена и проколлагена, нормализации проницаемости сосудов.

К л и н и ч е с к а я   к а р т и н а. Заболевание характеризуется общей слабостью, повышенной ломкостью капилляров с образованием петехий, кровотечений из десен, геморрагических выпотов в суставы и плевру, дистрофическими изменениями слизистых оболочек, анемизацией, нарушениями нервной системы.

Л е ч е н и е. Аскорбиновая кислота и препараты, содержащие витамин C (настой, сироп из плодов шиповника, чай витаминный).

П р о ф и л а к т и к а. Полноценное сбалансированное питание, содержащее достаточное количество овощей, ягод, фруктов; профилактический прием аскорбиновой кислоты в условиях возможного возникновения ее недостаточности (в длительных походах с преимущественным питанием консервированными и высушенными продуктами, женщинам в период беременности и лактации и т. д.); правильное приготовление пищи, предотвращающее значительные потери аскорбиновой кислоты при кулинарной обработке продуктов.

Недостаточность витамина D. Наибольшее значение имеет недостаточность витаминов D_2 (эргокальциферола) и D_3 (холекальциферола). Основное количество витамина D образуется в коже при действии на нее света (ультрафиолетовых лучей), меньшая часть поступает с продуктами питания. Витамин D жирорастворимый, содержится в небольших количествах в сливочном масле, молоке, яичном желтке; особенно высокое содержание его отмечается в печени и жировой ткани трески, некоторых других рыб и морских животных. В организме участвует в регуляции кальциевого и фосфорного обмена. При недостатке в пище продуктов, содержащих витамин D, а также недостаточном действии солнечных лучей на кожу возникает клиническая картина дефицита этого витамина. Дополнительные факторы: недоношенность ребенка, сдвиг кислотно-щелочного состояния в сторону ацидоза (в частности, при некоторых инфекционных заболеваниях). Суточная потребность взрослого человека в витамине D составляет 100 МЕ, ребенка — 500—1000 МЕ.

К л и н и ч е с к а я к а р т и н а. Симптомы у детей — см. *Рахит*, у взрослых — немотивированная слабость, утомляемость, деминерализация зубов с быстрым прогрессированием кариеса (особенно у беременных женщин), остеопороз, боль в области костей, в мышцах, парестезии.

Для д и а г н о з а у взрослых основное значение имеют данные биохимических лабораторных исследований (снижение содержания неорганического фосфора в крови ниже 30 мг/л; холекальциферола в 100 мл сыворотки ниже 70 мл; повышение активности щелочной фосфатазы).

Л е ч е н и е. Препараты витаминов D_2 и D_3 в комбинации с препаратами кальция и ультрафиолетовым облучением. В дальнейшем — диспансерное наблюдение и повторные курсы лечения (передозировка витамина D может вызвать интоксикацию). При недостаточности витамина D у взрослых, вызванной заболеваниями пищеварительного тракта и нарушением желчеотделения, помимо назначения препаратов витамина D, проводят лечение основного заболевания.

Недостаточность витамина K встречается у взрослых редко. Обусловлена прекращением поступления в кишечник желчи, необходимой для всасывания филохинонов (при обтурации и сдавлении желчных путей), а также хроническими заболеваниями кишечника, сопровождающимися синдромом недостаточности всасывания (см.). Наблюдается также при передозировке дикумарина. Витамин K поступает в организм с пищей и частично образуется микрофлорой кишечника.

К л и н и ч е с к а я к а р т и н а: геморрагический синдром (кровотечения из носа, десен, желудочно-кишечные, внутрикожные и подкожные кровоизлияния).

Д и а г н о з подтверждается данными клинического наблюдения (заболевания, способствующие возникновению недостаточности витамина K), а также лабораторного биохимического исследования: характерны гипопротромбинемия ниже 30—35 %, дефицит проконвертина, а также IX и X факторов).

Л е ч е н и е проводят в стационаре витамином K (викасолом) под контролем уровня протромбина и коагулограммы.

Гипополивитаминозы, **полиавитаминозы** встречаются чаще, чем изолированная относительная или полная недостаточность одного из витаминов. В патогенезе гиповитаминозов и полиавитаминозов следует учитывать взаимное влияние некоторых витаминов, их синергизм и антагонизм.

К л и н и ч е с к а я к а р т и н а полиморфна, но в основном проявляется симптомами недостаточности тех витаминов, поступление которых в организм и утилизация наиболее нарушены. Особенно часты слабость, снижение памяти, трудоспособности, нарушения сна, понижение аппетита, одышка при обычной физической нагрузке.

Л е ч е н и е. Проводят лечение основного заболевания, ведущего к синдрому нарушения всасывания; назначают витаминные препараты, парентеральное введение витамина.

П р о ф и л а к т и к а: своевременная диагностика и лечение заболеваний желудочно-кишечного тракта, при которых нарушается всасывание пищевых веществ и витаминов; включение витаминотерапии в курс лечения хронических заболеваний пищеварительного тракта.

2. ПОРАЖЕНИЕ ВНУТРЕННИХ ОРГАНОВ ПРИ АЛКОГОЛИЗМЕ

СЕРДЕЧНО-СОСУДИСТАЯ СИСТЕМА. Поражение сердечно-сосудистой системы — наиболее частая причина обращения больных алкоголизмом к врачу-терапевту. Клинически распознаваемая патология сердца встречается у 50 % больных алкоголизмом; кардиальная патология является причиной смерти 15 % больных алкоголизмом; у 10 % больных, особенно молодого возраста, алкогольное поражение сердца является причиной внезапной смерти.

Основными клиническими формами сердечно-сосудистых нарушений при алкоголизме являются *алкогольная артериальная гипертензия и алкогольная кардиомиопатия.*

Алкогольная гипертензия. В патогенезе ведущую роль играет нарушение регуляции сосудистого тонуса, обусловленное токсическим влиянием этанола на различные отделы нервной системы, адренергическое действие алкоголя и вызываемые им симпатико-тонические реакции. Определенная роль принадлежит преходящей гиперфункции коры и мозгового слоя надпочечников с повышением уровня гормонов, наблюдаемой у больных алкоголизмом I и II стадии в ближайшие после алкогольных эксцессов дни. Указанные факторы являются причиной повторных вазоспастических реакций преимущественно мелких артерий и повышения периферического сопротивления. Выявляемая не столь уж редко у больных алкоголизмом токсическая алкогольная нефропатия с поражением гломерулярного аппарата также может осложняться синдромом артериальной гипертензии.

Артериальная гипертензия с умеренным повышением давления до 180—160/110—90 мм рт. ст. выявляется обычно у больных алкоголизмом I и особенно II стадии в ближайшие после алкогольных эксцессов дни, чаще в 1—5-е сутки. Объективное обследование, помимо артериальной гипертензии, выявляет почти постоянно тахикардию до 100—110 в 1 мин в покое, гиперемию лица, гипергидроз, тремор рук, языка, век, нарушение координационных проб. На глазном дне — расширение вен и иногда незначительное сужение артерий. Границы сердечной тупости чаще всего не расширены, усиления верхушечного толчка нет.

Подобная алкогольная гипертензия носит нестойкий характер; при условии воздержания и под влиянием седативной терапии артериальное давление обычно в течение 5—10 дней нормализуется. Одновременно или через 3—5 дней после нормализации артериального давления исчезают вегетативные расстройства, характерные для раннего периода абстиненции.

Особенно характерно повышение артериального давления, иногда весьма значительное (200—220/110—130 мм рт. ст.) в пределириозном периоде. Сочетание высокой артериальной гипертензии с жалобами на головную боль, чувство тяжести в голове, нарушение сна, мелькание мушек перед глазами, тошноту служит основанием для ошибочной диагностики гипертонического криза. Вегетативные расстройства (гиперемия лица, тремор, гипергидроз, тахикардия), характерные, помимо всего прочего, для пределириозного состояния, и нередкие нарушения настроения, напоминающие таковые при гипертоническом кризе, также способствуют неправильной оценке синдрома артериальной гипертензии. В подобных случаях развернутая картина острого алкогольного делирия (белой горячки) с устрашающими галлюцинациями, психомоторным возбуждением развивается у больного в терапевтическом отделении, не приспособленном и не имеющем достаточного персонала для наблюдения за беспокойными больными.

Выявление алкогольной этиологии артериальной гипертензии требует от врача определенной наркологической настороженности, направленного проведения обследования и особенно расспроса больного. Диагноз устанавливают на основании сочетания характерных для раннего периода абстиненции вегетативных расстройств с артериальной гипертензией, не сопровождающейся признаками существенной гипертрофии левого желудочка сердца. Следует также правильно оценивать достаточно типичный внешний вид лиц, злоупотребляющих алкоголем, и наличие у них других косвенных признаков алкоголизма («печеночные» ладони, увеличенная печень без указаний на желтуху в прошлом, обложенный серым налетом язык в первые после запоя дни и др.). Нормализация артериального давления в ближайшие дни параллельно исчезновению вегетативных знаков раннего периода абстиненции под влиянием воздержания или в сочетании с терапией седативными средствами группы бензодиазепина (седуксен, тазепам, радедорм) подтверждает алкогольную этиологию артериальной гипертензии. Основным лечебным и профилактическим мероприятием является полный отказ от приема любых алкогольных напитков.

Имеется четкая зависимость степени повышения АД от тяжести течения синдрома отмены (абстинентного). Длительное злоупотребление алкоголем постоянно создает краткие эпизоды отмены, что ведет к стойкой артериальной гипертензии с последующей гипертрофией левого желудочка сердца, изменениям глазного дна. Для этого типа артериальной гипертензии характерна связь кризоподобных обострений с предыдущими алкогольными эксцессами.

Алкогольная кардиомиопатия. Поражение сердца, обусловленное злоупотреблением алкоголем, — наиболее частая среди других алкогольных висцеропатий патология, наблюдаемая в терапевтической клинике.

Алкогольная кардиомиопатия относится к первичным кардиомиопатиям известной этиологии. Основным в патогенезе алкогольной кардиомиопатии является прямое токсическое воздействие этанола на миокард в сочетании с характерными для алкоголизма изменениями нервной регуляции и микроциркуляции. Возникающие при этом нарушения метаболизма ведут к очаговой или диффузной дистрофии миокарда, которая может проявляться соответствующими изменениями электрокардиограммы, различными нарушениями ритма сердца, симптомами сердечной недостаточности. Следует подчеркнуть, что алкогольное поражение сердца имеет достаточно четкую стадийность развития клинических проявлений болезни.

Патологоанатомическое исследование алкогольного сердца выявляет увеличение его размеров с неравномерной гипертрофией стенок желудочков, утолщение отдельных участков эндокарда по типу фиброэластоза, интерстициальный и периваскулярный фиброз, необильную клеточную инфильтрацию, характерную для хронического воспаления, дистрофические и атрофические изменения мышечных волокон с вакуолизацией, исчезновением поперечной исчерченности и пикнозом ядер.

При гистохимических исследованиях отмечается скопление нейтральных липидов в мышечных волокнах; содержание дегидрогеназ и оксидаз уменьшено. Электронная микроскопия выявляет дегенеративные изменения митохондрий мышечных волокон.

Разнообразные *болевые ощущения в области сердца* — частая жалоба больных алкоголизмом и одно из основных субъективных проявлений алкогольной кардиомиопатии. Боль обычно появляется на следующий день после алкогольного эксцесса, а чаще после нескольких дней злоупотребления алкоголем, на выходе больного из запоя. Боль при этом локализуется в области соска, верхушки сердца, иногда захватывает всю предсердечную область. Обычно боль появляется постепенно, исподволь, бывает ноющей, тянущей, колющей; иногда больные жалуются на ощущения жжения в этой области. Появление боли не связано с физической нагрузкой. Боль лишена характерной для стенокардии приступообразности, т. е. четкости появления и исчезновения, почти никогда не располагается за грудиной и не носит характер сжимающей, сдавливающей. В отличие от стенокардии нитроглицерин не купирует боль, которая может длиться часами и сутками и обычно сочетается с жалобами больного на чувство нехватки воздуха, неполноты и неудовлетворенности вдохом, сердцебиение, похолодание конечностей. Таким образом, расспрос позволяет уточнить характер болевого синдрома, исключить его ангинозный характер (стенокардию, инфаркт миокарда) и отнести боль к разряду кардиалгий.

Больной часто суетлив, многословно излагает разнообразные жалобы, что существенно отличается от скупых описаний коронарным больным приступа стенокардии. Лицо обычно гиперемировано, кожа лица, туловища, конечностей влажная. Характерны крупный тремор рук, иногда ознобоподобный гиперкинез.

Кардиалгия как основное проявление алкогольного поражения сердца чаще встречается при I стадии алкоголизма и на этапе бытового пьянства. Хотя вся симптоматика носит функциональный характер, эхокардиографическое исследование выявляет у этих больных начальные признаки гипертрофии желудочков сердца. Подобные начальные изменения сердца следует отнести к I стадии алкогольной кардиомиопатии. Прекращение пьянства на этой стадии ведет к полному выздоровлению.

Болевые ощущения при алкогольной кардиопатии обычно сочетаются с *изменениями электрокардиограммы* — важнейшим диагностическим критерием заболевания. Изменения электрокардиограммы при алкогольной кардиомиопатии касаются как предсердного, так и желудочкового комплекса. Кроме того, электрокардиографическое исследование позволяет уточнить характер нарушения ритма и является единственным методом обнаружения нарушения проводимости.

Изменения предсердного комплекса чаще всего заключаются в появлении расширенных расщепленных зубцов $P_{I, II}$ или высоких $P_{II, III}$ типа P — pulmonale, т. е. изменения предсердного комплекса аналогичны наблюдаемым при перегрузке левого или правого предсердия. Последний вариант изменений должен оцениваться с учетом нередкого наличия у больных хроническим алкоголизмом легочной патологии (хронического бронхита, эмфиземы легких, пневмосклероза). В то же время возможность повышения предсердного давления при воздействии алкоголя подтверждается как данными поликардиографического исследования, так и результатами прямой катетеризации сердца.

Для алкогольной кардиомиопатии особенно характерны изменения конечной части желудочкового комплекса, сегмента ST, и зубца T в виде депрессии сегмента ST ниже изолинии, появления патологического высокого, двухфазного, изоэлектрического или отрицательного зубца T. Изменения электрокардиограммы, касающиеся предсердного комплекса и высоты зубца T, очень изменчивы и нередко регистрируются только в первые дни, а иногда в первые сутки после алкогольных эксцессов. Высокий зубец T в грудных отведениях — обычно наименее стойкий электрокардиографический признак, высота зубца обычно соответствует величине синусовой тахикардии и нормализуется вместе с исчезновением последней. Депрессия сегмента ST и отрицательный зубец T сохраняются дольше, иногда в течение нескольких недель или месяцев.

Изменения электрокардиограммы требуют очень осторожной оценки, так как аналогичные электрокардиографические сдвиги наблюдаются при ишемической (коронарной) болезни сердца. Формулировка электрокардиографического заключения должна производиться с учетом клинической картины болезни, иногда заключение может быть дано только после повторного электрокардиографического исследования в динамике.

Однако достаточно яркая картина алкогольной кардиопатии с соответствующими вегетативными расстройствами, анамнестические данные, отсутствие клиники коронарной болезни с приступами стенокардии позволяют правильно распознавать характер патологии сердца.

Алкогольная кардиомиопатия может проявляться *острыми нарушениями ритма, пароксизмами мерцания предсердий или тахикардии.* Пароксизмы аритмии развиваются всегда после алкогольных эксцессов, при этом приступы нарушений ритма нередко повторяются неоднократно. Связь аритмии со злоупотреблением алкоголем обычно четко прослеживается и самими больными. В генезе пароксизмальных нарушений ритма при алкогольной кардиопатии, помимо токсического воздействия этанола на миокард, следует учитывать симпатико-тоническое действие алкоголя.

Пароксизмы аритмии у этих больных требуют проведения прежде всего дезинтоксикационной терапии, так как обычно после выведения метаболитов этанола восстанавливается правильный ритм сердца и только у части больных возникает необходимость активной антиаритмической терапии. Иногда пароксизмы мерцания сопровождаются острой левожелудочковой недостаточностью с типичной клинической картиной сердечной астмы. У некоторых больных алкогольная кардиомиопатия осложняется постоянной формой мерцания предсердий.

Следует подчеркнуть, что выявление нарушений ритма, особенно у молодых мужчин при отсутствии иной патологии сердца (порок, тиреотоксическая дистрофия, постинфарктный кардиосклероз), требует включения в дифференциально-диагностический ряд алкогольной кардиомиопатии. Целенаправленный расспрос в этих случаях позволяет уточнить связь нарушения ритма со злоупотреблением алкоголем.

Больных с преходящими изменениями ЭКГ, быстрым в течение 5—7 дней восстановлением нормального ее рисунка и с пароксизмами нарушений ритма без выраженных признаков сердечной недостаточности заболевание можно отнести ко II стадии алкогольной кардиомиопатии. Прекращение пьянства и на этой стадии болезни ведет к практическому выздоровлению.

Дистрофия миокарда и кардиосклероз, развивающиеся при алкогольной кардиомиопатии и составляющие ее морфологическую основу, могут сопровождаться нарушением сократительной способности миокарда и появлением симптомов *сердечной недостаточности.* Более того, исследование гемодинамических показателей у лиц, страдающих хроническим алкоголизмом без явных симптомов поражения сердца, выявляет достоверное уменьшение минутного объема сердца, повышение конечного диастолического давления в левом желудочке, снижение сократительной функции миокарда. Эти данные позволяют говорить о доклинических нарушениях сердечной деятельности при хроническом алкоголизме.

Ранними проявлениями сердечной недостаточности при алкогольной кардиомиопатии служат стойкая тахикардия и одышка при физической нагрузке, не соответствующая возрасту больного и не объяснимая легочной патологией. О вероятной алкогольной кардиомиопатии и начальной сердечной недостаточности следует думать уже в тех случаях, когда после 7—10-дневного воздержания у больного сохраняется тахикардия свыше 90—100 в 1 мин. Если при этом небольшая физическая нагрузка вызывает появление заметной одышки, то наличие сердечной недостаточности становится очевидным.

Раннее выявление алкогольной кардиомиопатии, осложненной сердечной недостаточностью, имеет очень важное значение, так как на первых этапах простое длительное воздержание, отказ от пьянства ведет к улучшению сократительной функции сердца. Однако чаще в этих случаях приходится прибегать к применению сердечных гликозидов, которые обычно дают хороший компенсирующий эффект. У больных с сердечной недостаточностью при алкогольной кардиомиопатии, как правило, выявляются стойкие изменения ЭКГ и нередко постоянная форма мерцания предсердий. У подобных больных можно диагностировать III стадию алкогольной кардиомиопатии.

Продолжающееся пьянство, как правило, ведет к постепенному нарастанию сердечной недостаточности, усилению одышки при физической нагрузке, появлению одышки в покое и приступов удушья, стойкой тахикардии, развитию отеков, а иногда и водянки полостей. Размеры сердца увеличиваются, появляется ритм галопа, нередко из-за дилатации сердца и относительной недостаточности митрального клапана на верхушке сердца выслушивается

систолический шум. При сердечной недостаточности обычно пульсовое давление снижается в основном за счет повышения диастолического давления. При рентгенологическом исследовании выявляют увеличение желудочков сердца, расширение сосудистых теней корней легкого, сердце рентгенологически нередко принимает шарообразную форму. Больные в этот период имеют типичный вид тяжелых декомпенсированных больных с отеками, нередко асцитом, синюхой, принимают вынужденное возвышенное положение. Подобным больным необходима энергичная кардиотоническая и диуретическая терапия по всем правилам лечения больных с тяжелой сердечной недостаточностью при обязательном условии категорического отказа от приема любых доз алкоголя. Следует учитывать, что у этих больных чувствительность к сердечным гликозидам нередко повышена, а терапевтический диапазон последних соответственно сужен. Из диуретических средств следует применять препараты с минимальным калийурезом. Наличие белкового дефицита и гиповитаминоза В требует назначения в комплексной терапии анаболических гормонов, витаминов группы В. Эти больные с дистрофической, по существу застойной сердечной недостаточностью находятся в IV стадии алкогольной кардиомиопатии.

ОРГАНЫ ДЫХАНИЯ. Специфическое алкогольное поражение органов дыхания, дыхательных путей и легочной ткани проявляется трахеобронхитом, развитием пневмосклероза и эмфиземы легких. Поражение бронхолегочной системы обусловлено непосредственным токсическим влиянием выделяющегося через дыхательные пути алкоголя и продуктов его распада на эпителий бронхов и альвеолярную стенку, а также сопутствующими хроническому алкоголизму нарушениями сосудистой проницаемости и сосудистого тонуса. Поражение легких у алкоголиков встречается в 3—4 раза чаще, чем у людей, не злоупотребляющих алкоголем. Кроме того, токсический алкогольный трахеобронхит способствует вторичной микробной и вирусной инфекции дыхательных путей и легких.

Патоморфологическое исследование легких при хронической алкогольной интоксикации обнаруживает утолщение и склероз стенки сосудов, периваскулярную клеточную инфильтрацию с разрастанием соединительной ткани. Весьма характерно переполнение кровью капилляров и мелких вен, нередко сочетающееся с кровоизлиянием в паренхиму легких, слизистую оболочку бронхов и трахеи, висцеральную плевру. Сосудистые нарушения неизменно сочетаются со склеротическими процессами в интерстициальной ткани легких и атрофией легочной паренхимы. Параллельно развивается токсический алкогольный трахеобронхит, для которого характерно повреждение эпителия слизистой оболочки бронхов с атрофическими и деструктивными процессами, вовлечением перибронхиальной ткани.

Наиболее частая жалоба больных с алкогольным поражением органов дыхания — *кашель;* особенно мучителен утренний кашель после алкогольных эксцессов накануне. Кашель чаще сопровождается выделением скудной, довольно вязкой мокроты. Нередко кашель сочетается с экспираторной одышкой, усиливающейся при физической нагрузке. Присоединение одышки свидетельствует о развитии дыхательной недостаточности, обусловленной нарушением бронхиальной проходимости, эмфиземой легких и пневмосклерозом.

При объективном исследовании больных обнаруживаются *характерные для хронических неспецифических заболеваний легких симптомы*: цилиндрическая или бочкообразная грудная клетка, коробочный перкуторный звук над легкими, жесткое дыхание с удлиненным выдохом, рассеянные сухие хрипы. Бронхит у алкоголиков обычно сочетается с хроническими атрофическими фарингитом и ларингитом, что обусловливает характерную охриплость голоса.

Указанная совокупность симптомов у больных с изменениями психики, настораживающими в отношении алкоголизма, требует учета возможности алкогольного происхождения легочной патологии.

Изучение функции внешнего дыхания у больных хроническим алкоголизмом позволило установить достоверное снижение максимальной вентиляции легких и коэффициента использования кислорода при увеличенном минутном объеме дыхания.

Связывать легочную патологию у алкоголиков только с токсическим воздействием алкоголя и продуктов его распада трудно в связи с тем, что большинство больных еще много курят, и, следовательно, бронхит может рассматриваться отчасти как бронхит курильщиков. Кроме того, большое значение имеет подверженность алкоголиков простудным заболеваниям как вследствие снижения сопротивляемости организма, наблюдаемого при алкоголизме, так и потому, что в состоянии опьянения больные плохо одеваются, нередко лежат на земле. Указанные сочетания — предпосылки частых обострений бронхита, нарастания дыхательной недостаточности и формирования хронического неспецифического заболевания легких.

Следует учитывать также, что лица, страдающие алкоголизмом, в 4—5 раз чаще других болеют воспалением легких, причем пневмонии протекают у них очень тяжело, нередко с абсцедированием, часто осложняются сосудистым коллапсом и отеком легких. Пневмония у алкоголиков всегда опасна возможностью возникновения на высоте болезни белой горячки, что еще больше утяжеляет состояние больного.

Нередко даже при условии своевременно начатого энергичного лечения не удается добиться полного разрешения пневмонии у больных алкоголизмом. В некоторых случаях длительная терапия с ранним применением физиотерапевтических методов не предупреждает исхода пневмонии в очаговый пневмосклероз. Острые пневмонии, крупозные и очаговые, наряду с множественными геморрагиями в легких («апоплектическими» очагами) являются наиболее частой соматической патологией, обнаруживаемой на вскрытии в случае смерти при остром алкогольном делирии.

ЖЕЛУДОК. Хронический алкоголизм неизменно сопровождается поражением слизистой оболочки желудка, нарушением его секреторной и моторной функции, проявляющимися картиной алкогольного гастрита. Патоморфологические исследования с применением биопсии слизистой оболочки желудка выявили различные формы и стадии хронического гастрита вплоть до атрофического с метаплазией эпителия, причем глубина поражения железистого аппарата и эпителия слизистой оболочки желудка зависит в основном от давности злоупотребления алкоголем.

На ранних стадиях алкоголизма могут иметь место повышение кислотности желудочного сока и изжога, однако в дальнейшем снижается как кислотообразующая, так и переваривающая функции желудка, причем выработка пепсина нарушается при алкоголизме раньше и в большей степени.

Вместе с секреторной обычно нарушается и моторная функция желудка. При повышении кислотности желудочного сока замедляется эвакуация из желудка. Понижение секреторной способности сочетается, а отчасти и является причиной ускоренной эвакуации содержимого из желудка.

Нарушение моторной функции проявляется, помимо того, несостоятельностью кардии, что ведет к рефлюкс-эзофагиту, который усугубляется непосредственным воздействием алкоголя на слизистую оболочку пищевода.

Очень важно, что после прекращения приема алкоголя восстанавливаются морфологическая структура слизистой оболочки желудка и его секреторная функция.

Разнообразные ощущения диспепсического характера, в том числе обусловленные хроническим алкогольным гастритом,— весьма частая причина обращения лиц, страдающих алкоголизмом, к терапевту.

Наиболее часто у больных алкогольным гастритом наблюдается *утренняя рвота*, мучительная, повторная, обычно скудным содержимым, слизью, иногда не приносящая облегчения больному. Для алкоголизма вообще характерно исчезновение рвотного рефлекса на прием больших, зачастую токсических доз алкоголя и в то же время появление утренней рвоты натощак — важнейшего симптома алкогольного гастрита. Утренняя рвота обычно сочетается с *тупой болью* в подложечной области, чувством распирания в ней, *отрыжкой, неприятным вкусом во рту*. Упорная рвота при измененной слизистой оболочке желудка и нарушении его моторной функции может явиться причиной развития синдрома Маллори — Вейсса, разрывов слизистой оболочки кардии с обильным желудочным кровотечением.

Болевая симптоматика при алкогольном гастрите редко выступает на первый план среди разнообразных жалоб больного на диспепсические расстройства. Довольно типично для этих больных *отсутствие аппетита*, особенно *утренняя анорексия при довольно сильной жажде*. При осмотре обращают на себя внимание изменения языка: обычно он суховат, обложен грязным серовато-коричневым налетом. Пальпация живота нередко умеренно болезненна в подложечной области.

Следует учитывать ульцерогенный эффект алкоголя: однократный прием больших доз этанола является одной из причин развития геморрагического и эрозивного гастрита.

Многолетнее злоупотребление алкоголем является фактором, провоцирующим обострение и тяжелое течение язвенной болезни.

Нарушение пищеварительной функции желудка у больных алкогольным гастритом сопровождается обычно расстройством стула, чаще поносом в период запора и после него, реже запорами, иногда чередованием поносов и запоров. Расстройства стула, кроме того, связаны с развивающимся обычно у этих больных энтероколитом и нарушением внешнесекреторной функции поджелудочной железы.

ПОДЖЕЛУДОЧНАЯ ЖЕЛЕЗА. Значение

алкоголя в происхождении острого и хронического панкреатита хорошо установлено. Злоупотребление алкоголем как причина острого панкреатита наблюдается примерно в 50 % всех случаев панкреатита. Этот процент среди больных острым панкреатитом молодого возраста до 39 лет еще более возрастает. Более того, развитие панкреатита у молодого мужчины, не страдающего патологией желчных путей, должно наводить врача в первую очередь на мысль о вероятной алкогольной этиологии поражения поджелудочной железы.

В происхождении острого и хронического панкреатита при алкоголизме, помимо токсического действия алкоголя на паренхиму железы и нарушения нервной регуляции, имеют значение нарушение проходимости панкреатического протока и повышение внутрипанкреатического давления вследствие отека слизистой оболочки двенадцатиперстной кишки и дуоденального сосочка и антиперистальтических движений с забросом содержимого кишки в панкреатический проток. Определенную роль играет повышение сосудистой проницаемости с периваскулярной плазмо- и геморрагией, характерное для алкоголизма.

Для **острого панкреатита** алкогольной этиологии типичны приступы резчайшей *боли* в подложечной области; боль настолько интенсивна, что, несмотря на алкогольное опьянение и снижение болевой чувствительности, больные кричат, стонут, пытаются изменить положение тела. Боль иногда сразу приобретает опоясывающий характер и обычно сопровождается повторной многократной *рвотой*. Пальпация живота в верхних отделах резко болезненна, хотя живот в первые часы болезни остается мягким. Лабораторные исследования выявляют лейкоцитоз с нейтрофильным сдвигом влево, высокую активность амилазы (диастазы) мочи. Иногда при деструктивных формах панкреатита, панкреонекрозе довольно быстро развивается глубокий коллапс.

Больные подлежат экстренной госпитализации в хирургическое отделение; наличие хронического алкоголизма и состояние опьянения у больных не должны помешать выявлению такой грозной абдоминальной катастрофы, как острый

панкреатит. Наоборот, приступ острой боли в подложечной области у алкоголика должен всегда заставлять думать о возможности панкреатита.

Нередко у больных алкоголизмом при остром панкреатите возникает алкогольный делирий, что должно учитываться при госпитализации. В то же время необходимо иметь в виду, что делирий может развиться при остром панкреатите до помещения больного в психиатрический стационар. Распознавание любой патологии у больного с делирием крайне трудно, а панкреатита — особенно. Поэтому нужно тщательно пальпировать живот у этих больных и обязательно определять активность амилазы (диастазы) мочи в разных порциях.

Хронический панкреатит алкогольной этиологии проявляется болевой и диспепсической симптоматикой, выраженной в разной степени. Основная жалоба больных — *болевые ощущения* в подложечной и околопупочной областях. Чаще это тупая постоянная боль, ощущение распирания и дискомфорта в верхнем отделе живота. Боль обычно усиливается после алкогольных эксцессов, погрешностей в диете, при приеме жирной пищи, переедании. При рецидивирующей форме хронического панкреатита на фоне постоянной тупой боли возникают приступы острой боли в подложечной области, принимающей нередко опоясывающий характер. По интенсивности боль во время приступа существенно не отличается от боли при остром панкреатите. Обычно она сочетается с выраженной в разной степени болезненностью при пальпации в подложечной и мезогастральной областях. Больных хроническим алкогольным панкреатитом обычно беспокоят *понижение аппетита, тошнота, расстройство стула*.

Микроскопическое исследование кала выявляет значительное количество жира и непереваренных мышечных волокон. Диспепсические расстройства у этих больных связаны в первую очередь с нарушением внешнесекреторной функции поджелудочной железы.

Хронический панкреатит алкогольной этиологии чаще всего встречается у лиц, длительно страдающих алкоголизмом. Обычно хронический панкреатит развивается после 10 лет злоупотребления алкоголем, у женщин этот срок сокращается в 1,5 раза.

Разновидностью хронического алкогольного панкреатита является *кальцифицирующий панкреатит*, происхождение которого объясняется тем, что алкоголь повышает содержание белка в панкреатическом соке и преципитацию его в протоках поджелудочной железы. Белковые пробки в ряде случаев задерживаются в протоке и кальцифицируются, образуя камни. Локальное закрытие протоков вызывает повреждение долек железы вплоть до лобулярных некрозов и формирование множественного псевдокистозного перерождения поджелудочной железы. При этом пальпируемые бугристые образования требуют исключения их опухолевого происхождения. Большую помощь в распознавании этой патологии оказывает ультразвуковое исследование поджелудочной железы, четко демонстрирующее кистозный характер патологических образований.

Лечение хронического панкреатита алкогольной природы требует прежде всего отказа от приема алкоголя. Необходимо соблюдать диету, полноценную по белковому и витаминному составу, с исключением жирных и острых блюд. Питание должно быть дробным, 5—6 раз в сутки. Показаны витамины группы В, никотиновая кислота. При недостаточности внешнесекреторной функции железы необходимо заместительное назначение панкреатина по 6—8 г в сутки или его аналогов.

Поражение поджелудочной железы при алкоголизме иногда приводит к нарушению функции островкового аппарата — инсулярной недостаточности. Чаще эта недостаточность носит скрытый характер и выявляется при проведении проб с сахарной нагрузкой. Иногда наблюдается клиническая картина нетяжелого сахарного диабета.

ПЕЧЕНЬ. Алкогольный цирроз печени известен со времени классического описания его R. Laënnec (1819). В настоящее время алкоголизм является основным этиологическим фактором, обусловливающим развитие цирроза неинфекционной природы.

В патогенезе поражения печени при алкоголизме (алкогольной гепатопатии) основное значение имеет прямое токсическое действие этанола на гепатоцит, вызывающее его функциональную метаболическую перегрузку, дистрофию и некроз. Биопсия печени (чрескожная или при лапароскопии) позволила подробно изучить морфологию алкогольной гепатопатии и динамику процесса.

Поражение печени включает алкогольную дистрофию (белковую и жировую), алкогольный гепатит и цирроз.

Алкогольная жировая дистрофия печени проявляется умеренным увеличением печени без существенных нарушений функции. Белковая дистрофия свидетельствует о более глубоком поражении гепатоцита и нередко является предстадией некроза клетки. Алкогольная дистрофия является обратимой, отказ от приема алкоголя ведет к полному восстановлению нормальной структуры гепатоцита.

Алкогольный гепатит может протекать латентно по типу хронического персистирующего с постепенным формированием цирроза либо по типу острого алкогольного гепатита с некрозами печеночной ткани. Хотя в большинстве случаев алкогольный гепатит развивается на фоне дистрофии печени, являясь стадией, предшествующей формированию цирроза, в некоторых случаях он может развиваться как на фоне интактной ранее печени, так и на фоне сформировавшегося цирроза.

Клиническая картина хронического алкогольного гепатита в большинстве случаев отличается доброкачественностью течения, характерной для персистирующих гепатитов вообще. Отмечается гепатомегалия, иногда незначительная преходящая гипербилирубинемия, гипоальбуминемия при увеличенном содержании γ-глобулинов. Такие признаки, как эритема ладоней, сосудистые звездочки на коже, чаще свидетельствуют о формировании цирроза печени. Важно подчеркнуть, что длительное воздержание от приема алкоголя, как правило, ведет к регрессу заболевания.

Острый алкогольный гепатит развивается чаще у больных с длительным алкогольным анамнезом вскоре после употребления значительной дозы алкоголя. Начало заболевания острое: исчезает аппетит, появляются тошнота, рвота, боль в подложечной области и правом верхнем квадранте живота. Боль в животе иногда столь интенсивна, что у больных подозревают острую хирургическую патологию органов брюшной полости. Одновременно отмечаются ломота в теле, боль в мышцах, поясничной области, повышается температура до 38—38,5 °С. Вскоре, через 1—2 дня, появляются желтуха, имеющая все признаки паренхиматозной, кожный зуд. Печень обычно увеличена, нередко плотной консистенции, пальпация ее болезненна при мягком животе. Иногда увеличивается селезенка и появляются ранние признаки портальной гипертензии, включая асцит. Последние симптомы чаще наблюдаются в случаях острого алкогольного гепатита на фоне цирроза печени. В крови обычно обнаруживаются нейтрофильный лейкоцитоз вплоть до лейкомоидной реакции, повышение СОЭ, иногда анемия. Весьма характерна гипербилирубинемия, причем длительное и особенно нарастающее повышение уровня билирубина считается обычно неблагоприятным прогностическим признаком. Активность аланин- и аспартатаминотрансферазы (АлАт и АсАТ) обычно значительно повышена — до 300 ед. и более. У больных постоянно обнаруживаются гипоальбуминемия и повышение содержания гамма-глобулинов сыворотки.

Морфологически острый алкогольный гепатит выражается центролобулярным некрозом, характерно появление алкогольного гиалина; в зоне некроза и перипортальных пространствах обычно выражена лейкоцитарная инфильтрация. Воспалительная инфильтрация обычно ведет к развитию фиброзной ткани вокруг зоны некроза.

В дифференциальной диагностике алкогольного гепатита существенное значение имеют анамнестические сведения о многолетнем злоупотреблении алкоголем и алкогольном эксцессе незадолго до заболевания. Кроме того, обычно у больных имеются и другие висцеропатии или неврологические проявления алкоголизма. Нередко острый алкогольный гепатит, особенно осложненный нарастающей печеночной недостаточностью, сопровождается психотическим состоянием по типу делирия, при этом имеется большая опасность последующего развития комы.

Течение острого алкогольного гепатита определяется распространенностью некрозов печеночной ткани и варьирует от легких стертых форм, протекающих без выраженной интоксикации и желтухи, до тяжелых с клинической картиной подострой желтой дистрофии печени, заканчивающихся смертью от печеночной недостаточности. В значительной степени прогноз зависит от соблюдения больным режима полного отказа от приема алкоголя.

Продолжающаяся алкоголизация обычно ведет к прогрессированию болезни и смерти от гепатаргии.

Динамическое лапароскопическое наблюдение за больными, перенесшими острый алкогольный гепатит, и повторные биопсии печени обнаруживают формирование на месте некрозов мелких рубцов, массивные некрозы ведут к развитию через несколько месяцев постнекротического цирроза печени.

Алкогольный цирроз — заключительная стадия поражения печени при хроническом алкоголизме. Морфологически алкогольный цирроз может иметь черты портального. В этих случаях он обычно формируется через стадию дистрофии, и нередко при изучении биопсийного материала хорошо прослеживаются варианты сочетаний дистрофии с различными стадиями цирротического процесса. Цирроз как исход острого алкогольного гепатита, особенно повторного, носит характер постнекротического. Нередко цирроз бывает смешанным, т. е. для него могут быть характерны черты портального и постнекротического.

В последние годы установлено, что «цирроггенной» дозой является ежедневное употребление 60 г и более этанола в день в среднем в течение 10 лет. Доказано, что риск развития цирроза печени у злоупотребляющих алкоголем в течение 15 лет в 8 раз выше, чем у лиц с алкогольным анамнезом в течение 5 лет.

Клиническая картина цирроза печени достаточно характерна. Больные жалуются на постоянную тупую боль в правом верхнем квадранте живота, чувство распирания, нередко ощущение горечи во рту. Обычно отмечаются типичные симптомы цирроза: умеренная иктеричность склер, сосудистые звездочки на коже, эритема ладоней, гинекомастия, кровоточивость, макроцитарная анемия. Печень обычно увеличена, плотная; увеличение селезенки менее характерно. Нередко имеют место выраженные признаки портальной гипертензии: асцит, варикозное расширение вен пищевода, осложненное кровотечением.

Большинство больных — мужчины с многолетним алкогольным анамнезом. Обострения болезни и ухудшение состояния, рецидивы желтухи по времени обычно совпадают с алкогольными эксцессами и развиваются после периода запоя.

Лабораторное исследование выявляет ряд грубых функциональных нарушений, обусловленных поражением печеночной паренхимы. У больных может обнаруживаться умеренное повышение уровня билирубина сыворотки, изменение белкового профиля: гипоальбуминемия и гиперглобулинемия; страдает антитоксическая функция печени, закономерно снижается уровень протромбина крови. Нередко нарушается образование гликогена в печени, что в сочетании с поражением инсулярного аппарата поджелудочной железы может приводить к значительным сдвигам в углеводном обмене диабетического характера.

Цирроз печени при продолжающемся злоупотреблении алкоголем течет обычно неблагоприятно, быстро нарастает функциональная недостаточность печени, развивается портальная гипертензия, отечно-асцитический синдром, рано появляется печеночная энцефалопатия. Алкогольные эксцессы — одна из частых причин обострения болезни, декомпенсации процесса, нарастания печеночной недостаточности и при циррозах печени первично неалкогольного происхождения (после гепатита, малярии, бруцеллеза и др.).

У больных хроническим алкоголизмом и циррозом печени в период нарастающей печеночной недостаточности с печеночной энцефалопатией нередко возникают психозы с психомоторным возбуждением, галлюцинациями. Развитие психоза у больного с циррозом — неблагоприятный симптом, предвестник надвигающейся печеночной комы. Подобные больные по своему соматическому статусу слишком тяжелы для психиатрических больниц, а по психическому состоянию не соответствуют возможностям терапевтического стационара. Они подлежат переводу в специализированные психосоматические отделения, где им осуществляют энергичную дезинтоксикационную терапию.

Л е ч е н и е поражения печени при алкоголизме требует категорического отказа от употребления алкоголя. При этих условиях дистрофия печени подвергается обратному развитию. Полное воздержание от приема спиртных напитков и постельное содержание больного с нетяжелым алкогольным гепатитом также ведут к выздоровлению. Питание должно быть полноценным по составу белков, углеводов и витаминов. При наличии печеночной недостаточности количество белков должно быть ограничено. В период обострения гепатита, приобретающего характер агрессивного, при быстрой прогредиентности болезни показана в комплексе лечебных мероприятий интенсивная терапия кортикостероидными гормонами: преднизолоном, триамцинолоном и др. Нарастающая печеночная недостаточность с симптомами энцефалопатии требует энергичной дезинтоксикационной терапии, включающей капельное внутривенное введение маннитола, больших доз витаминов группы В и С, кортикостероидных гормонов, раствора солей калия.

ПОЧКИ. Поражение почек при алкоголизме относится к токсическим нефропатиям; ведущим звеном патогенеза является поражение клеток почечной паренхимы этанолом и продуктами его метаболизма. Ранней формой поражения почек является острая токсическая нефропатия (токсический некронефроз), возникающая обычно вслед за значительным алкогольным эксцессом и проявляющаяся небольшой протеинурией и микрогематурией. Морфологические изменения минимальны и заключаются в дистрофии эпителия канальцев. Течение этой формы благоприятное, обычно на 5—6-й день воздержания от приема алкоголя состав мочи нормализуется. Развитие почечной недостаточности при острой токсической нефропатии наблюдается крайне редко.

Рецидивирующее течение алкогольной нефропатии может осложниться присоединением мочевой инфекции и развитием хронического пиелонефрита с соответствующей клинической картиной.

Кроме этих форм, у больных с длительным алкогольным анамнезом поражение почек нередко приобретает характер хронического гломерулонефрита с прогрессирующим течением и развитием почечной недостаточности. Алкогольная этиология выявляется у 12 % больных хроническим гломерулонефритом. Морфологически алкогольный нефрит чаще является мезангиопролиферативным.

Клиническая картина алкогольного гломерулонефрита зависит от его формы, могут наблюдаться значительная протеинурия с нефротическим синдромом, безболевая гематурия, реже артериальная гипертензия. Следует подчеркнуть, что алкогольный гломерулонефрит обычно выявляется у больных наряду с другими висцеропатиями, циррозом печени, алкогольной кардиомиопатией, поражением нервной системы.

КРОВЬ. Нарушение кроветворения при алкоголизме имеет сложный патогенез. Токсическое воздействие эталона на эритроидные клетки ведет к мегалобластозу, который выявляется у 29—37 % больных алкоголизмом с анемией. При этом у большинства больных уровень фолатов в эритроидных клетках не понижен. Одним из вариантов мегалобластной анемии у алкоголиков является сидеробластная анемия, при которой в периферической крови обнаруживаются макроциты и гипохромные микроциты, анизо- и пойкилоцитоз.

Другой причиной анемии у больных алкоголизмом являются обусловленные циррозом печени укорочение срока жизни эритроцитов и кровотечения из варикозно расширенных вен пищевода и желудка.

Токсическое воздействие алкоголя на гемопоэз может проявиться развитием нейтропении, наблюдаемой у 5 % больных алкоголизмом. Лейкопения является одной из причин снижения сопротивляемости организма и тяжелого течения инфекций, в частности пневмоний, у больных алкоголизмом, нередкого развития у них септических осложнений.

3. СРОКИ ПЛАНОВЫХ ПРОФИЛАКТИЧЕСКИХ ПРИВИВОК

Вид прививок	Сроки начала вакцинации	Сроки ревакцинации			
		1-я	2-я	3-я	
Против туберкулеза	На 5—7-й день жизни ребенка	7 лет	11—12 лет	16—17 лет	
Против полиомиелита	3 мес	1—2 года	2—3 года	7—8 лет	
Против паротита	15—18 мес				
Против кори	12 мес	Перед поступлением в школу			
Против коклюша, дифтерии и столбняка (АКДС-вакциной)	3 мес троекратно с интервалом 1,5 мес; одновременно с вакциной против полиомиелита*1, *2	Через 1,5—2 года после троекратной вакцинации АКДС у детей до 3 лет*3, *4	Не проводят	Не проводят	
Против дифтерии и столбняка	С 3 мес двукратно с интервалом 1,5 мес*2	Через 1,5—2 года после вакцинации АКДС-вакциной (у детей старше 3 лет), через 9—12 мес после вакцинации АДС-анатоксином и через 6—9 мес после вакцинации АДС-м-анатоксином*3, *4	9 лет: дети, получившие 1-ю ревакцинацию, до 3 лет*5, *6	16 лет: подростки, получившие 2-ю ревакцинацию в 6—9 лет*6	
Против дифтерии (АДМ-анатоксином)	Не проводят	Не проводят	9 лет: дети, получившие АС против столбняка в связи с травмой между 1-й и 2-й ревакцинацией	16 лет: дети, получившие АС против столбняка в связи с травмой, между 2-й и 3-й ревакцинацией	
Тиф брюшной, туляремия, бруцеллез, сибирская язва, лептоспироз, энцефалит клещевой, Ку-лихорадка и другие инфекции					

Сроки ревакцинации		Примечания
4-я	5-я	
Через 5—7 лет после 3-й ревакцинации	Через 5—7 лет после 4-й ревакцинации до 30 лет	Вакцинацию и ревакцинацию проводят однократно. В городах и районах, где практически ликвидирована заболеваемость детей туберкулезом и среди них не выявляются локальные формы заболевания, ревакцинации проводят только в 7 лет (в 1-м классе) и 14—15 лет (в 8-м классе). Последующие ревакцинации не инфицированных туберкулезом лиц проводят с интервалом 5—7 лет до 30-летнего возраста
15—16 лет		Вакцинацию проводят троекратно с интервалами между прививками 1,5 мес. Первые две ревакцинации проводят двукратно (на каждый год жизни) с интервалом между прививками 1,5 мес; 3-ю и 4-ю ревакцинации проводят однократно
		Вакцинацию проводят однократно (до 7 лет)
		Ревакцинации подлежат только однократно привитые не менее 2 лет назад.
Не проводят	Не проводят	*[1] Если у ребенка возникло поствакцинальное осложнение на первую прививку АКДС-вакциной (или АДС-анатоксином), то 2-я прививка может быть проведена АДС-м-анатоксином, а если у ребенка была поствакцинальная реакция на 2-ю прививку АКДС-вакциной или после нее по каким-либо причинам прошло 12 мес и более, то вакцинацию считают законченной. *[2] Детей, перенесших коклюш или имеющих противопоказания к АКДС-вакцине, вакцинируют против дифтерии и столбняка АДС-анатоксином, а детей имеющих противопоказания к АДС-анатоксину, вакцинируют АДС-м-анатоксином
4-я, 5-я, 6-я и 7-я ревакцинации проводятся с интервалом в 10 лет в 26, 36, 46, и 56 лет*[6]		*[3] Если ребенок вакцинирован АКДС-вакциной и у него срок первой ревакцинации приходится на возраст старше 3 лет (3 года 11 мес 29 дней), то 1-ю ревакцинацию следует проводить не АКДС-вакциной, а АДС- или АДМ-м-анатоксинами через 1,5—2 года после законченной вакцинации однократно, так как дети старше 3 лет иммунизации против коклюша не подлежат *4 Детям, вакцинированным против дифтерии и столбняка АДС- и АДС-м-анатоксином, 1-я ревакцинация проводится соответствующим (АДС- или АДС-м) препаратом *5 Если у ребенка первая ревакцинация пришлась на возраст старше 3 лет (т. е. его прививают вне схемы), то 2-ю ревакцинацию проводят с интервалом 6—7 лет после вакцинаций АДС- и АДС-м-анатоксином и через 9—10 лет после вакцинации АКДС-вакциной *[6] Вторая и последующие ревакцинации проводятся АДС-м-анатоксином
Ревакцинации взрослых, если после последней прививки против столбняка (АС) прошло меньше 10 лет		
		Плановую вакцинацию проводят населению (отдельным профессиональным группам), проживающему на территориях, неблагополучных по этим инфекциям

4. ПРОДОЛЖИТЕЛЬНОСТЬ ИНКУБАЦИОННОГО ПЕРИОДА ИНФЕКЦИОННЫХ БОЛЕЗНЕЙ

Болезнь	Инкубационный период		
	средний	минимальный	максимальный
Аденовирусные заболевания	5—7 дней	4 дня	14 дней
Амебиаз	20—40 »	7 дней	90 »
Ангина	12 ч	Несколько часов	2 »
Балантидиаз	10—15 дней	5 дней	30 дней
Бешенство	30—90 »	7 »	1 год
Болезнь Брилла		Несколько лет	
Болезнь кошачьей царапины (доброкачественный лимфоретикулез)	7—15 дней	3 дня	60 дней
Ботулизм	12—24 ч	Несколько часов	5 »
Бруцеллез	12—14 дней	6 дней	30 дней
Газовая гангрена	3 »	1 день	8 »
Геморрагические лихорадки:			
с почечным синдромом (геморрагический нефрозонефрит)	2—3 нед	7 дней	46 »
крымская	7—10 дней	7 »	12 »
Ласса	5—7 »	3 дня	17 »
Марбург	5—7 »	2 »	16 дней
омская	2—4 дня	2 »	4 дня
Эбола	7—14 дней		
Гепатит вирусный А	15—30 »	7 дней	50 дней
» » В	60—120 »	50 »	180 »
Герпетическая инфекция	4 дня	2 дня	14 дней
Грипп	1 день	Несколько часов	12 дней
Дизентерия	2—3 дня	1 день	7 дней
Дифтерия	3—5 дней	2 дня	10 »
Желтая лихорадка	4—5 »	3 »	6 »
Иерсиниоз	1—2 дня	15 ч	4 дня
Кампилобактериоз	1—2 »	1 день	6 дней
Коклюш	5—7 дней	3 дня	15 »
Кокцидиоидоз	8—12 »	7 дней	40 »
Корь	10 »	9 »	17 дней (у получивших гамма-глобулин до 28 дней)
Краснуха	16—20 »	11 »	24 дня
Ку-лихорадка	14—19 »	3 дня	32 »
Легионеллез	5—7 дней	2 »	10 дней
Лейшманиоз висцеральный	Несколько месяцев	21 день	3 года
Лейшманиоз кожный (антропонозного, городского типа)		3 мес	8 мес
Лейшманиоз кожный зоонозного типа		Несколько дней	3 нед
Лептоспироз	7—9 дней	4 дня	14 дней
Лимфоцитарный хориоменингит	6—9 »	5 дней	13 »
Листериоз	18—20 »	14 »	30 »
Лямблиоз	12 »	10 »	15 »
Малярия трехдневная	14 »	7 »	14 мес
» четырехдневная	20—25 »	21 день	60 дней
» тропическая	10—14 »	8 дней	16 »
Менингококковая инфекция	4—6 »	2 дня	10 »
Микоплазмоз	7—14 »	4 »	25 »
Мононуклеоз инфекционный	6—8 »	4 »	15 »
Опоясывающий лишай		Многие годы	
Орнитоз	8—12 дней	6 дней	17 дней
Оспа ветряная	14 »	11 »	21 день
» натуральная	10—12 »	5 »	15 дней
Парагрипп	5—7 »	2 дня	7 »
Паркоклюш	10—11 »	7 дней	15 »
Паратифы А и В	8—14 »	2 дня	21 день

Болезнь	Инкубационный период		
	средний	минимальный	максимальный
Паротит эпидемический	15—20 дней	11 дней	23 дня
Пищевое отравление стафилококковым токсином	1,5—2 ч	30 мин	6—7 ч
Полиомиелит	7—14 дней	3 дня	35 дней
Псевдотуберкулез	8—10 »	3 »	21 день
Рожа	3—4 дня	Несколько часов	5 дней
Ротавирусная инфекция	1—2 »	15 часов	7 »
Сальмонеллезы	12—24 ч	6 ч	3 дня
Сап	4—5 дней	1 день	14 дней
Сибирская язва	2—3 дня	Несколько часов	8 »
Скарлатина	2—7 дней	1 день	12 »
СПИД		Несколько месяцев	6 лет
Стафилококковые инфекции	2—4 дня	2 ч	7 дней
Столбняк	7—14 дней	3 дня	30 »
Тиф брюшной	14—15 »	7 дней	25 »
» возвратный вшивый	7—8 »	5 »	15 »
» сыпной вшивый	12—14 »	6 »	20 »
» » клещевой	4—6 »	2 дня	7 »
Токсоплазмоз	30 дней	14 дней	месяцы
Туляремия	3—7 дней	Несколько часов	14 дней
Холера	1—3 дня	» »	5 »
Чума	2—3 »	До 2 дней	6 »
Энтеровирусные инфекции	3—4 »	2 дня	10 »
Энцефалит клещевой	7—14 дней	8 дней	23 дня
Эшерихиоз	4—5 »	3 дня	6 дней
Ящур	3—8 »	2 »	12 »

Болезнь	Мероприятия в отношении	
	больных, реконвалесцентов, бактерио- (вибрио) носителей (вирусоносителей)	лиц, общавшихся с больными
Ботулизм	Больные не опасны для окружающих, но подлежат немедленной госпитализации для срочного лечения. Выписка проводится по клиническим показаниям	Изоляции не подлежат. Лицам, употреблявшим наряду с больным подозрительный продукт, проводят промывание желудка теплым 2 % раствором гидрокарбоната натрия, дают слабительное и вводят в/м противоботулиновую сыворотку — 1000—2000 МЕ каждого типа (А, В, С), устанавливают медицинское наблюдение в течение 10—12 дней
Бруцеллез	Больных госпитализируют по клиническим показаниям. Переболевшие находятся под диспансерным наблюдением 2 года	Меры по разобщению не применяются. Лица, находившиеся в контакте с источником инфекции или вместе с заболевшим в условиях возможного заражения (например, при околе или забое скота), проходят медицинское обследование
Брюшной тиф и паратифы	Госпитализация в инфекционный стационар обязательна. Выписка производится после клинического выздоровления (но не ранее 23-го дня нормальной температуры), троекратного отрицательного результата бактериологического исследования мочи и кала и однократного — желчи. Исследования проводят с 5-дневными интервалами. Лица, не получавшие антибиотикотерапию, могут быть выписаны не ранее чем на 14-й день после установления нормальной температуры. После выписки реконвалесценты подлежат медицинскому наблюдению с термометрией 1 раз в неделю в течение первого месяца и 1 раз в 2 нед в течение второго месяца. В течение 3 мес им ежемесячно проводят бактериологическое исследование кала и мочи, на 4-й месяц — бактериологическое исследование желчи и серологическое исследование сыворотки крови (РНГА с цистеином, РА). При отрицательном результате всех исследований реконвалесцент снимается с учета. При высеве в течение 3 мес пациент рассматривается как острый бактерионоситель (см. ниже). При положительном результате серологического исследования любое выделение бактерий в срок свыше 3 мес после выздоровления расценивается как хроническое бактерионосительство. Лица, работающие на пищевых предприятиях и к ним приравненные,	За лицами в очаге, общавшимися с больным в течение 21 дня с момента изоляции больного, устанавливается медицинское наблюдение с термометрией; при лихорадке свыше 5 дней исследуют кровь на гемокультуру. В очаге проводят фагирование дважды (после выявления больного и после возвращения реконвалесцента из больницы в семью или коллектив). Препарат дают каждые 3—5 дней в течение 15 дней. Работники пищевых, детских учреждений и лица, к ним приравненные, отстраняются от работы (дети — от посещения детских учреждений) до получения отрицательного результата бактериологического исследования. В случае оставления больного на дому (с разрешения эпидемиолога) лица, работающие на пищевых предприятиях, и к ним приравненные допускаются к работе после выздоровления больного, заключительной дезинфекции и бактериологического исследования. С целью установления источника инфекции у лиц, общавшихся с больным по месту жительства и работы, а также у необщавшихся лиц, работающих на пищевых объектах (и к ним приравненных), в случае выявления эпидемиологической связи с этими объектами проводят однократное бактериологическое исследование кала и серологическое — сыворотки крови в РНГА с эритроцитарным о- и Vi-диагностикумом. При отрицательном результате обследование прекращают.

Болезнь	Мероприятия в отношении	
	больных, реконвалесцентов, бактерио- (вибрио) носителей (вирусоносителей)	лиц, общавшихся с больными
	первый месяц к работе не допускаются. Обследуются бактериологически: первый месяц — кал и моча пятикратно с интервалом 1—2 дня, при отрицательных результатах обследуемые на работу допускаются; 2-й и 3-й месяц — кал и моча ежемесячно; 4-й месяц — желчь и сыворотка крови в РНГА с цистеином. На протяжении 2 лет 1 раз в квартал исследуют кал и мочу; в конце второго года, кроме того,— желчь и сыворотку крови с цистеином в РНГА. В дальнейшем на протяжении всей трудовой деятельности кал и мочу бактериологически исследуют 1 раз в 6 мес. При положительных результатах бактериологического исследования в 1—3-й месяц (после заболевания) реконвалесцент как острый бактерионоситель подлежит трудоустройству на работу, не представляющую эпидемиологической опасности. При положительном результате РНГА с цистеином проводят 5-кратное исследование кала и мочи. При любом высеве через 3 мес после выздоровления переболевший как хронический бактерионоситель навсегда отстраняется от работы (он должен изменить профессию). Острые бактерионосители находятся под наблюдением 2 мес с термометрией как переболевшие. В течение 3 мес ежемесячно исследуют однократно кал и мочу и в конце 3-го месяца — кал и мочу 5-кратно, желчь и сыворотку крови — однократно в РНГА с цистеином. При всех отрицательных результатах обследуемых снимают с учета. Острых бактерионосителей, работающих на пищевых предприятиях (и лиц, к ним приравненных), ставят на учет в санэпидстанции; месяц после выявления они не допускаются к основной работе (подлежат трудоустройству). В течение 3 мес обследуются, как выше указано для острых носителей, и при отрицательных результатах исследований допускаются к основной работе. В течение 2 лет у них ежеквартально исследуют кал и мочу, а в конце 2-го года, кроме того,— желчь и сыворотку крови	При положительном результате РНГА и отсутствии признаков острого заболевания ставят РНГА с цистеином и в случае положительного результата этой реакции или бактериологического исследования проводят 5-кратное бактериологическое исследование мочи и кала и однократное — желчи. При положительном результате бактериологического исследования целесообразна (для работников пищеблока обязательна) госпитализация для установления характера носительства

Болезнь	Мероприятия в отношении	
	больных, реконвалесцентов, бактерио- (вибрио)носителей (вирусоносителей)	лиц, общавшихся с больными
	в РНГА с цистеином. При отрицательных результатах исследований этих лиц снимают с учета. В случае выявления носительства среди дошкольников проводят их госпитализацию для обследования и лечения. При продолжающемся носительстве вопрос о допуске в детский коллектив принимается врачом-эпидемиологом в зависимости от конкретных условий. Таких детей запрещается использовать на работе, связанной с раздачей пищи и напитков. При выявлении бактерионосительства у детей, посещающих школы и школы-интернаты, они допускаются к посещению занятий, но им запрещается принимать участие в работе, связанной с приготовлением, транспортировкой и раздачей пищевых продуктов и воды.	
Вирусные гепатиты	Заболевшие острой формой и больные хронической формой в период обострения подлежат обязательной госпитализации. Выписка осуществляется по клиническим показаниям (отсутствие желтушности кожи и склер, уменьшение до нормальных размеров печени или четкая тенденция к ее сокращению, отсутствие желчных пигментов в моче, нормализация уровня билирубина в крови. В отдельных случаях допускается выписка при повышении активности аминотрансфераз (в 2—3 раза по сравнению с верхней границей нормы), при увеличении печени на 1—2 см. Больных гепатитом В, у которых продолжает обнаруживаться антиген в крови, выписывают, но об их выписке сообщают инфекционисту (участковому врачу) поликлиники и в санитарно-эпидемиологическую станцию по месту жительства. Диспансерное наблюдение за переболевшим гепатитом А проводится не позже чем через 1 мес после выписки врачом того же стационара. При отсутствии клинических и биохимических отклонений взрослые реконвалесценты могут быть сняты с учета. Дети, не имеющие клинико-лабораторных остаточных явлений, обследуются через 3 и 6 мес, после чего могут	За лицами, бывшими в контакте с заболевшим гепатитом А, устанавливается систематическое (не реже 1 раза в неделю) медицинское наблюдение (термометрия, контроль за цветом мочи и кожи, определение размеров печени и селезенки и т. п.) в течение 35 дней. Детей детских дошкольных учреждений наблюдают ежедневно. Осмотр врачом — не реже 1 раза в неделю. При появлении повторных заболеваний срок наблюдения увеличивается, отсчет дней ведется от последнего случая. Лабораторные исследования лиц, общавшихся с больными (определение аданинаминотрансферазы или фруктозо-1-фосфатальдолазы), проводят при назначении врача-педиатра или терапевта и наличии показаний (появление в коллективе необоснованно повышенного числа острых респираторных заболеваний, особенно сопровождающихся увеличением печени, наличие гепатолиенального синдрома неясной этиологии, немотивированного подъема температуры и др.). В случае выявления гепатита А в дошкольном детском учреждении перевод детей из этого учреждения в другие, а также в другую группу внутри данного учреждения запрещается в течение 35 дней со дня изоляции последнего заболевшего.

Болезнь	Мероприятия в отношении	
	больных, реконвалесцентов, бактерио- (вибрио) носителей (вирусоносителей)	лиц, общавшихся с больными

быть сняты с учета. При наличии остаточных явлений взрослые передаются в кабинет инфекционных заболеваний, где повторная диспансеризация проводится через 3 мес.

Дети, имеющие остаточные явления, наблюдаются в стационаре ежемесячно до их полного выздоровления.

В течение 2—4 нед реконвалесценты считаются временно нетрудоспособны, после чего при нормальном содержании билирубина в крови и хорошем самочувствии допускаются на работу; умеренная гиперферментемия (увеличение в 2—3 раза) не является противопоказанием. Диспансерное наблюдение за переболевшими гепатитом В проводят не позже чем через месяц после выписки стационаром, а далее при отсутствии отклонений — в поликлинике через 3, 6, 9, 12 мес после выписки. При наличии осложнений наблюдение ведет врач стационара. Реконвалесценты, у которых отсутствуют клинические проявления хронического гепатита, но имеется стойко НВ-антигенемия, госпитализируются для уточнения характера поражения печени. В дальнейшем они подлежат наблюдению и лабораторному исследованию по клиническим и эпидемиологическим показаниям. Снятие с учета производится при отсутствии хронического гепатита и 2-кратном отрицательном результате исследований на НВ-антиген, проведенных с интервалом 10 дней. К производственной деятельности и учебе переносящие гепатит В могут возвратиться при удовлетворительных химико-биологических показателях через 4—5 нед.

В течение 6 мес (а перенесшим гепатит В — 1 год) противопоказаны профилактические прививки. Переболевшие отстраняются от донорства. Больные вирусным гепатитом не допускаются одновременно с другими больными в общие перевязочные, процедурные и специальные кабинеты (стоматологические, гинекологические, урологические, отоларингологические, рентгенологические), для

Прием новых детей в эти учреждения допускается по разрешению эпидемиолога при условии предварительного введения им гамма-глобулина.

Дети, посещающие детские коллективы (в том числе школы, летние оздоровительные учреждения), имевшие в семье контакт с больным инфекционным гепатитом, могут быть допущены в коллективы с разрешения эпидемиолога при условии своевременного введения гамма-глобулина, установления за такими детьми регулярного медицинского наблюдения и немедленного их выведения из коллектива и госпитализации при появлении признаков заболевания.

При возникновении в соматической детской больнице или санатории случая гепатита А соблюдаются те же правила, что и в дошкольном учреждении. Прекращается перевод детей из палаты в палату и в другие отделения. Вновь поступающих детей рекомендуется размещать в отдельных палатах. Дети, достоверно перенесшие гепатит А, могут быть приняты без введения гамма-глобулина. В течение 2 мес со дня изоляции последнего больного в детском учреждении (в группе) и школе (классе) не должны проводиться плановые прививки, диагностические реакции, а также стоматологические обследования.

Детям от 1 года до 14 лет и беременным женщинам, имевшим непосредственное общение с заболевшими гепатитом А (в семье или группе, классе и т. д.), в течение 7—10 дней от начала болезни у заболевшего вводят иммуноглобулин в дозах: от 1 года до 10 лет — 1 мл, старше 10 лет — 1,5 мл. Введение его в более поздний срок нецелесообразно.

В дошкольных детских учреждениях при полной изоляции отдельных групп иммуноглобулин вводят детям группы (в школе — класса), в которой имело место заболевание. При неполной изоляции отдельных групп должен решаться вопрос о введении иммуноглобулина детям всего учреждения

Болезнь	Мероприятия в отношении	
	больных, реконвалесцентов, бактерио- (вибрио) носителей (вирусоносителей)	лиц, общавшихся с больными
	таких больных выделяются особые часы приема. В этих кабинетах обеспечивается соответствующий режим (смена и стерилизация инструментов, предметов ухода и т. д.). Здоровые носители HB-антигена — взрослые и дети, а также лица с хроническими формами вирусного гепатита, кроме работников станций и отделений переливания крови и предприятий, изготовляющих препараты крови, профессиональным и иным ограничениям не подвергаются	
Дизентерия и другие острые кишечные заболевания	Обязательной госпитализации подлежат больные с тяжелой и среднетяжелой формами заболевания, резко ослабленные и отягощенные сопутствующими заболеваниями, работники пищевых предприятий и лица, к ним приравненные. Госпитализация обязательна при невозможности соблюдения противоэпидемического режима по месту жительства больного, а также при нарушении режима. Больных, перенесших острые кишечные заболевания без бактериологически подтвержденного диагноза, выписывают не ранее 3 дней после клинического выздоровления. Те из них, кто имеет непосредственное отношение к производству продуктов питания, их хранению, транспортировке и реализации, и приравненные к ним, подвергаются однократному бактериологическому обследованию (в сроки не ранее 2 дней после окончания лечения) и выписываются при отрицательном результате исследования. Больные, перенесшие дизентерию и другие острые кишечные заболевания, подтвержденные бактериологически, выписываются не ранее чем через 3 дня после нормализации стула и температуры и одного отрицательного результата бактериологического исследования. Реконвалесценты — работники предприятий питания и лица к ним приравненные, а также дети, посещающие дошкольные детские учреждения, выписываются при этих условиях только после двукратного отрицательного бактериологичес-	За лицами, находившимися в контакте с больными, устанавливается 7-дневное медицинское наблюдение для выявления повторных заболеваний в очаге. Медицинские работники поликлиники и детских дошкольных учреждений осматривают общавшихся с больным и проводят медицинское наблюдение (термометрия, осмотр стула, пальпация кишечника и т. д.). При оставлении больного для лечения на дому в течение всего периода болезни в квартире проводится текущая дезинфекция силами населения под руководством медицинских работников. Работники пищевых предприятий, лица, к ним приравненные, и дети, посещающие дошкольные детские учреждения, находятся под медицинским наблюдением по месту жительства, работы (при наличии на предприятии или в учреждении медицинского работника) или в детском учреждении в течение 7 дней. В этот период их подвергают однократному бактериологическому исследованию в первые 3 дня наблюдения. При оставлении больного на дому медицинское наблюдение за общавшимися проводят в течение всего периода заболевания и 7 дней после выздоровления без отстранения от работы и без запрещения посещения детского учреждения

Болезнь	Мероприятия в отношении	
	больных, реконвалесцентов, бактерио- (вибрио)носителей (вирусоносителей)	лиц, общавшихся с больными
	ческого исследования, проведенного в указанные сроки. При хронической дизентерии выписка производится после стихания обострения, исчезновения токсикоза, стойкой (в течение 10 дней) нормализации стула и двукратных отрицательных результатов бактериологического исследования. Работники пищевых предприятий и лица, к ним приравненные, допускаются к исполнению своих обязанностей на основании справки врача стационара о выздоровлении без дополнительного бактериологического исследования. Дети, посещающие детские дошкольные учреждения, и дети из специализированных санаториев, выписанные из больницы, а также дети, лечившиеся на дому, допускаются в коллективы после клинического выздоровления на основании справки врача-педиатра. При этом за ними на протяжении месяца устанавливают наблюдение с контролем стула и в конце наблюдения однократным бактериологическим исследованием. Дети из детских домов и школ-интернатов допускаются в коллективы по выздоровлении, но в течение 2 мес после перенесенного заболевания им запрещаются дежурства по пищеблоку. Дети, перенесшие обострение хронической дизентерии, допускаются в детский коллектив при нормализации стула в течение 5 дней, хорошем общем состоянии, нормальной температуре и отрицательном результате однократного бактериологического исследования. Изоляцию бактерионосителей прекращают после их санации. Диспансерному наблюдению подлежат работники пищевых предприятий и лица, к ним приравненные, переболевшие дизентерией с установленным видом возбудителя, и бактерионосители. Из остальных групп населения наблюдением охватываются только больные хронической дизентерией или длительно страдающие неустойчивым стулом, работающие на пищевых предприятиях, и лица, к ним приравненные. Лица, страдающие хронической дизентерией, бактериологически	

Болезнь	Мероприятия в отношении	
	больных, реконвалесцентов, бактерио- (вибрио) носителей (вирусоносителей)	лиц, общавшихся с больными
	подтвержденной; бактерионосители, длительно выделяющие возбудитель, подлежат наблюдению в течение 3 мес с ежемесячным осмотром инфекционистом поликлиники или участковым врачом (детей осматривает участковый педиатр); бактериологические исследования перечисленных контингентов проводят один раз в месяц. В эти же сроки обследуют лиц, длительно страдающих неустойчивым стулом. Работники пищевых предприятий и лица, к ним приравненные, после выписки на работу остаются под диспансерным наблюдением в течение 3 мес. В этот период их ежемесячно осматривает врач кабинета инфекционных заболеваний или участковый врач и 1 раз в месяц проводится бактериологическое исследование. Работники пищевых предприятий и лица, к ним приравненные, страдающие хронической дизентерией, подлежат диспансерному наблюдению в течение 6 мес с ежемесячным бактериологическим исследованием. По истечении этого срока в случае полного клинического выздоровления эти лица могут быть допущены на работу по специальности. Во всех случаях длительного бактерионосительства проводят клиническое обследование и повторное лечение до выздоровления	
Дифтерия	Больные дифтерией или с подозрением на нее подлежат немедленной госпитализации (боксы, отдельные палаты инфекционных отделений больниц, провизорные отделения). В очаге дифтерийной инфекции заболевание ангиной с налетами или крупом рассматривают как подозрение на дифтерию; эти больные подлежат провизорной госпитализации. Носители токсигенных коринебактерий дифтерии (дети и взрослые) подлежат госпитализации в инфекционные отделения. При поступлении в отделение до начала антибиотикотерапии дважды проводят бактериологическое исследование с интервалом один день. Изоляцию носителей токсигенных коринебактерий дифтерии прекращают после	Для выявления всех лиц, соприкасавшихся с больным (носителем токсигенных коринебактерий дифтерии) по месту жительства, учебы, работы в детском учреждении, проводят бактериологическое исследование и медицинское наблюдение за ними в течение 7 дней с момента изоляции больного или носителя. Среди контактировавших с больным или носителем токсигенных коринебактерий дифтерии проводят одномоментное однократное бактериологическое исследование, начиная с лиц, непосредственно общавшихся с больным, и лиц с ЛОР-патологией, выявленных во всем коллективе. В течение недели следует закончить однократное обследование всего коллектива. В коллективе в течение 7 дней

Болезнь	Мероприятия в отношении	
	больных, реконвалесцентов, бактерио- (вибрио) носителей (вирусоносителей)	лиц, общавшихся с больными
	двукратного бактериологического исследования с отрицательным результатом, проводимого с интервалом 1—2 дня и не ранее чем через 3 дня после отмены антибиотиков. При повторном и длительном высеве лечение продолжается в стационаре. Вопрос о допуске в коллектив взрослых, детей и подростков с затяжным выделением токсигенных коринебактерий дифтерии решается комиссионно с участием эпидемиолога, педиатра (терапевта) и врача-отоларинголога при условии создания в коллективе прочной иммунной прослойки. За коллективом, куда допущен носитель, наблюдение эпидемиолога и педиатра (терапевта) продолжается до прекращения носительства. При этом проводят бактериологическое исследование носителя и контактных (детей и взрослых) один раз в 2 нед, а также периодические медицинские осмотры. В период пребывания в коллективе носителя токсигенных коринебактерий дифтерии с него вновь принимают только иммунных лиц (детей и взрослых). В некоторых случаях по усмотрению эпидемиологов возможна санация носителей токсигенных коринебактерий дифтерии на месте без их госпитализации. Это относится к коллективам (школы-интернаты, детские дома с численностью не более 300 человек) полностью привитых детей и подростков. Такая необходимость может возникнуть при одномоментном выявлении в коллективе 10—15 % и более носителей токсигенных дифтерийных бактерий. Взрослых носителей токсигенных коринебактерий дифтерии из коллектива изолируют. Носители нетоксигенных коринебактерий дифтерии не подлежат госпитализации и лечению антибиотиками	после последнего посещения заболевшего проводят ежедневную термометрию и врачебный осмотр детей, подростков и персонала. С целью выявления и лечения больных хроническим тонзиллитом в стадии обострения не реже одного раза в 3 дня проводится осмотр врачом-отоларингологом. В случае санации носителей токсигенных штаммов коринебактерий дифтерии на месте без госпитализации проводятся ежедневное врачебное наблюдение, в том числе врачом-отоларингологом, и термометрия; санация носителей и лиц с хронической патологией ЛОР-органов; провизорная госпитализация всех лиц с острыми воспалительными явлениями в носоглотке; бактериологическое исследование детей (1 раз в 2 нед) и персонала (каждую неделю); обеспечение иммунологической защиты неиммунных к дифтерии взрослых
Коклюш и паракоклюш	Изоляции подлежат заболевшие дети из дошкольных учреждений и школьники по клиническим показаниям (тяжелая и средней тяжести форма, легкая с частотой приступов кашля более 10 в сутки, наличие осложнений). Срок изоляции при отсутствии частого при-	Не болевшие коклюшем дети до 7 лет, общавшиеся с больным, разобщаются (карантин) при отсутствии у них кашля на 14 дней с момента контакта с больным, а если больной не изолирован, то на 25 дней от начала кашля у первого заболевшего. Дети старше 7 лет и

Болезнь	Мероприятия в отношении	
	больных, реконвалесцентов, бактерио-(вибрио)носителей (вирусоносителей)	лиц, общавшихся с больными
	ступообразного кашля — 25 дней от начала заболевания. При возникновении в очаге повторных заболеваний допуск в коллектив изолированных по клиническим показаниям проводится после улучшения самочувствия независимо от срока начала заболевания по разрешению участкового педиатра. Здоровых бактерионосителей коклюша в возрасте до 7 лет изолируют из коллектива до получения двух отрицательных результатов бактериологического исследования отделяемого зева	взрослые, обслуживающие детские учреждения, не разобщаются; за ними устанавливается медицинское наблюдение в течение 14 дней после изоляции больного и 25 дней от начала заболевания, если больной не изолирован
Корь	Больных изолируют на дому. Госпитализация проводится по клиническим показаниям. Изоляция больного прекращается через 4 дня от начала высыпания, а при наличии осложнений (пневмонии) — не ранее 10-го дня	Среди привитых против кори детей мероприятия не проводятся. Непривитым, не болевшим корью, при отсутствии противопоказаний срочно производят прививку коревой вакциной; при противопоказаниях осуществляют иммунизацию гамма-глобулином. Общавшиеся с больным непривитые и не болевшие корью дети подлежат разобщению на 17 дней, а получившие гамма-глобулины — на 21 день. При точно установленном времени контакта разобщение устанавливают с 8-го дня контакта.
Краснуха	Изоляция больного прекращается через 4 дня от начала высыпания. При появлении повторных заболеваний в детском учреждении заболевший допускается в данное детское учреждение после исчезновения острых явлений болезни	Разобщение не проводится.
Ку-лихорадка	Госпитализацию больных проводят по клиническим показаниям	Разобщение не проводится. Серологическому исследованию и термометрии подлежат члены семей заболевшего и ближайшие соседи, если предполагается, что заражение произошло по месту жительства. При установленном заражении на производстве серологическому исследованию подлежат лица, перенесшие в течение последних 3 мес лихорадочное заболевание, и здоровые, работающие совместно с заболевшим
Лептоспирозы	Больных госпитализируют по клиническим показаниям	Разобщение не проводится
Малярия	Больных изолируют на дому (в условиях, недоступных для укуса комара) или стационаре. Обяза-	Разобщение не проводится. На территориях, в которых имеется опасность распространения маля-

Болезнь	Мероприятия в отношении	
	больных, реконвалесцентов, бактерио- (вибрио) носителей (вирусоносителей)	лиц, общавшихся с больными
	тельной госпитализации подлежат больные с тяжелым течением и беременные. Выписка разрешается не ранее чем через 1 день после исчезновения из крови плазмодиев. После выписки из стационара реконвалесценты подлежат клиническому наблюдению инфекционистом или участковым терапевтом в течение 2 мес с однократным исследованием крови через месяц методом толстой капли. При появлении лихорадочных приступов на протяжении этого срока и в последующие 2 года с момента выезда из эндемичной зоны проводится срочно исследование крови на малярию методом толстой капли и тонкого мазка (для дифференциации видовых форм)	рии, в случае выявления больного или паразитоносителя в его окружении проводят гемоскопическое обследование членов его семьи и ближайших родственников
Менингококковая инфекция	Больных генерализованной формой менингококковой инфекции (ГФМИ) (или при подозрении на нее) немедленно госпитализируют в специализированные отделения инфекционных больниц, а при их отсутствии — в боксы или полубоксы. Больных с бактериологическим подтвержденным менингококковым назофарингитом, выявленных в очагах инфекции, в зависимости от тяжести клинического течения помещают в инфекционные больницы или специальные развернутые стационары. Они могут быть изолированы на дому, если в семье или квартире нет больных детей дошкольного возраста и лиц, работающих в детских дошкольных учреждениях, а также при условии проведения регулярного медицинского наблюдения и лечения. Выписка из стационара больных ГФМИ и назофарингитом производится после полного клинического выздоровления без бактериологического исследования на носительство менингококков. Носители менингококков, выявленные при бактериологическом исследовании в детских дошкольных коллективах, школах-интернатах и других детских учреждениях, выводятся из коллектива на срок проведения санации. Из коллектива взрослых, в том числе	В детских дошкольных учреждениях, домах ребенка, школах-интернатах, детских санаториях, школах (классах) запрещается сроком на 10 дней с момента изоляции последнего больного прием новых и временно отсутствующих детей, а также переводы детей и персонала из одной группы (класса) в другую; все лица, общавшиеся с больным в коллективе, семье (квартире), подвергаются медицинскому осмотру (в коллективах обязательно с участием отоларинголога). Особое внимание уделяется выявлению лиц с хроническими воспалительными явлениями в носоглотке и лиц, имеющих неясные «аллергические» высыпания на коже. При наличии патологических изменений в носоглотке больных изолируют из коллектива, а контактных в семье (квартире) не допускают в детские коллективы и школы до установления диагноза. Лиц с подозрительными высыпаниями на коже госпитализируют для исключения менингококкемии. В очаге в течение 10 дней проводится клиническое наблюдение с осмотром носоглотки, кожных покровов и ежедневной термометрией. Соприкасавшиеся с больным, оставленным на дому, дети, посещающие детские дошкольные учреждения, и лица, работающие в этих учреждениях, допускаются в

Болезнь	Мероприятия в отношении	
	больных, реконвалесцентов, бактерио- (вибрио) носителей (вирусоносителей)	лиц, общавшихся с больными

учебных заведений, носители не изолируются.

Носители менингококков — дети и взрослые, выявленные в семейных очагах, в детские школьные учреждения, школы, школы-интернаты, санатории, пионерские лагеря и другие детские учреждения не допускаются. Бактериологическое исследование коллективов, которые посещали эти носители, не проводится.

При выявлении носителя менингококков среди больных соматических стационаров его изолируют в бокс или полубокс. Вопрос о санации решается в зависимости от основного заболевания. При отсутствии возможности изоляции носителя курс санации проводится обязательно. Персонал отделения подвергается однократному бактериологическому исследованию, выявленные носители отстраняются от работы на время проведения санации. Больные острым назофарингитом (не подтвержденным бактериологически), выявленные в очаге менингококковой инфекции, подлежат лечению по назначению врача, установившего диагноз. Из детских дошкольных коллективов этих больных изолируют на время лечения и допускают в коллектив только после исчезновения острых явлений.

Выявленных носителей менингококков санируют на дому или в специально развернутых для этих целей отделениях, взрослых — ампициллином или левомицетином по 0,5 г 4 раза в день в течение 4 дней. Детям эти препараты назначают по той же схеме в возрастных дозах. Для санации носителей в закрытых коллективах взрослых рекомендуется рифампицин по 0,3 г через 12 ч в течение 2 дней. Через 3 дня после окончания курса санации носители независимо от примененного препарата подвергаются однократному бактериологическому исследованию и при наличии одного отрицательного анализа допускаются в коллективы.

При длительном носительстве (свыше 1 мес) и отсутствии воспалительных изменений в носоглотке носитель допускается в коллектив.

коллектив только после медицинского осмотра и однократного бактериологического исследования с отрицательным результатом.

Детям в возрасте до 1 года, общавшимся с больным генерализованной формой менингококковой инфекции, с профилактической целью вводят нормальный иммуноглобулин в дозе 1,5 мл, а в возрасте от 2 до 7 лет включительно — 3 мл. Препарат вводят внутримышечно однократно не позднее 7-го дня после регистрации первого случая заболевания.

В детских учреждениях производят бактериологическое исследование детей, бывших в общении с больными, и обслуживающего персонала всего учреждения; в школах — учащихся и преподавателей класса, где зарегистрирован больной; в школах-интернатах (круглосуточное пребывание детей) — учащихся, общавшихся с больными в классе и в спальной комнате, а также преподавателей и воспитателей данного класса; в семьях, квартирах — всех лиц, общавшихся с больными; в вузах, средних учебных заведениях, ПТУ, спецучилищах при возникновении случая заболевания на I курсе — преподавателей и студентов всего курса; на старших курсах — только общавшихся с больным в учебной группе и комнате общежития; в других организованных коллективах — лиц, проживающих в общежитии.

В детских дошкольных учреждениях бактериологическое исследование соприкасающихся с больным проводят не менее 2 раз с интервалом 3—7 дней, в остальных коллективах — однократно. В помещении детских и школьных учреждений проводят ежедневную влажную уборку. Максимально разуплотняются спальни, проводят частое проветривание, облучение ультрафиолетовыми и бактерицидными лампами.

В эпидемическом очаге целью предотвращения вторичных заболеваний в первые 5 дней после выявления первого случая заболевания ГФМИ проводят экстренную вакцинопрофилактику менингококковой вакциной следующим контин-

Болезнь	Мероприятия в отношении	
	больных, реконвалесцентов, бактерио- (вибрио) носителей (вирусоносителей)	лиц, общавшихся с больными
	Реконвалесценты менингококковой инфекции допускаются в детские школьные учреждения, школы, школы-интернаты, санатории и учебные заведения после одного отрицательного результата бактериологического исследования, проводимого не ранее чем через 5 дней после выписки из стационара или выздоровления больного назофарингитом на дому. Различные профилактические прививки реконвалесцентам, перенесшим генерализованную форму менингококковой инфекции, проводят в течение 6 мес после выздоровления, переболевшим менингококковым назофарингитом — через 2 мес, носителям — через 1 мес после освобождения от возбудителя	гентам: — лицам, общавшимся с больным в детском учреждении, школьном классе, семье, квартире, спальном помещении общежития, и дружественные контакты; — лицам, поступающим в коллектив (вакцина вводится им за неделю до поступления), учащимся I курса средних и высших учебных заведений при возникновении заболеваний ГФМИ на I курсе или на старших курсах; — учащимся старших курсов, общавшимся с больным в группе или в комнате общежития; — проживающим в сельской местности детям, школьникам, учащимся СПТУ и пр., а также всем лицам, находившимся в общении с больным в населенном пункте, в котором в течение последних 3 лет не регистрировались заболевания ГФМИ. В иммунизированных коллективах карантин не устанавливается, бактериологического исследования, гамма-глобулинопрофилактики контактным старше 1 года не проводится
Оспа ветряная	Больных изолируют на дому. Изоляция прекращается не ранее чем через 5 дней с момента последнего высыпания. При появлении повторных заболеваний в детском учреждении заболевший допускается в данное детское учреждение после исчезновения острых явлений болезни	Для детей до 7 лет, не болевших ранее ветряной оспой, разобщение применяется в течение 21 дня с начала контакта независимо от того, изолирован больной или нет. При точном установлении времени контакта разобщение проводится с 11-го по 21-й день предполагаемой инкубации. При появлении повторных заболеваний в детском учреждении разобщение не применяется и по отношению к детям, не перенесшим болезни
Паротит эпидемический	Больные подлежат изоляции на дому. Изоляция прекращается через 9 дней от начала заболевания при условии исчезновения острых клинических симптомов. При появлении повторных заболеваний в детском учреждении заболевший допускается в учреждение после исчезновения острых явлений болезни	Дети до 10 лет, соприкасавшиеся с больным, не болевшие паротитом, подлежат разобщению на 21 день от начала контакта с больным. При точном установлении времени контакта дети, не болевшие паротитом, допускаются в детские учреждения в первые 10 дней предполагаемой инкубации; с 11-го по 21-й день инкубации они подлежат разобщению. При появлении повторных заболеваний в детском учреждении разобщение не применяется и по отношению к детям, не перенесшим болезни.

Болезнь	Мероприятия в отношении	
	больных, реконвалесцентов, бактерио- (вибрио) носителей (вирусоносителей)	лиц, общавшихся с больными
Полиомиелит	Больные подлежат обязательной госпитализации. Изоляция больных с паралитическими формами прекращается после исчезновения острых клинических проявлений, но не ранее 40 дней. Больные с легкими паралитическими заболеваниями с хорошим восстановлением изолируются на 21-й день	Лица, имевшие тесный контакт с больными острым полиомиелитом (дети в возрасте до 15 лет и взрослые, работающие в детских учреждениях, столовых, продовольственных магазинах, в системе молокоснабжения и других пищевых предприятиях, а также на водопроводе, подлежат немедленной однократной иммунизации живой полиомиелитной вакциной. Срок изоляции 20 дней. При выявлении больного полиомиелитом в детском учреждении, школе прививки ЖВС проводят только в группе (классе), где был больной. При выявлении больного в палате неполиомиелитного стационара однократную иммунизацию проводят только больным и персоналу той палаты, где находится больной. В случае невозможности (противопоказания) проведения прививок ЖВС больным, контактным по палате, назначается карантин на 20 дней
Сальмонеллезы	Госпитализация больных (а в отдельных случаях бактерионосителей) проводится по клиническим и эпидемиологическим показаниям. Вопрос об оставлении больного на дому решается участковым врачом и согласовывается с врачом-эпидемиологом. Обязательной госпитализации подлежат работники пищевых предприятий и лица, к ним приравненные, дети из дошкольных детских учреждений. В случае возникновения внутрибольничного заражения сальмонеллезом больные дети (и матери) переводятся в инфекционную больницу, при групповых заболеваниях возможна временная организация специального отделения на месте с привлечением для обслуживания больных инфекциониста. Выписка из больницы работников пищевых предприятий и лиц, к ним приравненных, производится после полного клинического выздоровления и троекратного бактериологического исследования кала, проводимого не раньше 3-го дня после окончания специфического лечения с интервалом 1 день. Лица, не выделяющие сальмонелл	Работники пищевых предприятий и лица, приравненные к ним, общавшиеся с больным, подвергаются бактериологическому исследованию. В случае выделения сальмонелл для установления характера носительства им проводится в течение 2 нед 5 бактериологических анализов кала, дуоденального содержимого и 2 серологических анализа. В случае установления диагноза транзиторного носительства (с учетом отрицательных результатов лабораторного и клинического исследования) такие лица допускаются к работе. В случае возникновения групповых заболеваний прием новых детей в это учреждение до купирования вспышки прекращается. При подозрении на внутрибольничное заражение с целью своевременного выявления бессимптомных носителей, которые могут служить в дальнейшем источником инфекции, проводят бактериологическое исследование детей, персонала и матерей, ухаживающих за детьми. При организации работы детского отделения необходимо максимально ограничить перемещение

Болезнь	Мероприятия в отношении	
	больных, реконвалесцентов, бактерио- (вибрио) носителей (вирусоносителей)	лиц, общавшихся с больными
	после выписки из больницы, допускаются к работе. Реконвалесценты — работники пищевых и приравненных к ним предприятий и учреждений, продолжающие выделять сальмонеллы после выписки из больницы, не допускаются к основной работе в течение 15 дней и трудоустраиваются на такую работу, где они не будут представлять эпидемической опасности. В этот период проводят троекратное исследование кала. При повторном положительном результате такой же порядок обследования повторяется еще в течение 15 дней и т. д. При установлении бактерионосительства более 3 мес эти лица как хронические носители сальмонелл отстраняются от работы по специальности на срок не менее одного года. По истечении этого срока у них проводится троекратное исследование кала и однократное — желчи с интервалом 1—2 дня. При получении отрицательных результатов эти лица допускаются к основной работе. При получении хотя бы одного положительного результата исследований после одного года наблюдений эти лица рассматриваются как хронические бактерионосители и устраняются от работы по специальности навсегда. Они должны состоять на учете в санитарно-эпидемиологической станции по месту жительства. Дети, посещающие ясли (находящиеся в домах ребенка) — выделители сальмонелл, после выписки из больницы не допускаются в коллектив в течение 15 дней (проводится троекратное исследование кала с интервалом 1—2 дня). В случае выделения возбудителя в этот период срок наблюдения продлевается еще на 15 дней и т. д. Дети — хронические бактерионосители в детские ясли (дома ребенка) не допускаются. Дети — бактерионосители антибиотикоустойчивого штамма сальмонеллы тифи муриум не допускаются в детские сады. Дети, посещающие общеобразовательные школы, в том числе школы-интернаты, в случае установления	детей из палаты в палату, а также по возможности сократить число детей, находящихся в одной палате, соблюдать цикличность при заполнении палат. Персонал, обслуживающий больных детей, должен быть закреплен за соответствующими отделениями (постами, палатами, боксами)

Болезнь	Мероприятия в отношении	
	больных, реконвалесцентов, бактерио- (вибрио) носителей (вирусоносителей)	лиц, общавшихся с больными
	бактерионосительства после выписки из больницы допускаются в коллективы, но им запрещается дежурство на пищеблоках. Выявленные бактерионосители — работники пищевых, детских учреждений и приравненные к ним лица подлежат дополнительному обследованию для выяснения характера бактерионосительства (острое, хроническое, транзиторное). Им проводится в течение 2 нед 5 бактериологических анализов кала, 2 серологических анализа (определение специфических антител различной физико-химической природы в реакции гемагглютинации) и однократное бактериологическое исследование дуоденального содержимого. В случае установления хронического бактерионосительства в отношении этих лиц проводятся такие же мероприятия, как указано выше. Установление диагноза «транзиторное носительство» возможно с учетом данных лабораторного (отрицательного) результата и клинического обследования, такие лица допускаются к работе без дополнительного обследования.	
Сибирская язва	Больных госпитализируют в инфекционные больницы или отделения, а при их отсутствии — в отдельную палату соматической больницы. Реконвалесцентов при кожной форме изолируют до момента отпадения струпьев, эпителизации и рубцевании язв; при септической форме — до клинического выздоровления	Разобщение не применяется. За лицами, соприкасавшимися с больным или с инфицированным материалом, устанавливается медицинское наблюдение в течение 8 дней. В очаге проводят дезинфекцию помещений, оборудования и инвентаря и санитарную обработку лиц, соприкасавшихся с заразным материалом. Лицам, соприкасавшимся с больным, животным или инфицированным материалом, проводят экстренную профилактику противосибиреязвенным гамма-глобулином или антибиотиками. Их не применяют, если прошло более 5 сут после употребления инфицированного мяса или 10 дней после инфицирования кожных покровов
Синдром приобретенного иммунного дефицита (СПИД)	Госпитализация проводится по клиническим показаниям. Больные и носители вируса «ВИЧ» подлежат диспансерному наблюдению в кабинетах инфекционных заболеваний поликлиник	Лиц, общавшихся с больным, обследуют методом ИФА. При положительном результате повторно обследуют через 6 мес, при отрицательном — наблюдение прекращают

Болезнь	Мероприятия в отношении	
	больных, реконвалесцентов, бактерио- (вибрио)носителей (вирусоносителей)	лиц, общавшихся с больными
Скарлатина	Обязательной госпитализации подлежат больные с тяжелой и среднетяжелой формами болезни, а также больные, которым нельзя обеспечить изоляцию и правильный уход в домашних условиях. Эпидемиологическими показаниями к госпитализации являются: наличие в семье детей в возрасте от 3 мес до 7 лет и школьников первых двух классов, не болевших скарлатиной, а также взрослых, работающих в дошкольных детских учреждениях, первых двух классах школ, хирургических и родильных отделениях, детских больницах и поликлиниках, молочных кухнях, при невозможности изоляции их от заболевшего. Изоляция больного (в больнице или на дому) прекращается после клинического выздоровления, но не ранее чем через 10 дней от начала заболевания. Больные с ангинами из очага скарлатины (дети и взрослые), выявленные в течение 7 дней после регистрации последнего случая, не допускаются в перечисленные выше учреждения в течение 22 дней со дня заболевания (так же как и больные скарлатиной). Посещение детьми-реконвалесцентами дошкольных детских учреждений и первых двух классов школ допускается после дополнительной изоляции на дому в течение 12 дней после клинического выздоровления. Реконвалесценты закрытых детских учреждений (дома ребенка, детские дома, санатории, школы-интернаты) после выписки из стационара подлежат дополнительной изоляции на 12 дней в том же закрытом детском учреждении при наличии в нем условий для изоляции. Реконвалесценты-взрослые, работающие в учреждениях, перечисленных выше, с момента клинического выздоровления переводятся на другую работу (где они не представляют эпидемической опасности на срок 12 дней	Не болевшие скарлатиной дети, общавшиеся с больным, посещающие дошкольные детские учреждения и первые два класса школы, не допускаются в эти учреждения в течение 7 дней с момента изоляции больного. За детьми, переболевшими скарлатиной, а также за школьниками старших классов и взрослыми, работающими в дошкольных детских учреждениях, первых двух классов школ, хирургических и родильных отделениях, детских больницах и поликлиниках, молочных кухнях, устанавливается медицинское наблюдение на 7 дней после изоляции больного. В случае общения с больным в течение всего периода болезни дети, не болевшие скарлатиной, посещающие дошкольные детские учреждения и первые два класса школ, не допускаются в указанные учреждения в течение 17 дней от начала контакта с заболевшим. Дети, переболевшие скарлатиной, и взрослые, работающие в учреждениях, перечисленных выше, и проживающие в одной семье с заболевшим, допускаются в детские учреждения и на работу. За ними устанавливается ежедневное медицинское наблюдение в течение 17 дней от начала контакта с заболевшим
Сыпной тиф	Больные подлежат немедленной госпитализации. В случае выявления реконвалесцента, перенесшего сыпной тиф, его госпитализируют по клиническим показаниям.	Разобщение прекращается после тщательной санитарной обработки контактировавших лиц, дезинсекции белья, одежды, постельных принадлежностей и жилища больного.

Болезнь	Мероприятия в отношении	
	больных, реконвалесцентов, бактерио- (вибрио) носителей (вирусоносителей)	лиц, общавшихся с больными
	Лихорадящие больные с предварительным диагнозом, не исключающим сыпной тиф (грипп, пневмония, энцефалиты и др.), в случае продолжения лихорадки более 5 дней подлежат двукратному (первое исследование с 6-го дня болезни, интервал 3—5 дней) серологическому исследованию. Переболевших сыпным тифом выписывают из стационара не ранее 12-го дня после установления нормальной температуры	Лица, соприкасавшиеся с больным как в период инкубации, так и в период заболевания, подвергаются 25-дневному наблюдению с ежедневной термометрией, считая с момента проведения санитарной обработки. Соприкасавшихся с больным осматривают на педикулез до санитарной обработки. При педикулезе лабораторному исследованию подвергаются все лица, находившиеся в контакте с больным. При отсутствии педикулеза лабораторному исследованию подлежат лица, перенесшие заболевание в течение 3 мес до выявления очага
Туляремия	Больные не опасны для окружающих. Их госпитализируют для лечения	Разобщение не приводится
Холера	Больных холерой и с подозрением на нее и вибриононосителей госпитализируют в специальный госпиталь (отделение инфекционной больницы), больных с дисфункцией желудочно-кишечного тракта очага холеры — в провизорный стационар. Выписка больных холерой (вибриононосителей) производится после их выздоровления, завершения курса антибиотикотерапии и получения отрицательных результатов троекратного исследования испражнений (а у лиц, работающих на пищевых предприятиях и к ним приравненных,— кроме того, после однократного исследования желчи — порций В и С). Исследование начинают через 24—36 ч после окончания антибиотикотерапии. Лиц, перенесших холеру, допускают к работе (учебе) сразу после выписки из стационара. Их ставят на учет в санитарно - эпидемиологической станции и поликлинике. Диспансерное наблюдение осуществляется кабинетом инфекционных заболеваний, а при его отсутствии — терапевтом (педиатром) в течение 3 мес. В первый месяц бактериологически исследуют желчь однократно, испражнения 1 раз в 10 дней, в дальнейшем испражнения 1 раз в месяц до окончания диспансерного наблюдения. Первое исследование испражнений проводят после дачи слабительного. В случае выявления	Помещают в изолятор лиц, имевших контакт с больным холерой (вибриононосителем) в бытовых условиях: членов семьи больного, а также проживающих в одной коммунальной квартире, пользующихся общим туалетом, кухней и имеющих другие формы непосредственного постоянного контакта, а также лиц из числа контактировавших, подвергавшихся одинаковому с больным (вибриононосителем) риску заражения. Показания к изоляции контактировавших определяются эпидемиологом с учетом степени контакта с больным (вибриононосителем), уровня санитарного благоустройства мест общего пользования, особенностей профессиональной деятельности и связанной с этим степени их эпидемиологической опасности. В условиях сельской местности и частных домовладениях допускается оставление на дому одного из трудоспособных членов семьи, подлежащих изоляции, для ведения домашнего хозяйства. За контактировавшими, которые не помещены в изолятор, устанавливают медицинское наблюдение по месту жительства в течение 5 сут с троекратным бактериологическим исследованием на холеру и профилактическим лечением антибиотиками. За лицами, контактировавшими с больным (вибриононосителем) в условиях производства, учебы и т. п., устанавливают медицинское наблюдение в течение

Болезнь	Мероприятия в отношении	
	больных, реконвалесцентов, бактерио- (вибрио) носителей (вирусоносителей)	лиц, общавшихся с больными
Холера	вибриононосительства у реконвалесцентов их госпитализируют для лечения, после чего диспансерное наблюдение возобновляют. Снятие с учета производят после полного выздоровления при отсутствии выделения холерных вибрионов в течение срока диспансерного наблюдения. Снятие с учета производится комиссионно главным врачом поликлиники, инфекционистом и эпидемиологом	5 сут и по эпидемиологическим показаниям проводят однократное бактериологическое исследование. Этим лицам разрешается продолжать работу
Чума	Больные чумой подлежат обязательной госпитализации в специально развернутые госпитали. Выписка допускается не ранее чем через месяц после исчезновения всех симптомов при отрицательных результатах бактериологического исследования. При бубонной форме чумы бактериологическое исследование пунктатов бубонов проводят двукратно с промежутком 2 дня; при первичной легочной чуме и метастатической пневмонии необходимы отрицательные результаты многократных бактериологических исследований мокроты. После выписки медицинское наблюдение продолжают в течение 3 мес	Подлежат изоляции в специальные изоляторы лица, общавшиеся с больными чумой, трупами, с зараженными вещами, участвовавшие в вынужденном забое больного животного и т. д. При легочной форме чумы проводят индивидуальную изоляцию контактировавших лиц. Изоляцию прекращают через 6 дней после разобщения с больным при нормальной температуре тела (при обязательной термометрии 2 раза в день — утром и вечером). Всем контактировавшим проводят курс профилактического лечения вибромицином 1 капсула в сутки или стрептомицином по 0,5 г в/м 2 раза в сутки. В зависимости от эпидемиологических особенностей заболевания определяют зону, в которой проводят термометрию всему населению. Всех лихорадящих больных, выявленных при повторных обходах помещают в провизорный госпиталь. При возможности передачи инфекции блохами карантин устанавливают на 12 дней после проведения дезинсекции

6. ДЕЗИНФЕКЦИОННЫЕ СРЕДСТВА

Порядок применения дезинфицирующих средств при текущей дезинфекции. Белье кипятят 15 мин в 2 % растворе натрия гидрокарбоната (сода) или замачивают в дезинфицирующем растворе из расчета 4 л на 1 кг сухого белья (белье должно быть полностью погружено в раствор); по окончании экспозиции (см. табл. I—IV к приложению 6) белье стирают и прополаскивают.

Столовую посуду освобождают от остатков пищи, моют или кипятят в 2 % растворе соды 15 мин или погружают в дезинфицирующий раствор. В среднем расходуется 2 л раствора на комплект посуды (чашка, блюдце, глубокая и мелкая тарелки, чайная и столовая ложки, вилка и нож).

Игрушки (пластмассовые, резиновые, деревянные, металлические) моют горячим 2 % раствором соды или погружают в емкость, заполненную дезинфицирующим раствором, которую закрывают, препятствуя всплытию игрушек, или протирают их ветошью, смоченной в растворе дезсредств. Металлические игрушки не обрабатывают растворами, вызывающими коррозию.

Помещения (пол, стены, двери) и предметы обихода орошают раствором дезсредства из расчета 300 мл/м^2 или протирают смоченной в нем ветошью (средний расход при этом 200 мл/м^2).

Сантехнические установки (унитазы, раковины, ванны) орошают или протирают дезраствором (500 мл/м^2) или протирают дезинфицирующим порошком с последующей промывкой.

Мягкие игрушки, мягкую мебель чистят щеткой, смоченной в дезинфицирующем растворе; при обработке вещей с цветной обивкой следует использовать необесцвечивающие растворы дезинфицирующих средств.

Уборочный инвентарь кипятят в растворе соды или замачивают в растворе дезинфицирующих средств.

Выделения больных засыпают сухими дезинфицирующими средствами или заливают концентрированными растворами.

Большинство дезинфицирующих средств могут оказывать раздражающее действие (при их разведении и распылении) на слизистые оболочки верхних дыхательных путей и глаз, а некоторые — и на кожу рук. Поэтому при работе с ними следует применять меры индивидуальной защиты (халаты, косынки, резиновые перчатки, очки, респираторы).

Ниже представлены (в алфавитном порядке) характеристики препаратов, применяемых при текущей дезинфекции, а в табл. 1—4 — концентрации растворов по разведению препаратов и экспозиции при использовании различных препаратов в зависимости от инфекции и объекта обеззараживания.

Амфолан — водный концентрат катионовых и амфолитных поверхностно-активных веществ (30 % активно действующего вещества — АДВ), коричневого цвета, с характерным запахом. Сохраняется в закрытой стеклянной и эмалированной таре 2 года. Растворы препарата обладают хорошими смачивающими и моющими свойствами, не коррозируют металлы, не обесцвечивают ярко окрашенные ткани и не снижают их прочности. Эффективен против вегетативных форм бактерий (кроме туберкулеза). Применяется при текущей и заключительной дезинфекции и для профилактической дезинфекции медицинских стационаров. Обеззараживание осуществляют методами погружения, замачивания и протирания (орошение не применяется вследствие обильного пенообразования) в концентрациях по АДВ 0,5—2 % (1,7—7 % по препарату) и с экспозицией 15—60 мин.

Гибитан (хлоргексидин) — прозрачный раствор 20 % хлоргексидина глюконата. Не имеет запаха, хорошо смешивается с водой, обладает моющим действием, стабилен при хранении и особых условий хранения не требует. Обладает выраженной антимикробной активностью в отношении грамотрицательных и грамположительных микроорганизмов (возбудителей кишечных и капельных инфекций) в вегетативной форме. В отношении спор малоактивен. Применяют в виде 0,5—1 % водных растворов с экспозицией 30—120 мин при текущей, заключительной и профилактической дезинфекции. 2,5 % раствор в 75 % спирте применяется для протирания рук (2—3 мин) и обеззараживания аппаратуры и инструментов. Для приготовления 1 л 1 % раствора по препарату (0,2 % по АДВ) смешивают (в любой посуде) 10 г препарата и 990 мл воды.

Гипохлорид натрия (ГХ натрия) и гипохлорид кальция (ГХ кальция) — соли хлорноватистой кислоты. ГХ натрия марки А и Б — прозрачная зеленовато-желтая жидкость (допускается взвесь); содержание активного хлора 17 %, ГХ натрия марки В — жидкость желтоватого или коричневого цвета, содержит 12 % (I сорт) и 9,5 % (II сорт) активного хлора. ГХ кальция окрашен, содержит примесь взвешенных частиц; I сорт — 10 %, II сорт — 8 % активного хлора. Растворы ГХ натрия и кальция нестойки и при хранении разлагаются; хранят в закрытых, сухих, прохладных, хорошо проветриваемых помещениях. Применяют взамен хлорной извести, ДТСГК (см. ниже) при текущей, заключительной и профилактической дезинфекции (0,25—1 % растворы по активному хлору). Белье, ткани и металлические предметы без коррозионностойкого покрытия растворами ГХ не обрабатывают. Для приготовления рабочего раствора ГХ следует руководствоваться приведенной ниже таблицей.

Двутретьосновная соль гипохлорида кальция (ДТСГК) — белый кристаллический порошок с запахом хлора, содержит 50 % или 55 % активного хлора. Хранится от 2 до 5 лет с образованием небольшого осадка. Эффективен против бактерий и вирусов. Применяется при текущей, заключительной и профилактической дезинфекции, прежде всего грубой (сантехнические установки, места общего пользования и т. д.). Растворы ДТСГК обесцвечивают и портят ткани, коррозируют металлические поверхности, вызывают изменения лакированных поверхностей, поэтому препарат не рекомендуется применять

Препарат	Марка, сорт		Концентрация по активному хлору, %	Концентрация по препарату, %	Количество, препарата, мл	Количество воды, мл
Гх натрия	А и Б		1	6,0	60	940
	В	I сорт	1	8,4	84	916
		II сорт	1	10,0	100	900
ГХ кальция	I сорт		1	11,0	111	889
	II сорт		1	12,5	125	875

для обработки дорогих и ярко окрашенных тканей, металлических предметов без коррозионностойкого покрытия, лакированных поверхностей и т. д. Вследствие большей активности по сравнению с хлорной известью расход препарата почти вдвое меньше. Разрешен для продажи населению.

Дезам — порошок белого или желтоватого цвета с запахом хлора. Содержит 13 % активного хлора. Хорошо растворяется в воде. Растворы не портят обеззараживаемые предметы. Стабилен. Срок годности 12 мес. Малотоксичен. Активен в отношении вегетативных форм бактерий и вирусов. Применяют при текущей, заключительной и профилактической дезинфекции в концентрации 0,25—1 % с экспозицией от 15 мин до 3 ч. Разрешен для продажи населению. В домашних условиях раствор готовят из расчета 1 столовая ложка (25 г) на 5 л воды.

Дезоксон-1 — бесцветная жидкость со специфическим запахом уксуса, содержит 5—8 % надуксусной кислоты; хорошо растворим в воде и спирте. Растворы препарата коррозируют изделия из низкосортной стали. При хранении в стеклянной или полиэтиленовой таре при температуре не выше +30 °С сохраняет активность 6 мес. Водные растворы быстро теряют активность и потому используются сразу после приготовления. Обладает высокой активностью в отношении всех форм бактерий, вирусов и грибов. Применяют для текущей и заключительной дезинфекции и стерилизации (1—2 % растворы — 30—120 мин). Растворы готовят в стеклянной, эмалированной или полиэтиленовой посуде.

Дихлор-1 — порошок белого или слегка желтоватого цвета со слабым запахом хлора. В препарате содержится калиевая соль дихлоризоциануровой кислоты (7 % в пересчете на активный хлор). Растворимость в воде 10—12 %. Активен в отношении вегетативных форм бактерий и вирусов. Обладает отбеливающим действием на белье. Не оказывает кожно-резорбтивного и местно-раздражающего действия. При ингаляции незначительно раздражает органы дыхания. Применяют при текущей и заключи-

тельной дезинфекции (растворы 1—2 % концентрации с экспозицией 15—120 мин), в частности, для дезинфекции и отбеливания белья. Препарат разрешен для продажи населению.

ДП-2 — порошок белого цвета с запахом хлора. Содержит трихлоризоциануровую кислоту; содержание активного хлора — 40 %. Срок хранения 3 года. Хорошо растворяется в воде. Водные растворы активны в течение суток. Обладает широким спектром активности в отношении бактерий (включая спорообразующие), вирусов и грибов. Применяют при текущей, заключительной и профилактической дезинфекции (0,1—0,2 % растворы при экспозиции 30—120 мин; при сибирской язве — 3—7,5 % растворы). Рабочие растворы соответствующей концентрации с учетом исходного содержания активного хлора готовят в эмалированных ведрах, бутылях, баках. Например, при исходной концентрации 35 % для приготовления 1 л 0,2 % рабочего раствора берут 0,57 г; 0,08 %—2,28 г; 1,2 %—34,29 г. При исходной концентрации 40 % соответственно 0,5; 2,0; 30,77 г.

Калиевая и натриевая соль дихлоризоциануровой кислоты — порошок с запахом хлора. Растворяется в воде без осадка. При хранении стабильна. Водные растворы сохраняют активность в течение 3 сут. Не вызывает видимой коррозии металла, обесцвечивания тканей. Обладает высокой активностью в отношении бактерий, вирусов и грибов. Рабочие растворы препарата готовят в любой посуде, растворяя порошок в воде или 0,5 % растворе моющего средства. Приготовленные растворы активны в течение 3 сут. Пименяют для текущей и заключительной дезинфекции в больнице.

Лизол (А-санитарный) — буро-коричневая жидкость с резким запахом фенола. Представляет собой смесь фенолов (50 %) и жидкого натриевого мыла. Хорошо растворяется в воде (лучше — в подогретой). Водные растворы прозрачны или слегка опалесцируют, обладают маркостью, бактерицидны в отношении вегетативных форм бактерий (кроме туберкулеза), а в 5—10 % концентрации обладают и инсектицидным действием. Пригодны для текущей и заключительной дезинфекции, прежде всего грубой, в тех случаях, когда маркость и остающийся на некоторое время запах не служат препятствием.

Метилсиликат натрия — белый кристаллический порошок без запаха, хорошо растворимый в воде; 2 % раствор эффективен в отношении бактерий кишечной группы, обладает также моющими, обеззараживающими и отбеливающими свойствами, не обесцвечивает тканей. Применяют при текущей и заключительной дезинфекции.

Нейтральный гипохлорит кальция (НГК) — порошок белого цвета с содержанием активного хлора 70; 60 и 50 % (I, II, III сорт). При хранении стабилен, сохраняет активность в течение 8 лет. Обладает широким спектром антимикробного действия. Применяют в виде неосветвленных и осветленных (полученных после отстаивания в течение 2 ч) растворов, прежде всего для грубой дезинфекции (уборочный инвентарь, нежилые помещения и т. д.).

Ниртан — препарат на основе алкилметиламмония хлорида. Порошок светло-желтого цвета, хорошо растворим в воде. Препарат не меняет свойств в течение 5 лет, его растворы также длительно сохраняют активность; водные растворы слегка мутноваты и слегка пенятся, не коррозируют металлические предметы, не обесцвечивают ткани, обладают хорошими смачивающими и моющими свойствами. Активен (1—3 % растворы, экспозиция 15—60 мин) в отношении бактерий (кроме спорообразующих и туберкулезных) и против грибов (3—5 % растворы, 30—120 мин). Применяют при текущей, заключительной и профилактической дезинфекции.

Пергидроль — 30 % раствор — перекись водорода. Смешивается с водой в любых соотношениях. Водные растворы бесцветны и лишены запаха. Активны в отношении всех форм бактерий и вирусов. Растворы 3—6 % концентрации вызывают порчу красок, лаков, эмали. При температуре ниже 15 °С следует применять теплые 30—35 % растворы. Применяют для обработки резиновых предметов, при текущей и профилактической дезинфекции и предстерилизационной обработке инструментов в смеси с 0,5 % моющих средств (сульфонол, «Прогресс», «Лотос», «Астра», «Айна» и др.), что придает им, кроме дезинфицирующих, и моющие свойства. Для приготовления 3 % раствора берут 1 часть пергидроля и 9 частей воды. Для приготовления 1 л 3 % перекиси водорода с 0,5 % моющего средства берут 100 г пергидроля (30 %) и 5 г моющего средства на 895 мл воды.

Сода — углекислый натрий; 1—2 % растворы обладают слабым бактерицидным действием; 2—5 % растворы используются для кипячения белья, посуды и инструментов. Сода повышает в растворах точку кипения.

Сульфохлорантин — порошок кремового цвета с умеренным запахом хлора; содержит 15,6 % активного хлора. Сохраняет активность в темном сухом помещении в течение года. Рабочие растворы сохраняют активность в течение 24 ч с момента приготовления. Водные растворы обладают моющими свойствами, не портят предметы, не обесцвечивают тканей. В 5—10 раз активнее хлорамина в отношении бактерий и вирусов. Применяют (0,1—0,2 % растворы; экспозиции 30—120 мин) для текущей и заключительной дезинфекции. Растворы готовят в любой посуде, растворяя порошок в воде.

Формальдегид, альдегид муравьиной кислоты — газ с удушливым запахом. Растворяется в воде; неудобен в обращении, поэтому применяется в виде 40 % водного раствора — формалина. Обладает широким антимикробным спектром действия. Применяют для обеззараживания обуви, тканей, инструментов и т. д., а также (путем выпаривания или экстрагирования) в камерной дезинфекции и при обработке закрытых помещений. Оказывает раздражающее действие на слизистые оболочки глаз и дыхательных путей, поэтому его рекомендуется применять в отсутствие людей.

Хлорамин (монохлорамин Б) — натриевая соль хлорида бензосульфокислоты. Кристаллический порошок белого цвета, иногда с желтоватым оттенком, со слабым запахом хлора. Обычно содержит 26 % активного хлора. В воде растворяется до 20 %; стабилен (при хранении в темноте в посуде с хорошо притертой пробкой сохраняется годами), теряя не более 0,1 % активного хлора в год. Высокоактивен против всех видов микроорганизмов (против спор и грибов в активированной форме). Теплые растворы обладают большей активностью. Рабочие растворы (0,2—10 %) готовят путем размешивания порошка до полного растворения в воде (лучше подогретой до 50—60 °С). Они сохраняют активность в течение 15 дней. Активированные растворы хлорамина, обладающие значительно большей активностью (за счет быстрого выделения хлора), готовят, добавляя в раствор (после полного растворения порошка хлорамина) активаторы: соли аммония (хлорид, сульфат или нитрат) или аммиак. Для обеззараживания поверхностей используют оба вида активатора, для дезинфекции погружением — только аммонийные соли. Для приготовления 1 л 1 % активированного раствора добавляют 2,6 г аммонийной соли или 0,3324 г аммиака (324 г нашатырного спирта, т. е. 10 % аммиака). Активированные растворы нестойки, и их применяют сразу после приготовления раствора 1 % концентрации и выше могут несколько изменить окраску ткани. Все активированные растворы портят и обесцвечивают ткани.

Х л о р а м и н   Х Б содержит 24—27 % активного хлора. По структуре и свойствам близок к хлорамину Б. Однако его растворы слегка мутные, менее стандартны, обесцвечивают ткани, обои; при распылении раздражают дыхательные пути.

Хлорбетанафтол — темная паста, содержит 33,3 % 1-хлор-бета-нафтола в калийном мыле. При хранении при температуре 15—18 °С сохраняет свои свойства 2—3 года; водные эмульсии препарата применяют при текущей и заключительной дезинфекции при кишечных инфекциях, туберкулезе и дерматомикозах (растворы хлорбетанафтола не портят и не обесцвечивают ярко окрашенные ткани и не коррозируют металл).

Рабочие растворы готовят путем постепенного смешивания в любой посуде до образования однородной мыльно-пенистой эмульсии (лучше применять воду, подогретую до 50 °C). Растворы хранят 1—1,5 мес в укупоренных бутылях темного стекла. Для приготовления 10 л рабочего раствора 0,5 % концентрации используют 150 г пасты, 4 % концентрации — 1200 г пасты.

Хлордезин — препарат на основе калиевой соли дихлоризоциануровой кислоты. Порошок белого цвета со слабым запахом хлора, содержит 10—12 % активного хлора, срок годности (в закрытой таре в сухом помещении) — 1 год. Хорошо растворим в воде. Малотоксичен. Растворы хлордезина прозрачны, обладают моющим действием, не портят обеззараживаемые предметы, высокоактивны против бактерий, вирусов и грибов. Применяют при текущей, заключительной и профилактической дезинфекции (0,5—2 % растворы — 15—120 мин). Рабочие водные растворы готовят в любой посуде: на 1 л 0,25 % раствора 2,5 г препарата.

Хлорная известь — порошок белого цвета с запахом хлора, представляет собой смесь солей кальция. Выпускается с содержанием 35,32 и 26 % активного хлора. При растворении в воде образует взвесь. Обладает сильным окисляющим действием, в связи с чем при применении возможно снижение прочности ткани и коррозия изделий из металла. Нестойкое соединение: даже при правильном хранении (в плотно закрытой, защищенной от коррозии таре в сухом прохладном помещении) потеря активного хлора составляет 1—3 % в месяц. Обладает высокой активностью в отношении всех видов микроорганизмов. Применяется в виде осветленных растворов (обычных и активированных), хлорноизвесткового молока и в сухом виде.

Для приготовления 1 л 10 % основного осветленного раствора 100 г препарата растирают с небольшим количеством воды до состояния кашицы, затем добавляют воды до 1 л, перемешивают до образования однородной взвеси и оставляют в темной стеклянной или эмалированной посуде на 24 ч. После этого осветленный раствор (осадок выпадает на дно) осторожно сливают или профильтровывают в другую посуду. Из приготовленного основного раствора непосредственно перед применением готовят рабочие растворы нужной концентрации. Для приготовления 1 ведра рабочего раствора 1 % концентрации необходим 1 л 10 % основного раствора. Препарат разрешен для продажи населению. Для дезинфекции используют 0,2—5 % рабочие осветленные растворы; для грубой дезинфекции (побелка стен, использование в надворных нежилых помещениях и т. д.) применяют 10—20 % хлорноизвестковое молоко, представляющее собой неосветленную взвесь препарата в воде. При туберкулезе, грибковых и других заболеваниях, вызванных устойчивыми возбудителями, применяют активированные осветленные растворы. Для приготовления 10 л активированного осветленного раствора воды добавляют 1 л 10 % основного раствора (содержание активного хлора в препарате 32 %) и активатор (32 г аммонийной соли или 4 г аммиака). Растворы

хлорной извести в больших концентрациях и активированные растворы снижают прочность и обесцвечивают ткани.

Хлорцин — порошок белого цвета с запахом хлора. Действующее начало — натриевая (30 %) и калиевая (20 %) соль дихлоризоциануровой кислоты. Содержит 11—15 % активного хлора. Растворим в воде. Малотоксичен. Растворы бесцветны, не портят предметов. При хранении в сухом помещении в закрытой таре срок годности 12 мес. Активен в отношении вегетативных форм бактерий и вирусов. Применяют при текущей, заключительной и профилактической дезинфекции (концентрация 0,5—1 %, экспозиция 1—2 ч). Препарат разрешен для продажи населению. В домашних условиях готовят из расчета 2 столовые ложки (50 г) препарата на 5 л воды.

Промышленностью выпускается также известь белильная, термостойкая — стабильный продукт. При хранении в сухом месте потеря активного хлора в течение 8 лет не превышает 7—9 %. Применяют по тем же показаниям, как хлорную известь.

Моющие и чистящие препараты с дезинфицирующим действием. Для текущей дезинфекции могут применяться имеющиеся в продаже моющие и чистящие препараты, которые содержат дезинфицирующие средства:
— для отбеливания и дезинфекции белья: «Белка», «Дезхлор», «Монокс», «Универсальный», «Уральский»;
— для стирки и дезинфекции белья: «Вита», «Сана»;
— для мытья и дезинфекции столовой и кухонной посуды: «Посудомой»;
— для чистки и дезинфекции посудохозяйственных и санитарно-технических изделий: «Блеск», «Кама», ПЧД, «Санитарный» (1, 2, 3);
— для мытья и дезинфекции предметов санитарно-технического назначения: «Восточная», «Дезинполис», «Дезипон», «Джалита», «Паста дезинфицирующая», «Черноморочка», «Санита», «Сосенка»;
— для дезинфекции обуви: «Сапожок-74».

Препараты для борьбы с педикулезом. 20 % водно-мыльная суспензия бензилбензоата — жидкость с легким ароматическим запахом. Уничтожает вшей во всех стадиях развития. Для приготовления 100 г препарата берут 2 г зеленого (или размельченного хозяйственного) мыла, разводят в 78 мл теплой воды, затем добавляют 20 мл бензилбензоата, тщательно взбалтывают и разливают в плотно закрывающуюся тару. Перед употреблением взбалтывают и ватным или марлевым тампоном наносят на волосы или волосистую часть тела (10—30 г на человека) и слегка втирают в кожу. Затем голову повязывают косынкой и через 10 мин (при лобковом) и 30 мин (при головном) педикулезе тщательно смывают проточной водой, после чего волосы моют с мылом или шампунем. После мытья рекомендуется расчесать волосы густым гребешком для удаления погибших насекомых.

5 % борная мазь. Наносят на волосистую часть головы 5—25 г на человека (в зависимости от завшивленности и густоты волос). Через 20—30 мин препарат смывают теплой водой с применением любого моющего средства. Обработку повторяют по показаниям, но не чаще 2 раз в месяц.

Метилацетофос[1] (технический) — желтая или бурая жидкость со специфическим запахом. Содержит 65 % чистого метилацетофоса. Применяют в виде водного раствора, дуста, мази, шампуня, мыла с содержанием от 0,5 до 5 % активно действующего вещества (АДВ). При платяном педикулезе мягкие вещи замачивают в 0,5 % водном растворе на 30 мин, затем прополаскивают и стирают. Верхнюю одежду

[1] Для лиц от 5 лет.

орошают или обрабатывают щетками, смоченными в 5 % растворе. Норма расхода — 350 мл на комплект одежды, 400 мл — на комплект постельных принадлежностей. Волосы обрабатывают мазью, шампунем или мылом из расчета 5—25 г на человека. Затем голову повязывают на 20—30 мин. После окончания экспозиции смывают препарат теплой водой с мылом. Овоцидным действием не обладает.

Бутадион (порошок, таблетки) относится к анальгетикам, является системным ядом для вшей (на яйца вшей не действует). При невозможности использования других педикулоцидов (например, при поражении кожи) в отдельных случаях допускается его применение после еды в течение 2 дней взрослым по 0,15 г 4 раза в день,

Таблица I. Режимы обеззараживания при бактериальных кишечных и капельных инфекциях*[1]

Обеззараживаемый объект	Амфолан		Гибитан (хлоргексидин)		НГК		Дезам	
	к	э	к	э	к	э	к	э
Белье, не загрязненное выделениями*[2]	0,5—1	15	0,5	30			0,25	15
Белье, загрязненное выделениями*[3]	3,5	60	1,0	120			0,5—1,0	120
Посуда без остатков пищи	2	6—12	0,5	60	0,25—0,5	60—120	0,5	60
Посуда с остатками пищи	7,0	60			1,0	60	0,5	60
Игрушки	1	60			0,25	30—60	0,25	15
Помещения, предметы обстановки и жесткая мебель	1	60	1,0	60	0,25	30—60	0,25—0,5	15—60
Санитарно-техническое оборудование	7,0	60			0,5	30		
Уборочный инвентарь					0,25—0,5	30—60	0,5	120
Выделения					ДТСГК 100 г/кг НГК 150 г/кг			
Посуда из-под выделений					0,5	30		

детям 4—7 лет — 0,05 г, от 8 до 10 лет — 0,08 г и старше 10 лет — 0,12 г 3 раза в день. Детям до 4 лет бутадион противопоказан.

Н и т т и ф о р — спирто-водная жидкость, содержащая парметрин (0,5 %). Чрезвычайно эффективен против всех форм развития вшей. Ватным или марлевым тампоном, смоченным неразбавленной жидкостью, тщательно протирают волосы и кожу. Голову повязывают косынкой. На обработку головы используют 1 флакон. Через 40 мин голову моют обычным образом. Производится в Венгрии.

К а р б о ф о с[1] (мелатион) — фосфорорга-

ническое соединение. Технический препарат (30 %) — маслянистая бурая жидкость с резким неприятным запахом. Эффективен в отношении всех форм развития вшей. Против педикулеза применяют 0,15 % водную эмульсию карбофоса (5 г, т. е. 1 чайная ложка 30 % раствора на 1 л теплой воды). Волосы обильно увлажняют и повязывают косынкой на 20—30 мин. Затем моют мылом и ополаскивают 5 % раствором уксуса. Белье обезвреживают, помещая на 20 мин в 0,15 % раствор, из расчета 2,5 л на комплект нательного белья, 4—4,5 л на комплект постельного белья (на 1 кг сухих вещей). После обеззараживания белье отжимают, прополаскивают и стирают.

[1] Для лиц старше 15 лет. Для беременных и детей до 5 лет рекомендуется механическое удаление вшей.

Дезоксон		Дихлор-1		ДП-2		Калиевая и натриевая соль дихлоризопиануровой кислоты		Лизол		Метилсиликат натрия*5	
к	э	к	э	к	э	к	э	к	э	к	э
1,0	30	1,0 2,0	60 30	0,1	15	0,1	30	3,0	30	2,0	15
2,0	60	2,0	120	0,2 0,2*4	120	0,2	60			2,0	60
2,0	60—120	1,0 2,0	30 15	0,2	120	0,1	30			2,0	15—30
2,0	60	2,0	120	0,2 0,2*4	120 90	0,2	120				
1,0	30					0,1	15—30			2,0	15
1,0	30	1,0	60	0,1	60	0,2	120	5,0	20	2,0	30
2,0	30	Протирание с порошком и последующим смывом		0,1	120	0,2	120	5,0	30	2,0	Двукратно через 15 мин
2,0	60	2,0	120	0,2	120	0,2	120	5,0	60	2,0	60
						100 г/кг	120	5,0	60	15,0	240
						0,2	120			2,0	60

Обеззараживаемый объект	Ниртан		Перекись водорода с 0,5% моющим средством		Сульфо-хлорантин		Хлорамин		
							кишечные инфекции		
	к	э	к	э	к	э	к	э	
Белье, не загрязненное выделениями*²	3,0	30	3,0	30	0,1	30	0,2 1,0	60 40	
Белье, загрязненное выделениями*³	3,0	60	3,0	30	0,2	60	1,0 30	240 30	
Посуда без остатков пищи	1,5	30	3,0	30	0,2	60	0,1—0,5	30—60	
Посуда с остатками пищи	3,0	60—120			0,2	60	1,0	60	
Игрушки	1,5	60	3,0	15	0,1	60	0,5	30—60	
Помещения, предметы обстановки и жесткая мебель	3,0	60	3,0	30—60	0,1	60	0,2 0,5	60 30	
Санитарно-техническое оборудование	3,0	60	3,0	60	1,0	60	1,0	60	
Уборочный инвентарь	3,0	60	3,0	120	0,2	60	0,5	120	
Выделения									
Посуда из-под выделений					0,2	60	1,0	60	

*¹ Кроме туберкулеза.

*² Изделия из химических волокон, не загрязненные выделениями, замачивают в 0,1% растворе хлорамина и сульфохлорантина в течение 40 мин (хлорамин в очагах кишечных инфекций или 60 мин); в 2% растворах перекиси водорода с 0,5% моющего средства или формалина — 30 мин.

*³ Изделия их химических волокон, загрязненные выделениями, замачиваются в 1% растворе хлорамина В — 60 мин; 0,2% растворе сульфохлорантина — 60 мин при кишечных и 30 мин — при капельных инфекциях; в 2% растворе

Хлорамин (капельные инфекции)		Хлорбета-нафтол		Хлордезин		Хлорная известь; белильная термо-стойкая известь		Хлорцин	
к	э	к	э	к	э	к	э	к	э
0,2 1,0	90 60	1,0	60	0,5	15			0,5	16
1,0 3,0	300 50	2,0	60	1,0	120			1,0	120
0,5	30	1,0—0,5	60—120	1,0	120	1,0	60—120	1,0	120
1,0	60	1,0	60	1,0	120			1,0	120
0,5	60			0,5	15	0,5	30—60	0,5	15
0,5	120	0,5—1,0	30—60	0,5	60	0,5	30—60	0,5	30
1,0	60	Паста	5	0,5	60				
		2,0	30	1,0	120	0,5—11,0	60		
		4,0	60			200 г/кг	60		
		1,0	120			1,0	60	1,0	120

перекиси водорода с 0,5% моющего средства — 60 мин; в 2% растворе формалина — 60 мин при кишечных и 40 мин — при капельных инфекциях.

*⁴ При температуре 40 °C.

*⁵ Применяется только в очагах кишечных инфекций.

Условные обозначения: к — концентрация препарата в процентах; э — экспозиция в минутах; ДТСГК — двутретьосновная соль гипохлорита кальция; НГК — нейтральный гипохлорит кальция.

Т а б л и ц а II. Режимы обеззараживания при вирусном гепатите и других энтеровирусных

Обеззараживаемый объект	Нейтральный гипохлорит кальция (НГК)		Дезам		Дезоксан		Дихлор		ДП-2	
	к	э	к	э	к	э	к	э	к	э
Белье, не загрязненное выделениями			1,0 0,5	30 60	2,0	30	1,0	60	0,1	120
Белье, загрязненное выделениями			1,0 0,5	60 120	2,0	120	3,0	120	0,5	120
Посуда, освобожденная от остатков пищи	1,0 0,5	60 120	1,0	120	2,0	120	1,0 3,0	60 60	0,1 0,5	60 120
Посуда с остатками пищи	1,0	60	1,0	120	2,0	120	3,0 1,0	60 120	0,5	120
Игрушки	1,0 0,5	30 60	1,0 0,5	30 60	2,0	30	1,0 3,0	60 30	0,1	60
Помещение (пол, стены, двери), жесткая мебель, предметы ухода	1,0	30	1,0 0,5	60 120	2,0	60	3,0	30	0,5	60
Санитарно-техническое оборудование	1,0	30	1,0 0,5	60 120	2,0	60	3,0	60	0,5	60
Уборочный инвентарь	0,5 1,0	120 60	1,0 0,5	180 180	2,0	120	3,0	60	0,5	120
Выделения	200 г/кг	60— 120								
Посуда из-под выделений	0,5— 6	60	1,0	120			3,0	30		

* При t 50 °C.

инфекциях

Натриевая (калиевая) соль дихлоризоциануровой кислоты		Перекись водорода с 0,5% моющим средством		Сульфохлорантин		Хлордезин		Хлорамин		Активированные растворы хлорамина		Хлорная известь белильная термостойкая		Хлорцин	
к	э	к	э	к	э	к	э	к	э	к	э	к	э	к	э
0,1 0,3	60 30	4,0	60	0,1	60	0,5 1,0	60 30	1,0 3,0	120 30	0,5	30			1,0 0,5	30 60
0,3	60	3,0	180	0,1 0,2	120 90	0,5 1,0	150 120	30	120	0,5	120			1,0	120
0,1	60	4,0	60	0,1	120	0,5 1,0	60 120	1,0 3,0	120 60	0,5	60	3,0 1,0	60 120	1,0	120
0,3	60	4,0	60	0,1 0,2	120 90	0,5 1,0	150 120	3,0 1,0	60 120	0,5	60	3,0 1,0	60 120	1,0	120
0,1 0,3	60 30	4,0	60	0,1	60	0,5 1,0	60 30	1,0 3,0	60 30	0,5	30	3,0 1,0	30 60	1,0	30
0,1 0,3	120 60	4,0	60	0,1 0,2	120 60	0,5 1,0	120 60	1,0 3,0	60 30	0,5	30	3,0 1,0	30 60	1,0	60
0,3	60	4,0	60	0,1 0,2	120 60	0,5 1,0	120 60	3,0	30	0,5	30	3,0	30	1,0	60
0,3	120	3,0*	40	0,1 0,5	120 60	0,5 1,0	150 90	3,0	60	0,5	30	3,0	60	1,0	120
100 г/кг	120											200 г/кг	120		
0,3	60			0,2	120	1,0	120	3,0 1,0	30 60	0,5	30	3,0 1,0	30 60	1,0	120

425

Т а б л и ц а III. Режим обеззараживания при туберкулезе

Обеззараживаемый объект	Нейтральный гипохлорид кальция (НГК)		Дихлор-1		ДП-2		Сульфохлорантин		Хлорамин		Хлорамин (активированные растворы)		Хлорбетанафтол		Хлордезин		Хлорная известь (активированные растворы)	
	к	э	к	э	к	э	к	э	к	э	к	э	к	э	к	э	к	э
Белье [1]			3,0	45	0,5	30	1,0	60	5,0	240	1,0	60	0,5	60	2,0	60		
Носовые платки [1], футляры для плевательниц			3,0	90	0,5	120	1,0	120	5,0	360	1,0	120	0,5	120	2,0	90		
Посуда без остатков пищи			3,0	45	0,5	30	10	60	5,0	360	0,5	120	0,5	60	2,0	60	1,0	120
Игрушки [2]			3,0	45	0,5	30	1,0	90	5,0	240	0,5	60			2,0	60	0,5	60
Посуда с остатками пищи			3,0	90	0,5	120	1,0	120	5,0	360	0,5	120	1,0	120	2,0	90	0,5	120
Помещение [3] (пол, стены [4], мебель [2], синтетическое оборудование			3,0	60	0,5	60	1,0	60			0,5	60	0,5	60			0,25	60
Предметы ухода (подкладные судна и др.), уборочный инвентарь	1,0	360			0,5	120	1,0	120	0,5	120			0,5	120	2,0	90	1,0	120
Плевательницы без мокроты	1,0	120			1,0	120	2,5	120	1,0	60								
Выделения (кал, моча, мокрота)	1,0	360			150 г/л	240	1,5 2,5	720 360	5,0	720	2,5 50 г/л	240 60					100 г/л	60

[1] Изделия из химических волокон, загрязненные выделениями, могут обеззараживаться замачиванием в 0,6% растворе дезоксона.
[2] Мягкую мебель (мягкие игрушки) чистят щетками, смоченными растворами дезинфекционных средств, не обесцвечивающими ткани (хлорбетанафтол, сульфохлорантин).
[3] Расход дезинфицирующих средств 500 мл/м².
[4] Оштукатуренные и неокрашенные поверхности обрабатываются двукратно.
Условные обозначения те же, что в табл. 1.

Таблица IV. Режимы обеззараживания при дерматомикозах

Обеззараживаемый объект	Бензил-фенол сульфохлоратный		ДП-2		Лизол		Натриевая (калиевая) соль дихлоризоциануровой кислоты		Формалин		Хлорамин		Активированный хлорамин		Хлорбета-нафтол		Хлордезин		Хлорная известь белильная термостойкая	
	к	э	к	э	к	э	к	э	к	э	к	э	к	э	к	э	к	э	к	э
Белье, чехлы с мебели, перчатки, игрушки	1,0	60	0,5	120	5,0	30	0,5	60			5,0	180	1,0	60	2,0	60	2,0	60		
Мочалки, расчески, губки, щетки, ножницы	1,0	60	0,5	120	5,0	30			10,0	20	5,0	180	1,0	60	1,0	60	2,0	60		
Обувь и кожаные перчатки[1]									25,0	180										
Ветошь для уборки	1,0	60	0,5	120							5,0	180	1,0	60	2,0	60				
Помещение и жесткая мебель[2]					5,0	60	0,5	60			5,0	60	1,0	15	2,0	60	2,0	60	1,0	60
Санитарно-техническое оборудование (ванны, тазы)	1,0	30	0,3	60	5,0	30	0,5	10			5,0	120	1,0	30	1,0	30	2,0	10	5,0	120

[1] Для обеззараживания обуви, кроме формалина, может также применяться 40% уксусная кислота.
[2] Мягкая мебель, мягкие игрушки чистят щеткой, смоченной в 5% растворе хлорамина.

Условные обозначения те же, что в табл. 1.

СОДЕРЖАНИЕ